Baedekers
Allianz-Reiseführer
Griechenland

Baedekers Allianz Reiseführer

Städte in aller Welt

Amsterdam
Athen
Bangkok
Berlin
Brüssel
Budapest
Dresden
Düsseldorf
Florenz
Frankfurt
Hamburg
Hongkong
Istanbul
Jerusalem
Köln
Kopenhagen
Leningrad
London
Madrid
Moskau
München
New York
Paris
Prag
Rom
San Francisco
Singapur
Stuttgart
Tokio
Venedig
Wien
Zürich

Reiseländer · Großräume

Ägypten
Asien
Benelux
BR Deutschland
Dänemark
DDR
Frankreich
Griechenland
Großbritannien
Irland
Israel
Italien
Japan
Jugoslawien
Kanada
Karibik
Luxemburg
Marokko
Mexiko
Mittelmeer
Österreich
Portugal
Schweiz
Skandinavien
Spanien
Tunesien
USA

Regionen · Inseln · Flüsse

Bodensee
Costa Brava
Gran Canaria
Griechische Inseln
Ibiza
Kalifornien
Loire
Mallorca
Provence / Côte d'Azur
Rhein
Ruhrgebiet
Schwäbische Alb
Südtirol
Teneriffa
Tessin
Toskana
Türkische Küsten

Städte in Deutschland und angrenzenden Ländern

Augsburg
Bad Homburg
Baden-Baden
Bamberg
Basel
Berlin (große und kleine Ausgabe)
Bonn
Bremen
Darmstadt
Freiburg
Genf
Hannover
Heidelberg
Innsbruck
Karlsruhe
Kassel
Kiel
Koblenz
Konstanz
Lübeck
Mainz
Mannheim
Nördlingen
Nürnberg
Passau
Regensburg
Salzburg
Schleswig
Straßburg
Trier
Ulm
Wiesbaden
Würzburg

Baedekers
Allianz Reiseführer

Griechenland

KARL BAEDEKER VERLAG

1989

Hinweise zur Benutzung dieses Reiseführers

Sternchen (Asterisken) als typographisches Mittel zur Hervorhebung bedeutender Bau- und Kunstwerke, Naturschönheiten und Aussichten, aber auch guter Unterkunfts- und Gaststätten hat Karl Baedeker im Jahre 1844 eingeführt; sie werden auch in diesem Reiseführer verwendet: Besonders Beachtenswertes ist durch *einen vorangestellten 'Baedeker-Stern', einzigartige Sehenswürdigkeiten sind durch **zwei Sternchen gekennzeichnet.

Zur raschen Lokalisierung der Reiseziele von A bis Z auf der beigegebenen Reisekarte sind die entsprechenden Koordinaten der Kartennetzmaschen jeweils neben der Überschrift in Rotdruck hervorgehoben: Athen **H 5/6**.

Wenn aus der Fülle von Unterkunfts-, Gast- und Einkaufsstätten nur eine wohlüberlegte Auswahl getroffen ist, so sei damit gegen andere Häuser kein Vorurteil erweckt.

Da die Angaben eines solchen Reiseführers in der heute so schnellebigen Zeit fast ständig Veränderungen unterworfen sind, kann für die Richtigkeit keine absolute Gewähr übernommen werden. Auch lehrt die Erfahrung, daß sich Irrtümer nie gänzlich vermeiden lassen. Für Berichtigungen und Verbesserungsvorschläge ist die Redaktion (Zeppelinstraße 44/1, D-7302 Ostfildern 4) stets dankbar.

Impressum

Ausstattung:
314 Abbildungen
29 Lagepläne, 28 Übersichtskarten, 24 Grundrisse, 18 graphische Darstellungen, 16 Stadtpläne, 1 große Reisekarte

Textbeiträge:
Monika I. Baumgarten, Vera Beck, Dr. Otto Gärtner, Prof. Dr. Wolfgang Hassenpflug, Prof. Dr. Ernst Homann-Wedeking, Peter M. Nahm
Beratung: Axel Kramer
Bearbeitung: Baedeker-Redaktion
Gesamtleitung: Dr. Peter Baumgarten, Baedeker Stuttgart

Kartographie:
Gert Oberländer, München
Mairs Geographischer Verlag, Ostfildern-Kemnat (Reisekarte)

Bildnachweis: Amberg (3), Archäologisches Museum Iraklion (2), Archäologisches Nationalmuseum Athen (1), Assimakopoulu (5), Baedeker-Archiv (8), Baier (7), Baumgarten (70), Bavaria (2), Birken (4), Bohnacker (30), Delta (3), dpa (6), Gärtner (6), Griechische Zentrale für Fremdenverkehr (6), Günther (10), Hannibal (12), Hellas (1), Historia-Photo (18), Kramer (36), Linde (12), Museum Delphi (1), Museum Olympia (2), Nahm (2), Olympic (35), Olympic Airways (1), Rogge (15), Schmidt-Diemitz (2), Spyropoulos (1), Stournaras (2), Ullstein (3), Uthoff (6), Weidleplan (1).

5. Auflage 1989
Gänzlich überarbeitete und neugestaltete Ausgabe

Urheberschaft:
Karl Baedeker GmbH, Ostfildern-Kemnat bei Stuttgart
Nutzungsrecht:
Mairs Geographischer Verlag GmbH & Co., Ostfildern-Kemnat bei Stuttgart

Satz (Typotext) und Umbruchlayout: Baedeker-Redaktion
Textfilme: Fotosatz J. Kranzbühler, Waldenbuch-Bonholz
Reproduktionen: Gölz Repro-Service GmbH und Co. KG, Ludwigsburg
Herstellung: Wolfgang Stetter
Druck: Mairs Graphische Betriebe GmbH & Co., Ostfildern-Kemnat bei Stuttgart
Buchbinderarbeiten: Großbuchbinderei Georg Gebhardt, Ansbach

ISBN 3-87504-505-X

Inhalt

Liebe Leserin, lieber Leser,

Baedeker ist ständig bemüht, die Qualität seiner Reiseführer noch zu steigern und ihren Inhalt weiter zu vervollkommnen. Hierbei können ganz besonders die Erfahrungen und Urteile aus dem Benutzerkreis als wertvolle Hilfe gar nicht hoch genug eingeschätzt werden. Vor allem **Ihre Kritik, Berichtigungen und Verbesserungsvorschläge sind uns stets willkommen.** Sie helfen damit, die nächste Auflage noch aktueller zu gestalten.
Bitte schreiben Sie in jedem Falle an die

Baedeker-Redaktion
Karl Baedeker GmbH
Marco-Polo-Zentrum
Zeppelinstraße 44/1
Postfach 31 62
D-7302 Ostfildern 4 (Kemnat).

Der Verlag dankt Ihnen im voraus bestens für Ihre Mitteilungen. Jede Einsenderin und jeder Einsender nimmt an einer jeweils zum Jahresende unter Ausschluß des Rechtsweges stattfindenden Verlosung von drei JRO-LEUCHTGLOBEN teil. Falls Sie gewonnen haben, werden Sie benachrichtigt. Ihre Zuschrift sollte also neben der Angabe des Buchtitels und der Auflage, auf welche Sie sich beziehen, auch Ihren Namen und Ihre Anschrift enthalten. Die Informationen werden selbstredend vertraulich behandelt und die persönlichen Daten nicht gespeichert.

Vorwort

Dieser Reiseführer gehört zur neuen Baedeker-Generation.

In Zusammenarbeit mit der Allianz Versicherungs-AG erscheinen bei Baedeker durchgehend farbig illustrierte Reiseführer in handlichem Format. Die Gestaltung entspricht den Gewohnheiten modernen Reisens: Nützliche Hinweise werden in der Marginalienspalte neben den Beschreibungen herausgestellt. Diese Anordnung gestattet eine einfache und rasche Handhabung.

Der vorliegende Band hat ganz Griechenland – das Festland wie auch die Inseln – zum Thema. Der Reiseführer gliedert sich in drei Hauptteile: Im ersten Teil wird über Allgemeines, Geologie, Klima, Pflanzen und Tiere, Bevölkerung, Staat und Gesellschaft, Wirtschaft und Verkehr, Geschichte, berühmte Persönlichkeiten, Kunst und Kultur berichtet. Einige Routenvorschläge leiten über zum zweiten Teil, in dem die touristisch interessanten Reiseziele – Städte, Orte, Landschaften und Inseln – mit ihren Sehenswürdigkeiten beschrieben werden. Daran schließt sich ein dritter Teil mit praktischen Informationen. Sowohl die Reiseziele als auch die Informationen sind in sich alphabetisch geordnet.

Baedekers Allianz-Reiseführer zeichnen sich durch Konzentration auf das Wesentliche sowie Benutzerfreundlichkeit aus. Sie enthalten eine Vielzahl eigens entwickelter Pläne und zahlreiche farbige Abbildungen. Zu diesem Reiseführer gehört als integrierender Bestandteil eine ausführliche Reisekarte, auf der die im Text behandelten Orte anhand der jeweils angegebenen Kartenkoordinaten zu lokalisieren sind.

Wir wünschen Ihnen mit Baedekers Allianz-Reiseführer viel Freude und einen lohnenden Aufenthalt in Griechenland.

Baedeker
Karl Baedeker Verlag

Zahlen und Fakten

Griechenland, als Wiege der abendländischen Kultur seit jeher das klassische Ziel anspruchsvoller Bildungsreisender, ist in jüngster Zeit auch von breiteren Touristenschichten als höchst attraktives Urlaubsziel entdeckt worden. Es sind nicht mehr allein die antiken Stätten, die den Fremden anziehen und zu den Wurzeln europäischen Kultur- und Geisteslebens führen, sondern vielmehr die außergewöhnlichen landschaftlichen Reize, der mediterrane Charme der Inselwelt, die Gastfreundschaft der Menschen wie auch die zahlreichen guten Strände, die Griechenland zu einem bevorzugten Reiseland machen.

Vorbemerkung

Allgemeines

Gesamtgriechenland

Lage

Der südosteuropäische Staat Griechenland, bestehend aus einem Festlandbereich (mit der Peloponnes im Süden) sowie etlichen großen und einer Vielzahl kleiner und kleinster Inseln, umfaßt den südlichen Ausläufer der Balkanhalbinsel zwischen 36° und 41° nördlicher Breite sowie zwischen 20° und 26° östlicher Länge. Im Norden grenzt er an Albanien, Jugoslawien, Bulgarien und die Türkei, nach Westen, Süden und Osten ist er von Meeren umgeben.

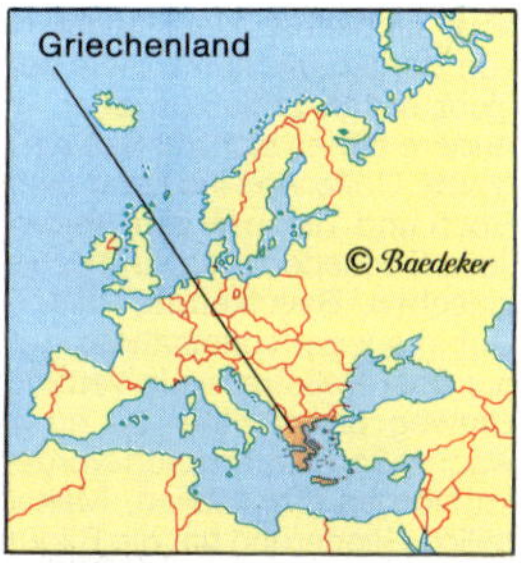

Staatsraum (Politische Gliederung s.S. 25/26)

Der hellenische Staatsraum ist verhältnismäßig klein (etwa halb so groß wie jener der Bundesrepublik Deutschland) und umfaßt nur 131 944 km², er weitet sich aber durch die zu ihm gehörige Meeresfläche auf etwa 400 000 km². Vom spärlichen Landraum nehmen die Inseln nicht weniger als 25 166 km² (ca. 1/5) ein. Das Meer als bestimmender Faktor schneidet von Westen her tief in den Golf von Korinth ein und gliedert vor allem die Ost- und Südküste, die sich in zahllosen Vor- und Rücksprüngen in Halbinseln und Golfe auflöst und eng mit der vielgestaltigen Inselwelt verbunden ist. Von den etwa 15 021 km griechischer Meeresküste umranden immerhin 11 000 km die über 2000 Inseln. Die Staatsgrenzen zu Lande dagegen sind nur 1170 km lang (mit Albanien 247 km, mit Jugoslawien 246 km, mit Bulgarien 475 km, mit der Türkei 203 km).

Gestalt

Nirgendwo erfährt die Natur des Mittelmeergebietes eine gleich charakteristische Ausprägung wie in Griechenland. Schlank und vielgliedrig, umgeben von Schwärmen großer und kleiner Inseln, löst es sich vom plumpen Körper Südosteuropas und wächst so weit ins Meer vor, daß es in Kreta den südlichsten Punkt Europas erreicht. Sein Kennzeichen sind hochragende Gebirge, die vom fast allgegenwärtigen Meer tief durchdrungen sowie vielfältig aufgeschlossen und

◀ *Blick von der Ruinenstadt Mystras in die Ebene von Sparta*

Gesamtgriechenland, Gestalt (Fortsetzung)

in den Mantel eines überaus einheitlichen Klimas gehüllt werden. Griechisches Land und griechisches Meer, sei es das Ionische im Westen oder das Ägäische im Osten, fügen sich zu einer untrennbaren Einheit; keines ist ohne das andere denkbar. Die größte Meerferne mißt auf der Peloponnes sowie in Mittelgriechenland wenig mehr als 50 km und auch in Nordgriechenland kaum über 100 km.

Griechisches Festland

Landesnatur

Das griechische Festland, nach Westen durch Bergland abgeschlossen, öffnet sich mit Küstenebenen und natürlichen Häfen nach Osten. Die Gebirge ragen meist über 1000 m und oft über 2000 m auf und erreichen im Olymp 2917 m Meereshöhe. Sie wirken um so stattlicher, als sie sich unmittelbar aus dem Meere erheben und oft an wilden Steilküsten zu den Gipfeln aufsteigen. Doch ihr Bild ist anders als das der Alpen, da sie nicht von Gletschern, sondern nur durch Verwitterung und vom fließenden Wasser gestaltet worden sind. So fehlen zackige Gipfel und Grate; horizontale Linien treten stärker hervor. Es herrschen runde, ausgeglichene, weiche Formen vor. Niedriges Berg- und Hügelland ist selten; stets ist das Hochgebirge im Hintergrund sichtbar, Tiefland bildet die Ausnahme. Ebenen gibt es zwar häufig; aber sie bleiben klein, liegen oft hoch über dem Meer und sind stets von Bergen umrahmt. Viele von ihnen verbinden sich mit Becken, die nicht selten abflußlos oder von Seen und Sümpfen bedeckt sind. Andere öffnen sich zur See hin oder werden vom Meer, das durch zerlappte Golfe weit ins Land eindringt, tief überspült. Überall lösen sich Hoch und Tief in jähem Wechsel auf engstem Raum ab.
Jene Beckenebenen sind es vor allem, die den Lebensraum der griechischen Bevölkerung bilden. Sie sind meist durch unwirtliche Gebirgsriegel voneinander getrennt und stehen auf dem Landwege nur über Paßstraßen in Verbindung; vielfach sind sie leichter auf dem Umweg übers Meer zu erreichen. Die Größe der Beckenebenen wächst von Süden nach Norden. Größere Tieflandflächen liegen allein im Norden (Thessalien, Makedonien) und in Lakonien. Diese kleinteilige Gliederung hat die Bildung vieler kleiner, partikularer Staaten (je eine Polis mit ihrem Hinterland) nachhaltig gefördert. Größere Flüsse gibt es nur im Norden, in Thessalien, Makedonien und Thrakien: Pinios, Axios, Strymon, Nestos und Evros; ihnen verdankt das Land fruchtbare Schwemmlandebenen, auf denen die Landwirtschaft in den letzten Jahrzehnten erhebliche Fortschritte machen konnte. Im übrigen Griechenland sind dle Flüsse im Sommer meist ausgetrocknet, können sich aber in der Regenzeit zu reißenden Wildwassern entwickeln.

Gliederung

Die naturräumliche Gliederung Griechenlands richtet sich hauptsächlich nach dem von Norden nach Süden streichenden dinarisch-hellenischen Faltengebirgssystem, das sich in der Fastinsel Peloponnes fortsetzt und dann in einem weiten Bogen über die beiden großen Inseln Kreta und Rhodos Kleinasien (Türkei) erreicht.

Nordgriechenland

Das Rückgrat von Nord- und Mittelgriechenland ist das Pindos-Gebirge, das im 2637 m hohen Smolikas gipfelt. Westlich vom Pindos erstreckt sich die karge, aber dennoch reizvolle Hügellandschaft Epirus; nordöstlich des Gebirgsriegels umschließt das makedonische Bergland den fruchtbaren Küstenhof von Saloniki (Thessaloniki). Im Südosten dieser nordgriechischen Metropole greift die für ihre schönen Badestrände bekannte Halbinsel Chalkidike mit ihren drei 'Fingern' Kassandra, Sithonia und Athos (Mönchsrepublik) in die nördliche Ägäis aus.

Taygetos – beherrschender Gebirgszug auf der südlichen Peloponnes

Nordgriechenland (Fortsetzung)

Ganz im Nordosten hat Griechenland Anteil an der Landschaft Thrakien, die von den Ausläufern des Rhodope-Gebirges und den Flußniederungen von Nestos und Evros (Maritza) geprägt ist.
Südwestlich von Saloniki erhebt sich das kristalline Massiv des Olymp, der mit 2911 m ü.d.M. der höchste Berg des Landes ist. Der Olymp im Norden, der thessalische Küstengebirgsriegel im Osten und die Ausläufer des Pindos-Gebirges im Westen umschließen die thessalischen Becken im Grenzbereich zwischen Nord- und Mittelgriechenland.

Mittelgriechenland

Zu Mittelgriechenland, das im Süden von der aus dem Golf von Patras und dem Golf von Korinth bestehenden langgestreckten Meeresbucht begrenzt wird, rechnet man das ätolisch-akarnanische Küstenland, den Giona-Parnaß-Parnes-Gebirgsriegel, die Beckenzone von Böotien, die Halbinsel Attika mit der Landeshauptstadt Athen, dem größten griechischen Hafen Piräus und dem attischen Küstenhof sowie die nordöstlich vorgelagerte Insel Euböa.

Südgriechenland

Kernlandschaft der handförmig ausgebildeten Peloponnes ist das Hochland von Arkadien, von dem Gebirgszüge wie Finger einer Hand nach Süden und Südosten ausgreifen und mehrere tiefe Küstenhöfe schützen.

Griechische Inseln

Allgemeines

Der reichen Küstengliederung des griechischen Festlandes entspricht nach Osten im Ägäischen Meer sowie nach Westen im Ionischen Meer eine Vielzahl von Inseln, die im Altertum die Entwicklung der Seefahrt begünstigten und das Griechentum schon frühzeitig zum wirtschaftlichen und kulturellen Mittler zwischen den drei Erdteilen der Alten Welt machten.

Allgemeines

Ägäische Inseln

Am dichtesten gruppieren sich die Inseln der Ägäis vom griechischen Festland bis zur türkischen Küste. Euböa, die größte der mittelgriechischen Inseln, bildet ebenso wie die nordöstlich anschließenden Nördlichen Sporaden die Fortsetzung des Othrys-Gebirges und wurde schon in der Antike als abgesprengter Teil Böotiens angesehen. Als südöstlichste Weiterführung von Euböa und Attika erscheinen die Kykladen (rings um Delos), die in mehreren Reihen den südlichen Teil des Ägäischen Meeres erfüllen. Kythira, im Südosten der

Kreta

Peloponnes, leitet nach Kreta hinüber, das als größte der griechischen Inseln (ungeachtet des eigenständigen, heute geteilten Zypern) die Agäis im Süden abschließt und sich in seiner westöstlichen Ausrichtung als paralleles Pendant anatolischer Gebirgszüge darstellt.

Vor der Südwestküste Kleinasiens reiht sich zwischen Rhodos und Samos in enger Folge die Kette der Südlichen Sporaden, deren größter Teil zum Dodekanes zusammengefaßt ist. Weit versprengt im nordöstlichen Becken der Ägäis liegen die großen Inseln Chios, Lesbos, Limnos, Samothraki und Thasos.

Ionische Inseln

Der Westküste Griechenlands sind die Ionischen Inseln (Korfu, Lefkas, Ithaka, Kephallenia, Zakynthos u.a.) vorgelagert, deren mittlere Gruppe sich auch ethnologisch und historisch dem nahen mittelgriechischen Festland anfügt.

Die wichtigsten Gebirge und Gewässer in Griechenland

Griechische Inselwelt – ein Paradies für Segler

Geologie

Faltengebirge

In verwirrender Vielzahl drängen sich die Ketten und Gruppen des Gebirgslandes. Man faßt sie im Westen unter dem Begriff der Helleniden zusammen, die im Raume der griechischen Halbinsel südöstliche Streichrichtung haben und in mächtigem Bogen über die Inseln Kreta und Rhodos Kleinasien erreichen. Es sind Faltengebirge von alpinem Bauplan, die zu Beginn der Neuzeit der Erde zusammengeschoben wurden und meist aus mesozoischen und tertiären Gesteinen, besonders Kalken, Sandsteinen, Mergeln und Konglomeraten aufgebaut sind. Außer den Faltungsvorgängen erfaßten kräftige Hebungen und Senkungen in vielen Zeiten der Erdgeschichte und bis heute fortdauernd das griechische Land. Auf der Peloponnes finden wir im Meer abgelagerte Jungtertiärschichten hoch im Gebirge auf 1800 m Höhe.

Altes Gebirge

Eine ganz andere Gestaltung zeigt sich im Osten der Halbinsel und im ägäischen Raum.
Im Erdaltertum erfüllte das Gebiet der heutigen Ägäis ein aus meist kristallinen und metamorphen Gesteinen aufgefaltetes Altes Gebirge (Rumpfscholle), dessen abgetragene Kuppenlandschaft als sog. Alte Massen (Rhodope-Masse im thrakisch-makedonischen Gebiet, Kykladenmasse im Bereich der Kykladen, Pelagonische Masse im Süden der Peloponnes) erhalten ist; seine Gipfelflur ragt heute in Form von Inseln aus dem Meere auf.
Im Mesozoikum war dieses Alte Gebirge vom Tethys-Urmeer überflutet, das mächtige Schiefer-, Sandstein- und Kalkschichten hinterließ.
Im Diluvium stellte es nach dem Absinken des Meeresspiegels die Landverbindung zwischen Griechenland und Kleinasien dar.

Geologie

Meeressenken

Im Quartär brach diese Landverbindung wiederum in drei großen Senken ab, und zwar in das
Nordägäische Becken (bis 1950 m tief) nördlich einer gedachten Linie von der Magnesischen Halbinsel über Limnos zur Halbinsel Gallipoli (die Dardanellen sind dagegen ein ertrunkenes Flußtal), in das
Mitteláqäische Becken (bis 4850 m tief) zwischen Euböa, Kykladen, Samos und Chios sowie in das
Südägäische Becken (bis 4453 m tief) nördlich einer Linie von Kythira über Santorin (Thera) nach Rhodos.
Schwellen von um 500 m Tiefe trennen diese Meeressenken voneinander; im Süden bildet ein um 800 m tiefer Schelfbogen die Abgrenzung zum südöstlichen Mittelmeer.

Bruchbildung

Es ist eine klare Folge dieses höchst labilen Zustandes, daß die Erdrinde von zahllosen Brüchen zerstückelt wurde. Ist schon das Mittelmeer im ganzen ein Erzeugnis der Bruchbildung, so Griechenland in besonders starkem Maße. Kaum ein anderer Erdraum wurde so wie dieser in kleinste Stücke zerhackt. Die Brüche erfaßten die Faltengebirge und die Rumpfschollen gleichermaßen, so daß überall geradezu ein Mosaik von Hoch- und Tiefschollen entstand. Die Brüche schufen die zahllosen zuvor erwähnten großen und kleinen Becken oder Kammern. Sie formten die tiefen Golfe, die weit vorspringenden Halbinseln und die Inseln, die schroffen Steilküsten und die phantastische Gliederung der Küsten.

Vulkanismus

In den Bruchzonen herrschten einst heftiger, in jüngerer Zeit abnehmender Vulkanismus sowie ihn begleitend rege Beben- und Thermalquellentätigkeit.

Verkarstung

Die durch die starke erdgeschichtliche Faltung brüchigen Kalke fördern die Verkarstung, die auf dem gesamten griechischen Festland und auf den Inseln sehr typisch ausgeprägt ist.

Verheerende Erdbeben im griechischen Raum

Um 1450 v.Chr.	Verwüstung des minoischen Kulturkreises (v.a. auf Kreta; möglicherweise in Zusammenhang mit dem Vulkanausbruch auf der Insel Thera = Santorin).
464 v.Chr.	Peloponnes: Verheerungen im Tal des Eurotas, Zerstörung Spartas (20 000? Tote).
373 v.Chr.	Mittelgriechenland: Zerstörungen u.a. in Delphi.
6. Jh. n.Chr.	Peloponnes: Zerstörung von Olympia.
1856	Kreta.
1886	Peloponnes: Verwüstung von Städten und Dörfern in Messenien.
1926	Rhodos.
1928	Peloponnes: Zerstörung der Stadt Korinth.
1944	Peloponnes: Verwüstung der Westküste der Halbinsel Mani.
1953	Ionische Inseln.
1975	Mittelgriechenland: Ätolien und Akarnanien.
1978	Nordgriechenland: empfindliche Schäden in Saloniki.
1981	Mittel- und Südgriechenland: Großraum Athen und Korinth.
1986	Peloponnes: schwere Schäden in Kalamata.

Klima

Mittelmeerklima mit verschiedenen Einflüssen

Griechenland ragt, ausgehend von der Landmasse des Balkans, mit zahlreichen Halbinseln und Inseln weit in den Raum des östlichen Mittelmeeres hinein. Entsprechend vielfältig und unterschiedlich sind die Einflüsse, welche sein Klima bestimmen.

Allgemein herrscht das typische Mittelmeerklima mit trocken-heißen Sommern und feucht-kühlen Wintern. Im Unterschied zu den Urlaubsgebieten des westlichen Mittelmeeres sind in Griechenland kontinentale Einflüsse wesentlich stärker. Dies äußert sich – bei vergleichbaren Temperaturmittelwerten – darin, daß die täglichen und jährlichen Temperaturschwankungen hier merklich größer sind. In den Klimadiagrammen wird dies an der Breite des Temperaturbandes erkennbar.

Klimadiagramme (Darstellung s.S. 16)

Temperaturen und Niederschläge

An den Klimadiagrammen kann man den Jahresgang der Temperatur und des Niederschlags ablesen (von links nach rechts: J = Januar bis D = Dezember). Die blauen Niederschlagssäulen zeigen die Niederschlagsmenge (in mm) pro Monat, entsprechend der blauen Skala am Rand. Die Temperaturen sind als orangerotes Band eingezeichnet. Die obere Grenze entspricht der durchschnittlichen höchsten Tagestemperatur, die untere der durchschnittlichen niedrigsten Nachttemperatur. Die jeweiligen Temperaturwerte sind an den roten randlichen Skalen abzulesen.
In das Klimadiagramm von Kerkira sind zusätzlich die Temperatur- und Niederschlagskurven für die deutsche Stadt Kassel eingetragen. Im Vergleich zu den aus Mitteleuropa gewohnten Klimaverhältnissen werden so die Besonderheiten der einzelnen Klimaregionen Griechenlands deutlich.

Klimastationen (s. Karte S. 16)

Klimavielfalt

Die klimatische Vielfalt innerhalb Griechenlands wird anhand der vier Klimastationen Kerkira (Korfu), Kavala, Athen und Iraklion (Kreta) demonstriert, die jeweils eine größere Region repräsentieren und zwischen denen fließende Übergänge auftreten:

Kerkira — Kerkira steht für den relativ feuchten und milden Westen Griechenlands einschließlich der Ionischen Inseln.

Kavala — Kavala ist kennzeichnend für den stärker kontinental beeinflußten Norden und Osten des Landes.

Athen — Athen steht für die Mitte des Landes, schon östlich des gebirgigen Festlandes und am Westrand der ägaischen Inseln.

Iraklion — Iraklion ist bezeichnend für den Süden der griechischen Inselwelt.

Klimaprägung

Regelhaftigkeiten

Die Klimaprägung eines Ortes läßt sich anhand des Diagrammes – unter Berücksichtigung örtlicher Besonderheiten wie der des Reliefs – abschätzen. Dabei gelten die folgenden Regelhaftigkeiten:

Temperaturgegensätze

Die kontinentalen Einflüsse sind im Norden und im Landesinneren am stärksten; dort werden die größten Temperaturschwankungen zwischen Tag und Nacht sowie zwischen Sommer und Winter

Klima in Griechenland

Vier regionaltypische Klimastationen

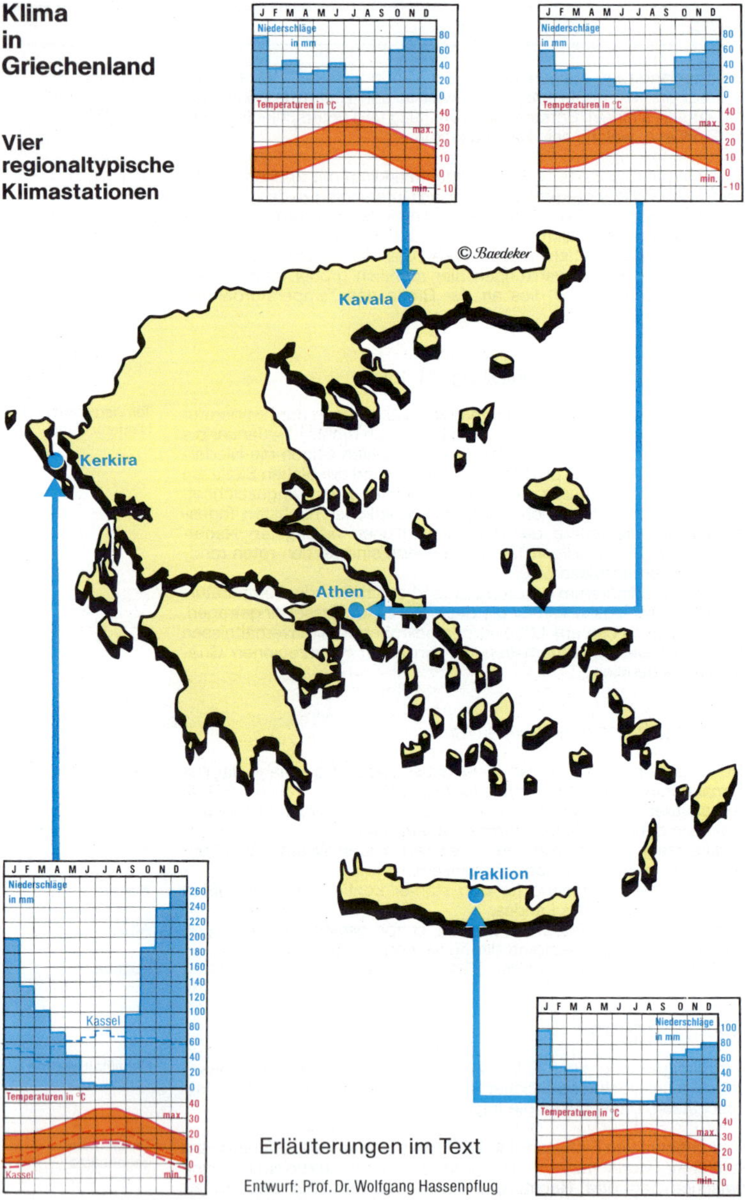

Erläuterungen im Text

Entwurf: Prof. Dr. Wolfgang Hassenpflug

Region	Temperaturen in °C							Durchschnittliche Jahresniederschläge in mm
	Luft					Meerwasser		
	Jahres durchschnitt	Januar	Juli/August	Jahresminimum	Jahresmaximum	Januar	Juli/August	
Athen	17,8	9,3	27,5/27,5	-5,5	43,0	14,8	24,9/25,6	401
Saloniki	16,4	5,0	26,6/26,3	-9,5	41,6	11,5	24,5/24,8	477
Korfu	17,4	10,0	26,7/26,6	-2,8	41,0	15,5	25,7/26,8	1137
Kreta	19,0	12,3	25,9/25,6	+0,1	45,7	15,2	25,9/25,6	539

Durchschnittliche Sonnenscheindauer: 2500 – 3000 Stunden im Jahr

Temperaturgegensätze (Fortsetzung)

erreicht. Nach Süden hin, insbesondere auf den Inseln, sind die Temperaturgegensätze geringer.

Trockenmonate

Temperatur und sommerliche Trockenheit nehmen von Norden nach Süden zu. Kann man in Nordgriechenland von drei bis vier ariden Monaten sprechen, d.h. von Monaten, in denen die Verdunstung den Niederschlag übersteigt, so sind es im mittleren Griechenland vier bis fünf, im südlichen Griechenland und in der Ägäis fünf bis sechs, auf Santorin gar sieben Trockenmonate. Im südlichen Griechenland bleiben drei bis vier Monate praktisch regenlos. Die sommerliche Hitze ist bei der trockenen Luft und der hohen Verdunstung verhältnismäßig gut zu ertragen.

Westen feuchter und milder

Die Westseite Griechenlands ist wesentlich feuchter als die Ostseite, da die niederschlagbringenden Winde des Winterhalbjahres aus dem Westen kommen und im Osten des Landes im Lee der Gebirge, schon ausgeregnet sind (vgl. die Klimadiagramme von Kerkira und Kavala). Zugleich ist das westliche Griechenland wesentlich milder (die mittlere Januartemperatur beträgt in Kerkira 10°C, dagegen in Saloniki nur 5,5°C).

Winde
Meltemi

Klimabeeinflussend sind auch die regionalspezifischen Winde. Die Etesien (altgriechischer Ausdruck) bzw. Meltemia (neugriechischer Ausdruck) sind sommerliche, oft kräftige und trockene, aus nördlichen Richtungen wehende Winde, welche die Ägäis überstreichen. Zum frühen Nachmittag hin schwellen sie bis zu großer Stärke an, um gegen Abend wieder abzuflauen. Besonders der Schiffahrt können sie zu schaffen machen, während auf dem Lande ihre andauernde Kraft von den zahlreichen Windmühlen zum Mahlen des Getreides oder zum Heben des Irrigationswassers benutzt wird. Ihrer Entstehung nach werden die Etesien zum Monsuntief über Vorder- und Südasien gezählt.

Schirokko

In der südlichen Inselwelt (Kykladen, Kreta) treten im Winter und Frühjahr südliche Winde (Schirokko) auf, die mit mild-feuchter, ja schwüler Witterung verknüpft sind und vielfach als lästig empfunden werden. Sie sind ihrer Entstehung nach an die Vorderseite von Tiefdruckgebieten gebunden, die im Winterhalbjahr über den Mittelmeerraum nach Osten wandern.

Berglandklima

Gebirgs- und Bergländer, welche den größten Teil Griechenlands ausmachen, haben ein eigenes Klima, das sich deutlich von dem der niedrig gelegenen Küsten- und Beckenzonen unterscheidet. Mit zunehmender Höhe wird es kühler und niederschlagsreicher. Die

Klima, Berglandklima (Fortsetzung)

durchschnittlichen Temperaturen sinken um etwa 0,5 bis 0,8°C pro 100 m Anstieg. Die durchschnittlichen Jahresniederschläge können in 800 m Höhe schon doppelt so hoch wie auf Meeresniveau sein, wie dies z.B. an der Nordabdachung von Kreta der Fall ist. Während Schnee in den Niederungen selten ist, bleibt er in Höhen von über 1000 m lange Zeit liegen. Im Sommer sind im Gebirge Niederschläge in Form von Gewittern keine Seltenheit. Insgesamt nähert sich das Klima in den Bergen Griechenlands demjenigen von Mitteleuropa.

Griechische Jahreszeiten

Das griechische Jahr kennt nur drei Jahreszeiten: die Zeit des Grünens, Blühens und Reifens (März bis Juni), die Trockenzeit (Juni oder Juli bis Oktober) und die Regenzeit (Oktober bis März oder April).

Pflanzen und Tiere

Flora

Bäume Sträucher

Die Pflanzenwelt in Griechenland zeigt typisch mediterranen Charakter mit immergrünen Hartlaubgewächsen und Sukkulenten (wasserspeichernde Pflanzen); die Bäume sind durchweg von nur mittlerem Wuchs. In den fruchtbaren Niederungen und Küstenregionen wechseln bis in etwa 800 m Meereshöhe Mischwälder aus Eichen, Platanen, Aleppokiefern, Johannisbrotbäumen u.a. mit Macchia (griechisch ‘Lóngos’) aus Steineichen, Kermeseichen, Erdbeerbäumen, Mastixsträuchern, Lorbeer, Ginster, Oleander und wilden Ölbäumen. Sie wird im feuchteren Westen in größeren Höhen (800–2000 m ü.d.M.), zum trockeneren Südosten hin auch in geringerer Höhe, zunehmend dürftiger und geht in die immergrüne Halbstrauchformation

Feigenkakteen am Golf von Korinth

Ölbaum

Oleanderstrauch

Flora (Fortsetzung)
Macchia

der Phrygana über, eine Trockenmacchie aus Wacholder, Heide und Wolfsmilchgewächsen, die als magere Schaf- und Ziegenweide dient. Sommergrüne Laubmischwälder aus Buchen, Kastanien, Platanen, Ahornen und Ulmen reichen besonders in den Gebirgen Nord- und Mittelgriechenlands bis über 1500 m, Nadelwälder bis über 1700 m Meereshöhe hinaus. Darüber ist bis 2000 m ü.d.M. allein die Apollotanne anzutreffen. Jenseits der Baumgrenze finden sich karge alpine Matten, sofern die verkarsteten Kalkhöhen überhaupt eine Flora zulassen.

Kulturland
Ödland

Die griechische Naturlandschaft ist weniger durch südliche Üppigkeit als vielmehr durch Kahlheit und Kargheit gekennzeichnet. Der natürliche Wald- und Macchienbestand wurde seit dem Altertum durch landwirtschaftliche Kultivierung und fortgesetzte Überweidung weitgehend zerstört. An seine Stelle sind bestenfalls Ölhaine, Feigenkulturen und Weinfelder, vielfach aber auch Ödland getreten. In jüngerer Zeit versucht man der zunehmenden Verödung des Landes durch Aufforstung entgegenzuwirken.

Fremdlinge

Als Fremdlinge haben sich Agave und Feigenkaktus aus Mittelamerika, die Dattelpalme als Ziergewächs aus Afrika, teils auch verwildert, allgemein verbreitet.

Fauna

Wild

Die weitreichende Devastation der Flora hat den Lebensraum und damit den Artenreichtum der natürlichen Tierwelt stark geschmälert. Im Gebirge lebt einiges Rot- und Schwarzwild; Bär und Wolf wechseln gelegentlich vom Balkan.

Esel – als genügsames Lasttier noch immer geschätzt

Griechische Landschildkröte

Muräne, Aal und Tintenfisch

Pflanzen und Tiere (Fortsetzung)
Bergziege

Auf der Insel Kreta hat sich bis heute die wilde Bezoarziege (Capra aegagrus) gehalten; hierbei handelt es sich um eine Stammform der Hausziege.

Reptilien

Kriechtiere (Eidechsen, Schlangen, Schildkröten) sind in ziemlich reicher Vielfalt anzutreffen, besonders häufig die Griechische Landschildkröte. Die Brutplätze der artbedrohten unechten Karettschildkröte (z.B. auf Zakynthos) stehen unter Naturschutz.

Vögel

Zahllos sind die Vogelarten, die Griechenland bei ihrem Zug nach Süden streifen. Bei Griechen beliebt und Touristen oft als 'Jagd' offeriert ist das Schießen von Vögeln (bes. Wachteln) und Kaninchen.

Meerestiere

Neben den im Mittelmeer allenthalben anzutreffenden Fischen werden an den Küsten besonders Tintenfische (Oktopus) und Muscheln sowie Hummer und Langusten gefangen.
In Meeresgrotten hat sich die von der Ausrottung bedrohte Mönchsrobbe gehalten.
Im Bereich der gesamten Ägäis kommen Schwämme vor.

Bevölkerung

Zahl und Dichte

Die griechische Bevölkerung von gut zehn Millionen Menschen ist auf verhältnismäßig wenig bebaubares Land angewiesen. Daraus ergibt sich dort eine hohe Dichte von 220 Einwohnern pro Quadratkilometer gegenüber dem gesamtgriechischen Mittelwert von 75 Einwohnern auf einem Quadratkilometer.

Struktur

Die Griechen sind ein Mischvolk mit slawischen, albanischen und anderen europäischen Einschlägen, doch hat ihr auf die Gemeinsamkeit von Sprache und Religion gegründetes nationales Bewußtsein zu allen Zeiten ein erstaunliches Beharrungsvermögen und eine ebensolche Assimilationskraft bewiesen. Sie haben fast vierhundert Jahre Türkenherrschaft u.a. mit dem Aderlaß durch die 'Knabenlese' ohne Selbstaufgabe überstanden. Wenn nach der Staatsgründung von 1830 in Athen zwei verschiedensprachige Gerichtshöfe für Griechen und Albaner gegründet werden mußten, weil Attika überwiegend albanisch besiedelt war, so ist dies längst kein Problem mehr; diese Albaner, besonders auf den Inseln Hydra und Spetsä, gehörten übrigens zu den glühendsten und tatkräftigsten Patrioten im griechischen Freiheitskampf gegen die Türken.
Als nachhaltig prägendes Moment erwies sich im Dodekanes die lang währende Herrschaft von Türken und Italienern sowie auf den Ionischen Inseln die britische Protektoratszeit, welche diesen Inseln eine feste Bindung an den westeuropäischen Kulturraum brachte.
Die Geschlossenheit der Bevölkerung ist durch die politischen Ereignisse nach dem Ersten Weltkrieg gewachsen: Rund 1,5 Mio. griechische Flüchtlinge kamen aus Kleinasien; 518 000 Türken und 92 000 Bulgaren verließen das Land.

Die Bevölkerung Griechenlands besteht heute zu 98,5% aus Griechen. Ganz geringe Minderheiten bilden u.a. Türken (0,8%; in Thrakien, auf Rhodos und Kos), Bulgaren (0,3%; in Makedonien), Armenier (0,2%) und Kutzowalachen (= Aromunen, in Thessalien); erwähnt seien ferner die nomadisierenden Zigeunersippen.
Trotz moderner Entwicklung sind für die Griechen noch immer die Familie und die von ihr gehütete Sitte für das streng altershierarchisch geordnete Zusammenleben bestimmende Faktoren. Im Zeichen der

Menschen in Griechenland ...

Struktur (Fortsetzung)

traditionellen Vorrangstellung der Männer ist die Gleichberechtigung der Frauen in Griechenland erst in Ansätzen verwirklicht.
Der überwiegende Teil der Bevölkerung ist durchaus ländlich eingestellt, und selbst in den großen Städten hält sich dieser Charakter in manchen Vierteln beharrlich. Dabei sind die Großstädte in den letzten Jahrzehnten auf Kosten der Provinz beängstigend rasch gewachsen, woraus sich manche Probleme der Sozial- und Infrastruktur ergeben.
Von den rund 4 Mio. Erwerbstätigen des Landes arbeiten 40% im tertiären Sektor (Verwaltung, Dienstleistungen, Handel, Transportwesen, Tourismus), 30% im produzierenden Gewerbe, 27% in Land- und Forstwirtschaft sowie Fischerei.

Besiedlung

Etwa ein Drittel der Bevölkerung lebt in ländlichen Siedlungen. Es sind meist dichtgedrängte Dörfer, für deren Lage Trinkwasservorkommen entscheidend sind; der Schöpfbrunnen ist in der Regel Dorfmittelpunkt. Einzelsiedlungen sind selten.
Städte treten im Gesamtbild zurück, nehmen aber an Zahl sowie Größe rasch zu und liegen vor allem in der östlichen Hälfte des Festlandes. Es sind überwiegend Klein- und Mittelstädte, für die ebenfalls die enge Zusammendrängung kennzeichnend ist.
Großstädte gibt es nur wenige: Athen, die Landeshauptstadt, und die Hafenstadt Piräus, die – zentral gelegen und eng benachbart – mit ihren Vororten einen geschlossenen Großraum mit etwa 3,5 Mio. Einwohnern bilden. Den Norden des Landes beherrscht Saloniki (Thessaloniki), das mit Vororten rund 750 000 Einwohner zählt. Die größte Stadt auf der Peloponnes ist Patras mit 155 000 Einwohnern. In der Rangordnung folgen dann Iraklion (110 000 Einw.; auf Kreta) sowie in Mittelgriechenland Volos (107 000 Einw.) und Larisa (102 000 Einw.).

Landflucht und Abwanderung

Im Gegensatz zu den städtischen Zentren des Festlandes verzeichnen die meisten Inseln einen stetigen Rückgang der Bevölkerung, mehrere stehen vor der Entvölkerung (z.B. Kastellorizo, weit im Südosten vor der türkischen Mittelmeerküste). Karge Böden und durch Realteilung sinnlos zersplitterte Ländereien haben die Lebensbedingungen derart erschwert, daß es die Jugend vielfach vorzieht, sich auf

Vertreter eines selbstbewußten Volkes

Landflucht und Abwanderung (Fortsetzung)

dem Festland, in den hochindustrialisierten Ländern Westeuropas oder in Übersee (bes. in den USA) nach besseren Erwerbsmöglichkeiten umzusehen. Doch seit einiger Zeit kehren viele jüngere Griechen, vom Stadtleben enttäuscht, auf das Land zurück; eine bescheidene 'Industrialisierung' der Landwirtschaft in den Hauptanbaugebieten zeichnet sich ab.
Etwa 3 Mio. Griechen leben außer Landes. Vielfach unterstützen sie ihre in Griechenland verbliebenen Angehörigen mit materiellen Zuwendungen und kehren nicht selten im Alter in die Heimat zurück; dies gilt in besonderem Maße für die Inselgriechen.

Sprache

Entsprechend der Zusammensetzung der griechischen Bevölkerung ist Neugriechisch die einzige Landes- und Staatssprache. Das Neugriechische leitet sich zwar direkt vom Altgriechischen her und wird auch mit seinen Buchstaben geschrieben, hat sich jedoch sowohl in Grammatik, Syntax und Wortschatz als auch besonders in der Aussprache weit von seinem Ursprung entfernt. Hinzu kommt als spezifisch griechische Eigentümlichkeit eine sprachliche Zweigleisigkeit (vgl. ⟶ Kunst und Kultur: Neugriechisches Kulturleben, Literatur, Sprachliche Mehrgleisigkeit):
Die Griechen sprechen gemeinhin die 'Dimotikí' genannte, natürlich entwickelte Volkssprache. Mit der Schaffung des neuen nationalgriechischen Staates (1829/1830) setzten akademische Bestrebungen ein, ein an das Altgriechische anknüpfendes künstliches Idiom zu schaffen, das dann als 'Katharévusa' zur ('gereinigten') Amtssprache bestimmt wurde. Sie blieb die offizielle Staatssprache der Verwaltung, der Justiz, der Wissenschaft und auch weitgehend der Presse, bis das griechische Parlament im Jahre 1975 die Einführung der Volkssprache 'Dimotikí' als Nationalsprache beschloß.

Religion

Trotz historisch bedingter regionaler Unterschiede und starker geographischer Zersplitterung haben sich die Griechen ein tiefes Nationalbewußtsein bewahrt. Als einigende Kraft hat hier besonders in schweren Zeiten die griechisch-orthodoxe Kirche gewirkt, deren Einfluß im privaten wie im öffentlichen Bereich ungebrochen ist. Seit

Bevölkerung, Religion (Fortsetzung)

1833 ist die Kirche Griechenlands autonom, seit 1850 vom Ökumenischen Patriarchat in Konstantinopel (= İstanbul, Türkei) als Autokephalie anerkannt und seit 1864 Staatskirche; als ihr Oberhaupt fungiert der Erzbischof von Athen.

Allein die erst 1912/1913 mit Griechenland vereinigten Inseln des Dodekanes und die Mönchsrepublik Athos unterstehen noch heute der Jurisdiktion des Patriarchats von Konstantinopel.
Kreta nimmt als halbautonome Kirchenprovinz eine Sonderstellung ein.

Konfessionen

Rund 98% der Bevölkerung bekennen sich zur griechisch-orthodoxen Kirche, den Rest stellen Moslems (1,3%), Protestanten, Katholiken (venezianisches Erbe auf den Kykladen) und Juden.

Staat und Gesellschaft

Demokratisches Staatswesen

Staatsform

Seit dem Sturz der Militärdiktatur im Jahre 1974 und der Volksabstimmung über das Schicksal der Monarchie, bei der sich die große Mehrheit der griechischen Bevölkerung für eine Abdankung des im Exil lebenden Königs Konstantin II. aussprach, hat Griechenland nach der Verfassung von 1975 (mit Änderungen und Zusätzen von 1985 und 1986) die Staats- und Regierungsform einer parlamentarisch-demokratischen Republik.

Staatsflagge

Die erstmals im März 1822 gehißte griechische Flagge (Abbildung s. bei der nebenstehenden Übersichtskarte) zeigt außer dem griechischen Kreuz (in der linken oberen Ecke) neun abwechselnd blaue und weiße Streifen, die den neun Silben des griechischen Schlachtrufes "E/lev/the/rí/a u Thá/na/tos" (= "Freiheit oder Tod") im Freiheitskampf gegen die türkische Beherrschung entsprechen. Die Farben Weiß und Blau waren auch jene des aus Bayern stammenden ersten Königs der Hellenen.

Staatswappen

Das nach Abschaffung der Monarchie 1975 eingeführte griechische Staatswappen zeigt ein silbernes griechisches Kreuz auf blauem Schild, der von einem grünen Lorbeerkranz umwunden ist.

Nationalhymne

Zur griechischen Nationalhymne wurde 1865 eine 1828 von Nikolaos Mantzaros (1795–1872) komponierte Weise erhoben; der Text (Beginn: "Se gnoríso apó tin kópsi tu spathiú ..." = wörtlich "Dich erkenne ich am Schnitt des Schwertes ...") stammt aus dem "Hymnos auf die Freiheit" von Dionysios Solomos (1798–1857), dem ersten bedeutenden griechischen Lyriker der Neuzeit.

Wahlrecht

In Griechenland gilt das allgemeine Wahlrecht für alle Bürgerinnen und Bürger mit dem Erreichen des 18. Lebensjahres.

Parlament

Das jeweils auf vier Jahre vom Volk frei und geheim gewählte Parlament besteht aus 300 Abgeordneten, die wiederum den Staatspräsidenten mit Zweidrittelmehrheit auf fünf Jahre wählen.

Parteien

Im griechischen Parlament sind folgende Parteien vertreten: die konservative 'Neue Demokratie' (ND), die 'Panhellenische Sozialistische Bewegung' (PASOK) und das kommunistische Bündnis der 'Vereinigten Linken' (KKE u.a.).

Griechenland
Hellas / Elláda
Hellenische Republik
Ellinikí Dimokratía

GR

Bezirke (Hauptorte, sofern abweichend)

1 Evros (Alexandrupolis)
2 Rhodopi (Komotini)
3 Xanthi
4 Kavala
5 Drama
6 Serrä
7 Kilkis
8 Saloniki (Thessaloniki)
9 Lesbos (Mytilini)
10 Chalkidike (Polygiros)
11 Pieria (Katerini)
12 Imathia (Veria)
13 Pella (Edessa)
14 Florina
15 Kastoria
16 Kozani
17 Grevena
18 Ioannina
19 Thesprotien (Igumenitsa)
20 Preveza
21 Arta
22 Trikala
23 Karditsa
24 Larissa
25 Magnesia (Volos)
26 Evritanien (Karpenision)
27 Ätolien und Akarnanien (Agrinion)
28 Phthiotis (Lamia)
29 Phokis (Amphissa)
30 Euböa (Chalkis)
31 Böotien (Levadia)
32 Attika (Athen)
33 Korinth
34 Achaia (Patras)
35 Elis (Pyrgos)
36 Arkadien (Tripolis)
37 Argolis (Nauplia)
38 Messenien (Kalamata)
39 Lakonien (Sparta)
40 Korfu (Kerkyra)
41 Lefkas
42 Kephallenia (Argostolion)
43 Zakynthos
44 Chania
45 Rethymnon
46 Iraklion
47 Lasithi (Agios Nikolaos)
48 Dodekanes (Rhodos)
49 Kykladen (Ermupolis, auf Syros)
50 Samos (Vathy)
51 Chios

Regionen

A Thrakien
B Makedonien
C Epirus
D Thessalien
E Mittelgriechenland
F Peloponnes
G Ionische Inseln
H Kreta
J Ägäische Inseln

Staat und Gesellschaft

Wehrpflicht

Alle griechischen Staatsbürger männlichen Geschlechts unterliegen der allgemeinen Wehrpflicht.

Internationale Mitgliedschaften

Griechenland ist Mitglied der Vereinten Nationen (UN) und der meisten seiner Unterorganisationen, der Europäischen Gemeinschaft (EG), des Europarates, des Nordatlantischen Bündnisses (NATO), der Organisation für Wirtschaftliche Zusammenarbeit und Entwicklung (OECD) und etlicher anderer zwischenstaatlicher Zusammenschlüsse.

Politische Gliederung (Übersichtskarte s.S. 25)

Hellenische Republik

Das Staatsgebiet der Republik Griechenland (neugriechisch 'Ellinikí Dimokratía' = 'Hellenische Demokratie') mit der Landeshauptstadt Athen gliedert sich in zehn geographische Regionen, die ihrerseits in 51 Regierungsbezirke ('Nomí'; Einzahl 'Nomós') unterteilt sind.
Die Nomí bestehen wiederum aus 147 Provinzen ('Eparchíes'; Einzahl 'Eparchía') mit 264 Stadtgemeinden ('Dími'; Einzahl 'Dímos'), 5762 Landgemeinden ('Kinótites'; Einzahl 'Kinótis') und 11 691 Siedlungen ('Ikismí'; Einzahl 'Ikismós').

Mönchsrepublik Athos

Die Mönchsrepublik am Berge Athos ('Hágion Óros' = 'Heiliger Berg') auf dem östlichen 'Finger' der nordgriechischen Halbinsel Chalkidike (Region Makedonien) genießt mit ihren 20 Klöstern und dem Hauptort Kariés volle innere Selbstverwaltung.

Bildungswesen

Schulpflicht

Mit Inkrafttreten eines neuen Schulgesetzes im Jahre 1976 besteht in Griechenland eine insgesamt neunjährige Schulpflicht, und zwar für sechs Jahre Volksschule ('Dimotikon Scholeion') und drei Jahre Sekundarschule ('Gymnasion').

Der stark anwachsende Bereich der Vorschulen (Kindergarten), deren Besuch nicht obligatorisch ist, nimmt Kinder im Alter ab 3½ Jahren auf.

Während weiterer drei Schuljahre können sich die Jugendlichen in allgemeinen, technischen oder berufsbezogenen Lyzeen auf die Hochschulreife (Abitur) vorbereiten.

Universitäten und Hochschulen

In Griechenland bestehen sechs Universitäten, und zwar in Athen, Saloniki, Patras, Ioannina, Thrakien (Xanti und Komotini) und auf Kreta (Iraklion und Rethymnon), sowie sechs andere Hochschulen, nämlich in Athen für Politische Wissenschaften, Wirtschafts- und Handelskunde, Landwirtschaft und Bildende Kunst sowie in Saloniki und Piräus je eine für industrielle Forschung und Planung.

Volksbildung

Das in Griechenland besonders tief verankerte Bildungssystem herkömmlicher Art soll durch staatliche Fördermaßnahmen der Erwachsenenbildung (Volksbildungszentren) ergänzt werden. Erfolgreich waren diese Bestrebungen jedoch weitgehend nur bei den Berufstätigen unter 40 Jahren; die Aktivierung älterer Bevölkerungsschichten ist – nicht zuletzt wegen der noch relativ hohen Analphabetenquote – bisher nur ansatzweise gelungen.

Kulturleben siehe Seite 139.

Wirtschaft

Gesamtgriechenland

Allgemeines

Griechenland gehört infolge des wenig günstigen geographischen und geologischen Aufbaus von jeher zu den wirtschaftsschwachen Regionen Europas. Dies war in der Antike einer der Gründe für die Errichtung von Kolonien, und es veranlaßt auch heute noch besonders die Jüngeren zur Emigration in die Neue Welt oder zur vorübergehenden Abwanderung als Gastarbeiter in die hochindustrialisierten Staaten Westeuropas.
Bislang dominiert die Landwirtschaft bei vergleichsweise geringer Wirtschaftlichkeit.
Die Industrialisierung schreitet rasch voran, und der Dienstleistungsbereich – gemessen an der Zahl der Beschäftigten und an der Wertschöpfung inzwischen der wichtigste Wirtschaftssektor – wird in Zukunft durch wachsenden Handel und Verkehr wie auch durch den weiter im Aufwind befindlichen Tourismus weiter an Bedeutung gewinnen.

Landwirtschaft

Die Basis der griechischen Ökonomie ist noch immer die Landwirtschaft, wenngleich ihr Anteil am Volkseinkommen zurückgeht. Sie erzeugt, teils auf mühevoll angelegten Terrassenkulturen, Getreide (Weizen, Gerste, Mais, Reis), Wein (auch Tafeltrauben, Rosinen, Korinthen, Sultaninen), Tabak, Baumwolle, Zuckerrüben, Melonen, Obst und Südfrüchte, Feigen, Nüsse (Mandeln, Pistazien, Erdnüsse) sowie Frühgemüse (Tomaten, Auberginen, Gurken).
Besondere Bedeutung kommt der Pflege des Ölbaumes (Speiseöl, Oliven) zu.

Schafherde auf der Peloponnes

Gesamtgriechenland, Landwirtschaft (Fortsetzung)

Das Schwergewicht der Vieh- und Weidewirtschaft liegt bei der Zucht und Haltung von Schafen (ca. 8 Mio. Tiere), Ziegen (ca. 4,5 Mio. Tiere) und Kleintieren.
Erwähnung verdient auch die Bienenzucht zur Gewinnung von Honig und Wachs.
Noch ist etwa ein Viertel der Bevölkerung Griechenlands in der Landwirtschaft tätig (EG-Durchschnitt 7,6%), die allerdings mit nur 15% am Bruttosozialprodukt beteiligt ist. Schlechte Bodenbeschaffenheit, lokale Wasserarmut, vergleichsweise bescheidene Löhne für harte Arbeit und der Mangel an qualifizierten Fachkräften, nicht zuletzt aber auch strukturelle Probleme – fast drei Viertel aller agrarischen Betriebe bewirtschaften eine Nutzfläche von weniger als 5 ha – stehen einer positiven Entwicklung entgegen. Gleichwohl vermag heute die griechische Landwirtschaft den Eigendarf des Landes weitgehend zu decken und zudem beträchtliche Ausfuhren zu erwirtschaften.

Fischerei

Die Fischerei in griechischen Gewässern ist wegen der geringen Nahrungsregeneration und fortgesetzten Überfischens wenig ertragreich; zur Deckung des landeseigenen Fischbedarfs sind zusätzliche Importe nötig.
Schwammfischerei siehe nachstehendes Kapitel 'Wirtschaft der griechischen Inselwelt'.

Bergbau

Für den Bergbau bestehen gute Möglichkeiten in der Ausbeutung von Bauxit-, Pyrit- und Magnesitlagerstätten sowie in der Förderung von Eisen-, Chrom-, Zink-, Blei- und anderen Erzen. Allerdings fehlt es an Kapital zur Einfuhr von Steinkohle zur Verhüttung; die gelegentlich vorkommende Braunkohle bildet hierfür keinen vollwertigen Ersatz.
Marmor, ein wichtiges Grundmaterial für das Baugewerbe, wird an vielen Orten gebrochen.

Energieversorgung

Der Erschließung neuer Energiequellen kommt vorrangige Bedeutung zu. Gut 90 % des Bedarfes an elektrischem Strom werden durch Wärmekraftwerke auf der Basis von einheimischer Braunkohle sowie importierter Steinkohle und Erdöl gedeckt. Den Rest liefern Wasserkraftwerke (u.a. am Acheloos in Mittelgriechenland), deren Anteil jedoch trotz Kapazitätsausweitung stetig sinkt. Pläne zum Bau von Kernkraftwerken (z.B. bei Lavrion, südöstlich von Athen) wurden wegen der regen Erdbebentätigkeit in dieser Region vorerst aufgeschoben.
Anfang 1974 stieß man bei Unterwasserversuchsbohrungen vor der Insel Thasos in der Nordägäis auf bedeutende Vorkommen an Erdöl und Naturgas. Diese ergiebigen unterseeischen Reserven, deren Nutzungsrechte auch die Türkei für sich reklamiert hatte, haben die traditionsgemäß ohnehin gespannten Beziehungen zwischen beiden Staaten in jüngster Zeit zusätzlich belastet. Die Ausbeutung dieser Erdölfelder ('Prinos') soll in Zukunft 13% des Energiebedarfes Griechenlands decken. Außerdem hat man 1981 auf der westlichen Peloponnes beträchtliche Erdgasvorkommen entdeckt.

Produzierendes Gewerbe

In Industrie und Handwerk ist rund ein Drittel der erwerbstätigen Bevölkerung beschäftigt und erwirtschaftet dabei einen etwa ebenso großen Anteil am Bruttoinlandsprodukt. Das in Aufwärtsentwicklung begriffene produzierende Gewerbe umfaßt neben den traditionellen Zweigen der Nahrungs- und Genußmittelindustrie (Konserven, Fruchtsäfte, Wein, Alkoholika; Tabakwaren) sowie der Textilmanufaktur (Teppiche, Bekleidung) und der Herstellung von Leder- und Rauchwaren (Pelze aus Kastoria) auch den Schiffbau, chemische Fabriken und die Metallverarbeitung, wobei die Industrialisierung mit Macht vorangetrieben wird. Eine aus ökologischen Bedenken umstrit-

Fischerboote bei Lefkas

Produzierendes Gewerbe (Fortsetzung)

tene Bauxithütte am Golf von Korinth (unweit von Delphi) soll die vereinbarten Aluminiumlieferungen an die Sowjetunion und an Bulgarien sicherstellen.

Industriestandorte

Ein Drittel der Bevölkerung und annähernd zwei Drittel der gesamten Industrieproduktion Griechenlands sind im Großraum Athen (samt Piräus und der Bucht von Eleusis) angesiedelt. Diese extreme Ballung bei gleichzeitigen massiven Expansionsbestrebungen führen zu verschärften Umweltproblemen, die sich seit geraumer Zeit in einer bedrohlichen Smogbelastung zeigen. Weitere industrielle Schwerpunkte sind Saloniki (Thessaloniki) im Norden des Landes sowie Patras auf der Peloponnes.

Tertiärer Sektor

Mittlerweile sind in Griechenland rund 40% aller erwerbstätigen Personen im Dienstleistungsbereich beschäftigt, der neben dem staatlichen Verwaltungsapparat vor allem die Sparten Handel, Bankwesen, Transport (Verkehrsmittel, Spedition) sowie das Hotel- und Gaststättengewerbe umfaßt.
Damit ist der tertiäre Sektor heute der wichtigste Bereich der griechischen Wirtschaft.

Außenhandel

Seit 1962 ist Griechenland der Europäischen Wirtschaftsgemeinschaft assoziiert, seit 1981 EG-Vollmitglied. Der damit verbundene Abbau der Zoll- und Handelsschranken hat die wirtschaftliche Situation verändert. In den Jahren zwischen 1970 und 1980 haben sich die Industrieproduktion und der Export verelffacht. Waren 1960 noch mehr als 90% aller Ausfuhrgüter landwirtschaftliche Produkte, so ging 1984 ihr Anteil an den Ausfuhren auf 22% zurück, während sich der Anteil von Produkten der gewerblichen Wirtschaft auf fast die Hälfte des Gesamtvolumens erhöhte.

Gesamt-Griechenland, Außenhandel (Fortsetzung)

Die wichtigsten Handelspartner Griechenlands sind die Staaten der Europäischen Gemeinschaft, insbesondere die Bundesrepublik Deutschland, Italien und Frankreich, gefolgt von den Vereinigten Staaten von Amerika und der Sowjetunion. Trotzdem hat Griechenland sein Handelsdefizit nicht verringern können. Bedingt durch Bevölkerungswachstum und Konsumausweitung wurden die höheren Exporterträge mehr als aufgebraucht.

Einkommen

Das Durchschnittseinkommen griechischer Arbeitnehmer liegt noch immer deutlich unter dem der anderen EG-Staaten.

Inflation Arbeitslosigkeit

Die Inflationsrate ist mit 16%, die Arbeitslosigkeit mit annähernd 10% sehr hoch.

Tourismus

Ein wirtschaftlicher Faktor erster Ordnung ist der Tourismus geworden, der 1988 rund 8 Mio. ausländische Besucher (darunter 1,2 Mio. Deutsche) ins Land gebracht hat, was etwa vier Fünfteln der gesamten griechischen Bevölkerung entspricht!
Der verstärkte Bau von Unterkunftsstätten und Verkehrswegen trägt dieser Entwicklung Rechnung; doch sieht die Regierung auch die Schattenseiten, die sich für die Griechen aus dem gewaltigen Touristenstrom ergeben, der jedes Jahr von Neuem ins Land fließt.
Die einzigartigen kulturhistorischen Zeugnisse einer der großen Zivilisationen unserer Erde wie auch die klimatisch günstigen Bedingungen und die landschaftlichen Reize lassen aber auch in Zukunft eine steigende Tendenz im Fremdenverkehr erwarten.

Wirtschaft der griechischen Inselwelt

Situation

Die griechischen Inseln gehören zu den wirtschaftlich wenig entwikkelten Teilen Griechenlands. Industrie ist kaum vorhanden; Handel und Gewerbe knüpfen an die Landwirtschaft an, die bei 546 200 ha Anbaufläche (= 13,4% der Gesamtanbaufläche Griechenlands) wichtigster Erwerbszweig ist. Während die kleineren Inseln weitgehend um Deckung ihres Eigenbedarfs bemüht sind, liefern die größeren Agrarprodukte zum Festland und ins Ausland.

Landwirtschaftliche Erzeugnisse

Wichtigste Erzeugnisse seit dem Altertum sind Oliven (als Ölfrucht und Speiseoliven), Wein, Honig bzw. Wachs, in jüngerer Zeit Melonen und Frühgemüse, Tomaten (Kykladen) zur Bereitung von Tomatenmark, Sultaninen, Mandeln und Erdnüsse (Kreta), Tafeltrauben und Korinthen (Ionische Inseln), Baumwolle, Tabak, Mastix (Chios) sowie Pfirsiche, Aprikosen, Äpfel und Birnen (Konservenfabrik auf Kreta).
Schaf und Ziege sind nach wie vor die wichtigsten Milch- und Fleischlieferanten. Die geringe Verkehrserschließung vieler kleinerer Inseln macht dort Esel und Maultier als Last- und Arbeitstiere noch immer unentbehrlich.

Fischerei Schwammfischerei

Auch im Gebiet der griechischen Inseln ist die Fischerei wenig ergiebig. Die Schwammfischerei, einst einer der wichtigsten und ertragreichsten Gewerbezweige der östlichen Ägäis, schrumpft unter dem Druck der Konkurrenz durch synthetische Schwämme; sie konzentriert sich heute auf die Gebiete vor der nordafrikanischen Küste. Die griechische Schwammfischerflotte liegt traditionsgemäß auf den Inseln der Dodekanes. Bau und Reparatur der Kaiken besorgen kleinere Lokalwerften.

Bergbau

Der Bergbau (nur Klein- und Mittelbetriebe mit max. 400 Beschäftigten) im Bereich der griechischen Inseln beschränkt sich auf geringe

Malerische Gasse in Lindos auf der Insel Rhodos

Wirtschaft der griechischen Inselwelt, Bergbau (Fortsetzung)

Vorkommen von Eisen, Mangan, Nickel, Chrom, Zink, Blei und Molybdän (Euböa und Milos). Weltberühmter Marmor wird seit dem Altertum auf Tinos, Chios, Naxos und Paros gebrochen. Pozzolan, eine vulkanische Erde von Santorin und Milos, wurde schon im Altertum beim Bau von Hafenanlagen geschätzt.

Handwerk und Gewerbe

Handwerk und Gewerbe fußen auf dem Abbau von Tonen (Töpferei, Keramik) sowie auf der Schaf- und Ziegenzucht (Wollteppiche, Textilien; Lederverarbeitung).

Verkehr

Straßen

Straßennetz

Rund 40 000 km Straßen erschließen das Land in Anbetracht der topographischen Gegebenheiten recht gut. Etwa vier Fünftel dieser Verkehrswege befinden sich in ordentlichem Zustand oder werden zügig ausgebaut. Verstärkte Aufmerksamkeit gilt dem Bau von Schnellstraßen, die zum Teil autobahnartig angelegt sind oder werden, sowie für den Durchgangsverkehr wichtigen Ortsumgehungen.
Die Bereisung des gesamten Festlandes einschließlich der Peloponnes – auch über die Gebirge hinweg – sowie der größeren Inseln mit dem Kraftfahrzeug ist heute ohne nennenswerte Schwierigkeiten möglich.
Das Rückgrat des festlandgriechischen Straßennetzes ist die durchgehende Schnellstraße (abschnittweise Autobahn mit getrennten Richtungsfahrbahnen) von der jugoslawisch-griechischen Staats-

Straßennetz (Fortsetzung)

grenze über Saloniki (Thessaloniki), Larisa und Lamia nach Athen sowie weiter entlang der Südküste des Golfes von Korinth bis nach Patras und Olympia. Aber auch die pässereichen west-östlichen Querverbindungen in Nord- und Mittelgriechenland, die wichtige Nordwest-Südost-Verbindung zwischen dem Fährhafen Igumenitsa am Ionischen Meer (über Arta, Naupaktos, Delphi und Levadia) und dem Großraum Athen (hier mehrspurige Hauptverkehrsadern) sowie diverse Diagonalstraßen durch die Peloponnes sind problemlos befahrbar und werden laufend verbessert.

Orientierungshilfen

Hervorzuheben ist die insgesamt fremdenfreundliche Beschilderung mit Wegweisern und Entfernungsangaben nicht nur für Städte und Ortschaften, sondern auch für touristische Sehenswürdigkeiten (archäologische Ausgrabungsstätten, Museen, Kirchen, Naturschönheiten etc.) sowohl in griechischer als auch in lateinischer Schrift.

Eisenbahn

Eisenbahnnetz

Das griechische Eisenbahnnetz – unterhalten von dem staatlichen Eisenbahnunternehmen 'Organismós Siderodrómon Elládos' (OSE/CH) – ist mit einer Streckenlänge von nur annähernd 2500 km vergleichsweise extrem weitmaschig. Zudem sind die Schienenwege weithin eingleisig (überwiegend Normalspur); ihre Elektrifizierung steht noch aus. Immerhin besteht eine Fernverbindung mit Mitteleuropa von Athen über Saloniki und Belgrad.

Peloponnesbahn

Bei den auf der Halbinsel Peloponnes verkehrenden Eisenbahnlinien ('Peloponnesbahn'; Ausgangspunkt Piräus bzw. Athen) und der Querverbindung Volos–Kalambaka handelt es sich um Schmalspurbahnen.

Schnellbahn

Im Großraum Athen verkehrt eine im Stadtzentrum unterirdisch geführte Stadtbahn ('Elektrikós'), die einzige S-/U-Bahn in Griechenland.

Autobusse

Linienverkehr

Die insgesamt unzureichenden Eisenbahnverbindungen werden durch ein dichtes Netz von Autobuslinien ergänzt, die zum kleineren Teil von der griechischen Eisenbahn, im wesentlichen jedoch von diversen privaten Fuhrunternehmen betrieben werden. Es bestehen regelmäßige Fernverbindungen (überwiegend mit klimatisierten Fahrzeugen) zwischen den großen und mittleren Städten sowie genügend regionale und lokale Autobusverbindungen, um auch zu den entlegensten Orten des Landes zu gelangen.

Touristenbusse

Hinzu kommt ein großes Angebot (v.a. in Athen) an speziell für Touristen organisierten Ausflugsprogrammen, die in der Regel mit modernen Luxusbussen durchgeführt werden.

Flugverkehr

Linien- und Charterflugdienste

Griechenland, dessen Luftverkehr sich in jüngster Zeit stark entwikkelt hat, ist sowohl durch die einheimische Fluggesellschaft 'Olympic Airways' (urspr. eine von Aristoteles Onassis 1957 gegründete Privatgesellschaft; seit 1975 in griechischem Staatsbesitz) als auch durch zahlreiche ausländische Linien- und Charterfluggesellschaften an das

Geschichtsträchtiger Eisenbahnviadukt über den Gorgopotamos (vgl. S. 165)

internationale Flugverkehrsnetz angeschlossen. Darüber hinaus bedienen die 'Olympic Airways' ein dichtes Netz an Inlandsfluglinien, insbesondere im Bereich der Ägäischen Inseln.

Linien- und Charterflugverkehr (Fortsetzung)

Bei weitem wichtigster internationaler Flughafen des Landes und Drehscheibe für den Luftverkehr zwischen Südosteuropa und dem Vorderen Orient ist Athen (Hellinikó; südöstlich vor der Stadt), mit Abstand gefolgt von Saloniki (Thessaloniki) und Iraklion (auf Kreta).

Flughäfen

Schiffahrt

Die meerdurchdrungene Lage des Landes bedingt verständlicherweise eine auffallende Dominanz der Schiffahrt. Nach den schweren Verlusten durch die beiden Weltkriege steht Griechenland heute mit rund 2700 Handelsschiffen (über 300 BRT) und einer Gesamttragfähigkeit von 49 Mio. t (davon ca. 20 Mio. t Tankerkapazität) an vierter Stelle in der Weltrangliste.
Zudem lassen griechische Reeder etliche Schiffe unter ausländischen Flaggen ('Billigflaggen' z.B. von Liberia oder Panama) fahren.

Handelsflotte

Die griechische Handelsflotte hat einerseits beträchtlichen Anteil am internationalen Seeverkehr und versieht andererseits die bedeutende Küstenschiffahrt des eigenen Landes sowie den intensiven und gut organisierten Fährverkehr zwischen dem Festland und den zahlreichen Inseln im Ägäischen und im Ionischen Meer.

Küstenschiffahrt und Fährverkehr

Der größte und wichtigste griechische Hafen ist Piräus, seit der Antike das Seetor für die Metropole Athen; hier und in der nahen Bucht von Eleusis bestehen große Schiffswerften.

Häfen

Fährschiffe in Griechenlands größtem Hafen Piräus

Schiffahrt, Häfen (Fortsetzung)

Bedeutende Häfen gibt es ferner in Patras, Saloniki (Thessaloniki), Volos und Iraklion (auf Kreta).
Legion ist die Zahl der kleineren Handels-, Fähr- und Sporthäfen sowohl entlang den Festlandküsten als auch auf den vielen Inseln.

Tourismus siehe Seite 30.

Geschichte

Mythos

Polytheismus

Aus der Verschmelzung der Glaubenswelt der vorgriechischen Bevölkerung und jener der eingewanderten Griechen hat sich vor dem Beginn der historisch faßbaren Zeit im griechischen Raum aus der Verehrung der Naturkräfte ein religiöser Glaube herausgebildet, der eine polytheistische Götterwelt als überirdische Macht annahm. Diese bestand aus zahlreichen großen und kleineren als Persönlichkeiten gedachten Göttern sowie unzähligen Ortsgöttern und Naturdämonen.

Anthropomorphismus

In den homerischen Gesängen werden die Mythen, d.h. die Sagen aus der griechischen Götterwelt, in epischer Breite entwickelt, wobei die religiösen Vorstellungen weitgehend vermenschlicht sind: Die Götter werden als unsterbliche und übermächtige Menschen dargestellt, der Götterstaat auf dem Olymp ist entsprechend den gesellschaftlichen Verhältnissen der Menschen aufgebaut; hinter den Göttern waltet jedoch Moira, eine unpersönliche Schicksalsmacht. Die frühen Dichter Homer und Hesiod bringen die Götter in eine bestimmte genealogische Ordnung:

Pantheon der griechischen Götterwelt

(griechische Götternamen durch gängige römische Entsprechungen ergänzt)

Ursprung

Aus einem angenommenen anfänglichen Chaos (wörtlich = 'gähnende' Leere, Abgrund) enstanden die Urgötter Uranos (= Himmel) und Gaia (= Erde), von denen das Göttergeschlecht der Titanen (je vier Brüder und Schwestern paarweise: Okeanos und Thetys, Hyperion und Theia, Kronos und Rheia, Koios und Phoibe) abstammt. Die Titanen wurden in einem großen Kampf, der Titanomachie, von den olympischen Göttern besiegt.

Olympische Hauptgötter

Die Hauptgötter des Olymp sind der Himmelsgott und Herrscher der Welt Zeus (Jupiter), seine Gemahlin Hera (Juno; Göttin der Ehe und der Geburt), Pallas Athene (Minerva; Göttin der Klugheit), Apollon (Apollo; Gott des Lichtes und der Weissagung), Artemis (Diana; Göttin der Jagd), Ares (Mars; Gott des Krieges), Aphrodite (Venus; Göttin der Schönheit), Hermes (Merkur; Götterbote und Gott des Handels), Hephaistos (Vulcanus; Gott des Feuers und der Schmiedekunst), Hestia (Vesta; Göttin des häuslichen Herdes).

Olympische Nebengötter

Als Nebengötter des Olymp gelten der Liebesgott Eros (Amor), die neun Musen Klio (Geschichte), Melpomene (Tragödie), Terpsichore (Tanz, Chorlyrik), Thalia (Komödie), Euterpe (Musik, Lyrik), Erato (Liebeslied, Tanz), Urania (Astronomie), Polyhymnia (Ernstes Lied, Tanz, Pantomime) und Kalliope (Epos, Elegie), die Chariten (Grazien), Themis und die Horen (Eunomeia, Dike und Eirene), die Siegesgöttin Nike (Victoria), die Götterbotin Iris, Hebe (Juventas; Göttin der Jugend) und Ganymed, der Mundschenk der Götter; ferner die Götter der himmlischen Erscheinungen Helios (Sol; Sonne), Selene (Luna; Mond) und Eos (Aurora; Morgenröte), Sterne und Winde, der Heilgott Asklepios (Äskulap), die Schicksalsgöttinnen Nemesis (Strafe) und Tyche (Fortuna; Glück) sowie die Moiren (Parzen) Klotho, Lachesis und Atropos.

Pantheon (Fortsetzung)
Götter des Meeres und der Gewässer

Der große Gott des Meeres ist der mit dem Dreizack als Attribut dargestellte Poseidon (Neptun), Amphitrite seine Gemahlin, Triton sein Sohn. Wassergötter sind außerdem Neureus und die Nereiden, Proteus, Glaukos, Ino und Melikertes sowie die Sirenen; zu den Wassergeistern gehören auch die Okeaniden, die Nachkommen des Titanen Okeanos.

Gottheiten der Erde und der Unterwelt

An erster Stelle sind hier Gaia (Tellus), die Mutter Erde als zeugende Urkraft, und ihre Tochter Rheia (Kybele) zu nennen; dann Dionysos (Bacchus), der Gott des Weines, die Nymphen (Najaden, Oreaden, Dryaden), die Satyrn (Faune) und Silene, der Hirtengott Pan (mit der Flöte), der Feld- und Gartengott Priapos, Demeter (Ceres), die Göttin des Erdsegens und der Fruchtbarkeit, Persephone (Proserpina), die 'das Licht vernichtende' Unterweltgöttin, Hades (Pluto), der Herrscher der Unterwelt (des Totenreiches jenseits des Flusses Acheron), und seine Dienerinnen, die Erinyen (Furien); ferner Hekate, die Göttin der nächtlichen Schrecknisse, und das Brüderpaar Hypnos (Schlaf) und Thanatos (Tod).

Heroen

Heroen (von griechisch 'héros' = Held) sind in den Mythen der alten Griechen götterähnliche Helden, die meist der Verbindung einer Gottheit mit einem Menschen entstammen (Halbgötter). Sie unterscheiden sich ihrer Natur nach nicht wesentlich von Menschen, beide sind sterblich; doch die Heroen besitzen übermenschliche Fähigkeiten. Das Paradebeispiel des antiken Heros ist Herakles (Hercules); weitere bekannte Heroen sind Theseus, Perseus, Sisyphos oder Bellorophon.

Orakel

Mantik

Mantische Orakel spielten im frühen Altertum eine bedeutende Rolle, sie genossen hohes Ansehen und großes Vertrauen. Hierbei handelte es sich um heilige 'Sprechstätten', an denen ein Seher (griechisch 'mántis') oder Priester den um Rat fragenden Menschen die Weissagungen der Gottheit vermittelte. In Griechenland besonders verbreitet waren Zeichenorakel, wo aus der Beobachtung des Vogelfluges (Auguren), der Deutung der Eingeweide von Opfertieren oder ungewöhnlicher Naturerscheinungen (v.a. Quellen) geweissagt wurde.

Orakelstätten

Als die bekanntesten altgriechischen Orakelstätten galten Dodona (in Epirus) und Delphi (hier weissagte die Pythia) sowie in Kleinasien Klaros (bei Kolophon) und Didyma. Wenngleich ihre Bedeutung infolge der sophistischen Aufklärung seit dem 4. Jahrhundert v.Chr. zurückging, hatten sie – später von den Römern neu belebt – bis ins vierte nachchristliche Jahrhundert Bestand.

Chronologie

Überblick

Von einer allgemein griechischen Geschichte kann weder im Altertum noch in den späteren Jahrhunderten recht die Rede sein. Die Geschichte des Landes besteht vielmehr aus einer Reihe von Einzelgeschichten der Städte oder Landschaften.
Die Bestrebungen einer großgriechischen Politik, die sich an den Namen des Perikles knüpfen, waren durchaus ephemerer Natur. Die politische Bedeutung der Amphiktyonien (Verbände von Nachbarstaaten mit gemeinsamem Heiligtum, z.B. Delphi oder Delos) stand weit hinter der religiösen zurück.
Das Streben der makedonischen Dynastie, die Führerschaft der Griechen zu gewinnen, hatte in Griechenland selbst nur scheinbaren Erfolg und führte schließlich die Einmischung der Römer und das Ende des hellenischen Staatenverbandes herbei.
Erst im 19. Jahrhundert haben die Griechen ihre Selbständigkeit wiedergewonnen und einen einheitlichen Staat gegründet.

Von den ältesten Zeiten bis zu den Perserkriegen
(3. Jahrtausend bis um 500 v.Chr.)

3. Jahrtausend v.Chr.

Im dritten vorchristlichen Jahrtausend folgt auf dem griechischen Festland der Sesklo-Kultur die Dimini-Kultur, auf den Inseln der Ägäis entsteht die Kykladen-Kultur, auf Kreta die Minoische Kultur, die um 2000 v.Chr. ihre Blüte erreicht und bis zu ihrem jähen Untergang im 15. Jh. v.Chr. die wirtschaftliche und kulturelle Vorherrschaft besitzt.

2600–2000

Frühminoikum mit den Perioden I, II und III der sog. Vorpalastzeit.

Um 2000

Beginn der indogermanischen Einwanderung vom Balkan nach Griechenland. Diese frühen Griechen – Achäer – bilden um 1580 das mykenische Staaten- und Wirtschaftssystem aus, dessen Handel bis nach Sizilien auf der einen und in die Ostmittelmeerländer auf der anderen Seite reicht. Auf der Akropolis von Athen wie in der Argolis (Mykene, Tiryns) und in anderen Regionen (Theben, Pylos) entstehen Fürstensitze, deren meist von kyklopischen Mauern umwehrtes Inneres den Einfluß der minoischen Zivilisation erkennen läßt.

2000–1600

Mittelminoikum mit ebenfalls drei Perioden:
I (um 1900): erste Paläste in Knossos und Phästos auf Kreta
II (um 1800): höchste Blüte, Kamares-Keramik
III (um 1700): nach Zerstörung Wiederaufbau der (zweiten) Paläste von Knossos ('Labyrinth') und Phästos; Bau des Palastes von Agia Triada.

1600–1400

Spätminoikum: Untergang des Minoischen Reiches um 1450 v.Chr. (vielleicht durch Erdbeben, möglicherweise in Zusammenhang mit dem Vulkanausbruch auf der Insel Thera = Santorin); erneuter Wiederaufbau des (dritten) Palastes von Knossos durch mykenische Griechen.

1400–1000

Subminoikum: Dorische Wanderung; die Kykladen und Euböa bleiben ionisch.

Um 1200

Erneuter Einbruch nördlicher Stämme (Seevölker).
Die achäischen Griechen – Äolier und Ionier – weichen nach Osten aus und gründen um das Jahr 1000 v.Chr. Kolonien an der Westküste Kleinasiens und auf den Inseln der östlichen Ägäis.

Geschichte

Nach 1200 v.Chr. — In den folgenden Jahrhunderten bilden sich jene landschaftsgebundenen Kleinstaaten aus, die bis zur makedonischen Zeit die griechische Landkarte bestimmen.

1194–1184 (?) — Trojanischer Krieg: Die Griechen kämpfen unter Agamemnons Führung um die von Paris geraubte Helena und erobern Troja (heute in der Türkei unweit südlich der Mündung der Dardanellen ins Ägäische Meer) schließlich mit Hilfe des von Odysseus erdachten Hölzernen Pferdes, in dessen hohlem Körper sich die tüchtigsten Helden verbargen und so von den ahnungslosen Trojanern selbst in die Stadt gebracht wurden (Schilderung in Homers berühmter "Ilias").

Fortsetzung der Chronologie siehe Seite 40.

Odyssee

Seefahrt im Altertum

Schon in der vorgeschichtlichen Zeit waren die Gestade des Mittelmeeres wie auch seine zahllosen Inseln und Eilande recht dicht besiedelt. Hier endeten die Wanderzüge der unterschiedlichsten Völkerschaften, deren Ursprung oft genug im dunkeln liegt. Sie brachten eine Vielfalt kultureller, sozialer und religiöser Eigenheiten mit sich. Rasch machten sich die neuen Anwohner mit der Seefahrt vertraut, die sie zu fernen unbekannten Ufern führte.
Als bedeutendste Seefahrer neben den Phöniziern unternahmen die Griechen schon im zweiten vorchristlichen Jahrtausend risikoreiche Schiffsreisen bis nach Spanien, gründeten überall entlang der Mittelmeerküste Faktoreien und Kolonien und trieben ausgedehnten Handel mit fremden Völkern.
Auf ihren Reisen trafen die Seefahrer auf unbekannte Kulturen, die ihnen gewiß nicht selten unheimlich oder gefährlich, zumindest aber doch wundersam erschienen. Bei der Heimkehr verspannen sie ihre Eindrücke und Erlebnisse nach Art des Seemannsgarns zu unglaublichen Abenteuergeschichten, die sich dank mündlicher Überlieferung über Generationen hinweg erhielten.

Odyssee

Das wohl berühmteste Werk dieser Art ist das von Homer kunstvoll in Hexameter gegossene Heldenepos der "Odyssee". Sie schildert die Erlebnisse des 'listenreichen' Odysseus, des Königs von Ithaka, der nach dem Ende des Trojanischen Krieges (er ersann das Trojanische Pferd) gegen seinen Willen von der Nymphe Kalypso auf der Insel Ogygia festgehalten wird. Als ihn Kalypso auf Beschluß der Götter nach zehn Jahren freiläßt, gerät er mit seinem Floß in einen schrecklichen Sturm. Schwimmend erreicht er das Land der Phäaken auf der Insel Scheria. Dort wird er von dem König Alkinoos und dessen Tochter Nausikaa gastlich aufgenommen und erzählt von seinen gefahrvollen Abenteuern, darunter von seiner Begegnung mit dem einäugigen Kyklopen Polyphem, der Zauberin Kirke (Circe), dem Gang ins Reich der Toten, von den Sirenen, den Meerungeheuern Skylla und Charybdis, dem Verlust all seiner Weggefährten als Strafe für die Tötung der Rinder des Sonnengottes Helios und schließlich von der Aufnahme durch Kalypso.
Alkinoos ermöglicht Odysseus die Überfahrt nach Ithaka in einem seiner Zauberschiffe. Nach seiner Rückkehr in die Heimat tötet Odysseus die übermütig prassenden Freier seiner Gemahlin Penelope und stellt die Ordnung in seinem Reich wieder her.

Ithaka – die vermeintliche Heimat des Odysseus

Odyssee (Fortsetzung)

Die "Odyssee" des Homer stellt wahrscheinlich eine Sammlung von Seefahrergeschichten verschiedener Autoren aus mykenischer Zeit (1300 v.Chr.) dar, die mit den sozialen Gegebenheiten und den mythologischen Vorstellungen des siebten und sechsten vorchristlichen Jahrhunderts verflochten, von Homer kunstvoll zusammengefügt und verbunden wurden.
Hierfür sprechen auffallende stilistische Unterschiede und Unausgewogenheiten in einzelnen Teilen des Werkes.

Seeweg des Odysseus

Immer wieder wurde in der Vergangenheit der Versuch unternommen, den Seeweg des Odysseus nachzuvollziehen und die Stationen seiner leidvollen Irrfahrt geographisch zu lokalisieren. Hierzu dienten landschaftliche Vergleiche ebenso wie archäologische Ausgrabungen.
So gilt etwa die Insel Gaudos (Gávdos), vor der Südküste Kretas, als die Insel Ogygia der Nymphe Kalypso.

Korfu (Kérkyra) hielt man schon im Altertum für die Insel Scheria, das Land der Phäaken, und das vorgelagerte Eiland Pontikoníssi (Mäuseinsel) für das versteinerte Schiff des Phäakenkönigs Alkinoos (Od. XIII, 163).

Der griechische Geograph Strabo (Strabon; ca. 63 v.Chr. – 20 n.Chr.) deutete die Meeresungeheuer Skylla und Charybdis als tosende Strudel zu beiden Seiten der Straße von Messina.

Der deutsche Archäologe Wilhelm Dörpfeld (1853–1940) vermutete in der Insel Leukas (Lefkás) Odysseus' Königreich Ithaka und ließ dort anhand landschaftlicher Übereinstimmungen mit dem homerischen Epos archäologische Grabungen durchführen, die teilweise beachtenswerte, jedoch keineswegs schlüssige Beweise zutage brachten.

Geschichte

Fortsetzung der Chronologie von Seite 38.

1104 v.Chr.	Die Dorier unter den Herakliden besetzen die Peloponnes.
1000–700	Zeit des 'geometrischen' Stiles (Keramik).
Um 950	Gründung von Sparta.
Um 820	Gesetzgebung des Lykurg in Sparta.
Um 800	Homer und die Homeriden.
776	Die Olympischen Spiele werden offiziell gezählt; Beginn der gemeingriechischen Zeitrechnung nach Olympiaden (eine Olympiade = Zeitraum von vier Jahren).
8. Jahrhundert	Im weiteren Verlauf des 8. Jahrhunderts gründen die griechischen Staaten, vielfach vom Delphischen Orakel gelenkt, Kolonien im gesamten Mittelmeerbereich.
740–720	Der Versuch Spartas, Messenien zu unterwerfen, führt zum Ersten Messenischen Krieg; Verdrängung der Achäer aus Achaia auf die Ionischen Inseln.
734	Gründung von Syrakus auf Sizilien durch die Korinther.
707	Gründung von Tarent in Süditalien durch die Spartaner.
Um 700	Ende der Dorischen Wanderung. Von nun an siedeln Äolier in der östlichen Ägäis (Lesbos) und auf Zypern, Ionier auf den Nördlichen Sporaden, Euböa, den Kykladen (um Delos als zentralen Kultplatz), Chios, Samos und Ikaria, Dorier auf Kreta, Melos, Thera (Santorin), Anaphi, im Dodekanes (mit Rhodos) sowie auf den Ionischen Inseln.
650–630	Zweiter Messenischer Krieg: Zeit des Dichters Tyrtaios aus Sparta (Kriegslieder).
632	Aufstand und Ermordung des Kylon in Athen; Verbannung der Alkmäoniden.
621	Gesetzgebung des Drakon in Athen.
Um 600	Die Dichterin Sappho und der Dichter Alkaios auf Lesbos. Aufblühen von Bildhauerei und Architektur auf Naxos, Delos und Samos. Erfindung des Bronzehohlgusses.
600–590	Heiliger Krieg: Athen und Sikyon bekriegen und zerstören Krisa und Kirrha.
594	Solon gibt Athen seine Verfassung.
Um 570	Der Philosoph Pythagoras auf Samos geboren († um 500–480 im süditalischen Metapont).
560–510	Herrschaft des Peisistratos und seiner Söhne Hippias und Hipparchos in Athen. Die griechischen Kolonien in Kleinasien geraten in Abhängigkeit von den Persern.

Naxos unter dem Tyrannen Lygdamis, Samos unter Polykrates zu höchster Blüte erstarkt.	Nach 550 v.Chr.
Einführung des Dionysoskultes in Athen; die erste Tragödie wird aufgeführt.	532
Tod des Peisistratos.	528
Hipparchos von Harmodios und Aristogeiton ermordet.	514
Nordküste der Ägäis in der Hand der Perser.	Nach 512
Vertreibung des Hippias aus Athen († 490). Reform der Solonischen Verfassung durch den Alkmäoniden Kleisthenes.	510

Von den Perserkriegen bis zu Alexander dem Großen
(um 500 bis 338 v.Chr.)

Aufstand der ionischen Griechen unter Histiaios von Milet und Aristagoras gegen die Perser.	500–494
Erster Feldzug der Perser gegen Griechenland. Ägina unterwirft sich Mardonios und wird dafür von Sparta und Athen unter Miltiades verwüstet. Scheitern der persischen Flotte am Athos.	492
Zweiter Feldzug der Perser; unter Datis und Artaphernes Schlacht bei Marathon (Miltiades).	490
Unglücklicher Zug des Miltiades gegen Paros und sein Tod.	489
Der Dritte Feldzug der Perser unter Xerxes führt zur Schlacht bei den Thermopylen (Leonidas) sowie zur Seeschlacht bei Artemision und endet in der Seeschlacht bei Salamis mit dem Sieg der Griechen (Eurybiades von Sparta, Themistokles von Athen) über die persische Flotte.	480
Dieses Ereignis weckt das Bewußtsein um ein gemeinsames Griechentum als eine äußerlich in Stadtstaaten (griechisch 'poleis', Einzahl 'polis') zersplitterte ethnische und kulturelle Gemeinschaft und liefert die geistige Grundlage für das sich nunmehr entfaltende Hellenentum.	
Hymnen des Pindaros. Tragödien des Aischylos.	
Kampf gegen die unter Mardonios zurückgebliebenen Perser: Schlacht bei Plataä (Pausanias von Sparta, Aristeides von Athen). Seeschlacht bei Mykale (Leotychides von Sparta, Xanthippos von Athen).	479
Übertragung der Hegemonie auf Athen. Bildung einer hellenischen Symmachie: Attischer Seebund.	478/477
Kimon von Athen siegt am Flusse Eurymedon zu Lande und zur See. Eroberung des Chersones.	465
Ein verheerendes Erdbeben auf der Peloponnes zerstört die Stadt Sparta und fordert mehrere tausend Menschenleben.	464

Geschichte

Um 462 v.Chr.	Themistokles aus Athen verbannt.
Um 460	Der Arzt Hippokrates auf Kos geboren († um 370 in Larisa).
459–450	Dritter Messenischer Krieg. Hilfstruppen der Athener von den Spartanern zurückgesandt; Bündnis der Athener mit den Argivern (457).
456–450	Unglücklicher Zug der Athener nach Ägypten.
456	Die Athener in Argolis geschlagen, zur See siegreich gegen die verbündeten Korinther, Epidaurier und Ägineten.
455	Kimon aus Athen verbannt.
455–451	Krieg der Athener gegen die Spartaner und Böotier. Niederlage der Athener durch die Spartaner bei Tanagra (455), ihr Sieg über die Böotier bei Oinophyta (455). Unterwerfung Äginas. Rückberufung des Kimon (452). Waffenstillstand zwischen Athen und Sparta (449).
Nach 450	Rechtskodex von Gortys auf Kreta.
449	Seekrieg gegen die Perser. Kimon stirbt während der Belagerung von Kition auf Zypern; seine Flotte siegt bei Salamis auf Zypern. Ende der Perserkriege.
442–429	Herrschaft des Perikles, das Goldene Zeitalter von Athen: Ausbau der Akropolis durch Phidias, Iktinos und Mnesikles. Maler Polygnot. Historien des Herodot. Tragödien des Sophokles.
433	Der Sieg Kerkyras (Korfu) mit Hilfe Athens über Korinth bei den Sybota-Inseln leitet den Peloponnesischen Krieg ein.
431–404	Der Peloponnesische Krieg, unterbrochen durch den Nikiasfrieden (421), endet mit der Niederlage von Athen, wo die Spartaner die Dreißig Tyrannen einsetzen. Geschichtsschreiber Thukydides. Tragödien des Euripides. Komödien des Aristophanes. Bildhauer Polyklet. Arzt Hippokrates von Kos. Sokrates und die Sophisten.
431	Überfall von Plataä durch die Thebaner. Einfall der Spartaner in Attika.
430	Pestepidemie in Athen.
429	Tod des Perikles.
428	Abfall der Insel Lesbos von Athen.
427	Der Philosoph Platon in Athen geboren († 347 ebendort). Fall von Plataä. Glückliche Expedition des Demosthenes nach Akarnanien. Die Athener erobern die Insel Lesbos zurück.

Demosthenes landet in Messenien und befestigt Pylos, der Spartaner Brasidas die Insel Sphakteria (durch den Athener Kleon eingenommen). Insel Kythera von Athenern besetzt. Einfall in Böotien; Athener bei Delion geschlagen.	425 v.Chr.
Schlacht bei Amphipolis: Brasidas siegreich, stirbt an seinen Wunden; Kleon fällt auf der Flucht.	422
Friede des Nikias.	421
Schlacht bei Mantinea: Die verbündeten Athener und Argiver werden von den Spartanern geschlagen.	418
Insel Melos von den Athenern eingenommen.	416
Sizilische Expedition der Athener unter Alkibiades, Nikias und Lamachos. Alkibiades wegen Gotteslästerung verfolgt, flieht zu den Spartanern. Vernichtung von Athens Heer und Flotte vor Syrakus (413).	415–413
Auf Alkibiades' Rat besetzen die Spartaner Dekeleia und schließen ein Bündnis mit den Persern gegen Athen. Abfall der athenischen Bundesgenossen.	413
Sieg der athenischen Flotte bei Milet.	412
Umsturz der athenischen Verfassung; Alkibiades zurückgerufen. Seesiege der Athener bei Abydos.	411
Sieg des Alkibiades über die spartanische Flotte bei Kyzikos; Wiederherstellung der athenischen Seeherrschaft.	410
Der Spartaner Lysander schlägt die athenische Flotte bei Notion. Alkibiades abgesetzt († 404).	407
Sieg der athenischen Flotte bei den Arginusen.	406
Lysander vernichtet Athens Seemacht in der Schlacht bei Aigospotamoi.	405
Athen ergibt sich dem Lysander: Dreißig Tyrannen.	404
Thrasybulos stellt die Demokratie wieder her.	403
Feldzug des jüngeren Kyros gegen seinen Bruder Artaxerxes Mnemon. Schlacht bei Kunaxa. Rückzug der Zehntausend unter Xenophon.	401
Blüte der Malerei unter Zeuxis und Parrhasios.	400
Der Philosoph Sokrates (geb. 470) wegen 'Verführung der Jugend' zum Tode verurteilt (stirbt am Gifttrank).	399
Krieg der Spartaner gegen die Perser; Agesilaos von Sparta siegreich in Asien (396).	396–394
Im Korinthischen Krieg stehen Argos, Athen, Korinth und Theben gegen Sparta.	395–387
Schlacht bei Haliartos; der Spartaner Lysander fällt.	395

394 v.Chr.	Schlacht bei Knidos: die spartanische Flotte durch den Athener Konon und den Perser Pharnabazos geschlagen. Schlacht bei Koroneia: Agesilaos siegreich gegen die Verbündeten.
387	Friede des Spartaners Antalkidas mit den Persern.
379–362	Krieg zwischen Sparta und Theben; Pelopidas befreit Theben.
377	Stiftung des jüngeren Seebundes durch die athenischen Feldherren Chabrias, Iphikrates und Timotheos.
373	Ein schweres Erdbeben erschüttert Mittelgriechenland: Zerstörungen u.a. in Delphi.
371	Der Thebaner Epaminondas besiegt Sparta bei Leuktra und begründet die Hegemonie Thebens.
370	Die Thebaner auf der Peloponnes. Messenien unabhängig; Megalopolis Hauptstadt von Arkadien.
364	Schlacht bei Kynoskephalai; Pelopidas fällt als Sieger.
362	Epaminondas siegt und fällt in der Schlacht von Mantinea.
359	Philipp II. wird König von Makedonien. Agesilaos in Ägypten zur Unterstützung der Aufständischen; er stirbt auf der Heimfahrt (358). Bildhauer Praxiteles.
357–355	Bundesgenossenkrieg gegen Athen. Kämpfe der Athener gegen Philipp II. um Amphipolis.
355–346	Heiliger Krieg gegen Phokis.
352	Philipp II. siegreich in Thessalien, von den Athenern bei den Thermopylen aufgehalten.
348	Olynth von Philipp II. zerstört.
346	Friede zwischen Philipp II. und Athen. Redner Aischines.
343	Philipp II. beruft den Philosophen Aristoteles (geb. 384 im makedonischen Stagira, † 322 in Chalkis auf Euböa) zum Erzieher seines Sohnes Alexander (geb. 356).
340	Philipp II. unterwirft Thrakien und belagert Byzanz. Athen erklärt ihm den Krieg und erzwingt die Aufhebung der Belagerung.
339–338	Heiliger Krieg gegen Amphissa.
338	Sieg der Makedonier über Athener und Thebaner in der Schlacht bei Chaironeia. Philipp II. wird Feldherr der Hellenen für den Perserkrieg.

Von Alexander dem Großen bis zur Zerstörung von Korinth
(336–146 v.Chr.)

Alexander der Große wird Nachfolger seines ermordeten Vaters Philipp II., zerstört 335 Theben und begründet in der Folgezeit das makedonische Weltreich. Philosoph Diogenes. Bildhauer Lysippos. Maler Apelles und Protogenes.	336 v.Chr.
Alexander d. Gr. zerstört Theben.	335
Alexander d. Gr. in Asien; Schlacht am Granikos. Chios und Lesbos vorübergehend in persischer Hand.	334
Schlacht bei Issos: Alexander d. Gr. besiegt den persischen Großkönig Dareios III. in der Nähe der heute türkischen Hafenstadt İskenderun.	333
Belagerung von Tyros und Gründung von Alexandria in Ägypten.	332
Schlacht bei Arbela.	331
Dareios III. ermordet. Aufstand der Spartaner; König Agis II. fällt bei Megalopolis.	330
Alexanders d. Gr. Zug nach Indien.	327
Nach Alexanders d. Gr. Tod beginnen die Diadochenkämpfe.	323
Lamischer Krieg.	323–322
Ermordung des Perdikkas.	321
Tod des Antipatros.	319
Antigonos und Demetrios Poliorketes nehmen den Königstitel an.	306
Schlacht bei Ipsos; Antigonos fällt. Ätolischer Bund.	301
Philosophen Epikur und Zenon. Komödien des Menander.	300
Tod des Kassandros.	296
König Pyrrhos von Epeiros in Italien. Einfall der Gallier in Makedonien und Griechenland.	287–275
Achäischer Bund.	280
Antigonos Gonatas Herrscher in Makedonien.	278
Aratos, Feldherr des achäischen Bundes, befreit Sikyon.	251
König Agis IV. von Sparta versucht eine Reform des Staates.	241
König Kleomenes III. von Sparta stürzt die Ephoren.	225
Schlacht bei Sellasia: Achäer und Makedonier besiegen Kleomenes († 219).	221

Geschichte

Ab 220 v.Chr.	Allmähliches Erstarken Roms.
220–217	Kämpfe des ätolischen mit dem achäischen Bunde.
215	Bündnis Philipps V. von Makedonien mit Hannibal, des ätolischen Bundes mit den Römern: Erster Makedonischer Krieg.
207	Philopoimen, Feldherr des achäischen Bundes ('der letzte Grieche'), schlägt die Spartaner bei Mantinea.
206	Friede zwischen Philipp V. und den Ätoliern.
200	Krieg Philipps V. mit den Römern: Zweiter Makedonischer Krieg.
197	Der römische Konsul Flaminius besiegt die Makedonier bei Kynoskephalai; Griechenland bleibt unabhängig.
190	Schlacht bei Magnesia: Sieg der Römer über Antiochos von Syrien. Ende des ätolischen Bundes.
171–168	Krieg des Perseus von Makedonien gegen die Römer: Dritter Makedonischer Krieg.
168	Aemilius Paullus schlägt den Makedonier Perseus bei Pydna.
148	Krieg des achäischen Bundes gegen die Römer; römischer Sieg bei Skarpheia.
146	Die Römer zerstören Korinth. Ende des achäischen Bundes. Griechenland mit Makedonien zur römischen Provinz Macedonia vereinigt.

Griechenland unter römischer und byzantinischer Herrschaft
(2./1. Jh. v.Chr. bis 1453 n.Chr.).

Um 133 v.Chr.	Sklavenaufstände in Attika.
88–87 v.Chr.	Teilnahme der Griechen am Mithridatischen Krieg.
85 v.Chr.	Schlacht bei Orchomenos; Sulla siegreich.
48 v.Chr.	Iulius Caesar besiegt Pompeius bei Pharsalos.
42 v.Chr.	Antonius und Octavian schlagen die Caesarmörder Brutus und Cassius bei Philippi.
31 v.Chr.	Octavian (= Augustus) besiegt Antonius bei Aktion (Epirus).
31 v.Chr. bis 14 n.Chr.	Alleinherrschaft des römischen Kaisers Augustus. Griechenland unter dem Namen Achaia römische Provinz; Wiederherstellung der griechischen Kantonalverbände.
49–54 n.Chr.	Der Apostel Paulus predigt in Saloniki (Thessalonich), Athen und Korinth das Christentum.
117–138 n.Chr.	In der Zeit des Kaisers Hadrian entstehen zahlreiche Bauten in Griechenland. Der Sophist Herodes Atticus in Athen.

Pausanias verfaßt seine berühmte Beschreibung von Griechenland.	Um 170 n.Chr.
Kaiser Decius. Erstes Auftreten der Goten an der Grenze Griechenlands.	249–251
Kaiser Valerianus. Errichtung der Befestigungen in Athen.	253–260
Einfälle der Goten in Griechenland; Verteidigung der Stadt Athen durch Dexippos.	260–268
Kaiser Konstantin I. der Große. Byzanz wird Hauptstadt des Römischen Reiches. Sieg des Christentums.	323–337
Kaiser Julian begünstigt die Griechen. Vergeblicher Versuch, das Heidentum wiederzubeleben.	361–363
Kaiser Theodosius I.	379–395
Letzte Olympische Spiele des Altertums.	393
Teilung des Römischen Reiches. Die Goten unter Alarich zerstören Eleusis, dringen in Athen ein und verwüsten die Peloponnes.	395
Einfälle der Vandalen in Griechenland.	467–477
Kaiser Justinian I.	527–565
Schließung der Philosophenschule von Athen.	529
Einbruch der Slawen in Hellas.	540
Schweres Erdbeben auf der Peloponnes: Zerstörung Olympias.	6. Jahrhundert
Awaren und Slawen dringen bis zur Peloponnes vor.	Ende 6. Jahrhundert
Kaiser Leo III.	717–741
Aufstand der Griechen; erfolgloser Seezug nach Konstantinopel.	727
Pestepidemie in Griechenland. Ausbreitung der Slawen auf der Peloponnes.	746–747
Niederlage der Slawen vor Patras.	Um 805
Kaiser Basilios I. von Byzanz. Bekehrung der Slawen auf der Peloponnes. Patriarch Photios und Anfang der Kirchenspaltung (griechische und lateinische Kirche), die 1054 auch äußerlich vollzogen wird.	867–886
Kaiser Basilios II. besiegt die Bulgaren bei den Thermopylen und bei Athen. Erstes Auftreten der Albaner in Griechenland.	1019
Norwegische Warangen unter Harald Haardraade in Athen.	1040
Die Normannen in Thessalien. Larisa erfolgreich verteidigt.	1084/1085

Geschichte

1194	Der Italiener Orsini bemächtigt sich der Ionischen Inseln Kephallenia, Ithaka und Zakynthos.
Anfang 13. Jahrhundert	Die Venezianer sichern sich Kreta, Kythera und die Südspitze der Peloponnes.
1204	Kreuzfahrer nehmen Konstantinopel ein und gründen das Lateinische Kaiserreich. Boniface de Montferrat, König von Thessalonich (Saloniki), erobert Böotien und Attika († 1207). Othon de la Roche mit Athen und Boötien belehnt (1205 'Megaskyr' = Großherr von Athen). Geoffroy de Villehardouin erobert die Westküste der Peloponnes mit Hilfe von Guillaume de Champlitte (1205 erster Fürst von Morea = Peloponnes).
1207	Der Venezianer Marco Sanudo erobert Naxos und gründet das Herzogtum Naxos oder der Zwölf Inseln (Archipelagos).
1207–1222	Demetrios König von Thessalonich (Saloniki).
1210	Geoffroy de Villehardouin zweiter Fürst von Morea. Eroberung von Korinth.
1211–1212	Eroberung von Nauplion und Argos.
1218	Nach dem Tode von Geoffroy de Villehardouin wird sein Sohn Geoffroy II. († 1245) dritter Fürst von Morea, vom lateinischen Kaiser Pierre de Courtenay als Herzog von Achaia anerkannt.
1222	Theodoros Angelos Komnenos erobert Thessalonich (Saloniki) und läßt sich zum Kaiser krönen.
1245	Guillaume II. de Villehardouin folgt seinem Bruder Geoffroy († 1278) in der Fürstenwürde.
1246	Kaiser Vatatzes von Nikäa vereinigt Thessalonich (Saloniki) wieder mit Byzanz (Konstantinopel).
1248	Monemvasia von Guillaume II. erobert.
1258	Guy I. wird zum Herzog von Athen erhoben.
1259–1282	Michael VIII. Paläologos byzantinischer Kaiser.
1261	Michael VIII. erobert Konstantinopel. Ende des lateinischen Kaisertums.
1262	Guillaume II. de Villehardouin muß Byzanz die Burgen von Mystras, Monemvasia und Maina auf der Peloponnes überlassen. Beginn der byzantinischen Rückeroberung der Halbinsel; in ihrem Gefolge geistige und künstlerische Blütezeit von Mystras (Mistra).
1267	Balduin II., der letzte lateinische Kaiser, tritt die Oberlehnsherrschaft über das Fürstentum Achaia an Karl von Anjou ab.
1308	Das Herzogtum Athen fällt an Gautier de Brienne.
1311	Niederlage der französischen Ritterschaft durch die katalonischen Söldner; Gautier de Brienne fällt.

Roger Deslaur Herzog von Athen. 1312

Tod Roberts von Tarent, des letzten Fürsten von Achaia. 1364

Jacques de Baux, ein Neffe Roberts von Tarent, erobert Morea (Peloponnes), verstirbt jedoch bereits 1383. 1380

Die Venezianer besetzen Nauplion und weiten ihre Herrschaft über ganz Griechenland und die Inselwelt aus. 1389

Rainerio Acciaiuoli, Herr von Korinth, wird Herzog von Athen. Argos von den Venezianern besetzt. 1394

Theodoros I. Paläologos (1383–1407) gewinnt Korinth wieder. 1395

Pierre Bordeaux de Saint-Supéran von König Ladislaus von Neapel als Fürst von Morea anerkannt († 1402). 1396

Centurione Zaccaria aus Genua Fürst von Morea († 1432). 1404

Morea (Peloponnes) von den Paläologen wiedergewonnen. 1430

Theben von den Türken besetzt. 1435

Mehmet II. erobert Konstantinopel: Ende des byzantinischen Kaisertums und damit des Römischen Reiches. 29. Mai 1453

Griechenland unter türkischer Herrschaft
(um 1450 bis 1828)

Die Türken besetzen Athen. Beginn der fast 400jährigen Türkenzeit in Griechenland. 1456

Die Türken erobern die Peloponnes mit Ausnahme der venezianischen Besitzungen. 1460

Argos von den Türken erobert, von den Venezianern wiedergewonnen. 1463

Der venezianische Feldherr Capello besetzt die Insel Euböa. 1464

Euböa von den Türken zurückerobert. 1470

Sultan Bayezit II. entreißt den Venezianern die Hafenorte Lepanto, Modone, Korone und Navarino, belagert Nauplion und Monemvasia, aber vergeblich. 1499–1501

Friede zwischen der Türkei und Venedig. 1503

Nauplion und Monemvasia von den Türken eingenommen. 1540

Der Dodekanes erhält als türkischer Verwaltungsbezirk weitreichende Autonomie in inneren Angelegenheiten. 16. Jahrhundert

Seeschlacht von Lepanto (6.10.): Der junge Don Juan d'Austria bereitet mit seinen venezianisch-spanischen Galeeren der türkischen Flotte eine vernichtende Niederlage bei der Inselgruppe der Echinaden (vor der Mündung des Acheloos; Lepanto = Naupaktos war Basishafen der Türken). 1571

1573	Der von den Venezianern mit dem Osmanischen Reich geschlossene Friede läßt diese im Besitz von ganz Griechenland.
1579	Das venezianische Herzogtum Naxos fällt unter türkische Herrschaft.
1645–1669	Unglücklicher Krieg der Venezianer gegen die Türken.
1685–1699	Eroberung der Peloponnes (Morea) durch die Venezianer unter Francesco Morosini.
1715	Morea wieder an die Türken verloren.
1718	Der Friede von Passarowitz bestätigt die Türken im Besitz von Morea (Peloponnes).
1770	Erfolgloser Aufstand der Griechen, die von den Russen unter Orlow unterstützt werden. Viele Albaner flüchten auf die Inseln.
1778	Der Albaner Ali Pascha (geb. um 1744) wird Wesir von Ioannina: Beginn einer mehr als dreißigjährigen, quasi souveränen Regionalherrschaft über Albanien und Nordgriechenland; die wichtigen europäischen Staaten (darunter Frankreich und Großbritannien) unterhalten Konsulate in Ioannina, das die Rolle einer Hauptstadt spielt.
1779	Hassan Pascha schlägt die aufständischen Albaner bei Tripolis.
1814	Im russischen Schwarzmeerhafen Odessa wird der Geheimbund der 'Hetärie' (griechisch 'Hetairía Philikón' = 'Gesellschaft der Philiker oder Befreundeten') zur Vorbereitung und Organisation des griechischen Freiheitskampfes ins Leben gerufen.
1815	Protektorat Großbritanniens über die Ionischen Inseln.
1821–1828	Griechischer Freiheitskampf gegen die Türken.
1821	Alexander Ypsilanti, der Feldherr der Hetärie, überschreitet den Pruth und ruft die Hellenen zum Freiheitskampf gegen die Türken auf (7.3.); er wird jedoch beim rumänischen Drăgăşani vernichtend geschlagen (19.6.) und muß nach Österreich fliehen. Der Metropolit von Patras, Germanos, ruft im Kloster Agia Lavra auf der Peloponnes die Griechen zum aktiven Aufstand gegen die türkischen Machthaber auf (25.3.; griechischer Nationalfeiertag). Hierfür macht die osmanische Regierung den Ökumenischen Patriarchen Gregorios V. verantwortlich und läßt ihn am Eingangstor zum Phanar, der griechischen Enklave in İstanbul, erhängen.
1822	Auf dem Nationalkongreß in Epidauros werden die Unabhängigkeit Griechenlands und eine Verfassung für das griechische Volk proklamiert (13.1.). Ali Pascha, der sich selbstherrlich gegen Sultan Mahmud II. aufgelehnt hatte, wird von den Türken (ca. 50 000 Mann) nach fünfzehnmonatiger Belagerung der Zitadelle von Ioannina überwältigt und enthauptet. Dramalis von Kolokotronis und Nikitas geschlagen. Hurschid Pascha bei Peta siegreich gegen die Griechen. Athen von den Griechen besetzt.
1823	Omer Vriones bei Karpenisi von den Griechen geschlagen.
1824	Ibrahim Pascha unterwirft Morea (Peloponnes).

Fall von Messolongion. 1826
Die Türken unter Kiutagi nehmen Athen ein.

Johannes Graf Kapodistrias wird zum Regierungschef des griechischen Freistaates erwählt. 1827
Seeschlacht bei Navarino (20.10.): Eine vereinigte britisch-französisch-russische Flotte vernichtet den größten Teil der türkischen Kriegsschiffe in der Bucht von Pylos (Navarino).

Regierungsantritt des Grafen Kapodistrias (7.1.). 1828
Ibrahim Pascha verläßt die Peloponnes.
Landung eines französischen Expeditionskorps.

Souveränes Königreich Griechenland
(1830–1973)

Im Frieden von Hadrianopel (Edirne) muß das Osmanische Reich die Existenz Griechenlands anerkennen, das der Hohen Pforte aber tributpflichtig bleibt. 1829

Londoner Protokoll (3.2.): Die Schutzmächte Großbritannien, Frankreich und Rußland garantieren die staatliche Unabhängigkeit des nunmehr souveränen Königreiches Griechenland. 1830

Johannes Graf Kapodistrias wird ermordet (27.9.), sein Bruder Avgostinos Präsident (dankt 1832 ab). 1831

Der Wittelsbacher Prinz Otto, Sohn König Ludwigs I. von Bayern, wird von den Großmächten als Otto I. zum König der Hellenen eingesetzt und vom griechischen Nationalkongreß bestätigt. Zunächst übernimmt ein bayerischer Regentschaftsrat die Amtsgeschäfte für den noch nicht mündigen König. 1832

König Otto I. trifft in Griechenland ein und residiert vorerst in Nauplion (Nauplia). 1833
Graf Kapodistrias löst die nationalgriechische Kirche vom Patriarchat in Konstantinopel (Phanar).

Königliche Residenz nach Athen verlegt, das in der Folgezeit hauptsächlich von deutschen Architekten nach klassizistischer Manier ausgebaut wird. 1834

Otto I. mündig. 1835

Aufstand in Athen. 1843
Erste griechische Verfassung der Neuzeit.

Die Briten blockieren den Piräus. 1850
Der Patriarch von Konstantinopel bestätigt die Autokephalie (Eigenständigkeit) der nationalgriechischen orthodoxen Kirche.

Die Franzosen bemächtigen sich des Piräus und der griechischen Flotte (bis 1857), da Griechenland im Krimkrieg mit Rußland sympathisiert. 1854

Erdbebenkatastrophe auf Kreta. 1856

Nach Aufständen geht König Otto I. außer Landes (zurück nach Bayern). 1862

Geschichte

1863	Der dänische Prinz Wilhelm von Sonderburg-Glücksburg folgt als Georg I. auf dem griechischen Königsthron.
1864	Großbritannien übergibt Griechenland die Ionischen Inseln. Neue griechische Verfassung.
1881	Griechenland erhält Thessalien und einen Teil von Epirus.
1886	Blockade des Piräus durch die europäischen Mächte. Ein schweres Erdbeben verwüstet Städte und Dörfer in Messenien.
1893	Die griechische Regierung muß den Staatsbankrott erklären.
1897	Nach Aufstand auf Kreta gegen die türkische Besetzung der Insel führt Griechenland einen unglücklichen Krieg gegen die Türkei. Im Frieden zu Konstantinopel werden den Griechen harte Bedingungen auferlegt: hohe Kriegsentschädigung, Abtretung strategisch wichtiger Punkte an der thessalisch-makedonischen Grenze, Einsetzung einer internationalen Kommission zur Kontrolle der Staatsfinanzen.
1898	Kreta erhält autonome Verwaltung unter türkischer Oberhoheit.

Territoriale Entwicklung Neugriechenlands

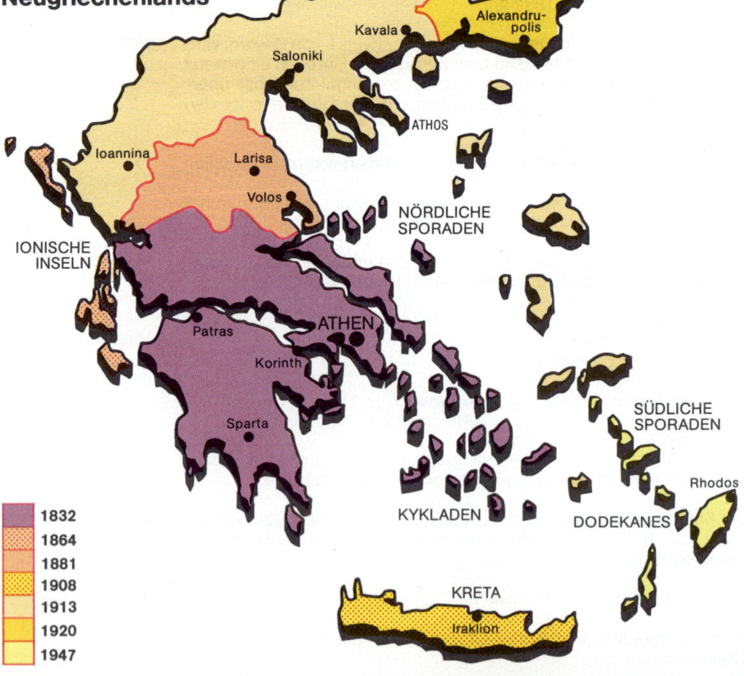

Kreta mit Griechenland vereint.	1908
Militärputsch in Gudi bei Athen.	1909
Der Kreter Eleutherios Venizelos wird griechischer Ministerpräsident.	1910
Italien besetzt die Mehrzahl der Dodekanes-Inseln.	1912
Durch die Balkankriege erzielen die Griechen Territoriumszugewinne. Im Frieden von London (30.5.1913): Epirus sowie die Inseln Kreta, Samos, Lesbos, Tenedos, Imbros und Thasos; der Dodekanes wird von Italien besetzt. Im Frieden von Bukarest (10.8.1913): Teile Makedoniens mit Saloniki und Kavala.	1912–1913
Nach der Ermordung König Georgs I. folgt sein Sohn Konstantin I. auf dem griechischen Thron.	1913
Im Verlauf des Ersten Weltkrieges wird Griechenland teilweise von Truppen der Entente besetzt.	1914–1918
König Konstantin I. entläßt Ministerpräsident Venizelos, der für die Entente eintritt.	1915
König Kostantin I. dankt zugunsten seines zweiten Sohnes Alexander als Verweser ab. Griechenland bricht mit den Mittelmächten.	1917
Auf der Pariser Friedenskonferenz (Neuilly) und im Frieden von Sèvres erhält Griechenland Südalbanien, von Bulgarien Westthrazien, von der Türkei Ostthrazien und ein Mandat über den kleinasiatischen Bezirk Smyrna (İzmir).	1919–1920
Nach dem Tode des Prinzen Alexander und der Wahlniederlage von Venizelos wird Konstantin I. vom griechischen Volk wieder ins Land zurückgerufen.	1920
Der griechisch-türkische Krieg endet mit der Niederlage der Griechen; Konstantin I. dankt 1922 zugunsten seines Sohnes Georg II. ab.	1920–1922
Der Frieden von Lausanne sieht einen umfangreichen Bevölkerungsaustausch vor: Die Griechen verlieren ihre jahrtausendealten Siedlungsgebiete in Kleinasien sowie die Inseln Imbros und Tenedos; Griechenland muß über 1,4 Mio. Flüchtlinge aufnehmen. Die Türkei tritt den Dodekanes an Italien ab.	1923
Ausrufung der Republik (25.3.), gefolgt von einem bestätigenden Plebiszit (14.4.). Danach kommt es zu Unruhen und häufigem Regierungswechsel.	1924
Ein schweres Erdbeben verwüstet die Ostküste von Rhodos.	1926
Die Stadt Korinth wird von einem Erdbeben weitgehend zerstört.	1928
Eleutherios Venizelos neuerlich an der Macht.	1928–1932
Bereinigung der Differenzen mit der Türkei im Vertrag von Ankara.	1930
Eine Volksabstimmung bringt die Wiederherstellung der Monarchie: König Georg II. kehrt nach Griechenland zurück.	1935

1936	General Johannes Metaxas führt durch Staatsstreich ein diktatorisches Regime ein.
1940	Die Italiener marschieren nach der Besetzung Albaniens nach Griechenland ein, werden aber zurückgeschlagen und verlieren einen Teil Albaniens an Griechenland.
1941	Tod Metaxas' (29.1.). Die deutsche Wehrmacht dringt über die jugoslawische und die bulgarische Grenze nach Griechenland ein (6.4.), besetzt Saloniki (9.4.), zwingt Griechenland zur Kapitulation (20./21.4.) und marschiert in Athen ein (17.4.). Auf der Insel Kreta, wohin sich der griechische König und seine Regierung zunächst geflüchtet hatten (später nach Ägypten), stößt ein deutsches Luftlandeunternehmen anfangs auf erbitterten Widerstand der Kreter sowie britischer Truppen, die sich unter dem Druck des deutschen Vormarsches dann auch vom griechischen Festland zurückziehen.
1942	In Griechenland bilden sich alsbald verschiedene Widerstandsgruppen, gegen welche die deutschen Besatzer mit grausamer Härte, menschenrechtsverletzenden Vergeltungsaktionen und mörderischen Greueltaten vorgehen; hierbei scheuen sie nicht vor Geiselerschießungen, Massenhinrichtungen von Männern, Frauen und Kindern sowie Ausrottung ganzer Ortschaften – besonders in Südgriechenland – zurück.
1943	Die im Gefolge der deutschen Wehrmacht nach Nordgriechenland eingedrungenen Bulgaren versuchen, sich dort als neue Ordnungsmacht zu etablieren.
1944	Ein starkes Erdbeben verwüstet die Westküste der Halbinsel Mani auf der Peloponnes. Nach dem Abzug der deutschen Truppen aus Athen (14.10.) ziehen dort britische Einheiten ein (16.10.), dulden zunächst eine griechische 'Regierung der nationalen Einheit' unter Georgios Papandreu, müssen dann aber in die Auseinandersetzungen zwischen verfeindeten griechischen Gruppierungen militärisch eingreifen ('Schlacht von Athen'). Papandreu tritt zurück, und König Georg II. setzt den Athener Erzbischof Damaskinos als Regenten ein (31.12.).
1945–1949	Ein blutiger und zermürbender Bürgerkrieg zwischen Regierung und politisch links orientierten Gruppen lähmt weitgehend alle Bestrebungen, Griechenland nach dem opfervollen Zweiten Weltkrieg in eine bessere Zukunft zu führen; das Land verharrt in chaotischen Zuständen.
1946	Nach einer Volksabstimmung kehrt König Georg II. nach Athen zurück, stirbt aber schon im folgenden Jahr.
1947	Italien muß den Dodekanes an Griechenland zurückgeben. Paul I., ein Bruder Georgs II., wird neuer griechischer König.
1949	Entscheidender Sieg der Regierungstruppen über die Kommunisten. Die letzten britischen Truppen verlassen Griechenland.
1950	Bei einer Volksabstimmung entscheidet sich die zyprische Bevölkerung zu 78% für den Anschluß an Griechenland ('Enosis').
1952	Neue griechische Verfassung.

1952 (Fortsetzung)
Eingliederung Griechenlands in das westliche Verteidigungsbündnis der NATO.

1953
Griechenland, Jugoslawien und die Türkei unterzeichnen einen Freundschaftsvertrag (Balkanpakt).
Abkommen zwischen Griechenland und den Vereinigten Staaten von Amerika über die Benutzung und den Ausbau von Luft- und Marinestützpunkten durch US-amerikanische Streitkräfte.
Verheerendes Erdbeben im Gebiet der Ionischen Inseln.

1954–1960
Tauziehen zwischen Griechenland, Großbritannien und der Türkei um die politische Zukunft der Insel Zypern, die 1960 schließlich die Unabhängigkeit erhält (Staatspräsident Erzbischof Makarios).

1961/1962
Vertrag über die Assoziierung Griechenlands mit der Europäischen Wirtschaftsgemeinschaft (EWG).

1964
Tod König Pauls I.; sein Sohn Konstantin II. folgt auf dem griechischen Thron.

1967
Staatsstreich des Obristen Georgios Papadopulos führt zur Militärdiktatur. Nach mißglücktem Gegenputsch flieht der König nach Rom (und geht später nach London); General Zoitakis wird als Regent eingesetzt.

1968
Neue griechische Verfassung ('Verfassung vom 15. November').

1969
Austritt Griechenlands aus dem Europarat und Kündigung der internationalen Menschenrechtskonvention.

1971
Griechenland nimmt wieder diplomatische Beziehungen mit Albanien auf.

1972
Zoitakis der Regentschaft enthoben; Papadopulos auch Staatsoberhaupt.

1973
Gelenkter Volksentscheid zur Abschaffung der Monarchie zugunsten einer 'Republik' (parlamentarische Präsidialdemokratie). Papadopulos wird Staatspräsident; Zivilregierung unter Markezinis.
Aufnahme diplomatischer Beziehungen zwischen Griechenland und der Deutschen Demokratischen Republik (DDR).
Die blutige Niederschlagung eines Studentenaufstandes in Athen durch Panzereinheiten der Armee (17.11.) führt zu einer Militärrevolte unter General Ioannidis, der Papadopulos stürzt; neuer Staatspräsident wird General Gizikis.

Hellenische Republik (ab 1974)

1974
Nach einem Staatsstreich der von griechischen Offizieren befehligten zyprischen Nationalgarde landen türkische Streitkräfte auf Zypern und besetzen den Norden der Insel.
Der griechische Staatspräsident Gizikis ruft den ehemaligen Ministerpräsidenten Konstantin Karamanlis aus seinem Pariser Exil zurück nach Griechenland. Er bildet eine demokratische Zivilregierung und erklärt den Austritt aus der militärischen Organisation der NATO.
Griechenland stellt den Antrag auf Wiederaufnahme in den Europarat.
Bei den ersten freien Wahlen (17.11.) nach sieben Jahren Militärdiktatur erzielt Karamanlis' Partei 'Neue Demokratie' (ND) die absolute Mehrheit im Parlament.

1975 Eine neue griechische Verfassung tritt in Kraft (11.6.).
Konstantin Tsatsos wird zum neuen Staatspräsidenten gewählt (19.6.).
Erdbeben in Mittelgriechenland.
Im Prozeß gegen die Hauptverantwortlichen des Militärputsches von 1967 werden die Obristen Papadopulos, Pattakos und Makarezos zum Tode verurteilt, jedoch von der Regierung zu lebenslanger Haftstrafe begnadigt.

1976 Griechenland bemüht sich um verstärkte wirtschaftliche Zusammenarbeit sowohl mit kapitalistisch als auch mit sozialistisch orientierten Staaten.
Als ein türkisches Forschungsschiff mit Sondierungsarbeiten im Bereich des von Griechenland beanspruchten Festlandsockels in der Ägäis beginnt, setzt die griechische Regierung ihre Truppen in Alarmbereitschaft und ruft den UN-Sicherheitsrat sowie den Internationalen Haager Gerichtshof wegen des türkischen Vorgehens an.

1977 Griechenland schließt mit den USA ein auf vier Jahre befristetes Verteidigungsabkommen.
Bei den Parlamentswahlen (20.11.) muß die Regierungspartei 'Neue Demokratie' (ND) Verluste hinnnehmen; stärkste Oppositionspartei wird die Panhellenische Sozialistische Bewegung (PASOK).

1978 Ein schweres Erdbeben richtet in Nordgriechenland – besonders in Saloniki – große Schäden an.
Der griechische Außenminister Georgios Rallis besucht als erstes Regierungsmitglied nach dem Zweiten Weltkrieg die Sowjetunion.

1979 Unterzeichnung des Vertrages über den Beitritt Griechenlands zur Europäischen Gemeinschaft (EG) in Athen (28.5.) und Ratifizierung durch das griechische Parlament (28.6.).

1980 Griechenland lehnt Ausdehnung der türkischen Luftkontrolle über der Ägäis ab (Februar).
Konstantin Karamanlis wird vom Parlament zum neuen griechischen Staatspräsidenten gewählt (5.5.), nachdem der bisherige, Konstantin Tsatsos, vorzeitig zurückgetreten ist. Georgios Rallis übernimmt das Amt des Ministerpräsidenten.
Griechenland erneut Mitglied der militärischen Organisiation der NATO (Oktober).

1981 Griechenland tritt der Europäischen Gemeinschaft (EG; griechisch EOK) als zehntes Mitglied bei (1.1.).
Friederike, die frühere Königin von Griechenland und Witwe König Pauls I. (eine Enkelin des letzten deutschen Kaisers) stirbt im Alter von 63 Jahren im Madrider Exil (6.2.); zu ihrer Beisetzung auf dem Privatgut der ehemaligen königlichen Familie in Tatoi (unweit nördlich von Athen) hält sich Exkönig Konstantin II. erstmals nach dem Putsch von 1967 kurzfristig auf griechischem Boden auf.
Wiederholte schwere Erdbeben erschüttern Mittel- und Südgriechenland; besonders stark betroffen sind Korinth und Umgebung (Februar/März).
Verhandlungen über die Erneuerung des Abkommens, das US-amerikanische Militärstützpunkte auf griechischem Boden zuläßt.
Bei den Parlamentswahlen (18.10.) erreicht die Panhellenische Sozialistische Bewegung (PASOK) die absolute Mehrheit; Andreas Papandreu wird Ministerpräsident.
Die Sozialisierung wichtiger Wirtschaftszweige wird zum Programm erhoben.

Papandreus Sozialpolitik zielt darauf ab, Löhne und Gehälter an die steigende Inflation anzupassen, wobei vorwiegend die unteren Einkommensschichten berücksichtigt werden sollen. 1982

Griechenland und die USA verhandeln erneut über US-amerikanische Militärstützpunkte auf griechischem Boden (Juli). 1983
Abkoppelung des Drachmenkurses von der US-amerikanischen Währung (August).
Während der Konferenz der EG-Außenminister in Athen blockieren die Griechen eine ausdrückliche Verurteilung der Sowjetunion wegen des Abschusses einer südkoreanischen Passagiermaschine (September).
Das griechische Parlament ratifiziert ein Abkommen über die Stationierung US-amerikanischer Truppen bis 1988 in Griechenland (November).

In Athen findet eine Konferenz über die 'Verwandlung des Balkans in eine atomwaffenfreie Zone' statt, an der Griechenland, Jugoslawien, Bulgarien, Rumänien und die Türkei als Beobachter teilnehmen (Januar). 1984
Die griechische Regierung kündigt ein vor 38 Jahren mit den USA geschlossenes Zivilluftfahrtabkommen (Anfang Februar).
Eine weitere in Athen abgehaltene Konferenz der Balkanländer über die Schaffung einer kernwaffenfreien Zone auf dem Balkan endet ohne Ergebnis (Februar).
Aufgrund der griechisch-türkischen Kontroverse um den militärischen Status der Insel Limnos nimmt Griechenland nicht am NATO-Herbstmanöver teil.

Nach einem umstrittenen Verfahren wird Christos Sartzetakis zum neuen Staatspräsidenten gewählt (29.2.). 1985
Aus den vorgezogenen Parlamentswahlen geht die Panhellenische Sozialistische Bewegung (PASOK) erneut als Sieger hervor; Andreas Papandreu bleibt Ministerpräsident.
Griechenland erklärt den seit 1940 bestehenden Kriegszustand mit Albanien für beendet.
In Piräus treffen sich Delegierte der NATO, des Warschauer Paktes und der Blockfreien zu einem Friedensgespräch.
Die sozialistische Regierung verordnet einen zweijährigen Lohnstopp (Herbst).

Eine Verfassungsreform schränkt die Vollmachten des Staatspräsidenten zugunsten des Ministerpräsidenten und des Parlamentes ein (7.3.). 1986
Bei den Kommunalwahlen (12./19.10.) muß die Regierungspartei v.a. in den Städten beträchtliche Stimmenverluste hinnehmen.
Großdemonstrationen und Streikwelle gegen die Sparpolitik der Regierung (Dezember).

Die Einführung der Mehrwertsteuer (1.1.) löst drei jeweils vierundzwanzigstündige Generalstreiks aus (Januar/Februar). 1987
In der Auseinandersetzung um die Nutzung der Ägäis verzichtet die Türkei vorerst auf die Erdölprospektion in internationalen Gewässern des von Griechenland beanspruchten Festlandsockels.
Das griechische Parlament verabschiedet ein heftig umstrittenes Gesetz zur Enteignung des Landbesitzes der griechisch-orthodoxen Kirche (6.4.), die Regierung muß es jedoch mit Rücksicht auf den Einfluß der Kirche wieder zurücknehmen (18.8.).
Hitzewelle mit Temperaturen bis 46°C und extrem hoher Luftfeuchtigkeit über Griechenland (Ende Juli).

1988 Anläßlich eines im Schweizer Kurort Davos veranstalteten internationalen Wirtschaftsforums (Ende Januar) erklären der griechische Ministerpräsident Andreas Papandreu und der türkische Regierungschef Turgut Özal, Griechenland und die Türkei wollten in Zukunft dauerhafte friedliche Beziehungen zwischen beiden Ländern anstreben.
Özal kommt zu politischen Gesprächen nach Athen (13.–15. Juni).
Der deutsche Bundespräsident Richard von Weizsäcker stattet Griechenland einen Staatsbesuch ab (14.–18. Juni) und gedenkt dabei der Opfer der griechischen Widerstandskämpfer im Zweiten Weltkrieg.
Bei einem Terroranschlag unbekannter Täter auf dem von der Insel Hydra nach Athen zurückkehrenden Ausflugsschiff "City of Poros" kommen elf Menschen zu Tode (11.7.).
Griechenland kündigt das 1983 mit den USA geschlossene Stützpunktabkommen.
Rund acht Millionen ausländische Touristen verbringen 1988 ihren Urlaub in Griechenland.

1989 Bei den Parlamentswahlen am 18. Juni verliert die bisher regierende Panhellenische Sozialistische Bewegung (PASOK) ihre Vormachtstellung; aber auch keine der anderen zur Wahl angetretenen Parteien kann die zur Regierungsbildung erforderliche Mehrheit der Mandate erreichen. Um diese Pattsituation zu überwinden, einigen sich die Partei 'Neue Demokratie' (ND) und das kommunistische Bündnis der 'Vereinigten Linken' überraschend auf die Bildung einer Übergangsregierung unter Führung des konservativen Politikers Tsannis Tsannetakis, der baldige Neuwahlen ansetzt und sich die reinigende Aufklärung ('Kátharsis') der Finanz- und Wirtschaftsskandale der vorherigen PASOK-Regierung unter dem ins Zwielicht geratenen Andreas Papandreu zur Aufgabe stellt.
Auch die Neuwahlen vom 5. November bringen noch keine Entscheidung.

Berühmte Persönlichkeiten

Hinweis

Die nachstehende, namensalphabetisch geordnete Liste vereinigt historische Persönlichkeiten, die durch Geburt, Aufenthalt, Wirken oder Tod mit Griechenland im weitesten Sinne verbunden sind und überregionale, oft sogar weltweite Bedeutung erlangt haben.

Aischylos (525–456 v.Chr.)

Aischylos (sprich 'Áis-chylos') ist der Begründer der Tragödie im heutigen Sinne. Mit ihm beginnt die europäische Theatergeschichte; alle vor Aischylos verfaßten Stücke sind nicht erhalten.
Tragödien (von griechisch 'trágos' = Bock und 'oidé' = Gesang) waren ursprünglich kultische 'Bocksgesänge' zu Ehren des Gottes Dionysos. Thespis hatte dem Chor einen einzelnen Schauspieler gegenübergestellt. Die bahnbrechende Neuerung von Aischylos war, neben dem Chor zwei Schauspieler auftreten zu lassen; dadurch wurden erstmals Dialog und echte dramatische Handlung möglich. Der bei Aischylos zwölf bzw. bei Euripides fünfzehn Mitglieder zählende Chor hatte von nun an nur noch die Funktion, den Dialog der Schauspieler zu interpretieren.
Das Hauptthema der Aischyleischen Tragödien ist die schicksalhafte Spannung zwischen den Göttern und dem Menschen, der dem sicheren Untergang entgegengeht, wenn er sich gegen die Götter auflehnt. Von den insgesamt 90 Tragödien des Aischylos sind nur sieben vollständig erhalten: "Die Perser", "Prometheus", "Die Sieben gegen Theben", "Die Schutzflehenden" und die "Orestie" sowie eine umfangreiche Trilogie mit den Teilen "Agamemnon", "Die Choephoren" und die "Eumeniden".
Aischylos wurde in Eleusis geboren und kämpfte gegen die Perser in der Schlacht bei Marathon (490 v.Chr.; vgl. seine Grabinschrift) sowie in der Seeschlacht bei Salamis (480 v.Chr.) mit. Nach dem Bühnenerfolg seiner Tragödie "Die Perser" im Athener Dionysos-Theater (472 v.Chr.) folgte er der Einladung Hierons I., des Tyrannen von Gela und Syrakus, nach Sizilien, kehrte jedoch wieder nach Athen zurück. Einem Konflikt mit Perikles, der sich in der "Orestie" kritisiert sah, entzog sich Aischylos, indem er freiwillig nach Gela ins Exil ging.

Alexander der Große (356–323 v.Chr.)

Der als Alexander der Große in die Weltgeschichte eingegangene Feldherr wurde als Sohn des makedonischen Königs Philipp II. und der Olympiás, der Tochter des Königs Neoptolemos, in Pella geboren und in den Jahren 342–340 v.Chr. von dem Philosophen Aristoteles unterrichtet. Bereits 338 v.Chr. tat er sich in der Schlacht von Chaironeia als Truppenführer hervor und sicherte sich nach der Ermordung seines Vaters (336 v.Chr.; durch den – gedungenen? – Makedonen Pausanias) den Königsthron (Alexander III.) durch die Beseitigung der Konkurrenten. Nach seiner Ernennung zum Feldherrn des Korinthischen Bundes zog er zunächst gegen die Thraker und Illyrer und schlug einen Aufstand der Thebaner nieder (335 v.Chr.).
Als oberster Feldherr der Griechen begann Alexander 334 v.Chr. mit einem Heer von 35 000 Soldaten den 'panhellenischen Rachefeldzug' gegen die Perser, überschritt den Hellespont (= Dardanellen) und siegte in der Schlacht am Granikos (Frühjahr 334 v.Chr.), besetzte Gordion (die Erzählung von Alexanders 'Lösung' = Zerhauen des Gordischen Knotens ist historisch nicht belegt), zog dann über das Tauros-Gebirge nach Kilikien und besiegte den persischen Großkönig Dareios III. im November des Jahres 333 v.Chr. in der Reiterschlacht von Issos (volkstümliche Eselsbrücke: "Drei·drei·drei – bei Issos

Alexander der Große (Fortsetzung)

Keilerei"; nördlich vom heutigen İskenderun, Türkei). Damit war der Weg praktisch frei nach Ägypten, wo Alexander die Stadt Alexandreia (heute El-Iskandarija = Alexandria) gründete und sich vom Orakel des Zeus Amun in der Oase Siwa göttliche Abstammung und Herrschaftsanspruch bestätigen ließ.
Von Ägypten zog Alexander mit seinem Heer weiter nach Babylonien, wo er den Perserkönig Dareios in der Ebene von Mossul (heute im Irak) bei Gaugamela entscheidend bezwang (331 v.Chr.), nach Persien (Iran) und begann schließlich den Indienfeldzug (327–325 v.Chr.), der ihn bis zum Fluß Hyphasis (= Beas; heute im nordindischen Unionsstaat Pandschab) führte; dort zwang ihn das erschöpfte Heer zur Umkehr. Nach dem Marsch den Indus abwärts trat ein Teil die Rückfahrt zu Schiff durch den Persischen Golf an, Alexander durchquerte mit den verbleibenden Soldaten auf mörderischem Wege die gedrosische Wüste und gelangte über Persien nach Babylon, wo er bei Vorbereitungen eines Zuges gegen Arabien verstarb.
Alexanders erklärte und in Ansätzen auch in die Tat umgesetzte Politik des Ausgleichs und der Konsolidierung seines neu geschaffenen, aus vielen heterogenen Teilen bestehenden Großreiches war zum Scheitern verurteilt. Unmittelbare Folge waren die Diadochenkämpfe seiner Nachfolger.

Alkaios (um 620 v.Chr.)

Der griechische Dichter Alkáios, ein Zeitgenosse der Dichterin Sappho und wie diese aus Mytilene auf Lesbos stammend, gilt neben dieser als der bedeutendste Lyriker seiner Zeit. Er entstammte einem alten Adelsgeschlecht und beteiligte sich leidenschaftlich an den politischen Auseinandersetzungen mit den tyrannischen Herrschern Myrsilos und Pittakos in seiner Heimat. In seinen nur fragmentarisch erhaltenen Gedichten spricht er hauptsächlich vom politischen Kampf, besingt aber auch die Liebe und den Wein.
Nach Alkaios ist die 'alkäische Strophe', eine eher farbige Mythenerzählweise, benannt, die u.a. von Horaz nachempfunden wurde.

Alkibiades (um 450 bis um 404 v.Chr.)

Der athenische Feldherr Alkibíades, ein Politiker von sophistischer Bildung, wuchs im Hause seines Onkels Perikles auf. In den Jahren 417/416 v.Chr. führte er den Angriff Athens auf die neutrale Insel Melos, und 414 v.Chr. war er Initiator der verhängnisvollen militärischen Unternehmung gegen Sizilien. Danach ging er nach Sparta, war 408 v.Chr. vorübergehend wieder in Athen und wurde schließlich in Phrygien, wohin er sich zurückgezogen hatte, im Auftrag des persischen Satrapen ermordet.

Anakreon (um 580 bis um 495 v.Chr.)

Der griechische Lyriker Anakréon wurde im ionischen Teos (in der Nähe von Smyrna, der heutigen Stadt İzmir, Türkei) geboren und mußte um das Jahr 545 vor den herannahenden Persern nach Abdera fliehen. Er kam dann auf die Insel Samos an den Hof des Polykrates und nach dessen Ermordung (522) nach Athen.
Glänzende Feste in erlesener Gesellschaft bilden den Rahmen für seine Dichtung, die Kurzweil, Frohsinn, Wein und Liebe besingt. Neben zahlreichen Fragmenten sind nur wenige Gedichte vollständig erhalten. Die später seine Dichtweise verwässernd nachahmenden "Anacreontea" haben in der deutschen Anakreontik des Rokoko nachgewirkt.

Anaxagoras (um 500 bis 428 v.Chr.)

Der griechische Naturphilosoph Anaxágoras wurde um 500 v.Chr. im ionischen Klazomenai bei Smyrna (heute İzmir, Türkei) geboren. Schon jung kam er nach Athen, wurde dort hoch gefeiert, später aber wegen Gottlosigkeit angeklagt. Dem Gerichtsverfahren entzog er sich durch die Flucht nach Lampsakos (am Südufer des Hellespont = Dardanellen), wo er verstarb.

Alexander der Große

Archilochos

Aristoteles

Anaxagoras (Fortsetzung)

Anaxagoras führt erstmals alles Seiende auf kleinste, qualitativ unterschiedliche Elementarteilchen ('Spermata') zurück. Sie werden durch eine kosmische, allesbeherrschende Vernunft ('Nūs') in Bewegung versetzt und durch Trennung verschiedener oder Verbindung gleichartiger Partikel zu Dingen gefügt. Seine Schriften sind allerdings nur sehr bruchstückhaft überliefert.

Anaximander (um 610 bis um 546 v.Chr.)

Der griechische Naturphilosoph Anaximánder (griechisch Anaxímandros), Schüler und Nachfolger des Thales aus dem ionischen Milet (beim heutigen Yeniköy, Türkei), gilt als der Begründer der wissenschaftlichen Geographie. Als Anfang aller Dinge nahm er einen unvergänglichen Urstoff an, das in Anknüpfung an Hesiods 'Chaos' gedachte 'Ápeiron' (= Unbegrenztes), aus dem sich stufenweise alles Sein in Gegensätzlichkeiten (warm–kalt, feucht–trocken) entwickelt hat. Sein Prosawerk "Perí Phýseos" (= "Über die Natur") ging schon früh verloren; überliefert aber ist hieraus der Passus: 'Woraus die Dinge entstehen, dahinein vergehen sie auch wieder. . .'.
Die Erde dachte sich Anaximander zylinderförmig, durch eine Wirbelbewegung entstanden, die Seele des Menschen aus Luft bestehend. Er schuf die erste Karte der bewohnten Erde, ferner einen Himmelsglobus und eine Sonnenuhr, mit der er die Sonnenwenden bestimmte.

Anaximenes (um 588 bis um 524 v.Chr.)

Der ionische Naturphilosoph Anaxímenes aus Milet (beim heutigen Yeniköy, Türkei) war vermutlich ein Schüler des Anaximander. Wie dieser nahm er die Entstehung aller Dinge aus einem Urstoff an, doch ersetzte er dessen 'Ápeiron' (= Unbegrenztes) durch die unendliche, stets bewegte Luft, deren Verdichtung und Verdünnung alle irdischen Zustände bewirkten.
Als erster soll Anaximenes behauptet haben, daß der Mond sein Licht von der Sonne habe. Seine Schriften sind nur in einem kleinen Fragment erhalten.

Antisthenes (um 440 bis um 360 v.Chr.)

Der griechische Denker Antísthenes war ein begeisterter Anhänger des berühmten Philosophen Sokrates, nach dessen Tod er im Gymnasion Kynosarges (unweit außerhalb von Athen) die philosophische Schule der Kyniker (Zyniker) gründete. Die Bezeichnung kommt von dem griechischen Wort 'kynikós' = hündisch, bedürfnislos wie ein Hund. Antisthenes lehrte die bewußt gewollte Armut und Bedürfnislosigkeit.
Allerdings galten die Kyniker auch als 'hündisch' wegen ihrer Neigung, die Menschen 'wie Hunde anzufallen' und ihnen die Philosophie

Antisthenes (Fortsetzung)

einer bedürfnislosen Lebensweise einzureden. Hieraus leitet sich die heutige Bedeutung des Wortes zynisch (= voll bissigen Spottes, höhnisch, verletzend, schamlos) ab.

Archilochos (um 700 bis um 645 v.Chr.)

Der griechische Lyriker Archílochos gilt als eine der ersten historisch greifbaren Persönlichkeiten der Alten Welt. Auf der Insel Paros als Sohn eines Adeligen und einer Sklavin geboren, war er vom Erbe ausgeschlossen und führte ein unstetes Leben als Soldat und fahrender Sänger, bis er in einer Schlacht gegen die Naxier fiel.
Angelpunkt seines dichterischen Lebenswerkes, das nur fragmentarisch überliefert ist, war die unglückliche Liebe zu seiner Verlobten Neobule, der Tochter des Lykambes, die er wegen seiner Herkunft nicht ehelichen durfte. Hieraus schuf er Gedichte von feinster Zartheit, erging sich aber auch in krasser Erotik sowie in aggressiven Schimpf- und Spottversen.
Archilochos wird als Begründer des jambischen Versmaßes angesehen und übte großen Einfluß sowohl auf Alkaios, Anakreon und Simonides als auch später auf Horaz aus.

Archimedes (um 287 bis 212 v.Chr.)

Dem in Syrakus auf Sizilien geborenen und bei der Eroberung seiner Geburtsstadt von einem römischen Soldaten erschlagenen Griechen Archimédes verdankt die Nachwelt eine Reihe grundlegender Erkenntnisse der reinen Mathematik und der angewandten Mechanik. Nach einem Studienaufenthalt im unterägyptischen Alexandria (um 245 v.Chr.) ließ er auch, in die Heimat zurückgekehrt, die Verbindung zur alexandrinischen Mathematikerschule nicht abreißen.
Archimedes erweiterte mit Erfolg sowohl die abstrakte Mathematik (u.a. Flächen- und Körperberechnungen geometrischer Figuren, Axiom der Meßbarkeit, annähernde Quadratur des Kreises; 'Sandrechnungen' = Methode zur Exponentialschreibweise beliebig großer Zahlen) als auch die praktische Mechanik. Seinen Zeitgenossen erschienen die von ihm konstruierten Apparate als technische Wunderwerke, so etwa Schraube, Wasserschnecke (Archimedische Schraube), Flaschenzug und diverse Kriegsmaschinen (Hebelwerke, Schleudern); sein mit Wasserdruck betriebenes Planetarium verbrachte Marcellus als Kriegsbeute nach Rom, wo es noch Cicero bewundert hat.
Den von Archimedes ausgesprochenen Satz der Hydrostatik über den Gewichtsverlust schwimmender Körper nennt man seither das Archimedische Prinzip.

Aristophanes (um 445 bis um 385 v.Chr.)

Der griechische Komödiendichter Aristóphanes, der Hauptvertreter der sog. alten attischen Komödie, verbrachte die meiste Zeit seines Lebens in Athen. Von insgesamt vierundvierzig bezeugten Theaterstücken sind nur elf erhalten, die jedoch z.T. noch heute aufgeführt werden, so etwa "Lysistrata", "Die Vögel", "Der Friede", "Die Ritter", "Die Acharner", "Die Wespen" oder "Die Frösche".
Aristophanes' hohe, rein attische Sprache ist wortgewaltig, erfindungsreich ('Wolkenkuckucksheim') und voller dichterischer Schönheit; seine unnachahmliche, nicht selten derb-realistische Darstellungskraft überwältigt durch eine urwüchsige und zeitlose Komik.
Alle Komödien des Aristophanes haben einen zeitgeschichtlichen Bezug und zeigen den kämpferischen Geist des Dichters, der sich nicht scheute, die damaligen Verhältnisse zu kritisieren und die Größen der Gesellschaft heftig anzugreifen – ein eindrucksvolles Beispiel für die geistige Freiheit in der athenischen Demokratie.

Aristoteles (384–322 v.Chr.)

Der griechische Philosoph Aristóteles stammte aus dem makedonischen Stageira (östliche Chalkidike), kam im Alter von 18 Jahren nach Athen und war rund zwei Jahrzehnte Mitglied der Akademie des

Aristoteles (Fortsetzung)

Platon. Nach Platons Tod (347 v.Chr.) ging er unter dem Druck der antimakedonischen Stimmung ins kleinasiatische Assos bzw. nach Mytilene auf Lesbos und wurde 343 v.Chr. von König Philipp II. zum Erzieher seines Sohnes Alexander (d.Gr.) an den makedonischen Hof berufen. Im Jahre 334 v.Chr. konnte Aristoteles nach Athen zurückkehren und gründete dort im Lykeion, dem Hain des Apollon Lykeios (daher 'Lyzeum'), eine Philosophenschule; in den dortigen Wandelgängen (griechisch 'peripatoi'), nach denen seine Schüler 'Peripatetiker' genannt werden, lehrte er zwölf Jahre lang. Nach dem Tode Alexanders d.Gr. (323 v.Chr.) mußte er nach Chalkis auf der Insel Euböa fliehen, wo er bald darauf verstarb.
Von den zahlreichen Werken des Aristoteles sind mehrere systematische Schriften erhalten; sie umfassen die Gebiete Logik, Naturwissenschaften, Metaphysik, Ethik, Politik und Kunsttheorie (Poetik). In Abkehr vom dualistischen Denken Platons versucht Aristoteles, die empirischen Erkenntnisse in einem universalen, alle damaligen Wissensgebiete zusammenfassenden System zu ordnen. Damit kann er als Schöpfer der wissenschaftlichen Arbeitsteilung gelten.

Lord Byron (1788–1824)

Der englische Dichter George Gordon Noël Byron, sechster Baron von Byron, wurde am 22. Januar 1788 in London geboren und erbte nach dem Tode seines Großonkels (1798) überraschend Adelstitel und Vermögen. Schon während seiner Schul- und Studienzeit verfaßte er erste Gedichte, versuchte sich nach Abschluß seines Studiums erfolglos als Politiker im britischen Oberhaus und machte ausgedehnte Reisen durch mehrere europäische Länder und Kleinasien. Schlagartig berühmt machten ihn die ersten beiden Gesänge von "Childe Harold's Pilgrimage". Nach einer kurzen, gescheiterten Ehe verließ er, von der Gesellschaft geächtet, England für immer und gewann am Genfer See die Freundschaft des Dichters Shelley, die jedoch wieder zerbrach. Ein unstetes Wanderleben führte ihn dann nach Italien, wo er an verschiedenen Orten seine dichterischen Werke vollendete.
Im Jahre 1824 zog ihn der Freiheitskampf der Hellenen gegen die Türken nach Griechenland. Als glühender Verfechter der neugriechischen Unabhängigkeitsbewegung stellte er dort auf eigene Kosten eine etwa 500 Mann starke Brigade für eine Unternehmung gegen Lepanto (Naupaktos) auf. An Malaria erkrankt, verstarb er jedoch bereits am 19. April 1824 in Mesolongion.

Demokrit (um 460 bis 380–370 v.Chr.)

Der aus dem thrakischen Abdera gebürtige griechische Philosoph Demokrít (griechisch Demókritos) hat sich auf ausgedehnten Reisen (u.a. durch Babylonien und Ägypten) gebildet und war auf allen Gebieten der damaligen Wissenschaften tätig. Von seinen Werken zur Physik, Mathematik, Astronomie, Physiologie und Ethik sind nur Fragmente erhalten.
Vermutlich fußend auf den Vorstellungen seines Lehrers Leukippos, vertrat Demokrit die Lehre des Atomismus: Die beiden Prinzipien der Physik seien die Atome (nicht mehr teilbare Einheiten) und der unendliche Raum (das Leere), in dem sich diese nach mechanischen Gesetzen bewegten. Mit dieser Atomtheorie nahm Demokrit John Lockes Unterscheidung zwischen den primären und den sekundären Qualitäten vorweg.

Demosthenes (384–322 v.Chr.)

Der wohl berühmteste der attischen Redner, Demósthenes (griechisch Demosthénes), wandte sich leidenschaftlich gegen König Philipp II. bzw. die von diesem geführte neue Großmacht Makedonien und setzte sich für die Erhaltung der griechischen Autonomie ein; seine antimakedonische Politik scheiterte jedoch mit der Niederlage von Chaironeia (338 v.Chr.).

Lord Byron

Demosthenes

Diogenes

Demosthenes (Fortsetzung)

Seiner Auslieferung an Antipatros, den Statthalter Alexanders des Großen, konnte Demosthenes sich durch die Flucht auf die Insel Kalaureia (heute Poros) zwar zunächst entziehen, setzte aber dann seinem Leben selbst ein Ende, indem er im Inselheiligtum des Poseidon Gift nahm.

Diogenes (413–323 v. Chr.)

Der griechische Philosoph und Wanderlehrer Diogénes stammte aus Sinope (heute Sinop, Türkei) am Schwarzen Meer. Als Schüler des Antisthenes gehörte er der Schule der Kyniker an, die durch strikte Ablehnung aller kulturellen Werte und gesellschaftlichen Normen die Einfügung des Menschen in die unverdorbene Natur forderten. Diogenes soll diese Vorstellung durch äußerste Askese beispielhaft vorgelebt haben.
Sein Ruhm begründet sich nicht auf gelehrte Schriften, sondern auf zahlreiche Anekdoten (z.B. "Diogenes in der Tonne"), die sich um seine eigenwillige Persönlichkeit ranken, und auf die ihm nachgesagte Schlagfertigkeit. Diogenes verstarb in Korinth.

Diokles (4. Jh. v.Chr.)

Der griechische Arzt Dioklés wurde in Karystos auf der Insel Euböa geboren, gehörte der sog. sikelischen Ärzteschule an und lebte als der bedeutendste Arzt des Altertums nach Hippokrates von Kos in Athen.
Er verfaßte Werke über die menschliche Anatomie und Frauenkrankheiten, ferner zur Bestimmung von Krankheitssymptomen sowie ein Heilkräuterbuch. Seine Schriften sind jedoch nur fragmentarisch erhalten.

Epiktet (um 50 bis um 140 n. Chr.)

Der um das Jahr 50 n.Chr. im phrygischen Hierapolis (heute Pamukkale bei Denizli, Türkei) geborene stoische Philosoph Epiktét (griechisch Epíktetos), ein auf Geheiß des römischen Kaisers Nero freigelassener Sklave, lehrte nach der Vertreibung der Philosophen aus Rom durch Kaiser Domitian (94 n.Chr.) vor einem großen Schülerkreis in Nikopolis (Epirus), wo er auch verstarb.
In der Ausdeutung der Stoa beschränkt sich Epiktet ganz auf Fragen der Ethik. In seiner Forderung nach Demut, Nächstenliebe, Genügsamkeit und Unabhängigkeit des Geistes ("Ertrage und entsage!") klingen christliche Gedanken an. Die Lehren des Epiktet, der selbst nichts schriftlich aufzeichnete, wurden von seinem Schüler Arrian in der fragmentarisch überlieferten Schrift "Diatribai" (= "Unterredungen") und dem kleinen Moralkatechismus "Encheiridion" zusammengefaßt.

Euripides

Ugo Foscolo

El Greco

Epikur (342/341 bis 271/270 v.Chr.)

Der auf der Insel Samos geborene griechische Philosoph Epikúr (griechisch Epíkuros) trat als Lehrer zunächst in Mytilene auf Lesbos und in Lampsakos (am Ostufer der Dardanellen) auf. Im Jahre 306 v.Chr. eröffnete er in einem Athener Garten ('Garten des Epikur') seine eigene Schule.
Epikurs in drei großen Lehrbriefen und zahlreichen Fragmenten überlieferte Philosophie ist eine diesseitsbezogene Lehre, welche die geistige Glückseligkeit des Menschen auf dem Wege von Schlußfolgerungen und Untersuchungen, Begriffsbestimmungen und Beweisen zu erreichen sucht. Sein Werk befaßt sich mit den drei großen Themenkreisen: Erkenntnistheorie (mit der Wahrnehmung als Basis), Physik (fußend auf der Lehre von der Bewegung der Atome des Demokrit) und Ethik (mit Gemütsruhe und Tugend als Grundprinzipien). Epikur verstarb in Athen.
Der von Zenon und Demetrios fortgeführte Epikureismus fand im späteren Altertum viel Anklang, verflachte aber zunehmend zu einem banalen Hedonismus (Lustlehre). Bei den Römern hatte die Bezeichnung 'Epikureer' bereits den Beigeschmack des skrupellosen Genußmenschen.

Eudoxos (um 408 bis um 355 v. Chr.)

Der griechische Mathematiker, Astronom, Naturforscher und Philosoph Eudoxos (Betonung auf der ersten Silbe) stammt aus dem kleinasiatischen Knidos (westlich von Datça, Türkei). Nach Aufenthalten in Ägypten und Kyzikos (in der Nähe von Erdek an der Südküste vom Marmarameer, Türkei) kam er an die Akademie des Platon in Athen und gründete dort selbst eine eigene Schule.
Eudoxos gilt als bedeutendster Astronom seiner Zeit. Er verfaßte einen weitverbreiteten Kalender mit klimatographischen Hinweisen, erkannte die Krümmung der Erdoberfläche und stellte zur Erklärung der Ungleichheit der Planetenbewegungen die Theorie der homozentrischen Sphären auf. Als Mathematiker verbesserte er die Proportionenlehre, beschäftigte sich mit der Aufgabe vom Goldenen Schnitt und fand die Bestimmung der Inhalte von Pyramide und Kegel. In einer "Erdumwanderung" beschrieb er drei Erdteile (Europa, Asien, Afrika).

Euklid (um 365 bis um 300 v.Chr.)

Der griechische Mathematiker Euklíd (griechisch Eukléides; nicht zu verwechseln mit dem gleichnamigen Philosophen aus Megara, um 450 bis um 370 v.Chr.) erfuhr wahrscheinlich seine Ausbildung an der Akademie des Platon in Athen und wirkte später im unterägyptischen Alexandria.

Euklid
(Fortsetzung)

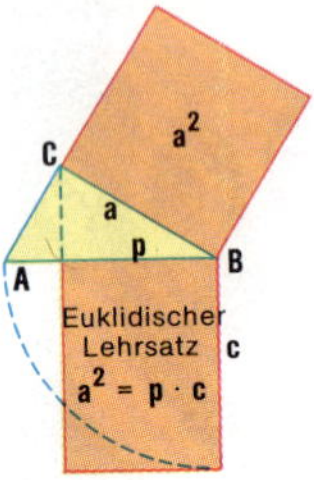

Euklids um 325 v.Chr. entstandenes Hauptwerk “Stoichéia” (= “Elemente” umfaßt insgesamt 13 Bücher über Geometrie, Proportionen- und Ähnlichkeitslehre, Arithmetik, Stereometrie u.a.; ferner verfaßte er Abhandlungen über Optik, Kegelschnitte, Planimetrie, Astronomie und Musiktheorie.
Die “Elemente” waren das bekannteste Lehrbuch der Mathematik überhaupt.
Euklids deduktiv-axiomatischen Lehren galten bis ins 19. Jahrhundert als Kanon jeglicher mathematischer Ausbildung.
Nach ihm wird noch heute die ‘klassische’ Geometrie als euklidische Geometrie bezeichnet.
Der Euklidische Lehrsatz oder Kathetensatz besagt, daß in einem rechtwinkligen Dreieck das Quadrat über einer Kathete flächengleich ist mit dem Rechteck aus der Hypotenuse und der Projektion der Kathete auf die Hypotenuse.

Euripides
(um 485 bis
406 v.Chr.)

Der Tragödiendichter Eurípides (griechisch Euripídes) entstammte einer vornehmen attischen Familie, die Grundbesitz auf der Insel Salamis hatte, und soll zu den Schülern des Philosophen Anaxagoras gehört haben. Zu seinen Lebzeiten fand er als Einzelgänger wenig Anerkennung; seine problembeladenen Werke standen im Schatten jener des Aischylos und vor allem des erfolgreichen Sophokles. Im Jahre 408 v.Chr. begab er sich auf Einladung des makedonischen Königs Archelaos in die Residenzstadt Pella, wo er zwei Jahre später verstarb.
Euripides gilt als der Begründer des psychologischen Dramas, der Charaktertragödie. Sein Leitgedanke war der Lehrsatz des Protagoras ”Der Mensch ist das Maß aller Dinge”. In seinen Tragödien lenken nicht mehr die Götter die Schicksale der Menschen, sondern der Mensch handelt eigenständig, lebt sein eigenes Leben, durchkämpft ganz persönliche Konflikte und zerbricht schließlich an sich selbst.
Von seinen über 70 (nach anderen Quellen über 90) Dramen, sind 18 Theaterstücke (17 Tragödien und ein Satyrspiel) vollständig erhalten. Die Titel lauten (in chronologischer Abfolge ihres Entstehens): “Alkestis”, “Medea”, “Herakliden”, “Andromache”, “Hippolytos”, “Hekabe”, “Hiketiden”, “Kyklop”, “Herakles”, “Elektra”, “Troerinnen”, “Helena”, “Iphigenie bei den Tauriern”, “Ion”, “Phoinissen”, “Orestes”, “Iphigenie in Aulis” und “Bakchen”. Darüber hinaus sind zahlreiche andere Stücke in Fragmenten überliefert.
Das umfangreiche Werk des Euripides hat grundlegenden Einfluß auf die Entwicklung des dramatischen Theaters in ganz Europa genommen. Fast alle seine großen Dramen sind in der Neuzeit nachempfunden worden, so etwa von Corneille, Racine über Goethe, Schiller und Grillparzer bis hin zu Sartre.

Ugo Foscolo
(1778–1827)

Der italienische Dichter und Literaturhistoriker Ugo Fóscolo (eigentlich Niccolò Fóscolo) wurde am 2. Februar 1778 als Sohn eines Venezianers und einer Griechin auf der Insel Zante (Zakynthos) geboren. Gleichermaßen Philhellene, italienischer Patriot und Kosmopolit, führte er ein unstetes Leben. Sein Werk stand ganz im Zeichen des ‘Risorgimento’, der politischen Wiedergeburt Italiens. In eigentümlicher Weise verband er politischen Eifer mit der Gefühlswelt der Romantik. Gegen den anfänglich in Italien als Befreier gefeierten Napoleon trat er ebenso unerschrocken auf wie gegen die Österreicher, weshalb er 1808 seine Professur für Rhetorik in Padua aufgeben und 1815 Italien verlassen mußte.
Foscolo starb am 10. September 1827 im englischen Exil in Turnham Green bei London und hinterließ ein zwölfbändiges Gesamtwerk (Oden, Sonette, Hymnen, Tragödien, Romane).

El Greco (um 1541 bis 1614)

El Greco (spanisch 'Der Grieche') wurde als Domenikos Theotokópulos um 1541 in Fódele, westlich von Iraklion, auf Kreta geboren. Schon als Kind erlernte er in seiner Heimat die Ikonenmalerei. Als junger Mann kam er nach Venedig in Tizians Werkstatt und später nach Rom. Seit 1577 lebte und wirkte er in Toledo, wo er sich um Aufträge des spanischen Königs Philipp II. und der Kirche bemühte. Sein Werk befaßt sich überwiegend mit religiösen Themen, doch schuf er auch zahlreiche eindringliche Porträts und Landschaften. El Greco steht am Höhepunkt des Manierismus. Charakteristisch sind seine langgestreckten, gewundenen Gestalten, die unwirklich fahle Farbgebung und die irrealen Lichteffekte, die zusammen einen Eindruck von Übersinnlichkeit und Vergeistigung wecken. Gegen die Vermutung, daß die Verzerrungen der Proportionen durch ein Augenleiden bedingt seien spricht, daß auch die späteren Bilder Tintorettos dieses Merkmal aufweisen.
El Greco verstarb Anfang April 1614 im spanischen Toledo.

Heraklit (um 540 bis um 480 v.Chr.)

Der aus Ephesos (bei Selçuk, Türkei) stammende und Zeit seines Lebens dort wirkende griechische Philosoph Heraklít (griechisch Herákleitos) vertrat als menschenverachtender Eremit die Lehre, daß sich das Weltgeschehen in ständigem Wandel als Kampf ('Polemos' = 'Krieg') der Dinge nach einem göttlichen Vernunftprinzip ('Logos') vollziehe. Sinnbilder hierfür waren für diesen bedeutenden frühgriechischen Denker vor allem das Fließen des Wassers (das geflügelte Wort "panta rhei" = "alles fließt" wurde ihm erst später zugeschrieben) und das Feuer als Ausgangspunkt für den fortlaufenden Wandel der Elemente; auch bezog er die menschliche Seele in den Weltprozeß mit ein.
Die Überzeugung, das Wirken der Gegensätze sei fruchtbar, kommt in dem Satz "Der Krieg (eigentlich der Kampf, die Auseinandersetzung, das Ringen) ist der Vater aller Dinge" zum Ausdruck.
Heraklit beeinflußte über seinen Schüler Kratylos den Philosophen Platon und die naturphilosophische Schule der Stoa, in der Neuzeit die Denkweise der Renaissance; Hegel und Nietzsche haben seine Lehren aufgegriffen.
Heraklits eigene Schriften sind nur fragmentarisch überliefert.

Herodes Atticus (101–177 n.Chr.)

Der Rhetor Herodes Atticus, Sohn des Tiberius Claudius Atticus Herodes, stammte aus Marathon, wirkte als Rhetoriklehrer in Athen und hatte dort bedeutende öffentliche Ämter (z.B. Konsul 143 n.Chr.) inne. Seinen beträchtlichen Reichtum, den er einem Schatzfund seines Vaters verdankte, verwendete er für großzügige Stiftungen und Vorhaben:
So ließ er in Athen einen Tyche-Tempel sowie das noch erhaltene Odeion (in jüngster Zeit renoviert) am Südhang der Akropolis bauen und das panathenäische Stadion mit Marmor auskleiden (für die ersten Olympischen Spiele der Neuzeit 1896 erneuert); ferner förderte er u.a. den Bau der Wasserleitung von Olympia und des Stadions in Delphi.

Herodot (um 490 bis um 425–420 v.Chr.)

Der von Cicero als 'Vater der Geschichtsschreibung' apostrophierte Herodót (griechisch Heródotos) wurde im dorischen Halikarnassos (heute Bodrum, Türkei) geboren, mußte seine Heimatstadt aber wegen der Beteiligung am Aufruhr gegen den Tyrannen Lygdamis verlassen.
Zahlreiche große Reisen führten ihn u.a. nach Ägypten und Afrika, nach Mesopotamien, an die Schwarzmeerküste und nach Italien. Später lebte er hoch angesehen und gefeiert in Athen und übersiedelte 444 v.Chr. in die neugegründete athenische Kolonie Thurioi (Thurii) in Unteritalien.

Herodot
(Fortsetzung)

Herodots erst in späterer Zeit in neun nach den Musen benannte Bücher eingeteiltes Werk befaßt sich gleichermaßen mit der kritischen Betrachtung und Wertung der von ihm bereisten Länder wie auch mit der politischen Berichterstattung. Höhepunkt ist seine Darstellung der Perserkriege. Durch die inzwischen vielfach belegte Zuverlässigkeit seiner Berichte liefert Herodot nicht nur ein eindrucksvolles Dokument über seinen kleinasiatisch-griechischen Lebensraum, sondern darüber hinaus wertvolle ethnographische und geographische Zeugnisse aus den Ländern Vorderasiens und Afrikas.

Hesiod
(8./7. Jh. v.Chr.)

Der vermutlich um 700 v.Chr. im böotischen Askra geborene Epiker Hesiód (griechisch Hesíodos) ist die erste faßbare Dichterpersönlichkeit des Abendlandes, wenngleich nur wenige Lebensdaten gesichert sind. Als Sohn eines armen Bauern war Hesiod in seiner Jugend Hirte und machte eine Überfahrt vom Festland nach Chalkis auf der Insel Euböa; geprägt wurde sein Leben und Werk durch den Erbstreit mit seinem Bruder Perses.
Zwei Werke des Hesiod sind erhalten: zum einen die "Theogonía" ("Theogonie" = Entstehung der Götter), der Versuch einer Genealogie der griechischen Götter, zugleich eine Kosmogonie (Entstehung der Welt), und zum anderen die "Érga kai Hemérai" (= "Werke und Tage"), eine Mahnschrift, die an den Streit mit seinem Bruder anknüpft und die Menschen von der Verbindlichkeit des göttlichen Rechts sowie der Notwendigkeit der Arbeit überzeugen soll; ferner enthalten die "Erga" Sagen, Fabeln und Sinnsprüche sowie praktische Anleitungen für den Ackerbau und die Schiffahrt, die eigentlichen "Hemerai" einen Bauernkalender.

Hippodamos
(5. Jh. v.Chr.)

Der geniale Stadtbaumeister Hippódamos von Milet (beim heutigen Yeniköy, Türkei) verschaffte dem schon von frühen griechischen Kolonisten angewendeten schachbrettartigen Städtebaumuster allgemeine Geltung in Theorie und Praxis. Das nach ihm benannte hippodamische System geht streng rational vor: Es teilt die Städte in regelmäßige, gleich große und streng rechtwinklig begrenzte Baulose ein, wobei es selbst starke Geländeunterschiede unberücksichtigt läßt. Die Flächen für öffentliche Gebäude und Plätze werden entsprechend dem genormten Maß der Baublöcke ausgespart und allmählich ausgebaut, während die Wohnviertel im vorgegebenen Raster nach außen hin wachsen können.
Hippodamos plante selbst u.a. die Städte Piräus (Hafen von Athen), Thurioi (Thurii) in Unteritalien, Rhodos auf der gleichnamigen Insel sowie seine Heimatstadt Milet in Kleinasien.

Hippokrates
von Chios
(um 450 v.Chr.)

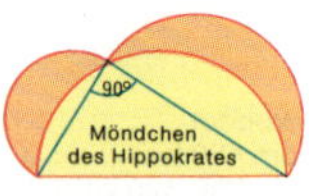

Der von der Insel Chios stammende griechische Mathematiker Hippókrates (griechisch Hippokrátes) lehrte in der zweiten Hälfte des fünften vorchristlichen Jahrhunderts in Athen. Er schuf das erste zusammenfassende System der Geometrie und entdeckte die nach ihm benannten 'Möndchen' (lateinisch 'Lunulae Hippocratis') am rechtwinkligen Dreieck:
Die Summe der von den Halbkreisen über den Katheten und dem Halbkreis über der Hypotenuse begrenzten sichelförmigen Flächen entspricht der Fläche des Dreiecks.

Hippokrates von Kos
(um 460 bis
um 370 v.Chr.)

Hippókrates (griechisch Hippokrátes), der berühmteste Arzt des Altertums, wurde als Sohn eines angesehenen Heilkundigen auf der Insel Kos geboren und starb nach einem langen und wechselvollen Leben im thessalischen Larisa. Er gilt als Begründer einer wissenschaftlichen Medizin, die durch kritische Beobachtung und analytischen Verstand die Gesetzmäßigkeiten von Gesundheit und Krankheit zu erkunden sucht. Hippokrates verstand Krankheit als das durch

Hippokrates von Kos (Fortsetzung)

äußere Einwirkungen in Unordnung geratene Gleichgewicht aller Lebenskräfte. Er maß den natürlichen Heilungstendenzen größte Bedeutung bei und stellte sie ebenso wie vorsorgliche Maßnahmen vor die Therapie. In zahlreichen Schriften befaßte er sich mit grundsätzlichen medizinischen Problemen.
Der 'Eid des Hippokrates', das noch heute für den Ärztestand 'verbindliche Berufsgelöbnis', ist wohl nicht auf Hippokrates selbst zurückzuführen.

Homer (ca. 8. Jh. v.Chr.)

Die kleinasiatische Stadt Smyrna (heute İzmir, Türkei) nimmt vermutlich zu Recht für sich in Anspruch, Geburtsort von Homér (griechisch Hómeros) zu sein, dem legendenumwobenen ältesten epischen Dichter des Abendlandes. Die Überlieferung sieht ihn, den genialen Schöpfer von "Ilias" und "Odyssee", als wandernden blinden Rhapsoden an ionischen Fürstenhöfen. Die um 700 v.Chr. im ionischen Raum, besonders aber auf der Insel Chios, entstandenen Rhapsodengilden verehrten in Homer ihren Stifter und Lehrmeister und nannten sich nach ihm 'Homeriden'. Dennoch blieb stets umstritten, ob es sich bei Homer tatsächlich um eine historische Persönlichkeit handele. Zweifel wurden insbesondere laut, ob ein einzelner Mensch überhaupt in der Lage sein könne, so gewaltige Dichterwerke zu schaffen. Friedrich August Wolf warf dazu 1795 die 'homerische Frage' auf, ob "Ilias" und "Odyssee" nicht eigentlich eine Sammlung von Einzelgesängen verschiedener Dichter seien. Man vermutete in Homer eine Art Sammelbezeichnung für die ältere Epik.
Heute überwiegt die Meinung, daß Homer als historische Persönlichkeit an der Westküste Kleinasiens lebte und wirkte und daß ihn vieles mit der Insel Chios verband. Wahrscheinlich hat er seine großen Werke unter Verwendung älterer kürzerer Volksepen selbst verfaßt, wobei die "Ilias" älter ist als die "Odyssee". Beide Werke erfuhren in späterer Zeit mancherlei Veränderungen und Erweiterungen. Homer werden ferner die 'homerischen Hymnen und Epigramme', die komischen Epen vom Tölpel 'Margites' und der "Froschmäusekrieg" ("Batrachomyomachia") zugeschrieben.

Iktinos (5. Jh. v.Chr.)

Von Iktínos, einem der bedeutendsten Baumeister des antiken Griechenland, sind weder die Herkunft noch genaue Lebensdaten bekannt. Belegt ist jedoch, daß er zwischen 448/449 und 438/439 v.Chr. gemeinsam mit Kallikrates den Parthenon-Tempel auf der Athener Akropolis erbaut hat; außerdem schuf er das Telesterion in Eleusis und den Tempel des Apollon Epikurios von Bassä bei dem elischen Phigaleia auf der Peloponnes.
Iktinos, der wahrscheinlich unter starkem Einfluß seines Zeitgenossen, des großen Bildhauers Phidias, stand, gilt als Erfinder des eigentlichen attischen Baustils, einer Mischform aus dorischen, kykladischen und ionischen Elementen, die besonders für die Entwicklung der Innenraumarchitektur bedeutsam wurde.

Johannes Anton Graf Kapodistrias (1776–1831)

Der am 11. Februar 1776 auf der ionischen Insel Korfu (Kerkyra) geborene Politiker Ioannes Antonios Graf Kapodístrias trat zu Beginn des 19. Jahrhunderts in den diplomatischen Dienst des zaristischen Rußland ein und hatte an den Unterhandlungen des Wiener Kongresses (1815) über die Neuordnung Europas maßgeblichen Anteil. Wegen seiner von Zar Alexander I. mißbilligten Unterstützung des Freiheitskampfes der Griechen (u.a. Gründung der 'Hetairía Philomúson' = 'Vereinigung der Musenfreunde' 1814 in Wien) trat er zurück und ging 1822 in die Schweiz, von wo er sich weiterhin für die griechische Sache einsetzte.
Am 11. April 1827 wurde Kapodistrias zum Regierungschef des neu gegründeten griechischen Freistaates gewählt. Dieses Amt behielt er

Herodot

Hippokrates von Kos

Homer

Kapodistrias (Fortsetzung)

bis zu seinem gewaltsamen Tode am 9. Oktober 1831, als ihn die radikalliberal eingestellten Konstantinos und Georgios Mavromichalis wegen Verletzung der Verfassung und autoritärer Regierungsweise in Nauplia (Navplion) ermordeten.

Nikos Kazantzakis (1883–1957)

Der neugriechische Schriftsteller Nikos Kazantzákis (Kasantzakis) stammt von der Insel Kreta, wo er am 18. Februar 1883 in Iraklion (Herakleion) geboren wurde. Schon seit frühester Jugend an allen geistigen Strömungen interessiert, studierte er zunächst in Athen Jurisprudenz (1906 Dr. jur.) und anschließend in Paris Philosophie (u.a. bei Henri Bergson) sowie politische Wissenschaften. Nach Griechenland zurückgekehrt, arbeitete er als Ministerialdirektor und bekleidete 1945/1946 ein Ministeramt.
Sein umfangreiches Wissen vertiefte Kazantzakis auf ausgedehnten Reisen durch England, Spanien, Rußland, Japan und China, von denen er in außergewöhnlichen Reisebüchern berichtet. Außer diesen Reisebeschreibungen schrieb er lyrische und epische Gedichte, Erzählungen, Romane, Tragödien um altgriechische, frühchristliche und byzantinische Stoffe sowie philosophische Prosa. Seine Werke zeichnen sich durch eindringliche Darstellungskraft, unverbrauchte Sprache, lyrische Fülle und philosophische Tiefgründigkeit aus. In dem nicht zuletzt durch die Verfilmung weltweit bekannt gewordenen Roman "Alexis Zorbas" (1946) hat Kazantzakis in zwei Hauptgestalten die beiden Seelen seiner kretischen Persönlichkeit offenbart. Als Übersetzer übertrug er u.a. Werke von Homer, Dante, Goethe, Shakespeare, Darwin, Nietzsche, Rimbaud und García Lorca ins Neugriechische.
Kazantzakis lebte nach dem Zweiten Weltkrieg überwiegend in Südfrankreich. Er verstarb am 26. Oktober 1957 in Freiburg im Breisgau und fand die letzte Ruhe in seiner kretischen Heimatstadt Iraklion.

Theodoros Kolokotronis (1770–1843)

Der griechische Freiheitskämpfer Theódoros Kolokotrónis stammte aus Messenien. Wegen seines Widerstandes gegen die türkischen Machthaber mußte er im Jahre 1806 auf die Insel Zakynthos (italienisch Zante) fliehen, wo er unter dem britischen Protektorat über die Ionischen Inseln (ab 1815) als Major ein griechisches Regiment befehligte. Im Freiheitskampf zeichnete er sich besonders bei Valetsi, vor Tripolis, Patras und Nauplia aus, war ein ergebener Anhänger des 1827 zum griechischen Regierungschef gewählten Grafen Kapodistrias und widersetzte sich dem für den neuen, noch unmündigen König Otto I. eingesetzten bayerischen Regentschaftsrat. Der Ver-

Nikos Kazantzakis

Aristoteles Onassis

Platon

Kolokotronis (Fortsetzung)

schwörung gegen das junge Königreich beschuldigt, wurde Kolokotronis 1834 zum Tode verurteilt, vom König aber zu zwanzigjähriger Festungshaft begnadigt und schon 1835 freigelassen; er verstarb in Athen.
Der auch unter dem Spitznamen 'Der Alte von Morea' bekannte Kolokotronis ist zum Helden zahlreicher griechischer Volkslieder geworden.

Konstantin der Große (um 288 bis 337 n.Chr.)

Der im heutigen Niš (Serbien) geborene römische Kaiser Konstantin I. (Konstantin der Große) verlegte im Jahre 330 den Kaisersitz von Rom nach Byzanz, das nunmehr in 'Nova Roma' bzw. 'Constantinopolis' (heute İstanbul, Türkei) umbenannt wurde. Mit seinem bereits 313 bekanntgegebenen Toleranzedikt von Mailand leitete er erste Schritte ein, um das Christentum zur Staatsreligion zu erheben. Unter seiner Herrschaft wurden in Konstantinopel der Grundstein für die Hagia Sophia (türkisch Ayasofya) gelegt, das Forum fertiggestellt und das Hippodrom mit der Schlangensäule aus Delphi verschönt.
Konstantin der Große ist ein Heiliger der griechisch-orthodoxen, der russisch-orthodoxen und der armenischen Kirche.

Leonidas (5. Jh. v.Chr.)

Der Spartaner Leónidas (griechisch Leonídas), 488–480 König von Sparta, besetzte im Juli 480 v.Chr. mit etwa 7000 Mann (davon 300 Spartaner) den strategisch wichtigen Küstenpaß der berühmten Thermopylen, um die Perser am weiteren Vordringen nach Mittelgriechenland zu hindern. Diese umgingen jedoch die griechische Stellung und fielen Leonidas in den Rücken. Während die Mehrzahl der griechischen Soldaten entkommen konnte, fanden alle Spartiaten und 700 Thespier nach erbitterter Gegenwehr den Tod. Nachdem der persische König Xerxes den Leichnam des Leonidas hatte verstümmeln lassen, setzte man in Sparta statt dessen eine Porträtstatue bei, bis die Gebeine vierzig Jahre später ins dortige Leonidaion übergeführt wurden.
Das berühmte Thermopylenepigramm, die von dem Dichter Simonides verfaßte Grabinschrift für die gefallenen Spartiaten, ist seit Friedrich von Schillers Übersetzung fester Bestandteil des deutschen Zitatenschatzes: "Wanderer kommst du nach Sparta, verkünde dorten, du habest uns hier liegen gesehen, wie das Gesetz es befahl".

Mausolos (4. Jh. v.Chr.)

Der persische Lehensfürst Mausolos (Maussolos) von Karien erlangte durch den Satrapenaufstand des Jahres 362 v. Chr. die Unabhängigkeit und gründete ein selbständiges Königreich mit der Hauptstadt

Mausolos (Fortsetzung)

Halikarnassos (heute Bodrum, Türkei). Sein zu Lebzeiten begonnenes und nach seinem Tode (353 v. Chr.) von seiner Schwester und Gemahlin Artemisia vollendetes, 'Mausoleion' genanntes prachtvolles Grabmal gehörte zu den Sieben Weltwundern des Altertums (s.S. 116).
Nach diesem wurden in späterer Zeit große Grabbauten als 'Mausoleum' bezeichnet.

Menander (341–290 v.Chr.)

Der Athener Komödiendichter Menánder (griechisch Menándros) ist der bedeutendste Vertreter der sog. neuen attischen Komödie. Von seinen über einhundert Stücken sind zwar mindestens 96 dem Titel nach bekannt, jedoch nur ein einziges, nämlich "Dyskolos" (= "Menschenfeind"), zur Gänze, einige wenige andere in größeren Teilen erhalten.
Das immer wiederkehrende Thema der Komödien des Menander, die sich durch feine Zeichnung der Charaktere, treffende sprachliche Gestaltung und ausgefeilte Dramaturgie auszeichnen, sind die Eigenarten, Vorzüge und Schwächen des bürgerlichen Menschen.

Johannes Metaxas (1871–1941)

Der griechische General und Politiker Ioánnis Metaxás wurde am 12. April 1871 auf der ionischen Insel Ithaki (Ithaka) geboren. Er fungierte ab 1915 als Stabschef der griechischen Streitkräfte, wurde jedoch als Gegner des damaligen Ministerpräsidenten Venizélos von den Franzosen 1917–1920 interniert. Im Jahre 1923 unternahm Metaxas einen erfolglosen Militärputsch und hatte später maßgeblichen Anteil an der Rückkehr König Georgs II. auf den griechischen Thron (1935). Im Anschluß an den Staatsstreich vom 4. August 1936 regierte Metaxas Griechenland als Ministerpräsident und Außenminister diktatorisch und antikommunistisch. Nach Ablehnung des am 28. Oktober 1940 von Italien ergangenen Ultimatums konnten die griechischen Truppen den von Albanien her auf Griechenland geführten Angriff der Italiener abwehren. Metaxas starb am 29. Januar 1941 in Athen.
Die 'Metaxas-Linie', eine gegen Bulgarien stark befestigte Verteidigungslinie in Ostmakedonien, wurde im April 1941 von der deutschen Wehrmacht überwunden.

Miltiades (um 590 bis um 489 v.Chr.)

Der athenische Heerführer Miltíades (griechisch Miltiádes), Sohn des Kimon, wurde um 520 v.Chr. nach der Thrakischen Chersones (heute Halbinsel Gallipoli/Gelibolu, Türkei) entsandt, um dort den athenischen Einfluß zu sichern, und eroberte zudem die Insel Lemnos (Limnos). Nach Athen zurückgekehrt setzte er sich für den entschlossenen Widerstand gegen die persische Bedrohung ein und erreichte 490 v.Chr. die Entsendung von schwerbewaffneten Kriegern (Hopliten) nach Marathon, um den dort gelandeten Persern den Weg nach Athen zu versperren. Dies gelang ihm mit rund 9000 Athenern und 1000 zu Hilfe geeilten Platäern in der berühmten Schlacht bei Marathon (September 490 v.Chr.).
Miltiades starb an den Folgen einer Verwundung, die er bei der erfolglosen Belagerung der Insel Paros erhalten hatte.

Aristoteles Onassis (1906 oder 1907 bis 1975)

Der griechische Geschäftsmann Aristoteles Sokrates Homeros Onássis wurde am 15. Januar 1906 oder 1907 in der kleinasiatischen Hafenstadt Smyrna (heute İzmir, Türkei) geboren und emigrierte 1923 über Griechenland nach Argentinien, wo er das Tabakhandelsgeschäft seiner Familie neu organisierte; später fungierte er auch als griechischer Konsul in Buenos Aires. In den Jahren 1932/1933 begann Onassis mit dem Aufbau einer Reederei, die später die größte private Handelsflotte der Welt besitzen sollte. Im Zweiten Weltkrieg stellte er seine Schiffe den Alliierten zur Verfügung und baute nach dem Kriege vor allem die Tankerkapazitäten weiter aus. Darüber

Onassis (Fortsetzung)

hinaus gründete er 1957 die Luftfahrtgesellschaft 'Olympic Airways' (seit 1975 in griechischem Staatsbesitz), beteiligte sich am internationalen Bankgeschäft, betrieb Spielbanken und war im Immobilienhandel tätig.
Von 1946 bis 1960 war Onassis mit der griechischen Reederstochter Athina Livanos verehelicht und heiratete später Jacqueline Kennedy (geb. Bouvier), die Witwe des 1963 ermordeten US-Präsidenten John F. Kennedy. Diese zweite Ehe endete am 15. März 1975, als Onassis in Paris verstarb.
Begraben liegt er auf seiner Privatinsel Skorpios, einem östlich der Nidri-Bucht der Ionischen Insel Lefkas vorgelagerten Eiland. Dort ruhen auch Onassis' Sohn Alexander, der 1973 bei einem Flugzeugabsturz ums Leben gekommen war, und seine Tochter Tina († 1988).

Otto I. (1815–1867)

Der Wittelsbacher Prinz Otto, Sohn König Ludwigs I. von Bayern, wurde im Jahre 1832 von den europäischen Großmächten als Otto I. zum ersten König der Hellenen eingesetzt. Da er zu diesem Zeitpunkt noch nicht mündig war, übernahm bis 1835 ein bayerischer Regentschaftsrat die Amtsgeschäfte. Otto traf 1833 in Griechenland ein und residierte zunächst in Nauplia (Navplion), ab 1834 in Athen, das er von vorwiegend deutschen Architekten ausbauen ließ.
Bereits 1843 mußte er den Griechen eine demokratische Verfassung einräumen, 1862 wurde er abgesetzt und kehrte nach Deutschland zurück, wo er in Bamberg verstarb. Gemeinsam mit seiner Gemahlin, Königin Amalia, fand er in der Fürstengruft der Münchener Theatinerkirche die letzte Ruhe.

Parmenides (6./5. Jh. v.Chr.)

Über die Lebensdaten des griechischen Philosophen Parménides ist praktisch nichts Genaues bekannt. Er stammte aus dem unteritalischen Elea und soll seiner Heimatstadt um 450 v.Chr. das Stadtrecht gegeben haben; ob er, wie Platon als einziger berichtet, im Alter Athen wirklich besucht hat, ist anderweitig nicht belegt.
Parmenides gilt als Begründer und Hauptvertreter der Eleatischen Schule. Seine philosophischen Überlegungen hat er in der Form eines Lehrgedichtes ausgedrückt:
Der Dichter wird durch die Göttin des Rechts Díke über die Wahrheit und Trug oder Schein belehrt; die Wahrheit (griechisch Alétheia) entspricht dem Sein, während der trügerische Schein (griechisch Dóxa) dem Nicht-Sein zugeordnet wird.
Gegenstand der Philosophie kann nur das unvergänglich Seiende sein, das sich nicht durch Sinneswahrnehmung, sondern ausschließlich im Denken erschließt.

Pausanias (um 111–115 bis um 180 n.Chr.)

Der griechische Schriftsteller Pausánias (griechisch Pausanías), genannt der Periheget, stammte aus Kleinasien (vermutlich aus Lydien). Wenngleich seine genauen Lebensdaten nicht überliefert sind, ist gesichert, daß er sein Hauptwerk "Perihégesis tes Helládos" (= "Beschreibung Griechenlands") etwa zwischen 160 und 180 n.Chr. verfaßt hat; es wurde später in zehn Bücher eingeteilt.
Pausanias' Hauptanliegen ist die Darstellung des Landes mit seinen Sehenswürdigkeiten und Eigenheiten, angereichert durch naturwissenschaftliche, historische, archäologische, kunstgeschichtliche und biographische Einzelheiten sowie – der Mode der damaligen Zeit folgend – mythologische Erzählungen und Wundergeschichten. Während der sprachliche Stil weitgehend rhetorisch und nicht selten affektiert ist, stellt der Stoff eine der wichtigsten und reichhaltigsten Quellen dar, die aus der Antike erhalten sind.
Da die Ausführungen zum größten Teil auf eigenen Reiseerfahrungen beruhen, könnte man Pausanias heute als einen 'Baedeker der Antike' apostrophieren.

Berühmte Persönlichkeiten

Peisistratos
(um 600 bis
528/527 v.Chr.)

Der athenische Tyrann Peisístratos stammte aus Brauron, erlangte im Jahre 560 v.Chr. die Herrschaft über Athen und behauptete seine Macht – unterbrochen von zweimaliger Vertreibung – von 540 v.Chr. bis zu seinem Tode. Er führte den Dionysoskult mit regelmäßigen Aufführungen von Tragödien ein, ließ die Gesetze des Solon bestehen, stattete die Stadt mit Tempeln und anderen Bauwerken aus (Athena-Tempel, Olympieion), veranlaßte die Redaktion der Homerischen Epen und begründete das Panathenäenfest auf der Agora.
Die Nachfolge traten seine Söhne Hippias und Hipparchos an, unter denen die Tyrannis zur Tyrannei entartete.

Perikles
(um 490 bis
429 v.Chr.)

Périkles (griechisch Periklés) war der größte Staatsmann Athens und gab dem Perikleischen Zeitalter seinen Namen. Im Jahre 472 v.Chr. richtete er als Chorege (= Chorleiter) die Aufführung der Tragödie "Die Perser" des Aischylos ein, 461 v.Chr. war er Führer der Demokratenpartei und stieg 443 v.Chr. zum alleinigen Leiter des Staates und gewählten Strategen (= Heerführer) auf.
Bereits 454 v.Chr. hatte Perikles den Schatz des Attischen Seebundes von der Kykladeninsel Delos nach Athen gebracht, der zur Finanzierung des Ausbaus der Akropolis eingesetzt wurde, die nun ihre klassische Gestalt erhielt. Gemeinsam mit seiner Lebensgefährtin Aspasia förderte Perikles, der u.a. mit dem Bildhauer Phidias, dem Philosophen Anaxagoras und dem Tragiker Sophokles befreundet war, die Künste und Wissenschaften nach Kräften.
Im Jahre 431 v.Chr. soll er Athen zum Peloponnesischen Krieg veranlaßt haben; 429 v.Chr. starb er an der Pest.

Phidias
(5. Jh. v.Chr.)

Phídias (griechisch Pheidías), dessen genaue Lebensdaten nicht bekannt sind, galt schon im Altertum als der bedeutendste klassische Bildhauer Athens; auch als Maler und Toreut (Metallbildner) genoß er hohes Ansehen. Perikles übertrug ihm die Gesamtleitung des Ausbaus der Akropolis, für die er die Bronzestatue der Athena Promachos und die Goldelfenbeinstatue der Athena Parthenos schuf; ferner war er an der Bauskulptur des Parthenon-Tempels beteiligt. Nicht weniger berühmt war seine Kultfigur des Zeus in Olympia.
Um 432/431 wurde er wegen Veruntreuung von Gold, das für die Gestaltung der Athena-Statue bestimmt war, angeklagt und verstarb vermutlich im Gefängnis.

Philipp
von Makedonien
(um 382 bis
336 v.Chr.)

Philipp (griechisch Phílippos) II., König der Makedonen (ab 359 v.Chr.), Sohn des Amyntas und der Eurydike, verstand es, durch geschickte, nicht selten verschlagene Politik und erfolgreiche Feldzüge einen makedonischen Einheitsstaat zu schaffen, dem er auch weite Teile Griechenlands, nicht jedoch Attika, anzugliedern versuchte und so den Grund für das Weltreich seines Sohnes Alexander (d.Gr.) legte, zu dessen Erziehung er den Philosophen Aristoteles berief.
Philipp II. wurde bei der Hochzeit seiner Tochter Kleopatra mit dem Molosserkönig Alexandros von dem Makedonen Pausanias ermordet, wobei eine von Philipps erster Frau Olympiás, die er 337 v.Chr. verstoßen hatte, angestiftete Verschwörung nicht auszuschließen ist.

Pindar
(522 oder 518 bis
nach 446 v.Chr.)

Der aus Kynoskephalai bei Theben gebürtige griechische Lyriker Pindar (griechisch Píndaros) entstammte einer aristokratischen Familie und trat erstmals um 498 v.Chr. als Dichter und Komponist von Chorliedern hervor.
Von seinen 17 im Altertum bekannten Büchern sind nur vier mit hymnischen Siegesgesängen (Epinikia; 43 Oden) auf die Preisträger der Olympischen, der Pythischen, der Nemeischen und der Isthmischen Spiele direkt überliefert.

Pindar (Fortsetzung)

Pindars Gedichte sind von hohem Pathos getragen und von mythischen Bezügen geprägt. Der Sprachstil und die Metrik erscheinen kompliziert, zumal die zugehörigen Musiknoten verloren gingen. In der Neuzeit haben sich u.a. Ronsard, Goethe und Hölderlin von Pindars Lyrik anregen lassen.

Platon (427–347 v.Chr.)

Der Athener Pláton (lateinisch Plato) war der größte Philosoph des antiken Griechenland. Er entstammte dem attischen Adel, war acht Jahre lang Schüler und Anhänger des Sokrates (bis zu dessen Tode im Jahre 399 v.Chr.), bereiste dann Unteritalien und Sizilien (vielleicht auch Ägypten) und gelangte als freigekaufter Sklave schließlich wieder nach Athen, wo er zwischen 388 und 385 v.Chr. seine eigene Schule, die Platonische Akademie, gründete, die in der Rechtsform eines Kultvereines die Stätte philosophischer Forschung und Erziehung nach pythagoräischem Vorbild war.
Den Kern in Platons Philosophie, mit der sich alle nachfolgenden Denker der Menschheitsgeschichte auseiandergesetzt haben, bildet die Ideenlehre.
Platons philosophische Werke sind fast ausnahmslos erhalten; jedoch nicht alle Schriften, die unter seinem Namen überliefert sind, stammen auch wirklich aus seiner Feder. In den berühmten Dialogen (dialektische Erörterung der Werte) ist Sokrates, der bestimmenden Einfluß auf Platon ausgeübt hat, die zentrale Figur.

Plutarch (nach 45 bis nach 120 n.Chr.)

Der aus dem böotischen Chaironeia stammende Plutárch (griechisch Plútarchos) war ein Popularphilosoph, Historiker und bedeutender Biograph. Durch seinen Lehrer Ammonios erhielt er Zugang zur Platonischen Akademie in Athen und bereiste ganz Griechenland, die Ägäis, Kleinasien sowie im Auftrage seiner Vaterstadt mehrmals Rom, wo er als inzwischen berühmter Schriftsteller mit den dortigen Größen in Verbindung kam. Etwa um das Jahr 95 n.Chr. wurde er Priester des Apollon in Delphi.
Plutarch hat ein umfangreiches Werk hinterlassen. Schon im Altertum kursierten unter seinem Namen rund 260 Schriften, von denen die wohl bekanntesten die Biographien und von diesen wiederum die "Bíoi parálleloi" (wörtlich = "Parallele Leben") sind, vergleichende Lebensbeschreibungen mit Gegenüberstellungen berühmter Griechen und Römer (z.B. Demosthenes und Cicero oder Alexander d.Gr. und Iulius Caesar).
Plutarchs zahlreiche übrige Schriften befassen sich neben anderem mit philosophischen, religiösen, ethischen, soziologischen, politischen, naturwissenschaftlichen, psychologischen und literaturhistorischen Themen.
Wenngleich Plutarch kaum denkerische und auch keine besonderen literarischen Qualitäten zugeschrieben werden können, ist er dennoch einer der meistgelesenen Schriftsteller der Weltliteratur.

Polyklet (um 470–460 bis nach 423 v.Chr.)

Der aus dem peloponnesischen Argos stammende Bildhauer und Erzgießer Polyklét (griechisch Polýkleitos) gilt als der große Meister der klassischen Zeit (zweite Hälfte des 5. Jh.s v.Chr.). Als Haupt einer lange fortwirkenden Schule versuchte er, eine Idealform des gestalteten menschlichen Körpers zu finden und seinen Figuren durch veränderte Ponderation ('Stand- und Spielbein') eine Rhythmik zu verleihen, in die sich Körper und Gliedmaßen einfügen.
In seiner theoretischen Schrift "Kanon" beschäftigte er sich mit den Proportionen des menschlichen Körpers; seine berühmte, nur in römischen Marmorkopien erhaltene Bronzestatue des "Dorýphoros" (= Speertragender Jüngling; um 450 v.Chr.) galt im Altertum als vorbildlich.
Originalwerke des Polyklet sind nicht überliefert.

Pythagoras

Heinrich Schliemann

Giorgos Seferis

Praxiteles
(4. Jh. v.Chr.)

Der schon in der Antike zu den bedeutendsten Künstlern gezählte Praxíteles (griechisch Praxitéles) stammte wohl aus einer Athener Bildhauerfamilie (auch seine Söhne wurden Bildhauer). Seine aktive Schaffensperiode wird etwa in die Zeit zwischen 370 und 320 v.Chr. datiert; er schuf wohlgeformte Plastiken sowohl aus Marmor als auch aus Erz, wobei er besondere Sorgfalt bei der Oberflächenbehandlung walten ließ.
Zu seinen Hauptwerken gehören die berühmte Aphrodite von Knidos (um 360 v.Chr.) und der Apollon Sauroktonos (= Eidechsentötender Apollon) – Meisterwerke des spätklassischen Stils. Ob der in Olympia gefundene Hermes mit dem Dionysosknaben von Praxiteles selbst stammt, ist ungewiß.

Protagoras
(um 485 bis
um 415 v.Chr.)

Der aus Abdera gebürtige Sophist Protágoras wirkte mit großem Erfolg als Wanderlehrer in ganz Griechenland und hielt sich längere Zeit in Athen auf; im Jahre 444 v.Chr. erhielt er den Auftrag, der neu gegründeten Stadt Thurioi in Unteritalien Gesetze und Verfassung zu geben. Protagoras soll in Athen wegen Gottlosigkeit angeklagt worden und auf der Flucht ertrunken sein.
Der erkenntnistheoretische Kernsatz der Lehre des Protagoras lautete: "Der Mensch ist das Maß aller Dinge"; hieraus zog er entschiedene Konsequenzen auf rechtlichem, moralischem und politischem Gebiet. Sein Einfluß auf das geistige Leben seiner Zeit war außergewöhnlich groß.

Pythagoras
(um 570 bis
um 500–480 v.Chr.)

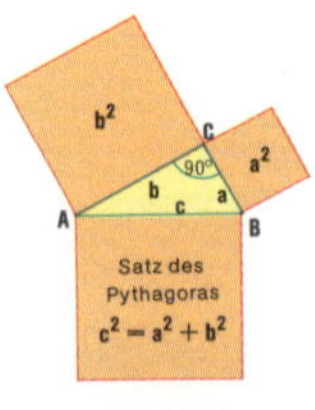

Von dem griechischen Philosophen Pythágoras (griechisch Pythagóras) ist nur wenig Authentisches überliefert. Er selbst hat keinerlei Schriften hinterlassen, und seine Schüler waren zu Verschwiegenheit und mönchischer Askese verpflichtet. Er wurde auf der Insel Samos geboren, verließ sie um 530 v.Chr., angeblich um der Gewaltherrschaft des Polykrates zu entkommen, und gründete im unteritalischen Kroton die ethisch-politische, philosophisch-religiöse Gemeinschaft der Pythagoreer.
Schon zu Lebzeiten wurde er von seinen Anhängern als ein vollkommen Weiser verehrt und zählte zu den Sieben Weisen des Altertums. Nach wiederholten Anfeindungen und Verfolgungen verließ er Kroton und verstarb in Metapontum.
Die Pythagoreer sahen die Zahl als Wesen aller Dinge, als Prinzip der Weltenharmonie und damit auch bestimmend für die Gesetzmäßigkeit der Musik. Auf Pythagoras selbst geht vermutlich die Lehre von der Seelenwanderung zurück.

Sokrates

Thales

E. K. Venizelos

Pythagoras (Fortsetzung)

Der bekannte, nach Pythagoras benannte mathematische Lehrsatz, $a^2 + b^2 = c^2$ (graphische Darstellung s. S. 76 unten), dürfte allerdings bereits vor seiner Zeit bekannt gewesen sein.

Sappho (7./6. Jh. v.Chr.)

Die um das Jahr 600 v.Chr. auf der Insel Lesbos geborene griechische Dichterin Sáppho (sie selbst nannte sich Psáppho) gilt als die größte Lyrikerin des klassischen Altertums. Platon rechnete sie als zehnte den neun Musen zu, und Horaz benannte nach ihr die 'sapphische Strophe'.
In der Inselhauptstadt Mytilene leitete sie eine Gemeinschaft, in der sie junge Mädchen bis zu deren Heirat in der Dichtkunst und in rituellen Tänzen zu Ehren der Liebesgöttin Aphrodite unterwies. Ganz zu Unrecht entstand hieraus der Begriff der 'lesbischen Liebe'. Nach der Verbannung der Aristokraten aus Lesbos ging sie zeitweise nach Sizilien. Aus unerwiderter Liebe zu dem schönen Phaon soll sie sich von dem Leukadischen Felsen gestürzt haben.
Sapphos reiches lyrisches Werk ist leider nur fragmentarisch erhalten. Es sind v.a. Götterhymnen sowie Hochzeits- und Liebeslieder in einfacher, eindringlicher Sprache.

Heinrich Schliemann (1822–1890)

Der Altertumsforscher Heinrich Schliemann wurde am 6. Januar 1822 im mecklenburgischen Neubukow geboren. Die Familienverhältnisse zwangen ihn, den Besuch des Gymnasiums abzubrechen und den Beruf des Kaufmanns zu erlernen. Nicht zuletzt seiner sprachlichen Begabung (er beherrschte schließlich 15 Sprachen) verdankte er seinen raschen beruflichen Erfolg in einem Amsterdamer Handelskontor; 1847 gründete er ein eigenes Handelshaus in St. Petersburg (heute Leningrad, UdSSR), das ihm ein beträchtliches Vermögen eintrug und seit 1858 die ausschließliche Hinwendung zur Altertumsforschung erlaubte. Nach umfangreichen, weltweiten Reisen und dem Studium der Sprachwissenschaften und Archäologie in Paris ließ er sich 1868 in Athen nieder und 1878/1879 dort von Ernst Ziller ein palaisartiges Haus bauen, in dem er dann mit seiner griechischen Frau Sophia wohnte.
Getragen von der Überzeugung, daß die Werke Homers auf historischen Tatsachen beruhen, entwickelte er die noch heute gültige archäologische Vorgehensweise, wonach den eigentlichen Ausgrabungen zunächst ein eingehendes Studium der literarischen Quellen sowie die gründliche Erkundung der topographischen Verhältnisse und gegebenenfalls flankierende Sondierungsgrabungen vorauszugehen haben.

Schliemann (Fortsetzung)

Schliemann betrieb – seit 1882 unterstützt von Wilhelm Dörpfeld – Grabungen in Troja (Hisarlık, Türkei; 1870–1882 und 1890), in Mykene (1876), Orchomenos (1880–1886) und Tiryns (1884/1885). Seine Hauptfunde, den Goldschatz von Troja ('Schatz des Priamos'; seit 1945 verschollen) und den Goldschmuck aus den Königsgräbern von Mykene, übergab er dem Museum für Vor- und Frühgeschichte in Berlin bzw. dem Archäologischen Nationalmuseum in Athen.
Heinrich Schliemann starb auf der Rückreise von Deutschland nach Athen am 26. Dezember 1890 in Neapel und wurde auf dem Ersten Athener Friedhof beigesetzt.

Giorgos Seferis (1900–1971)

Der neugriechische Schriftsteller Giorgos Seféris (eigentlich Georgios Seferiades) wurde im kleinasiatischen Smyrna (heute İzmir, Türkei) als Sohn eines Universitätsprofessors geboren, studierte Jurisprudenz in Athen und Paris, ging in den diplomatischen Dienst Griechenlands und bekleidete u.a. den Posten des Botschafters seines Landes in London.
Mit dem Erscheinen Seferis' ersten Gedichtbandes "Strophí" (= "Wende") im Jahre 1931 verbindet man den Beginn der modernen Dichtung in Griechenland. Zunächst am reinen Symbolismus (Paul Valéry) und dem Vorbild T.S. Eliots orientiert, findet Seferis bald zu einer eigenen, vom Herkömmlichen gelösten Dichtersprache, die den Grundstein zur griechischen Moderne legt. Dies wird zuerst in seinem 1935 veröffentlichten Gedichtband "Mithistórima" (= "Mythische Geschichte") deutlich, in dem er sich die schicksalhaften, immer wiederkehrenden Heimsuchungen im griechischen Lebensraum bewußt macht und vertieft.
Im Jahre 1963 wurde Seferis als erster Grieche überhaupt für sein grundlegendes dichterisches Œuvre mit dem Nobelpreis für Literatur ausgezeichnet.

Sieben Weise

Als die Sieben Weisen des klassischen Altertums bezeichnet man gemeinhin eine Reihe von griechischen Staatsmännern und Philosophen des siebten und sechsten vorchristlichen Jahrhunderts, denen neben ihrer insgesamt weisen Haltung gewisse Kernsprüche zugeschrieben werden.
In frühen Zeugnissen bestehen große Schwankungen in bezug auf die Namen, von denen insgesamt 17 belegt sind.
Eine Gruppe von sieben Weisen wird erstmals bei Platon (427–347 v.Chr.) genannt, deren Namen jedoch nicht mit jenen identisch sind, die seit der chronologischen Liste des Politikers Demetrios von Phaleron (geb. vor 344 v.Chr.) als feststehender Kreis der Sieben Weisen betrachtet werden:

Kleobulos	Kleobúlos von Lindos (7./6. Jh. v.Chr.),
Pittakos	Píttakos von Kos (651/650 bis um 575 v.Chr.),
Solon	Sólon von Athen (um 640 bis 560 v.Chr.),
Thales	Tháles von Milet (um 625 bis um 545 v.Chr.),
Bias	Bías von Priene (625–540 v.Chr.),
Periander oder Myson	Períandros von Korinth (600–560 v.Chr.) oder der legendäre Mýson von Chenai und
Chilon	Chílon von Sparta (556/555 Ephor).

Simonides und Bakchylides (6./5. Jh. v.Chr.)

Die archaischen Lyriker Simonídes (geb. um 557/556 v.Chr.) und sein Neffe Bakchylídes (geb. um 505 v.Chr.) wurden in Iulis auf der Insel Keos (Kea) geboren. Simonides gilt als der Erfinder der Mnemotechnik (Gedächtniskunst). Er bewegte sich als weltmännisch gewandter Ionier (einer der ersten 'Intellektuellen') an verschiedenen Fürstenhöfen der griechischen Welt, beteiligte sich an Dichterwettkämpfen und schuf im Auftrag der Mächtigen seiner Zeit vielseitige

Simonides und Bakchylides (Fortsetzung)

Gedichte voller Geist und Einfühlsamkeit. Sein Werk ist nur in Fragmenten erhalten; von ihm stammt neben anderen Weih- und Grabinschriften das berühmte Epigramm für die in der Schlacht bei den Thermopylen (480 v.Chr.) gefallenenen Spartaner (vgl. Leonidas). Simonides starb 468 v.Chr. in Akragas, dem heutigen Agrigento auf Sizilien.
Wie Simonides erwarb sich auch Bakchylides schon früh Ruhm und Anerkennung bei Dichterwettkämpfen, wo er u.a. auch als Rivale des Pindar aufgetreten sein soll. Sein Tod wird um das Jahr 450 v.Chr. datiert.

Sokrates (um 470 bis 399 v.Chr.)

Der griechische Philosoph Sókrates (griechisch Sokrátes), eine der Hauptgestalten des abendländischen Denkens, war der Sohn des Steinmetzen Sophroniskos und der Hebamme Phainarete. Vermutlich erst in hohem Alter heiratete er, Bürger des attischen Demos Alopeke, die wohl wesentlich jüngere Xanthippe (nach Xenophon der Inbegriff weiblicher Unverträglichkeit) und hatte mit ihr drei Söhne.
Aus pädagogischer Leidenschaft bemühte sich Sokrates, der selbst keine schriftlichen Zeugnisse hinterlassen hat und dessen Bild auf den Berichten seiner Schüler Xenophon und vor allem Platon beruht, seine Mitbürger auf den Straßen und Plätzen von Athen durch bohrendes Befragen zum Nachdenken zu bewegen und sie zu belehren, daß sie im Grunde nichts wüßten. Mit diesem 'Wissen des Nichtwissens', das sich vordergründig gegen die damals modernen sophistischen Weisheitslehrer richtete, wies er den Weg zu Platons Ideenlehre. Sokrates' Denken war von der Überzeugung bestimmt, daß aus einsichtigem Denken notwendigerweise ethisch rechtes Handeln hervorgehe. Nachdem sich Sokrates durch seine unbeugsame Haltung und dialektischen Belehrungen nicht sonderlich beliebt gemacht hatte, wurde er schließlich wegen Verführung der Jugend zum Tode durch Gift verurteilt. Eine Flucht lehnte er ab und starb, umgeben von seinen Freunden, im Staatsgefängnis an der Agora, nachdem er den Schierlingsbecher geleert hatte.

Solon (um 640 bis nach 561 v.Chr.)

Der Staatsmann, Gesetzgeber und Dichter Sólon aus Athen wurde später in die Gruppe der Sieben Weisen des klassischen Altertums eingereiht.
Als Archon (höchster Staatsbeamter) mit umfassenden Vollmachten schlichtete er 594 v.Chr. die Kämpfe zwischen dem Adel und den Bauern und hob die Schuldknechtschaft weitgehend auf. Mit einem großen Reformwerk ordnete er Maße, Gewichte sowie Münzwesen neu und schuf ein grundlegendes kodifiziertes Gesetzeswerk für die Bereiche Familienrecht, Wirtschaftsrecht, Prozeßrecht und Wehrordnung. Ferner gab er der Stadt Athen eine Verfassung und ließ die Athener schwören, diese während seiner Abwesenheit (er begab sich mehrfach in Handelsgeschäften nach Zypern und Ägypten) nicht zu ändern.
In den Dienst seiner politischen Idee vom Ausgleich zwischen den Ständen stellte Solon als Dichter auch seine schwungvollen Elegien.

Sophokles (um 495 bis um 406/405 v.Chr.)

Nach Aischylos und vor Euripides war der Athener Sóphokles (griechisch Sophoklés) der zweite große attische Tragödiendichter und zugleich der erfolgreichste; im Jahre 468 v.Chr. gewann er seinen ersten Wettbewerb bei den Großen Dionysien. Der erfolgreiche und beliebte Dichter bekleidete aber auch hohe Staatsämter: 443/442 v.Chr. Schatzmeister des Attischen Seebundes, 441–439 Stratege (gemeinsam mit Perikles), 413–411 Mitglied der Oligarchenregierung.
Sophokles führte in seinen Tragödien den dritten Schauspieler ein (vgl. Aischylos), drängte den Chor weiter zurück und gelangte so zur Darstellung wirklicher Charaktere, deren psychologische Ausformung

Sophokles
(Fortsetzung)

jedoch Euripides vorbehalten blieb. Denn bei Sophokles ist der Mensch noch nicht das Maß aller Dinge; er steht weiterhin unter dem Bann der allmächtigen Götter. Durch diese schicksalhafte Verstrikkung muß sich der einzelne leidend und erkennend durchkämpfen, bis schließlich seine Ohnmacht gegenüber der Macht der Götter offenbar wird ('durch Leiden lernen').
Von den insgesamt 130 dem Titel nach bekannten Theaterstücken des Sophokles sind nur sieben erhalten; die deutschen Titel lauten in der vermuteten Chronologie ihrer Erstaufführungen: "Trachinierinnen", "Aias", "Antigone" (442 v.Chr.), "König Ödipus", "Elektra", "Philoktet" (409 v.Chr.) und "Ödipus auf Kolonos" (401 v.Chr., postum).

Strabon
(64/63 v.Chr. bis nach 23 n.Chr.)

Der griechische Geograph und Historiker Strábon (lateinisch Strabo) stammt aus der pontischen Stadt Amaseia, dem heutigen Amasya (etwa in der Mitte der nördlichen Türkei) und studierte nacheinander in Nysa, Alexandria (?) und Rom, wo er sich seit dem Jahr 44 v.Chr. aufhält. Über seinen weiteren Lebenslauf gibt es nur wenige konkrete Daten (Reise nach Ägypten im Jahre 25/24 v.Chr.; Aufenthalte in Korinth, Neapel, Baiae und Dikaiarcheia), ebensowenig ist sein Todesjahr bekannt.
Während sein historisches Werk nur sehr bruchstückhaft erhalten ist, sind seine berühmten geographischen Schriften "Geographiká" (17 Bücher) der Nachwelt überliefert und bilden eine reiche Hauptquelle für die Kenntnis der erdkundlichen Verhältnisse in der Antike.

Thales
(um 625 bis um 545 v. Chr.)

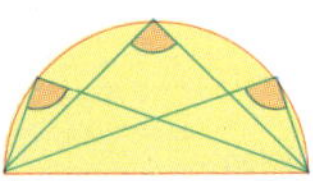
Thaleskreis

Der griechische Philosoph, Astronom, Mathematiker und Naturforscher Tháles von Milet (beim heutigen Yeniköy, Türkei) soll angeblich phönizischer Abstammung gewesen sein. Er begründete die sog. ionische Naturphilosophie, nach der alles Dasein auf das Wasser als Urstoff zurückzuführen sei. Er nahm eine Belebtheit auch der anorganischen Materie an und führte alle Bewegungskräfte auf die Wirkung einer alles steuernden Seele zurück. Als Kenner der Astronomie soll er die Sonnenfinsternis des Jahres 585 v.Chr. vorausgesagt haben. Der nach ihm benannte geometrische Lehrsatz – alle Peripheriewinkel im Halbkreis ('Thaleskreis') betragen 90° – war allerdings schon den Babyloniern bekannt.
Thales von Milet zählte zu den Sieben Weisen des Altertums.

Themistokles
(um 525 bis nach 460 v.Chr.)

Der attische Staatsmann Themístokles ließ als Athener Archon 493 v.Chr. den Seehafen Piräus ausbauen und erreichte 483 v.Chr., daß die Erträge der Silberbergwerke von Laurion zum Aufbau der athenische Flotte verwendet wurden. Nach seinem Konzept besiegten die Athener 480 v.Chr. in der berühmten Seeschlacht bei Salamis die Perser. Gegen den Widerstand der Spartaner begann Themistokles 479 v.Chr. den Bau der Athener Stadtbefestigung (Themistokleische Mauer).
Gegen Ende der siebziger Jahre des fünften Jahrhunderts v.Chr. wurde er durch Ostrakismós (Scherbengericht) aus Athen verbannt und flüchtete auf abenteuerliche Weise nach Kleinasien, wo er als Lehensmann des persischen Königs in Magnesia am Mäander verstarb.

Thukydides
(vor 455 bis um 400 v.Chr.)

Der aus der athenischen Aristokratie stammende Historiker Thukýdides (griechisch Thukydídes) gilt als der Begründer der wissenschaftlichen Geschichtsschreibung. Nur wenige seiner Lebensdaten sind gesichert. Belegt ist, daß er im Jahre 425/424 das Amt eines Strategen innehatte und nach seinem militärischen Mißerfolg bei Amphipolis aus Athen verbannt wurde. Ob er später wieder nach Athen zurückkehren durfte, bleibt ungewiß.

Thukydides
(Fortsetzung)

Thukydides' Werk ist die große historische Monographie "Der Krieg der Peloponnesier und Athener" (acht Bücher). Sie beschreibt den Peloponnesischen Krieg (431–404 v.Chr.) von seinem Ausbruch bis zu den Ereignissen des Jahres 411/410 v.Chr. und ist somit als unvollendet anzusehen, wenngleich belegt ist, daß der Verfasser das Ende des Krieges miterlebt und danach noch an seinem Geschichtswerk weitergearbeitet hat. Bezeichnend für die Art der Darstellung bei Thukydides sind das Bemühen um größtmögliche Objektivität – ungeachtet seiner Neigung zu Athen – und eine kritische Deutung der Vorgänge aus ihren inneren Bedingungen und Zwängen.

Eleftherios Kyriakos
Venizelos
(1864–1936)

Der Jurist und Staatsmann Elefthérios Kyriakós Venizélos ist am 23. August 1864 in Murnies auf Kreta geboren. Als Begünder der griechischen Liberalen Partei wurde er erstmals im Jahre 1910 Ministerpräsident des Landes. Durch weitreichende innenpolitische Reformen schuf er das moderne griechische Staatswesen. Außenpolitisch betrieb er die Einigung aller Griechen und die territoriale Ausweitung mit militärischen Mitteln. Zwei Balkankriege (1912/1913) brachten tatsächlich beträchtliche Gebietsgewinne und den endgültigen Anschluß Kretas an Griechenland, doch scheiterten weitere Expansionsversuche am Widerstand der Türken unter Mustafa Kemal Paşa (Atatürk). Nach einem mißlungenen Putschversuch gegen die Regierung Tsaldaris ging Venizelos nach Paris ins Exil, wo er am 18. März 1936 verstarb.

Xenophanes
(um 565 bis
um 470 v. Chr.)

Der griechische Dichter und Philosoph Xenóphanes (griechisch Xenophánes) aus Kolophon (unweit südlich von Smyrna, dem heutigen Izmir, Türkei) mußte jung seine kleinasiatische Heimat verlassen und führte als Rhapsode in Griechenland und auf Sizilien ein unstetes Wanderleben. Zuletzt ließ er sich im unteritalischen Elea nieder, wo er auch starb. Seine Gedichte und Lieder sind philosophisch-weltanschaulichen Inhalts.
Xenophanes verwarf die griechische Mythologie sowie den Polytheismus und vertrat den Glauben an eine einzige vollkommene Göttlichkeit, die in nichts den Sterblichen vergleichbar wäre. Damit bereitete er die Philosophenschule der Eleaten vor. Auch auf naturwissenschaftlichem Gebiet hat sich Xenophanes betätigt; durch die Beobachtung von Fossilien nahm er große Entwicklungsperioden im Tier- und Pflanzenreich an.

Xenophon
(um 430–425 bis
um 355 v.Chr.)

Der aus dem attischen Demos Erchia stammende Schriftsteller Xénophon (griechisch Xenophón) schloß sich in jungen Jahren dem Sokrates an und nahm 401 v.Chr. am Feldzug des Persers Kyros d.J. gegen dessen Bruder, den Großkönig Artaxerxes II. Mnemon, teil. Nachdem Kyros bei Kunaxa gefallen war, führte Xenophon die Nachhut der griechischen Söldnertruppe durch das winterliche Armenien ans Schwarze Meer nach Trapezus (Trapezunt; heute Trabzon, Türkei), schloß sich dem Spartanerkönig Agesilaos an, erlebte die spartanischen Feldzüge gegen die Perser in Westkleinasien und stand in der Schlacht von Koroneia (394 v.Chr.) auf Seiten der Spartaner. Wegen dieser Parteinahme wurde er aus Athen verbannt und lebte dann als Schriftsteller auf einem ihm von den Spartanern geschenkten Landgut bei Skillús (südlich von Olympia), bis er nach dem Zusammenbruch der spartanischen Vorherrschaft nach Korinth ausweichen mußte, wo er vermutlich verstorben ist; ob er zuvor noch einmal nach Athen zurückkehren durfte, ist ungewiß.
Das gesamte literarische Werk des Xenophon ist erhalten. Es umfaßt vor allem die historischen Schriften "Anábasis" (acht Bücher über den Kyrosfeldzug und den Rückmarsch der 'Zehntausend' griechischen Söldner) und "Helleniká" (Geschichte Griechenlands ab dem Jahr

Xenophon (Fortsetzung)

411/410 v.Chr., im Anschluß an Thukydides' Geschichte des Peloponnesischen Krieges), dann ethisch-pädagogische Schriften wie den Fürstenspiegel "Kyrupädie", "Staat der Spartaner" oder "Póroi" (über die Staatseinkünfte der Athener) und technologische Schriften über die Reitkunst sowie die nicht weniger bedeutenden sokratischen Schriften "Erinnerungen an Sokrates" , "Verteidigung des Sokrates", "Oikonomikós" und "Sympósion" (ein sokratisches Gastmahl).

Ypsilanti (18./19. Jh.)

Ypsilánti oder Ypsilántis (aus dem griechischen transliteriert Hypseläntes) ist der Namen einer bekannten Fanariotenfamilie, deren Mitglieder sich u.a. im Freiheitskampf der Griechen hervorgetan haben.

Fanarioten

'Fanarioten' hießen die Bewohner des Stambuler Stadtteils Phanár (von neugriechisch 'phanári' = Laterne, Leuchtturm) – heute türkisch Fener – am Goldenen Horn, einer Enklave, wo die Griechen nach der Eroberung von Konstantinopel durch die Türken (İstanbul) hauptsächlich ansässig waren (seit 1601 hier auch der Sitz des griechisch-orthodoxen Patriarchates). In osmanische Dienste getreten, übernahmen viele Fanarioten (überwiegend Griechen von altem byzantinischen Adel) seit der Mitte des 17. Jahrhunderts höhere Ämter am Sultanshof und in der Reichsverwaltung, etwa die von Dragomanen der Hohen Pforte oder von Hospodaren der Walachei und der Moldau, und bildeten somit eine Art Amtsaristokratie. Die Fanarioten beteiligten sich 1821 engagiert an den griechischen Freiheitskämpfen; nach dem griechisch-türkischen Austauschvertrag von 1923 verließen die meisten die Türkei.

Alexandros d.Ä. Ypsilanti (um 1726 bis 1807)

Aléxandros Ypsilánti, Dolmetscher bei der Hohen Pforte, fungierte mehrere Jahre lang als Hospodar in der Moldau und in der Walachei, wo er für den Wiederaufbau nach den russisch-türkischen Kriegen sorgte. Von den Türken der Abtrünnigkeit bezichtigt, wurde er am 13. Januar 1807 in İstanbul enthauptet.

Konstantinos Ypsilanti (1760–1816)

Konstantínos Ypsilánti, der Sohn des zuvor genannten Alexandros d.Ä., seit 1796 wie sein Vater Dolmetscher bei der Hohen Pforte, diente ebenfalls als Hospodar der Moldau und der Walachei. Auch er wurde des Verrats verdächtigt und mußte 1806 nach Siebenbürgen flüchten, kehrte jedoch wenig später an der Spitze russischer Truppen nach Bukarest zurück und bildete eine griechische Legion. Seit 1807 lebte er als Privatmann und verstarb am 24. Juni 1816 im ukrainischen Kiew.

Alexandros d.J. Ypsilanti (1792–1828)

Aléxandros Ypsilánti, der erste Sohn von Konstantinos, kam am 12. Dezember 1792 in İstanbul zur Welt, wurde in St. Petersburg erzogen und 1813 als russischer Offizier bei Dresden verwundet. Seit 1817 russischer Generalmajor, trat er 1820 an die Spitze der 1814 in Odessa gegründeten, geheimen griechischen Widerstandsbewegung 'Hetärie der Befreundeten' (griechisch 'Hetairía Philokón') und eröffnete am 7. März 1821 in den Donaufürstentümern (Übergang über den Pruth) den Aufstand der Griechen gegen die türkischen Machthaber, erlitt aber bei Drăgăşani eine vernichtende Niederlage und mußte nach Österreich fliehen, wo er bis 1827 gefangengehalten wurde und am 31. Januar 1828 in Wien verstarb.

Demetrios Ypsilanti (1793–1832)

Demétrios Ypsilánti, der zweite Sohn von Konstantinos, wurde am 15. Dezember 1793 in İstanbul geboren und diente wie sein Bruder Alexandros zunächst im russischen Heer, begab sich dann aber nach dem Ausbruch des griechischen Freiheitskampfes auf die Insel Hydra, wo er am 20. Juni 1821 den griechischen Aufstand eröffnete. Anfang des Jahres 1822 wurde er von der griechischen Nationalversammlung

Demetrios Ypsilanti (Fortsetzung)

zum Präsidenten der Nomotheten (Legislative) gewählt und übernahm im Januar 1828 den Oberbefehl über die Truppen in Ostgriechenland. Am 24. September 1829 lieferte er den Türken bei Petra das letzte Gefecht des Befreiungskrieges und verstarb am 16. August 1832 in Nauplion (Nauplia).

Zenon (um 495 bis nach 445 v.Chr.)

Der griechische Philosoph Zénon von Elea (= Zenon der Ältere) – nicht zu verwechseln mit Zenon von Kition auf Zypern (= Zenon der Jüngere; um 333 bis 262 v.Chr.), dem Stifter der Stoa, oder Zenon von Sidon (geb. um 150 v.Chr.), dem Epikuräer und Lehrer Ciceros – war der Lieblingsschüler des Parmenides und versuchte, dessen Lehre vom unveränderbaren Sein, das nur im Denken faßbar werden könne, durch streng logische Schlußfolgerungen zu beweisen. Berühmt sind seine Argumente gegen die Vielheit, den Raum und die Möglichkeit der Bewegung, die zu frappierenden Widersprüchen führen.
Zu Zenons bekanntesten Beispielen von Aporie (= Ausweglosigkeit) gehört der Beweis, daß ein fliegender Pfeil ruht, da er sich nur dort bewegen kann, wo er ist, oder dort, wo er nicht ist; an dem Ort, an dem er sich befindet, kann er sich nicht bewegen, weil er da ja ist; an einem Ort, an dem er sich nicht befindet, kann er sich erst recht nicht bewegen; also bewegt sich der fliegende Pfeil nicht.
Eine nicht weniger bekannte Aporie handelt vom Wettlauf des Achill mit einer Schildkröte: Man nehme an, Achill liefe zehnmal so schnell wie die Schildkröte und gäbe ihr einen Vorsprung von einem Meter. Beide starten zur gleichen Zeit. Während Achill einen Meter durcheilt, legt die Schildkröte gerade einen Dezimeter zurück. Achill durchläuft auch diesen; unterdessen ist die Schildkröte einen Zentimeter vorgerückt. Während Achill auch diesen durchmißt, ist die Schildkröte einen Millimeter vorangekommen. Und so geht es weiter bis ins Unendliche. Achill wird also die Schildkröte niemals einholen; folglich ist die Bewegung ein Ding der Unmöglichkeit.

Kunst und Kultur

Altgriechische Kunstgeschichte

Vorgeschichte

Jungsteinzeit

Keine andere vorgeschichtliche Entdeckung hat soviel Aufsehen gemacht wie die der Gräber von Mykene und die der Paläste auf Kreta. Viel älter, allerdings auch viel bescheidener, sind jungsteinzeitliche Funde, die in Thessalien und Böotien, auf Samos und Kreta, dann auch auf der Chalkidike und der Peloponnes gemacht worden sind. Sie deuten, im Gegensatz zu den bisher sehr geringfügigen altsteinzeitlichen Funden, auf nennenswerte Siedlungen von absoluter Kulturhöhe. Noch läßt sich über die Bevölkerung, die in den Jahrhunderten nach 3500 v.Chr. Griechenland bewohnte, nur wenig aussagen. In den Grundrissen der Häuser herrscht die gerade Linie vor, Rechtwinkligkeit ist angestrebt und meistens erreicht.

Sesklo-Kultur

Nach den Geschirrüberresten lassen sich zwei landschaftliche Bereiche unterscheiden: ein südöstlicher, der Kreta sowie wohl auch den Dodekanes, die Kykladen und Samos umfaßt (Museen Iraklion, Rhodos und Pythagorion); ein mittel- und nordgriechischer, dessen Hauptzeuge die nach einem Ort in Thessalien Sesklo-Kultur genannte Fundgruppe darstellt (Museen Volos und Chaironeia). Die Formen der Gefäße sind artikuliert. Nach knochen- oder steinpolierten roten und schwarzen Gefäßen (auf denen gelegentlich auch Ritzmuster vorkommen) erscheint auch bemaltes Geschirr. In verschiedenen Techniken werden rote Muster auf hellem Grund, dann auch weiße Muster auf dunklem Grund erzeugt. Vorwiegend aus gebranntem Ton, seltener aus Stein geformte Idole mit deutlich hervorgehobenen weiblichen Geschlechtsmerkmalen wurden in Siedlungsschichten, nicht aber in Gräbern gefunden.

Dimini-Kultur

In der Dimini-Kultur Thessaliens, die nach 2900 v.Chr. beginnt und engste Beziehung zu den Donauländern hat, treten Spiralmotive in der Gefäßverzierung und hier und da kurvige Formen in den Grundrissen der Bauten auf. Die Gefäßkonturen sind weniger artikuliert als die der Sesklo-Kultur. Auch in anderen Teilen Griechenlands werden im dritten Jahrtausend die Gefäße bauchiger (Archäologisches Museum Saloniki). Organischere Formen in der Keramik finden ihren besten Ausdruck in tiergestaltigen Vasen; ihre etwas abstrakten Varianten sind die sog. Saucieren, Enten- oder Schnabelkannen (Museen Nauplion und Tegea). Das Ausgangsgebiet für diese Erscheinungen ist Anatolien im nordwestlichen Kleinasien. Die seiner Küste vorgelagerten Inseln werden in dieser Zeit so sehr in die östliche Sphäre einbezogen, daß man sie auch als 'Westanatolien' bezeichnet hat.

Kykladen-Kultur Menschenidol

Ein eigener Schwerpunkt bildet sich auf den Kykladen heraus. Zur Gefäß- und Geräteherstellung wird auch das einheimische Marmormaterial verwendet. Die marmornen Kykladenidole (Nationalmuseum und Goulandris-Museum für Kykladische Kunst Athen) werden in andere Landschaften Griechenlands exportiert. Die höchste Blüte erreichte die vorgeschichtliche Entwicklung auf der Insel Kreta.

◀ *Archaischer Flötenspieler aus Bronze (Geometrischer Stil)*

Kreta

Frühminoische Zeit

In der frühminoischen Epoche (vor ca. 2000 v.Chr.) besteht auf Kreta ein dichtes Nebeneinander von kleinen, wohlhabenden Orten in der Ebene von Gortys und an der Mirabello-Bucht, zu denen die Siedlungen auf den kleinen Inseln Mochlos und Pseira kommen. Die Toten werden mit z.T. reichen Beigaben beigesetzt.

Die großen Paläste von Knossos und Phästos werden erst später gegründet und zwischen 1900 und 1800 v.Chr. erweitert; sie bestehen aus zahlreichen, um Innenhöfe zusammengeordnete, z.T. auf diese geöffneten Räumen, Freitreppen und Treppenanlagen in Lichtschächten, denen die sich nach unten verjüngenden Säulen ein eigentümliches Aussehen verleihen. Hier und in Malia wurden Freilichttheater für repräsentative und akrobatische Vorführungen benutzt. Große Räume wechseln mit kleinen ab; auch gibt es Kulträume (Palastkapelle); Badezimmer, mit und ohne Tonwanne, Klosett, Magazin und Keller fehlen nicht.
Ähnlich, nur etwas kleiner, ist der am spätesten angelegte Palast von Agia Triada: Aber hier finden sich die ältesten Freskomalereien, und hier allein sind nach der Zerstörung der kretischen Paläste (um 1400 v.Chr.) größere Neubauten angelegt worden; in Knossos und Phästos hat man sich damals in den Ruinen der Vergangenheit schlecht und recht eingerichtet. Außer den Palästen sind auch andere Hausanlagen teilweise erhalten.

Einzigartig ist jedoch der Grundriß einer ganzen Stadt, Gurnia in Ostkreta: Häuser, Hauskomplexe, ja ganze Viertel und Straßenzüge so gut im Grunde sichtbar, daß die Phantasie es auch hier nicht schwer hat, sich die Reste zu beleben.

Nordeingang des Palastes von Knossos auf Kreta

Schlangengöttin von Knossos

Schnittervase von Agia Triada

Kreta (Fortsetzung)
Minoische Zeit

Die Entwicklung der minoischen Kultur ist streckenweise auf Grund datierter ägyptischer Importstücke gut festgelegt. Ein Schema für die relative Chronologie ergeben die reichen Vasenfunde (Museum Iraklion).
Der Kamares-Stil, nach einer Höhle am Hang des Ida-Gebirges benannt, herrscht im ersten Viertel des zweiten vorchristlichen Jahrhunderts. Die Konturen sind kompakt und klar. Bunt und breit gemalte Muster wie Spiralen, stilisierte Blüten und Sterne schmücken die Gefäßwände.

Spätminoische Zeit

Im sog. Palast-Stil der spätminoischen Zeit werden die Formen schlanker und eleganter, die Schwingungen der Konturen und die Henkelformen manchmal fast barock; die gemalte Dekoration mit Blumen- und Doppelaxtmustern wirkt höchst repräsentativ. Die künstlerische Gipfelleistung des spätminoischen Kreta sind die nur z.T. erhaltenen Wandbilder (Museum Iraklion).
So naturhaft diese Malerei wirkt, tut man ihr doch Unrecht, wenn man sie als naturalistisch bezeichnet. Sie gibt sinnliche Bewegung in Formen und Farben; sie geht aus von traumhaft sicher beobachteten Natureindrücken, die sie als Eindruck, ohne das Inhaltliche hervorzukehren und ohne Dazwischentreten des ordnenden Verstandes, sinnfällig im Bild wiedergibt.

Insel Melos

Außerhalb Kretas sind solche Bilder in der minoischen Siedlung Phylakopi auf Melos (Milos) gefunden worden. Diese Insel war seit früher Zeit als Herkunftsort des Obsidians, woraus Messer und Pfeilspitzen gemacht wurden, von Bedeutung. Denn das dritte Jahrtausend kennt noch keine Bronze, nur Kupfer; erst seit Beginn des zweiten Jahrtausends wird aus Kupfer und Zinn im ganzen östlichen Mittelmeergebiet Bronze legiert.

Mykene (Mykenä)

Peloponnes

Zur Zeit der größten Macht des kretischen Reiches hat die Peloponnes, vor allem die Argolis, eine eigene Entwicklung. Die mykenische Kultur erwächst zwar aus der engen Berührung mit Kreta; aber niemals ist die Argolis eine kretische Kulturprovinz gewesen wie Melos oder Thera.

Wehrbauten

Seit ca. 1600 v.Chr. ist Mykene die Vormacht auf der Peloponnes. Hier wie im südöstlich benachbarten Tiryns sind die Bauten Burgen, d.h. Wehrbauten, keine Paläste. In beherrschender Lage fügen sich innerhalb dicker Mauern einzelne Baukörper fest aneinander. Im Vergleich zur Regellosigkeit der kretischen Großbauten scheint hier fast Symmetrie in der Bauplanung vorzuliegen.

Fresken

Auch hier werden in der Spätphase große Wandfresken gemalt. Die Künstler sind wohl Kreter; aber sie müssen sich nicht nur hinsichtlich der Themen (Kampf und Jagd kommen dafür auf Kreta nicht vor) dem Wunsch ihrer Auftraggeber fügen. Auch in der Bildkomposition zeigt sich deutlich ein stärker tektonisches, manchmal aber auch starres Element.

Grabbeigaben

Die kostbaren Beigaben aus den Schachtgräbern (14. Jh. v.Chr.) zeugen von der Macht des hier bestatteten Geschlechtes; hier wurden allein an Gold in Schmuck und Gerät fast 14 kg gefunden. Besonders charakteristisch sind auch die zahlreich beigegebenen Waffen. Wir befinden uns in einer völlig anderen Umwelt als der des unbewehrten, einheitlichen, wahrscheinlich nur nach außen durch eine starke Flotte geschützten kretischen Reiches.

Monumental-
architektur

Für die wahrhaft monumentale mykenische Architektur der Folgezeit brauchen nur das Löwentor und das sog. Atreusgrab, die sich noch an Ort und Stelle befinden, genannt zu werden. Kuppelgräber gab es außer in Mykene an vielen anderen Orten der Peloponnes (z.B. Vaphio, Goldbecher; hier zum ersten Mal auch Eisen) und des griechischen Festlandes.

Inschriften

Für das geschichtliche Verständnis der zweiten Hälfte des zweiten Jahrtausends sind von höchster Bedeutung Funde aus einem Wohnkomplex in Ano Englianos (Messenien), in dem man das Pylos des homerischen Nestor erkennen will. Es handelt sich um tönerne Inschrifttäfelchen, die bei einem das Gebäude zerstörenden Brand so hart geworden sind, daß sie sich besonders gut erhalten haben. Ihre Entzifferung wurde mit den Dechiffriermethoden des Zweiten Weltkrieges begonnen. Die Sprache ist das Griechische, aber es ist in der kretischen, aus älteren Schriftformen entwickelten Linearschrift B geschrieben, die sicher nicht für die griechische Sprache erfunden wurde. Nun stellen zwar die rund 600 Tafeln, deren Bearbeitung in den Magazinen des Nationalmuseums in Athen noch fortgesetzt wird, lediglich Archivaufzeichnungen dar. Aber es wird doch möglich sein, weiteren Einblick in die politische und gesellschaftliche Struktur der Zeit zu gewinnen. Noch bedeutsamere Aufschlüsse versprechen sie für die religiösen Voraussetzungen. Dionysos und Paian (Apollon) sind in den Texten genannt.

Besiedlung

Das Bevölkerungsproblem ist durch diesen Fund und die Möglichkeit, auch andere vereinzelt in Mykene und auf Kreta erhaltene Schrifttexte lesen zu können, auf eine andere Ebene gehoben. Ältere Annahmen werden durch den Schrift- und Sprachcharakter der Tafeln dokumentarisch bestätigt. Die literarische Überlieferung von der Besiedlung

Mykenische Goldmaske

Mykene, Besiedlung (Fortsetzung)

griechischer Inseln durch die Karer läßt sich zeitlich mit dem dritten Jahrtausend und mit dem Eindringen anatolischer Gefäßformen verbinden. Seit ca. 2000 v.Chr. werden diese Bevölkerungselemente von zwei Seiten eingeengt. Einmal durch die ebenfalls nichtgriechischen Kreter, deren minoische Kultur weder in Griechenland noch in den Nachbarländern seine Wurzeln haben kann. Vergleiche sind zur frühen Indus-Kultur (Moenjodaro im heutigen Pakistan) gezogen worden; eine Gleichartigkeit läßt sich aber kaum durch Wanderungen der Bevölkerung selbst, vielleicht durch Impulse von den taurisch-iranischen Dorfkulturen, die hierher wie dorthin gewirkt hätten, erklären. Demgegenüber sind jedenfalls die Stämme, die auf dem Festland und von der Peloponnes her in der Bronzezeit die Karer zurückdrängen, als Griechen zu bezeichnen. Die Toten der Schachtgräber von Mykene haben noch zur Zeit der Kuppelgräber Heroenkult empfangen, ein Wechsel der Dynastie hat also nicht stattgefunden. Diese Könige der Argolis müssen zu den griechischen Helden gehören, von denen Homers "Ilias" berichtet. Die Inschriftenfunde bezeugen nun nicht nur, daß damals auf der ganzen Peloponnes griechisch gesprochen wurde, sondern auch stellenweises Auftreten der griechischen Sprache in den Teilen Kretas, in denen um 1400 v.Chr. die Paläste zerstört sind.

Keramik

Die Keramik ist in ihrer erstaunlichen Fülle und weiten Verbreitung auch in Mykene ein Gradmesser für die Entwicklung und Expansion der Kultur. Die Dekoration des Tongeschirrs benutzt häufig kretische Muster. Es stammt aber, im Gegensatz zu den Gefäßen aus Edelmetall, aus einheimischen Manufakturen. Die Qualität der besten kretischen Stücke wird nicht erreicht. Doch zeigt die Vasenmalerei, ebenso wie die Wandfresken der Argolis, eine stärkere Tektonisierung und nur eine Auswahl der kretischen Motive. Dafür gibt es bei den

Mykene, Keramik (Fortsetzung)

Gefäßformen neben entlehnten kretischen auch solche spezifisch einheimischer Eigenart. Diese Keramik wurde nach Kleinasien (Troja), Zypern, Syrien, Palästina, Ägypten, Sizilien und wohl auch Spanien exportiert. Seit etwa 1300 v.Chr. machen sich Verfallserscheinungen in der Vasenmalerei bemerkbar. Langsam aber sicher wird der Stil schematisch und verarmt schließlich ganz. Wenn auch zuletzt noch Bilder von Menschen, Gespannen und Haustieren neu in den Typenvorrat eingeführt werden, so ist doch die künstlerische Kraft nicht mehr fähig, diese neuen Vorwürfe überzeugend zu gestalten.

Geometrischer Stil

Charakteristika

Obwohl beim Zusammenbruch der minoisch-mykenischen Kultur einzelne der geschichtlichen Erinnerungen und der religiösen Vorstellungen sich ebenso erhalten haben wie manche der technischen Fertigkeiten, stellt doch die Kunst, die sich in mittelbarem Zusammenhang mit der dorischen Wanderung (um 1200 v.Chr.) in Griechenland entwickelt hat, einen neuen Beginn dar. Die zivilisatorischen Errungenschaften der voranliegenden Jahrhunderte waren aufgegeben. Rituelle und politische Formen, Sitten und Gebräuche waren völlig verändert. Ein neues Weltbild wurde in einfachster Gestalt ausgedrückt. Kleine Bauten, zunächst aus vergänglichem Material, Geräte und Gefäße wurden, wenn auch bescheiden, höchst sorgfältig hergestellt; tönerne Aschenurnen und Grabbeigaben tragen spärliche Verzierungen. Nach den Strich- und Kreismustern hat man diese Verzierungsweise den 'geometrischen' Stil genannt. Das typische Ornament sind Mäandermotive, die aber in der ersten Phase ('protogeometrischer' Stil) noch nicht erscheinen. In den späteren Phasen treten kostbarere Bronzegeräte (Weihgeschenke), Kleinplastiken aus Ton, Elfenbein und Metall, auch Schmuck auf. Der gesamte Zeitabschnitt erstreckt sich über etwa vier Jahrhunderte. Der Zeit um 800 v.Chr. gehört der älteste in Resten nachweisbare Tempel auf Samos an.

Keramik

Landschaftliche Unterschiede werden im Verlauf des geometrischen Stils erkennbar. Die Führung haben die Werkstätten von Athen für die Keramik; nur die spätesten Gefäße werden an Qualität von solchen aus Korinth übertroffen. Auch die Gefäßformen sind präzis, klar gegliedert, von einfachen Konturen; ebenso die Menschen- und Tierdarstellungen, die sich seit etwa 900 v.Chr. in die Ornamente einschieben. Die z.T. vielfigurigen Themen behandeln Totenklage, Aufbahrung, Leichenzug, Land- und Schiffskämpfe, gymnastische und musikalische Vorführungen und stellen Reihen von Menschen (Reigentänze) sowie Vögel und andere Tiere dar. Die Entwicklung des Stils zeigen Funde aus dem Friedhof vor dem Doppeltor (Dipylon) der antiken Stadtmauer von Athen (Kerameikos-Museum Athen) in geschlossenen Reihen. Amphoren, die als Grabmonument dienten, erreichen eine Höhe von über 1½ m (Nationalmuseum Athen).
Die Zeichenweise der Bilder geht weniger vom optischen Eindruck als von der gedanklichen Vorstellung aus. Menschen sind wechselansichtig (Kopf und Unterkörper im Profil, Brust in Vorderansicht) dargestellt; das Typische überwiegt individuelle Unterschiede. In der Bildkomposition spielen Symmetrie oder Reihung die Hauptrolle; wenn diese beiden Prinzipien sich durchdringen, führen sie zur additiven Zentralkomposition.

Kleinplastik

Was hierfür der Vordere Orient und was für die Kleinplastik insbesondere Syrien als Vorbild gegeben hat, ist gering im Vergleich zur griechischen Leistung, der Neubegründung eines eigenen Formen-

Geometrischer Stil, Kleinplastik (Fortsetzung)

schatzes. Auch bei den plastischen Statuetten sind die einzelnen Gliedmaßen klar voneinander abgesetzt, entbehren aber statischer Ponderation; soweit die Figur nicht als Teil von Gruppe oder Gerät ihren festen Platz in einem größeren Ganzen hat, wurde sie wohl häufig hingelegt oder, ohne festen Stand, angelehnt. Während die Figuren der Vasenbilder Standlinie und obere Abschlußlinie des Friesstreifens respektieren oder streng in einen vierseitigen Rahmen eingeordnet sind, verhält sich die Kleinplastik dem Raum gegenüber freier; ihre Konturen sind nicht von der gleichen geometrischen Bestimmtheit, das Ungestüm ihrer Ausdruckskraft in Haltung und Blick ist vom Bildner nicht immer mit dem Zügel der 'Form' gebändigt (Mann mit Helm, in Grätschstellung; Nationalmuseum Athen). Dies freiere Verhalten fällt vor allem bei menschengestaltigen Darstellungen auf. Hunderte von Bronzepferdchen etwa (Museum Olympia) unterscheiden sich darin weniger von ihren Vettern auf Vasenbildern als Bronzen und Terrakotten in menschlicher Gestalt von den gemalten Kriegern und Klagefrauen auf den Gefäßen. Die führenden Bronzegießereien befanden sich offenbar auf der Peloponnes und in Athen.

Archaische Zeit
(um 670 bis 490 v.Chr.)

Großplastik

Wenn man auch die künstlerische Originalität und Leistung des geometrischen Stils nicht unterschätzen darf: Die unmittelbar darauf folgende Zeit läßt sich dadurch nicht in den Schatten stellen. Ihr wichtigster Beitrag für die griechische Kunstgeschichte, ja für die abendländische Geistesgeschichte überhaupt, ist die Neuschöpfung der lebensgroßen Statue.
Während es im Orient und vor allem in Ägypten Großplastik seit langem gab, fühlten sich die Griechen erst in einem bestimmten, in einem Reifemoment ihrer eigenen Entwicklung berufen, den älteren Beispielen zu folgen. Aber auch dabei blieben sie wiederum weitgehend unabhängig. Im Vergleich zu ägyptischen Statuen wirken die frühesten griechischen vielleicht zunächst nur primitiv. Sie sind keine unmittelbaren Kopien, auch nicht nach den Kultbildern, die in den Tempeln standen und häufig nur das Format größerer Statuetten erreichten, von denen aber einzelne bis zu 2 m hoch gewesen sein mögen. Diese Götterfiguren waren entweder überhaupt nicht von Menschenhand geformt oder nur in allgemeiner Art, z.B. durch schnitzende Bearbeitung, der Menschengestalt angeglichen; geheiligte Gegenstände der Verehrung, die vom Himmel gefallen sein sollen oder in der wilden Natur unter wunderbaren Umständen gefunden wurden. In solchen Erscheinungen, von späteren griechischen Schriftstellern als 'unbehauene Bretter' bezeichnet, hatten sich den Menschen der geometrischen Stilepoche ihre Götter offenbart. Als Kultbilder wurden sie mit Stoffgewändern bekleidet, bei den rituellen Festen gebadet und gesalbt. Sie wurden also reale Wirklichkeit, als eine Art Naturform aufgefaßt, neben welche die älteste uns erhaltene großplastische Marmorfigur (ca. 660 v.Chr.; Nationalmuseum Athen) als geistesgeschaffene Kunstform tritt.

Älteste bekannte Gewandstatue

Nach der Inschrift wurde diese Statue der Schwester Apollons, der Göttin Artemis, von Nikandre aus Naxos geweiht. Sie ist im Artemisheiligtum auf der Insel Delos gefunden worden und stellt die Göttin selbst dar; denn man darf annehmen, daß ehemals in den Durchbohrungen der Hand Pfeile und Bogen aus Bronze angebracht waren. Die Statue ist das älteste Zeugnis monumentaler Gestaltung in der griechischen Plastik. Sie zeigt nicht nur stilistische Sicherheit in jeder Einzelform, was trotz der Verreibung der Oberfläche und trotz des

Archaische Zeit, Großplastik, Älteste bekannte Gewandstatue (Fortsetzung)

Verlustes der ehemaligen Farbigkeit noch sichtbar ist, sondern vor allem eine genaue Proportionierung der Teile zu einer Gesamterscheinung. Freilich rechnet der Aufbau dieser Gesamterscheinung eigentlich nur mit der Ansicht von vorn. Die Figur ist sogar flächiger als geometrische Bronzen oder Terrakotten. Aber sie weist nun jene einheitliche Vollendung, jenen Gesamtrhythmus auf, der bisher nur den Kompositionen der Vasenbilder, nicht der Kleinplastik eignete. Daß demgegenüber die Dynamik des Ausdrucks, die freie Dehnung des Körpers im Raum verloren sind, soll nicht verkannt werden.
Die Monumentalität der großplastischen Statue ließ sich zunächst nur bei Beschränkung auf einfachste Formen erreichen. Die ältesten Marmorstatuen zeigen weniger gleichsam überschüssige Schöpferkraft als die ihnen voraufgehenden Statuetten. Und auch von dem üppigen Wuchern orientalischer Bildvorstellungen, die sich in der griechischen Vasenmalerei des siebten Jahrhunderts bemerkbar machen, zeigt die gleichzeitige Plastik nichts. Wenn aber sofort in den Anfängen der Großplastik diejenigen Typen geschaffen werden, die während der ganzen antiken Kunstgeschichte, ja bis heute die Entwicklung der Plastik bestimmt haben, so zeigt das, welcher Intensität der endlichen Wirkung diese auffällige Beschränkung entspricht.

Frühe Kuros-Statuen

Neben den Typus der Gewandstatuen, durch den Frauen dargestellt werden, tritt der Typus der den unbekleideten jugendlichen Mann darstellt, der sog. Kuros-Typus. Die ältesten Beispiele hierfür sind Fragmente gleichen Materials und gleichen Fundorts wie die von Nikandre geweihte Figur (Museum Delos). Sie lassen sich rekonstruieren nach einer gut erhaltenen Bronzestatuette mit 'Etagenperücke' und Gürtel (Museum Delphi). Daß diese Figuren den breiten Gürtel über nacktem Körper tragen, ist ein Hinweis darauf, wie diese Nacktheit erklärt werden muß; nicht als die gewöhnliche Tracht des täglichen Lebens, sondern als aus ethischen und künstlerischen Gründen gewählte Stilform. In geringem zeitlichen Abstand folgen 'Kuroi' von der Insel Santorin (Thera), bei denen die Haartracht reicher, der Gürtel aber weggelassen ist; sie führen zum ersten Mal das überlebensgroße Format in die griechische Plastik ein. Leider ist der Erhaltungszustand nicht gut.

Frühester Bildhauer: Euthykartides

Selbst wenn man dem Zufall der Erhaltung seine Rechte zubilligt, deuten die Funde auf die Kykladen-Inseln als auf einen Mittelpunkt der frühesten griechischen Bildhauerei hin. Sicher hat das dort vorhandene gute Steinmaterial das Aufblühen der Werkstätten begünstigt: Die Marmorvorkommen von Naxos sind unerschöpflich, und der Marmor von Paros wurde immer als der feinste Werkstoff anerkannt. Vielleicht ist es auch mehr als Zufall, daß der früheste Bildhauer, dessen Name Euthykartides dokumentarisch belegt ist, sich als Naxier bezeichnet (dreieckige Inschriftbasis mit Widder und Gorgonenköpfen, von der zugehörigen Statue nur die Füße erhalten; ca. 620 v.Chr.; Museum Delos). Er war, nach der Bedeutung seines Namens, wohl ein Angehöriger des Adels. Die Inschrift nennt ihn zugleich Stifter und Bildhauer der geweihten Statue.

Unbekannter Meister

Zum Vorbild für ganz Griechenland sind aber die auf den Kykladen geschaffenen Formen erst durch die überragende Kunst Athens geworden. Der Name des bedeutendsten Meisters seiner Zeit, eines Zeitgenossen von Euthykartides, ist uns nicht bekannt. Sein Hauptwerk war eine Statue von ca. 2½ m Höhe auf einem Grab vor dem Dipylon von Athen. Der Kopf (Nationalmuseum Athen), die Hände, Schulter und Knie des Unterkörpers (Agora-Museum Athen) sind erhalten. Eine kleinere, doch auch etwas überlebensgroße Statue vom gleichen Meister befindet sich im New Yorker Metropolitan

Archaischer Reiter (um 560 v.Chr.)

Peplos-Kore (um 530 v.Chr.)

Großplastik, Unbekannter Meister (Fortsetzung)

Museum of Art. In der Spannkraft der Konturen, in der klaren vierseitigen Flächigkeit der Gesamtkomposition, in der Wiedergabe des Details, dessen Vollendung fast an die immanente Gesetzmäßigkeit mineralogischer Formen erinnert, haben diese Statuen nicht ihresgleichen.

Jüngere Kuros-Statuen

Jüngere Stationen in der Entwicklung des Kuros-Typus werden durch die Kolossalfigur vom Kap Sunion (um 600 v.Chr.; Nationalmuseum Athen), durch die Statuen von Kleobis und Biton (um 590 v.Chr.; Museum Delphi), durch den Torso von Megara (um 570–560 v.Chr.; Nationalmuseum Athen), durch den Kuros von Tenea (um 560 v.Chr.; Glyptothek München), durch die Grabstatuen eines Kroisos (um 530 v.Chr.; Nationalmuseum Athen) und eines Aristodikos (um 510 v.Chr.; Nationalmuseum Athen) vertreten.

Statuen bekleideter Frauen

Auch die Darstellungen bekleideter Frauen gewinnen seit etwa 640 v.Chr. (halblebensgroße Statue von Auxerre, jetzt im Pariser Louvre) plastische Fülle und Räumlichkeit, ohne an Tektonik und Präzision zu verlieren.
Bei der kopflosen Herastatue von Samos (Louvre Paris) ist die Flächigkeit und Vierkantigkeit der älteren Beispiele zu einer fast säulenhaften, einheitlicheren Erscheinung verschmolzen. Zarteste Modellierung der nahezu ganz von Faltenschraffur belebten Oberfläche verrät die Meisterhand des anonymen Bildhauers. Denn die Inschrift nennt nur den Stifter, Cheramyes, dessen Name noch auf mindestens zwei weiteren Weihgeschenken verewigt war. Etwa gleichzeitig mit dieser Statue (um 560 v.Chr.) ist eine große Basis mit ursprünglich sechs Figuren, von denen vier erhalten sind, anzusetzen: Die Namen der Dargestellten und der des Bildhauers Geneleos sind eingemeißelt (Museum Vathy).

Archaische Zeit, Großplastik (Fortsetzung) Koren

Von den späteren attischen Beispielen des gleichen Typus, den 'Koren', kehrt eine zu den schlichteren, kantigen Formen des siebten Jahrhunderts zurück, zeigt aber in den gespannten Gesichtszügen und im Blick individuelle Beseelung (Akropolis-Museum Athen). Andere bereichern die Tradition durch noch feinere Gewänder und die traumhafte Schönheit ihrer gesenkten Lider (Akropolis-Museum Athen). Die schon im fünften Jahrhundert entstandene, von Euthydikos geweihte Kore (Akropolis-Museum Athen) hat, anders als ihre Vorgängerinnen, einen ernsten, ja schwermütigen Gesichtsausdruck.

Tempel

Der griechische Tempel gewinnt seine Monumentalität nicht schon im siebten Jahrhundert wie die Plastik, sondern erst etwa 70 Jahre später, zu Beginn des sechsten Jahrhunderts.

Korfu

Auf der Insel Korfu (Kerkyra), in der Einflußsphäre Korinths, entstand um 590 v.Chr. ein Tempel der Artemis, der schon die kanonischen Formen der dorischen Bauordnung (s. klassische Säulenordnungen S. 136/137) zeigt. Bemerkenswert ist die gute Erhaltung der Reliefs des Giebels der West-(Rück-)Seite (Museum Kerkyra): in der Mitte die Medusa mit ihren Kindern Chrysaor und Pegasos, gerahmt von gewaltigen Raubtieren; in der linken Ecke eine Szene von der Zerstörung Trojas, in der rechten Zeus im Kampf gegen die Giganten.

Athen und Samos

Rund 20 Jahre später und etwa gleichzeitig sind der dorische Tempel für das alte Athena-Bild auf der Akropolis von Athen und der ionische Riesentempel mit insgesamt 134 Säulen für die Hera von Samos, als dessen Baumeister Rhoikos und Theodoros überliefert sind, entstanden. Trotz der Verschiedenheit ihrer absoluten Maße (Länge rund 44 bzw. 105 m) verhält sich die Breite zur Länge bei beiden wie etwa 1: 2; die älteren Bauten waren viel gestreckter (1: 4, 1: 5).

Während der Athena-Tempel im wesentlichen die Proportionen des kanonischen Antentempels mit Säulen ringsum zeigt, ist der Hera-Tempel in Größe, Pracht und dem mehrfachen Säulenkranz um das Tempelhaus für die Kolossalbauten ionischer Ordnung charakteristisch; auch führt von hier bis zur hadrianischen Vollendung des Zeus-Tempels von Athen, in korinthischer Ordnung, ein gerader Weg.

Wir kennen zwar den Grundriß des samischen Rhoikos-Tempels, aber eigentlich nur aus den Raubgräben, aus denen spätere Interessenten sich das begehrte Steinmaterial holten. Die einzige, noch heute an Ort und Stelle aufrecht stehende Säule gehört einem jüngeren Bau an, der erst Jahrhunderte später vollendet wurde. Aber dieser Nachfolgebau macht doch die eindrucksvolle Größe auch des frühen Tempels anschaulich: In Ausdehnung und Proportion entsprechen seine guterhaltenen Fundamente völlig denen des Rhoikos-Tempels, nur ist der spätere Bau in seiner Gesamtanlage um ca. 40 m nach Westen verschoben worden.

Vom alten Athena-Tempel der Akropolis sind die Fundamente noch gut sichtbar; vom Oberbau gibt es viele Fragmente, u.a. auch Teile der Giebel von Front- und Rückseite erhalten (Akropolis-Museum Athen). Der Tempel wurde abgetragen, als man nördlich davon zu seinem Ersatz das Erechtheion erbaute.

Korinth

Doch läßt sich der Eindruck von Säulen dorischer Ordnung aus der Mitte des sechsten Jahrhunderts in Korinth (Apollon-Tempel) gewinnen. Durch den dreistufigen Unterbau sind sie fest mit dem Grunde verbunden, wachsen wuchtig auf und wirken in der Schwingung ihrer Konturen wie steingewordene Erscheinung der statischen Kräfte: die tragenden Schäfte und die vermittelnden, wie von der Last des Gebälks und des Daches flachgedrückten Kapitelle, auf denen heute aber nur noch einige Blöcke des Architravs aufliegen.

Apollon-Tempel in Altkorinth

Griechische Tempel (Grundformen und Teile s.S. 96)

Bedeutung

Der Tempel ist neben dem Theater (s.S. 113) die große Leistung der altgriechischen Baukunst. Er ist keine Versammlungsstätte der Gläubigen, sondern der Raum für das Kultbild und damit für die Gottheit. Die Anfänge des Tempelbaus gehen auf das neunte vorchristliche Jahrhundert zurück. Da die ersten Tempel allerdings aus Holz und Lehm errichtet wurden, ist von ihnen nichts erhalten. Erst ab der zweiten Hälfte des 7. Jh.s v.Chr. verwendet man Stein als Baumaterial, meist handelt es sich um Marmor.

Entwicklung

Die Tempelform leitet sich von dem rechteckigen, mit einer Vorhalle versehenen griechischen Haus (Megaron) ab, wie es beispielsweise in den Thronräumen mykenischer Burgen ausgebildet ist. Der fensterlose Hauptraum des Kultbaus wird als Naos (lateinisch Cella) bezeichnet. Während sich die Tür im Regelfall an der Ostseite befindet, steht ihr gegenüber an der Westwand das Götterbild. Eine oder zwei Säulenreihen unterteilen den Raum. Über dem Ganzen erhebt sich ein Satteldach, an dessen flachen Dreiecksgiebeln Bildwerke angebracht sind.

Antentempel

Schon von frühester Zeit an haben sich gleichzeitig verschiedene Tempelformen herausgebildet. Der einfachste Typus ist der Antentempel. Der Naos hat eine Vorhalle (Pronaos), die von den vorgezogenen Längswänden (Anten) begrenzt wird. Zwischen den Anten stehen zwei Säulen, die den Giebel tragen (Schatzhaus der Athener in Delphi). Wenn an der Rückseite ebenfalls eine Vorhalle (Opisthodom) ausgebildet ist, entsteht ein Doppelantentempel (Kern des Aphaia-Tempels auf der Insel Ägina).

Grundformen des griechischen Tempels

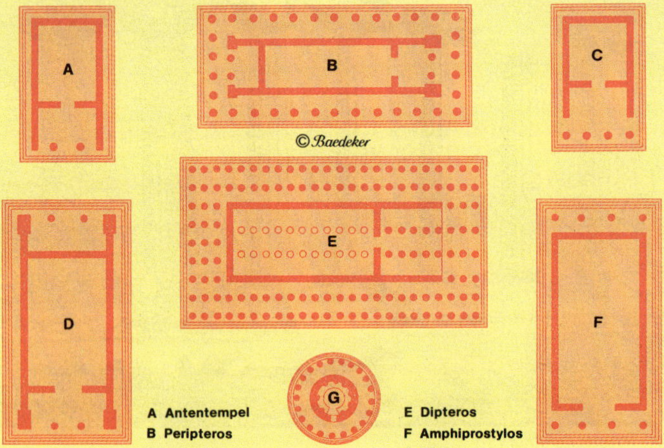

A Antentempel
B Peripteros
C Prostylos
D Doppelantentempel
E Dipteros
F Amphiprostylos
G Tholos, Monopteros

Teile des griechischen Tempels

(Hexastylos = Peripteros mit je sechs Säulen an den Schmalseiten)

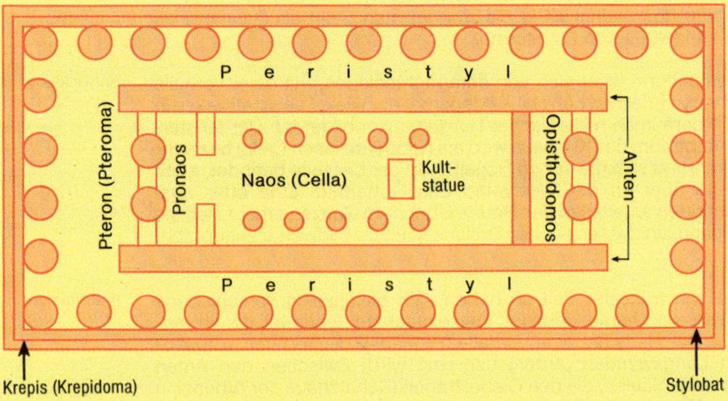

Ist dem Antentempel noch eine Säulenreihe vorgestellt, die den vorgezogenen Giebel trägt (je eine Säule vor den Anten, zwei oder vier dazwischen), so spricht man von einem Prostylos (Osttempel im Erechtheion auf der Athener Akropolis).

Griechische Tempel (Fortsetzung)
Prostylos

Weist auch die Rückseite des Tempels eine Säulenhalle auf, dann ist es ein Amphiprostylos (Nike-Tempel auf der Athener Akropolis).

Amphiprostylos

Die klassische Form des griechischen Tempels ist seit der zweiten Hälfte des 7. Jh.s v.Chr. der Peripteros, bei dem der Hauptraum an allen vier Seiten von einem Säulenumgang (Peristasis) umgeben ist. Dem Pronaos an der Eingangsseite entspricht der Opisthodom an der anderen Schmalseite. Während man im 6. Jh. v.Chr. gestreckte Grundrisse mit einem Säulenverhältnis von 6:16 (Hera-Tempel in Olympia) oder 6:15 (Apollon-Tempel in Delphi) bevorzugte, kam man im 5. Jh. v.Chr. zu der sog. klassischen Proportion, nach der die Langseite zweimal die Säulenzahl der Schmalseite + 1 aufweist; beim Athener Parthenon beträgt das Verhältnis 8:17, beim Zeus-Tempel in Olympia 6:13.

Peripteros

Gibt man dem Tempel noch eine doppelte allseitige Säulenreihe, dann wird aus dem Peripteros ein Dipteros (Olympieion in Athen).

Dipteros

Läßt man, um geweitete Hallen zu gewinnen, die innere dieser beiden Reihen fort, so ist es ein Pseudodipteros (Artemis-Tempel im kleinasiatischen Magnesia am Mäander; heute in der Türkei).

Pseudodipteros

Neben dem normalen rechteckigen Tempel kommt dem Tholos nur eine untergeordnete Bedeutung zu. Bei dieser Variante wird der vom Grundriß kreisrunde Hauptraum von einem Säulenkranz umstanden. Beispiel hierfür finden sich in Delphi (Marmaria) und in Epidauros.

Tholos

Die einzelnen Tempel unterscheiden sich jedoch nicht nur hinsichtlich ihrer Gesamtanlage, sondern auch in bezug auf die Form und die Proportionen von Säulen und Dachkonstruktion. Die verschiedenen Baumerkmale orientieren sich an den sog. klassischen Säulenordnungen (s.S. 136/137).

Baustile

Töpferarbeiten der archaischen Zeit

Zu Beginn der archaischen Epoche heben sich innerhalb des bemalten Tongeschirrs vier Gruppen von Werkstätten scharf voneinander ab.

Korinth:
Schwarzfigurige Zeichentechnik

Korinth hat die der Zahl nach reichste und der Qualität nach beste beherbergt. Als Material diente einheimischer, gelblich-weißlicher bis hellgrüner Ton. Die meisten Gefäße sind kleinen Formats und dienten als Ölfläschchen für kosmetischen Gebrauch. Sie sind häufig mit miniaturhaften Tierfriesen bemalt, manchmal auch mit Sagenbildern, die vor allem auch auf größeren Gefäßen auftreten (Beispiele in den Museen von Korinth und Ägina. Hauptwerke: Kanne, ehem. Sammlung Chigi, jetzt in Rom; Mischkessel mit Gelage des Eurytios, im Pariser Louvre). In diesen Werkstätten ist die sog. schwarzfigurige Zeichentechnik erfunden worden: Die Figuren erscheinen schwarz auf dem tonfarbenen Grund, Details der Innenzeichnung werden ihnen mit harter Nadel eingeritzt.

Rhodos

An zweiter Stelle stehen die östlichen Inseln, von denen Rhodos die meisten Funde geliefert hat. In der Dekoration herrschen die Tierfriese vor; der Gesamteindruck ist orientalischer, 'teppichhafter' als im übrigen Griechenland (Beispiele im Museum Rhodos. Hauptwerk: Kanne, ehem. Sammlung Lévy, jetzt im Pariser Louvre).

Krater (Mischkrug)

Opferkanne

Archaische Zeit, Töpferarbeiten (Fortsetzung) Kykladen

Die dritte Gruppe wird von den Kykladen-Inseln gebildet: Naxos, Paros und Melos. Hier ist die Zeichnung der Einzelfigur, sei es Mensch, Löwe oder Pferd, offenbar bewußt ausgebildet. Figurenpaare erscheinen in Bildfeldern, aber auch einzelne Köpfe, die in ihrer Flächigkeit, im Umriß und in ihrer Proportionierung am stärksten an die ersten Gestaltungen der Großplastik erinnern. Beispiele finden sich in den Museen von Mykonos und Naxos sowie im Athener Nationalmuseum.

Athen

Athen schließlich bildet auf den manchmal sehr großen Gefäßen eine besondere Form der dramatischen Erzählung aus: Auch Tierfriese und Einzelfigur scheinen mehr aus inhaltlichen Gründen als aus formal-künstlerischem Drang gezeichnet, und dementsprechend ist die Bedeutung stärker zum Ausdruck gebracht als in den Bildern der anderen Gruppen.
Vielleicht ist diese expressive Tendenz auch ein Symptom für die zukunftsreiche Geschichte gerade der attischen Malerei. Im sechsten Jahrhundert beherrscht sie das Feld; neu aufgekommen neben ihr ist lediglich die spartanische Vasenmalerei, die sich aber im wesentlichen auf Trinkschalen beschränkt. Am Ende des sechsten Jahrhunderts sind alle anderen Werkstätten der attischen Konkurrenz erlegen.

Exekias

Schon vorher, etwa in den Jahren von 550 bis 525 v.Chr., hatte ein attischer Töpfer und Maler, und noch in der schwarzfigurigen Zeichenweise, einen der Gipfelpunkte der griechischen Malerei überhaupt erreicht:
Exekias, von dem noch neun signierte Werke erhalten sind (Beispiele: Geryoneus und Herakles, Louvre Paris; Leda mit ihren Söhnen, Vatikanische Museen Rom).

Archaische Zeit, Töpferarbeiten (Fortsetzung) Attika: Rotfigurige Zeichentechnik

Aber gleichzeitig mit den spätesten Bildern des Exekias entwickelte sich eine andere, die sog. rotfigurige Zeichenweise. Sie ist spezifisch attisch, arbeitet mit denselben Farbkontrasten wie die reifen schwarzfigurigen Bilder, nur im umgekehrten Sinn: Jetzt wird der Bildgrund schwarz gedeckt, und die Figuren behalten die rötliche Tonfarbe. Darauf kann die Innenzeichnung nicht mehr geritzt werden; sie wird in schwarzglänzenden oder in verdünnten, matten Linien gegeben. Auf solchen Darstellungen gewinnt die Figur an Plastizität gegenüber der schwarzfigurigen Silhouette.

Strenger Stil
(um 490 bis 450 v.Chr.)

Definition

Mit 'strengem' Stil hat man recht treffend eine in sich abgerundete und eigenartige Phase der griechischen Kunst charakterisiert. Die Bezeichnung, die zunächst für die Plastik gilt, ist aber nicht im Gegensatz zur vorausliegenden archaischen Zeit zu verstehen, sondern im Hinblick auf die späteren Erscheinungen der reifen, klassischen Kunst, deren erste Phase sie ist. Die späteren Phasen werden wohl gelegentlich, weniger treffend, als 'reicher', 'schöner' oder 'freier' Stil charakterisiert. Demgegenüber beruht der 'strenge' Stil auf einem Wissen um den Ernst, ja die Tragik des Daseins.

Plastik

Dies kündigt sich schon in den schwermütigen Zügen der Euthydikos-Kore an, obwohl ihre Haltung noch im typischen Schema der archaischen Koren bleibt. Skulpturen, die den Mann, den Jüngling darstellen, brechen offenbar früher als die Koren mit den alten axialen und symmetrischen Kompositionsgesetzen. Vielleicht war eine Statuengruppe des Bildhauers Antenor, durch welche die Befreiung Athens von der Tyrannis (510 v.Chr.) verherrlicht wurde, schon in den gelösten, bewegteren Formen des 'strengen' Stils gegeben; erhalten sind nur Kopien nach einer 476 v.Chr. hergestellten Erneuerung dieser Gruppe. Ein chronologischer Anhaltspunkt ist die Eroberung der athenischen Akropolis durch die Perser (480 v.Chr.), bei der viele Weihgeschenke beschädigt wurden, darunter eine Jünglingsstatue höchster Qualität, von der wenigstens zwei Fragmente erhalten sind (zugehöriger Unterkörper; Akropolis-Museum Athen).

Berühmte Bildhauer

Die Namen von berühmten Bildhauern der Zeit sind uns bekannt: Kritios, Nesiotes, Kalamis, Dionysios, Onatas, Pythagoras und Myron. Dem Myron lassen sich eine Gruppe, die der Athena und des Marsyas, und eine Statue, ein Diskuswerfer, mit Sicherheit zuweisen.

Kritios-Knabe (Abb. s.S. 109)

Deutlich zeigt der 'Kritios-Knabe' (Akropolis-Museum Athen) die Neuerungen der Ponderation. Die Last des Körpers ist nicht mehr gleichmäßig auf beide Beine verteilt. Vielmehr sind Standbein und Spielbein unterschieden, ein Unterschied, der sich im gesamten statischen Aufbau an jeder Muskelgruppe bis zu den Schultern hinauf wieder ablesen läßt. Vor allem liegen aber die Flächen der Front des Rumpfes und die des Gesichtes nicht mehr in der gleichen Ebene: Der Kopf ist nach rechts gewendet.

Darstellung von Menschen und Göttern

Eine Entdeckung des Menschen als Einzelwesen, seine eigene Verantwortlichkeit innerhalb der Bindungen von Religion und Gemeinschaft finden jetzt ihren Ausdruck in der bildenden Kunst. Dabei werden die jahrtausendealten Konventionen der Darstellung, in denen Ägypten und der alte Orient befangen geblieben sind, von den Zeitgenossen Heraklits abgestreift. Von der neuen Würde des Menschen als Mensch, von dem neuen Ernst der künstlerischen Formulierung zeugte auch das Weihgeschenk eines mit vier Pferden bespannten

Wagenlenker von Delphi

Spartanischer Krieger (Leonidas?)

Strenger Stil, Plastik, Darstellung von Menschen und Göttern (Fortsetzung)

Rennwagens, den die Herrscher von Syrakus nach Delphi geweiht hatten und von dem der Lenker erhalten ist (gutes Beispiel auch für die Technik: eingelegte Augen und Wimpern; Museum Delphi).
Aber in dieser Zeit beginnt auch eine konsequente Unterscheidung der Darstellung von Gott und Mensch. Der Oberkörper eines Marmorkriegers aus Sparta (Museum Sparta) ist vielleicht ein Denkmal des Königs Leonidas, des Verteidigers der Thermopylen. Die ähnlich bewegte Bronzestatue eines unbekleideten, bärtigen Mannes (Nationalmuseum Athen) gibt eine Gestalt aus einer anderen Seinssphäre: In der schlichten Gewalt des ausholenden, des schleudernden Armes (wohl Dreizack; Poseidon), in der ruhigen Hoheit der Gesichtszüge kann nur ein Gott erkannt werden.

Römische Kopien

Von den jüngeren freiplastischen Skulpturen, und gerade von den berühmtesten, ist kaum eine erhalten; Edelmetall und Bronze sind eingeschmolzen, Marmor zerschlagen und verbaut oder zu Kalk verbrannt worden. Nur die Originale, die in den Jahrhunderten der massenhaften römischen Reproduktionstätigkeit noch erhalten und geschätzt waren, sind uns häufig wenigstens in Kopien, und z.T. in einer Vielzahl von Kopien, bekannt. Beispiele für Kopien nach Werken des ‘strengen’ Stils sind etwa eine Apollonstatue, gefunden beim Dionysostheater von Athen (Marmor; Nationalmuseum Athen), oder fünf Gewandstatuen aus dem süditalienischen Herkulaneum auf sechs Siebtel verkleinert (Bronze; Museum Neapel).

Kleinplastik im Original

Dafür gibt es Kleinplastik im Original: Tausende von Bronzestatuetten, zum großen Teil figürliche Geräte, vor allem Standstützen für metallene Rundspiegel und Terrakotten. Verstärktes Nationalgefühl, das sich nach der siegreichen Abwehr des persischen Angriffs allen Schichten der Bevölkerung mitteilt, Verantwortung gegenüber künst-

Strenger Stil, Kleinplastik im Original (Fortsetzung)

lerischen Aufgaben, die Durchdringung von Kunst und Handwerk – diese Gründe verursachten eine durchweg hohe Qualität und Vollendung auch dieser Statuetten. Sie sind uns deswegen für die vielen zerstörten großplastischen Skulpturen ein beachtlicher Ersatz. Die Stützfigur eines halbkugeligen Bronzenapfes (Nationalmuseum Athen) kann sich mit jedem Meisterwerk verwandten Themas messen; die Figur, ein ausgewogenes, feines Beispiel des entwickelten 'strengen' Stils, nimmt auf die tektonische Funktion des Gefäßtragens gerade soviel Rücksicht, daß sie sowohl in sich selbst als unabhängig, vollkommen ponderiert, als auch im sinnvollen Bezug auf das Gestützte, als Trägerin, aufgefaßt werden kann.

Malerei

Die Malerei der Epoche des 'strengen' Stils war bedeutend und führend an der Erschließung künstlerischer Möglichkeiten beteiligt.

Polygnot

Als ihr größter Meister gilt Polygnot von Thasos. Ihm wurde das Bürgerrecht von Athen verliehen; dort und in einem Versammlungsraum zu Delphi befanden sich seine bekanntesten Bilder. Er bediente sich der Freskotechnik und malte auf vorbereitete Wand- oder Holzflächen. Obwohl die Beschreibungen dieser Fresken, vor allem derjenigen in Delphi, sehr ausführlich sind, geben doch nur einige Vasenbilder, die offenbar von Monumentalmalerel angeregt sind, einen anschaulichen Begriff von Bildkompositlon und Figurenzeichnung (Louvre Paris).
Der Maßstab und der Angelpunkt aller Gemälde, auch derjenigen mit 70 und mehr Figuren, war die Einzelgestalt. Für sie galt jeweils eine Teilperspektive, insofern als sie zur sinnfälligen Darstellung von Bewegung dient. So ergeben sich Verkürzungen der Gliedmaßen, Aufsicht auf und Einblick in die gehandhabten Geräte und Waffen (etwa Schilde).
Dagegen gilt für das Gesamtbild keine Raumperspektive; die einzelnen Gestalten werden, ohne daß sie etwa eine gemeinsame Standlinie haben, in eine Gesamt-Flächen-Komposition gestellt.

Vasenmaler

Diejenigen Vasenmaler, die nicht unmittelbar Vorbilder der Wand- und Tafelmalerei verwenden, vervollkommnen ihre Darstellungen im Rahmen der Gattung. Dabei gilt hinsichtlich der Qualität das gleiche, was für die figürlichen Geräte schon zu bemerken war:
Zu keinem anderen Zeitpunkt der griechischen Kunstgeschichte gelingt die Vollendung der einzelnen Formen und zugleich die einhellig harmonische Abstimmung von Figur und Gerät aufeinander so wie gerade jetzt. Für das Verhältnis von Gefäß und Bild gibt eine signierte Trinkschale des Brygos (Martin-von-Wagner-Museum Würzburg) die unübertreffliche Lösung. Für diese Kunst ist bedeutsam, daß solche Meisterleistungen manchmal bei den schlichtesten Bildthemen erzielt sind, die allerdings stets und für immer von einer breiten Schicht kultivierten Menschentums zeugen.

Reliefkunst

Das griechische Relief – und noch allseitig ausgearbeitete Figuren in den Tempelgiebeln – steht als Gattung der Malerei näher als der Freiplastik. Der verbindende Hintergrund, auf oder vor dem die Darstellungen erscheinen, charakterisiert eben alle unter sich verschiedenen Gattungen der Flachkunst in gleicher Weise.
Schon in archaischer Zeit hatte eine schmale Platte mit flachem Relief oder vorgeritzter Malerei gelegentlich die freiplastische Grabstatue ersetzt. Im 'strengen' Stil setzt sich die Tradition der Grabreliefs fort (Konservatorenpalast Rom, Nationalmuseum Athen, Archäologisches Museum Saloniki). Wenn zwei Figuren dargestellt werden, sind sie nicht immer mehr in gleicher Richtung hintereinander gestaffelt, sondern in innerer Beziehung aufeinander gegenübergestellt (Louvre

Strenger Stil, Reliefkunst (Fortsetzung)

Paris). Daraus ergeben sich neue Möglichkeiten und Aufgaben der Komposition. In Ausdruck und Darstellung sind Weihreliefs verwandt, etwa das von Sunion (Nationalmuseum Athen), das einen Knaben, ehemals mit vergoldetem Bronzekranz, darstellt, oder das der Athena vor einer Inschrifttafel (Akropolis-Museum Athen).
Doch gehören die hervorragendsten Zeugnisse für das Relief des 'strengen' Stils der Architekturplastik an: Es sind die Giebelskulpturen der Tempel.

Giebelreliefs des Aphaia-Tempels auf der Insel Ägina

Der Aphaia-Tempel nahe der Ostküste von Ägina, ist etwa um das Jahr 500 v.Chr. erbaut. Die Kampfdarstellung im Ostgiebel wurde teilweise beschädigt, weswegen seine Figuren wohl noch vor 480 v.Chr. erneuert worden sein dürften. In der Tat liegt die Grenzscheide zwischen archaischer Komposition und der des 'strengen' Stils zwischen den beiden ursprünglichen Giebeln einerseits und der Erneuerung des Ostgiebels andererseits (Glyptothek München). Anstelle der manchmal widerwilligen Einspannung der Gliedmaßen der Figuren in ein planparalleles Linienschema bringt der jüngere Ostgiebelmeister eine einheitliche, aus Bewegungsimpulsen gespeiste, organische Komposition zustande.

Giebelreliefs des Zeus-Tempels in Olympia

In den architektonischen Detailformen ist der 456 v.Chr. vollendete Zeus-Tempel von Olympia dem Aphaia-Tempel noch ähnlich: Die Gedrungenheit der Proportionen ist in Wirklichkeit nicht so groß, wie die älteren Rekonstruktionen vermuten ließen. Doch ist eine gewisse Schwere nicht zu leugnen. Die Säulentrommeln aus Muschelkalk decken noch heute beträchtliche Teile des Grundes, auf dem der größte Tempel der peloponnesischen Halbinsel stand. Aus parischem Marmor waren das Dach und der Skulpturenschmuck (Museum Olympia).

Herakles mit den Äpfeln der Hesperiden

Zeus von Olympia (Darstellungsversuch)

Strenger Stil, Giebelreliefs des Zeus-Tempels in Olympia (Fortsetzung)

Dieser bestand außer den Giebeln aus zwölf Metopenreliefs (Teile davon auch im Pariser Louvre), die im Inneren des Säulenkranzes über Front und Rückseite der Cella angebracht waren. Auf ihnen sind zwölf Taten des Herakles dargestellt; häufig erscheint Athena auf den Darstellungen als göttliche Helferin des Helden. Neben bewegten, diagonal komponierten Szenen (z.B. Reinigung des Augiasstalles) stehen ruhige Zustandsbilder (z.B. Herakles mit den Äpfeln der Hesperiden), die für den 'strengen' Stil besonders typisch sind.
Der Ostgiebel bildet eine Sage ab, die Zeus als Richter feiert, an Oinomaos, einen mythischen König von Elis, und an Pelops, den in Olympia kultlich verehrten Helden, erinnert und die Begründung der olympischen Wagenrennen erzählt.
Im Westgiebel ist der Kampf griechischer Helden gegen die Kentauren dargestellt, der sich bei einem Hochzeitsmahl entspinnt. Gewaltig zwischen den Kämpfenden steht hier Apollon wie auf der Gegenseite Zeus zwischen den für die Wettfahrt Vorbereiteten. Die majestätische Erscheinung der Götter hat visionären Charakter; sie sind darin der zuvor genannten bronzenen Poseidonstatue gleich.

Kultbild des Zeus von Olympia

Das berühmte, von Phidias geschaffene Kultbild des Zeus (Beschreibung des Pausanias ⟶ Griechenland in Zitaten), eines der Sieben Weltwunder des Altertums (s.S. 116), ist wohl erst etwa 25 Jahre nach der Vollendung des Tempels in der Cella aufgestellt worden.

Phidias und Polyklet

Bedeutung

Diese beiden Namen bezeichnen den Höhepunkt der griechischen Kunstgeschichte. Beide sind Bildhauer, wenngleich Phidias in seiner Jugend auch gemalt hat. Aber in ihren Themen unterscheiden sie sich: Phidias erlangte seinen Ruhm durch Götterstatuen, Polyklet hat vor allem Menschen dargestellt.
Dieser Unterschied ist nur ein äußeres Zeichen für eine tief verschiedene, persönlich bedingte Auffassung vom Beruf der Kunst. Aus unserem Abstand betrachtet und vor dem ganzen Hintergrund geschichtlichen Geschehens rücken jedoch beide Künstler wieder eng zusammen, ja die verschiedenen Aspekte ergänzen einander und ergeben den einen, einheitlichen Gipfel in der Folge der künstlerischen Erscheinungen der Antike.

Phidias
Werdegang

Phidias wurde wohl im Anfang des fünften vorchristlichen Jahrhunderts in Athen geboren. Den Namen seines Vaters hat er selbst auf der Signatur seines vermutlich spätesten Werkes genannt, an der Basis des Zeus in Olympia. Diese Statue mag um 430 v.Chr. vollendet gewesen sein; bald darauf, etwa 428 v.Chr., wäre der Meister verstorben. Die zwiespältige Überlieferung über den Lehrer des Phidias gibt keine Klarheit. Später hat er mit dem Maler Parrhasios zusammengearbeitet, und in jüngererZeit ist eine Hypothese begründet worden, nach der Phidias im Bildhaueratelier des Euenor von Ephesos, des Vaters von Parrhasios, gelernt hätte. Diese Deutung rechnet mit der Möglichkeit, daß eine ca. 475 v.Chr. auf der Akropolis von Athen aufgestellte Säule, die von Euenor signiert ist, eine kleine Athena-Statue trug, die von dem jungen Phidias gearbeitet wäre. Die Athena ist erhalten (Akropolis-Museum Athen). Tatsächlich gilt sie als ein Vorklang für Athena-Statuen des gereiften Phidias, in der Qualität der Arbeit gut und in Einzelheiten, vor allem im Motiv der eingestützten linken Hand, den hochklassischen Stil geradezu vorbereitend. Als Ganzes zeigt sie natürlich noch die Merkmale des 'strengen' Stiles. Aber Phidias muß doch damals schon tätig gewesen sein, wenn auch seine Hauptwerke nicht mehr in diese Phase gehören.

Phidias (Fortsetzung) Hauptwerke

Die beiden großen Weihgeschenke, welche die Athener aus Anlaß des Sieges bei Marathon (490 v.Chr.) von Phidias errichten ließen, eine Bronzegruppe in Delphi und eine 16,50 m hohe bronzene Athena ('Promachos') auf der Akropolis, sind wahrscheinlich erst zwischen 460 und 450 v.Chr. geschaffen. Dann setzen in dichter Folge die phidiasischen Werke ein, von denen wir elne Vorstellung gewinnen können; für die Statuen freilich, im Gegensatz zu der frühen, von Euenor signierten Athena, nur aus Kopien und Beschreibungen. Auf der Akropolis standen der bronzene Apollon Parnopios (Statue in Kassel, Kopf im Nationalmuseum Athen) und die bronzene Athena Lemnia (wohl 448/447 v.Chr.; Statue in Dresden, Kopf in Bologna), in Ephesos eine bronzene Amazone (Vatikanische Museen Rom).

Im Jahre 447 v.Chr. wird der Bau des Parthenon begonnen, der zu den Unternehmungen des Perikles gehört, für die, laut Plutarch, die Oberaufsicht und damit die Hauptverantwortung Phidias hatte. Zwei Architekten leiteten den Bau. Für die Metopenreliefs (vor 442/441 v.Chr.), von denen am besten die Kentaurenkämpfe (British Museum London) erhalten sind, den Fries (Akropolis-Museum Athen und British Museum London) und die Giebelskulpturen (438–432 vor Chr.; Akropolis-Museum Athen und British Museum London) war eine große Anzahl von Bildhauern tätig. Das Tempelbild aus Gold und Elfenbein (438 v.Chr.) arbeitete Phidias selbst.

Phidias hat sich offenbar in Olympia, als er dort das Tempelbild aus Gold und Elfenbein für den Zeus-Tempel zu gestalten hatte, nach den Erfahrungen gerichtet, die damals bei der Aufstellung der Athena Parthenos gemacht wurden.

Darstellungsmittel

Obwohl Phidias das Visionäre der Götterstatuen des 'strengen' Stils beibehält oder gar steigert, bricht er doch mit der Tradition der Darstellungsmittel.

Mit Recht ist beim Apollon in Kassel bemerkt worden, daß die statische Ponderation der Figur mißachtet ist dadurch, "daß sich zwar die Standbeinseite herauswölbt, aber die Kurve der Spielbeinseite nicht entsprechend konkav ist" (Chr. Karusos). Also ist gerade die Seite des aufruhenden, tragenden Standbeins die im Umriß heftig bewegte, während der Umriß der Seite des lockeren, des Spielbeines senkrecht wie verwurzelnd in den Grund führt. Daraus ergibt sich der tänzelnde Stand, der im statischen Sinn unbefriedigend wirkt. Die Einheit der Figur liegt nicht im körperhaften Aufbau: Der Gott steht über dem Gesetz der Schwere; Körper und Antlitz zeigen, daß es um die Darstellung eines göttlichen transzendenten Wesens geht.

Das ist auch bei der Dresdener Athena der Fall, welche die Waffen einer nach Lemnos ausziehenden kriegerischen Siedlergruppe reicht; das Gesicht des Kopfes in Bologna beweist, daß es sich um alles andere als eine schlichte Genreszene handelt.

Die Tempelstatuen des Parthenon und in Olympia vollends gehen in Größe und farbigem Glanz nicht nur über jedes gewohnte Maß hinaus, sondern streben grundsätzlich neue Wirkungen an. Dabei ist besonders die Ausdehnung wichtig, die diese Statuen im Innern der Tempel beanspruchen, die sie nach Höhe und Breite ganz ausfüllen, beinahe sprengen. Der Reichtum der Beifügungen, die großen Detailreliefs und dergleichen können hier nicht einmal aufgezählt werden.

Parthenonfries

Dieses transzendente, übermenschliche Leben der Götter wird in den Parthenongiebeln (im Osten: Geburt der Athena; im Westen: Streit zwischen Athena und Poseidon um den Besitz des attischen Landes) nicht gemildert. Aber der Parthenonfries gibt Einblick in eine andere Welt:

Detail vom Athener Parthenonfries ▶

Phidias, Parthenonfries (Fortsetzung)

Der Festzug ist dargestellt, der an den Panathenäen das neue Gewand der Athena auf die Akropolis bringt und von den versammelten olympischen Gottheiten erwartet wird. Hier lassen die Bildhauer alle Schönheit des menschlichen Körpers, alle Anmut der Jugend zu Worte kommen. Von dieser Schöpfung wendet sich unwillkürlich der Blick zu den schönsten attischen Grabreliefs, deren Meister wohl auch am Parthenonfries mitgearbeitet haben: zur strahlenden Darstellung eines Jünglings in dem Moment, als der Vogel aus dem Käfig, wie der Geist des Lebens aus dem Körper, befreit entlassen wird (Nationalmuseum Athen); zur innigen Verbundenheit der beiden Frauen auf dem Relief des Hegeso (Nationalmuseum Athen), dessen gleichsam kreisende Linienkomposition von vollkommener Harmonie ist.
Von einer phidiasischen Schöpfung wie dem Reiterrelief in Rom (Villa Albani) ist noch der Grabstein des 394 v.Chr. gefallenen Dexileos abhängig (Kerameikos-Museum Athen).
Aber auch die weißgrundigen Ölgefäße (Lekythen), auf denen mit buntem Stift und Pinsel gezeichnet ist und die nur beim Begräbnis verwendet wurden, gehören in diesen Umkreis (Nationalmuseum und Kerameikos-Museum Athen). Das Grabmal, die Verstorbenen, ihre Verwandten und Freunde, das Diesseits und das Jenseits sind, häufig in ununterscheidbarer Mischung, dargestellt.

Reliefs und Malerei

Für die Reliefs auf dem Schild der Athena Promachos hatte Parrhasios den Entwurf gezeichnet; erhalten ist davon nichts, auch nicht in Kopien. Überhaupt sind Bilder von des Parrhasios Hand sowenig erhalten wie von irgendeinem anderen der berühmten griechischen Maler. Aber sein Stil, die Art seines Striches ist uns doch so gut beschrieben, daß einige gerade der weißgrundigen Vasenbilder sich als beeinflußt davon erwiesen haben, sogar originale Werke.
Von dem künstlerisch eher konservativen Alkamenes befindet sich auf der Akropolis die Gruppe einer Frau, an die ein kleiner Knabe sich anschmiegt (Akropolis-Museum Athen).
Der impulsivere Agorakritos hat die Statue der Göttin der Vergeltung (Nemesis) für den attischen Ort Rhamnus gearbeitet; sie ist erhalten in einem Fragment und in Teilen ihrer Basis (British Museum London und Nationalmuseum Athen).

Gesamtkunstwerk

Wenn Phidias selbst in der Plastik die strengen Regeln der Konstruktion geändert hat, sind unter ihm auch die kanonischen Ordnungen der Architektur gemischt und abgewandelt worden. Die Gliederung des Parthenon-Innenraums hing von der Komposition und der beabsichtigten Wirkung der Statue ab; der Tempel wurde für sie gleichsam nach Maß gearbeitet. Anzahl und Proportionen der Säulen sind singulär, der Fries ist ein Element der ionischen Bauordnung, das eigentlich nicht in die dorische gehört. Die Herumführung der inneren Säulenstellung im Rücken des Tempelbildes kann nur im engen Bezug zu diesem verstanden werden. Es ist etwas wie ein 'Gesamtkunstwerk' angestrebt.
Solche Tendenz zeigt sich auch bei dem jüngeren Bau des Parthenonarchitekten Iktinos, bei dem Apollon-Tempel von Bassä, bei dem zum ersten Male ein korinthisches Kapitell verwendet worden ist.
Das in phidiasischer Zeit von Mnesikles gebaute Akropolistor, die Propyläen, verwendet dorische und auch ionische Säulen. Aber auch die rein ionischen Formen werden im Verlauf der Bautätigkeit, die mit dem Parthenon anhebt, in spezifisch attischer Art modifiziert (Nike-Tempel, Erechtheion), während dorische Bauten, wie der wunderbar erhaltene Hephaistos-Tempel (fälschlich als 'Theseion' bezeichnet) in Athen oder der Poseidon-Tempel auf Kap Sunion, ohne das Vorbild des Parthenon kaum zu denken sind.

Polyklet
Werke

Der Bildhauer Polyklet von Argos war um etwa 15 Jahre jünger als Phidias. Von seinen Statuen gibt es nur Kopien; doch sind einige der Basen im Original mit Inschriften erhalten (Kyniskos, Pythokles, Xenokles; Museum Olympia). Polyklets frühestes Werk ist der Diskusträger (Vatikanische Museen Rom), dessen Stil ein Kopf mit zugefügten kleinen Flügeln (Pergamon-Museum Ostberlin) besser bewahrt als die ganzen Statuen. Nach der Mitte des fünften Jahrhunderts lassen sich eine Amazone (Kapitolinisches Museum Rom) und diejenige Statue ansetzen, die wahrscheinlich zur Kyniskos-Basis gehört (Athlet Westmacott, British Museum London). Weit berühmter war der Speerträger, von dem mehr als 30 Wiederholungen belegt sind (eine Reliefkopie aus dem 4. Jh. v.Chr. mit zugefügtem Pferd im Athener Nationalmuseum). Daran schließen sich zwei Statuen, die wohl schon als Spätwerke zu bezeichnen sind: ein Herakles (Museo Baracco Rom) und ein Jüngling, der sich mit ausgebreiteten Armen ein Band um den Kopf bindet (Nationalmuseum Athen). Die Originale aller dieser Statuen waren aus Bronze.
Polyklet hat aber auch in der Gold-Elfenbein-Technik gearbeitet. Sein letztes Werk, die Hera für den Tempel in Argos, der 423 v.Chr. abgebrannt war und erneuert werden mußte, war in der Technik der Tempelbilder des Phidias ausgeführt und stand, wie Strabon sagt, ihnen an Pracht und Größe nicht nach.

Regelhafter Stil

Polyklets Statuen sind in der Bildung des Körpers wie in den Zügen des Gesichts von festen Regeln bestimmt. Schon die Standspuren auf den erhaltenen Basissteinen, aber auch die Statuen selbst zeigen, daß sie noch mehr als etwa der zuvor erwähnte Kritios-Knabe das eine Bein belasten, das andere entlasten. Zugleich ist aber der gesamte Körper, wiederum mehr als der Kritios-Knabe, von einem ganzen System von Entsprechungen beherrscht. Dem Spielbein entspricht der handelnde, dem belasteten Standbein der ruhige, herabhängende Arm. So ergibt sich eine völlige Ausgewogenheit der Gesamtkomposition.
Das gilt ebenso für jedes Detail, z.B. für die Gesichter, die nichts von der Vergeistigung der phidiasischen Götter zeigen. Die Statuen Polyklets haben ihre künstlerische Einheit in der genauen Beachtung der statischen Gesetze, der mathematischen Proportionen und der Verhältniszahlen. Dabei ist selbstverständlich, daß der Formvorgang im letzten und schwierigsten Stadium auch hier im unbegreifbaren Irrationalen lag, wie Polyklet selbst es in einer theoretischen Schrift betont hat.
Es ist aber auch verständlich, daß die vermeintliche allzu große Gleichartigkeit seiner Figuren, die eigentlich nur verschiedene Varianten des immer gleichen Schemas darstellen, getadelt wurde. Das ist richtig, aber der Tadel ist verfehlt; denn gerade hierin zeigt sich Polyklet als Repräsentant griechischer Kunst überhaupt. Dieser Kunst sind der Wille und die Fähigkeit, Typen zu schaffen, von den Anfängen an eigen. Hierin zeigt sich der Künstler der reifen Klassik als ein Erbe der archaischen Kunst. Mit seinen Jünglingsstatuen sagt der große Meister auf einer höheren Entwicklungsstufe im Grunde noch das gleiche aus wie mit den zuvor genannten Statuen des Kleobis und Biton ein anderer Bildhauer aus Argos, der um anderthalb Jahrhunderte älter war.

Spätklassische Kunst
(um 390 bis 330 v.Chr.)

Malerei

Im 'strengen' Stil erstrebten selbst die Gemälde des Polygnot und die Bilder der Vasenmaler Plastizität ihrer Figuren. Für die Entwicklung der Klassik nach Phidias und Polyklet ist eine malerische Tendenz charakteristisch.
In der großen Malerei werden schon in den letzten Jahrzehnten des fünften vorchristlichen Jahrhunderts neue Effekte durch Schattengebung an Gewändern und Männerkörpern erzielt. Die Maler stellen nicht mehr nur Tafel- und Freskenbilder her, sondern dekorieren Innenräume vornehmer Privathäuser. Sie malen schließlich auch Architekturbilder als Theaterkulissen.
Ein Abglanz dieser Erscheinungen ist wieder die Vasenmalerei. Sie wirkt jetzt durch Verwendung von weißer Deckfarbe, ja Vergoldung und Reliefierung einzelner Bildteile bunter als früher. Die Themen werden leichter, gemütvoll, mild.

Grabreliefs

Auf den älteren Reliefs waren die Gestalten entweder durch Handlung oder Stimmung miteinander verbunden. Für die zahlreichen attischen Grabreliefs des vierten Jahrhunderts (Nationalmuseum Athen) – seit ca. 310 v.Chr. waren für die Athener der 'Gräberluxus' und damit auch solche Reliefs verboten – genügt das bloße Dasein der Figuren. In steigendem Maße isolieren sie sich voneinander, ja treten statuenhaft vor den Reliefhintergrund. Trotzdem gewinnt nicht etwa die Figur als solche an Plastizität. Vielmehr tritt auch der architektonische Rahmen des Reliefbildes vor: Die Figuren stehen in einer Nische. Die Auseinandersetzung zwischen Figur und Nischenraum ist das künstlerische Thema des Grabreliefs geworden. Dabei ist natürlich auch für die ganz ausgearbeiteten, statuarischen Figuren nur eine Ansicht möglich, nämlich die, welche der Betrachter gegenüber dem Reliefhintergrund notwendig einnehmen muß.

Praxiteles

Das ist in ähnlicher Weise der Fall bei den Statuen des berühmtesten Götterbildners nächst Phidias, des Praxiteles. Seine Statuen sind ebenso 'einansichtig', und ebenfalls sind sie räumliche Kompositionen, die wie die Reliefs mit Lichtern, tiefen Schatten und Übergangsnuancen eine malerische Wirkung erzielen. Dazu kam gewiß eine farbigere Fassung, als sie vorher üblich war, in der Bemalung. Es ist bezeichnend, daß Praxiteles diejenigen seiner Statuen für die besten gehalten haben soll, die von dem Maler Nikias bemalt waren. Über die Art der Farbigkeit geben Terrakotten, die sog. Tanagrafiguren, soweit sich auf ihnen der Tonüberzug und die Bemalung erhalten haben, Aufschluß (Nationalmuseum Athen und Museum Theben).

Götterstatuen

In der Interpretation seiner Themen ging Praxiteles eigene Wege: Apollon stellte er als kaum erwachsenen Jüngling dar, der noch im Spiel des Knabenalters begriffen ist; er lehnt sich sacht an einen Baum und zielt mit der Rechten auf eine Eidechse, die den Stamm hinaufkriecht (Marmorkopie nach Bronzeoriginal; Vatikanische Museen Rom).
Mit der Statue der Aphrodite von Knidos (50 Kopien in vielen Museen) wagte er in Griechenland als erster die Darstellung einer völlig unbekleideten Göttin.
In der schwerelosen Auffassung vom Sein der Götter schließt sich diesen beiden Statuen ein Spätwerk an, das der Meister nicht ganz vollendet hat: Es ist im Original in Olympia gefunden und stellt die Gruppe des Hermes mit dem Dionysoskind dar (Museum Olympia).
Typen praxitelischer Gewandstatuen sind auf drei originalen Reliefs erhalten (Nationalmuseum Athen), die zu der Basis von Statuen des

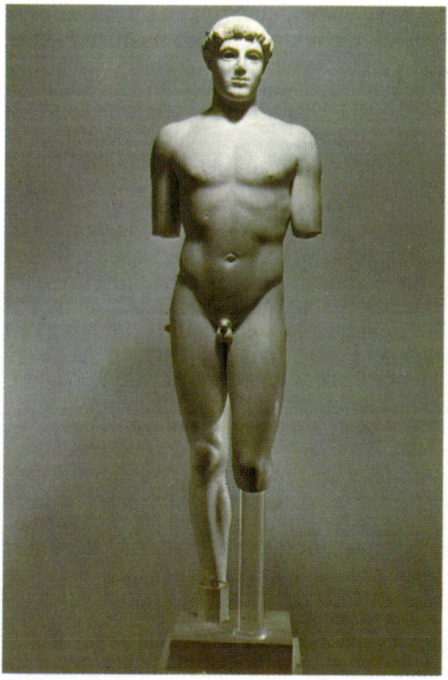

Kritios-Knabe

Hermes des Praxiteles

Praxiteles in Mantinea gehören. Dargestellt sind Apollon und sechs Musen, Marsyas, der den Gott zum musikalischen Wettstreit herausgefordert hat, und der Skythe, der die Strafe an dem Unterlegenen vollziehen wird.

Praxiteles, Götterstatuen (Fortsetzung)

Mausoleum

Von der malerischen Reliefbehandlung legen auch die Friese an dem gewaltigen, auf nahezu quadratischem Grundriß errichteten Grabmal ('Mausoleum') des Königs Mausolos von Karien († 353 v.Chr.) im kleinasiatischen Halikarnassos (heute Bodrum, Türkei) Zeugnis ab. Am besten erhalten sind zahlreiche Platten der Friesdarstellung von Amazonenkämpfen (British Museum London). Man hat versucht, vier stilistisch voneinander unterscheidbare Gruppen aus dem gesamten Material herauszulösen. Das würde der Überlieferung entsprechen, daß vier berühmte Zeitgenossen des Praxiteles – Timotheos, Skopas, Leochares, Bryaxis – auf je einer Seite des Baues den Skulpturenschmuck hergestellt haben.

Timotheos

Timotheos hat auch an den Giebeln des Asklepios-Tempels von Epidauros (um 375 v.Chr.) mitgearbeitet (Nationalmuseum Athen). Eine Statue der Leda von ihm ist in schlechter Kopie erhalten (Kapitolinisches Museum Rom). Zusammen mit einer Artemis des Timotheos ist ein leierspielender, langgewandeter Apollon des Skopas auf einer in Italien gefundenen Basis dargestellt (Museum Sorrent). Beide Statuen waren unter Augustus im Apollon-Tempel auf dem römischen Palatin aufgestellt. Ursprünglich standen sie wahrscheinlich in Rhamnus.

Skopas

Skopas war nicht nur Bildhauer, sondern auch Architekt. Er leitete, wohl erst um 340 v.Chr., den Neubau des 395 v.Chr. abgebrannten Tempels der Athena Alea in Tegea. Auch die Giebelreliefs (National-

Spätklassische Kunst, Skopas (Fortsetzung)

museum Athen) dieses Tempels werden Originale des Skopas oder zumindest unter seiner Leitung in seiner Werkstatt hergestellt sein. Jedenfalls übertreffen sie an konzentrierter Wucht der Bewegung, an leidenschaftlichem Ausdruck der Gesichter, an Qualität der Marmorarbeit noch die besten Friesplatten des Mausoleums. Im Ostgiebel war eine mythische Eberjagd, die "Jagd des Meleager", dargestellt; im Westgiebel wahrscheinlich eine kriegerische Begegnung zwischen Herakles und Achill.

Leochares und Bryaxis

Leochares und Bryaxis schließlich sind auch als Götterbilder bekannt. Von Leochares stammte wohl das Bronzeoriginal des "Apoll vom Belvedere" (Vatikanische Museen Rom).
Bryaxis, dem Namen nach wahrscheinlich karischer Herkunft, war in seiner Jugend, als er am Mausoleum mitarbeitete, Bahnbrecher eines modernen, erregten, in Diagonalachsen komponierenden Stils; gegen Ende seines Lebens, das noch bis ins dritte Jahrhundert hinein währte, hätte er eher als ein Ausklang der Spätklassik gelten können.

Malerische Tendenzen

Jedenfalls sind alle diese Künstler trotz großer Verschiedenheit ihres individuellen Temperaments, ihrer Herkunft, ihrer Technik doch in gleicher Weise Repräsentanten einer besonderen Zeitstufe der Kunst, in der immer wieder malerische Tendenzen siegen. Bei den Skulpturen gewinnen sie äußere Formen durch die Licht-Schatten-Wirkung der Oberflächenbehandlung und durch die Breitenanordnung der Komposition in einer flachen Raumschicht.

Grabrelief vom Ilissos

Das klarste Beispiel für die Dissonanzen der Spätklassik, die erst im räumlich und atmosphärisch Malerischen zum Kunstwerk vereinigt sind, ist das Grabrelief vom Ilissos (Nationalmuseum Athen), das dem Stil des Skopas nahesteht:
Die Gestalt des verstorbenen Jünglings ist typisch für einen in flacher Raumschicht komponierten Körper. Er steht locker nach hinten angelehnt und blickt fast unbeteiligt aus dem Relief heraus. In Gedanken verloren, auf den senkrechten Stab gestützt, blickt, scharf als Profilfigur komponiert, der Greis mit zum Kinn erhobener linker Hand den Sohn an, ohne daß dieser Blick eine Entgegnung findet. Die Stufen und der Pfeiler, über Eck komponiert, über den der Jüngling den Mantel gelegt hat und an dem er lehnt, sind als Grabmal zu deuten. Zum Jüngling gehören, inhaltlich und formal, der kleine Diener, der auf den Stufen des Grabmals hockt und trauernd schläft, der Hund, der auf dem Boden schnuppert; sie beide sind verloren und verwaist.
Auf die Fragen nach dem Sinn des Todes und des Daseins wird die Antwort nicht mit einem Credo, sondern nur mit der Schönheit der Darstellung gegeben.

Rundbauten
Delphi
Epidauros

Für die Architektur der Spätklassik sind die Rundbauten eigentümlich. Der älteste befindet sich in der Marmaria von Delphi, in dem Bezirk der Athena Pronaia. Ihm folgt die sog. Thymele von Epidauros. Bei beiden Bauten wird, wie früher schon am Apollon-Tempel von Bassä, wie später am Tempel der Athena Alea in Tegea, im Äußeren die dorische, im Inneren die korinthische Bauordnung verwendet. In Epidauros ist ein prachtvolles korinthisches Kapitell erhalten, das dort wohl als

Olympia

Musterstück für alle übrigen gegolten hat. Das Philippeion in Olympia, aus der zweiten Hälfte des vierten Jahrhunderts, verbindet ionische Säulen im Außenbau mit korinthischen Halbsäulen im Inneren. Am

Athen

kleinen Rundbau in Athen endlich, der zwar nur korinthische Halbsäulen, aber jetzt in der Außengliederung zeigt und der als Denkmal für den Sieg eines Choregen Lysikrates auf 333 v.Chr. datiert ist, erscheint auch wieder Reliefschmuck: ein Fries mit dionysischen Darstellungen. Anlaß des ganzen Denkmals und auch die Friesbilder im

Tholos in Delphi

Lysikrates-Denkmal in Athen

Rundbauten (Fortsetzung)

einzelnen (Dionysos und Satyrn, Verwandlung tyrrhenischer Seeräuber in Delphine) verweisen wieder auf das Theater.

Theater

In dieser Zeit entstanden ebenfalls die ersten monumentalen Ausgestaltungen der Theaterbauten selbst: das auch als Kunstform durchkomponierte Theater von Epidauros und die Neugestaltung des Theaters von Athen, das um 330 v.Chr. vollendet wurde. Beide Bauten sind in architektonischer und in akustischer Hinsicht meisterhafte Konstruktionsleistungen.

Griechisches Theater (Idealplan s.S. 113)

Ursprung

Im antiken Griechenland liegt der Ursprung des europäischen Theaters. Das Theaterspiel ist im attischen Dionysoskult beheimatet und nahm seinen Anfang mit einem Chor, der von Gesang begleitete Reigentänze zu Ehren des Dionysos, des Gottes der Fruchtbarkeit und des Weines, aufführte. Um das Jahr 535 v.Chr. stellte der halblegendäre Thespis in Athen dem Chor der Tragödie einen Sprecher gegenüber, wodurch der erste Schritt zu dramatischer Gestaltung auf dem Theater getan war; Aischylos führte den zweiten und Sophokles den dritten Schauspieler ein.

Entwicklung

Gespielt wurde unter freiem Himmel auf der Orchestra, einem runden Tanzplatz, wo sich vermutlich auch der Altar des Dionysos (Thymele) befand.
Für die Zuschauer, die wohl anfänglich rings um die Spielfläche standen, gab es dann zunächst eine einfache Holztribüne. Diese wurde in der Folgezeit von dem charakteristischen Halbrund des Theatron (altgriechisch eigentlich = ‘Zuschauermenge’) abgelöst, das sich mit

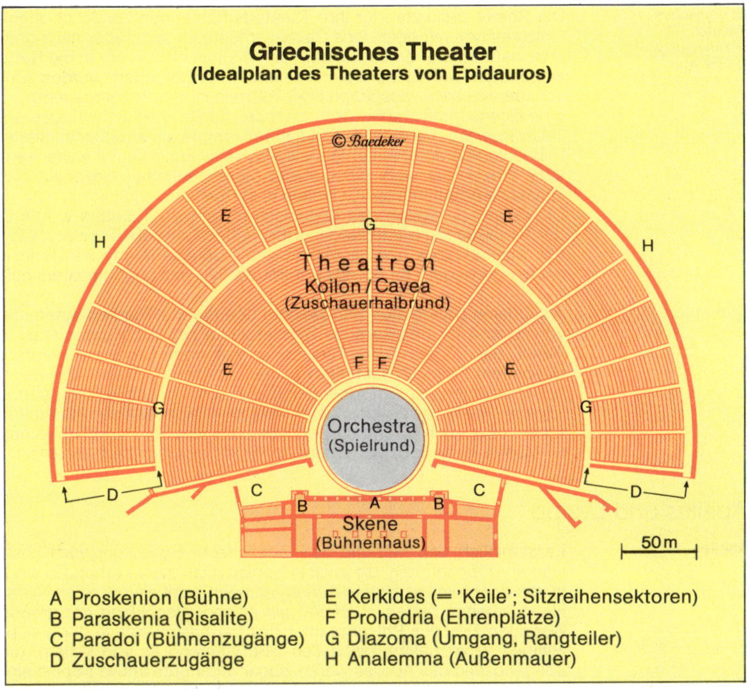

Griechisches Theater, Entwicklung (Fortsetzung)

stufenweise angeordneten Sitzplätzen muldenförmig (griechisch 'Koilon', lateinisch 'Cavea') an einem Berghang hinaufzog.
Dem Zuschauerraum gegenüber wurde am Rande der Orchestra die mehrstöckige Skene errichtet, ursprünglich ein hölzernes Bühnenhaus, das man erst in nachklassischer Zeit zu einem steinernen Fassadenpalast überhöhte.
Vor der Skene entstand schließlich mit dem Proskenion eine neue, über die Orchestra erhöhte Spielfläche (Bühne).
Zwischen Bühne und dem leicht über den Halbkreis hinausgreifenden Zuschauerrund befanden sich die Zugänge ('Parodoi') für die Mitglieder des Chores.

Verbreitung

Die klassische Form des griechischen Theaters entwickelte sich in Athen und hat im gesamten altgriechischen Kulturraum Verbreitung gefunden. Die meisten antiken griechischen Theater – die größten faßten immerhin viele Tausend Zuschauer (Dionysos-Theater in Athen: 17 000; Theater von Epidauros: 14 000) sind heute teilweise oder ganz freigelegt, etliche hervorragend bewahrt, manche restauriert. Einige dienen wieder als Spielstätten zur Aufführung antiker und neuzeitlicher Theaterstücke oder musikalischer Werke, so etwa die Theater von Epidauros, Philippi, Thasos und Dodona oder das Odeion des Herodes Atticus in Athen.

◀ *Restauriertes Zuschauerrund im Athener Odeion des Herodes Atticus*

Griechisches Theater (Fortsetzung) Nachfolge

Die Römer benutzten für ihre Theateraufführungen zunächst offene Holzgebäude mit oder ohne Cavea, errichteten dann aber nach griechischem Muster große Steinbauten, die nun nicht mehr in die Natur eingebettet waren, sondern freistehend aufgemauert wurden (Zuschauerein- bzw. -ausgänge über Treppen in den Außenmauern).
Eine eigene römische Schöpfung ist das für Großveranstaltungen wie Fechterspiele, Tierhetzen, Gladiatorenkämpfe u. ä. dimensionierte, bühnenlose Amphitheater (auf elliptischem Grundriß) mit weiter zentraler Arena, der wohl bekannteste Monumentalbau dieser Art das Flavische Amphitheater (Colosseum) in Rom.
Die Grundkonzeption des griechisch-römischen Theaters wurde in der Renaissance wiederaufgenommen, doch sind die Theaterbauten nun ausnahmslos überdacht und die Zuschauerräume zunehmend reicher gegliedert; im Barock kommt der Typ des Logentheaters auf.

Odeion

Als Odeion bezeichnet man kleinere überdachte Theaterbauten, die vorwiegend für musikalische Darbietungen benutzt wurden (z.B. in Athen das Odeion des Perikles unweit vom Dionysos-Theater). Besonders zahlreich sind diese antiken Konzert- und Vortragssäle in hellenistischer und römischer Zeit (lateinisch 'Odeum') entstanden.
'Odeion' heißt heute das neugriechische Musikkonservatorium in Athen; aber auch außerhalb Griechenlands lebt der Begriff in Namen für Musiktheater (z.B. das 'Odéon' in Paris) und Lichtspielhäuser fort.

Apelles und Lysipp

Apelles

Es ist mißlich, den Wert und die exemplarische Bedeutung von Kunstwerken zu behaupten, die auch in Kopien nicht mehr vorhanden sind, ja von denen selbst andere Kunstgattungen nicht einmal einen Nachklang erhalten haben. Während ein solcher Nachklang der großen Wandgemälde des Polygnot oder des Parrhasios sich in der gleichzeitigen Vasenmalerei feststellen läßt, während es von Malern, die Zeitgenossen des Apelles waren, sogar recht gute antike Kopien einzelner Werke gibt ("Perseus und Andromeda" des Nikias; "Alexanderschlacht" des Philoxenos; Nationalmuseum Neapel), ist von ihm selbst nichts dergleichen erhalten. Das steht im umgekehrten Verhältnis zu seiner Berühmtheit. Aber auch die Themen seiner Bilder, sein offenbar virtuoses Können, seine Stellung im weltgeschichtlichen Augenblick der Alexanderzeit und als Freund Alexanders des Großen selbst, alle diese Gründe erfordern, daß sein Name hier genannt wird.

Berühmtheit ohne Zeugnisse

Apelles (um 370 – 310 v.Chr.) war in Kolophon geboren, also im ionischen Kleinasien (südlich von Smyrna, heute türkisch İzmir), hatte jedoch die strenge Malerschule in Sikyon auf der Peloponnes durchgemacht und lebte und starb später vielleicht auf der Insel Kos.

Alexanderporträts

Apelles gehörte zu den drei Künstlern, die eine Art Monopol auf die Darstellung Alexanders des Großen hatten. In der literarischen Überlieferung werden mindestens 18 Porträts von ihm erwähnt, darunter fünf Alexanderbildnisse, von denen zwei, die nach Rom überführt waren, von Augustus dort an seinem Forum angebracht wurden. Dadurch sind die Maße mit 2,65 × 2,35 m bekannt; die Stelle, welche die Gemälde einnahmen, ist noch sichtbar.
Das Charakteristische dieser Bilder muß neben der Meisterschaft im Erreichen der Bildnistreue im großartigen Ausdruck des 'Reichsgedankens' beruht haben, und gerade deswegen wurden sie später an die repräsentativste Stelle des Imperium Romanum versetzt. Alexander war jeweils gleichsam mit den Insignien seiner Macht ausgestattet: beritten, mit dem Blitz, mit den Dioskuren, im Wagen – als das, was die Römer 'Triumphator' nannten.

Apelles (Fortsetzung) Selbstporträt

Apelles ist aber auch der erste Künstler, von dessen Selbstporträt wir wissen; es wird mit der gleichen Genauigkeit, aber auch mit derselben seelischen Deutung der Züge des Dargestellten gegeben sein, von denen wir bei anderen seiner Bilder hören. Und es ist ein erstes Selbstporträt nur in dem Sinne, das der Künstler ohne jede Verkleidung zum Thema wird; eine Projektion des eigenen Ich in Gestalten der Sage etwa hatte es wohl schon viel früher gegeben.

Mythologische Bildthemen

Für die übrigen Bildthemen des Apelles fällt auf, daß kaum Handlungen dargestellt werden; Sagenszenen fehlen. Götter und Heroen treten als Einzelfiguren oder umgeben von anderen mythologischen Gestalten auf. Das berühmteste Bild war das der aus dem Meer auftauchenden Aphrodite, das sich später in Rom befand. Wie wohl alle seine Schöpfungen war es ein Tafelbild, kein Wandgemälde, und nur in den Farben Schwarz, Weiß, Gelb und Rot gemalt. Wenn auch die Andeutungen über Stil und Anlage seiner Gemälde nicht genügen, um die Behauptung zu wagen, Apelles habe die Entwicklung der malerischen Tendenzen der Spätklassik gleichsam gekrönt, er habe in Räumlichkeit und Luftperspektive den Hellenismus vorbereitet – soviel geht jedenfalls aus der Überlieferung hervor, daß seine Bedeutung an einem Wendepunkt der Kunstgeschichte mindestens ebenso groß war wie die des Lysipp.

Lysipp

Der Bildhauer Lysipp (um 395 – 300 v.Chr.) stammte aus Sikyon und arbeitete, noch ausschließlicher als Polyklet, in Bronze. Dennoch stand seine Kunst nicht nur in der peloponnesischen Tradition der großen Meister aus Argos. Zwar hat er den polykletischen Speerträger als sein Vorbild bezeichnet. Aber er soll auch gesagt haben, daß er niemandes Schüler sei; man müsse sich an die Natur halten, nicht an den Vorgänger. Es soll 1500 Statuen von seiner Hand gegeben haben. Neben dem Hofmaler Apelles stand er als der bevorzugte Bildhauer Alexanders.

Bildwerke

Aber auch die Bildwerke des Lysipp sind im erhaltenen Bestand der Kopien schlecht vertreten. Seine Statuen waren nicht 'klassisch' genug und deswegen in der Blütezeit des Kopierens keineswegs 'Bestseller'. Innerhalb der großen Anzahl von Skulpturen, die als Kopien und Varianten die Züge Alexanders wiederholen, spielen die offiziellen lysippischen Porträts (Louvre Paris, Museum İstanbul) nicht die Hauptrolle. Von den vier literarisch überlieferten Zeus-Statuen des Lysipp läßt sich keine Vorstellung gewinnen; seine übrigen Götter- und Heroendarstellungen sind vielleicht durch einige Herakles-Statuen vertreten, von denen das Spätwerk, dessen bekannteste Kopie (Nationalmuseum Athen) zum Antikenbesitz Farnese gehört, in einer anderen Kopie (Palazzo Pitti Florenz) inschriftlich als Werk des Lysipp bezeichnet ist.
Wie bei Polyklet besitzen wir auch von Lysipp im Original erhaltene Basen für Siegerstatuen. Die eine Basis (Pulydamas, Museum Olympia) zeigt sogar noch Reste von Reliefdarstellungen.

Apoxyomenos

Wir wissen aber nicht einmal, ob seine berühmteste Statue, ein Athlet, der sich mit einem Schabgerät nach dem Wettkampf reinigt ('Apoxyomenos'; nur in einer einzigen Kopie erhalten! Vatikanische Museen Rom), möglicherweise auf eine dieser Basen zu beziehen ist. Doch zeigt diese Statue Stil und Leistung Lysipps aufs deutlichste. Anstelle des Kanons der untersetzten Gestalten Polyklets sind schlankere Proportionen getreten, der Kopf ist im Verhältnis kleiner geworden, Stand- und Spielbein sind, so scheint es, stärker unterschieden als bei irgendeiner polykletischen Statue. Nur ist dieser Unterschied für den Aufbau der Figur gar nicht mehr bestimmend; denn ihr Stand ist

Lysipp, Apoxyomenos (Fortsetzung)

fast labil geworden: Das Gewicht scheint sich jederzeit auf das Spielbein verlagern zu können. Eine Stellung ist erzielt, die man treffend als 'Pendelstellung' bezeichnet hat. Das transitorische Moment spricht sich dabei nicht nur in der latenten Möglichkeit der Standänderung, sondern auch in den gleitenden Konturen und vor allem in der leichten Drehung des Körpers um die eigene Achse aus. Der Betrachter wird gleichsam aufgefordert, ohne Unterbrechung der Betrachtung um die Statue herumzugehen. Sie wirkt nicht als einansichtig, sondern als im Prinzip allansichtig. Schon hierdurch ergibt sich eine neue Art von Räumlichkeit. Damit aber nicht genug:
Es ist auch Raum in die Statue selbst gewissermaßen einbezogen. Im weiten Stand, in der ausgreifenden Bewegung der Arme sind Raumteile so eng mit der Statue verbunden, daß die plastische Oberfläche kaum mehr als äußere Begrenzung der künstlerischen Komposition dient. Vielmehr steht die Statue innerhalb eines atmosphärischen Raumes, der von ihrer Form noch mit durchwirkt wird.

Wegbereiter

Ist Lysipp mit diesen Neuerungen an die Grenze des plastischen Gestaltens überhaupt gelangt, bedeuten sie ein notwendiges Ende? "Der Name Alexander bezeichnet das Ende einer Weltepoche, den Anfang einer neuen" (J.G. Droysen). Das gilt sinngemäß auch für die Kunst. Lysipp ist nicht nur Vollender, sondern auch Wegbereiter des neuen, letzten Abschnitts der altgriechischen Kunstgeschichte, der Kunst des Hellenismus.

Fortsetzung der Kunstgeschichte siehe Seite 117.

Sieben Weltwunder des Altertums

Zeus-Figur
in Olympia

Koloß von Rhodos

Mausoleum
in Halikarnaß

Artemis-Tempel
in Ephesos

Pyramiden
bei Giseh

Pharos
vor Alexandria

Hängende Gärten
in Babylon

Von den Sieben Weltwundern des klassischen Altertums, wie sie im dritten vorchristlichen Jahrhundert zusammengestellt wurden, befanden sich allein vier im antiken Griechenland, nämlich das von Phidias geschaffene Kultbild des Zeus in Olympia auf der Peloponnes und der Koloß von Rhodos, eine gigantische Statue über der Hafeneinfahrt der Stadt Rhodos auf der gleichnamigen Insel, sowie – heute allerdings auf türkischem Boden – das Mausoleum (Grabbau für den König Mausolos) in Halikarnassos (Bodrum) und der mächtige Tempel der Artemis in Ephesos (Selçuk). Von diesen vier Monumenten sind allerdings vor Ort nur noch spärliche oder gar keine Reste mehr auszumachen.
Als die drei übrigen Weltwunder galten in Ägypten die Pyramiden von Giseh bei Kairo und der Leuchtturm auf der Insel Pharos vor der Mittelmeerhafenstadt Alexandria sowie die Hängenden Gärten der Semiramis in Babylon (heute im Irak).

Hellenistische Zeit
(323 – 27 v.Chr.)

Kulturraum

Die Kunst des Hellenismus währt vom Tod Alexanders des Großen (323 v.Chr.) bis zur Errichtung der römischen Provinz Achaia (27 v.Chr.), durch die das Eigenleben Griechenlands als eines politischen und kulturellen Organismus beendet ist. In diesen drei Jahrhunderten treten neben die künstlerischen Zentren auf der Peloponnes, neben Athen und von Athen abhängige Gebiete, neben die griechischen Städte auf dem Boden des alten Koloniallandes der kleinasiatischen Küste die aufblühenden Residenzen der selbständig gewordenen Teile des Alexanderreiches, als wichtigste Alexandrien und Pergamon.

Plastik

Es könnte scheinen, als seien in der Plastik zunächst die Errungenschaften Lysipps wirkungslos geblieben. Zahlreich sind Kunstwerke des ausgehenden vierten Jahrhunderts, die noch die spätklassische Tradition fortsetzen.

Ariadne

Ein Meisterwerk dieser Epoche ist wenigstens als Fragment erhalten: ein Frauenkopf, der am südlichen Abhang der Akropolis von Athen gefunden wurde (Nationalmuseum Athen). Der leidenschaftliche Mund, die brennende Sehnsucht des Blickes haben auf die Benennung als Ariadne geführt. Es ist nicht nur der seltene Fall der Erhaltung eines hervorragenden Beispiels originaler Freiplastik, was diesen Kopf so bemerkenswert macht; die Feinheit, das Feuer der originalen Arbeit läßt sich zudem kontrastieren gegen die sentimentale Verniedlichung einer ebenfalls erhaltenen Kopie (Pergamonmuseum Ostberlin). Dadurch erweist sich, daß die Ariadne auch in der Antike eine berühmte Skulptur, ein 'opus nobile' war.

Niobe

Der Meister der Ariadne ist jenem Bildhauer sehr verwandt, der die große, wohl ursprünglich im Freien aufgestellte Gruppe der Niobe und ihrer Kinder (Kopien in den Uffizien Florenz) gearbeitet hat, bei dem die Kunstkenner der Kaiserzeit schwankten, ob er Praxiteles oder Skopas sei. In Wirklichkeit ist damit die künstlerische Art bezeichnet, deren Weiterentwicklung die Ariadne wie die Niobiden zugehören; aber Praxiteles und Skopas selbst waren damals gewiß schon verstorben.

Themis des Chairestratos und Demosthenes des Polyeuktos

Es ist von vornherein wahrscheinlich, daß neben der Aufnahme der neuen, lysippischen Impulse die ältere Tradition in selbständigen Kunstwerken ausklingt. Es ist aber merkwürdig, daß auch die rein hellenistischen Schöpfungen nach Lysipp sich noch gegen seine Auffassung der Statue und gegen seine Raumform zu sperren scheinen. In der ersten Hälfte des dritten Jahrhunderts sind statuarisch aufgerichtete Gestalten, die auf klare Ansicht hin, keineswegs allansichtig komponiert sind, nicht selten: Als Götterstatue belegt das die Originalfigur der Themis des Chairestratos (Nationalmuseum Athen), die in einem Tempel in Rhamnus stand, als Porträtstatue der Demosthenes des Polyeuktos (Vatikanische Museen Rom). Aber die Haltung dieser Figuren ist nur scheinbar klassizistisch. Ihre Oberfläche knistert geradezu von lysippischer Beweglichkeit, die nur mühsam zurückgestaut ist. Auch die seelische Spannung des Demosthenes ist kontrastreicher, komplizierter als bei irgendeinem Porträt der klassischen Zeit.

Neues Raumempfinden

So nimmt es nicht wunder, daß gegen Ende des Jahrhunderts das Raumgefühl des Hellenismus, das in den genannten Statuen gleichsam komprimiert vorhanden ist, zu freiem Ausdruck kommt. Mit

Hellenistische Zeit, Plastik (Fortsetzung)

Attalos-Denkmal

Naturgewalt regt es sich schon im schlafenden, kurz vor dem Erwachen träumenden "Barberinischen Faun" (Glyptothek München); ganz entfaltet lebt es in zwei ebenfalls überlebensgroßen Kompositionen: Zum einen handelt es sich um das große Denkmal, welches Attalos I. von Pergamon zur Feier seines Sieges über die Galater (230 v.Chr.) errichten ließ und von dem der Sockel mit Inschrift sowie Kopien der Hauptfiguren erhalten sind ("Sterbender Gallier" im Kapitolinischen Museum Rom).

Nike von Samothrake

Zum anderen zeigt sich diese neue Tendenz in der originalen Nike von Samothrake (Louvre Paris): Die Siegesgöttin Nike ist schon in den Beginn des zweiten Jahrhunderts zu datieren und verherrlicht wohl einen Sieg der Rhodier über Antiochos III. von Syrien (190 v.Chr.). Gegenüber dem großartig erregten, rauschenden Stil dieser Figur erscheinen auch die bewegtesten Darstellungen der klassischen Zeit von wundersamer Stille umgeben. Dennoch ist die vehemente Bewegung, mit der die geflügelte Göttin dem Winde entgegeneilt, nicht exaltiert, und die Leidenschaft, mit der jede einzelne Gewandfalte, jede Feder der Schwingen gestaltet ist, wirkt im Detail und im Ganzen echt, zeigt an keiner Stelle leeres Pathos.

Pergamon

Das läßt sich vielleicht nicht mit demselben Recht für jede Einzelheit der Reliefs vom monumentalen Zeus-Altar aus Pergamon (Pergamonmuseum Ostberlin) behaupten. Trotzdem hat der Fries, der unter Eumenes II. (197–159 v.Chr.) gearbeitet ist und den Götterkampf gegen die Giganten darstellte, hinsichtlich des Reichtums der Komposition und der Kraft der Ausführung keinen Vergleich zu scheuen. Der kleinere Fries, der die mythologische Genealogie des pergamenischen Herrscherhauses zum Thema hat und unter Attalos II. (159–138 v.Chr.) ausgeführt ist, lenkt in eine ruhigere Richtung ein.
Es ist bezeichnend, daß in Pergamon zum ersten Mal bewußt kopiert wird. Die Residenz soll mit der Burg von Athen durch ein kulturelles Band verbunden werden. Wiederholungen attischer Götterstatuen werden in Pergamon aufgestellt. Sie unterscheiden sich von späteren Kopien durch Enthusiasmus der Aneignung, der allerdings die Treue der Wiedergabe beeinträchtigt.

Ausklang

Venus von Milo

Doch ist auch das ein Anzeichen dafür, daß die Schöpferkraft allmählich abnimmt. Nach Gestaltungen wie der weltberühmten Aphrodite von Melos ('Venus von Milo', Louvre Paris) oder dem Poseidon gleichen Fundorts (Nationalmuseum Athen), die etwa in die Mitte des zweiten vorchristlichen Jahrhunderts datiert werden können, haben alle Kunstformen etwas Gewolltes, auf Vorbilder Bezogenes, Akademisches – Züge, die eigentlich gerade das Gegenteil der aus freier innerer Entfaltung geborenen griechischen Kunst sind.

Laokoongruppe

Daß aber selbst unter so negativen Vorzeichen bedeutende Künstler noch großer Leistung fähig sind, beweisen Fragmente von der Göttergruppe des Damophon von Messene aus der Zeit nach 150 v.Chr. (Nationalmuseum Athen und Museum Lykosura) und die bekannte Laokoongruppe der Hegesander, Polydor und Athanodor (Vatikanische Museen Rom), welche die späthellenistische Kunst kurz vor ihrem Ende bezeichnet.

Architektur

In der Architektur herrscht während der hellenistischen Zeit die ionische Bauordnung vor. Außer Tempeln, von denen die großen Kultbauten Ostgriechenlands alle in spätklassischer und hellenistischer Zeit erneuert wurden, verlangen die veränderten politischen und sozialen Formen Anlagen anderer Bestimmung: Rathäuser, Wandelhallen, repräsentative oder luxuriöse Wohnhäuser.

Stoá

Besonders die Halle (Stoá), auf der einen Längsseite mit einer oder mehreren Säulenreihen geöffnet, ist für die hellenistische Architektur

Hellenistisches Mosaik in Pella

Hellenistische Zeit, Architektur, Stoá (Fortsetzung)

kennzeichnend. Heilige Bezirke und die Zentren öffentlichen Lebens, die Märkte, wurden damit ausgeschmückt. Hervorragende Beispiele für solche Anlagen bieten die kleinasiatischen Städte und seit den Ausgrabungen der letzten Jahrzehnte der Markt (Agorá) des antiken Athen. Hier ist die Säulenhalle, die von Attalos II. von Pergamon dorthin gestiftet wurde, modern wiederaufgebaut und dient für die auf der Agorá gemachten Funde als Museum.

Malerei

Die Malerei zehrt von der vorausliegenden Zeit. Doch wird die perspektivische Raumgestaltung konsequent durchgeführt, und die Gestalten erscheinen in lysippischen Proportionen. An instruktiven Originalbildern sind uns noch erhalten: zahlreiche bemalte Grabstelen aus Pagasai (Museum Volos) und monumentale Kuppelfresken im bulgarischen Kazanlik.
Die Vasenmalerei hat völlig aufgehört.

Mosaiken

Großen Aufschwung nahm in hellenistischer Zeit die Mosaikkunst. Im fünften und frühen vierten Jahrhundert (Athen, Olynth) hatte sie mit Kieselmosaiken begonnen, die seit der Alexanderzeit in Pella zu voller Blüte gebracht wurden. Vom dritten Jahrhundert an verwendete man farbige Tesserae, u.a. in den Wohnhäusern von Delos.

Römische Zeit
(2./1. Jh. v.Chr. – 4. Jh. n.Chr.)

Als der römische Feldherr Aemilius Paullus 168 v.Chr. den König Perseus von Makedonien besiegte, weihte er ein Siegesmal in das Heiligtum von Delphi. Sein Fries, der die Entscheidungsschlacht bei Pydna darstellt, wirkt rein hellenistisch.

Römische Zeit (Fortsetzung)
Porträtdarstellung

Gegen 100 v.Chr. jedoch ist bei Porträtstatuen auf Delos eine spezifische Darstellungsart für italische Auftraggeber entwickelt (Nationalmuseum Athen). Für den Körper sind ältere Vorbilder, Götter- oder Heroenstatuen, kaum verändert übernommen. Während jedoch für den Griechen, auch im Porträt, nur die ganzmenschliche Erscheinung als einheitliche Gesamtheit empfunden, entworfen und dargestellt werden kann, wird im römischen Bildnis der Kopf autark. Erst jetzt sind nicht nur Bildnisstatuen, sondern auch Porträtbüsten, Porträthermen als Abbild eines Menschen möglich. Doch besteht ein weiterer großer Unterschied auch für die Züge des Gesichts selbst:
Bei jeder griechischen Darstellung überwiegt das Allgemein-Menschliche. Die römische Darstellung sucht die zufällig-individuellen Züge auf. Was an Menschlichkeit verloren geht, wird an Persönlichkeit gewonnen, und diese Persönlichkeit wird mitleidlos geschildert. Dieser Grundunterschied zum griechischen Porträt wird auch in der Folgezeit nicht aufgehoben, wenn im Verlaufe der klassizistischen Tendenzen des Augustus in den Porträts, und zumal in solchen der Angehörigen des Kaiserhauses (Museum Pythagorion), beruhigte Einfachheit auch der Detailformen angestrebt wird.
Daß dabei dennoch allen in Griechenland entstandenen Porträts römischer Zeit ein letzter Hauch griechischer Anmut verliehen ist, täuscht ebenfalls nicht darüber hinweg, daß der prinzipielle Unterschied zu den älteren Schöpfungen besteht.

Architektur

An Ausdehnung und Kühnheit der Konstruktion, bei der jetzt häufig der Bogen und der Gewölbebau verwendet wird, übertrifft die Architektur der römischen Provinzen die hellenistische.

Athen

In Athen sind jedoch zu Beginn dieses Zeitraums die Bauten noch bescheiden, so der Turm mit Reliefbildern der Winde, in den von einem Andronikos eine Wasser- und eine Sonnenuhr eingebaut waren. Zeu-

Turm der Winde an der römischen Agorá in Athen

Römische Zeit, Architektur in Athen (Fortsetzung)

gen des frühkaiserzeitlichen Klassizismus sind die Reste vom Rundtempel des Augustus und der Roma östlich des Parthenon, dessen Ornamentik z.T. sorgfältig nach der des Erechtheion kopiert ist. Die Reliefs an der Bühne des Dionysos-Theaters wiederholen klassische Göttertypen. In klassizistischem Stil ist auch das Grabmonument des Philopappos, des Enkels des letzten Herrschers von Kommagene, auf dem Hügel südwestlich der Akropolis errichtet (um 115 n.Chr.). Neben dem alten Markt (Agorá) war schon längst (um 5 n.Chr.) ein neuer angelegt, als in hadrianischer Zeit ein ganz neuer Stadtteil ausgeführt wurde:
Die Aufschrift des Tores nennt die westlich gelegene Stadt die des Theseus, das im Osten neubebaute Gebiet, das auch den Zeus-Tempel umfaßt, die des Hadrian. Das Odeion des Herodes Atticus wurde von dem Privatmann, dessen Namen es noch heute trägt, ebenfalls in der Zeit des Hadrian gestiftet.

Historisches Relief

Trotz allen Glanzes hat diese späte Schönheit etwas Schemenhaftes. Griechenland war zur Provinz geworden, und als solche erfuhr es noch die spezifisch römische Auffassung von Geschichtlichkeit. Wie auf den Triumphbögen Italiens, wie auf den Reliefsäulen des Trajan und Marcus, erscheint zuletzt das historische Relief in Makedonien:

Saloniki

Auf dem Galeriusbogen (um 300 n.Chr.) in Saloniki sind siegreiche Römerheere verewigt, Schlacht- und Marschszenen, der Feldherr inmitten der Legionäre und Fortuna, Herrscherin der Welt; kein größerer Gegensatz ist denkbar zum Fries mit der Schlacht von Pydna in Delphi. Die Gestalt in ihren bestimmten Proportionen ist nicht mehr der Maßstab der Komposition. Die Darstellungen, denen jede Plastizität fehlt, füllen dicht den Grund. Einzelheiten der Tracht und Bewaffnung, Feldzeichen, exotische Tiere und Requisiten sind gegenständlich genau ausgeführt. Aber die exakte Kennzeichnung von Schauplatz und Vorgang, von Waffengattung und Dienstrang geht in der unruhigen, formal aufgelösten Erscheinung des Reliefganzen unter. Innerhalb dieses Ganzen sind die zahlreichen gegenständlichen Einzelheiten untergeordnete Stilmittel: Das Gesamtbild wirkt fast als abstraktes Flächenornament.

Byzantinische Zeit
(4. – 15. Jh. n.Chr.)

Christliche Prägung

Als die byzantinische Kunst die Einzelgestalt wieder in ihre Rechte einsetzt – vor allem im Mosaik und in der Malerei – geschieht es unter der neuen Voraussetzung des christlichen Glaubens. Für die byzantinischen Monumente, an denen Athen und Griechenland (v.a. Kirchen und Klöster) auch reich sind, bedeutet nicht die altgriechische Kunst die Grundlage. Hier beginnt ein Abschnitt der Geschichte und auch der Kunstgeschichte, der nur in größerem Rahmen, ausgehend von Byzanz (Konstantinopel; heute türkisch İstanbul) selbst, unter Einbeziehung Ravennas und Einflüssen aus dem östlichen Mittelmeerraum sowie in Verbindung mit der römisch-christlichen Kunst, gesehen werden muß.

Flachrelief
Ikonenmalerei
Mosaikkunst

Im vierten nachchristlichen Jahrhundert setzt sich in der Reliefkunst eine strikte Frontalität durch (Unterbau des ägyptischen Obelisken im Hippodrom zu Konstantinopel), die auch in der byzantinischen Kunst, insbesondere bei den Ikonen, vielfach dominiert. Der neue Geist dieser christlichen Kunst läßt die körperhafte Rundplastik gegenüber dem Relief als einem Mittel transzendierender Darstellung zurücktreten und findet seinen Ausdruck vor allem in der Malerei einschließlich der Mosaikkunst.

Byzantinische Kirchen am Hang von Mystras

Byzantinische Zeit (Fortsetzung) Sakralkunst

Byzantinische Kunst ist Sakralkunst. Sie schafft Innenräume als Abbild des himmlischen Kosmos. Dazu gehört die Form des kreuzförmigen Kirchengrundrisses in der Kreuzkuppelkirche, die seit der mittelbyzantinischen Epoche (Makedonische Dynastie, 867–1056; Komnenische Dynastie 1081–1185) die ältere Basilika ablöst; ebenso die Ausstattung mit den Bildern des Pantokrator (= Allherrscher) Christus, seiner Mutter, der Heiligen und der Kirchenfeste, wie wir sie in den Mosaiken einiger Klosterkirchen des elften Jahrhunderts noch sehen können (z.B. Ossios Lukas und Daphni auf dem Festland oder Nea Moni auf der Insel Chios), aber auch in den Fresken der Kirchen von Mystras bei Sparta (Peloponnes) aus der spätbyzantinischen Epoche (Paläologenkaiser, 1259/1261–1453), während Saloniki einige Mosaiken und Bilder aus der frühbyzantinischen Zeit (z.B. des 7.–9. Jh.s in der Kirche Agios Dimitrios) bewahrt hat.

Nach 1453

Mit der Eroberung Konstantinopels durch die Türken im Jahre 1453 fand das Byzantinische Reich sein jähes Ende, und damit war auch das Schicksal der byzantinischen Kultur besiegelt, deren Erbe letztlich Rußland antrat. Die sog. nachbyzantinische Kunst auf der Balkanhalbinsel hatte bei weitem nicht mehr die Bedeutung der vergangenen Jahrhunderte. Dennoch wurden die Traditionen in Griechenland während der osmanischen Herrschaft fortgesetzt, so etwa in den 'schwebenden' Klöstern von Meteora (14.–16. Jh.; Thessalien), jenen auf dem Heiligen Berg Athos (heute eigenständige Mönchsrepublik auf dem östlichen 'Finger' der Chalkidike) und in den mannigfachen Kirchenbauten der nordgriechischen Stadt Kastoria.

Byzantinisches Museum in Athen

Neben den alten Sakralbauten selbst und zahlreichen kleineren Sammlungen allenthalben auf dem Festland und den Inseln vermittelt das reichhaltige Byzantinische Museum in Athen ein umfassendes

Farbintensive Ikonen im Byzantinischen Museum von Athen

Byzantinisches Museum in Athen (Fortsetzung)

Bild der byzantinischen Kunst und seiner Entwicklungsphasen im gesamten griechischen Raum, einschließlich Kleinasien (Kirchenbau, Ikonen, Reliefs, liturgisches Gerät u.v.a.)

Griechischer Kirchenbau (Typen und Raumaufteilung s.S. 124)

Als im vierten Jahrhundert unserer Zeitrechung das Christentum zur anerkannten Religion wurde, entstanden die ersten Kirchenbauten.

Altchristliche Basilika

Die vorherrschende Form war die Basilika: Das Mittelschiff wird von je einem oder zwei niedrigen Seitenschiffen begleitet. Die Kirche ist orientiert, d.h. die durch eine Apsis betonte Altarseite liegt im Osten. Der westlichen Eingangsseite ist ein Narthex vorgelagert, vor dem sich oft ein Atrium befindet.
Dieser Typus ist im ganzen Römischen Reich, von Rom bis Jerusalem, verbreitet.

Byzantinische Kreuzkuppelkirche

Im neunten Jahrhundert entwickelt sich in Griechenland ein neuer Kirchenbautypus, nicht mehr ein Richtungs-, sondern ein Zentralbau: die Kreuzkuppelkirche, die fortan beherrschend wird.
Die Zentralkuppel wird entweder von Mauerstirnen oder von Säulen getragen, gelegentlich von zwei Mauerstirnen und zwei Säulen; sie überspannt entweder das Mittelschiff oder – auf acht Stützen ruhend – Mittel- und Seitenschiffe.
Der Altarraum wird durch eine steinerne Schranke, aus der sich später die Ikonostase (Bilderwand) entwickelt, abgetrennt. Zu seinen Seiten sind zwei kleinere Räume für liturgische Zwecke angeordnet: die beiden Pastophorien Prothesis und Diakonikon. Dementsprechend hat die Kirche an der Ostseite in der Regel drei Apsiden. An der Westseite

Griechischer Kirchenbau

Altchristliche Basilika

Schematisierte Aufteilung des Kirchenraumes

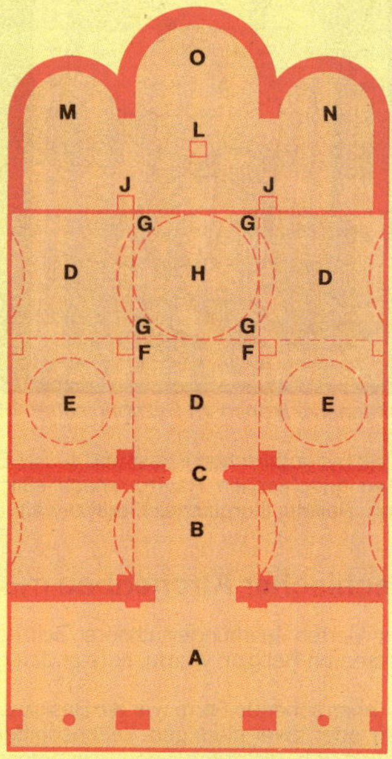

Byzantinische Kreuzkuppelkirche

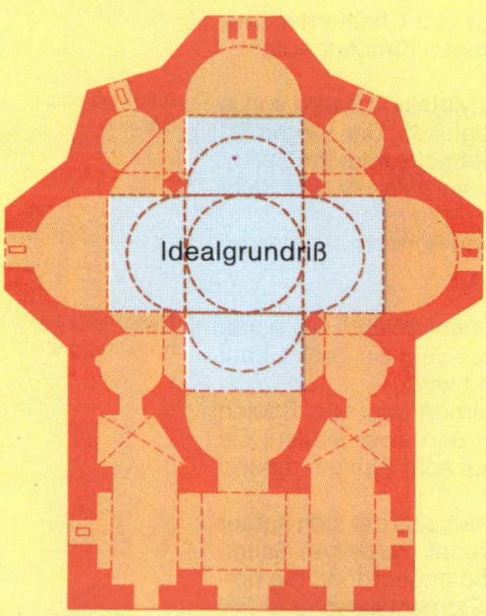

A Exonarthex (Eingangshalle)
B Narthex (Vorhalle)
C Trivelon (dreibogiger Eingang)
D Tonnenüberwölbte Kreuzarme
E Eckräume
F Säulen
G Gewölbezwickel (Pendentifs, Trompen)
H Kuppelraum
J Pfeiler
K Chorwand / Ikonostase
L Altarraum mit Bema (erhöhtes Presbyterium)
M Prothesis (Pastophorium)
N Diakonikon (Pastophorium)
O Apsis

Ländliche Kirche – Neubau nach byzantinischem Muster

Byzantinische Kreuzkuppelkirche (Fortsetzung)

wird dem Narthex oft noch eine äußere Vorhalle (Exonarthex) vorgesetzt.
Das Innere ist nach einem System, das die himmlische Hierarchie verdeutlicht, ausgemalt. Für den Außenbau verwendete man in oft kunstvoller Anordnung Bruch- und Ziegelsteine.
In nachbyzantinischer Zeit kehrt man gelegentlich zur ein- bis dreischiffigen, meist kleinen Basilika zurück.

Fachausdrücke aus Kunst, Geschichte und Mythologie

Quadratische Platte über dem Echinus, mit dem zusammen er das Säulenkapitell der dorischen Ordnung bildet (s. Graphik S. 137).	**Ábakus**
Den Priestern vorbehaltenes Allerheiligstes eines Tempels.	**Ábaton, Ádyton**
Brustpanzer der Göttin Athena mit dem Kopf der Gorgo Medusa (Gorgoneion).	**Ägis**
Kampf, Wettkampf.	**Agón**
Marktplatz, Mittelpunkt des öffentlichen Lebens einer Stadt.	**Agorá**
Bärenklaupflanze, deren zerlappte große Blätter als Schmuck des korinthischen und des byzantinischen (iustinianischen) Kapitells verwendet wurden.	**Akánthus**
Oberstadt.	**Akropolis**
Figürliche oder ornamentale Bekrönung von First und Giebelecken (s. Graphik S. 137).	**Akrotér**
Salbfläschchen ohne Fuß und Henkel (s. Graphik S. 131).	**Alábastron**
Heiliger Hain von Olympia.	**Altís**
Kampf zwischen Griechen und Amazonen.	**Amazonomachie**
Tempel mit vorgestellten Säulen an beiden Schmalseiten (s. Graphik S. 96).	**Amphipróstylos**
Zweihenkliger bauchiger Krug (s. Graphik S. 130).	**Ámphora**
Weihgeschenk.	**Anathém**
Pfeilerartige Mauerstirn der vorgezogenen Cellawand eines Tempels (s. Graphik S. 96).	**Ante**
Tempel mit Säulen zwischen den Antenmauern an der vorderen Schmalseite (s. Graphik S. 96).	**Antentempel**
Ring am dorischen Säulenschaft unterhalb des Echinus.	**Ánulus**
Startlinie auf der Laufbahn eines Stadions.	**Áphesis**
Vergöttlichung eines Menschen.	**Apotheose**
Meist halbrunder Raum am Ende einer Tempelcella oder einer Kirche (s. Graphik S. 124).	**Apsis**
Kunst des 7. und 6. Jahrhunderts v.Chr. in Griechenland.	**Archaische Kunst**
Auf den Säulen aufliegender waagerechter Steinbalken (s. Graphik S. 137).	**Architrav**
Oberster Beamter einer griechischen Polis.	**Árchon**

◀ *Detail vom Athena-Nike-Tempel auf der Athener Akropolis*

Fachausdrücke aus Kunst, Geschichte und Mythologie

Arýballos Kugelförmiges Salbfläschchen.

Astragal Knöchelchen, Würfel; dann Bezeichnung für den Perlstab der ionischen Ordnung.

Basileus König.

Basilika 1. Königshalle (Stoá basiliké; meist mehrschiffig), Stätte des Handels oder der Gerichtsbarkeit.
2. Im 4. Jahrhundert ausgebildete drei- oder fünfschiffige Grundform christlichen Kirchenbaus (s. Graphik S. 124).

Basis Sockel von Statuen sowie der ionischen und korinthischen Säule (s. Graphik S. 137).

Béma 1. Rednertribüne.
2. Altarraum einer christlichen Kirche (s. Graphik S. 124).

Bomós Quadratischer Altar.

Bosse 1. Grob behauener Stein einer Mauer.
2. Vorsprung eines Steines zum Versetzen mit Hilfe von Seilen und Winde.
3. Schutzmantel behauener Steine, der erst nach dem Versetzen abgearbeitet wird.

Bóthros Opfergrube.

Buleutérion Sitz des städtischen Rates (Bulé).

Cávea Muschelförmiger Raum der Sitzreihen eines Theaters (vgl. Koilon; s. Graphik S. 113).

Cella Innenraum eines Tempels (s. Graphik S. 96).

Chitón Gefälteltes, von einem Gürtel zusammengehaltenes Leinengewand; meist im ionischen Bereich.

Chlámys Viereckiger Überwurf.

Chorége Chorführer, d.h. Bürger, der den Chor von Tragödienaufführungen finanziert.

Chryselephantín Aus Gold und Elfenbein über einem Holzkern gearbeitet (Skulpturen).

Chthonisch Der Erde zugehörig (Gottheiten).

Démos Sippe, Gemeinde, Volk, Volksversammlung, Ortschaft.

Diakónikon Rechte (südliche) Seitenapsis einer byzantinischen Kirche (s. Graphik S. 124).

Diázoma Umgang zwischen den Rängen eines Theaters (s. Graphik S. 113).

Dímini-Kultur Kultur der ersten Hälfte des dritten vorchristlichen Jahrtausends auf dem griechischen Festland, benannt nach dem Fundort bei Volos.

Dípteros Tempel mit doppelter Säulenringhalle (s. Graphik S. 96).

Dípylon Doppeltor.

Doppelantentempel – Tempel mit Säulen zwischen den Anten der beiden Schmalseiten (s. Graphik S. 96).

Dorische Ordnung – Siehe Säulenordnungen.

Dreifuß – Kessel mit drei Beinen, häufig als Weihgeschenk oder Siegespreis.

Drómos – Gang, insbesondere zum Eingang mykenischer Kuppelgräber.

Échinus – Ursprünglich kissenartiger, später stereometrisch gestraffter Wulst; bildet mit dem darüberliegenden Abakus das dorische Kapitell (s. Graphik S. 137).

Eckkontraktion – Zusammenziehung der Ecksäulen des dorischen Tempels.

Ekphorá – Feierlicher Leichenzug.

Éntasis – Schwellung der Säule im unteren Drittel (s. Graphik S. 137).

Epiphanie – Erscheinung einer Gottheit.

Epistýl – Auf den Säulen aufliegendes Gebälk eines Tempels; oben außen ein Fries (s. Graphik S. 137).

Eschára – Brandopferaltar (sprich ‘Es-chára’).

Euthynterie – Ausgleichsschicht zwischen Fundament und Stufenbau eines Tempels.

Éxedra – Meist halbkreisförmiger Raum mit Sitzbänken.

Exonarthex – Äußere Vorhalle einer Kirche (s. Graphik S. 124).

Fries – Schmuckzone über dem Architrav eines Tempels; in der dorischen Ordnung aus Metopen und Triglyphen bestehend, in der ionischen Ordnung glatt oder skulptiert durchlaufend (s. Graphik S. 137).

Gefäßformen – Siehe graphische Darstellung auf den Seiten 130 und 131.

Geison – Gesims eines Tempeldaches. Das Traufgeison ist der untere Dachrand der Langseiten. Im Giebelfeld stehen die Giebelfiguren auf dem Horizontalgeison unter dem der Dachneigung folgenden Schräggeison (s. Graphik S. 137).

Geometrischer Stil – Nach den geometrischen Ornamenten benannter Stil zwischen 1050 und 700 v.Chr.:
protogeometrisch 1050–925 v.Chr.
frühgeometrisch 925–850 v.Chr.
strenggeometrisch 850–775 v.Chr.
reifgeometrisch 775–750 v.Chr.
spätgeometrisch 750–700 v.Chr.

Gigantomachie – Kampf zwischen Göttern und Giganten.

Gorgoneion – Bild des Gorgokopfes, unheilabwehrend; gehört zur Ägis der Athena.

Gymnasion – Anlage für sportliche Übungen sowie der Erziehung überhaupt (von griechisch ‘gymnós’ = nackt). Ein rechteckiger oder quadratischer Hof wird von Säulenhallen umgeben, an die sich Räume verschiedener Größe und Zweckbestimmung anschließen.

Halle	Langgestreckter Bau, in der Regel mit geschlossener hinterer Rückseite und offener vorderer Säulenstellung, oft zweischiffig, seit dem dritten vorchristlichen Jahrhundert v.Chr. auch zweistöckig.
Hekatómpedon	100 Fuß langer Tempel.
Helladische Kultur	Kultur der Zeit von 2600 bis 1150 v.Chr. auf dem griechischen Festland: frühhelladisch (FH) ab 2600 v.Chr. mittelhelladisch (MH) ab 2000 v.Chr. späthelladisch (SH) = mykenisch ab 1580 v.Chr.
Hellenismus	Epoche von Alexander d.Gr. bis zu Augustus (330–30 v.Chr.).
Herme	Vierkantiger Pfeiler mit Kopf des Hermes oder eines anderen Gottes; daraus entwickelt sich das Hermenporträt.
Heraion	Heiligtum der Hera.
Hierón	Heiligtum.
Hierophónt	Altgriechischer Mysterienpriester, z.B. in Eleusis oder auf Samothrake.
Hippodamisches Prinzip	Prinzip einer Stadtanlage mit geraden, sich rechtwinklig schneidenden Straßen; benannt nach Hippodamos von Milet (⟶ Berühmte Persönlichkeiten).
Hippodrom	Elliptische Bahn für Rennen von Pferdegespannen.
Hoplít	Schwerbewaffneter Fußsoldat.
Hydria	Wassergefäß (s. Graphik S. 131).
Hypokausten	Unter dem Fußboden liegende Heizungsanlage für Bäder oder Wohnräume.
Ikonostásis, Ikonostase	Bilderwand in der byzantinischen Kirche, die den Gemeinderaum vom Altarraum trennt (s. Graphik S. 124).
Iliupérsis	Untergang von Troja.
Inkrustation	Marmorverkleidung einer Wand.
In situ	In Fundlage; vor Ort.

efäßformen

Lichte Weite zwischen zwei Säulen.	**Interkolumnium**
Siehe Säulenordnungen.	**Ionische Ordnung**
Horizontal geschichtetes Mauerwerk.	**Isodom**
Abstand zwischen zwei Säulenachsen.	**Joch**
Senkrechte Eintiefung am Säulenschaft (s. Graphik S. 137).	**Kannelierung, Kannelur**
Trinkbecher mit einem oder zwei Henkeln und Fuß (s. obenstehende Graphik).	**Kántharos**
Kopf einer Säule oder eines Pfeilers (s. Graphik S. 137).	**Kapitell**
Weibliche Gestalt als Gebälkträgerin anstelle einer Säule.	**Karyatíde**
Bischofsthron.	**Káthedra**
Hauptkirche eines griechischen Klosters.	**Katholikón**
Leeres Grab, Ehrengrab.	**Kenotaph**
Kampf zwischen Lapithen und Kentauren.	**Kentauromachie**
Töpferviertel von Athen.	**Kerameikós**
Stab des Gottes Hermes; Heroldsstab.	**Kerykeion**
Saiteninstrument, Attribut des Apollon.	**Kíthara**
Kunstepoche in Griechenland von 480 bis 330 v.Chr.: Frühklassik 480–460 v.Chr. Hochklassik 460–430 v.Chr. Spätklassik 430–400 v.Chr. Nachklassik 4. Jahrhundert v.Chr.	**Klassik**
Brunnenkammer, Wasserschloß.	**Klépsydra**
Attische Militärkolonie.	**Kleruchie**
Ruhebett.	**Klíne**
Muschelförmiger Raum der Sitzreihen eines Theaters (vgl. Cavea; s. Graphik S. 113).	**Kóilon**

Fachausdrücke aus Kunst, Geschichte und Mythologie

Kompositkapitell	Siehe Säulenordnungen.
Konche	Muschelförmiger Gebäudeteil.
Kore	Mädchen, Mädchenstatue; auch Bezeichnung für Persephone.
Korinthische Ordnung	Siehe Säulenordnungen.
Kratér	Zweihenkliger Krug zum Mischen von Wasser und Wein (s. Graphik S. 130).
Krepís, Krepídoma	Dreistufiger Unterbau eines Tempels ('Schuh'; s. Graphik S. 137).
Kreuzkuppelkirche	Byzantinischer Kirchenbautypus mit einer Zentralkuppel über dem Schnittpunkt von vier gleichlangen Kreuzarmen (s. Graphik S. 124).
Kúros	Statue eines unbekleideten Jünglings.
Kurvatur	Leichtes Ansteigen der oberen Stufe eines Tempels nach der Mitte hin.
Kykladenkultur	Kultur auf den Kykladeninseln, die ihre Blütezeit im dritten vorchristlichen Jahrtausend hatte.
Kyklopisches Mauerwerk	Mauer aus mächtigen unregelmäßigen Steinblöcken; in der Antike den Kyklopen zugeschrieben.
Kýlix	Flache Trinkschale (s. Graphik S. 130).
Laphiten	Sagenhaftes Volk in Thessalien.
Lékythos	Ölflasche mit engem Hals und einem Henkel (s. Graphik S. 130).
Lésche	Versammlungsgebäude, Klubhaus (sprich 'Lés-che').
Lutrophóros	Großes Gefäß mit zwei Henkeln, in dem das Wasser für das Brautbad geholt wurde; oft auf Gräbern unverheirateter Verstorbener (s. Graphik S. 131).
Mäander	Bandornament, benannt nach dem kleinasiatischen Fluß Maiandros (heute türkisch Menderes).
Magula	Prähistorischer Siedlungshügel in Thessalien.
Mégaron	Hauptraum mykenischer Paläste; wird auch als Grundform des griechischen Tempels angesehen.
Metópe	Rechteckige Platte zwischen den Triglyphen am Fries eines dorischen Tempels; glatt oder mit Relief versehen (s. Graphik S. 137).
Metróon, Metróion	Heiligtum der Göttermutter.
Minoische Kultur	Kultur auf der Insel Kreta von 2600 bis 1100 v.Chr.
Monópteros	Rundtempel ohne Naos (Cella; s. Graphik S. 96).
Mykenische Kultur	Nach dem Fundort Mykene benannte Kultur von 1580 bis 1150 v.Chr. auf dem griechischen Festland (= späthelladisch).
Naískos	Tempelchen, Kapelle.

Tempel, Tempelinneres (Cella; s. Graphik S. 96).	**Naós**
Vorhalle einer byzantinischen Kirche (s. Graphik S. 124).	**Nárthex**
Totenorakel.	**Nekromanteion**
Totenstadt, Begräbnisplatz, Friedhof.	**Nekropole**
Totenorakel.	**Nekyomanteion**
Den Nymphen geweihter Bezirk; reich ausgestattete Brunnenanlage.	**Nymphaeum**
Gebäude für musikalische Aufführungen und deklamatorische Vorträge; in der Regel überdacht.	**Odéon, Odeion**
Weinkanne (s. Graphik S. 131).	**Oinochóe**
Achteckiger Bau.	**Óktogon**
Krake, Tintenfisch; häufig verwendetes Ornament der minoischen Keramik.	**Oktopus**
Heiliger Bezirk des Olympischen Zeus.	**Olympieion**
Dem Pronaos entsprechender Raum hinter dem Naos (Cella) eines Tempels (s. Graphik S. 96).	**Opisthódomos**
Tanzplatz des Chores; runde oder halbrunde Fläche zwischen Bühne und Zuschauerraum im Theater (s. Graphik S. 113).	**Orchéstra**
Aufrecht stehende Steinplatte im unteren Teil einer Tempelwand.	**Orthostat**
Scherbengericht.	**Ostrakismós**
Gebäude für sportliche Übungen (Ringkampf u.a.).	**Palästra**
Altertümliches Holzbild der Pallas Athene; allgemein das Schutzbild einer Stadt.	**Palládion**
'Allheilige' Mutter Gottes.	**Panagía**
'Allherrscher' Christus.	**Pantokrátor**
Seitlicher Zugang zur Orchestra eines Theaters (s. Graphik S. 113).	**Párodos**
Die beiden Seitenapsiden – Diakonikon und Prothesis – einer byzantinischen Kirche (s. Graphik S. 124).	**Pastophorien**
Sohn der Gorgo, ein geflügeltes Pferd, das vom korinthischen Heros Bellerophontes geritten wurde; später Dichterroß.	**Pégasos**
Heiligtum des Pelops.	**Pelópion**
Auf der Spitze stehendes sphärisches Dreieck, das den architektonischen Übergang vom quadratischen Raum zur Kuppel bildet (s. Graphik S. 124).	**Pendentif**
Wollenes Frauengewand.	**Péplos**
Umfassungsmauer eines Heiligtums.	**Períbolos**

Fachausdrücke aus Kunst, Geschichte und Mythologie

Perípteros	Tempel mit rings umlaufenden Säulenreihen (s. Graphik S. 96).
Perístasis	Ringhalle eines Tempels.
Peristýl	Säulenumgang, Säulenhalle, Säulenhof (s. Graphik S. 96).
Pétasos	Hut mit breiter Krempe.
Pínax	Bemalte Tafel aus Holz, Ton oder Stein.
Píthos	Großes tönernes Vorratsgefäß (s. Graphik S. 130).
Polemárch	Griechischer Heerführer.
Polychromie	Vielfarbigkeit antiker Skulpturen und Tempel.
Polygonal	Mauerwerk aus vieleckig geschnittenen Steinen.
Polýthyron	Raumtypus der minoischen Kultur mit vielen Türen an zwei Seiten.
Póros	Poröser Kalksandstein.
Portikus	Säulenhalle.
Prohedrie	Ehrensitze in Stadion oder Theater (s. Graphik S. 113).
Prónaos	Vorhalle eines Tempels (s. Graphik S. 96).
Propyläen	Monumental ausgestaltetes Propylon.
Própylon	Torhalle.
Proskénion	Vorbühne im Theater (s. Graphik S. 113).
Próstylos	Tempel mit Säulenvorhalle (s. Graphik S. 96).
Próthesis	Linke (nördliche) Seitenapsis einer byzantinischen Kirche (s. Graphik S. 124).
Protóme	Menschlicher oder tierischer Ober- bzw. Vorderkörper als Schmuck an Bauten oder Gefäßen.
Prytanéion	Amtssitz der Prytanen (städtische Aufsichtsbeamte).
Pýrgos	Turm, Bastion.
Pýxis	Zylindrisches Gefäß.
Rhýton	Trinkgefäß, oft in Gestalt eines Tierkopfes (s. Graphik S. 131).
Säulenordnungen (ausführliche Darstellung s.S.136/137)	1. Dorische Ordnung: Säule ohne Basis; Schaft mit (meist 20) scharfkantig aneinanderstoßenden Kanneluren; Kapitell aus Echinus und Abakus; Gebälk mit Metopenfries. 2. Ionische Ordnung: Die Säule steht auf kleinasiatisch-ionischer oder attisch-ionischer Basis und hat 20 durch Stege voneinander getrennte Kanneluren. Bezeichnend für das ionische Kapitell sind zwei schneckenartige Voluten. 3. Korinthische Ordnung: Basis und Säulenform gleich der ionischen Ordnung. Das Kapitell besteht aus einem Kelch (Kálathos), der von zwei Reihen Akanthusblättern umgeben ist.

Das Kompositkapitell entstand in römischer Zeit aus der Verbindung ionischer und korinthischer Elemente.	Säulenordnungen (Fortsetzung)
Kultur der Zeit von 3500 bis 2900 v.Chr. auf dem griechischen Festland; benannt nach dem Fundort nahe Volos.	**Sésklo-Kultur**
Traufgesims am Tempel, mit Löwenköpfen als Wasserspeiern (s. Graphik S. 137).	**Síma**
Mehrstöckiges Bühnengebäude im Theater (s. Graphik S. 113).	**Skené**
Trinknapf mit zwei waagerechten Henkeln.	**Skýphos**
Halbrunder Abschluß eines Stadions (eigentlich = 'Schleuder')	**Sphendóne**
Geschwungener Fuß einer Cellamauer.	**Spíra**
Wiederverwendete Bruchstücke älterer Bauten.	**Spolien**
1. Längenmaß: 600 Fuß = ca. 185 m. 2. Laufbahn gleicher Länge. 3. Laufbahn und Wälle bzw. Sitzreihen für die Zuschauer.	**Stadion**
Freistehender Pfeiler, meist mit Inschrift, oft mit Relief.	**Stéle**
Säulenhalle.	**Stoá**
Gerät zum Abschaben von Staub und Öl nach sportlichen Übungen.	**Strígilis**
Oberste Stufe des Unterbaues einer Säule (s. Graphik S. 137).	**Stylobát**
Heiliger Bezirk.	**Témenos**
Siehe graphische Darstellung auf Seite 96.	**Tempelformen**
Zielschwelle im Stadion.	**Térma**
Schatz, Schatzhaus.	**Thesaurós**
Rundbau (s. Graphik S. 96).	**Thólos**
Altar auf der Orchestra eines Theaters.	**Thyméle**
Von Efeu und Weinlaub umrankter Stab; Attribut des Dionysos.	**Thýrsos**
Kunst der Metallbearbeitung.	**Toreutik**
Steinplatte mit zwei Einschnitten; trennt die Metopen der dorischen Ordnung (s. Graphik S. 137).	**Triglyphe**
Trophäe, Sieges- oder Votivdenkmal.	**Trópaion**
Platte an der Unterseite des Geisons am dorischen Tempel (s. Graphik S. 137).	**Tropfenplatte**
Rückwand des Tempelgiebels (s. Graphik S. 137).	**Týmpanon**
Spiralelement des ionischen Kapitells (s. Graphik S. 137).	**Volute**
Altertümliches Götterbild aus Holz.	**Xóanon**

Klassische Säulenordnungen

Dorische Ordnung

Strenge Säulen ohne Basis

In der dorischen Ordnung steht der sich nach oben verjüngende, mit 16 bis 20 Kanneluren versehene Säulenschaft unmittelbar, ohne besondere Basis auf dem Stylobat über dem dreistufigen Unterbau. Charakteristisch ist die Entasis (Schwellung) der Säulen, die ebenso wie die oft angewendete Kurvatur des Stufenunterbaus dem Bau die kalte Strenge nimmt.

Kapitelle aus Echinus und Abakus

Das dorische Kapitell besteht aus dem rings um das Schaftende sich vorwölbenden Echinus und der quadratischen Abakusplatte. Es trägt den Architravbalken, auf dem der aus eingekerbten Triglyphen und glatten oder skulptierten Metopen bestehende Fries liegt. Zwischen und unter den Triglyphen finden sich tropfenförmige Guttae. Das Giebeldreieck (Tympanon) wird durch waagerechtes Kranzgesims und Schräggeison gerahmt und nimmt meist die Komposition der Giebelfiguren auf. Metopen und Giebelfiguren sind die Elemente, welche den Bildschmuck tragen, gelegentlich auch die Pronaosfront.

Farbigkeit

Wo nicht Marmor, sondern Kalkstein verwendet wurde, hat man ihn mit einer glättenden Stuckschicht überzogen. Doch bot sich der Bau dem Auge nicht in der Naturfarbe des Steins, vielmehr war er farbig, wobei Blau und Rot neben Weiß dominierten.

Ionische Ordnung

Weichere Formen

Die ionische Ordnung bevorzugt schlankere, weichere Formen als die dorische, die immer als die 'männliche' gegolten hat. Die Kanneluren der Säulen sind durch schmale Stege getrennt. Die Säule steht auf einer Basis, wobei man die kleinasiatisch-ionische (mehrere Einkerbungen übereinander) und die attisch-ionische (Wechsel von konvexem Torus und konkavem Trochilus) unterscheidet.

Kapitelle mit Voluten

Das charakteristische Element der ionischen Kapitelle sind die an beiden Enden schneckenförmig eingerollten Voluten. Der Architrav ist nicht glatt, sondern kragt dreigeteilt vor. Der Fries ist nicht durch Triglyphen in einzelne Abschnitte geteilt, sondern durchlaufend.

Riesentempel

Der ionische Tempel, im Siedlungsraum der ionischen Griechen zu Hause, eignete sich zur Entwicklung großer Maßstäbe, wie wir sie von den Riesentempeln auf Samos und in den kleinasiatischen Orten Ephesos, Sardes und Didyma (heute in der Türkei) kennen.

Korinthische Ordnung

Die korinthische Ordnung stimmt bis auf das Kapitell mit der ionischen überein.

Kapitelle mit Akanthusblättern

Das korinthische Kapitell ist gekennzeichnet durch große zerlappte Akanthusblätter, die den runden Kapitellkörper umschließen. Zu den Ecken der konkaven Deckplatte schwingen sich Ranken hinauf ('Meisterkapitell' im Museum von Epidauros; Olympieion in Athen).

Kompositkapitell

Die korinthische Ordnung fand besonders während der römischen Kaiserzeit weite Verbreitung, in der das aus ionischen und korinthischen Formen zusammengesetzte Kompositkapitell entstand und immer reichere Dekorationssysteme entwickelt wurden.

Dorische Ordnung

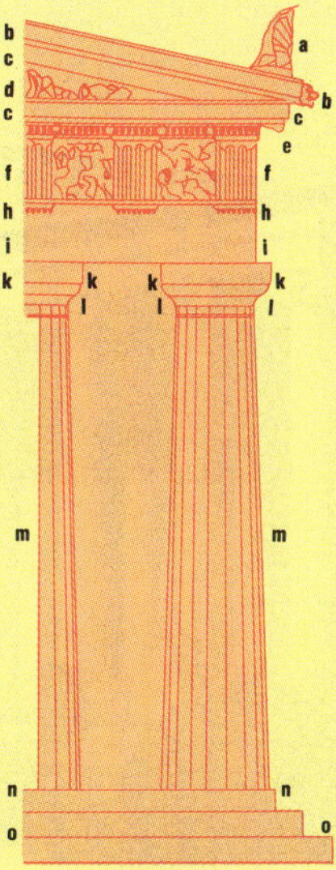

Bemaltes dorisches Kapitell

Dorisches Kyma

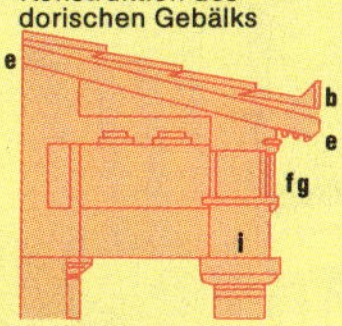

Konstruktion des dorischen Gebälks

- a Eckakroterion (Stirnziegel)
- b Sima (mit wasserspeiendem Löwenkopf)
- c Geison (Kranzgesims)
- d Tympanon (Giebelfeld)
- e Hängeplatte mit Guttae (Tropfen)
- f Triglyphen
- g Metopen
- h Regulae
- i Architrav (Epistyl; einteilig)
- k Abakus (Plinthos)
- l Echinus (Wulst)
- m Säulenschaft (mit scharfkantigen Kanneluren)
- n Stylobat
- o Krepis (Krepidoma)

Ionische Ordnung

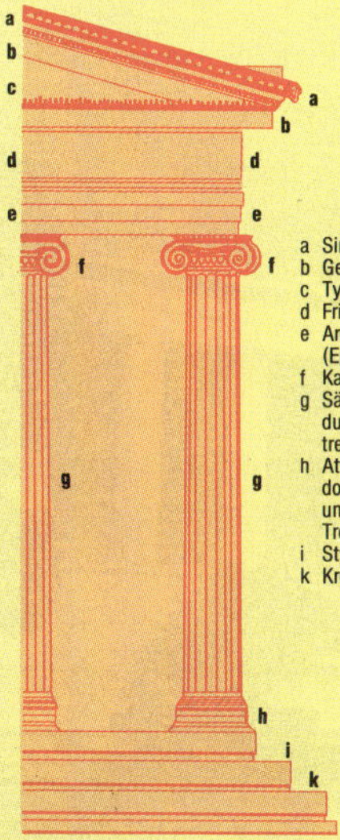

Niketempel

- a Sima
- b Geison
- c Tympanon
- d Fries (Zophoros)
- e Architrav (Epistyl; dreiteilig)
- f Kapitell (mit Voluten)
- g Säulenschaft (mit 24 durch breite Stege getrennten Kanneluren)
- h Attische Basis (mit doppeltem Wulst/Torus und einer Einkehlung/Trochilus)
- i Stylobat
- k Krepis (Krepidoma)

Lesbisches Kyma

Deckenansicht der Vorhalle des Niketempels mit Kassettierung

Korinthische Ordnung

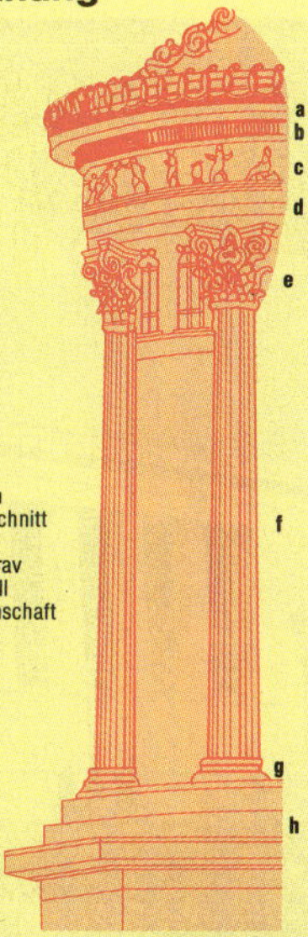

Denkmal des Lysikrates

- a Geison
- b Zahnschnitt
- c Fries
- d Architrav
- e Kapitell
- f Säulenschaft
- g Basis
- h Krepis

Architekturleistungen des jungen Königreiches Griechenland in Athen ...

Gebäude der Akademie der Wissenschaften (oben) und der Universität.

Neugriechisches Kulturleben

Bildende Kunst, Architektur und Städtebau

19. Jahrhundert

Nach der Befreiung Griechenlands von der türkischen Beherrschung im ersten Drittel des 19. Jahrhunderts schloß man stilistisch wie in der geistigen Haltung zum Teil an byzantinische Vorbilder an (Augenklinik und große Mitropoliskirche in Athen).
In der bildenden Kunst blieb lange Zeit der Einfluß der Münchener Schule vorherrschend, der im Gefolge des aus Bayern stammenden ersten Königs der Hellenen ins Land gekommen war.
In ungleich stärkerem Maß aber fühlten sich Baumeister wie die dänischen Brüder Christian und Theophil Hansen, Friedrich von Gärtner oder die Stadtplaner Schaubert und Kleanthes der Antike verpflichtet; Beispiele dafür sind die klassizistischen Athener Bauten wie Universität, Akademie, Nationalbibliothek oder Schloß, aber auch das Marmorstadion, das 1896–1906 in antiker Gestalt wiedererrichtet wurde.
Für die bildenden Künstler des ausgehenden 19. Jahrhunderts setzt Paris die Maßstäbe.

20. Jahrhundert

Kennzeichnend für die Tendenzen der griechischen Kunst und ihrer Vertreter im 20. Jahrhundert ist die zunehmende Kontaktnahme mit den einflußreichen internationalen Zentren in Europa und Nordamerika. So erreichen alle großen Strömungen der modernen Kunst auch Griechenland, allerdings jeweils meist mit einiger zeitlicher Verzögerung. Die griechischen Künstler neigen zwar einerseits zur Bewahrung ihrer althergebrachten Traditionen, öffnen sich aber andererseits mit Elan den neuen, importierten Stilrichtungen, wobei nicht selten ungewöhnliche Verquickungen entstehen.
Ein bedeutsames Phänomen besteht darin, daß viele griechische Kunstschaffende sowohl in Griechenland als auch im Ausland tätig und nicht wenige für immer außer Landes gegangen sind. Die insgesamt prekäre wirtschaftliche Situation des verhältnismäßig armen Landes mag hierfür mit ein Grund gewesen sein. Dennoch ist die Zahl freischaffender Künstler in Griechenland vergleichsweise groß. Eine typisch griechische Kunstrichtung, die auch über die Grenzen des Landes hinaus wirksam geworden wäre, läßt sich jedoch nicht ausmachen.

In krassem Gegensatz zu den maßgebenden Kunstschöpfungen des Altertums auf dem Gebiet von Architektur und Städtebau stehen die Leistungen der jüngsten Zeit. Zwar ist vielerorts auf dem griechischen Festland und den Inseln eine rege Bautätigkeit zu beobachten; abgesehen von einigen löblichen Ausnahmen erweckt sie jedoch den Eindruck weitgehender Konzeptlosigkeit. Nicht nur, daß die großstädtischen Agglomerationen durch den verstärkten Bau von Industrie-, Gewerbe- und Wohnbauten geradezu ausufern, auch Mittel- und Kleinstädte erfahren infolge der vorherrschenden Landflucht verstärkten Zulauf, was die Grenzen der ursprünglichen Bebauungsflächen immer weiter nach außen drängt.

Besonders auffällig im Bereich festländischer Städte und Ortschaften ist die große Zahl an unfertigen Häusern und provisorischen Notbauten (bes. Autoreparaturwerkstätten) sowie der Umstand, daß weithin eine wenig differenzierte Bauweise vorherrscht, was eine gewisse Gesichtslosigkeit zur Folge hat. Eine Tendenz scheint erkennbar: Je weiter die Siedlungen von größeren städtischen Ballungsräumen entfernt liegen, desto mehr Individualität wird spürbar.

Architektur und Städtebau (Fortsetzung)

Deutlich weniger ausgeprägt sind diese 'modernen' Zustände auf den griechischen Inseln, wo die Industrialisierung kaum Raum gegriffen hat. Hier ist es in erster Linie der Tourismus, der mit seinen stellenweise massierten Hotelbauten mancher ursprünglich idyllischen Landschaft ihren Reiz genommen hat.

Literatur

Anfänge

Die Anfänge der neugriechischen Literatur lassen sich bis in byzantinische Zeit zurückverfolgen; man sieht sie im 10. Jahrhundert mit den sog. akritischen Liedern über den freiheitsliebenden Volkshelden Digenis Akritas, über den im 11./12. Jahrhundert auch ein Epos entsteht.

Relativer Stillstand in der Türkenzeit

Die Eroberung Konstantinopels und weiter Teile Griechenlands durch die Türken brachte einen tiefen und anhaltenden Einbruch für die kulturelle und literarische Entwicklung des Griechentums. Allein die Volksdichtung konnte sich in gewissem Umfang weiterentwickeln; sie fand dann in den lyrischen Klephtenliedern der Freischärler ihren Ausdruck. Zudem hatte die Flucht vieler griechischer Gelehrter v.a. nach Italien die geistige Verarmung des griechischen Raumes zur Folge. Als Kulturzentrum blieb lediglich die griechische Enklave im İstanbuler Stadtteil Phanar (Fener; vgl. ⟶ Berühmte Persönlichkeiten: Ypsilanti, Fanarioten).
Seit dem Ende des 15. Jahrhunderts ist jedoch auf Kreta, das damals noch nicht türkisch berherrscht war, sondern unter venezianischem Einfluß stand, ein zunehmend lebendiges Literaturschaffen zu beobachten, das im 17. Jahrhundert in den bemerkenswerten Theaterstücken von G. Chortatzis und den Gedichten von V. Kornaros gipfelt.

Aufbruch

Neue Impulse kommen dann in der zweiten Hälfte des 18. Jahrhunderts aus den Donaufürstentümern, an deren von der Hohen Pforte relativ unabhängigen Höfen griechischstämmige Politiker und Gelehrte wirken, die nun auch essayistische und wissenschaftliche Abhandlungen in der 'Dimotikí', der allgemein vom Volke gesprochenen Sprache, abfassen.

Sprachliche Mehrgleisigkeit

Dies war ein entscheidender Schritt zur gänzlichen Überwindung der Diglossie, d.h. des Problems des althergebrachten Sprachdualismus: Die Zweigleisigkeit der griechischen Sprache hatte ihren Anfang in der Zeit Alexanders des Großen genommen, als sich mit der 'Koiné' (= 'gemeine' Sprache) eine vulgärsprachliche Variante herausbildete, die dann zur Weltsprache wurde (das Neue Testament der Bibel ist ursprünglich in 'Koiné' abgefaßt); die Gelehrten bemühten sich jedoch weiterhin um ein klassisches Attisch.
Auch in byzantinischer Zeit schrieben die Autoren in attizistischem Griechisch, und die sich fortentwickelnde Volkssprache fand kaum Eingang in die gehobene Literatur. Es sollte noch bis zu der kleinen Sprachrevolution des Jahres 1888 dauern, daß die 'Dimotikí' als Literatursprache anerkannt wurde.
Inzwischen hatte nach der Schaffung des neuen griechischen Staates (1829/1830) das akademische Establishment mit der an das Altgriechische anknüpfenden 'Katharévusa' zusätzlich eine 'gereinigte' Kunstsprache geschaffen, die bis 1975 offizielle Amtssprache blieb.

Durchbruch nach Erlangung der politischen Freiheit

Der seinerzeit in Frankreich lebende Grieche Adamantios Korais (1748–1833) hat maßgeblichen Anteil am Aufkommen einer engagierten neugriechischen Literatur, die im 19. Jahrhundert durch die vorbildhafte Dichtung in der Volkssprache von Dionysios Solomos

Literatur nach Erlangung der politischen Freiheit (Fortsetzung)

(1798–1857; aus seiner Feder stammt auch der Text der griechischen Nationalhymne) mit Macht eingeleitet wird. Auch die von Solomos beeinflußten Dichter der Ionischen Inseln schreiben in 'Dimotikí'.
Zwar entstehen während der ersten fünf Jahrzehnte nach der Befreiung vom türkischen Joch auch zahlreiche literarische Werke in der künstlich antikisierenden 'Katharévusa', sie bleiben jedoch ohne Erfolg.
Das Erscheinen des von Jannis Psycharis (1857–1929) in krasser 'Dimotikí' geschriebenen Buches "To taxídi mu" (= "Meine Reise") im Jahre 1888 löst ein enthusiastisches Bekenntnis der Schriftsteller zur Volkssprache aus und bedeutet ihren endgültigen Durchbruch zur anerkannten neugriechischen Literatursprache.
Die Prosaschriftsteller interessieren sich fortan zunehmend für die Volkstradition, die Sitten und Gebräuche der Land- und Inselbevölkerung sowie nicht zuletzt für zwischenmenschliche Konflikte. Als herausragender Vertreter der neugriechischen Sittenschilderung (griechisch "Ithographía") ist Alexandros Papadiamantis (1851–1911) zu nennen, der eindrücklich die Welt auf seiner Heimatinsel Skiathos schildert.

Wende zum 20. Jahrhundert

Um die Wende vom 19. zum 20. Jahrhundert entwickelt sich eine neue Dichtergeneration, deren prominentester Vertreter der ausdrucksstarke Kostis Palamas (1859–1943) ist; sie orientiert sich überwiegend wieder an der Lyrik des Dionysisos Solomos. Andererseits schließen sich jüngere griechische Schriftsteller den literarischen Strömungen in Westeuropa an, insbesondere den französischen Symbolisten, blicken aber auch nach Skandinavien und Rußland.

Moderne

Als Vorläufer der unpathetischen neugriechischen Moderne wird der Auslandsgrieche Konstantinos Kavafis (1863–1933; aus Alexandria in Unterägypten) angesehen; ihren eigentlichen Beginn markiert 1931 das Erscheinen des Gedichtbandes "Strophí" (= "Wende") von Giorgos Seferis (1900–1971; ⟶ Berühmte Persönlichkeiten), der zusammen mit anderen Lyrikern – unter ihnen der als 'Dichter der Ägäis' apostrophierte Surrealist Odysseas Elytis (eigentlich Odysseas Alepudelis; geb. 1911 in Iraklion auf Kreta) von 1935 bis 1939 die Literaturzeitschrift "Néa Grámmata" (= "Neue Schriften") herausgibt.

Zweiter Weltkrieg und Bürgerkrieg

Die schmerzlichen Ereignisse des Zweiten Weltkrieges und des anschließenden griechischen Bürgerkrieges finden ihren Niederschlag in zahlreichen literarischen Werken – Romanen, Erzählungen und Gedichten. Die Widerstandsliteratur beginnt unmittelbar nach dem italienischen Angriff (1940) und der Besetzung Griechenlands durch die deutsche Wehrmacht (1941); vom Freiheitsgedanken beseelte Gedichte von Angelos Sikelianos (1884–1951) und anderen Autoren werden unter der Hand verbreitet. Mit seinem "Heroischen und Trauerlied auf den in Albanien gefallenen Unterleutnant" (1945) wird Odysseas Elytis zum Dichter des um die Freiheit kämpfenden Griechentums.

Nachkriegszeit

Moderne griechische Schriftsteller, die in den dreißiger Jahren dieses Jahrhunderts die neue literarische Ära eingeleitet hatten, treten nach dem Zweiten Weltkrieg erneut mit weiteren Veröffentlichungen hervor; so ist auch der größte Teil der Werke von Nikos Kazantzakis (1883–1957; ⟶ Berühmte Persönlichkeiten), etwa sein berühmter Roman "Alexis Sorbas", erst nach 1945 erschienen.

Militärdiktatur

Mit der Machtübernahme durch die Militärjunta im Jahre 1971 erfährt das griechische Literaturleben durch Zensur, Autorendeportationen und andere Zwangsmaßnahmen gegen Schriftsteller einen empfind-

Literatur (Fortsetzung)

lichen Rückschlag, der das Entstehen einer neuen Widerstandsliteratur (z.T. im Exil) zur Folge hat.

Gegenwart

Die literarische Szene der jüngsten Zeit ist gekennzeichnet einerseits durch die verhältnismäßig große Zahl von engagierten Schriftstellern und entsprechend vielen Veröffentlichungen, andererseits durch eine fast unüberschaubare Vielfalt stilistischer und thematischer Richtungen. Alle nur denkbaren Strömungen sind vertreten. Erwähnung verdient sicherlich die deutliche Tendenz zu sozialkritischer Stellungnahme.

Nobelpreise für Literatur

Als bisher einzigen Griechen wurde der Nobelpreis für Literatur den Schriftstellern Giorgos Seferis (1963) und Odysseas Elytis (1979) verliehen.

Theater

Allgemeines

Ganz im Gegensatz zum griechischen Altertum, das als Wiege des abendländischen Theaters eine unvergleichliche Stellung einnimmt, hat das neugriechische Theater bisher kaum richtungweisende Leistungen erbracht.

Italienischer Einfluß

Eine erste Blütezeit erlebte das neugriechische Theater im 15.–17. Jahrhundert auf Kreta, bis die Insel in türkische Hand fiel, sowie auf den Ionischen Inseln; es stand jedoch ganz überwiegend unter dem starken Einfluß italienischer Vorbilder.

Amateurtheater

Erst nach der Errichtung des neuen griechischen Staates (1829/1830) versuchten sich die Griechen auch mit einem eigenständigen Theater, das jedoch bis etwa 1870 über ein amateurhaftes Niveau nicht hinauskam. Zudem galt es wie in der Literatur, das Problem des Sprachdualismus (Dimotikí/Katharévusa) zu überwinden. Gegen Ende des 19. Jahrhunderts wird in Griechenland die Ausstrahlung des im europäischen Theater vorherrschenden Naturalismus spürbar.

Theatergründungen

Eine beständige Theaterarbeit setzte nach der Einrichtung des 'Basilikón Théatron' (= Königliches Theater) einerseits und der 'Néa Skené' (= Neue Bühne) andererseits in Athen ein, die beide im Jahre 1901 gegründet wurden. Während sich die Neue Bühne dem Naturalismus verbunden fühlte, bemühte sich das Königliche Theater alsbald um die Aufführung expressionistischer Stücke.
Erst 1932 kam mit dem 'Ethnikón Théatron' (= Nationaltheater) ein weiteres großes Theater hinzu; hier brachte der D. Rontiris, der in Berlin bei Max Reinhardt gearbeitet hatte, vielbeachtete Inszenierungen von Stücken der klassischen altgriechischen Theaterliteratur auf die Bühne.

Kleinkunst

Erwähnt sei ferner der griechische Hang zur unterhaltsamen Kleinkunst mit Darbietungen von Farcen, Schwänken und Kabarettprogrammen.

Stillstand im Zweiten Weltkrieg

Während der bitteren Besatzungszeit im Zweiten Weltkrieg kam das griechische Theaterleben fast gänzlich zum Erliegen; immerhin bemühten sich damals engagierte fahrende Amateurgruppen, in der Provinz vor Widerstandskämpfern und Partisanen Theater zu spielen.

Dramaturgische Wende

Eine deutliche Wende in der dramaturgischen Thematik und Technik bringt Iakovos Kambanellis (geb. 1919) Mitte der fünfziger Jahre dieses Jahrhunderts; er beherrscht nicht nur die zeitgenössische

Theater (Fortsetzung)

dramatische Sprache, sondern sucht seine Themen nun in der Welt der Benachteiligten und Unterdrückten.
Dennoch bietet der weitaus größte Teil der in der jüngsten Vergangenheit aufgeführten Theaterstücke leichte Kost (Farcen, Musicals, Kabarett).

Griechischer Anteil

Etwa 70% der heutigen Theaterproduktionen stammen von griechischen Autoren, der Rest sind Übertragungen aus anderen Sprachen und Kulturen.

Spezialtheater

Erwähnung verdienen in diesem Zusammenhang auch die Aktivitäten in den speziellen Bereichen des Puppentheaters, des Marionetten- und Dosentheaters und des aus dem 19. Jahrhundert überkommenen Schattentheaters, ferner des Studententheaters und des Theaters für Kinder.

Große Bühnen

Die wichtigsten großen Theater in Griechenland sind das zuvor erwähnte Nationaltheater in Athen, das 1961 gegründete Staatstheater Nordgriechenlands in Saloniki (mit dem Thrakischen und dem Pontischen Theater als Nebenbühnen), das durch die Provinz ziehende Theaterunternehmen 'Wagen der Thespis' (1976 gegründet) und das Theater der Kunst.

Privatbühnen

Daneben gibt es etliche halbstaatliche und private Theater, darunter das 'Amphi-Theater' und mehrere Stadtteiltheater in Athen, das Piräus-Theater, das Thessalische Theater in Larisa, das Epirus-Theater, das Peloponnes-Theater, die Kretische Theatergesellschaft, das Kykladentheater, der Theaterklub von Volos, das Burini-Theater in Mytilini auf der Insel Lesbos und die fahrende Theatergruppe 'Desmí' (= 'Bande').

Theaterfestivals

In Zusammenarbeit mit der Griechischen Organisation für Tourismus werden seit 1955 alljährlich im Sommer Theaterfestivals in Athen und Epidauros abgehalten.

Athen

Die Athener Festspiele finden mit internationaler Beteiligung im restaurierten Odeion des Herodes Atticus und auf der modernen Freilichtbühne am Lykabettos-Hügel statt.

Epidauros

Für die Festspiele von Epidauros dient das dortige antike Theater, das nicht zuletzt wegen seiner hervorragenden Akustik berühmt ist.

Philippi, Thasos

Das Staatstheater von Nordgriechenland veranstaltet seit 1964 in den antiken Theatern von Philippi und auf der Insel Thasos regelmäßig ein Festival des antiken Dramas.

Dodona

Das Ensemble des Athener Nationaltheaters gibt zuweilen Gastspiele im Theater von Dodona, der im Altertum bedeutenden Orakelstätte.

Musik

Italienische Tradition

Für den Bereich der Kunstmusik, d.h. der komponierten E-Musik, (Volksmusik s.S. 146) stand Griechenland nach der Erlangung der politischen Souveränität (1829/1830) noch lange Jahre unter dem übermächtigen Einfluß der zeitgenössischen italienischen Musik. Fast ausschließlich italienische Opernensembles bestimmten damals das griechische Musikleben. Und so ist auch die Ionische Schule als ein direkter Sproß der italienischen Oper anzusehen.
Auf Korfu (Kerkyra) bemühte sich Nikolaos Mantzaros (1795–1872), der erste bedeutende neugriechische Komponist, intensiv um die musikalische Erziehung, wobei er besonders die nationalen Bestrebungen förderte (von ihm stammt auch die Musik der griechischen Nationalhymne).

Musik (Fortsetzung) Eigenständige Entwicklung

Spyridon Xyndas (1812–1896) komponierte mit "O Hypopsérios Buleutés" (= "Der Abgeordnetenkandidat"; 1867) die erste rein griechische Oper (mit neugriechischem Libretto), und der produktive Opernkomponist Dionysios Lavrangas (1860?–1941) befreite sich bereits von italienischen Vorbildern. Ganz eigenständig arbeitete Manolis Kalomiris (1883–1962), der in Fachkreisen als Vaterfigur der griechischen Kunstmusik betrachtet wird.
Marios Varvoglis (1885–1967) und Emilios Riadis (1886–1935) wandten sich dem französischen Impressionismus in der Musik (Debussy, Ravel) zu.
Um die Wende vom 19. zum 20. Jahrhundert wurden auch deutsche und andere westeuropäische Einflüsse auf die griechische E-Musik spürbar.

Tendenzen

Die Folgezeit ist bei den griechischen Komponisten von einem Schwanken zwischen dem Hang zur Aufnahme aus anderen Ländern kommender Strömungen und der Besinnung auf die heimischen Traditionen geprägt. Ein weiteres Charakteristikum des griechischen Musiklebens besteht in dem Umstand, daß etliche Komponisten außer Landes studieren und arbeiten.

Moderne Komponisten

Aus der relativ großen Zahl griechischer Musikschaffender der jüngeren Vergangenheit seien namentlich genannt: Dimitris Mitropulos (1896–1960), der 1927–1939 als Leiter des Athener Symphonieorchesters das griechische Musikleben maßgeblich formte; Antiochos Evangelatos (geb. 1903) und Iannis Konstantinides (geb. 1903), die Motive der Volksmusik aufnahmen; der Schönberg-Schüler Nikos Skalkottas (1904–1949), der auch internationalen Ruf erlangte.
Vertreter der modernen Kunstmusik der Zeit nach dem Zweiten Weltkrieg sind neben etlichen anderen Dimitris Dragatakis (geb. 1904), Anestis Logothetis (geb. 1921), Iannis Xenakis (geb. 1922), der aus Ägypten stammende Iani Christu (1926–1970) und der äußerst produktive Theodoros Antoniu (geb. 1935).

Hadjidakis und Theodorakis

Zwei Komponisten, die beide im Jahre 1925 geboren sind, erfreuen sich sowohl bei den Griechen selbst als auch außerhalb Griechenlands außergewöhnlicher Popularität. Es sind dies Manos Chatzidakis (Hadjidakis) und Mikis Theodorakis, die mit der Aufwertung der einst im Untergrund vorgetragenen 'Rembétiko'-Lieder (s.S. 147) eine ernsthafte, eigenständig griechische Alternative zur westlichen Unterhaltungsmusik geschaffen haben.

Musikalische Institutionen

Die Zentren musikalischen Geschehens in Griechenland sind die Landeshauptstadt Athen und das nordgriechische Saloniki (Thessaloniki); hier haben auch die wichtigsten Institutionen ihren Sitz:
Zur musikalischen Ausbildung wurden 1871 das Konservatorium 'Odeion' in Athen sowie 1904 ein zweites im Piräus gegründet; ihnen folgten 1915 das Staatskonservatorium in Saloniki, 1919 das Hellenische Konservatorium und 1926 das Nationalkonservatorium in Athen.
Die 1939 ins Leben gerufene griechische Nationaloper blieb knapp vier Jahrzehnte lang die einzige Opernbühne des Landes, bis im Jahre 1978 die Oper von Saloniki als Abteilung des Staatstheaters Nordgriechenlands hinzukam.
Das auch international bekannte Athener Staatsorchester (1942 als KOA neu konstituiert) hat seinen Ursprung in dem 1912 eingerichteten Symphonieorchester des zuvor genannten 'Odeion'; es stand von 1927 bis 1939 unter der herausragenden Stabführung des Komponisten und Dirigenten Dimitris Mitropulos und wird heute von Manos Chatzidakis (Hadjidakis) geleitet. Seit 1959 hat auch Saloniki ein Staatsorchester (KOTh).

Beachtenswerte Beiträge zur Förderung der griechischen Musikszene haben seit 1956 die erfolgreichen Konzertreihen der bundesdeutschen Goethe-Institute in Athen und Saloniki geleistet.
Bei den alljährlich im Sommer stattfindenden Athener Festspielen kommen neben Theateraufführungen auch musikalische Darbietungen zum Vortrag.

Musik, Musikalische Institutionen (Fortsetzung)

Brauchtum

Folklore

Reich entwickelt und nach wie vor fest in der Tradition verankert, manifestiert sich die griechische Volkskultur besonders bei den zahlreichen Kirchenfesten (v.a. an Ostern und Patronatsfesten) und ländlichen Familienfeiern.

Volkstrachten

Wenngleich die griechischen Volkstrachten in letzter Zeit seltener geworden sind, gehören sie doch in einigen Gegenden noch als fester Bestandteil zum Volksleben; so etwa auf dem Land die 'Fustanélla', ein kurzer, mit Glöckchen und Münzen besetzter Rock, der meist zusammen mit weißem Hemd und bestickter Weste getragen wird.
Auf Kreta ziehen die Männer vielfach noch die charakteristischen schwarzen Pumphosen (Vráka) und ein schwarzes Kopftuch an.
Auch auf Karpathos, im Südteil von Rhodos und auf Korfu (Kerkyra) sowie im mittelgriechischen Pindos-Gebirge kann man bisweilen alte Trachten sehen.

Fustanella

Vraka

Evzonen

Berühmt sind die farbenfrohen, aus der albanischen Tracht hervorgegangenen Uniformen der Evzonen (= 'Schöngegürtete'; ehemals königliche Leibgarde), die noch heute u.a. am Athener Nationaldenkmal Ehrenwache halten.

Makedonische Frauentracht

Evzonen

Griechische Volkstanzgruppe

Volkstänze
Tradition

Tanz und Musik gehören in Griechenland seit jeher zusammen. Bereits antike Vasen zeigen Reigen von Tänzern, und der Sage nach soll die Zeusmutter Rheia persönlich ihren Priestern die ursprünglichen Tanzfiguren beigebracht haben.

Formen

Choreographisch betrachtet unterscheidet man heute zwei große Tanzformen: die maßvollen Bewegungen der 'Sirtos'-Tänze und die ungestümen, zuweilen fast artistischen 'Pidik'-Tänze, wenngleich jede Insel und jede Region des Festlandes ihren eigenen Stil und eigene Variationen entwickelt haben.

Sirtaki

Der bekannteste griechische Volkstanz ist fraglos der 'Sirtáki' (Syrtáki), ein reigenähnlicher Gruppentanz, der von einem Vortänzer angeführt wird. Je besser der Tänzer ist, desto mehr Improvisationen läßt er sich einfallen, um schließlich die Rolle des Vortänzers an den nächsten in der Reihe abzutreten.

Die Kreistänze, bei denen sich die Tänzerinnen und Tänzer an der Hand oder einem Taschentuch halten, werden neuerdings oft gemischt getanzt, obwohl sie ursprünglich eher nach Geschlechtern getrennt abliefen.

Pantomime

Im Karneval sind pantomimische Tanzvorführungen, die bestimmte Berufsgruppen und Gesellschaftsschichten nachahmen, ebenso beliebt wie Männer in Frauenkleidern, die u.a. an das Schicksal der Klephten (Freischärler) im griechischen Freiheitskampf des 18. und 19. Jahrhunderts erinnern sollen.

Volksmusik
Volkslieder
Klephtenlieder

Auch in den griechischen Volksliedern lebt die Vergangenheit fort. Von den wehklagenden Weisen werden besonders häufig die melancholischen Klephtenlieder (= 'Räuberlieder', 'Diebeslieder') aus der Zeit der türkischen Herrschaft angestimmt. Diese berichten von den entbehrungsreichen Heldentaten in den Bergen, der Sehnsucht nach Freiheit, den zurückgelassenen Bräuten, dem blauen Meer und von

Volksmusik (Fortsetzung)

der wilden Natur. Begleitend erklingen Hirtenflöte und Lyra, die als Vorläuferin der Violine gilt.

Mischform

Mit der fortschreitenden Entwicklung des Landes und der wachsenden Anziehungskraft der Städte setzten sich zunehmend städtische Musiktendenzen durch, die zu einer Mischung aus Volksliedern, byzantinischer und türkischer Musik, den italienisch beeinflußten 'Kantades' der Ionischen Inseln und schließlich Importen aus westlichen Ländern (v.a. Tango) geführt haben.

Busuki

In jüngster Zeit ist die griechische Volksmusik, die mit ihren eigentümlichen Rhythmen und den recht ungewohnten Tonschritten die zeitgenössische griechische Unterhaltungsmusik nachhaltig beeinflußt hat, auch in Mitteleuropa bekannter geworden. Zur Begleitung des Gesanges werden neben der weitverbreiteten lautenähnlichen Busuki die trapezförmige Santuri (sprich 'Sandúri'; eine Art Hackbrett) und verschiedene Holzblasinstrumente gespielt.

Rembetiko
Ursprung

In allen Schichten beliebt ist der 'Rembétiko'. Er entstand in den zwanziger Jahren dieses Jahrhunderts in den Armenvierteln und Tavernen des Piräus im Kreise der sog. Rembeten, Außenseiter der Gesellschaft, die aus der Arbeitslosigkeit oder dem harten Job in den Docks ihren eigenen Lebensstil entwickelt hatten, zu dem u.a. Drogen und Musik gehörten. Sie schrieben sarkastische Spottlieder, nicht selten im Gefängnis entstandene Kompositionen, die begleitet wurden auf einer eigens hierfür gebastelten Busuki, der 'Baglama', die man aus einem ausgehöhlten Kürbis, einem Stück Holz und einigen Drähten als Saiten herstellen konnte. In salopper Sprache spottete der Rembetiko über 'Kohlpflücker' (= Taschendiebe) und 'Holz essen' (= Prügel beziehen) oder trauerte treulosen Straßenmädchen nach. Als General Metaxas den Drogenkonsum unterband, wichen viele Musiker nach Saloniki aus, das fernab von der politischen Zentralgewalt Athens lag. Schließlich griff die aufstrebende Schallplattenindustrie nach dem populär werdenden Rembetiko und machte die einstigen Untergrundlieder salonfähig.

'Griechische Musik'

Heute versteht man unter 'griechischer Musik' vor allem Lieder wie jene von Manos Chatzidakis (Hadjidakis) und Mikis Theodorakis, deren Melodien im Griechenland der letzten Jahrhundertwende wurzeln. Der überaus populäre Sänger Theodorakis gilt im Ausland als eine Art Kulturbotschafter seiner Heimat; international bekannt wurde er durch seine Musik zu dem berühmten Film "Alexis Sorbas", der auf der Insel Kreta spielt.

Massenmedien

Presse

Die bewegte Geschichte des neugriechischen Staates hat auch die Presse, das älteste Massenmedium schlechthin, immer wieder in den Strudel der sozialen und politischen Auseinandersetzungen und Wandlungen hineingezogen.

Entstehung

Die ersten Zeitungen in neugriechischer Sprache erschienen noch in der Zeit der türkischen Herrschaft, allerdings nicht in Griechenland, sondern in Wien (zuerst 1784), Paris und London. Nach dem Beginn des Befreiungskampfes gegen die osmanischen Machthaber kam 1821 die erste Zeitung auf griechischem Boden heraus; sie trug den Namen "Sálpinx Hellenikė" (= "Griechische Trompete") und war das Organ der damaligen Revolutionsregierung.
Mit der Schaffung des neuen griechischen Staates (1829/1830) wurde die Pressefreiheit sogleich empfindlich eingeschränkt und erst durch

Massenmedien, Entstehung der Presse (Fortsetzung)

die Verfassung von 1864 in größerem Rahmen wiederhergestellt. Mit dem Blatt "Ephimeris" (= "Zeitung") erschien 1873 die erste Tageszeitung Griechenlands, und in der Folgezeit etablierten sich etliche Zeitungen, die zum Teil noch heute bestehen.

Besonders tiefe Einschnitte erfuhr die griechische Presse durch Verbote oder Zensur während der Besatzungszeit im Zweiten Weltkrieg und abermals unter der Militärdiktatur der Jahre 1967–1974.

Die Grundlagen des heutigen griechischen Pressewesens sind in der demokratischen Verfassung des Jahres 1975 verankert: Der Verfassungsartikel 14 enthält als wesentliche Punkte die Gewährung der Pressefreiheit und das Verbot der Zensur.

Pressefreiheit

Zeitungen

Die griechische Hauptstadt ist erwartungsgemäß auch die Zeitungsmetropole des Landes. In Athen erscheint die ganz überwiegende Zahl der Zeitungen und Zeitschriften, mit weitem Abstand gefolgt von Saloniki (Thessaloniki). Daneben gibt es allenthalben kleinere Regional- und Lokalblätter.

Eine griechische Besonderheit sind die relativ zahlreichen Heimatblätter, mittels derer die in der Provinz und auf dem Lande Verbliebenen den Kontakt mit den in die Städte abgewanderten Landsleuten aufrechtzuerhalten versuchen.

Nachstehend sind die größten und wichtigsten griechischen Tageszeitungen – mehr als drei Viertel erscheinen nachmittags oder abends – mit Angabe der Auflage aufgeführt:

Athen

"Ethnos" (= "Nation"; über 200 000 Ex.)
"Ta Nea" (= "Die Neuigkeiten"; über 150 000 Ex.)
"Apogevmatini" (= "Nachmittagszeitung"; ca. 130 000 Ex.)
"Elevtherotypia" (= "Freie Presse"; annähernd 100 000 Ex.)
"I Vradyni" (= "Die Abendzeitung", gegründet 1922; über 70 000 Ex.)

Griechische Zeitungslandschaft

Massenmedien, Zeitungen, Athen (Fortsetzung)

"Avriani" (= "Morgenzeitung"; über 70 000 Ex.)
"Akropolis" (gegründet 1883; über 50 000 Ex.)
"I Kathimerini" (= "Die Tägliche", gegründet 1919; ca. 50 000 Ex.)
"Rizospastis" (= "Der Radikale", moskautreu; knapp 50 000 Ex.)
"Express" (Wirtschaftsblatt; ca. 35 000 Ex.)
"Athlitiko Icho" (tägliche! Sportzeitung; annähernd 25 000 Ex.)
"I Avgi" (= "Die Morgenröte", eurokommunistisch; knapp 10 000 Ex.)
"Athens News" (englischsprachige Tageszeitung; ca. 10 000 Ex.)
Die frühere Tageszeitung "To Vima" (= "Die Tribüne") erscheint jetzt nur noch einmal wöchentlich (35 000 Ex.).

Saloniki

"Makedonia" (annähernd 50 000 Ex.)
"Thessaloniki" (ca. 35 000 Ex.)

Nachrichtenagentur

Die griechische Nachrichtenagentur hat ihren Sitz in Athen und firmiert ihre Berichte mit ANA (Athenagence).

Rundfunk

Die Geschichte des griechischen Rundfunks geht zurück in das Jahr 1923, als eine Dienststelle der Kriegsmarine erstmals eine Nachricht auf dem Radiowege übermittelte. Die erste offizielle Rundfunksendung ging am Nationalfeiertag (25.3.) des Jahres 1938 über den Äther; interessanterweise hatte bereits 1936 eine private Radiostation in Saloniki als erste auf der Balkanhalbinsel ihren Sendebetrieb aufgenommen.
Heute verbreitet der ERT (s. nachstehend) seine Sendungen auf Mittel-, Kurz- und Ultrakurzwelle (Kurznachrichten und Wetterbericht während der Reisesaison sowie permanenter Auslandsdienst auch in deutscher Sprache). Über die Einführung eines Privatrundfunks wird diskutiert.

Fernsehen

Die nationale Rundfunkanstalt 'Ethnikón Ídryma Radiofonías' (EIR) begann am 23. Februar 1966 mit der Ausstrahlung ihres ersten Fernsehprogramms und führte – 1970 in 'Ethnikón Ídryma Radiofonías Tileoráseos' (EIRT) sowie 1975 in 'Ellinikí Radiofonía Tileórasis' (ERT; Hellenischer Radio- und Fernsehfunk) umbenannt – im Jahre 1978 das Farbfernsehen mit dem französischen System SECAM ein, ist Mitglied der Europäischen Rundfunk-Union 'Eurovision' und strahlt jetzt zwei Programme aus.

Griechenland in Zitaten

Homer
Ionischer Rhapsode
(ca. 8. Jh. v.Chr.)

Als wir gen Tenos kamen, da opferten alle den Göttern,
Heimverlangend; allein noch hinderte Zeus die Heimfahrt;
Denn der Zürnende sandte von neuem verderbliche Zwietracht.
Einige lenkten zurück die zwiefach geruderten Schiffe,
Angeführt von dem tapfern, erfindungsreichen Odysseus,
Daß sie sich Atreus' Sohn Agamemnon gefällig erwiesen.
Aber ich floh voraus mit dem Schiffsheer, welches mir folgte;
Denn es ahnete mir, daß ein Himmlisches Böses verhängte.
Tydeus' Sohn Diomedes floh und trieb die Gefährten.
Endlich kam auch zu uns der blonde Held Menelaos,
Als wir in Lesbos noch ratschlagten wegen der Laufbahn:
Ob wir wohl oberhalb der bergigen Chios die Heimfahrt
Lenkten auf Psyria zu und jene zur Linken behielten,
Oder unter Chios, am Fuße des stürmischen Mimas.
Und wir baten den Gott, uns ein Zeichen zu geben; und dieser
Deutete uns und befahl, gerade durchs Meer nach Euböa
Hinzusteuern, damit wir nur schnell dem Verderben entgingen.
Da erhob sich ein sausender Wind in die Segel der Schiffe,
Und sie durchliefen in Eile die Pfade der Fische und kamen
Nachts vor Geraistos an. Hier brannten wir Poseidaon
Viele Lenden der Stiere zum Dank für die glückliche Meerfahrt.

Aus der "Odyssee", Dritter Gesang, Verse 159–179 (Übersetzung aus dem Griechischen von Eduard Schwartz).

Aischylos
Griechischer
Tragödiendichter
(525–456 v.Chr.)

Bald tauchten alle Schiffe vor uns auf,
voraus der rechte Flügel, der in Reih
und Glied die Spitze nahm, und hinterdrein
die ganze Flotte. Rufe wurden laut
im Umkreis: "Griechensöhne auf!
die Freiheitsstunde schlägt für Weib und Kind,
für unsre Heimat, für der Götter Sitz,
der Ahnen Grüfte! Alles ruft euch auf!"
Da braust's aus Perserkehlen ihnen laut
entgegen; denn kein Zaudern gibt es mehr,
und bald schlug Schiff in Schiff den Eisensporn.
Den ersten Rammstoß tat ein Griechenschiff;
der Bordschmuck eines Tyrers ward sein Lohn;
dann folgten Schiff auf Schiff und Stoß auf Stoß.
Der Schwall der Perserflotte widerstand
im Anfang; dann in dichtes Knäul gedrängt,
als keiner mehr dem andern Schutz verlieh
und sie die eignen Schiffe mit dem Sporn
zerschlugen, ward ihr Ruderzeug zunicht,
und Griechenschiffe stürzten wohlbedacht
von allen Seiten ein, es wälzten sich
der Schiffe Bäuche, rings verschwand das Meer,
bedeckt von Trümmern und vom toten Mann,
und Leichen häuften sich auf Strand und Riff.
Da fuhr, was von dem ganzen Perserheer
noch übrigblieb in wilder Flucht davon.
. . .

Quellenhinweis
s.S. 152

◀ *Charakteristische Windmühle auf der Kykladeninsel Mykonos*

Aischylos
(Fortsetzung)
Quellenhinweis

Aus dem persischen Botenbericht am Hof in Susa vom Verlauf der Seeschlacht bei Salamis (27./28.9.480 v.Chr.) in dem 472 v.Chr. erstmals im Athener Dionysos-Theater aufgeführten Drama "Die Perser" von Aischylos, der an der Schlacht selbst teilgenommen hatte (Übersetzung aus dem Griechischen von Ernst Buschor).

Herodot
Griechischer Geschichtsschreiber
(um 490 bis um 425–420 v.Chr.)

. . . Der größte Theil der Schiffe bei Salamis aber ward zerstöret, zum Theil von den Athenäern, zum Theil von den Aeginaten. Denn weil die Hellenen in guter Ordnung und in geschlossenen Reihen fochten, die Barbaren aber sich noch nicht gestellt hatten und alles verkehrt anfingen, so mußte es wohl so kommen, wie es kam. Jedoch waren sie viel tapferer und thaten über ihre Kräfte weit mehr als bei Euböa, indem sich jeder nach allem Vermögen anstrengte aus Furcht vor dem Xerxes, denn jeder glaubte, der König sähe auf ihn. . .

Aus dem Bericht über die Seeschlacht bei Salamis (27./28.9.480 v.Chr.) in "Die Geschichten des Herodotos", Achtes Buch, genannt 'Urania', Kapitel 86 (Übersetzung aus dem Griechischen von Friedrich Lange, Berlin 1811).

Pindar
Griechischer Chorlyriker
(522 oder 518 bis nach 446 v.Chr.)

Beim olympischen Zeus, o goldene Seherstadt Delphi,
fleh ich zu dir im Geleit der Charitinnen und Aphrodites,
nimm in der hochheiligen Festzeit mich auf,
den Sangespropheten der Musen! . . .
In meinem Herzen wie ein Kind
der sorgenden Mutter gehorsam, stieg ich
herab zum Hain Apollons, der hegt
die Kränze und blühende Feste.
Die Mädchen der Delpher singen dort oft
beim schattigen Erdennabel den Gott
und stampfen die Erde mit stürmendem Fuß.

Bakchylides
Griechischer Chorlyriker
(6./5. Jh. v.Chr.)

Erlangt hat Lachon von Zeus
Dem Allmächtgen höchsten Ruhm als
Sieger im Lauf an des Alpheios Fluten;
So haben vordem das
Weinstocknährnde Keos, weil
In Olympia im Faustkampf und
Lauf er Sieger war, einst besungen,
Reich geschmückt mit Kränzen ...

Erste Strophe einer kurzen Ode aus dem Jahre 452 v.Chr., vermutlich zur Begrüßung des Olympiasiegers Lachon bei seiner Heimkehr auf die Insel Keos/Kea (Übersetzung aus dem Griechischen von Oskar Werner).

Thukydides
Griechischer Geschichtsschreiber
(vor 455 bis um 400 v.Chr.)

Die Staatsverfassung, die wir haben, richtet sich nicht nach den Gesetzen anderer, viel eher sind wir selbst für manchen ein Vorbild, als daß wir andere nachahmten. Mit Namen heißt sie, weil die Staatsverwaltung nicht auf wenige, sondern auf die Mehrheit ausgerichtet ist, *Demokratie.* Es haben aber nach den Gesetzen in den persönlichen Angelegenheiten alle das gleiche Recht, nach der Würdigkeit aber genießt jeder – wie er eben auf irgendeinem Gebiet in Ansehen steht – in den Angelegenheiten des Staates weniger auf Grund eines regelmäßigen Wechsels (in der Bekleidung der Ämter), sondern auf Grund seiner Tüchtigkeit den Vorzug. Ebensowenig wird jemand aus Armut, wenn er trotzdem für die Stadt etwas leisten könnte, durch seine unscheinbare Stellung daran gehindert.
Frei leben wir als Bürger im Staat und frei vom gegenseitigen Mißtrauen des Alltags, ohne gleich dem Nachbarn zu zürnen, wenn er sich

einmal ein Vergnügen macht, und ohne unseren Unmut zu zeigen, der zwar keine Strafe ist, aber doch durch die Miene kränkt.
Wie ungezwungen wir aber auch unsere persönlichen Dinge regeln, so hüten wir uns doch im öffentlichen Leben, allein aus Furcht, vor Rechtsbruch – in Gehorsam gegen Beamte und Gesetze, hier vor allem gegen solche, die zum Nutzen der Unterdrückten erlassen sind, und die ungeschriebenen, deren Übertretung nach allgemeinem Urteil Schande bringt.

Thukydides (Fortsetzung)

Aus der im Winter 431/430 v.Chr. von Perikles auf die im ersten Jahr des Peloponnesischen Krieges gefallenen Athener gehaltenen Leichenrede in Thukydides' unvollendetem Werk "Der Krieg der Peloponnesier und Athener" , Zweites Buch, Kapitel 37 (Übersetzung aus dem Griechischen von Helmuth Vretska).

Sophistischer Fangschluß

Ein Krokodil raubt einer Mutter ihr Kind. Die Mutter bittet, ihr das Kind wiederzugeben; das Krokodil sagt es ihr unter der Bedingung zu, daß sie eine Frage richtig beantworten kann. Die Mutter ist damit einverstanden, und das Krokodil fragt:
"Werde ich dir das Kind zurückgeben oder nicht?"
Sagt die Mutter Nein, so erhält sie es auf keinen Fall. Denn hat sie falsch geraten, so bekommt sie das Kind eben nicht, weil das Krokodil sich auf Nichtrückgabe entschieden hat, wie die Mutter richtig erraten hat.
Sagt sie hingegen Ja, so erhält sie es erst recht nicht. Denn wenn sie falsch geraten hat, so hat sie die Bedingung nicht erfüllt; richtig aber kann sie in diesem Falle gar nicht raten, weil das Krokodil niemals die Absicht hatte, das Kind zurückzugeben.
Der nur scheinbar logische 'Krokodilschluß' gehört zu den bekanntesten Denkverlegenheiten, dessen Erfinder nicht überliefert ist. Vermutlich hat sie ein erklärter Gegner der Dialektik ausgetüftelt, der mit dem Krokodil das Urbild des boshaften Sophisten zeichnen wollte.

Aus "Der Kampf mit dem gesunden Menschenverstand", Klassische Trug- und Fangschlüsse dargestellt und aufgelöst von Horst Rüdiger (Heimeran, München 1938).

Xenophon Griechischer Schriftsteller (um 430–425 bis um 355 v.Chr.)

Nicht ohne Grund darf man glauben, daß die Stadt (Athen) ungefähr in der Mitte Griechenlands, ja auch der ganzen Welt gelegen ist. Je weiter man sich nämlich von ihr entfernt, desto lästiger ist die Kälte oder die Hitze, die einen umfängt; und wer immer von einem Ende Griechenlands zum anderen gelangen will, der muß an Athen wie an dem Mittelpunkt eines Kreises vorbeisegeln oder vorbeikommen.

Aus Xenophons Schrift "Poroi" (6).

Plutarch Griechischer Schriftsteller (nach 45 bis nach 120 n.Chr.)

Es scheint aber wahr zu sein, daß Athen Männer erzeugt, die, wenn sie Tugend besitzen, ganz besonders tüchtig sind, wenn sie aber Schlechtigkeit in sich haben, ganz besonders gemein sind, wie denn auch ihr Land den schönsten Honig und den verderblichsten Schierling hervorbringt.

Pausanias Griechischer Schriftsteller ('Baedeker der Antike'; um 111–115 bis um 180 n.Chr.)

Der Gott sitzt auf einem Thron und ist aus Gold und Elfenbein gemacht, und ein Kranz liegt auf seinem Haupt in Form von Ölbaumzweigen. In der Rechten trägt er eine Nike, ebenfalls aus Elfenbein und Gold, die ein Band hält und auf dem Kopfe einen Kranz hat. In der linken Hand des Gottes befindet sich ein Szepter, mit lauter Metalleinlagen verziert. Der Vogel, der auf dem Szepter sitzt, ist der Adler. Aus Gold sind auch die Sandalen des Gottes und sein Gewand ebenso; an dem Gewand sind Figuren und Lilien angebracht.

Pausanias (Fortsetzung)

Der Thron ist in abwechslungsreicher Arbeit aus Gold und Steinen und Ebenholz und Elfenbein, und an ihm sind Figuren gemalt und Bildwerke angebracht. Vier Niken in der Gestalt von Tanzenden befinden sich an jedem Bein des Throns und zwei weitere am Fuß jedes Thronbeines. Über jedem der beiden vorderen Beine liegen thebanische Knaben, die von Sphingen geraubt werden, und unter den Sphingen erschießen Apollon und Artemis die Kinder der Niobe. Zwischen den Beinen des Thrones sind vier Leisten, die jede von einem Bein zum anderen reichen. An der Leiste geradeaus vom Eingang befinden sich sieben Figuren; von der achten von ihnen weiß man nicht, wie sie verschwunden ist. . . An den übrigen Leisten ist die Schar dargestellt, die mit Herakles gegen die Amazonen kämpft. Die Zahl beider ist gegen 29, und auch Theseus befindet sich bei den Mitkämpfern des Herakles. Die Füße tragen aber nicht allein, sondern es stehen noch ebensoviel Säulen wie Füße zwischen den Füßen.
Unter den Thron kann man nicht gelangen, wie wir in Amyklai ins Innere des Thrones kommen. In Olympia verhindern das mauerartige Schranken. Von diesen Schranken sind diejenigen gegenüber der Tür nur blau gestrichen, die übrigen tragen Gemälde des Panaios. Darunter ist Atlas, der Himmel und Erde trägt, und Herakles steht neben ihm, um Atlas die Last abzunehmen, ferner Theseus und Peirithus und Hellas und Salamis, die die Schiffszier in Händen hält, die am Ende der Schiffe angebracht ist, und von den Taten des Herakles der Kampf mit dem Löwen in Nemea und Aias' Untat an Kassandra und Hippodameia, die Tochter des Oinomaos, mit ihrer Mutter und Prometheus noch in Fesseln, und Herakles hat den Bogen erhoben in Richtung auf ihn. . . Als letztes Bild ist Penthesileia dargestellt, die ihren Geist aufgibt, und Achilleus, der sie stützt, und zwei Hesperiden bringen die Äpfel, deren Bewachung ihnen anvertraut worden sein soll. . .
Am obersten Ende des Thrones hat Phidias über dem Kopf der Statue auf der einen Seite Chariten, auf der anderen Horen angebracht, von beiden drei. Auch von ihnen heißt es im Epos, sie seien Töchter des Zeus. Homer hat in der Ilias von den Horen gedichtet, daß ihnen der Himmel anvertraut sei wie Wächtern eines Königshofes.
Der Schemel unter den Füßen des Zeus, von den Leuten in Attika Bank genannt, hat goldene Löwen und den Kampf des Theseus gegen die Amazonen in Relief, die erste Heldentat der Athener gegen Stammfremde.
An der Basis, die den Thron trägt, und was sonst noch an Ausschmükkung um den Zeus ist, an dieser Basis sind goldene Figuren, Helios, der den Wagen besteigt, und Zeus und Hera . . . und neben ihm Charis; an sie schließt sich Hermes an und an Hermes Hestia. Nach der Hestia folgt ein Eros, der die aus dem Meere aufsteigende Aphrodite empfängt, und Peitho bekränzt Aphrodite. Auch Apollon mit Artemis ist dargestellt und Athena und Herakles und am Ende der Basis Amphitrite und Poseidon und Selene, wie mir scheint, ein Pferd reitend. Einige behaupten, die Göttin reite ein Maultier und kein Pferd, und erzählen eine dumme Geschichte über das Maultier.
Obwohl ich weiß, daß die Maße des Zeus in Olympia nach Höhe und Breite aufgezeichnet sind, möchte ich diejenigen doch nicht loben, die sie gemessen haben, da auch die von ihnen angegebenen Maße weit zurückbleiben hinter dem Eindruck, den das Kultbild auf den Beschauer macht, wo man ja doch erzählt, daß der Gott selbst Zeuge für die Kunst des Phidias geworden sei. Denn als die Statue fertig war, betete Phidias zum Gott, er möge ihm ein Zeichen geben, ob ihm das Werk nach Wunsch sei, und er habe sofort an der Stelle des Bodens einen Blitz niederfahren lassen, wo noch zu meiner Zeit die bronzene Hydra daraufstand.
Der Boden vor dem Kultbild ist nicht aus weißem, sondern aus schwarzem Stein gemacht. Um den schwarzen Stein läuft eine

Umrandung aus parischem Marmor rings herum als Schranke für das ausgegossene Öl. Denn Öl ist der Statue in Olympia gut zuträglich, und Öl verhindert, daß das Elfenbein durch die sumpfige Natur der Altis leidet. . .

Pausanias (Fortsetzung)

Beschreibung des Kultbildes des Zeus in Olympia aus Pausanias' "Beschreibung Griechenlands", Buch V, Kapitel 11 (Übersetzung aus dem Griechischen von Ernst Meyer).
Es handelt sich um die einzige ausführliche Beschreibung aus der Antike des berühmtesten Bildwerkes des abendländischen Altertums (eines der Sieben Weltwunder); lediglich einem fragmentarisch erhaltenen Gedicht des Kallimachos (3. Jh. v.Chr.) sind einige Maßangaben des Werkes zu entnehmen, so etwa die Gesamthöhe der Figur samt Basis mit umgerechnet 12,40 m.

La Turquie méridionale (en Europe) comprend ce qu'on nommoit autrefois *la Grece*, si célebre par les grands hommes qu'elle a produits, & par les sciences & les arts qui y florissoient. Le pays est aujourd'hui fort déchu de son ancienne splendeur, mal peuplé, presqu' inculte, & fort pauvre. On divise la Grece en Terre-Ferme & en Isles.
La Terre-Ferme contient la Macédoine, l'Albanie, l'Epire, la Thessalie, l'Achaïe, dite aussi *Livadie* & la Morée, anciennement le *Peloponnese*.
. . .
Salonichi, autrefois Thessalonique, est une ville fort peuplée, & la plus marchande de toute la Grece. Les juifs, qui y sont nombreux, y font presque tout le commerce. . .
Les Isles de la Grece sont dans la mer Ionienne, ou dans l'Archipel. . .

Méthode abrégée et facile pour apprendre la Géographie (Paris, 1774)

Aus dem französischen Geographielehrbuch eines gewissen Crozat.
Zu deutsch (wörtlich):
Die südliche Türkei (in Europa) umfaßt, was man früher Griechenland nannte und so berühmt war für die großen Männer, die es hervorgebracht hat, sowie für die Wissenschaften und die Künste, welche dort blühten. Das Land ist heute sehr heruntergekommen von seinem alten Glanz, dürftig bevölkert, fast unbebaut und arg arm. Man teilt Griechenland in Festland und Inseln ein.
Das Festland beinhaltet Mazedonien, Albanien, Epirus, Thessalien, Achaia, auch Livadia genannt, und Morea, früher der Peloponnes.
. . .
Saloniki, einst Thessalonich, ist eine dicht bevölkerte Stadt und die geschäftigste von ganz Griechenland. Die dort zahlreichen Juden betreiben fast den gesamten Handel. . .
Die Inseln Griechenlands liegen im Ionischen Meer oder im Archipel (= Ägäisches Meer). . .

Faust:
Nein, gleich sollst du versammelt schauen
Der Helden ungetrennten Kreis:
Nur der verdient die Gunst der Frauen,
Der kräftigst sie zu schätzen weiß.

Johann Wolfgang von Goethe
Deutscher Dichter
(1749–1832)

Mit angehaltnem stillem Wüthen,
Das euch gewiß den Sieg verschafft,
Ihr Nordens jugendliche Blüthen,
Ihr Ostens blumenreiche Kraft.

In Stahl gehüllt, vom Strahl umwittert,
Die Schaar, die Reich um Reich zerbrach,
Sie treten auf, die Erde schüttert,
Sie schreiten fort, es donnert nach.

Johann Wolfgang von Goethe (Fortsetzung)

An Pylos traten wir zu Lande,
Der alte Nestor ist nicht mehr!
Und alle kleinen Königsbande
Zersprengt das ungebundne Heer.

Drängt ungesäumt von diesen Mauern
Jetzt Menelas dem Meer zurück!
Dort irren mag er, rauben, lauern,
Ihm war es Neigung und Geschick.

Herzoge soll ich euch begrüßen,
Gebietet Sparta's Königin;
Nun legt ihr Berg und Thal zu Füßen,
Und euer sey des Reichs Gewinn.

Germane du, Corinthus Buchten
Vertheidige mit Wall und Schutz!
Achaia dann mit hundert Schluchten
Empfehl' ich, Gothe, deinem Trutz.

Nach Elis ziehn der Franken Heere,
Messene sey der Sachsen Loos,
Normanne reinige die Meere
Und Argolis erschaff' er groß.

Dann wird ein jeder häuslich wohnen,
Nach außen richten Kraft und Blitz;
Doch Sparta soll euch überthronen,
Der Königin verjährter Sitz.

All-Einzeln sieht sie euch genießen
Des Landes, dem kein Wohl gebricht;
Ihr sucht getrost zu ihren Füßen
Bestätigung und Recht und Licht.

Aus Goethes Tragödie "Faust", Zweiter Teil (vollendet im Sommer 1831), Dritter Akt (Cotta, Stuttgart 1866).

Friedrich von Schiller
Deutscher Dichter
(1759–1805)

Er stand auf seines Daches Zinnen,
Er schaute mit vergnügten Sinnen
Auf das beherrschte Samos hin.
"Dies alles ist mir untertänig",
Begann er zu Ägyptens König,
"Gestehe, daß ich glücklich bin."

Erste Strophe von Schillers Gedicht "Der Ring des Polykrates".

Friedrich Hölderlin
Deutscher Dichter
(1770–1843)

Deiner Insel ist noch, der blühenden, keine verloren.
Kreta steht und Salamis grünt, umdämmert von Lorbeern,
rings von Strahlen umblüht, erhebt zur Stunde des Aufgangs
Delos ihr begeistertes Haupt. . .
Alle leben sie noch, die Heroenmütter, die Inseln.

Aus Hölderlins Briefroman "Hyperion oder der Eremit in Griechenland" (1797–1799).

Hermann Fürst
von Pückler-Muskau
Deutscher
Reiseschriftsteller
(1785–1871)

Ein wahrer Fluch des Lächerlichen scheint über den Bauwerken des neuen Athens ausgesprochen worden zu sein, sowohl öffentlicher als auch Privatunternehmungen dieser Art. So sieht das Kriegs- und Marineministerium eher wie ein Warenmagazin aus, und der Marstall

Hermann Fürst von Pückler-Muskau (Fortsetzung)

(hoffentlich nur provisorisch) erinnerte mich an das Etablissement eines bei Moabit reich gewordenen Ziegelstreichers. . .
Um aber den Grund zu diesen Kartenhäuschen auszugraben, zerschlägt man unbedenklich die prachtvollsten Marmorplatten alter Fußböden und andere antike Überreste, mit denen überall der Boden angefüllt ist. Ich halte es für ein wahres Unglück, daß die neue Stadt auf derselben Stelle, wo die alte stand, erbaut wird. Dies begräbt gewiß auf ewig große, ungekannte Schätze. Das Gouvernement hat zwar befohlen, um jedes der noch stehenden alten Monumente einen kleinen Platz freizulassen, aber abgerechnet, daß seine Befehle nicht zu den bestrespektierten gehören, ist dies viel zu wenig.
Man darf indes hoffen, daß wenigstens der neue Palast des Königs, außer der Stadt am Fuße des Lykabettos liegend (wo einst . . . sich die Schule der Cyniker befand), von dem Gesagten eine ehrenvolle Ausnahme machen werde.

Aus von Pückler-Muskaus Reisebericht "Südöstlicher Bildersaal" (Kapitel 'Griechische Leiden'; 1840).

Alexander von Humboldt
Deutscher Naturforscher und Geograph (1769–1859)

Ganz im Sinne einer großen Weltansicht schildert Plato im Phädon die Enge des Mittelmeeres. "Wir", sagt er, "die wir vom Phasis bis zu den Säulen des Hercules wohnen, haben inne nur einen kleinen Theil der Erde, in dem wir uns, wie um einen Sumpf Ameisen und Frösche, um das (innere) Meer angesiedelt haben." Und dieses enge Becken, an dessen Rande ägyptische, phönicische und hellenische Völker zu einem hohen Glanze der Cultur erblühten, ist der Ausgangspunkt der wichtigsten Weltbegebenheiten . . .

Aus Humboldts Hauptwerk "Kosmos" (herausgegeben 1845–1862).

Baedekers "Griechenland" (1888)

Eine Reise nach Griechenland gehört auch für uns Deutsche nicht mehr zu jenen ausserordentlichen Glücksfällen des Lebens, welche nur einzelnen Begünstigten zu Theil werden. In 14 Stunden bringt der Dampfer den Reisenden von Brindisi nach Corfù und von da in weiteren 16 Stunden nach Patras, wo er die 1887 eröffnete Eisenbahn erreicht, welche ihn in 4½ St. nach Korinth, in 9 St. nach Athen befördert (von Brindisi bis Athen im ganzen 35 St.). Von Brindisi um die Südspitze des Peloponnes direct nach Athen braucht man 2½, von Neapel 3½ Tage. Immer grösser wird daher die Zahl derjenigen, welche nach der Bereisung Italiens und Siciliens sich der ältesten Heimat alles Schönen, dem klassischen Boden von Hellas, zuwenden. Selbst ein noch so kurzer Aufenthalt daselbst wird sich durch reiche Belehrung belohnen und die Vorstellungen über eine Kulturentwicklung, von der wir noch fortwährend lernen, mehr als langjähriges Studium beleben. Freilich darf man nicht vergessen, dass zwar die Säulenpracht hellenischer Architektur auch heute noch, trotz aller Zerstörungen durch Zeit und Menschenhand, unmittelbaren Zauber ausübt, dass man aber zur Würdigung der meisten auf griechischem Boden erhaltenen Werke der antiken Sculptur immerhin einiger Vorbereitung bedarf. Der trümmerhafte Zustand, in dem sich vieles befindet, zum Theil auch noch eine magazinartige Aufstellung der Gegenstände werden Manchen, der mit frischen Eindrücken von Rom und Neapel kommt, zunächst etwas enttäuschen. Umso tiefer aber ist, sobald das Auge gelernt hat über diese Mängel hinwegzugleiten, der Einblick in das Wesen der griechischen Kunst, deren Schöpfungen uns hier in ihrer ersten Frische und Unmittelbarkeit entgegentreten, nicht, wie fast durchweg in Italien, in den Nachbildungen und Umbildungen der römischen Zeit. Wesentlich ist ferner, neben dem künstlerischen und geschichtlichen Interesse, einiges Verständnis für die südliche Landschaft, mit ihren meist baumlosen, aber scharf und edel gezeichneten

Baedekers "Griechenland" (Fortsetzung)

Berglinien, ihren tiefblauen Meeresbuchten und der klaren äthergleichen Luft, welche die weitesten Fernen dem Auge nahe rückt und den Schatten die Schwere nimmt. Ebensowenig wie in Italien darf man in Griechenland den bunten Farbenreiz einer deutschen Landschaft erwarten; auch hier muss man lernen die ernste Harmonie der Farben, welche Berge und Ebenen, Felsen, Gebäude und selbst die Vegetation beherrscht, zu erfassen und zu würdigen.

Aus der zweiten Auflage von Baedekers "Griechenland – Handbuch für Reisende", Seite XI (Einleitung. – I. Praktische Vorbemerkungen).

Isolde Kurz
Deutsche Schriftstellerin
(1853–1944)

Im Angesicht der attischen Berge bin ich erwacht. Dieses noch blauere Wasser ist der Saronische Golf mit Kap Sunion und den Inseln Ägina und Salamis; wir dampfen schon dem Piräus entgegen. Unsere Augen suchen und finden die Akropolis. Jetzt werde ich niemals mehr das Schicksal neidisch nennen.

Aus Kurz' Schrift "Wandertage in Hellas" (1913).

Kasimir Edschmid
(Eduard Schmid)
Deutscher Schriftsteller
(1890–1966)

Der Hafen von Syros hinter uns war violett und weiß. Er war in seinen dunklen Farben und in seinen weißen Farben einfach übersinnlich klar. Alles war südlicher, als man sich das Wort südlich vorstellen kann. Und dabei war nichts, aber auch nicht das Geringste hier in der Art südlich wie Italien.

Alles war ohne Üppigkeit, ohne Palmen, ohne Bäume, ohne die Seide der Luft und die Wollust der Atmosphäre, wie sie Italien besitzt. Alles hier war einfach – war nur Farbe, nur Linie, nur Licht. Es war das Diskreteste, was sich ein Mensch vorstellen kann in blassem Rosa, in schwachem Gelb und in leichtem Grün. Aber dahinter stand stets das dunkle, das Herz aufwühlende Blau des Ägäischen Meers.

Diese Meerfarbe ist vielleicht der einzige antike Zauber, den die Welt noch hat. In diesem Zauber ist alles noch enthalten, was die Hellenen hier in Delos an einer ihrer besten Kultstätten empfanden und es ist auch das vorhanden, was an Heroismus, an Opferung, an Leidenschaft und Größe und Elend die Nationen bewegt hat, die hier herrschten, siegten, starben und unterlagen. Von den Kretern, den Phöniziern, den Slawen, den Germanen, den Spaniern, den Venetianern, den Arabern, den Römern, den Byzantinern, den Kreuzfahrern und den Türken.

Das ganze Drama unserer Weltgeschichte hat sich hier abgespielt, es hat Imperien erhoben und hat Imperien versenkt mit einer tragischen Laune und Farbigkeit, wie sie nur die Dramatik des Mittelmeers kennt. Aber trotz dieses Wirrwarrs an Blut und Irrtum und Geschichte ist in der Meerfarbe von Delos und Naxos, von Santorin und Paros, von Syros und Nios und Tinos etwas erhalten, was hier einmal aus Helden und Legenden einen unsterblichen Mythos geschaffen hat. Man braucht das Meer nur zu riechen. Es duftet nach schönen und heroischen Göttern.

Aus Edschmids Reisebuch "Zauber und Größe des Mittelmeers" (1932).

Werner Helwig
Deutscher Schriftsteller
(1905–1985)

Ein schlickerndes Geräusch, als wenn jemand mit nassen Tüchern um sich schlüge, weckte mich. Dazu ein helles Gelächter. Ich deckte mein Gesicht auf, das ich unter den Decken verborgen hatte, erkannte Clemens, der halb im Wasser stand, und um dessen hocherhobenen nackten Arm ein dicker Tintenfisch schlickernd seine acht Fühler ringelte.

Bernsteingelbes schweigendes Licht war ringsum ausgebreitet. Das rote lachende Gesicht meines Freundes stand vor rauchdunklem

Werner Helwig (Fortsetzung)

Himmel. Er hatte beim Morgenbad den jungen Polypen mit der Hand gefangen und biß ihm jetzt mit seinen weißen starken Zähnen den Knorpelstrang zwischen Leib und Magensack durch. Biß mit schrägem Kinn, indem er das wild um sich schlagende Tier zwischen beiden Händen langzog. Im Nu lösten sich die ringelnden Fühler, hingen hinab wie Schnüre einer Geißel. Er warf den schwabbeligen Leichnam ins Boot, schwang sich selbst hinterher und frottierte sich eilig mit einem rauhen Sack ab. Rot und glühend schlüpfte er in seine Kleider.

Aus Helwigs Roman "Raubfischer in Hellas" (urspr. 1939, Neufassung 1960).

Nikos Kazantzakis Neugriechischer Schriftsteller (1882–1957)

Ich begegnete ihm zuerst im Piräus. Ich war zum Hafen hinab gegangen, um den Dampfer nach Kreta zu nehmen. Der Morgen dämmerte. Ein heftiger Sirocco wehte, und die Salzwasserspritzer flogen bis zum kleinen Kaffeehaus.
Die Glastüren waren geschlossen. Der Raum roch nach Menschen und Salbeitee. Draußen war es kalt, und die Scheiben waren vom Atem der Gäste beschlagen. Fünf, sechs Seeleute, die sich in ihre kaffeebraunen Blusen aus Ziegenhaar verkrochen, tranken Kaffee oder Salbeitee und blickten durch die trüben Scheiben auf das Meer.
Die Fische waren vom Peitschen des Sturms betäubt und hatten sich auf den stillen Grund geflüchtet. Sie warteten, daß sich das Meer droben wieder glättete, und auch die Fischer, die in den Kaffeehäusern eng beieinander hockten, warteten auf das Ende des Unwetters, daß sich die Fische beruhigten und wieder anbissen. Die Seezungen, Wasserskorpione und Rochen kehrten von ihren nächtlichen Raubzügen zurück, um sich schlafen zu legen. Der Tag brach an. . .

Beginn von Kazantzakis' berühmtem Roman "Alexis Sorbas – Abenteuer auf Kreta" (1946; Übertragung aus dem Neugriechischen von Alexander Steinmetz).

Kirsten-Kraiker "Griechenlandkunde"

Die Landschaft Griechenlands ist seit dem Altertum dieselbe geblieben. Sie ist somit für uns eine unmittelbare Quelle der Erkenntnis für die altgriechische Kultur, von deren Bauten im Land nur noch Trümmer stehen. Als fortlebender zeitgenössischer Gewährsmann für alles vergangene Geschehen gehört auch sie zu den geschichtlichen Stätten der großen Vorzeit des Landes. Aber ebenso wie die Schöpfungen dieser Vergangenheit, vor denen wir staunend und fragend stehen, erfordert auch die uns fremde Landschaft Einfühlung und Anleitung zu ihrem Verständnis.
Dieses Land ist anders als die uns vertraute deutsche Landschaft und die uns näher liegenden Länder Europas. . .
Wer nach Griechenland kommt, ist immer wieder erstaunt über die Kleinheit des Landes. Das macht nicht nur der Reichtum seiner Geschichte im Altertum und unsere genaue Kenntnis von ihr, die uns einen größeren räumlichen Schauplatz vorspiegeln, sondern auch der Reichtum seiner so unterschiedlichen Landschaften. . .
Der erste Eindruck der griechischen Landschaft des europäischen Festlandes, von wo aus man es auch betreten mag, ist ein sehr strenger ... karg und trocken, aber überraschend ausdrucksvoll, manchmal auch erschreckend fremd für ein Auge, das Wälder, grüne Weiden und üppige Gärten erwartet. . .
Dieses am reichsten gegliederte Land Europas bietet sich seinem Betrachter in einer überraschenden Farbigkeit dar. Das Licht weckt auf Gestein und Geröll eine Skala satter Farben, die sich im Wechsel der Tagesstunden ständig verändern und die Landschaft immer neu beleben.

Quellenhinweis s.S. 160

Kirsten-Kraiker (Fortsetzung) Quellenhinweis

Aus dem einleitenden Kapitel 'Landschaft und Geschichte' des Standardwerkes "Griechenlandkunde – Ein Führer zu klassischen Stätten" von Ernst Kirsten und Wilhelm Kraiker (1954).

Johannes Gaitanides Deutsch-griechischer Schriftsteller (geb. 1909)

Sie haben es wirklich nicht leicht, meine Freunde: mein Schuhputzer Dionysios, der seinen Stand in Athen am Omonia hat (am Platz der 'Eintracht', dem traditionellen Startpunkt der traditionellen Revolutionen und Revolutiönchen früherer Jahre); der Baumwollmillionär Sokrates, dem niemand die prunkvolle Parkvilla im Athener Vorort Kiphissia neidet (nicht nur, weil er wie die meisten Reichen des Landes sein Vermögen in der Fremde erarbeitet hat – in Kairo oder Kalkutta, in Sydney oder Kapstadt, in New York oder Buenos Aires –, sondern auch weil in Griechenland das große Vermögen, sei es noch so undurchsichtig und ohne Schweiß erworben, ein Anlaß des Respektes und des Nacheiferns ist, nicht des sozialen Ressentiments); der Wirt Sophokles, der seine gut gehende Taverne in der Plaka (dem Schwabing Athens, dem Nordhang der Akropolis zu Füßen) schließt, wenn ihm das Faß mit dem guten Wein ausgeht, so lange schließt, bis er wieder einen ebenbürtigen Tropfen auftreibt; der Fischer Demosthenes mit der verstümmelten Rechten, die er als Denkmal an jenen Tag mit sich herumträgt, da es ihm beim verbotenen Fischen mit der Dynamitpatrone einmal schiefgegangen war; der 'Unternehmer' Platon, der mit flinker Zunge und dem hochgeschraubten Pathos eines ersten Tenors seine Krawatten aus dem Pappkarton auf der Straße feilbietet (sofern ihn nicht gerade ein politischer Disput im Kaffeehaus festhält), oder schließlich der Bauer Aristoteles, der ein halbes Jahr vergebens auf ein paar Regentropfen für sein durstiges Steinäckerchen wartet – welche Vergleiche fordern schon ihre Namen heraus! Mehr als anderswo ist ja hier der Fremde verführt, den Zollstock der Geschichte aus seinem Bildungstornister zu zücken und das heutige Griechenland an der vertrauteren Einmaligkeit seines größeren Gestern kritisch zu messen. Kein Wunder, wenn bei diesem Verfahren meine Freunde Dionysios, Sokrates, Sophokles, Demosthenes, Platon und Aristoteles den Vorstellungen der humanistischen Schulkonvention alles schuldig zu bleiben scheinen. In der Tat: die griechische Gegenwart hat es schwer, vor ihrer Vergangenheit zu bestehen, die noch in so gewaltigen Zeugen bestürzende Anwesenheit hat. Dies Schicksal teilt sie jedoch mit sämtlichen anderen Nationen, nur – vergibt man es der hellenischen schwerer (als der eigenen).

Aus Gaitanides' Buch "Griechenland ohne Säulen" (1955).

Ernle Bradford Britischer Schriftsteller (geb. 1922)

Wenn man heute durch die Kykladen segelt, fällt einem vor allem ihr kahles, gemeißeltes Aussehen auf. Auf Delos war es das gleißende Licht, das mich blendete, als ich mein kleines Boot dort im Schatten des Berges Kythnos vor Anker legte, geschützt durch den alten Hafendamm. Die Schwesterinsel Rheneia, auf der anderen Seite der weißgefleckten Meerenge, beherbergte ein paar Schafe, und auf Delos selber störten nur ein vereinzelter Ziegenhirt und seine Herde die Stille. Doch diese von der Sonne verschlungenen Inseln, wie sie der Reisende heute kennt, sind etwas ganz anderes als die Inseln im Zeitalter Homers. Damals waren sie dicht bewaldet, mit viel mehr Quellen und kühlen Wiesengründen.

Seriphos, Siphnos, Milos, Santorin – an allen bin ich vorübergekommen, geblendet vom gleißenden Fels, nach dem kühlen, geäderten Marmor der See. Doch die Inseln, wie Odysseus sie sah, waren grün und üppig, wie Korfu es heute noch ist, oder wie die langgestreckten Täler auf Rhodos, wo die Schmetterlinge im Aquariumlicht der Laubwälder wie Feuerfunken wirken.

Aus Bradfords "Reisen mit Homer" (1964; Übertragung aus dem Englischen von Fritz Güttinger).

Die düsenjäger von eleusis
die busse von delphi
die staubfresser in den ämtern

vor ekel die sprache verschlagen
vor abscheu ins fremde versetzt

ich aber bin allein

dann hebt an
mutterberg foukas
flößt mir bläue ein
füttert mich mit ganz kleinen strahlen

und alles redet jetzt drauf los
und alles will mich plötzlich sprechen
esel und weinstock und bruder elias

daß ich wieder stammle
daß ich doch wieder stammeln kann.

Johannes Poethen
Deutscher
Lyriker und Essayist
(geb. 1928)

Routenvorschläge

Vorbemerkung

Die folgenden Routenvorschläge sollen dem Autotouristen Anregungen zur Bereisung des festländischen Griechenland geben, ohne ihm die Freiheit der eigenen Planung und Streckenwahl zu nehmen.
Die Routenführung ist so gewählt, daß die Hauptsehenswürdigkeiten berührt werden. Dennoch lassen sich nicht alle in diesem Reiseführer beschriebenen sehenswerten Orte ohne weitere Abstecher erreichen.
Ihre notwendige Ergänzung finden diese Routen in zahlreichen Vorschlägen und Empfehlungen für Abstecher, Umgebungs-, Ausflugs- und Rundfahrten bei den Einzelbeschreibungen des Hauptkapitels 'Reiseziele von A bis Z'. Dies gilt insbesondere für die großen und kleineren griechischen Inseln.
Die vorgeschlagenen Streckenführungen lassen sich auf der zum Buch gehörenden Reisekarte verfolgen, welche die ins Detail gehende Reiseplanung erleichtert.

Anreise nach und Rückreise von Griechenland

Große Entfernungen

Wer von Mitteleuropa eine Autoreise nach Griechenland unternehmen möchte, bedenke vor allem die beträchtlichen Entfernungen. Auch wenn man den direkten Landweg wählt, muß man ganz Jugoslawien der diagonalen Länge nach durchqueren, um an die Nordgrenze von Hellas zu gelangen.
Eine Fahrt durch Jugoslawien zu den wichtigsten Orten in Griechenland und wieder auf demselben Wege zurück nach Österreich und Deutschland läßt sich bei zweimaliger Benutzung der kürzesten Verbindungsstrecke über Zagreb und Belgrad sowie bei Beschränkung auf die griechischen Hauptstrecken zur Not in etwa zwanzig Tagen durchführen, wobei rund 4800 km zu bewältigen wären.
Um jedoch auch die Hin- und Rückfahrt durch Jugoslawien auf verschiedene lohnende Strecken legen zu können und vor allem in Griechenland selbst nicht sonderlich eilen zu müssen, sollte man für die sich dann ergebenden rund 5500 km mindestens einen Monat Reisezeit zur Verfügung haben.

Durch Jugoslawien

Wenngleich die transjugoslawische Fernstraße 'Autoput' (Zagreb–Belgrad–Niš–Skopje) die kürzeste Straßenverbindung darstellt, kann wegen der großen Belastung, des teilweise schlechten Zustandes und der damit verbundenen Unfallgefahr nicht unbedingt zu ihrer Benutzung geraten werden.
Die bei weitem reizvollere Alternative bildet die Reise auf der Adriatischen Küstenstraße 'Magistrala' von Istrien über Rijeka, Split und Dubrovnik bis Kotor und von dort durch die Bergwelt von Montenegro, das Kosovo und Makedonien nach Skopje.

Autofähren verkürzen die Fahrstrecken

Eine erhebliche Verkürzung der Fahrstrecke und damit der notwendigen Zeit ergibt sich, wenn man für die An- bzw. die Rückreise eine der zwischen verschiedenen Adriastädten (in Italien und Dalmatien) und den griechischen Häfen Igumenitsa, Patras oder Piräus (Athen) verkehrenden Autofähren benutzt. Dies erfordert jedoch eine genauere Zeitplanung, da die begehrten Fährplätze lange im voraus gebucht werden müssen.

◀ *Viele Wege führen nach Meteora*

Routenvorschläge

Allgemeine Hinweise

Orte und Landschaften, die im Abschnitt 'Reiseziele von A bis Z' unter einem Hauptstichwort beschrieben sind, erscheinen innerhalb der folgenden Routenvorschläge **in halbfetter Schrift.**

Sämtliche erwähnten Städte, Orte, Landschaften, Inseln, Flüsse u.v.a. sowie einzeln stehende Sehenswürdigkeiten, gleichgültig ob Hauptstichworte oder Umgebungsziele, sind im Namenregister am Ende des Reiseführers zusammengefaßt, das ein rasches und problemloses Auffinden des Gesuchten gestattet.

Bei den in Klammern hinter den Routenüberschriften genannten Entfernungsangaben handelt es sich um gerundete Kilometerzahlen, die sich lediglich auf den direkten Routenverlauf beziehen; sofern bei den empfohlenen Abstechern, Umwegen oder Varianten längere Strecken anfallen, sind die zu bedenkenden Entfernungen jeweils angemerkt.

Nord- und Mittelgriechenland

1: Von Saloniki nach Athen (520 km)

Streckenverlauf

Diese Route bildet die wichtige Verbindung zwischen den beiden größten Städten Griechenlands und ist damit die Hauptachse des griechischen Straßennetzes, die zudem als ein Teil der transkontinentalen Durchgangsstraße (E 75) besondere touristische Bedeutung hat. Die Strecke ist durchgehend als gebührenpflichtige Schnellstraße und abschnittweise autobahnartig ausgebaut.

Die Fahrt führt von dem den Nordwestzipfel des Ägäischen Meeres bildenden Golf von Saloniki, in den sich hier die großen Flüsse Gallikos, Axios (slawisch Vardar), Ludias und Aliakmon ergießen, in Griechisch **Makedonien** zunächst durch die einförmige Tiefebene Kampania. Weiter an den östlichen Ausläufern der Pieria-Berge entlang, geht es hinter dem Städtchen Katerini auf landschaftlich prächtiger Strecke am Golf von Saloniki vorbei, zu Füßen des Götterberges **Olymp** (Olimbos), der höchsten Erhebung Griechenlands (2917 m ü.d.M.), und – vorüber an der Kreuzfahrerburg von Platamonas – durch das schöne **Tempe-Tal** zwischen dem Olymp und dem Bergstock Ossa in die mit ihren fruchtbaren Ebenen schon in der Antike als Kornkammer Griechenlands dienende Landschaft **Thessalien,** wo man die in der Ostthessalischen Ebene am Pinios gelegene thessalische Hauptstadt **Larisa** erreicht.

Südostwärts weiter, an der thessalischen Hafenstadt **Volos** vorüber, und in weitem Bogen östlich und südlich um das Othrys-Gebirge herum sowie später am Golf von Lamia entlang nach **Lamia**, dem Hauptort der Landschaft Phthiotis. Von dort durch die berühmten **Thermopylen,** die heute allerdings keinen Engpaß mehr bilden, sondern nur noch historische Erinnerungen wecken, jenseits des Badeortes **Kamena Vurla** ein Stück weit an der Südküste des Golfes von Euböa entlang.

Später wieder etwas landeinwärts in die Landschaft **Böotien,** an der mächtigen Festung **Gla** aus mykenischer Zeit (östlich) und der südlich landeinwärts gelegenen antiken Stadt **Theben** vorüber, durch die Halbinsel **Attika,** die schon im Altertum die wichtigste griechische Landschaft bildete, wobei man das **Parnes**-Gebirge (Oros Parnitha) östlich umfährt und schließlich bei der sich unterhalb der Akropolis wie ein Moloch ausbreitenden griechischen Hauptstadt **Athen** wieder das Ägäische Meer erreicht.

Route 1 (Fortsetzung) Abstecher und Streckenvarianten

Der am Fuße des **Olymp** gelegene Bergort **Litochoro** ist Ausgangspunkt für die Besteigung des Götterberges.
Unweit nördlich von Litochoro verdient die Ausgrabungsstätte der heiligen Stadt der Makedonen **Dion** einen Besuch.
Vom thessalischen Regionalzentrum Larisa führt eine bequeme Querverbindung (85 km) westwärts über die Stadt **Trikala** zu den einzigartig 'schwebenden' **Meteora-Klöstern**.
Von der etwas abseits der Durchgangsstraße gelegenen Hafenstadt Volos erreicht man ostwärts das **Pelion**-Gebirge mit seinen abgeschiedenen Bergdörfern in malerischer Lage.
Lamia ist Ausgangs- bzw. Endpunkt einer kurvenreichen Verbindungsstraße westwärts durch das südliche **Pindos**-Gebirge nach Ätolien zu der Kreisstadt **Agrinion** (s. Route 2), wobei die Strecke dem Flußtal des Sperchios folgt, den Bergort Karpenisi unterhalb des 2315 m hohen Berges Tymphristos (Wintersportgebiet) berührt sowie auf einer hohen Brücke einen Ausläufer des ausgedehnten Acheloos-Stausees (Kremasta-See) überquert (knapp 200 km).
Von Lamia oder den Thermopylen kann man einen kurzen Ausflug westwärts zu dem kleinen Ort Gorgopotamos machen, der im Zweiten Weltkrieg historische Bedeutung erlangt hat, als der dortige Eisenbahnviadukt über den Fluß Gorgopotamos von britischen Soldaten gemeinsam mit griechischen Widerstandskämpfern gesprengt und so die Hauptnachschublinie für die deutsche Besatzungsmacht unterbrochen wurde.
Von Lamia bietet sich ferner die Möglichkeit, auf einer reizvollen Bergstraße südwärts in die Landschaft Phokis und über Bralos sowie **Amphissa** zu der berühmten antiken Orakelstätte **Delphi** am Fuße des **Parnaß** zu gelangen (95 km).

Wer sich nach einem womöglich langen Fahrtag nicht mehr dem chaotischen Verkehrsgewühl im Großraum Athen aussetzen möchte, dem sei angeraten, die Schnellstraße bei Ritsona (ca. 75 km vor Athen) zu verlassen und nordostwärts nach Chalkis (Halkida) auf der nahen Insel **Euböa** (Evvia) zu fahren, die hier nur durch einen schmalen Kanal vom Festland getrennt ist (interessante alte Schiebebrücke; neue Pfeilerbrücke in der Umgebung im Bau).
Sofern die ausgedehnte Insel Euböa nicht sogleich erkundet werden soll, kann man bei der anschließenden Weiterfahrt in Richtung Athen die lohnenden Umwege über das nordattische antike Orakelheiligtum **Amphiareion** (bei dem am Golf von Euböa gelegenen Küstenort Oropos) oder über den Stausee und das antike Schlachtfeld von **Marathon** (Marathonas) machen. Von hier empfiehlt sich die schöne Bergstraße durch den marmorreichen **Pentelikon** (Pendeli), an dem deutschen Soldatenfriedhof Dionyssos-Rapendoza vorbei, zu dem Athener Ausflugsort Dionyssos (Dionisos).

2: Von Igumenitsa über Delphi nach Athen (530 km)

Streckenverlauf

Diese Route ist auf Touristen zugeschnitten, welche die Anreise von Norden durch die Benutzung einer Autofähre abkürzen und dann auf dem raschesten Wege nach Athen gelangen wollen.
Die Strecke beginnt in dem nordwestgriechischen Hafenort **Igumenitsa**, wo die Fähren von den italienischen und jugoslawischen Adriahäfen bzw. von der ionischen Insel **Korfu** (Kerkyra) anlegen. Sie führt zunächst in einiger Entfernung von der Küste des Ionischen Meeres südostwärts durch die bergige Landschaft **Epiros** (Epirus), über die Ortschaft Mesopotamos mit dem antiken Totenorakel **Nekromanteion Ephyras**, dann unmittelbar am Meer entlang zu der Hafenstadt

Route 2, Streckenverlauf (Fortsetzung)

Preveza am schmalen Ausgang des weit in das Festland eingreifenden Ambrakischen Golfes, den man auf einer Wagenfähre überquert, weiter über **Vonitsa** nach Amphilochia, einem freundlichen Urlaubsort, der am südöstlichen Ausläufer des Ambrakischen Golfes im Halbrund aufsteigt.
Bald darauf gelangt man auf einem Damm über den nördlichen Ausläufer des Ambrakia-Sees sowie an seinem Ostufer entlang, durch landwirtschaftlich intensiv genutztes Gelände in das breite Tal des weiter nördlich zur Energiegewinnung aufgestauten Flusses Acheloos zu der Ortschaft Stratos inmitten der gleichnamigen antiken Stadtfestung (Mauerring mit Türmen und Toren; Zeus-Tempel), einst die Hauptstadt der Landschaft Akarnanien. Über das breite Geröllbett des hier mehrarmigen Acheloos (Kraftwerk) und durch ein recht kahles Hügelland führt die Route zu der ätolischen Kreisstadt **Agrinion** (Agrinio), wo eine interessante Bergstraße nordostwärts durch das **Pindos**-Gebirge nach **Lamia** (s. Route 1) abzweigt.
Südlich von Agrinion zwischen dem Lysimachia-See (westlich) und dem größeren Trichonis-See (östlich; nicht sichtbar) dahin, darauf durch die zwischen senkrechten Felswänden verlaufende Paßschlucht Klisura, vorbei an ausgedehnten Salzgärten und dem Lagunenstädtchen Ätolikon (Etoliko) nach **Mesolongion** (Mesolongi), das durch den griechischen Freiheitskampf gegen die Türken in den zwanziger Jahren des 19. Jahrhunderts berühmt geworden ist. Die Fernstraße umgeht die noch teilweise von alten Wällen umgebene Stadt und erreicht, nun ostwärts verlaufend, Antirrion (Andirrio) mit der großen alten Festung Kastro Rumelis an der Meerenge von **Rion** (Kleine Dardanellen; Autofähre zur peloponnesischen Seite), dem schmalen Westende des Golfes von Korinth.
Die Fortsetzung der Route folgt nun der Nordküste des Golfes über **Naupaktos** (Nafpaktos; in venezianischer Zeit Lepanto) auf einer landschaftlich äußerst reizvollen Strecke, die überwiegend in Ufernähe verläuft und prächtige Ausblicke auf die südlich jenseits des Wassers aufsteigende Gebirgsszenerie der **Peloponnes** bietet. Bereits auf der Höhe von Eratini öffnet sich der Vorblick auf den **Parnaß** (Oros Parnassos).
Vor der kleinen Hafenstadt Itea kommt man an den unschönen Anlagen des umstrittenen Parnaß-Bergwerkes (Gewinnung und Verschiffung von Aluminium) vorüber, durchquert eine Ebene mit ausgedehnten Olivenhainen und erreicht auf einer aussichtsreichen Serpentinenstraße das am Hang des Parnaß gelegene **Delphi**, zunächst den modernen Touristenort mit Hotels, Restaurants und Läden, dann das mehrteilige Ausgrabungsgelände der antiken Orakelstätte in idyllischer Landschaft.
Von Delphi führt die Straße ostwärts weiter über den malerisch gelegenen, auch zum Wintersport besuchten Fremdenverkehrsort Arachova, über die böotische Hauptstadt **Levadia** sowie über die in der antiken Mythologie bedeutende Stadt **Theben** (Thiva) und das Mysterienheiligtum von **Eleusis**, heute umgeben von der Industriestadt Elefsina, in die griechische Hauptstadt **Athen.**

Streckenvarianten

Wer nach Ankunft mit dem Fährschiff in Igumenitsa nicht umgehend direkt auf Athen zusteuern will, dem sei empfohlen, sich zunächst landeinwärts zu wenden, um nach rund 100 km problemloser Fahrt durch eine freundliche Berglandschaft nach **Ioannina**, der reizvoll an einem See gelegenenen Hauptstadt der Region **Epiros** (Epirus), zu gelangen. Von dort wendet man sich südwärts, durchfährt später das anmutige Tal des Flusses Luros (Forellen) und kommt dann zu der besonders wegen seiner byzantinischen Kirchen besuchenswerten Stadt **Arta**, dem antiken Ambrakia, von dem der weiter südlich tief ins Land eingreifende Ambrakische Golf seinen Namen hat und an

Route 2, Streckenvarianten (Fortsetzung)

dessen südlichstem Ausläufer man in Amphilochia wieder auf die zuvor beschriebene Hauptstrecke trifft.
Wem die Fährüberfahrt von Preveza nach Aktion zu umständlich ist, der biege 17 km nördlich von Preveza nach Nordosten ab und fahre auf der Straße Nr. 21 bis zur Einmündung in die zuvor erwähnte Streckenvariante von Ioannina nach Arta.
Von Vonitsa am Südufer des Ambrakischen Golfes führt südwärts eine Alternativstrecke weithin in Küstennähe über Astakos nach Ätolikon, die wieder auf die Hauptroute von Amphilochia über Agrinion nach Mesolongion stößt.
Wenn man bei Antirrion an die Meerenge von Rion gelangt ist und nicht weiter über Delphi fahren möchte, besteht die Möglichkeit, mit der häufig verkehrenden Autofähre auf die **Peloponnes** nach **Rion** überzusetzen und auf der unweit vom südlichen Ufer des Golfes von Korinth verlaufenden, gebührenpflichtigen Schnellstraße über **Korinth** und nach Überquerung des Kanals von Korinth über Megara und **Eleusis** rascher nach **Athen** zu gelangen (s. Route 7 in umgekehrter Richtung).

Abstecher

Bald nach Beginn der Fahrt von Igumenitsa südostwärts versäume man nicht den kurzen Abstecher hinab zu dem an einer hübschen kleinen Bucht gelegenen Badeferienort **Parga.**
Unweit vor Preveza lohnt die Besichtigung des weitläufigen Ausgrabungsgeländes der von Octavian gegründeten Stadt **Nikopolis.**
Nachdem man mit der Fähre von Preveza über den Ambrakischen Golf nach Aktion übergesetzt ist, bietet sich die ungewöhnliche Gelegenheit, eine griechische Insel sozusagen auf dem Landwege zu erreichen: Die ionische Insel **Lefkas** ist nur durch eine Lagune vom Festland getrennt; ein Damm und zuletzt eine Klappbrücke gestatten die direkte Überfahrt.

Falls man die Streckenvariante von Igumenitsa landeinwärts über **Ioannina** gewählt hat, bieten sich von dort mehrere lohnende Ausflüge an: unweit nördlich vom See von Ioannina zur Perama-Tropfsteinhöhle; nordwestwärts auf der zur albanischen Grenze führenden Straße (s. Route 3 in entgegengesetzter Richtung) zu den interessanten Bergdörfern in den Zagoria-Bergen und zur tief eingeschnittenen Vikos-Schlucht; südwestwärts zu dem im Altertum bedeutenden Orakelheiligtum von **Dodona** (Dodoni), dessen antikes Theater heute wieder bespielt wird.
Ferner kann man von Ioannina ostwärts auf der sehr lohnenden Katara-Paßstraße (neue Trasse mit Tunnel im Bau), an dem Touristenort **Metsovon** (Metsovo) vorüber, durch die eindrucksvolle Gebirgswelt des **Pindos** zu den bizarren **Meteora-Klöstern** fahren (125 km).

Wer für die intensive Bereisung der vielen Sehenswürdigkeiten auf der **Peloponnes** (s. Routen 7 und 8a–8d) nicht genügend Zeit zur Verfügung hat, könnte relativ leicht zumindest die berühmte Urstätte der Olympischen Spiele besuchen. Hierzu setzt man von Antirrion mit der Autofähre nach **Rion** auf das peloponnesische Ufer über, fährt durch die Hafenstadt **Patras** und über **Pyrgos** nach **Olympia**, wobei die Strecke bis dorthin mit Ausnahme des Stadtgebietes von Patras fast durchgehend als Schnellstraße verläuft (120 km).

Im Bereich des Routenabschnittes zwischen Delphi und Athen häufen sich die abseits der Hauptstraße gelegenen Sehenswürdigkeiten; man sollte sich daher überlegen, ob für ihren Besuch die Route 6 oder ein Standquartier im Athener Raum besser geeignet wären als die Unterbrechung zum Zwecke von Abstechern. Eine Empfehlung sei hier dennoch gegeben:

Route 2, Abstecher (Fortsetzung)

Jenseits Arachova führt eine Stichstraße zu dem stattlichen Kloster **Osios Lukas** mit hervorragenden Beispielen der Mosaikkunst des 11. Jahrhunderts.
Auf dem Wege dorthin berührt man die leidgeprüfte Ortschaft Distomo, wo die deutschen Besatzer im Sommer 1944 ein Massaker verübten, dem über 200 Griechen zum Opfer fielen.

3: Von Saloniki über Kastoria nach Ioannina (450 km)

Streckenverlauf

Diese durch den äußersten Norden Griechenlands verlaufende Route folgt keiner durchgehenden Fernstraßentrasse, sondern ist bewußt so gewählt, um die vielfältigen Landschaften dieser relativ wenig besuchten Region mit ihren abseits der großen Touristenströme gelegenen Städten und Sehenswürdigkeiten zu erschließen. Zunächst verläuft sie wie die von den Römern als Verlängerung der Via Appia zwischen Duracchium (italienisch Durazzo; heute albanisch Durrës) und Byzanz (Konstantinopel; heute türkisch İstanbul) angelegten Via Egnatia vorwiegend durch flaches oder welliges Gelände, in ihrer zweiten Hälfte jedoch weithin durch gebirgige Gegend.
Von der nordgriechischen Metropole **Saloniki** wendet man sich nordwestwärts und durchfährt die weite makedonische Küstenebene Kampania, kreuzt die von der griechisch-jugoslawischen Grenze kommende Schnellstraße (Skopje–Saloniki–Athen; s. Route 1) und den breiten Fluß Axios (slawisch Vardar), fährt vorüber an den Ruinen von **Pella**, der einstigen Hauptstadt des Makedonischen Reiches, berührt das Landstädtchen Giannitsa, in dessen Nähe sich früher der große, jetzt trockengelegte gleichnamige See ausdehnte, und gelangt zu der auf einer Sinterterrasse an den Ausläufern des Vermion-Gebirges gelegenen Stadt **Edessa**.
Jenseits von Edessa umzieht die Straße das Nordende des Vegorritis-Sees und erreicht über die Ortschaften Kella und Vevi das gewerbereiche Regionalzentrum **Phlorina** (Florina). Nordwärts führt eine Fernstraße zur jugoslawischen Grenze, über Bitola weiter an den Prespa-See und den Ochrid-See, zwei lohnende Urlaubsziele im südlichen Jugoslawien.
Südwärts und durch landschaftlich reizvolles Gebiet verläuft der nun folgende Routenabschnitt, eine kurvenreiche Bergstrecke im Bereich des Dreiländerecks, wo im südlichen Prespa-See Jugoslawien, Albanien und Griechenland aneinanderstoßen, bis zu der westmakedonischen Kürschnerstadt **Kastoria**, deren pittoreske Altstadt sich mit steilen Gassen und vielen kleinen byzantinischen Kirchen auf einer Halbinsel im See von Kastoria aufbaut.
Weiter südlich erreicht man in Neapoli die von **Kozani** (s. Route 5) kommende Fernstraße, der man nun nach Westen zunächst durch anmutiges Bergland, bald aber durch eine prächtige Hochgebirgsszenerie in die Landschaft **Epiros** (Epirus) folgt. Die Straße verläuft hier, meist wasserreichen Flußläufen folgend, unweit der griechisch-albanischen Grenze und senkt sich bei Konitsa (östlich oberhalb) in eine weite, landwirtschaftlich genutzte Ebene. Nach einer erneuten windungsreichen Bergstrecke gelangt man schließlich, vorüber an den Zagoria-Bergen (nordöstlich) in die weite Beckenlandschaft mit dem See von **Ioannina.**

Abstecher

Von Ioannina sind es noch rund 100 km Fahrt westwärts bis zum Fährhafen **Igumenitsa** (s. erste Streckenvariante der Route 2).
Anregungen für Ausflüge in die Umgebung von Ioannina und zu den 'schwebenden' **Meteora-Klöstern** siehe bei den Abstechern der Route 2.

4: Von Saloniki über Kavala nach İstanbul (650 km)

Streckenverlauf

Diese großenteils infolge der langen Geraden relativ rasch zu befahrende Strecke stellt die einzige Landverbindung zwischen Griechenland und der Türkei dar. Sie folgt in ihrem Verlauf teilweise der römischen Via Egnatia (s. Route 3). Vom Golf von **Saloniki** führt sie zunächst durch den südlichen Teil von Griechisch **Makedonien,** an den beiden Seen Koronia und Volvi vorbei; im Süden erstreckt sich die 'dreifingrige' Halbinsel **Chalkidike**.
Hinter Rendina kommt man an die Küste des Strymonischen Golfes (Kolpos Orphanu) und erreicht über die Badeorte Asprovalta und Kerdylia die Strommündung des Strymon (Strimonas; bulgarisch Struma); vor der Brücke ein steinerner Löwe aus dem nahen **Amphipolis.** Die Straße folgt nun erneut der Küste über den Badeort Lutra Eleftheron, durchquert die sumpfige Ebene von **Philippi** und erreicht den Golf von Kavala mit der reizvoll gelegenen, geschäftigen Hafenstadt **Kavala**.
Bald darauf überquert man den Fluß Nestos (bulgarisch Mesta), der südöstlich der Straße eine ausgedehnte, fruchtbare Küstenebene aufgeschüttet hat und heute die Grenze zwischen den Landschaften Makedonien und **Thrakien** bildet, und fährt nun durch das seit dem Ende des Ersten Weltkrieges griechische, zuvor vorübergehend bulgarische Westthrakien, das wegen seiner besonders langen Zugehörigkeit zum Osmanischen Reich noch am stärksten von allen griechischen Landschaften einen orientalischen Charakter bewahrt hat und trotz des griechisch-türkischen Bevölkerungsaustausches von 1923 noch eine größere muslimische Minderheit besitzt.
Hinter der Stadt **Xanthi** führt die Straße auf der Landzunge von Lagos (Porto Lago) zwischen dem Vistonis-See (Buru-See) und einer Bucht des Ägäischen Meeres hindurch zu der nahe an dem hauptsächlich bulgarischen Rhodope-Gebirge gelegenen Stadt **Komotini.** Weiterhin durch die westthrakische Ebene und durch ein felsiges Hügelland zur Küste am Thrakischen Meerbusen zu dem Hafenstädtchen **Alexandrupolis**, dem letzten größeren Ort vor der nahen Grenze zur Türkei.
Von hier führt die direkte Straße nach İstanbul über den Grenzfluß Evros (türkisch Meriç Nehri) und durch das meist steppenartige, von zahlreichen Flüßchen zerrissene türkische Gebiet von Ostthrakien, das die sich nach Osten verschmälernde Thrakische Halbinsel zwischen dem Schwarzen Meer und dem Marmarameer einnimmt und das auch die Europäische Türkei genannt wird. Bei Tekirdağ erreicht man das Marmarameer und fährt an diesem oder unweit der Küste entlang bis zu der prächtig am Bosporus gelegenen türkischen Hafenstadt İstanbul, die Baedekers Allianz-Reiseführer "Istanbul" ausführlich beschreibt. Von dort besteht die Möglichkeit, mit einem Fährschiff nach Griechenland zurück oder zu einem Adriahafen zu gelangen.

Abstecher und Streckenvarianten

Vor der Fahrt nach Thrakien versäume man bei ausreichender Zeit keinesfalls den Abstecher von Saloniki durch die Halbinsel **Chalkidike**; sie bietet gute Urlaubs- und Bademöglichkeiten auf den beiden 'Fingern' Kassandra und Sithonia (jeweils lohnende Rundfahrten möglich) und den Ausflug zu dem berühmten Heiligen Berg **Athos** (Agion Oros). Diese einzigartige Mönchsrepublik kann allerdings nur von erwachsenen Männern mit einer Sondergenehmigung besucht werden (Frauen und Jugendliche haben keinen Zutritt!).
Unweit nördlich von Nea Kerdylia befinden sich die Reste der antiken Stadt **Amphipolis.**
Mit Fährschiffen kann man von Kavala und Keramoti auf die nahe der Küste im Thrakischen Meer gelegene Insel **Thasos**, von Alexandrupolis nach **Samothraki** übersetzen.

Route 4, Abstecher und Streckenvarianten (Fortsetzung)

Südlich von Xanti liegt die antike Hafenstadt Abdera, deren Überreste erst in den fünfziger Jahren dieses Jahrhunderts freigelegt wurden. Besonders empfehlenswert ist der Umweg (ca. 80 km) von Alexandrupolis nach İstanbul über die türkische Stadt Edirne (einst Hadrianopel), deren Selim-Moschee zu den großartigsten Bauwerken der gesamten Türkei zählt.
Wer die direkte Straße zwischen Saloniki und Kavala schon kennt oder von İstanbul wieder auf dem Landwege zurückfährt, wähle die allerdings weniger attraktive Strecke über die Städte **Drama** und **Serrä** (Serres; ca. 40 km Umweg), die durch das Landesinnere führt, wobei man außer den charakteristischen makedonischen Beckenlandschaften (u.a. Tabakkulturen) das Ruinenfeld der antiken Stadt **Philippi** kennenlernt.

5: Von Saloniki über Kozani zu den Meteora-Klöstern (270 km)

Streckenverlauf

Diese kürzere Route verläuft von **Saloniki** zunächst wie Route 1 durch die makedonische Tiefebene Kampania, zweigt jedoch vor Überquerung des Aliakmon nach Westen ab und folgt dem breiten Stromtal flußaufwärts bis zu der auf einer Terrasse an den Ausläufern des Vermion-Gebirges gelegenen, freundlichen Stadt **Veria**.
Von dort fährt man weiter südwestwärts auf der Chantova-Paßstraße zwischen dem Vermion-Gebirge (westlich) und den Pieria-Bergen (östlich) hindurch, erreicht das ausgedehnte Becken von Kozani, kommt an einem gewaltigen Braunkohlekraftwerk vorüber und gelangt schließlich zu der weit über ihren ursprünglichen Kern hinausgewachsenen Bezirkshauptstadt **Kozani.**
Die Route folgt von Kozani westwärts zunächst der Fernstraße Nr. 5, biegt aber schon nach knapp 30 km südwestlich auf die Straße Nr. 15 ab, überquert den oberen Aliakmon, führt jenseits der Landstadt Grevena durch das Chasia-Gebirge und in die Region **Thessalien** nach **Kalambaka**, dem idealen Ausgangspunkt für den Besuch der berühmten 'schwebenden' **Meteora-Klöster.**

Abstecher und Streckenvarianten

Von Veria empfiehlt sich der Abstecher zu der nahen Ortschaft **Vergina**, das durch die Entdeckung des Grabes des makedonischen Königs Philipp II. berühmt geworden ist.
Von Kozani führt eine Fernstraße südostwärts nach **Larisa** (145 km; s. Route 1), im Verlaufe derer man den großen Aliakmon-Stausee auf einer über 2 km langen, geschwungenen Pfeilerbücke überquert und die Städte **Servia**, Elassona und Tirnavos berührt.
Von Kalambaka über das **Pindos**-Gebirge nach **Ioannina** siehe Route 2 (Abstecher).
Von Kalambaka über **Lamia** nach **Athen** siehe Route 6 (in entgegengesetzter Richtung).

6: Von Athen über Lamia zu den Meteora-Klöstern (360 km)

Streckenverlauf

Diese Route verläßt die griechische Hauptstadt **Athen** nordwestwärts, folgt der Schnellstraße in Richtung Korinth zunächst an dem besuchenswerten Kloster **Daphni** vorüber, dann entlang der durch Industrieanlagen verschandelten Bucht von Eleusis und zweigt auf der Höhe von **Eleusis** (Elefsina) nach Norden (Straße Nr. 3) ins attische Bergland ab, das auf kurvenreicher Strecke durchquert wird. Jenseits der Ortschaft Erythrä (Erithres) fährt man entlang dem historischen Schlachtfeld von **Platää** (links), wo die Griechen im Jahre

Route 6, Streckenverlauf (Fortsetzung)

479 v.Chr. die Perser besiegten, und erreicht bald darauf die im Altertum bedeutende Stadt **Theben** (Thiva); 6 km nördlich verläuft die Schnellstraße Athen–Lamia–Larisa–Saloniki (s. Route 1 in umgekehrter Richtung).
Hinter Theben weiterhin auf der Straße Nr. 3 über die böotische Bezirkshauptstadt **Levadia** sowie **Chäronia** am Westrand des berühmten Schlachtfeldes von Chaironeia (Chäronea), bekannt durch den von dem König Phillipp II. von Makedonien über das griechische Heer unter dem Athener Demosthenes im Jahre 338 v.Chr. errungenen Sieg (monumentales Löwendenkmal über dem Grab der gefallenen Thebaner).
Im Tal des Kiphissos geht es flußaufwärts über Amphiklia, das im Süden von den Wänden des **Parnaß** überragt wird, und Bralos zum Purnaraki-Paß, auf der Wasserscheide zwischen den Flußsystemen des Kiphissos und des Sperchios und zugleich auf der Grenze zwischen den Landschaften Phokis und Phthiotis. Dahinter führt die Straße hinab in die breite, fruchtbare Talebene des Sperchios, überquert den Fluß und erreicht die Bezirkshauptstadt **Lamia** (s. Route 1).
Nördlich von Lamia steigt das Othrys-Gebirge auf, das die nun kurvenreiche Straße auf dem Phurka-Paß (Stena Furkas) überwindet; hier verlief bis 1881 die Grenze zwischen Griechenland und der Türkei.
Rund 55 km hinter Lamia gabelt sich die Fernstraße bei Neon Monasterion: Nordostwärts führt die Straße Nr. 3 über **Pharsala** nach **Larisa** (60 km; s. Route 1); die hier empfohlene Route folgt hingegen nun der Straße Nr. 30 nordwestwärts durch die westthessalische Tiefebene über die Städte **Karditsa** sowie **Trikala** und erreicht bald darauf den Touristenort **Kalambaka** in unmittelbarer Nähe der höchst eindrucksvollen Felsszenerie mit den berühmten 'schwebenden' **Meteora-Klöstern.**

Streckenvarianten

Für den Routenabschnitt zwischen Athen und Lamia bieten sich mehrere Alternativen:
Wenngleich die Benutzung der gebührenpflichtigen Schnellstraße (s. Route 1 in umgekehrter Richtung) eine etwas größere Kilometerfahrleistung als auf der zuvor empfohlenen Hauptroute erfordert, bietet sie zwar die rascheste, aber auch die touristisch am wenigsten interessante Verbindung.
Von Livadia gibt es die äußerst lohnende Möglichkeit, unterhalb des majestätischen **Parnaß** über den malerischen Bergort Arachova zu den berühmten Ausgrabungen der antiken Orakelstätte **Delphi** zu gelangen (s. Route 2 in entgegengesetzter Richtung; empfehlenswerter Abstecher über Distomo zum Kloster **Osios Lukas**) und von dort über **Amphissa** bei Bralos wieder auf die Hauptroute zurückzukehren (ca. 50 km Umweg).
Von Bralos kann man anstatt auf der reizvollen alten Bergstraße direkt über den Purnaraki-Paß ins Becken von Lamia zu fahren, nordostwärts hinab in die sumpfige Mündungsebene des Sperchios und nach einem kurzen Abstecher zu den geschichtsträchtigen **Thermopylen** (s. Route 1) nach **Lamia** gelangen.
Von Kalambaka über **Kozani** nach **Saloniki** siehe Route 5 (in entgegengesetzter Richtung).
Von Kalambaka über den **Pindos** nach **Ioannina** siehe Route 2 (Abstecher).

Abstecher

Im attischen Bergland zweigt bei der Grenzfeste Panakton westwärts eine Stichstraße zu dem Badeort **Porto Germeno**, dem antiken Aigosthena, an einem Ausläufer des Golfes von Korinth ab.
Von Erythrä ist es nicht weit zu den Ausgrabungen der antiken Stadt **Platää.**

Route 6, Abstecher (Fortsetzung)

Nicht versäumen sollte man kurz hinter Levadia den kurzen Abstecher zu den Ruinen der bis in die mythische Vorzeit zurückreichenden Stadt **Orchomenos.**
Von Lamia zum historischen Gorgopotamos-Eisenbahnviadukt siehe Route 1 (Abstecher und Streckenvarianten).

Südgriechenland (Peloponnes)

7: Von Athen über Korinth nach Patras (220 km)

Streckenverlauf

Diese Route folgt der wichtigen südgriechischen Querverbindung, die als gebührenpflichtige, abschnittweise autobahnähnlich ausgebaute Schnellstraße die Landeshauptstadt mit der größten Stadt auf der Peloponnes verbindet. Von besonderer Bedeutung ist sie für jene Autotouristen, die mit einem Fährschiff in Patras ankommen bzw. sich dort zur Rückreise wieder einschiffen wollen.
Man fährt von Athen zunächst nordwestwärts im Zuge der Heiligen Straße durch das kleine Ägaleos-Gebirge über **Daphni** mit seiner sehenswerten Klosterkirche und gelangt zu der von der Insel **Salamis** begrenzten, durch intensive Industrieansiedlung verunzierten Bucht von **Eleusis** (Elefsina). Hinter Megara geht es unterhalb des Bergzuges der Gerania am Saronischen Golf entlang und über den vom Kanal von Korinth (Dioriga Korinthu) durchtrennten Isthmus von Korinth, nördlich vorüber an **Isthmia,** zu der neuen und der antiken Stadt **Korinth** (Korinthos).
Nun folgt die Schnellstraße am Nordrand der großen Halbinsel Peloponnes dem Golf von Korinth in seiner gesamten Länge. In einiger Entfernung zur Küste umgeht sie Uferorte wie Kiaton, **Xylokastron,** Trapeza, Diakophton und **Ägion** (Egio). Jenseits der Meerenge von **Rion** (Kleine Dardanellen) erreicht man den Golf von Patras mit der Hafenstadt **Patras** (Patra).

Streckenvariante

Wer genügend Zeit zur Verfügung hat, kann von Korinth die weithin unmittelbar am Ufer entlangführende Küstenstraße wählen, wobei jedoch zahlreiche Ortsdurchfahrten den Verkehrsfluß hemmen. Dafür ist die Uferlandschaft außerhalb der Ortschaften abwechslungsreicher als an der Schnellstraße: Weite Küstenebenen mit Ölbäumen, Zypressen und anderen südländischen Baumarten sowie Korinthendörrfeldern wechseln ab mit schmalen, von hohen Bergen eingeengten Uferstreifen, die von vielen meist trockenen, aber nach starken Regenfällen die Straße überflutenden Gebirgsbächen gequert werden.

Abstecher

Unmittelbar vor der Brücke über den Kanal von Korinth zweigt nordwärts eine Nebenstraße zu dem an einer Bucht des Golf von Korinth gelegenen Seebad **Lutraki** ab; von hier lohnt die Weiterfahrt zu dem alten Hera-Heiligtum von **Perachora.**
Von der wenig interessanten neuen Stadt Korinth versäume man nicht die kurze Fahrt nach Altkorinth, wo noch bedeutende Reste der alten Stadt **Korinth** erhalten sind; auch empfiehlt sich von dort die Auffahrt zum Burgberg von Akrokorinth, der eine berühmte Aussicht gewährt.
Auf der Küstenstraße erreicht man in dem Städtchen Kiaton die Abzweigung zu dem 40 km landeinwärts gelegenen Stymphalischen See, an dem der Sage nach menschenfressende Vögel lebten.
Sehr lohnend ist der Abstecher von Trapeza (30 km) oder die Fahrt mit der Zahnradbahn von Diakophton (23 km) landeinwärts durch wilde Bergeinsamkeit, vorbei an dem größten griechischen Kloster Mega-

Route 7, Abstecher (Fortsetzung)

spiläon, zu dem Touristenort **Kalavryta,** wo die deutsche Besatzungsmacht im Dezember 1943 ein Vergeltungsmassaker an über 1400 Griechen verübte und die Ortschaft gänzlich niederbrannte; in dem nahen Kloster Agia Lavra wurde 1821 der griechische Befreiungskampf gegen die Türken ausgerufen.
Von Patras nach **Olympia** siehe Route 2 (Abstecher).

8: Peloponnes-Rundfahrten

Allgemeines

Die große südgriechische Halbinsel **Peloponnes** (griechisch Peloponnesos = Pelopsinsel; im Mittelalter 'Morea' = Maulbeergarten genannt), die neben Athen und Delphi die bedeutendsten antiken Ruinenstätten Griechenlands besitzt, besteht ganz überwiegend aus weithin bewaldetem Gebirgsland, das heute verkehrstechnisch verhältnismäßig gut erschlossen ist; eine zusätzliche, durchgehende Diagonalfernstraße von Korinth über Tripolis in den mittleren Süden der Halbinsel befindet sich im Ausbau.
Dennoch ist zu bedenken, daß bei einer intensiven Bereisung viele kurvenreiche Bergstraßen bewältigt werden müssen, um zu den zahlreichen, nicht selten abgelegenen kulturhistorischen und landschaftlichen Sehenswürdigkeiten zu gelangen. Es ist daher ratsam, die Erkundung etappenweise auf kleineren Rundfahrten anzugehen, wie sie nachstehend umrissen werden.
Bei knapp bemessener Zeit kann man diese Rundtouren oder Teile davon zu längeren oder gar zu einer 'großen' Peloponnes-Rundfahrt kombinieren.

Standquartier

Bei der Wahl eines Ausgangspunktes für die Rundfahrten wird der erste Blick auf die Landkarte den Straßenknotenpunkt **Tripolis** (Tripoli) für geeignet erscheinen lassen; doch diese Stadt bietet dem Touristen wenig mehr als die verkehrsgünstige Lage.

Nauplia (Nafplio)

Baedeker empfiehlt hingegen die in malerischer Szenerie am Nordende des Argolischen Golfes gelegene Hafenstadt **Nauplia** (Nafplio), auch wenn sie etwas am Rande, im östlichen Teil der Peloponnes liegt. Dieser Touristenplatz bietet mit seiner reichen geschichtlichen Vergangenheit (1828–1834 Hauptstadt des neuen griechischen Königreiches), seinem landschaftlichen Reiz (zwei große Felsfestungen über der Stadt und eine kleine Inselfestung im Golf), guten Verkehrsanbindungen zu Lande (Straßen, Eisenbahn) und zu Wasser (Schifffahrtslinien), zahlreichen Hotels und Restaurants, vielfältigen Einkaufsmöglichkeiten, Kirchen und Museen am Ort sowie einer Fülle kulturhistorisch höchst bedeutsamer antiker Stätten, aber auch schöner Badeplätze in der näheren Umgebung eine ausgezeichnete Basis für die Erkundung der Peloponnes, zu der man von Ausflügen und Rundfahrten gern immer wieder zurückkehrt.
Dabei wird der Tourist in Kauf nehmen, daß manche Teilstrecken mehrfach zurückgelegt werden müssen. Aber dieser auf den ersten Blick lästigen Begleiterscheinung kann man auch eine positive Seite abgewinnen: Die Befahrung bereits bekannter Straßenabschnitte strengt weniger an und die Rückfahrt auf der Strecke, die man schon auf der Hinfahrt benutzt hat, eröffnet meist neue Aspekte aus anderer Sicht, was zur Bereicherung des Reiseerlebnisses beitragen kann.

Anmerkung

Besonders bei Fahrten auf der Peloponnes werden dem aufmerksamen Touristen nicht die manchenorts am Straßenrand errichteten Mahnmale entgehen, mit denen der vielen Opfer gedacht wird, die während der deutschen Besetzung im Zweiten Weltkrieg ihr Leben lassen mußten.

8a: Argolis – Nomos Korinth (160 km)

Ratschlag

Da sich besonders in der Landschaft **Argolis** die berühmten Sehenswürdigkeiten aus dem Altertum häufen, sollte man zumindest die von Nauplia jeweils nur wenig entfernten Ausgrabungsstätten von **Tiryns, Argos** und **Mykenä** (Mykene) von der vorgeschlagenen Rundfahrt ausnehmen und dorthin gesonderte Kurzausflüge machen.

Streckenverlauf

Von **Nauplia** ostwärts gelangt man über Ligurio nach **Epidauros** (Archäa Epidavros) mit den Resten der antiken Kultstätte des Heilgottes Asklepios und dem gänzlich erhaltenen altgriechischen Theater, das für seine Akustik berühmt ist und in dem während der Sommermonate Kulturfestspiele abgehalten werden.
Die Fahrt verläuft von dort in nördlicher Richtung oberhalb der buchtenreichen Küste des Saronischen Golfes. Man passiert den kleinen Hafenplatz Paläa Epidavros, die Ortschaft Nea Epidavros sowie das Kloster Agnunda und gelangt später hinter Almyri bei dem alten Quellenort Lutro Elenis hinab zum Strand, dem man – vorbei an dem antiken korinthischen Hafen Kenchreai (Anlagen z.T. unter Wasser) – bis nach **Isthmia** an der Südseite des Isthmus von Korinth folgt.
Hier trifft man auf die Schnellstraße Athen–Patras (s. Route 7) und fährt auf dieser einige wenige Kilometer westwärts bis vor **Korinth,** um in südliche Richtung peloponneseinwärts abzubiegen. Über Fichtio und **Argos,** zuletzt unmittelbar an dem antiken Burghügel von **Tiryns** (Tirintha; links der Straße) vorbei, kehrt man an den Ausgangspunkt **Nauplia** zurück.

Abstecher

Von Epidauros führen Stichstraßen südostwärts zu mehreren reizvollen Ferienorten an den Strandbuchten der argolischen Halbinsel, etwa nach **Porto Cheli** (60 km; Überfahrt zur nahen Insel **Spetsä**), Ermioni (Überfahrt zur Insel **Hydra**) und Petrothalassa oder über das antike **Troizen** zu dem Heilbad Methana (65 km).
Von der Einmündung in die Schnellstraße Athen–Patras lohnt der ganz kurze Abstecher in Richtung Athen bis zur Brücke über den tief eingeschnittenen Kanal von Korinth (Dioriga Korinthu).
Die Zufahrt zu den besuchenswerten Ausgrabungen des alten **Korinth** (Archäa Korinthos; mit der möglichen Auffahrt zu der aussichtsreichen Bergfestung Akrokorinth) ist an der Hauptstraße Korinth–Argos deutlich ausgeschildert.
Ebensowenig kann man die Abzweige nach **Nemea** (bei der Eisenbahnstation westwärts) und von Fichtio ostwärts zu dem berühmten Grabungsbereich von **Mykenä** (Mykene; neugriechisch Mikines) verfehlen.
Das argivische Heraion liegt rund 11 km nordöstlich von Argos unweit des Dorfes Chonika.

8b: Über Tripolis nach Olympia und zurück (450 km)

Streckenverlauf

Man verläßt **Nauplia** in nordwestlicher Richtung und fährt nahe am Ufer des Argolischen Golfes entlang bis Mili. Von dort geht es auf der Straße Nr. 7 ins nördliche **Parnon**-Gebirge mit immer prächtigeren Rückblicken auf den Golf, und man erreicht in der arkadischen Hauptstadt **Tripolis** (Tripoli) einen wichtigen Straßenknotenpunkt.
In Tripolis wendet man sich nach Norden und durchquert auf abwechslungsreicher Strecke zunächst das Mänalon-Gebirge, berührt die Orte Levidion (Levidi), Vlacherna, Vitina sowie Karkalu, überwindet jenseits Langada auf einer vielfach in den Felsen gehauenen Bergstraße mehrere kleine Paßhöhen, kommt in das breite Flußtal des Ladon, überquert später den Fluß Erymanthos und erreicht in

Route 8b, Streckenverlauf (Fortsetzung)

der Landschaft Elis, zuletzt durch Wald, das Ruinenfeld von **Olympia** (links der Straße), das als Ursprungsort der Olympischen Spiele weltberühmt ist, sowie nach Überquerung des Flusses Kladeos den Touristenort Olimbia am Nordrand der breiten Flußebene des Alpheios (Alfios).

Streckenvarianten

Für die Rückkehr nach Nauplia bieten sich zwei Alternativen:
Entweder man fährt von Olympia auf der fast durchgehenden Schnellstraße über **Pyrgos** und **Patras** nach **Korinth** sowie von dort über Argos zurück (50 km Umweg) oder man folgt von Pyrgos südostwärts der Küste des Ionischen Meeres (Kyparissischer Golf) über das Heilbad **Kaiaphas** bis Kalo Nero, zweigt dort landeinwärts ab und gelangt auf teilweise reizvoller Gebirgsstrecke über **Megalopolis** (Megalopoli) wieder nach **Tripolis** und – wie bereits auf der Hinfahrt – zurück nach **Nauplia.**

Abstecher

Bei Mili (mit den Trümmern einer mittelalterlichen Burg auf dem Berg Pontinos) entspringt die mächtige Quelle Amymone, an der Herakles mit Hilfe der Feuerbrände des Iolaos die neunköpfige Lernäische Schlange bezwang. Unweit südöstlich befinden sich die Ausgrabungen der prähistorischen Siedlung Lerna.
Unweit nördlich von Tripolis zweigt rechts eine Stichstraße zu den Ruinen der antiken Stadt **Mantineia** (Mandinia) ab, bei der im Jahre 362 v.Chr., in einer unentschiedenen Schlacht zwischen Thebanern und Spartanern, der thebanische Heerführer Epaminondas fiel.

Wer für den Rückweg die Schnellstraße über Patras wählt, durchfährt hinter Pyrgos die Halbinsel **Kyllini.** Von Gastuni ist es nicht weit bis zu dem Seebad Lutra Kyllinis mit gutem Sandstrand an der Westspitze der Peloponnes (davor die ionische Insel **Zakynthos**); bei der nahen Ortschaft Kastro erhebt sich die mächtige mittelalterliche Frankenburg Chlemutsi.

8c: Nach Lakonien und zurück (480 km)

Streckenverlauf

Von **Nauplia** geht es zunächst wie auf der Route 8b zu dem Straßenknoten **Tripolis**, dann aber südwärts durch ein fruchtbares Talbecken, am Taka-Sumpf, einem fast verlandeten See, vorbei (rechts), nach bergiger Strecke mit Blicken auf die Gebirgskette des **Taygetos** hinab in das landwirtschaftlich intensiv genutzte Becken von Sparta und über den Fluß Eurotas zu der aus der Antike berühmten Stadt **Sparta** (Sparti), von deren einstigem Kampfesruhm kaum noch etwas zu spüren ist.
Von Sparta in südlicher Richtung durch die mit Ölbäumen bestandene Ebene, weiter durch Hügelland zwischen dem Eurotas (östlich) und dem majestätischen Taygetos-Gebirge (westlich) über Chania zu dem Städtchen **Gythion** (Githio) am Lakonischen Golf, einst Kriegshafen des antiken Sparta, heute Ausfuhrhafen für die Erzeugnisse der Landschaft Lakonien.
Nun quer durch die Halbinsel **Mani** nach Areopoli und von dort nordwestwärts auf küstennaher Strecke am Messenischen Golf entlang über Agios Nikolaos und das malerische Kardamyli zu der messenischen Hafenstadt **Kalamata,** die wiederholt von schweren Erdbeben heimgesucht worden ist.
Die Fortsetzung dieser Route führt von Kalamata landeinwärts auf einer serpentinenreichen, landschaftlich besonders reizvollen alten Paßstraße über einen Kamm des **Taygetos**-Gebirges, durch die eindrucksvolle Langadas-Schlucht wieder nach **Sparta** und – wie auf der Hinfahrt – über **Tripolis** zurück nach **Nauplia.**

Route 8c
(Fortsetzung)
Abstecher

Unweit südlich von Tripolis zweigt eine Nebenstraße zu der nahen Stelle der antiken Stadt **Tegea** ab, von der fast nur noch die Reste des Mamortempels der Athena Alea erhalten sind.
Kurz vor Sparta zweigt südostwärts eine Nebenstraße ins **Parnon**-Gebirge zu dem Ort **Geraki** (gut 40 km) ab, über dem eine fränkische Kreuzfahrerburg aufragt.
Eine ganz außergewöhnliche Sehenswürdigkeit stellt die byzantinische Ruinenstadt **Mystras** (Mistra) dar, die sich am Hang eines Festungsberges unweit westlich von Sparta ausdehnt (man folge der Beschilderung).
Mit gut 70 km recht weit ist der Abstecher von Chania auf den schmalen östlichen Ausläufer der Peloponnes zu der einzigartig am Fuße eines ins Meer vorspringenden Felsklotzes gelegenen, mittelalterlichen Stadtfestung von **Monemvasia,** die man leichter zu Schiff erreicht.
Auch der äußerst lohnende Besuch der geschichtsträchtigen Halbinsel **Mani,** des mittleren Ausläufers der Peloponnes, erfordert mit ihren charakteristischen Geschlechtertürmen und zahllosen Kapellen mehr Zeit und Muße. Allein die Rundfahrt von Areopoli ist 60 km lang; eine weitere Attraktion sind die interessanten Tropfsteinhöhlen von Dyros.

8d: Nach Messenien und zurück (450 km)

Streckenverlauf

Von **Nauplia** wie auf den Routen 8b und 8c nach **Tripolis** und von dort nun südwestwärts, zunächst am Rande der Arkadischen Ebene hin, auf gebirgiger Strecke nach **Megalopolis,** anschließend an großen Bergwerksanlagen mit einem Kohlekraftwerk vorbei, über den Xerillas, einen Quellfluß des Alpheios (Alfios), und nach Überquerung eines Höhenrückens hinab in die vom Pamisos durchflossene und landwirtschaftlich intensiv genutzte Messenische Ebene.
Hinter dem Flugplatz von Kalamata biegt man bei Asprochoma von der nach **Kalamata** weiterführenden Straße rechts ab, überquert bald darauf den Fluß Pamisos, fährt vorüber an dem Städtchen Messini und folgt ein Stück weit der Küste des Messenischen Golfes in einiger Entfernung vom Ufer. Dann durchquert man den westlichen Ausläufer der Peloponnes und erreicht den Küstenort **Pylos** an der schönen, von der Insel **Sphaktiria** gegen das offene Ionische Meer abgeschirmten Bucht von Pylos, besser bekannt als Bucht von Navarino, wo in der berühmten Seeschlacht des Jahres 1827 die türkische Flotte besiegt wurde.
Von Pylos wendet man sich nach Norden, bleibt zunächst in Küstennähe mit prächtigen Blicken auf die Reede von Navarino und gelangt dann etwas landeinwärts zu der gepflegten Ausgrabungsstätte des aus mykenischer Zeit stammenden Nestor-Palastes (Museum im nahen Dorf Chora).
Die Fortsetzung der Route folgt zwar im großen und ganzen der Meeresküste, verläuft jedoch weithin ohne Seeblick und windungsreich durch ein Hügelland mit Olivenkulturen, Weinfeldern und Ackerland (u.a. Gemüsezucht in Gewächshäusern). Bei Gargaliani öffnet sich ein schöner Blick auf die vorgelagerte Küstenniederung. Weiter geht es wieder durch Gartenland über Filiatra zu der triphylischen Stadt **Kyparissia.**
Kurz darauf verläßt man bei Kalo Nero die Küstenstraße und fährt landeinwärts, begleitet von der Eisenbahn (Peloponnesbahn), auf einer freundlichen Bergstraße über Dorio bis zur Einmündung in die von Kalamata kommende Straße und kehrt auf dieser – wie bei der Hinfahrt – über **Megalopolis** und **Tripolis** zurück zum Ausgangspunkt **Nauplia.**

Route 8d
(Fortsetzung)
Abstecher

Von Megalopolis empfiehlt sich die Fahrt über **Karitäna** und Andritsäna zu dem in großartiger Bergeinsamkeit stehenden, gut erhaltenen Tempel des Apollon Epikurios von **Bassä** (Vasses; 60 km).

Von der durch die Messenische Ebene nach Kalamata führenden Straße Nr. 7 zweigt bei Tsukaläika (Wegweiser 'Ithomi') westwärts eine Nebenstraße über Lambäna nach Mavromati (20 km) ab, einem nördlich von dem dreigipfeligen Berg Ithomi überragten Dorf an der Stelle der antiken Stadt **Messene.**

Entlang der Westküste des Messenischen Golfes führt eine lohnende Stichstraße zu dem Hafenstädtchen **Koroni** (30 km von der Abzweigung an der Straße Kalamata–Pylos) am Fuße einer mächtigen mittelalterlichen Festung.

Von Pylos fahre man unbedingt zu dem nur 12 km weiter südlich gelegenen Hafenort **Methoni** mit den gewaltigen Resten der größten venezianischen Festung Griechenlands (davor die Insel Sapientza).

Reiseziele von A bis Z

Hinweis

Die Schreibung der griechischen Namen ist problematisch, da es für die Transkription der neugriechischen Sprache ins Deutsche an allgemein verbindlichen Richtlinien mangelt und auch weder eine mögliche Transliterierung noch eine denkbare phonetische Umschrift sinnvoll erscheinen.

In diesem Reiseführer ist versucht, sowohl die in der deutschen Altertumswissenschaft eingeführten Bezeichnungen zu erhalten als auch den Lautwerten der heute in Griechenland gesprochenen Sprache (vgl. S. 23 und 140) gerecht zu werden.

Einer systematischen Vereinheitlichung der verschiedenen Schreibweisen steht zudem noch der Umstand entgegen, daß man auch in sachlich verläßlichen neugriechischen Quellen nicht selten mehrere voneinander abweichende Versionen findet.

In den Hauptüberschriften des nachfolgenden Teils 'Reiseziele von A bis Z' sind die Namen in einer allgemein verständlichen Schreibung angegeben. Unmittelbar darunter findet man die neugriechische Schreibung und eine lateinische Umschrift als Aussprachehilfe.

Um in den beschreibenden Texten eine größtmögliche Verständlichkeit zu erreichen, sind vielfach mehrere Schreibweisen aufgeführt oder zusätzliche Entsprechungen bzw. Erklärungen hinzugefügt.

Agathonisi

L/M 6

Griechisch

Αγαθονήσι
Agathoníssi

Nomos: Dodekanes
Inselfläche: 13 km²
Höhe: 0–212 m ü.d.M.
Bewohnerzahl: 180
Hauptort: Megálo Chorió

Schiffsverkehr

Lokale Verbindungen mit Samos, Patmos, Lipsi und Arki.

Lage und Eigenheiten

Agathonisi, früher Gaidouronísi genannt und nördlichste Insel im Dodekanes, liegt etwa auf halbem Wege zwischen Samos und Leros vor der Küste Kleinasiens. Es ist das antike Tragía, wo im Jahre 76 v. Chr. der junge Caesar von Seeräubern gefangengenommen wurde. Die rundum in steiler Felsküste abfallende, gut 7 km lange und bis zu 3 km breite Karstinsel bietet kaum geschützte Ankerplätze. Sieben im Norden, Osten und Süden vorgelagerte Eilande sind unbewohnt, werden zum Teil aber von Agathonisi aus bewirtschaftet. Bescheidene Landwirtschaft und Fischfang ernährt die bodenständigen Bewohner. Agathonisi, das weder über Sandstrände noch über historische Baudenkmäler verfügt, blieb bisher vom Fremdenverkehr gänzlich unberührt und zeigt sich darum wie kaum eine andere Ägäisinsel in unverfälschter Ursprünglichkeit.

◀ *Athener Akropolis – Reiseziel Nr. 1 in Griechenland*

Ägina H 6

Griechisch

Αίγινα
Äjina

Nomos: Attika
Inselfläche: 83 km^2
Höhe: 0–532 m ü.d.M.
Bewohnerzahl: 12 000
Hauptort: Äjina

Schiffsverkehr

Schiffsverbindungen (auch Tragflügelboote) mehrmals täglich zwischen Athen (Piräus) und den Häfen Äjina, Suvála bzw. Agía Marína sowie zwischen Méthana und Äjina.
Lokale Schiffsverbindungen mit Ankístri.

Lage und Eigenheiten

Ägina, das antike Aigina, rund 19 km (10 sm) südwestlich vor Piräus im Saronischen Golf gelegen, ist eine fruchtbare, hügelige Insel aus tertiären Mergelkalken und Schiefer mit vereinzelt hervortretenden Kuppen vulkanischen Ursprungs. Die meist steil abfallende Küste bietet kaum geschützte Buchten. Die Bewohner leben von der Landwirtschaft, insbesondere vom Anbau und Export ihrer vorzüglichen Pistazien. Von einiger wirtschaftlicher Bedeutung sind ferner der Fischfang und die Schwammfischerei sowie die Keramikerzeugung. Die sogenannten Kannatia (äginetische Wasserkühler) sind doppelhenkelige Krüge mit weitem Hals, die ihren Inhalt durch Verdunstungskälte an der porösen Oberfläche kühl halten.
Das milde Klima und die geringen Niederschläge machen die Insel von jeher zu einer beliebten Sommerfrische der wohlhabenden Athener. In jüngster Zeit finden sich zudem auch immer mehr internationale Feriengäste hier ein.

Mythos und Geschichte

Der Sage nach gilt Äakos, der Sohn des Zeus und der Ägina und Vater des Peleus und Telamon, der wegen seiner weisen und gerechten Herrschaft mit Minos und Rhadamanthys Richter der Unterwelt wurde, als Stammvater der Ägineten.
Älteste Spuren pelasgischer Besiedlung reichen ins 3. Jahrtausend v. Chr. Bereits im 2. vorchristlichen Jahrtausend war die Insel ein bedeutender Handelsplatz für Tonwaren und Salben, wie Funde aus dem helladischen, kykladischen und minoischen Kulturraum zeigen. Die Geschichte erwähnt Ägina erstmals als Kolonie des dorischen Epidauros, mit dem es im 7. Jh. v. Chr. zur Herrschaft des Phaidon von Argos gehörte. Nach der Loslösung von der Mutterstadt im 6. Jh. v. Chr. setzte eine Blüte ein, die den Inselstaat alsbald in Konkurrenz zu Korinth treten ließ. In Umbrien, am Schwarzen Meer und in Ägypten unterhielten die Ägineten Handelsposten, und ihre Schiffsreeder galten als die reichsten der griechischen Welt. Äginetische Münzen mit dem Bild der Schildkröte waren die ältesten und fanden schon seit 656 v. Chr. weithin Verbreitung. Äginetische Maße und Gewichte galten allenthalben bis in römische Zeit.
Zu Beginn der Perserkriege stand der Seefahrerstaat auf der Höhe seiner Macht. Nach der Schlacht bei Salamis, an der die Insel sich mit dreißig Schiffen beteiligt hatte, erhielt ein äginetisches Schiff den Preis der höchsten Tapferkeit. Bekannt ist aber auch, daß Ägina zuerst aus Handelsinteresse den Boten des Dareios Erde und Wasser als Zeichen der Unterwerfung reichte. Hierfür wurde es auf Klage Athens hin von Sparta zur Rechenschaft gezogen. Dies gab den äußeren Anlaß zu weiteren Auseinandersetzungen mit Athen, dem die starke Insel bei der Ausweitung seiner Seemacht hinderlich war.

Mythos und Geschichte (Fortsetzung)

Die rasch aufeinanderfolgenden Seesiege der Athener bei Kekryphaleia (Ankistri) und vor Ägina selbst brachten die Entscheidung: Die Athener zwangen die Stadt trotz gleichzeitiger Kämpfe in Megara und in Ägypten nach neunmonatiger Belagerung zur Übergabe; sie mußte 456 v. Chr. ihre Mauern einreißen, ihre Kriegsschiffe ausliefern und Tribut zahlen.
Zu Beginn des Peloponnesischen Krieges (431 v. Chr.) schließlich wurden die Ägineten ganz von ihrer Insel vertrieben und das Land unter attischen Bürgern aufgeteilt. Zwar ermöglichte die Niederwerfung Athens im Jahre 404 v. Chr. vielen die Rückkehr, aber die Blüte der Insel war dahin. Wiederholte Kriegszüge brachten sie aufs neue unter den Einfluß der rasch erstarkenden attischen Macht, deren Schicksal sie fortan teilte.
Ägina war vom 12. Januar bis zum 3. Oktober 1828 Hauptstadt Griechenlands.

Stadt Äjina

Der Hauptort Äjina (5000 Einw.) liegt sanft ansteigend um eine weite Bucht der nördlichen Westküste etwa an der Stelle der einst ausgedehnteren antiken Stadt. Vom molengeschützten Hafen hat man einen schönen Blick auf die kleineren Inseln Metópi und Ankístri (beide südwestl.) sowie Moní (südl.) und die Bergzüge von Epidauros. Im Archäologischen Museum werden Grabfunde vom 3. Jahrtausend bis zur Römerzeit, besonders aber Stücke von den Tempeln der Aphaia und der Aphrodite gezeigt.

Kolóna

Auf dem nördlich der heutigen Stadt vorspringenden Hügel Kolóna befindet sich eine 8 m hohe dorische Säule vom (nach Pausanias) Tempel der Aphrodite am Hafen (460 v. Chr.), der eigentlich dem Apollo geweiht war. Unter dem Tempel fand man Spuren mykenischer und vormykenischer Besiedlung (3. Jahrtausend v. Chr.), westlich davon zwei kleinere Tempel wohl der Artemis und des Dionysos. Der 1904 hier entdeckte 'äginetische Sphinx' (um 460 v. Chr.) befindet sich jetzt im Archäologischen Museum.

Antiker Hafen

Südlich unterhalb des Tempels lag der antike Handelshafen (heute verschlammt), dessen Kaianlagen bei ruhiger See unter Wasser noch sichtbar sind. Der moderne Hafen, an der Stelle des antiken Kriegshafens, wird von den instandgehaltenen antiken Molen geschützt. Auf der nördlichen, längeren Mole steht die Nikolaoskapelle vom Beginn des 19. Jahrhunderts.

Grab des Phokos

Etwa 1,5 km nördlich der Stadt steht ein dem marathonischen Sorós ähnlicher Tumulus (6. Jh. v. Chr.), der als Grab des Phokos angesehen wird, des Halbbruders von Peleus und Telamon, die ihn erschlugen.

Zum Tempel der Aphaia (Aphäa; 13 km östl. von Äjina) führt die Straße durch teils waldiges, teils angebautes Hügelland zunächst an der aus Bauteilen antiker Tempel errichteten Kirche der Agii Theodori (1289, Fresken) vorüber.

Paläochóra

Nach 8 km erreicht man die um 1800 verlassene mittelalterliche Inselhauptstadt Paläochóra mit dem Nektarioskloster (benannt nach dem 1920 gestorbenen und 1961 heiliggesprochenen Erzbischof Nektarios, dessen Grab das Ziel von Wallfahrten ist); darüber die Ruine des mittelalterlichen Kastro. Zwischen den über einen Hügel verstreuten Ruinen von Paläochóra liegen über zwanzig weißgekalkte Kirchen aus dem 13. und 14. Jh., manche mit Fresken.

Mesagró

Weiterhin die zerstreuten Häuser von Mesagró. Zuletzt auf steilem Fußweg hinan zum Tempel.

**Aphaiatempel

Der Tempel der Aphaia (5. Jh. v.Chr.), einer als Beschützerin der Frauen der Artemis nahestehenden Gottheit (Bauinschrift; Terrakotten), ruht auf den Fundamenten eines Heiligtums des 6. vorchristlichen Jahrhunderts an der Stelle einer vorgriechischen Kultstätte und war als Peripteros von 6:12 Säulen angelegt. Pronaos und Opisthodom waren durch Antenwände mit zwei dazwischenliegenden Säulen eingeschlossen. Im Innern der Cella zwei Säulenreihen zur Stützung des Daches. Im Opisthodom befindet sich ein steinerner Altartisch. Erhalten sind insbesondere 23 Säulen aus gelblichem Kalkstein mit Teilen des ursprünglichen Stucküberzuges, v.a. der östlichen Hauptfront und der angrenzenden Langseiten (einige monolithisch). Dach und Skulpturenschmuck waren aus pentelischem Marmor gearbeitet. Eigenartig sind Unregelmäßigkeiten im Boden der Cella sowie die Unterteilung des Opisthodom. Im Boden sieht man Löcher zur Befestigung einer Vergitterung, hinter der die Weihgeschenke aufbewahrt wurden.
Die heute in der Münchener Glyptothek befindlichen Giebelskulpturen wurden von Kronprinz Ludwig von Bayern angekauft. Weitere Skulpturenteile stehen in den Museen von → Athen und Äjina.
Vor der gesamten Breite der Ostfront und über eine Rampe mit ihr verbunden befand sich der Opferaltar, südlich der Ostfront das kleine Propyläon mit achteckigen Säulen. Der ganze Heilige Bezirk war durch Aufschüttungen geebnet und teils von natürlichem Fels, teils durch Quadermauern abgestützt. Systematische Ausgrabungen im Bereich der Tempelterrasse haben in den letzten Jahren zahlreiche Bruchstücke des älteren Tempels zutage gefördert, so daß die Fassade dieses um 580 v.Chr. errichteten Baues teilweise rekonstruiert werden konnte; sie befindet sich mit anderen Funden im Grabungsmagazin (z.Zt. geschlossen) westlich des Tempels.
In der Umgebung stieß man auf Reste von Wohnungen aus dem Spätneolithikum (4./3. Jahrtausend v.Chr.).
Vom Tempelbezirk bietet sich ein prächtiger Ausblick über einen großen Teil des Saronischen Golfes zur Küste des Festlandes von Athen bis zum Kap Sunion.

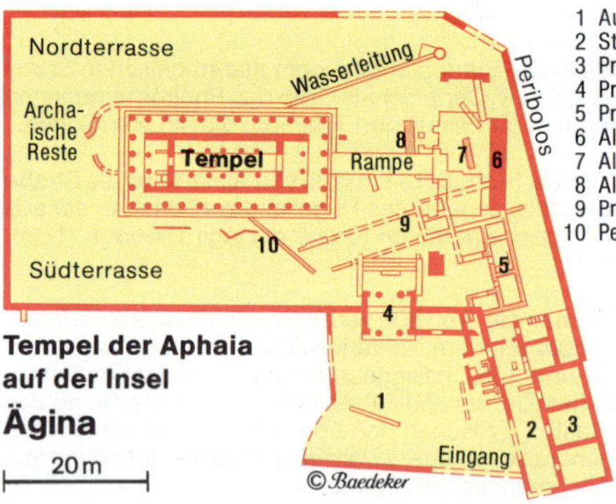

1 Außenterrasse
2 Stoa
3 Priesterhäuser (5. Jh.)
4 Propylon (5. Jh.)
5 Priesterhäuser (7. Jh.)
6 Altar (5. Jh.)
7 Altar (6. Jh.)
8 Altar (7. Jh.)
9 Propylon (6. Jh.)
10 Peribolos (7. Jh.)

Tempel der Aphaia auf der Insel Ägina

Tempel der Aphaia

Agía Marína

Zu Füßen des Aphaia-Tempels (3 km südl.) erstreckt sich in einer weiten Bucht der nördlichen Ostküste von Ägina das moderne betriebsame Seebad Agía Marína.

*Oros

*Aussicht

Der Oros (532 m ü.d.M.), heute nach einer oben befindlichen Kapelle auch Profiti Elias genannt, ist der markanteste Punkt im Saronischen Golf. Die Besteigung erfolgt auf beschwerlichem Fußweg von dem Flecken Marathon (6 km südl. von Äjina) aus.
In mykenischer Zeit befand sich auf den Terrassen um den Gipfel eine ausgedehnte Stadtanlage (13. Jh. v. Chr.), von kyklopischen Mauern gestützt. Die Aussicht reicht fast über die ganze Insel, über den Saronischen Golf mit Salamis, den Methuriden (Trupika und Rhevitusa), den Diaporia, Ankistri, der Halbinsel Methana, der Insel Poros, bis Hydra.

Das alte Heiligtum des Zeus Panhellenios (5. Jh. v. Chr.) befand sich nördlich unterhalb des Gipfels bei der Taxiarchis-Kapelle.

Ankístri

Etwa 5 km (2,5 sm) südwestlich von Ägina liegt die bewaldete Insel Ankístri (12 km²; 0–216 m ü.d.M.), deren rund 700 Bewohner Nachfahren von im 16. Jh. eingewanderten Albanern sind.

Ägion G 5

Griechisch

Αίγιο
Äjio

Nomos: Achaia
Höhe: 15 m ü.d.M.
Einwohnerzahl: 21 000

Verkehr

Bahnstation der Strecke Korinth–Patras.
Busverbindung mit diesen Städten.

Bemerkenswertes

Die Stadt Ägion liegt an der Südküste des Golfes von Korinth, 35 km östlich von → Pátras, oberhalb des Strandes auf einer Felsfläche, an deren Fuß schon im Altertum bekannte Quellen entspringen.

Das antike Aigion war Mitglied des Achäischen Bundes, im Mittelalter war der Ort unter dem Namen Vostitsa zeitweise Zentrum einer Kreuzfahrerbaronie.

Diákophto

Der Ort Diákophto, 15 km östlich von Ägion, ist Station der Eisenbahnstrecke Pátras–Korinth und Ausgangspunkt der Zahnradbahn nach → Kalávryta, von deren Station Megaspileon aus man in 45 Minuten das gleichnamige, im 5. Jh. gegründete Höhlenkloster erreichen kann.

Agios Eustratios I/K 4

Griechisch

Άγιος Ευστράτιος
Ájios Efstrátios

Nomos: Lesbos
Inselfläche: 43 km²
Höhe: 0–303 m ü.d.M.
Bewohnerzahl: 500
Hauptort: Ágios Efstrátios

Schiffsverkehr

Linienschiffe mehmals wöchentlich zwischen Ágios Konstantínos bzw. Kými (Euböa)–Skópelos–Ágios Eustrátios–Límnos; ferner lokale Verbindungen mit Límnos und Lésbos.

Lage und Eigenheiten

Ágios Eustrátios, im Altertum Alónesos, im Mittelalter Néon genannt (türkisch 'Hagiostratı'), ist eine Felsinsel vulkanischen Ursprungs rund 30 km (16 sm) südlich von → Límnos.
In der Antike sicherte die Insel den Seeweg Athens zu den Inseln Lémnos und Ímbros sowie zum Hellespont.

An der größten Bucht der Westküste von Agios Eustratios liegt der gleichnamige Hafen- und Hauptort, an dessen oberem Rand eine Burg und Windmühlen stehen.

Agios Georgios H 6

Άγιος Γεώργιος
Ájios Jeórjios

Griechisch

Nomos: Attika
Inselfläche: 9 km²
Höhe: 0–329 m ü.d.M.

Lage und Eigenheiten

Das öde Felseiland Ágios Geórgios (Leuchtturm), etwa 20 km (11 sm) südlich von Kap → Sunion gelegen, diente bereits im Altertum als Sträflingskolonie und ist auch heute unzugänglich.

Agrinion F 5

Αγρίνιο
Agrínio

Griechisch

Nomos: Ätolien
Höhe: 90 m ü.d.M.
Einwohnerzahl: 34300

Verkehr

Busverbindung mit Athen.

Lage und Allgemeines

Agrínion ist eine Kreisstadt in Ätolien, nordwestlich des Trichonissees, und Mittelpunkt des regionalen Tabakhandels.

Thérmos

*Apollonheiligtum

27 km östlich von Agrinion, am Nordufer des Trichonissees, liegt das Apollonheiligtum von Thérmos. An dieser Stelle entstand neben einem bereits vorhandenen helladischen Megaronbau im 10.–9. Jh. v. Chr. ein erster Tempel, über dem man um 625 v. Chr. ein neues Heiligtum errichtete.

Alexandrupolis K 3

Αλεξανδρούπολη
Alexandrúpoli

Griechisch

Nomos: Evros
Höhe: 10 m ü.d.M.
Einwohnerzahl: 34500

Verkehr

Flugverbindung mit Athen.
Station der Bahnlinie Saloníki–Istanbul, Schiffsverbindung mit Samothráki.

Lage und Allgemeines

Alexandrúpolis ist die östlichste Stadt an der Küste Thrakiens, unweit der Grenze zur Türkei am Evros. Es wurde von den Türken unter dem Namen Dede Agatsch (Großvaters Baum) gegründet und ist seit 1912 griechisch. Das Stadtbild bietet nichts Besonderes, die Bedeutung der Stadt liegt im Tabakhandel der Region.

Umgebung von Alexandrúpolis

Alexandrúpolis ist für den Reisenden interessant als Ausgangspunkt eines Besuchs der Insel → Samothráki (5–7 Fährschiffahrten wöchentlich).
Außerdem kann man von hier aus → Thrakien kennenlernen, in dem es eine türkisch-islamische Minderheit gibt. Besonders interessant sind hier die Städte → Komotiní und → Xánthi.

Alonnisos H 4

Griechisch

Αλόννησος
Alónnissos

Nomos: Magnesia
Inselfläche: 72 km²
Höhe: 0–476 m ü.d.M.
Bewohnerzahl: 1550
Hauptort: Patitíri

Schiffsverkehr

Linienschiffe (auch Tragflügelboote) mehrmals wöchentlich von Vólos, Agios Konstantinos oder Kými (Euböa) über Skíathos und Skópelos.

Lage und Eigenheiten

Die langgestreckte Felsinsel Alónnissos (früher Chiliondrómia; im Altertum Ikos) liegt in der Mitte der Inselkette der Nördlichen Sporaden, die mit Skíathos im Westen beginnt. Alónnissos gehört zu den noch verhältnismäßig abgeschiedenen Flecken Griechenlands. Die Insel

Blick von Chorio

wird in ihrer gesamten Länge von einem Gebirgsrücken eingenommen, der im Kuvúli bis zu 476 m ü.d.M. ansteigt. Die Nordwestküste ist steil abfallend und wenig gegliedert, die freundlichere Südostküste weist dagegen mehrere schützende Buchten auf. In diesem Gebiet reichen Siedlungsspuren bis ins Neolithikum zurück.

Lage und Eigenheiten (Fortsetzung)

Bemerkenswertes

Patitíri
Alónissos (Chorió)

Die Bevölkerung, meist Bauern und Fischer, bewohnt heute fast ausschließlich den fruchtbaren Süden der Insel. Hier liegen der Hafenplatz Patitíri und, etwa 1 km nordwestlich davon, beherrschend über dem Meer der alte, nach dem Erdbeben von 1965 weitgehend aufgegebene ehemalige Hauptort Alónnissos (Chorió), der zunehmend zur Touristensiedlung ausgebaut wird (prachtvoller Ausblick).

Vótsi

Etwa 1 km östlich von Patitíri befindet sich das bescheidene Fischerdorf Vótsi mit einfachen Ferienhäusern.

Íkos

Das antike Íkos lag vermutlich an der mittleren Südostküste bei Kokkinókastro, wo Reste einer Stadtmauer und Gräber freigelegt wurden.

Peristéra

Vor der Südostküste von Alónnissos, durch einen weiten schützenden Sund getrennt, liegt die kahle Insel Peristéra (14 km²; 0–250 m ü.d.M.) oder Xeró.

Skántzura

Die zur Mönchsrepublik → Athos (Chalkidike) gehörende und als Ziegenweide genutzte Insel Skántzura (7 km²; 0–107 m ü.d.M.) liegt etwa 20 km (11 sm) südöstlich von Alónnissos. Sie wird gelegentlich wegen ihrer Meeresgrotten oder zur Unterwasserjagd besucht.

Pélagos

Etwa 13 km (7 sm) nordöstlich der Nordspitze von Alónnissos liegt die bewaldete Insel Pélagos (25 km²; 0–302 m ü.d.M.), im Altertum Euthyra, heute nach ihrem an der Ostküste gelegenen und vom Athos bewirtschafteten Kloster auch Kirá Panagiá genannt. Die Klosterkirche aus dem 11. Jh. birgt alte Ikonen.

Giúra

Die im Inselbogen weiter nordöstlich folgende ehemalige Klosterinsel Giúra (9 km²; 0–570 m ü.d.M.) ist heute ein Reservat für Wildziegen (Bezoarziege). Im Süden der Insel liegen die Kyklopengrotten, in denen der Sage nach Polyphem gehaust haben soll.

Pipéri

Weiter östlich liegt die kleine Insel Pipéri (7 km²; 0–354 m ü.d.M.) im Robben-Schutzgebiet.

Psathúra bei Alonnisos

Die nahe Vulkaninsel Psathúra (6 km²; 0–20 m ü.d.M.) schließt die Inselkette der Nördlichen Sporaden im Nordosten ab. Die im küstennahen Meer versunkenen Gebäudereste stammen von einer antiken Stadtanlage.

Amorgos K/L 7

Griechisch

Αμοργός
Amorgós

Nomos: Kykladen
Inselfläche: 130 km²
Höhe: 0–826 m ü.d.M.
Bewohnerzahl: 1650
Hauptort: Amorgós (Chóra)

Schiffsverkehr

Verbindungen einmal wöchentlich mit Piräus bzw. mehrmals wöchentlich mit Náxos, Íos und Santorin.

Lage und Eigenheiten

Amorgós ist eine kahlfelsige Gebirgsinsel von 33 km Länge und 2 bis 6,5 km Breite. Die Südostküste fällt meist steil ab, die Nordwestküste dagegen ist sanfter und besitzt zwei tiefe Buchten: im Südwesten die gut geschützte Katápola-Bucht mit dem wichtigsten Inselhafen und im Nordwesten die Ägiáli-Bucht. Landwirtschaft und Fischfang ernähren die durch Abwanderung zurückgehende Zahl der Bewohner.

Kloster Panagia Chozoviotissa

Amorgós (Fortsetzung) Geschichte

Mehrere antike Städte, ausgedehnte Nekropolen, Münzfunde und Felsinschriften weisen die Insel in minoischer und hellenistischer Zeit als Stützpunkt auf dem Seeweg zwischen Milos und der südöstlichen Ägäis aus. In römischer Zeit Verbannungsort, in der Folgezeit wiederholt von Piraten überfallen, blieb Amorgós bis in unsere Zeit ohne wirtschaftliche oder politische Bedeutung und hat sich darum seine Ursprünglichkeit weitgehend bewahren können. Leider aber wird diese besonders landschaftlich außerordentlich reizvolle Insel zunehmend von einem zweifelhaften Rucksacktourismus heimgesucht.

Sehenswertes auf Amorgós

Amorgós

Der Inselhauptort Amorgós (Chóra), auf einem Hügel gelegen, schmiegt sich mit seinen typischen weißen Kykladenhäusern, zahlreichen tonnenüberwölbten Familienkirchen und Windmühlen um die Ruine der venzianischen Burg aus dem 13. Jahrhundert. Man kann antike Reliefs sehen, die in die Hauswände eingebaut sind.

*Kloster Panagía Chozoviótissa

Vom Ort gelangt man in 30 Min. zu Fuß (auch Esel) aufwärts zu dem kleinen, in 367 m Höhe über dem Meer abenteuerlich in die Felsnische einer Steilwand gebauten byzantinischen Kloster Panagía Chozoviótissa (von 1088). Von der unteren Terrasse bietet sich ein eindrucksvoller Blick über das Meer.

Katápola Minóa

Etwa 4 km westlich der Chóra liegt der Hafenort Katápola; im Süden der Bucht befinden sich auf der Anhöhe Muntiliá die Reste der vermutlich bereits im 2. Jahrtausend v. Chr. von Kretern gegründeten Stadt Minóa.

Kastrí

Im äußersten Süden der Insel liegen bei dem hübschen Dorf Arkesíni die Kastrí genannten Reste einer Stadt aus mykenischer bis römischer Zeit.

Kríkelos

Im Nordwesten von Amorgós finden sich an der Hafenbucht von Ägiáli die Spuren einer von Milesiern gegründeten Siedlung. Von hier geht die sehr lohnende Besteigung des Kríkelos (826 m ü.d.M.), der höchsten Erhebung der Insel, aus.

Levíta-Gruppe

Nordostwärts von Amorgós gelangt man zur Levíta-Gruppe mit den Hauptinseln Levíta (5 km²; 0–167 m ü.d.M.) und Kínaros (9 km²; 0–320 m ü.d.M.) sowie mehreren kleinen, meist unbewohnten Eilanden. Hier findet man noch schöne einsame Badebuchten, da alle diese Inseln ohne regelmäßige Schiffsverbindungen oder Unterkunftsmöglichkeiten sind.

Amphiareion H 5

Griechisch

Αμφιαραείο
Amfiaraío

Landschaft und Nomos: Attika

Lage und Allgemeines

Das Amphiareion ist ein antikes Orakelheiligtum in Nordattika, südöstlich von Oropós, ungemein reizvoll in einem stillen Waldtal gelegen. Von Athen auf der Nationalstraße bis Abfahrt Kapandríti (30 km), dann

Lage und Allgemeines (Fortsetzung)

auf der Landstraße über Kapandríti und Kálamos in Richtung Oropós, sieht man – 4 km hinter Kálamos – nach einer Rechtskurve rechts den Eingang des Grabungsbezirks (von Athen 49 km).

Mythos und Geschichte

Amphiaraos war in mythischer Zeit König von Argos und hatte die Sehergabe. Auf dem Weg nach Böotien beim Zug der Sieben gegen Theben errang er in ⟶ Neméa einen Sieg bei den Leichenfeiern für den Prinzen Opheltes. Während des Kampfes um Theben entrückte Zeus ihn und ließ ihn in einen Erdspalt versinken. Er tauchte im Grenzgebiet zwischen Attika und Böotien wieder auf und wurde in einem Heiligtum an einer heiligen Quelle als Seher und Heil wie Heilung bringender Heros verehrt. Heiligtum und Kult haben manche Gemeinsamkeit mit dem Asklepielon von ⟶ Epidauros.
Die Ausgrabungen wurden von Leonardos und Petrakos durchgeführt.

*Ausgrabungsstätte

Tempel

Der Weg führt vom Eingang abwärts. Gleich rechts der Tempel des Amphiaraos aus dem 4. oder 3. vorchristlichen Jahrhundert. Er hatte vor der Frontseite sechs dorische Säulen zwischen Anten, die als Halbsäulen ausgebildet sind. Das Tempelinnere ist durch zwei Reihen von je fünf Säulen in drei Schiffe gegliedert; ein Anbau an der Rückwand enthielt eine zweite Tür, die zu den Priesterwohnungen führte. An der Rückwand der Cella erkennt man die Basis für das Kultbild, in der Mitte einen Opfertisch.
Vor dem Tempel befindet sich bei der heiligen Quelle der Große Altar, der laut Pausanias dem Amphiaraos und zahlreichen anderen Gottheiten geweiht war; unterhalb des Altars ein Brunnen, in dem zhlreiche Münzen – Opfergaben von Genesenen – gefunden worden sind.

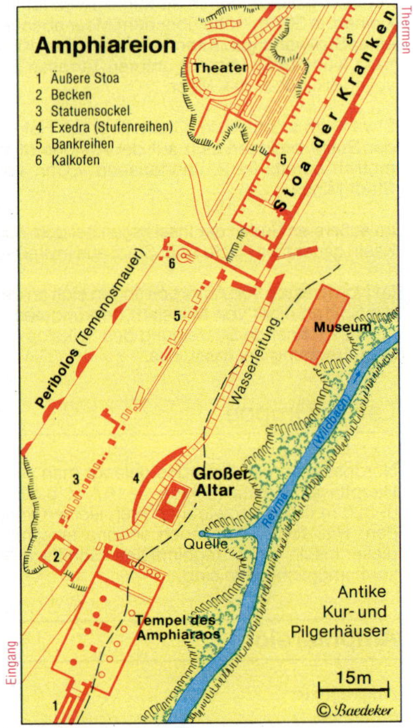

Inkubationshalle

Geht man weiter, so passiert man Statuenbasen aus römischer Zeit (links) und kommt dann zur 110 m langen zweischiffigen Inkubationshalle (4. Jh. v. Chr.). Sie hat außen 41 dorische und innen 17 ionische Säulen, an der Rückwand sind steinerne Bänke erhalten. Die beiden Eckräume waren wahrscheinlich für die Frauen bestimmt. In der Halle legten sich die Gläubigen zum Tempelschlaf nieder, von dem sie sich Heilung erhofften. Dabei hüllten sie sich in das Fell eines Widders, den sie am Altar geopfert hatten.

Amphiareion, Inkubationshalle (Fortsetzung)

Hinter der großen Halle liegt das Theater mit fünf marmornen Ehrensitzen rings um die Orchestra und einem wohlerhaltenen Bühnenhaus. Das Zuschauerhalbrund ist mit Kiefern bewachsen. In diesem Theater fanden seit 332 v. Chr. im Abstand von fünf Jahren musische Wettkämpfe statt.

Weiter bachabwärts finden sich Reste römischer Thermen. Jenseits des Baches sieht man außer einer Klepsydra (Wasseruhr) Häuserreste der ausgedehnten Kuranlagen.
Das kleine Museum enthält interessante lokale Funde.

Umgebung des Amphiareions

Oropós

Rund 6 km nordwestlich liegt an der attischen Küste der ansprechende kleine Fischerhafen Oropós (auch Skála Oropú); an der Uferstraße gibt es hübsche Tavernen.

Amphipolis H 3

Griechisch

Αμφίπολη
Amfípoli

Landschaft: Makedonien
Nomos: Serrä

Lage und Allgemeines

Amphípolis, 60 km westlich von → Kavála, ist eine antike Stadt in Makedonien nahe der Mündung des Strýmon. Die bis ins Meer reichende Siedlung war eine bedeutende Festung und in römischer Zeit eine wichtige Station an der Via Egnatia von der Adria nach Byzanz.

Sehenswertes

*Löwenstatue

Griechische Ausgrabungen haben Teile der Stadtmauern freigelegt; 1982 wurde ein Gebäude ausgegraben, das als Gymnasion gedeutet wird. Das auffallendste Monument ist ein majestätischer steinerner Löwe aus hellenistischer Zeit; er steht außerhalb des antiken Stadtgebietes unmittelbar westlich der Strýmonbrücke.

Amphissa G 5

Griechisch

Άμφισσα
Ámfissa

Nomos: Phokis
Höhe: 180 m ü.d.M.
Einwohnerzahl: 7000

Amphíssa (Fortsetzung) Lage und Bemerkenswertes

Amphíssa, eine Landstadt in Phokis, 14 km nordwestlich von Itéa, an der Landstraße Itéa–Lamía, war im Altertum Hauptstadt der Lokrer und liegt auf einem Hügel inmitten von Ölbaumhainen.

Die mittelalterliche Burg – aus der Zeit, als die Stadt unter dem Namen Salona Sitz fränkischer Ritter war – steht auf den Polygonalmauern der antiken Akropolis.

Anaphi

K 7

Griechisch

Ανάφη
Anáfi

Nomos: Kykladen
Inselfläche: 36 km^2
Höhe: 0–584 m ü.d.M.
Bewohnerzahl: 300
Hauptort: Anáfi (Chóra)

Schiffsverkehr

Linienschiffe mehrmals wöchentlich von Athen (Piräus). Die Passagiere werden ausgebootet.

Lage und Eigenheiten

Die bergige Kykladeninsel Anáphi liegt etwa 22 km (12 sm) östlich von Santorin.

Der Sage nach ließ Apollon sie als Zufluchtstätte für die aus Kolchis zurückkehrenden Argonauten aus dem Meer auftauchen. Die Bewohner leben bescheiden von Landwirtschaft und etwas Fischfang.

Glockentürmchen auf Anaphi

Bemerkenswertes auf Anaphi

Anáfi (Chóra)

Im Süden der Insel liegt der Hauptort Anáfi (Chóra), der immer mehr verlassen wird. Darüber, auf einem Felssporn, Mauerreste einer venezianischen Burg aus dem 14. Jahrhundert.

Nordöstlich der Chóra befand sich auf der Felskuppe Kastélli die antike Stadt, von der noch Trümmer und allerlei Plastiken herumliegen.

Zoodóchos Pigí

Im Osten der Insel befindet sich an der Stelle eines alten Apollon-Tempels und aus dessen Fragmenten errichtet das Kloster Zoodóchos Pigí oder Káto Kalamiótissa; weiter nördlich die Trümmer einer zweiten Venezianerburg.

Panagía Kalamiótissa

Im äußersten Osten der Insel steht weithin sichtbar auf dem steil ins Meer abfallenden Kalkfelsen Kálamos (396 m ü.d.M.) das Kirchlein Panagía Kalamiótissa (von 1715); von oben bietet sich ein weiter Blick, der bei klarer Sicht bis Kreta reicht.
Südöstlich vor Anáphi liegen die Felseilande Ftená, Pachiá und Makrá.

Andros

I/K 5/6

Griechisch

Άνδρος
Ándros

Nomos: Kykladen
Inselfläche: 374 km²
Höhe: 0–994 m ü.d.M.
Bewohnerzahl: 10 500
Hauptort: Ándros (Chóra)

Schiffsverkehr

Verbindung täglich von Rafína (Attika).

Lage und Eigenheiten

Die waldreiche Insel Ándros, die nördlichste und nach Náxos zweitgrößte der Kykladen, ist durch den belebten, aber stürmischen 12 km breiten Pórthmos Kaphiréfs (ital. Canale d' Oro) von → Euböa getrennt, dessen südöstliche Fortsetzung sie bildet. Im Südosten trennt sie der 1200 m breite Meeresarm Stenó von der Nachbarinsel → Tinos. Die vier Gebirgsmassive der Insel, deren höchstes im Pétalon 994 m ü.d.M. erreicht, bergen bereits in der Antike abgebaute Marmorlager. Ungewöhnlicher Wasserreichtum ermöglicht eine blühende Landwirtschaft. Ándros ist die Heimat mehrerer griechischer Großreeder.

Mythos und Geschichte

Im Altertum war Ándros dem Dionysos geweiht, und die Feierlichkeiten zu seinen Ehren waren weithin gerühmt.
Die von Ioniern kolonisierte Insel kam früh unter die Oberherrschaft von Eretria. Im 7. Jh. v. Chr. sandte sie Kolonisten auf die thrakische Chalkidike. Nach der Schlacht von Salamis wurde sie von Themistokles wegen der den Persern geleisteten Gefolgschaft bekriegt, aber erst später von Athen abhängig. Seit 338 v. Chr. in der Gewalt der Makedonier, kam sie nach deren Unterwerfung an die Römer.
Von 1207 n. Chr. an stand Ándros unter venezianischen Dynasten, aus deren Zeit noch die Wachtürme stehen. Zu Beginn des 15. Jh.s ließen sich im Norden der Insel Albaner nieder, die hier ihre Sprache bis ins 20. Jh. hinein bewahrten. 1566 von den Türken besetzt, kam Ándros schließlich im Gefolge der Staatsgründung an Griechenland.

Sehenswertes auf Andros

Ándros (Chóra)

Der heutige Inselhauptort Ándros oder Chóra (2000 Einw.) liegt an der mittleren, wenig geschützten Bucht der Ostküste. Über malerische Treppen gelangt man vom Hafen zur Altstadt auf einer felsigen Landzunge mit der mittelalterlichen Burgruine. Die Neustadt mit dem Marktplatz und der belebten breiten Hauptstraße erstreckt sich landeinwärts.

*Zoodóchos Pigí

Sehenswert sind hier die orthodoxe Kirche Zoodóchos Pigí mit einer Ikonostase von 1717, die katholische Andreas-Kirche aus dem 15. Jh. (im 18. Jh. erneuert) und das kleine Seefahrtsmuseum.

Etwa 5 km nordwestlich der Chóra befindet sich die Quelle von Apíkia, die das Mineralwasser 'Sáriza' liefert.

Messariá

Inmitten des fruchtbaren Messariá-Tals mit seinen eigentümlichen Taubentürmen liegt 5 km westlich der Chóra die hübsche Ortschaft Messariá. Ihre Kirche stammt von 1158.

Kórthion

Kórthion, 10 km südlich der Chóra, besitzt eine venezianische Festung.

Die bis in byzantinische Zeit blühende antike Hauptstadt Ándros lag 16 km westlich der heutigen Stadt an einer weiten Bucht der Westküste bei dem Dörfchen Paläópolis. Erhalten sind u.a. Reste der Akropolis und der Hafenanlagen.

Gávrion

Als geschützter Hafen diente im späten Altertum die Bucht von Gávrion bei dem Fischerdorf und Haupthafen Gávrion; Teile der mittelalterlichen Hafenanlagen sind noch beim Kloster Ágia Moní sichtbar.
2 km nordwestlich oberhalb, bei dem Dorf Ágios Pétros, steht ein hellenistischer Wachturm (prächtige Aussicht).

Batsí

Von dem 8 km südöstlich von Gávrion gelegenen Seebad Batsí ist die Ersteigung des Kuwára (975 m ü.d.M.) in 4 bis 5 Stunden möglich.

Arachova

→ Delphi, Umgebung

Argolis

G/H 6

Griechisch

Αργολίδα
Argolída

Lage und Allgemeines

Die Argolis, von Homer als 'die Rossenährende' gepriesen, ist eine der bedeutendsten Kulturlandschaften Griechenlands und nimmt den Nordosten der Halbinsel Peloponnes ein. Schon in der Jungsteinzeit besiedelt, wurde sie um 2000/1900 v. Chr. von frühgriechischen Achäern in Besitz genommen und war in der mykenischen Epoche (1580–1100 v. Chr.) am dichtesten von allen griechischen Landschaften bewohnt. → Mykene, → Tiryns und → Argos, aber auch Mideia und Prosymna waren Kristallisationspunkte der Macht, der Wirtschaft und reichen Kultur. Die Ausgrabungen von Heinrich Schliemann seit 1874 haben diese Welt wiederentdeckt.

Bucht von Tolon

Mythos und Geschichte

Mit dieser Landschaft ist ein großer Teil der griechischen Mythen verbunden. Dabei ist Argos der Kern künftiger Entwicklungen. Hier herrschte, nach Danaos und Lynkeus, Akrisios. Er vertrieb seinen Zwillingsbruder Proitos, der nach dem nahen Tiryns ging und es von Kyklopen aus Kleinasien befestigen ließ, gefolgt von seinem Sohn Megapenthes. Akrisios hatte eine Tochter Danae, die Zeus in Gestalt eines Goldregens empfing. Ihr Sohn Perseus tötete die Gorgo, befreite Andromeda, übergab (nachdem er seinen Vater beim Diskuswerfen versehentlich getötet hatte) Argos seinem Vetter Megapenthes im Tausch gegen Tiryns, ummauerte Mykene und Mideia und bezog sie in seinen Herrschaftsbereich ein. Sthenelos, Sohn von Perseus und Andromeda, heiratete Nikippe, eine Tochter des Pelops. Sein Sohn Eurystheus war der letzte Perseide. In seinem Dienst mußte der aus Theben stammende Herakles seine später berühmt gewordenen Taten vollbringen.

Eurystheus vertrieb später die Söhne des Herakles, deren Nachkommen in der vierten Generation unter Oxylos zurückkehrten.

Die Zwischenzeit füllten die Nachkommen des Pelops, die Pelopiden oder Atreiden, aus deren Geschlecht zur Zeit des Krieges um Troja Agamemnon, seine Frau Klytaimnestra und beider Kinder Orest, Iphigenie und Elektra stammten. Orests Sohn Tisamenos war der letzte mykenische König von Sparta, dann kam die 'Rückkehr der Herakliden', d.h. die Einwanderung der Dorier, die sich mit der Berufung auf Herakles einen noblen Ahnherrn gaben.

Setzt man die mythische Tradition mit dem archäologischen Befund und dem geschichtlichen Ablauf in Beziehung, so ist die Dynastie der Perseiden etwa um 1600 v. Chr. anzusetzen (Schachtgräber von Mykene), die Dynastie der Pelopiden um 1400 v. Chr. (Kuppelgräber von Mykene) und die Dynastie der Herakliden in der Zeit der dorischen Wanderung (12. Jh. v. Chr.).

Argolis, Mythos und Geschichte (Fortsetzung)

In dorischer Zeit stieg Argos zur mächtigsten Stadt der Gegend auf. Als zentrales Heiligtum gewann das Heraion von Argos zunehmende Bedeutung. Außerdem ist das Zeusheiligtum von ⟶ Nemea im Nordwesten der Argolis zu nennen.
In venezianischer Zeit wurde ⟶ Nauplia an der gleichnamigen Bucht – als Napoli di Levante – zu einer gewaltigen Festung ausgebaut, die Akronauplia und den Berg Palamídi umfaßte.

Sehenswertes

Heute sind die Küstenorte wie Nauplia und ⟶ Tolón, daneben die weiter östlich gelegenen Orte wie Ermióni und ⟶ Porto Chéli sowie die vorgelagerten Inseln ⟶ Spétsä und ⟶ Hýdra Zentren des Tourismus. Die Stätten alter Geschichte aber üben unvermindert ihre Faszination auf den Besucher dieser harmonischen Landschaft aus.

Argolische Inseln H 6

Griechisch

Αργολικές Νησιά
Argolikés Nissiá

Unter dem Namen 'Argolische Inseln' faßt man alle Inseln vor der Küste der Argolis und im Argolischen Golf zusammen. Es sind dies u.a. ⟶ Hýdra, Dokós, ⟶ Spétsä, die kleineren Eilande Tríkeri, Spetsopúla, Psilí und Platía sowie zahlreiche Felsklippen. Sie bilden die südlichste und westlichste Gruppe der ⟶ Saronischen Inseln.

Argos – Ausgrabungen und Burghöhe Larisa

Argos

G 6

Griechisch

Ἄργος
Árgos

Nomos: Argolis
Höhe: 15 m ü.d.M.
Einwohnerzahl: 20700

Verkehr

Station der Bahnlinie Korinth–Trípolis.
Busverbindung nach Nauplia und Paläá Epídavros

Lage und Allgemeines

Árgos in der Landschaft ⟶ Argolis ist eine Landstadt der fruchtbaren Ebene unweit des Golfes von Nauplia am Fuß des Burgberges (Lárissa, 289 m) und des schildförmigen Hügels Aspís (80 m).

Geschichte

Schon in vorgriechischer Zeit besiedelt, war Argos in mykenischer Zeit Sitz der Dynastie des Danaos. Nach der dorischen Einwanderung gewann es im 1. Jahrtausend v. Chr. an Einfluß, obwohl es sich im 7. und 6. Jh. v. Chr. in Kämpfen mit Sparta abnutzte. Im 5. Jh. v. Chr. brachte die Bildhauerschule von Argos den großen Polyklet, Vollender des dorischen Kanons in der Skulptur, hervor. 146 v. Chr. wurde die Stadt römisch und litt 267 und 305 n. Chr. unter Plünderungen durch die Goten. Im Mittelalter und der frühen Neuzeit gehörte sie Venezianern (1388–1463, 1686–1715) und Türken (1453–1686, 1715–1826). Im antiken Theater fanden 1821 und 1829 Nationalversammlungen statt.

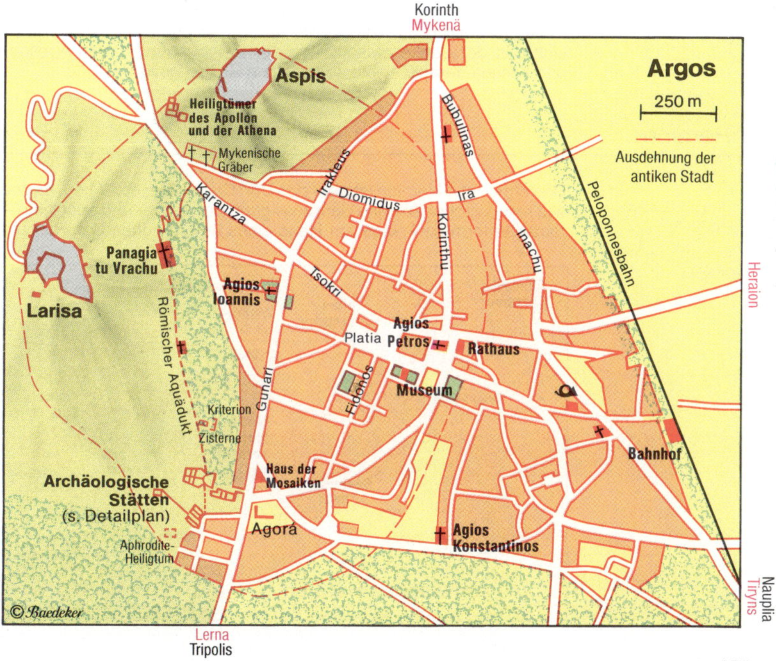

Detailplan

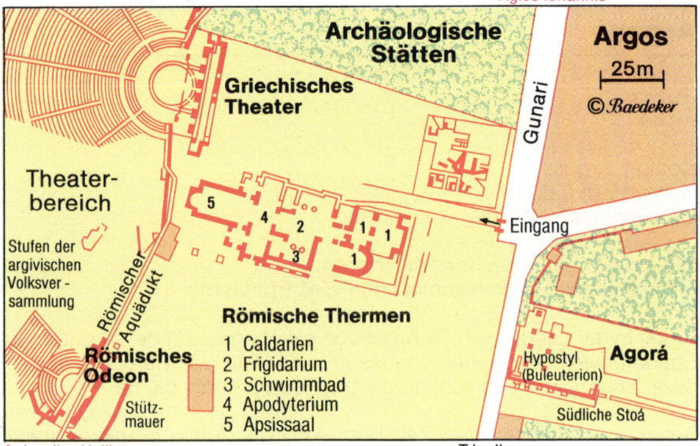

Sehenswertes

Petruskirche
*Archäologisches Museum

An der Platia in der Stadtmitte stehen die Petruskirche und das Archäologische Museum, von dessen Stücken außer Keramik und Mosaiken besonders die Funde aus Lerna interessant sind.

An der Straße nach Tripolis hat man Reste der Agorá freigelegt. Gegenüber am Hang der Lárissa das Theater, daneben römische Thermenreste. Die antike Stadtbefestigung schloß Aspis und Lárissa ein. Diese erreicht man zu Fuß in 45 Minuten; auf halber Höhe liegt ein Panagía-Kloster, auf dem Gipfel ein mittelalterliches Kastell (Aussicht). In der Senke zwischen beiden Erhebungen wurden Apollon- und Athena-Tempel sowie mykenische Gräber gefunden.

*Heraion

Lage
11 km nordöstlich von Argos

Das argivische Heraion ist über das Dorf Chónika zu erreichen. Es war seit mykenischer Zeit das Hauptheiligtum der Argiver und erhielt seine terrassenförmige Anlage am Hang eines 600 m hohen Bergrückens

Lageplan

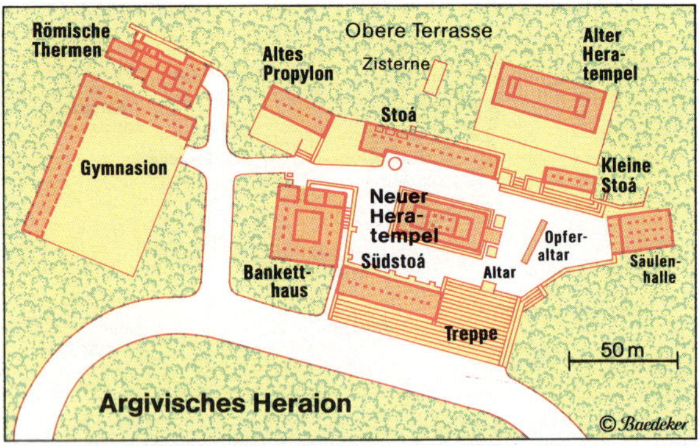

vom 8. bis zum 5. Jh. v. Chr. Von Süden her führt eine breite antike Treppe zu einer Säulenhalle und zum Fundament des Heratempels (5. Jh.), für den Polyklet die Goldelfenbeinstatue der Hera schuf. Auf der nächsten Terrasse stand der alte Tempel aus dem 7. Jh., der 425 v. Chr. niederbrannte. Daneben gab es Säulenhallen und -säle. Nicht die wenigen Reste, aber ihre großartige, einsame Lage hinterläßt starken Eindruck.

Heraion (Fortsetzung)

Mérbaka

Auf dem Weg von Chónika nach Nauplia passiert man das Dorf Mérbaka, das seinem Namen Wilhelm von Moerbeke, dem katholischen Bischof von Korinth im 15. Jh., verdankt und auf seinem Friedhof eine der schönsten Kirchen der Region hat.

Lage 8 km östlich von Argos

Kephalári

Südlich von Argos weist an der Straße nach Tripolis nach 5 km ein Schild nach Kephalári mit seiner großen Platane. Hier tritt Wasser aus dem Felsen, das Strabon für den Abfluß des Stymphalischen Sees hielt. Wo einst Pan und die Nymphen verehrt wurden, steht nun eine Kapelle der Muttergottes als lebenspendende Quelle (Zoodóchos Pigí). In der Nähe erhebt sich die Pyramide, genauer der Pyramidenstumpf von Kephalári. Das Bauwerk wird oft als Ehrengrab gedeutet, gehörte aber mit Sicherheit zum militärischen Kontrollsystem des vierten vorchristlichen Jahrhunderts.

Lage 5 km südlich von Argos

Unweit von Kephalári liegt das Dörfchen Kokla, wo 1981 ein mykenisches Kuppelgrab entdeckt wurde. Man fährt von Kephalári auf der direkten Straße in Richtung Argos und biegt nach 1 km links in den Weg nach Kókla ein, das man nach weiteren 2 km erreicht. Das um 1400 v. Chr. geschaffene Grab ist bemerkenswert durch seine landschaftliche Lage, seine Größe und die Tatsache, daß es nicht ausgeraubt worden ist. In Nischen des Zuganges (Dromos) lagen zwei Skelette. Das Kuppelgrab selbst ist bis zu 7,50 m tief aus dem Fels gehauen und dann ganz mit Quadern ausgekleidet worden. Im Inneren fanden sich reiche Grabbeigaben, darunter Gold- und Silberschalen. Weitere Gräber aus dem 16. bis 13. Jh. v. Chr. fanden sich in der Umgebung.

Kókla

*Lerna (Ruinenplan s. S. 200)

Kurz hinter dem Dorf Mýli an der Straße nach Trípolis liegt auf der linken Seite dicht am Meer die überdachte amerikanische Ausgrabung von Lerna, das von der Jungsteinzeit an besiedelt war. Eine frühhelladische doppelte Festungsmauer wurde über ein neolithisches Haus des 4. Jahrtausends gezogen. Das Zentrum der Anlage nimmt ein frühhelladischer Palast (auch 'Haus der Ziegel' genannt) ein, erbaut um 2200, niedergebrannt um 2000 v. Chr., mit 24 x 11 m das größte Bauwerk aus vorgriechischer Zeit in Griechenland. Über ihm hat man nach der Zerstörung einen von einem großen Steinkreis eingefaßten Erdhügel aufgeschüttet. Zwei mykenische Schachtgräber weisen darauf hin, daß Mykener die Stätte um 1600 v. Chr. übernommen haben.

Lage 12 km südlich von Argos

Argos, Umgebung, Lerna (Fortsetzung)

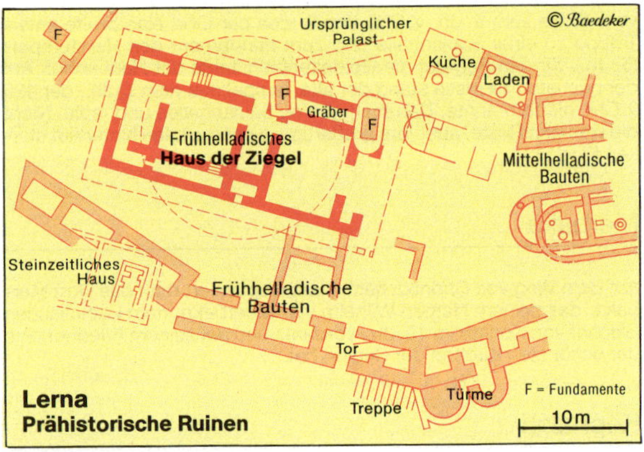

Hydraquelle

Unmittelbar nördlich liegt die Hydraquelle, die mit einer der Taten des Herakles verbunden ist.

Arkadien

F/G 6

Griechisch

Αρκαδία
Arkadía

Das gebirgige Hochland Arkadien im Zentrum der Peloponnes erreicht im Norden mit Erýmanthos (2224 m), Chelmós (2355 m) und Kyllíni (2376 m) die höchsten Erhebungen. Die wenigen Ebenen konzentrieren sich um ⟶ Tripolis und ⟶ Megalópolis. Der wichtigste Fluß ist der Alpheios (Alfíos) mit seinen Nebenflüssen; andere Gebiete haben keine Entwässerung zum Meer hin, was zu Sumpfbildungen führt.

Geschichte

Im 2. Jahrtausend v. Chr. gehörte das schwer zugängliche Gebiet den Arkadern; ihr Gebiet konnte auch von den später einwandernden Doriern nicht streitig gemacht werden. Ihr dem Zeus geweihtes Stammheiligtum hatten sie auf dem Lykaion. Lange haben sich alte bäuerliche Zustände erhalten; Stadtstaaten entwickelten sich zunächst nur an den Rändern, so ⟶ Tegea und ⟶ Mantineia. Im 5. Jh. v. Chr. und dann wieder 250 v. Chr. schlossen sich die Arkader zu einem Bund zusammen. Laut Strabon war das Land in der frühen Kaiserzeit verödet und fast menschenleer. Damals war Arkadien bereits zur Kulisse der Hirtenpoesie geworden.
In der Zeit der Kreuzfahrer (13. Jh.) errichteten zahlreiche fränkische Barone ihre Burgen auf den Bergen Arkadiens, z.B. Níkli bei Tegéa, Veligósti bei Megalópolis, ⟶ Karýtäna über dem Alpheios und Ákova am Ládon. In der Türkenzeit wurde Tripolitsa, das heutige ⟶ Tripolis, als Sitz des Paschas der Morea gegründet.
Erst die letzten Jahrzehnte haben die Abgeschiedenheit des Landes durch ausgedehnte moderne Straßenbauten durchbrochen, doch hat Arkadien abseits der wenigen großen Routen seine Ursprünglichkeit

Arta – Türkische Brücke über den Arachthos ▶

Arkadien (Fortsetzung)

noch weithin erhalten. Das spricht den Reisenden an, hat jedoch bei der jungen Generation der Einheimischen verstärkte Abwanderung in die Städte zur Folge.

Arki L 6

Griechisch

Αρκοί
Arkí

Nomos: Dodekanes
Inselfläche: 7 km²
Höhe: 0–115 m ü.d.M.
Bewohnerzahl: 50
Hauptort: Arkí (Chóra)

Schiffsverkehr

Gelegentliche Verbindungen von Pátmos oder Lipsí.

Lage und Eigenheiten

Das gottverlassene kahle Eiland Arkí, im Altertum Akríte, liegt 12 km (6,5 sm) nordöstlich von Pátmos in der Gruppe der Südlichen Sporaden. Die wenigen Bewohner leben in äußerster Bescheidenheit ohne jede moderne Infrastruktur. Sie leben im wesentlichen vom Fischfang und betreiben Viehzucht.
Arkí ist von zahlreichen kleineren Inseln und Klippen umgeben, die z.T. als Ziegenweiden genutzt werden.

Arta E 4

Griechisch

Άρτα
Árta

Nomos: Arta
Höhe: 30 m ü.d.M.
Einwohnerzahl: 18300

Verkehr

Busverbindung mit Athen und den Orten des Epiros.

Lage und Allgemeines

Árta, eine Bezirkshauptstadt in der Landschaft Epiros, am linken Ufer des Árachthos gelegen, nimmt die Stelle des antiken Ambrakia ein, dessen Name sich im Namen des südlich sich erstreckenden, vom Ionischen Meer fast völlig abgeriegelten Ambrakischen Golfes erhalten hat.

Geschichte

Im 7.Jh. v.Chr. als korinthische Siedlung gegründet, wurde Ambrakia 297 v.Chr. Hauptstadt des Molosserkönigs Pyrrhos von Epiros. 31 v.Chr. siedelte man die Bevölkerung in das neugegründete → Nikópolis um.
Im 13. Jh. war die Stadt, nun unter dem Namen Árta, Hauptstadt des Despotates von Epiros, dessen mit dem Kaiserhaus der Angeloi verwandte Fürsten während der Besetzung Konstantinopels durch die 'Franken' zeitweise den Kaisertitel führten. An sie erinnern die Burg an der Stelle der antiken Akropolis, in deren ausgedehntes Gelände man das Xenia-Hotel gestellt hat, sowie einige Kirchen der Stadt und Klöster in der Umgebung.
1318 fiel Árta an die Pfalzgrafschaft Kephallenía, 1340 für kurze Zeit wieder an Byzanz, 1348 an das serbische Fürstentum Ioánnina; 1449 wurde es türkisch und 1881 griechisch.

Sehenswertes

*Panagía Parigorítissa

An der nördlichen Stadtausfahrt, in der Nähe des Skufaplatzes, steht auf einem Hügel links die Kirche Panagía Parigorítissa (Muttergottes vom raschen Trost), um 1290 vom Despoten Nikiphóros errichtet: ein zweigeschossiger kubischer Baukörper von palastartiger Wirkung; das Innere eine kühne Konstruktion mit drei übereinandergestellten Stützen, welche die 24 m hohe Kuppel tragen. Das Baumaterial stammt zum Teil aus den Ruinen der römischen Stadt → Nikópolis. In der Kuppel sind Mosaiken freigelegt worden (Pantokrator, Propheten), an der Ikonostasis (Bilderwand, welche die Laien vom Allerheiligsten trennt) sieht man das Bild der Kirchenpatronin Maria als Trösterin.

Grundriß und Schnitt der Kirche **Panagia Parigorítissa** (Ende 13. Jh.) **in Arta**

Außenansicht der Panagia Parigoritissa

Stadtmauer von Arta

Arta (Fortsetzung)
Agía Theodóra

Ebenfalls in das 15. Jh. gehört die Kirche Agía Theodóra, ausgebaut von der Mutter des Despoten Nikiphóros, der später heiliggesprochenen Theodóra, nach der Ermordung ihres Mannes Michael II. (1271). Die Vorderseite ihres Sarkophages (im Narthex) zeigt in schöner Reliefarbeit Theodóra mit ihrem kleinen Sohn. Ihr Doppelcharakter als Herrin und Heilige ist dadurch ausgedrückt, daß sie über dem Staatsornat den Nonnenschleier trägt und in der rechten Hand ein Zepter hält, während die Linke segnend erhoben ist.

Ágios Basílios

*Arachthos-Brücke
(Abb. s. S. 201)

Außerdem sehenswert sind die Kirche Ágios Basílios (14. Jh.), die außen mit Fayencestücken geschmückt ist, und die schöngeschwungene türkische Brücke über den Árachthos (bei der Ausfahrt nach → Ioannina rechts abseits).

Rings um Arta gibt es zahlreiche Kirchen und Klöster, u. a. Káto Panagía nördlich und das Vlachernenkloster nordöstlich der Stadt (beide 13. Jh.).

Astypaläa L 7

Griechisch

Αστυπάλαια
Astipáläa

Nomos: Dodekanes
Inselfläche: 99 km²
Höhe: 0–482 m ü.d.M.
Bewohnerzahl: 1100
Hauptort: Astipáläa (Chóra)

Chora auf Astypaläa

Schiffsverkehr

Linienschiffe zweimal wöchentlich von Athen (Piräus); lokale Linien im Dodekanes (Kós–Kálymnos–Astipáläa) einmal wöchentlich.

Lage und Eigenheiten

Die wasserarme Karstinsel Astypáläa, die westlichste Insel des Dodekanes, zwischen Kós (40 km/22 sm) und Amorgós (35 km/19 sm) bzw. Anáphi (40 km/22 sm) gelegen, weist in Landschaft und Kultur unverkennbare Gemeinsamkeiten mit den Kykladen auf. Zwei weite, von Nordwesten bzw. Südosten eingreifende Buchten teilen die Insel in einen höheren westlichen (bis 482 m ü.d.M.) und einen niederen östlichen (bis 366 m ü.d.M.) Teil, die beide durch die nur 110 m breite Landenge Ágios Andréas miteinander verbunden sind. Viehwirtschaft (Käse), Obst- und Gemüseanbau sowie Fischerei bringen den Bewohnern bescheidenen Wohlstand.

Bemerkenswertes

Astipáläa (Chóra)

Der malerische Hauptort Astipáläa (Chóra) thront oberhalb des Hafenplatzes Skála auf einer kahlen Felskuppe und wird von der venezianischen Festung (13.–16. Jh.) beherrscht.

Livádia-Tal

Westlich unterhalb der Chóra erstreckt sich das fruchtbare Livádia-Tal, das Hauptanbaugebiet der Insel.

Auf Astypálaia verstreut liegen rund 200 Kirchlein und Kapellen, meist von Privatleuten gestiftet und heute oft verfallend.

Die zahlreichen umliegenden Eilande und Klippen werden z.T. als Ziegenweiden genutzt, ebenso die 35–45 km (19–24 sm) südöstlich gelegenen einsamen Inselchen Seírena und Tría Nisía.

Moni ton Kliston
Parnes
Thessaloniki
Dionissu
Korinth, Eleusis
Perama
Marathon
Porto Rafti
Koropi
Koropi
Kap Sunion
Athen
und Vororte
PHYLE
DEKELIA
EKALI
N. ERITHREA
N. KIFISSIA
KIFISSIA
Kifissia
AHARNES
ANO LIOSSIA
LIKOVRISSI
ASPROPIRGOS
KAMATERO
METAMORFOSSI
PEFKI
N. PENDELI
MELISSIA
IRAKLIO
Amarussio
Iraklio
Irini
MARUSSI
PENDELI
PETRUPOLI
Pefkakia
Nea Ionia
Olympisches Sportzentrum
VRILISSIA
Perissos
N. IONIA
N. LIOSSIA
HALANDRI
Patissia
PHILOTHEI
DAFNI
Kato Patissia
Agios Eleftherios
Bucht von Eleusis
PERISTERI
B
Agios Nikolaos
PSYCHIKO
SKARAMANGAS
HAIDARI
Atiki
KIPSELI
N. PSYCHIKO
EGALEO
A
St.
Viktoria
HOLARGOS
AG. VARVARA
Larissis
C
VOTANIKOS
Omonia
LEONDARI
KORIDALOS
Thission
KOLONAKI
Monastiraki
ZOGRAFU
KERATSINI
TAVROS
D
E
AG. IOANIS RENDIS
Petralona
ATHINA
Kutukihöhle
NIKEA
Kalithea
VIRONAS
PEANIA
DRAPETSONA
Moschato
IMITOS
Piraeus
PIREAS
ZEA
Neo Faliro
N. SMYRNI
Hymettos
1927 m ü.d.M
AMPHITHEA
AG. DIMITRIOS
ILIUPOLI
P. FALIRO
KALAMAKI
ARGIRUPOLI
Saronischer Golf
West-Terminal
Flughafen
Ost-Terminal
ANO ELLINIKO
TERPSITHEA
ELLINIKO
GLYFADA
Attische Riviera
VULA
Hauptverkehrswege
Durchgangsstraßen
Verbindungsstraßen
Eisenbahn
S-/U-Bahn 'Elektrikós'
A Autobusstation Kifissu 100
B Autobusstation Liossion 260
C Autobusstation Mavromateon, Arespark
D Autobusstation Syntagmaplatz
E Autobusstation Zappion
VARI
KAVURI
VULIAGMENI
VARKIZA
5 km
© Baedeker

Athen H 5/6

Αθήνα
Athína

Griechisch

Nomos: Attika
Höhe: 40–150 m ü.d.M.
Einwohnerzahl: 930 000 (im Großraum mit Piräus 3,5 Mio.)

Hinweis

Im Rahmen dieses Reiseführers ist die Beschreibung der griechischen Hauptstadt bewußt knapp gehalten; sie beschränkt sich auf die Hauptsehenswürdigkeiten. Ausführlichere Informationen liefert der in der gleichen Reihe erschienene Band "Athen".

Verkehr

Allgemeines

Der internationale und der nationale Flughafen sowie die vielen in alle Landesteile gehenden Buslinien und die Eisenbahn, dazu die in → Piräus zentrierten Schiffsrouten machen Athen zum Ausgangspunkt für Reisen in ganz Griechenland.

Luftverkehr

Athen verfügt über zwei Flughäfen beim Ort Ellinikó: den Ostflughafen für die internationalen Linien und den Nationalen oder Westflughafen für In- und Auslandsflüge der Olympic Airways.
Athen hat Inlandsflugverbindungen mit Aktion, Alexandrúpolis, Chanía (Kreta), Chios, Ioánnina, Iráklion (Kreta), Kalamáta, Kastoriá, Kavála, Kephallenía, Kýthira, Korfu (Kerkyra), Kos, Kozáni, Lárissa, Léros, Lésbos, Límnos, Mílos, Mýkonos, Páros, Rhódos, Saloníki, Sámos, Santorín (Thera), Skiáthos, Skýros und Zákynthos.

Eisenbahn

Der Hauptbahnhof von Athen (Stathmós Laríssis) ist Ausgangspunkt der Staatsbahn nach Saloníki und Alexandrúpolis. Vom benachbarten Peloponnes-Bahnhof fahren Züge über Korinth in die Peloponnes bis nach Kalamáta.

Busverkehr

In der Stadt Athen und den Vororten verkehren gelbe Trolleybusse und grüne Busse. Überlandbusse verbinden Athen mit den Orten des ganzen Landes. Zahlreiche Linien beginnen am Sýntagmaplatz in der Akademiestraße (Akadimías) und am Káningosplatz (nahe Omónia). Daneben gibt es Buslinien der Staatsbahnen.

Elektrikós (S-/U-Bahn)

Vom Piräus durch die Stadtmitte von Athen bis nach Kifissiá im Norden verkehrt die teilweise als U-Bahn geführte elektrische Schnellbahn (Elektrikós). Wichtige Stationen im engeren Stadtgebiet: Thíssion (nordwestlich der Agorá), Monastiráki, Omónia, Viktória (westlich des Pedion Areos = Marsfeldes), Attikís (nordöstl. vom Hauptbahnhof).

Straßenverkehr

Der innerstädtische Straßenverkehr hat in jüngster Zeit chaotische Ausmaße angenommen und wesentlich zu der permanent bedrohlichen Luftverschmutzung beigetragen.

Nützliche Adressen

Amt für Altertümer und Restauration: Aristídu 14, Telefon 3243056.
Griechischer Automobil- und Touring-Club (E.L.P.A.): Messogion 2, Telefon 7791615 (Auskünfte über Straßenverhältnisse).

Nützliche Adressen (Fortsetzung)	Erste Hilfe: Telefon 166. K.A.T. (Unfall- und orthopädisches Krankenhaus): Kifissiá-Straße, Telefon 8014441. Deutsches Archäologisches Institut: Odós Phidíu 1, Telefon 620270. Österreichisches Archäologisches Institut: Leophóros Alexándras 26.
Botschaften	→ Praktische Informationen von A bis Z, Diplomatische und konsularische Vertretungen.
Veranstaltungen	Athener Festspiele im Odeion des Herodes Atticus, Juli–September (Dramen, Opern Konzerte, Ballett); Volkstänze im Philopappos-Theater, Mai–September. Ton-und-Licht-Veranstaltungen auf dem Pnyx-Hügel, April–Oktober.
Unterhaltung	Die meisten Unterhaltungslokale befinden sich in dem malerischen alten Stadtteil Plaka, der von Touristen gern besucht wird. Man findet hier Restaurants, Cafés und Tavernen mit Buzuki-Musik. Insgesamt acht Theater bieten einen abwechslungsreichen Spielplan. Ihr Besuch lohnt sich jedoch nur dann, wenn man die neugriechische Sprache beherrscht. Viele der Kinos sind Freilichtanlagen.
Strände und Wassersport	An der Attischen Riviera (Apollonküste; → Attika).
Shopping	Die meisten Geschäfte für Volkskunst befinden sich in der Nähe des Monastiraki-Platzes, wo sonntags auch der Flohmarkt stattfindet.

▼ *Häusermeer einer Millionenstadt*

Shopping (Fortsetzung)

Geschmackvollen Gold- und Silberschmuck findet man in den meist nördlich des Syntagma-Platzes gelegenen Juwelierläden.
Reproduktionen nach antiken Mustern in Silber oder Gold sind auch im Archäologischen Nationalmuseum erhältlich. Hier kann man ferner Kopien von anderen Museumsstücken erwerben.
Der Kauf von Antiquitäten sollte sorgfältig überlegt werden, da die Ausfuhr von Kunstwerken grundsätzlich verboten ist.
Gute Einkaufsmöglichkeiten gibt es für Schmucksteine, Lederwaren, Pelze, Schallplatten (u.a. Volks- und zeitgenössische Unterhaltungsmusik).
Das eleganteste Geschäftsviertel liegt zwischen Syntagma- und Kolonaki-Platz, südlich des Lykabettos-Hügels.

Lage und Bedeutung

Athen (neugriechisch Athína), die in den letzten 150 Jahren stark gewachsene Hauptstadt Griechenlands (1834 erst 6000 Einw.), liegt unweit nördlich vom Golf von Ägina (Saronischer Golf) und erfüllt die Hauptebene von Attika, die vom Kiphissos und Ilissos durchflossen sowie im Norden und Westen von den Bergzügen Párnis und Ägaleos, im Nordosten vom marmorreichen Pentelikon ('pentelischer' Marmor) sowie im Osten und Südosten vom Hymettos (Imittos) umgrenzt wird.
Wie im Altertum ist Athen auch heute wieder geistiges und künstlerisches Zentrum und mit seiner Hafenstadt ⟶ Piräus zugleich der wirtschaftliche Mittelpunkt Griechenlands. Welche Bedeutung Athen in-

Lage und Bedeutung (Fortsetzung)

nerhalb des griechischen Staates zukommt, mag eine Zahl verdeutlichen: Fast ein Viertel der griechischen Bevölkerung lebt im Einzugsbereich der Hauptstadt.

Seit dem 'Synoikismos' des Theseus das politische Zentrum von Attika, seit 1834 Hauptstadt Griechenlands, ist Athen längst zur größten und wichtigsten Stadt des Landes aufgestiegen. Sie hat Universität, Technische Hochschule, ist Sitz des Erzbischofs von Athen und ganz Griechenland und das Zentrum von Wirtschaft, Handel und Banken. In ihren Denkmälern und Museen liegen zahllose unvergleichliche Schätze. Die stetig wachsende Hotelkapazität in der Stadt selbst, aber auch in den Vororten und an der attischen Küste in Richtung Kap → Sunion trägt der großen Bedeutung für den Tourismus Rechnung; ebenso der Ausbau der Straßen und des Küstenstreifens an der Bucht von Pháliron zur gepflegten parkähnlichen Anlage mit Unterhaltungseinrichtungen.

Athen liegt in der weiten Küstenebene, in der man im Altertum genügend Ackerland und einen zur Verteidigung geeigneten Hügel in einer Gegend fand, in der Häfen zur Verfügung standen und man doch weit genug vom Meer entfernt war, um vor überraschenden Überfällen gesichert zu sein. Berge umgeben diese Ebene und bilden die natürlichen Grenzen zum übrigen Land hin. Ihre Reihe beginnt im Westen mit Korydallos (468 m) und Aigaleos (453 m). Im Norden folgt der → Parnes (ngr. Párnis, 1413 m), an den sich der → Pentelikon (ngr. Pendéli, 1109 m) anschließt, der durch seine im Altertum wie heute ausgebeuteten Marmorvorkommen berühmt wurde. Im Osten schließlich liegt der breite Rücken des Hymettos (ngr. Imittós, 1027 m). Zwischen diesen Bergen gibt es Durchlässe, die den Verkehr mit dem Landesinneren erleichtern.

Aus der Attischen Ebene ragen einige kleinere Erhebungen heraus: der von einer Georgskapelle bekrönte Lykabettos (ngr. Likavittós, 277 m) und die Turkovúnia (Türkenberge, antik Anchesmos, 338 m), die beide außerhalb der antiken Stadt lagen und erst in neuer Zeit von der Bebauung eingeschlossen worden sind. Am wichtigsten aber wurde für die Geschichte Athens der Akropolishügel (156 m), der seit mykenischer Zeit bebaut war und bei mäßiger Höhe und genügend großer Fläche, zu der sich nur an der Westseite ein natürlicher Zugang bot, für die Anlage einer Burg geradezu ideal geeignet war. In seiner südlichen Nachbarschaft liegen der Nymphenhügel (Standort der Sternwarte, 105 m), die Pnyx (Stätte der Volksversammlung im Altertum, 110 m) und der vom Grabmal des Prinzen Philopappos bekrönte Musenhügel (147m).

An Wasserläufen ist das Gebiet von Athen nicht reich, und da sie heute teilweise überbaut sind, spielen sie im Stadtbild keine Rolle. Das antike Stadtgebiet wurde vom Eridanos durchflossen, der vom Lykabettos kommt und die Stadt im Kerameikosgebiet, wo er heute noch sichtbar ist, neben dem Heiligen Tor in westlicher Richtung verläßt, bis er in den Ilissos mündet. Dieser entspringt am Südwesthang des Hymettos, fließt zwischen Olympieion und Stadion hindurch nach Westen bis zu seiner Einmündung in den Kephissos, den Hauptfluß Athens. Beim heutigen Kiphissiá am Pentelikonhang entspringend, fließt er westlich der antiken Stadt nach Süden und mündet in der Bucht von Phaleron in das Meer.

Kunst, Kultur und Wissenschaft

Athen ist mit Universität, Technischer Hochschule, Akademie der Wissenschaften, Handelshochschule und Kunstakademie der kulturelle Mittelpunkt Griechenlands. Es gibt mehrere Bibliotheken sowie acht

Kunst, Kultur und Wissenschaft (Fortsetzung)

Theater, die einen abwechslungsreichen Spielplan bieten. Während der Festspiele (Juli–Sept.) finden alljährlich bedeutende Opern- und Theateraufführungen sowie Konzerte statt. Eine Fülle von Museen für antike und byzantinische Kultur, Kunstgalerien und naturgeschichtliche Sammlungen faszinieren den Interessierten das ganze Jahr über.

Handel und Gewerbe

Der Großraum Athen ist der Schwerpunkt von Handel und Industrie. Hier haben alle Banken, die meisten großen Wirtschaftsunternehmen und Reedereien ihren Sitz. Besondere Bedeutung kommt den Industrieanlagen an der Bucht von ⟶ Eleusis und dem Hafen zu, ferner den zahlreichen Versicherungen.
Wichtigster Wirtschaftszweig ist der Fremdenverkehr. Neben den antiken Stätten in und um Athen sind die Badeorte am Saronischen Golf bevorzugte Ziele der Touristen.

Mythos und Geschichte

Die mythische Vorzeit

Athens früheste Zeit war mit den Namen einer Reihe von mythischen Königen verbunden. Den u.a. von Apollodor aufgezeichneten Überlieferungen zufolge war Kekrops der erste König von Athen. Diesem angeblich schlangengestaltigen Urkönig schrieb man die erste Volkszählung, die ersten Gesetze, die Einführung der Einehe und des Alphabetes zu. In seine Zeit fällt der Streit zwischen Poseidon und Athena um das attische Land, aus dem Athena als Siegerin hervorging. Das Grab des Kekrops wurde in das Erechtheion, das Heiligtum des späteren Königs Erechtheus, eingebaut und befindet sich unter der Korenhalle. Unmittelbar daneben steht ein Ölbaum an der Stelle, wo – so der Mythos – die Göttin Athena den ersten Ölbaum pflanzte.
Auf Kekrops folgte Kranaos, der zur Zeit der griechischen Sintflut herrschte und von Amphiktyon vertrieben wurde. Auch dieser wurde – nach zwölfjähriger Herrschaft – verjagt, und zwar von Erichthonios, einem schlangengestaltigen Sohn von Hephaistos und Athena bzw. der Erdmutter; Athena hatte ihn aufgezogen. Erichthonios stellte das hölzerne Kultbild der Göttin auf und richtete das Panathenäenfest ein. Ihm folgte sein Sohn Pandion. Nächster König war dessen Sohn Erechtheus, dessen feste Burg von Homer (Ilias 7, 81) erwähnt wird. Sein Zwillingsbruder Butes war Priester der Athena und des Poseidon, deren Kult noch später im Erechtheion begangen wurde. Nachfolger des Erechtheus waren seine Nachkommen Kekrops II. und darauf Panadion II., der vertrieben wurde und nach Megara floh. Sein Sohn Aigeus gelangte nach Athen zurück. Nach ihm hat das Ägäische Meer seinen Namen: Er stürzte sich ins Meer, als er Schiffe mit schwarzen Segeln von Kreta heimkommen sah und deshalb glaubte, die Expedition seines Sohnes Theseus sei unglücklich verlaufen.
Dieser Theseus, dem man die Zusammenfassung aller Bewohner Attikas im Staatsverband von Athen durch die "Zusammensiedlung" (Synoikismos) zuschrieb, war der zehnte der mythischen Könige. Er ist der Heros der Athener. Auf dem Weg von Troizen, wo er aufgewachsen war, entlang des Saronischen Golfes nach Athen beseitigte er Wegelagerer wie den Prokrustes. Durch die Tötung des Minotauros beendete er die Tributpflicht Athens gegenüber dem Kreta des Königs Minos. Mit seinem Freund Peirithoos kämpfte er gegen die Kentauren, mit Herakles gegen die Amazonen, auch entführte er die junge Helena aus Sparta nach Aphidna in Attika. Theseus wurde auf der Insel Skyros von seinem Gastgeber, dem König Lykomedes, getötet. Von dort holte Kimon um 475 v.Chr. seine Gebeine nach Athen heim, wo zu seinen Ehren das Theseion errichtet wurde.
Der letzte König aus dem Geschlecht des Theseus war Thymoites. Aus Dank für Waffenhilfe verlieh er dem Melanthos, der von den ein-

Mythos und Geschichte (Fortsetzung)

wandernden Doriern aus Pylos vertrieben worden war, die Königswürde. Diese wurde dann an Melanthos' Sohn Kodros vererbt, der Athen durch seinen Opfertod im Jahr 1068 v. Chr. vor dem Angriff der Dorier bewahrte. Nach einem Teil der Überlieferung endete mit Kodros die attische Königszeit. Nach anderen folgte ihm in Athen sein Sohn Medon, während weitere Söhne die Besiedlung der kleinasiatischen Westküste einleiteten. Neleus galt als Gründer von Milet, Androkios als Gründer von Ephesos.

Die frühe Geschichte der Stadt

In dieser mythischen Überlieferung spiegelt sich die Geschichte Athens von der mykenischen Frühzeit bis zur Wende vom 2. zum 1. vorchristlichen Jahrtausend. Die Geschichte der Stadt reicht jedoch in weit ältere Zeit hinauf. Funde am Südhang der Akropolis und im Agorагelände beweisen, daß Athen bereits in der Jungsteinzeit um 3000 v. Chr. besiedelt war. Nach der Einwanderung der Frühgriechen nahm Athen an der Entwicklung der mykenischen Welt teil. Der Akropolishügel wurde um 1400 v. Chr. zur Königsburg (Kekrops) ausgebaut und mit einer kyklopischen Mauer umgeben, deren gesamter Verlauf festgestellt ist; beim Nike-Tempel ist ein Teil dieser Mauer noch erhalten, das "Pelargikon". Der Palast befand sich an der Nordseite, wo man im Bereich des alten Athenatempels noch zwei durch Gitter geschützte steinerne Basen für Holzsäulen sehen kann.
Die Akropolis, die damals 35000 m^2 umfaßte (Mykene: 30000 m^2, Tiryns: 20000 m^2), diente wohl zugleich als Zuflucht für die Bewohner der Siedlungen an der Agorá, am Dipylon, auf dem Musenhügel und am Areopag. Die Wanderungsbewegung des 12. Jh.s ('Dorische Wanderung') ging an Attika vorbei (vgl. den Mythos von König Kodros), weshalb sich die Athener in historischer Zeit als Ureinwohner ansahen. Athen nahm aber Flüchtlinge aus der Peloponnes auf, und der daraus resultierende Bevölkerungsdruck führte zur Kolonisation von Westkleinasien und den vorgelagerten Inseln. Der Historiker Thukydides hat das Wirken des Theseus als geschichtliches Faktum gesehen, insbesondere den Synoikismos, durch den Theseus die staatliche Einheit Attikas herstellte, als Grundlage für die spätere Größe Athens. Dennoch liegt die Königszeit historisch völlig im Dunkel. Fest steht, daß die Funktionen der Könige nach dem Ende der Monarchie auf die jährlich wechselnden Archonten übergingen. Es entstand, wahrscheinlich im 8. Jh. v. Chr., ein Adelsstaat, dessen große Familien die neun Jahresämter ausübten. Zu diesem Kollegium gehörte der namengebende Archon (Archon eponymos), der Basileus, dem die kultischen Funktionen der früheren Könige oblagen, der Polemarch (Heerführer) und sechs Thesmothetai (Rechtssetzer). Der Areopag mit seinen richterlichen Kompetenzen bestand aus ehemaligen Archonten; er wurde nach seinem Versammlungsort auf dem areios pagos, dem Areshügel, benannt. Die Agorá war die Stätte der Volksversammlung.

Von Solon bis Perikles

Im 7. Jh. v. Chr. kam es zu sozialen Spannungen, da der Adel fast alles Land besaß und die pachtpflichtige Masse der Bevölkerung bei Verschuldung auf die Stufe von Hörigen absank. Diese Mißstände beseitigten die ersten attischen Gesetzgeber: Drakon (um 624 v. Chr.) und der aus der alten Königsfamilie der Medontiden stammende Eoion, der 594/593 v. Chr. zum Archon und bevollmächtigten Schiedsmann gewählt wurde. Solons Reform annullierte alle öffentlichen und privaten Schulden und beseitigte die zuvor übliche Schuldknechtschaft, das 'Bauernlegen'. Auch begrenzte er den Grundbesitz. Ein weiterer Schritt war die Neufestsetzung der Maße, Gewichte und Münzen. Die Bevölkerung wurde nach ihrer Steuerkraft in vier Klassen eingeteilt. Die erste stellten die Archonten, die nächsten (Ritter und Zeugiten) besetzten die übrigen Staatsämter und trugen die Verteidigungslasten. Die vierte Gruppe (Theten) wirkte in Volksversammlung und Volksge-

Mythos und Geschichte (Fortsetzung)

richt (Ekklesia und Heliaia) mit. Neben dem Areopag wurde der 'Rat der 400' geschaffen. H. Bengtson schrieb: "Mit Solons Schöpfung beginnt die Geschichte der Staatsidee in Europa".
Nach Solon ergaben sich erneute Spannungen, und zwar zwischen den Bevölkerungsgruppen in den verschiedenen Gegenden Attikas: im Kephisostal, an der Küste und den Kleinbauern im Landesinneren. Diese letzte und ärmste Gruppe fand ihren Führer in Peisistratos, einem Adeligen aus Brauron, der mit Hilfe seiner Leibwache 561/560 v. Chr. die Akropolis besetzte und sich zum Alleinherrscher (tyrannos) Athens aufschwang. Er mußte ein- oder zweimal fliehen, doch von 546 bis zu seinem Tode 528/527 v. Chr. war er unumschränkter Herr. Seine Zeit gilt als eine der glänzendsten in der Geschichte von Athen. Eher demokratisch als tyrannisch (Aristoteles), stattete er Athen und Eleusis mit großen Bauten aus, u. a. dem Tempel der Athena Polias an der Stelle des Königspalastes auf der Akropolis. Auch stiftete er das Panathenäenfest neu, führte den Dionysoskult und im Zusammenhang damit die Tragödie ein und veranlaßte die Redaktion der Homerischen Epen.
Nach dem Tode des Peisistratos übernahmen seine Söhne Hippias und Hipparch das Regiment. Hipparch wurde 514 v. Chr. in einem Akt privater Rache ermordet, die Tyrannenmörder Harmodios und Aristogeiton wurden später als Befreier vom Tyrannenjoch gefeiert. Doch erst 510 v. Chr. wurde Hippias, dessen Herrschaft zuletzt übelste Tyrannei gewesen war, von den Alkmaioniden gestürzt und vertrieben.
Als führender Vertreter der Alkmaioniden trat Kleisthenes an die Spitze des Staates, den er 508/507 v. Chr. reformierte. Seine Reform war gleichbedeutend mit der Einführung der Demokratie. Ihren Kern bildete die Phylenordnung, die alle nur lokalen Interessen neutralisierte. Attika wurde in drei Bezirke – Stadt, Küste, Binnenland – eingeteilt, jeder Bezirk in zehn 'Trittyen'. Je eine der Trittyen aus jedem der drei Bezirke faßte Kleisthenes zu einem Stamm (Phyle) zusammen. So entstanden zehn Phylen. Sie entsandten je 50 Vertreter in den 'Rat der 500', der an der Agorá das Buleuterion als Amtssitz erhielt. Als weitere Maßnahme gegen zu großen politischen Ehrgeiz und Einfluß führte Kleisthenes das Scherbengericht (Ostrakismos) ein, ein wirksames Mittel in der Hand der Volksvertretung, dem zahlreiche hervorragende Politiker zum Opfer fielen.
Die nächsten Jahrzehnte standen im Zeichen der Auseinandersetzung mit der Großmacht Persien. Nach dem Rat des geflohenen Hippias gingen die Perser 490 v. Chr. in der Bucht von Marathon an Land; Athener, unterstützt von Truppen aus Plataiai (die Spartaner kamen zu spät), schlugen den Gegner. In den nächsten Jahren setzte Themistokles sein Flottenbauprogramm durch. Als die Perser 480 v. Chr. wiederkehrten, mußte man ihnen Attika überlassen. Die Bevölkerung wurde evakuiert. In der Seeschlacht von ⟶ Salamis siegte die attische Flotte. Damit und mit den Schlachten von Plataiai und Mykale (479 v. Chr.) war die persische Gefahr endgültig gebannt. Zum Schutz gegen weitere Angriffe erhielt Athen eine Stadtmauer, die 'Themistokleische Mauer', die im Kerameikosbezirk noch sichtbar ist (mit den Verstärkungen, die Konon im 4. Jh. durchführte).
Die Perserkriege hatten die Stellung Athens innerhalb der griechischen Welt so gefestigt, daß es die Führung in dem 478 v. Chr. geschlossenen Delisch-Attischen Seebund übernahm. Dessen Bundeskasse wurde 454 v. Chr. von der Insel ⟶ Delos nach Athen überführt, wo sie Perikles zur Finanzierung des Akropolisausbaus verwendete. Dieser Bau war die bedeutendste künstlerische Leistung Athens im klassischen 5. Jahrhundert.
Perikles, der nach der Herrschaft des Kimon 461 v. Chr. zum ersten Mann in Athen aufstieg, behielt seine beherrschende Stellung ungeachtet zahlreicher Anfeindungen bis zu seinem Tod 429. Außenpoli-

Mythos und Geschichte (Fortsetzung)

tisch gegen Sparta und Persien orientiert, stärkte er den Seebund, dem u. a. die Insel Ägina beitreten mußte. Die Bauten auf der Akropolis, die fortan nicht mehr Burg der Herrscher, sondern ausschließlich Burg der Götter war, bekunden bis heute "die Kraft des Geistes, der sie einst in strahlender Schönheit ins Leben rief" (Bengtson).

Die spätere Antike

Diese Blütezeit, zu der Künstler aus vielen Gegenden Griechenlands beitrugen, fand ihr Ende im Peloponnesischen Krieg (431–404 v. Chr.). Dieses Ringen zwischen Athen und Sparta endete mit der Schwächung aller Beteiligten. Das attische Reich zerfiel. In Athen kam es zur Schreckensherrschaft der 30 Tyrannen. Doch wurde 403 die Demokratie wiederhergestellt. Die Konflikte mit Sparta lebten im 4. Jh. erneut auf, und Athen gründete 377 v. Chr. den II. Attischen Seebund. Mit wechselnder Bündnispolitik suchte es seine Stellung zu behaupten. Doch stieg im Norden eine neue Macht auf: das Makedonien Philipps II., der zunächst nördliche attische Besitzungen wie Amphipolis einnahm (357) und mit der Schlacht von Chaironeia 338 v. Chr. seine Macht über Griechenland errichtete – die Zeit der demokratischen Polis ging zu Ende.
Unter Philipps Sohn Alexander dem Großen begann für Athen eine Zeit des Friedens und Wohlstandes, die von Zeiten der Besetzung unterbrochen wurde. Alexander respektierte Athen wegen seiner geistigen Bedeutung, und von diesem Ruhm zehrte die Stadt auch in der Folgezeit, in der sie politisch keine nennenswerte Rolle mehr spielte und auch im Stadtbild zu einer Landstadt absank, bis dann die hellenistischen Herrscher sie mit großen Bauten wie der Attalos- und der Eumenesstoa ausstatteten. Das Jahr 86 v. Chr. brachte mit der Plünderung durch den Römer Sulla einen Tiefpunkt. Doch erlebte die Stadt einen neuen Aufstieg unter den römischen Kaisern. Nach Augustus, auf dessen Zeit die 'Römische Agorá' zurückgeht, war Kaiser Hadrian ihr Förderer. Er errichtete die durch ein Tor von der 'Stadt des Theseus' getrennte 'Stadt des Hadrian' rings um das von ihm vollendete Olympieion. In derselben Zeit stattete der aus Marathon stammende Herodes Atticus Athen mit weiteren Bauten (Odeion, Stadion) aus. Berühmt waren die Rhetorenschulen.
Ein großer Einschnitt war der Einfall der ostgermanischen Heruler, die 267 n. Chr. auch Athen erstürmten. Danach errichtete man die spätrömische Befestigung, die das Stadtgebiet erheblich verkleinerte. Sie verlief von den Propyläen nordwärts zur Attalosstoa, dann ostwärts über den Hadriansmarkt und wandte sich schließlich dem Ostfuß der Akropolis zu. In dieser Mauer hat man zahlreiche Stücke von zerstörten Agorágebäuden verwendet.
Auch in der Folgezeit jedoch hatten die Schulen Athens noch ihre Bedeutung, und um 400 n. Chr. wurde ein neues großes Gymnasion auf der Agorá errichtet, das Domizil der Universität von Athen.

Mittelalter und Neuzeit

Allmählich sank Athen zur Provinzstadt des Oströmischen bzw. Byzantinischen Reiches ab. Längst hatte sich das Christentum auch hier durchgesetzt. 426 wurden die großen antiken Kultstätten geschlossen, 529 Universität und Platonische Akademie. Mitten im Hadrianischen Markt ('Hadriansbibliothek') entstand im 5. Jh. die erste christliche Kirche Athens. Im 5. oder 6. Jh. zog der christliche Kult in Parthenon, Erechtheion und Hephaistostempel ein. Die Stadt lag am Rande. Ein einziges Mal zeichnete ein Kaiser sie mit seinem Besuch aus: Basileios II. im Jahre 1085, wenige Jahre nachdem ein kaiserlicher Beamter die Klosterkirche Daphni gestiftet hatte (um 1080).
Nach dem 4. Kreuzzug von 1203/1204 avancierte Athen zur Hauptstadt eines aus Europa kommenden Herzogs, der seinen Palast in den Propyläen der zur Burg ausgebauten Akropolis einrichtete. 1456, drei Jahre nach dem Fall Konstantinopels, eroberte Mehmed II. die Stadt,

Mythos und Geschichte (Fortsetzung)

die bis in die Freiheitskriege des 19. Jh.s hinein türkisch bleiben sollte. Der Parthenon, längst in eine christliche Kirche umgewandelt, seit 1204 katholische Kathedrale, wurde nun Moschee. In den Propyläen residierte der türkische Kommandant, dessen Harem im Erechtheion untergebracht war. 1775 wohnten 3000 Türken in der Burg, 5000 Griechen im Bereich nördlich der spatrömischen (sogenannten valerianischen) Mauer und 1000 christliche Albaner in der Plaka am Nordfuß der Akropolis (dagegen die Schätzzahlen für ganz Attika in der Zeit des Perikles: 170000 Bürger, 30000 Metoiken und 115000 Sklaven). Von den Moscheen sind nur zwei erhalten (ohne ihre Minarette): Syntrivani am Monastirákiplatz und Fetjeh Tsami nahe dem Turm der Winde. Im 17. Jh. kamen mehrfach Europäer in die Stadt, und ihren Zeichnungen verdanken wir die Kenntnis des Zustandes des Parthenons vor der Zerstörung durch eine venezianische Granate 1687.

Während der Freiheitskriege war Athen heftig umkämpft. 1821/22 von den Griechen erobert, fielen Stadt (1826) und Burg (1827) wieder in die Hand der Türken, die sie erst am 12.4.1833 endgültig räumten. Eine ganz neue Entwicklung begann, als der aus Bayern stammende König Otto Athen am 1.1.1834 zur Hauptstadt des neu erstandenen Königreiches Griechenland erhob. Die Bevölkerung Athens stieg seit der Unabhängigkeit des Landes sprunghaft an. 1823: 8000, 1860: 42000, 1889: 105000, 1928: 600000. Ausgedehnte neue Viertel entstanden, als nach der kleinasiatischen Katastrophe 1923 rund 300000 Flüchtlinge nach Athen und Piräus kamen, deren Eingliederung ein Problem von Jahrzehnten werden sollte. Heute sind Athen und Piräus längst zur Großstadt, in der moderne Bauten absolut dominieren, zusammengewachsen – Groß-Athen, das sich mit dem Häusermeer seiner neun Stadt- und 38 Gemeindebezirke weit über die Attische Ebene zwischen Meer und Pentelikon erstreckt, zählt heute rund 3 Millionen Einwohner. Es ist nicht nur politisch, sondern ebenso wirtschaftlich die Hauptstadt Griechenlands.

Die Begründung der Olympischen Spiele der Neuzeit jährt sich 1996 zum hundertsten Male. Die XXVI. Sommerspiele werden in Athen stattfinden.

Pausanias, der 'Baedeker des Altertums'

Für die Kenntnis der antiken Topographie ist – neben den erhaltenen Denkmälern – Buch I der "Beschreibung Griechenlands", die Pausanias im 2. Jh. n. Chr. geschrieben hat, von unschätzbarer Bedeutung. Manche Ausgrabungsfunde und ihre Deutung stützen sich auf die Angaben dieses Reiseschriftstellers, den man mit Recht den 'Baedeker des Altertums' nennen kann.

Pausanias kam aus der Richtung von Kap Sunion im Piräus an und erreichte Athen, an Gräbern vorbei, beim Dipylon (Doppeltor) im Kerameikosgebiet, wo dieses bei den deutschen Ausgrabungen freigelegt worden ist. Vom Dipylon geht er auf dem Prozessionsweg des Panathenäenfestes zur Agorá, die er einschließlich des an ihrer Westseite gelegenen Agoráhügels mit dem Hephaistostempel durchwandert und – ausführlich, wenn auch nicht vollständig – in ihrem Baubestand beschreibt. Der nächste Abschnitt ist dem Gebiet von Olympieion und Ilissos gewidmet, wo er neben zahlreichen Heiligtümern auch das Kynosarges-Gymnasion, Keimzelle der von Antisthenes begründeten Philosophenschule der Kyniker, erwähnt; die ungefähre Lage auf dem linken Ilissos-Ufer ist jetzt gesichert.

Anschließend nennt Pausanias eine weitere Philosophenschule: das Lykeion, in dem Aristoteles gelehrt hatte (und von dem sich unser Be-

Mutmaßlicher Verlauf der antiken Stadtmauer

Flughafen, Kap Sunion

Ajios Nikolaos
Freilichtbühne
Athen
150 m
Oper
Akadimias
Ippokratus
Navarinu
Didotu
Deutsche ev. Kirche
LYKABETTOS
Ajios Georgios
Standseilbahn
Asklipiu
Skufa
Sina
Solonos
Universität
Omiru
Likavitu
Akademie der Wissenschaften
Panepistimiu
Goethe-Institut
Ajios Dionissios
Vukurestiu
Anagnostopulu
Pindaru
Lukianu
Röm. kath. Kirche
Bank v. Griechenland
Amerikis
Irakliu
Venizelu
Schliemann-Haus
K O L O N A K I
Patr. Joakim
Stadiu
Kanari
Irodotu
Kolonaki
Nationalbank
Außenministerium
Karageorgi
Georgiu
Vassilissis Sophias
Benaki-Museum
Mus. f. Kykladische u. Antike Griech. Kunst
Marathon
Kriegsmuseum
Nikis
Syntagma
Grabmal des Unbekannten Soldaten
Parlament
Röm. Mosaik
Byzantinisches Museum
Amalias
Leophoros
Fillelinon
Attiku
Likiu
Irodu
Volkspark
Russ. Kirche
Vassileos Jeorjiu II
Präsidentenpalast
Nationalgalerie
Engl. Kirche
Konstantinu
Issiodu
Zappeion
Zappeion-Garten
Vassileos
Eratosthenus
Ajios Petros Stavromenos
Olgas
Stadion
S-/U-Bahn 'Elektrikós'

Pausanias (Fortsetzung)

griff 'Lyzeum' ableitet); es lag in der Gegend des heutigen Sýntagmaplatzes. Nach dem Stadion wendet sich Pausanias dem Akropolisbereich zu. Dabei kommt er von der Dreifußstraße aus (in der er das bis heute erhaltene Lysikratesmonument nicht erwähnt) zum Dionysostheater und gelangt über das Asklepiosheiligtum am Südhang des Burgberges zur Akropolis selbst. Von den Propyläen wendet er sich dem rechts dahinter gelegenen Heiligtum der Artemis Brauronia zu, dann dem Altar des Zeus Polieus auf der höchsten Stelle des Burgberges, dem Parthenon und dem Erechtheion. Es folgen die Gerichtsstätten: der Areopag und die Heliaia, die man in der Südwestecke der Agorá gefunden hat. Zuletzt beschreibt Pausanias noch zahlreiche Gräber an der Straße zur ältesten Philosophenschule in Athen, der Akademie Platons, diese Anlage selbst und den Kolonos Hippios, auf dem Oidipus aus dem Leben schied, sowie die heilige Straße nach Eleusis.

Eine deutsche Ausgabe der "Beschreibung Griechenlands" ist zuletzt von Ernst Meyer vorgelegt worden. Text und Erläuterungen tun dem Reisenden, der sich eingehender mit dem antiken Athen (wie überhaupt mit den klassischen Stätten des Landes) befassen will, gute Dienste.

Das antike Athen

Allgemeines

In der Mitte der Attischen Ebene gelegen, war das Kalksteinplateau der Akropolis der geeignete Platz für die befestigte 'Hochstadt', die zunächst Burg der Könige von Athen und zugleich Sitz der ältesten Heiligtümer war und später ausschließlich als Burg der Götter diente. Dieses religiöse Zentrum des alten Athen, das in der Zeit des Perikles seine klassische Ausgestaltung erfuhr, wurde dadurch zum Monument der griechischen Humanität, deren hoher Rang bis heute ein verpflichtender Maßstab ist. Ungeachtet der Zerstörungen im Lauf der Jahrtausende – nicht zuletzt durch die verheerende Explosion des Jahres 1687, als eine venezianische Granate das im Parthenon angelegte türkische Pulvermagazin zur Detonation brachte und damit diesen berühmten Athena-Tempel zur Ruine werden ließ – geht von diesen Bauten noch immer etwas vom Glanz des Perikleischen Zeitalters aus, in dem Athen geistig wie künstlerisch und politisch zur Mitte der griechischen Welt geworden war.

Das 19. und das frühe 20. Jh. haben viel dazu beigetragen, durch Abräumen nachantiker Einbauten und durch Restaurierungsarbeiten den klassischen Zustand des 5. Jh.s v. Chr. so weit wie möglich wieder sichtbar zu machen. Das begann 1836, unmittelbar nach der Befreiung von der Türkenherrschaft, mit der Wiederaufrichtung des in eine türkische Bastion verbauten Athena-Nike-Tempels durch Ludwig Roß, der zum Stab König Ottos gehörte, und führte bis zur Wiederaufrichtung der Säulenreihe an der Nordseite des Parthenon in den zwanziger Jahren des 20. Jahrhunderts.

Unserem Jahrhundert blieb es vorbehalten, in wenigen Jahrzehnten mehr zu zerstören als die Jahrtausende zuvor. Die Abgase der Haushalte und des motorisierten Verkehrs der Millionenstadt, die Einwirkung startender und landender Flugzeuge (denen jetzt das Überfliegen der Akropolis untersagt ist), aber auch die rund drei Millionen Besucher, die Jahr für Jahr zur Akropolis hinaufsteigen, haben dazu geführt, daß Felsboden und Marmorbelag abgetreten wurden, der pentelische Marmor (feinkristallines Kalziumkarbonat) sich in Gips (Kalziumsulfat) verwandelt, die noch erhaltenen klassischen Skulpturen –

Allgemeines (Fortsetzung)

z.B. am Westfries des Parthenon – abblättern, kurz die Zerstörung in alarmierendem Tempo fortschreitet und ein beängstigendes Ausmaß angenommen hat. Die UNESCO hat deshalb ein 15-Millionen-Dollar-Programm zur Rettung der Akropolis ins Leben gerufen. Erste sichtbare Maßnahmen waren, daß man in den Mitteldurchgang der Propyläen einen Holzboden gelegt, die Korenhalle des Erechtheions mit einem Schutzdach versehen und das Betreten des Parthenon-Inneren untersagt hat. Dann hat man das Erechtheion umfangreichen Sicherungsmaßnahmen unterzogen und die Karyatiden ins Akropolismuseum verbracht. Weitere Schutzmaßnahmen gelten jetzt dem Buleuterion. Touristen und Tourismusunternehmen könnten ihrerseits ein wenig zu dem Maßnahmenkatalog beitragen, wenn nicht jeder flüchtige Tagesbesucher Athens auf die Akropolis transportiert würde. Wie weit jedoch alle geplanten Maßnahmen wirklich zur Rettung dieses unvergleichlichen Denkmals der Antike vor dem verheerenden Einfluß moderner technischer Zivilisation beitragen können, ist eine offene Frage.

Pnyxhügel

Sehr schöne Blicke, die auf den Besuch der Akropolis vorbereiten und dem eiligen Besucher Athens schon für sich genommen einen informativen Eindruck vermitteln können, ergeben sich von verschiedenen Stellen der Stadt: von der Agorá aus auf die Nordseite, vom Olympieion aus auf die Südostseite und vom Pnyxhügel auf die Westseite, insbesondere die monumentalen Propyläen.

Die Pnyx war seit der Reform des Kleisthenes 507 v.Chr. Stätte der Volksversammlung. Hier traten Staatsmänner wie Themistokles und Perikles vor das Volk von Athen. Man sieht noch die aus dem Felsen geschlagene Rednertribüne und dahinter den Zeusaltar (um 400 v.Chr.) sowie die gegen 330 v.Chr. aus riesigen Blöcken errichtete Stützmauer für das Zuschauer-Halbrund. Auch sind noch Reste der 337 v.Chr. errichteten verkürzten Stadtmauer (Diateichisma) zu sehen.

*Musenhügel

Der schönste, nachgerade schon klassische Blick aber bietet sich vom Musenhügel auf die Südseite der Akropolis. Vom Parkplatz an der Rückseite des Hügels geht man entlang dem Felsrücken nach Osten in Richtung auf das auffallende Grabmal des aus Komagene (Südostanatolien) stammenden Prinzen Philopappos, der von den Römern nach Athen verbannt wurde und hier 116 n.Chr. starb. Als Dank für seine Stiftungen räumten ihm die Athener einen bevorzugten Platz für sein aufwendiges Grab ein (Kirsten-Kraiker: "In der großen Zeit Athens würde eine solche Ehrung nicht einmal einem Perikles gewährt worden sein"). Auf dem Sockelfries sieht man Philopappos als römischen Konsul zu Wagen, begleitet von Liktoren. Darüber zeigt der Oberbau das Sitzbild des Toten und links davon das Sitzbild von Antiochos IV., dem letzten König von Kommagene (bis 72 n.Chr.) und Großvater des Philopappos.

Auf dem Weg zu diesem Monument des Personenkults in der römischen Kaiserzeit passiert man Zisternen und Felsenkammern, in denen man irrigerweise das Gefängnis des Sokrates hat sehen wollen. Es bieten sich dabei in reizvollem Wechsel immer neue Blicke auf die Akropolis, deren Bauten klar vor uns liegen: von den Propyläen über das Erechtheion bis zum Parthenon, davor die Bauten des Südhanges – Odeion des Herodes Atticus, Eumenesstoa, Dionysostheater und die Säulen des Thrasyllosmonumentes –, im Hintergrund der spitze Gipfel des Lykabettos. Beliebt ist ein Besuch dieses Platzes im warmen Nachmittagslicht, doch ist er auch am ganz frühen Morgen zu empfehlen.

Akropolis

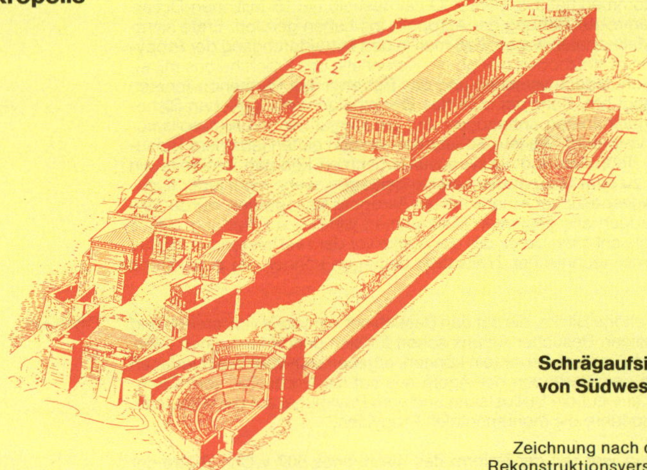

Schrägaufsicht von Südwesten

Zeichnung nach dem Rekonstruktionsversuch des Architekten Leo von Klenze

Lageplan

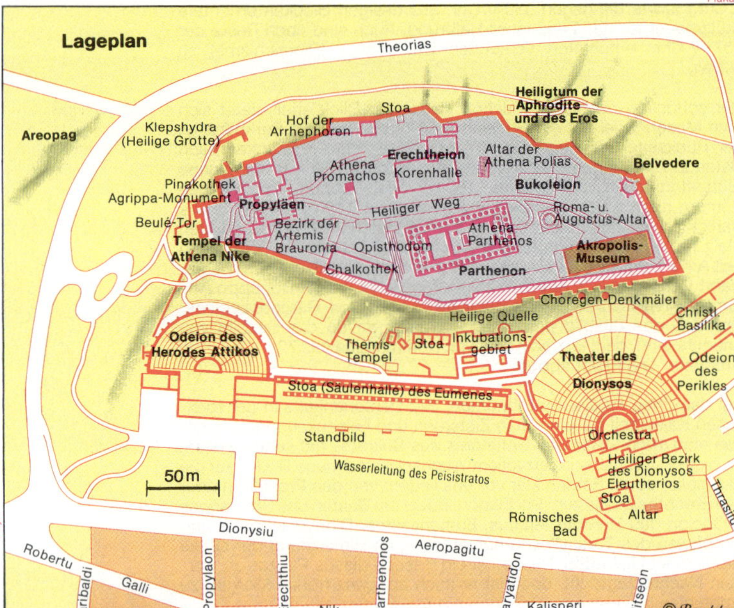

**Akropolis

Der Felsen der Akrópolis mißt in West-Ost-Richtung 320 m, in Nord-Süd-Richtung 156 m und erreicht am höchsten Punkt 156,20 m. Er fällt nach Norden, Osten und Süden steil ab, so daß der Zugang seit der Frühzeit immer im Westen lag.

Baugeschichte

In mykenischer Zeit folgte die 'kyklopische' Burgmauer eng dem Geländeverlauf. In der Nordmauer gab es zwei kleine Pforten, die zur Klepshydra-Quelle und zu den Grotten des Nordhanges führten. An der Stelle des späteren Alten Athena-Tempels standen ein Königspalast, außerdem östlich des Erechtheions andere Wohngebäude. Aus dem archaischen 7. und 6. Jh. v. Chr. haben sich Reste von wenigstens zehn Gebäuden erhalten, außerdem Reste zweier Tempel. Der eine ist der im Bereich des mykenischen Megarons im frühen 6. Jh. errichtete Athena-Tempel, dessen Cella bei einer Breite von 50 Fuß 100 Fuß lang war (16,40 x 32,80 m), weshalb der Bau 'Hekatompedon' hieß. Er hatte keine Säulenringhalle. Zu ihm dürfte der große Porosgiebel im Akropolismuseum gehören. In der Mitte Stiere von Löwen überfallen, links Herakles und Triton, rechts der Dreileibige (Nereus?). Um 520 v. Chr. errichtete Peisistratos – sei es als Umbau des Hekatompedon, sei es als Neubau – einen Tempel mit einer Ringhalle von 6:12 Säulen. Für die Giebelfiguren – Athena im Gigantenkampf – wurde erstmals Marmor verwendet. Dieser 'Alte Tempel' löste das Hekatompedon als Kultstätte der Athena Polias ab und übernahm ihr altes hölzernes Kultbild. Sein Grundriß ist unmittelbar südlich des Erechtheions zu erkennen.
Alle archaischen Bauten wurden von den Persern 480 v. Chr. zerstört. Die Reste des Alten Tempels hat man 406 v. Chr. gänzlich eingeebnet, nachdem das Kultbild (Xoanon) in den neuen Athena-Tempel im Ostteil des Erechtheions gebracht worden war. Bei dem unmittelbar auf die Zerstörung folgenden Wiederaufbau verwendete Themistokles Säulentrommeln und Gebälkstücke, die noch heute in der Nordmauer zu sehen sind. Die südliche Begrenzung wurde einige Zeit später, nach 467 v. Chr., von Kimon verändert, der die noch heute vorhandene geradlinige Mauer zog. Sowohl hinter der Themistokleischen als auch hinter der Kimonischen Mauer hat man das Gelände aufgefüllt, wobei die Reste der von den Persern zerstörten oder beschädigten Bauten und Skulpturen vergraben wurden. In diesem 'Perserschutt' haben sich bei Grabungen unter Leitung des Generalkonservators Panagiotis Kavvadias 1885/86 zahlreiche Skulpturen und Bauteile gefunden, darunter vor allem die große Zahl der Mädchengestalten (Koren), die heute Hauptstücke des Akropolismuseums sind.
Innerhalb der durch Kimon erweiterten Burgfläche entwickelte dann Perikles das klassische Auf- und Ausbauprogramm. Es entstanden 447–438 der Parthenon, 437–432 die Propyläen, 432–421 der Tempel der Athena Nike und 421–406 das Erechtheion.
Als einziger Bau aus späterer Zeit sind heute vor der Ostfront des Parthenon die Reste eines Rundtempels für Roma und Augustus aus der frühen römischen Kaiserzeit verblieben.

Beulé-Tor

Heute erreicht man den Akropolisbereich beim sogenannten Beulé-Tor, das nach dem Heruler-Einfall 267 n. Chr. aus Trümmern zerstörter Gebäude, u. a. des dorischen Nikias-Monumentes vom Südhang der Akropolis, errichtet wurde (Eintrittskartenverkauf).

*Propyläen

Nun erreicht man die hochragenden Propyläen, die Mnesikles 437 bis 432 v. Chr. errichtete. Er hatte eine monumentale, symmetrische Dreiflügelanlage konzipiert, doch mußte der kühne Plan mit Rücksicht auf das alte Heiligtum der Athena Nike auf dem rechts vorspringenden

Akropolis, Propyläen (Fortsetzung)

Felsen ('Nike-Pyrgos') geändert werden. Vom vorangehenden Propylon des 6. Jh.s v. Chr. sind noch Spuren zu sehen.
Auf dem gewachsenen Felsen liegt eine Stufenanlage, deren untere Stufe aus grauem eleusinischem Marmor besteht, während sonst pentelischer Marmor verwendet wurde. Der Mittelbau der Anlage besteht aus einer Torwand mit fünf Durchgängen, die von den Seiten zur Mitte hin breiter und höher werden. Im Mitteldurchgang ist das Säulenjoch um eine Metope verbreitert – eine hier erstmals verwendete, später geläufige Lösung. Nach Westen hin ist dieser Torwand eine tiefe Halle vorgelegt, deren Mitteldurchgang von 2:3 ionischen Säulen gesäumt ist. Die Front dieser Halle dagegen besteht aus sechs dorischen Säulen, die den Giebel der Halle trugen. Während diese Westhalle sich mächtig vor dem Ankommenden erhebt, wirkt die ebenfalls von dorischen Säulen getragene, aber kürzere und niedrigere Osthalle, von der Akropolishöhe aus gesehen, klein und bescheiden – sie ordnet sich den wichtigeren, kultischen Bauten unter.

Agrippa-Monument

An die Westhalle schließen sich seitliche Flügelbauten an, und zwar links die Pinakothek, in der eine Sammlung von Tafelbildern untergebracht war. Westlich von ihr erhebt sich der hohe Sockel des Agrippa-Monumentes, benannt nach dem Schwiegersohn des Augustus, dessen Quadriga er seit 27 v. Chr. trug. Auf der Südseite war ein Bau analog der Pinakothek geplant, doch wurde er zu einer schmalen Durchgangshalle verkürzt, durch die man zum Tempel der Athena Nike, der siegbringenden Athena, gelangt.

*Athena-Nike-Tempel

Dieser Tempel wurde 452–421 v. Chr. mit je vier ionischen Säulen vor der Front- und Rückseite errichtet. Die Säulenform war damals schon altertümlich, so daß Carpenter annimmt, es sei nach dem Ende der Perikleischen Herrschaft der ältere Entwurf des Kallikrates verwendet worden (vgl. hierzu die Baugeschichte des Parthenon). Vor dem kleinen Tempel ist der Altar zu erkennen, ihm gegenüber der Rest der mykenischen Burgmauer, des Pelargikon. Auch sieht man unter dem Plattenbelag des 5. Jh.s v. Chr. innerhalb des Tempels noch Reste älterer Bauten. Die Tempelplattform war einst mit der Nike-Balustrade umgeben (Funde im Akropolismuseum).
Den heutigen Zustand von Propyläen und Niketempel verdanken wir den Wiederherstellungsarbeiten des 19. und 20. Jh.s, denn beide Bauten waren seit dem 13. Jh. durch Verwendung als Fürsten- bzw. Kommandantensitz und für Festungszwecke gänzlich entstellt.

Burgfelsen

Hinter den Propyläen steigt der (durch zahllose Besucherfüße glattgewetzte) Burgfelsen allmählich an. Man sieht im Felsen Abarbeitungen für einst hier aufgestellte Kultmale und Weihegeschenke, von denen Pausanias viele nennt, darunter eine Athena Hygieia (halbrunde Basis eines Bronzestandbildes an der südlichen Säule der Propyläen-Osthalle sowie Altar erhalten). Genau in der Achse des Mitteldurchgangs der Propyläen erhob sich die bronzene Athena Promachos, ein berühmtes Werk des Phidias, das später nach Konstantinopel gelangte und dort 1203 während der Belagerung durch die Kreuzfahrer unterging. Die Göttin, deren Lanze weithin zu sehen war, stand auf einer Marmorbasis, von der Teile mit einem auffallend großen Eierstabornament noch in situ erhalten sind.

Brauronion Chalkothek

Rechts (im Süden) schließen sich an die Propyläen die Reste des Brauronion, des Kultbezirkes der von Peisistratos nach Athen gebrachten Artemis von Brauron, und der Chalkothek, in der Bronzekunstwerke aufbewahrt wurden, an. Eine breite, aus dem Felsen gehauene Treppe führt dann auf das höhere Niveau des Parthenon. Der antike Prozessionsweg verlief an der Nordseite dieses Tempels (dort

Akropolis – Parthenontempel

Akropolis (Fortsetzung)

befindet sich in Höhe der siebten Säule im Felsboden ein Kultmal der Erdmutter Ge) zur östlichen Eingangsseite.

**Parthenon

Der Parthenon, Tempel der jungfräulichen Athena (Athena Parthenos), in den Jahren 447–458 v. Chr. errichtet (die Giebelfiguren wurden 432 vollendet), ist das Meisterwerk des Baumeisters Iktinos und des Phidias, dem Perikles die Gesamtleitung des Akropolisausbaus übertragen hatte. Dabei hat man an einen Vorgängerbau angeknüpft. Nach den Forschungen von Hill, Dinsmoor und Carpenter hat folgende Baugeschichte hohe Wahrscheinlichkeit:

490 v. Chr. oder kurz darauf hat man das aus 22 Mauerschichten bestehende, bis 10,75 m hohe System von Fundamenten für den ersten Parthenon auf dem Burgfelsen errichtet und die unteren Säulentrommeln verlegt. Dieser auf 6:16 Säulen angelegte 'Ur-Parthenon' war beim Persereinfall 480 v. Chr. noch unvollendet. Die Säulentrommeln erlitten bei dem Brand der Akropolis Schaden.
468 v. Chr. regte Kimon die Fortführung des Baues an ('Vor-Parthenon'). Sein Baumeister war Kallikrates. Diese Arbeit wurde mit dem Tode Kimons 450 v. Chr. eingestellt.
447 v. Chr. begann unter Perikles, dem neuen Herrn Athens, die Errichtung des Parthenon. Kallikrates wurde durch Iktinos abgelöst, der das vorhandene Material an Säulentrommeln und Metopen für seinen geänderten Plan verwendete. Das Fundament wurde dem neuen breiteren Grundriß angepaßt (an der Südseite ist das ältere Fundament, das im Osten weiter vorspringt, deutlich zu sehen).
Der Tempel erhielt über einem Unterbau, dessen Stufen 52 cm hoch sind, jetzt acht Säulen an den Schmal- und 17 an den Langseiten (gegenüber seither 6:16). Die dorischen Säulen sind 10,45 m hoch, ihr Durchmesser beträgt an der Basis 1,90 m, oben 1,48 m. An ihren mit

Akropolis, Parthenon (Fortsetzung)

20 Kanneluren versehenen Schäften ist die Entasis (Schwellung) zu beobachten, wie am Unterbau die Kurvatur, ein Ansteigen zur Mitte hin (gut an der obersten Stufe, dem Stylobat, zu sehen). Kurvatur und Entasis gehören wie auch die leichte Neigung der Säulen nach innen, der Ecksäulen in die Diagonale, zu den Kunstmitteln, die dem Bau das Starre und die Schwere nehmen und den Eindruck des Organischen geben sollten.
Das Dach war mit Marmorplatten gedeckt, die Löwenköpfe an der Traufleiste waren nicht durchbohrt und dienten daher nicht, wie es die Regel ist, als Wasserspeier (Wasserabläufe gab es an den vier Tempelecken). Dübellöcher am Architrav der Ostseite erinnern daran, daß hier Schilde angebracht waren, die Alexander der Große 334 v. Chr. am Granikos erbeutet und nach Athen geweiht hatte.

Das Innere des Tempels – jetzt für Besucher gesperrt – ist zweigeteilt. Im Westen führt eine hintere Halle, in der noch Reste von Bemalung aus der Zeit der Verwendung als christliche Kirche erhalten sind, in den eigentlichen Parthenon, dessen Decke von vier ionischen Säulen getragen wurde. Im Osten kommt man vom Pronaos in den Raum für das Goldelfenbeinbild der Athena, ein leider nur durch Beschreibungen und spätere Kopien überliefertes Kultbild, als dessen Gerüst ein Pfahl diente, dessen Standloch noch im Cellaboden sichtbar ist. Das 438 v. Chr. vollendete Kultbild war rund 12 Meter hoch. Die für die Gewandteile benötigte Goldauflage wird mit über 1000 Kilogramm angegeben, für die Fleischteile (Gesicht, Hände) verwendete Phidias Elfenbein. Das Werk kam später nach Konstantinopel und ging dort zugrunde. Standspuren zeigen, daß zu den Seiten und hinter der Statue eine zweigeschossige dorische Säulenhalle umlief. Damit verwirklichte Iktinos eine ganz neue Konzeption des Innenraumes. Man hat vermutet, daß der auf acht Säulen verbreiterte Grundriß des Tempels durch diese Konzeption bestimmt worden ist, daß hier also erstmals bei einem Tempelbau der Innenraum bestimmend für die Gesamtplanung war.
Berühmt wie das Kultbild war auch der Skulpturenschmuck am Außenbau des Parthenon: die beiden Giebel, die dorischen Metopen und der an der Cellawand oben umlaufende ionische Fries. Teile davon sind im Akropolismuseum, einiges im Pariser Louvre, das meiste in London, wohin es nach 1801 durch Lord Elgin kam ('Elgin marbles').

Die 432 v. Chr. fertiggestellten Giebel zeigten im Osten die Geburt der Athena aus dem Haupte des Zeus, im Westen den Streit zwischen Athena und Poseidon um das attische Land. Im Ostgiebel sieht man Kopien des Dionysos sowie der Köpfe der Pferde des Sonnengottes und der Mondgöttin in den beiden Ecken, im Westgiebel den Urkönig Kekrops mit einer Tochter (Original). Die 92 Metopen behandelten die Themen Gigantenkampf (Osten), Kentaurenkampf (Süden, am besten erhalten), Perserkampf (oder Amazonenkampf, Westen) und Trojanischer Krieg (Norden).
Der Fries an der Cella-Außenwand ist 1 m hoch und 160 m lang. Sein Thema ist nicht mythischer oder historischer Art, sondern eine Beschwörung der attischen Gegenwart klassischer Zeit. Dargestellt ist der Zug, der am Großen Panathenäenfest alle vier Jahre vom Gymnasion am Dipylon über die Agorá zur Akropolis hinaufzog. Der Zug beginnt an der Südwestecke und zieht von da über die Westseite, wo sich die Reliefplatten noch an Ort und Stelle befinden, und die Nordseite zur Ostseite. Dort traf er sich mit dem anderen, der Südseite folgenden Teil des Zuges.

Roma-und-Augustus-Tempel

Der kleine Roma-und-Augustus-Tempel aus der frühen römischen Kaiserzeit vor der Ostseite des Parthenon kopiert Zierformen des

Akropolis, Roma-und-Augustus-Tempel (Fortsetzung)

Erechtheion. Nördlich davon, an der höchsten Stelle des Burgfelsens, erkennt man Abarbeitungen, die zum Heiligtum des Zeus Polieus gehören. Von dort kann man nach Osten zum sog. Belvedere gehen, das eine umfassende Aussicht auf die Stadt bietet.

**Erechtheion

Das Erechtheion (z.Z. in Restaurierung) im Nordteil der Akropolis umschließt mehrere alte Heiligtümer, auf die der 421–406 v.Chr. errichtete Bau mit seinem komplizierten Grundriß Rücksicht nehmen mußte. Den Ostteil nahm der Tempel für das alte hölzerne Kultbild der Athena Polias, der Stadtherrin, ein. Im Westteil befand sich u.a. das Erechtheusgrab, ferner das Grab des Urkönigs Kekrops unter der nach Süden vorspringenden Korenhalle, deren Gebälk von sechs Mädchengestalten (statt Säulen; heute Kopien, die Originale befinden sich im Akropolismuseum) getragen wird, und im Boden der Nordhalle das Dreizackmal, das Poseidon geschlagen haben soll. Ost- und Nordhalle weisen je sechs ionische Säulen auf. Die Außenwand trägt über feinem Palmettenornament einen Fries aus grauem eleusinischem Marmor, auf dem weiße Marmorfiguren angestückt waren. Unmittelbar südlich das Fundament des 480 v.Chr. zerstörten Alten Athenatempels des 6. Jh.s und zwei umgitterte Säulenbasen, die wohl vom Megaron des mykenischen Palastes stammen.

Pandroseion

Westlich vom Erechtheion steht ein Ölbaum zur Erinnerung an den von Athena gestifteten ersten Ölbaum. Hier ist der Bereich des Pandroseions, des Heiligtums der Taugöttin Pandrosos. Von hier nach Nordwesten gehend, stößt man auf die Reste des Arrhephoren-Hauses, in dem in den vier Jahren zwischen den Großen Panathenäen vier junge Mädchen von 7–11 Jahren als Tempeldienerinnen und Gehilfinnen der Athenapriesterin wohnten. Zu ihren Aufgaben gehörte es, das Peplosgewand herzustellen, mit dem das Kultbild der Athena bei den

Akropolis – Erechtheion

Akropolis, Pandroseion (Fortsetzung)

Panathenäen neu bekleidet wurde. Von dem Hof neben dem Arrhephorenhaus führt eine Treppe über einen Durchlaß in der Akropolismauer zu einem Eros- und Aphrodite-Heiligtum, aus dem die Arrhephoren auf- und niedersteigend verdeckte Gegenstände zu holen hatten (daher ihr Name). Das Haus der Athenapriesterin wird in einem Bau, der sich weiter westlich an die Nordmauer lehnt, vermutet.

**Akropolis-Museum

Das Akropolis-Museum wurde 1949 bis 1953 in der Südostecke der Akropolis so vertieft angelegt, daß es den Gesamteindruck nicht stört. Es enthält eine der kostbarsten Sammlungen griechischer Kunst überhaupt.

Der linke Trakt enthält Stücke des archaischen 6. Jh.s, die im 'Perserschutt' vergraben waren: Giebel von Tempeln und Schatzhäusern, geweihte Statuen sowie – schon im rechten Trakt – Figuren vom Marmorgiebel des Alten Tempels (Saal I–V). In den weiteren Räumen des rechten Traktes folgen im wesentlichen Skulpturen des klassischen 5. Jh.s v. Chr. (Saal VI–IX).

Eine große Eule, Symbol der Athena (Nr. 1347; Anfang 5. Jh.), beherrscht die Vorhalle, in der auch eine Marmorstatue der Athena ('Propyläen-Athena', Nr. 1336; Ende 5. Jh.) und eine Marmorbasis mit einem Waffentänzerrelief (Nr. 1338; 4. Jh.) sowie eine marmorne Grablekythos (Nr. 6407; Ende 4. Jh.) stehen. Man wendet sich nach links in den Saal I, der in das beginnende 6. Jh. v. Chr. führt. Links ein Giebel aus bemaltem Poros (Nr. 1; um 600), der Herakles im Kampf mit der Hydra und den Rosselenker Iolaos und eine Krabbe, die Herakles in den Fuß kneift, zeigt. Gegenüber der Eingangstür eine Löwin, die einen jungen Stier reißt, von einem großen Porosgiebel (Nr. 4; um 590), und rechts eine Gorgo (Nr. 701; Anfang 6. Jh.).

Im Saal II sieht man die Einführung des Herakles in den Olymp (links, Nr. 9+55; um 580), die rechte Hälfte des 'Roten Giebels' mit dem Kampf des Herakles gegen Triton (Nr.2; um 560), den 'Ölbaumgiebel', der wahrscheinlich den Troilos-Mythos darstellt; auffallend das Tempelmodell neben einer Wasserträgerin (Nr. 52; um 570). Schließlich zwei Teile eines Porosgiebels, wahrscheinlich vom Hekatompedon: links Herakles und Triton, rechts der Dreileibige, in dem man jetzt Nereus vermutet (Nr. 35; 580–570); dazu gehörte als Mittelglied wohl die im nächsten Saal aufgestellte Gruppe von zwei mächtigen Löwen, die einen Stier reißen (Nr. 3). Außerdem stehen im Saal II der berühmte Kalbträger (Moschophoros) aus Hymettosmarmor, ein Weihgeschenk des Rhombos (Nr. 624; um 570 v. Chr.), und die früheste der Koren, die in großer Zahl als Weihgeschenke an Athena auf der Akropolis aufgestellt waren; die eine Hand dieses attischen Werkes hält einen Granatapfel, die andere einen Kranz (Nr. 593; Anfang 6. Jh.).

In Saal III, in dem sich auch der schon erwähnte Giebelmittelteil befindet, stehen die Torsi von zwei weiteren Koren; sie stammen wohl von der Insel Naxos oder Samos (Nr. 619 und 677; 580-550 v. Chr.).

Im langgestreckten Saal IV ist eine geradezu aufregende Zahl von Meisterwerken versammelt. Zunächst vier bzw. fünf Werke, die demselben Bildhauer, Phaidimos, zugeschrieben werden. Das älteste ist der sog. Rampinsche Reiter, dessen Kopf nur ein Gipsabguß ist (Original im Louvre); mit einem in Resten erhaltenen zweiten Reiter bildet er die erste Reitergruppe, die aus Griechenland bekannt ist. Man nimmt an, daß es sich um eine Darstellung der Söhne des Peisistratos, Hippias und Hipparch, oder aber der Dioskuren handelt (Nr. 590; gegen 550 v. Chr.). Das berühmte reife Werk desselben Künstlers ist die nach ihrem dorischen Gewand benannte Peploskore (Nr. 679; um 530 v. Chr.). Auch ein Wasserspeier vom Alten Athena-Tempel (Nr. 61;

Exponate im Akropolis-Museum: Jagdhund aus dem Brauronion (um 520 v.Chr.)

Vorderteil eines Pferdes (um 485 v.Chr.)

Rampinscher Reiter (um 550 v.Chr.)

Akropolis-Museum (Fortsetzung)

um 525 v. Chr.) und ein Jagdhund aus dem Brauronion (Nr. 143; um 520 v. Chr.) werden dem Phaidimos zugeschrieben. Ein weiteres Reiterstandbild mit persischer oder skythischer Tracht stellt vermutlich Miltiades dar (Nr. 606; um 520 v. Chr.).
Zentrum des hinteren Teils von Saal IV sind die Koren, Mädchengestalten im Peplos und später im reicheren Chiton, über dem sie meist einen überwurf (Himation) tragen. In der Regel raffen sie mit der einen Hand ihr Gewand, während die andere ein Weihgeschenk trägt. Die meist etwa lebensgroßen Skulpturen standen unter freiem Himmel, weshalb manche von ihnen noch ein Eisen (Meniskos) aufweisen, das sie, in den Kopf eingelassen, vor Beschmutzung durch Vögel schützen sollte. Ursprünglich waren sie bemalt, wovon sich besonders an den Gewandpartien noch einiges erhalten hat.
Zunächst eine ernste Kore in ionischer Tracht (Nr. 673; 520–510 v. Chr.), die Zarte Kore aus Chios mit dem gefältelten, farbig bemalten Chiton (Nr 675; um 510 v. Chr.) und den herrlichen Korenkopf (Nr. 643; um 510 v. Chr.). Dann ein großer Halbkreis (von links): die 'große Chiotin' (Nr. 682; um 520 v. Chr.), eine kräftige, wahrscheinlich von der Peloponnes kommende Kore (Nr. 684; um 490 v. Chr.), die geheimnisvolle 'Kore mit den Sphinxaugen' (Nr. 674; um 500 v. Chr.) und die nur in einen Chiton gekleidete Kore (Nr. 670; um 510 v. Chr.). Auf ein großes, stark verwittertes Sitzbild der Göttin Athena in der Mitte der Gruppe, ein Werk des Endoios (Nr. 625; um 530 v. Chr.), folgen ein bekleideter Jüngling (Nr. 633; Ende 6. Jh. v. Chr.), die herbe Kore, die als einzige nicht ihr Gewand rafft (Nr. 685; um 500 v. Chr.), eine fast unversehrte inselionische Kore (Nr. 680; um 520 v. Chr.) und eine große, ebenfalls fast unversehrte Kore (Nr. 671; um 520 v. Chr.).
In Saal V stehen die 2 m hohe sog. Antenorkore mit der wahrscheinlich nicht zugehörigen Basis, die die Namen des Stifters Nearchos und des Bildhauers Antenor nennt (Nr. 681+681 A; um 525 v. Chr.), sowie die Statuen vom Giebel des peisistratidischen Alten Tempels: Athena im Kampf mit Giganten (Nr. 631; um 525 v. Chr.). Im Alkoven links Tongefäße von geometrischer bis spätklassischer Zeit.
Saal VI führt in das beginnende 5. Jh. v. Chr., also in die frühe Zeit der klassischen Kunst, deren erste Werke noch vor dem attischen Schicksalsjahr 480 – der persischen Eroberung – entstanden sind. Der Saal vereinigt Werke dieser Frühklassik mit solchen des Strengen Stils. Die von Euthydikos gestiftete (nicht hergestellte) 'schmollende' Kore (Nr. 686+609; um 490 v. Chr.) und die kurz vor dem Persersturm aufgestellte 'Propyläenkore' (Nr. 688; gegen 480 v. Chr.), eine Athenastatue (Nr. 140; 480–470 v. Chr.), das Relief eines Töpfers (Nr. 1332; um 500 v. Chr.), ein Jünglingskopf aus der Werkstatt des Phidias (Nr. 699; 450–440 v. Chr.), das Vorderteil eines Pferdes (Nr. 697; eine sehr noble Arbeit von 490–480 v. Chr.) sind besonders interessant. Berühmte Stücke der beginnenden Klassik sind der 'Blondkopf', ein Werk von ungewöhnlicher schwermütiger Schönheit (Nr. 689; kurz vor 480 v. Chr.), das Relief der sinnenden Athena (Nr. 695; 460/450 v. Chr.) und als älteste dieser Skulpturen ein Knabe, der dem Kritios oder seiner Werkstatt zugeschrieben wird (Nr. 698; 485 v. Chr.). Rumpf und Kopf dieses Kritiosknaben wurden 1865 und 1888 gefunden. Es ist die früheste bekannte Statue, bei der die archaische Weise des Stehens auf gleichmäßig belasteten Beinen durch das klassische Prinzip der Ponderation, des Wechsels von Stand- und Spielbein, abgelöst ist. "Kritios war demnach einer der Wegbereiter der klassischen Kunst" (Kraiker).
Die folgenden Säle sind den klassischen Akropolisbauten gewidmet. In Saal VII finden sich u. a. Rekonstruktionen der beiden Parthenongiebel, eine Südmetope (Kentaure im Kampf mit einem Lapithen, Nr. 705), ein Poseidon-Torso vom Westgiebel (Nr. 885) und zwei Pferdeköpfe vom Gespann des Poseidon (Nr. 882, 884), alle vom Parthenon.

Akropolis-Museum (Fortsetzung)

Saal VIII bietet zunächst größere Teile vom 160 m langen, 1,05 m hohen Parthenonfries, der den Festzug bei den Großen Panathenäen zum Gegenstand hat und in seinen Flachreliefs die große Selbstdarstellung der lebendig geordneten Polis der Perikleischen Zeit ist. Zu sehen sind vom Nordfries Reiter, Apobaten (die vom fahrenden Wagen ab- und wieder aufspringen), Zugordner, Musiker, Hydrienträger und Opfertiere; die letzte Platte (Nr. 857) stammt mit Sicherheit von Phidias selbst. Vom Südfries: Reiter. Vom Ostfries: die Gottheiten Poseidon, Apollon und Artemis, wahrscheinlich von der Hand des Phidias-Schülers Alkamenes.
An der vorspringenden Wand, die den Saal teilt, sind Teile des Frieses vom Erechtheion, der Jahrzehnte nach dem Parthenonfries – zwischen 409 und 405 v. Chr. – geschaffen worden ist. Die Rekonstruktion zeigt das Typische: Die Relieffiguren aus hellem pentelischem Marmor sind mit Metallzapfen auf dem dunklen Marmor aus Eleusis angebracht. Die Bedeutung der Figuren ist unklar.
Schließlich folgt noch die Balustrade, die die Plattform des Nike-Tempels umgab und um 410 v. Chr. anzusetzen ist. Sie zeigt neben der auf einem Felsen thronenden Athena (Nr. 989) eine Reihe von Siegesgöttinnen, darunter die berühmte sandalenlösende Nike (Nr. 973).
Im Saal IX sind neben einer großen Göttermaske (Nr. 6461) und einem Flachrelief mit attischer Triere (Nr. 1339) das idealisierte Porträt des jugendlichen Alexander (vermutlich nach dem Athener Besuch des Makedonenkönigs um 335 v. Chr. von Leochares oder Euphranor geschaffen; Nr. 1331) sehenswert. Außerdem haben hier jetzt die Karyatiden vom Erechtheion eine Unterkunft gefunden.

Der Areopag und die Abhänge der Akropolis

Areopag

Rings um den Akropolisfelsen lief in antiker Zeit ein Spazierweg, der inschriftlich gesicherte Peripatos, dem man auch heute in größeren Teilen folgen kann. Wendet man sich unterhalb des Akropolisausgangs nach rechts, so stößt man, ehe man den Weg am Nordabhang erreicht, auf den Areopag (Areios pagos = Areshügel), zu dessen Höhe Stufen im Felsen hinaufführen. Auf dem 115 m hohen Felsklotz hatte einst das höchste Gericht Athens seinen Sitz. In mykenischer Zeit hatte sich hier, wie Aischylos in seiner Tragödie "Die Eumeniden" schildert, Orest wegen der Ermordung seiner Mutter Klytaimnestra zu verantworten. Die Göttin Athena selbst bewirkte seinen Freispruch, worauf aus den ihn grimmig verfolgenden Erinnyen – die am Areopag ein Grottenheiligtum hatten – die Eumeniden wurden, die "freundlich Geleitenden". Daran erinnerte einst ein von Orest gestifteter Altar der Athena Areia, von dem Pausanias berichtet. Von diesem wie von anderen Anlagen hat sich nichts erhalten.
Aus christlicher Zeit überliefert die Apostelgeschichte des Neuen Testaments im 17. Kapitel die Ansprache, die der Apostel Paulus im Jahre 50 auf dieser altgeheiligten Stätte hielt. Angesichts der zahllosen Götterbilder stellte er den 'Männern von Athen' Christus als den von ihnen verehrten 'unbekannten Gott' dar. Eine moderne Bronzetafel rechts vom Aufgang enthält diesen Text, und am Nordhang des Areopag liegen Reste einer Basilika, die dem ersten von Paulus in Athen Bekehrten, Dionysios, Mitglied des Areopags, geweiht war.

Kammergräber

Deutlicher als die Anlagen auf dem Areopag selbst sind diejenigen an seinem Nordhang, wo sich mykenische Kammergräber mit 11 m langem Zugang (Dromos), fraglos Gräber der auf der Akropolis residierenden Könige, fanden, vor allem aber südwestlich unmittelbar unterhalb des Hügels. Dort hat man ein Häuserviertel freigelegt, auf das man von der Apostel-Paulus-Straße hinunterblicken kann. An einer

Areopag – im Altertum Sitz des obersten Gerichts

Areopag (Fortsetzung)

Straßenecke sieht man das trapezförmige Amyneion, Heiligtum eines alten lokalen Heilgottes Amynos.

*Blick auf die Agorá

Ungeachtet der Glätte seines Felsens wird man den Areopag auch gern aufsuchen, weil er einen herrlichen Blick auf die Propyläen und eine sehr schöne Übersicht über das Agorágelände bietet. Diesen Agoráblick hat man auch, wenn man nun auf dem modern ausgebauten Weg, der etwa dem antiken Peripatos folgt, nach Osten geht. Auf der rechten Seite sieht man dabei am Nordabhang der Akropolis zunächst das Gemäuer der Klepshydra, der Burgquelle seit ältester Zeit. Darüber öffnen sich weithin sichtbare Höhlen: die Grotte des Apollon-Pythios-Bezirkes (etwa unterhalb der Pinakothek) und links daneben die Pansgrotte. Der alte Hirtengott Pan wurde in Athen seit den Perserkriegen besonders verehrt, weil man seiner Mithilfe den Sieg bei Marathon 490 v.Chr. zuschrieb. Unterhalb des Arrhephorenhauses folgt die Aglaurosgrotte.

Klepshydra

Reicher und bedeutender sind die Denkmäler am Südhang der Akropolis, wo sie von prähistorischer Zeit bis ins 2. Jh. n.Chr., ja in frühchristliche Zeit reichen.

Im 6. Jh. v.Chr. übertrug Peisistratos den Kult des Dionysos aus Eleutherai im Kithairongebirge (an der Straße nach Theben) nach Athen, weshalb Dionysos hier den Beinamen Eleuthereus hat. Es wurde ein Tempel für das aus Eleutherai stammende alte Kultbild errichtet.

*Dionysos-Theater

Im Zusammenhang mit dem Kult des Dionysos, des Gottes des Rausches und der Verwandlung, der Ekstasis und der Maske, entstand in

Dionysos-Theater (Fortsetzung)

einer natürlichen Mulde des Abhanges das Dionysos-Theater, bei dem Travlos neun Bauperioden unterscheidet, davon I und II aus dem 6. bzw. 5. Jh. v. Chr. Eine Trennung zwischen Theater und Tempelbezirk ergab sich, als um 420 v. Chr. eine nach Süden geöffnete Säulenhalle erbaut wurde, was die Verlegung des Tempels erforderlich machte. Die Breccia-Fundamente dieses jüngeren Tempels, für den Alkamenes ein Goldelfenbeinbild schuf, sind südlich der Hallenreste erhalten. Um 330 v. Chr. erhielt das Theater dann die steinernen Sitzreihen, die heute zu sehen sind. Sie steigen bis unmittelbar an den Akropolisfelsen hinan, wo sich eine einst dem Dionysos, jetzt der Maria geweihte Höhle befindet; sie trug über dem Eingang einen Dreifuß des Choregen Thrasyllos (320–319 v. Chr.). Die oberhalb stehenden Säulen sind Dreifußbasen aus römischer Zeit. Die 67 Sitzreihen für etwa 17 000 Besucher sind durch Quergänge in drei Ränge gegliedert. Der untere ist in 13 Keile eingeteilt, zwischen denen Treppen angelegt sind. In der ersten Reihe finden sich beschriftete Ehrensitze, in der Mitte der mit Reliefs verzierte Sitz des Priesters des Dionysos Eleuthereus, bei dem Pfostenlöcher im Boden auf einen Baldachin hinweisen. Hinter diesem Sitz steht der Ehrensitz für Kaiser Hadrian. Das Zuschauerrund (Theatron) umschließt die mit Platten gepflasterte Orchestra, die mit einer steinernen Schranke für die in römischer Zeit abgehaltenen Tierspiele abgegrenzt ist. Das im Süden anschließende Bühnenhaus ist mehrfach umgebaut worden. Auffallend sind die Reliefdarstellungen mit Figuren aus dem Dionysosmythos. Sie stammen aus römischer Zeit und wurden nach neuer Deutung für eine Rednertribüne (Bema) des 5. Jh.s n. Chr. wiederverwendet.
Die Bedeutung des Dionysostheaters – auf das sich von der Südmauer der Akropolis eine herrliche Übersicht bietet – liegt darin, daß es gleichzeitig mit der Einführung, ja Schaffung der Tragödie angelegt wurde. Das erste Drama wurde von Thespis, der mit seiner Truppe im 'Thespiskarren' durch das Land zog, 534 v. Chr. in Athen aufgeführt (wahrscheinlich noch auf der Agorá). Es handelte sich um eine Frühform, bei der ein einziger Schauspieler dem Chor gegenübertrat. Das war der Anfang einer Entwicklung, die im 5. Jh. v. Chr. – in der hochgestimmten Zeit nach den Perserkriegen – zur Vollendung der Tragödie führte. Im Dionysostheater wurden die Werke der drei attischen Tragiker im Rahmen des Dionysoskultes uraufgeführt, hier präsentierten sich Alschylos, der selbst als Hoplit bei Marathon mitgekämpft hatte und dies in seiner Grabschrift eigens vermerken ließ, Sophokles und Euripides. So wurde das Dionysostheater von Athen zur Keimzelle und zum Ursprungsort des europäischen Theaters.
Östlich des Dionysostheaters stand das quadratische Odeion, das Perikles gestiftet hatte.

Eumenesstoá

Im Westen schließt sich an das Theater die 163 m lange Eumeneshalle an, gestiftet von dem pergamenischen König Eumenes II. (197–159 v. Chr.), der nicht nur den Burgberg von Pergamon mit großen Bauwerken (Pergamon-Altar) ausstattete, sondern auch der Stadt Athen seine Verehrung bezeugen wollte – so wie sein Bruder und Nachfolger Attalos II. (159–138 v. Chr.), der – vermutlich vom selben Baumeister – die Attalosstoa an der Agorá von Athen erbauen ließ.
Im Gegensatz zur Attalosstoa hatte der Bau des Eumenes jedoch keine Räume hinter der zweischiffigen Halle. Er diente also nicht auch für geschäftliche Zwecke, sondern lediglich als geräumige Wandelhalle für die Besucher von Dionysosheiligtum und -theater. Die Halle war zweigeschossig, hatte außen dorische und innen im Untergeschoß ionische, im Obergeschoß pergamenische Pfeifenkapitelle. Da sie sich gegen den Berghang lehnt, hat man gegen diesen eine durch Pfeiler und Rundbögen verstärkte Stützmauer gestellt; die einst mit Marmorplatten verkleideten Arkaden sind heute sichtbar.

Nikias-Monument

Vor dem Ostende der Eumenesstoa liegen die Fundamente des als Dank für einen choregischen Sieg des Nikias im Jahre 320 v. Chr. errichteten Nikias-Monuments, von dem Bauteile nach 267 n. Chr. in das Beulé-Tor der Akropolis eingebaut worden sind.

*Odeion des Herodes Atticus (Abbildung s. S. 112)

Im Westen grenzt die Eumeneshalle an das Odeion des Herodes Atticus an. Es ist benannt nach seinem Stifter Herodes Atticus aus Marathon (101–177 n. Chr.), einem der großen Mäzene des Altertums, der es nach dem Tode seiner Frau Regilla 161 n. Chr. erbaute. Die Nachbarschaft zum Dionysostheater läßt den Unterschied zwischen griechischem und römischem Theaterbau deutlich hervortreten. Das griechische Theater fügt seine Zuschauerreihen in eine natürliche Mulde ein, und diese Cavea geht über das Halbrund hinaus. Die Orchestra ist ursprünglich kreisrund, und locker fügt sich das niedrige Bühnenhaus, die Skene, an. Zwischen Cavea und Bühne liegen die offenen Zugänge für den Chor (Parodoi).
Ganz anders die Grundsätze beim römischen Theater. Die Cavea ist genau halbrund, die seitlichen Zugänge sind überwölbt, die in späterer Zeit erhöhte Bühne erhält eine mehrgeschossige, mit Säulen und Statuen reich ausgestattete Bühnenwand (scenae frons), die so hoch ist wie die obersten Sitze bzw. die Umfassungsmauer des Zuschauerraumes. Dieser wird also mit dem Bühnenhaus zur baulichen Einheit zusammengefaßt und ist ein geschlossener Innenraum. Ein solches Theater war oben offen oder, wenn es als Odeion für musikalische Darbietungen bestimmt war, gedeckt. Die 32 steil ansteigenden Sitzreihen des Herodes-Atticus-Odeions nahmen 5000 Zuschauer auf, sie wurden in weißem Marmor neuerdings wiederhergestellt. Im übrigen ist der Erhaltungszustand des Theaters, das im Mittelalter in die Burgbefestigung einbezogen war, so vorzüglich, daß heute während des sommerlichen Athener Festivals hier Tragödienaufführungen und Konzerte mit namhaften europäischen Ensembles stattfinden.

Asklepieion

Kehrt man entlang der Eumenesstoa zum Dionysostheater zurück, so findet man zwischen diesen beiden Baukomplexen einen Weg, der auf die Terrasse oberhalb der Eumeneshalle hinaufführt. Hier liegt das Asklepieion, in dem der von Epidauros hierher übertragene Kult des Heilgottes Asklepios seit 420 v. Chr. im Anschluß an eine Quelle sein Heiligtum hatte. In dem rechteckigen Bezirk steht unmittelbar am senkrecht abgearbeiteten Akropolisfelsen eine im 4. Jh. v. Chr. errichtete, 50 m lange, einst zweigeschossige Liegehalle für die Kranken. Zu ihr gehört die Höhle mit der Quelle, die noch immer als heilkräftig gilt, weshalb die Höhle heute als Kapelle benutzt wird.
Parallel zu dieser Halle hat man am südlichen Rand des Heiligtums in römischer Zeit eine zweite Halle erbaut, von der man noch Reste sieht. Beide Hallen öffneten sich zum Zentrum des Heiligtums, zum Tempel. Vor der Front dieses nach Osten gerichteten Gebäudes standen vier Säulen (Prostylos tetrastylos). Die Fundamente sind ebenso wie der davorliegende Altar zu erkennen. In frühchristlicher Zeit hat man über Tempel- und Altarresten eine Basilika aufgeführt, von der einiges Material mit christlichen Kreuzornamenten im Gelände liegt.
An der Nordwestecke des Heiligtums sieht man einen Bothros, eine runde Öffnung, die einst mit Säulen und einem Baldachin versehen war. Westlich folgen Fundamente einer weiteren Halle und eines

Asklepieion (Fortsetzung)

schräg zu den sonstigen Bauten liegenden kleinen Tempels, der vielleicht der erste Asklepiostempel aus dem späten 5. Jh. v. Chr. war. Folgt man dem von hier zum Akropoliseingang führenden Weg weiter, so passiert man Spuren der prähistorischen Besiedlung des Südhangs der Akropolis.

Die antiken Marktanlagen

Große Platzanlagen beherrschen die Gegend im Stadtgebiet nördlich der Akropolis: Agorá, römischer Markt und Hadriansbibliothek.
Sehr gute Übersichten über die Agorá, den Staatsmarkt des antiken Athen, bieten sich von der Nordmauer der Akropolis, vom Areopaghügel und dem Weg, der vom Areopag ostwärts am Nordhang der Akropolis entlangführt, aber auch von dem Weg am Nordfuß des Areopag. Eine weitere gute Orientierung findet man, wenn man die Agorá von der Hermesstraße (Ermú) oder der Hadriansstraße (Adrianú) unweit der Phílippos-Kirche durch den Nordeingang betritt. Gleich hinter diesem Eingang ist ein Plan angebracht, der den antiken Zustand der Anlagen wiedergibt.

*Agorá

Die Agorá wurde, nachdem ein ganzes Stadtviertel evakuiert und abgerissen worden war, in den Jahren 1931–1941 und 1946–1960 von amerikanischen Archäologen ausgegraben und erforscht. Die dabei freigelegten Bau- und Denkmälerreste sind seither in eine Grünanlage

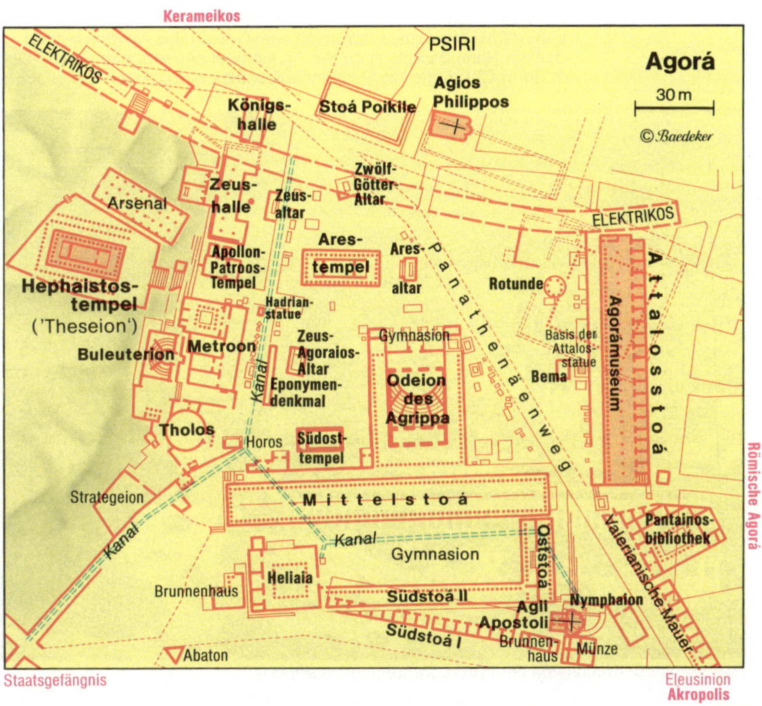

Agorá (Fortsetzung)

einbezogen worden, was dem Gelände ein einladendes, gefälliges Gepräge gibt. In den letzten Jahren ist diese Grabung ergänzt worden durch neue Untersuchungen nördlich der Piräusbahn, die bis dahin die Grabungsgrenze bildete, und östlich der Agorá, wo unter einer modernen Straße die alte Verbindungsstraße zum römischen Markt mit den angrenzenden Gebäuden freigelegt werden konnte.

Von mykenischer Zeit bis ins ausgehende 7. Jh. v. Chr. diente das Gelände als Begräbnisplatz, doch dann wurde es – seit der Zeit Solons im frühen 6. Jh. v. Chr. – als Agorá benutzt, deren älteste Bauten im Westen, am Fuß des Agoráhügels, entstanden. Im folgenden Jahrtausend war der Platz das Zentrum des öffentlichen Lebens der Stadt. Jede Zeit errichtete neue Gebäude, oft auf Kosten früherer Anlagen. Aus der Zeit des Peisistratos (um 600–528 v. Chr.) stammten der Zwölf-Götter-Altar, das Wohnhaus des Tyrannen in der Südwestecke und der Enneakrunos-Brunnen in der Südostecke. Nach der Reform des Kleisthenes (508 v. Chr.) entstanden das Gerichtsgebäude der Heliaia (an der Stelle eines solonischen Gebäudes), der große Entwässerungskanal im Westen, nahebei das alte Buleuterion für den Rat der 400 und ein kleiner Tempel der Göttermutter (Metroon). Nach der Zerstörung durch die Perser (480/479 v. Chr.) errichtete man in der Zeit Kimons den Rundbau der Tholos. Dazu kamen im weiteren Verlauf des 5. Jh.s Hephaistos-Tempel, Zeushalle, Südstoa u. a. In die Zeit nach 350 v. Chr. gehören die Heiligtümer des Apollon Patroos, des Zeus Phratrios und der Athena Phratria, und das 2. Jh. v. Chr. steuerte große Hallen im Süden, die Attalosstoa und ein neues Metroon bei. Umfangreiche Zerstörungen brachte der Feldzug des Sulla (86 v. Chr.) mit sich. Danach wurde um 20 v. Chr. erstmals die bisher immer freie Mitte des Platzes mit dem Odeion des Agrippa bebaut, in dessen Nähe damals auch der Arestempel neu errichtet wurde. Das 2. Jh. n. Chr. fügte die Pantainosbibliothek hinzu. Doch 267 brachte

Panorama mit Attalosstoá (im Vordergrund) und Lykabettos

Agorá (Fortsetzung)

der Herulereinfall eine neue Katastrophe. Danach hat man die Attalosstoa in die spätrömische Befestigung des verkleinerten Stadtgebietes einbezogen. Die nun vor der Mauer liegende Agorá blieb gut hundert Jahre wüst und leer, bis um 400 eine neue Bebauung einsetzte: Die Tholos wurde erneuert, es entstand ein Gymnasion als Hohe Schule von Athen, der Hephaistostempel wurde christliche Kirche. Es war die letzte Phase in der Geschichte dieses bedeutenden Platzes – um 550 war er verlassen, und erst im 11. Jh. bildete sich allmählich ein Wohngebiet, das bis zum Beginn der amerikanischen Ausgrabungen bestanden hat.

Panathenäenweg

Vom Nordeingang überblickt man den geräumigen viereckigen Platz, der im Osten (links) von der Attalosstoa und im Westen (rechts) vom Agoráhügel mit dem wohlerhaltenen Hephaistostempel begrenzt wird. Schräg durch die Agorá zieht der Panathenäenweg, dessen antikes Pflaster noch teilweise vorhanden ist. Auf ihm bewegte sich der Festzug bei den Großen Panathenäen, vom Kerameikos kommend, über die Agorá hinauf zur Akropolis.

Attalosstoá

Man wendet sich zunächst nach links, zur Stoa des Attalos, vor der im Norden Reste einer kleinen Halle, einer runden Brunnenfassung und vor der Mitte des Gebäudes eine Rednertribüne (Bema) zu sehen sind, dahinter die Basis eines Standbildes des Stifters. Die 116 m lange Stoa wurde gestiftet von König Attalos II. von Pergamon (159–138 v. Chr.), Bruder und Nachfolger jenes Eumenes II., dem die Eumeneshalle am Akropolis-Südhang zu verdanken ist. Sie war (und ist nach dem originalgetreuen Wiederaufbau in den Jahren 1953–1956) zweigeschossig. Ihre Front hat unten dorische, oben ionische Säulen. Die Halle vor den ursprünglich 21 quadratischen hinteren Räumen hat zwei durch ionische Säulen voneinander getrennte Schiffe. Durch den Wiederaufbau ist die Raumwirkung dieser großen Halle wiedergewonnen worden. Grund dieses Wiederaufbaus war die Notwendigkeit, ein geeignetes Agorá-Museum zu erhalten.

*Agorá-Museum

In der Halle beginnt die Reihe der ausgestellten Stücke am Südende mit der Kolossalstatue des Apollon Patroos (S 2154; 4. Jh. v. Chr.), die Pausanias dem Bildhauer Euphranor zuschreibt. Weiter sieht man zwei Statuen, welche Ilias und Odyssee darstellen (gegenüber der zweiten Säule, S 2038, S 2039; frühes 2. Jh. n. Chr.); eine Priesterin (gegenüber Säule 4, S 1016; 4. Jh. v. Chr.), flankiert von zwei Hermen, deren rechte ein Kind trägt (S 33, S 198; römisch); eine Marmorstele mit einem Gesetz gegen Tyrannei und einem Relief: Die Demokratie krönt das Volk von Athen (neben Säule 5, 16524; 336 v. Chr.); Skulpturen vom Hephaistostempel (gegenüber Säule 11) sowie Akrotere von der Zeusstoa (an der Nordseite der Halle, S 312, S 373; um 410 v. Chr.).
Hinter der Halle liegen, von Süden aus, zunächst vier kleine Räume; sie enthalten zwei ionische Säulen von einem unbekannten Gebäude aus dem 5. Jh. v. Chr., einen Gedenk- und einen Verkaufsraum sowie eine Sammlung von Weinamphoren.
Der langgestreckte Hauptraum präsentiert in zeitlicher Abfolge eine umfangreiche Kollektion von Funden, die meist nicht als Kunstwerke, sondern als Zeugnisse antiken Lebens von großer Bedeutung sind. Die Sammlung beginnt mit Stücken aus dem neolithischen 3. Jahrtausend v. Chr. Aus mykenischer Zeit (1500–1100 v. Chr.) stammen Vasen und Grabbeigaben, darunter zwei Elfenbeinbüchsen mit Greifen- und Nautilus-Relief (Vitrine 5, BI 511 und BI 513); aus der frühen Eisenzeit (11.–8. Jh.) u. a. Gräber des 9. Jh.s v. Chr. mit ihren Beigaben. In dieselbe Zeit gehören protogeometrische und geometrische Vasen (Vitrinen 11, 17, 18). Über Vasen des orientalisierenden Stils kommt

Agorá-Museum (Fortsetzung)

man zu einer Form für den Guß einer Bronzestatue (Vitrine 23) aus dem archaischen 6. Jh., in dem auch die schöne Terrakotta-Figur eines knienden Knaben (P 1231) geschaffen wurde. Groß ist die Zahl der Stücke aus dem Alltag des klassischen 5. Jh.s v. Chr.: Inschriften, eine Maschine zum Verlosen öffentlicher Ämter (I 3967), Scherben vom Scherbengericht (u. a. mit dem eingeritzten Namen des Themistokles, Vitrine 38), ein Kindersitz aus Ton, Haushaltsgeräte usw. Zu beiden Seiten des Ausgangs sind die Vitrinen 61 (mit Funden aus einem Brunnen, die vom 1. bis zum 10. Jh. n. Chr. reichen) und 63 (mit Funden aus byzantinischer und türkischer Zeit) aufgestellt.

Pantainos-Bibliothek

Von der Attalosstoa aus nun dem Panathenäenweg in südöstlicher Richtung folgend, sieht man links die Pantainos-Bibliothek aus dem 2. Jh. n. Chr. Davor Reste der spätrömischen Befestigung (nach 267 n. Chr.), in die zahlreiche Reste zerstörter Bauten eingefügt sind. Wo der antike Weg sich jenseits des Grabungszaunes fortsetzt, liegt an seiner linken Seite das Heiligtum der Gottheiten von Eleusis.

Apostelkirche

Nun wendet man sich zur Apostelkirche, die als einzige dieses Viertels erhalten geblieben ist. Die über einem halbrunden Nymphäum im 11. Jh. errichtete, mehrfach umgebaute Kirche ist in ihrem ursprünglichen Zustand rekonstruiert. Die Kuppel wird von vier Säulen getragen, Apsis und Querschiffarme sind halbkreisförmig, das Innere weist einige gute Fresken auf. Die Malereien in der Vorhalle stammen aus der Zeit um 1700 und wurden aus der 1939 abgetragenen nahegelegenen Spyridonkirche hierher verbracht. Unmittelbar südlich der Apostelkirche standen einst die Münze und der Enneakrunos-Brunnen.

Südstoá II

Nach Westen schließen sich die Reste der Südstoa II, der nördlich davon parallel verlaufenden Mittelstoa und des beide verbindenden Ostgebäudes an (alle 2.Jh. v. Chr.). Westlich der Südstoa II liegen die Reste des quadratischen Gerichtsgebäudes der Heliaia (5. Jh. v. Chr.), an dessen Nordseite um 350 v. Chr. ein Wasserschloß (Klepshydra) angelegt wurde.

Odeion des Agrippa

Ein wohlerhaltenes korinthisches Kapitell von beträchtlichen Ausmaßen weist auf das Odeion des Agrippa hin, das nördlich der Mittelstoa das Zentrum der Agorá einnimmt. Um 20 v. Chr. vom römischen Feldherrn Agrippa errichtet, enthielt es einen quadratischen Saal mit einer Bühne und 18 Sitzreihen für etwa 1000 Zuhörer (Reste erhalten). Der Eingang war an der Südseite. Im 2. Jh. n. Chr. wurde ein neuer Eingang im Norden geschaffen. Damals stellte man je drei Tritone und Giganten als Träger des Vorhallendaches auf, davon stehen drei noch aufrecht. Nachdem die Anlage durch die Heruler 267 n. Chr. zerstört worden war, entstand am selben Platz um 400 n. Chr. das Gymnasion; es gehörte zur Universität von Athen, die bis zu ihrer Schließung durch Kaiser Justinian 529 n. Chr. Bestand hatte (Grundmauern im Gelände). Von hier aus weiter nach Westen gehend, sieht man auf tieferem Niveau einen Grenzstein (Horosstein) aus der Zeit um 500 v. Chr., passiert dann den großen Kanal und gelangt zu den Bauten der Westseite.

Metroon
Buleuterion

Sie beginnen mit der kreisrunden Fläche der Tholos, deren Durchmesser 18,30 m beträgt. Sie barg einst den heiligen Herd und diente als Sitzungsraum der 50 Prytanen (um 465 v. Chr.). Dann folgen nach Norden das Metroon, hinter dem das Buleuterion (5. Jh. v. Chr.) liegt. Vor seiner Eingangshalle und dem Metroon wurde im 2. Jh. v. Chr., um die Platzfront zu vereinheitlichen, eine durchgehende Säulenfront errichtet. Der heutige Boden im Metroon stammt aus einer christlichen Kirche, die im 5. Jh. eingerichtet wurde.

Agorá (Fortsetzung)
Tempel des Apollon Patroos
Zeushalle

Der nächste Bau – ebenfalls nur in Fundamenten erhalten – ist der Tempel des Apollon Patroos (4. Jh. v. Chr.), dessen Kultbild jetzt in der Attalosstoa steht; in einem Anbau hat man das älteste Personenstandsregister von Athen geführt. Den anschließenden Raum bis zur Piräusbahn (bei deren Bau ihr Nordteil zerstört wurde) füllt die Halle des Zeus Eleutherios, also des Zeus, der die Freiheit der Stadt gewährleistet. An beiden Seiten des ursprünglich 46,55 m breiten Gebäudes springen zwei Flügelbauten vor. Geschaffen wurde die Stoa um 430 v. Chr. wahrscheinlich von Mnesikles, dem Baumeister der Propyläen. Vor ihrer Front stand auf runder Basis ein Standbild des Zeus Eleutherios. In römischer Zeit hat man an der Rückseite einen Anbau, vielleicht für den Kaiserkult, angefügt. Pausanias berichtet, daß sich in der Zeusstoa Gemälde befanden, u. a. die Zwölf Götter, Theseus und die Schlacht von Mantineia.
Früher hat man angenommen, daß die Zeushalle mit der Königshalle identisch sei. Neue Untersuchungen haben diese Stoa Basileios nun im Grabungsgebiet jenseits der Piräusbahn festgestellt. Hier wurden außerdem auch die Westecke und einige Teile des Oberbaus der in der ersten Hälfte des 5. Jh.s v. Chr. errichteten, einst durch die hier aufbewahrten Tafelbilder des Polygnot von Thasos, Mikon von Athen u.a. berühmten Stoa Poikile (Bunte Halle) freigelegt. Die Königshalle hatte gleichfalls zwei an den Ecken vorspringende Flügel, war bald nach 480 v. Chr. jedoch in erheblich kleinerem Maßstab als 50 Jahre später die Zeushalle ausgeführt worden (Breite 18 m, Tiefe 6,20 m). Hier war der Sitz des Archon Basileus, auf den die kultischen Funktionen der früheren Könige übergegangen waren. Dazu gehörte auch seine Teilnahme an Prozessen wegen Asebie (Gottlosigkeit). Deshalb ist anzunehmen, daß in dieser Halle im Jahre 399 v. Chr. der Prozeß gegen Sokrates stattgefunden hat, bei dem der Philosoph zum Tod durch den Schierlingsbecher verurteilt wurde. Hier also müssen wir uns die von Platon überlieferten Verteidigungsreden des wegen Gottlosigkeit und Verführung der Jugend Angeklagten denken. Weitere Dialoge seines Schülers Platon, "Kriton" und "Phaidon", haben das Gefängnis zum Schauplatz, in dem der Verurteilte im Kreis seiner Schüler seine letzten Tage verbrachte. Dieses Gefängnis, das vom Volksmund fälschlicherweise auf dem Musenhügel lokalisiert worden ist, hat der amerikanische Archäologe E. Vanderpool nun in einem Gebäude festgestellt, das man erreicht, wenn man von der oben genannten Tholos dem großen Kanal 100 m weiter aufwärts folgt. Der stattliche, 37,50 mal 16,50 m große Bau aus der Mitte des 5. Jh.s v. Chr. hatte einen offenen Mittelgang, an den sich zu beiden Seiten Zellen und ein Bad anschlossen. Den Südteil nahm ein Hof ein, der Eingang lag an der nördlichen Schmalseite. Die beiden ersten Räume auf der rechten Seite gehen ineinander über und entsprechen damit der Beschreibung Platons. Unter den Funden waren 13 Gefäße von nur 4 cm Höhe – nach Ansicht des Ausgräbers gerade groß genug für die tödliche Dosis von Schierling, wie sie Sokrates zu sich nehmen mußte. Auch fand sich eine Sokratesstatuette.

Vor der Reihe der Bauten an der Westseite der Agorá befinden sich zahlreiche Denkmäler: die langgestreckte Basis für die zehn Phylenheroen (2. Hälfte 4. Jh. v. Chr.), dahinter der Altar des Zeus Agoráios; weiter nördlich eine Statue des Kaisers Hadrian (2. Jh. n. Chr.) und dann die große Rechteckfläche des Arestempels, der um 440 v. Chr. an anderer Stelle errichtet und erst in Augusteischer Zeit hierher versetzt wurde, und schließlich, schon dicht an der Bahnstrecke, eine Ecke des Zwölf-Götter-Altars aus dem 6. vorchristlichen Jahrhundert.
Von der Tholos führt ein schön angelegter Weg zur Höhe des Agoráhügels (Kolonos Agoráios), der vom Hephaistos-Tempel beherrscht wird. Er wird ebenso hartnäckig wie falsch 'Theseion' genannt (und

Hephaistostempel ('Theseion') auf der Agoráhöhe

Agorá (Fortsetzung)

auch die nahegelegene Station der Piräusbahn heißt so), doch ist die Lage des Heiligtums, in dem die 475 v. Chr. von Kimon von der Insel Skyros heimgeholten Gebeine des attischen Heros Theseus beigesetzt waren, noch unbekannt.

**Hephaisteion

Das Hephaisteion – unweit des Schmiede- und Handwerkerviertels gelegen – war den Gottheiten der Schmiede und der Künste, Hephaistos und Athena, geweiht. Es ist einer der am besten erhaltenen griechischen Tempel, weil er dank der Umwandlung in eine christliche Kirche der Zerstörung entgehen konnte.
Der dorische Tempel hat den klassischen Grundriß von 6:13 Säulen und ist ungefähr gleichzeitig mit dem Parthenon erbaut worden, jedoch erheblich kleiner als dieser (Säulenhöhe Hephaisteion: 5,71 m, Parthenon: 10,43 m). Im ganzen wirkt er trockener und konservativ. Andererseits weist er bestimmte Merkmale auf, die den Parthenon voraussetzen (z. B. ionische Friese statt dorischer Triglyphen über Pronaos- und Opisthodomfront). Das erklärt sich daraus, daß der Bau zwar schon 449 v. Chr., wohl von Kallikrates, begonnen, dann aber mit Rücksicht auf das große, alle Kräfte fordernde Vorhaben des Perikleischen Akropolisausbaus eingestellt und erst während des Nikiasfriedens (421–415 v. Chr.), also nach dem Tod des Perikles, beendet wurde. Dieser späte Zeitpunkt läßt die neuartige Betonung der östlichen Eingangsseite plausibel erscheinen; hier ist die Vorhalle, deren Kassettendecke vollständig erhalten ist, volle zwei Joche tief (gegenüber anderthalb an der Westseite), und sie ist in die Achse der dritten Säule eingebunden; der Pronaosfries reicht über die Cellawände hinaus bis zu den Säulenköpfen, und am Außenbau weisen die Metopen im Bereich der Osthalle Reliefschmuck auf, während sie sonst glatt sind – all dies sind Veränderungen, die die bisher übliche Gleichgewichtigkeit der Seiten zugunsten einer neuen Frontalität aufgeben.

Agorá (Fortsetzung)

Der beschädigte Pronaosfries zeigt Kampfszenen, der Westfries Kämpfe von Lapithen und Kentauren, in der Mitte sieht man den unverwundbaren Lapithen Kaineus, der von den Kentauren in die Erde gerammt wird. In der Cella hat man, sicher unter dem Eindruck des Parthenon, trotz räumlicher Enge vor den Seiten und der Rückwand eine Säulenordnung errichtet, die das um 420 v. Chr. aufgestellte Kultbildpaar Hephaistos und Athena von Alkamenes umgaben. Die Cellawände waren aufgerauht und mit Wandgemälden geschmückt.
Als man den Tempel im 5. Jh. in eine christliche Kirche des hl. Georg umwandelte, galt es, im Osten, wo seither der Eingang gewesen war, einen Altarraum zu schaffen. Deshalb hat man in die westliche Cellawand eine neue (erhaltene) Eingangstür gebrochen, die alte östliche Eingangswand ebenso wie die beiden Pronaossäulen entfernt und durch eine Apsis ersetzt. An die Stelle der üblichen hölzernen Dachkonstruktion trat das noch vorhandene Tonnengewölbe. Als König Otto 1834 die neue Hauptstadt Griechenlands betrat, wurde er in der Georgskirche mit einem feierlichen Gottesdienst begrüßt (vergleiche das Gemälde von Peter von Heß in der Münchener Neuen Pinakothek). Es war die letzte liturgische Handlung in diesem Gebäude, das dann bis in unser Jahrhundert als Museum diente.

Der römische Markt und die Hadriansbibliothek

Römischer Markt

Zwischen Attalosstoa und Pantainosbibliothek beginnt am Ostrand der Agorá eine antike Straße, die die Verbindung zum Römischen Markt herstellte. War die griechische Agorá im Lauf der Zeiten allmählich entwickelt und ausgebaut worden, so ist dieser Markt aus römischer Zeit nach einheitlichem Entwurf in einem Rechteck von 112 mal 96 m angelegt worden. Er hat zwei Tore, im Westen das zwischen

Reliefs am Turm der Winde

Römischer Markt (Fortsetzung)

12 v. Chr. und 2 n. Chr. errichtete dorische Tor und im Osten ein ionisches Propylon, das vermutlich in das 2. Jh. n. Chr., in die Zeit des Kaisers Hadrian, zu datieren ist. Das Innere weist umlaufende Säulenhallen auf, dahinter Kammern für Gewerbe- und Handeltreibende, an der Südseite eine Brunnenanlage. In türkischer Zeit wurde in den Nordteil dieses Marktes eine Moschee, die 'Fetieh Tsami', gebaut (heute Fundmagazin).

Turm der Winde

Der Römische Markt hat seinen Zugang im Osten, wo der Turm der Winde steht. In dem achteckigen, 12 m hohen Bau aus der Zeit um 40 v. Chr. gab es eine Wasseruhr. Seinen Namen verdankt der Turm den Reliefdarstellungen der acht Windgottheiten. Unter diesen sind noch Sonnenuhren erhalten. Südlich davon erhebt sich ein Gebäude mit Bogenstellungen, dessen Bestimmung nicht gesichert ist (Sitz der Marktpolizei, Caesareum?). Die Anlage neben dem Eingang zu diesem Grabungsbezirk ist eine marmorne Latrine mit Sitzen für fast 70 Personen (1. Jh. n. Chr.).

Hadriansbibliothek

Parallel zum Römischen Markt, nur 16 m entfernt, erhebt sich ein Komplex von ähnlichem Charakter, aber anderer Zweckbestimmung: die von Kaiser Hadrian nach 132 n. Chr. gestiftete und nach ihm benannte Hadriansbibliothek. Sie war ein 122 x 82 m großer Säulenhof, dessen Außenmauer von Exedren (halbrunden Erweiterungen) durchbrochen ist. Ein Teil der mit korinthischen Säulen ausgestatteten Westseite ist erhalten. Zum Inneren der jetzt restaurierten Anlage gelangt man jedoch von der Äolos-Straße (Eólu) im Osten. Der mittlere Saal im noch weitgehend aufrechtstehenden Osttrakt diente als Bibliothek (Nischen für die Buchrollen), und auch sonst war der Bau nicht für Gewerbezwecke gedacht; im Hof umgaben Gartenanlagen ein Wasserbecken.
Die heute mitten im Gelände stehenden Säulen und sonstigen Bauteile gehören zur Megale-Panagia-Kirche des 5. Jahrhunderts.

Kerameikos – der Friedhof am Eridanos

Töpferviertel

An die Agorá grenzt im Nordwesten das Töpferviertel des antiken Athen, das im Westen bis zur Akademie reichte und nach Keramos, dem Schutzpatron der Töpfer, benannt ist; die Keramik hat nach jenem Ort ihren Namen, an dem attische Töpfer einst Arbeit in höchster Qualität leisteten. Seit 479 v. Chr., als Themistokles nach dem Persereinfall die Stadtmauer errichtete, zerfiel das Gebiet in den inneren Kerameikos innerhalb der Mauer und den äußeren jenseits davon.
Die Ausgrabung umfaßt nur einen Teil des alten Kerameikosgebietes, nämlich die Region an der Stadtmauer bei der Kirche Agia Triáda im Zwickel zwischen Hermes- und Piräusstraße. Hier waren zwei Tore: Durch das Heilige Tor, neben dem Eridanos, verließ die Heilige Straße nach Eleusis die Stadt; von ihr bog innerhalb des Grabungsgebietes links eine Straße zum Piräus ab. Das größere Dipylon (Doppeltor) ist der Ausgangspunkt der 39 m breiten Straße zur 1,5 km entfernten Akademie.
Seit dem 11. Jh. v. Chr. waren in dieser Gegend zu beiden Seiten des Eridanosbaches Gräber, deren Folge kontinuierlich von dieser submykenischen bis in die spätantike Zeit reicht. Die monumentalen Grabamphoren ('Dipylonvasen') des 8. Jh.s v. Chr., seit dem man die attische Grabmalkunst verfolgen kann, sind heute im Nationalmuseum. Das Bild wird jetzt von Anlagen des 5. und 4. Jh.s v. Chr. bestimmt.
Innerhalb des Grabungsgebietes sind zahlreiche Beispiele – Einzelgräber, Grabbezirke und -terrassen, sei es in Originalen, sei es in Ko-

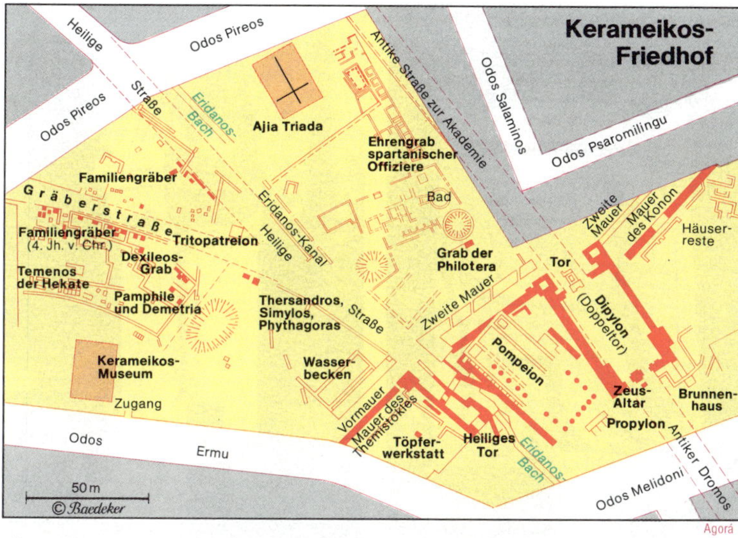

Keramaikos (Fortsetzung)

pien – sichtbar. Die 1863 begonnene, zunächst griechische, seit 1907 deutsche Ausgrabung hat bewirkt, daß der Friedhof am Eridanos am besten von allen Athener Nekropolen erforscht ist. Heute hat der vom Massentourismus noch nicht erfaßte stille Bezirk viel Atmosphäre.

*Kerameikos-Museum

Der Eingang liegt an der Hermesstraße (Ermú) neben dem Museum, das die neueren Funde beherbergt. Sehenswert ist die umfangreiche Keramiksammlung, an der sich die Geschichte des Bezirkes und die Entwicklung der Keramik ablesen läßt (die Stücke sind auch deutsch beschriftet). Der erste Raum enthält einige Grabskulpturen: gleich rechts das Grabrelief der Ampharete mit ihrem Enkelkind (um 410 v. Chr.) und gegenüber das Reiterrelief des 394 v. Chr. bei einem Scharmützel vor Korinth gefallenen Dexileos, ferner die archaische Grabstele des Eupheros (um 500 v. Chr.), eine Sphinx als Grabwächter, ein Reiterstandbild und Standbildbasen mit Reliefs (ein Reiterzug, Eber gegen Löwe).

Gräberstraße

Vom Museum in nördlicher Richtung einem antiken Weg abwärts folgend, passiert man (links) das Grab der Schwestern Demetria und Pamphile (um 350 v. Chr.) und kommt dann zur Gräberstraße, die zum Piräus führte und Grabdenkmäler des 5., meist des 4. Jh.s v. Chr. aufweist. Man wendet sich auf ihr nach links (Westen) und sieht das Reitergrabmal des Dexileos (Original im Museum), das Grab des Agathon und Sosikrates aus Herakleia am Pontos mit drei Grabsteinen, das von einem Stier überragte Grab des Schatzmeisters Dionysios und den aus polygonalen Blöcken erbauten, von einem Molosserhund bewachten, mit Reliefs (Charon, Totenmahl) versehenen Grabbezirk des Archonten Lysimachides aus Acharnai. Dahinter steht der grob gefügte Altar eines Kultbezirks der Hekate. Geht man nun dieselbe Straße zurück, so liegen, wiederum auf der linken Seite, zwei interessante Grabbezirke, und zwar zunächst der Familie des Eubios (Grabstele des Bion) und dann der Familie des Koroibos: in der Mitte die Grabstele, links das Relief der Hegeso (um 410 v. Chr., Abguß), rechts

Grabmonumente ...

... im Töpferviertel

Kerameikos, Gräberstraße (Fortsetzung)

eine Lutrophoros, d. h. ein Wassergefäß für das Brautbad, das man unverheiratet Verstorbenen auf das Grab stellte. Dann folgt – vor dem kleinen, trapezförmigen, mit zwei beschrifteten Grenzsteinen an der Nordostund der Südostecke versehenen Heiligtum der Tritopatreis (Ahnengötter) – die Stelle eines großen runden Grabhügels aus der Mitte des 6. Jh.s v. Chr., für eine der großen Athener Familien dieser Zeit, vielleicht des Solon. Weitergehend, sieht man rechts die einfachen Gräber für Gesandte aus Kerkyra (um 375 v. Chr.) und für Pythagoras aus Selymbria (um 450 v. Chr.).

Heilige Straße

Hier vereinigt sich die Gräberstraße mit der Heiligen Straße nach ⟶ Eleusis, die in ihrem stadtauswärts gelegenen Westteil die Gräber des Antidosis, der Aristomache und dahinter die sehr schöne Lutrophoros des Olympichos aufweist. Stadteinwärts führt die Heilige Straße entlang dem Eridanos zum Heiligen Tor in der Stadtmauer, die Themistokles 479 unter Verwendung zahlreicher älterer Grabdenkmäler eilig errichtet hatte und die im 4. Jh. v. Chr. mit Vormauer und Graben verstärkt wurde. Dieser nach links folgend, kommt man zum Dipylon. Zwei mit Türmen verstärkte parallele Mauern bilden einen zwingerartigen Hof mit dem Doppeltor am Südostende. Dahinter an der Stadtseite ein Altar für Zeus, Hermes und Akamas sowie ein Brunnenhaus.

Zu beiden Seiten des Dipylons bezeichnen zwei Horos-(Grenz-)steine an der Stadtmauer die Breite (39 m) der hier beginnenden Straße zur Akademie, an der die in Kriegen Gefallenen in gemeinsamen Ehrengräbern beigesetzt wurden. Bei einem solchen Anlaß hielt Perikles am Beginn des Peloponnesischen Krieges 431 v. Chr. seine berühmte, von Thukydides überlieferte Rede auf die Gefallenen. Ausgegraben wurde bisher, an der Südseite der Straße beim zweiten Grenzstein, das Staatsgrab der Lakedaimonier, d.h. jener spartanischen Offiziere,

Keramelkos, Heilige Straße (Fortsetzung)

die 403 v. Chr. beim Kampf gegen die 30 Tyrannen in Athen den Tod fanden. Unmittelbar an der Grabungsgrenze sind die Reste eines Grabes unbekannter Bestimmung. Weitere Ehrengräber, u. a. der Tyrannenmörder Harmodios und Aristogeiton, verzeichnete Pausanias in Richtung auf die Akademie.

Pompeion

Zwischen Mauer, Heiligem Tor und Dipylon liegt das Pompeion, benannt nach dem Festzug (Pompé) zur Akropolis, der hier beim Panathenäenfest aufgestellt wurde. Es liegen zwei Gebäude übereinander. Das ältere, um 400 v. Chr. errichtet, war ein von Säulenhallen (6:13 Säulen) umgebener Hof, also ein Gymnasion. In ihm wurden Gegenstände aufbewahrt, die bei den Panathenäen benötigt wurden. Wagenspuren im Propylon zeigen, daß der Hof von Wagen befahren wurde. In den Räumen an der Nordseite, in denen sich teilweise noch Boden aus Kieselmosaik erhalten hat, wurde wahrscheinlich das Festbankett am Ende der Panathenäen abgehalten, auch hat man hier wohl die 'Panathenäischen Preisamphoren' für die Wettkampfsieger überreicht (Hoepfner).
Dieses Gymnasion wurde 86 v. Chr. von Sulla zerstört und nach langer Zeit, im 2. Jh. n. Chr., durch einen dreischiffigen Saalbau ersetzt, der seinerseits beim Herulereinfall 267 n. Chr. unterging. Beide Grundrisse werden besonders klar, wenn man nach Verlassen der Grabung in der Hermesstraße links in die Melidóonistraße einbiegt und durch den Grabungszaun hinunterblickt.
Auf dem Weg zum Ausgang sollte man nicht versäumen, die Kollektion von bescheidenen Grabsäulchen (Kioniskoi) zu besichtigen, die im Kiefernhain am Museum zusammengetragen worden sind. So bescheiden waren die Grabmäler in Athen, nachdem 317 n. Chr. das Gesetz gegen den Gräberluxus der hochentwickelten Kunst von 400 Jahren ein abruptes Ende beschieden hatte.

Akademie

Die breite Straße vom Dipylon führte zur Akademie, die 1,5 km entfernt lag. Seit 387 v. Chr. war sie Versammlungsort von Platon und seinen Schülern, die erste aller Akademien der Welt. Ausgrabungen in dem Außenbezirk an der Kimonstraße jenseits der Bahnlinie haben gute Ergebnisse gezeitigt. So fanden sich ein quadratischer Hallenbau (zwischen Eukleides- und Tripolisstraße) und unmittelbar nördlich davon ein Tempelchen, das möglicherweise dem Heros Akademos gehörte. Auch eine große Anlage um einen Innenhof (aus der römischen Kaiserzeit) ist hier zu sehen. Von Interesse ist schließlich ein heute überdachter Bau, 8,50 x 4,50 m groß; er ist der älteste, der bisher in Athen festgestellt worden ist, und stammt aus der frühen Bronzezeit (2300–2100 v. Chr.).

Kolonos Hippios

Vom Akademiegelände führt die Tripolisstraße (Tripóleos) nach Nordwesten zum Kolonos Hippios, jenem Hügel, der dem Demos Kolonos, Heimat des Tragikers Sophokles (um 496–406 v. Chr.), den Namen gab. Er ist der Schauplatz der Tragödie "Oidipos auf Kolonos" des über 90jährigen Sophokles. Heute erhebt sich der Hügel in einem ärmlichen Wohngebiet. Auf ihm stehen die würdigen Grabdenkmäler der Archäologen Carl Otfried Müller (1797–1840) und François Lenormant (1837–1883).

Das Olympieion und seine Umgebung

*Olympieion

Als im 19. Jh. die Syngrosstraße (Odós Sýngru) vom Piräus bzw. Pháliron nach Athen angelegt wurde, hatte man sie so geplant, daß sie auf zwei mächtige Säulen zuführte. Diese gehören zum Olympieion, das noch heute das Gelände östlich der Akropolis beherrscht.

Tempel des Olympischen Zeus

Olympieion (Fortsetzung)

Peisistratos hatte an dieser Stelle vor 550 v. Chr. – rund 100 Jahre, bevor Zeus in Olympia seinen Tempel erhielt – einen Tempel des bisher unter freiem Himmel verehrten obersten Gottes begründet. Er blieb mit 30 x 60 m etwas unter den Maßen des späteren Parthenon. Peisistratos' Söhne Hippias und Hipparch wollten statt dessen einen Riesentempel mit doppelter Säulenhalle (Dipteros) bauen und orientierten sich mit einer Grundfläche von 41 x 107,75 m an den Maßen des Tempels, den Polykrates auf der Insel ⟶ Samos errichtet hatte. Dieser Bau, der 8:21 Säulen erhalten sollte, wurde nach der Vertreibung des Hippias 510 v. Chr. eingestellt und blieb fast 350 Jahre liegen, bis um 175 v. Chr. der syrische König Antiochos IV. ihn durch den römischen Architekten Cossutius fortsetzen ließ. Jetzt entstand auf den alten Fundamenten ein Dipteros korinthischer Ordnung mit 8:20 Säulen von 16,89 m Höhe aus pentelischem Marmor. Auch dieser Tempel blieb unvollendet – erst 300 Jahre später, um 130 n. Chr., hat Kaiser Hadrian ihn, getreu dem Entwurf des Cossutius folgend, fertiggestellt. Die Baugeschichte umfaßt insgesamt also rund 700 Jahre.

Als Ausdruck des Geschmacks der Tyrannenzeit, eines syrischen Königs und eines römischen Kaisers ist der Tempel des Olympischen Zeus ein Fremdkörper für das attische Gefühl des Maßes gewesen und geblieben, und noch heute steht das Olympieion im Schatten der Akropolis, obgleich seine bauliche Qualität stärkere Beachtung verdient hätte. Verschwunden ist die Cella, die einst neben dem Kultbild des Zeus eine Hadriansstatue enthielt; verschwunden ist auch ein Großteil der 104 Säulen, für die nicht weniger als 15 500 Tonnen Marmor verwendet wurden. Doch ist die erhaltene Gruppe der 13 Säulen mit Teilen des Gebälks an der Südostecke, zu denen an der Südseite noch zwei aufrechtstehende Säulen und eine 1852 umgestürzte Säule kommen, bis heute von imposanter Größe. Es ist strittig, ob die 13

Olympieion (Fortsetzung)

Südostsäulen dem hellenistischen, die drei Südsäulen dem römischen Bau angehören (Gruben) oder ob sie sämtlich in römische Zeit zu datieren sind.
Vom Grabungseingang am Leophóros Ólgas aus sieht man im Nordteil des Bezirks zunächst einige Säulentrommeln vom Bau der Peisistratiden im alten Stadtgraben. Weiter westlich liegen die Reste eines römischen Bades und anderer Häuser. Durch das teilweise rekonstruierte Propylon betritt man das große Temenos-Rechteck, in dem sich der Tempel erhebt. Von der Temenos-Südmauer blickt man hinunter in ein tiefer gelegenes Grabungsfeld, in dem u. a. der Tempelgrundriß des Apollon Delphinios und das ausgedehnte Rechteck des Panhellenions zu erkennen sind. Sie gehören zur großen Zahl der Heiligtümer am Ilissos, der hier vorbeifließt. Wir nennen nur Aphrodite in den Gärten auf dem rechten Ufer, Metroon und Artemis agrotera auf dem linken. In christlicher Zeit entstand hier die Ilissos-Basilika bei der antiken Kallirhoe-Quelle.

Hadrianstor

Westlich außerhalb des Olympieion-Bezirkes steht unmittelbar am äußerst verkehrsreichen Leophóros Amalías das Hadrianstor (131 bis 132 n. Chr.), das die Grenze zwischen dem alten Athen und der römischen Stadterweiterung bezeichnet, zwischen der 'Stadt des Theseus' und der 'Stadt des Hadrian', wie eine Inschrift am Tor es formuliert.

Lysikrates-Monument (Abb. s. S. 111)

Genau gegenüber sieht man die Lysikratesstraße und an ihrem Ende das Lysikrates-Monument, einen 6,50 m hohen Rundbau, dessen Wände von korinthischen Säulen gegliedert werden. Der unter dem Dach umlaufende Fries zeigt Szenen aus dem Leben des Dionysos (Verwandlung der Seeräuber, die den Gott gefangennahmen, in Delphine). Die steinerne Akanthusblume auf dem Dach trug ursprünglich einen bronzenen Dreifußkessel. Ihn hatte Lysikrates 334 v. Chr. nach einem Sieg im Tragödienwettbewerb, bei dem er als Choreg die Einstudierung des Chores finanziert hatte, erhalten. Später in ein Kapuzinerkloster eingebaut und als Bibliothek benutzt, blieb der vom Volksmund als 'Laterne des Diogenes' bezeichnete Bau als einziges von zahlreichen ähnlichen Choregenmonumenten in der Dreifußstraße (Tripódon) erhalten. Weitere Choregendenkmäler waren das Nikias-Monument zwischen Theater und Eumeneshalle und das Thrasyllos-Monument oberhalb des Dionysostheaters.

*Stadion

Nordöstlich des Olympieions liegt, eingebettet zwischen zwei Hügeln, das Stadion. Die 70000 Zuschauer fassende marmorne Anlage ist zwar modern, doch hat sie dieselbe Form und liegt an derselben Stelle wie ihre antike Vorgängerin, in der die Sportwettkämpfe bei den Panathenäen stattfanden. In Marmor ausgestattet wurde sie 140–144 n. Chr. durch Herodes Atticus, dessen Grab auf dem nördlich angrenzenden Hügel lag.
Herodes Atticus, 101 n. Chr. in Marathon geboren und dort 177 gestorben, war einer der großen Mäzene des Altertums und stieg unter den Kaisern Hadrian und Antoninus Pius zu hohen Ämtern auf; u. a. war er Archon, Oberpriester, Konsul und Prinzenerzieher, stand aber später mehrmals vor einem kaiserlichen Gericht. Als Rhetor war er anerkannt, als Schriftsteller überdauerte er seine Zeit nicht. Berühmt sind seine zahlreichen Stiftungen. Dazu gehören in Athen das Stadion und das nach ihm benannte Odeion, in ⟶ Delphi eine Neuausstattung des Stadions, in ⟶ Olympia die Anlage einer Wasserleitung und eines Nymphäums und in ⟶ Korinth eine Renovierung der Peirenequelle.

Als das Stadion für die ersten neuzeitlichen Olympischen Spiele 1896 wiedererrichtet wurde, geschah es, wie zu Zeiten des Herodes Atti-

Panathenäisches Stadion – moderne Anlage an historischer Stätte

Für 1996 gerüstet – Olympiastadion

Stadion (Fortsetzung)

cus, dank der Finanzierung eines reichen Privatmannes, nämlich des Georgios Averov, der damit – wie andere seiner Landsleute, vornehmlich Auslandsgriechen – die antike Tradition der Wohltäter (Euergetes) fortsetzte.

Das Athen der Neuzeit

Allgemeines

Das moderne Athen geht auf die Regierungszeit König Ottos I. aus dem Hause Wittelsbach (1834–1862) zurück. Am Entwurf des Stadtplans, der die lethargische Kleinstadt in die Haupt- und Residenzstadt umwandeln sollte, und an der Planung der öffentlichen Gebäude und Anlagen waren manche Deutsche, zwei Dänen, ein Franzose und ein Grieche beteiligt. Der aus Breslau stammende Schaubert und sein griechischer Freund Kleanthes schufen 1832–1833, als die Regierung noch in Nauplia saß, die Grundorientierung der neuen Stadtanlage nördlich der Altstadt.

Omóniaplatz

Vom Omóniaplatz (Platía Omonías = Platz der Eintracht), an dem ursprünglich das Schloß erstehen sollte, gehen drei Straßen fächerförmig aus: in südlicher Richtung bis zum Monastiráki-Platz, mit Blickpunkt Akropolis, die Athenastraße; nach Südwesten die Piräusstraße; nach Südosten die Stadionstraße und parallel dazu die Venizelosstraße.
Dazu kam unter dem Einfluß Leo von Klenzes 1834 eine Querachse: die in West-Ost-Richtung verlaufende Hermesstraße (Ermú). Bei ihrer Anlage wurde dank Intervention des Königs und seines Vaters, Ludwigs I. von Bayern, die Kapnikaréa-Kirche vor dem Abbruch bewahrt und damit bewußt ein Denkmal christlicher Zeit zum Blickpunkt der Straße gemacht.

Sýntagmaplatz

Im Osten, wo sie mit der Stadionstraße zusammentrifft, mündet die Hermesstraße in den zweiten großen Platz; seit der Revolution von 1843 heißt er Sýntagma (Platía Syntágmatos, Platz der Verfassung). Hier nun wurde das königliche Schloß gebaut, das heutige Parlament. 1834–1838 von Friedrich von Gärtner an der höchsten Stelle des Platzes angelegt, beherrscht es den heute von Hotels, Bürohäusern der Fluggesellschaften usw. gesäumten Platz. Vor dem Parlament das Grabmal des Unbekannten Soldaten (Evzonen-Wache).

Volksgarten Zappion-Park

Südlich und östlich des Schlosses setzte Königin Amalia im damals öden Gelände die Anlage des Volksgartens durch. Der Botaniker Karl Froos entwarf diesen Garten, der Oberhofgärtner Friedrich Schmidt hat ihn jahrzehntelang gepflegt und ausgebaut. Heute ist er eine der wenigen Grünanlagen der Großstadt, eine Stätte der Erholung. An ihn schließt sich, in Richtung Olympieion, der Zappion-Park mit dem von den Brüdern Zappas gestifteten, von Ernst Ziller ausgeführten Ausstellungs- und Kongreßgebäude an.

Venizelosstraße

Einen Eindruck vom modernen Athen und zugleich von den Bestrebungen der Zeit der Könige Otto I. und Georg I., der Stadt im klassizistischem Stil ein urbanes Gepräge zu geben, gewinnt man bei einem Spaziergang vom Sýntagmaplatz durch die Venizelosstraße (Universitätsstraße). Auf der rechten Seite fällt zunächst mit seinen Loggien das von Ernst Ziller aus Radebeul errichtete Ilíu mélathron auf, in dem Heinrich Schliemann mit seiner griechischen Frau Sophia residierte. Es soll als Schliemann-Museum und Münzsammlung eingerichtet werden. Dann folgen die im byzantinischen Stil entworfene Augenklinik und Leo von Klenzes römisch-katholische Dionysioskirche (König Otto war nicht zum orthodoxen Glauben übergetreten).

Omoniaplatz – markanter Punkt im Stadtbild

Universität

Den städtebaulichen Schwerpunkt bildet die Universität, 1837 von Christian Hansen aus Kopenhagen begonnen, flankiert von zwei aufwendigen Bauten seines zehn Jahre jüngeren Bruders Theophil, der Kunstakademie (1859–1885, rechts) und der Nationalbibliothek (ab 1887, links). Vor der Akademie, die nach ihrer Restaurierung wieder ein schönes Beispiel für die Farbigkeit des Athener Klassizismus ist, erheben sich zwei Säulen mit den Statuen von Athena und Apollon, den Treppenaufgang flankieren Sitzbilder von Platon und Sokrates. Vor dem Eingang zur Universität sieht man Skulpturen von Kapodistrias, der als Gouverneur von Griechenland (1827–1831) die Universität proklamiert hatte, und des Dichters und Gelehrten Adamantios Korais, während der Initiator des Universitätsbaues, König Otto, auf dem Gemälde über dem Portal inmitten der Musen dargestellt ist. Im Inneren sind Treppenhaus und großer Saal noch in der ursprünglichen Ausmalung erhalten.

Der übrige Verlauf der Panepistimíu ist bestimmt von modernen Geschäftsgebäuden, zwischen denen sich vereinzelt noch Reste der nur zweigeschossigen klassizistischen Bebauung erhalten haben. Die Straße endet am Verkehrszirkel des mit Wasserkunstspielen geschmückten Omóniaplatzes.

Kláfthmonosplatz

Geht man durch die Stadionstraße (Stadíu) zurück, so stößt man auf halbem Wege – in Höhe der Universität – auf den Kláfthmonosplatz, an dessen Westecke die Theodorenkirche steht. Am Kláfthomosplatz ferner das Museum der Stadt Athen, in dessen erstem Teil die Herrschaft Ottos I. dokumentiert wird. Der nächste ins Auge springende Punkt ist das alte Parlament, 1871 von dem Franzosen Boulanger errichtet und heute Sitz des historischen Museums. Davor ein Reiterstandbild des Freiheitskämpfers Theódoros Kolokotrónis.

Akademie

Lykabettos

Ein zweiter Spaziergang führt von dort links am Schloß vorbei durch den Leophóros Vasílissis Sophías bis zum Ende des Volksgartens. Dort kann man entweder rechts in die Herodes-Atticus-Straße (Iródu tu Attikú) einbiegen, wo links das 1890–1898 von Ziller errichtete ehemalige Kronprinzenpalais, zuletzt Residenz des Königs, steht. Oder man wendet sich nach links zum Kolonákiplatz und steigt von dort zum 277 m hohen Lykabettos hinauf (auch Tunnelbahn vom Ende der Plutarchstraße); oben eine Georgskapelle (Aussicht).

Monastirákiplatz

Wer das Geschäfts- und Markttreiben kennenlernen will, hat dazu Gelegenheit, wenn er vom Omóniaplatz durch die Athenastraße (Athínas) und ihre Seitengassen geht, bis hin zum Monastirákiplatz an der Kreuzung mit der Hermesstraße (Ermú). Dort zweigen rechts die Hephaistosstraße (Iphéstu) und links die Pandrososgasse (Pandróssu) ab, beide angefüllt mit volkstümlichen Geschäften aller Art. Am Monastirákiplatz befindet sich auch die ehemalige Sintrivani-Moschee. Dahinter erhebt sich die Säulenfront der Hadriansbibliothek.

Pláka
(Plan s. S. 250)

Man ist hier am Beginn der Pláka, jener Altstadt, die zwischen dem Nordhang der Akropolis und der Hermesstraße nach Osten hin bis fast an den Amalia-Boulevard sich erstreckt. In ihren Gäßchen und an ihren Plätzen stößt man auf einige kleine Kirchen und auf bescheidene Häuser der klassizistischen Zeit – darunter auch (Tholou Nr.5) das Haus von Stamatios Kleanthis, der gemeinsam mit Schaubert den Stadtplan des neuen Athen entworfen hat. In diesem Haus war das erste Domizil der Athener Universität, ehe sie in das Gebäude an der heutigen Universitätsstraße umziehen konnte.
In den letzten Jahren hat man dafür Sorge getragen, daß die Entwicklung des Viertels zum lauten Tummelplatz des Tourismus gestoppt wurde – die Plaka hat wieder an Atmosphäre gewonnen.

Plaka

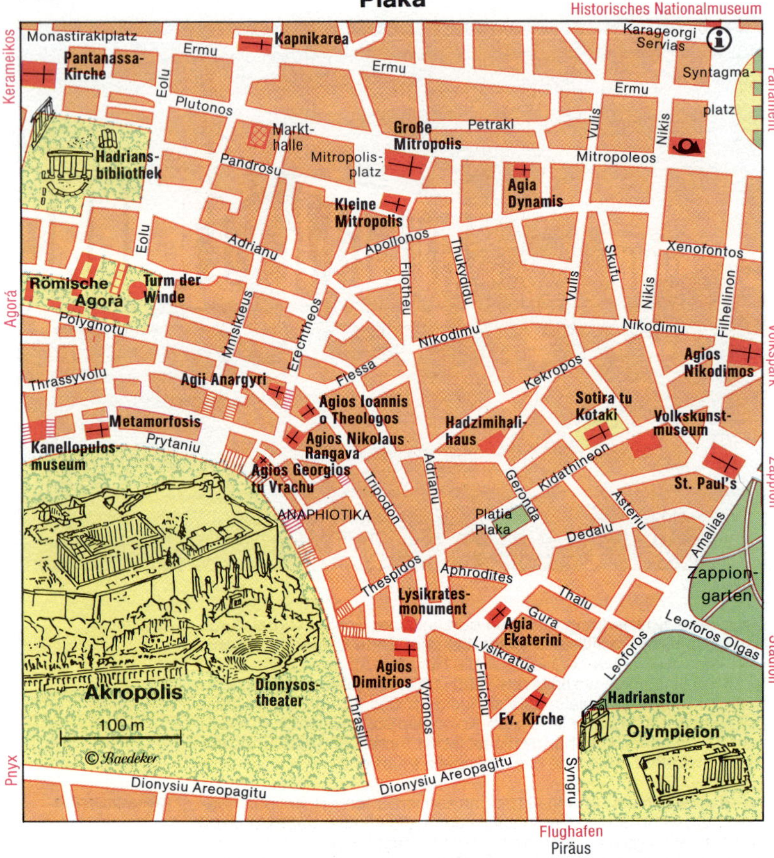

Kirchen in Athen

Allgemeines

In christlicher Zeit war Athen politisch wie kulturell eine unbedeutende Provinzstadt des byzantinischen Reiches. Seine Bauwerke aus dieser Zeit können sich daher nicht mit denen der damaligen Hauptstadt Konstantinopel oder der zweitgrößten Stadt Thessaloniki messen. Dennoch verdienen sie unser Interesse.

Im 5.–6. Jh. wurde der Parthenon in die Kirche der Panagia Athiniótissa umgewandelt (Malereireste an der Opisthodom-Außenwand), der Hephaistostempel in die Kirche des hl. Georg, und in der Hadriansbibliothek entstand die Große Kirche (Megále Panagía). Funde von anderen Bauten dieser Zeit bewahrt das Byzantinische Museum. Die heute noch erhaltenen Kirchen stammen meist aus mittelbyzantinischer Zeit (10.–12. Jh.) und folgen überwiegend dem Typus der Kreuzkuppelkirche: Über dem Grundriß des griechischen Kreuzes mit vier gleichlangen Kreuzarmen erhebt sich eine Zentralkuppel, der oft kleinere Nebenkuppeln zugeordnet sind.

Andenkenläden ...

... in der Plaka

Nikodemoskirche

Vom Sýntagmaplatz dem Leophóros Amalías nach Süden folgend, sieht man an der dritten Querstraße rechts die 1045 erbaute Nikodemoskirche, die seit 1852, nach dem Ankauf des in den Freiheitskämpfen beschädigten Gebäudes durch den russischen Zaren, dem russisch-orthodoxen Kultus dient. Bei der damals erfolgten Restaurierung hat Ludwig Thiersch die Innenausmalung geschaffen.
Kurz darauf folgt am Leophóros Amalías die neugotische anglikanische St.-Paul-Kirche, im 19. Jh. von Kleanthes entworfen.

Sotíra Kottáki

Von hier nach Südwesten gehend, erreicht man die Kidathinéonstraße mit der Kirche Sotíra Kottáki (13. Jh., ursprünglich Kreuzkuppelkirche, später in eine Basilika umgewandelt). Nach links in die Pharmáki-Straße einbiegend, sieht man in einem geräumigen, mit Palmen bestandenen Hof hinter Resten einer Kolonnade der römischen Kaiserzeit die Katharinenkirche (Ekateríni). Im später erweiterten Bau sind Kuppel und Apsiden des 13. Jh.s noch erhalten. Hier ist man in unmittelbarer Nähe des Lysikrates-Monuments.

Katharinenkirche

Ágios Nikólaos Rangavá

Von diesem nordwärts durch die Odós Tripódon, dann links die Epichármu hinauf, stößt man auf die Ágios Nikólaos Rangavá, im 11. Jh. im Palastbereich der bedeutenden byzantinischen Familie Rangavas gegründet, später umgebaut.

Ágios Joánnis Theológos

In der Odós Tripódon, dann Erotokrítu bis zur in Stufen angelegten Erechtheusstraße weitergehend, findet man die schöne, vor einigen Jahren restaurierte Kreuzkuppelkirche Ágios Joánnis Theológos (13. Jh.). Die Treppenstufen hinauf, öffnet sich rechts der Eingang zu einem Komplex, der dem Kloster zum Heiligen Grab in Jerusalem untersteht; darin die Anárgyri-Kirche mit ihrer barocken Innenausstattung (17. Jh.).

Anárgyri-Kirche

Simeonskirche

Metamórphosis

Weiter oben am Felsen liegt die Siedlung von Einwanderern von der Insel Anáphi (Anaphiotiká) mit der kleinen Simeonskirche (1847). Westlich davon dann die Metamórphosis-Kirche, eine kleine Kreuzkuppelkirche des 14. Jh.s; ihr Altar ist ein frühchristliches Kapitell. Von hier abwärts, am Turm der Winde vorbei, zum Osteingang der Hadriansbibliothek gehend, kann man in diesem antiken Bezirk die Reste der Megále Ekklesía (5. Jh.) sehen.

Megále Ekklesía

Pantánassakirche

Nach links führt nun die Pándrososgasse zum Monastirákiplatz mit der tiefgelegenen basilikalen Pantánassakirche. Dann durch die Hephaistosstraße (Odós Iphéstu) westwärts kommt man, links in die zweite Gasse einbiegend, an der Philipposkirche vorbei zum Eingang der antiken Agorá, wo man die Apostelkirche (11. Jh.) aufsuchen kann. Der Iphéstu, dann Ermú weiter folgend, erreicht man die unlängst restaurierte Engelkirche (Asomáton, 11. Jh.).

Apostelkirche

Engelkirche

Ágios Joánnis Kolóna

Die Sari-Straße führt dann in nordöstlicher Richtung zur Euripidesstraße (Evripídu) und erreicht diese bei dem winzigen Kapellchen Ágios Joánnis Kolóna, benannt nach einer das Dach überragenden römischen Säule; von Johannes dem Täufer erbittet man hier Heilung bei allen Krankheiten des Kopfes. Im Osten mündet die Evripidu in den Klafthmonosplatz mit der Theodorenkirche (Ágii Theódori), einem charaktervollen Quader- und Ziegelbau des 11. Jh.s mit angebautem Glockenstuhl.

Theodorenkirche

Kapnikaréa-Kirche

Nun geht man südwärts durch die Straßen Márku und Kalamióti bis zur Ermu, die man bei der Kapnikaréa-Kirche erreicht. Die Kreuzkuppelkirche des 11. Jh.s, ein sehr schönes Beispiel dieses Typus, wurde später durch eine Vorhalle und eine nördliche Seitenkapelle erweitert. Die Ausmalung enthält das komplette Bildprogramm, wie es die mittelbyzantinische Zeit entwickelt hat. In nächster Nähe ist der Mitrópolisplatz mit der alten und neuen Mitropoliskirche. Die neue Mitropolis wurde 1842–1862 nach Plänen von Schaubert, die den Bedürfnissen der Residenz Rechnung trugen, aufgeführt. In einem Schrein am ersten Pfeiler links sind die Gebeine des 1821 von den Türken in Konstantinopel gehenkten Patriarchen Gregorios V. beigesetzt; er wird als 'Neomartyr' verehrt.

Mitropoliskirche

*Kleine Mitropolis

Die Kleine Mitropolis, der Panagía Gorgoepíkoos und dem hl. Elefthérios geweiht, ist ein Bau des 12. Jh.s von besonderer Bedeutung: der Baumeister hat antike und mittelalterliche Stücke verwendet, u. a. über dem Eingang zwei (in falscher Reihenfolge eingebaute) Teile eines antiken Kalenderfrieses, ferner Pilasterkapitelle, Giebel von Grabaediculen, figürliche Darstellungen usw. – eine überaus reizvolle Zusammenstellung.

Die Mitropolisstraße (Mitropóleos), in der man rechts noch die von einem modernen Bürohaus pietätvoll überbaute winzige Kirche Agía Dýnamis bemerkt, führt zum Sýntagmaplatz, dem Ausgangspunkt dieses Rundganges, zurück.

Erster Athener Friedhof

Wer nicht nur Gräber der Antike (im Kerameikos) und kirchliche Zeugnisse des Mittelalters (in den eben beschriebenen Kirchen) sehen möchte, sondern auch solche der neueren Zeit, sollte sich den Ersten Athener Friedhof ansehen. Südlich des Olympieions zweigt von der Ardettosstraße (Ardíttu), einer der Verkehrsschlagadern, die Odós Anapáfseos (Straße des Ausruhens) ab und steigt zur Eingangshalle dieses Friedhofes an. Hinter ihr sieht man neben einer Kapelle gleich links Gräber von Athener Erzbischöfen, dann das anspruchsvolle Grabmal von Georgios Averov, dem Stifter des modernen Athener Stadions. Dahinter am ansteigenden Hang die tempelartige letzte Ru-

Agii Apostoli – Apostelkirche am Südostrand der Agorá

Kleine Mitropolis

Große Mitropolis

Erster Athener Friedhof (Fortsetzung)

hestätte Heinrich Schliemanns von Ernst Ziller, unweit davon das Grab von Kanaris. Dem Mittelgang abwärts zur zweiten Kirche folgend, kommt man links zur Grabstätte des Freiheitshelden Kolokotrónis. Von solchen Einzelmonumenten abgesehen, läßt dieser schön angelegte Friedhof viel vom Totenkult der Griechen im 19. und frühen 20. Jh. erkennen.

*Kloster Kässariani

Besonders lohnend ist eine Fahrt durch den Vorort Kässariani zu dem gleichnamigen Kloster, das in einem Tal am wiederaufgeforsteten Hang des Hymettos liegt.
Der Name geht auf eine bei einem Aphroditeheiligtum entspringende Quelle zurück, von der aus Kaiser Hadrian im 2. Jh. n. Chr. eine Wasserleitung nach Athen bauen ließ, weshalb sie kaisariane, die kaiserliche, genannt wurde. Sie galt (und gilt) als heilkräftig, besonders für Frauen, die sich Kindersegen wünschen. Ihr Wasser rinnt noch heute im Vorhof aus einem archaischen Widderkopf.

Das Kloster war während der Türkenzeit durch seine Bibliothek und durch einige gelehrte Äbte berühmt. Zu den Schülern des lange Zeit hier blühenden Seminars – eines der wenigen damaliger Zeit – gehörte auch der nachmalige Patriarch Gregorios V. (gest. 1821). Der letzte Abt starb 1855. Damals verfiel das leerstehende Kloster, doch wurde es 1952 auf Grund privater Initiative sorgfältig wiederhergestellt. Diese Arbeit zusammen mit der Aufforstung der Umgebung hat Kässariani zu einem besonderen Ort werden lassen: ein Kloster inmitten von Bäumen, eine lebendige Quelle und eine Säule vom antiken Aphroditeheiligtum im schattigen Hof – ein Ort der Besinnung und des Friedens.

Die Kirche des Klosters ist eine Kreuzkuppelkirche, die an der Stelle eines Vorgängerbaues um 1000 errichtet wurde und damit etwas älter als die Bauten desselben Typs in der Stadt Athen ist. Die Kuppel wird nicht von Mauern, sondern von vier Säulen (mit ionischen Kapitellen) getragen, was dem Inneren Leichtigkeit gibt. Ein aus Marmorschranken gebildetes Templon trennt den Altarraum (Bema) ab. Die Ausmalung ist sehr viel jünger als das Gebäude. Im 16. Jh., also schon in der nachbyzantinischen Türkenzeit, ist sie geschaffen worden, wahrscheinlich von einem Athosmönch. Er hat dabei strikt die Vorschriften für die Anordnung der einzelnen Themen im Sinne himmlischer Hierarchie berücksichtigt: In der Kuppel Christus als Pantokrator über Propheten und (in den Zwickeln) den vier Evangelisten; in der Apsiswölbung die thronende Muttergottes, darunter Engel- und Apostelkommunion und Kirchenväter; in den Tonnengewölben der Kreuzarme die verschiedenen Kirchenfeste. In der Vorhalle sieht man u.a. eine schöne Darstellung der Dreieinigkeit. Diese Vorhalle ist ebenso wie die dem hl. Antonios geweihte rechte Seitenkapelle und der Glockenstuhl im späteren 17. Jh. angefügt worden.
In ansehnlichen Resten sind die Klostergebäude erhalten. Wenn man das Gelände vom Haupteingang im Osten betritt, sieht man links ein Gebäude, das ursprünglich eine Badeanlage war und später mit Ölpressen ausgestattet worden ist. Dann folgen, etwas zurückgesetzt, der zweigeschossige Zellentrakt und der Wohnturm der Athener Familie Benizelos, die zu den Wohltätern des Klosters gehörte. Im rechten Winkel schließen sich Küche und Refektorium an, die heute als kleines Museum dienen.
Verläßt man das Kloster durch das Westtor, so findet man auf der vorgelagerten Anhöhe (etwa 20 Minuten Fußweg) weitere, bis ins 6. Jh.

Archäologisches Nationalmuseum

ERDGESCHOSS

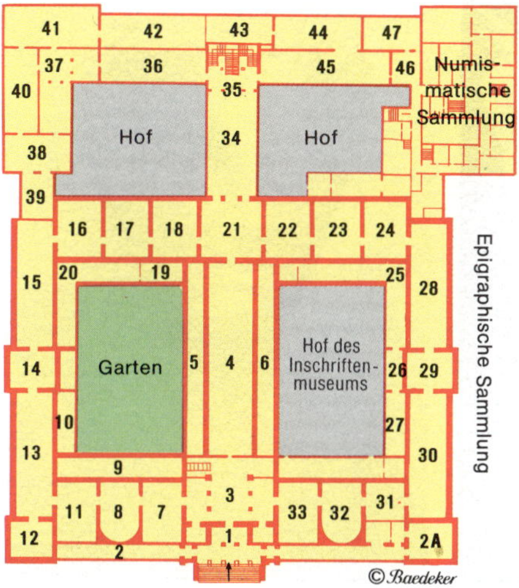

ERDGESCHOSS

- 1 Eingang
- 2 Nordhalle
- 2 A Abgüsse, Verkaufsausstellung
- 3 Vorhalle
- 4 Mykenische Kunst
- 5 Neolithische Kunst
- 6 Kykladische Kunst
- 7–12 Archaische Kunst
- 13 Saal des Aristodikos
- 14, 15 Erste Hälfte 5. Jh. v. Chr.
- 16–20 Klassische Zeit (5. Jh. v. Chr.)
- 21 Diadumenos u. a. Statuen
- 22 Skulpturen aus Epidauros
- 23, 24 Grabstelen (4. Jh. v. Chr.)
- 25–27 Urkunden, Votivreliefs (4. Jh. v. Chr.)
- 28 Ephebe von Antikythera
- 29 Themis (3. Jh. v. Chr.)
- 30 Hellenistische Kunst
- 31 Interimsausstellung
- 32 Sammlung Stathatos
- 34 Votivreliefs
- 35 Aufgang zum Obergeschoß
- 36 Sammlung Karapanos
- 37, 40 Bronzen
- 41–43 Griechische Skulpturen aus hellenistischer und römischer Zeit

Nicht aufgeführte Räume sind unzugänglich

OBERGESCHOSS: Vasensammlung

Kloster Kässariani (Fortsetzung)

zurückreichende Kirchenreste beim einstigen Mönchsfriedhof und hat überdies einen weiten Blick auf Athen und das Meer, während Kässariani selbst im Frieden seiner Abgeschiedenheit liegt.

Athener Museen

Agorá-Museum

s. S. 235

Akropolis-Museum

s. S. 226

**Archäologisches Nationalmuseum

Das reiche Archäologische Nationalmuseum in der Patissionstraße, 1860 von Ludwig Lange aus Darmstadt errichtet und seitdem erheblich erweitert, ist die größte Sammlung griechischer Kunst überhaupt. Der Reichtum seiner Bestände kann nur bei häufig wiederholten Besuchen annähernd ausgeschöpft werden. Wir müssen uns hier auf einige andeutende Hinweise beschränken.

Mykenischer Saal

Von der Eingangshalle (Eintrittskarten, Dias, Bücher) geradeaus kommt man in den Mykenischen Saal (4) mit den Funden Heinrich Schliemanns und anderer aus den mykenischen Burgen, bedeutende Zeugnisse der nach der Burg Mykene in der Argolis benannten Kultur, deren Schöpfer und Träger die ritterliche Haltung und monumentale Baugesinnung der achäischen Griechen mit der Verfeinerung des minoischen Kreta zu verbinden wußten (1600–1150 v. Chr.).
Die Stücke sind nicht chronologisch, sondern nach Fundorten oder Sachgruppen aufgestellt. Den vorderen Teil des Saales nehmen die

Hermes, Pan und Venus

Ephebe von Antikythera

Archäologisches Nationalmuseum, Mykenischer Saal (Fortsetzung)

Funde aus Mykene ein, darunter die berühmte Goldmaske eines Königs aus Grab V (253; um 1580 v. Chr.), ferner Goldbecher, Vasen, Elfenbeinschnitzereien, reich verzierte Dolche, Eberzahnhelme, die 'Kriegervase' (1426; gegen 1200 v. Chr.) und daneben zwei Halbsäulen vom Eingang zum sog. 'Schatzhaus des Atreus'.

Im hinteren Teil leuchten die beiden Goldbecher (1758, 1759) aus Vaphió südlich von Sparta, Arbeiten des 15. Jh.s v. Chr., heraus.

Neolithischer Saal

Links schließt sich der neolithische Saal (5) mit Funden vom griechischen Festland an, u. a. aus Dímini (4. Jahrtausend v. Chr.), Sesklo (3. Jahrtausend v. Chr.) und Orchomenós (3.–2. Jahrtausend v. Chr.).

Kykladensaal

Rechts liegt der Kykladensaal (6) mit Funden des 3. und 2. Jahrtausends v. Chr. von den Kykladeninseln. Charakteristisch für die hochentwickelte Kunst dieser Inselkultur sind die 'Kykladenidole' und die 'Kykladenpfannen', nicht minder aber auch der Harfenspieler (3908) und die fliegenden Fische auf den Fresken von Phylakopí auf der Insel Melos (5844; 16. Jh. v. Chr.).

Geht man in die Eingangshalle zurück, so beginnt nun im Uhrzeigersinn der Rundgang durch die chronologisch angeordnete Sammlung, die mit der geometrischen Zeit (9.–8. Jh. v. Chr.) beginnt und durch Archaik (7.–6. Jh. v. Chr.) und Klassik (5.–4. Jh. v. Chr.) bis in die hellenistische (3.–1. Jh. v. Chr.) und die römische Zeit führt.

Saal 7: in der Mitte die 'Dipylon-Vase' vom Kerameikos, eine monumentale Grabvase des geometrischen Stils mit Darstellung der Totenklage (V 804; um 750 v. Chr.) aus der Zeit Homers. An der rechten Wand die noch fast brettartige flache Darstellung der Weihung der

Archäologisches Nationalmuseum (Fortsetzung)

Nikandre von der Insel Delos (1; um 650 v. Chr.). Ferner Metopen vom archaischen Athena-Tempel in Mykene (2702, 2869, 2870, 4471; um 620 v. Chr.).

Saal 8 wird beherrscht von zwei etwa 3 m hohen Kuroi aus Sunion (2720, 3645; 625–600 v. Chr.). In der überlebensgroßen Gestalt des nackten Jünglings (Kuros) findet die griechische Kunst, als sie gegen 600 v. Chr. die Großplastik schuf, ihren monumentalen Ausdruck. Kennzeichnend ist, daß die Figur streng frontal aufgefaßt ist, das Gewicht gleichmäßig auf beide Beine verteilend, wobei immer der linke Fuß vorgestellt ist. Anfänglich sind die zur Faust geballten Hände fest an die Schenkel gepreßt, später lösen sich die Arme. Im selben Saal Kopf und Hand eines Kuros vom Kerameikos ('Dipylonkopf', 3372; um 600 v. Chr.).

Im rechts anschließenden Saal 9: eine geflügelte Nike aus Delos (21; um 500 v. Chr.), rechts der schlanke Kuros von Melos (1558; um 550 v. Chr.). Von besonderem Interesse ist die vorzüglich erhaltene, eine Lotosblüte in der linken Hand tragende Kore, deren Name inschriftlich gesichert ist: Phrasikleia (4889). 1972 hat Mastrokostas sie bei Merénda nahe Markópulo (Attika) gefunden, zusammen mit dem im anschließenden Saal 10 stehenden Kuros (4890). Stilvergleiche führten zu dem Schluß, daß der aus Paros stammende, in Attika arbeitende Aristion nach 540 v. Chr. den Kroisos von Anavyssos (s. Saal 13), um 530 v. Chr. die Phrasikleia geschaffen hat; auch der Kuros von Merénda und die Gruppe Theseus–Antiope aus Erétria (Museum Chalkís) gehören zu ihm oder seiner Schule (Andrew Stewart). Außerdem in Saal 10: Ephebe mit Diskos von Dipylon (um 560 v. Chr.).

Nun zurück in Saal 8 und von dort weiter in Saal 11 mit der Grabstele des Aristion, einem Werk des Aristokles (29; um 510 v. Chr.), und dem Kuros von der Insel Kea (3686; um 530 v. Chr.). Links in Saal 12: die sogenannte 'Waffenläuferstele' aus Athen (1959; um 510 v. Chr.) sowie Köpfe vom ersten Ostgiebel des Aphaiatempels der Insel Aigina (um 500 v. Chr.).

Im langgestreckten Saal 13 finden sich weitere Kuroi, darunter der spätarchaische aus dem Ptoion mit abgewinkelten Armen (127; um 510 v. Chr.) und der mächtige Kuros von Anávyssos (3851; 540–530 v. Chr.), ein Werk des Aristion von Paros mit der Sockelinschrift: "Bleibe stehen und weine bei seinem Grab um den verstorbenen Kroisos, den der zornige Ares vernichtet hat, als er unter den Kriegern kämpfte in der vordersten Front".

In Saal 14 kommt man von der archaischen zur klassischen Kunst: Diskosrelief der Aphrodite (?) von Melos (3990; 470/460 v. Chr.), Relief eines Jünglings mit (ursprünglich aus Metall angestücktem) Kranz, von Sunion (3344; um 470 v. Chr.).

Saal 15: links das eleusinische Weihrelief mit Demeter, die dem Knaben Triptolemos die erste Ähre übergibt, und ihrer Tochter Persephone oder Kore (126; um 440 v. Chr.), in der Saalmitte dominierend die am Kap Artemision (Nordeuböa) im Meer gefundene überlebensgroße Bronzestatue eines Gottes, in dem man nach langen Eröterungen, ob sie den Blitze schleudernden Zeus oder den Meeresgott Poseidon mit seinem Dreizack darstelle, jetzt allgemein den Zeus sieht. Um 460 v. Chr. geschaffen, ist die bis auf Augen und Blitzbündel wohlerhaltene Statue wahrscheinlich ein Werk des Kalamis. In jedem Falle handelt es sich um eine der ganz großen Leistungen der klassischen Zeit.

Archäologisches Nationalmuseum (Fortsetzung)

Saal 16 enthält Grabmäler, u. a. die große Marmorlekythos der Myrrhine (4485; um 420 v.Chr.).
Saal 17 enthält ein Votivrelief mit einer Darstellung von Dionysos und Schauspielern aus dem Piräus (1500; um 400 v.Chr.) sowie einen Herakopf aus dem argivischen Heraion (1571; um 420 v.Chr.). Nach rechts gelangt man in den gewinkelten Saal 19/20 mit einer kleinen römischen Kopie der Athena Parthenos des Phidias, der 'Varvakion-Statuette' (129; 2.–3. Jh. n.Chr.). Von hier aus kann man in einen der vier Innenhöfe des Museums treten.
Zurück in Saal 17, geht man weiter in Saal 18 mit dem berühmtesten Grabmal vom Kerameikos, dem Relief der Hegeso und ihrer Dienerin (3624; um 410 v.Chr.).
In Saal 21 findet man den Diadumenos, eine römisohe Marmorkopie nach einem verlorenen Bronzeoriginal des Polyklet (1826; um 440 v.Chr.), und geradeaus den Hermes von Andros, römische Kopie nach einem Original aus der Schule des Praxiteles (218; 4. Jh. v.Chr.) – zwei Werke, die den Wandel von der kraftvollen, beherrschten Körperlichkeit des 5. zur verinnerlichten Haltung des 4. Jh.s v.Chr. anschaulich vor Augen führen. Außerdem befindet sich in diesem Saal, neuerdings auf einem Bronzepferd, der reitende Knabe (15177; 2. Jh. v.Chr.).
Saal 22: Funde aus Epidauros.
Saal 23 und 24: Grabstelen des 4. Jh.s, darunter die Stele vom Ilissos, vielleicht von Skopas (578; um 350 v.Chr.).
Im rechts anschließenden Seitensaal 25: Statuen und Votive aus dem Amynos- und Asklepioskult.
Saal 28: Der Ephebe von Antikythera, ein Bronzeoriginal (Br 13396; 340 v.Chr.), eine vermutlich von Skopas geschaffene Hygieia (3602; um 360 v.Chr.) und ihr zugeordnet ein Asklepioskopf von der Insel Amorgos (4. Jh. v.Chr.).
Saal 29: Figurengruppe aus dem Despoina-Heiligtum von Lykosura (Peloponnes). Themis-Statue aus Rhamnus.
Saal 30: Poseidon von Melos (235; 2. Jh. v.Chr.) sowie die Bronzeköpfe eines Faustkämpfers aus Olympia (Br 6439; um 350 v.Chr.), eines Philosophen (Br 13400; 3. Jh. v.Chr.) und eines Mannes aus Delos (Br 14612; um 100 v.Chr.).
Saal 32 enthält die Sammlung von Helene Stathatos.
Weitere Bereiche des Museums erschließen sich, wenn man von Saal 21 zwischen zwei Säulen in den Saal 34 geht: Weihgeschenke für Pan und die Nymphen. Vor dem Treppenaufgang links befindet sich in Saal 36 und 37 die Sammlung Carapanos mit ihren zahlreichen Kleinbronzen aus archaischer und klassischer Zeit, darunter ein Reiter aus Dodona (16547; um 550 v.Chr.), eine Göttin mit Taube (Aphrodite oder Dione) aus dem Pindos (460 v.Chr.) und die bekannte Statuette des blitzeschleudernden Zeus aus Dodona (16546; 450 v.Chr.); eine Athena Promachos von der Akropolis (6446; um 500 v.Chr.) und der Kopf eines Zeus aus Olympia (6440; gleichfalls um 500 v.Chr.). Im anschließenden Saal 40 sind jetzt Großbronzen aufgestellt, u a. Apollon (um 510 v.Chr.) und Artemis (4. Jh. v.Chr.), die 1959 bei einem Zufallsfund im Piräus zutage kamen, sowie der 1925 aus dem Meer geborgene Ephebe von Marathon, vermutlich ein Werk der Praxiteles-Schule (um 350 v.Chr.).

Im Obergeschoß befinden sich drei Kollektionen, deren Besuch, sofern man genügend Zeit hat, überaus lohnend ist: die außerordentlich umfassende Vasensammlung (für einen Rundgang empfiehlt sich der in der Eingangshalle erhältliche Führer von Varvara Philippaki), die sensationellen Funde, insbesondere Wandmalereien aus der Zeit um 1500 v.Chr., die seit 1967 bei Akrotíri auf der Insel Santorín entdeckt worden sind (Überführung nach Santorín geplant).

*Benáki-Museum

Das Benáki-Museum, ebenfalls am Leophóros Vasilíssis Sophías, ist aus der Privatsammlung des Antonios Benakis hervorgegangen. In drei Etagen enthält es Stücke aus dem griechischen Freiheitskampf von 1821, Erinnerungen an die Könige Otto und Georg I., an Lord Byron und mehrere Freiheitskämpfer, Handschriften und Ikonen (darunter zwei El Greco zugeschriebene Arbeiten), Trachten aus den einzelnen griechischen Landschaften, antike Keramik, auch Islamisches und Ostasiatica.

*Byzantinisches Museum

Das Byzantinische Museum am Leophóros Vasilissis Sophias ist eingerichtet im Palais der Herzogin von Plaisance, das Kleanthes 1840 im freien Gelände außerhalb der damaligen Stadt errichtet hat. Es enthält eine kostbare Sammlung byzantinischer Kunst aus Griechenland und Kleinasien.

Im Vorhof sieht man Architekturbruchstücke frühchristlicher Basiliken und byzantinischer Kirchen (5.–15. Jh.) sowie einen Brunnen, der nach einem Mosaik im Kloster ⟶ Daphní gearbeitet worden ist.

Der linke Seitenflügel beherbergt eine umfangreiche Kollektion von Ikonen, die entweder chronologisch oder nach ikonographischen Typen angeordnet sind. Der rechte Seitenflügel ergänzt diese Übersicht der Ikonenmalerei.

Das Hauptgebäude zeigt im Parterre die Entwicklung des kirchlichen Innenraums. In Raum 1 die verkleinerte Rekonstruktion einer früchristlichen Basilika (5.–6. Jh.) mit dem Templon, das den Altarraum (Bema) mit Altar und Priestersitzen (Synthronon) abtrennt; die Kanzel ist eine Nachbildung von Ágios Menás in Saloníki. In Raum 3 folgt der Typus einer mittelbyzantinischen Kreuzkuppelkirche (10.–11. Jh.) mit einem Adlerrelief im Boden, dem Omphalos (Nabel). Raum 4 zeigt das Bild einer nachbyzantinischen Kirche mit geschnitzter, vergoldeter Ikonostasis (17.–18. Jh.) und einem Bischofsstuhl aus Kleinasien (18. Jh.). Einzelwerke wie Skulpturen vom Guten Hirten (Nr. 92), womit der alte Bildtyp des Lammträgers auf Christus angewendet wird, und des Orpheus (93) sind sehenswert, ebenso in Raum 2 einige der seltenen byzantinischen Reliefdarstellungen.

Im Obergeschoß sind zahlreiche Ikonen ausgestellt, darunter in Raum 1 eine Mosaikikone der Mutter Gottes "I Epískepsis" (145; 14. Jh.), ferner Evangelien, Urkunden – z. B. eine Goldbulle des Kaisers Andronikos II. von 1301 (Raum 1) –, Goldschmuck aus Lesbos (Raum 2), liturgische Gewänder und Geräte, u. a. der Epitaphios aus Saloníki, ein bei der Darstellung des Heiligen Grabes am Karfreitag verwendetes besticktes Tuch (Raum 4; 14. Jh.).

Eisenbahnmuseum

Unweit östlich der Bahnhöfe Peloponnes (Peloponnisu) und Larissa (Larissis) befindet sich das Eisenbahnmuseum, welches rollendes Material seit der zweiten Hälfte des 19. Jh.s zeigt, u.a. die von König Georg I. und von Sultan Abdul Aziz benutzten Wagen.

Historisches Nationalmuseum

Das Historische Nationalmuseum im Alten Parlament (Stadíu) ist eine Sammlung zur Geschichte Griechenlands im 18. und 19. Jahrhundert.

Historisches Nationalmuseum (Fortsetzung)

Das Hauptgewicht liegt auf der Zeit des Freiheitskampfes von 1821 (u.a. Helm und Degen von Lord Byron).

Kanellópulos-Museum

Die Sammlung Kanellópulos wurde 1972 von Paul und Alexandra Kanellópulos dem Staat übereignet und 1976 in einem klassizistischen Haus am oberen Rand der Pláka (Ecke Theorias und Pánu) als Museum eröffnet. Ihre Stücke reichen von prähistorischer Zeit bis ins 19. Jh. (Skulptur, Keramik, Ikonen).

Kerameikos-Museum

s.S. 241

Kriegsmuseum

Das Kriegsmuseum (Leophóros Vasilíssis Sophías), 1975 eröffnet, erinnert an Kriege, die für Griechenland von Bedeutung waren, so die Perserkriege (5. Jh. v. Chr.) und die Seeschlacht von Navarino (1827).

*Kykladen-Museum

Das Kykladen-Museum wurde 1986 im Stadtteil Kolonaki (Neophýtu Dúka 4) eröffnet. Den Grundstock des Museums bildet die berühmte Sammlung des Reeders Nikolaos P. Goulandris. Das Museum bietet in vorzüglicher Aufstellung Meisterwerke der Kykladenkunst (3200–2000 v. Chr.) sowie im zweiten Obergeschoß Keramik, Bronzen und Gläser von geometrischer bis in nachklassische Zeit in ausgewählten Exemplaren.

Museum der Stadt Athen (König-Otto-Museum)

Als erster Teil des Museums der Stadt Athen am Klafthmónos-Platz wurde 1980 das König-Otto-Museum eröffnet. Eingerichtet ist es in dem 1834 erbauten schlichten Haus, in dem König Otto und Königin Amalia 1836–1842 residierten. Im Erdgeschoß befindet sich außer der alten Küche auch ein Modell Athens im Jahre 1842 (Maßstab 1:1000). Im Obergeschoß liegen die Räume des Königspaares mit ihren Empire- und Biedermeiermöbeln sowie zahlreichen Erinnerungsstücken.

*Nationale Gemäldegalerie

Die Nationale Gemäldegalerie am Leophóros Vasiléos Konstantínu zeigt griechische Malerei des 19. und 20. Jh.s (Gisi, Volonkakis, Jakovidi u. a.).

Naturhistorisches Museum

Das in dem nördlichen Athener Vorort Kifissiá (Levidu 13) gelegene Naturhistorische Museum vermittelt mit seinen reichhaltigen Sammlungen einen guten Einblick in die Litho- und Biosphäre des Mittelmeerraumes. Prunkstück des Museums ist das fast 8 m lange Skelett eines Triceratops (Dinosaurierart); daneben sehenswert die Schmetterlings- und die Muschelsammlung.

Theatermuseum in Athen

In der Nähe von Universität und Nationalbibliothek (Akadimías 50) steht das städtische Kulturzentrum. In seinem Untergeschoß ist das Theatermuseum untergebracht (Kostüme, Regiebücher, Plakate, Erinnerungsstücke).

Volkskunstmuseum

Das Volkskunstmuseum (Kythathinéon-Staße 17) gibt einen Eindruck von Reichtum, Vielfalt und Eigenart der aus byzantinischer Tradition gespeisten griechischen Volkskunst (Stickereien, Schnitzarbeiten, Volksmalerei u. ä.).

Umgebung von Athen

Gern besucht werden, besonders im Sommer, die höher gelegenen und daher klimatisch angenehmen Vororte Amarússion (230 m; durch Henry Millers "Koloß von Marussi" bekannt) und vor allem Kifissiá (267 m; 14 200 Einw.). Angenehmen Aufenthalt bieten auch die Berge → Párnes und → Pentélikon im Norden bzw. Nordosten Athens.

Athos / Agion Oros I 3

Griechisch

Ἄθως / Ἅγιο Ορος
Áthos / Ájio Óros

Landschaft: Chalkidike
Politischer Status: Autonome Mönchsrepublik
Fläche: 321 km²
Einwohnerzahl: 1700

Verkehr

Boot von Tripití und Uranópolis nach Daphní.
Bootsfahrten entlang der Südwestküste werden von Ammulianí und Uranópolis unternommen; der Besuch eines Klosters ist möglich, sofern nur Männer an der Fahrt teilnehmen.

**Lage und Allgemeines

Der Heilige Berg Áthos, autonome Region innerhalb Griechenlands und seit über tausend Jahren ein Zentrum des orthodoxen Mönchtums, ist der östliche Finger der Halbinsel Chalkidike. Von Fallmerayer als "Walddom der anatolischen Christenheit", von den Mönchen als "Garten der allerheiligsten Maria" gepriesen, ist er durch die Verbindung von umgebendem Meer, grüner Berglandschaft und darin verstreuten Klöstern, Mönchsdörfern und Einsiedeleien unvergleichlich – ein Stück Byzanz in unserer Zeit.

Geschichte
Klosterordnungen

Zunächst ließen sich Einsiedler auf der 45 km langen, bis zu 5 km breiten Halbinsel nieder, die im Athosgipfel auf 2033 m ansteigt. 963 gründete Athanásios aus Trapezunt, unterstützt vom byzantinischen Kaiser Nikiphóros Phokás, das erste und bis heute größte Kloster, die Megísti Lávra. Es folgten zahlreiche andere Klostergründungen, für die die von Kaiser Joánnes Tsimiskís (969–976) gegebene Verfassung (Typikon) verbindlich war. Die Klosterordnung war die des gemeinschaftlichen Lebens (Koinóbion, ngr. Kinóvion): gemeinsames Gebet, gemeinsame Mahlzeiten, Klosterleitung durch einen auf Lebenszeit

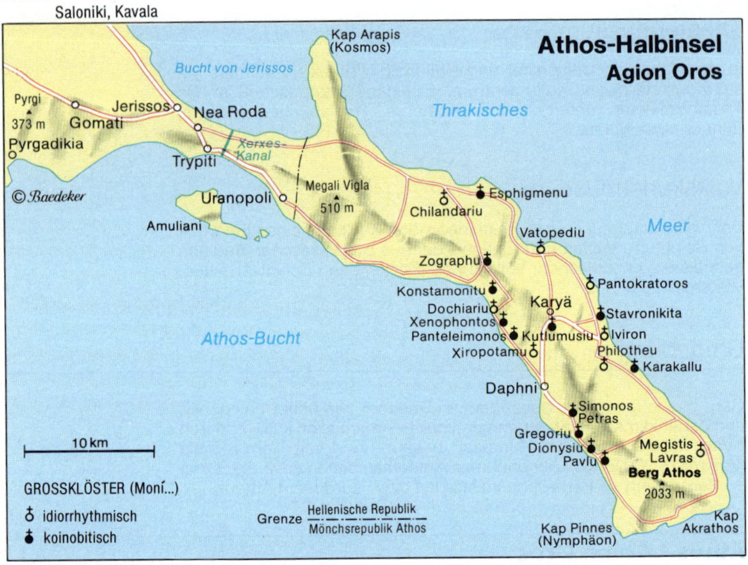

Geschichte Klosterordnungen (Fortsetzung)

gewählten Abt. Mit der mystischen Bewegung des Hesychasmus (hesychía = Ruhe) kam im 14. Jh. eine andere Form auf, die idiorrhythmische, die dem Mönch – außer gemeinsamen Gebeten – Freiheit zu einem Leben nach eigenem Rhythmus und damit auch zu persönlichen Formen der Askese ließ (Leitung durch ein Dreierkollegium). Die meisten Klöster nahmen diese Ordnung an.

**Klöster

Heute ist eher eine Tendenz der Rückkehr zur strengeren Ordnung festzustellen. Von den 20 Großklöstern sind gegenwärtig zwölf Kinóvia: an der Nordostküste Esphigménu, Stavronikíta, Karakallú; an der Südwestküste Zográphu, Xenophontos, Kutlumusíu, Konstamonítu, Panteleímonos, Símonos Pétra, Grigoríu, Dionysíu und Pávlu. Die anderen acht sind Idiórrhythma: an der Nordostküste Chilandári, Vatopédi, Pantokrátoros, Ivíron, Philotheú und die Lávra, an der Südwestküste Dochiaríu und Xiropotámu. Außer den Großklöstern gibt es mehrere Mönchsdörfer, Kellía für Familien von je drei Mönchen und, vor allem an der steil ins Meer abfallenden Südküste, Einsiedeleien. Die meisten Klöster sind griechisch, doch ist auch heute noch die übrige orthodoxe Welt vertreten; Russen sitzen in Panteleímonos, Bulgaren in Zográphu, Jugoslawen in Chilandári. Überaltert ist (aus politischen Gründen) das Russenkloster, in manchen anderen Klöstern ist in den letzten Jahren wieder ein Zustrom an jungen Mönchen zu registrieren. Die Mönchsregierung (Epistassía) hat ihren Sitz im Dorf Karyés. Ihre Mitglieder werden in jährlichem Wechsel von den Klöstern gestellt.

Bemerkenswertes

Der Athos ist kein touristisches Gebiet, und der Besucher sollte es für selbstverständlich halten, den Geist dieser Mönchsrepublik zu ach-

Kloster des hl. Dionysos

Bemerkenswertes (Fortsetzung)

ten. Voraussetzung für einen Besuch ist ein Empfehlungsschreiben, z. B. des deutschen Konsulates in Saloníki, mit dem man sich vom Hafen Daphni aus zum Hauptort Karyés begibt (Bus). Ist man dort bei der griechischen Polizeistation registriert, geht man zur Epistassía und erhält die Aufenthaltsgenehmigung (Diamonitírion). Sie wird nicht an Frauen und nicht an Jugendliche gegeben; beiden ist das Betreten des Heiligen Berges strikt untersagt. Das Diamonitírion berechtigt dazu, die Gastfreundschaft der Klöster in Anspruch zu nehmen. Die Klöster haben einen Gästeflügel (Archondaríkion) und einen für die Gäste zuständigen Mönch (Archondáris). Das Mitführen von Tonband- und Filmgeräten ist untersagt, Fotoapparate sind zugelassen. Die Klöster sind von Mauern umgeben, an die sich Mönchs- und Gästetrakte sowie der Bibliotheksturm anlehnen. Die Hauptkirche (Katholikón) steht frei im Klosterhof, meist zusammen mit Brunnen (Phyáli) und Speisesaal (Trápeza). Kirchen und Speisesäle bieten meist hervorragende Beispiele der Sakralmalerei, die Bibliotheks- und Kunstschätze sind beträchtlich.
1981 verwüstete ein Brand über 25 Säle der Kutlumusíu-Abtei; Ikonen und Manuskripte wurden jedoch sichergestellt.

Von Karyés aus kann man zu Fuß, per Muli oder – zum Kloster Iviron – mit einem Lastwagen die einzelnen Klöster aufsuchen, die, soweit sie am Meer liegen, bei gutem Wetter auch Bootsverbindung haben. Die Wege sind vielfach schwierig. Zurückhaltung des Besuchers ist Voraussetzung bei einer Wanderung durch die Region der Eremiten am Südende.

Athosgipfel

Eine Besteigung des Athosgipfels (2033 m), zu dessen Kapelle der Verklärung Christi alljährlich eine Mönchsprozession stattfindet (von Megísti Lávra etwa 7 Stunden), ist nur geübten Wanderern anzuraten.

Attika

H/I 5/6

Griechisch

Αττική
Attikí

Lage und Allgemeines

Attika, die östlichste Landschaft Mittelgriechenlands, ist im Süden und Osten vom Meer umschlossen, grenzt im Norden an Böotien und im Westen an die antike Landschaft Megaris. 3350 km^2 groß, wird es gegliedert durch mehrere Gebirgszüge, zwischen denen vier Ebenen liegen: die der Stadt Athen, im Westen die thriasische Ebene um Eleusis, zwischen Hymettos und Ostküste die Messógia ('mittlere Ebene') und im Nordosten die Ebene von Marathon.

Geschichte

Besiedelt ist das Land seit der Jungsteinzeit. Zahlreiche Burgen aus vorgriechischer und mykenischer Zeit sind bekannt. Bei Thorikós, Marathón und Menídi fand man Kuppelgräber. Sie deuten auf selbständige Herrschaftsgebilde, deren Unabhängigkeit durch den 'Synoikismos des Theseus' aufgehoben wurde (⟶ Athen, Geschichte). Wenn auch Heiligtümer wie die Mysterienstätte von ⟶ Eleusis und der Poseidontempel auf Kap ⟶ Sunion ihre Bedeutung im ganzen Altertum nicht einbüßten, entwickelte sich doch ⟶ Athen immer stärker zum politischen, kulturellen und wirtschaftlichen Schwerpunkt. Dabei wirkte sich u. a. die Nähe des idealen Naturhafens ⟶ Piräus aus.
Seit der Selbständigkeit Griechenlands und der Erhebung Athens zur Hauptstadt 1854 hat sich eine Riesenmetropole weit über die zentrale Ebene ausgebreitet; die Ölbaumhaine zwischen Athen und Piräus sind längst verschwunden. Die Ebene von Eleusis ist durch Industrieanlagen entstellt. Doch Marathón- und Messógia-Ebene haben ihren landwirtschaftlichen Charakter weitgehend beibehalten. Neu entwikkelt haben sich die Küstenstreifen. Zwischen Athen und Sunion ist eine Kette von Badeorten entstanden, und auch die Ostküste südlich von Marathón ist ein beliebtes Feriengebiet geworden.

*Attische Riviera (Apollonküste)

Als 'Attische Riviera' bezeichnet man die Küste zwischen Athen und Kap Sunion, die auch 'Apollonküste' genannt wird. In der Antike gab es hier einige Orte wie Agios Kósmas und Anaphlystos beim heutigen Anávyssos, aus denen bedeutende Funde stammen. In neuerer Zeit aber war das Gebiet arm an Siedlungen. Erst das Einströmen der Flüchtlinge aus Kleinasien nach 1922 hat auch hier eine verstärkte Ansiedlung mit sich gebracht. Dies ist der Hintergrund für den Roman "Friede in attischer Bucht" von Elías Venéssis. Großen Aufschwung nahm die attische Südküste mit dem Aufkommen des Massentourismus nach dem Zweiten Weltkrieg. Es entstand eine Reihe vielbesuchter Seebäder (Paläon Phaliron, Kalamaki, Glyphada, Kavuri, Vuliagmeni, Varkitsa, Lagonisi, Anavyssos, Legrena u.a.).

Bassä

F 6

Griechisch

Βασσές
Wassés

Landschaft: Peloponnes
Nomos: Elis

Attische Trachten

Glyfada – Badeort an der Attischen Riviera

Anreise nach Bássä

Man erreicht Bássä am günstigsten von ⟶ Tripolis über ⟶ Megalópolis und ⟶ Karítäna. Eine andere Zufahrt geht von ⟶ Pýrgos über Kréstena südlich des Alpheios nach Andritsena und Bássä.

Lage und Allgemeines

In der Abgeschiedenheit des Lykaion-Gebirges liegt in 1130 m Höhe der Tempel des Apollon Epikurios, 14 km vom Dorf Andrítsena entfernt, von dem eine Fahrstraße bis in die Nähe führt. Im Jahre 1763 wiederentdeckt, wurde der Bau weitgehend wieder aufgerichtet. Nach Pausanias, der ihn "wegen der Schönheit des Steines und seiner genauen Zusammenfügung" für den schönsten Tempel nach dem von ⟶ Tegéa hielt, wurde er vom Baumeister des Parthenon, Iktínos, errichtet, und zwar als Dank der Stadt Phigaleia für die Verschonung von der Pest im Jahre 429 v. Chr., der in Athen Perikles zum Opfer gefallen war.

**Apollontempel

Hinweis:
Der Tempel befindet sind in Restaurierung und ist vorübergehend von einer Zeltkonstruktion verhüllt.
Einblicke sind zwar möglich, doch verdecken Gerüste wesentliche Teile.

Der Bau des Apollontempels nimmt eine Sonderstellung ein. Er hat ein archaisches Säulenverhältnis von 6:15 (statt der klassischen Relation 6:13), ist nicht nach Osten, sondern nach Norden gerichtet, hat aber an der östlichen Langseite der Cella eine Tür. Während die äußere Säulenstellung dorisch ist, weist die Cella zwei Reihen ionischer Säulen auf, die jedoch nicht freistehen, sondern nahe an die Wände gerückt und durch Zungenmauern mit ihnen verbunden sind. Über den Innensäulen war ein Fries angebracht, wie er bisher an den Außenseiten zu finden war (heute im Britischen Museum London). Auf diese Weise entstand "eine nach innen voll ausgebildete ionische Peristasis" – womit Iktínos sich als "Avantgardist sondergleichen" erwies (Gruben), indem er die mit dem Parthenon begonnene Wendung zum Innenraum konsequent weiterentwickelte.

Bassä

Grundriß des Tempels des Apollon Epikurios

Im Hintergrund der Cella stand am Übergang zu einem Adyton, in dem das Kultbild aufgestellt war, eine Säule mit korinthischem Kapitell, das hier zum ersten Mal an einem Bau verwendet wurde, so daß dieser alle drei griechischen Ordnungen in sich vereinigte. Dieses korinthische Kapitell war bei der Erforschung durch Haller von Hallerstein 1811 noch vorhanden, ist aber später verlorengegangen, so daß man es nur noch aus der Zeichnung kennt.

Das Adyton muß unbekannten kultischen Bedürfnissen gedient haben. Mit der Existenz dieses abgesonderten heiligen Raums innerhalb der Cella wie mit dem gestreckten Grundriß und der Säulenzahl schließt der Apollontempel von Bássä an den Tempel des zentralen Apollonheiligtums in ⟶ Delphi an, den Iktinos, genau um ein Drittel verkleinert, hier wiederholte.

Phigalía

Von Bássä kann man in südwestlicher Richtung zum Ort Phigalía bei den Resten der gleichnamigen antiken Stadt (2½ Stunden) und zur Nédaschlucht wandern.

Bassä – Apollontempel in einsamer Lage

Böotien

G/H 5

Griechisch

Βοιωτία
Wiotía

Lage und Allgemeines

Die 3000 km² große Landschaft Böotien in Mittelgriechenland liegt zwischen dem Golf von Korinth und dem Sund von Euböa, Phokis und Attika. Die Ebenen um die Stadt Theben und im Asopostal, zu denen in neuerer Zeit die durch Trockenlegung des Kopaissees gewonnenen Flächen kamen, haben Böotien seit dem Altertum zu einem Agrarland gemacht, dessen Bewohner einst als bäurisch galten, obwohl hier die Heimat von Hesiod, Pindar und Plutarch ist. Auf dem Gebiet der Bildenden Kunst ist es nur durch den Bildhauer Kalamis (berühmte Pferdebilder) hervorgetreten.

Geschichte

In mykenischer Zeit hatte Böotien in Theben, Orchomenós und Gla bedeutende feste Plätze. In historischer Zeit entwickelte sich ein Städtebund, in dem Theben zur Zeit des Epameinondas 371–361 v. Chr. zur Vormacht aufstieg. Theben wurde mehrfach zerstört, so 335 v. Chr. durch Alexander den Großen und im 13. Jh. durch katalanische Söldner, und erstand erst im 19. Jh. wieder neu. In der Türkenzeit war ⟶ Levádia der Hauptort.

Sehenswertes

Obwohl für die meisten Touristen nur Durchgangsland, hat Böotien Denkmäler von Bedeutung aufzuweisen: aus mykenischer Zeit ⟶ Orchomenós und ⟶ Gla, aus dem 1. Jahrtausend ⟶ Chärónia und das

Böotien (Fortsetzung)

Kabirion von ⟶ Theben, aus der christlichen Ära die Kirchen von Skripú, deren eine in Verbindung mit ⟶ Osios Lukás zu sehen ist.

Brauron

I 6

Griechisch

Βραυρώνα
Wrawróna

Landschaft und Nomos: Attika

*Lage und Allgemeines

In Brauron an der Ostküste Attikas, 8 km nordöstlich von Markópulo, hat Papadimitríu 1948–1963 ein Artemis-Heiligtum ausgegraben, das dank guter Wiederherstellungsarbeiten besonders anschaulich ist.

Geschichte

Der Platz war seit der Jungsteinzeit besiedelt. Mittelhelladische Baureste (2000–1600 v. Chr.) fanden sich auf dem Akropolishügel, dichte Besiedlung ist für die späthelladische (mykenische) Zeit (1600–1100 v. Chr.) bezeugt. Nach einer Zeit der Verödung im 9. Jh. v. Chr. neu besiedelt, erlebte Brauron seine Blütezeit im 5. und 4. Jh. v. Chr., wurde aber nach 300 v. Chr. wegen Versumpfung des Geländes aufgegeben. Peisistratos, der aus Brauron stammte, übertrug den Kult der Artemis Brauronia im 6. Jh. v. Chr. auf die Akropolis von ⟶ Athen.
Die Göttin Artemis hatte hier in mykenischer Zeit den Beinamen Iphigeneia. Nach Euripides wirkte Iphigenie, Tochter des Königs Agamemnon von Mykene, nach der Rückkehr aus dem Taurerlande hier bis zu ihrem Tod als Priesterin. Im Heiligtum wurden in klassischer Zeit fünf- bis zehnjährige Mädchen aus Athen erzogen. Sie hießen 'Bärinnen' (Arktoi) nach den krokusfarbenen Gewändern, die an eine der Artemis heilige Bärin erinnern sollten.

Sehenswertes

Am Hang eines Hügels sieht man unweit einer Georgskapelle (12. Jh.) ein kleines Heiligtum, dahinter die (eingestürzte) Iphigeniengrotte und ein 'heiliges Haus'. Nördlich davor ist die Felsbettung des Artemistempels zu erkennen, der in der 1. Hälfte des 5. Jh.s v. Chr. einen älteren Bau ersetzte. Ihm folgt der an drei Seiten von Säulenhallen umgebene Hof (430–420 v. Chr.) mit Zugang von Westen (dort eine antike Brücke). Die dorischen Kalksteinsäulen der Hallen trugen Marmorkapitelle. In sechs Räumen im Nord- und drei Räumen im Westflügel standen je elf Holzbetten für die 'Bärinnen'.

Museum

Das Museum enthält die Funde aus Brauron, und zwar in Saal 1–3 aus dem Artemisheiligtum, in Saal 5 Keramik von früh- bis späthelladischer Zeit von der Akropolis. Außerdem sieht man in Saal 4 und im Atrium Funde von der Nekropole von Merénda (Vasen 9.–4. Jh. v. Chr., Grabmäler), in Saal 5 Keramik aus Anávyssos und der Nekropole von Peráti.

Umgebung von Brauron

500 m landeinwärts ist eine frühbyzantinische Basilika mit Baptisterium (6. Jh.) freigelegt worden.

Pórto Ráphti

⟶ dort

Küstenbucht auf der Halbinsel Chalkidike

Chalkidike G – I 3/4

Χαλκιδική
Chalkidikí

Griechisch

Fläche: 3000 km^2

Verkehr

Die Chalkidike wird durch die westöstlich verlaufenden Straßen Saloníki–Rendína–Kavála und Saloníki–Polýgyros–Ierissós erschlossen, von denen südwärts führende Straßen abzweigen.
Busverbindungen mit Saloníki.
Bootsverbindung von Uranópolis zum Athoshafen Daphní.

Lage und Allgemeines

Die Halbinsel Chalkidike liegt südöstlich von Saloníki. Im hügeligen Gelände gibt es relativ viel Wald. Nach Südwesten springen drei fingerförmige Halbinseln ins Meer vor: im Westen Kassándra, in der Mitte Sithonía (oder Lóngos), im Osten → Athos. Der Name der Halbinsel erinnert daran, daß die euböische Stadt Chalkis (→ Euböa) hier 32 Städte gegründet hat, u. a. → Olynthos. In den letzten Jahrzehnten ist die Chalkidike stark für den Tourismus erschlossen worden.

*Badestrände

Chäronia G 5

Χαιρώνεια
Chärónia

Griechisch

Landschaft und Nomos: Böotien

Chalkidike – Abendstimmung in Porto Carras (Sithonia)

Chäronia (Fortsetzung)
Lage und Allgemeines
*Löwendenkmal

Das monumentale Löwendenkmal von Chärónia erhebt sich vor der Kulisse eines Zypressenhaines 14 km nördlich von ⟶ Levádia unmittelbar neben der Straße. Es erinnert an die Schlacht, in der 338 v. Chr. die verbündeten griechischen Stadtstaaten von Philipp II. von Makedonien und seinem 18jährigen Sohn Alexander besiegt wurden.
Das bedeutete den Beginn der makedonischen Herrschaft über Griechenland. Die gefallenen Makedonen wurden in einem Erdhügel auf dem Schlachtfeld (2 km östlich des Löwendenkmals) bestattet; die Asche der gefallenen Athener ließ Philipp nach Athen schicken, und Theben errichtete für seine Toten ein von niedriger Mauer eingefriedetes Grab mit dem 5,50 m hohen Löwen.

Antike Stadt

Von der antiken Stadt Chaironeia (1,5 km westlich) ist nur das in den Felsen geschnittene kleine Theater am Abhang des Akropolis-, heute Petrachoshügels erhalten. Sie war die Heimat des delphischen Apollonpriesters, Philosophen und Biographen Plutarch (um 45 bis um 120 n. Chr.), der im Alter wieder hierher zurückkehrte.

Chios K/L 5

Griechisch

Χίος
Chíos

Nomos: Chíos
Inselfläche: 842 km²
Höhe: 0–1267 m ü.d.M.
Bewohnerzahl: 49 800
Hauptort: Chíos

Verkehrswege

Flugverbindung mit Athen mehrmals täglich, ferner mit Lesbos, Mykonos und Samos.
Linienschiffe mehrmals wöchentlich von Athen (Piräus); lokale Schiffsverbindungen mit den Nachbarinseln Inússä und Psará.
Fährverbindung mit Çeşme (Türkei).

Lage und Eigenheiten

Die herbe und schroffe Insel Chios, türkisch Sakıs Adası (= Mastixinsel), liegt im Osten der Ägäis, unmittelbar vor der Halbinsel von Çeşme, die den Golf von Izmir im Süden begrenzt, und ist durch die 8 km breite Chios-Straße vom kleinasiatischen Festland getrennt. Ein mächtiges, nord-südlich gerichtetes, stark zerklüftetes Kalksteinmassiv nimmt den größten Teil der Insel ein. Es erhebt sich im nördlichen Inselteil im Profiti Elías, dem altgriechischen Pellinäon, bis 1267 m ü.d.M. und bildet besonders im Osten die eindrucksvoll ins Meer abstürzende Steilküste.

Die Bevölkerung konzentriert sich im fruchtbaren Süden, wo neben Oliven, Wein, Feigen und Agrumen besonders die Mastixstaude (Pistacia lentiscus L.) angebaut wird, deren aromatisches Harz als Mastix von hervorragender Qualität schon im Altertum exportiert wurde

Übersichtskarte

Lage und Eigenheiten (Fortsetzung)

und den Reichtum der Insel mitbegründet hat. Auf Chios bereitet man mit Mastix den herbsüßen Likör Masticha sowie übersüßes Konfekt. Neben der Landwirtschaft leben die Chioten von Handel und Seefahrt. Rund ein Drittel der griechischen Handelsflotte ist in Chios beheimatet.

Geschichte

Älteste Grabungsfunde weisen in das 4. Jahrtausend v. Chr. Im 8. vorchristlichen Jahrhundert ließen sich ionische Griechen auf Chios nieder und machten die Insel zu einem der reichsten und bedeutendsten Mitglieder des um 700 v. Chr. gegründeten Ionischen Städtebundes. Im 6. Jh. v. Chr. besaß sie eine bedeutende Bildhauerschule.
Von 512 bis 479 unter persischer Souveränität, trat Chios dann dem Attischen Seebund bei, konnte aber seine Selbständigkeit bewahren. Damals sollen 30000 Freie und 100000 Sklaven auf der Insel gelebt haben, die durch Wein, Handel und Gewerbe (Betten und begehrte Liegen) reich wurde. 412 v. Chr. fiel Chios von Athen und 392 v. Chr. von Sparta ab, unter dem es stark gelitten hatte; 377 v. Chr. trat es als erstes Mitglied für kurze Zeit dem Zweiten Attischen Seebund bei. Auch unter den Römern, auf deren Seite es bereits 190 v. Chr. trat, bewahrte sich Chios seine Selbständigkeit.
Von 1204 bis 1304 venezianisch, dann genuesisch, wurde die Insel 1566 türkisch. Die Beliebtheit des hier wachsenden Mastix und der daraus hergestellten Süßigkeiten im Sultansharem sicherten ihr einen besonderen Status, allerdings durften keine Griechen in der Burg von Chios wohnen. Neben dem Mastix brachte auch die Seidenweberei Ruhm und Wohlstand.
Während ihrer wechselvollen Geschichte galten die Chioten stets als tüchtige Seefahrer und geschickte Kaufleute. Bekannt ist ihre Teilnahme am griechischen Freiheitskampf und ihre Niederwerfung in dem von Delacroix gemalten blutigen Massaker von 1822. Ein verheerendes Erdbeben richtete zudem 1881 schwere Verwüstungen an. Als am 24. November 1912 im Verlauf des Balkankrieges ein griechisches Geschwader vor der Insel erschien, wurde sie ihm nach kurzem Widerstand überlassen. Mit dem Zweiten Weltkrieg mußte Chios den Verlust seines wirtschaftlichen Hinterlandes in der nahen Türkei hinnehmen und viele aus Kleinasien vertriebene Griechen aufnehmen.

Sehenswertes

Stadt Chios

Der Hauptort und Haupthafen Chios (24000 Einw.) liegt etwa an der Stelle der antiken Stadt in der Mitte der Ostküste. Seine Häuser ziehen sich im Halbkreis um die im Norden von der verfallenden mittelalterlichen Festung Kastro (13.–16. Jh.; Renovierung vorgesehen) beherrschten Hafenbucht. Von der alten Stadt ist wenig erhalten; die vom Türkeneinfall 1822 verschonten Häuser fielen schließlich dem Erdbeben von 1881 zum Opfer.
Besuchenswert in der im übrigen modernen Stadt sind das Archäologische Museum, das Keramiken von prähistorischer Zeit an, Münzen und einige Skulpturen besitzt, ferner das Volkskundemuseum und die Koraisbibliothek, die mit 140000 Bänden drittgrößte in Griechenland. Sie ist benannt nach dem aus Chios stammenden, später in Paris tätigen Philologen Adamantio Korais (1748–1833). In diesem Gebäude ist auch die umfangreiche Gemälde- und Volkskunstsammlung der Familie Argentis untergebracht, eine Stiftung von Philippos Argentis, dessen Porträtbüste rechts vor dem Gebäude steht; die Sammlung enthält u.a. reiches Material zur Geschichte der Insel Chios.

Im fruchtbaren 'Kampos' südlich der Stadt ist der Herrensitz der Familie Argentis der Öffentlichkeit zugänglich. Herrenhaus, Marmorbrunnen und bemalte Wasserräder inmitten eines ausgedehnten Orangenhaines vermitteln einen Eindruck von der Lebensweise des genuesischen und einheimischen Adels.

Stadt Chios (Fortsetzung)

**Kloster Néa Moní

Von Chios führt die Straße nordwestlich über das farbenfrohe Dorf Karyés (5 km) und einen Bergsattel zum Kloster Néa Moní, einer weitläufigen, heute von wenigen Nonnen bewohnten Klosteranlage inmitten einer grünen Landschaft. Das Kloster wurde von Kaiser Konstantin IX. Monomachos (1042–1055) gegründet und ist dank seiner Goldgrundmosaiken, die mit Sicherheit das Werk von Künstlern aus der Kaiserstadt Konstantinopel sind, neben den Klosterkirchen ⟶ Daphní und ⟶ Ósios Lukás die dritte große Leistung des 11. Jh.s auf dem Gebiet kirchlicher Kunst, die bis heute erhalten ist.

Klosterkirche

Die Kuppel der Klosterkirche ruht – wie die von Daphní – auf acht Pfeilern und überspannt die Kirche in ihrer ganzen Breite, nicht nur das Mittelschiff. Die Wände haben noch die ursprüngliche Verkleidung mit rotem Marmor. Die Mosaiken sind durch das Erdbeben von 1881 zum Teil zerstört worden, insbesondere sind diejenigen der damals eingestürzten Kuppel verloren. Die Restaurierung hat die Kuppel wiederhergestellt und die erhaltenen Mosaiken gesichert. Zu sehen sind die Taufe Christi, Kreuzigung, Kreuzabnahme und der Auferstandene in der Vorhölle. Dazu kommen die Erzengel Michael und Gabriel (linke bzw. rechte Seitenapsis) und die Gottesmutter in der Hauptapsis. Bedeutende Mosaiken hat auch die Vorhalle: Fußwaschung, Heilige aus Chios um die Panagía, der Verrat des Judas. Alle diese Mosaiken stammen aus der Zeit der Klostergründung um 1050, sind also etwas

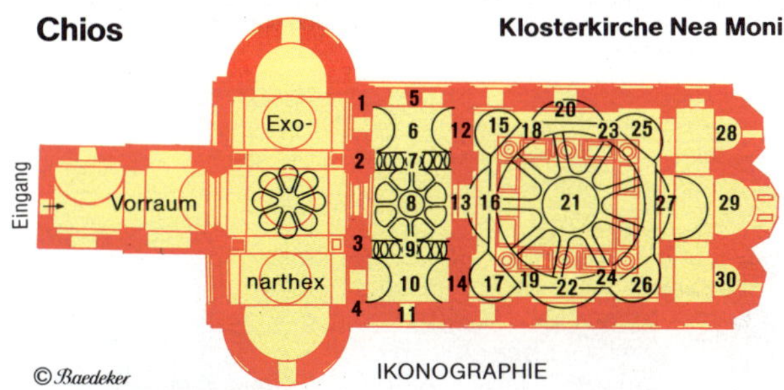

IKONOGRAPHIE

1 Simeon Stylites
2 Jesaia, Jeremias
3 Daniel, Hesekiel, Simeon Stylites
4 Daniel Stylites
5 Fußwaschung
6 Jesu Einzug in Jerusalem
7 Stephanos d. J., Ephraim, Arsenios, Nikitas, Antonios, Maximus, Johannes Kalybites
8 Maria (im Zentrum)
ringsum: Eustratios, Sergios, Theodoros Stratelatis, Bakchos, Orestes, Mardarios, Eugenios, Auxentios;
in den Ecken: Joachim, Anna, Stephanos, Panteleimon
9 Johannes Studites, Theodosios, Euthymios, Menas, Pachomios, Sabas, Johannes Klimakos
10 Pfingsten
11 Gebet im Garten Gethsemane, Verrat des Judas
12 Auferweckung des Lazarus
13 Pantokrator
14 Christi Himmelfahrt
15 Kreuzabnahme
16 Philippus, Kreuzigung
17 Verklärung
18 Markus
19 Lukas, Bartholomäus
20 Höllenfahrt
21 Pantokrator mit Engeln (ringsum)
22 Andreas, Taufe
23 Matthäus
24 Johannes Theologos
25 Verkündigung
26 Darstellung Jesu im Tempel
27 Christi Geburt
28 Erzengel Michael
29 Betende Muttergottes (Maria Orans)
30 Erzengel Gabriel

Kloster Néa Moní (Fortsetzung)

jünger als die Ausstattung von Óssios Lukás bzw. etwas älter als diejenige von Daphní.
Die Fresken in der äußeren Vorhalle (darunter ein Jüngstes Gericht) dagegen sind Arbeiten des spätbyzantinischen 14. Jahrhunderts.
Die übrigen Bauten des Klosters sind seit der türkischen Strafexpedition von 1822 gegen das mit dem Freiheitskampf sympathisierende Chios teilweise verfallen, auch die Pilgerherbergen in der Umgebung. Eine Kapelle gleich neben dem Klostertor ist dem Gedächtnis der Toten von 1822 geweiht. Bemerkenswert sind außerdem die ehemalige Trapéza (Speisesaal) und die große Zisterne, die man erreicht, wenn man vom Haupttor des Klosters nach etlichen Metern rechts einbiegt. Von der Terrasse vor der neuen, heute von den Nonnen benutzten Trapéza aus hat man einen sehr schönen Ausblick.

Tríon Patéron

Wenige Kilometer oberhalb liegt, auf einer schmalen Betonstraße zu erreichen, das Höhlenkloster Trión Patéron. Es erinnert an jene drei Eremiten, die hier lebten und von denen die Gründung von Néa Moní ausgegangen ist.

Anávatos

Weiter nach Nordwesten führt ein Fahrweg zum fast ausgestorbenen Dorf Anávatos, das beeindruckend an einem Berghang liegt. Die beiden Kirchen im Bereich der Oberburg werden z.Zt. restauriert.

Der Norden der Insel

Von Chios nach Norden fahrend, erreicht man den Villenvorort Vrondádes (6 km; 4700 Einw.). An seinem Nordende liegt bei Bassávryssi (Paschaquelle) unweit des Meeres ein in früher Zeit bearbeiteter Felsen, der vermutlich als Kybeleheiligtum diente. Der Volksmund nennt ihn ‘Daskalópetra’ (Felsen des Lehrers) oder ‘Scholí Omíru’ (Schule Homers) und erinnert damit an den Anspruch von Chios, Heimat des Dichters zu sein.

Schutzhafen auf Chios

Der Küste weiter folgend kommt man nach Langáda (15 km), in dessen Nähe Delphínion, ein Militärstützpunkt der Athener aus dem Jahre 412 v. Chr., freigelegt wurde. In Kardámyla (27 km; 1300 Einw.) biegt rechts ein Weg zum Hafen Mármaron (25 km; 2400 Einw., Sandstrand) ab. Von Kardámyla aus läßt sich der äußerste Norden der Insel bereisen: über Víki und das malerische Kéramos nach Ágion Gála (50 km). Eine andere Strecke geht von Chios in nordwestlicher Richtung am Nordhang des Aepos nach Vólyssos (40 km) und seinem Hafen Límnia. Dieser hat Motorbootverbindung mit der Insel → Psará.

Chios, Norden der Insel (Fortsetzung)

Etwa 30 km südlich von Chios liegt das Städtchen Pyrgí im Zentrum der Mastix erzeugenden Dörfer (Mastichochoría). Über dem malerischen Ort liegt eine Genuesenburg. Die mit Fresken geschmückte Kirche Agíi Apóstoli (12. Jh.) folgt wie andere Kirchen der Insel dem als Vorbild empfundenen Bautyp von Néa Moní. Die Häuser haben als Besonderheit vielfach einen Sgraffito-Putz, der ihnen einen besonderen Reiz gibt.

Der Süden der Insel

Die archäologische Stätte von Káto Phána, mit Resten eines Apollotempels, liegt 8 km südwestlich, diejenige von Emborió 7 km südöstlich von Pyrgí. Die Straße von Pyrgí nach Nordwesten führt zum Hafen Agía Anastassía oder Bassalimáni (43 km von Chios), von wo man über Eláta und das mittelalterliche Vésa in die Hauptstadt zurückkehren kann.

Inússä-Inseln

Nordöstlich vor der Insel Chios liegen am nördlichen Eingang der Chios-Straße die Inússä-Inseln (früher Spalmatori-Inseln), ein sich in nordwestlicher Richtung erstreckendes Archipel mit der Hauptinsel Inússä (Marineschule) sowie östlich davon den Eilanden Pásas, Gaváthion, Váton und zahlreichen Klippen.
Im Südwesten vor Chios liegen am Eingang der Bucht von Elata die Inselchen Pelagonísos, Ágios Geórgios und Ágios Stéfanos mit Resten hellenistischer Wachtürme.

Daphni

H 5

Δαφνί
Dafní

Griechisch

Landschaft und Nomos: Attika

Daphní ist ein Kloster 10 km westlich des Zentrums von → Athen an der Straße nach → Eleusis, berühmt durch seine Mosaiken aus dem 11. Jahrhundert.

Lage

Der Ortsname erinnert an ein Heiligtum des Gottes Apollon, dem der Lorbeer (= daphne) heilig war. Es wurde von einem frühchristlichen Kloster abgelöst, das 1080 durch die jetzt vorhandene Anlage ersetzt wurde. Das Kloster war dem Marienschlaf (Koimesis, ngr. Kímisis) geweiht. 1206, nach der fränkischen Einnahme Athens, wurde es den katholischen Zisterziensern übergeben und diente als Grablege der Herren, später Herzöge von Athen. Aus dieser Zeit stammen die zinnenbekrönten Festungsmauern und einige Sarkophage. Mit dem Beginn der Türkenzeit zogen wieder orthodoxe Mönche ein. Im griechi-

Geschichte

Kloster Daphni

Mosaik in der Klosterkirche

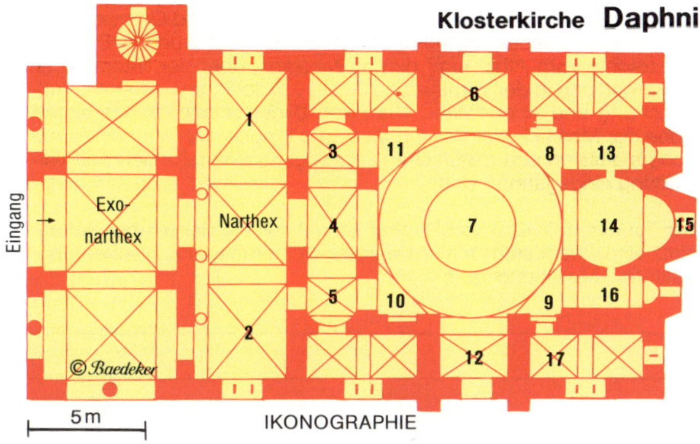

IKONOGRAPHIE

1 Verrat des Judas, Fußwaschung, Abendmahl
2 Joachim und Anna, Mariä Einsegnung, Mariä Opferung
3 Bakchos, Elpidophoros, Aphthonios, Pegasos
4 Mariä Schlaf
5 Maradrios, Orestes, Auxentios, Sergios
6 Andronikos, Tarachos, Probos, Kreuzigung, Mariä Geburt, Palmsonntag, Lazarus
7 Pantokrator und Propheten (im Kreise: Jesaja, Salomon, Elias, Eliseus, Jonas, Habakuk, Sophonias, Malachias, Daniel, Micha, Joel, Zacharias, Hesekiel, Jeremies, Moses, David
8 Verkündigung
9 Christi Geburt
10 Taufe im Jordan
11 Verklärung
12 Ungläubiger Thomas, Vorhimmel, Darstellung Jesu im Tempel, Samonas, Gurias, Abibos
13 Stephanos, Sylvester, Aaron, Johannes Prodromos, Zacharias, Anthimos
14 Michael, Etimasia, Auferstehung Christi, Gabriel
15 Maria
16 Laurentius, Eleutherios, Gregorios Thaumaturgos, Nikolaos, Gregor von Agrigent, Aberkios
17 Heilige Drei Könige

Geschichte (Fortsetzung)

schen Freiheitskrieg wurde Daphní beschädigt und aufgegeben. Eine gründliche Restaurierung 1955–1957 hat das Kloster vor weiterem Verfall bewahrt und seine Bausubstanz sowie die noch erhaltenen Mosaiken gesichert.
Schwere Schäden an Bau und Umfassungsmauer erlitt das Kloster durch das heftige Erdbeben des Jahres 1981.

**Klosteranlage

Den stimmungsvollen Klosterhof begrenzen ein Flügel des Kreuzganges (W), die Südwand der Kirche (N) und weitere Klostergebäude (O). Man geht zum Westeingang der Kirche und gelangt durch die gotische Vorhalle aus der Zeit der Zisterzienser und den Narthex in den Kirchenraum, der mit → Osios Lukás bei Delphí und Néa Moní auf → Chíos die Trias der bedeutendsten Sakralbauten des 11. Jh.s bildet. Der Naos hat den Grundriß des griechischen Kreuzes. Beherrscht wird er – wie bei den beiden anderen genannten Kirchen – durch eine große Zentralkuppel, die Mittelschiff und Seitenschiffe überspannt. Aus ihr blickt ernst und majestätisch Christus als Pantokrator (Allherrscher) herab. In den Zwickeln unter der Kuppel sind Hauptthemen ostkirchlicher Ikonographie behandelt; Verkündigung (NO), Geburt Christi (SO), Taufe (SW) und Verklärung (NW). Außerdem sind zahlreiche andere Mosaiken erhalten.
Im nördlichen Kreuzarm die Auferweckung des Lazarus, Einzug in Jerusalem (NW); Geburt Mariä, Kreuzigung (NO); im südlichen Kreuzarm die Drei Könige, der Auferstandene (SO), die Darstellung im Tempel, der ungläubige Thomas (SW). Im Altarraum sieht man die Auferste-

Daphni, Klosteranlage (Fortsetzung)

hung und Maria zwischen den Erzengeln Michael und Gabriel, in der links anschließenden Prothesis Johannes den Täufer und im Diakonikon (rechts vom Altarraum) den hl. Nikolaos; über der Naostür den Marientod und in der Vorhalle das Gebet von Joachim und Anna, Fußwaschung und Abendmahl. Alle diese Bilder zeigen die klassische Höhe der Mosaikkunst des 11. Jh.s, in der noch einmal griechischer Schönheitssinn und christliche Vergeistigung eine faszinierende Verbindung eingegangen sind.

Der Touristenpavillon von Daphní ist von Juli bis September Schauplatz eines Weinfestes mit kostenloser Weinprobe, griechischen Spezialitäten, Musik und Tanz.

Delos

K 6

Griechisch

Δήλος
Dílos

Nomos: Kykladen
Inselfläche: 3,6 km^2
Höhe: 0–113 m ü.d.M.
Weder Ortschaften noch ständige Bewohner

Verkehrswege

Schiffsverbindung nach Bedarf und Wetterlage mit Mýkonos; ferner gelegentlich mit Tínos, Náxos und Páros.

Lage und Allgemeines

Delos liegt als 5 km langer und nur 1300 m breiter Felsrücken 10 km (5 sm) südwestlich von → Mykonos. Obwohl eine der kleinsten Inseln der Kykladen und mit Abstand die kleinste der Gruppe Mykonos, Delos und Rínia, hat Delos doch im Altertum so große Bedeutung gehabt, daß man die umliegenden Inseln 'Kykladen' nannte, weil man glaubte, sie umgäben im Kreis (= kyklos) die Geburtsinsel des Gottes Apollon. Das ausgedehnte Ruinengelände, das seit 1873 unter französischer Leitung freigelegt wurde, ist eine der bedeutendsten archäologischen Stätten Griechenlands.
Der Besuch dieser einst hochbedeutenden Insel lohnt insbesondere für Freunde und Kenner des griechischen Altertums. Darüber hinaus bietet Delos keine touristischen Einrichtungen.

Geschichte

Nach dem Mythos ist Delos Geburtsort von Apollo und Artemis. Die Geschicke der Insel sind bestimmt von ihrer Bedeutung als panhellenisches Heiligtum.
Die ältesten Siedler (3. Jahrtausend v. Chr.) waren Phöniker und Karer. Nach ihrer Vertreibung durch die Ionier wurde die Insel im 1. Jahrtausend v. Chr. zum Zentrum des Apollokultes. Alljährlich feierten auf ihr die Ionier zu Ehren des Gottes glänzende Spiele, deren Stiftung auf Theseus zurückgeführt wird. Peisistratos ordnete im Rahmen einer 1. Katharsis (= Reinigung) im Jahre 543 v. Chr. die Entfernung der Gräber aus der Umgebung der Tempelstätten an. Durch eine 2. Katharsis (426/425 v. Chr.) wurden Geburten, Todesfälle sowie alle Bestattungen auf der Insel untersagt und die bestehenden Gräber auf die Nachbarinsel Reneia (Rínia) verlegt. Bei der Gründung des Ionischen Bundes nach den Perserkriegen wählte man den Apollotempel als Aufbewahrungsort für den Bundesschatz, doch schon im Jahre 454 v. Chr. brachte ihn Athen an sich und führte so Delos wie auch die übrigen Inseln in seine Abhängigkeit, die bis in die Zeit Alexanders d.Gr. bestehen blieb. In den folgenden Jahren der Unabhängigkeit entwickelte sich Delos durch blühenden Handel zum Wirtschaftszentrum des

Lagekarte

Geschichte (Fortsetzung)

Archipels. Fremde Handelsgenossenschaften, die Hermaïsten (Römer), Poseidoniasten (Syrer aus Berytos = Beirut) u.a. hatten hier ihren Sitz. Die Römer, seit 166 v. Chr. Protektoratsherren über Delos, wiesen die Insel an Athen zurück. Hierdurch, besonders aber durch die Zerstörung von → Korinth, erlebte Delos seine größte Blüte, bis die Verwüstung der Insel durch Mithridates im Jahre 88 v. Chr. den Niedergang einleitete. Die völlige Zerstörung erfolgte im Seeräuberkrieg (69 v. Chr.). Seitdem war die Insel kaum noch bewohnt. Pausanias sah im 2. Jh. n. Chr. nur noch die Wächter des Heiligtums. Eine Wiederbesiedlung in christlicher Zeit war nicht von Dauer.

**Archäologische Stätten

Hafen

An der Westseite der Insel befindet sich der heute infolge Versandung landeinwärts gelegene Heilige Hafen (Anlegestelle), in dem einst die Festgesandtschaften an Land gingen. Südlich davon der ehemalige Handelshafen; die Uferstrecke vom Heiligen Hafen bis zur Bucht von Phumi war in späterer Zeit mit Kaimauern (111 v. Chr. vollendet) und Magazinen ausgestattet, von denen noch Reste unter Wasser sichtbar sind.

*Heiliger Bezirk

Zu dem Heiligen Bezirk, der rings von Mauern und Hallen umschlossen war, führte eine Straße von Süden her zwischen zwei oberhalb des heutigen Hafens gelegenen dorischen Säulenhallen hindurch. Der 87 m lange Portikus des Philippos (links) besteht aus einer nach Osten und Westen offenen Säulenhalle dorischer Ordnung und wurde nach der erhaltenen Weihinschrift am Architrav von Philipp V. von Makedonien um 210 v. Chr. gestiftet. Auf der Ostseite der Straße ein kleinerer Portikus; an seiner Rückfront reihten sich acht Verkaufsräume. Östlich dahinter die fast quadratische Süd-Agorá (1. Jh. v. Chr.), der einstige Staatsmarkt. Nördlich davor der Platz, an dessen Ostseite sich die Südost-Propyläen öffnen, denen im Westen ein Durchgang durch den kleinen Portikus entspricht. Der ganze Bereich bis hin zur Stierhalle war im Mittelalter von Befestigungen der Rhodiserritter eingenommen.

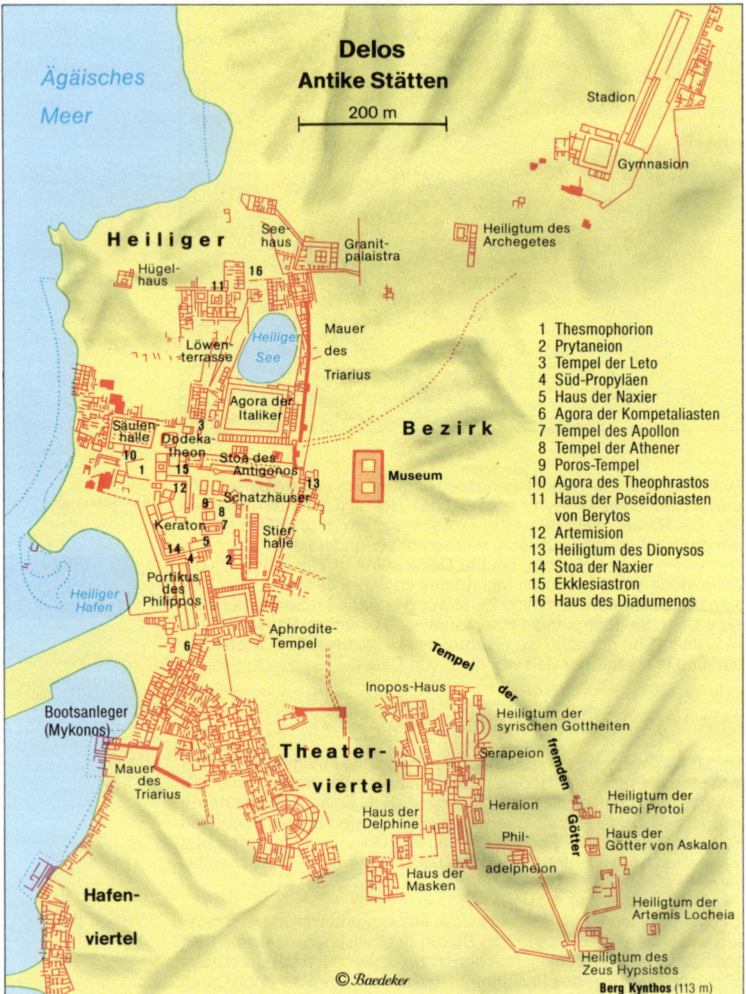

Heiliger Bezirk (Fortsetzung)

Von den Süd-Propyläen (2. Jh. v. Chr.) mit vorn und hinten je vier dorischen Säulen auf dreistufigem Unterbau verlief die Feststraße nach Norden zuerst über eine kleine, mit bläulichem Marmor gepflasterte Esplanade, die von Altären, Statuen und Exedren flankiert war, dann an der Westseite der drei parallelen Tempel entlang, um schließlich im Bogen zu deren Ostfront zurückzuführen. Einen kürzeren Weg zur Ostseite des Bezirkes bildete der lange, nach Osten und Westen in

Heiliger Bezirk (Fortsetzung)

schmalen Säulenvorhallen geöffnete ionische Portikus gleich rechts innerhalb der Süd-Propyläen. An seiner Nordseite steht die Basis einer Kolossalstatue des Apollon. Nach der Inschrift (6. Jh. v. Chr.) waren Statue und Basis aus einem Stein. Die Widmung auf der Westseite 'die Naxier dem Apollon' wurde später hinzugefügt.

An der Feststraße folgt links nach der Esplanade ein Hof mit Säulenhalle und zwei Tempeln. Der größere, das Keraton, an der Südwestecke, war Apollon geweiht und beherbergte einst den als eines der sieben Weltwunder gepriesenen Hörneraltar, der seinen Namen nach den rings um ihn gehefteten Widderhörnern trug. Das Keraton ist vermutlich älter als das inmitten des Hofes gelegene kleinere Artemision (Artemisheiligtum), ein ionischer Bau mit Granitfundamenten und Ringhalle, der wohl anstelle eines älteren Heiligtums des 7. Jh.s v. Chr. entstand.
Vor dem nach Süden gerichteten Eingang des Keratons liegen nach dem Hafen zu mehrere Unterbauten für Reiterstatuen, von denen der nördlichste und kleinste ein Standbild des Sulla trug (Inschrift an der hinteren Rampe).

Im Nordwesten des Artemisbezirkes liegt das dem Demeterkult gewidmete Thesmophorion.
Östlich vom Artemision führt die Feststraße im Bogen um die drei parallelen Apollotempel herum. Der südlichste und größte von ihnen aus dem 4./3. Jh. v. Chr., dessen Anlage der des Theseion in ⟶ Athen entspricht, bedeckt eine Fläche von 26,40 x 13,55 m. Die auf einer Schicht graublauen Schiefers aufliegenden kräftigen Grundmauern lassen den Tempel als einen Peripteros von 6:13 Säulen erkennen. Pronaos und Opisthodom öffneten sich nach Osten und Westen, vermutlich mit je zwei Säulen zwischen den Anten. Die Cella maß 11,50

Ausgrabungen im Hafenbereich

Heiliger Bezirk (Fortsetzung)

auf 5,60 m. Von der Architektur ist außer Bruchstücken vom Triglyphenfries und den dorischen Säulen wenig erhalten. Die Überreste des plastischen Schmuckes beschränken sich auf das Palmettenornament und Löwenköpfe der Sima. Es folgen nördlich die Porosfundamente des ebenfalls nach Osten orientierten zweiten Tempels der Athener (spätes 5. Jh. v. Chr.; dorisch) mit schmalen Vorräumen im Osten und Westen und zweiteiliger Cella. Der dritte, nördlich anschließende Porostempel (1. Hälfte des 6. Jh.s v. Chr.) ist der älteste von ihnen. Vor dem Porostempel bemerkt man eine lange Statuenbasis, auf welcher einst Bronzefiguren standen. Es ist das Philetairos-Monument, im 3. Jh. v. Chr. zu Ehren des Begründers des pergamenischen Königshauses errichtet.

An der Nordseite des Bogens der Feststraße reihen sich fünf kleinere Gebäude. Vier von ihnen wenden die Front den drei Tempeln zu. Wegen ihrer Ähnlichkeit mit entsprechenden Gebäuden in Olympia und Delphi werden vier von ihnen als Schatzhäuser gedeutet. Das fünfte (südl.), mit Vorhalle und Opisthodom, war wahrscheinlich ein Tempel. Seinem Eingang gegenüber liegt das Prytaneion (5. Jh. v. Chr.), das Haus des Gemeindevorstehers.

*Stierhalle

Östlich davon die sogenannte Stierhalle, vermutlich eine Schiffshalle, die sich in einer Länge von 67,20 m bei 8,86 m Breite von Nordosten nach Südwesten erstreckt. Der Bau, den man der hellenistischen Zeit zuweist, gehört zu den besterhaltenen auf Delos. Auf einem Fundament von Granit führen drei z.T. noch erhaltene Marmorstufen zu der Umfassungsmauer des Gebäudes, welche die beiden Langseiten und die nördliche Schmalseite umzieht, während sich die Südfront wahrscheinlich mit dorischen Säulen zwischen Anten öffnete. Im Inneren befindet sich eine langgestreckte Halle mit bassinartiger Vertiefung in der Mitte. Von dem plastischen Dekor sind nur noch eine Nereide und ein Delphin an Ort und Stelle. Der nach Norden schiffsschnabelartig schmaler werdende Kern von Granitblöcken trug vielleicht die Stylis des geweihten Schiffes. Am Eingang Pfeiler mit vorgelegten dorischen Halbsäulen, deren Kapitelle liegende Stiere schmücken.
Der stufenartige Aufbau südöstlich vor der Halle gehört zu einem Altar des Zeus Polieus.
Am Ostrand des Apollonbezirkes lag das Dionysosheiligtum mit mehreren Marmorphalloi. Eine ihrer Basen zeigt Reliefdarstellungen aus dem Dionysoskult um 300 v. Chr.
Den Norden des Heiligen Bezirkes schließt die Stoa des Antigonos (3. Jh. v. Chr.) ab, eine Säulenhalle mit Stierkopftriglyphen. Die Räume hinter der Säulenstellung dienten der Beherbergung der Festgesandten. Vor ihrer Mitte sieht man eine halbkreisförmige Anlage. Es ist das auf mykenische Zeit zurückgehende Grab der Hyperboreischen Jungfrauen, die Leto bei der Geburt der göttlichen Zwillinge beigestanden hatten.

Geschäftsviertel

Vom Westende des Apollonbezirkes führt ein weiterer Propyläenbau aus dem Heiligen Bezirk in die Geschäftsstadt. Gleich rechts an der mit Läden eingefaßten Straße liegt die Agorá der Italiker (2. Jh. v. Chr.), ein großer viereckiger Hofraum, umgeben von einer zweigeschossigen dorischen Säulenhalle mit Läden, Werkstätten und Nischen für Weihgaben (Mosaiken). Es war das Geschäftshaus der Gemeinschaft römischer Kaufleute, die sich nach ihrem Schutzpatron Hermaïsten nannten. Ein anderes derartiges Haus, das der Poseidoniasten von Berytos (Beirut), befand sich im Nordwesten des Heiligen Sees. Nördlich neben dem Eingang zur Agorá der Italiker befindet sich der Tempel der Leto und noch weiter westlich die Säulenhalle des Antigonos Gonatas (3. Jh. v. Chr.).

Löwenterrasse

Heiliger See

Der elliptische Heilige See (heute trocken), an dessen Ufer Leto den Apollo geboren haben soll, schließt den Heiligen Bezirk ab. Westlich vom See auf einer Terrasse eine Reihe von neun archaischen Löwen (7. Jh. v. Chr.) aus naxischem Marmor. Hier, im Norden des Sees, lagen auch die alte und die neue Palaistra (Säulenhöfe); weiter nordöstlich das Heiligtum des Heros Archegetes, das nur Delier betreten durften, sowie Gymnasion und Stadion, mit der Nordwestseite ganz an den Fels angebaut.

*Marmorlöwen

*Museum

Östlich, etwas abseits vom Heiligen Bezirk, liegt das Museum (weitere wichtige Funde von der Insel befinden sich im Archäologischen Nationalmuseum und im Goulandris-Museum für Kykladische und Antike Kunst ⟶ Athen). In den beiden Mittelsälen stehen Werke archaischer Kunst, u.a. links eine marmorne Dreieckbasis mit Widderkopf und Gorgonen (7. Jh. v. Chr.), weiterhin eine Sphinx, mehrere Kuroi und Koren (6. Jh. v. Chr.), eine Hand des Naxier-Apollon (rechts) und drei sitzende Frauen (7. Jh. v. Chr.).
Der Raum links des Eingangs enthält Fragmente vom Tempel der Athener (Akroterien und Giebelfiguren), Hermen, Grabstelen, Kleinplastiken, Terrakotten und Keramik. Im Saal rechts sind die Weihgaben aus dem Artemistempel, Bruchstücke von Skulpturen und Inschriften gesammelt.

Theaterviertel und Wohnstadt

Im Süden des Heiligen Bezirkes liegt die mit Statuen und kleinen Heiligtümern geschmückte Agorá der Kompetaliasten, der römischen Kaufleute, die sich zum Kult der Lares competales vereinigten.
Weiter südlich erstreckt sich zwischen den Abhängen des Ký́nthos und dem Handelshafen das sogenannte Theaterviertel (3./2. Jh. v. Chr.), das einen anschaulichen Begriff von den Wohnverhältnissen der damaligen Zeit vermittelt. Die engen, gewundenen Straßen sind

Delos, Theaterviertel und Wohnstadt (Fortsetzung)

mit Schieferplatten gepflastert. Die Häuser, deren Mauern oft 4–5 m hoch erhalten sind, hatten mindestens ein oberes Stockwerk; die Dekorationen erinnern an den ersten pompejanischen Stil. Besonders sehenswert ist das Dreizackhaus (Mosaikfußboden).
An das Viertel schließt südöstlich das Theater (3. Jh. v. Chr.) an, dessen Zuschauerraum mehr als einen Halbkreis umschließt. An den vier unteren Sitzreihen sind die einstigen Marmorstufen, in der ersten Reihe rechts auch die Rücklehnen erhalten. Die Orchestra war von einem schmalen Wasserkanal, das Bühnengebäude ringsum von einer Säulenhalle umgeben, deren Ostseite als Proskenion diente. Unter dem Bühnengebäude eine große Zisterne.

Kýnthos

Zur Besteigung des Kýnthos wendet man sich vom Heiligen Bezirk südostwärts auf einem antiken Weg zunächst zum trockenen Bett des Inopós, der auch im Altertum wenig Wasser führte. Gleich westlich der Schlucht das Inopós-Haus (2. Jh. v. Chr.); südlich, dem Flußbett aufwärts folgend, das Haus der Delphine, mit Delphinmosaik im Peristyl, und das Haus der Masken. Östlich über der Schlucht befinden sich auf einer besonderen Terrasse die Tempel der fremden Gottheiten, in welchen Serapis, Isis, Anubis und Harpokrates seit dem 2. vorchristlichen Jahrhundert verehrt wurden. Der antike Weg steigt von hier z.T. in Treppen aufwärts zum Gipfel des Kýnthos (113 m ü.d.M.), den einst der Tempel des Zeus Kynthos und der Athena Kynthia (3. Jh. v. Chr.) an der Stelle eines Heiligtums des 7. Jh.s v. Chr. krönte.

*Aussicht

Von der Kýnthoshöhe hat man eine umfassende Aussicht: im Süden die Berge von Naxos, im Westen Syros mit dem Häusermeer der Hauptstadt Ermupolis, im Norden das gebirgige Tinos und im Osten die nahe Nachbarinsel Mykonos mit ihren zahllosen Kapellen.
Beim Abstieg empfiehlt sich noch der Besuch der am Westhang gelegenen, mit mächtigen Steinplatten abgedeckten Grotte, in der eine Statuenbasis erhalten ist.

Rínia

Delos westlich gegenüber liegt Rínia (auch Megáli Dílos; 17 km²), das antike Rheneia. Seit der 2. Katharsis war es Beerdigungsstätte für Delos. In der Geschichte hatte die Insel ansonsten keine Bedeutung.
In dem etwa 1 km breiten Meeresarm zwischen Delos und der südlichen Hälfte von Rínia liegen die beiden kahlen Klippen Mikrós Revmatiáris und Megalo Revmatiáris.

Delphi — G 5

Griechisch

Δελφοί
Delfí

Landschaft und Nomos: Phokis
Höhe: 520–620 m ü.d.M.
Einwohnerzahl: 2500

Verkehr

Regelmäßige Autobusverbindung mit Athen.

Freizeit und Sport

Die Region von Delphi ist ein dankbares Gebiet für Bergwanderungen und Wintersport, hauptsächlich am ⟶ Parnaß (2457 m). Badestrände bei Itéa, Kírra und Galaxídi.
Itéa hat einen Ein- und Ausreisehafen.

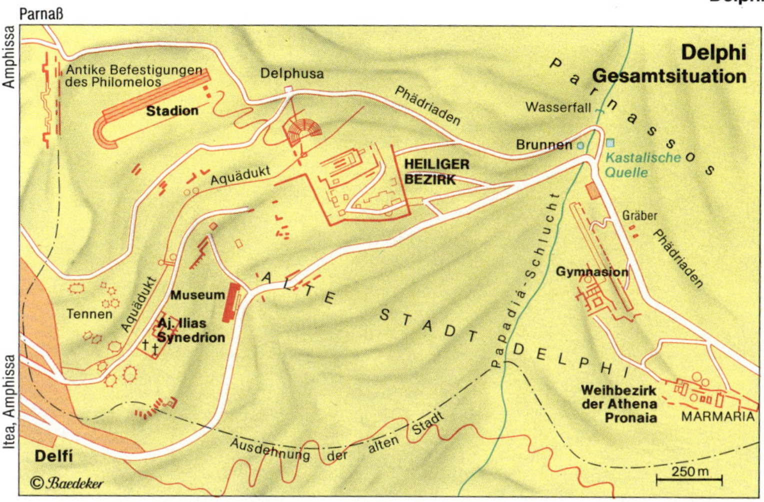

**Lage und Allgemeines

Delphi, am Abhang des Parnaß hoch über dem Golf von Korinth gelegen, ist eine der berühmtesten Kultstätten Griechenlands; im Altertum war es in der gesamten griechischen Welt und darüber hinaus als Orakelheiligtum des Apollon hoch angesehen. Neben der Akropolis von ⟶ Athen, neben ⟶ Olympia und der Insel ⟶ Delos ist Delphi die bedeutendste Ausgrabungsstätte für die klassische Zeit. Die reichen antiken Überreste und ihre einzigartige Lage in der Berglandschaft lassen den Besuch zu einem Höhepunkt jeder Griechenlandreise werden.

Der Ort Delphi, der sich in den letzten Jahren zu einer Konzentration von Hotels und Geschäften entwickelt hat, entstand erst mit dem Beginn der französischen Ausgrabungen 1892. Damals wurde das kleine Dorf Kastrí, das über dem Apollontempel entstanden war, 1 km nach Westen verlegt und dort, abseits vom Ausgrabungsgelände, neu gegründet.

Geschichte

Die Phädriaden (die 'Leuchtenden') Phlembúkos und Rhodiní (der 'flammende' und der 'rosenfarbene' Fels) stoßen bei einer Felsschlucht zusammen, in der der Kastalische Quell entspringt. Dieser bewässert die Pleistosschlucht, die sich, mit unzähligen Ölbäumen bewachsen, zur Bucht von Itéa hinunterzieht. Am Fuß der Phädriaden gab es, im Zusammenhang mit der kastalischen Quelle, in früher Zeit ein urtümliches Heiligtum der Erdmutter Ge, bewacht von dem Drachen Python. Der Mythos erzählt, daß der auf der Insel Delos geborene Lichtgott Apollon den Python erschlug und, nachdem er sich im thessalischen ⟶ Tempe-Tal entsühnt hatte, als Apollon Pythios zum Herrn des Heiligtums wurde. Auf den Zeitpunkt dieser Übernahme des Heiligen Bezirkes deutet hin, daß die bisher dargebrachten weiblichen Idole im 9. Jh. v. Chr. durch männliche abgelöst worden sind.
War die männliche Gottheit an die Stelle der älteren weiblichen getreten, so blieb doch auch jetzt eine Frau die zentrale Gestalt des Orakelkultes in diesem wichtigsten gemein-griechischen Heiligtum neben Olympia. Es war die Pythia, die auf einem Dreifuß im Allerheiligsten

Antike Orakelstätte in bukolischer Landschaft

Geschichte
(Fortsetzung)

des Tempels saß. Ihre gestammelten Orakelworte wurden von Priestern und Propheten den ratsuchenden Gläubigen vermittelt.
In den drei Wintermonaten ging Apollon nach Norden, zu den Hyperboräern, und der ihm komplementär zugeordnete Dionysos trat an seine Stelle. Das Orakel sprach auch in dieser Zeit.
Es ist eine große Zahl von Weissagungen des Orakels bekannt, und zwar schon aus dem mykenischen 2. Jahrtausend v. Chr. Damals erging der Spruch an Orestes, daß er sich vom Muttermord entsühnen könne, wenn er das 'Bild der Schwester' erlange: das Kultbild der Artemis aus dem Taurerland. Von den historisch bedeutenden Orakelsprüchen hier drei: Um 680 v. Chr. wies das Orakel den Siedlern aus Megara den Weg zur Gründung von Byzantion am Bosporus, dem nachmaligen Konstantinopel. Im Jahr 547 v. Chr. sagte es dem König Kroisos von Lydien in Kleinasien voraus, er werde ein großes Reich zerstören, wenn er einen Fluß überschreite; Kroisos überschritt den Halys und wurde von den Persern besiegt, so daß sein eigenes Reich zugrunde ging. Im Jahre 480 v. Chr. erklärte das Orakel, das von den Persern bedrohte Athen werde hinter einem 'hölzernen Schutzwall' urbesiegbar sein – was die von Themistokles geschaffene Flotte in der Schlacht von Salamis bewies. Das delphische Orakel, das den Höhepunkt seiner Geltung im 7. und 6. Jh. v. Chr. erreichte, trug, wie diese Beispiele erkennen lassen, zur Steuerung der griechischen Kolonisation und zu politischen Entscheidungen bei. Nicht geringer war der Einfluß von Apollon, dem entsühnenden und gesetzgebenden Gott, auf die Entwicklung von Ethik und Recht der Griechen.
Die Empfänger von Orakelweisungen drückten ihren Dank in Weihgaben aus, die sich in Delphi häuften und von den einzelnen griechischen Staaten zum Teil in Schatzhäusern zusammengestellt wurden. Das meiste davon ging später verloren, doch finden sich im Museum von Delphi noch wichtige Stücke, und auf dem Hippodrom (At Mey-

1 Haupttor (Eingang)
2 Weihgeschenk der Korkyräer
3 Weihgeschenk der Athener
4 Weihgeschenk der Lakedämonier
5 Weihgeschenk von Argos
6 Weihgeschenk der Tarentiner
7 Schatzhaus von Sikyon
8 Schatzhaus von Siphnos
9 Schatzhaus der Megarer
10 Schatzhaus der Thebaner
11 Schatzhaus der Böotier
12 Schatzhaus der Potidäer (?)
13 Schatzhaus der Athener
14 Schatzhaus der Knidier
15 Buleuterion
16 Asklepieion
17 Fels der Sibylle
18 Säule der Naxier
19 Schatzhaus der Korinther
20 Schatzhaus von Kyrene
21 Prytaneion
22 Dreifuß von Plataä
23 Weihgeschenk der Rhodier
24 Großer Altar von Chios
25 Weihgeschenk der Syrakusaner
26 Schatzhaus der Akanthier
27 Temonos des Neoptolemos (?)
28 Weihgeschenk der Thessalier
29 Löwenjagd Alexanders des Großen
30 Dionysion

Geschichte (Fortsetzung)

danı) in İstanbul (Konstantinopel) steht bis heute die bronzene, 479 v. Chr. nach dem Sieg über die Perser bei Plataiai nach Delphi gestiftete Schlangensäule.

Seine letzte Blüte erlebte Delphi unter Kaiser Hadrian im 2. Jh. n. Chr., ehe Erdbeben und die durch Kaiser Theodosius I. 392 n. Chr. verfügte Schließung der antiken Kultstätten sein Ende brachten. Später entstand über den Trümmern des Tempels das ärmliche Dorf Kastrí. Delphi, von dem deutschen Forscher Ulrichs wiederentdeckt, wird seit 1892 von französischen Archäologen erforscht.

Das Besuchsprogramm in Delphi umfaßt drei Stationen: Apollonheiligtum mit Stadion; Kastalische Quelle und Athenaheiligtum in der Marmariá; Museum.

**Apollonheiligtum (Plan s. S. 287)

Das Heiligtum des Apollon liegt oberhalb der modernen Straße. Parallel zu dieser führt ein Fußweg vom Museum aus, vorbei an den Resten des Mosaikfußbodens einer frühchristlichen Basilika, zum Haupteingang des Grabungsgebietes. Über den römischen Markt gelangt man zum Südosttor des heiligen Bezirkes, der in klassischer Zeit etwa ein Trapez mit einfacher Umfassungsmauer war (Ausdehnung Nord–Süd 200 m, West–Ost 130 m). Am Südosttor beginnt die Heilige Straße. Sie zieht sich zunächst nach Westen, biegt dann in scharfer Kurve nach Nordosten und schließlich nach Norden, wo sie den Platz vor dem Apollontempel erreicht. Gesäumt wurde sie von zahlreichen Weihgeschenken griechischer Staaten, in denen sich die Farbigkeit der politischen Landkarte mit ihren Gegensätzlichkeiten spiegelte; die Weihgeschenke sind verlorengegangen, ihre Basen sind zum großen Teil erhalten.

Heilige Straße

Auf der linken Seite des Weges beginnt die Reihe mit der schmalen, langgestreckten Basis des Weihgeschenkes der Athener für ihren Sieg über die Perser bei Marathon (die Skulpturen schuf Phidias). Es folgen Votive von Argos: die Sieben gegen Theben, das Trojanische Pferd und die Exedra mit der Darstellung der Epigonen, ferner eine Weihung von Tarent in Süditalien. Auf der rechten Seite folgte nach einem von Korkyra gestifteten bronzenen Stier (um 480 v. Chr.) die Säulenhalle, welche die Spartaner stifteten, als sie 405 v. Chr. Athen in der Seeschlacht von Aigospotamoi besiegt hatten, und genau gegenüber dem Athener Marathon-Monument errichteten. Vor diese Halle stellten die Arkadier ihrerseits ein Denkmal zur Erinnerung an die Schlacht bei Leuktra, in der sie 371 v. Chr. die Spartaner besiegt hatten. Im anschließenden Halbkreis, wie der gegenüberliegende eine Stiftung von Argos, waren Könige von Argos dargestellt.

Schatzhaus der Athener

Kastalische Quelle

Schatzhäuser

Den nächsten Abschnitt der Heiligen Straße säumen links die ersten der über zwanzig Schatzhäuser, in denen einst Weihgaben, vor der Witterung, aber auch vor Diebstahl geschützt, aufbewahrt wurden: das dorische Schatzhaus von Sikyon (um 500 v. Chr.), in dessen Fundament Reste eines älteren Rundbaus zu erkennen sind, und das ionische Schatzhaus der Insel Siphnos (525 v. Chr.), von dem sich bedeutende Reste im Museum befinden. Wo der Weg nach Nordosten umbiegt, sieht man einen vor einigen Jahren hier aufgestellten Omphalosstein, der daran erinnert, daß Delphi als 'Nabel' (griech. omphalos), als Mittelpunkt der Welt galt; es wurde gegründet, wo die beiden Adler, die Zeus von den Enden der Welt aufsteigen ließ, sich trafen.

*Schatzhaus der Athener

Dann folgt das 1903–1906 wiederaufgerichtete Schatzhaus der Athener in Form eines dorischen Antentempels (um oder kurz nach 510 v. Chr.); die Metopen mit Themen aus Theseus- und Heraklesmythos befinden sich im Museum, am Bau selbst sieht man jetzt Kopien.
Unmittelbar neben dem Schatzhaus erhebt sich die mit flachen Nischen für Weihinschriften versehene Stützmauer des Buleuterions.

Hier beginnt der älteste Teil des Heiligtums. Zwischen dem Tempel und der Heiligen Straße, ehe diese nun den alten kultischen Festplatz (Halos) überquert, liegen unmittelbar nebeneinander der Felsen der Sibylle, das Heiligtum der Ge und die Stelle, an der sich die hohe ionische Säule mit der Sphinx der Naxier (um 560 v. Chr.) erhob. Der Ort unmittelbar südlich des Tempels, die Größe des 12,50 m hohen Monumentes und die Bedeutung der Sphinx als Todesdämon unterstützen die Vermutung von Zschietzschmann und Gross, es habe diese Sphinx das mythische Grab des Gottes Dionysos bezeichnet.

*Polygonalmauer

Die Szene wird begrenzt von der mit antiken Inschriften bedeckten Polygonalmauer aus dem 6. Jh. v. Chr., die der Terrassierung der Tempelfläche diente. An sie lehnt sich die 28 m lange ionische 'Halle der Athener' an (nach 479 v. Chr.). Bevor die Heilige Straße nun nach Norden umbiegt, sieht man rechts die Reste des Schatzhauses von Korinth, in dem auch Weihgeschenke des Phrygerkönigs Midas und der lydischen Könige Gyges und Kroisos aufbewahrt wurden, die aber zu Pausanias' Zeit (2. Jh. n. Chr.) längst nicht mehr vorhanden waren.
Neben dem nach Norden aufwärts führenden Treppenweg standen wiederum Weihungen. Zu sehen sind u. a. die runde Basis für die aus drei umeinander gewundenen Schlangen bestehende bronzene 'Schlangensäule' von 479 v. Chr. und auf dem Tempelvorplatz die Dreifüße der Deinomiden von Syrakus sowie den Pfeiler, auf dem die Reiterstatue des Königs Prusias II. von Bithynien stand. Der Tempelvorplatz wird beherrscht durch den von der Insel Chios gestifteten und teilweise wieder aufgebauten Altar und die sechs wiederaufgerichteten Säulen des Apollontempels, zu dessen östlicher Eingangsseite eine Rampe hinaufführt.

*Apollon-Tempel

Es ist der dritte Bau an dieser Stelle. Der erste Tempel, im 7. Jh. v. Chr. erbaut, brannte 548 v. Chr. ab. Den zweiten Tempel stifteten 531 v. Chr. die aus dem Athen des Peisistratos geflohenen Alkmaioniden. Dieser archaische Bau hatte 6:15 dorische Säulen; der marmorne Ostgiebel zeigte die Ankunft Apollons in Delphi und wurde nach dem Einsturz des Tempels 373 v. Chr. vergraben (Reste im Museum). Der dritte Tempel, errichtet 346–320 v. Chr., behielt den gestreckten archaischen Grundriß bei, auch wurden die alten Säulentrommeln wiederverwendet, doch hat er im Detail die Kühle der späten Klassik. Der Bau ist bis auf die Fundamente zerstört, doch wissen wir, daß in der Vorhalle Sprüche der Sieben Weisen angebracht waren (u. a. der berühmte apollinische Imperativ "Gnothi seauton – Erkenne dich selbst!") und daß im Westteil der Cella das vertiefte Adyton war. In ihm

Apollon-Tempel (Fortsetzung)

befanden sich der Omphalos-Stein, eine goldene Apollonstatue, ein Lorbeerbaum und – über der Orakelöffnung – der Dreifuß der Pythia. Im rechten Teil des Adytons ist der durch einen Vorhang abgetrennte Raum für die Orakelbefrager anzunehmen (Roux).

Wahrscheinlich hat im Orakelkult auch das Wasser der Kassotisquelle eine Rolle gespielt; nach Pausanias hat es "im Adyton des Gottes die Frauen in einen Zustand versetzt, in dem sie weissagen konnten". Damit bringt Georges Roux die Brunnenkammer auf der Terrasse zwischen Tempel und Polygonalmauer in Verbindung. Zwölf Stufen führen hinunter zur Kammer, von der ein Kanal in die Grundmauern des Tempels geht; eine Abflußöffnung ist in der Polygonalmauer zu sehen. Dieser Brunnen gehörte zum zweiten Tempel, wurde beim Bau des dritten Tempels 346 v. Chr. jedoch beseitigt.

Am Berghang oberhalb des Tempels stand der 'Wagenlenker', der beim Erdbeben von 373 v. Chr. von herabstürzenden Erdmassen bedeckt wurde und daher den Metallräubern späterer Zeiten entging; jetzt befindet er sich im Museum. Daneben ist die große Nische für eine Darstellung Alexanders des Großen auf der Löwenjagd.

*Theater

Eine Treppe führt hinauf zum Theater, das 5000 Sitzplätze enthält (4. Jh. v. Chr., Umbauten bis in römische Zeit). Es gehörte ebenso noch zum heiligen Bezirk wie die Lesche (Versammlungshalle) der Knidier an der nördlichen Temenosmauer. Vom Theater bietet sich die schönste Übersicht über große Teile des Heiligtums bis hinab zur Marmariá.

Stadion

Weiter aufwärtssteigend, findet man 50 m höher unmittelbar unter senkrechter Felswand das Stadion, das seine letzte Gestalt in römi-

Tholos im Weihbezirk der Athena Pronaia

Stadion (Fortsetzung)

scher Zeit erhielt. Die Zeiten überdauert haben die Sitzstufen der Nordseite mit den Ehrensitzen, die halbrunde Sphendone im Westen und Teile des Eingangs im Osten. Theater und Stadion erinnern daran, daß es in Delphi seit 590 v. Chr. die Pythischen Agone gab, musikalische und athletische Wettkämpfe, zu denen auch die im Hippodrom unten im Tal ausgetragenen Wagenrennen gehörten.

*Kastalische Quelle

Im Winkel der beiden Phädriadenfelsen östlich des Apollonheiligtums liegt in einer Schlucht die Kastalische Quelle mit Nischen für Weihgaben im Felsen. Hier reinigten sich die Gläubigen, ehe sie – auf einem Weg, der seit einigen Jahren, durch die Umzäunung des Hierons gesperrt, nicht mehr begangen werden kann – zum Tempel zogen.

Gymnasion

Gegenüber gibt es einen Weg hinab zum Gymnasion, das aus einer 180 m langen gedeckten Laufbahn und einer Palaistra (Übungsstätte) bestand und ein rundes Badebecken von 10 m Durchmesser aufweist.

*Heiligtum der Athena Pronaia

**Tholos

Dem Fußweg weiter folgend, kommt man zum Marmariá-Bezirk mit dem Heiligtum der Athena Pronaia, der 'Athena vor dem Tempel', nämlich dem des Apollon. Auf den jüngeren Athena-Tempel (4. Jh. v. Chr.) folgen die kreisrunde Tholos, die außen dorische, innen korinthische Säulen hatte (kurz nach 400 v. Chr., teilweise wieder aufgerichtet), das ionische Schatzhaus von Massilia (Marseille) mit seinem schönen Sockelprofil (um 530 v. Chr.), ein dorisches Schatzhaus (5. Jh. v. Chr.) und der alte Athena-Tempel, der um 510 v. Chr. einem noch früheren Bau vom Anfang des 6. Jh.s folgte, später von einem Felssturz zerstört und 1905 von einem erneuten Felssturz getroffen wurde. Man sieht u. a. die dorischen Kapitelle des ersten Baus mit ihren üppigen Echinusleibungen und, auf noch aufrechtstehenden Säu-

Weihbezirk der Athena Pronaia — **Delphi Marmaria**

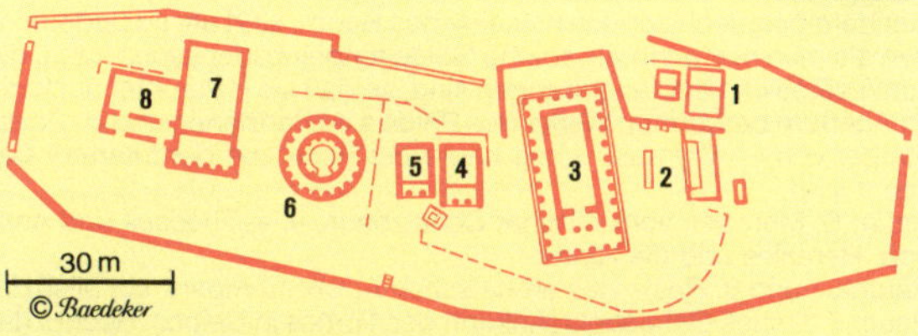

1 Archaische Tempel oder Schatzhäuser
2 Altäre (der größte aus dem 6. Jh. v. Chr.)
3 Alter Tempel der Athena Pronaia (um 500 v. Chr. erbaut)
4 Dorisches Schatzhaus (ca. 480 – 470 v. Chr.)
5 Ionisches Schatzhaus (von Massilia/Marseille)
6 Tholos (ca. 380 – 390 v. Chr. errichtet)
7 Jüngster Tempel der Athena Pronaia (nach dem Erdbeben von 373 v. Chr. erbaut)
8 'Haus der Priester'

len, diejenigen der Spätarchaik. Östlich dieses Tempels, der wie die anderen Marmariá-Bauten nach Süden gerichtet ist, liegen – in Richtung auf das noch erkennbare Osttor des Bezirkes – die Altäre. Neue Ausgrabungsarbeiten im Südteil dieses Bezirkes.

**Museum

Das Museum zwischen Ausgrabungsgelände und Dorf enthält eine faszinierende Sammlung delphischer Funde, von denen hier nur einige der wichtigsten genannt werden können: Steigt man die Treppe hinauf, so steht man im Vorraum vor einem netzartig mit Binden umwickelten Omphalosstein aus römischer Zeit. Dann kommt man in den Raum 2, der Saal der Schilde (drei archaische Bronzeschilde).
Raum 3: In der Mitte die Sphinx der Naxier (um 550 v. Chr.) und Karyatide vom Schatzhaus der Siphnier (um 525 v. Chr.), dessen Friese an den Wänden angebracht sind: links der Giebel (Herakles' Dreifußraub) und Ostfries (Götterversammlung und Trojanischer Krieg), rechts anschließend der Nordfries (Gigantenkampf), dann der Westfries (Urteil des Paris).
Raum 4: Kleobis und Biton, die Söhne der Herapriesterin von Argos (um 600 v. Chr., Höhe 2,16 m), zwei mächtige archaische Statuen eines peloponnesischen Künstlers.

Museum Delphi

1 Vorraum
2 Saal der Schilde
3 Saal der Siphnier
4 Saal der Kuros-Statuen
5 Saal der Gold-Elfenbein-Arbeiten und des Stieres
6 Saal des Schatzhauses der Athener
7+8 Säle des Apollon-Tempels
9 Saal der Grabmonumente
9a Saal des Altars
10 Saal der Tholos
11 Saal des Daochos-Monumentes
12 Saal des Wagenlenkers
13 Saal der Vitrinen

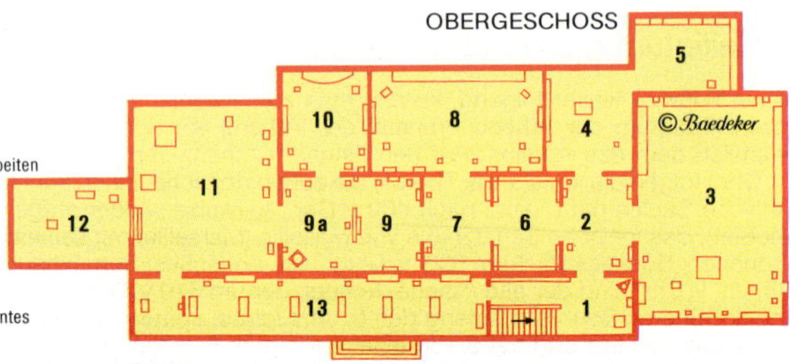

Von hier gelangt man in den 1978 neu eröffneten Raum 5 mit Weihgeschenken des 7.–5. Jh.s v. Chr., die unter der Heiligen Straße nördlich des Schatzhauses von Korinth aufgefunden wurden, darunter ein lebensgroßer Stier aus Silber und Gold, Elfenbeinschnitzereien sowie eindrucksvolle Teile von Goldelfenbein-Statuen des Apollon und seiner Schwester Artemis (6. Jh. v. Chr.). Diese neuen Funde, Weihungen aus dem ostgriechisch-kleinasiatischen Raum, sind um so bedeutender, als man hier erstmals solche Goldelfenbeinbilder sehen kann, die sonst sämtlich verlorengegangen sind, so daß sie – darunter auch die im Altertum berühmten Werke des Phidias im Parthenon und im Zeustempel von → Olympia – uns heute nur noch aus der Literatur bekannt sind.
Raum 6: Metopen vom Athener Schatzhaus, u. a. Theseus und Antiope, Herakles und die Hindin.
Räume 7 und 8: Reste des archaischen Apollontempels, vor allem im Raum 7 die des Ostgiebels (Ankunft des Gottes in Delphi). Rechts daneben ein Akroterion (Giebelverzierung) des Tempels in Gestalt einer geflügelten Siegesgöttin.
Räume 9 und 9a: Athlet mit Diener auf einer Stele aus der Marmariá (460 v. Chr.), Rundaltar mit Mädchenrelief (um 310 v. Chr.), Dionysoskopf (4. Jh. v. Chr.).
Raum 10 (rechts anschließend): Architekturteile von der Tholos (Rundtempel) im Heiligtum der Athena Pronaia: Gebälkteile mit Metopenreliefs, innere Halbsäulen mit korinthischen Kapitellen (kurz nach 400 v. Chr.).
Raum 11: Statue des Agias (um 350v . Chr., von Lysipp?), Akanthussäule mit drei Koren bzw. Thyaden (um 350 v. Chr.), Philosophenkopf (um 280 v. Chr.).

Arachova

Museum (Fortsetzung)

Raum 12: Der Wagenlenker, die berühmte Bronzestatue des Sotades aus Thespiai, gestiftet vom sizilianischen Tyrannen Polyzalos für einen Sieg im Wagenrennen bei den Pythischen Agonen 478 oder 474 v. Chr., verschüttet beim Erdbeben von 373 v. Chr. (Abb. s. S. 100). In Vitrinen Reste des dazugehörigen Viergespanns.
Raum 13: Bronzearbeiten, Marmorstatue des Antinoos, des Lieblings von Kaiser Hadrian (2. Jh. n. Chr.).

Umgebung von Delphi

* Arachova

Arachova, ein Bergdorf in Phokis, 9 km östlich von Delphi, ist bekannt durch seine herrliche Lage in der wilden Landschaft am Südabhang des Parnaß (auch Wintersport), durch seine farbigen volkstümlichen Webarbeiten und seinen Rotwein.

Vom Westrand des Dorfes zweigt von der Straße nach Delphi eine asphaltierte Straße ins Gebiet des 2475 m hohen → Parnaß ab.

Itea

Itea (4400 Einw.) ist eine kleine Hafenstadt 19 km von Delphi, an einer Bucht des Golfes von Korinth (umstrittene Bauxithütte). Östlich der Stadt lag der antike Hafen Kirra.

Galaxídi

17 km südwestlich von Itea erreicht man das am Westrand des Golfes von Itea, einer Ausbuchtung des Golfes von Korinth, gelegene Galaxídi mit Burg, Kloster und kleinem Museum.

14 km nordwestlich von Itea liegt am Fuße des Parnaß die Landstadt → Amphissa.

Dion

G 3

Griechisch

Δίο
Dío

Nomos: Pieria
Höhe: 70 m ü.d.M.
Einwohnerzahl: 1500

Lage

Die Ortschaft Dío (früher Malathriá), in deren Nähe sich das Grabungsfeld der altmakedonischen Stadt Dion befindet, liegt 16 km südlich der Bezirksstadt Katerini vor dem Nordausläufer des → Olymp. Von der Schnellstraße Saloniki–Athen zweigt man bei Limáni Litochóru westwärts ab und erreicht die Stätte nach gut 5 km Fahrt.

Geschichte und Bedeutung

Das in der fruchtbaren Pieria-Ebene am Fuße des Götterberges Olymp, an dem in der Antike schiffbaren Fluß Baphyras und unweit von der Westküste des Thermäischen Golfes gelegene alte Dion war für die Makedonen eine heilige Stadt (der Name leitet sich von 'Dios' = Genitiv von Zeus ab), die zu ihrer Blütezeit schätzungsweise 15000 Einwohner hatte. Dank ihrer günstigen Lage beherrschte sie die

Lageplan

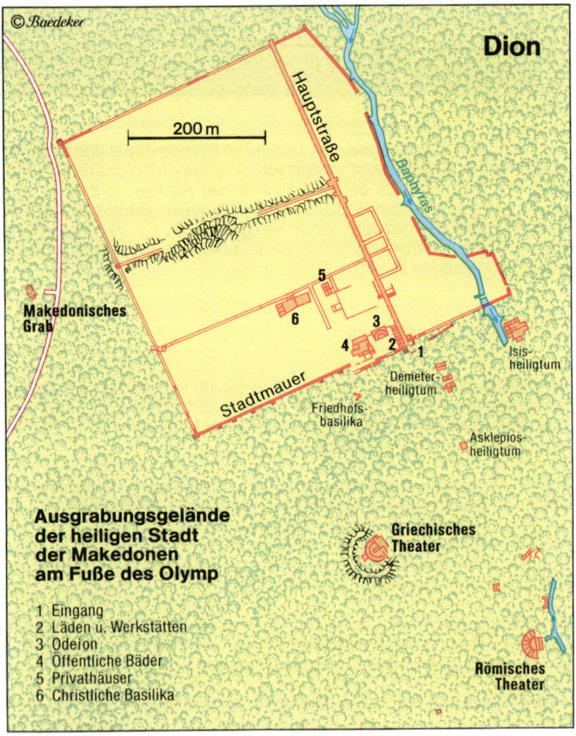

Küstenstraße zwischen Makedonien und Thessalien und war die südlichste makedonische Grenzfestung. Der König Archelochos (414 bis 399 v.Chr.) erbaute hier u.a. einen Zeustempel, ein Theater sowie ein Stadion und richtete olympische Festspiele ein. Dion wurde zum kultischen Zentrum der Makedonen, während Pella als ihre Hauptstadt aufblühte. Alexander der Große brachte in Dion Opfer dar, ehe er nach Persien zog. Im Jahre 220 v.Chr. von den Ätolern zerstört, erholte sich die Stadt rasch wieder. Unter Augustus erhielt sie römisches Recht.

Dion, Geschichte und Bedeutung (Fortsetzung)

Sehenswertes

*Ausgrabungen

Griechische Grabungen 1928–1931, nach 1962 und erneut seit 1973 haben bisher größere Teile der antiken Stadtanlage freigelegt: Partien der Stadtmauer, die Hauptstraße mit mehreren Nebenstraßen (insgesamt 14 sind festgestellt), große öffentliche Badeanlagen (Thermen; 4000 m^2) mit Mosaikböden und beachtenswerten Wasser- bzw. Abwasserleitungen, ein kleines Odeion, Wohnhäuser und Läden, eine christliche Basilika sowie – außerhalb des ummauerten Stadtbezirkes – Götterheiligtümer der Isis, der Demeter und des Asklepios, ein griechisches und ein römisches Theater, ferner eine makedonische Grabanlage.

Museum

Die Sammlungen des im Ort Dio befindlichen archäologischen Museums (Di. geschlossen) sind mit Sorgfalt aufgestellt und zeigen im Erdgeschoß interessante Fundstücke aus den Thermen, den Götterheiligtümern und der Nekropole von Dion sowie im ersten Stock solche aus der umgebenden Landschaft Pieria und vom Olymp (Modelle von beiden; u.a. Gegenstände des alltäglichen Lebens im Altertum).

Litochoro

→ dort

Olymp

→ dort

Dodekanes

L–N 6–8

Griechisch

Δωδεκάνησα
Dodekánissa

Allgemeines

Der Dodekanes, die 'Gruppe der zwölf Inseln', ist der südlichste, vor der Südwestküste Kleinasiens gelegene Teil der Südlichen Sporaden. Er umfaßt die vierzehn größeren Inseln → Lipsi, → Patmos, → Leros, → Kalymnos, → Kos, → Astypaläa, → Nisyros, → Symi, → Tilos, → Rhodos, Chalki, → Karpathos, → Kasos und → Kastellorizo sowie etwa 40 kleinere Eilande und Riffe.

Mit Ausnahme von Rhodos sind die kulturhistorisch zu Griechenland, geologisch zum anatolischen Festland zählenden Inseln wasserarm und meist kahl. Ihre Bewohner leben von Landwirtschaft, der seit einiger Zeit stark rückläufigen Schwammfischerei (Heimat der griechischen Schwammfischereiflotte), Seidenraupenzucht, Töpferei, Gerberei, Teppichweberei und zunehmend auch vom Tourismus.

Geschichte

Weder in griechischer noch in römischer Zeit bildete der Dodekanes eine politische Einheit. Erst mit der Eingliederung in den türkischen Staatenbund (16. Jh.) erhielten die zu einem byzantinischen Verwaltungsbezirk zusammengefaßten Inseln durch das Zugeständnis weit-

Fischer auf der Dodekanes-Insel Patmos

Dodekanes, Geschichte (Fortsetzung)

reichender Selbstverwaltung in inneren Angelegenheiten einen gemeinsamen politischen Status. Italien besetzte 1912 die Mehrzahl der Inseln und hielt sie als Faustpfand gegen das türkisch okkupierte Libyen. Im Vertrag von Lausanne trat 1923 die Türkei den gesamten Dodekanes an Italien ab. Nach Kämpfen und deutscher Besatzung im Zweiten Weltkrieg kamen die Inseln 1947 an das Königreich Griechenland.
Der Dodekanes genießt gewisse Zollvorrechte (z.B. Alkohol).

Dodona

E 4

Griechisch

Δωδώνη
Dodóni

Landschaft: Epiros
Nomos: Ioannina

Lage und Allgemeines

Das alte Orakelheiligtum des Zeus im nordwestgriechischen Epiros, 18 km südwestlich von → Ioánnina, liegt eindrucksvoll in großliniger Landschaft am Fuß der Tomarosberge.

Zufahrt

Man fährt von Ioánnina auf der Hauptstraße nach Süden, biegt 5 km vom Stadtzentrum rechts ab (Wegweiser) und erreicht dann nach 16 km den Grabungseingang.

Geschichte

In einem Gebiet, das seit 2000 v. Chr. von Thesprotern, seit 1200 v. Chr. von den Molossern bewohnt wurde, entwickelte sich das Orakel von Dodóna, getragen von den Helloi oder Selloi, die als vorindo-

Lageplan

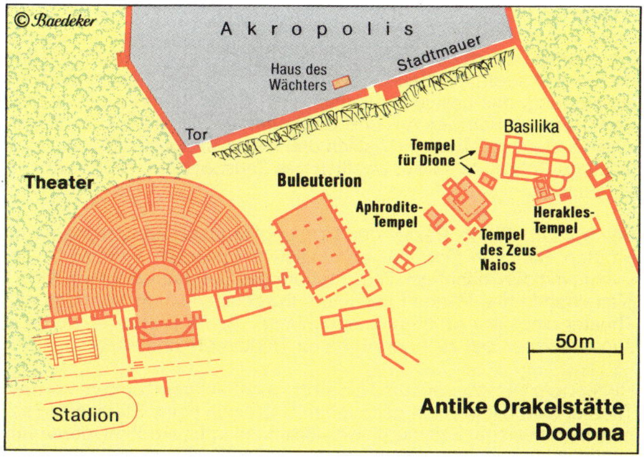

Geschichte (Fortsetzung)

germanische, pelasgische Sippe galten. Nach 1200 trat neben die schon vorher hier verehrte Quellgöttin Naia, die unter dem Namen Dione weiterhin ihren Kult hatte, der Wettergott Zeus Naios. Er wurde in einer heiligen Eiche verehrt, aus deren Rauschen die Priester den Willen des Gottes deuteten. Dankvotive sind seit dem 7. Jh. v. Chr. belegt. Das von Pyrrhos von Epiros (297–273 v. Chr.) und Philipp V. von Makedonien (219 v. Chr.) ausgebaute Heiligtum wurde 381 n. Chr. zerstört, doch gab es im 5. und 6. Jh. an dieser Stelle noch einen Bischofssitz.

Talbecken von Dodona

Sehenswertes in Dodona

Orakelstätte (Plan s. S. 297)

Die Orakelstätte ist durch eine am alten Platz neugepflanzte Eiche und die Grundmauern des Zeusbezirkes gekennzeichnet. Man erkennt die Umfriedung, das heilige Haus neben der Eiche (frühes 4. Jh. v. Chr.) und die vergrößernden An- und Umbauten des 3. Jh.s v. Chr., in welchem außerdem ein wenig östlich drei kleine Tempel für Dione, Herakles und Aphrodite sowie, westlich des Zeusbezirkes, ein Säulensaal entstanden.

*Theater

Bevor man diesen Bezirk der Grabung erreicht, kommt man zum größten Bau von Dodóna, dem 1959 freigelegten Theater (3. Jh. v. Chr.) mit den mächtigen Stützmauern des Zuschauerraumes. Mit 21 Sitzreihen in drei Rängen bei einem Durchmesser von 122 m ist das Theater eines der größten Griechenlands. Seine Orchestra wurde in augusteischer Zeit zu einer Arena für Tierkämpfe umgebaut.

Stadtmauer
Stadion

Hinter dem Theater verläuft die Stadtmauer mit ihren Türmen, vor dem Theater sind die in Stein gehauenen Sitzreihen eines Stadions zu sehen. In christlicher Zeit wurde eine Bischofskirche errichtet, deren Reste östlich des Zeusbezirkes liegen.

Die in Dodona zutage geförderten Funde befinden sich in den Archäologischen Museen von → Athen (Kleinbronzen) und → Ioánnina.

Drama — I 2

Griechisch

Δϱάμα
Dráma

Nomos: Drama
Höhe: 110 m ü.d.M.
Einwohnerzahl: 36000

Verkehr

Dráma ist Station der Bahnlinie Saloníki–Alexandrúpolis.

Lage und Allgemeines

Die ostmakedonische Stadt Dráma, 36 km nordwestlich von → Kavála, liegt am Fuß des Phalakrongebirges (2194 m) an einem Fluß, der Ölmühlen treibt. Das Gebiet ist gut bewässert und daher ertragreich; es werden Baumwolle, Reis und Tabak gezogen und in der Stadt industriell verarbeitet.

Echinaden — F 5

Griechisch

Εχινάδες Νησιά
Echinádes Nissiá

Nomos: Kephallonia

Allgemeines

Die ionische Inselgruppe der Echinaden (auch Kurzolaren) ist ein dem Mündungsgebiet des Achelóos südwestlich vorgelagerter fruchtbarer Archipel mit den Hauptinseln Dragonéra, Petalá und Oxiá, die heute durch Landanschwemmung teils mit dem Festland verbunden sind.

Lepanto

In der Nähe fand am 6. Oktober 1571 die Seeschlacht von Lépanto (= Naúpaktos; so benannt, weil die türkische Flotte von dort aus operierte) statt, in der Don Juan d'Austria 26jährig mit 250 venezianisch-spanischen Galeeren fast 200 Schiffe der gleichstarken türkischen Flotte vernichtete.

Echinaden Lepanto (Fortsetzung)

Edessa

G 3

Griechisch

Εδεσσα
Édessa

Nomos: Pella
Höhe: 450 m ü.d.M.
Einwohnerzahl: 16000

Verkehr

Édessa liegt an der Straße Saloníki– Phlórina (Busverbindung).

Lage und Allgemeines

Die knapp 70 km westlich von → Saloniki gelegene makedonische Stadt Édessa (früher Vódena) liegt auf einer Terrasse an den Ausläufern des Vérmiongebirges oberhalb der Makedonischen Ebene. Wegen ihres Wasserreichtums (Voda-Wasserfall) wird sie im Sommer gern besucht. Bis zu den Grabfunden von → Vergina galt Édessa als das alte Aigai, das vor → Pella makedonische Königsresidenz war.

Marienschlafkirche

Nahe dem Metropolitensitz (Aussicht) steht an der Stelle eines antiken Tempels die Kirche Mariä Schlaf (Kímissis tis Panagías; Fresken).

Reste der antiken Stadt

Teile der antiken Stadt kamen 1968 östlich unterhalb in der Flur Lóngos zutage (Zufahrt von der Straße nach Saloniki ausgeschildert), so ein Abschnitt der Stadtmauer mit Türmen und einem Tor, das sich auf eine Kolonnadenstraße öffnet (4. Jh. v.Chr.).

Umgebung von Édessa

*Gräber von Lefkádia

Rund 30 km südlich von Édessa, in der wein- und obstreichen Gegend von Náusa, hat man ab 1954 drei altmakedonische Grabanlagen, gut erhaltene Hypogäen des 3.–2. Jh.s v.Chr., entdeckt.

Elaphonisos

G 7

Griechisch

Ελαφονήσι
Elafoníssi

Nomos: Lakonia
Fläche: 18 km²
Höhe: 0–277 m ü.d.M.
Bewohnerzahl: 600

Schiffsverkehr

Linienschiffe wöchentlich von Athen (Piräus).
Lokale Bootsverbindungen mit Neápolis (Peloponnes).

Lage und Allgemeines

Elaphonissos (italienisch Cervi), das antike Onugnathos, ist eine unweit vor dem Südostfinger der Peloponnes (Lakonien) gelegene Insel mit gleichnamiger Ortschaft an der Nordspitze und zwei geschützten Ankerplätzen. Im Westen vorgelagert sind Inselchen und Klippen. Elaphonissos ist durch den etwa 10 km (6 sm) breiten, stark befahrenen Elaphonissos-Kanal von → Kythira (südlich) getrennt.

Blick auf die Bucht von Eleusis vom Vorplatz des Museums

Eleusis H 5

Griechisch

Ελευσίνα
Elefsína

Landschaft und Nomos: Attika
Höhe: 8 m ü.d.M.
Einwohnerzahl: 20000

Verkehr

Eisenbahnstation der Strecke Athen–Korinth.
Busverbindung mit Athen.

Lage

Die bedeutende, seit mykenischer Zeit bestehende antike Mysterienstätte Eleusis, 22 km westlich vom Zentrum der Millionenstadt Athen und unweit des Meeres, wird heute von der gleichnamigen Industriestadt umgeben.

Geschichte

Der Kult schließt an den Mythos von der Göttin Demeter an, die hier, am Kallichorosbrunnen, um die von Hades geraubte Tochter Persephone klagte; kein Getreide wuchs, bis Zeus die Rückkehr der Persephone alljährlich im Frühjahr verfügte. Demeter selbst begründete darauf die Mysterien, in denen sie als Stifterin der Fruchtbarkeit und Persephone (auch Kore, das Mädchen, genannt) als jahreszeitlich wiederkehrende Vegetationsgöttin gefeiert wurden.

Es scheint, daß die Geheimlehre von Eleusis den Mysten, die in zwei Stufen bei den Kleinen und Großen Eleusinien aufgenommen wurden, nicht nur die jährliche Erneuerung der Natur, sondern auch eine Auferstehung verhieß.

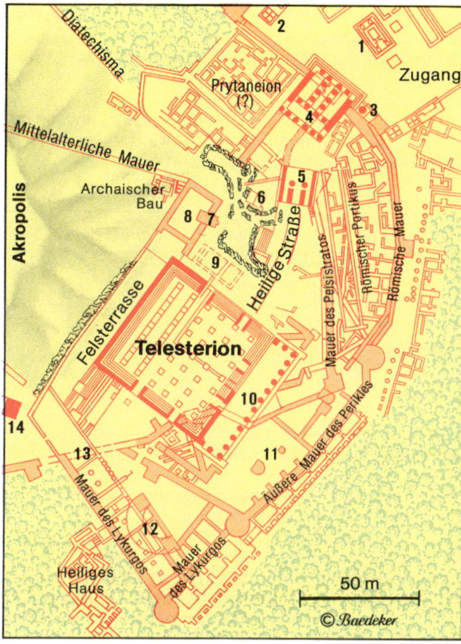

Eleusis

Antike Weihestätte der Demeter

1 Artemistempel
2 Triumphbogen
3 Kallichorosbrunnen
4 Große Propyläen
5 Kleine Propyläen
6 Plutonion
7 Kapelle der Panajia
8 Megaron
9 Schatzhaus
10 Portikus des Philon
11 Basen für Weihgeschenke
12 Buleuterion
13 Haus des Ephoren
14 Museum

*Demeter-Weihestätte

Vom Eingang kommt man zunächst an Resten römischer Zeit vorbei (Artemistempel, Triumphbogen) zu den großen Propyläen (2. Jh. n. Chr.). Links daneben die runde Mündung des Kallichorosbrunnens. Dahinter liegen die älteren kleinen Propyläen (54 v. Chr.), von denen man rechts am Hang die Plutongrotte sieht.
Kern der Anlage ist das Telesterion, eine Halle für die Mysterienfeiern. An der Stelle eines kleinen mykenischen Tempels (14. Jh. v. Chr.) wurde um 600 v. Chr. das Solonische Telesterion errichtet, mit einem Allerheiligsten (Anaktoron), das bis in die römische Zeit das Zentrum des Baues blieb. Erweiternde Erneuerungen wurden im 6. und 5. Jh. v. Chr. durchgeführt, zuletzt maß das Telesterion 54 x 52 m und hatte 7 Reihen zu 6 Säulen. 330–310 v. Chr. fügte man noch die Vorhalle des Philon hinzu. Die Halle wies ringsum Sitzstufen auf, von denen die in den Fels des Berghanges geschlagenen Reihen erhalten sind. Griechische Grabungen haben den Ort des Anaktorons, Mittelpunkt der vom Hierophanten geleiteten kultischen Feiern, festgestellt.

Museum

Über Felsstufen steigt man hinauf zum Museum. Den Vorhof zieren Statuen und ein Sarkophag mit der Darstellung der kalydonischen Eberjagd.
Der Eingangsraum enthält u. a. eine Demeter des Agorákritos (um 420 v. Chr.) und einen Abguß des Eleusinischen Weihreliefs mit Demeter, Persephone und dem Triptolemos-Knaben (440 v. Chr.; Original im Nationalmuseum Athen).
Raum I: Giebelskulpturen vom archaischen Telesterion, Statuette der Persephone (um 480 v. Chr.), 2 archaische Kuroi (540 bzw. 530

Eleusis, Museum (Fortsetzung)

v. Chr.), protoattische Amphora mit dem geblendeten Polyphem, Perseus und Medusa (7. Jh. v. Chr.).
Raum II: Archaische Kore, Ephebe (4. Jh. v. Chr.) von Lysipp (?), Asklepios (3. Jh. v. Chr.).
Raum III: Statuen der Römerzeit.
Raum IV: Karyatide von den kleinen Propyläen, korinthische Vase mit Chimaira (7. Jh. v. Chr.), Terrakottasarkophag mit Kinderskelett.
Raum VI: Keramikfunde aus Eleusis, Bronzevasen u. a.

Epidauros H 6

Griechisch

Επίδαυρος
Epídawros

Landschaft: Peloponnes
Nomos: Argolis
Höhe: 90 m ü.d.M.

Verkehr

Man erreicht Epidauros von → Nauplia aus (41 km) oder auf der neuen Straße von → Korinth über Néa Epídavros (63 km).

Lage

Epidauros, die berühmteste Kultstätte des Heilgottes Asklepios, liegt in einer milden Landschaft der Halbinsel Argolis.

Geschichte

In vorgriechischer Zeit wurde auf dem Berg Kynortion (oberhalb des Theaters, außerhalb der modernen Einzäunung) der Gott von Maleas (Maleatas) verehrt. Die Griechen setzten ihn mit ihrem Apollon gleich. Neben diesen trat zu einem unbekannten Zeitpunkt dessen Sohn

Antikes Theater

Asklepios, der in Trikka (Thessalien) aufgewachsen war. Alle vier Jahre fanden Wettkämpfe, seit 395 v. Chr. auch musische Agone, zu Ehren des Gottes statt. Der Kult breitete sich vom Ende des 5. Jh.s v. Chr. an über weite Teile der antiken Welt aus. So kam der Gott 420 v. Chr. nach Athen und 293 v. Chr. (als Aesculap) nach Rom. Der starke Zustrom der Heilungsuchenden führte im 4. und 3. Jh. v. Chr. zu einem Ausbau der Anlagen von Epidauros. Nach Ausweis der Weihinschriften arbeiteten die Priesterärzte bereits mit psychotherapeutischen Maßnahmen. Auch eine Thermalquelle wurde genutzt, und man fand chirurgische Geräte. Außerdem gehörten Theateraufführungen, denen man eine durch Erschütterung bewirkte Läuterung (Katharsis) zuschrieb, zum therapeutischen Katalog.

Geschichte (Fortsetzung)

Das Heiligtum blühte bis in spätrömische Zeit. Unter Theodosius I. wurde es gegen 400 n. Chr. geschlossen. In den Trümmern errichtete Justinian im 6. Jh. eine Festung.

Sehenswertes

Stadion

Vor dem heutigen Eingang zum Grabungsgelände passiert man das eingewachsene Stadion mit seinen steinernen Sitzreihen. Das am

Rekonstruktionsversuch des Asklepieions

** Theater
(Idealplan s.S. 113)

Kynortionhang gelegene Theater ist durch seine vorzügliche Erhaltung und seine Akustik berühmt.
Nach A. v. Gerkans Untersuchungen stammt es nicht, wie man lange Zeit im Anschluß an Pausanias gemeint hatte, aus dem 4. Jh. v. Chr. Vielmehr wurde der bis zum Umgang reichende untere Teil mit seinen 12 durch Treppen getrennten Keilen im frühen 3. Jh. v. Chr. erbaut, und der obere Teil folgte im 2. Jh. v. Chr., so daß das Theater dann 14000 Menschen Platz bot. Sein Kern ist die kreisrunde Orchestra. Vom Bühnenhaus (Skene) blieben nur geringe Reste; von beiden Seiten führten Rampen auf das Proskenionsdach hinauf, das als erhöhte Spielfläche mitbenutzt wurde. Die Eingangswege für den Chor (Parodoi) zwischen Bühnenhaus und Stützmauern des Zuschauerrundes führen durch festliche Tore.

Alljährlich finden im Juli und August Festspiele im antiken Theater statt (u.a. Aufführungen in altgriechischer Sprache).

Grabungsgelände

Vom Theater geht man, am Museum vorbei, zu den Resten eines großen Gästehauses (Katagogion), das 76,30 x 76,30 m mißt und in zwei Stockwerken 160 Räume hatte. Knapp 100 m westlich lag ein Bad, dann folgt ein Gymnasion (76 x 76 m), das in römischer Zeit in ein Odeion umgebaut wurde. Auf dem zentralen Platz, zu dem von Norden her eine heilige Straße mit Propyläen führte, standen, umgeben von Liegehallen für den Tempelschlaf, die wichtigsten Bauten: der dorische Asklepiostempel (380–375 v. Chr.) und die kreisrunde Tholos (360–330 v. Chr.), die Polyklet d. J. aufführte. Im Gelände ist von dieser nur der Unterbau mit seinen konzentrischen Gängen erhalten, die vermutlich zum Aufbewahren der dem Asklepios heiligen Schlangen dienten. Ein genaueres Bild dieses mit äußerstem Reichtum an feinen

Museum

Schmuckformen ausgestatteten Gebäudes gewinnt man im Museum, in dessen letztem Raum ein Teil wieder aufgebaut ist. 26 dorische Säulen umgaben die runde Cella, an deren Innenseiten 14 korinthische Säulen standen. In der Mitte des zweifarbigen Fußbodens war eine Öffnung, die zum Unterbau führte. Von der überaus kostbaren Dekoration der Tholos zeugen noch die Kassettendecken; die hohe Qualität der Arbeiten läßt sich vor allem an dem von Polyklet selbst gearbeiteten korinthischen Meisterkapitell ablesen.
Die anderen Museumsräume enthalten Inschriften, chirurgische Instrumente, Asklepiosstatuen (z. T. Abgüsse), Baufragmente von Propyläen und Asklepiostempel.

Néa Epídavros
Paläá Epídavros

Über Ligurió gelangt man zu den kleinen Hafenorten Néa und Paläá Epídavros (je 19 km, Badestrand).

Epiros

E/F 3–5

Griechisch

Ἤπειρος
Ípiros

Lage und Allgemeines

Epiros (lateinisch Epirus), d.h. 'Festland' gegenüber den vorgelagerten Inseln, die 9200 km² umfassende nordwestgriechische Landschaft zwischen der albanischen Grenze und dem Ambrakischen Golf, dem ionischen Meer und dem Pindos-Gebirge, reicht historisch bis ins heutige Südalbanien hinein.

Das gebirgige Land ist regenreich, was dem Feldbau, besonders aber der Viehzucht zugute kommt. Im Altertum galt es als zurückgeblieben, doch kannte Homer das Totenorakel am Acheron, und das Zeusorakel von Dodóna hatte überörtliche Bedeutung. Seine größte historische Gestalt brachte das Land im Molosserkönig Pyrrhos (319–272 v. Chr.) hervor, den Hannibal als größten Strategen nach Alexander dem Großen gepriesen hat. Später auch durch einwandernde Slawen und Albaner besiedelt, erlangte es im 13. Jh. unter den byzantinischen Despoten von Arta erneut Bedeutung. Die türkische Besetzung seit 1449 wurde erst 1914 durch eine umstrittene Grenzziehung zwischen Griechenland und Albanien beendet.

Antike Denkmäler sind → Dodóna, das → Nekromanteion von Mesopótamos und die von Augustus gegründete Stadt → Nikópolis. Mittelalterliche Zeugnisse findet man in den Kirchen von → Arta; türkische Einflüsse haben sich in → Ioánnina, wo 1788–1822 Ali Pascha halbautonom regierte, erhalten. Touristisch spielt → Párga, einer der wenigen Häfen der gebirgigen Küste, eine gewisse Rolle.

Trachten aus Epirus

Erimonisia

K 6/7

Griechisch

Ερημονήσια
Erimoníssia

Nomos: Kykladen

Schiffsverkehr

Keine regelmäßigen Verbindungen.

Lage und Allgemeines

Die Erimonissia oder Nissídes (Inselchen) sind eine Kette öder und einsamer Inseln im Dreieck Naxos–Amorgos–Ios. Am nördlichsten liegen die Voidonisi, eine Gruppe kleiner Eilande; südlich davon die Insel Donússa (200 Bew.; bis 488 m ü.d.M.) und die Makáriesinseln, eine Gruppe kleiner Eilande zwischen Donússa und Naxos. Weiter südlich die Kufo-Inseln Presúra, Áno Kufónissi (8 km²; beide nördl.) und Káto Kufónissi (5 km²; südl.) sowie östlich von ihnen die Inseln Kéros (14 km²), wo eine Akropolis des 3. vorchristlichen Jahrhunderts freigelegt wurde, Antikéros und Dríma. Südwestlich die Kufo-Insel Schinússa (10 km²; 200 Bew.) mit gleichnamiger Ortschaft im Inselinneren. Südlichste Insel ist Iráklia (18 km²; 250 Bew.), mit gleichnamigem Hauptort über der Ankerbucht Ágios Geórgios.

Euböa

G–I 4–6

Griechisch

Εύβοια
Éwwja

Nomos: Euböa
Inselfläche: 3654 km²
Höhe: 0–1743 m ü.d.M.
Bewohnerzahl: 165000
Hauptort: Chalkís

Schiffsverkehr

Fährverkehr zwischen Glífa und Agiókampos, Arkítsa und Lutrá Ädipsú, Skála Oropú und Erétria, Ágia Marína und Néa Stýra sowie zwischen Rafína und Néa Stýra, Marmári und Káristos.
Sehr lohnende Schiffsfahrt durch die Nördliche Bucht von Euböa von Chalkís nach Péfki.
Linienschiff von Vólos über Kými in das Gebiet der Nördlichen Sporaden sowie nach Kavála bzw. Alexandrúpolis.

Anreise zu Lande

Straßenverbindung mit dem Festland über die mautpflichtige Schiebebrücke bei Chalkís. Eine feste Brücke über die Bucht ist im Bau.
Autobus: Athen–Chalkís, mehrmals stündlich in 1½ Stunden, und weiter nach Kými, mehrmals täglich in zusammen 3¾ Stunden: Skála Oropú, etwa stündlich, von dort Fähre nach Erétria; Athen–Rafína, mehrmals stündlich, von dort Fähre nach Néa Stýra, Marmári und Káristos; Athen–Lutrá Ädipsú, mehrmals täglich in 3½ Stunden.
Eisenbahn: Athen–Chalkís, mehrmals täglich in 1¾ Stunden.

Lage und Allgemeines

Euböa ist mit 170 km Länge und 5,5 km Breite die zweitgrößte der griechischen Inseln. Sie liegt vor der Nordostküste Böotiens und Attikas, wo sie zwei seeähnliche geschlossene Buchten – die Nördliche und die Südliche Bucht von Euböa – bildet, die sich im nur 35 m breiten und 8,50 m tiefen Europos-Kanal, etwa in der Inselmitte, berühren. Auf der dem Festland zugewandten sanfteren Seite liegen die wichtig-

Lage und Allgemeines (Fortsetzung)

sten Häfen, während die felsige Nordostküste meist steil ins Meer abfällt. Die teilweise stärker bewaldeten Gebirge gruppieren sich in vier Massen: im Nordwesten die Telétrion-Berge (im Xerón 991 m ü.d.M.), weiter südöstlich das Kandíli-Gebirge (bis 1225 m ü.d.M.) und, östlich davon, das Massiv des Dírfys (im Delfí 1743 m ü.d.M.), im Südosten endlich das Ócha-Gebirge (im Óchi 1398 m ü.d.M.). Ihnen sind besonders im Westen kleine, fruchtbare Schwemmlandebenen vorgelagert. Bodenschätze (Magnesit, Braunkohle) bilden die Grundlage für metallverarbeitende Industrie, besonders im Gebiet um Chalkís. Der Besuch von Euböa ist hauptsächlich in landschaftlicher Hinsicht lohnend.

Geschichte

Die ältesten Bewohner Euböas waren im Nordwesten aus Thessalien eingewanderte Ellopier, in Mittel-Euböa thrakische Abanten und im Südosten Dryoper. Mit den Abanten verschmolzen sich attische Ionier, die fortan die ganze Insel beherrschten und sie im 8.–6. Jh. v. Chr. zu Wohlstand und Ansehen führten. Ihre beiden Hauptstädte Chalkis und Eretria entsandten zahlreiche Kolonien nach Großgriechenland, Sizilien und nach dem thrakischen Chersones (Chalkidike).
Eine fortlaufende Geschichte beginnt für die Insel mit der Unterwerfung der Stadt Chalkis (506 v. Chr.) durch Athen, für das der Besitz der fruchtbaren Insel bald zur Lebensfrage wurde. Gegen Ende des Peloponnesischen Krieges (411 v. Chr.) erlangte die Insel ihre Selbständigkeit zurück, stand aber in den späteren Kriegen zumeist auf Seiten der Athener, deren Geschick sie teilte.
Nach der Eroberung von Konstantinopel (1204 n.Chr.) fiel Euböa an drei Veroneser Herren, die Hafenplätze aber an die Venezianer, die nach vielen Kriegen mit den fränkischen Fürsten die ganze Insel unterwarfen. Damals erhielt sie den Namen Negroponte. Sie war nach Kreta die wichtigste venezianische Station im östlichen Mittelmeer,

Teilansicht von Chalkis

Geschichte (Fortsetzung)

ging aber im Jahre 1470 in den Besitz der Türken über. Durch das Londoner Prokoll von 1830 kam sie schließlich an Griechenland.

Chalkís

Chalkís (neugriechisch Chalkída; 37000 Einw.), Hafenstadt und Hauptort des auch die Petali-Inseln und → Skýros umfassenden Nomos Euböa, liegt reizvoll auf mehreren Hügeln um die Meeresenge Eúripos, westlich der antiken Stadt. Die Lage am bequemen Übergang zum Festland ließ schon früh einen Hafen entstehen. Mit dem Festland war Chalkís seit 411 v. Chr. durch eine feste hölzerne Brücke an der engsten Stelle des Eúripos verbunden. Damals wurden seine Ufer durch Anschüttung bedeutend vorgeschoben und die durch feindliche Schiffe stets bedrohte Verbindung mit Böotien gesichert. Ein Felseneiland, das die türkische Festung Karábaba (von 1686) trägt, teilt den Sund in einen jetzt geschlossenen westlichen und einen breiteren, nach Euböa zu liegenden Arm, den heute eine Schiebebrücke überspannt. Die schon im Altertum bekannten, täglich mindestens viermal, aber auch bis zu zwanzigmal die Richtung wechselnden Strömungen können durch die Wechselwirkung der Gezeiten mit stehenden Wellen ('Seiches') erklärt werden. Eine weitere Brücke über die Bucht zum Festland ist im Bau.
Auf dem Alphabet von Chalkís basiert die lateinische Schrift.

Kástro

Unmittelbar am östlichen Ende der Brücke liegt, zu einem großen Teil von Meer umgeben, die venezianisch-türkische Altstadt Kástro, deren Mauern z.T. erhalten sind. Im Süden des Kástro die Kirche Ágia Paraskeví, einst die Hauptkirche der Venezianer (urspr. 5./6. Jh.), im 14. Jh. von den Kreuzrittern im gotischen Stil (in Griechenland sehr selten!) erneuert. Die in der Vorstadt noch teilweise verfolgbare venezianische Wasserleitung wurde aus den Quellen des Dírfys gespeist.

Vorstadt

An die Altstadt schließt nördlich die belebte Vorstadt (Proasteion) an. Hier befinden sich der Hauptplatz von Chalkis, das Altertumsmuseum mit Fundstücken v.a. aus Eretria, das Museum für mittelalterliche Kunst in der restaurierten, 1470 aus der Kirche San Marco di Negroponte entstandenen Moschee und ein schöner türkischer Brunnen.

Kastélli

Auf einem Felssporn oberhalb von Phýlla, etwa 3 km östlich von Chalkis, erhebt sich die guterhaltene venezianische Festung Lílanto (heute Kastélli) aus dem 13. Jahrhundert.

Erétria

Erétria, seit dem 3. Jahrtausend v. Chr. besiedelt, war im Altertum nach Chalkis die bedeutendste Stadt der Insel. Ionische Siedler aus Attika führten auch sie im 8. Jh. v. Chr. zu höchster Blüte. Mit den Athenern leisteten die Eretrier dem von den Persern bedrohten Milet Hilfe (500 v. Chr.), weshalb Dareios die Zerstörung der Stadt befahl; die Bewohner wurden zum großen Teil als Sklaven nach Susa verbracht. Dennoch scheint die Stadt bald wieder aufgebaut worden zu sein. Sie beteiligte sich mit sieben Schiffen an den Seeschlachten von Artemision und Salamis und mit mehreren hundert Hopliten an der Schlacht bei Platää. Im Jahre 411 v. Chr. trugen die Eretrier wesentlich zur Befreiung Euböas von der Herrschaft Athens bei, indem sie nach einer Seeschlacht zwischen Athen und Sparta die in den Hafen der vermeintlichen Freunde flüchtenden Schiffe der Athener vernichteten. Später traten die Eretrier dem Attischen Seebund (378 v. Chr.) bei und

Ausgrabungen in Eretria

Erétria (Fortsetzung)

beteiligten sich auch an den Kämpfen gegen die Makedonier. Im Jahre 198 v. Chr. erstürmten die Römer die Stadt.
Eretria ist die Vaterstadt des Platonschülers Menedemos.

Die Ruinen von Eretria sind die bedeutendsten der Insel. Zwischen den Häuserreihen der modernen Ortschaft sind stellenweise alte Grundmauern sichtbar. Im Museum Funde aus römischer Zeit. Nordöstlich der antiken Stadt das in die Ebene eingelassene Theater: als ältester Teil ein steinernes Bühnenhaus, auf dessen Niveau ursprünglich die Orchestra lag; für die Zuschauer wurden jeweils Holzgerüste aufgeschlagen. Im 4. Jh. v. Chr. entstand als zweiter Abschnitt ein steinernes Theater mit vertiefter Orchestra, aufgeschüttetem Zuschauerraum und steinernem Bühnenhaus. Gespielt wurde in der Tiefe der neuen Orchestra vor einem veränderbaren hölzernen Proskenion. In frührömischer Zeit trat an dessen Stelle ein festes Proskenion aus weißem Marmor.
Südwestlich vom Theater liegen die Reste eines Dionysos-Tempels und ein Tor der Stadtmauer.
Östlich vom Theater das Gymnasion, in seiner Nordostecke die Badeeinrichtungen.
Am Nordostende des Ortes finden sich die Grundmauern eines Tempels des Apollon Daphnephoros (des Lorbeergeschmückten), dessen Giebelskulpturen (u.a. 'Theseus raubt die Amazone Antiope', von 520 v. Chr.) im Museum von Chalkis stehen.
1 km nordwestlich vom Theater eine gewölbte Grabkammer.

Die Burghöhe war großenteils mit Polygonalmauern befestigt. Am Nordrand der Burg ein Turm mit schönem Ausblick. Zwei nur teilweise verfolgbare Mauern laufen vom Ost- bzw. Westrand der Burg zur Strandebene. Am Strand weitere Mauerreste.

Hafenplatz an der Straße von Orei

Der Nordwesten der Insel

Von Chalkis über Artemísion nach Lutrá Ädipsú (151 km): Die Straße verläßt Chalkis in nordöstlicher Richtung und führt zunächst nahe am Eúripos hin (mehrfach alte Gräber).
9 km: Néa Artáky; hier zweigt rechts eine Nebenstraße (26 km nordöstl.) nach Sténi Dírfyos ab, von wo man in 4 Stunden (Führer!) den Delphí (1743 m; Aussicht), den Hauptgipfel des Dírfys-Gebirges, besteigen kann.
8 km: Psachná; 3 km nördlich die venezianische Burg Kástri. Die Straße führt nun durch rauhere Landschaft abseits vom Eúripos über einen Sattel zwischen Kandílion (1209 m ü.d.M.) und Pisariá (1352 m ü.d.M.); auf der Höhe hat man einen herrlichen Rundblick. Weiterhin durch schöne Berglandschaft, unweit einer antiken, von den Venezianern erneuerten Burg vorüber, dann bergab nach dem kleinen Kloster Ágios Geórgios und in dem mit Arbutus und Myrten dicht bewachsenen Langtal des Kyreús weiter abwärts.

36 km: Prokópion, ein wohlhabendes Dorf und Wallfahrtsstätte bei dem ehemals türkischen Landgut Achmet-Aga inmitten prächtiger Pflanzungen.
10 km: Mantúdi, ein Industriestädtchen (Magnesit-Abbau). Nördlich davon, bei der Mündung des Kyreús, die Reste des alten Städtchens Kírinthos.
8 km: Strofylliá; von hier Abzweigung südwestlich zu dem Hafenstädtchen Límni.
8 km: Agía Anná, ein wohlhabendes Dorf.
32 km: Agriovótano, unweit südlich vom Kap Artemísion (auch Kap Amoni); hier bietet sich ein reizvoller Blick auf das kleine Eiland Pontikoníssi.

Artemísion

12 km: Artemísion, ein an der Nordküste gelegenes Dorf, bekannt durch den ersten Seesieg der griechischen Flotte über die zahlenmäßig weit überlegenen Perser im Jahre 480 v. Chr.; nahebei die Reste eines Tempels der Artemis Proseoa. Unweit westlich das Fischerdorf Péfki, im Sommer Sammelplatz der Sardellenfischer.

Istäa

13 km: Istäa (5000 Einw.), in fruchtbarer Umgebung gelegener Hauptort im nordwestlichen Inselteil. Westlich davon befindet sich die Stelle des 446 v. Chr. von Perikles eroberten und durch Gründung einer Kolonie in dem Nebenort Oreí dauernd mit Athen verbundenen Histiäa; dabei ein mittelalterliches Kastell mit verbauten antiken Teilen.
Auf dem Platz von Oreí ein auf dem Meeresgrund gefundener gewaltiger Marmorstier (4. Jh. v. Chr.)

*Marmorstier

Lutrá Ädipsú

22 km: Lutrá Ädipsú, ein vielbesuchtes See- und Thermalbad mit schon von den Römern benutzten 32–82°C heißen Schwefelquellen, deren größte direkt am Meeresufer entspringt (Reste einer antiken Badeanlage).

Der Südosten der Insel

Von Chalkis über Eretria und Aliveri nach Karystos (128 km) bzw. Kymi (96 km): Die Straße verläßt Chalkis in südöstlicher Richtung und führt zunächst am Strand hin.
2,5 km: Kapelle des Ágios Stéphanos im Gebiet des antiken Chalkís, mit der im Altertum berühmten Arethusa-Quelle. Die Bucht von Ágios Stéphanos bildete einst den Hafen.
Weiterhin durch die angebaute Lelantische Ebene mit dem Dorf Vassilikó; links abseits, an der Straße zur mittelalterlichen Burg von Phýlla (1,5 km), stehen drei venezianische Wachtürme.
10 km: Lefkanti. Hier wurde 1981 ein Tempel aus dem 10./9. Jh. v. Chr. mit einer Fläche von 10 x 40 m freigelegt; die Reste wurden bei Baggerarbeiten beschädigt.
19 km: Néa Psará (eigentl. Erétria) mit den Ruinen des antiken Eretria; die heutigen Sümpfe, Rest einer prähistorischen Meeresbucht, waren im Altertum durch Kanäle entwässert. Hinter Eretria führt die Straße an mehreren Gräberfeldern vorüber.
9 km: Amárynthos, ein kleiner Fischerhafen; nordöstlich davon das Kloster Ágios Nikólaos mit Keramikverkleidung (Fresken 16. Jh.; Aussicht).
15 km: Alivéri, wohlhabender Industrieort (Bergbau; Wärmekraftwerk), vermutlich an der Stelle des alten Tamynä. Der Hafenplatz Skála Alivériu, wohl der antike Fährhafen Porthmós, liegt 1 km vom Ort entfernt. Weiterhin auf der Straße nach Kými.
9 km: Abzweigung (rechts) an einer sumpfigen, oft ganz wasserbedeckten Talmulde vorüber, aus der im Westen der Burghügel des alten Städtchens Dýstos aufragt; an seinem Fuße das neue Dorf gleichen Namens (antike Bauteile erkennbar). Weiterhin vielfach antike Bautrümmer.
15 km: Záraka; von hier öffnet sich der Blick auf eine tief einschneidende Meeresbucht, an deren Eingang die Insel Kavalianí, vermutlich das alte Glaukonnesos, liegt. Von der Höhe, zu der man später ansteigt, Blick über die Ostküste bis zum Kap Kafareús und nach Südwesten auf die Bucht von Stýra mit der mehrteiligen Insel Styra, im Altertum Ägleia.

Stýra

26 km: Stýra, dessen Häuser sich mit der weißen Kirche der Panagía am Abhang eines zweigipfeligen Berges hinanziehen; das antike Styra lag 1 km von hier am Meer bei Néa Stýra (kaum Reste).

Drachenhäuser

Von Stýra aus empfiehlt sich der Besuch der sogenannten Drachenhäuser. Man steigt in 30 Min. steil zu einer Einsattelung oberhalb des Dorfes hinan und weiter an antiken Steinbrüchen vorüber, mit angefangenen Säulenschäften, behauenen Blöcken u.a. Von hier in 15–20 Minuten an den Fuß des Berges Ágios Nikólaos, wo drei wohlerhaltene Steinhütten aus dem frühen Altertum, wohl Schutzhütten der Steinbrucharbeiter, liegen.

Auf der Höhe des Ágios Nikólaos erheben sich die stattliche fränkische Burg Larména und eine Nikolauskapelle (prächtige Aussicht).

Etwa auf halbem Wege von Stýra nach Kárystos befindet sich die Quelle des Bey.
21 km: Abzweigung zu dem 4 km südlich gelegenen, als Sommerfrische besuchten Ort Marmári; südwestlich vor der Küste die Petalií, eine Gruppe in Privatbesitz befindlicher, teils mit Landsitzen bebauter, teils verlassener Inseln.

Kárystos

11 km: Kárystos (2000 Einw.); der als Sommerfrische besuchte Hauptort des südlichen Euböa wurde nach den Freiheitskriegen gegründet. Die gleichnamige antike Stadt, die während der römischen Kaiserzeit wegen ihres weißgrünlichen Marmors (sog. Cipollino) Ruf hatte, lag gut eine halbe Stunde landeinwärts am Hang des Burgberges mit dem venezianischen Castel Rosso (Aussicht). Im Nordosten von Kárystos liegen die antiken Marmorbrüche von Mýli.
Lohnend ist der Aufstieg nordöstlich in $3^1/_2$ Stunden auf den Óchi (Ágios Elías; 1398 m ü.d.M.), von dessen Gipfel sich eine prächtige Aussicht bietet.

Im Nordosten des Óchi liegen den Drachenhäusern ähnliche, 'Archampolis' (vulgo 'Charchambolis') genannte Bauten. Noch weiter nordöstlich das Kap Dóro oder Kap Kafireús, bekannt durch die Sage von Nauplios, dem Vater des unglücklichen Palamedes, der die von Troja heimkehrenden Griechenschiffe durch Leuchtfeuer an die Klippen lockte, aber, da seine Hauptfeinde Odysseus und Agamemnon entkamen, sich ins Meer stürzte.
9 km östlich von Kárystos und 1 km von dem Dorf Platanistós (reicher Eichen- und Platanenbewuchs) das sogenannte Hellenikón,eine Terrasse mit mächtigen Stützmauern. Weiter (2 Stunden Fußweg) am Meer das wegen seines Poseidon-Heiligtums berühmte alte Hafenstädtchen Gerästós.
Bei der oben genannten Abzweigung vor Lépura führt die Hauptstraße weiter nördlich.
1 km: Abzweigung (östlich) nach Avlonári mit Kirche des Ágios Demétrios (12. Jh.; verbaute antike Säulentrommeln) und noch weiter zur Kirche Agía Thékla (Fresken 15. Jh.) im gleichnamigen Dorf.
13 km: Konístres; von hier in 30 Min. zur Burgruine Episkopí (antike und mittelalterliche Mauerreste).
17 km: Kými (3000 Einw.), inmitten fruchtbaren Hügellandes gelegene wohlhabende Ortschaft und einziger Hafen an der abweisenden Nordostküste. Die antike Stadt dürfte eher auf dem nördlich gelegenen Kap Kýmis oder im Gebiet des Klosters Ágios Sotér (byzantinische Festung nordwestlich) zu suchen sein. Im Nordwesten von Kými befinden sich Braunkohlelager (Fossilien aus dem Tertiär).

F...

→ Ph...

Geraki

G 6/7

Γεράκι
Jeráki

Griechisch

Landschaft: Peloponnes
Nomos: Lakonien
Einwohnerzahl: 2000

Lage

Geráki, ein stiller Ort an der Stelle des antiken Gerontrai, liegt eindrucksvoll in einem Hochtal des ⟶ Párnon-Gebirges, 41 km südöstlich von ⟶ Sparta.

Ortsbild

Aus seiner byzantinischen Glanzzeit unter der Herrschaft der Despoten von Mystrás stammen zahlreiche Kirchen und Kapellen, von denen nur Ágios Joánnis genannt sei. Auch beim Aufstieg zur fränkischen Burg (zunächst südostwärts, dann hinter dem Friedhof links, etwa 1 Stunde) stößt man auf mehrere Kirchen, darunter Agía Paraskeví (12. Jh.).

Burg

Die Burg von Geráki, eine der vielen Kreuzfahrerburgen auf der Peloponnes, wurde 1234 von Guy de Nivellet zum Schutz gegen die Tsakonen des Párnongebietes auf einem 500 m hohen Bergrücken erbaut. Zwischen den Zinnenmauern führt ein überwölbter Torgang in das Innere, wo die Burgkapelle, eine dreischiffige Basilika, sehr gut erhalten ist. Am Altar ist das Wappen der Nivellet angebracht, an der Bilderwand sieht man die Ikone des Patrons der Kirche, des hl. Georg, an dessen Tag noch heute hier die Liturgie gefeiert wird.

Leonídi

Von Geráki kann man auf mäßigen Straßen zwei Orte an der Ostküste der Peloponnes besuchen: die kleinen Häfen Leonídi (50 km nordostwärts) und ⟶ Monemvasía (67 km).

Gla

H 5

Γλα
Gla

Griechisch

Landschaft und Nomos: Böotien

Lage
und Allgemeines

Gla ist eine Festung aus mykenischer Zeit am Nordostende der Kopais-Ebene, des einstigen Kopais-Sees.

Burg

Auf der Nationalstraße von Theben in Richtung Lamía fahrend, sieht man nach 26 km den Burghügel rechts in 1 km Entfernung aus der Ebene aufsteigen. Man fährt rechts zum Dorf Kástro ab. Die schmale Straße führt rings um den Burghügel herum, der im Norden eine Höhe von 70 m erreicht. Die mächtige, 5,70 m starke und noch 3 m hohe Mauer umschließt die gesamte Fläche des Burgfelsens. Sie ist 3 km lang (Mykene: 900 m) und umfaßt 200 000 m²; die größte befestigte Anlage ihrer Zeit! Vom Nordtor aus gelangt man zu den an der höch-

Gla, Burg (Fortsetzung)

sten Stelle des Hügels liegenden Resten des Palastes, dessen zwei Flügel einen rechten Winkel bilden. Südlich anschließend in Richtung auf das Südtor weitere Reste von Wohnbauten. Im Osten war die Burg durch ein Doppeltor gesichert.

Gyaros — I 6

Griechisch

Γυάρος
Jiáros

Nomos: Kykladen
Inselfläche: 37 km²
Höhe: 0–489 m ü.d.M.
Sperrgebiet; keine Bewohner

Kein Schiffsverkehr

Lage und Allgemeines

Gyaros, ein wasserarmes und ödes Eiland, liegt im Kreis der Kykladen, nordwestlich von Syros. Seit dem Zweiten Weltkrieg, besonders aber zur Zeit der Militärdiktatur, war Gyaros Internierungs- und Gefangeneninsel.

Gythion — G 7

Griechisch

Γύθειο
Jíthio

Nomos: Lakonien
Höhe: 10 m ü.d.M.
Einwohnerzahl: 7500

Verkehr

Schiffsverbindung mit Piräus, Kythera und Monemvassía, Buslinien nach Spárta und Areópolis (Mani).
Jachtversorgungsstation.

Lage und Allgemeines

Gýthion ist eine Hafenstadt am Lakonischen Golf, 46 km südlich von Spárta, 24 km westlich der Eurotasmündung.

Die über einen Damm erreichbare Insel Marathoníssi ist das antike Kranae, auf der – der Überlieferung zufolge – der Trojanerprinz Paris mit der aus Sparta geraubten Helena die Hochzeit gefeiert hat. Aus römischer Zeit stammt ein Theater (bei der Militärunterkunft).

Umgebung von Gythion

Lohnende Ausflüge von Gýthion führen auf die Halbinsel → Máni (26 km), nach → Spárta (46 km), → Mystrás (51 km) und → Monemvasía (60 km).

Heptanes

→ Ionische Inseln

Gythion – Hafenpartie

Hydra H 6

Ὕδρα
Ídra

Griechisch

Nomos: Attika
Inselfläche: 55 km²
Höhe: 0–590 m ü.d.M.
Bewohnerzahl: 2800
Hauptort: Hýdra

Schiffsverkehr

Linienschiffe von und nach Athen (Piräus) mehrmals täglich in 3¼ Stunden.
Tragflügelboot von Athen/Piräus (Zéa) in 1¼ Stunden.
Lokale Verbindungen mit Spetsä und Ermioni.

Lage und Allgemeines

Die Insel Hydra, im Altertum Hydrea, ist ein 12 km langer und bis 5 km breiter, kahler monolithischer Kalkrücken vor der Südostküste der Argolis. Die wasserarme, unfruchtbare Insel lebt vorwiegend von Fremdenverkehr und Kunstgewerbe (Schmuck, Keramik, Stickereien, handgewebte Tuche, Lederarbeiten).
Man versuche den Mandelkuchen 'Amygdalotá'.

Geschichte

Hydra war bereits in mykenischer Zeit besiedelt, blieb jedoch bis ins 18. Jh. bedeutungslos. Im 15. Jh. und abermals 1770, nach der Revolte von Morea, gelangten albanische Flüchtlinge auf die Insel und machten sie durch Handel und Seefahrt, aber auch durch Piraterie zu einem überaus reichen kulturellen und gesellschaftlichen Zentrum. Im griechischen Freiheitskampf gegen die Türken setzte Hydra seine

Inselhafen Hydra

Geschichte (Fortsetzung)

Handelsschiffe als Kriegsflotte ein und übernahm auch einen großen Teil der Kriegskosten. Heute ist die Insel in ihre ursprüngliche Bedeutungslosigkeit zurückgefallen.

Sehenswertes

Stadt Hýdra
*Stadtbild

Der Hauptort Hýdra (2500 Einw.) baut sich malerisch um die kleine geschützte Hafenbucht an den Hügeln der Nordküste auf. Er ist Sitz einer Handelsmarineschule und Treffpunkt zahlreicher Künstler, besonders Maler, und Intellektueller, die Stadtbild und Atmosphäre prägen. Am Kai steht die Kirche des ehemaligen Klosters der Panagía (17. Jh.) mit schönem Kreuzgang. Zu beiden Seiten des Hafenbeckens die düsteren Herrschaftssitze reicher Reeder- und Händlerfamilien aus dem Beginn des 19. Jh.s, darunter die Häuser des Admirals Iákovos Tombázis (jetzt Nebeninstitut der Athener Kunstakademie) und von Demétrios Vúlgaris. Die einfachen, kykladisch anmutenden, doch teilweise farbenfrohen Bürgerhäuser steigen dahinter an den Hügeln bergan. Im Westen über der Stadt die Ruine der mittelalterlichen Burg, darunter Festungsanlagen aus dem Befreiungskrieg.

Westlich von Hýdra, bei dem Fischerdorf Vlychós, befinden sich die Überreste der antiken Stadt Chorisa.
1,5 km südlich der Kaló Pigádi (Aussicht); in der Umgebung Landhäuser aus dem 18. Jahrhundert.
Südlich, reizvoll in den Bergen gelegen (3 Std. Fußweg; auch Maultiere), ist das Kloster des Profíti Elías (15. Jh.).
An der Ostspitze der Insel (3 Std. Fußweg; auch Maultiere) das Kloster Zúrvas (16. Jh.).
Ferner mehrere andere, meist aufgelassene Klöster.

Dokós bei Hydra

Nordwestlich der Insel Hydra liegt die kleine Weideinsel Dokós, das alte Aperopia, mit gleichnamiger Siedlung an einer geschützten Bucht der Nordküste.

Hymettos H 6

Υμηττός
Imittós

Griechisch

Landschaft und Nomos: Attika

Lage und Allgemeines

Die Ebene von → Attika wird im Osten durch den 1027 m hohen langgestreckten Bergrücken des Hymettos begrenzt. Er besteht aus bläulich-grauem Hymettosmarmor, der auf pentelischem Marmor aufliegt und im Altertum abgebaut wurde. Damals war der Berg bewaldet; der Honig dieser Gegend war berühmt.

Sehenswertes

In den letzten Jahrzehnten hat man sich bemüht, den längst kahlgeschlagenen Berg teilweise wieder aufzuforsten, z. B. im Bereich des Klosters Kässarianí. Bei diesem gibt es eine kräftige Quelle, eine der vielen, die der Hymettos einst hatte.

Auf dem Gipfelplateau war eine Kultstätte des Zeus Ombrios, von dem man Regen erbat. Andere Heiligtümer des Hymettosgebietes waren der Bezirk des Apollon Proopsios und im Süden die Nymphengrotte 3 km nördlich von Vári.

Heute führt eine Straße durch den Vorort Kässarianí im Osten Athens zum gleichnamigen Kloster (→ Athen) und weiter zum Kloster Astéri mit einer freskengeschmückten Kreuzkuppelkirche aus dem 16. Jh.; sie erreicht schließlich das Gipfelplateau (militärisches Sperrgebiet). Ein weiteres Hymettoskloster, Agios Ioánnis Kynigós mit einer kleinen Kirche aus dem frühen 13. Jh. und späteren Erweiterungen, liegt am Nordfuß des Berges. Man erreicht es vom Dorf Agía Paraskeví an der Straße Athen–Markópulo (2 km vor Stavrós).

Igumenitsa E 4

Ηγουμενίτσα
Igumenítsa

Griechisch

Nomos: Thesprotien
Höhe: 10 m ü.d.M.
Einwohnerzahl: 6000

Verkehr

Fährverbindung mit Italien, Kérkyra und Pátras.

Lage und Allgemeines (Abb. s. S. 318)

Die kleine Stadt in → Epiros hat Bedeutung als Fährschiffhafen und Ausgangspunkt von Fahrten durch Westgriechenland und über den → Píndos nach → Thessalien.

Fährhafen Igumenitsa

Ikaria

L 6

Griechisch

Ικαρία
Ikaría

Nomos: Sámos
Inselfläche: 255 km²
Höhe: 0–1037 m ü.d.M.
Bewohnerzahl: 8900
Hauptort: Ágios Kírikos

Schiffsverkehr

Der Hafen von Ágios Kírikos auf Ikaria wird vom Linienschiff Athen (Piräus)–Rhodos sechsmal wöchentlich in jeder Richtung angelaufen. Lokale Verbindungen mit Samos, Phurni und Patmos.

Lage und Allgemeines

Ikaria (türkisch Nikarya), eine 40 km lange und bis zu 8 km breite vegetationsarme Insel der nordöstlichen Ägäis, liegt rund 18 km (10 sm) südwestlich von ⟶ Samos. In ihrer gesamten Länge wird sie von dem kahlen Gebirgszug Athéras (1037 m ü.d.M.) eingenommen, der zur Südküste hin steil abfällt. Die von Eichen- und Fichtenmacchie bestandene und von fruchtbaren, wasserreichen Tälern durchzogene Nordabdachung, auf die sich die Besiedlung konzentriert, senkt sich sanfter zur Küste hin, die hier mehrere kleine ungeschützte Buchten bildet. Die Bewohner leben von Landwirtschaft und Fischfang.
Ikaria hat sich bis heute viel von seiner Ursprünglichkeit bewahrt.

Mythos und Geschichte

Der Name Ikaria erinnert an Ikaros, den Sohn des attisch-minoischen Bildhauers und Erfinders Daedalos, der – wie die Sage berichtet – beim Versuch, mit wachsgetränkten Flügeln zu fliegen, in den Gewäs-

Ikaria, Mythos und Geschichte (Fortsetzung)

sern um die Insel ertrunken sein soll. Einheimische Legenden hingegen berichten von seinem weithin sichtbare weiße Segel tragenden Schiff, mit dem er im Sturm versunken sein soll.
Im 8. Jh. wurde Ikaria von Milet aus besiedelt und die Städte Oinoë, Histoi, Thérma und Drákanon gegründet.
In byzantinischer Zeit Verbannungsort, unterstand die Insel später wechselnden fränkischen und Genueser Herren, seit 1481 den Rhodiserrittern und wurde 1567 türkisch.
Am 17. Juli 1912 wurde nach erfolgreichem Aufstand gegen die Fremdherrschaft der Freistaat Ikaria proklamiert, der sich alsbald dem Königreich Griechenland anschloß.

Sehenswertes auf Ikaria

Der Hauptort und Hafen Ágios Kírikos (2000 Einw.) liegt im östlichen Teil der Südküste; im Gymnasium befindet sich eine sehenswerte archäologische Sammlung.

3 km nordöstlich liegt das von Griechen besuchte Heilbad Thérma mit 52,5°C heißen Radium- und Schwefelquellen, überragt von einer antiken Akropolis, zu der ein von Gräbern aus dem 6. Jh. v. Chr. gesäumter Pfad von Kataphýgi (3 km nordöstl.) hinaufführt.
7 km südwestlich von Ágios Kírikos das Kloster Lefkádos Evangelismós.

Auf Kap Phanári (1 Std. Bootsfahrt), der Nordostspitze der Insel, wo Dionysos geboren sein soll, die hellenistische Burgruine Drákanos.

Évdilos

Etwa in der Mitte der Nordküste liegt die malerische alte Inselhauptstadt Évdilos.
2,5 km westlich, bei dem Dorf Kámpos, die Ruinen der antiken Stadt Oinoë (kleines Museum). In der Umgebung von Kámpos finden sich Kuppelgräber (Tholaria) und kleine mittelalterliche Befestigungsanlagen (Kastraki).
5 km südlich von Évdilos, bei Kosíkia, die byzantinische Festung von Koskinas.

Im Nordwesten der Insel Ikaria liegt der Hafenflecken Armenistís.
5 km südwestlich die Reste eines Artemistempels (wohl 5. Jh. v. Chr.).

Ioannina

E 4

Griechisch

Ιωάννινα
Joánnina

Nomos: Ioannina
Höhe: 520 m ü.d.M.
Einwohnerzahl: 45 000

Verkehr

Ioánnina hat Flugverbindung mit Athen und Saloníki.
Busverbindung mit Athen und den Städten der Umgebung.

*Lage

Ioánnina am Westufer des gleichnamigen Sees ist die Hauptstadt der Provinz Epiros und Sitz einer 1965 gegründeten Universität. Bekannt sind seine Silberschmiedearbeiten. In den alten Vierteln hat sich die Atmosphäre einer Landstadt mit Erinnerungen an die Türkenzeit noch erhalten.

Geschichte

Ioánnina entwickelte sich im Mittelalter an der Stelle eines Johannesklosters. 1085 von den Normannen befestigt, wurde es 1345 zum Sitz serbischer Fürsten und war von 1430 bis 1913 türkisch. Ihre Glanzzeit erlebte die Stadt 1788 bis 1822 als Residenz des von der Hohen Pforte de facto unabhängigen Ali Pascha ('Löwe von Ioannina').

Sehenswertes

*Zitadelle

Die Zitadelle (Frúrion) mit der Aslan-Aga-Moschee von 1619 (Volkskundemuseum) hat malerische Winkel und bietet schöne Ausblicke auf den See und den Pindos; an der Ostecke das Ali-Pascha-Mausoleum. An der Seepromenade erinnert eine Aufschrift "Kyrá Phrosýni" an eine der von Ali Pascha im See ertränkten griechischen Frauen.

*Klosterinsel

Lohnend ist die Bootsfahrt zur Klosterinsel im See; im Panteleimon-Kloster (eines von sieben) wurde Ali Pascha am 24. 2. 1822 von den Türken umgebracht (Gedenkraum).

Archäologisches Museum

Das Archäologische Museum in der Stadt zeigt u.a. Funde aus ⟶ Dodona und dem ⟶ Nekromanteion Ephyras.

◀ *Seebecken von Ioannina*

Blick über die Stadt zum Ali-Pascha-Mausoleum

In der Zitadelle (Frurion)

Umgebung von Ioánnina

23 km südlich von Ioánnina liegt das Zeusorakel von ⟶ Dodóna, 30 km westlich im Norden der Hauptstraße nach Igumenítsa der Ort Zítsa mit einem hochgelegenen Elias-Kloster, das Lord Byron 1809 besungen hat, und 4 km nordöstlich die Tropfsteinhöhle von Pérama. **Perama-Höhle

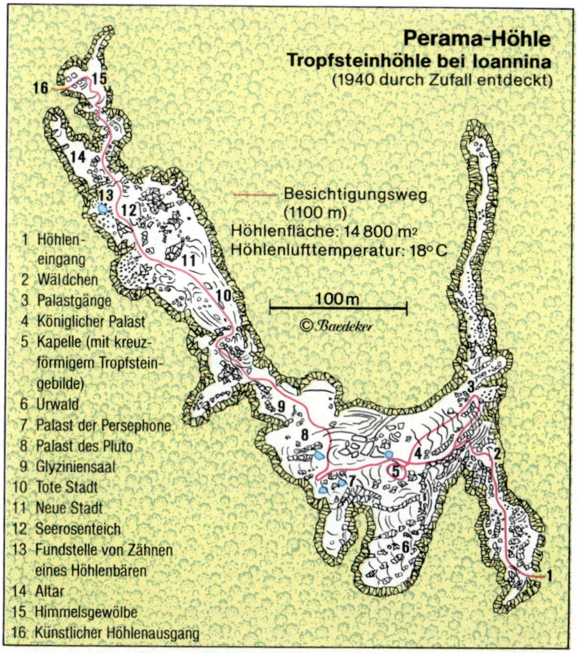

Großartige Landschaftseindrücke bringt ein Ausflug nach Norden in Richtung auf die albanische Grenze. Dort liegen die Zagorochoriá, die Dörfer in den Zagóriabergen, die auch in der Türkenzeit halbautonom waren. Von der Straße nach Kónitsa bei km 16 rechts abbiegend, erreicht man Vítsa und dann den hochgelegenen Ort Monodéndri (37 km von Ioánnina) mit seinen Webereien. Von hier geht man auf einem breiten Weg zu dem kleinen Kloster Agía Paraskeví, das 1412 am Steilabfall zur Vikos-Schlucht gegründet worden ist. Es ist jetzt verlassen, doch steht die Kapelle für Besucher offen. *Zagoria

Von hier gelangt man auf felsigem, zuletzt sehr schmalem Weg bis zu einer Einsiedlerhöhle, bei der sich ein phantastischer Blick hinunter in die Tiefe der Vikos-Schlucht (Farángi Víku) bietet. **Vikos-Schlucht

In dieser Gegend gibt es auch Weideplätze der nomadisierenden Sarakatsáni, die sich – zum Unterschied von Kutsovlachen und Aromunen – als Nachkommen altgriechischer Stämme verstehen.

Ionische Inseln D/E 4–6

Griechisch

Ιόνιδες Νησιά
Jónides Nissiá

Lage und Allgemeines

Die Reihe der Ionischen Inseln, auch Eptánissos (= Sieben Inseln) genannt, begleitet die Küste von der albanischen Grenze im Norden bis weit hinunter in den Süden. Im Westen Griechenlands gelegen und daher regenreicher als die meisten anderen Landesteile, haben die Inseln durchweg ein mildes Klima und eine üppige Vegetation, bis auf Kythira weitab von den anderen an der Südspitze der Peloponnes.

Mythos und Geschichte

Das Ionische Meer, das von antiken Autoren mit der Adria gleichgesetzt, heute als deren südliche Fortsetzung verstanden wird, und die Ionischen Inseln tragen ihren Namen nach den Irrfahrten der Io (Aischylos), späteren Quellen zufolge nach dem illyrischen Heros Ionios (mit Omikron). Sie hängen also nicht mit den ionischen Griechen zusammen, die sich von Ion (mit Omega) ableiteten, im 11.–10. Jh. v. Chr. Griechenland verließen und die anatolische Küste kolonisierten, so daß dieser ostgriechische Raum dann – bis hin zu Hölderlin – Ionien genannt wurde.

Die antiken Funde reichen bis in mykenische Zeit zurück. Ins Licht der Geschichte traten die Inseln, als Korinth 734 v. Chr. Korkyra, das spätere Kérkyra, gründete. Im 5. Jh. v. Chr. gewann Athen an Einfluß, im 2. Jh. v. Chr. wurden die Inseln einschließlich Kýthira römisch. Nach der byzantinischen Ära, in die die normannische Eroberung des Jahres 1085 fällt, brachte der 4. Kreuzzug 1203/04 den entscheidenden Einschnitt. Überall traten nun Herren aus Italien das Erbe von Byzanz

Blick zur ionischen Insel Zakynthos

an. Allmählich gelang es Venedig, die Inseln in die Hand zu bekommen: 1363 Kýthira, 1386 Kérkyra, das nun Corfù genannt wurde, 1479 Zákynthos, 1500 Kephallenia (nach 21jähriger Türkenherrschaft) und schließlich als letzte 1684 Lefkás, das seit 1467 türkisch gewesen war.

Ionische Inseln, Mythos und Geschichte (Fortsetzung)

Die Herrschaft Venedigs dauerte bis zum Untergang der Republik von San Marco 1797. In dieser Zeit waren die Inseln eine Zufluchtsstätte für manchen, der vor den Türken floh, u.a. für Künstler aus Kreta, die hier eine eigene Schule gründeten. Insgesamt können sie auf ein reicheres kulturelles Leben als das übrige Griechenland in diesen Jahrhunderten zurückblicken.
Nach französischem Zwischenspiel wurde die junge 'Republik der Sieben Inseln' 1815 Protektorat Großbritanniens, das sie 1864 an Griechenland übergab.
Die Beschreibungen der einzelnen Inseln findet man über das Register am Ende des Buches.

Ios

K 7

Ἴος
Íos

Griechisch

Nomos: Kykladen
Inselfläche: 105 km²
Höhe: 0–732 m ü.d.M.
Bewohnerzahl: 1100 (im 19. Jh. 3500)
Hauptort: Íos (Chóra)

Ios – Hafenpartie und ...

... Inselkirche

Ios (Fortsetzung)
Schiffsverkehr

Ios liegt an der Route Athen (Piräus)–Paros–Ios–Santorin–Iraklion.

Lage und
Allgemeines

Ios ist eine etwa auf halber Strecke zwischen Paros bzw. Naxos und Santorin gelegene Gebirgsinsel mit meist steiler Küste. Terrassenkulturen an den Hängen des wasserreichen Haupttals von Káto Kámpos und seiner Nebentäler bildeten bis vor wenigen Jahren die einzige Einnahmequelle der Bewohner. In jüngster Zeit aber hat ein stürmisch einsetzender Primitivtourismus (Hippies, Camper) die kulturelle und landschaftliche Harmonie der Insel – wenigstens während der Sommermonate – ruiniert.
Der Sage nach soll Homers Mutter Klymene von der Insel gestammt haben, und er selbst soll dort begraben sein.

Sehenswertes auf Íos

Íos (Chóra)

Von dem in einer tief eingeschnittenen Bucht der Westküste gelegenen Hafenplatz Órmos Íu mit der Kuppelkirche Agía Irína (17. Jh.) gelangt man im fruchtbaren Tal von Káto Kámpos 1 km aufwärts zum weithin sichtbaren, sich reizvoll in Stufen an einem Hang aufbauenden Hauptort Íos (Chóra; 700 Einw.). Er liegt innerhalb der weitgehend zerfallenen mittelalterlichen Festungsanlage und besitzt neben typischen weißen Kykladenhäusern rund 20 Kirchen und Kapellen (weitere 150 Kirchen sind über die Insel verstreut).

*Windmühlen

Über der Chóra, auf einem Bergrücken, stehen in doppelter Reihe zwölf Windmühlen (heute stillgelegt).
Beim Kloster Plakotó, am Nordhang des Pýrgos (732 m ü.d.M.), in einer Höhle die Reste eines vermutlich hellenistischen Heiligtums, das angeblich Homers Grab bergen soll.
Im Norden der Insel die Ruine einer venezianischen Burg.

Isthmia

G 6

Griechisch

Ισθμία
Isthmía

Nomos: Korinth
Höhe: 10 m ü.d.M.

Lage und
Allgemeines

Das Dorf Isthmia, südlich des Ostausgangs des Kanals von Korinth, ist interessant durch die seit 1952 von amerikanischen Archäologen freigelegten Überreste des antiken Poseidonheiligtums (1 km südlich des Kanals). Hier war der Ort der Isthmischen Spiele, die seit 582 v. Chr. alle zwei Jahre begangen wurden – als "Kampf der Wagen und Gesänge, der auf Korinthus' Landesenge der Griechen Stämme froh vereint", wie Schiller in seiner Ballade "Die Kraniche des Ibykus" sagt. Ehrenpreis war ein Fichten- oder Eppichkranz.

Lageplan s. S. 360

Sehenswertes

Poseidontempel

Man sieht den Grundriß des Poseidontempels, der um 460 v. Chr. als Nachfolger eines im 7. Jh. errichteten Heiligtums erbaut wurde; ein dorischer Peripteros mit der klassischen Proportion von 6:13 Säulen. Nach Beschädigung durch Feuer (394 v. Chr.) wurde er wieder aufgebaut. Nordöstlich des Tempels befand sich das Theater, südöstlich das neuere Stadion (4. Jh. v. Chr.).

Die antiken Bauten gingen im 6. Jh. n. Chr. zugrunde, als ihr Steinmaterial zum Bau eines justinianischen Kastells verwendet wurde (Reste östlich des Theaters). Dieses Kastell gehörte zur Befestigung des Isthmos, die im Lauf der Zeiten immer wieder erneuert worden ist, um die Peloponnes vor Angreifern aus dem Norden zu schützen. Die Sperrmauer verlief etwa parallel zum heutigen Kanal und war sechs römische Meilen lang, woran der heutige Dorfname Examília erinnert. Früheste Spuren aus mykenischer Zeit (13. Jh. v. Chr.) fanden sich südlich und südöstlich des Poseidonheiligtums. Größere Reste stammen von der Mauer aus den Jahren 480–479 v. Chr., die 297 v. und 253 n. Chr. wiederhergestellt wurde. Um 540 n. Chr. folgte dann der erwähnte Ausbau unter Kaiser Justinian, und noch aus spätbyzantinischer und venezianischer Zeit sind Verstärkungsarbeiten überliefert.

Isthmia, Sehenswertes (Fortsetzung) Kastell

Umgebung von Isthmia

2 km südlich des Poseidonheiligtums bezeichnet das Dörfchen Kechriás den alten korinthischen Hafen Kenchreai, dessen Anlagen heute z. T. unter Wasser liegen. Nördlich des Hafens hat man beim Hotel Kalamaki Beach einen Tempel klassischer Zeit festgestellt.

Antiker Hafen Kenchreai

2 km südlich vom Hafen Kenchreai befindet sich eine ergiebige Quelle, die seit Pausanias (II, 2,3) bis heute Lutró Elénis ('Bad der Helena') heißt.

Ithaki — E 5

Ιθάκη
Itháki

Griechisch

Nomos: Kefalliniá
Inselfläche: 93 km²
Höhe: 0–808 m ü.d.M.
Bewohnerzahl: 4000
Hauptort: Vathy (Ithaki)

Fährschiff von Patras über Sami (Kefallinia) mehrmals wöchentlich.

Schiffsverkehr

Ithaki (vulgo Thiaki) ist eine von → Kephallenia nur durch den etwa 4 km breiten Kanal von Ithaki getrennte Felseninsel, die durch den von Osten eingreifenden Golf von Mólos (600 m breite Landenge bei dem 380 m hohen Berg Aëtós) in zwei Teile geschieden wird: im Norden das Bergland von Ani (im Neritos 808 m ü.d.M.), im Süden der Bergstock Stephani (671 m ü.d.M.). Die teilweise verkarstete Insel läßt in den wenigen fruchtbaren Tälern Landwirtschaft zu.

Lage und Allgemeines

Ithaki gilt gemeinhin als das im homerischen Epos "Odyssee" geschilderte Reich des Odysseus Ithaka (vgl. dagegen W. Dörpfelds Thesen bei → Lefkas!).

Früheste Keramikfunde weisen auf eine erste Besiedlung gegen Ende des 3. Jahrtausends v. Chr.

Geschichte

Aus mykenischer Zeit stammen mehrere Siedlungen, deren Ärmlichkeit sich mit dem in jener Zeit vermuteten reichen homerischen Ithaka nicht vereinbaren läßt. Hingegen ist im 1. Jahrtausend v. Chr. eine ge-

Geschichte (Fortsetzung)

wisse Blüte durch regen Handel mit dem Festland und Italien erwiesen. Seit der römischen Zeit teilt Ithaki die Geschicke der anderen Ionischen Inseln. Im Mittelalter vertrieben Seeräuber die Bewohner und setzten sich im heutigen Vathý fest. Erst im 17. Jh. ließen sich neuerlich Bauern aus Kephallenia nieder. Eine an verheerenden Überfällen und Erdbeben reiche Geschichte hat die historischen Bauwerke fast ausnahmslos vernichtet.

Sehenswertes

Vathý

Hauptort ist der geschützte, vermutlich von den Römern gegründete Hafen Vathý (auch Itháki; 2500 Einw.) in reizvoller Lage an der von zwei venezianischen Festungen gesicherten Bucht von Vathý, die allgemein als der Hafen des Phorkys angesehen wird, wo die Phäaken den heimkehrenden Odysseus an Land setzten (Od. XIII, 96ff.).

Nymphengrotte

2 km westlich, am Abhang des Hügels Ágios Nikólaos, die Mármaro Spília, eine als Nymphengrotte (Od. XIII, 107/8) ausgegebene Tropfsteinhöhle (antike Kultstätte).

Kastro Ulysse

5 km westlich von Vathý, auf dem Berg Aëtós, die von Schliemann freigelegte Akropolis einer prähistorischen Stadt (7. Jh. v. Chr.; vielleicht das Alalkomenai des Strabo), volkstümlich 'Kastro Ulysse' (Odysseus-Burg) genannt.

Arethusa-Quelle

6 km südlich von Vathý (Fußweg) die 'Arethusa-Quelle' am Fuße des Koraxfelsen (Od. XIII, 408/9); noch weiter südlich das von Ölbäumen bestandene Hochplateau von Marathiá mit weitem Rundblick. Hier vermutete man die 'Weideplätze des Eumaios' (Od. XIV, 6).

Hafenbucht von Vathy auf Ithaki

Ithaki, Arethusa-Quelle (Fortsetzung)

3 km südlich von Vathý lag die ehemalige Inselhauptstadt Paläochorá (bis 16. Jh.).

Stavrós

Im Nordwesten der Insel, in der Umgebung der Ortschaft Stavrós, sprechen zahlreiche antike Funde für die Vermutung, daß Stadt und Palast des Odysseus am ehesten hier zu lokalisieren seien.

Polis-Bucht

Südwestlich unterhalb von Stavrós die malerische Pólis-Bucht, der einzige größere Hafen an der Westküste Ithakis. Eine Grotte an ihrer Westseite war in mykenischer Zeit ein Athena-Hera-Heiligtum. Vor der Bucht, unweit der Küste von Kephallenia, das winzige Eiland Daskalio, angeblich das antike Asteris (Od. XVI, 365).
1 km nördlich oberhalb der Pólis-Bucht, bei dem Hügel Pelikata, Spuren einer Siedlung (um 2200 bis um 1500 v. Chr.).
1 km weiter nördlich die Kapelle Ágios Athanásios.

Im Westen von Stavrós liegen die malerischen Meeresbuchten von Fríkes und Kióni.

Kloster Panagía Kathará

6 km südlich von Stavrós das Kloster Panagía Kathará (prächtige Aussicht; Feierlichkeiten alljährlich am 8. September).

Átokos bei Itháki

Etwa 10 km nordöstlich von Ithaki liegt die unbewohnte Felseninsel Átokos.

Ithomi

→ Messene

Kaiaphas

F 6

Griechisch

Καϊάφας
Kaiáfas

Nomos: Elis
Höhe: 10 m ü.d.M.
Einwohnerzahl: 1000

Lage und Allgemeines

Kaiáphas an der Westküste der Peloponnes, 21 km südlich von → Pýrgos, ist seit der Antike als Heilbad bekannt. Es hat lange, schöne Sandstrände.

Umgebung von Kaiaphas

Zácharo
Káto Phigalía

5 km südöstlich liegt der kleine Küstenort Zácharo. Nach weiteren 8 km erreicht man Tholon, wo links die Straße (14 km) nach Káto Phigalía abzweigt. Von diesem führt ein Weg über Petratóna nach Andrítsena und dem Apollontempel von → Bassä.
40 km südlich von Kaiáphas liegt das von einer Burg überragte → Kyparissía.

Kalamata G 6

Griechisch

Καλαμάτα
Kalamáta

Nomos: Messenien
Höhe: 25 m ü.d.M.
Einwohnerzahl: 42 000.

Verkehr

Kalamáta hat Flugverbindung mit Athen, Busverbindung mit Athen und den Orten der Umgebung. Es ist Endstation der Peloponnesbahn Athen–Korinth–Kalamáta.
Jachtversorgungsstation.

Lage und Allgemeines

Kalamáta, westlich des ⟶ Taýgetos, ist die Hauptstadt der Provinz Messenien und hat Bedeutung als Ausfuhrhafen für die landwirtschaftlichen Erzeugnisse der Region. Der Ort nimmt den Platz des mykenischen Pharai ein, das zum Reich des Menelaos gehörte. 720 v. Chr. kam es mit Messenien unter die Herrschaft Spartas. Nach 1204 bauten die Villehardouins es unter dem heutigen Namen zur Residenz – neben Andravída – aus. Später byzantinisch, türkisch und venezianisch, wurde es 1825 von Ibrahim Pascha gebrandschatzt. Die schweren Erdbebenschäden von 1986 sind noch sichtbar.

Ortsbild

Über dem Ort erhebt sich die Burg der Villehardouins; an ihrem Fuß steht das Konstantinskloster, dessen Nonnen handgewebte Seiden-

Abendstimmung bei Kalamata

stoffe herstellen. Ein Museum mit Stücken aus der Gegend, vor allem aus venezianischer Zeit und den Freiheitskämpfen, ist im Haus Kyriákos eingerichtet.

Kalamata, Ortsbild (Fortsetzung)

Umgebung von Kalamata

Das antike → Messene am Berg Ithómi (30 km); → Pýlos an der Bucht von Navarino (51 km); → Spárta und → Mystrás, die man über den → Taýgetos erreicht (60 km); die eindrucksvolle Landschaft → Máni südöstlich der Stadt.

Kalambaka

F 4

Καλαμπάκα
Kalambáka

Griechisch

Nomos: Trikala
Höhe: 220 m ü.d.M.
Einwohnerzahl: 5700

Verkehr

Kalambáka ist Endstation der Bahnlinie Phársala–Kalambáka.

Lage

Kalambáka, ein Landstädtchen am Austritt des Peneios aus dem Píndos in die Thessalische Ebene, wird meist als Ausgangspunkt für den Besuch der → Metéora-Klöster oder vor einer Fahrt über den → Pindos nach → Ioánnina besucht.

Kalambaka am Fuße der Meteorafelsen

Sehenswertes in Kalambaka

*Mitropoliskirche

Die nahe der senkrecht aufsteigenden Felswand gelegene Mitrópoliskirche ist der Himmelfahrt Mariens geweiht. Es ist eine 1309 von Andrónikos Palaiológos erneuerte Basilika, die der Tradition zufolge auf die Zeit Kaiser Justinians zurückgeht. Zu dieser Datierung des Vorgängerbaus passen der basilikale Grundriß und der große marmorne Ambo im Mittelschiff – ein singuläres Stück – ebenso wie die halbrunde steinerne Priesterbank in der Apsis. Die Malereien im Hauptraum gehören in die Zeit nach der Erneuerung. Sie schuf 1573 Neophytos, ein Sohn des Kreters Theophanes, der das Agios-Nikólaos-Kloster im nahen Metéora-Gebiet ausgemalt hat.

Kalamos E 5

Griechisch

Κάλαμος
Kálamos

Nomos: Kefallinía
Inselfläche: 24 km^2
Höhe: 0–740 m ü.d.M.
Bewohnerzahl: 1500
Hauptort: Kalamos

Schiffsverkehr

Bootsverbindungen mit Astakos und Lefkas.

Lage und Allgemeines

Kalamos ist eine nahe der Küste Akarnaniens gelegene, dünn besiedelte und teils verkarstete Gebirgsinsel (Landwirtschaft) mit steiler Felsküste. Der Hauptort Kálamos liegt an der Südostküste.
Südlich die von wenigen Fischern bewohnte Insel Kastós.

Kalavryta G 5

Griechisch

Καλάβρυτα
Kaláwrita

Nomos: Achaia
Höhe: 725 m ü.d.M.
Einwohnerzahl: 2000

Verkehr

Endstation der Zahnradbahn von Diákophton am Golf von Korinth.

Lage und Allgemeines

Kalávryta, am Fuß des Erymanthos in der nördlichen Peloponnes gelegen, bietet sich als Ausgangspunkt für Bergwanderungen an.
Über 1400 Griechen wurden hier im Jahre 1943 von deutschen Truppen bei einer Vergeltungsaktion ermordet, die Stadt zerstört. Eine Gedenkstätte oberhalb des Ortes erinnert an die Ereignisse jener Tage.

Umgebung von Kalávryta

Agía Lavra

7 km südwestlich liegt das 961 gegründete Kloster Agía Lávra, in dem 1821 der Freiheitskampf gegen die Türken ausgerufen wurde (Museum).

Mahnkreuz hoch über Kalavryta ▶

Kalavryta – historische Bergbahn

Kalavryta, Umgebung (Fortsetzung)
*Höhlenkloster Megaspíleon

Das Kloster Megaspíleon (Große Höhle) liegt 7 km nordöstlich an der Asphaltstraße Diakophto–Kalávryta. Seine Gebäude enthalten neben der Kirche (Wachsikone der Mutter Gottes) ein Museum mit Ikonen.

Außer der Straße besteht die ältere Zahnradbahn; die Fahrt mit ihr durch die wilde Vuraikosschlucht ist landschaftlich sehr lohnend.

Kalymnos

L/M 6/7

Griechisch

Κάλυμνος
Kálimnos

Nomos: Dodekanes
Inselfläche: 109 km²
Höhe: 0–678 m ü.d.M.
Bewohnerzahl: 13000
Hauptort: Kálymnos (Póthia)

Verkehrswege

Linienverkehr von und nach Athen (Piräus) mehrmals wöchentlich in 14–19 Stunden (Kfz-Transport).
Lokaler Verkehr im Dodekanes: Rhodos – Symi – Tilos – Nissyros – Kos – Kalymnos – Leros – Lipsi – Patmos – Arki – Agathonissi – Samos; ferner Rhodos – Kos – Kalymnos – Astypaläa.

Lage und Allgemeines

Kálymnos ist eine kahle, schluchtenreiche Kalkinsel im Dodekanes, 12 km (6,5 sm) nordwestlich von → Kos und durch den schmalen Diaporikanal vom nordwestlich gelegenen → Leros getrennt. Die Küste ist meist schroff, felsig und von zahlreichen Buchten gegliedert.

Blick von Kalymnos zur Insel Telendos

Lage und Allgemeines (Fortsetzung)

Die Bewohner leben vom landwirtschaftlichen Ertrag einiger weniger fruchtbarer Täler und Niederungen, besonders aber – wie schon seit Jahrhunderten – von der Schwammfischerei im südöstlichen Mittelmeer und der Schwammaufbereitung für den Export nach Amerika. Das Auslaufen (April/Mai) und die Rückkehr (Sept./Okt.) der Schwammfischerflotte wird von lärmvollen Festen begleitet.

Geschichte

Funde aus mehreren Küstenhöhlen, u.a. aus den Grotten von Daskalió bei Vathís und Ágia Varvára, belegen die ununterbrochene Besiedlung der Insel seit dem Neolithikum. Kalymnos war in der Geschichte stets ohne Bedeutung.

Sehenswertes

Kalimnos

Ein bis 678 m hoher Kalkrücken trennt den Norden vom Südteil der Insel, wo sich seit dem Altertum die Bevölkerung konzentriert. Von seinem Fuß zieht eine fruchtbare Ebene südwärts zum Hauptort und Hafen Kalimnos (früher Póthia; 9500 Einw.; Radiumquellen), der mit seinen stattlichen, im neoklassischen Inselstil des 19. Jh.s erbauten Häusern an den Hängen um die Hafenbucht sanft ansteigt. Im kleinen Museum u.a. Funde aus der Jungsteinzeit sowie vom Heiligtum des Delischen Apollon (s. unten).
Nordwestlich der Stadt der alte Inselhauptort Chorió (17. Jh.), überragt von der byzantinischen Stadtfestung.

Christos tis Jerusalim

Westlich von Chorió, im Tal oberhalb der Linari-Bucht, die Ruine der frühchristlichen Basilika Christós tís Jerusalím, die im 6. Jh. aus antiken Bauten über den Fundamenten eines Heiligtums des Delischen Apollon errichtet wurde.

Kalymnos (Fortsetzung)
Pánormosbucht

Ferner finden sich zahlreiche antike Spuren um die geschützte Pánormosbucht an der Westküste: Festungsreste um deren südliche Seitenbucht von Arginóntas bei Xirókampos und Vriokástro sowie die Ruine der vermutlich karischen Festung Kástri hoch über der nördlichen Seitenbucht von Emporió.

Télendos bei Kalymnos

Auf der die Pánormosbucht nach Westen hin abschließenden Felsinsel Télendos (bis 458 m ü.d.M.) die mittelalterliche Burg auf dem Ágios Konstantínos sowie an dessen Fuß die Klosterruine Ágios Vasíleios.

Kamena Vurla G 5

Griechisch

Καμένα Βούρλα
Kaména Wúrla

Nomos: Phthiotis
Meereshöhe
Einwohnerzahl: 2000

Verkehr

Kamena Vurla liegt an der Autostraße Saloniki–Athen.

Lage

Kamena Vurla, ein kleiner Badeort (Indikationen: Rheuma, Arthritis, Neuritis; Sandstrand), liegt hübsch auf einer baumbestandenen Landzunge gegenüber der Insel ⟶ Euböa.

Umgebung von Kamena Vurla

An der Nationalstraße von Lamía nach Athen erreicht man Ágios Konstantinos (7 km), ein hübsches kleines Fischerdorf.
Arkitsa (26 km), Fährschiffhafen mit Verbindung nach Ädipsós auf ⟶ Euböa.
Livanates (30 km). Hier biegt rechts die Straße nach den Dörfern Atalánti (7 km) und Kalápodi (6 km) ab, wo unmittelbar nördlich der Straße neuerdings ein seit G. Wheler, einem englischen Reisenden des 17. Jh.s, bekannter Platz untersucht worden ist. Dabei kam u. a. das Fundament eines 19,26 x 45,80 m großen dorischen Artemis-Tempels zutage (wohl 5. Jh. v. Chr.) und außerdem ein unversehrter Altar samt Weihgaben. Vermutlich handelt es sich um das Heiligtum der Artemis Elaphebolia von Hyampolis.

Karditsa F 4

Griechisch

Καρδίτσα
Kardítsa

Nomos: Karditsa
Höhe: 110 m ü.d.M.
Einwohnerzahl: 27 000

Verkehr

Station der Nebenbahn Phársala–Kalambáka.

Karditsa (Fortsetzung)

Lage

Der in der Türkenzeit gegründete Ort Kardítsa ist heute ein landwirtschaftliches Zentrum in der Thessalischen Ebene am Ostfuß des Píndos.

Umgebung von Karditsa

Mitrópolis, 10 km westlich in den Bergen, mit römischen Befestigungsresten.

Phanári (15 km nordwestlich, 2000 Einw.) mit byzantinischer Burg auf einem Felshügel.

Karitäna

G 6

Griechisch

Καρίταινα
Karítäna

Landschaft: Peloponnes
Nomos: Arkadien
Höhe: 380 m ü.d.M.
Einwohnerzahl: 1050

Lage

Karítäna, ein Dorf in der Landschaft ⟶ Arkadien, liegt 16 km nordwestlich von ⟶ Megalópolis an der Straße nach Andrítsena (von dort südlich auf einer Nebenstraße weiter nach ⟶ Bássä) eindrucksvoll am Durchbruch des Alpheios.

Karitäna in Arkadien

Ortsbild von Karitäna

Der Ort wird überragt von einer fränkischen Burg (583 m). Auf ihr saß im 13. Jh. Hugues de Bruyère als Baron von Karítäna. Ein Denkmal am Berghang erinnert an den Freiheitskämpfer Theódoros Kolokotrónis, der sich in dieser Burg 1821 gegen die Türken behauptete. Vom Burgtor sieht man eine mittelalterliche Alpheiosbrücke unter der modernen Betonbrücke.

Karpathos M 8

Griechisch

Κάρπαθος
Kárpathos

Nomos: Dodekanes
Inselfläche: 332 km^2
Höhe: 0–1220 m ü.d.M.
Bewohnerzahl: 6000
Hauptort: Kárpathos (Pygádia)

Flugverkehr

Flugplatz 16 km südlich von Karpathos.
Linienflüge Rhodos–Karpathos ein- bis dreimal täglich; Kasos–Karpathos täglich; Verbindung mit Sitia (Kreta).

Schiffsverkehr

Linienverkehr von und nach Athen (Piräus) wöchentlich in 26 Stunden, ferner mit Kreta.
Lokale Verbindungen im Dodekanes: Rhodos–Chalki–Karpathos–Kassos.

Lage und Allgemeines

Kárpathos (italienisch Scarpanto), die schmale, 48 km lange, von Norden nach Süden gestreckte Insel im Dodekanes bildet zusammen mit der südwestlichen Nachbarinsel Kassos den Übergang zwischen Rhodos und Kreta. Ein zerklüfteter und unfruchtbarer, im Kalí Límni bis 1220 m hoher Kalkrücken durchzieht sie in ihrer gesamten Länge. Die Küsten sind meist steil mit kleinen, höhlenreichen Sandbuchten im südlichen Teil, an der Westküste bei Arkása und an der Ostküste bei Pygádia. Die Bewohner leben von Viehzucht, Tischlerei und Schnitzhandwerk sowie von den Webwaren und Stickereien der Frauen.

Geschichte

Im Altertum erst von Kreta, dann von Argos her besiedelt, später Rhodos untertan, trug die Insel Karpathos die vier Städte Arkesia (geringe Spuren) im Süden der Westküste, Poseidion an der südlichen Ostküste, Thoantion an der Westküste sowie Vrykos im Norden und gab dem Meer zwischen Kreta und Rhodos den Namen.

Sehenswertes

Karpathos

Der junge Hauptort Karpathos (1200 Einw.), zugleich wichtigster Hafen der Insel, liegt an der weiten Bucht der südlichen Ostküste an der Stelle des antiken Poseidion.

*Ólympos

Lohnend ist der Besuch (Autobus oder Taxi; auch von Diafáni aus, an der nördl. Westküste) des sehr urtümlichen Gebirgsdorfes Ólympos (schöne Aussicht; noch betriebene Mühlen) im Norden der Insel. Seine Einwohner tragen noch die überlieferten reichbestickten Trachten, und die im Dorf nach alter Sitte dreitägig gefeierten Hochzeits-

Antike Säulen bei Pygadia auf Karpathos

Karpathos, Ólympos (Fortsetzung)

feste sind in Griechenland weithin berühmt. Besuchenswert ferner Apérion (nordwestl. von Karpathos).

Sariá bei Kárpathos

Von der Nordspitze von Karpathos, durch einen 100 m breiten Kanal getrennt, liegt die Insel Sariá (16 km²; bis 565 m ü.d.M.), im Altertum Saros, mit den Ruinen einer byzantinischen Stadt an der Südseite.

Kasos

außerhalb des Kartenbildes

Griechisch

Κάσος
Kássos

Nomos: Dodekanes
Inselfläche: 65 km²
Höhe: 0–583 m ü.d.M.
Bewohnerzahl: 1500
Hauptort: Frí

Flugverkehr

Flugplatz 1 km nordwestlich von Frí. Linienflüge täglich Rhodos–Karpathos–Kasos; Verbindung mit Sitia (Kreta).

Schiffsverkehr

Linienverkehr wöchentlich von und nach Athen (Piräus) bzw. Rhodos. Lokale Verbindungen im Dodekanes: Rhodos–Chalki–Karpathos–Kasos, ferner mit Kreta (Sitía und Ágios Nikólaos).

Bemerkenswertes auf Kasos

Die Insel Kasos (Kassos; italienisch Caso, türkisch Kaşot), südwestlich von ⟶ Karpathos gelegen, ist felsig (zahlreiche Grotten), karg und ohne schützende Hafenbuchten. Ihre Bewohner leben von Landwirtschaft im Norden und vom Bootsbau.
Kasos teilte die historischen Geschicke der Nachbarinsel Karpathos. Nach dem Befreiungskrieg ließen sich auf der Insel albanische Schwammfischer nieder.

Der Hauptort Frí liegt südlich oberhalb vom Schiffslandeplatz an der Stelle der alten Stadt.
Nördlich vorgelagert ist die kleine, heute verlassene Insel Armáthia mit Sandstrand.

Kastellorizo

außerhalb des Kartenbildes

Griechisch

Καστελλόριζο
Kastellóriso

Nomos: Dodekanes
Inselfläche: 9 km²
Höhe: 0–271 m ü.d.M.
Bewohnerzahl: 200
Hauptort: Megísti

Flug- und Schiffsverkehr

Linienflüge und Linienschiffe ein- bis zweimal wöchentlich von und nach Rhodos; Bootsverbindungen mit Kasos, Chalki und Tilos.

Megisti – östlichster Hafen Griechenlands

Kastellorizo (Fortsetzung)

Kein Autoverkehr!
Seit 1986 besteht ein Flugplatz.

Lage und Allgemeines

Kastellorizo (von italienisch Castelrosso = Rote Burg), auch Megiste (spr. 'Mejísti' = die Größte; türkisch Meis) genannt, liegt als östlichster Außenposten Griechenlands ca. 7 km südlich vor der lykischen Küste Kleinasiens. Auf der wasserarmen Felsinsel leben heute nur rund 200, meist ältere Menschen (z.T. Schwammfischer), während es um 1900 noch etwa 15000 gewesen sein sollen. Nach der deutschen Bombardierung (1943) emigrierten viele Bewohner v.a. nach Australien.

Bemerkenswertes auf Kastellorizo

Archäologische Funde zeigen, daß die Insel schon im Neolithikum dicht besiedelt war. Ihr Schicksal war weitgehend mit dem von Rhodos verbunden.

Megísti

Den Hauptort Megísti, mit bunten, vielfach verlassenen Häusern über der geschützten Hafenbucht (Inselmuseum bei der Moschee) im Nordosten, beherrscht die Burg (13.–16. Jh.) der Rhodiserritter an der Stelle einer Befestigung des 4. vorchristlichen Jahrhunderts. Am Fuße des Burgberges ein lykisches Kuppelgrab (4. Jh. v. Chr.).
An der südlichen Ostküste der Insel befindet sich die besuchenswerte Blaue Grotte.

Ro und Strongylí

5 km westlich bzw. 4 km südöstlich vor Kastellorizo liegen die verlassenen, als Viehweiden genutzten Eilande Ro und Strongylí.

Kastoria F 3

Griechisch

Καστοριά
Kastoriá

Nomos: Kastoria
Höhe: 620–760 m ü.d.M.
Einwohnerzahl: 17000

Verkehr

Flugverbindung mit Athen, Busverbindung mit Athen und den Orten der Umgebung.

*Lage

Die westmakedonische Stadt Kastoriá, die wahrscheiniich auf das antike Keletron zurückgeht, ist sehr reizvoll auf einer Halbinsel im gleichnamigen See gelegen. Als Zentrum von Kürschnerei und Pelzhandel war sie auch in der Türkenzeit wohlhabend.

Ortsbild

*Kirchen

In der Stadt gibt es 72 Kirchen und Kapellen, von denen viele wegen ihrer Wandmalereien bedeutend sind. In der Stadtmitte beim Gymnasion die Taxiarchenkapelle (11.–13. Jh.) und – als einziger Zentralbau der Stadt – die Panagia Kumbelidíki (11. Jh.). Südlich davon, am

Kirchen
(Fortsetzung)

Omóniaplatz, die einschiffige Nikólaoskapelle (um 1000). Auf dem höchsten Punkt der ehemaligen Burg stehen unweit des Seehotels neben der Gulas-Moschee die Panagíakirche des Kotzópulos und die Nikólaoskapelle der Eupraxis (11.–12. Jh.). Im Norden der Stadt ragen die Kirche der Anárgyri (10. Jh., Wandmalereien 11. Jh.) und Ágios Stéphanos, eine Basilika aus dem 11. Jh. mit zahlreichen Wandbildern, hervor. Aus der Türkenzeit stammen einige Kapellen, die zu (zum Teil noch vorhandenen) Herrenhäusern gehörten. Eines dieser Herrenhäuser, unweit des südlichen Seeufers, ist als Volkskundemuseum eingerichtet.
Ebenfalls am Seeufer im Süden, östlich etwas außerhalb der Stadt, befindet sich das Kloster Panagía Mavriótissa, bei dem an die einschiffige Hauptkirche (Fresken 11./12. Jh.) eine Joannes-Theologos-Kapelle mit Fresken von 1552 angefügt ist. Auch die Außenseiten beider Kirchen sind mit bedeutenden Fresken versehen.

1 Kursum-Moschee
2 Phaneromeni
3 Prodromos Aposari
4 Taxiarchai Rallis
5 Haus Sapuntsis
6 Agios Nikolaos Tsotsas
7 Haus Tsiatsapas
8 Agios Georgios (am Berg)
9 Agios Nikolaos Kyritses
10 Agioi Anargyroi
11 Agios Nikolaos Thomanu
12 Agios Andreas
13 Panagia Kotsopulu
14 Panagia Oikonomu
15 Agios Nikolaos Megaleion
16 Gulas-Moschee
17 Agios Nikolaos Eupraxias
18 Agioi Apostoloi
19 Panagia Elusa
20 Agios Stylianos
21 Agios Stephanos
22 Agios Georgios
23 Agios Thomas
24 Agios Nikolaos Musabikis
25 Agios Georgios Musabikis
26 Agios Demetrios
27 Panagia Kumbelidiki
28 Gymnasion
29 Agios Taxiarches
30 Agios Nikolaos
31 Agios Alypios
32 Agios Nikolaos Kanitsis
33 Panagia Rasiotisa
34 Agios Athanasios
35 Agios Michael Taxiarches
36 Agios Nikolaos Dragotas
37 Agia Paraskevi
38 Haus Natsis
39 Agios Nikolaos Karibis
40 Agios Ioannis Theologos

Kavala – Blick über den Hafen zum Burgberg

Kavala

I 3

Καβάλα
Kawála

Griechisch

Nomos: Kavala
Höhe: 5–60 m ü.d. M.
Einwohnerzahl: 56 000

Verkehr

Flugverbindung mit Athen, Busverbindung mit Saloníki, Fährschiffe nach Thásos. – Nächste Bahnstation: Dráma (32 km).

Lage

Kavála, der Haupthafen von Ostmakedonien, steigt reizvoll von der Hafenbucht zu Sýmvolon- und Akropolishügel an.

Geschichte

Die Stadt wurde wohl im 6. Jh. v. Chr. von der Insel ⟶ Paros als Neapolis gegründet und verdankte ihren Wohlstand den Goldvorkommen im nahen Pangaiongebirge. 168 v. Chr. wurde sie römisch und war 42 v. Chr. Flottenstation von Brutus und Cassius, die bei ⟶ Philippi geschlagen wurden. 50/51 betrat der Apostel Paulus hier erstmals europäischen Boden. Nach dem Sieg des Christentums erhielt das Suffraganbistum von Philippi den Namen Christópolis, doch setzte sich später der Name Kavála durch. Von 1371 bis 1912 war die Stadt türkisch. Hier wurde der Albaner Mehmet Ali (1765–1849) geboren, der zum Pascha von Ägypten aufstieg, die bis zu Faruk reichende letzte ägyptische Dynastie begründete und in der von ihm erbauten Alabastermoschee auf der Kairoer Zitadelle begraben ist. 1912–1913, 1916–1918 und 1942–1944 war Kavala von Bulgaren besetzt. Heute sind Tabakexport und Baumwollhandel wichtig.

Sehenswertes

Hafen
*Burg

Über dem Hafen erhebt sich an der Stelle der antiken Akropolis die byzantinische Burg; in ihrem Inneren das Geburtshaus des ägyptischen Khediven Mehmed Ali, der 1769 hier geboren ist. Ein zweistöckiger

*Aquädukt

Aquädukt führt zum Burgberg. Beim Aufstieg zur Zitadelle passiert man zunächst ein von Mehmed Ali gegründetes Imaret (Armenküche). Weiter oberhalb kommt man zu einem Platz, an dem das Geburtshaus Mehmed Alis steht, davor sein Reiterstandbild. Die Zitadelle zeigt wohlerhaltene Festungswerke; schönes Panorama.

Archäologisches Museum

Das neue Archäologische Museum entält Funde aus der Stadt und ihrer Umgebung (Abdera, Amphipolis und Drama). Im Erdgeschoß liegen links von einem Gang zwei Säle hintereinander. Saal I zeigt u.a. ionische Säulen vom Parthenos-Tempel von Neapolis und eine frühgeometrische Amphora, Saal II reiche Funde aus der Nekropole von Amphipolis (Grabstelen, eine davon bemalt, Goldschmuck, Keramik). Im Hof stehen Marmorskulpturen. Im Obergeschoß ist Keramik zu finden, ferner ein Mosaik aus Abdera (3. Jh. v. Chr.), Münzen und anderes.

Umgebung von Kavála

Lohnend sind Ausflüge nach ⟶ Phílippi (15 km), zum Kloster Ikosiphínissis am Nordosthang des Pángäongebirges (45 km über Eleftherúpolis), zur Ruinenstätte von ⟶ Amphípolis an der Straße nach Saloníki (62 km westlich), schließlich zur Insel ⟶ Thásos.

Kea

I 6

Κέα
Kéa

Griechisch

Nomos: Kykladen
Inselfläche: 131 km^2
Höhe: 0–560 m ü.d.M.
Bewohnerzahl: 4000
Hauptort: Kea (Chora)

Schiffsverkehr

Linienschiffe von und nach Rafína und Lávrion (Attika) jeweils mehrmals wöchentlich.
Lokale Verbindungen mit Kýthnos und Kárystos (Euböa).

Lage und Allgemeines

Kea, die westlichste der großen Kykladeninseln, ist rund 20 km (11 sm) südöstlich von Kap → Sunion gelegen. Landwirtschaft auf Terrassenkulturen und der traditionelle Anbau von Eicheln für die Gerberei sind durch Abwanderung der arbeitsfähigen Bevölkerung eingeschränkt; vom griechischen Festland geht etwas Tourismus aus.

Geschichte

Die ursprünglich von Dryopern aus Euböa und später von Ioniern besiedelte und damals Keos genannte Insel galt im Altertum mit ihren vier Städten Iulis, Karthäa, Koresia und Poeessa als Tetrapolis (Vier-Städte-Staat).

Sehenswertes

Kéa (Chóra)

Der Hauptort Kéa (auch Chóra; 1700 Einw.) am Fuße des Profíti Elías (560 m ü.d.M.) nimmt die Stelle des alten Iulis ein, von dem Reste im mittelalterlichen Kastro (von 1210) erhalten sind. Iulis gilt als Heimat der Hymnendichter Simonides und seines Neffen Bakchylides (6./5. Jh. v. Chr.).

Korrissía

Etwa 4 km nordwestlich liegt im Süden der Bucht des Ágios Nikólaos (im 13. Jh. Piratenstützpunkt) der Hafenort Koríssia (auch Livádi) an der Stelle des antiken Koresia, von dem Teile der Stadtmauer und eines Apolloheiligtums erhalten sind; der hier gefundene Kuros von Kea (530 v. Chr.) befindet sich jetzt im Nationalmuseum Athen. 1,5 km nördlich der Badeort Vurkári.

*Bronzezeitliche Siedlung

Auf der kleinen Halbinsel Agía Iríni, gegenüber von Vurkári, haben amerikanische Archäologen seit 1960 eine bronzezeitliche Siedlung ausgegbraben, die um 2500 v. Chr. gegründet wurde. Um 1900/1800 v. Chr. mit einer Befestigung versehen erreichte der Ort, der nach Ausweis der Funde in Handelsbeziehungen mit der minoischen und mykenischen Welt stand, seine Blüte in der Zeit zwischen 1600 und 1450 v. Chr. Danach gab es nur noch sporadische Besiedlung.
Man betritt das Gelände über eine moderne Treppe neben einer alten Brunnenanlage und sieht die sorgfältig herauspräparierten, in beachtlicher Mauerhöhe erhaltenen Siedlungsschichten verschiedener Zeiten, die Kanalanlagen usw. Bemerkenswert sind neben einem großen unterkellerten Gebäude (Haus A), das kultischen wie administrativen Zwecken gedient haben dürfte, und dem Rest eines Tumulusgrabes vor allem die Mauern des ältesten in Griechenland gefundenen Tempels (15. Jh. v. Chr.). Am Altar vorbei kommt man durch das gut erkennbare Tor in die schmale Cella, hinter der sich noch ein zweites Adyton befindet.

Steinerner Löwe von Kea

Kea (Fortsetzung)
*Löwe von Kea

1,5 km nordöstlich von Chóra am Talhang ein 9 m langer monolithischer Löwe (6. Jh. v. Chr.).

Karthäa

An der südlichen Ostküste befinden sich die mächtigen Terrassenmauern der alten Stadt Karthäa. Auf der untersten die Fundamente eines dorischen Apollotempels, in der Polygonalmauer der höheren Terrasse eine alte Inschrift auf 6 m langem Block; auf einer anderen Terrasse darüber Fundamente eines weiteren Tempels. Darüber Befestigungsmauern und Gebäudereste der Oberstadt.

Poeessa

Über der Poísses-Bucht der Westküste spärliche Spuren der antiken Stadt Poeessa. Am Weg von hier nach Kea das verlassene Kloster Agía Marína, dabei ein wohlerhaltener Turm (4. Jh. v. Chr.).
Auf Kap Kephála, an der Nordküste der Insel, neolithische Siedlungsspuren (4000–2800 v. Chr.); östlich davon, bei Otsiás, die Trypospilies, antike Erzgruben. Im Nordosten der Insel das Kloster Panagía Kastrianí (18. Jh.) mit schönem Ausblick.

Kephallonia E 5

Griechisch

Κεφαλλωνιά
Kefalloniá

Nomos: Kefallonia
Inselfläche: 781 km²
Höhe: 0–1628 m ü.d.M.
Bewohnerzahl: 31 000
Hauptort: Argostóli

Hafenort Fiskardo auf Kephallonia

Flugverkehr

Flughafen 9 km außerhalb von Argostóli.
Linienflüge täglich nach Athen.

Schiffsverkehr

Linienschiffe (auch Kfz-Transport) Patras–Sami täglich.

Lage und Allgemeines

Kephalloniá (oder Kefallinia; italienisch Cefalonia), die größte der Ionischen Inseln mit kahlen, von fruchtbaren, üppig subtropisch bewachsenen Tälern durchzogenen Kalkgebirgen (im Énos 1628 m ü.d.M.) wird allgemein als das homerische Same angesehen (vgl. dagegen W. Dörpfelds Thesen bei ⟶ Lefkas). Landwirtschaft und Tourismus sind die wichtigsten Erwerbszweige ihrer Bewohner.

Mythos und Geschichte

In der Odyssee gehört das Inselpaar Same und Dulichion zum Königreich Ithaka, doch werden die Untertanen des Odysseus auch Kephallener genannt. Wie auf Korfu hatten im 6. und 5. Jh. v. Chr. auch hier die Korinther den Haupteinfluß, bis Tolmides im Jahre 456 v. Chr. die Insel zum Anschluß an Athen nötigte. In jener Zeit bestanden auf Kephallenia die vier Stadtstaaten Kranioi, Pale, Pronnoi und Same (von Thukydides als 'Tetrapolis' bezeichnet). Mit dem Äolischen Bunde kämpften die Kephallener zur See gegen Philipp V. von Makedonien (220–217 v. Chr.) und gegen die Römer, unter deren Herrschaft die Insel dann geriet. Seither teilt Kephallenia das Schicksal der übrigen Ionischen Inseln.

Sehenswertes

Argostóli

Die Inselhauptstadt Argostóli (10 000 Einw.) liegt an der tief in den Südwesten der Insel einschneidenden Bucht von Argostóli (auch Bucht von Livádi) an der Ostküste einer in diese vorspringenden Halb-

Kephallonia, Argostóli (Fortsetzung)

insel. Die einst ansehnliche Hafenstadt wurde 1953 durch Erdbeben fast völlig zerstört und inzwischen modern wiederaufgebaut. Im Archäologischen Museum Funde aus mykenischer und römischer Zeit.

Meeresmühlen

Im Norden der Stadt, auf der Spitze der Halbinsel, die vom Erdbeben 1953 teilweise verschütteten berühmten Meeresmühlen. Treibende Kraft ist das Meereswasser, das – in einer künstlichen Rinne herangeführt – durch die Klüfte des kalkigen Felsbodens in verborgene Tiefen stürzt und an der Ostküste der Insel bei der Melissáni-Höhle wieder zutage tritt.
6 km südöstlich von Argostóli die Überreste der antiken Stadt Kranioi.

*Festung Ágios Geórgios

Etwa 9 km südöstlich von Argostóli, bei dem Dorf Kástro, der einst blühenden Inselhauptstadt, die Festungsanlage Ágios Geórgios (320 m ü.d.M.; Aussicht) aus dem 13. Jahrhundert. Im Kloster Ágios Andreas (17. Jh.) schöne Fresken (12. Jh.) und Ikonen. In der Nähe vermutet man die antike Stadt Kephallenia. Südlich am Fuße der Anhöhe von Ágios Geórgios das fruchtbare Hügelland von Liváto. In Metaxáta weilte Lord Byron im Jahre 1823; in der Umgebung drei mykenische Felsengräber.

Sámi

24 km östlich von Argostóli liegt die Stadt Sámi (1200 Einw.) mit dem wichtigsten Hafen der Insel. Die besonders in der Diadochenzeit reiche und blühende Inselhauptstadt Same lag südlich am Hang des über dem Ort ansteigenden Doppelhügels (Stadtmauerreste; röm. Villa aus dem 2. Jh. n. Chr.).

*Tropfsteinhöhlen

In der Umgebung von Sámi dieTropfsteinhöhlen von Drongaráti (südwestl.) und von Melissáni (nordwestl.; Grottensee).
Nördlich des Golfes von Sámi, auf der Halbinsel Erisso, befinden sich bei dem Dorf Agía Ephimía Teile der samischen Festungsmauer sowie bei Ássos eine venezianische Burgruine (von 1595; Aussicht).

Phiskárdo

Im äußersten Nordosten der Halbinsel der Hafenort Phiskárdo (im Altertum Panormos), benannt nach dem Normannenführer Robert Guiscard, der 1085 hier starb (teilweise als Ferienwohnungen eingerichtete historische Häuser).

Lixúri

Nordwestlich von Argostóli, jenseits der Bucht, auf der Halbinsel Palikí der Hafenort Lixúri (6000 Einw.; Fähre und Straße nach Argostóli). Nördlich davon geringe Reste der antiken Stadt Pale.

Kerkyra

→ Korfu

Kimolos

I 7

Griechisch

Κίμωλος
Kímolos

Nomos: Kykladen
Inselfläche: 35 km²
Höhe: 0–398 m ü.d.M.
Bewohnerzahl: 1500
Hauptort: Kímolos

Kimolos (Fortsetzung)
Schiffsverkehr

Linienschiffe Piräus–Kythnos–Seriphos–Milos–Santorin (Ausbooten außerhalb des Hafens von Kimolos).
Lokale Bootsverbindung mit Milos.

Lage und Allgemeines

Kimolos, die unwirtliche, wasserarme Insel vulkanischen Ursprungs nordöstlich vor → Milos, war schon im Altertum wegen ihrer Kimolia-Erde (Cimolith) bekannt, die gleichermaßen als Waschmittel wie auch für Heilbäder Verwendung fand. Die Bewohner des von niedriger Vegetation bedeckten Eilandes leben von spärlicher Landwirtschaft.

Bemerkenswertes auf Kímolos

Der Hauptort Kímolos liegt um die Reste der spätmittelalterlichen Siedlung Kástro nahe dem geschützten Ankerplatz Psáthi (Strand).

Auf der höchsten Erhebung der Insel die mittelalterliche Burgruine Paläókastro (schwer zugänglich, nur Trampelpfade).

Ágios Andréas

Im Südwesten vor Kimolos liegt das kleine Eiland Ágios Andréas, das im Altertum durch einen schmalen Landstreifen mit der Insel verbunden war und die älteste geschlossene Siedlung von Kimolos, Ellenikon (ab 1000 v. Chr.; Mauerreste im Wasser), trug.

Polýaigos

Etwa 2 km (1 sm) östlich von Kimolos das unbewohnte Inselchen Polýaigos (Políegos).

Kithira

→ Kythera

Kithnos

→ Kythnos

Komotini

K 2

Griechisch

Κομοτηνή
Komotiní

Nomos: Rhodópi
Höhe: 45 m ü.d.M.
Einwohnerzahl: 34 000

Verkehr

Komotiní liegt an der Straße Kavála–Alexandrúpolis und an der Bahnlinie Saloniki–Alexandrúpolis.

Stadtbild von Komotini

Komotini, die Hauptstadt Thrakiens, ist ein landwirtschaftliches Zentrum für Tabak-, Getreide- und Viehhandel. Sie wird bewohnt von Griechen, Türken und einigen bulgarisch sprechenden moslemischen Pomaken.

Archäologisches Museum

Das 1976 eröffnete Archäologische Museum (Odós N. Zoidu) enthält in topographischer Ordnung Funde aus ganz Thrakien seit dem 4. Jahrtausend v.Chr., darunter einen 1975 gefundenen klazomenischen Sarkophag aus Abdera, Skulpturen aus dem 6.–4. Jh. v.Chr. (u.a. ein kleiner Marmorlöwe), ferner Goldschmuck aus Orestias und Bronzen aus Didymoticho, wo auch ein goldener Kopf des römischen Kaisers Marc Aurel gefunden wurde.

Korfu / Kerkyra

D/E 4

Griechisch

Κέρκυρα
Kérkira

Nomos: Kérkira
Inselfläche: 592 km^2
Höhe: 0–906 m ü.d.M.
Bewohnerzahl: 100000
Hauptort: Kérkira

Flugverkehr

Flughafen 5 km südlich von Kérkira.
Linienflüge von Athen mehrmals täglich in 50 Minuten; ferner Direktflüge von Frankfurt am Main, Düsseldorf, München, Stuttgart und Wien.

Schiffsverkehr

Fähre Igumenitsa–Korfu 10mal täglich; Patras–Korfu wöchentlich; ferner Fährverbindungen mit Italien (Brindisi, Bari, Ancona und Otranto) und Jugoslawien (Dubrovnik).
Lokale Verbindungen: Korfu – Paxí; Korfu – Erikússa – Mathráki – Othonische Inseln; Korfu – Kefallinia (Sami) – Ithaki – Patras.

Lage und Allgemeines

Korfu bzw. Kérkyra, die wichtigste und nördlichste der Ionischen Inseln (Heptanes), liegt nur 2,5–20 km (1,5–11 sm) vor der Küste Albaniens und der griechischen Landschaft Epirus. Wegen des Liebreizes seiner Landschaft mit sanften, grünen Hügeln im südlichen Teil und dem schroffen Kalkgebirge im Norden, das im kahlen Doppelgipfel des Pantokrátor bis zu 906 m ü.d.M. ansteigt, sowie wegen seines milden Klimas und der verschwenderischen Pracht der südlichen Pflanzenwelt wird Korfu gern zu längerem Aufenthalt gewählt.

Wichtigster Wirtschaftszweig ist neben dem noch immer wachsenden Tourismus die Landwirtschaft.

Mythos und Geschichte

Kérkyra gilt als das homerische Scheria, das Land der Phäaken und ihres Königs Alkinoos. Die ältesten Siedlungsspuren lassen auf bäuerliche, vielleicht von Italien herkommende Völkerschaften schließen. Schon 734 v.Chr. von Korinth kolonisiert, entwickelte es sich zu einer der Mutterstadt gefährlichen Macht. Der Seesieg der Korinther über die Korkyräer (432 v.Chr.) bei den Sybota-Inseln (vermutlich im heute verlandeten Mündungsgebiet des Kalamas) trug wesentlich zum Ausbruch des Peloponnesischen Krieges bei. Im Jahre 229 v.Chr. kam die Insel in den Besitz des Römischen Reiches (lat. Corcyra) und

Mythos und Geschichte (Fortsetzung)

wurde bei der endgültigen Trennung in Ost- und Westrom 395 n.Chr. Byzanz zugeschlagen.

Der mittelalterliche Name Korfu scheint aus Koryphi (griechisch 'Gipfel') entstanden zu sein. 1386–1797 war Korfu venezianisch (Corfù), danach vorübergehend napoleonisch und von 1815 an mit den übrigen Ionischen Inseln britisch, bis es 1864 wieder zu Griechenland kam.
Korfu wurde im Verlauf seiner bewegten Geschichte mehrfach verwüstet, so daß die antiken und mittelalterlichen Zeugnisse größtenteils untergingen.

Straßenszene in der Stadt Korfu

Strand von Glifada

Stadt Korfu (Kérkira)

Inselhauptstadt

Hauptort der Insel ist Kérkira (Korfu; 30000 Einw.), schön auf einem Vorgebirge der Ostküste gelegen und von der Neuen Festung überragt. Die antike Stadt lag weiter südlich auf der Halbinsel Kanóni. Heute ist Kérkira Sitz eines griechisch-orthodoxen sowie eines römisch-katholischen Erzbischofs.

Neue Festung

Am Nordrand der Stadt liegt der Hafen. Südlich oberhalb die mächtige Neue Festung (16. Jh.), nördlich etwa 1 km vorgelagert die Insel Vídos.

Spianada

Vom Hafen gelangt man entweder östlich auf der etwas erhöhten Uferstraße (Ausblick) am ehemaligen Königlichen Palast vorbei oder südöstlich durch die Nikifórosstraße, die belebte Hauptgeschäftsstraße der Stadt, zur anlagengeschmückten Esplanade ('Spianada') zwischen der Stadt und der Alten Festung.

Ehem. Königspalast
*Museum
asiatischer Kunst

An der Nordseite des Platzes steht der klassizistische ehemalige Königspalast, 1816 für den Lord-Oberkommissar erbaut und jetzt Museum für Byzantinische und Ostasiatische Kunst.
Von der Ostseite der Esplanade, wo ein Standbild des Reichsgrafen Matthias Johann von der Schulenburg (1661–1747) an dessen Verteidigung der Stadt gegen die Türken (1716) erinnert, führt eine Brücke über einen künstlichen Kanal ('contrafossa') zu der auf einer kleinen Insel gelegenen Alten Festung, deren verfallende Werke sich in Absätzen an einer steilen Doppelhöhe über dem Meer hinaufziehen (Leuchtturm; 70 m ü.d.M.; im Sommer 'Ton-und-Licht-Vorführungen').

Alte Festung

Altstadt

Unweit nordwestlich der Esplanade steht die Kirche Ágios Spirídon mit dem silbernen Sarg des Stadtheiligen (Prozession am Palmsonn-

1 Metropolis-Kathedrale
2 Ajios Antonios
3 Panajia Tenedu
4 Ajios Spiridon
5 Adam-Statue
6 Panajia Mandakrina
7 Ajii Peteres
8 Ajios Ioannis
9 Panajia Ton Xenon
10 Griechische Nationalbank
11 Guilford-Statue
12 Schulenburg-Statue
13 Enosis-Denkmal
14 Anglikanische Kirche
15 Douglas-Obelisk

Stadt Korfu, Altstadt (Fortsetzung)

tag, Sonnabend vor Ostern, 1. August und 1. Sonntag im November). Von hier weiter nördlich erstreckt sich die Altstadt mit engen Gassen (zahlreiche Silberschmiede) und italienisch-venezianisch geprägten Häusern.

Westlich der Esplanade, am Rathausplatz, das ehemalige Venezianische Theater (1663–1693), seit 1902 Rathaus, und der römisch-katholische Dom (16. Jh.) mit vorgesetzter klassizistischer Fassade sowie weiterhin westlich das ehemalige katholische Erzbischöfliche Palais (18. Jh.; heute Griechische Nationalbank).

Archäologisches Museum mit *Gorgo-Medusa-Giebel

Südlich der Esplanade zieht sich der Leophóros Dimokratías am Meer hin. Nach etwa 200 m rechts abseits, beim Hotel Corfu Palace, das Archäologische Museum mit dem Gorgo-Medusa-Giebel (um 585 v. Chr.) des Artemis-Heiligtums (s. S. 354).
Nach 500 m rechts etwas abseits, im Garten einer Polizeistation, das 1843 beim Abtragen der ehemaligen Salvator-Bastion aufgefundene Grabmal des Menekrates, ein niedriger brunnenähnlicher Rundbau (7. oder 6. Jh. v. Chr.).
Der Leophóros Dimokratías endet am Südostende der Vorstadt Garítsa beim Strandbad Monrepos.

Villa Monrepos mit *Park

Etwa 500 m südlich liegt in prächtigem Park die Villa Monrepos, Geburtsstätte des britischen Prinzgemahls Philip (geb. 10.6.1921). Nördlich des Parkes, nahe dem heute versandeten antiken Hafen von Anemomylos, die byzantinische Kirche der Heiligen Jason und Sosipater (11./12. Jh.; z.T. aus antiken Quadern). Rund 500 m weiter südwestlich die Ruine der Kirche Agía Kérkira (urspr. 5. Jh.; mehrfach verwüstet), früher Basilika von Paläopolis, an der Stelle einer späthellenistischen Agorá (2./1. Jh. v. Chr.). Nahebei römische Thermenanlagen.

Klosterinsel Vlacherna und 'Mäuseinsel' Pontikonissi

Artemis-Heiligtum

Etwa 1 km westlich, jenseits des Klosters Ágios Theodóros, geringe Reste eines Artemis-Heiligtums (6. Jh. v. Chr.); sein Westgiebel, der sogenannte Gorgo-Medusa-Giebel, befindet sich jetzt im Archäologischen Museum (s. S. 353).

*Kanóni
*Vlachérna
*Pontikoníssi

Von Garítsa führt eine schöne Straße 3 km südlich zur Südspitze einer zwischen dem Meer und dem großenteils verlandeten Chalikiópulos-See gelegenen Landzunge mit dem Rondell Kanóni (Aussicht). Vorn die kleine Klosterkirche Vlachérna (17. Jh.), dahinter das Inselchen Pontikoníssi ('Mäuseinsel'; byzantinische Kapelle), die vielfach für das Vorbild von Böcklins Gemälde "Die Toteninsel" gehalten wird. Die Griechen sahen in der Insel das versteinerte Schiff der Phäaken, das den Odysseus nach Ithaka gebracht hatte (Od. XIII, 163). Im Westen der Halbinsel Kanoni erstreckt sich der teilweise trockengelegte (Flughafen) oder versumpfte (Wildenten) Chalikiópulos-See, im Altertum der wichtigste Hafen der Insel; das südwestliche Seeufer gilt als die Stelle, wo Odysseus mit Nausikaa zusammentraf.

*Villa Achílleion

Ein lohnender Ausflug führt von der Stadt Korfu in südlicher Richtung zu dem 15 km entfernten Dorf Gastúri und noch 1 km weiter zu der Villa Achílleion (145 m ü.d.M.), die 1890/91 für Kaiserin Elisabeth (gen. Sissi) von Österreich (gest. 1898) im italienischen Renaissancestil erbaut und 1907 von Kaiser Wilhelm II. angekauft wurde. Das Gebäude ist seit 1928 griechischer Staatsbesitz und dient heute als Kasino. Im Inneren befinden sich noch Erinnerungsstücke an Elisabeth und Wilhelm II. In dem anschließenden prächtigen Park, der schöne Ausblicke bietet, stehen zahlreiche Statuen und das Heine-Tempelchen.

Benítses

Gut 3 km südlich vom Achílleion finden sich bei dem reizvollen Fischerdorf Benítses die Reste einer römischen Villa.

Badebucht bei Paleokastritsa

Von hier oder vom Achílleion gelangt man auf der Ostküstenstraße zurück zur Stadt (17 bzw. 20 km).

Benítses (Fortsetzung)

Von der Strecke nach Gastúri zweigt nach 13 km rechts eine Straße ab und führt zu dem Dorf Ágii Déka (206 m ü.d.M.), von wo der Aufstieg (Führer; festes Schuhwerk) in 1 Stunde auf den Ágii Déka ('Zehnheiligenberg'; 576 m ü.d.M.) erfolgt. Von oben bietet sich eine prächtige Aussicht.

Ágii Déka

Von Kérkira nach Paleokastrítsa

Von der Stadt Korfu führt die Strecke zunächst nahe der Küste entlang; links die Anhöhe der ehemaligen Abramo-Festung, später rechts im Meer die Lazarettinsel.
10 km: Guviá, mit venezianischem Arsenal von 1716. Dahinter rechts die Abzweigung einer Straße (20 km) über Ípsos und Pirgí sowie über Spartílas (424 m ü.d.M.) nach Strinílas.
Von hier erfolgt dann der Aufstieg in 1 Stunde (auch schlechter Fahrweg) zu einem kleinen Rasthaus, dann noch 10 Minuten auf den Pantokrátor (906 m ü.d.M.; Ausblick), den höchsten Berg der Insel; oben ein verlassenes Kloster von 1347.

*Pantokrator

Jenseits von Pirgí windet sich die küstennahe Straße am Steilhang des Pantokrátor in nördliche Richtung und gibt dabei Zugang zu mehreren einfachen Fischerdörfern und Badebuchten. Nach 20 km erreicht sie den Küstenort Kassiópi mit den Resten einer mittelalterlichen Festungsanlage.
Von der oben genannten Abzweigung führt die Hauptstrecke weiter zur Bucht von Liapádes hinab und wieder bergauf.
10 km: Abzweigung eines Fahrweges zu dem rechts 3,5 km abseits

*Bella Vista

Korfu, Bella Vista (Fortsetzung)

malerisch gelegenen Dorf Lákones und noch 1 km weiter zu dem Aussichtspunkt Bella Vista.

Paleokastrítsa

6 km: Paleokastrítsa, ein reizvoller, lebhafter Touristenort mit nahegelegenen Meeresgrotten, wird beherrscht von dem auf hohem Felsen gelegenen Kloster Panagía Theotokós (Blick). Von hier gelangt man in 1½ Stunden (Führer; festes Schuhwerk) hinauf zur Ruine von Schloß Angelokástro (13. Jh.; Rundsicht); ein direkter Aufstieg ist von Kríni (10 km nordwestlich von Paleokastrítsa) aus in 30 Min. möglich.

Korinth

G 6

Griechisch

Κόρινθος
Kórinthos

Nomos: Korinth
Meereshöhe
Einwohnerzahl: 22700

Verkehr

Station der Peloponnesbahn, Strecken nach Athen–Piräus, Pátras–Kalamáta, Árgos–Kalamáta.
Der neue Hafen hat Fährschiffverbindung mit Italien (Brindisi).

Lage und Allgemeines

Korinth wurde 1858 nach einem schweren Erdbeben von der Stätte des alten Korinth wegverlegt, nach einem erneuten Erdbeben 1928 und einem Großbrand 1933 wiederaufgebaut. Das seit 1896 von der amerikanischen Schule ausgegrabene antike Korinth befindet sich 7 km südwestlich in landschaftlich herrlicher Lage am Fuß des Berges Akrokorinth. Es ist berühmt durch die ausgedehnten Anlagen meist aus römischer Zeit, die von den mächtigen Überresten des archaischen Apollontempels überragt werden.

Geschichte

Im Altertum verdankte Korinth seine große Bedeutung seiner Lage. Der mächtige Berg Akrokorinth bot sich als Burgberg an. Man sagte: Akrokorinth und der Ithome sind die Hörner des Stiers von Griechenland; wer sie festhält, besitzt die Peloponnes. Die Stadt bewachte den 6 km breiten Isthmos, den einzigen Landzugang zur Peloponnes, und dank ihrer beiden Häfen Lechaion und Kenchreai am Korinthischen bzw. Saronischen Golf beherrschte sie den Warenverkehr zwischen beiden Buchten.
Das Gebiet von Korinth, dessen Name vorgriechisch ist, war schon in der jüngeren Steinzeit besiedelt. In historischer Zeit führte die Stadt ihre Gründung auf Korinthos, Sohn des Marathon, und auf Sisyphos zurück. Um 1000 v. Chr. ließen sich neben einer phönizischen Handelskolonie dorische Siedler nieder. Unter der Bakchiaden-Dynastie (seit 747 v. Chr.) setzte die Blütezeit der Stadt ein, die damals Kolonien in Korfu und Syrakus gründete. 657 v. Chr. (?) löste Kypselos diese Dynastie ab und herrschte 30 Jahre als Tyrann, gefolgt von seinem bedeutenderen Sohn Periandros, der 40 Jahre, etwa seit 628 v. Chr., Tyrann war. Er galt als einer der Sieben Weisen, und seine Herrschaft brachte die höchste Entfaltung der archaischen Kultur von Korinth. Der politischen und wirtschaftlichen Macht entsprach die kulturelle Leistung. In Korinth fand der dorische Tempel seine klassische Form. Für das Tempeldach wurden tönerne Flachziegel entwickelt ('korinthisches Dach'). Werke in Erzguß und Keramik fanden ihre Verbreitung in der ganzen griechischen Welt. Außerdem erfand, Vitruv zufolge, Kallimachos hier das 'korinthische Kapitell'.
196 v. Chr. wurde Korinth zum Sitz des Achäischen Bundes, doch 146 v. Chr. wurde es vom römischen Feldherrn Mummius geplündert und

Geschichte (Fortsetzung)

zerstört und blieb in Trümmern, bis Caesar es 44 v. Chr. wieder aufbaute. 51–52 n. Chr. lebte und lehrte der Apostel Paulus in der Stadt, die im 2. Jh. von Kaiser Hadrian und Herodes Atticus ausgeschmückt wurde. Seinen Untergang fand Korinth 521 durch ein schweres Erdbeben. Danach war nur noch Akrokorinth bewohnt, bis sich im 10. Jh. wieder eine Siedlung im Gelände der antiken Agorá entwickelte. Weder unter fränkischer (1210) noch unter türkischer Herrschaft erlangte Korinth noch einmal seine alte Bedeutung, die ihm auch die Neuzeit nicht wiedergeben konnte.

**Altkorinth

Apollonbezirk
*Peirenequelle

Es wird empfohlen, den Eingang an der antiken Lechaionstraße (im Norden der Grabung) zu benutzen. Hier überblickt man einen Großteil des Grabungsgeländes und steigt dann auf antikem Pflaster – wie einst der Ankömmling vom Lechaionhafen – zum Marktpropylon hinauf. Rechts der 7,50 m breiten Straße liegt die Basilika (1.–2. Jh.), links folgen aufeinander die römischen Euryklesbäder, eine öffentliche Latrine mit 20 Sitzen (2. Jh. n. Chr.), der Apollonbezirk und die Peirenequelle. Diese hat Herodes Atticus im 2. Jh. n. Chr. als Marmorbau, dessen drei Konchen einen quadratischen Hof umschließen, prächtig erneuert. Eine Fassade mit sechs rundbogigen Öffnungen wurde da-

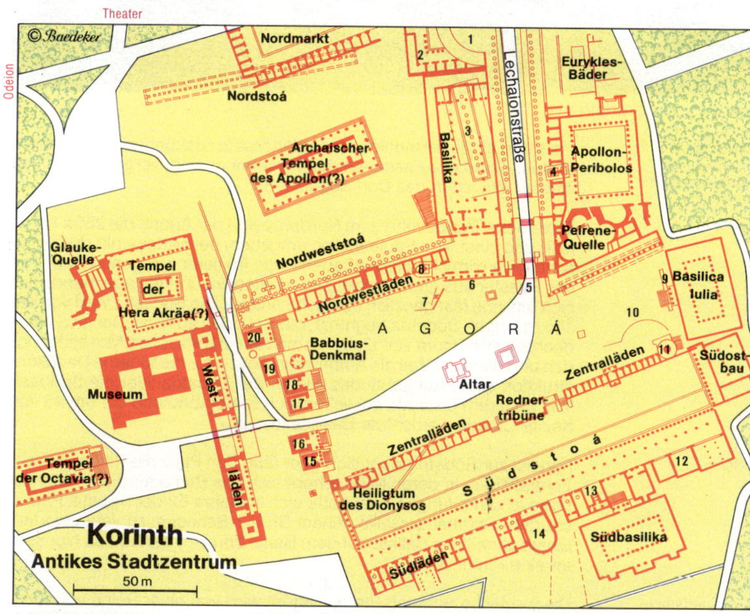

1 Halbrunder Markt
2 Römischer Markt
3 Griechischer Markt
4 Griechischer Tempel des 4. Jh.s v. Chr.
5 Propyläen
6 'Gefangenenfassade'
7 Heilige Quelle
8 Orakel
9 Startlinie im Stadion
10 Stützmauer
11 Rundmonument
12 Agonethensal (Bodenmosaik)
13 Brunnenhaus
14 Buleuterion
15 Venus-Fortuna-Tempel
16 Pantheon
17 Herkulestempel
18 Neptuntempel
19 Tempel des Apoll der Clarier
20 Hermestempel

Ruinen von Altkorinth

Altkorinth, Peirenequelle (Fortsetzung)

mals den alten, vermutlich auf Periandros zurückgehenden Brunnenstollen, deren alte Fassaden noch erkennbar sind, vorgeblendet (das Wasser ist jetzt in das Dorf abgeleitet).

Agorá

Eine flache Treppe führt zum Nordpropylon der Agorá, die 255 x 127 m mißt und einst, von Säulenhallen umgeben, der Mittelpunkt des politischen wie wirtschaftlichen Lebens war. Im tiefer gelegenen Ostteil ist das Pflaster aus griechischer Zeit erhalten, im übrigen aber handelt es sich um eine fast gänzlich römische Anlage. Die Südseite wird von der 165 m langen Südstoa begrenzt, die 33 Läden aufwies. Der jetzt überdachte dritte Raum von Osten enthält einen römischen Mosaikfußboden und dient zur Zeit als Aufbewahrungsort für die tönerne Dachkonstruktion eines Kultgebäudes. Hinter der Südstoa liegt die Südbasilika, an ihrem Ostende schließen sich Südostbau und die um 45 von Kaiser Claudius errichtete Basilica Iulia an.

*Bema

Parallel zur Südstoa zieht sich quer über den Platz die Reihe der sog. Zentralläden. In deren Mitte erhebt sich das Bema für die Redner bei Volksversammlungen. Hier hatte sich im Jahre 52 der Apostel Paulus vor dem Statthalter Gallio, einem Bruder Senecas, zu verantworten. Einige christliche Relikte auf dem Bema erinnern daran, daß hier später eine Kirche stand.

*Podiumtempel

Die westliche Schmalseite der Agorá wird von einer Reihe von römischen Podiumtempeln begrenzt, und zwar von Süden nach Norden von Venustempel, Pantheon, Poseidon-, Hercules- und Apollontempel, vor diesem der korinthische Rundbau des Babbius. Westlich dieser Tempelreihe sieht man die Westläden, zwischen denen eine breite Treppe zum höheren Niveau des Tempels E (vermutlich für Augustus' Schwester Octavia, beim Museumseingang) führt. Neue Ausgrabun-

Podiumtempel (Fortsetzung)

gen südlich dieses Bereiches haben zur Aufdeckung mehrerer Siedlungsschichten geführt und einen frühen, auf die Zeit um 500 v. Chr. datierten Mosaikboden freigelegt.

*Heilige Quelle

Auch die Nordseite der Agorá ist von Ladenreihen begrenzt, wenigstens im Westteil, der an das Propylon und die 'Fassade der Gefangenen' anschließt. Davor liegt die Heilige Quelle, ein griechisches Brunnenhaus (5. Jh. v. Chr.), gefaßt in Form eines dorischen Triglyphons; sieben Stufen führen zur Brunnenkammer hinab.

*Apollontempel

Von hier aus gelangt man auf den Hügel, auf dem sich weithin sichtbar der Apollontempel erhebt. Von ihm sind sieben Säulen, ein Teil des Gebälkes, die Felsbettung und Teile des Fundamentes erhalten. Der Bau hatte 6:15 monolithische Säulen von wuchtiger Größe. Die Cella war zweigeteilt, beide Räume hatten zwei innere Säulenstellungen. Die Reste lassen die strenge Monumentalität der um 540 v. Chr. an Stelle eines Heiligtums aus dem 7. Jh. v. Chr. errichteten Anlage erkennen, die ein Musterbeispiel des frühen dorischen Tempelbaues ist. Das Bild der großen Grabung wird vervollständigt durch das Brunnenhaus der Glauke (westlich des Apollon-Tempels), ferner durch Odeion und Theater (außerhalb des umzäunten Gebietes, nordwestlich des Museums) sowie das Asklepieion (600 m nördlich des Museums).

**Museum

Das Museum gibt eine Übersicht über die Kunst in Korinth.
Saal I birgt Funde aus neolithischer und helladischer Zeit (4–2. Jahrtausend v. Chr.). Der gegenüberliegende Saal II enthält Stücke, die vom protogeometrischen 11. Jh. v. Chr. bis in hellenistische Zeit reichen. Von besonderer Bedeutung ist die chronologisch im Uhrzeigersinn angeordnete Keramiksammlung, die eine lückenlose Übersicht über die Entwicklung altkorinthischer Keramik gibt.

Pan-Mosaik im Museum

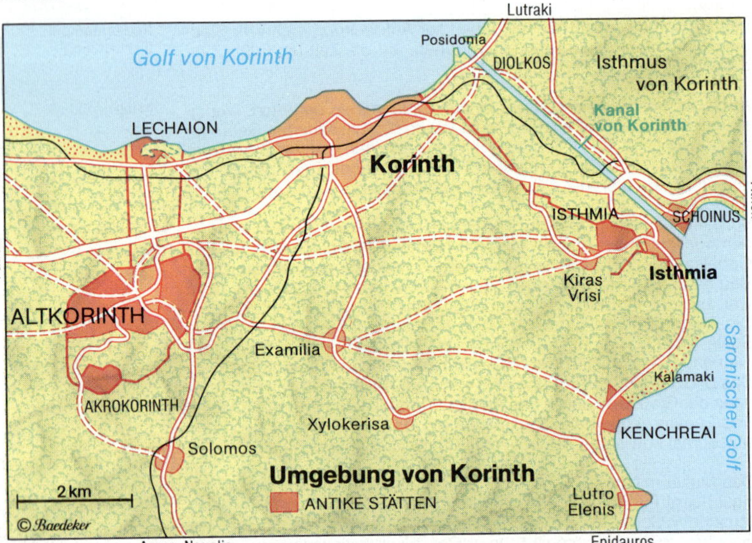

Museum (Fortsetzung)

In Saal III findet man Römisches, Byzantinisches und Fränkisches, u.a. Statuen des Kaisers Augustus und seines Enkels Lucius Caesar (gegenüber dem Eingang) sowie weiterer römischer Kaiser, ein Fußbodenmosaik des 2. Jh.s (an der Wand der linken Langseite) sowie die 2,57 m hohen Gestalten in phrygischer Kleidung von der 'Fassade der Gefangenen'.

Akrokorinth

**Aussicht

Der Besuch des 575 m hohen Akrokorinth ist durch eine Fahrstraße, die bis in die Nähe des untersten Tores an der Westseite führt, erleichtert. An der Befestigung hat man in antiker, byzantinischer, fränkischer, türkischer und venezianischer Zeit gearbeitet. Nach einem von den Venezianern angelegten Graben (380 m) folgen das fränkische erste Tor (14. Jh.) und die erste Mauer (15. Jh.); dann die zweite und dritte Mauer (byzantinisch, rechts vor dem dritten Tor ein hellenistischer Turm). Im Inneren der Burg kommt man auf einem nach Nordosten führenden Pfad zu den Resten einer Moschee (16. Jh.), geht dann südwärts, bis man einen Pfad zum Ostgipfel findet, auf dem einst der berühmte Tempel der orientalischen Aphrodite stand (Aussicht auf das Bergland der Peloponnes und auf den Isthmos).

Lechaion

Der alte Hafen Lechaion liegt nördlich von Altkorinth, 4 km westlich von Neukorinth. Er ist völlig verlandet, doch läßt sich die Hafenbucht im Gelände noch erkennen. An ihrer Westseite haben griechische Ar-

Tiefblick in den Kanal von Korinth ▶

Korinth, Lechaion (Fortsetzung)

chäologen 1956–1961 die Reste einer christlichen Basilika des 5. Jh.s festgestellt. Mit einer Länge von 220 m ist sie die größte in Griechenland.

**Kanal von Korinth

Der Isthmos von Korinth wird durchzogen vom Kanal, der 1882–1893 angelegt wurde. Er ist bis zu 80 m tief eingeschnitten, 6,3 km lang, 23 m breit, 8 m tief und faßt Schiffe bis zu 10000 Tonnen. Im wesentlichen folgt er der Trasse, auf der bereits Kaiser Nero einen Kanal graben wollte, doch scheiterte dieser wie andere Versuche. Die beste Übersicht über den Kanal bietet sich von der Straßenbrücke aus; interessant ist die bewegliche Brücke am nordwestlichen Ende des Kanals, die unter die Wasseroberfläche abgesenkt werden kann.

Diolkos

Um den weiten Weg um die Peloponnes zu vermeiden, hatte man bereits in antiker Zeit den Diolkos angelegt, eine Schleifbahn, auf der kleinere Schiffe auf Wagen über den Isthmos transportiert werden konnten. Reste beim Westende des Kanals.

Koroni F 7

Griechisch

Κορώνη
Koróni

Nomos: Lakonien
Höhe: 10 m ü.d.M.
Einwohnerzahl: 2300

Koroni – vom Golf her gesehen

Koroni (Fortsetzung), Lage und Allgemeines

Das Hafenstädtchen Koróni an der Westküste des Messenischen Golfes, 42 km südwestlich von Kalamáta, ist durch seine Festung bekannt. Es liegt an der Stelle des antiken Asine und übernahm in der Spätantike mit den Bewohnern von Korone (25 km nördlich, heute Petalídi) auch den Namen.

Bemerkenswertes in Koróni

Gottfried von Villehardouin nahm den Ort nach dem 4. Kreuzzug ein, überließ ihn aber schon 1206 zusammen mit → Methóni den Venezianern, die die alte byzantinische Festung auf der Halbinsel ausbauten. 1560–1686 und 1715–1828 war Koróni im Besitz der Türken, die weitere Befestigungen hinzufügten. Vor der Ostmauer ein Johannes dem Täufer geweihtes Kloster.

Kos

L/M 7

Griechisch

Κως
Kåß

Nomos: Dodekanes
Inselfläche: 295 km²
Höhe: 0–846 m ü.d.M.
Bewohnerzahl: 12 000
Hauptort: Kos

Flugverkehr

Flugplatz 27 km südwestlich bei Antimáchia.
Linienflüge Athen–Kos täglich; Rhodos–Kos und Leros–Kos mehrmals wöchentlich.

Schiffsverkehr

Linienschiffe von und nach Athen (Piräus) 6mal wöchentlich in 21 Stunden (auch Kfz-Transport).

Übersichtskarte

Bergdorf Kefalos

Im Asklepieion

Schiffsverkehr (Fortsetzung)

Lokale Verbindungen im Dodekanes: Rhodos–Symi–Tilos–Nisyros–Kos–Kalymnos–Leros–Lipsi–Patmos–Arki–Agathonissi–Samos; ferner Rhodos–Kos–Kalymnos–Astypaläa.
Ausflugsfährverkehr von Bodrum (Türkei).

Lage und Allgemeines

Kos (italienisch Coo, türkisch İstanköy) liegt vor der tief in die türkische Küste einschneidenden Bucht von Kos. Durch einen pliozänen Einbruch ist die Insel von der 4 km nordöstlich gelegenen Halbinsel von Bodrum (Halikarnassos) abgegliedert. Nach Rhodos ist sie die zweitgrößte Insel im Dodekanes.
Ein im Díkaios (altgriechisch Oromedon) bis 846 m hoher Kreidekalkrücken durchzieht die Insel fast in ihrer gesamten Länge von West nach Ost. Kos weist im Gegensatz zu den meisten der ägäischen Inseln zunehmende Bevölkerungszahlen auf. Wichtigste Wirtschaftsgrundlagen bilden Acker-, Gemüse- und Weinbau, Kleinviehzucht, Fischfang, Salzgewinnung und Kunsthandwerk (Töpferei, Weberei) sowie zunehmend der Tourismus.

Geschichte

Kos war seit dem Neolithikum ohne Unterbrechung dicht besiedelt. Um 700 v. Chr. war die Insel mit den fünf anderen Städten der Hexapolis (Kidnos, Halikarnassos, Lindos, Ialysos und Kamiros) Vorposten der kleinasiatischen Doris, des Bundes der dorischen Niederlassungen an der karischen Küste und auf den benachbarten Inseln. Die älteste Inselhauptstadt Astypaläa lag an der großen Bucht im Südwesten; ein weiterer wichtiger Ort, Halasama, lag in der Mitte der Südküste. Als älteste Kultstätte des Heilgottes Asklepios und Sitz einer Arztschule, deren berühmtester Vertreter Hippokrates (5. Jh. v. Chr.) war, genoß die Insel weithin hohes Ansehen. Das Heiligtum wurde 554 n. Chr. durch ein Erdbeben zerstört. Auf seinen Trümmern entstand ein Kloster der Panagía tu Alsús (Erinnerung an den heiligen Hain).

Geschichte (Fortsetzung)

Den Byzantinern folgten 1309–1523 die Johanniter als Herren der von ihnen Lango genannten Insel; sie gründeten im 14. Jahrhundert als Hauptsitz des Ordens die Hauptstadt Narangia, das heutige Kos. Etwas früher als Rhodos fiel Kos den Osmanen anheim. Seit dem Balkankrieg 1912 von den Italienern besetzt, wurde es 1948 an Griechenland angeschlossen.

Sehenswertes

Stadt Kos

Die nach dem Erdbeben von 1933 wiederaufgebaute Hauptstadt Kós (12000 Einw.) liegt in der tiefen, heute versandeten Bucht der Nordostküste, im östlichen Teil der einzigen größeren Ebene, die sich an der Nordküste der Insel ausbreitet. Im Osten der geschützten Hafenbucht erhebt sich die Johanniterfestung (1450–1480); in ihrem Mauerwerk sind antike Skulpturen und Inschriften verbaut.

**Hippokrates-Platane

An der Südseite der Festung die aufgelassene Chatze-Hassan-Moschee (von 1786) und die sog. Hippokrates-Platane, unter der schon der große Mediziner gelehrt haben soll. Der mächtige Baum, dessen abgestorbener Hauptstamm einen Umfang von 12 m hat, ist tatsächlich jedoch nur etwa 500 Jahre alt. Südlich davon erstreckt sich die alte Agorá (Markt); an ihrer Westseite stehen die reizvolle Defterdar-Moschee (18. Jh.) mit hellenistischen und byzantinischen Säulen sowie das Archäologische Museum, in dem u.a. neuere Funde vom Asklepieion gezeigt werden.

*Archäologisches Museum

Südwestlich der Hafenbucht sind noch Reste hellenistischer und römischer Badeanlagen sichtbar.
Im Süden und Südwesten der Stadt finden sich Reste eines Dionysostempels, das Gymnasion und das Stadion (hellenistisch), das römische Odeion, das Theater (hellenistisch-römisch) sowie eine rekonstruierte römische Villa, die sogenannte 'Casa Romana' aus dem 3. Jh. n. Chr., mit schönen Mosaiken.
8 km südöstlich der Stadt Kos liegt das Heilbad Ágios Fokás.

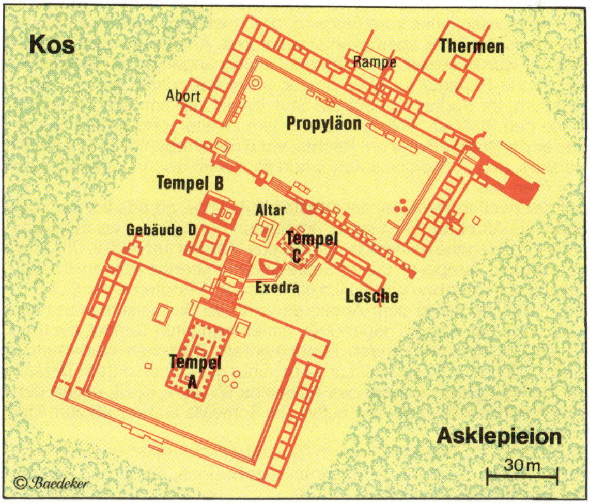

Ruinen des Asklepios-Heiligtums

*Asklepieion

Etwa 4 km südwestlich der Stadt Kós befindet sich in prächtiger Lage 100 m über dem Meer das Asklepieion mit seiner Ärzteschule. Es nahm im Gebiet eines früheren Apollo-Tempels aus dem 5. Jh. v. Chr. seit dem beginnenden 3. Jh. v. Chr. drei Terrassen ein. Auf der untersten ein von dorischen Säulen umstandener Platz von etwa 90 m Länge und 45 m Breite. Hinter den Hallen lagen mehrere Kammern und im Norden, links vom Eingang, drei noch erhaltene Privathäuser aus römischer bzw. späthellenistischer Zeit. An der Nordostecke des Platzes wurde später eine Thermenanlage angefügt, die schließlich zur Kirche Panagía tu Alsús umgebaut wurde; daneben ein kleines Museum. Im Süden schließt die Stützmauer der nächsthöheren Terrasse den Platz ab; links zwischen dem zweiten und dritten Strebepfeiler der heilige Brunnen. Rechts, vor einer strebenlosen Mauer, ein Naiskos, den C. Stertinius Xenophon dem Nero als 'neuem Asklepios' errichten ließ.
Auf der zweiten Terrasse, der ältesten Kultstätte, gerade vor dem Aufgang, ein Altarbau. Er ist in der erhaltenen Form jünger als der kleine, westlich gelegene Asklepios-Tempel aus Marmor (um 400 v. Chr.); von dem älteren Tempel an dieser Stelle sind nur geringe Spuren erhalten. Östlich vom Altarbau erhob sich ein ionischer Peripteros von 6:9 Säulen, möglicherweise dem Apollo geweiht; im Südwesten stand eine halbrunde Exedra und gegenüber, hinter dem alten Tempel, ein römisches Gebäude auf älteren Fundamenten. Zwischen beiden steigt eine 11 m breite Treppe auf zur 12 m höher gelegenen dritten Terrasse mit dem jüngeren Tempel des Asklepios (2. Jh. v. Chr.), einem dorischen Peripteros von 6:11 Säulen. Die Schwelle aus schwarzem Marmor ist erhalten.

Rund 45 Min. bergauf das Brunnenhaus Burinna, das schon der antiken Stadt Wasser lieferte.

Von Kos zur Westspitze der Insel

Die Straße führt zunächst an der Nordabdachung des Gebirges entlang.
10 km: Zipári mit der frühchristlichen Basilika des hl. Paulus. Sie besitzt ein sehenswertes Baptisterium und Mosaiken. 4 km südlich das reizvolle Bergdorf Asfendíu inmitten eines reichen Gemüseanbaugebietes; von hier erfolgt der Aufstieg zum Díkaios, von dem sich ein schöner Rundblick bietet.
5 km: Abzweigung (4 km südl.) zur Johanniterfestung Paläa Pilí; in dem verlassenen Dorf an ihrem Fuße befindet sich eine Kirche mit byzantinischen Fresken.
13 km: Antimáchia (Windmühle, in Betrieb); von hier 5 km südlich zur weithin sichtbaren Johanniterfestung Paläa Antimáchia. Sie wurde nach dem Erdbeben des Jahres 1493 neu aufgebaut (Ritterwappen). Das Dorf in ihrem Inneren ist verlassen.
1 km: Flugplatz; 6 km südlich das schmucke Küstendorf Kardámena (Obst-, bes. Melonenanbaugebiet, Töpfereihandwerk).
17 km: Kéfalos, ein hochgelegenes Bergdorf (Aussicht) und die wichtigste Siedlung im Westteil der Insel, mit einem antiken Theater. Die Höhlen am Ortseingang lieferten beachtenswerte prähistorische Funde. Nahebei die Ruine der frühchristlichen Basilika Ágios Stéfanos. In der vorgelagerten Bucht der malerische Nikólaos-Felsen, mit kleiner Kapelle, und der Stéfanos-Felsen.

Psérimos

Vor der Nordküste von Kos liegt die Insel Psérimos (17 km²; bis 268 m ü.d.M.; 100 Bew.), die einen schönen Sandstrand besitzt.

Kozani

F 3

Griechisch

Κοζάνη
Kosáni

Nomos: Kozani
Höhe: 720 m ü.d.M.
Einwohnerzahl: 25 000

Lage und Bedeutung

Die westmakedonische Bezirkshauptstadt Kozáni hat Bedeutung als wirtschaftliches Regionalzentrum und Verkehrsknotenpunkt (Flugplatz, Endstation von Eisenbahnlinien aus Saloniki und Phlorina), an dem sich die Durchgangsstraßen von Saloniki (140 km) nach Ioannina und von Phlorina (Bitola, Jugoslawien) nach Larisa fast im rechten Winkel kreuzen. Sie liegt inmitten einer weiten, fruchtbaren Beckenlandschaft und hat sich in jüngerer Zeit erheblich ausgedehnt. Die Stadt ist Sitz eines griechisch-orthodoxen Metropoliten und konnte sich während der jahrhundertelangen osmanischen Herrschaft als ein Sammelpunkt griechischen Kulturgutes behaupten.

Bemerkenswertes

Stadtkern

Wenngleich Kozáni nicht unbedingt als touristisches Besuchsziel gelten kann, so lohnt dennoch ein Rundgang durch die verwinkelten Straßen und Gassen des Stadtkerns, wo etliche alte Häuser in kombi-

Kozani, Stadtkern (Fortsetzung)

nierter Stein-Fachwerk-Bauweise hinter ummauerten Innenhöfen und Gärten zu finden sind. Ausgangspunkt ist der zentrale Siegesplatz (Platía Níkis; z.T. Fußgängerzone) mit einem Uhrturm von 1855; hier konvergierten früher die Fernstraßen aus allen Himmelsrichtungen.

Hauptkirche

Die 1664–1721 teilweise aus Holz errichtete Metropolitankirche Ágios Nikólaos ist ein niederer, in die Breite strebender Sakralbau und besitzt schöne Holzschnitzereien an Ikonostase und Chorgestühl.

Museen

Einen Besuch verdient außer einem kleinen Archäologischen Museum vor allem das in einem aufwendig renovierten Herrenhaus (man folge den Wegweisern 'Museum') eingerichtete und gut aufgestellte regionale Volkskundemuseum (Laographikó Musío; Di. geschlossen).

Stadtbibliothek

Die bedeutende Stadtbibliothek verfügt über mehr als 50000 alte Handschriften, darunter zahlreiche Raritäten aus der seit dem Mittelalter bekannten Schreibschule von Kozani.

Metamorphosis-Kirche

Auf einer Anhöhe am Nordwestrand der Stadt steht die weithin sichtbare Kirche Metamórphosis tu Sotíros; von dort blickt man über die Stadt hinweg und südostwärts in die weite Flußniederung mit dem großen Stausee des Aliakmon.

Umgebung von Kozáni

Aliakmon-Stausee

Rund 20 km südöstlich von Kozani ist der Strom Aliákmon zu einem langgestreckten See aufgestaut, den man auf einer kleinen Rundfahrt (gut 70 km) kennenlernen kann. Hierzu folgt man von Kozani südostwärts der Straße Nr. 3 in Richtung Larisa über Petraná und Vathýlakkos, überquert auf einer über 2 km langen, im Bogen geführten Pfeilerbrücke den Aliakmon-Stausee und wendet sich in ⟶ Sérvia nach Südwesten, zweigt bald darauf von der ins Gebirge weiterführenden Hauptstraße rechts ab und fährt am Südufer des Stausees bis zu der Ortschaft Rýmnio. Dahinter überquert man den hier schmäleren See abermals und gelangt nach Áaní (mehrere Kirchen mit Fresken des 15. und 16. Jh.s); unweit außerhalb befindet sich über dem linken Ufer des Aliakmon das im 16. Jh. gegründete Kloster Zavorda. Über Lefkopyrgí kehrt man nach Kozani zurück.

Kreta

H–L 8/9

Griechisch

Κρήτη
Kríti

Nomi: Chaniá, Réthimnon, Iráklion, Lassíthi
Inselfläche: 8331 km²
Höhe: 0–2456 m ü.d.M.
Bewohnerzahl: 460000 (ca. 12000 Türken)
Hauptort: Iráklion

Flugverkehr

Flughafen Iráklion, 5 km östlich; Flughafen Chania, 12 km nordöstlich auf der Halbinsel Akrotíri bei Stérnes; Flugplatz Sitía, 5 km nördlich. Linienflüge Athen–Iráklion mehrmals täglich sowie Rhodos bzw. Saloniki–Iráklion mehrmals wöchentlich; Athen–Chaniá mehrmals täglich;

Samaria-Schlucht ▶

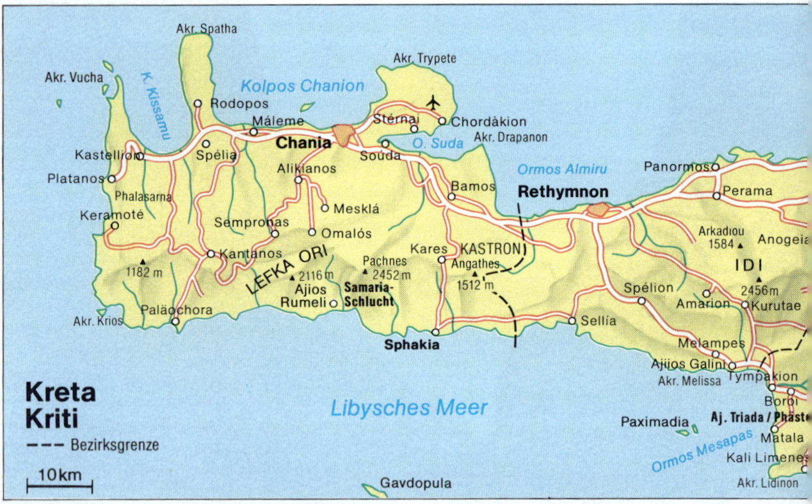

Flugverkehr (Fortsetzung)

Rhodos–Sitía über Karpathos und Kasos mehrmals wöchentlich. Direktflüge nach Iráklion von Frankfurt am Main.

Schiffsverkehr

Linienschiffe Athen (Piräus)–Iráklion und Athen (Piräus)–Chaniá zweimal täglich (auch Kfz-Transport) in 10–14 Stunden; ferner mehrmals wöchentlich Schiffsverbindungen mit den Kykladen sowie mit Rhodos (über Kasos und Karpathos).

Anreise zu Schiff

Bei der Anfahrt auf Chaniá wird zuerst rechts das Kap Spátha (auf der Nordspitze Reste eines Diktynäon-Heiligtums) und links die Halbinsel Akrotíri (einst Kyamon) sichtbar, zwischen denen sich die weite, oft Nordstürmen ausgesetzte Chaniá-Bucht öffnet; dahinter die Lefká Óri. Die Schiffe ankern in Chaniá auf offener Reede, die großen Fährschiffe jenseits der Halbinsel Akrotíri in der Súda-Bucht, dem einzigen guten Hafen der Insel, der bei jedem Wetter einer ganzen Flotte Schutz bieten kann.

Bei der Anfahrt auf Iráklion erscheint rechts das Kap Stávros, eine wichtige Landmarke; links erblickt man die kahle Insel Día (venezianisch Standia; 265 m ü.d.M.; Wildziegenreservat), den Zufluchtshafen bei Nordsturm; vorn die Bucht von Iráklion, die westlich vom Kap Panagía begrenzt wird.

Lage und Allgemeines

Kreta (Kríti), die größte der griechischen Inseln und fünftgrößte im Mittelmeer, liegt etwa 100 km (54 sm) südöstlich der Peloponnes am Südrand des Ägäischen Meeres und bildet den südlichsten Teil Europas sowie ein Hauptglied des Inselbogens, der Südgriechenland mit Kleinasien verbindet. Die wegen ihrer berühmten minoischen Kulturdenkmäler außerordentlich besuchenswerte Insel ist 12 bis 57 km breit und erstreckt sich auf 260 km Länge annähernd von West nach Ost. Sie ist von drei verkarsteten Bergmassiven gegliedert: im Westen die meist schneebedeckten Lefká Óri ('Weiße Berge'; 2452 m ü.d.M.), im mittleren Teil das ebenfalls schneereiche Psilorítis-Gebirge (Ídi Óros, 2456 m ü.d.M.) und im Osten das Díkti-Gebirge (2148 m ü.d.M.). Die stark zerrissenen und vegatationsarmen Bergzüge sind die Hei-

Lage und Allgemeines (Fortsetzung)

mat der Bezoarziege (Capra aegagrus), einer Stammform der Hausziege. Nur in den Einbruchswannen (Poljen) kann etwas Landwirtschaft betrieben werden. Zwischen den Gebirgen dehnen sich fruchtbare Ebenen aus (Messará; Omalós, Lassíthi), mit Palmen, Oliven-, Bananen- und Apfelsinenpflanzungen sowie Weinreben, im Süden mit Frühgemüseanbau.
Während die Südküste meist steil ins Meer abfällt, ist die Nordküste flacher und stärker zerklüftet; an letzterer liegen Chaniá, die Inselhauptstadt und größte Stadt Iráklion sowie Réthimnon, die drittgrößte Stadt der Insel. Das Klima ist mediterran mit verhältnismäßig milden, niederschlagsreichen Wintern und völlig trockenen, subtropisch-heißen Sommern (6–7 Sommermonate). Wichtigster Erwerbszweig ist die Landwirtschaft und zunehmend auch der Fremdenverkehr.

Geschichte

Spuren frühester, von Nordafrika ausgehender Besiedlung weisen bis ins 7. Jahrtausend v. Chr. zurück.
Seit dem 3. vorchristlichen Jahrtausend entfaltete sich eine vorgriechische bronzezeitliche Kultur, die um 2000–1600 v. Chr. zu höchster Blüte gelangte und – in der Sage vom mächtigen König Minos besungen – als Minoische Kultur bezeichnet wird. Kulturelle und wirtschaftliche Ausstrahlung sowie Einfluß des Minoischen Reiches als erster Seemacht im Mittelmeer reichten bis zur Iberischen Halbinsel. Noch ungeklärte Ereignisse führten um 1400 v. Chr. zum plötzlichen Untergang der Minoischen Kultur. Möglicherweise hat eine Erdbebenkatastrophe, vielleicht infolge des Berstens der Vulkaninsel ⟶ Santorin (Thera), die kretischen Städte vernichtet. Möglicherweise wurde die Insel aber auch von brandschatzenden Eindringlingen verwüstet. Seitdem konnte sie sich nicht mehr zu ihrer einstigen Bedeutung aufschwingen.
Gegen Ende des 12. Jh.s v. Chr. eroberten dorische Griechen den größten Teil der Insel.
Im Jahre 66 v. Chr. wurde Kreta als wichtiger Stützpunkt im Mittelmeer durch die Römer eingenommen und fiel nach der Teilung des Römischen Reiches bis 824 n. Chr. an Byzanz; 824–961 von arabischen Sa-

Geschichte (Fortsetzung)

razenen beherrscht, war es bis 1204 abermals Teil des byzantinischen Kaiserreiches.
Es folgte 1204–1669 die lange und von erbitterten Unabhängigkeitsbestrebungen begleitete Herrschaft der Venezianer, die der Insel dennoch beachtlichen kulturellen Aufschwung brachte. Dieser Epoche entstammte u.a. der bedeutende Maler und Bildhauer Domenikos Theotokopulos, genannt El Greco (geb. 1541 in Fódele bei Iráklion, gest. 1614 in Toledo).
Im Jahre 1669 nahmen die Türken die Insel ein und verließen sie erst 1898 nach kriegerischen Auseinandersetzungen mit Griechenland.
Nach vorübergehender Autonomie wurde am 5. Oktober 1912 dank der Initiative des auf Kreta geborenen Juristen, liberalen Politikers und späteren griechischen Ministerpräsidenten Elephtherios Kyriakos Venizélos (geb. 1864 in Murniés bei Chaniá, gest. 1936 in Paris) der Anschluß Kretas an das Königreich Griechenland verkündet.
Im Frühjahr 1941 besetzten deutsche Luftlandetruppen die Insel, die wegen ihrer Mittlerlage zwischen Südeuropa und Afrika von großer strategischer Bedeutung war, und räumten sie erst im Mai 1945.

Chaniá

Allgemeines

Chaniá (47000 Einw.), die im 13. Jh. von den Venezianern als La Canea an der Stelle des antiken Kydonia gegründete Hauptstadt des gleichnamigen Nomos, liegt an der Nordküste Kretas in der Südostecke der Bucht von Chaniá am Kretischen Meer. Die Stadt wurde von den Geschehnissen des Zweiten Weltkrieges stark und nachhaltig in Mitleidenschaft gezogen.

Altstadt

Die Altstadt ist von einer 3 km langen Stadtmauer aus dem 16. Jh. umgeben. Im Norden erstreckt sich der venezianische Hafen (Bootshafen; Leuchtturm auf der Molenspitze) mit mehreren Arsenalen (um 1500, heute als Bootshallen genutzt) und Teilen der alten Festung.

*San Lorenzo Archäologisches Museum

In der gotischen Kirche San Lorenzo ist jetzt das Archäologische Museum (dorische Funde) untergebracht. Sehenswert sind ferner die Kirche San Salvatore (16. Jh.), die Janitscharenmoschee (von 1645) sowie schöne venezianische Patrizierhäuser und die große Markthalle.

Historisches Archiv

Südlich der Altstadt das Historische Archiv (Odós I. Sfakianáki 20) mit bemerkenswerten Dokumenten, Waffen und Ikonen.

Chalépa

Rund 1,5 km östlich der Stadt liegt die Villenvorstadt Chalépa, der Sitz des Präfekten und der Konsulate.

Bucht von Súda

Ungefähr 4 km südöstlich der Altstadt erstreckt sich die Bucht von Súda, der größte und am besten geschützte Naturhafen der Insel (Handelshafen von Chaniá und Flottenstützpunkt).

Ausflüge von Chaniá

Profiti Elias

Etwa 8 km östlich von Chaniá, auf dem Berg Profiti Elias, eine Freiheitsstatue und die Gräber der kretischen Freiheitskämpfer Sophokles und Elephtherios Venizélos.

Maráthi

6 km weiter östlich, bei Maráthi, die Reste der antiken Stadt Minoa.

Akrotíri

17 km nordöstlich, auf der Halbinsel Akrotíri, das Kloster Agía Triáda (von 1631); 4 km nördlich davon das Kloster Guvernéto (1548). Wie bei

Akrotíri (Fortsetzung)

der Agía Triáda zeigt die Renaissancefassade venezianischen Einfluß. Eine Ikone in der Vorhalle zeigt die Legende des hl. Johannes von Guverneto, der auf der Flucht aus dem Nahen Osten unterhalb des heutigen Klosters landete und dort mit 98 Gefährten in einer Höhle lebte, bis ihn ein Jäger irrtümlich erschoß. Diese Höhle des Johannes ist noch vorhanden. Von Guverneto geht man auf breitem, felsigem Weg halbrechts abwärts bis zu einigen Hausruinen vor einer geräumigen Höhle, die nach der Form eines Stalaktiten 'Bärenhöhle' genannt wird. Vermutlich war sie schon in minoischer Zeit eine Kulthöhle und diente in klassischer Zeit dem Artemiskult; heute befindet sich hier die kleine Kapelle der Panagía arkudiótissa (Muttergottes von der Bärenhöhle). Nun führt ein schmaler Pfad in vielen Kurven abwärts zu dem verlassenen Kloster Katholikó, wo die Höhle des Johannes von Guverneto (links kurz vor dem Klosterportal) liegt. Die Felsenkirche besitzt eine venezianische Portalwand.

Máleme

Bei Máleme, 16 km westlich von Chaniá, befindet sich ein deutscher Soldatenfriedhof mit 4465 Gräbern von zumeist Fallschirmjägern, die bei dem Luftlandeunternehmen vom 20.5.–1.6.1941 gefallen sind.

Rhodópu

8 km westlich von Máleme zweigt rechts eine Straße zu dem Ort Kolymbári ab, wo sich außer dem festungsartigen Kloster Goniás die von der autokephalen (selbständigen) Kirche Kretas unterhaltene Ökumenische Akademie befindet. Hier beginnt die sich nach Norden erstrekkende Halbinsel Rhodópu. Nur 8 km breit, erreicht sie eine Höhe von 750 m ü.d.M. An ihrem Nordostende, an der Bucht Meniés nahe beim Kap Spatha, haben deutsche Archäologen während des Zweiten Weltkrieges das Heiligtum der Nymphe Diktynna freigelegt, die mit der kretischen Höhengöttin Britomartis identisch ist und später der Artemis gleichgesetzt wurde. Eine andere Überlieferung sah in ihr die Schutzherrin der Fischer und ihrer Netze (diktyon = Netz). Man erreicht die Stätte am besten per Boot von Chanía aus. Vom Landeplatz durch ein kleines Tal mit den Ruinen eines aufgegebenen Dorfes gehend und am linken (südlichen) Hang aufsteigend, kommt man zum Grabungsgelände mit den Resten eines Tempels, der im 2. Jh. n. Chr. an der Stelle eines aus dem 7. Jh. v. Chr. stammenden Vorgängerbaues errichtet wurde, ferner dem zugehörigen Altar, Zisternen und weiteren Gebäuden.

Kastélli

21 km weiter westlich, im Süden der Kíssamos-Bucht, das Städtchen Kastélli (Kissámu). Von hier lohnen Ausflüge nordwestlich zum antiken Hafen Kissamos (2 km) und zur Insel Gramvúsa (etwa 20 km) vor der gleichnamigen Halbinsel im äußersten Nordwesten von Kreta, wo sich in 135 m Höhe über der westlichen Steilküste eine venezianische Festung aus dem 17. Jh. erhebt. Ferner lohnender Ausflug zur antiken Hafenstadt Phalasarna (9 km westl.) mit Resten von Gebäuden und Hafenanlagen, Gräbern und Felsskulpturen, sowie zu den Ruinen der Dorierstadt Polirheneia (6 km südlich).

Kándanos

60 km südwestlich von Chaniá liegt der Ort Kándanos, dessen Einwohner im Zweiten Weltkrieg bei einer Vergeltungsaktion der deutschen Wehrmacht erschossen wurden.

Paläochóra

Südlich von Kándanos kommt man zu dem rund 1000 Einwohner zählenden Ort Paläochóra, der auf einem Vorgebirge ein venezianisches Kastell besitzt; nach Westen gibt es ausgedehnten Sandstrand.

Lissós

Kurz vor Paläochóra zweigt östlich eine Straße ab, die über Rodováni zur Bucht von Sugia, dem antiken Syia, führt. Von hier führt ein Pfad über die westliche Höhe in die Nachbarbucht Agios Kýrikos, die man

Lissós
(Fortsetzung)

leichter von Paläochóra mit dem Boot erreicht. Es ist die Stelle des antiken Lissos. Der Wächter führt in dem üppig bewachsenen Gelände zum Tempel des Asklepios-Heiligtums; erhalten sind Cellamauern, Mosaikfußböden, die Basis des Kultbildes und links daneben ein Opferkasten. Unter dem Fußboden läuft das Wasser von der heiligen Quelle zu einem Brunnen. Weiterhin sind römische Häuser und (am Westhang) Grabstätten aus hellenistischer und römischer Zeit zu sehen. Am Ufer steht eine Kýrikos-Kapelle, westlich des Tempels eine Panagía-Kapelle; beide wurden über Resten frühchristlicher Basiliken erbaut.

**Samaria-Schlucht
(Abbildung s. S. 369)

Etwa 42 km südlich von Chaniá liegt das Dorf Omálos am Rande der gleichnamigen fruchtbaren Hochebene. Hier beginnt die Wanderung (7 Std.) durch die Samaria-Schlucht (Farángi Samariás), eine 18 km lange, bis 300 m tiefe und beim ‘Eisernen Tor’ (Síderoportes) und nur 2–3 m breite Klamm, in deren Gebiet noch heute die Kretische Wildziege (‘Kri Kri’) lebt. Für das Unternehmen sind festes Schuhwerk, ausreichend Proviant (Wasser!) und gute Kondition unerläßlich. Am Südausgang der Schlucht liegt das Dorf Agía Ruméli, von wo Boote (auch Fußweg) nach Chóra Sfakíon (10 km westlich) verkehren, wo die Venezianerfestung Frangokástello oder Castelfranco (14. Jh.) steht. Die Rückfahrt nach Chaniá (75 km) ist im Autobus möglich.

Réthimnon

Allgemeines

Réthimnon (Rethymnon; 15 000 Einw.), die drittgrößte Stadt auf Kreta, wird im Südosten vom Psilorítis-Gebirge überragt. Von der venezianischen wie auch von der türkischen Herrschaft geprägt, weist die Stadt eine besonders reizvolle Kulturmischung auf.

Hafenstadt Rethimnon

Hafen von Iraklion

In der Altstadt stehen zahlreiche venezianische Adelspalais, türkische Häuser mit überdachten Holzgitterbalkonen, mehrere kleine Moscheen (18. Jh.) und die venezianische Akropolis ('Fortezza'; 14. Jh., im 16. Jh. erweitert) mit einer von gewaltiger Kuppel überspannten Moschee. In der Loggia (17. Jh.) das Städtische Museum. Altstadt

Ausflüge von Réthimnon

Etwa 10 km östlich von Réthimnon, bei Pigí, der ausgedehnteste Olivenhain im Mittelmeerraum mit 1,5 Millionen Bäumen.

23 km südöstlich der Stadt steht die Ruine des frühbyzantinischen Klosters Arkádi, 1866 Schauplatz eines blutigen Aufstandes gegen die Türkenherrschaft. *Arkadi
Etwa 30–40 km südöstlich von Réthimnon liegen im Gebiet der Ortschaft Amári mehrere typische Dörfer, teils mit sehenswerten alten Kirchen, besonders Apóstoli, Méronas, Gerakárion, Vríses, Áno Méros und Furfurás sowie das Kloster Asomáton (17. Jh.), in dessen Nähe ein minoischer Gutshof freigelegt wurde.
Noch weiter südöstlich (62 km von Réthimnon) das reizvolle Fischerdorf Agía Galíni ('Heilige Ruhe') mit schönem Strand.
36 km südlich von Réthimnon das Kloster Préveli (17. Jh.); in der Nähe schöner Strand.

Iráklion

Iráklion (Herakleion; 85000 Einw.), die etwa in der Mitte der Nordküste gelegene größte Stadt Kretas, zugleich Verwaltungssitz der Insel und Inselhauptstadt

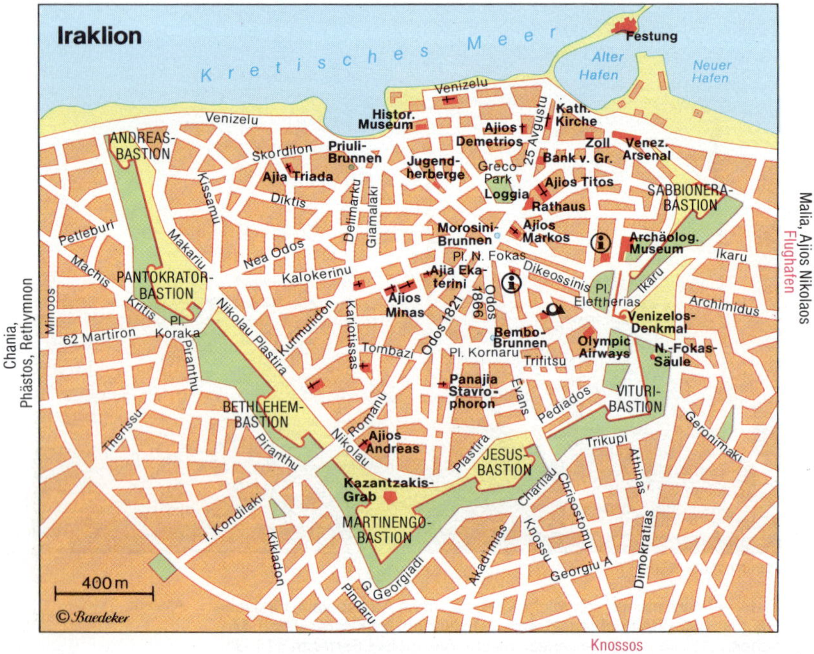

Iráklion (Fortsetzung)

deren wichtigster Handelshafen, ist Sitz eines orthodoxen Erzbischofs. Iráklion war im Altertum Hafenplatz von Knossos, verfiel in römischer Zeit und wurde nach 824 n.Chr. von den Sarazenen als 'Chandak' wiederbelebt. Die Venezianer ließen die von ihnen Cándia genannte Stadt seit 1538 durch den Baumeister Michele Sammicheli mit einer gewaltigen, 5 km langen, festungsartig ausgebauten Mauer umgeben und machten sie zur Inselhauptstadt. Im 16. und 17. Jahrhundert war Iráklion Sitz einer bedeutenden Malerschule, aus der auch der berühmte griechisch-spanische Maler El Greco hervorging.

**Archäologisches Museum

Bedeutende Sehenswürdigkeiten der Stadt und eine der größten von Kreta ist das in der östlichen Altstadt gelegene Archäologische Museum (Kretikón Museion), das die großartigen Funde aus den Palästen und Wohnbauten von Knossós, Festós, Agía Triáda und anderen Ausgrabungsstätten der Insel enthält und damit ein Bild ihrer reichen vorgriechischen Blütezeit vom 5. Jahrtausend an wiedergibt.

Abteilung A, Raum 1: Jungsteinzeit (5000–2600 v.Chr.) und frühminoische Zeit (2600–2000 v.Chr.); Steingefäße von der Insel Móchlos (nordöstlich von Kreta) und Petschaften.

Abteilung B, Räume 2 und 3: Funde der mittelminoischen Epoche (Zeit der alten Paläste; 2000–1700 v.Chr.), besonders Gefäße im Kamáres-Stil (nach dem Dorf Kamáres), aus Knossós, Mália und Festós.

Abteilung Γ, Räume 4 und 5, 7 und 8: Funde der mittelminoischen Epoche (Zeit der neuen Paläste; 1700–1450 v.Chr.); Opfergefäße, Schrifttafeln; Statuetten, Satirikon-Spiel aus Elfenbein; Schmuck.

Abteilung Δ, Raum 6: Schmuck und andere kostbare Grabbeigaben

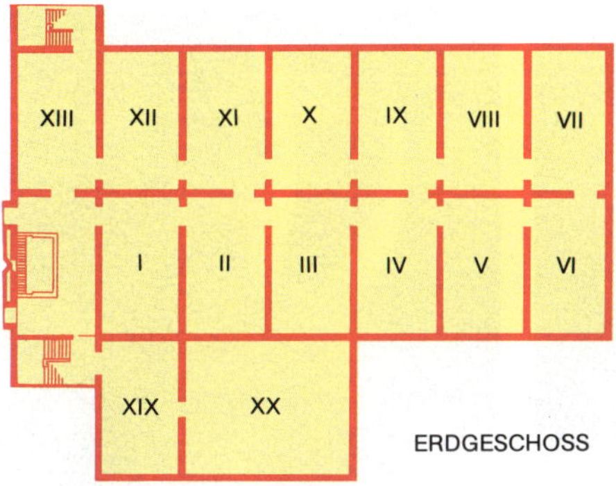

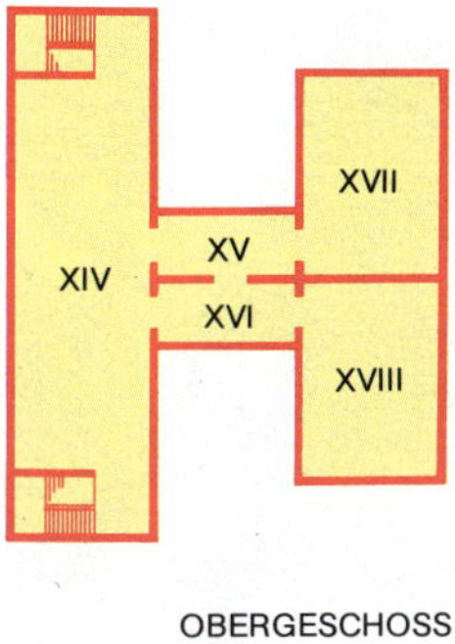

I Neolithikum, Vorpalastzeit (2500–2000 v. Chr.)
II Alte Palastzeit; Knossos, Mallia (2000–1700 v. Chr.)
III Alte Palastzeit; Phästos (2000–1700 v. Chr.)
IV Jüngere Palastzeit; Knossos, Phästos, Mallia (1700–1450 v. Chr.)
V Späte Jüngere Palastzeit; Knossos (1450–1400 v. Chr.)
VI Jüngere Palastzeit, Nachpalastzeit; Knossos, Phästos (1400–1350 v. Chr.)
VII Jüngere Palastzeit; Mittelkreta
VIII Jüngere Palastzeit; Kato Zakros (1700–1450 v. Chr.)
IX Jüngere Palastzeit; Ostkreta
X Nachpalastzeit (1400–1100 v. Chr.)
XI Subminoische und frühgeometrische Zeit (1100–800 v. Chr.)
XII Reifgeometrische und orientalisierende Zeit (800–650 v. Chr.)
XIII Sarkophage
XIX Archaische Zeit (7.–6. Jh. v. Chr.)
XX Klassische und spätantike Zeit (5. Jh. v. Chr. – 4. Jh. n. Chr.)

XIV, XV, XVI Jüngere Palastzeit; Wandmalereien
XVII Sammlung Guamalakis
XVIII Archaische bis römische Zeit; Kleinkunst (7. Jh. v. Chr. – 4. Jh. n. Chr.)

Archäologisches Museum

Iraklion

Iráklion, Archäologisches Museum (Fortsetzung)

der spätminoischen Epoche (Postpalatiale Zeit; 1400–1250 v. Chr.).
Abteilung Z, Raum 9: Mittelminoische Funde von Ostkreta.
Abteilung H, Raum 10: Spätminoisch-helladische Stilrichtung (1400–1100 v. Chr.).
Abteilung Θ, Räume 11 und 12: Spätminoisch-geometrische Epoche (dorisch; 1100 bis 650 v. Chr.) und Weiterentwicklung.
Abteilung I, Raum 13: Minoische Sarkophage u.a. aus Agía Triáda, Tílissos und Gurniá.
Abteilung N, Raum 19: Hellenistische Zeit (7./6. Jh. v. Chr.).
Abteilung Ξ, Raum 20: Plastik der hellenistisch-römischen Zeit (5. Jh. v. Chr. – 4. Jh. n. Chr.).

**Fresken
**Prunksarkophag

Obergeschoß. – Abteilung K, Räume 14 (Halle) – 16: Fresken und Reliefs aus minoischen Palästen, steinerner Prunksarkophag von Agía Triáda.
Abteilung Λ, Raum 17: 'Jamalaki-Sammlung' dorischer Plastik (700–500 v. Chr.).
Abteilung M, Raum 18: Gegenstände aus hellenistischer und römischer Zeit (700 v. Chr. – 400 n. Chr.).

*Morosini-Brunnen

Nördlich vor der Altstadt liegt der reizvolle Venezianische Hafen mit Festung auf der nördlichen Hafenmole. Auf dem Venizélos-Platz der Morosini-Brunnen (von 1628) mit Löwen aus dem 14. Jh. und die ehemalige Markos-Kirche (1303), heute Museum für byzantinische Malerei. An der von hier nördlich zum Hafen führenden Odós 25. Avgústu, unweit der Markos-Kirche, die ehemalige venezianische Loggia (1627; heute Rathaus). Nordöstlich anschließend die Titos-Kirche, benannt nach Titus dem Apostel, dem Begleiter des Paulus und, nach

Kunstwerke aus Knossos im Archäologischen Museum von Iraklion

Iráklion, Morosini-Brunnen (Fortsetzung)

der Überlieferung, ersten Bischof von Kreta; seine Schädelreliquie wird hier aufbewahrt.
Am Katharinenplatz die Minás-Kathedrale (19. Jh.) und die kleine ehemalige Katharinenkirche (18. Jh.), heute Museum für sakrale Kunst (v.a. Ikonen aus dem 16. Jh. von M. Damaskinos).

* Historisches Museum

Im Historischen Museum (in der nördlichen Altstadt) kretische Volkskunst und Erinnerungsstücke an die Türkenherrschaft. Im zweiten Obergeschoß befindet sich eine reichhaltige ethnographische Sammlung.

Knossós

** Königspalast (Plan s. S. 380)

Etwa 5 km südöstlich von Iráklion (Autobus in 15 Min.) liegt nahe der Ortschaft Makritíchos die Ausgrabungsstätte von Knossós, der ältesten Hauptstadt der Insel, mit dem seit 1899 durch britische Archäologen unter der Leitung von Sir Arthur Evans (1851–1941) freigelegten und z.T. wiederaufgebauten Königspalast. Die ausgedehnte, in vier Ebenen am Hang des Kefála-Hügels ansteigende, einst zwei- bis dreistöckige Anlage, die mehrfach – vermutlich durch Erdbeben – zerstört und demzufolge in drei Phasen erneuert wurde, bestand von etwa 2000 bis 1400 v. Chr.: Erster Palast um 2000–1800, Zweiter Palast um 1800–1700, Dritter Palast um 1700–1400 v. Chr. Die heute freiliegenden Teile stammen hauptsächlich vom Dritten Palast, der nach 1700 v. Chr. entstand und, obwohl in den folgenden Jahrhunderten in einzelnen Teilen verändert und erweitert, im wesentlichen dem Zustand im 16. Jh. v. Chr. entspricht. Der komplizierte Grundriß gab den Anlaß zu der Vermutung, daß es sich bei dem Palast um das sagenhafte Labyrinth des Königs Minos handele, zumal hier mehrfach das Symbol

Palast von Knossos (z.T. rekonstruiert)

Knossos (Fortsetzung)

der Doppelaxt (griechisch 'labrys'), ein Wahrzeichen des minoischen Kreta, gefunden wurde.

Rundgang

Man betritt den Palast vom Westhof (links Reste eines Theaters) und gelangt durch den Prozessionskorridor (benannt nach den Fresken) und die große Toranlage der Südpropyläen, dann durch einen großen Gang an vielen Vorratskammern mit Tonnengefäßen vorbei, in den geräumigen Mittelhof, auf dem möglicherweise Stierkämpfe abgehalten wurden (vgl. Darstellungen auf Funden im Archäologischen Museum von Iráklion).
An der Westseite des Hofes u.a. die Haupttreppe und der Thronsaal (mit steinernem Stuhl; um 2000 v. Chr.); an der Ostseite des Hofes die Wirtschafts- und Wohnräume mit Bädern und Toiletten (Wasserspülung). Neben der nach dem in die Pfeiler eingehauenen Zeichen benannten Halle der Doppeläxte u.a. die Gemächer des Königs und die Gemächer der Königin. Die zahlreichen Fresken sind Kopien der im Archäologischen Museum von Iráklion befindlichen Originale.
Um den Palast herum liegen im Gebiet der größtenteils noch nicht ausgegrabenen minoischen Stadt Knossós, die vielleicht bis zu 100 000 Einwohner zählte, die Reste einiger Villen und des Kleines Palastes (200 m nordwestl.).

Von Iráklion über Górtis, Festós und Agía Triáda nach Mátala

Man verläßt Iráklion in westlicher Richtung auf der Straße nach Réthimnon.
2 km: Abzweigung nach links (südwärts).
31 km: Agía Varvára, ein stattliches Dorf. Dahinter bergan zum Askífu-Paß (700 m ü.d.M.) und mit prächtigen Ausblicken hinab in die frucht-

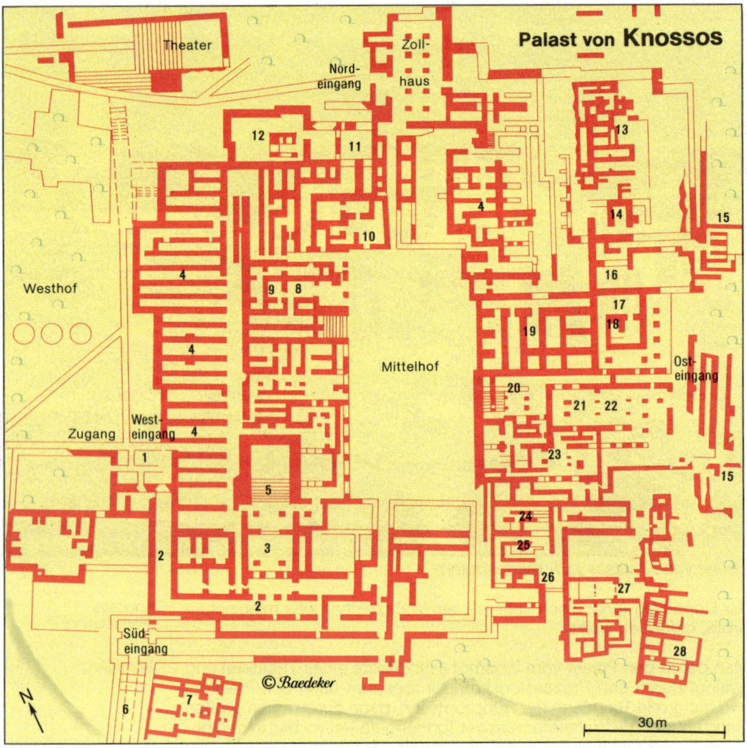

1 Westpropyläen
2 Prozessionskorridor
3 Südpropyläen
4 Vorratskammern
5 Propyläentreppe
6 Säulentreppe
7 Südgebäude
8 Thronsaal
9 Innenheiligtum
10 Gefängnis
11 Nordwestliche Säulenhalle
12 Nördliches Reinigungsbecken
13 Keramik-Lagerräume
14 Lagerräume der Riesenkrüge
15 Bastionen
16 Werkstätten
17 Töpferei
18 Steinmetz-Werkstatt
19 Wasserleitung
20 Großes Treppenhaus
21 Halle der Doppeläxte
22 Pfeilersaal
23 Megaron der Königin
24 Sanitäre Anlagen
25 Heiligtum der Doppelaxt
26 Reinigungsbecken
27 Hochaltar
28 Südostgebäude

'Halle der Doppeläxte' im Palast von Knossos (Rekonstruktionsversuch)

Von Iráklion nach Mátala (Fortsetzung)

bare, reichlich mit Oliven, Orangen, Zuckerrohr, Bananen u.a. angebaute Messará-Ebene.
16 km: Agía Déka; 1 km südöstlich abseits ein kleines archäologisches Museum.

*Gortís

1 km: die Reste der Stadt Gortís (Gortyn), der ehemaligen Rivalin von Knossós und späteren Hauptstadt der römischen Provinz Creta-Cyrenaica, die bis zum Einbruch der Sarazenen im Jahre 826 n. Chr. bestand. Links der Straße im Olivenhain u.a. die Fundamente des Tempels des Apollon Pythios, eines römischen Statthalterpalastes mit Thermen (2. Jh. n. Chr.), eines Theaters und eines Amphitheaters sowie eines 374 m langen Circus. 500 m weiter liegen rechts der Straße unter der Akropolis die Ruinen der Basilika Ágios Títos (6. Jh. n. Chr.), eines antiken Theaters sowie eines in römischer Zeit in ein Odeon (Konzerthaus) verwandelten Gebäudes, an dem der Rechtskodex der Stadt Gortís aus archaischer Zeit eingehauen ist (um 450 v. Chr.; bustrophedon, d.h. der Zeilenverlauf wechselt von links nach rechts und von rechts nach links).

Platanós

Rund 6,5 km südlich vom Dorf Ágii Déka, das dicht bei Gortys liegt, findet sich bei Platanós das aus dem 3. Jahrtausend stammende größte kretische Rundgrab (Innendurchmesser 13 m).

Léntas
Lebéna

Ein Fahrweg führt weiter nach Léntas (27 km) an der Südküste. In der Nähe liegt das von Gortys im 4. Jh. v. Chr. bei einer Thermalquelle gegründete Asklepios-Heiligtum von Lebéna. Oberhalb des heutigen Ortes erhebt sich auf einer Terrasse der Asklepios-Tempel (4. Jh. v. Chr., im 2. Jh. n. Chr. erneuert) mit Ziegelmauern, die außen mit Bruchsteinen ummantelt sind. In ihm stehen zwei Säulen aufrecht, dazwischen die Basis des Kultbildes. Rechts davor ein Raum, auf

Ausgrabungen der antiken Stadt Gortis

An der Südküste bei Lentas

Lebéna (Fortsetzung)

dessen Mosaikfußboden ein Seepferdchen dargestellt ist; darunter lag der Aufbewahrungsort für den Tempelschatz. Von diesem Raum verliefen eine Treppenanlage und eine Stoa nach Osten, wo das Quellhaus des heilkräftigen Brunnens erhalten ist. Etwas weiter östlich steht eine Johanneskapelle (11. Jh.; Fresken 14.–15. Jh.) über den Fundamenten einer dreischiffigen Basilika, für die antikes Baumaterial verwendet wurde.

*Festós

14 km hinter Gortís folgt die Abzweigung nach links über den Hieropótamos (Brücke) zu den auf einem Höhenrücken gelegenen Ruinen der von König Minos gegründeten und im 2. Jahrtausend v. Chr. zerstörten Stadt Festós (Phaistos, Phästos). Am Ostende des Höhenzuges der auf Terrassen angelegte Palast in der Art von Knossós, der anstelle eines um 1800 v. Chr. erbauten und um 1700 v. Chr. durch ein Erdbeben vernichteten ersten Palastes nach 1650 v. Chr. errichtet und um 1450 v. Chr. ebenfalls durch Erdbeben (vgl. Palast von Knossós) zerstört wurde. Von den ursprünglich um einen Mittelhof gruppierten Palasttrakten sind nur die Ruinen des westlichen und nördlichen Flügels erhalten, während der südliche und östliche Flügel bei dem Erdbeben abgestürzt sind. An der West- und Nordseite des noch vorhandenen Teils sieht man Reste des ersten Baues. Den Palast betritt man von der Westseite auf einer 13,75 m breiten monumentalen Propyläentreppe; links davor die Stufen eines Theaters. Von einer balkonartigen Bastion auf der höchsten Terrasse bietet sich eine prächtige Aussicht auf die Messará-Ebene mit ihrer Gebirgsumrahmung.

*Agía Triáda

Etwa 2 km westlich der Ausgrabungsstätte von Festós, am Nordrand des Höhenrückens und mit dem Palast einst durch eine gepflasterte Straße verbunden, liegen die Reste des ebenfalls minoischen Sommerpalastes Agía Triáda, der nach einer auf einem Nachbarhügel ste-

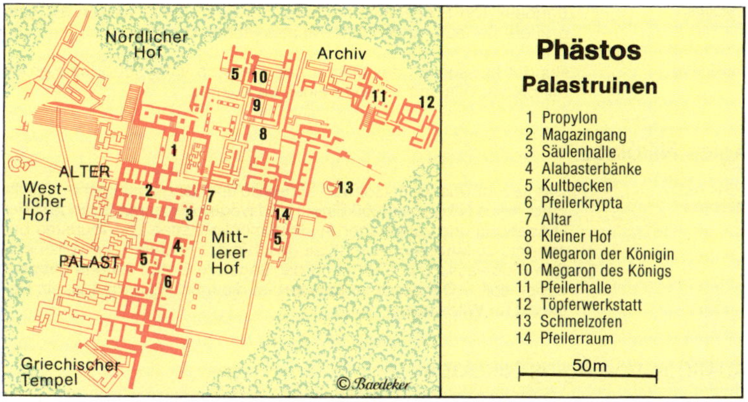

Agía Triáda (Fortsetzung)

henden byzantinischen Kapelle benannt ist (antiker Name nicht überliefert). Er stammt wie Festós hauptsächlich aus dem 16. Jh. v. Chr., wurde allerdings nach dem Erdbeben um 1450 v. Chr. erneuert und blieb bis in dorische Zeit bewohnt. Die hier gefundenen Fresken und Tongefäße befinden sich jetzt größtenteils im Archäologischen Museum von Iráklion. Von der Westseite des Palastes hat man eine herrliche Aussicht auf das 3 km entfernte Meer und die Südküste von Kreta. Oberhalb des Palastes steht die venezianische Kapelle Ágios Geórgios (14. Jh.; Fresken und Inschriften). Nordöstlich unterhalb des Palastes sind Teile einer spätminoischen Siedlung (14.–11. Jh. v. Chr.) freigelegt. Am Fuße des Hügels eine Nekropole, u.a. mit einem großen runden Kuppelgrab.

Mátala

10 km hinter Festós erreicht man das Meer bei Mátala, das in minoischer Zeit Hafen von Festós, in römischer Zeit von Górtis war. In die Felswände der Hafenbucht sind Grab- und Wohnhöhlen aus frühchristlicher Zeit eingehauen. Mátala besitzt einen feinen Sandstrand.

Weitere Ausflüge von Iráklion

Amnisós

7 km östlich von Iráklion, bei Amnisós, die Reste einer zweistöckigen minoischen Villa mit Fresken sowie eines Hafengebäudes (beide um 1660 v. Chr.). 3 km weiter östlich die Reste eines minoischen Herrenhauses bei dem antiken Hafen Níru Cháni, mit Doppelaxtheiligtum. Spuren weiterer minoischer Villen bei Tílisos (14 km südwestl.), Slavókampos (22 km südwestl.) und Vathípetron (20 km südl.; s. unten).

*Ídi Óros

Sehr lohnend ist die Besteigung des Ídi (Psiloritis, 2456 m ü.d.M.; beschwerlich! Warme Ausrüstung und Proviant unerläßlich, Führer ratsam), entweder von Kamáres zur Kamáreshöhle, wo zahlreiche Tongefäße der mittelminoischen Zeit aus polychromer Keramik (Kamáres-Ware) gefunden wurden, und weiter zum Gipfel (ca. 9 Std.), oder von Anógia (8 Std.).
An der Nordflanke des Ídi in 1280 m ü.d.M. die minoische Kulthöhle Idéon Ántron.

Archánes

Etwa 15 km südlich von Iráklion liegt die Ortschaft Archánes (4000 Einw.), das Zentrum des kretischen Weinanbaus (v.a. 'Rosaki'-Tafel-

Archánes (Fortsetzung)

trauben). Die Ergebnisse sporadischer Grabungen weisen auf eine größere Bedeutung des Ortes in minoischer Zeit hin.

Vathýpetro

Rund 4 km südlich des Dorfes befindet sich Vathýpetro, eine große minoische Villa und Zentrum eines Landgutes.

Ágios Nikólaos

*Golf von Mirabello

Das reizvoll über dem Golf von Mirabéllo am Hang ansteigende Städtchen Ágios Nikólaos (5200 Einw.) wird wegen der guten Strände in der Umgebung und zahlreicher Ausflugsmöglichkeiten von Touristen besonders zu längerem Aufenthalt geschätzt. Am Hafen der Vulisméni-See (Süßwasser), in dem nach der Sage die Göttin Athene gebadet haben soll. – Der Stadt vorgelagert ist die Insel Agía Pántes, ein Reservat für Wildziegen.

Ausflüge von Ágios Nikólaos

*Elúnda

6 km nördlich von Ágios Nikólaos liegen bei der Touristensiedlung Elúnda (Elunta) die Reste der dorischen Stadt Olús (teilweise unter dem Meeresspiegel).
An der Nordspitze der Elúnda vorgelagerten Insel Spinalonga (urspr. Halbinsel), die durch einen künstlichen Graben von dieser getrennt die Insel Kalidóna bildet, eine venezianische Festung von 1571 (1585 erweitert; nach 1897 griechische Leprastation).

Psíra

Auf der Insel Psíra, im Osten des Golfes von Mirabéllo, die Reste einer mittel- bis spätminoischen Siedlung.

Agios Nikolaos – im Vordergrund der Vulismeni-See

Venezianisches Kastell auf Spinalonga

Mochlós

Auf dem östlich dem Festland vorgelagerten und im Altertum mit diesem verbundenen Eiland Mochlós wurden in zahlreichen Grabkammern Geräte und Grabbeigaben aus frühminoischer Zeit (heute im Museum von Iráklion) gefunden.

Dréros

22 km nordwestlich von Ágios Nikólaos und 2 km nordöstlich abseits der Ortschaft Neápolis liegt die Fundstätte der minoischen Siedlung Dréros mit Apolloheiligtum (8./7. Jh. v. Chr.; bronzene Kultbilder).

*Mália

34 km nordwestlich von Ágios Nikólaos, bei dem Dorf Mália (Strand) nahe der Küste inmitten einer fruchtbaren, von Windrädern bewässerten Niederung, die Reste des um 1800 v. Chr. errichteten, nach dem Erdbeben um 1700 v. Chr. erneuerten und später verfallenen Palastes von Mália, der den Palästen von Knossós und Festós ähnlich, jedoch kleiner als diese war. Nahebei Teile der minoischen Stadt Mália sowie einer Nekropole.

*Lassíthi-Ebene

Etwa 30–40 km westlich von Ágios Nikólaos das fruchtbare runde Karstplateau Lassíthi (850 m ü.d.M.) mit ca. 12 000 heute zunehmend stillgelegten Windrädern ('Tal der Windmühlen') zur Bewässerung der Ebene; am Südwestrand, bei dem Dorf Psichrón, die Tropfsteinhöhle Diktéon Ántron, in der die Sage den Geburtsort des Zeus sieht.

*Kritsá

11 km südwestlich von Ágios Nikólaos, inmitten alter Olivenhaine, das malerische Bergdorf Kritsá; in der Umgebung mehrere schöne byzantinische Kirchen, besonders die Kapelle Panagía tis Kerás (12.–14. Jh.; Fresken) und die Kirche Ágios Geórgios (14. Jh.). 4 km weiter nordwestlich die von Gestrüpp überwucherten Ruinen der Stadt Lató, die wahrscheinlich zwischen dem 7. und 4. Jh. v. Chr. angelegt wurde und von ihren Terrassen oder den beiden sie überragenden

Ausgrabungsstätte Gurnia

Kritsá (Fortsetzung)

Akropoliskuppen eine herrliche Aussicht auf den umliegenden Bergkranz und den Golf von Mirabéllo bietet.

Máles

30 km südwestlich von Ágios Nikólaos liegt über einem nach Süden geöffneten Tal des Díkti-Gebirges das Dorf Máles mit Resten der dorischen Siedlung Málla. 15 km weiter südlich der Ort Mírtos (Strand) mit römischen Ruinen.

Ierápetra

An der Südküste Kretas liegt 36 km südlich von Ágios Nikólaos inmitten eines reichen Gemüseanbaugebietes Ierápetra, die südlichste Stadt Europas, an der Stelle des antiken Hafens Hierapydna, mit venezianischer Hafenfestung. Im Rathaus befindet sich ein kleines Museum mit Fundstücken aus römischer und venezianischer Zeit. Ierápetra rund 18 km (10 sm) südwestlich vorgelagert sind die Inseln Gaiduronísi und weiter östlich, etwa 5 km vor Kap Gudúra, die Insel Kufonísi.

*Gurniá

Etwa 20 km südöstlich von Ágios Nikólaos liegt das Ruinenfeld der nur teilweise freigelegten Siedlung Gurniá, die in ihrer typischen Anlage mit engen gepflasterten Gassen, kleinen Wohnhäusern sowie erhöht gelegenem Palast und Heiligtum einen guten Eindruck vom Aussehen einer spätminoischen Ortschaft (1600–1400 v. Chr.) vermittelt.

Sitía

Die ostkretische Stadt Sitía, das antike Eteia, ist ein von venezianischem Kastell überragtes, malerisch gelegenes Hafenstädtchen (Strand) mit überwiegend neuerer Bebauung. Die Stadt, die 1303 und 1508 durch Erdbeben zerstört und 1538 durch die türkische Flotte un-

Sitía (Fortsetzung)

ter Chaireddin Barbarossa heimgesucht wurde, ist die Heimat von Vintzentinos Kornaros (gest. 1677), der das noch heute in Griechenland bekannte Romanepos "Erotokritos" schrieb. Hübsch ist die Hafenpromenade mit ihren Restaurants. In der Arkadionstraße (parallel zum Hafen) befindet sich ein interessantes Volkskundemuseum.

Ausflüge von Sitía

Agía Fotiá
Moní Toplú

Etwa 5 km östlich von Sitía, bei Agía Fotiá, eine minoische Totenstadt. 16 km weiter östlich das Festungskloster Moní Toplú aus dem 17. Jh., Stützpunkt des Widerstandes gegen die Türken und Zufluchtstätte vor den Deutschen im Zweiten Weltkrieg, mit sehenswerter Bibel- und Ikonensammlung.

Palékastro

23 km östlich von Sitía liegen die minoischen Ruinen von Palékastro.

*Vái-Bucht
(Abb. s. S. 388)

Bei dem bescheidenen Flecken Vái, 26 km nordöstlich von Sitía, findet sich um die gleichnamige schöne Sandbucht der einzige Palmenhain auf Kreta.

Itanós

3 km weiter nördlich die minoischen Reste von Ithanós bei Ermúpolis.

*Kato Sakros

Von Sitía gelangt man auf mäßiger, in ihrem letzten Abschnitt jedoch prächtiger Panoramastraße hoch über dem Meer zu den 46 km südöstlich gelegenen, teilweise freigelegten Ruinen von Kato Sakros (Zakros). Die Stadt bestand 1600–1450 v. Chr. und war Ausgangspunkt für den Handel mit Ägypten und dem übrigen Nordafrika.

Presós

Etwa 15 km südlich von Sitía liegen das minoische Landhaus und die hellenistische Nekropole von Presós.
Ferner zahlreiche archäologische Fundstätten in der näheren Umge-

1 Südzugang
2 Werkstätten
3 Quadratische Einfassung (Altar?)
4 Zugänge zum Westflügel
5 Säulenportikus
6 Küche und Speisesaal
7 Raum mit Küchengerät
8 Vorratskammern
9 Raum mit Ziegelfußboden
10 Vorhalle
11 Großer Säulensaal
12 Lichthof
13 Quadratischer Raum
14 Bankettsaal
15 Werkstatt
16 Schatzkammer
17 Reinigungsbecken
18 Palastheiligtum
19 Archiv
20/21 Fundstätten der Talente und Elefantenzähne
22 Färberei
23 Megaron der Königin
24 Megaron des Königs
25 Großes rundes Wasserbecken
26 Quadratischer Brunnen
27 Quadratisches Becken
28 Runder Brunnen
29 Reinigungsbecken

bung von Sitía, besonders die minoischen Landhäuser von Piskokéfalon, Zú und Ríza (alle südöstlich) sowie das mykenische Kuppelgrab bei Achládia (südlich).

Kreta, Ausflüge von Sitia (Fortsetzung)

Gávdos

Kretas westlicher Südküste etwa 37 km (20 sm) vorgelagert ist als Europas südlichster Punkt die flache bewaldete Insel Gávdos, das mythologische Ogygia (Od. VII, 244), mit 'Kalypsos gewölbter Grotte'.

Kykladen

I–L 5–7

Κυκλάδες
Kiklådes

Griechisch

'Kykladen' ist eine im Altertum entstandene Benennung der im Kreis (griechisch 'kyklos') um den religiösen Mittelpunkt ⟶ Delos gelegenen, meist von Ioniern bewohnten Inseln. Nach der Legende soll Poseidon einst die Berge mit seinem Dreizack ins Meer gestoßen haben, wo sie in der Tiefe Wurzeln schlugen.

Allgemeines und Mythos

Übersichtskarte

◀ *Vai-Bucht an Kretas Ostküste*

Kykladen (Fortsetzung)

Der aus 23 großen und rund 200 kleinen Inseln bestehende Archipel erhebt sich auf einem unterseeischen Plateau, das im Bogen von den Spitzen Attikas und Euböas nach Südosten und Osten hin bis zur Küste Kleinasiens zieht. Die Inseln sind durchweg gebirgig. Auf den nördlichen herrschen Kreidekalk, Glimmerschiefer, Gneis und Marmor der sogenannten Kykladenmasse vor, die südlichen bestehen teilweise aus Eruptivgestein. Mit Ausnahme von Naxos fehlen dauernd wasserführende Flüsse, ebenso Baumbewuchs infolge fortwährend scharfer Seewinde. Eigentümlich ist die Bebauung mit weißgestrichenen, übereinandergefügten kubischen sogenannten Kykladenhäusern und strohgedeckten Windmühlen mit hellen Tuchflügeln.

Geschichte und Kultur

Als Urbewohner gelten Karer, die Träger der frühbronzezeitlichen Kykladenkultur (2400–1200 v. Chr.), deren sogenannte Kykladenidole, meist weibliche Steinfiguren, auf allen Inseln nachzuweisen sind. Sie wurden im ausgehenden 2. Jahrtausend von Ioniern auf den nördlichen und von Doriern auf den südlichen Inseln verdrängt. Die meisten Kykladeninseln schlossen sich dem Ersten und später auch dem Zweiten Attischen Seebund an. In der zweiten Hälfte des 1. Jahrtausends v. Chr. teils makedonisch, teils ptolemäisch, kamen sie später an das Römische Reich und nach dessen Teilung an Byzanz.
Es folgten im Mittelalter Jahrhunderte der venezianisch-fränkischen Herrschaft mit aufblühendem Kunst- und Geistesleben. Auch nach der Besetzung durch die Türken (1579) bewahrten die Inseln ihre religiöse (vorwiegend katholische Bevölkerung) und kulturelle Eigenheit weitgehend. Seit 1834 gehören die Kykladen zu Griechenland.
Die Beschreibungen der Inseln findet man über das Register.

Hinweis

Der sehr eigenständigen Kykladenkultur des 4. und 3. vorchristlichen Jahrtausends ist das Goulandris-Museum für Kykladische und Antike Kunst in ⟶ Athen gewidmet.

Kyllini F 6

Griechisch

Κυλλήνη
Killíni

Landschaft: Peloponnes
Nomos: Elis
Einwohnerzahl: 600

Verkehr

Nächste Bahnstation ist Gastúni an der Strecke Pátras–Pyrgos.
Fährschiffverbindung Kyllíni–Zákynthos 2–3mal täglich.

Lage und Allgemeines

Die Halbinsel Kyllíni – nicht zu verwechseln mit dem gleichnamigen Berg im Norden der Peloponnes – ist der am weitesten nach Westen vorspringende Punkt der Peloponnes. Sie endet in einem Bergrücken, der sich beherrschend aus der weiten Küstenebene erhebt und von der Burg Chlemutsí bekrönt wird. Nördlich von ihm liegt der kleine Hafen Kyllíni (im Mittelalter Glaréntsa), in der Mitte das Dorf Kástro und im Süden das Bad Lutrá Kyllínis. Hier hat sich dank der ausgedehnten Sandstrände ein Zentrum des Ferienlebens entwickelt.

Geschichte

Das flache bis hügelige Schwemmland zwischen der Halbinsel Kyllíni und dem Erýmanthosgebirge bildete im Altertum die Landschaft Elis. Damals wie heute war es ein ergiebiges Agrarland, dessen reiche Viehbestände schon Homer hervorhebt (Ilias 11, 671 ff., Odyssee 4, 635 ff.). Man denkt auch an die Viehställe des Augias, die Herakles zu

Kyllini, Geschichte (Fortsetzung)

reinigen hatte. Durch die Eroberung der Pisatis am Alpheios und Triphyliens südlich dieses Flusses erhielt Elis die Herrschaft über Olympia und die Leitung der Olympischen Spiele. Hauptstadt war das 471 v. Chr. gegründete Elis.
Nach dem 4. Kreuzzug 1203/1204 fiel das Land an die Villehardouins. Diese bauten die Stadt Andréville (heute Andravida) zu ihrer Residenz aus. Für die Verbindung mit Europa sorgte der Hafen Glaréntsa (15 km westlich) am Nordrand der Halbinsel Kyllíni, auf deren Höhe Gottfried II. Villehardouin 1223 die mächtige Burg Clairmont anlegte (daraus verballhornt der jetzige Name Chlemutsí).

Sehenswertes auf der Halbinsel Kyllíni

Elis

Im Gebiet der antiken Stadt Elis haben österreichisch-griechische Ausgrabungen beim heutigen Dorf Buchióti Theater und hellenistische Agorá festgestellt (15 km östlich des an der Straße Pátras–Pýrgos gelegenen Dorfes Gastúni, Feldweg).

Andravída

In Andravída ist als einziges Gebäude der mittelalterlichen Residenz der Ostteil der dreischiffigen Sophienkathedrale mit ihren schönen gotischen Gewölben erhalten (13. Jh.). Im Chorraum steht ein reliefverzierter Grabstein, laut Inschrift für Agnes, Tochter des Herrn (Despotes) Gottfried von Villehardouin.

*Burg Chlemutsi

Die Burg Chlemutsí wurde vor kurzem gründlich restauriert. Vom Haupttor im Nordwesten durch die geräumige Vorburg gelangt man zur Hauptburg, an deren hohe, etwa elliptische Außenmauer sich ringsum Räume anlehnen, darunter eine Kapelle. Von der oberen Plattform Aussicht bis zur Insel Zákynthos.

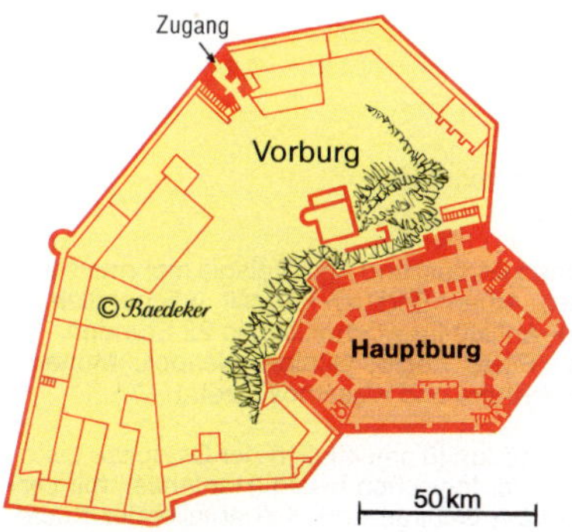

Burg Chlemutsi

Bedeutende Frankenburg, 1218 – 1223 von Geoffroy II. de Villehardouin als **Clairmont** erbaut. Sie erscheint in italienischen Chroniken unter dem Namen **Castel Tornese**, wurde erst 1825 von den Türken unter Ibrahim Pascha zerstört und in jüngster Zeit wieder restauriert.

Grundriß nach einer Zeichnung von George Sotiriou.

Kyparissia **F 6**

Griechisch

Κυπαρισσία
Kiparissía

Landschaft: Peloponnes
Nomos: Messenien
Höhe: 160 m ü.d.M.
Einwohnerzahl: 4000

Kyparissia (Fortsetzung)
Lage

Die messenische Stadt Kyparissía liegt unweit der Peloponnes-Westküste am Berg Psychró (218 m). Sie ist Hauptstadt des Bezirkes Triphylien.

Bemerkenswertes in Kyparissía

In der Antike war der Ort messenischer Hafen, im Mittelalter wurde er Arkadia genannt, weil er Flüchtlinge aus dem von Slawen besetzten Arkadien aufnahm. Seine Burg geht auf das Altertum zurück, wurde später von den Byzantinern und den Kreuzfahrern, die sie 1204 einnahmen, ausgebaut und bietet eine weite Aussicht. Ibrahim Pascha zerstörte die Stadt 1825 bei seinem Zug gegen die aufständischen Griechen.

Umgebung von Kyparissía

Auf der nach Süden führenden Küstenstraße erreicht man Philiátra (14 km) und – 5 km landeinwärts – Gargalianí und kommt dann über Chora nach ⟶ Pýlos (69 km von Kyparissía).

Kythira

G/H 7

Griechisch

Κύθηρα
Kíthira

Nomos: Attika
Inselfläche: 285 km^2
Höhe: 0–506 m ü.d.M.
Bewohnerzahl: 5000
Hauptort: Kíthira (Chóra)

Flugverkehr

Flugplatz 10 km nordwestlich von Kíthira.
Linienflüge täglich von Athen.

Schiffsverkehr

Linienschiffe zwischen Athen (Piräus) und Agía Pelagía mehrmals wöchentlich in 10 Stunden; Athen (Piräus)–Kapsáli wöchentlich in 5 Stunden; Athen (Piräus)–Antikíthira wöchentlich in 22 Stunden. Lokale Verbindungen mit Pórto Kágio, Gíthion, Néapoli, Monemvassía, Elaphónissos, Antikýthera und Kíssamos (Kreta).

Lage und Allgemeines

Kythira (Kythera) liegt rund 15 km (8 sm) südlich der Ostspitze Lakoniens. Es ist die südlichste der Ionischen Inseln (Heptanes), mit verkarstetem, schluchtenreichem Gebirge und steil abfallender Küste. Karge landwirtschaftliche Erträge zwingen jüngere Bewohner zur Auswanderung v.a. nach Australien.

Geschichte

Wegen des Reichtums an Purpurschnecken war Kythera schon früh von Phönikern besiedelt und kam später in den Besitz Spartas; aus der phönikischen Astarte-Verehrung entstand der Kult der Aphrodite, die hier auf einer Muschel dem Meer entstiegen sein soll. Als Stützpunkt vor der Küste Lakedaimons war die Insel im Altertum von großer strategischer Bedeutung. Seit der Venezianerherrschaft (1207) hieß sie Cerigo und teilte als spätes Mitglied des Heptanes die Geschicke der ⟶ Ionischen Inseln. Im Jahre 1864 kam Kythera zu Griechenland und diente verschiedentlich als Verbannungsort für Regimegegner.

Kapsali auf Kythira

Sehenswertes

An der Südspitze liegt hoch über Bucht und Hafenort Kapsáli der reizvolle Hauptort Kíthira (Chóra; 750 Einwohner).
Er wird überragt von der mächtigen venezianischen Festung aus dem 16. Jahrhundert.

*Kíthira (Chóra)

In prächtiger Lage über der Nordostküste erheben sich die Ruinen der mittelalterlichen Festung und ehemaligen Inselhauptstadt Paläóchora, die 1536 von den Türken zerstört wurde.

Paläóchora

Nördlich von Paläóchora, in einer weiten Bucht der Nordostküste, liegt der zweite Hafenort der Insel, Agía Pelagía, wo während der Militärdiktatur (1967–1974) politische Gegner des Systems in Verbannung lebten.

Agía Pelagía

Über einer Bucht der Westküste steht das mittelalterliche Kastell Milopótamos; nahebei eine Tropfsteinhöhle.

Kastell Milopótamos

10 km nordwestlich von Kapsáli liegt das im 17. Jh. erbaute Kloster Panagía Mirtidiótissa mit einer als wundertätig verehrten schwarzen Ikone.

Kloster Panagía Mirtidiótissa

Vor der Bucht von Avlémona (auch Ágios Nikólaos), an der Ostküste, lief 1802 die britische "Mentor" mit einer Ladung für England bestimmter griechischer Kunstschätze auf Grund.

Avlémona

Zahlreiche Klippen und Felseilande sind Kythera vorgelagert: im Süden Avgó mit der Blauen Grotte, im Osten die beiden Dragonéra (bewirtschaftet).

Eilande

Antikythira bei Kythira

Südöstlich von Kythira, etwa auf halber Strecke nach Kreta, liegt die kleine Kalkinsel Antikythira (Antikythera; 22 km²; bis 360 m ü.d.M.; ital. Cerigotto), das antike Aigila oder Aigilla. Die Bewohner leben hauptsächlich von der Landwirtschaft und vom Fischfang. In dem Kanal zwischen beiden Inseln wurde im Jahre 1900 das Wrack eines römischen Schiffes geborgen, dessen Ladung, bestehend aus Bronze- und Marmorstatuen des 5.–2. Jh.s v. Chr., darunter auch der 'Ephebe von Antikythera', Keramiken, Glaswaren und einer astronomischen Uhr, heute im Athener Archäologischen Nationalmuseum steht.

Kythnos

I 6

Griechisch

Κύθνος
Kíthnos

Nomos: Kykladen
Inselfläche: 101 km²
Höhe: 0–326 m ü.d.M.
Bewohnerzahl: 630
Hauptort: Kíthnos (Chóra bzw. Messariá)

Schiffsverkehr

Linienschiffe (auch Kfz-Transport) von und nach Athen (Piräus) 5mal wöchentlich in 4 Stunden.
Lokale Verbindungen mit Kea und Seriphos.

Lage und Allgemeines

Kythnos ist eine herbe, stark verkarstete und felsige Kykladeninsel südöstlich von Kea, die Küste meist steil und stark gegliedert. Die Bewohner leben von Landwirtschaft und Fischfang, im Altertum auch vom Eisenbergbau.

Geschichte

Die ersten Siedler waren Dryoper (vgl. Ortschaft Driopís) von Euböa. Sie wurden später von Ioniern verdrängt. In der Geschichte war Kythnos stets ohne Bedeutung.

Sehenswertes

Kíthnos (Chóra)

Der Hauptort Kíthnos (Chóra bzw. Messariá) liegt 6 km südlich der Hafenbucht von Agía Iríni im Nordosten der Insel.

Thermalquellen

An der Nordseite der Bucht befinden sich die schon zur römischen Kaiserzeit bekannten heißen Mineralquellen (40–55°C) von Lutrá, nach denen die Insel in venezianischer Zeit Thermiá (italienisch Fermenia) genannt wurde. Die Badeeinrichtungen wurden für den ersten Griechen-König Otto von Bayern geschaffen.

Kástro Oriás

Weiter nördlich steht hoch über dem Meer das Kástro Oriás.

Nahe beim Inselhauptort wurde mit bundesdeutscher Hilfe ein modernes Windkraftwerk errichtet.

Mérichas

Etwa 7 km südwestlich von Kíthnos liegt der Haupthafen Mérichas. Nördlich davon, auf hohem Strandfelsen (150 m ü.d.M.) über den Buchten von Apókrusis und Episkopí, die Ruinen der alten Inselhauptstadt Vryókastro (Evräokastro). Auf dem vorgelagerten, ursprünglich mit dem Festland verbundenen Eiland sind noch Spuren einer Agorá sowie Grabstätten in ihrer Umgebung zu erkennen.

Vryókastro

Merichas auf Kythnos

Kythnos (Fortsetzung) Driopís

6 km südlich von Kíthnos liegt der lebhafte Ort Driopís (auch Syllakas bzw. Chorió) zu beiden Seiten der Schlucht. Beim Ort zahlreiche Windmühlen und die Kataphaki-Grotte (Zufluchthöhle).
Im Südosten der Insel die Kirche der Panagía in Kanála mit einer als wundertätig verehrten Ikone.

Lamia

G 5

Griechisch

Λαμία
Lamía

Nomos: Phthiotis
Höhe: 100 m ü.d.M.
Einwohnerzahl: 42 000

Verkehr

Lamía liegt an der Autostraße Saloníki–Athen.

Lage und Allgemeines

Lamía, die Hauptstadt der Landschaft Phthiotis, die im Altertum als die Heimat des Achilleus galt, liegt am Fuß des Orthrysgebirges. An der Stelle der Akropolis erhebt sich eine mittelalterliche Burg.

Umgebung von Lamía

In der seewärtigen Umgebung der Stadt können etliche Orte beachtlichen touristischen Aufschwung verzeichnen: 4 km nordöstlich von Lamía gelangt man nach Karavómylos.

Lamía, Umgebung (Fortsetzung)
Ypáti

25 km westlich liegt im Sperchióstal das Bad Ypáti (Hauptindikationen: Herz- und Kreislaufkrankheiten) mit einer Burg aus dem 14. Jahrhundert.

14 km südöstlich der einstige Engpaß der → Thermopylen.

Gorgopotamos

Historischer Eisenbahnviadukt s. S. 165 (Abb. s. S. 33).

Larisa

G 4

Griechisch

Λάρισα
Lárissa

Nomos: Larisa
Höhe: 75 m ü.d.M.
Einwohnerzahl: 72500

Verkehr

Lárisa hat Flugverbindung mit Athen und liegt an den Eisenbahnlinien Athen–Saloníki und Lárisa–Vólos.

Lage und Allgemeines

Lárisa, Hauptstadt der Provinz → Thessalien und Zentrum der Landwirtschaft, liegt an einer Schleife des Peneios (ngr. Piniós) in der Thessalischen Ebene südlich des → Olymp.

Geschichte

Die Besiedlung des Gebietes reicht bis in die Altsteinzeit zurück. Im 2. Jahrtausend gründeten Pelasger Lárisa, d. h. 'die Burg'. Ihnen folgten Achäer und schließlich Dorier, die mehrere Fürstentümer bildeten, darunter das der Aleuaden in Lárisa. Diese zogen u. a. den Arzt Hippokrates aus Kos an sich, der hier 370 v. Chr. starb. 344 v. Chr. wurde die Stadt makedonisch. Im Mittelalter war sie Durchgangsstation einwandernder und einfallender Völker (Goten, Slawen, Bulgaren), kam im 13. Jh. an das Despotat von Arta und 1389 an die Türken, die es bis 1881 behielten.

Sehenswertes

*Archäologisches Museum

In einer ehemaligen Moschee am Platz in der Stadtmitte ist das Archäologische Museum eingerichtet.
Von Altsteinzeitwerkzeugen aus dem Peneiostal über die Mittlere (Gemmos-Magula) und die Jüngere Steinzeit belegen die Stücke die Besiedlung bis in die klassische und die christliche Zeit; aus jener stammen u. a. Grabstelen, aus dieser mehrere frühchristliche Skulpturen und Altarschranken.

Umgebung von Lárisa

Das → Tempe-Tal befindet sich 25 km nördlich.

Agía

Agiá (39 km ostwärts, 200 m) ist ein gut geeigneter Ausgangspunkt für eine Besteigung des 1978 m hohen Ossa (→ Olymp).
In der Umgebung von Agía gibt es mehrere Magulen (= Siedlungshügel), darunter die vom Neolithikum bis in die römische Kaiserzeit bewohnte Magula von Gremmos (11 km nordwestlich).
Beim Dorf Gonni haben griechische Archäologen die Überreste eines Asklepios-Heiligtums aus dem 4. Jahrhundert v.Chr. ausgegraben.

Lefkas – Klappbrücke zum Festland

Lefkas

E 5

Griechisch

Λευκάδα
Lefkáda

Nomos: Lefkás
Inselfläche: 302 km^2
Höhe: 0–1158 m ü.d.M.
Bewohnerzahl: 25000
Hauptort: Lefkás

Flugverkehr

Flughafen Áktion, 18 km nördlich, auf dem Festland. Linienflüge von Athen täglich.

Anreise per Autobus

Linienverkehr Athen–Lefkas mehrmals täglich.

Lage und Allgemeines

Die teilweise verkarstete Gebirgsinsel Lefkas bzw. Lefkada (früher Leukas; italienisch Santa Maura), im Ionischen Meer vor der akarnanischen Halbinsel Plagiá gelegen und von dieser durch eine 600 m bis 5 km breite seichte Lagune getrennt, ist heute über einen Damm und zuletzt eine Klappbrücke mit dem Festland verbunden.

Die Insel nimmt größtenteils ein Gebirgszug ein, der sich im Stavrotás bis zu 1158 m ü.d.M. erhebt und gegen Südwesten hin, an der Spitze der Halbinsel Lefkas, im Kap Dukáto oder Kap Leukádas (72 m ü.d.M.; Leuchtturm) ausläuft. Von dieser als 'Leukadischer Felsen' bezeichneten weißleuchtenden Klippe soll sich der Sage nach die Dichterin Sappho aus unglücklicher Liebe zu dem schönen Phaon hinabgestürzt haben.

Lage und Allgemeines (Fortsetzung)

Wichtigste Erwerbsquellen der Bewohner sind Landwirtschaft auf kargen Böden, Fischfang, Salzgewinnung durch Verdunstung von Meerwasser, ferner Kunstgewerbe, besonders die Erzeugung von Spitzen und Strickwaren.

Zwischen Lefkas und dem Festland bestand nie eine feste natürliche Landverbindung. Die Kieselnehrung an der Nordspitze wurde bereits von den Korinthern für die Schiffahrt durchstochen und ließ ebenso wie die südlich der Stadt Lefkás gelegene, im Mittelalter durch die Anlage von Salinen entstandene Nehrung die Passage selbst größerer Schiffe zu.

Geschichte und Archäologie

Zeugnisse frühester Besiedlung weisen ins Neolithikum.
Im 7. Jh. v. Chr. gründeten die Korinther die Stadt Leukas und schlossen die Lagune im Süden auf der Höhe des Forts Ágios Geórgios durch eine 600 m lange Mole, von der noch Reste im Wasser sichtbar sind. Im Norden durchstachen sie die Kieselnehrung auf der Höhe des Forts Maura; dieser Kanal war jedoch im Peloponnesischen Krieg, als Leukas auf der Seite Spartas stand, wieder versandet. In der Zeit des Achäischen Bundes war Alt-Leukas Hauptstadt Akarnaniens und unterstützte Philipp II. von Makedonien gegen die Römer, die es 197 v. Chr. eroberten. Sie spannten eine feste Brücke von Leukas zur westlichen Spitze des Festlandes.

Im Mittelalter gehörte die Insel den Herren von Kephallenia und Zante und anderen fränkischen Dynasten, wurde 1479 als einzige der Ionischen Inseln von den Türken, 1684 von Morosini für die Venezianer erobert und kam 1815 nach vorübergehender napoleonischer Verwaltung an England. Nach der Staatsgründung erfolgte 1864 der Anschluß an Griechenland.

Lefkas – Kai in Kiato

Bucht von Vlycho

Geschichte und Archäologie (Fortsetzung)

Infolge der bewegten Geschichte, aber auch infolge mehrerer schwerer Erdbeben sind die meisten älteren Baudenkmäler der Insel vernichtet worden.

Dörpfelds Theorie

Auf Lefkas lebte und wirkte der deutsche Archäologe Wilhelm Dörpfeld (1853–1940), der die Insel – und nicht Itháki – für das homerische Ithaka, die Heimat des Odysseus, hielt (vgl. Dörpfeld "Alt Ithaka", 1927), wobei er sich besonders auf topographische Gegebenheiten stützte. Seine Grabungsergebnisse indes brachten keine hinreichenden Beweise für seine umstrittenen Thesen.
Nach Dörpfeld soll Homers Zakynthos dem heutigen Zakinthos, Dulichion dem heutigen Kefallonia, Same dem heutigen Ithaki und Ithaka dem heutigen Lefkas entsprechen. Odysseus' Stadt vermutete er im westlichen Teil der Ebene von Nídri. Bei Nachgrabungen wurden dort in der Tat an vielen Stellen in 4–6 m Tiefe Hausmauern und Keramikscherben (monochrom mit Ritzornamenten) gefunden, die Dörpfelds Thesen stützen könnten.

Am Fuß des Gebirges dringen zwei Buchten ins Land, südwestlich die Skýdi-Bucht, südöstlich die schmale Sýbota-Bucht mit Grotten an den Uferhängen. Letztere – so Dörpfeld – ist der Phorkys-Hafen, wo Odysseus von den Phäaken an Land gesetzt wurde und seine Schätze in der Nymphengrotte barg (Od. XIII, 345ff.), um dann zu dem 'hoch', 'fernab der Stadt' bei der Arethusa-Quelle (dem Brunnen beim Dorf Évgiros) gelegenen Gehöft des Schweinehirten Eumaios hinanzusteigen (Od. XIII, 404ff.; XIV, 6, 399; XXIV, 150). Die Skýdi-Bucht ist dann die Landestelle des Telemachos (Od. XV, 495). Durch Athenas Warnung war er auf der Rückfahrt von Pylos dem Hinterhalt entgangen, den ihm die Freier auf dem Inselchen Asteris, vielleicht Arkúdi (bis 135 m ü.d.M.) südlich von Lefkás, gelegt hatten.

Sehenswertes auf Lefkas

Lefkáda

Inselhauptort ist Lefkáda (6500 Einw.) an der Nordspitze der Insel. Seine Häuser sind zum Schutz gegen Erdbeben in eigentümlicher Weise z.T. aus Holz erbaut.

Santa Maura

3 km nördlich der Stadt erhebt sich auf der nördlichen Nehrung die venezianische Festung Santa Maura (13. Jh.).
3 km westlich bietet sich beim Kloster Faneroméni ein prächtiger Rundblick.

Leukas

3 km südlich liegen auf einem Hügel die Reste der antiken Stadt Leukas mit der Akropolis, einer Wasserleitung, Teilen der Stadtmauern und einem Theater.

Nídri

Etwa 14 km südlich der Stadt Lefkás liegt die sich weit ins Land vorschiebende Nídri-Bucht. Beim östlich gegenüber dem Hafenort Nídri gelegenen Kap Kiriáki, mit einer Kapelle, befinden sich Dörpfelds ehemaliges Wohnhaus und die Grabstätte des Archäologen.
Der Bucht östlich vorgelagert sind die kleinen malerischen Inseln Spárti mit Meeresgrotten, Madurí, die Insel des griechischen Dichters Aristotelis Valaoritis, und Skorpiós, das im Eigentum der Erben des Reeders Onassis (→ Berühmte Persönlichkeiten) steht.

Meganísi

Vor der südlichen Ostküste von Lefkas liegt die freundliche Insel Meganísi (18 km²; bis 267 m ü.d.m.; 2500 Einw.), das antike Thaphos (Sandbuchten, Meeresgrotten). Im flacheren Westen wird Landwirtschaft betrieben, den Osten nimmt ein bewaldeter Höhenzug mit Steinbrüchen ein. Hauptort ist der Hafenplatz Vathí, zu dem Linienboote von Lefkas verkehren. Westlich davon der Hafen für den Ort Spartochóri.

Leipsoi

→ Lipsi

Lemnos

→ Limnos

Leros

L 6

Griechisch

Λέρος
Léros

Nomos: Dodekanes
Inselfläche: 53 km²
Höhe: 0–327 m ü.d.M.
Bewohnerzahl: 6000
Hauptort: Agía Marína

Johanniterfestung Kastro oberhalb von Agia Marina

Flugverkehr

Linienflüge Athen–Leros täglich; Kos–Leros mehrmals wöchentlich.

Schiffsverkehr

Linienschiffe von und nach Athen (Piräus) mehrmals wöchentlich in 11–12 Stunden (auch Kfz-Transport); von/nach Kavála wöchentlich. Lokaler Verkehr im Dodekanes: Rhodos–Symi–Tilos–Kos–Kalymnos–Leros–Lipsi–Patmos–Arki–Agathonisi–Samos.

Allgemeines und Geschichte

Die bergige, wasserreiche und fruchtbare Insel Leros besitzt eine buchtenreiche Küste. Die Bewohner leben von Landwirtschaft und Fischfang. Im Altertum war Leros vom kleinasiatischen Milet abhängig. Wenngleich seither ununterbrochen besiedelt, blieb die Insel ohne Bedeutung. Im 14. Jh. kamen Johanniterritter und verteidigten sie bis ins 16. Jh. gegen die Türken. In jüngster Zeit hat Leros keinen guten Ruf: lange Zeit Leprösenstation, im Zweiten Weltkrieg umkämpfter deutscher Flottenstützpunkt, nach 1947 Umerziehungsort für Kinder kommunistischer Partisanen, 1967–1974 Konzentrationslager für Gegner der Obristenjunta, seit 1957 Standort einer berüchtigten psychiatrischen Verwahranstalt.

Bemerkenswertes

Agía Marína

Der Hauptort Agía Marína (2500 Einw.) liegt an der Ostküste, im Süden der Bucht von Álinda. Darüber, auf dem Álinda-Bucht (nördl.) und Plátanos-Bucht (südl.) trennenden Bergkamm, die Johanniterfestung Kástro (14. Jh.) an der Stelle der antiken Akropolis.

Lakkí

Südlich von Agía Marína greift bei Lakki (1500 Einw.; britischer Soldatenfriedhof) die geschützte Hafenbucht tief in die Westküste der Insel ein. Im Ort die mittelalterliche Johanneskirche.

Leros (Fortsetzung)
Paläokastro

Südöstlich von Lakkí liegt in der Ebene das Dorf Xerókambos; darüber die antike Ruinenstätte Paläokastro, eine Festung aus dem 4. vorchristlichen Jahrhundert.
Im Norden der Insel befindet sich die nach Nordwesten hin von dem Eiland Archángelos abgeschlossene Bucht von Parthéni (militär. Sperrgebiet).

Lesbos

K/L 4/5

Griechisch

Λέσβος
Léswos

Nomos: Lesbos
Inselfläche: 1630 km²
Höhe: 0–967 m ü.d.M.
Bewohnerzahl: 97 000
Hauptort: Mitilíni

Flugverkehr

Flughafen 8 km südöstlich von Mitilíni.
Linienflüge von Athen 5mal täglich; von Saloniki täglich; von Limnos mehrmals wöchentlich.

Schiffsverkehr

Linienschiffe von und nach Athen (Piräus) sowie von und nach Kavala mehrmals wöchentlich (auch Kfz-Transport); von und nach Saloniki, Rhodos und Kími jeweils wöchentlich.
Fährverbindung mit Dikili (Türkei).

Lage und Allgemeines

Lesbos (volkstümlich Mitilíni, türkisch Midilli, italienisch Metelino), nach Kreta und Euböa die drittgrößte griechische Insel, gehört zu den → Nord- und ostägäischen Inseln und liegt in einem Winkel der ana-

tolischen Küste, von der es im Norden 10 km (5,5 sm), im Osten 15 km (8 sm) entfernt ist. Lesbos gehört zu den fruchtbarsten Gebieten Griechenlands und zeichnet sich durch seine landschaftliche Schönheit aus. Gegliedert wird es durch den Golf von Kalloní und den Golf von Jéra, die von Südwest bzw. Südost tief in die Insel einschneiden. Für die Geschichte war oft die Nähe zum kleinasiatischen Festland bestimmend.

Lage und Allgemeines (Fortsetzung)

Geschichte

In Thermí, 12 km nördlich von Mitilíni, wurde eine vorgriechische Siedlung freigelegt, die um 2700 v. Chr. entstand und zu einem auch die Troas und die vorgelagerten Inseln bis Limnos umfassenden Kulturkreis gehörte. Um 1000 v. Chr. kamen äolische Griechen aus Thessalien auf die Insel. Es entstanden die Städte Mytilene und Methymna, deren Adelsgeschlechter miteinander rivalisierten. Um 600 v. Chr. gelang es dem Tyrannen Pittakos, in Mytilene Parteienhader und Gewaltherrschaft zu beseitigen. Nach zehnjähriger Herrschaft legte er die Macht nieder und wurde später zu den Sieben Weisen gerechnet. 546–479 v. Chr. gehörte Lesbos zum persischen Herrschaftsbereich, anschließend zum Attischen Seebund. In dieser Zeit wie auch in der hellenistischen und römischen Ära konnte es – ähnlich wie Chios – seine Unabhängigkeit bewahren.

Sappho

Lesbos ist nicht nur Heimat des Dichters Terpandros (7. Jh. v. Chr.), dem man die Erfindung der siebensaitigen Lyra zuschrieb; um 600 v. Chr. wurden in Methymna der Sänger Arion, in Mytilene Alkaios und in Eressos Sappho, die größte griechische Dichterin, geboren. Fern von der späteren Bedeutung 'lesbisch' erzog sie junge Mädchen in musischem Geist. Der Philosoph Theophrast (322–287 v. Chr.) ging als Leiter der Schule des Aristoteles nach Athen.

Im Mittelalter heiratete der Genuese Francesco Gattelusi 1355 eine byzantinische Kaisertochter, die Lesbos als Mitgift erhielt. Damit begann das Inselreich der Gattelusi, das sich als byzantinisches Lehen bis 1462 gegen die Türken hielt. In der Türkenzeit (bis 1913) wanderten zahlreiche Einwohner auf das Festland aus, insbesondere ins nahe Kydonia (heute Ayvalık, Türkei). Nach der kleinasiatischen Katastrophe (1922/23) kehrten ihre Nachkommen zurück auf die Insel, für deren Wirtschaft der Verlust des anatolischen Hinterlandes Probleme aufwarf.

Mitilíni (Mytilene)

Allgemeines

Die Hauptstadt Mitilíni (Kástro; 24 000 Einw.) liegt an einer Hafenbucht der Ostküste an der Stelle des antiken Mytilene. Eine gern auch als Flanierweg benutzte Mole schützt den Hafen, um den sich das Geschäftsleben konzentriert. Über die Ziegeldächer der meist niedrigen, gelegentlich mit Kolonnaden versehenen Häuser ragt die charakteristische Kuppel der Therapón-Kirche (spätes 19. Jh.), die westliche Stileinflüsse erkennen läßt. Zwischen dem heutigen Südhafen und dem antiken Nordhafen erstreckt sich eine Senke, die einst von einem Kanal durchzogen wurde. Sie trennt den Hauptteil der Stadt vom Burghügel, der nach Osten ins Meer vorspringt und die mächtige Burg der Gattelusi trägt. Man steigt durch einen Kiefernhain zur stark bewehrten südöstlichen Eingangsseite hinauf. Antike Spolien in Mauern und Türmen erinnern daran, daß die weiträumige Anlage das Gebiet der antiken Akropolis umschließt. Kanadische Archäologen, die jüngst die ersten Ausgrabungen in diesem Areal unternommen haben, stießen auf Baureste, in denen sie aufgrund der zutage getretenen äolischen Keramik ein Demeterheiligtum aus archaischer Zeit (7./6. Jh.

Burg der Gattelusi

Panorama von Mitilíni

Mitilíni, Burg der Gattelusi (Fortsetzung)

v. Chr.) vermuten. Aus türkischer Zeit stammen einige Moscheebauten. Über einem Seitentor im Nordwesten ist das Doppelwappen des Francesco I. Gattelusi (1355–1385) und der mit ihm verheirateten byzantinischen Prinzessin mit einer Inschrift von 1377 zu sehen. Vom Nordende hat man einen schönen Blick über den antiken Nordhafen und seine Molenreste.

Antikes Theater

Westlich oberhalb dieses Hafens befindet sich das antike Theater (3. Jh. v. Chr.), unter dessen Eindruck Pompeius das erste steinerne Theater in Rom errichten ließ.

Denkmal

Am Südende des Burghügels erhebt sich ein Denkmal für die Toten der griechisch-türkischen Auseinandersetzungen von 1821 bis 1923.

*Archäologisches Museum

Das kleine Archäologische Museum bewahrt u.a. mehrere der seltenen äolischen Kapitelle und spätantike Mosaiken.

Vária

Im südlichen Vorort Vária befinden sich zwei sehenswerte Museen. Das eine ist dem naiven Maler Theophilos gewidmet; es wurde 1964 von Stratis Eleftheriadis (1897–1983) gestiftet, der – in Mitilíni geboren – in Paris als Kunstschriftsteller, -verleger und -förderer unter dem Namen Tériade tätig war. Er stiftete 1979 auch das dem Theophilos-Museum benachbarte Tériade-Museum mit Werken moderner Künstler wie Marc Chagall, Fernand Léger, Pablo Picasso u.a.

Der Norden der Insel (Rundfahrt 125 km)

Erste Station einer Fahrt von Mitilíni nach Norden ist das kleine Heilbad Paralía Thermís (12 km). Die vorgeschichtliche Siedlung Thermí in seiner Nähe geht auf das Jahr 2700 v. Chr. zurück.

Míthimna

Stiller Ankerplatz

Míthimna

Über Mantamádos (38 km), einen Wallfahrtsort mit als wundertätig verehrter Marienikone (Wallfahrten am 8. November), und Sikaminéa (50 km), den Geburtsort des zeitgenössischen Schriftstellers Stratis Mirivillis, erreicht man, teils am Meer entlang, nach 63 km (teilweise schlechte Straße) das an der Nordküste gelegene Míthimna (oder Mólivos, altgriechisch Methymna, 1800 Einw.), ein am Hang ansteigendes Hafenstädtchen unterhalb eines Gattelusi-Kastells, von dem man bis nach Kleinasien blickt. H.G. Buchholz hat in seiner Methymna-Monographie dargelegt, daß in der heutigen Flur Paläa Míthimna unweit östlich bereits im 3. Jahrtausend eine erste Siedlung bestand; im späteren 2. Jahrtausend wurde sie an die heutige Stelle verlegt, im 1. Jahrtausend entwickelte die Stadt weitgespannte Handelsbeziehungen, die in hellenistischer Zeit bis Ägypten reichten.

Kalloní

Die Rundfahrt führt von Míthimna weiter südwärts über den kleinen Hafen Pétra (72 km) am Fuß eines Felsens mit der sehenswerten Panagía-Kirche (Treppenweg) nach Kalloní (87 km; 2000 Einw.), das 4 km nördlich des nach ihm benannten, 21 km tief in die Küste eingreifenden Golfes liegt. In der Umgebung befindet sich das Kloster Límonos, das in der nur für Männer zugänglichen Hauptkirche (Frauen können den äußeren Klosterring begehen) eine reich geschnitzte Bilderwand und komplett erhaltene Ausmalungen aufweist. In neuen Räumen außerdem die bedeutende Bibliothek, das Archiv und ein Museum.

*Kloster Límonos

Lámpu Mílli

Bei der Weiterfahrt nach Südosten wendet sich die Route bei Méssa (94 km) vom Golf ab; in der Nähe die Reste eines Tempels, in den später eine Kirche eingebaut wurde. Bei Lámpu Mílli (Mória; 109 km) die Überreste eines römischen Aquäduktes.
Die Rundfahrt endet in Mitilíni (125 km).

Der Westen der Insel (Rundfahrt 177 km)

Antissa

Mitilíni verläßt man in westlicher Richtung und erreicht jenseits von Skalachorió (54 km) die Abzweigung eines schlechten Weges (ca. 8 km) zu den Ruinen der antiken Stadt Antissa.

Perivólis

Hinter Vatússa (61 km) liegt rechts das Kloster Perivólis (Fresken aus dem 17. Jh.), hinter der neuen Stadt Ántissa (69 km) das Kloster Ypsilú am Ordímnos-Berg (Handschriften aus dem 12. Jh., die Ornate der einstigen Patriarchen im Museum; prächtige Aussicht).

Sígri

Die Route erreicht das Meer bei Sígri (84 km; 550 Einw.), einem Ferien- und Badeort (schöner Sandstrand, geschützte Bucht) an der Westküste. Im Ort selbst (an der Platía) wie auch südöstlich davon (kurz vor dem Kloster Ypsílu rechts; 1½ Std. Fußweg) gibt es versteinerte Bäume, die vor mindestens 700000 Jahren unter Vulkanfluß versintert sind.

*Versteinerte Bäume

Eressós

Von Eressós (98 km; Museum) empfiehlt sich ein Abstecher nach Skála Eressú (101 km) an der Südküste, mit schönem Sandstrand. Es ist die Stelle des antiken Eressos, aus dem Sappho und Theophrast stammen. Westlich, unweit des Strandes, die Ruine einer frühchristlichen Basilika, 'Scholí Theophrástu' (Schule des Theophrast) genannt.

Reste einer weiteren dreischiffigen Basilika befinden sich im Dorf; sie war dem hl. Andreas geweiht und hat einen noch großenteils erhaltenen Mosaikboden. Dahinter steht das kleine Museum mit lokalen Funden.

Von Eressós auf unbefestigtem Fahrweg weiter über Mesotopos (bemerkenswerte Kirche; Pilgerfahrten mit dem Patriarchen am 15.8.), Ágra (118 km) sowie Kalloní (147 km) und zurück nach Mitilíni (177 km).

Der Süden der Insel

Agiássos

Ein lohnendes Ziel im Süden der Insel ist Agiássos (30 km; 5000 Einw.) am Nordhang des Ólympos (967 m ü.d.M.). Zentrum des Ortes ist die zuletzt 1816 erneuerte Wallfahrtskirche Kímissis tis theotíku (Marienschlaf), zu der am Marienfest (15. August) Tausende von Pilgern strömen. Zu den Klostergebäuden gehört ein kleines, aber sehenswertes Museum mit guten Ikonen, liturgischen Gewändern und Geräten sowie einer Volkskunstsammlung. In den Geschäften von Agiássos findet man schöne Töpfer- und Spinnereiwaren.

Políchnitos

Von Agiássos lohnt die Weiterfahrt nach Políchnitos (24 km; 5100 Einw.), seinem Hafen Skála Polichnítu und dem Kloster Damándri, mit Fresken von 1580, sowie von Políchnitos weiter zum Strand von Vaterá im Süden.

Plomárion

Eine andere Route hält sich wenige Kilometer nach der Ausfahrt aus Mitilíni dicht am Nord- und Westufer des Golfes von Jéra und führt zum Strand von Ágios Issídoros und zur Stadt Plomárion (5200 Einw.) an der Südküste (42 km).

Leukas

→ Lefkas

Levadia / Livadia

G 5

Griechisch

Λειβαδειά
Liwadiá

Nomos: Böotien
Höhe: 200 m ü.d.M.
Einwohnerzahl: 17000

Verkehr

Busverbindung mit Athen und Delphi.

Lage

Levadia (Livadiá), Hauptstadt von Böotien, ist eine geschäftige Stadt am Südwestrand der fruchtbaren Kopaisebene. An der Durchgangsstraße ist ein geräumiger Platz mit Grünanlagen und Tavernen.

Geschichte

Im Altertum war Levadia berühmt durch sein Trophonios-Orakel, das noch in der römischen Kaiserzeit blühte und von Pausanias im 2. Jh. n. Chr. beschrieben wurde. Im Mittelalter besetzten katalanische Söldner die Stadt und errichteten auf dem Berg des antiken Orakelkultes, dem heutigen Ágios Ilías, eine Burg. 1460 kamen die Türken, unter denen Levadia Hauptort von Böotien war.

Sehenswertes

*Kria-Quelle in der Herkyna-Schlucht

In der Herkyna-Schlucht am Westende der Stadt entspringt die Kria-Quelle, die wahrscheinlich die Mnemosyne-Quelle des Altertums ist. Die Quellen des Erinnerns (Mnemosyne) und des Vergessens (Lethe) waren bedeutsam bei den Orakelbefragungen. Im Fels sieht man Nischen für Weihgaben.

Umgebung von Levadia

→ Chärónia (14 km), → Orchomenós (12 km), → Ósios Lukás (37 km).

Limnos

K 3/4

Griechisch

Λήμνος
Límnos

Nomos: Lesbos
Inselfläche: 476 km²
Höhe: 0–470 m ü.d.M.
Bewohnerzahl: 16000
Hauptort: Mírina

Flugverkehr

Flugplatz 25 km nordöstlich von Mírina.
Linienflüge von Athen mehrmals täglich; von Saloniki täglich; von Mitilíni (Lesbos) mehrmals wöchentlich.

Schiffsverkehr

Linienschiffe Athen (Piräus)–Limnos–Samothraki–Alexandrúpolis.

Lage und Allgemeines

Die Insel Limnos (Lemnos), in der nördlichen Ägäis gelegen, besteht aus einem Hügelland, dessen höchste Erhebung nicht über 470 m

Lage und Allgemeines (Fortsetzung)

ü.d.M. hinausreicht. Sie ist fruchtbar und fast baumlos. Angebaut werden Korn und verstärkt auch Baumwolle. Die Küste ist reich gegliedert. Zwei Buchten – die von Purniás im Norden und die von Múdros im Süden – schneiden so tief ein, daß Ost- und Westteil der Insel durch einen nur 4 km breiten Landstreifen zusammenhängen. Das Vulkangestein im Osten erinnert an die antike Überlieferung, wonach Hephaistos hier nach dem Sturz aus dem Olymp seine Schmiede eingerichtet und Aphrodite geheiratet hat. Nicht weniger bekannt waren im Altertum die von Herodot überlieferten Geschichten von den 'Lemnischen Freveln' (Lémnia kaká), auf die sich der Athener Miltiades bei der Eroberung der Insel stützte.

Geschichte

Bis an den Anfang des 3. Jahrtausends v. Chr. reicht die ummauerte Stadt Polióchni zurück, die zur selben vorgriechischen Kultur wie Troja und Thermí auf ⟶ Lesbos gehört. Die ersten Griechen kamen um 800 v. Chr. nach Lemnos, wichen aber um 700 v. Chr. den kleinasiatischen Tyrsenern, deren Sprache nach Ausweis der Schriftfunde von Kamínia eng mit dem Etruskischen verwandt ist. Dies stützt die schon von Herodot vertretene These, die Etrusker seien aus Kleinasien (Lydien) nach Italien ausgewandert. Endgültig griechisch besiedelt wurde die Insel nach der Eroberung durch Athen am Ende des 6. Jh.s v. Chr. Berühmt war der Hephaistoskult, der mit einem 'Erdfeuer' nahe der Stadt Hephaisteia im Norden der Insel zusammenhing. Hephaisteia wurde im 4. Jh. n.Chr. Bischofssitz, der später nach Mírina an der Westküste verlegt wurde.

Nach dem 4. Kreuzzug wurde die Insel für 100 Jahre venezianisch, kam dann wieder an Byzanz, das sie 1414 den Gattelusi von Lesbos zu Lehen gab. Die Türkenzeit dauerte auf Limnos von 1479 bis 1912. Beim Orlow-Aufstand von 1770 war Mírina russischer Flottenstützpunkt; im Ersten Weltkrieg war die Bucht von Múdros Stützpunkt der britischen Flotte beim Gallipoliunternehmen.

Sehenswertes

Mírina

Hauptstadt und -hafen ist Mírina (Mýrina; 3400 Einw.), meist Kástro genannt. Es liegt an der Stelle der gleichnamigen antiken Stadt an der Westküste, unterhalb eines Felsens, dessen antike Befestigung von einem venezianischen Kastell überbaut wurde. Der Burgfelsen, von dessen Höhe man die Stadt mit ihrer Umgebung überschaut und an sehr klaren Nachmittagen den 60 km entfernten Berg Athos sehen kann, trennt zwei Buchten voneinander: Die südliche Bucht ist der Hafen, die nördliche ist von einem langen, sehr guten Sandstrand gesäumt.

*Museum

An letzterer steht auch das Museum, das gut geordnete Funde aus dem prähistorischen Polióchni, aus Hephaisteia und dem Kabirenheiligtum von Chloe enthält.

Kontiás

Schön gelegen ist der Ort Kontiás an einer Bucht 10 km östlich von Mírina (Sandstrand).

Múdros

Der zweite Inselhafen Múdros (1200 Einw.) liegt am Ostrand des nach ihm benannten Golfes 28 km östlich von Mírina. Von hier aus fährt man über das Dorf Kamínia, in dessen Nähe die oben erwähnten tyrsenischen Schriften gefunden wurden, nach Polióchni (34 km), wo eine italienische Grabung Stadt- und Hausmauern sowie das mit einer an Troja II erinnernden Rampe versehene Tor der prähistorischen Siedlung an der Ostküste freilegte. Die Ursprünge dieser Siedlung reichen bis ins 3./4. Jahrtausend v. Chr. zurück.

Limnos (Fortsetzung)
Hephaisteia

Über Kontopúli (30 km; 1100 Einw.) gelangt man in den Nordosten der Insel zur Ausgrabungsstätte von Hephaisteia am Golf von Purniás (Nekropole aus dem 8. bis 6. Jh. v. Chr.; hellenistisches Theater) und zu dem antiken Hafen Chloe (neugriechisch Chlói). Hier wurde im Verlauf einer nicht abgeschlossenen Grabung von italienischen Archäologen ein Kabirenheiligtum zutage gefördert. Man sieht u.a. die Reste zweier Kultbauten des 6. und des 5. bis 4. vorchristlichen Jahrhunderts.

Lipsi L 6

Griechisch

Λειψοί
Lipsí

Nomos: Lipsí
Inselfläche: 18 km²
Höhe: 0–275 m ü.d.M.
Bewohnerzahl: 500
Hauptort: Lipsí

Schiffsverkehr

Lokale Verbindungen mit Patmos und Leros.

Lage und Allgemeines

Lipsí, ehemals Lepsia, ist eine seit dem 19. Jh. neu besiedelte unbedeutende Insel, die zu den Südlichen Sporaden zählt. Sie liegt 12 km (6,5 sm) östlich von Patmos und besitzt einen bescheidenen Hafen- und Hauptort gleichen Namens an der Südküste. Im griechischen Befreiungskampf gegen die Türken diente Lipsi als Flottenstützpunkt. Die wenigen Bewohner leben von Landwirtschaft und Fischfang.

Litochoron G 3

Griechisch

Λιτόχωρο
Litóchoro

Nomos: Piéria
Höhe: 240 m ü.d.M.
Einwohnerzahl: 6000

Lage und Allgemeines

Litóchoro, 5 km westlich der Straße Saloníki–Lárissa, ist der beste Ausgangspunkt für eine Besteigung des → Olymp.
Von Litóchoro führt eine unbefestigte, aber für Autos erlaubte Straße auf eine Höhe von ca. 1200 m, von dort ein Wanderweg (3 Std.) zu einer 2100 m hoch gelegenen Hütte (Skigelände); von der Hütte dann noch 3 Std. Aufstieg zur Mitikás, dem höchsten Gipfel (2917 m).

Dion

→ dort

Lutraki G 6

Griechisch

Λουτράκι
Lutráki

Nomos: Korinth
Höhe: 10 m ü.d.M.

Lutraki

Lutráki, Verkehr

Busverbindung mit Athen.

Lage und Allgemeines

Lutráki ist ein bekanntes See- und Thermalbad am Ostufer des Golfes von Korinth; Indikationen sind Erkrankungen der Harnwege, Nierengrieß, Nieren- und Gallensteine. Landschaftlich wie archäologisch von Interesse ist die nach Nordwesten vorspringende Halbinsel mit dem Heraheiligtum von ⟶ Perachóra.

Makedonien

Griechisch

Μακεδονία
Makedonía

Lage und Allgemeines

Von der albanischen Grenze im Westen bis zum Néstos im Osten, von der jugoslawischen Grenze bis zum Olymp reichend, ist Makedonien mit 30 000 km² die größte griechische Landschaft. Die ausgedehnten Ebenen, die z. T. durch Entwässerung von Sumpfland urbar geworden sind, machen es zum ergiebigsten Agrargebiet von ganz Griechenland.

Zentrum von Industrie und Handel ist die Hauptstadt ⟶ Saloníki, ein Industriegebiet hat sich auch um Ptolemáis entwickelt.

Geschichte

Im Altertum war Makedonien ein Randgebiet, bis es sich im 4. Jh. v. Chr. – nach vorangegangener innerer Einigung – unter Philipp II. zur Vormacht Griechenlands aufschwang und zum Ausgangspunkt für die Weltreichsbildung Alexanders des Großen (356–323 v. Chr.) wurde. Alexanders Lehrer Aristoteles stammte aus Stageira in Makedonien.

Bemerkenswertes in Makedonien

Obwohl das Land erst 1913 an Griechenland kam, ist die Zahl seiner türkischen Denkmäler gering. Um so bedeutender sind die antiken Zeugnisse in → Pélla, der einstigen Hauptstadt, und bei → Vérgina, daneben die Bauten aus christlicher Zeit, von den Basiliken von → Philippi über die Klöster der Mönchsrepublik → Athos und die Kirchen von → Saloníki bis zu denen von → Kastoriá.
Touristisch war Makedonien lange ein bloßes Durchgangsland, bis es mit der Erschließung der Halbinsel → Chalkidike ein großes eigenes Feriengebiet erhalten hat.

Makronesi

I 6

Μακρονήσι
Makroníssi

Griechisch

Nomos: Kykladen
Inselfläche: 18 km²
Höhe: 0–281 m ü.d.M.

Lage und Allgemeines

Makronisos (neugriechisch Makronesi), die 'lange Insel' im Osten von Kap → Súnion, ist der attischen Küste 5 km (3 sm) vorgelagert. Im Altertum trug sie den Namen der schönen Helena, die – wie Pausanias berichtet – hier gerastet haben soll.

Archäologische Funde weisen auf bescheidene Besiedlung der Insel seit dem Neolithikum hin. In der jüngsten Geschichte wurde die heute nur von wenigen Hirten bewohnte Insel mehrfach zu einem berüchtigten Internierungslager für Regimegegner.

Mani

G 7

Μάνη
Máni

Griechisch

Landschaft: Peloponnes
Nomos: Lakonien

Lage und Allgemeines

Die Máni ist die mittlere der drei Halbinseln, in denen die Peloponnes nach Süden ausläuft. In ihr endet der Gebirgszug → Taygetos. Gebirgig, karg und entlegen, hat die Mani auch in Zeiten der Fremdherrschaft immer eine erhebliche Selbständigkeit bewahren können. Das Leben stand lange im Zeichen der Rivalität zwischen den Sippen, deren festungsähnliche Wohntürme das Bild vieler Orte prägen. Heute wird das Land wegen seiner geringen Entwicklungsmöglichkeiten zunehmend verlassen. Sein Reiz liegt in der bis 1215 m ansteigenden Gebirgslandschaft mit ihren Dörfern und zahllosen, oft auch im Verfall noch dank ihrer Malereien interessanten Kapellen. Manches ist nur zu Fuß oder von See aus zu erreichen.

**Landschaftsbild

Sehenswertes

Areópolis
*Kardamýli

Von → Gýthion nach Südwesten bzw. von → Sparta nach Süden fahrend, passiert man die Ruine der fränkischen Festung Passava

SHELL

Übersichtskarte

Sehenswertes (Fortsetzung)

(10 km), durchquert die Halbinsel und erreicht das an der Westküste gelegene Areópolis (26 km; 610 Einw.). Von dort der Küste nordwärts folgend, kann man nach ⟶ Kalamáta gelangen (82 km). Dabei kommt man über Ítylos mit der Türkenfestung Kélepha, Ágios Nikólaos mit der Frankenfestung Léfktron und Kardamýli, das der Mani-Kenner Patrick Fermor als "wiedergeborenes Byzanz" erlebt hat.

◀ *Gythion – Tor zur Halbinsel Mani*

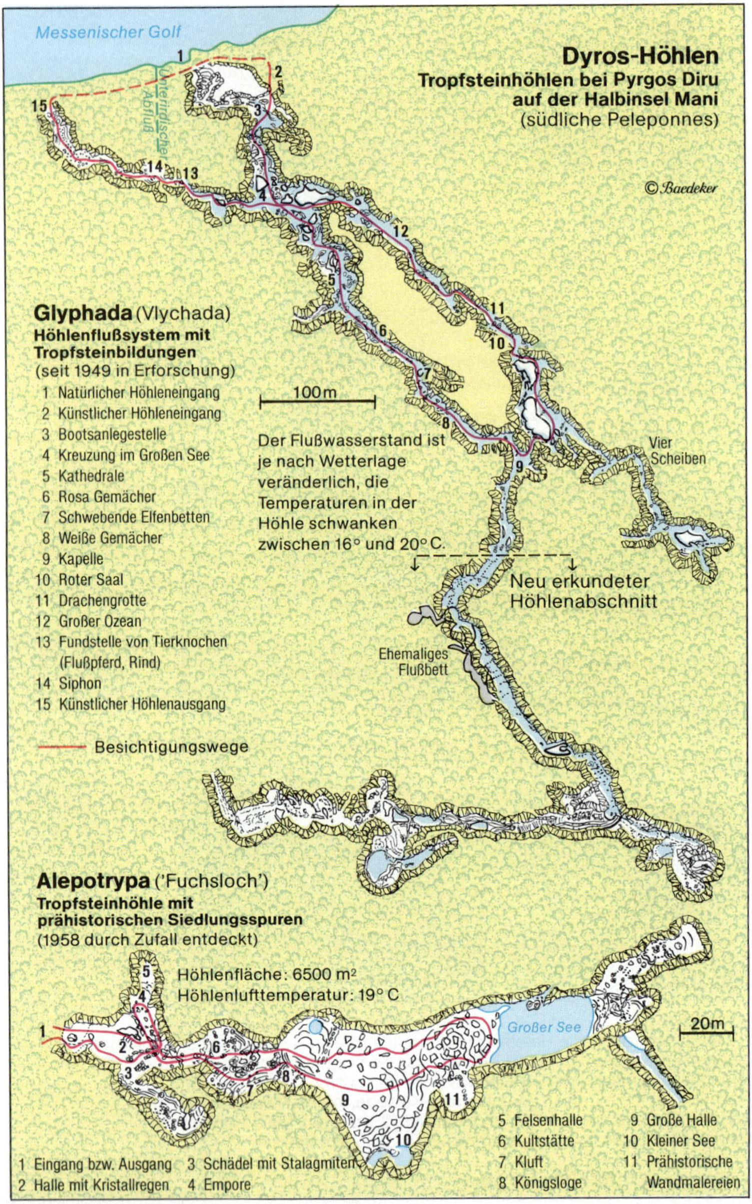
Messenischer Golf
Unterirdischer Abfluß
Dyros-Höhlen
Tropfsteinhöhlen bei Pyrgos Diru
auf der Halbinsel Mani
(südliche Peleponnes)
© Baedeker
Glyphada (Vlychada)
Höhlenflußsystem mit
Tropfsteinbildungen
(seit 1949 in Erforschung)
1 Natürlicher Höhleneingang
2 Künstlicher Höhleneingang
3 Bootsanlegestelle
4 Kreuzung im Großen See
5 Kathedrale
6 Rosa Gemächer
7 Schwebende Elfenbetten
8 Weiße Gemächer
9 Kapelle
10 Roter Saal
11 Drachengrotte
12 Großer Ozean
13 Fundstelle von Tierknochen (Flußpferd, Rind)
14 Siphon
15 Künstlicher Höhlenausgang
Besichtigungswege
100 m
Der Flußwasserstand ist je nach Wetterlage veränderlich, die Temperaturen in der Höhle schwanken zwischen 16° und 20° C.
Vier Scheiben
Neu erkundeter Höhlenabschnitt
Ehemaliges Flußbett
Alepotrypa ('Fuchsloch')
Tropfsteinhöhle mit
prähistorischen Siedlungsspuren
(1958 durch Zufall entdeckt)
Höhlenfläche: 6500 m²
Höhlenlufttemperatur: 19° C
Großer See
20 m
1 Eingang bzw. Ausgang
2 Halle mit Kristallregen
3 Schädel mit Stalagmiten
4 Empore
5 Felsenhalle
6 Kultstätte
7 Kluft
8 Königsloge
9 Große Halle
10 Kleiner See
11 Prähistorische Wandmalereien

Geschlechtertürme – Wahrzeichen der Mani-Ortschaften

Mani (Fortsetzung)
Pýrgos Díru
*Tropfsteinhöhlen

Südwärts von Areópolis liegt Pýrgos Díru (8 km) mit den Tropfsteinhöhlen von Díros (5 km, Restaurant, Bademöglichkeit). Weiter nach Süden passiert man Kítta mit seinen Geschlechtertürmen. Die Straße geht bis Gerolimín, hinter dem noch die Dörfer Alíka und Kyparissós folgen.

Kap Tänaron

Die Halbinsel endet am Kap Tänaron (oder Matapán), wohin das Altertum einen der Eingänge in die Unterwelt verlegte. Hier sah man den Ort, an dem Herakles hinabstieg, um den Höllenhund Kerberos zu holen.
5 km nördlich des Kaps errichteten die Türken im 16. Jh. an der Ostküste die Burg Pórto Kágio.

Mantineia G 6

Griechisch

Μαντίνεια
Mandínia

Landschaft: Peloponnes
Nomos: Arkadien

Lage und Allgemeines

Die um 500 v. Chr. durch Zusammenschluß von fünf Dörfern begründete Stadt Mantineia liegt 15 km nördlich von ⟶ Trípolis (Peloponnes). Man fährt von Trípolis 8 km nordwärts, verläßt die Hauptstraße nach Vytína und Olympia halbrechts in Richtung Kakúri.

Geschichte

Mantineia wurde 385 v. Chr. von Sparta zerstört, nach dem Sieg Thebens über Sparta 371 v. Chr. erneuert. Die Schlacht bei Mantinéia

Mantineia, Geschichte (Fortsetzung)

beendete 362 v. Chr. die Vormachtstellung Thebens auf der Halbinsel Peloponnes.

Ausgrabungen von Mantineia

Die erhaltenen Reste stammen vom Wiederaufbau um 370 v. Chr. Von der fast 4000 m langen elliptischen Mauer sind vor allem im Norden und Osten erhebliche Reste erhalten. Sie ist in Zweischalenbauweise errichtet, 4,20–4,70 m stark, mit zehn Toren und 120 Türmen versehen. Rings um die Festung hatte man den Ophisfluß geleitet.
Im Stadtzentrum fanden französische Archäologen 1869–1898 die Agorá mit Buleuterion (S), Theater (W) und Tempeln (geringe Reste).

Marathon

H/I 5

Griechisch

Μαραθώνας
Marathónas

Landschaft und Nomos: Attika
Höhe: 52 m ü.d.M.

Verkehr

Busverbindung mit Athen.
Von Raphína Lokalschiffe zu den Inseln Euböa, Ándros, Tínos und Kéa.

Lage und Allgemeines

Marathon war im Altertum bekannt als die Gegend, in der Theseus den Stier von Marathon tötete und in der 490 v. Chr. die erste große Schlacht zwischen Griechen und Persern stattfand. Es war die Heimat von Herodes Atticus (101–177 n. Chr.), der als Rhetor, vor allem aber durch seine zahlreichen Stiftungen berühmt wurde, so in Athen (Odeion und Stadion), Delphi (Stadion) und Olympia (Nymphaeum).

Sehenswertes

Grabhügel

Das heutige ausgedehnte Dorf liegt unweit der Ostküste von Attika, 5 km nördlich des Schlachtfeldes, auf dem sich der 12 m hohe Grab-

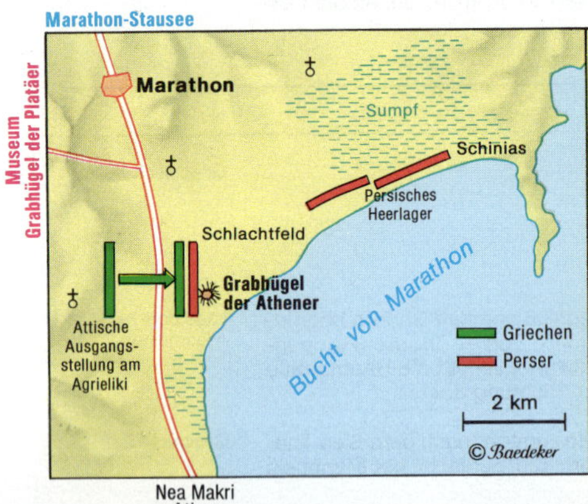

Schlacht bei Marathon
September 490 v. Chr.

Nachdem das persische Heer in der Bucht von Marathon gelandet war, vergingen einige Tage, bis die Griechen unter *Miltiades* die Perser mit einem letztlich erfolgreichen Sturmangriff in die Flucht schlugen. Danach soll ein attischer Krieger in voller Rüstung nach Athen gelaufen und dort nach der Siegesmeldung tot zusammengebrochen sein.
Zum Gedenken daran wurde 1896 erstmals der **Marathonlauf** als olympischer Langstreckenwettlauf über 42,2 km ausgetragen.

Grabhügel der Athener auf dem antiken Schlachtfeld

Moderner Stausee

Marathon, Sehenswertes (Fortsetzung)

hügel (Soros) für die 192 gefallenen Athener erhebt. Am Fuß des Hügels steht eine Kopie der schon um 510 v. Chr. geschaffenen Grabstele des Aristion (Original im Nationalmuseum Athen). Vom Grabhügel überblickt man das Gelände mit der weitgeschwungenen Bucht im Nordwesten, in der die Perser an Land gingen, während das Lager der Athener im Westen am Fuß des Agrielíki war.
3 km nördlich des Soros zweigt von der Straße zum Dorf Marathónas links ein Fahrweg zur Häusergruppe Vranás ab (Grabhügel der Platäer, überdachte prähistorische Nekropole, Museum).

Umgebung von Marathon

*Stausee (Abb. s. S. 417)

8 km westlich des Dorfes liegt der zur Trinkwasserversorgung Athens angelegte Stausee von Marathon (beliebtes Ausflugsziel).

Badestrände

Die weiten Strände südlich von Marathon bieten vielfältige Erholungsmöglichkeiten.

Megalopolis G 6

Griechisch

Μεγαλόπολη
Megalópoli

Landschaft: Peloponnes
Nomos: Arkadien
Höhe: 427 m ü.d.M.
Einwohnerzahl: 3000

Verkehr

Megalópolis ist Station der Peloponnesbahn Korinth–Kalamáta.

Lage

Das Bergbaustädtchen Megalopolis (Megalopoli), im Zentrum der Peloponnes unweit südlich des Flusses Elisson gelegen, erlitt mehrfach schwere Erdbebenschäden.

Geschichte

Megalópolis wurde nach dem Sieg des Thebaners Epameinondas in der Schlacht von Leuktra 371 v. Chr. gegründet, um gemeinsam mit → Mantineia und → Messene am Ithomi ein Wiedererstarken Spartas zu verhindern. 353, 331 und 234 v. Chr. konnte die mit Bewohnern aus der Umgebung besiedelte Stadt Angriffe Spartas in der Tat abwehren, wurde aber 223 v. Chr. erobert und zerstört. Trotz des Wiederaufbaus von 194 v. Chr. sah Pausanias in 2. Jh. n. Chr. nur noch Trümmer. Aus Megalópolis stammt der Historiker Polybios (208–120 v. Chr.).
Britische Ausgrabungen haben das Stadtgebiet erforscht, das vom Elisson, einem Nebenfluß des Alpheios, geteilt wird.

Sehenswertes

Theater
*Skenothek

Die Ruinen der antiken Stadt, deren Mauern fast 9 km lang waren, liegen in der Nähe des heutigen Ortes an der Straße nach Pýrgos. Unmittelbar südlich des Flusses sieht man das Theater, das auf 59 Sitzreihen 50000 Zuschauer fassen konnte. Zwei Umgänge und zehn Treppen gliedern das Zuschauer-Halbrund. Das Bühnenhaus bestand aus Holz und konnte in der westlich anschließenden Skenothek aufbewahrt werden. Erst in römischer Zeit wurde es durch einen Steinbau ersetzt.

Megalopolis (Fortsetzung), Thersileion

Nördlich an das Theater schließt das nach seinem Stifter benannte Thersileion an, ein rechteckiger Saal von riesigen Ausmaßen (66 auf 52 m) für die Versammlung des Arkadischen Bundes. Das Innere hatte wahrscheinlich die Form eines Odeions mit radial angeordneten dorischen Säulen, die das Dach trugen. Zu beiden Seiten des Thersileions fanden sich Altäre, im Westen war das Stadion, im Osten ein Asklepiosheiligtum.
Jenseits des Flusses befand sich gegenüber dem Thersileion ein großes Heiligtum des Zeus Soter, nördlich davon die Agorá, begrenzt von der Stoa Philipps II. von Makedonien.

Umgebung von Megalopolis

→ Karítäna am Alpheiosdurchbruch (16 km nordöstlich).
Apollontempel von → Bassä (60 km westlich).

Lykosúra

12 km südwestlich von Megalópolis (Fahrweg) liegt einsam das Despoina-Heiligtum von Lykosúra. In der Cella des Tempelrestes aus dem 4. Jh. v.Chr. erkennt man das große Fundament des Kultbildes. Vor dem Unterbau einer dorischen Halle stehen Altäre für die Göttinnen Despoina, Demeter und Gaia. Von Damophon geschaffene Kultbilder der Despoina, Demeter und Artemis befinden sich in dem kleinen Museum vor Ort.

Mesolongion

F 5

Griechisch

Μεσολόγγι
Messolóngi

Nomos: Ätolien und Akarnanien
Einwohnerzahl: 10200

Lage und Allgemeines

Die Stadt Mesolongion bzw. Mesolongi (italienisch Missolunghi), Hauptort des Nomos Ätoloakarnanía, liegt, wie ihr Name sagt, 'in den Lagunen' im Norden des Golfes von Patras. Der hier aufgewachsene Dichter Kóstis Palamás (1859–1943) schildert Charakter und Geschichte in seinem Gedicht "Die Klage der Lagune".

Geschichte

Berühmt wurde Mesolongi durch die heldenhafte Verteidigung im Freiheitskampf gegen die Türken. 1821 Hauptquartier des zum Staatspräsidenten nominierten Alexander Mavrokordátos, wurde es vom Suliotenführer Markos Bótsaris verteidigt, ehe am 5.1.1824 Lord Byron hier landete, wo er am 10.4.1824 am Sumpffieber starb. 1825 von den Türken belagert, wagten die Eingeschlossenen im April 1826 einen Ausbruch, der nur 1800 von 9000 Mann gelang. Die zurückgebliebenen Verteidiger sprengten sich in die Luft.

Sehenswertes

*Heroon

Man betritt die Stadt durch ein Tor in der Festungsmauer und gelangt, sich rechts haltend, zum Heroon (ngr. Iróon), einer würdigen Grab- und Gedenkstätte für die Gefallenen von 1821–1826. In einem Grabhügel sind ihre Überreste und das Herz von Lord Byron beigesetzt. Rechts daneben steht, in der Achse der Haupthalle, ein Byron-Denkmal. Außer dem Grab des Gótsaris ziehen die Denkmäler für die gefal-

Denkmal für Lord Byron auf dem Heldenfriedhof

Heroon (Fortsetzung)

lenen Philhellenen aus Deutschland, Frankreich, Amerika, Italien, England, Polen und Skandinavien die Aufmerksamkeit auf sich.

*Museum

Ein Museum mit Erinnerungsstücken an die Freiheitskämpfe ist in der Bürgermeisterei (Dimarchíon) eingerichtet.

Umgebung von Mesolongion

Vom Theoxenía-Hotel aus führt eine Dammstraße weit durch die Lagunenlandschaft.

Pleuron

Ätolikón

Verläßt man Mesolongion auf der neuen Straße in Richtung Agrínion, so liegen nach 4 km rechts die Ruinen der hellenistischen Stadt Pleuron (kleines Theater, Zisterne, Mauern). Nach weiteren 6 km kommt man links über einen Damm zur kleinen Inselstadt Ätolikón; ihre Spezialität ist 'Avgotáracho', ein in Wachs gehüllter Fischrogen.

Oiniadai

Weiter nach Westen erreicht man über Neochorió, wo man den breiten Achelóos überquert, und Katóchi die überwachsenen Ruinen des auf einem niedrigen Bergrücken gelegenen Oiniadai, das von Alkmaion, Sohn des Amphiaraos, gegründet und nach seinem Sohn Oineus benannt wurde; im Norden findet man, am ehemaligen Melitesee, Reste der Hafenanlagen, im Südosten die Akropolis mit einer Polygonalmauer aus dem 6. vorchristlichen Jahrhundert.

Oxia-Inseln

Südlich der Acheloosmündung liegen die Oxia-Inseln (→ Echinaden), bei denen im Oktober 1571 die Seeschlacht von Lepanto mit dem Sieg der abendländischen Flotte unter Don Juan d'Austria, einem natürlichen Sohn Kaiser Karls V., über die Türken endete. An verschiedenen Stellen der Gegend um Mesolongion kann man noch die Schilfhütten der nomadisierenden Sarakatsáni sehen.

Mesolongion, Umgebung (Fortsetzung)

Mesopotamos

⟶ Nekromanteion Ephyras

Messene

F 6

Μεσσήνη
Messíni

Griechisch

Landschaft: Peloponnes
Nomos: Messenien

Lage

Die Landschaft Messenien wird von dem 798 m hohen Berg Ithómi beherrscht, der sich 30 km nördlich von ⟶ Kalamáta erhebt.
Man erreicht den Ort Mavromáti von Kalamáta aus über das moderne Messíni (30 km) oder, von Norden kommend, indem man bei Tsukaläika rechts den Weg über Lambäna nimmt (von Tsukaläika 19 km).

Geschichte

In den drei Kriegen, in denen das im Osten jenseits des Taygetos gelegene Sparta 740–720 v. Chr., 660 und 464–459 v. Chr. Messenien un-

Lageplan

Alt-Messene

Mauerturm

Gefügtes Mauerwerk

Messene, Geschichte (Fortsetzung)

terwarf bzw. unter seiner Botmäßigkeit halten wollte, war der Ithómi die letzte Zuflucht der Messenier. 455 v. Chr. gab Athen den letzten Verteidigern des Berges eine neue Heimstatt in der Hafenstadt ⟶ Naupaktos am Golf von Korinth. Nach dem Sieg über Sparta bei Leuktra gründete der Thebaner Epameinondas 369 v. Chr. am West- und Südhang des Berges die Stadt Messene, die zusammen mit ⟶ Mantineia und ⟶ Megalopolis einen erneuten Aufstieg Spartas verhindern sollte. Eine 9 km lange Befestigung umschloß die Stadt und ihre Ländereien. Hier liegt heute das Dörfchen Mavromáti (420 m).

Sehenswertes in Messene

Kloster Vúrkano

Von Mavromáti aus kann man ostwärts zu einem Bergsattel steigen, hinter dem das burgartige Kloster Vúrkano (17. Jh.) liegt. Vom Sattel aus führt ein Serpentinenweg zum Ithómi-Gipfel mit einem verfallenen Kloster an der Stelle der Akropolis (Aufstieg 1 Stunde).

Asklepiostempel

Vom Ostende des Dorfes führt ein Pfad hinunter zu einem rechteckigen Platz, der früher als Agorá bezeichnet wurde. Neuere Grabungen haben in seiner Mitte einen dorischen Asklepiostempel von 6:12 Säulen aus hellenistischer Zeit freigelegt. Im Osten grenzen ein kleines Theater (Versammlungsraum), das Propylon und ein Saal an, im Westen mehrere Kulträume, u. a. für Artemis Orthia.

Arkadisches Tor

Von der Westseite dieser Anlage geht ein Pfad nordwärts bergan, vorbei an der Stelle des antiken Theaters, und erreicht beim lokalen Museum die Straße, die von Mavromáti zum Arkadischen Tor führt. Von diesem monumentalen Nordtor stehen noch neun Quaderlagen. Auf der Feldseite begrenzen zwei quadratische Türme einen Vorhof, an den auf der Stadtseite ein kreisrunder Zwinger von 19,70 m Durchmesser anschließt. Zu beiden Seiten, besonders aber nach Westen, kann man die Stadtmauer und ihre Türme und Wehrgänge auf weite Strecken sehr gut im hügeligen Gelände verfolgen.

Meteora-Klöster

F 4

Griechisch

Μετέωρα
Metéora

Landschaft: Thessalien
Nomos: Trikala

Lage

Im Nordwesten von Thessalien ragen aus der vom Peneios (ngr. Piniós) durchflossenen Ebene 300 m hohe Konglomeratfelsen heraus, denen die Erosion die bizarrsten Formen gegeben hat. Senkrechte Wände, spitze Felsnadeln und wuchtige Klötze erheben sich oberhalb von ⟶ Kalambáka und Kastráki, getrennt von tief eingeschnittenen Schluchten. Auf den Höhen liegen die Metéoraklöster, denen ihre Lage den Namen gab: tá metéora monastíria – die in der Luft schwebenden Klöster.
Ursprünglich nur über Saumpfade, Leitern und Seilwinden zugänglich, sind die Klöster heute durch moderne Straßen- und Treppenanlagen sowie Beschilderung touristisch erschlossen. Doch sollte der Besucher respektieren, daß er hier Stätten der Stille, des Gebetes und der Meditation betritt.

**Landschaftsbild

Den rechten Eindruck dieser großartigen Landschaft hat man, wenn man nicht rasch von Sehenswürdigkeit zu Sehenswürdigkeit fährt,

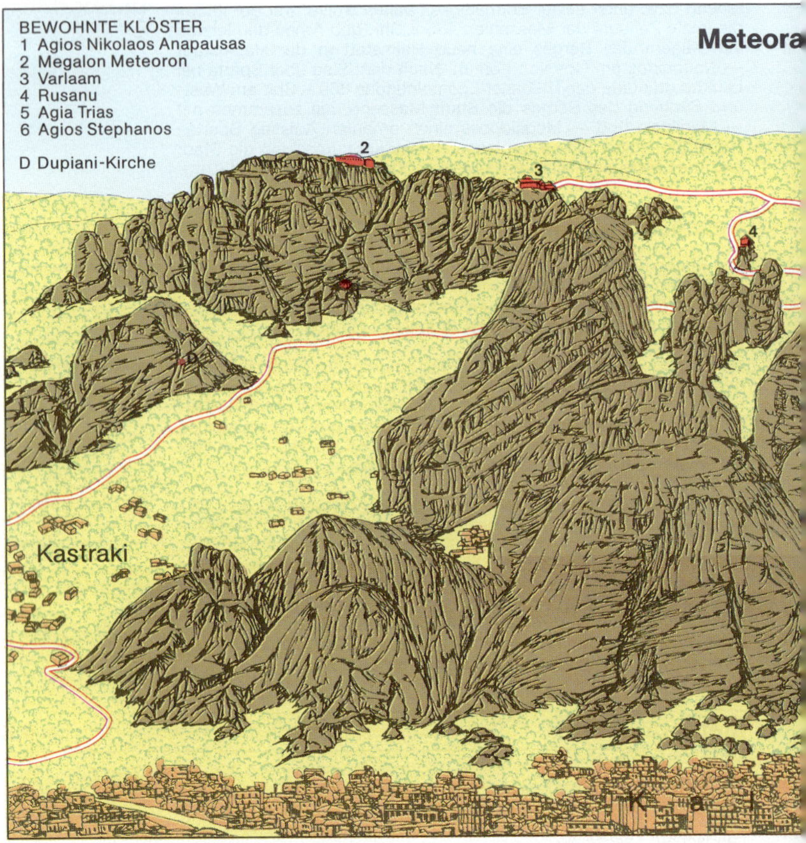

'Schwebende' Klöster in einzigartiger Szenerie

Landschaftsbild (Fortsetzung)

sondern sich Zeit zu Wanderungen nimmt, bei denen man auch zu aufgegebenen Klöstern in völliger Abgeschiedenheit gelangt.

Geschichte

Im 9. Jh. ließen sich Einsiedler in Höhlen am Sockel der Metéorafelsen nieder. Es entstand die Marienkirche von Dupianí, und der Ort wurde 'stus Agius' = 'zu den Heiligen' genannt, woraus dann 'Stágoi' wurde. 1340 kam Thessalien unter serbische Herrschaft. Simeon, ein Onkel des jungen Königs Stefan Urosch V., ließ sich in Tríkala zum König der Serben und Griechen krönen. Die Eremiten suchten in dieser unruhigen Zeit auf den Höhen Schutz und Stille. Es entstanden die Klöster, zuerst das Metéoronkloster auf dem 534 m hohen 'breiten Felsen' (plathýs líthos), zwischen 1356 und 1372 von Athanásios Meteorítis gegründet und von seinem Schüler und Nachfolger Jóasaph, einem Sohn König Simeons, nach 1388 ausgebaut. In der Blütezeit gab es 24 Klöster, doch begann im 16. Jh. der Niedergang. Heute sind noch

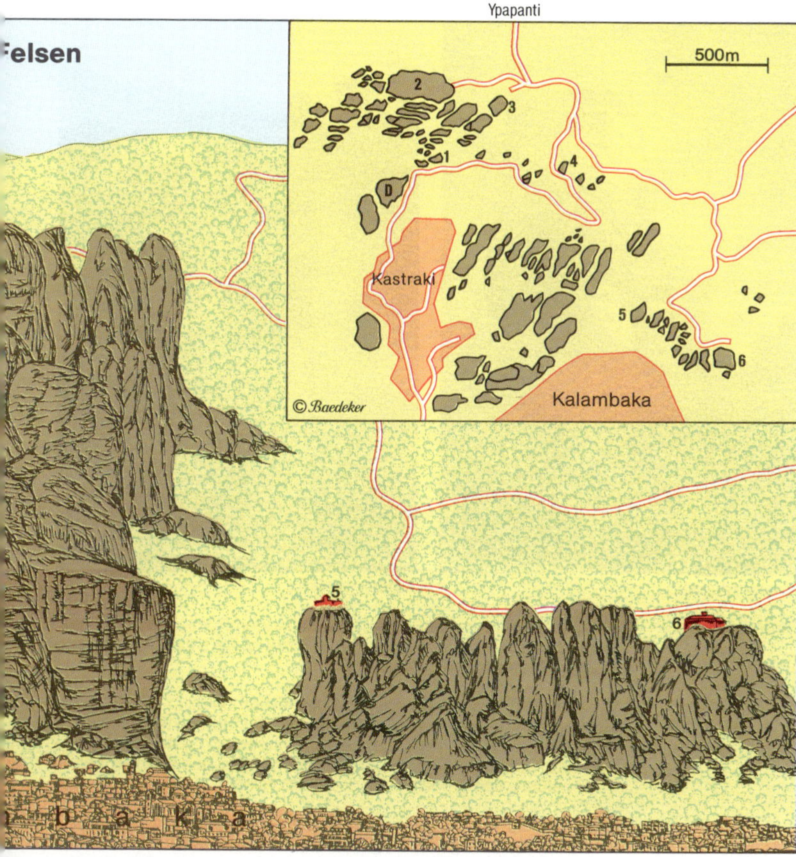

fünf Klöster belegt. Sie sind – neben den Athosklöstern – wichtig für unsere Kenntnis der nachbyzantinischen Malerei des 16. Jahrhunderts.

Geschichte (Fortsetzung)

Sehenswertes

Von Kalambáka über das Dorf Kastráki führt die Straße zwischen den Felstürmen aufwärts. In den Wänden sieht man an verschiedenen Stellen die Höhlen, in denen in der Frühzeit die Eremiten lebten.

Ágios Nikolaos Anapafsás

Links erreicht man nach der kleinen ehemaligen Mitrópoliskirche Dupianí den steilen Aufstieg zum Kloster Ágios NIkólaos Anapafsás, das 1368 gegründet, 1527 durch den Kreter Theophanes ausgemalt und 1628 erweitert wurde.

Kloster Russanu

Kloster Varlaam

*Russanúkloster

Hinter dem auf schmaler Felsnadel stehenden Russanúkloster, dem wohl kühnsten aller Bauten der Region, zweigt links die Straße zu den Klöstern Metéoron und Varlaám ab.

*Metéoronkloster

Vor dem Metéoronkloster stehend, sieht man deutlich am Felshang die Spuren von Leitern, vor allem aber die turmartige Aufmauerung, unter deren Holzdach die alte, heute nur noch als Lastenaufzug verwendete Seilwinde erhalten ist. Wachsende Besucherzahlen haben dazu geführt, daß größere Teile des Klosters nicht mehr allgemein zugänglich sind.

Man besucht die Hauptkirche, die der Metamórphosis (Verklärung Christi auf dem Berge Tabor) geweiht ist. Die auf den Gründer Athanasios zurückgehende Kapelle ist jetzt der Altarraum der von Joasaph erweiterten Kirche. Die Gräber der beiden Gründer befinden sich in der geräumigen Vorhalle, die ebenso wie der Kirchenraum (16. Jh.) und die Apsis (1438) mit vollständig erhaltenen Wandmalereien ausgestattet ist.

Interessant ist auch die Sammlung von Ikonen und Büchern im ehemaligen Speisesaal (Trápeza); besonders eine Ikone des ungläubigen Thomas (14. Jh.), die unter den Aposteln Christus, den grausamen Thomas Preliumbowitsch von Ioannina und seine fromme Frau Maria Angelina Komnena zeigt.

Varlaámkloster

Das benachbarte, 1517 gegründete Kloster Varlaám weist in der Allerheiligenkirche (Ágion Pánton) lebendige Malereien des Frangos Kastellanos aus Theben auf, u. a. eine eindrucksvolle Kreuzigung (1548). Im Narthex sieht man eine sehr gute Darstellung des Jüngsten Gerichtes (1566).

Auch hier gibt es ein sehenswertes Klostermuseum, neben dem auch die Bibliothek Beachtung verdient.

Kloster Agía Triáda

Auf dem Rückweg hält man sich an der Abzweigung links und kommt, vorbei am rechts aufragenden Kloster Agía Triáda (gegr. 1438), zum freundlichen Nonnenkloster Ágios Stéphanos. Es wurde 1367 vom Serbenfürsten Antonios Kantakuzenos gestiftet, weist in seiner Kapelle Fresken von 1400 auf, während die dem hl. Charálambos geweihte Hauptkirche erst 1798 entstand. Von dem freien Platz am Felsabsturz hinter der Kirche bietet sich eine herrliche Aussicht auf die vom Peneios durchflossene Thessalische Ebene.

Meteora-Klöster (Fortsetzung)
Agía Triáda
Ágios Stéphanos

Methoni

F 7

Μεθώνη
Methóni

Griechisch

Landschaft: Peloponnes
Nomos: Messenien
Höhe: 10 m ü.d.M.
Einwohnerzahl: 1300

Verkehr

Busverbindung mit Pýlos.

Lage

Methóni ist ein kleines Dorf 12 km Südlich von → Pýlos an einer Sandbucht, die von einer ausgedehnten venezianischen Festung beherrscht wird.

Geschichte

1206 übergaben die fränkischen Villehardouins, die Methóni nach dem vierten Kreuzzug für kurze Zeit besaßen, den Platz an Venedig, das ihn als wichtigen Flottenstützpunkt auf dem Weg von der Adria

Festungsplan

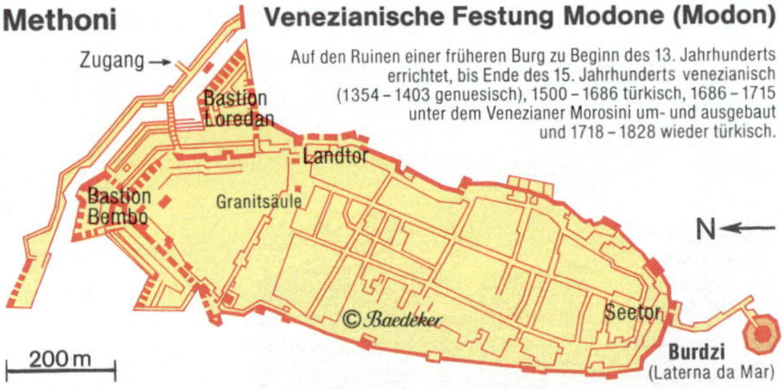

Geschichte (Fortsetzung)

nach Kreta unter dem Namen Modon zu einer mächtigen Festung ausbaute. 1500 konnten die Türken diese mit erdrückender Übermacht einnehmen, doch gewann Venedig sie unter Morosini 1686 bis 1715 noch einmal zurück. Im griechischen Freiheitskampf spielten sich 1825–1828 hier heftige Kämpfe zwischen Ibrahim Pascha und den von einem französischen Kontingent unterstützten Griechen unter Admiral Miaulis ab.

*Festung

Man betritt die Festung über eine 1828 von den französischen Truppen angelegte Brücke, deren Bögen den tiefen Burggraben überspannen. Rechts des ersten Tores stehen zwei starke venezianische

Bastion auf der Landseite

Landtor und Granitsäule im Innenhof

Blick nach Süden

Burdzi (Laterna da Mar)

Methoni, Festung (Fortsetzung)

Bastionen aus dem 15. und frühen 18. Jahrhundert. Hinter dem Tor geht man links durch einen langen Zwinger, passiert zwei weitere Tore und steht dann im weiträumigen Inneren der Anlage vor der granitenen 'Morosini-Säule', die ein byzantinisches Kapitell trägt. Rechts führt ein Tor in die Zitadelle mit Resten türkischer Bauten. Die dem Meer zugewandte Westseite der Mauer erhebt sich unmittelbar über dem Felshang. Ganz im Süden kommt man durch ein von Türmen flankiertes Tor und über einen Damm zu einem Achteckbau 'Burdzi' (16. Jh.), von dem man auf die Inseln Sapiéntza und Schíza blickt.

*Burdzi

Beim Rückweg dem Wehrgang an der Ostseite folgend, bemerkt man zunächst die Reste eines stattlichen Gebäudes an der Mauer und dann ein (vermauertes) Tor zur Bucht, das an der Außenseite mit Wappen versehen ist.

Metsovon F 4

Griechisch

Μέτσοβο
Métsowo

Nomos: Ioannina
Höhe: 1160 m ü.d.M.
Einwohnerzahl: 2700

Verkehr

Métsovon liegt 2 km unterhalb der Straße Ioánnina–Kalambáka.

*Lage und Allgemeines

Der Gebirgsort Métsovon im Pindos unterhalb des Katára-Passes, in waldreicher Gegend gelegen, ist beliebt als Sommerfrische wie für den Wintersport (Skilift). In der Türkenzeit schufen sich in dem unzugänglichen Ort bekannte Familien wie Averof und Tositsa ihre Herrenhäuser. Sehenswert sind das Volkskundemuseum im Tositsahaus, die Kirche Agía Paraskeví und das am unteren Ortsende gelegene Kloster Ágios Nikólaos. Bekannt sind die Forellen und der Joghurt des nahen Bergdorfes Mília.
Die geplante Autostraße Igumenítsa–Ioánnina–Kozáni–Saloníki soll unweit südlich des Dorfes vorbeiführen (z.T. im Tunnel).

Milos I 7

Griechisch

Μήλος
Mílos

Nomos: Kykladen
Inselfläche: 147 km²
Höhe: 0–751 m ü.d.M.
Bewohnerzahl: 4500
Hauptort: Mílos

Flugverkehr

Flughafen 5 km außerhalb von Mílos.
Linienflüge Athen–Milos täglich.

Schiffsverkehr

Linienverkehr von und nach Athen (Piräus) mehrmals wöchentlich.
Lokale Verbindungen zu den Nachbarinseln.

Lage und Allgemeines

Die Insel Milos (oder Melos, von 'Apfel'; italienisch Milo), die westlichste der größeren → Kykladen, ist die Caldera eines pliozänen Vulkans. Dieser Entstehung, von der noch heute schwefelhaltige Ther-

Lage und Allgemeines (Fortsetzung)

men im Nordosten und Südosten zeugen, verdankt die Insel ihre landschaftliche und wirtschaftliche Besonderheit. Das Meer hat durch einen Einschnitt im Nordwesten Zugang zum Kraterkessel und bildet darin einen der besten Häfen des Mittelmeeres. Die nordöstliche Hälfte der Insel ist flacher und fruchtbarer als der bergige Südwesten, der im Profíti Elías bis zu 751 m ü.d.M. ansteigt. Die wichtigste Wirtschaftsgrundlage bilden die reichen Mineralvorkommen, darunter Bimsstein, Alaun, Schwefel und Ton, daneben aber auch seit einiger Zeit etwas Fremdenverkehr.

Geschichte

Bereits im 3. Jahrtausend v. Chr. war die Insel dicht besiedelt. Die Bewohner fertigten in jener Zeit aus dem hier vorkommenden Obsidian Steinwerkzeuge, die sie in den ägäischen Raum sowie nach Kleinasien und Ägypten ausführten.

Um 1200 v. Chr. ließen sich dorische Siedler auf Milos nieder und gründeten an der Stelle des heutigen Kástro auf einer Anhöhe im Norden der Bucht die von Ringmauern und Türmen gesicherte Stadt Melos mit ihrem Hafen Klima. Ihr Wohlstand gründete sich schon damals auf die Ausfuhr von Schwefel, Bimsstein, Ton und Alaun, aber auch von Öl, Wein und Honig.

Venus von Milo

In römischer und frühchristlicher Zeit erreichte das Kunstschaffen auf der Insel seinen Höhepunkt: Venus von Milo (2. Jh. v. Chr.; heute im Pariser Louvre).

Nach dem Untergang des Römischen Reiches byzantinisch, im Mittelalter zum venezianischen Herzogtum Naxos gehörend, fiel Milos später unter türkische Herrschaft und kam nach der Staatsgründung an Griechenland.

Adamas

Alt-Melos – Blick durch eine antike Maueröffnung

Sehenswertes

Adámas

Der Hafenplatz Adámas (750 Einw.) an der Nordseite der großen Bucht ist mit seinen weißgekalkten, kubischen Jäusern ein charakteristischer Kykladenort.

*Milos (Pláka)

Von hier sind es 4 km nach Nordwesten zum Hauptort Mílos (Pláka; 200 m ü.d.M.; 900 Einw.), der ein interessantes kleines Museum besitzt. Auf dem Weg zur venezianischen Gipfelfestung passiert man die sehenswerte Kirche der Panagía Thalassa.

*Katakomben

1 km unterhalb der Pláka liegt das Dorf Tripití (= die Durchlöcherte), von dem eine Betonstraße zu den frühchristlichen Katakomben führt. Diese Anlage aus dem 2. Jh. mit einem Heiligengrab in der Mitte des Hauptraumes und rund 2000 Grabnischen ist für Griechenland einmalig.

Melos

Von der Betonstraße zweigt rechts der Weg zu den Resten der antiken dorischen Stadt Melos ab. Ein Hinweisschild macht auf die Stelle aufmerksam, an der die Venus von Milo (Aphrodite von Milo), ein hellenistisches Werk aus der Zeit um 150 v.Chr., gefunden wurde (links). Rechts sind Teile der Stadtmauer und eines Turmes sichtbar. Nicht weit davon entfernt befindet sich das in schöner Lage oberhalb der Bucht in den Hang gebaute kleine römische Theater.

Filakopí

Apollónia

Von Tripití ostwärts gelangt man nach Filakopí, unmittelbar über dem Steilabfall der Nordküste, wo Grundrisse aus dem 3. und 2. Jahrtausend v.Chr. und mykenische Mauern aus der Zeit um 1500 v.Chr. freigelegt wurden, sowie zu dem hübschen Hafenort Apollónia (11 km) mit Sandstrand.

Ein weiterer Ausflug führt von Adámas in südöstlicher Richtung nach Zefiriá (6 km) und zu den Ruinen des im 8. Jh. n.Chr. gegründeten und 1793 aufgegebenen Paläochóra.

Milos (Fortsetzung), Zefiriá
Paläochorá

Antímilos

Von Adámas kann man mit dem Boot zu dem von Wildziegen bewohnten, kleinen Felseneiland Antímilos (8 km²; bis 643 m ü.d.M.) übersetzen.

Glaronísia

Der Nordküste von Milos vorgelagert sind die 'Möveninseln' Glaronísia, vier bizarre Basaltstöcke im Meer mit den sogenannten Sykia-Grotten.

Monemvasia H 7

Griechisch

Μονεμβασία
Monemwassía

Nomos: Lakonien
Höhe: 5–300 m ü.d.M.
Einwohnerzahl: 5000

Felsklotz am Meer

Verkehr

Schiffsverbindung mit Piräus, Kythira und Gýthion. Jachtversorgungsstation.

Auf dem Landweg erreicht man Monemvasía von Spárta (98km) oder Gýthion (64 km).

**Lage und Allgemeines

Sein einziger Zugang (móni émbasis) gab dem ummauerten Städtchen Monemvasia am Fuß eines 300 m hohen, ins Meer vorspringenden Felsklotzes vor der Ostseite der Peloponnes-Halbinsel seinen Namen. Jahrhundertelang ein fast uneinnehmbarer Punkt, war es für lange Zeit fast menschenleer – die Bewohner waren zumeist in das neue Dorf auf dem Festland hinübergezogen. Geblieben ist die einzigartige Lage.

In jüngster Zeit macht sich eine verstärkte Rückwanderung der Bevölkerung in den alten Ortsteil bemerkbar, der dadurch wiederbelebt wurde und sich zugleich zu einem attraktiven, betriebsamen Touristenziel entwickelt hat.

Geschichte

Der antike Name Minoa weist auf eine kretische Niederlassung hin, so wie es andererseits im nahegelegenen Epidauros Limera eine mykenische Siedlung gab (6 km nördlich, Reste der Stadtmauer und mehrerer Tempel des 1. Jahrtausends v. Chr.). Ins Licht der Geschichte tritt Monemvasía jedoch erst, als es im 8. Jh. n. Chr. nach dem Einströmen von Slawen in Lakonien zum Zufluchtsort der Griechen wurde. Rasch entwickelte sich ein blühender Hafen, der sich 1149 gegen angreifende Normannen behaupten konnte und auch 1249 erst nach dreijähriger Belagerung von Wilhelm von Villehardouin eingenommen werden konnte. Bereits 1263 indessen mußte der in Gefangenschaft geratene Wilhelm Monemvasía zusammen mit Mystrás und Maina an Byzanz zurückgeben. 1460 unterstellte sich die Stadt angesichts drohender Türkengefahr dem Papst, wurde dann venezianisch und 1540 türkisch (1690–1715 kamen noch einmal die Venezianer). 1821, mit Beginn des griechischen Freiheitskampfes, war Monemvasía in griechischer Hand.
Der Name von Monemvasia lebt verballhornt noch im Malvasierwein, der einst hier gezogen wurde und ein überaus erfolgreicher Exportartikel war.

Ortsplan

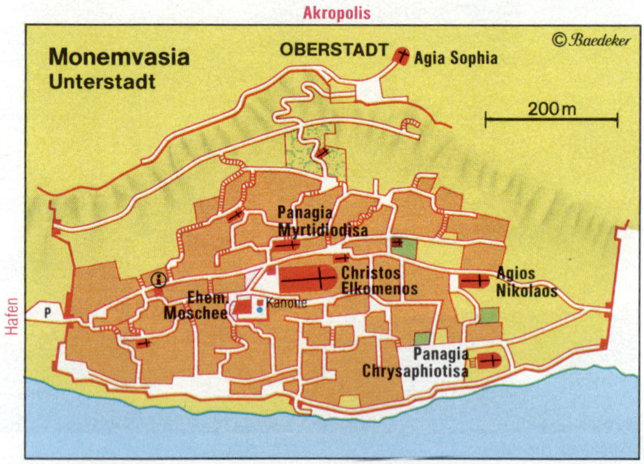

Malerische Unterstadt

*Unterstadt

Man betritt die Unterstadt von Süden her durch das einzige Tor in der Mauer, die die Türken im 16. Jh. auf byzantinischer Grundlage errichteten. Durch malerische Gäßchen kommt man zum Hauptplatz mit einer türkischen Kanone.

Elkómenos-Kirche

Am Hauptplatz steht die Elkómenos-Kirche (14. Jh., 1697 erneuert). Über dem Portal eine zerbrochene Reliefplatte, die zwei Pfauen zeigt, von der Ikonostasis eines älteren Baues. Die Kirche barg einst eine berühmte Ikone des gegeißelten Christus und eine wertvolle Kreuzigungsikone. Oberhalb steht die strengere Kuppelkirche Myrtidiótissa (14. Jh.; Ikonostasis).

Chrysaphiótissa-Kirche

An einem zweiten Platz im Norden der Stadt stehen die Chrysaphiótissakirche mit großer Kuppel (17. Jh.) und die Nikolauskapelle von 1703; nahebei die Kaimauer mit ihren Geschützscharten.

*Oberstadt

Agía Sophía

Ein gepflasterter Serpentinenweg führt zur in früherer Zeit stark befestigten Oberstadt. Dort wurde zur Zeit von Andronikos II. (1287–1328) unmittelbar am senkrechten Felssturz die Kirche Agía Sophía erbaut, die nach dem Muster von ⟶ Daphní eine große, Haupt- und Seitenschiffe überspannende Zentralkuppel hat. Am Außenbau bemerkt man schöne Kapitelle und ein Relief der tanzenden Salome.

Kastell
**Aussicht

Den höchsten Punkt der Oberstadt bekrönen die Umfassungsmauern des einstigen Kastells. Die sich hier bietende Aussicht ist faszinierend.

Mykene / Mykenä G 6

Μυκήνες
Mikínes

Griechisch

Landschaft: Peloponnes
Nomos: Argolis
Höhe: 120–278 m ü.d.M.
Einwohnerzahl: 440

Verkehr

Mykéne ist Station der Bahnlinie Korinth–Trípolis.
Busverbindung mit Korinth und Argos.

Allgemeines

Mit Beginn der Ausgrabungen von Heinrich Schliemann 1874 trat die Burg von Mykene und damit das nach ihr benannte mykenische Zeitalter ins allgemeine Bewußtsein, und unser Geschichtsbild wurde bis weit in die Bronzezeit des 2. Jahrtausends v. Chr. erweitert. Auch nach der Entdeckung zahlreicher anderer Burgen und Siedlungen dieser Epoche ist Mykene selbst bis heute berühmt wie keine andere.

Geschichte

Als um 2000 v. Chr. Frühgriechen vom Balkan her einwanderten, setzten sie sich wohl auch schon auf dem 278 m hohen Burgberg "im hintersten Winkel der rossenährenden Argolis" fest. Sie vermischten sich in der Folgezeit mit der Urbevölkerung, und es entstand eine Mischkultur. In der Religion durchdrangen sich griechische und vorgriechische Einflüsse. Sprachlich dominierten bald die Einwanderer, aber der vorindogermanische Ortsname Mykene blieb erhalten. Aus dem 17. Jh. v. Chr. kennt man Schachtgräber. Eine durchgreifende Wandlung setzte um 1580 v. Chr. plötzlich ein. Nun machten sich Einflüsse aus Ägypten und von der verfeinerten minoischen Kultur Kretas bemerkbar. Die jetzt beginnende frühmykenische Zeit (1580–1500 v. Chr.) zeichnet sich durch reiche Goldbeigaben in den Schachtgräbern aus. Zu ihnen gehört u. a. die Goldmaske, die einem toten Fürsten über das Gesicht gelegt worden war und die Schliemann fälschlich für die des einer späteren Zeit angehörenden Agamemnon hielt. Aus der mittelmykenischen Periode (1500–1425 v. Chr.) stammen die ersten bekannten Burgmauern und die frühen Kuppelgräber. Eine reiche Hinterlassenschaft verdanken wir auch der spätmykenischen Ära (1425–1100 v. Chr.). Im 14. Jh. v. Chr. wurden die späteren Kuppelgräber aufgeführt, darunter das "Schatzhaus des Atreus", um 1350 v. Chr. das alte Megaron auf der Akropolis, der erste anspruchsvoll ausgestattete Palast, und die kyklopische Ringmauer. Um 1250 v. Chr. schließlich entstanden das jüngere Megaron, das Löwentor und der Zwinger im Osten. Aus der Zeit nach 1230 v. Chr. sind fünf Ausbauphasen der Befestigung nachgewiesen – die Bedrohung durch neue Eindringlinge aus dem Norden war spürbar geworden –, und mit dem Einfall der aus ägyptischen Quellen bekannten 'Seevölker' bzw. der ihnen folgenden Dorier ging die Geschichte von Mykene gegen 1100 v. Chr. zu Ende.

*Schatzhaus des Atreus

Links der Fahrstraße vom Dorf zur Grabung liegt das wohl berühmteste der Kuppelgräber; "Schatzhaus des Atreus" oder "Grab des Agamemnon" sind unbelegte Phantasienamen.
Ein 36 m langer Dromos führt zu dem 10,50 m hohen Tor, dessen gewaltiger Türsturz 8,50 m breit, 5 m tief und 1,20 m hoch ist und auf ein Gewicht von 120 Tonnen berechnet wurde. Das Portal war von grünlichen Halbsäulen gerahmt, von denen Reste im Nationalmuseum

◀ Löwentor

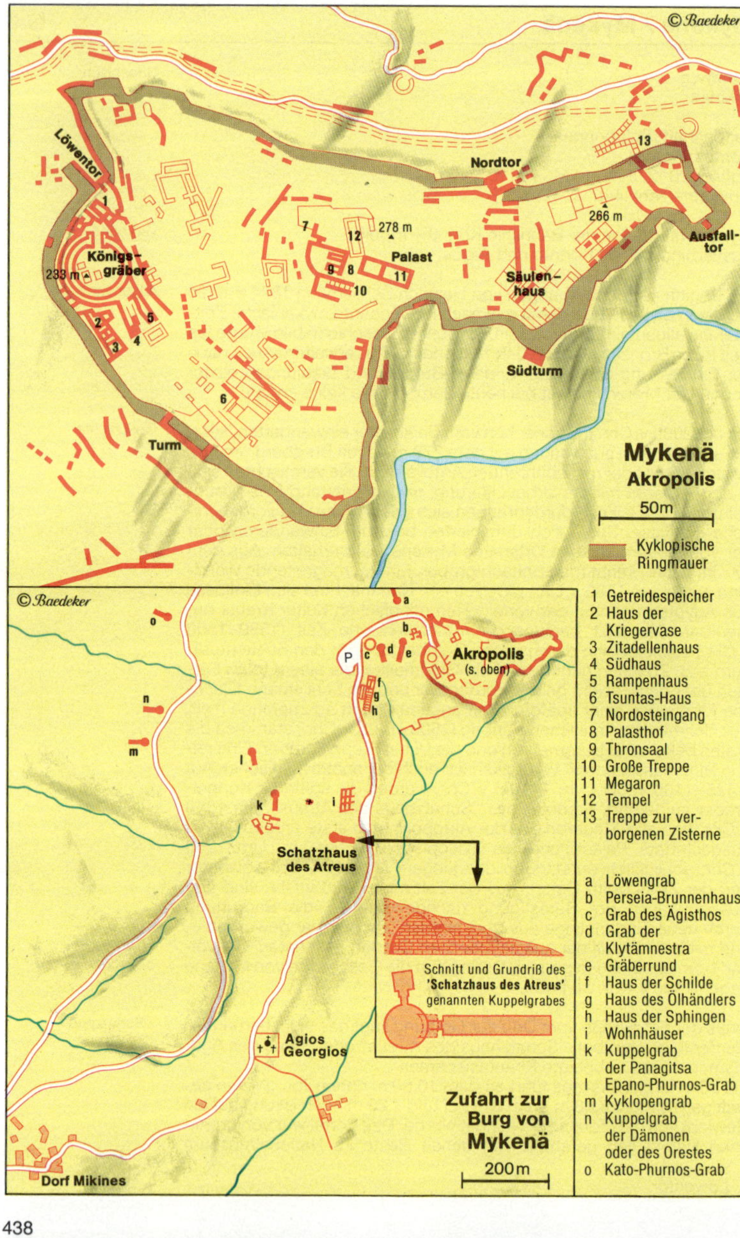

© Baedeker
Löwentor
Nordtor
13
278 m
266 m
Ausfall-tor
Königs-gräber
233 m
Palast
1
2
3
4
5
6
7
8
9
10
11
12
Säulen-haus
Südturm
Turm
Mykenä
Akropolis
50m
Kyklopische Ringmauer
1 Getreidespeicher
2 Haus der Kriegervase
3 Zitadellenhaus
4 Südhaus
5 Rampenhaus
6 Tsuntas-Haus
7 Nordosteingang
8 Palasthof
9 Thronsaal
10 Große Treppe
11 Megaron
12 Tempel
13 Treppe zur verborgenen Zisterne
© Baedeker
a
b
c
d
e
f
g
h
i
k
l
m
n
o
P
Akropolis
(s. oben)
Schatzhaus des Atreus
Schnitt und Grundriß des 'Schatzhaus des Atreus' genannten Kuppelgrabes
Agios Georgios
Dorf Mikines
Zufahrt zur Burg von Mykenä
200 m
a Löwengrab
b Perseia-Brunnenhaus
c Grab des Ägisthos
d Grab der Klytämnestra
e Gräberrund
f Haus der Schilde
g Haus des Ölhändlers
h Haus der Sphingen
i Wohnhäuser
k Kuppelgrab der Panagitsa
l Epano-Phurnos-Grab
m Kyklopengrab
n Kuppelgrab der Dämonen oder des Orestes
o Kato-Phurnos-Grab

Schatzhaus des Atreus (Fortsetzung)

→ Athen aufgestellt sind; Stand- und Befestigungsspuren sind noch zu erkennen. Das Entlastungsdreieck über dem Türsturz war mit einer reliefierten Steinplatte verschlossen. Der Innenraum ist kreisrund, er hat einen Durchmesser von 14,50 m und eine Höhe von 13,20 m. Er ist in unechtem Gewölbe aufgeführt: aus nach oben vorkragenden Reihen waagerechter Blöcke. Das Gewölbe war mit Bronzerosetten geschmückt. Der Hauptraum diente dem Totenkult, die Grabkammer selbst befindet sich rechts. Dieser Kuppelbau vermittelt am eindrucksvollsten die Größe der mykenischen Baugesinnung. Seine Maße wurden erst mit dem römischen Pantheon im 2. Jh. n. Chr. wieder erreicht.

Grabungsbezirk (Vorsicht, gefährlich glatte Wege!)

Auf dem Weg zur Burg bemerkt man rechts der Straße einige mykenische Wohnhäuser. Hinter dem Eingang ins umzäunte Terrain kann man das 1951 gefundene Gräberrund B und weitere Kuppelgräber aufsuchen.

**Löwentor (Abb. s. S. 437)

Dann betritt man die Burg durch das beiderseits von Bastionen geschützte Löwentor, in dessen Entlastungsdreieck das bekannte Relief eingelassen ist: Zwei Löwen, deren Köpfe angestückt waren und verloren sind, flankieren eine Säule. Es ist dies ein Symbol religiös begründeter Herrschaft, ein Motiv, wie man es ähnlich von kretischen Siegeln kennt, doch hier ins Monumentale gesteigert.

*Königsgräber

Hinter dem Tor fand Schliemann das Gräberrund, eine ursprünglich außerhalb der Burg gelegene Grabanlage. Erst bei der Erweiterung

Blick ins Gräberrund

Königsgräber (Fortsetzung)

der Mauer im 13. Jh. v. Chr. hat man die dort liegenden Gräber mit einem Ring aus doppelten Steinplatten umgeben; die Grabsteine wurden auf dem erhöhten Niveau erneut aufgestellt, es blieb eine Stätte des Totenkultes. In den 6 Schachtgräbern, die im ausgegrabenen Gelände zu sehen sind, fanden sich 9 Männer, 8 Frauen und 2 Kinder mit zahlreichen Goldbeigaben. Das vorhin erwähnte Gräberrund B gehört noch ins ausgehende 17. Jh. v. Chr., das von Schliemann entdeckte Gräberrund A in die Zeit nach 1580 v. Chr. Daß man dann keine Schachtgräber mehr anlegte, sondern zu den Kuppelgräbern überging, weist auf einen Dynastiewechsel hin, wie ihn die antike Überlieferung kannte: Auf den Gründer Perseus und seine Dynastie (Perseiden) folgten die Nachkommen des Pelops (Pelopiden oder Atreiden).
Hinter dem Gräberrund A liegen noch einige Gebäude, so das Südhaus, das Haus der Kriegervase und das nach dem Ausgräber benannte Tsuntas-Haus.

Palast

Auf einem Rampenweg hinter dem Löwentor, dann links bergan, erreicht man den stark zerstörten Palast, über dem im 7. Jh. v. Chr. ein griechischer Athenatempel errichtet wurde. Die wichtigsten Partien des Palastes liegen im Süden: ein Hof, zu dem eine erhaltene mykenische Steintreppe hinaufleitet, sowie Thronraum und Megaron der Herrscher von Mykene. In der Mitte des Megarons sind Reste des runden heiligen Herdes erhalten (Aussicht auf die Argolis!). Nach Osten abwärts gehend, sieht man rechts an der Umfassungsmauer das 'Haus mit den Säulen' und kommt dann bis zur Ostbastion mit einer Ausfallpforte und dem Eingang zu einer unterirdischen Brunnenkammer. Dieser Bereich gehört zu den Erweiterungsbauten des 13. Jh.s v. Chr. Wenn man auf dem Rückweg der Nordmauer folgt, sieht man noch das Nordtor und, unterhalb des Palasthügels, eine Reihe von Magazinen mit Tongefäßen für Vorräte.

Mykonos – Hauptort der gleichnamigen Insel

Mykonos

K 6

Μύκονος
Míkonos

Griechisch

Nomos: Kykladen
Inselfläche: 75 km²
Höhe: 0–364 m ü.d.M.
Bewohnerzahl: 4000
Hauptort: Míkonos (Chóra)

Flugverkehr

Flugplatz 3 km vom Hauptort Míkonos.
Linienflüge von Athen mehrmals täglich; ferner von Chios, Iraklion (Kreta), Samos und Santorin (Thera).

Schiffsverkehr

Linienschiffe von und nach Athen (Piräus) mehrmals täglich in 6–7 Stunden (auch Kfz-Transport).
Lokaler Verkehr mit Delos je nach Wetterlage; ferner mit den anderen Nachbarinseln.

Lage und Allgemeines

Mykonos, die kahle Felseninsel und Endglied der östlichen Kykladenreihe, war einst einer der wichtigsten Handelsplätze in der westlichen Ägäis. Auf wasserarmen, mäßig fruchtbaren Böden wird bescheidene Landwirtschaft betrieben. Als Ausgangspunkt für den Besuch der Nachbarinseln ⟶ Delos und Rinia, aber auch wegen seiner schönen Strände ist Mykonos heute eine der meistbesuchten Inseln der Ägäis.

Mythos und Geschichte

Der Sage nach soll Mykonos der Felsen sein, mit dem Poseidon die Giganten erschlug. Die Geschichte der Insel war mit jener von Tinos

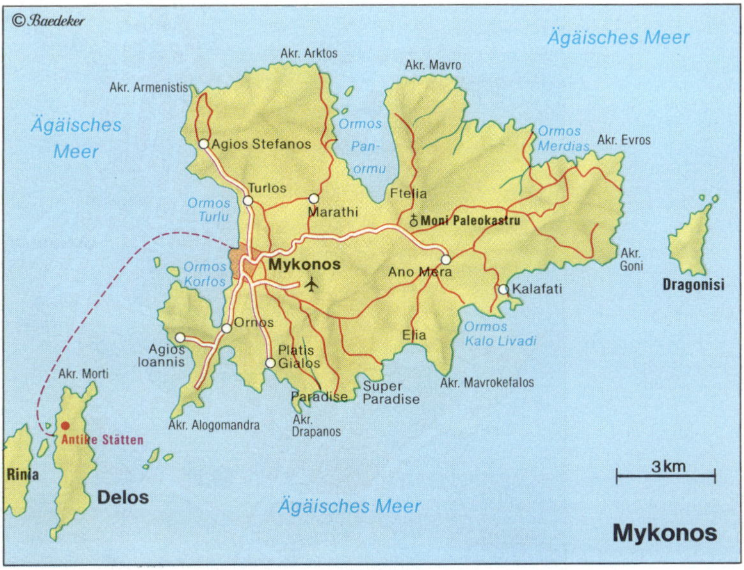

Mythos und Geschichte (Fortsetzung)

eng verbunden, sie stand jedoch – anders als dieses – fast drei Jahrhunderte unter türkischer Herrschaft, bewahrte sich aber weitgehende Autonomie.

Sehenswertes

*Míkonos (Chóra)

Der reizvolle Inselhauptort Míkonos (Chóra; 2500 Einw.) zieht sich mit weißgekalkten, kubischen Häusern, zahlreichen Kirchen und mehreren Windmühlen im Halbrund um eine molengeschützte Bucht der Westküste und nimmt dort die Stelle der antiken Stadt Mykonos ein.

Museum

Einen Besuch verdient das Museum, in dem Grabungsfunde aus Rinia und Delos gezeigt werden, sowie die Kirche Paraportianí, die in vier Bauebenen angelegt ist.

Ortsplan

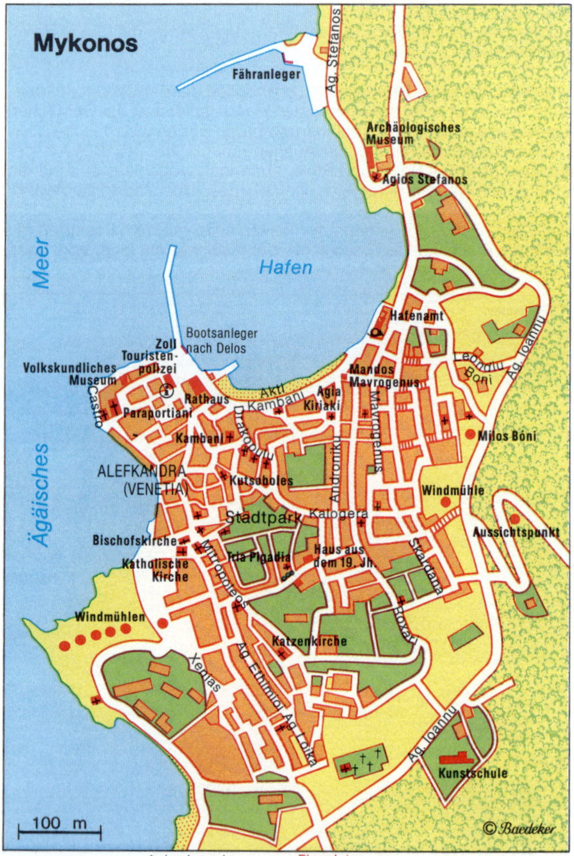

Windmühlen auf Mykonos

Als eine Art Wahrzeichen von Míkonos galt über drei Jahrzehnte lang ein zahmer Pelikan namens 'Pétros'. Nach seinem allseits betrauerten Tod im Dezember 1985 wurde seine sterbliche Hülle ausgestopft und im Ortsmuseum aufgestellt. Inzwischen leben hier wieder etliche jüngere dieser Wasservögel.

Junger Pelikan

Etwa 10 km östlich der Chóra liegt bei dem ruhigen Dorf Áno Merá das Kloster Turlianí; unweit nördlich davon die venezianische Festungsruine Paläokástro auf antiken Siedlungsspuren.
Von beiden Gipfeln des Profíti Elías im Nordwesten (364 m ü.d.M.) und im Osten (351 m ü.d.M.; militär. Sperrgebiet) hat man einen vortrefflichen Rundblick.

Dragonissi bei Mykonos

Etwa 2 km (1 sm) östlich von Mykonos liegt die Felseninsel Dragonissi mit Seehundgrotten.

Mystras / Mistra — G 6

Μυστράς
Mistrás

Griechisch

Nomos: Lakonien
Höhe: 380–620 m ü.d.M.
Einwohnerzahl: 610

Mystras

Lage und Allgemeines

Das rund 7 km von ⟶ Sparta entfernte Dorf Mystrás liegt unterhalb der berühmten mittelalterlichen Ruinenstadt, die, an einem Vorgebirge des Taýgetos gebaut, das geschlossenste Denkmal der spätbyzantinischen Zeit (13.–15. Jh.) ist.

Geschichte

1249 gründete der Franke Wilhelm II. Villehardouin die Burg, doch mußte er sie 1263, zusammen mit den Burgen Maina und Monemvassía, an den byzantinischen Kaiser Michael VIII. abtreten, der ihn gefangengenommen hatte. Von nun an bis zur türkischen Eroberung 1460 herrschten byzantinische Prinzen in Mystras, seit 1347 mit dem Titel Despótes = Herr, dem zweithöchsten Titel des Hofes von Byzanz nach dem Basileús und vor Sebastokrátor und Caesar. Unterhalb der fränkischen Gipfelburg entstand zunächst die Ober-, dann die Unterstadt. Der Despotenpalast wurde zu einem Mittelpunkt höfischen Glanzes und geistigen Lebens, besonders als Georgios Gemisthos Plethon im 15 Jh. hier seine neuplatonische Philosophie entwickelte, die einen wesentlichen Anstoß für die Renaissance in Florenz gab. Dies und die Tatsache, daß einer der Despoten eine Malatesta zur Frau hatte, macht verständlich, daß Sigismondo Malatesta im Juli 1464 an der Spitze venezianischer Truppen durch das von den Türken besetzte Land bis nach Mystrás vorstieß und die sterblichen Reste Plethons mit sich nach Rimini nahm, wo sie in San Francesco, dem 'Tempio Malatestiano', beigesetzt wurden. Nachdem die Türken Mystrás 1460 erobert hatten, ging seine Bedeutung zurück, insbesondere nach türkischen Strafmaßnahmen als Antwort auf den Orlow-Aufstand 1770; als die Bevölkerung nach der Befreiung in das 1834 neugegründete Sparta hinunterzog, blieb nur noch ein kleines Dorf unterhalb der Stadtmauer. Die Häuser verfielen, desgleichen die Kirchen, und wenn diesem Vorgang Einhalt geboten wurde, ist es Männern wie Orlandos zu verdanken, die in unserem Jahrhundert bedeu-

Ruinenhang

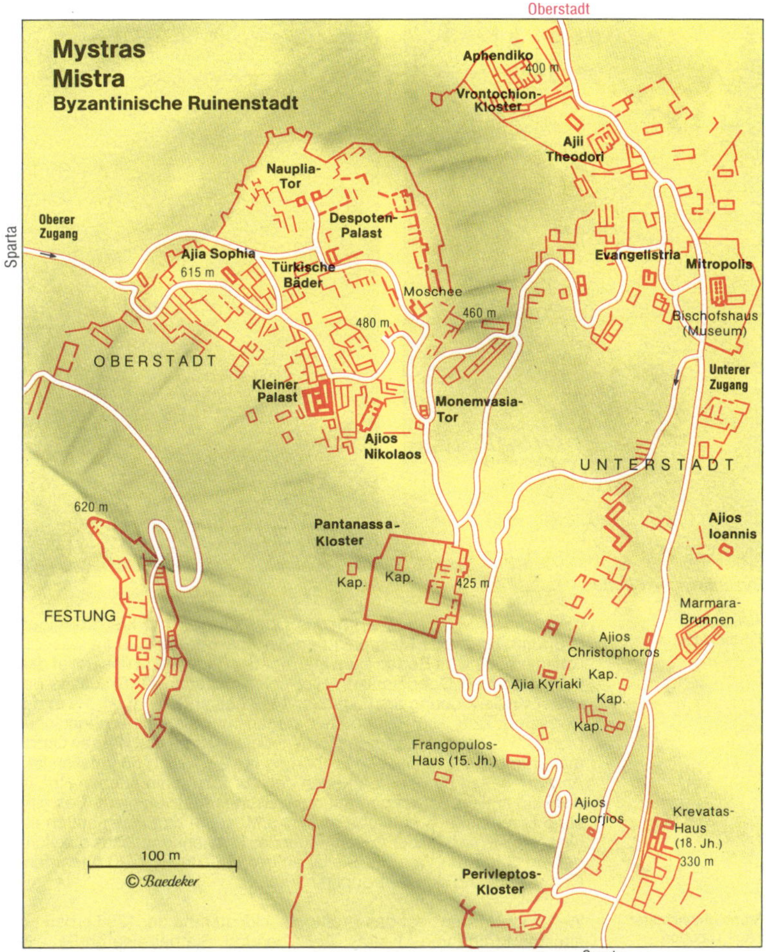

Geschichte (Fortsetzung)

tende Wiederherstellungs- und Konservierungsarbeiten geleistet haben. So sind wir in der Lage, diese Stadt zu erleben, in der die griechischen Fürsten mit ihren westlichen Frauen lebten und eine Begegnung byzantinischen und europäischen Geistes stattfand, wie sie Goethe im "Faust II" (Vermählung Fausts mit Helena) geschildert hat.

**Ruinenstadt

*Mitrópolis

Vom unteren Eingang nach rechts gehend kommt man zur Mitrópolis, der Bischofskirche, die 1309 als dreischiffige Basilika errichtet wurde. Im 15. Jh. erhielt sie – nach dem Vorbild anderer mittlerweile erbauter

Byzantinische Kirche

Innenfresko

Ruinenstadt (Fortsetzung)

Kirchen von Mystrás – ein neues Obergeschoß mit kreuzförmigen Grundriß. Kraftvolle Malereien und die Ausstattung sind im wesentlichen erhalten. Im Boden sieht man vor der Bilderwand das Relief des byzantinischen Doppeladlers. Hier soll Konstantin XI. Dragases bei seiner Kaiserkrönung am 6. Januar 1449 gestanden haben, als er die Herrschaft über die Peloponnes aufgab, um als letzter christlicher Monarch in das belagerte Konstantinopel zu gehen, auf dessen Landmauer er bei der türkischen Eroberung am 29. Mai 1453 gefallen ist. An zwei Seiten umgeben Arkaden den zur Ebene hin offenen Hof, in dem ein antiker Sarkophag mit dionysischen Motiven steht. Das einstige Bischofshaus enthält ein kleines Museum und weist außen einige Spolien auf. An der Außenmauer des Kirchenkomplexes bezeichnet ein Gitter am Weg die Stelle, an der die Türken 1770 nach dem Orlow-Aufstand den Metropoliten töteten.

Brontóchionkloster
*Ágii Theódori

Weiter im Norden liegt das Brontóchionkloster mit der 1296 erbauten ältesten Kirche von Mystrás, Ágii Theódori. Sie hat eine große, alle drei Schiffe überspannende Zentralkuppel ähnlich ⟶ Daphní, an der Ostseite vorzügliches Ziegel- und Bruchsteinmauerwerk und in der Nordostkapelle ein Despotengrab.

*Aphendikókirche

Zum selben Kloster gehört auch die größte Kirche der Stadt, Aphendikó. Sie wurde kurz vor 1311 aufgeführt, hat sehr beeindruckende, jüngst restaurierte Fresken und zeigt als erste den für Mystrás charakteristischen Bautypus: basilikales Untergeschoß und ein Obergeschoß in Form einer Kreuzkuppelkirche – eine Synthese der frühchristlichen und -byzantinischen Basilika mit den späteren byzantinischen Traditionen.

*Palast

Man geht zurück, steigt dann an der Friedhofskapelle Evangelístria (um 1400) vorbei zur Oberstadt auf, durchschreitet das Monemvas-

Mystras, Palast (Fortsetzung)

síator und gelangt zum Palast (13.–15. Jh.) mit seinem 10 x 36 m großen Saal, der schönen Loggia zur Eurotas-Ebene hin und der imposanten Front zum Hof, an der man noch den Thronerker und Reste der Fensterdekoration im Flamboyantstil erkennt. Westlich daneben ist das befestigte Naupliator, weiter oberhalb die Kirche Agía Sophía (1350), von der man zur Burg hinaufsteigen kann (Aussicht!). Unweit der Agía Sophía befindet sich auch der obere Eingang zum Gebiet von Mystrás.

Pantánassakloster
*Wandmalereien

Beim Rückweg vom Monemvasíator geradeaus weitergehend, erreicht man das Nonnenkloster Pantánassa, das als einziges noch bewohnt ist. Pantánassa ist die weibliche Entsprechung zum Pantokrator = Allherrscher. Die Pantánassa-Kirche (1428) ist der letzte große Bau der Stadt, ihre Malereien sind beachtenswert.

Perívleptoskloster
*Wandmalereien

Weiter nach Süden absteigend stößt man auf das an den Felsen gelehnte Perívleptoskloster (2. Hälfte 14. Jh.) mit besonders wertvollen Malereien der 'paläologischen Renaissance', Meisterwerken jener spätbyzantinischen Kunst voller Kraft, Leben und Ausdruck.
Von hier nordwärts zum Ausgang.

Naupaktos F 5

Griechisch

Ναύπακτος
Náfpaktos

Nomos: Ätolien und Akarnanien
Höhe: 10 m ü.d.M.
Einwohnerzahl: 9000

Verkehr

Busverbindung mit Antirrhion.
Jachtversorgungsstation

Lage und Allgemeines

Naupaktos (ngr. Náfpaktos) ist ein idyllischer Hafen am Nordufer des Golfes von Korinth, 9 km östlich der Meerenge von Ríon. Die Venezianer nannten es Lepanto, und berühmt wurde es durch die Seeschlacht von Lepanto des Jahres 1571.

Geschichte

Der zur westlichen Lokris gehörende Platz wurde 455 v. Chr. von Athen eingenommen, das hier den von Sparta vertriebenen Messeniern eine neue Heimat gab, doch wurden die Messenier beim Ende des Peloponnesischen Krieges wieder vertrieben. Während dieses Krieges, in dem Naupaktos als Stützpunkt Athens bei seinem sizilischen Unternehmen große Bedeutung hatte, besiegte Phormion 429 v. Chr. (im Todesjahr des Perikles) eine zahlenmäßig überlegene spartanische Flotte. 1407–1499 und 1687–1700 war Naupaktos venezianischer Flottenstützpunkt, der zusammen mit den Burgen von → Ríon und Antírrhion die Einfahrt in den Golf von Korinth kontrollierte. 1499–1687 und 1700–1821 war Naupáktos-Lepanto in der Hand der Türken. Deren Flotte lief von hier zu der Schlacht aus, die am 6. Oktober 1571 den ersten Seesieg vereinigter europäischer Mächte über die bis dahin unbesiegten Türken brachte. Diese weltgeschichtlich bedeutsame Schlacht fand weiter westlich in der Nähe der Oxia-Inseln statt. Befehlshaber der 'Heiligen Liga', zu welcher der Papst, Spanien, Venedig, Genua und der Malteserorden sich zusammengeschlossen hatten, war Don Juan d´Austria, natürlicher Sohn Kaiser Karls V. Einer der Mitkämpfer war Cervantes, der Dichter des "Don Quijote", der in der Schlacht einen Arm verlor.

Hafen mit Geschichte – Naupakos (Lepanto)

Ortsbild von Naupaktos

Der Hafen wird durch die venezianische Mauer, in der man zahlreiche antike Spolien bemerkt, gesichert. Von ihm zieht sich die starke Befestigung in mehreren Gürteln bis zum Gipfelkastell hinauf. Ein Spaziergang durch den Ort, an dessen Platía unmittelbar hinter dem Hafen man Kaffeehäuser und Tavernen findet, gibt einen Eindruck von der virtuosen Nutzung einer günstigen strategischen Lage.

Umgebung von Naupaktos

Unmittelbar östlich der Stadt mündet der am 2152 m hohen Iti-Massiv entspringende Fluß Mórnos ins Meer. An seinem Oberlauf wurde eine Talsperre zur Wasserversorgung Athens errichtet.
Nur etwa 40 km von hier lag die erst teilweise ausgegrabene antike Stadt Kallipolis (beim heutigen Ort Kállion); man hat bisher 3 km der Stadtmauer, Bäderanlagen, eine Artemisstatue u. a. gefunden.

Nauplia G 6

Griechisch

Ναύπλιο
Náfplio

Nomos: Argolis
Höhe: 5–85 m ü.d.M.
Einwohnerzahl: 10600

Panorama von der Zitadelle

Verkehr

Nauplia ist Endstation der Stichbahn Argos–Nauplia. Es hat Busverbindung mit Argos, Korinth und Athen.
Bootsverkehr zur Insel Burdzi.
Jachtversorgungsstation.

**Lage und Allgemeines

Nauplia ist bekannt wegen seiner herrlichen Lage am Argolischen Golf unterhalb des ins Meer vorspringenden Felsens Akronauplia (85 m) und des 216 m hohen befestigten Palamídi. Diese Lage, die archäologisch bedeutsame Umgebung sowie die große Zahl von Hotels haben die Stadt jüngst zu einem beliebten Fremdenverkehrsort werden lassen.

Geschichte

Nach antiker Überlieferung waren Nauplios, ein Sohn des Meergottes Poseidon, und sein Sohn Palamedes die Gründer der Stadt. Seit 628 v. Chr. war Nauplia der Hafen von Argos.
Nach dem 4. Kreuzzug von 1203/04 konnte Leon Sguros, der von hier aus 1202 Korinth erobert hatte, Stadt und Burg gegen die Kreuzfahrer halten, die sie erst 1246 einnahmen. 1387 fiel Nauplia an Venedig, das es unter dem Namen 'Napoli di Levante' zu einer der stärksten Festungen ausbaute. Diese wurde von den Türken (1540–1686, 1715–1822) noch verstärkt, und Venedig errichtete, unter Francesco Morosini 1686–1715 erneut im Besitz der Stadt, zusätzlich die Befestigung auf dem Palamídi.
1822 von den aufständischen Griechen erobert, wurde Nauplia 1828 Hauptstadt Griechenlands, dessen erster Präsident, Graf Kapodistrias, am 8.11.1831 vor der Spyrídonkirche einer Privatrache zum Opfer fiel.
Am 25.1.1833 betrat der 18jährige König Otto, Sohn Ludwigs I. von Bayern, hier griechischen Boden; 1834 verlegte er die Residenz in das befreite Athen.

Stadtplan

Sehenswertes

*Stadtbild

Das Stadtbild ist trotz Anschüttungen nördlich und östlich von Akronauplia und neuerer Bebauung im wesentlichen noch ungestört. Neben venezianischen Bauten und etlichen Kirchen findet man klassizistische Häuser aus der Zeit König Ottos. Am Syntagmaplatz steht eine ehemalige Moschee, Vuleftikó genannt, weil sie Sitz des griechischen Parlamentes war.

Museum

In einem venezianischen Bau am Syntagma-Platz befindet sich das Archäologische Museum mit Funden aus Nauplia und seiner Umgebung. Die ältesten Stücke sind neolithische Keramik aus Asini und Berbati. Die mykenische Zeit ist mit Freskenfragmenten und Terrakotta-Idolen aus Mykene, einer Rüstung aus Dendra (15. Jh. v. Chr.) und einem Helm aus derselben Zeit vertreten.

Stadtplan

Prónia

Im Vorort Prónia, auf dessen Platía die griechische Nationalversammlung 1832 die Wahl von König Otto bestätigt hat, sieht man rechts der Straße nach Epidauros an einem Felsen das Relief eines liegenden Löwen, das der deutsche Bildhauer Siegel zur Erinnerung an die bayerischen Gefallenen der Jahre 1833/34 schuf. In Prónia findet sich auch das Nonnenkloster Agía Moní mit einer Kirche von 1149 und der in üppigem Garten gelegenen Kánathosquelle, an der die Göttin Hera jährlich ihre Jungfräulichkeit erneuerte.

*Akronauplia

Eindrucksvoll sind noch heute die Festungsanlagen der Stadt, so an der östlichen Eingangsseite von Akronauplia, wo venezianische Bastionen zu einem Tor aus römischen Ziegeln und einem byzantinischen Torraum mit bedeutenden Fresken von 1291 traten. Auf Akronauplia, wo sich die Bebauung bis ins 4. Jh. v. Chr. zurückverfolgen ließ, ist jetzt ein Nobelhotel eingerichtet.

Venezianischer Löwe

Kolokotronis-Denkmal

In der Festung Palamídi

Nauplia (Fortsetzung)
*Palamídi

Die gewaltigste Festungsanlage ist die auf dem 1711–1714 ausgebauten Palamídi, zu dem man vom Sattel zwischen beiden Bergen auf einem teilweise überdachten Treppenweg von 857 Stufen hinaufsteigen kann. Bequemer ist die 3 km lange Straße durch den Vorort Prónia. Von der Höhe umfassender Rundblick auf Stadt und Golf.

**Ausblick
Burdzi

Befestigt ist auch das Inselchen Burdzi.

Umgebung von Nauplia

Die mykenische Burg ⟶ Tíryns und andere Stätten der ⟶ Argolis, Asíni beim Dorf ⟶ Tolón, das Asklepiosheiligtum von ⟶ Epidauros.

Naxos K 6/7

Griechisch

Νάξος
Náxos

Nomos: Kykladen
Inselfläche: 445 km²
Höhe: 0–1003 m ü.d.M.
Bewohnerzahl: 14000
Hauptort: Náxos

Schiffsverkehr

Linienschiffe von und nach Athen (Piräus) mehrmals täglich in 8 Stunden (auch Kfz-Transport).
Lokale Verbindungen zu den größeren Nachbarinseln.

Lage und Allgemeines

Naxos, die größte und landschaftlich reizvollste der Kykladeninseln, wird von Norden nach Süden von einem Gebirgsriegel durchzogen, der nach Osten hin steil abfällt, an seiner Westflanke hingegen in ein sanftes, fruchtbares Hügelland und wasserreiche Ebenen übergeht. Er erhebt sich im Zás, dem antiken Drios, bis zu 1003 m ü.d.M. und wird von zwei Pässen durchschnitten. Seit der Antike bilden die Landwirtschaft, der Marmor- und Schmirgelabbau sowie die Meersalzgewinnung die Grundlage eines beachtlichen Wohlstandes.

Aufgrund der begrenzten Hotelkapazitäten ist Naxos noch kein Ziel des Massentourismus, aber es bietet dem Freund der griechischen

Lage und Allgemeines (Fortsetzung)

Inselwelt vielerlei: ein ausgeglichenes Klima, eine Landschaft voller Gegensätze, dazu Denkmäler aus Antike und Mittelalter.

Mythos und Geschichte

Naxos gilt als Kultstätte des Dionysos. Der Sage nach soll hier Theseus die Ariadne verlassen haben.

Zahlreiche Funde belegen eine erste Besiedlung durch Karer und Kreter und das Bestehen einer blühenden Kykladenkultur im 3.–2. Jahrtausend v. Chr. Im 1. Jahrtausend v. Chr. folgten ionische Griechen, die im 6. Jh. v. Chr. ihre Herrschaft über Paros, Andros und andere Nachbarinseln ausweiteten. Zugleich entfaltete sich eine berühmte Bildhauerschule (vgl. Apollo von ⟶ Delos). Während des Ersten Attischen Seebundes mit Athen verbündet, geriet Naxos nach einer mißlungenen Erhebung in dessen Abhängigkeit und mußte attische Kleruchen aufnehmen; ebenso gehörte es dem Zweiten Seebund an. Aus dem Erbe der Makedonier kam es an Ägypten, durch Mark Anton zeitweilig an Rhodos, danach an Byzanz.
Im Jahre 1207 besetzte der venezianische Edelmann Marco Sanudo die Insel und machte sie zum Mittelpunkt des Herzogtums der Zwölf Inseln des Ägäischen Meeres (Herzogtum Naxos), das bis 1566 bestand und zu beträchtlicher Blüte aufstieg. 1579 kam es unter die Herrschaft der Türken, von 1770 bis 1774 unter russische Verwaltung, behielt jedoch wie die anderen Kykladen eine gewisse Autonomie. 1830 schloß sich die Insel dem griechischen Königreich an.

Stadt Náxos

Inselhauptort

Die in einem fruchtbaren Wein- und Gartenbaugebiet gelegene Hauptstadt Náxos (2500 Einw.) steigt malerisch an den Hängen eines

Blick von Paros auf Naxos

Stadt Naxos (Fortsetzung)

Felskegels bergan, auf dessen Gipfel die venezianische Schloßruine Kástro (von 1260; heute Klosterschule der Ursulinen; Rundsicht) steht. Im Ort mehrere verfallene venezianische Adelspaläste, besonders der Barozzi-Palast und der Sommaripa-Palast, ferner die katholische Marienkirche (13. Jh.) und auf einer Hafenmole die St.-Antonius-Kapelle (15. Jh.). Bei der orthodoxen Hauptkirche hat man hellenistische Säulenhallen sowie Spuren der Kykladenkultur freigelegt.

*Museum

Das sehenswerte Museum zeigt Funde aus allen Epochen, darunter eine schöne Sammlung von Steingefäßen und Kykladenidolen des 3. Jh.s, ferner Keramik aus geometrischer, archaischer und späterer Zeit, Statuen und Kapitelle, außerdem im Hof venezianische Wappensteine und ein großes Mosaik 'Europa auf dem Stier'.

*Marmortor

An der Stelle des heutigen Naxos lag die antike Inselhauptstadt, von der u.a. ein 6 m hohes Marmortor sowie die Fundamente eines unvollendet gebliebenen Apollo- oder Dionysosheiligtums (6. Jh. v. Chr.) auf dem vorgelagerten Felseiland (Steindamm) Stó Paláti erhalten sind.

Nordöstlich der Stadt steht das ehemalige Festungskloster St. Johannes Chrysóstomos.
10 km nordöstlich von Náxos das weiße Faneroméni-Kloster mit Kirche von 1603.

Ausflug zu den Marmorbrüchen

Gut 40 km nördlich von Náxos und südöstlich vom Kap Stávros, der Nordspitze der Insel, befinden sich oberhalb der Apollónia-Bucht mehrere antike Brüche des in Plastik, Architektur und auch zu Dachplatten verwendeten naxischen Marmors.

*Ston Apollona

In dem Ston Apollona genannten Bruch liegt noch ein infolge Materialschwäche des Gesteins unvollendet gebliebener 10,40 m hoher Kuros (Jüngling). Über dem Steinbruch die venezianische Festung Kalógero. Der charakteristische grobkörnige naxische Marmor steht weiter südlich zwischen Mélanes und Potamiá an, wo ebenfalls unvollendete Kuroi sowie ein vermutlich für den Tempel auf Stó Paláti bestimmter Torpfeiler liegen.
An den Hängen des Vóthri-Tals bedeutende, schon im Altertum bekannte Schmirgelgruben.

Weitere Sehenswürdigkeiten auf Naxos

Turm von Kimáro

Am Südostfuß des Zás steht der hellenistische Marmorturm von Kimáro; an der Westseite des Berges die Zeus-Grotte, eine antike Kultstätte.

Venezianische Kastelle

Besuchenswert sind ferner auf Naxos die venezianischen Festungen Ápano Kástro (2 km von Chalki; 13. Jh.), Áno Potamiá (südöstl. der Hauptstadt; Führer!) sowie Apaliros im Südwesten und Kap Panerimos im Südosten der Insel.

Wohntürme

Eigentümlich sind die Pyrgi, befestigte Wohntürme in Chalkí, 15 km östlich von Náxos, sowie im Drimália-Tal.

Inselkirchen

Zahlreiche Inselkirchen besitzen byzantinische Wandmalereien, u.a. die Kirchen Ágios Kiriakí in Apíranthos (hier auch ein kleines Museum mit Funden der Kykladenkultur, 3. Jahrtausend) und Ágios Artemios in Sangrí (Fresken 9. Jh. n. Chr.).

Nekromanteion Ephyras E 4

Griechisch

Νεκρομαντείο Εφύρας
Nekromandío Efíras

Landschaft: Epiros
Nomos: Preveza

Lage und Allgemeines

Das einzige bisher aufgefundene Totenorakel (Nekromanteion) wurde in unmittelbarer Nähe der Stadt Mesopotamos entdeckt.
Man erreicht den Ort auf der von → Igumenítsa südwärts führenden neuen Straße (51 km) oder auch vom Hafen → Párga aus (24 km).

*Nekromanteion

Der Weg zum Nekromanteion biegt vor dem Ortseingang links ab. Wo heute ein Reisanbaugebiet ist, dehnte sich vor der Trockenlegung der Acherusische See aus, durchflossen vom Totenfluß Acheron, der, in den Tomarosbergen entspringend, im Westen ins Meer mündet. Mit dem von Norden kommenden Kókytos bildet er einen rechten Winkel, in dem das Altertum einen Eingang zur Unterwelt glaubte und ein Totenorakel schon bei Homer bezeugt ist.
1958–1964 grub Sotir Dakaris diese Kultstätte unter einer Johannes-Kapelle auf einer kegelförmigen Anhöhe aus. Sie gehörte zur unweit nördlich gelegenen Polis Ephýra. Nach Herodot ist hier der Mythos von Orpheus und Eurydike zu lokalisieren. An dieser Stelle wie in Ephýra gehen die Funde bis ins mykenische 14./13. Jh. v. Chr. zurück, aber die Frühzeit des Kultes ist unbekannt. Die freigelegten Gebäude wurden erst um 300 v. Chr. errichtet und 198 v. Chr. zerstört. Doch stimmen sie weitgehend mit der Beschreibung überein, die Homer lang vorher, im 8. Jh. v. Chr., von der Totenbefragung des Odysseus gibt (Od. X 516 ff., XI 24 ff.). Der Ausgräber betont die Richtigkeit von Homers topographischen Angaben (bei denen nur die Kimmerier durch den hier ansässigen thesprotischen Stamm der Cheimerier zu ersetzen sind).
Eine späte, satirische Beschreibung eines Totenorakels gibt Lukian in seinem Dialog "Menippos".

Von Westen her betritt man einen Hof, der von den Resten jüngerer Bauten des 3. Jh.s v. Chr. umgeben ist und im Südteil, nahe einem mittelalterlichen Wohnturm, ein mykenisches Kistengrab aufweist. Der Weg in das Innere der wahrscheinlich gänzlich fensterlosen Anlage führt durch mehrere rechtwinklig angeordnete und einst überdachte Gänge. Links des Nordkorridors liegen Räume, in denen sich die Gläubigen durch längeren Aufenthalt und stimulierende Nahrung auf die Orakelbefragung vorbereiteten. Es folgen der Ostkorridor und der Südkorridor, den Zwischenmauern zu einer Art Labyrinth machen. Wiederum rechts gelangt man in den Kernbau, der 21,80 x 21,65 m groß ist. Seine sorgfältig gefugten polygonalen Mauern sind 3,30 m stark und stehen noch 3,25 m hoch aufrecht. Der Bau besteht aus einem Mittelschiff und zwei dreigeteilten Seitenschiffen. In diesen fanden sich Pithoi für Getreide und Honig sowie Tonfiguren der Persephone. Durch die Öffnung im Boden des Mittelschiffes gab man Speiseopfer für die Schatten in die darunterliegende gewölbte Krypta, die man als obersten Teil des unterirdischen Palastes von Hades und Persephone ansah. Gefundene Räder deuten auf einen Mechanismus, mit dessen Hilfe die Priester Bilder der Toten erscheinen lassen konnten.

Nekromanteion Ephyras (Fortsetzung)

Steigt man auf die Mauern des Heiligtums hinauf, so kann man einen Blick in die Johanneskapelle werfen, die bei den Ausgrabungen mit Beton unterfangen wurde, und hat eine weite Aussicht über die Acherusische Ebene bis zum Meer, in dem man die Paxi-Inseln (⟶ Paxi und Antipaxi) sieht.

Nemea

G 6

Griechisch

Νεμέα
Neméa

Landschaft: Peloponnes
Nomos: Korinth
Höhe: 320 m ü.d.M.

Verkehr

Die antike Stätte liegt 4 km westlich der Bahnstation Neméa der Strecke Korinth–Argos und der neben dieser verlaufenden Hauptstraße.

Lage und Allgemeines

Mit dem Namen von Neméa im Nordwesten der Argolis beim heutigen Dorf Iráklion verbinden sich der Mythos der Erlegung des nemeischen Löwen durch Herakles und ein antikes Zeusheiligtum. Es ist auch der Ort, an dem nach antiker Tradition der Seher Amphiaraos im Jahre 1251 v. Chr. beim Zug der Sieben gegen Theben die Nemeischen Spiele begründete. Dies geschah bei der Leichenfeier für den kleinen Königssohn Opheltes, der – als seine Amme ihn allein ließ, um den sieben gegen Theben ins Feld Gezogenen eine Quelle zu zeigen – von einer Schlange gebissen wurde und starb. Die Nemeen wurden 573 v. Chr. erneuert und alle zwei Jahre abgehalten, bis sie im 2. Jh. v. Chr. nach Argos verlegt wurden.

Sehenswertes

*Tempel

Im 4. Jh. v. Chr. wurde an der Stelle eines archaischen Tempels, von dem eine Krypta erhalten blieb, ein dorischer Tempel mit 6:12 sehr schlanken Säulen erbaut; drei dieser Säulen stehen aufrecht und sind weithin zu sehen. Vor seiner Ostseite erkennt man den Tuffsteinunterbau des Altars. Außerdem gab es südlich des Tempels ein langgestrecktes Gästehaus (20 x 86 m), über dem im 5. Jh. eine dreischiffige christliche Basilika errichtet wurde, ferner eine Palästra und hellenistische Bäder, bei deren Resten ein Museum steht.

Stadion

Neue amerikanische Grabungen haben das Stadion freigelegt.

Umgebung von Nemea

Dervenákipaß

Die Hauptstraße Korinth–Argos führt hinter der Abzweigung nach Neméa in den Dervenákipaß; in einer benachbarten Schlucht schlug der Freiheitskämpfer Kolokotrónis im August 1822 die zahlenmäßig weit überlegene türkische Armee von Dramali Pascha.

Phlious
Kaliáni

Von der Ausgrabungsstätte Neméa westwärts, passiert man nach 15 km das antike Phlious (Reste der polygonalen Akropolismauer rechts der Straße) und erreicht nach weiteren 26 km den Ort Kaliáni nördlich des Stymphalischen Sees.

Übersichtsplan

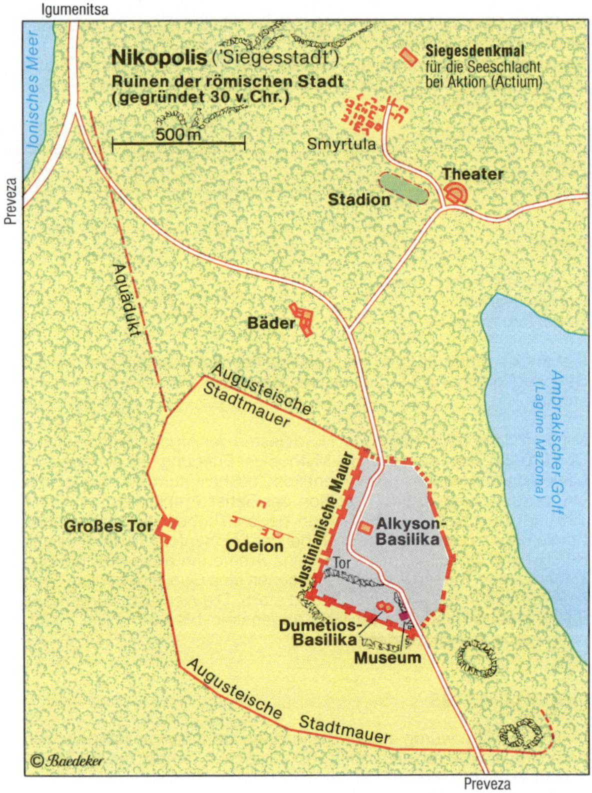

Nikopolis E 4

Griechisch

Νικόπολη
Nikópoli

Landschaft: Epiros
Nomos: Preveza

Lage und Allgemeines

Zur Erinnerung an seinen Sieg in der Seeschlacht von Aktion 31 v. Chr. gründete Octavian, der spätere Kaiser Augustus, die 'Siegesstadt', deren ausgedehnte Ruinen 6 km nördlich der Hafenstadt → Préveza auf der Halbinsel zwischen Ionischem Meer und Ambrakischem Golf an der Straße nach → Arta liegen.

Geschichte

Nachdem Octavian und Antonius 42 v. Chr. bei Philippi die Caesarmörder Brutus und Cassius geschlagen hatten, schwang sich Antonius im Bunde mit der ägyptischen Königin Kleopatra zum Herrn der Osthälfte des Römischen Reiches auf. Die entscheidende Auseinandersetzung vollzog sich am 2.9.31 v. Chr., als die von Agrippa geführte

Rest der Justinianischen Mauer

Geschichte (Fortsetzung)

Flotte des Octavian die im Ambrakischen Golf liegende Flotte von Antonius und Kleopatra bei ihrem Durchbruchsversuch vernichtend schlug. Octavian gewann damit die Alleinherrschaft als Augustus. An der Stelle, an der er sein Lager hatte, wurde nun Nikópolis gegründet und mit Bewohnern aus der weiteren Umgebung (bis Árta) bevölkert. Die Stadt, aus der der 13. Papst, Eleutherus (174–189), stammte, wurde nach der Zerstörung durch Westgoten (397) und Vandalen (474) von Kaiser Justinian verkleinert wiederaufgebaut.

Sehenswertes

*Grabungsgelände

Von Árta kommend, sieht man zunächst rechts der Straße das mächtige römische Theater und etwas weiter das von Buschwerk bewachsene Stadion. Dann passiert man die (schlecht erkennbare) Augusteische Stadtmauer und sieht rechts, parallel zur Straße, die Stadtseite der Justinianischen Mauer, die mit ihren Türmen und Toranlagen wie mit dem Wechsel von Hau- und Ziegelsteinen an die Landmauer von Konstantinopel erinnert. Unmittelbar links der Straße folgt die fünfschiffige Alkyson-Basilika (reiche Baureste), benannt nach dem 516 gestorbenen Bischof Alkyson.

Stadtmauern

Alkyson-Basilika

Nach einer Straßenbiegung, an der rechts ein Weg zum Ziegelbau des römischen Odeions (vor kurzem im gleichen Baumaterial vollständig restauriert) abzweigt, erreicht man (rechts etwas erhöht) die dreischiffige Dumetios-Basilika mit beachtenswerten Mosaiken und Inschriften von Bischof Dumetios (= Demetrius) aus der Zeit um 540. Nahebei das Museum, darin u. a. ein guter Porträtkopf von Agrippa und ein römischer Rundsockel, dessen Amazonenrelief teilweise mit christlichen Mosaiken überdeckt wurde, so daß das Stück in der Alkyson-Basilika als Ambo verwendet werden konnte.

Odeion

Dumetios-Basilika

Museum

Umgebung von Nikopolis

Der Hafen → Préveza (6 km südlich) und das am Südufer des Golfes gelegene Aktion. Rechts der Straße nach Árta (44 km) erhebt sich 29 km von Nikópolis aus der Ebene die Burg Rógoi, welche die Despoten von Arta im 13. Jh. auf antiker Grundlage errichteten.

Kassope

Die Straße nach Igumenítsa erreicht nach 18 km Kamarína mit Resten des antiken Kassope (kleines Theater, Säulenhalle). Man kann weiterfahren zum → Nekromanteion Ephyras (bei Mesopotamos) und zum Badeort → Párga.

Nisyros M 7

Griechisch

Νίσυρος
Níssiros

Nomos: Dodekanes
Inselfläche: 41 km²
Höhe: 0–698 m ü.d.M.
Bewohnerzahl: 2000
Hauptort: Mandráki

Schiffsverkehr

Linienschiffe von und nach Athen (Piräus) bzw. Rhodos wöchentlich.

Lokale Verbindungen im Dodekanes: Rhodos–Symi–Tilos–Nisyros–Kos–Kalymnos–Leros–Lipsi–Patmos–Arki–Agathonisi–Samos.

Paläokastro

Nisyros (Fortsetzung) Lage und Allgemeines

Nisyros entstand aus dem im Mittelalter zeitweilig tätigen, 1522 geborstenen und heute auf Solfatarentätigkeit beschränkten Vulkan Diabates im Dodekanes, etwa auf halber Strecke zwischen Kos und Tilos, 18 km (10 sm) südwestlich der kleinasiatischen Halbinsel von Knidos (Reşadiye, Türkei). Nisyros ist wasserreich und grün. Auf den fruchtbaren Bimstuffen der Außenhänge werden mühevoll angelegte Terrassenkulturen bestellt. Export von Bimsstein.
Biologische Forschungsstation im Aufbau.

Geschichte

Im Altertum war Nisyros von dorischen Siedlern aus Kos und Kameiros besiedelt. 1312 fiel es an die Johanniter, später als Lehen an die Assanti. 1533 wurde es türkisch.

Sehenswertes auf Nisyros

Mandráki

Der Hauptort und Haupthafen Mandráki (1200 Einw.; Thermalquellen) liegt an der Nordküste der Insel; westlich darüber die Festung der Rhodiserritter, die heute als Kloster dient. Innerhalb der Anlage die spätbyzantinische Höhlenkirche der Panagía Spilianí, südlich das Paläokástro mit eindrucksvollen, wohlerhaltenen Mauer- und Treppenresten der hellenistischen Stadt (4.–3. Jh. v. Chr.).

Páli Emporió Nikiá

3 km östlich befindet sich der Hafen Páli (Thérma) mit heißen Schwefelquellen (antike Thermenreste). Von hier gelangt man in 1 Std. aufwärts zu dem hochgelegenen Dorf Emporió mit mittelalterlicher Burg (prächtiger Blick) sowie in einer weiteren Stunde am Kraterrand (410–570 m ü.d.M.; 2700–3800 m Durchmesser) entlang nach Nikiá.

Caldera

Die kleine Ebene Lakkí in der Caldera (139 m ü.d.M.) ist im nördlichen Teil angebaut, während in der Südhälfte heiße Quelltöpfe und Schlammseen, grellfarbige Sinterhügel und röhrende Fumarolen verstreut liegen. Ein kleiner Krater an der Westseite bildet mit 698 m die höchste Erhebung der Insel.
Eine Stunde südlich vom Krater befindet sich das ebenfalls hoch und reizvoll gelegene Dorf Nikiá mit mittelalterlicher Festung.
Weitere mittelalterliche Burgen sind Stó Stavró im Süden und Parkettiá im Südosten der Insel.

Gialí (Yalí)

In Richtung Kos ist Nisyros die kleine Obsidianinsel Gialí (Yalí; 6 km²; bis 177 m ü.d.M.; Bimssteinbruch) vorgelagert; im Westen liegen die Eilande Pasikiá und Perúsa, beide mit antiken Wachtürmen, sowie Kandeliúsa (2 km²; bis 103 m ü.d.M.; Leuchtturm).

Nord- und ostägäische Inseln

I–L 3–5

Über Nord- und Ostägäis verteilt, bilden die Inseln Chíos, Lésbos, Límnos, Samothráki und Thásos keine Gruppe, sondern sind gleichsam einzelne Individuen.

Geschichte

Die Geschichte dieser Region reicht weit zurück. Auf Lésbos wurde Thermí bereits um 2700 v. Chr. besiedelt, auf Límnos ist Polióchni älter als das nahe Troja. Im Zug der griechischen Kolonisierung kamen Äoler um 1100 v. Chr. nach Lésbos, Ioner um 1000 nach Chíos und

Nord- und ostägäische Inseln (Fortsetzung)

um 800 nach Límnos. Um 700 v.Chr. wurden Thássos (von Paros aus) und Samothráki kolonisiert. Eine Blütezeit erlebten die Inseln im 7. und 6. Jh. v.Chr., als Lésbos die Sänger Terpandros und Arion, Sappho und Alkaios hervorbrachte und Chíos eine bedeutende Bildhauerschule hatte. Nach persischer Herrschaft (546–479 v.Chr.) und der Zugehörigkeit zum 1. Attischen Seebund machte sich vom 4. Jh. v.Chr. an makedonischer, ptolemäischer und römischer Einfluß geltend. Nach dem 4. Kreuzzug von 1204 kamen die Inseln unter venezianische, dann genuesische Herrschaft. Es folgte die Türkenzeit, die bis 1912 dauerte. 1922/23 nahmen Lésbos und Chíos viele Kleinasienflüchtlinge auf, nach dem Zweiten Weltkrieg kamen Rückwanderer aus Ägypten nach Límnos.

In den letzten Jahren hat die Türkei Ansprüche auf den anatolischen Festlandssockel, zu dem auch Chíos und Lésbos gerechnet werden, angemeldet.

Olymp G 3

Griechisch

Ὄλυμπος
Ólimbos

Landschaft: Thessalien/Makedonien
Nomos: Larissa.
Höhe: 2917 m ü.d.M.

Lage und Allgemeines

Der höchste Berg Griechenlands, unweit des Meeres an der Grenze zwischen → Makedonien und → Thessalien, ist der berühmteste von

Blick zum Götterberg Olymp im Frühjahr

Olymp, Lage und Allgemeines (Fortsetzung)

mehreren Bergen in Griechenland, Kleinasien und auf Zypern, die den vorgriechischen Namen Olympos tragen. Schon Homer (Ilias 5, 361) schildert ihn als Sitz der Götter, die nach ihm die 'olympischen' genannt werden.

*Landschaftsbild

Das mächtige Bergmassiv wächst auf einer Fläche von 20 km Durchmesser steil an bis in die Gipfelregion, die in der Mítikas 2917 m erreicht. Die höchsten Felsgrate sind schwer zu besteigen; leichter zugänglich ist der nördlichste Gipfel (2787 m), auf dem eine Kapelle des Propheten Elias steht. Auf dem Gipfel Ágios Antónios (2817 m) südlich der Mítikas wurde eine Opferstätte des Zeus ausgegraben; man fand Opferreste, Keramik, Steininschriften, Münzen. Ein Apollonheiligtum fand man am Westhang in 700 m Höhe. Als Ausgangspunkt für eine Besteigung des Olymps ist am besten → Litóchoro am Ostfuß des Massivs geeignet.

Ossa

Nur durch das tiefeingeschnittene → Tempe-Tal vom Olymp getrennt ist der Ossa (1978 m), ein Teil jenes Gebirges, das Thessalien vom Meer trennt. Auf dem Gipfel gibt es eine Berghütte. Besteigungen werden von den Bergdörfern Ambelákia über dem Westende des Tempetales (NW) oder Agiá (SO) empfohlen.

Olympia

F 6

Griechisch

Ολυμπία
Olimbía

Landschaft: Peloponnes
Nomos: Elis
Höhe: 60 m ü.d.M.
Einwohnerzahl: 1100

Verkehr

Stichbahn Pýrgos–Olympia.

Lage und Allgemeines

Im Winkel zwischen den Flüssen Alpheios und Kladeos gelegen, war Olympia ein großes panhellenisches Heiligtum, die Stätte der Olympischen Spiele. Die deutschen Ausgrabungen seit 1875, in deren Folge das gleichnamige Dorf entstanden ist, haben den heiligen Bezirk freigelegt, der im Altertum 'Altis', d. h. heiliger Hain, genannt wurde und auch heute wieder von Bäumen bestanden ist. Am Fuß des bewaldeten Kronoshügels in milder Hügellandschaft gelegen, ist Olympia eine der großen Leistungen der Archäologie und eine Stätte, deren Wirkung auf den heutigen Besucher ihrer einstigen Bedeutung entspricht. Eine direkte Auswirkung der Freilegung war die Wiederbegründung der Olympischen Spiele durch den französischen Historiker Pierre de Coubertin, die 1896 erstmals in Athen wieder stattfanden.

Geschichte

Gefäßscherben des 3. und Apsidenhäuser des 2. Jahrtausends v. Chr. belegen die frühe Besiedlung des Platzes am Fuß des Kronoshügels. Später wurden die Wohnstätten abgelöst durch ein Zeusheiligtum, das sich mit dem älteren Kult der Hera verband. Olympia gehörte zum Gebiet des Königs Oinomaos von Pisa, den Pelops durch seinen Sieg im Wagenrennen und die Heirat mit seiner Tochter Hippodameia ablöste. Eine Säule vom Palast des Oinomaos und der Grabhügel des Pelops, der der → Peloponnes ihren Namen gab, wurden noch zur Zeit des Pausanias im 2. Jh. n. Chr. gezeigt.
Die Olympischen Spiele begannen wahrscheinlich als lokale Leichenfeiern zu Ehren des Pelops. Die Griechen berichteten, Herakles habe

Geschichte (Fortsetzung)

sie geordnet und auch das Stadionmaß von 600 Fuß (= 192,28 m) genommen. Historisch greifbar werden die Spiele mit dem Jahr 776 v. Chr., als ein Vertrag zwischen den Königen Iphitos von Elis und Lykurgos von Sparta den Gottesfrieden (ekecheiria) während der sommerlichen Agone (Wettkämpfe) vorschrieb.
Von 776 v. Chr. an wurden die Listen der Sieger im Stadionlauf geführt, und damit begann die griechische Zeitrechnung nach Olympiaden, die jeweils vier Jahre umfaßten. Zum Stadionlauf traten später andere Disziplinen, so noch im 8. Jh. v. Chr. Doppellauf, Langlauf und Fünfkampf, im 7. Jh. v. Chr. Faustkampf, Wagenrennen und Pankration (Allkampf), im 6. Jh. v. Chr. der Waffenlauf. Die Sieger erhielten einen Zweig vom heiligen Ölbaum, konnten nach ihrer Heimkehr jedoch auch mit erheblichen materiellen Vorteilen (z. B. Speisung auf Gemeindekosten) rechnen. Der Stadionlauf hatte sein Ziel ursprünglich nahe dem Zeustempel, womit der kultische Sinn ausgedrückt wurde, den auch die vor dem Tempel stehende, dem Läufer entgegenblickende Nike des Paionios verdeutlichte: Zeus, der oberste Gott, schenkte den Sieg. Erst im 4. Jh. v. Chr. wurde das Stadion 80 m nach Osten verlegt und von der Altis abgetrennt.
Nach der Blütezeit im 5. Jh. v. Chr. setzte allmählich der Niedergang der Spiele ein, die sich immer mehr vom Kultischen trennten und zuletzt von Berufsathleten bestritten wurden. Kaiser Theodosios I. verbot schließlich die Spiele, die 393 n. Chr. nach über tausendjährigem Bestehen zu Ende gingen.

**Grabungsgelände

Vom Dorf kommt man über die neuzeitliche Kladeosbrücke zum geräumigen Parkplatz. Hinter dem Grabungseingang liegen rechts,

◄ *Antike Reste in schöner Parklandschaft* ▲ *Werkstatt des Phidias*

Plan der Ausgrabungen

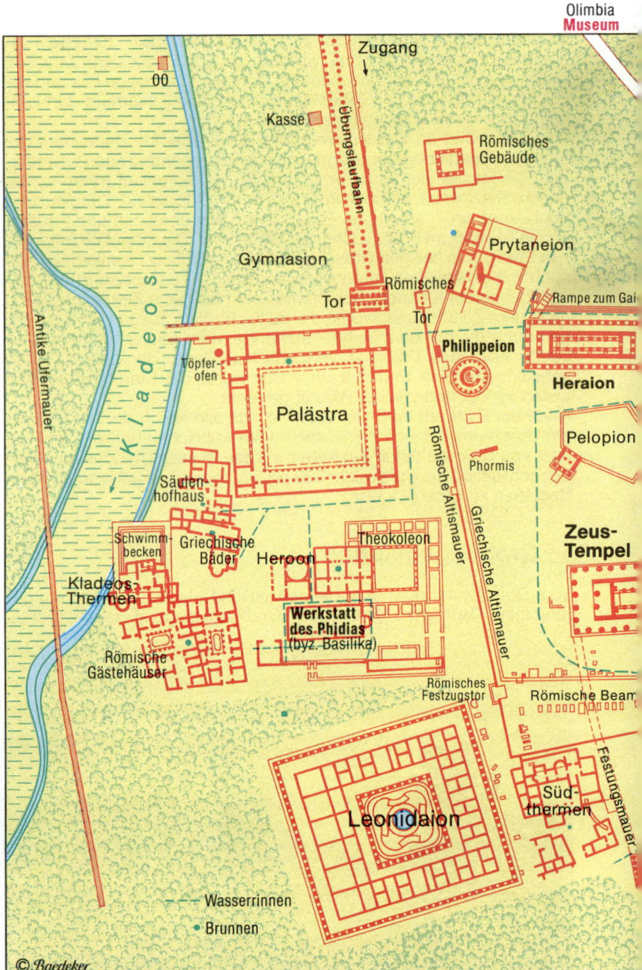

Grabungsgelände (Fortsetzung)

gegenüber dem Prytaneion, in dem die Sieger gespeist wurden, das Gymnasion mit dem Propylon im Südosten (2. Jh. v. Chr., nur der Ostteil erhalten) und die Palästra (3. Jh. v. Chr.), deren Säulen wieder aufgerichtet worden sind. In einem Gebiet, in dem seit dem 5. Jh. v. Chr. Badeanlagen bestanden, steht die später in eine Kirche umgewandelte Werkstatt des Phidias, die genau die Cellamaße des Zeustempels hatte; hier schuf der Bildhauer nach 438 v. Chr. aus Gold und Elfenbein das Kultbild des Zeus. Weiter nach Süden gehend, kommt man zum Leonidaion in der Südwestecke der Grabung. Es wurde in der zweiten Hälfte des 4. Jh.s v. Chr. von Leonidas aus Naxos als großer Gasthof errichtet und in römischer Zeit so umgebaut, daß die

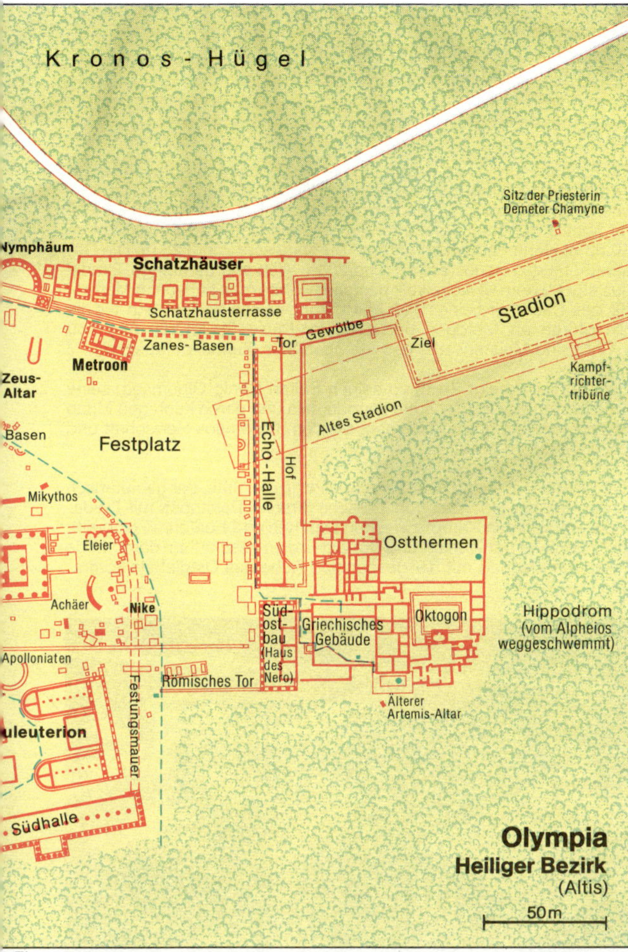

Plan der Ausgrabungen

Grabungsgelände (Fortsetzung)

außen mit ionischen Säulenhallen versehenen Wohntrakte einen Innenhof mit Grün- und Wasseranlagen umgaben. Im Osten schließen sich die Südthermen (2. Jh. n. Chr.), die Südhalle (4. Jh. v. Chr.) und das Buleuterion mit seinen zwei Apsiden (6.–5. Jh. v. Chr.) an. Alle diese Gebäude befinden sich außerhalb der Altismauer.

Heiliger Bezirk (Altis)

*Dreieckspfeiler

Durch ein römisches Tor betritt man nun von Süden her den heiligen Bezirk und sieht, hinter dem wiederaufgerichteten Dreieckspfeiler für

Heiliger Bezirk (Fortsetzung)

die Nike des Paionios (um 425 v. Chr.) und den Basen zahlreicher Weihgeschenke, den über eine Rampe betretbaren Zeustempel, den der Architekt Libon aus Elis 470 bis 456 v. Chr. errichtete – "die gültigste Verwirklichung des dorischen Kanons" (Gruben).

**Zeustempel

Ein Erdbeben im 6. Jh. n. Chr. stürzte den Bau um; gleichwohl erlauben es die gewaltigen Reste, sich ein Bild von diesem Tempel zu machen. Auf dem völlig erhaltenen dreistufigen Unterbau (27,68 x 64,12 m) über 3 m hohen Fundamenten erhoben sich 6:13 Säulen von je 10,53 m Höhe und einem unteren Durchmesser von 2,23 m. Die Gesamthöhe des Baues betrug rund 20 m. Während der übrige Tempel aus stuckiertem Muschelkalk bestand, wählte man parischen Marmor für das Dach mit seinen 102 Löwenkopf-Wasserspeiern und für die Skulpturen an Metopen und Giebeln. Diese Skulpturen (um 460 v. Chr.) sind Meisterwerke des Strengen Stils (Funde im Museum).

*Ostgiebel

Der Ostgiebel zeigt Zeus, zu seinen Seiten König Oinomaos, seine Frau Sterope, seine Tochter Hippodameia und deren künftigen Mann Pelops vor jenem Wagenrennen, bei dem Oinomaos Herrschaft und Leben verlieren sollte.

*Westgiebel

Der Westgiebel stellt Zeus' Sohn Apollon in die Mitte, der gebieterisch in den bei der Hochzeit von Theseus' Freund Peirithoos mit Deidameia entbrannten Kampf zwischen Lapithen und Kentauren eingreift. Der Bildhauer hat Zweier- und Dreiergruppen geschaffen, deren wilde Bewegung lebhaft mit der gespannten Ruhe des Ostgiebels kontrastiert.

Modell des Heiligen Bezirkes (Altis)

Die Metopen über Pronaos und Opisthodom schildern die zwölf Taten des Herakles; besonders eindrucksvoll sind die Atlas- und die Augiasmetope, andere Stücke sind stark ergänzt oder Abgüsse der Originale, die durch die Expédition de Morée in den Pariser Louvre kamen.

*Metopen

Die Cella des Zeustempels, in deren Pronaos ein Mosaik des 4. oder 3. Jh.s v. Chr. erhalten ist, hatte zwei innere Säulenstellungen und barg das Kultbild des Phidias (nach 438 v. Chr.). Dieses Goldelfenbeinwerk, das Zeus auf einem reich geschmückten Thron sitzend zeigte, wurde zu den Sieben Weltwundern (s. S. 116) gezählt.

Darstellungsversuch des Zeus-Kultbildes s. S. 102

*Heraion

Nördlich des Zeustempels liegt das mythische Grab des Pelops (Pelopion, Propylonfundamente erhalten). Dann folgt, parallel zum Zeustempel, der älteste Tempel von Olympia, das um 600 v. Chr. errichtete Heraion mit 6:16 Säulen von 5,21 m Höhe, von denen vier wieder aufgerichtet sind. Schäfte und Kapitelle dieses dorischen Tempels sind sehr unterschiedlich, denn man hat die ursprünglich vorhandenen Holzsäulen erst nach und nach ausgewechselt, so daß üppige archaische Echinus-Ausbildungen neben der strafferen Form späterer Zeit zu sehen sind. Die Cella bestand über den erhaltenen Kalkstein-Orthostaten aus Lehmziegelmauern. Im Inneren waren die Langseiten durch je vier Zungenmauern mit dazwischenstehenden Säulen gegliedert. In einer der dadurch entstandenen Nischen der Nordseite fand man den Hermes des Praxiteles.

Geht man vom Heratempel nach Osten, so sieht man links das Brunnenhaus (Nymphaeum), das Herodes Atticus um 160 n. Chr. zum Gedächtnis seiner Frau, der Demeterpriesterin Regilla, und zu Ehren des

Brunnenhaus

Heraion

Schatzhausterrasse

römischen Kaiserhauses stiftete. Daran schließt sich die Schatzhausterrasse am Fuß des Kronoshügels an, auf der vom frühen 6. bis ins 5. Jh. v. Chr. hinein griechische Städte Schatzhäuser für ihre Weihgeschenke errichteten, meist in Form eines kleinen Antentempels. Pausanias nennt zehn. Auffallend ist, daß das griechische Mutterland nur mit zwei Schatzhäusern (denen von Sikyon und Megara) vertreten war, wohingegen sechs von westgriechischen Städten gestiftet wurden: von Syrakus, Selinunt und Gela in Sizilien, Sybaris und Metapont in Süditalien sowie Epidamnos, dem heutigen Durrës in Albanien. Nach Afrika weist der Bau von Kyrene, nach Norden der von Byzanz.

*Schatzhäuser

Am Westende der Terrasse, unmittelbar neben dem Nymphaeum des Herodes Atticus, steht ein kleiner Naiskos von 3,88 x 3,55 m, davor ein Altar. Dann folgen die Schatzhäuser, beginnend mit demjenigen von Sikyon, das in der ersten Hälfte des 5. Jh.s v. Chr. als jüngstes errichtet und neuerdings teilweise wiederaufgebaut worden ist. Es schließen sich an die Bauten von Syrakus, Epidamnos, Byzantion, Sybaris, Kyrene, eine Anlage, in der man vermutlich einen Herakles-Altar sehen kann, sowie Selinunt, Metapont, Megara und Gela.

Metroon

Unmittelbar unterhalb der Schatzhäuserterrasse ist der Platz des stark zerstörten Metroons (um 300 v. Chr.), in dem später der römische Kaiserkult den Kult der Göttermutter ablöste, und der Basen für die 'Zanes', d. h. für Zeusstatuen, die aus Strafgeldern für Verstöße gegen die Wettkampfregeln finanziert wurden. Sie stehen unmittelbar vor dem Eingang zum Stadion (um 200 v. Chr.), dessen noch erkennbare Wölbung durch ein Propylon verdeckt war.

Stadion

Das Stadion, das seit der Errichtung der Echohalle (330–320 v. Chr.) von der Altis abgetrennt war, wurde bei neuen, von Carl Diem angeregten Ausgrabungen völlig freigelegt und im Zustand des 4. Jh.s v. Chr. wiederhergestellt. In der Laufbahn sieht man die Startschwelle für den Doppellauf (im Westen) und für den Stadionlauf (im Osten). Die Zuschauerwälle sind zu allen Zeiten Erdböschungen ohne steinerne Sitzreihen gewesen, lediglich die Hellanodiken (Kampfrichter) hatten ihre Tribüne auf dem Südwall und die Demeterpriesterin, die als einzige Frau bei den Spielen anwesend sein durfte, auf dem Nordwall.

Philippeion

Auf dem Rückweg bemerkt man nahe der westlichen Altismauer das Philippeion, einen von Philipp II. von Makedonien 338 v. Chr. gestifteten und von seinem Sohn Alexander vollendeten Rundbau, für den Leochares fünf Goldelfenbeinstatuen der makedonischen Königsfamilie schuf.

**Museum

Das Museum bereitet schon mit antiken Stücken in dem von Betonsäulenhallen umgebenen Vorhof auf seine zahlreichen Funde vor, welche Bronzen, Keramik und Skulpturen umfassen. In den letzten Jahrzehnten hat sich gerade die Freilegung des Stadions als außerordentlich ergiebig erwiesen; es wurden dort doch sehr viele einst auf den

Philippeion

Museum (Fortsetzung)

Wällen aufgestellte Werke gefunden. Die Räume liegen rings um den Mittelsaal, wo sich die Giebelfiguren und Metopen vom Zeustempel befinden. In der Vorhalle, in der auch Eintrittskarten, Literatur, Postkarten und Diapositive verkauft werden, gibt ein Modell dem Besucher einen Eindruck des antiken Olympia.

Geht man nun im Uhrzeigersinn, links beginnend, so sieht man in Raum I Bronzefunde aus geometrischer und archaischer Zeit (9.–6. Jh. v. Chr.), darunter Stücke von Dreifüßen, Pferdedarstellungen, Waffen und Kleinbronzen.

Raum II enthält weitere Bronzen, und zwar Helme und Waffen, Greifenköpfe (um 600 v. Chr.), das Bronzerelief einer Greifin, die ihr Junges säugt (um 620 v. Chr.), ein Relief mit dem Lapithen Kaineus zwischen zwei Kentauren (um 630 v. Chr.), ferner einen Bronzepanzer mit Darstellungen von Zeus und Apollon (um 650 v. Chr.). Dieses Stück war einst als Tropaion auf dem Südwall des Stadions aufgestellt; 1890 von Adolf Furtwängler publiziert, war es dann lang verschwunden, bis es 1969 in Basel auftauchte und von Marinatos für 200000 Franken für Griechenland erworben werden konnte. Aus demselben Saal nennen wir noch den Kalksteinkopf der Göttin Hera (?) aus der Zeit um 600 v. Chr. und den tönernen Scheibenakroter, der einst den Giebel des Heratempels bekrönt hat.

Saal III zeigt zwei Schatzhäuser, und zwar das von Gela mit der bemalten Terrakottaverkleidung des Geisons (um 560 v. Chr.) und das von Megara (um 510 v. Chr.).

Auffallende Stücke im folgenden Saal IV sind die Terrakottagruppe Zeus und Ganymed (um 470 v. Chr.) und ein frühklassisches Bronzepferd von einem Viergespann, ferner zwei Helme, von denen der eine, wie die Inschrift sagt, 490 v. Chr. von Miltiades, dem Sieger von Marathon, nach Olympia geweiht wurde und der andere ein in den Perserkriegen erbeuteter Helm ist.

Olympia, Museum (Fortsetzung)

In Saal V steht der Hermes mit dem Dionysosknaben, nach übereinstimmender Meinung ein Originalwerk des Praxiteles (um 350 v. Chr.). Der Stier der Demeterpriesterin Regilla, Gemahlin des Herodes Atticus, ursprünglich in dem von Herodes gestifteten Nymphaeum aufgestellt, befindet sich in Saal VI.
Im letzten Saal sieht man u. a. Sportgeräte wie Sprunggewichte und Schaber.

Olynth H 3

Griechisch

Ὄλυνθος
Ólinthos

Landschaft und Nomos: Chalkidike

Lage

Die antike Stadt Olynthos lag an der Südküste der Chalkidike im Küstenbogen zwischen den Halbinseln Kassándra und Sithoniá. Die Ruinen finden sich 8 km westlich des durch seinen Badestrand bekannten Gerakíni.

Geschichte

In einem seit 2500 v. Chr. besiedelten Gebiet ließen sich um 800 v. Chr. Makedonen nieder. Nach Zerstörung ihrer Stadt in den Perserkriegen (480 v. Chr.) wurde die Stadt von Chalkís auf → Euböa aus neu besiedelt und entwickelte sich zum bedeutendsten Ort der Chalkidike.
348 v. Chr. wurde das mit Athen verbündete Olynth von Philipp II. von Makedonien restlos zerstört und blieb seitdem unbewohnt.

Bemerkenswertes

Amerikanische Untersuchungen haben 1928–1934 ein rechtwinklig geordnetes System von Straßen, öffentlichen Gebäuden und Privathäusern festgestellt und damit wesentliche Hinweise auf einheitliche griechische Stadtplanung vor 348 v. Chr. gegeben.

Kieselmosaiken

Bekannt sind die frühen, ins 5. Jh. v. Chr. zu datierenden Kieselmosaiken aus dieser Stadt. Die Ausgrabung ist heute weitgehend zugewachsen.

Önussä-Inseln F 7

Griechisch

Οινούσιδες Νησιά
Inússides Nissiá

Nomos: Messenien

Sapientza
Schiza

Die Önussä-Inseln sind eine sturmberüchtigte Inselgruppe südlich vor Messenien, mit den beiden größeren Inseln Sapientza (bis 226 m ü.d.M.) vor der Bucht von → Methóni (geschützter Anlegeplatz beim Leuchtturm) und Schiza (oder Cabrera; bis 196 m ü.d.M.) sowie mehreren Felseilanden und zahlreichen Klippen.

Mehrere Wracks alter Schiffe liegen hier auf Grund (gutes Gebiet für geschulte Taucher, die allerdings – wie überall in griechischen Gewässern – keine technischen Hilfsgeräte benutzen dürfen!).

Orchomenos

G/H 5

Ορχομενός
Orchomenós

Griechisch

Nomos: Böotien
Höhe: 360 m ü.d.M.
Einwohnerzahl: 1800

Lage und Allgemeines

Das Dorf Orchomenós am Nordwestrand der Kopaisebene in Böotien ist bedeutsam durch seine antiken Reste und die aus dem 9. Jh. stammende Kirche von Skrípu.
6 km nördlich von → Levádia biegt die Nebenstraße ab, die ostwärts zu dem Ort und weiter nach Kástro an der Nationalstraße führt.

Geschichte

Orchomenós war Fürstensitz der zum mykenischen Kulturkreis gehörenden Minyer, doch reicht die Besiedlung bis in neolithische Zeit zurück. Homer berichtet vom Reichtum des minyischen Staates, aus dessen Blütezeit ein großes Kuppelgrab (14. Jh. v. Chr.) stammt. Im 7. Jahrhundert wurde Orchomenós von Theben überflügelt und unterworfen. Neue Befestigungen schuf die makedonische Zeit, der Ort war bis in byzantinische Zeit besiedelt und wurde dann aufgegeben.

Sehenswertes

*Kuppelgrab

Vom Dorf Skrípu gelangt man zum Ostabhang des Akóntionrückens. Im unteren Teil der Ausgrabung von Orchomenós wurden beim heutigen Friedhof frühe Rundbauten, das genannte Kuppelgrab und zwei Tempel festgestellt. Zwei Quermauern gliedern das Areal, das im Westen mit dem 228 m über der Ebene gelegenen Kastell endet.

Marienkirche

Die zweite Sehenswürdigkeit ist die Marienkirche von Skrípu, unmittelbar östlich der antiken Reste. Sie wurde laut Inschrift an der Apsis im Jahre 873/74 von dem kaiserlichen Protospathiarios Leon an der Stelle einer Kirche des 5. Jh.s gestiftet. Ihre Bedeutung liegt darin, daß hier erstmals in Griechenland der Typus der Kreuzkuppelkirche verwirklicht wurde. Die Wände weisen zahlreiche wiederverwendete Stücke von antiken Bauten auf.

Ágios Nikólaos

Eine weitere alte Kirche, Ágios Nikólaos sta kámpia ('in den Feldern') befindet sich 5 km nordöstlich von Skrípu. Um 1040 vom Baumeister der Hauptkirche von → Osios Lukás erbaut, weist sie deren Grundriß in vereinfachter Form auf.

Oropos

→ Amphiareion

Osios Lukas

G 5

Οσιος Λουκάς
Óssios Lukás

Griechisch

Landschaft und Nomos: Böotien

Kloster Osios Lukas

Lage

Das orthodoxe Kloster Osios Lukas liegt 13 km südlich der Straße Levadia–Delphi, jenseits des nach Zerstörung im Zweiten Weltkrieg wiederaufgebauten Dorfes Dístomo, einsam im Helikongebirge unweit des Golfes von Korinth. Neben den Klöstern ⟶ Daphní bei Athen und Néa Moní auf der Insel ⟶ Chíos ist es das bedeutendste Denkmal der Mosaikkunst des 11. Jahrhunderts.

Geschichte

Der selige Lukas – Ósios Lukás im Unterschied zum Evangelisten, dem heiligen (ágios) Lukas – wurde um 898 in Kastoriá (dem späteren Kastrí an der Stelle von Delphi) geboren und lebte seit etwa 910 als Einsiedler in der Landschaft Phokis, wo er am 7. 2. 953 hochverehrt starb. Schon zu seinen Lebzeiten errichtete der byzantinische Statthalter der Region zwischen 941 und 944 neben seiner Einsiedelei eine Barbarakapelle. Aus dieser entwickelte sich das Kloster, das mit zwei nebeneinanderliegenden Kirchen beherrschend in der einsamen Landschaft steht.

*Klosteranlage

Barbarakapelle

Die Barbarakapelle blieb als Krypta der Hauptkirche erhalten. In ihr stehen der Sarkophag des Seligen und zwei Sarkophage, in denen der Überlieferung zufolge Kaiser Romanos II. von Byzanz (959–963) und Kaiserin Theophano ruhen. Erwähnenswert sind einige Wandmalereien, u. a. des Abendmahles (an der Südseite des Ostflügels).

Hauptkirche
Nebenkirche

Haupt- und Nebenkirche, jene dem Ósios Lukás, diese der Gottesmutter (Theotókos) geweiht, folgen dem mittelbyzantinischen Typ der Kreuzkuppelkirche. Die tiefe Vorhalle der Nebenkirche (Lití) ist kennzeichnend für Mönchskirchen.

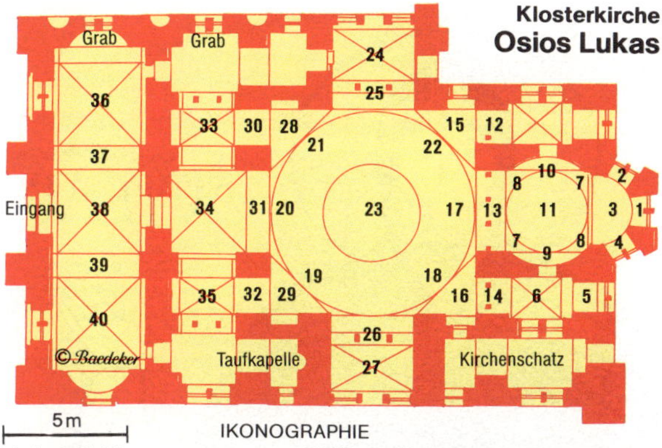

IKONOGRAPHIE

1 Jesus Christus
2 Muttergottes
3 Muttergottes
4 Johannes Prodomos
5 Theodoros Tiron, Kyprianos, Achilios, Spyridon, Sylvester
6 Anthimos, Polykarpos, Antipas, Daniel Eleutheros
7 Nationen
8 Sprachen
9 Athanasios
10 Gregorios Theologos
11 Pfingsten
12 Ignatius Theophoros, Gregorios von Großarmenien, Klemens (?), Kyrillos von Alexandrien
13 Jesus Christus, Erzengel Gabriel und Michael
14 Gregorius von Nyssa, Philotheos, Hierotheos, Dionysios Areopagita
15 Verkündigung, Basileios
16 Christi Geburt, Johannes Chrysosthomos, Auxentios, Vicentios
17 Muttergottes
18 Erzengel Gabriel
19 Erzengel Uriel
20 Johannes Prodromos
21 Erzengel Raphael
22 Erzengel Michael
23 Jesus Christus
24 Muttergottes, Jesus Christus, Michael, Jakob Adelphotheos, Gabriel, Prochoros, Stephanos der Märtyrer, Barnabas, Lukas (Klosterpatron)
25 Nikanor, Timotheos, Silas, Theodoros Stratiotis, Nikolaos d. J., Georg
26 Theodoros Tiron, Nestor, Demetrios, Kleophas, Raphael, Ananias
27 Muttergottes, Jesus Christus, Iason, Uriel, Sosipatros, Zacharias, Hl. ?
28 Taufe, Gregorios Thaumaturgos, Argelos,
29 Lichtmeß, Viktor, Tryphon, Adrianos, Nikolaos
30 Antonios, Arsenios, Ephraim, Hilarion
31 Merkurios, Christoph, Prokopios
32 Theodosios, Euthymios, Sabas, Pachomios
33 Sisoes, Ioannikios, Neilos, Dorotheos, Theoktistos, Maximos, Theodoros Studites, Lukas Gurnikiotis
34 Akakios, Kimon, Basiliskos, Nikitas, Neophytos, Agathangelos
35 Johannes Klimakos, Johannes Klobos, Makarios der Ägypter, Abramios, Pimen, Nikon, Martinianos, Johannes Kalibites, Stephanos d. J.
36 Fußwaschung, Matthäus, Kimon, Lukas, Kreuzigung, Kosmas, Kyros, Damianos, Irene, Barbara, Katharina, Julia, Marina, Euphemia
37 Petrus, Markus, Andreas
38 Jesus Christus, Muttergottes, Michael, Gabriel, Pegasios, Anempodistos, Johannes Prodromos, Akindynos, Aphthonios, Elpidophoros
39 Paulus, Jakobus, Johannes Theologos
40 Auferstehung, Panteleimon, Thomas, Thalalaios, Bartholomäus, Ungläubiger Thomas, Philippus, Konstantin, Tryphon, Thekla, Agatha, Eugenia, Helena Fevronia, Anastasia

**Mosaiken

Man hat das im Zweiten Weltkrieg beschädigte Kloster 1953–1962 gründlich restauriert und vor allem die kostbaren Mosaiken aus der ersten Hälfte des 11. Jh.s gesichert. Dabei wurden vermauerte Fenster wieder geöffnet, so daß die Hauptkirche Helligkeit gewonnen hat, die dem Raumeindruck zugute kommt.

Dieser Eindruck wird durch drei Faktoren bestimmt: Die große Mittelkuppel ruht, wie in Daphní und Néa Moní, auf acht Stützen und überspannt Mittel- und Seitenschiffe; die marmorne Wandverkleidung ist – im Gegensatz zu Daphní – erhalten, und erhalten bzw. wiederherge-

Lukas-Mosaik

Mosaiken (Fortsetzung)

stellt ist der größte Teil der Mosaiken, die, von Künstlern aus Konstantinopel geschaffen, von höchster Qualität sind.

Die Themen der Mosaiken sind nach den seit dem 9. Jh. entwickelten hierarchischen Regeln angeordnet und zeichnen sich durch dramatische Lebendigkeit aus. Im Narthex finden sich neben Engeln, Heiligen und Evangelisten mehrere Szenen aus der Passion Christi. Dessen Bild steht – als 'Licht der Welt' – über dem Portal zum kuppelüberwölbten Katholikon. In diesem ist das Mosaik der Hauptkuppel bei einem Einsturz 1593 verloren gegangen.
In den Zwickeln unter der Kuppel sind Jesu Geburt (SO), die Darstellung im Tempel (SW) und die Taufe (NW) erhalten. In der Kuppel des Altarraumes sieht man die Etimassía (Bereitstellung des Thrones für Christus) und das Pfingstwunder, in der anschließenden Apsis Maria als Panagía platytéra.
Im nördlichen Seitenschiff befindet sich links ein porträthaftes Bild des seligen Lukas, den die Beischrift als 'ágios' bezeichnet, obwohl der Wunsch nach Heiligsprechung nicht in Erfüllung ging. Gegenüber steht die Tumba mit Reliquien des Heiligen, genau über seinem Sarkophag in der Krypta.

Bezeichnend ist, daß außer ihm auch andere Heilige bzw. Selige von lokaler Bedeutung aus damaliger Zeit ihren Platz gefunden haben, so der hl. Nikon Metanoeite, der Sparta christianisierte (Westende des südlichen Seitenschiffes), und der hl. Lukas Gurnikiotis (Westende des nördlichen Seitenschiffes).

In den Klostergebäuden, von denen noch der Speisesaal der Mönche (Trápeza) genannt sei, ist hinter dem Eingang links ein kleines Lokal eingerichtet.

Othonische Inseln

D 4

Nomos: Kérkira

Lage und Allgemeines

Die Othonischen Inseln sind ein Archipel im nördlichen Ionischen Meer nordwestlich von Kérkira (⟶ Korfu) mit den nur zeitweise oder gar nicht bewohnten Eilanden Othoni (italienisch Faro; Leuchtturm), Erikusa (italienisch Merlera), Mathraki und Diaplo, unter denen man die Insel der Kalypso vermutete.

Parga

E 4

Griechisch

Πάργα
Párga

Nomos: Preveza
Höhe: 10 m ü.d.M.
Einwohnerzahl: 1700

Verkehr

Busverbindung mit Athen, Preveza und Igumenitsa.
Jachtversorgungsstation.

Lage

Man erreicht Párga auf der Straße von Igumenítsa nach Préveza, indem man bei Morphi (38 km) rechts abbiegt (50 km von Igumenítsa).

*Landschaftsbild

Herrlich in einer Bucht der sonst hafenarmen griechischen Westküste zwischen ⟶ Igumenítsa und ⟶ Préveza am Fuß einer veneziani-

Blick auf Parga

Parga, Landschaftsbild (Fortsetzung)

schen Burg des 16. Jh.s gelegen, ist Párga ein rechter Ort für Badeferien. Sandstrand findet sich an der Hafenbucht und jenseits des Burgfelsens; Felsküste an den kleinen vorgelagerten Eilanden.

Umgebung von Parga

24 km südöstlich überragt das ⟶ Nekromanteion Ephyras bei Mesopotamos die Acheron-Ebene.

14 km nördlich von Morphí liegt das Dorf Paramythiá unterhalb einer türkischen Festung.

Parnaß

G 5

Griechisch

Παρνασσός
Parnassós

Landschaft und Nomos: Phokis
Höhe: 2457 m ü.d.M.

Lage und Allgemeines

Der Parnaß, ein bis 2457 m hohes Kalksteinmassiv in der Nähe von ⟶ Delphi, war in der Antike dem Kult von Apollon und Dionysos geweiht und wurde seit römischer Zeit als Berg der Musen angesehen.

Das Gebiet, in dem es ausgedehnte Tannenwälder gibt, ist auch heute noch weitgehend unwegsam.

Am Fuße des Parnaß bei Arachova

Vom Bergdorf Aráchova führt eine asphaltierte, kurvenreiche Straße in das Massiv hinein. Am Ende beginnt ein Sessellift, der den Besucher bis zur massiven Schutzhütte in 1900 m Höhe bringt. Von dort geht ein weiterer Lift bis in das Skigebiet unterhalb der Gipfelfläche.

Parnaß (Fortsetzung)

Parnes

H 5

Πάρνηθα
Párnitha

Griechisch

Landschaft und Nomos: Attika
Höhe: 1413 m ü.d.M.

Lage und Allgemeines

Der Párnes (Parnís) ist ein 1413 m hoher Kalksteinberg in Attika nördlich von Athen, bis in das Frühjahr oft mit Schnee bedeckt, mit Nadelwäldern bewachsen. Auf seinem Gipfel gab es in der Antike ein Heiligtum des Regenbringers Zeus. Heute wird der Párnes gern wegen der Aussicht und seines Klimas aufgesucht.
Spielkasino im Hotel Mont Parnis.

Parnon

G 6

Πάρνωνας
Párnonas

Griechisch

Landschaft: Peloponnes
Nomoi: Lakonien und Arkadien

Lage und Allgemeines

Der Párnon ist das östliche Randgebirge der Peloponnes. Er besteht im Norden aus Schiefer, im Süden aus Kalkstein und Marmor und trennt, 90 km lang sich in Nord-Süd-Richtung erstreckend, die Lakonische Ebene um Spárta vom Argolischen Golf. Nur bei Ástros ist ihm eine kieine Schwemmlandebene, die Ebene von Kynuriá, vorgelagert. Im Südosten endet er im Kap Maléa.
In dem abgeschiedenen Gebiet haben sich die Tsakonen erhalten, bei denen sich bis heute Reste des alten dorischen Dialektes finden. An der Ostküste liegen wenige kleinere Orte. Ihre Reihe beginnt im Norden mit Kivéri, wo vor einigen Jahren eine im Meer entspringende Süßwasserquelle entdeckt wurde. Dann folgen Ástros und seine 4 km entfernte Paralía, Paralía Týru, die kleinen Häfen Leonídi und Kyparíssi und vor allem Dorf und Burg von ⟶ Monemvasía. Kyparíssi und Monemvasía werden von den Küstenschiffen der Route Piräus–Gýthion angelaufen.

Paros

K 6/7

Πάρος
Páros

Griechisch

Nomos: Kykladen
Inselfläche: 186 km²
Höhe: 0–771 m ü.d.M.
Bewohnerzahl: 8500
Hauptort: Páros (Parikía)

Paros

Flugverkehr

Linienflüge von Athen mehrmals täglich; ferner von Iraklion (Kreta) und Rhodos.

Schiffsverkehr

Linienschiffe von und nach Athen (Piräus) mehrmals täglich (auch Kfz-Transport).
Lokale Verbindungen täglich mit den Nachbarinseln Naxos, Ios, Santorin, Syros und Antiparos.

Lage und Allgemeines

Die Kykladeninsel Paros, rund 8 km (4,5 sm) westlich von → Naxos gelegen, wird von einem mäßig gewellten Gebirgskamm mit dem Profíti Elías (771 m ü.d.M.; lohnende Besteigung mit Führer; prächtige Rundsicht) als höchster Erhebung eingenommen. Drei tiefe Buchten schneiden in die Küste ein: im Westen die windgeschützte Parikía-Bucht bei der Inselhauptstadt, im Norden die noch bessere bei dem Städtchen Náusa (1400 Einw.; in römischer Zeit Hauptverladehafen für den Lychnites-Marmor) und die flache Mármare-Bucht im Osten. Die ganze Insel ist von einer mächtigen Decke grobkörnigen kristallinen Kalkes überzogen, in der reiche Bänke reinweißen Marmors liegen.

Die Landwirtschaft auf wasserreichen, fruchtbaren Verwitterungsböden war schon im Altertum die Grundlage eines beachtlichen Wohlstandes; außerdem wird auch heute noch in geringem Umfang Marmor gebrochen. In jüngster Zeit bringt ein rasch anwachsender Tourismus im landschaftlichen, ökonomischen und sozialen Gefüge spürbare Veränderungen.

Geschichte

Grabungen auf dem Eiland Saliangos, das einst mit Paros verbunden war, brachten Zeugnisse einer spätneolithischen Besiedlung (5./4. Jahrtausend v. Chr.) zutage.

Windmühle in Parikia

Geschichte (Fortsetzung)

Die Insel Paros, die ihren antiken Namen bewahrt hat, war bereits in der Zeit der Kykladenkultur (3. Jahrtausend v. Chr.) dicht bewohnt. Die im 1. Jahrtausend v. Chr. zugewanderten Ionier machten die Insel zur Seemacht (Münzprägung), die im 7. Jh. v. Chr. Kolonien in Thasos und Thrakien gründete. Im 6. und 5. Jh. v. Chr. entfaltete sich die berühmte parische Bildhauerschule. Dem ersten Attischen Seebund gehörten die Parier an; die ungewöhnliche Höhe ihrer Beiträge (425 v. Chr. 30 Talente) gibt Zeugnis von dem Reichtum der Insel im fünften vorchristlichen Jahrhundert.

In hellenistischer, römischer und byzantinischer Zeit war Paros ohne Bedeutung. Es wird berichtet, daß die Insel im 9. Jh. durch brandschatzende und plündernde arabische Piratenhorden entvölkert wurde. Von 1207 bis 1389 gehörte sie zum Herzogtum Naxos, unterstand danach verschiedenen Dynasten, fiel 1537 in die Hände der Türken und kam nach der Staatsgründung 1832 an Griechenland.

Sehenswertes

Stadt Páros (Parikía)

Die Hauptstadt Páros oder Parikía (3000 Einw.) nimmt die Stelle der antiken Hauptstadt an der Westküste ein. Den Mittelpunkt der Stadt bildete stets ein 15 m hoher Gneisfelsen an der Südostküste der Hafenbucht, das heutige Kástro. Auf ihm erhebt sich die Ruine eines Frankenschlosses (um 1260), in das Teile des ionischen Tempels 'Hekatompeto Naos' (= der Hundertfüßige) verbaut sind. Der Turm umschließt einen antiken Rundbau (4. Jh. v. Chr.; in fränkischer Zeit ummauert), von dem ein Teil als Apsis der Burgkapelle dient. Unweit westlich, an der höchsten Stelle des Kástro, die Fundamente eines unvollendet gebliebenen Tempels (um 530 v. Chr.). Darunter Reste

Fischerboote im Hafen von Parikia

Sehenswertes (Fortsetzung)

prähistorischer Häuser (3. Jahrtausend v. Chr.). Die Marmorwand des Tempels diente der Kirche Ágios Konstantínos (südl.) als Mauer. Im Osten des Hügels befand sich in der Antike ein weiterer Hafen, dessen Anlagen z.T. noch im Wasser sichtbar sind.

*Kathedrale

Am Westende der modernen Unterstadt steht die in drei Phasen vom 5. bis zum 7. nachchristlichen Jahrhundert erbaute Kathedralkirche Hekatontapyliani (= 'die Hunderttorige'), eigentlich Katapolianí ('die in der Unterstadt gelegene'). In der Hauptkirche (2. Bauphase um 600 n.Chr.), einer zweigeschossigen Kreuzkuppelkirche mit tonnengewölbter Empore für die Frauen (ältester Teil; Basilika 5. Jh. n.Chr.), wurden antike Bauglieder verwendet: Der Hauptaltar wird von zwei dorischen Säulentrommeln gestützt und von einem Eierstab (6. Jh. v. Chr.) geschmückt. In der Apsis dahinter drei im Halbkreis ansteigende Sitzstufen für die Geistlichkeit mit der Kathedra des Erzpriesters in der Mitte. Rechts das Baptisterium (Kuppelbasilika; 7. Jh. n. Chr.) mit tiefergelegenem kreuzförmigem Taufbecken.

Grundriß

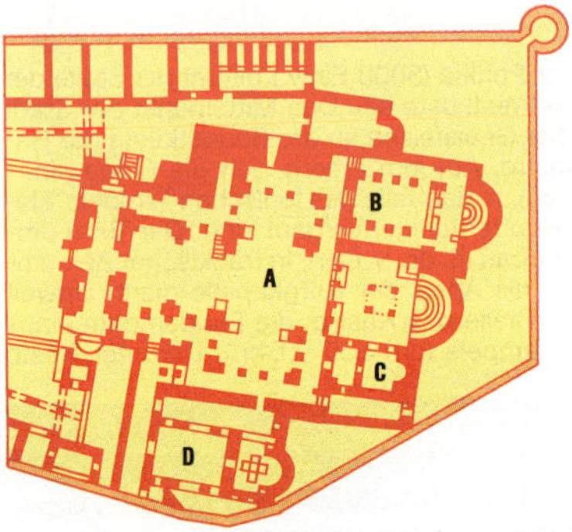

Paros
Kathedrale Katapoliani

A Hauptkirche
B Nebenkirche des hl. Nikolaus
C Nebenkirche der hll. Anagyroi (Diakonikon/Sakristei)
D Taufkirche (Baptisterium)

20 m

©Baedeker

*Museum

Links von der Kirche einige hellenistische, in byzantinischer Zeit wiederverwendete Sarkophage.
In den Nebenräumen ein Museum, u.a. mit Inschriften, von denen eine auf den Jambendichter Archilochos, der im 7. Jh. v. Chr. hier lebte, Bezug nimmt; ferner Grabreliefs, kleinere Skulpturen, Idole und ein Bruchstück (Jahre 336–299 v. Chr.) des "Marmor Parium", einer 1627 hier gefundenen Marmortafel mit einer Tabelle griechischer Geschichtsdaten.

Östlich hinter der Rückmauer der Kathedrale eine guterhaltene hellenistische Grabanlage.
Auf den Hügeln außerhalb der antiken Stadt, die sich weiter als die moderne ausdehnte (Ummauerung teilweise freigelegt), lagen weitere Heiligtümer.

Asklepieion

Auf der im Nordwesten der Stadt nahe dem Meer gelegenen Terrasse, unterhalb des Windmühlenberges, das dorische Asklepieion (4. Jh. v. Chr.) mit Mauerzügen und einem Quellenbassin (6. Jh. v. Chr.). Ein Hallenbau um einen viereckigen Hof, mit zentralem Altar, stammt aus späterer Zeit; dahinter das neue Quellenbassin. Auf der Terrasse oberhalb des Asklepieions lag das Pythion, die eigentliche Kultstätte des Apollon Pythios und des mit ihm verbundenen Asklepios, zu dem der untere Hallenbau als Kurhaus gehörte.

An der Ostküste

Aphrodite-Heiligtum

Auf dem Kunadosberg östlich der Stadt lag der Heilige Bezirk der Aphrodite mit einem Felsaltar in der Mitte; 40 m tiefer am Südhang die Quellengrotte der Eileithyia.

Delion

Auf der höchsten südwestlichen Erhebung des Taxiarchisberges, jenseits der Bucht von Parikía im Nordwesten der Insel (ca. 45 Minuten von der Stadt entfernt), von wo man den Halbkreis der Kykladen erblickt, lag das ummauerte Delion, das Heiligtum der drei delischen Gottheiten Apollon, Leto und Artemis.
Rund 1,5 km östlich von Parikía wurden bei Trís Ekklisiés, an der Stelle des ehemaligen Heroon des Archilochos, die Grundmauern einer dreischiffigen Basilika (7. Jh. n. Chr.) freigelegt.

*Lychnites-Marmorbrüche

Der berühmte parische Statuenmarmor, der Lychnites (= der bei Lampenlicht, d.h. unter Tage gebrochene), der reiner und durchscheinender (bis zu einer Stärke von 3,5 mm) ist als alle anderen Marmorarten und im Altertum hochgeschätzt in Delos, Epidauros, Delphi sowie im kaiserlichen Rom Verwendung fand und seit der Zeit der Kykladenkultur (3./2. Jahrtausend v. Chr.; Gefäße, Idole) bis ins 15. Jh. n. Chr. abgebaut wurde, steht nördlich unweit vom Kloster Ágios Minás (1 Std. nordöstl. von Parikía) im Tal von Maráthi an; die antiken Schächte sind noch erhalten. An der westlichen Bank die sogenannte Pangrotte (Schachteingang) mit einem Weihrelief an die Nymphen.

Antíparos

Südwestlich der Insel Paros und von dieser durch einen 1–8 km breiten Meeresarm getrennt, liegt die Insel Antíparos (46 km^2; bis 299 m

Paros, Antiparos (Fortsetzung)

ü.d.M.; 600 Bew.), das antike Oliaros, mit gleichnamigem Hauptort um eine venezianische Burg und schöner Stalaktitenhöhle.
Vor der Nordspitze von Antiparos die Eilande Diplo und Kavura, beide vulkanischen Ursprungs.
Etwa 500 m weiter südwestlich von Antiparos die kleinere Insel Despotiki (8 km²) mit geschütztem Hafen; noch weiter südwestlich das Inselchen Strongili.

Patmos

L 6

Griechisch

Πάτμος
Pátmos

Nomos: Dodekanes
Inselfläche: 34 km²
Höhe: 0–269 m ü.d.M.
Bewohnerzahl: 2500
Hauptort: Pátmos (Chóra)

Schiffsverkehr

Linienschiffe von und nach Athen (Piräus) mehrmals wöchentlich in 10 Stunden (auch Kfz-Transport); von und nach Saloniki bzw. Rhodos wöchentlich.
Lokale Verbindungen im Dodekanes sowie nach Ikaria und Arki.

Lage und Allgemeines

Patmos, die felsig zerklüftete nördlichste Insel im Dodekanes, ist vulkanischen Ursprungs – vielleicht der Kraterrand eines erloschenen Vulkans – mit reich gegliederter Küste. Es liegt südlich von Samos und südöstlich von Ikaria in der östlichen Ägäis. Patmos gilt seit dem Mit-

Teilansicht der Dodekanes-Insel Patmos

Johannesklosterburg

Lage und Allgemeines (Fortsetzung)

telalter als Insel des Evangelisten Johannes, der hier im Jahre 95 n. Chr. als Verbannter gelebt und die Apokalypse geschrieben haben soll.

Geschichte

Das antike Patmos war zunächst dorisch, später ionisch besiedelt und trug ein Heiligtum der Artemis. Da die Insel wirtschaftlich und politisch bedeutungslos war, blieb ihre frühe Geschichte weitgehend unbekannt. Wie die kargen Nachbarinseln war Patmos den Römern Verbannungsort und dürfte im Mittelalter verlassen und öde gewesen sein.

Mit der Flucht des Abtes Christodulos aus Kleinasien und der Verlegung seines Klosters vom Latmos-Berg bei Milet nach Patmos im Jahre 1088 n. Chr. begann für die Insel eine neue, von Kirche und Geistesleben geprägte, de facto autonome Geschichte; durch Schenkungen zu Reichtum und Einfluß gelangt, überstand die mit weitreichenden Privilegien und eigenen strengen Gesetzen (Typikon) ausgestattete Klosterinsel die 250 Jahre währende Türkenherrschaft, die sich für sie auf die jährliche Tributpflicht beschränkte.

Die Insel Patmos steht seit 1946 unter Denkmalschutz. Der Erwerb von Grund und Boden durch Ausländer wie auch die Ausfuhr von Antiquitäten sind nur in wenigen Ausnahmefällen möglich.

Sehenswertes

Stadt Pátmos (Chóra)

Die Insel besteht aus drei durch schmale Isthmen verbundenen Teilen. Der lebhafte Hafenplatz Skála befindet sich in der tiefsten Bucht der Ostseite. Von hier steigt man in 1 Stunde (3 km; auch Autobus) süd-

Sehenswertes (Fortsetzung)

westlich aufwärts zu dem weißen, stillen Hauptort Chóra (130 m ü.d.M.; 1000 Einw.) mit seinen Klöstern, Kirchen und Kapellen, allen voran das dem ökumenischen Patriarchat von Konstantinopel unterstehende Johanneskloster (Ágios Ioánnis Theológos), das die Stadt mit mächtigen Wehrmauern aus dem 15. und Zinnen aus dem 17. Jh. überragt.

**Johanneskloster

Eine Rampe führt durch den Eingang der burgartigen Anlage in den von Loggien umgebenen Hof. Links liegt die Hauptkirche (Katholikón), deren offene Vorhalle vier antike Säulen und mäßige Malereien des 18. und 19. Jh.s aufweist. Die Kirche selbst wurde im 19. Jh. durch Stiftungen des russischen Zaren ausgestattet (Ikonostasis von 1820 mit reicher Schnitzerei). Die Malereien zeigen vielfach Johannes und seine apokalyptischen Visionen. In der ersten rechten Seitenkapelle steht der silberverkleidete Sarkophag des Klostergründers, des Óssios Christódulos (Óssios = Seliger). In der zweiten, der Panagía geweihten Kapelle findet man Fresken von 1745, unter denen ältere Wandgemälde sichtbar wurden: u.a. 'thronende Muttergottes', 'die drei Engel bei Abraham', 'Christus und die Samariterin' (12. Jh.). Fresken des 14. Jh.s haben sich in der Trápeza, dem alten Speisesaal der Mönche, erhalten.

Grundriß

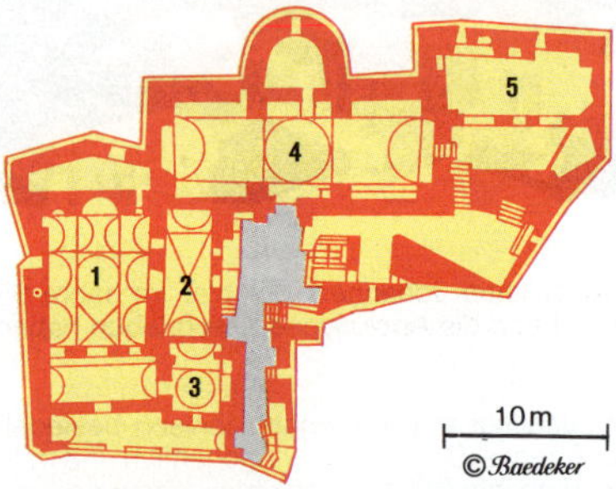

Patmos

Johanneskloster

1 Katholikon

2 Kapelle der Gottesmutter

3 Kapelle des seligen Christodulos

4 Refektorium

5 Küche

Schatzkammer Bibliothek

In der neugestalteten Schatzkammer sind Mitren, liturgische Gewänder, Kelche, Kreuze u.a. aufbewahrt, ferner wertvolle Ikonen. Einzigartige Bestände birgt die Bibliothek, die an Handschriften 890 Codices und 35 Pergamentrollen, ferner gut 2000 alte Druckwerke und ein Archiv von 13083 Urkunden besitzt. Davon sind einige Stücke ausgestellt, so die 1,42 m lange Übereignungsurkunde von Alexios I. an Christódulos aus dem Jahre 1088, ferner 33 Blätter eines Markus-Evangeliums (6. Jh.), eine Handschrift des Buches Hiob mit 42 Miniaturen (8. Jh.) und eine im Jahre 941 geschriebene Predigtsammlung des Gregor von Nazianz. Von den einst reichen Beständen an antiker Literatur ist eine Handschrift des Geschichtswerkes des Diodor in Patmos verblieben. Insgesamt sind Bibliothek und Schatzkammer wohl die bedeutendste Sammlung außerhalb des Heiligen Berges → Athos.

Von den Dachterrassen des Klosters (jetzt für Touristen gesperrt!) bietet sich ein herrlicher Blick über Patmos und die umliegenden Inseln.

Apokalypse-Kloster *Bilderwand

Auf halbem Wege zur Chóra liegt links das Apokalypse-Kloster (Moní Apokalípseos) mit der Grotte, in der Johannes der Überlieferung zufolge die Apokalypse geschrieben hat. Die Bilderwand der rechten Kapelle, die in die Grotte gebaut wurde, schildert Visionen des Johannes; auf dem Boden und an der Wand werden die Stellen gezeigt, an

Elëusa

Osios Chrestodulos

Patmos, Apokalypse-Kloster (Fortsetzung)

denen er ruhte, die Posaunenstimme hörte und seine Visionen aufschrieb. Unmittelbar oberhalb des Klosters sehen wir die Ruine der alten Patmiás-Schule aus dem 18. Jh., weiter oben den Terrassenbau der die alte Tradition fortsetzenden modernen theologischen Schule.

Patras

F 5

Griechisch

Πάτρα
Pátra

Nomos: Achaia
Höhe: 5–103 m ü.d.M.
Einwohnerzahl: 140 000

Verkehr

Fährschiffverbindung mit den italienischen Häfen Ancona und Brindisi, mit den Inseln Kephalloniá, Páxi und Kérkyra (Korfu).
Bahnstation der Peloponnesbahn Athen–Korinth–Pýrgos.
Busverbindung mit Athen und Pýrgos.

Lage

Patras ist die größte Stadt und der Haupthafen der Peloponnes, Hauptstadt von Achaia, Sitz eines Erzbischofs und einer Universität.

Geschichte

Die um 1100 v. Chr. gegründete Stadt spielte in der Antike erst seit der Römerzeit eine Rolle als Umschlaghafen. Nach dem 4. Kreuzzug wurde sie Sitz eines katholischen Erzbischofs, kam 1408 an Venedig, 1430 an Mystrás und 1460 an die Türken, die sie 1821 bei Beginn des Freiheitskrieges zerstörten. Danach wurde sie in rechtwinkligem Straßensystem mit klassizistischen Bauten neu angelegt.

Hafen

Andreaskirche

Bemerkenswertes

Das Stadtbild wird bestimmt durch die ausgedehnten Hafenanlagen und die im Osten aufragende Akropolis mit einer von den Byzantinern im 6. Jh. errichteten und von den Kreuzfahrern im 13. Jh. ausgebauten Burg (103 m ü.d.M.). Südwestlich unterhalb ein römisches Odeion. — Hafen, Akropolis, Odeion

Nördlich von der zentralen Platía, mit dem Stadttheater, liegt das interessante Volkskundemuseum. — Volkskundemuseum

Über einem Demeter-Heiligtum steht am Südwestende des Hafens die große Andreaskirche (von 1836), in der die Schädelreliquie des Apostels Andreas aufbewahrt wird (Andreas hatte nach der Überlieferung 60 n.Chr. in Patras das Martyrium erlitten). — Andreaskirche

Umgebung von Patras

Von Patras auf der küstennahen Straße nach Südwesten fahrend, erreicht man nach gut 20 km den Ort Kato Achäa, der an der Stelle des antiken Dyme liegt. Dann wendet sich die Strecke etwas landeinwärts und zieht nach Araxos. Nördlich greift eine Lagune in die Küste ein. — Kato Achäa

Patras, Umgebung, Kalogria Kap Araxos

Über dem Südrand der Lagune erhebt sich ein Hügel, auf dem die mächtigen frühhelladischen Mauerreste von Kalogria stehen. Die Landspitze im Norden bildet das Kap Araxos.

Paxi

E 4

Griechisch

Παξοί
Paxí

Nomos: Kérkira
Inselfläche: 19 km²
Höhe: 0–247 m ü.d.M.
Bewohnerzahl: 2700
Hauptort: Paxí (Gáios)

Schiffsverkehr

Linienschiffe von und nach Pátras wöchentlich (auch Kfz-Transport); von und nach Korfu (Kérkira) mehrmals täglich in 2½ Stunden.

Lage und Allgemeines

Paxi ist eine reizvolle, von subtropischer Vegetation bedeckte Ionische Insel südlich von ⟶ Korfu (Kérkira). Es besitzt schöne Badebuchten und bietet vorzügliche Tauchbedingungen. Wichtigster Erwerbszweig der Bewohner sind Landwirtschaft (sehr geschätztes Olivenöl!) und Fischfang.

Auf Inseln vor dem Haupthafen Paxí (Gáios; 500 Einw.) eine venezianische Festung sowie das ehemalige Kloster der Panagía (Pilgerfahrten am 15. August). Besuchenswert ist an der Südküste die Meeresgrotte Ipapantí (Seelöwen).

Gaios auf Paxi

Paxi im Südosten vorgelagert sind die Eilande Mongonisi (Dammweg) und Kaltsonisi.

Paxi (Fortsetzung)

Antípaxi

Südöstlich von Paxi liegt die kleinere felsige 'Schwesterinsel' Antípaxi (6 km²; 0–107 m ü.d.M.). Die etwa 100 Bewohner betreiben Schafzucht und Fischfang. Antípaxi besitzt schöne, einsame Strände.
Im Sommer gibt es eine Bootsverbindung von Paxi nach Antipaxi; es bestehen aber keine Unterkunftsmöglichkeiten.

Pelion G/H 4

Πήλιο
Pílio

Griechisch

Landschaft: Thessalien
Nomos: Magnesia
Höhe: 1618 m ü.d.M.

Lage und Allgemeines

Das Peliongebirge erstreckt sich südlich des Ossa entlang der Ostküste Thessaliens bis zur Halbinsel Magnesia, die den Golf von Volos umschließt. Es erreicht im Mavrovuni (N) 1054 m, im ⟶ Pélion (über ⟶ Vólos) 1618 m und fällt zur hafenlosen Ostküste schroff ab.
Im Altertum war der Pelion berühmt wegen seiner Heilkräuter und als Heimat der Kentauren, von denen der heilkundige, weise Chiron der

Pelion, Lage und Allgemeines (Fortsetzung)

Lehrer des Asklepios und des Achilleus war. Unter dem von Portariá in 3½ Stunden erreichbaren Pliassídi-Gipfel (1548 m) gibt es die Chironhöhle und ein Heiligtum des Zeus Akraios.
Das Gebiet hat ausgedehnte Laubwälder. Holz- und Wasserreichtum bestimmen das Bild der 24 Dörfer, die hier entstanden sind, es zu großem Wohlstand brachten und sich in der Türkenzeit Autonomierechte bewahren konnten. Einige dieser Dörfer lassen sich bei einer Rundfahrt von Volos aus besuchen, wobei man außer der großartigen Landschaft und den reizvollen Dorfbildern auch die Sandbuchten an der Ostküste kennenlernt.

*Pelion-Rundfahrt

Von Vólos aus nach Nordosten fahrend, erreicht man Portariá (14 km, 600 m), von dem man links nach Makrýnitsa gelangen kann (2 km, 600 m, Volkskundemuseum). Von Portariá weiter nach Chaniá (12 km, 1100 m) und Zagorá (21 km, 500 m), von wo man zum Strand von Choreftó (3 km) hinunterfahren kann. Von Zagorá südwärts folgen dann das am Meer gelegene Ágios Ioánnis (22 km) und Tsangaráda (11 km, 420 m). Über Neochóri (15 km), Kala Nerá (14 km) und Agria (15 km) kehrt man nach Vólos zurück. Von Áphyssos aus kann man bis zur Südspitze der Halbinsel Magnesia bei Míllina und Plataniá (29 km) fahren.

Pella G 3

Griechisch

Πέλλα
Pélla

Landschaft: Makedonien
Nomos: Pella

Lage

Pélla, einst die Hauptstadt des Makedonenreiches, liegt rund 40 km westlich von → Saloniki unmittelbar an der Straße nach Edessa.

Geschichte

König Achelaos verlegte um 410 v.Chr. die Residenz von Aigai (→ Edessa und → Vérgina) an den damaligen Nordrand des → Thermäischen Golfes und begründete die Stadt Pélla, in welcher der attische Tragiker Euripides seine letzte Lebenszeit verbrachte und 356 v.Chr. Alexander der Große geboren wurde. Die Stadt hatte vermutlich zwei Akropolen, und zwar an der Stelle des heutigen Dorfes Paläá Pélla (1 km nördlich der Fernstraße) und westlich davon, wo im Grabungsabschnitt II Mauern gefunden wurden, die vermutlich zum Palast gehören. Sie erstreckte sich von dort nach Süden bis zur ehemaligen Insel Phakos (südlich der Straße). Nach der Schlacht bei Pydna 196 v.Chr. wurde sie, wie Plinius schildert, von den Römern zerstört. Erst 1957 konnten Makaronas und Petsas den Platz identifizieren. Seither haben die Ausgrabungen beachtliche Erfolge erzielt.

*Grabungsgelände

Kommt man von → Saloníki, so sieht man unmittelbar nach der Abzweigung nach Paläá Pélla (Bushaltestelle) rechts der Straße mehrere große Hausanlagen, die von rechtwinklig sich kreuzenden Straßen getrennt sind. Sie stammen aus der Zeit um 300 v.Chr., sind um Höfe mit Säulenhallen angeordnet und dienten öffentlichen Zwecken.

Ruinenstätte Pella

Mosaik

Pella, Grabungsgelände (Fortsetzung)

Prächtig ist besonders das rechte Haus (Haus I) mit ionischem Peristyl und an Ort und Stelle belassenen Mosaiken. Solche Mosaiken – aus schwarzen, weißen und gelben Kieseln hergestellt – sind in größerer Zahl zutagegetreten; eine Löwenjagd zeigt, wie Alexander der Große von Krateros gerettet wird; Dionysos auf dem Panther reitend und eine weitere Jagdszene gehören ebenfalls zu den großen Kompositionen. Andere Mosaiken zeigen Theseus, der die junge Helena raubt, während Deianeira flieht, ferner einen Amazonenkampf, ein Kentaurenpaar usw.

*Museum

Einige dieser Mosaiken sind in situ, andere im Museum, das auf der anderen Straßenseite errichtet wurde. Dort sieht man außerdem Architektur-Bruchstücke und Skulpturen.

Palastreste

Auf dem Hügel beim heutigen Dorf Pélla sind neuerdings größere Teile des weiträumigen Palastes, der zwischen 370 und 300 v. Chr. anzusetzen ist, aufgedeckt worden.

Grabhügel

Parallel zur Straße nach Saloníki gibt es eine Reihe von Grabhügeln aus hellenistischer Zeit.

Peloponnes F–H 5–7

Griechisch

Πελοπόννησος
Pelopónnissos

Lage und Allgemeines

Die Peloponnes, der südlichste Teil des griechischen Festlandes, mit dem sie nur durch den Isthmus von Korinth zusammenhängt, ist eine Halbinsel, wird aber seit dem Altertum als Insel, die des Pelops, angesehen.
Pelops aus dem Geschlecht des Tantalos – so der Mythos – kam in das Land, besiegte den König Oinomaos von Pisa im Wagenrennen, heiratete dessen Tochter Hippodameia und gewann damit die Herrschaft. Als Leichenfeier zu seinen Ehren begannen die Wettkämpfe von Olympia. Seine Nachkommen – die Pelopiden oder Atreiden – herrschten in Mykene und Sparta.

Die 21 440 km² große Halbinsel ist vielfach gegliedert und umfaßt mehrere Landschaften von unterschiedlichster Ausprägung. Im Zentrum liegt das dünnbesiedelte Hochland von → Arkadien. Im Norden schließt sich der in Erýmanthos (2223 m), Chelmós (2355 m) und Kyllíni (2376 m) gipfelnde Gebirgszug an, von dem sich bis zum Korinthischen Golf die Landschaft Achaia erstreckt. Im Osten der Halbinsel liegt die → Argolis mit der Bucht von → Nauplia und den Burgen → Mykene und → Tiryns. Südlich von Arkadien liegt Lakonien mit dem Zentrum → Sparta, zum Meer hin im Süden offen, von der westlichen Nachbarlandschaft Messenien getrennt durch das → Taygetosgebirge, das sich in der Halbinsel → Máni fortsetzt. Den Nordwesten der Peloponnes schließlich nimmt das flache Elis mit → Olympia als bekanntestem Ort ein.

Geschichte

Zunächst von vorgriechischer Bevölkerung bewohnt, im 2. Jahrtausend v. Chr. Kern der mykenischen Welt, im 1. Jahrtausend v. Chr. weithin vom dorischen Staat von Sparta bestimmt, ist die Peloponnes ein an mythischer wie geschichtlicher Überlieferung reiches Land, zu dessen Bild auch spätere Zeiten beigetragen haben. So siedelten sich im Mittelalter auf dem Land Slawen an, während die Städte durchweg griechisch blieben. Nach 1204 zunächst ganz im Besitz fränkischer

Peloponnesküste bei Neapolis

Ritter, wurde bald → Mystrás zum Ausgangspunkt byzantinischer Rückeroberung. 1453 kamen die Türken, gegen die 1821 auf peloponnesischem Boden der Freiheitskampf der Griechen begann.

Peloponnes, Geschichte (Fortsetzung)

Sehenswertes auf der Peloponnes

Denkmäler aus allen Phasen der Geschichte, von den mykenischen Burgen über die griechischen Stätten wie → Olýmpia, → Messéne und → Neméa bis hin zu den Burgen der Kreuzritter und dem byzantinischen → Mystrás, machen die Peloponnes zu einer der vielfältigsten Kulturlandschaften. Ausgedehnte Strände an der Westküste, am Golf von Korinth, bei Nauplia und an der östlich davon gelegenen Halbinsel haben sie darüber hinaus zu einem bevorzugten Feriengebiet werden lassen, das die Gelegenheit zur Erholung mit der Aufforderung zur Begegnung mit der Geschichte auf ideale Weise verbindet.

Pentelikon H 5

Πεντέλη
Pendéli

Griechisch

Landschaft und Nomos: Attika
Höhe: 1109 m ü.d.M.

Der 1109 m hohe Pentélikon oder Pentéli grenzt die Attische Ebene im Nordosten ab. Pentelischer Marmor ist das Material für die klassischen Bauten der Athener Akropolis.

Lage und Allgemeines

Dionyssos-Rapendoza – Ruhestätte für Opfer des Zweiten Weltkrieges

Sehenswertes im Pentelikon

Kloster Pentéli
Marmorbrüche

In einer Talmulde unterhalb des Gipfels befindet sich an einem mit Pappeln bestandenen Platz das 1578 gegründete Kloster Pentéli (430 m), das man von Athen aus über den Vorort Chalándri erreicht (8 km von Chalándri). Die Straße führt weiter bis dicht unter den Gipfel. Vom Kloster aus kann man die antiken Marmorbrüche aufsuchen.

*Kloster Dau Pentéli

Am Osthang des Berges steht oberhalb der Straße Athen–Stavrós–Marathón das Kloster Dau Pentéli, das im 12. Jh. gegründet und im 16. Jh. erneuert wurde – 'das einzige Beispiel einer großen Klosteranlage in Griechenland außerhalb des Athos' (Kirsten-Kraiker).

Dionyssós

An der Nordseite des Pentélikon liegt an der Straße von Athen über Kifissiá und Drossiá nach Néa Mákri an der Ostküste in 460 m Höhe der Ort Dionyssós mit seinen Ausflugslokalen. Nahebei gibt es ein Dionysosheiligtum. Es gehört zu ⟶ Ikaría, der Heimat des Thespis.

Soldatenfriedhof

Unweit der Straße nach Néa Makri befindet sich der deutsche Soldatenfriedhof Dionyssos-Rapendoza (9973 Tote).

Perachora G 5

Griechisch

Περαχώρα
Perachóra

Landschaft: Megaris
Nomos: Korinth

Perachora, Lage und Allgemeines (Fortsetzung)

Das alte Heraheiligtum von Perachóra liegt am Fuß einer spitz zulaufenden Halbinsel, die den Korinthischen vom Halkyonischen Golf trennt.
Die Fahrt von Korinth über Lutráki in nordwestlicher Richtung läßt das beim Erdbeben des Frühjahrs 1981 stark beschädigte Dorf Perachóra rechts liegen, berührt einen See (mit Badestrand und Taverne) und endet nicht weit vom Leuchtturm (20 km). Links unten liegt die kleine Hafenbucht mit ihren antiken Überresten, und gegenüber sieht man den markanten Umriß von Akrokorinth am Südufer des Golfes. Die Fahrt lohnt sich, weil diese geringen Reste historisch bedeutend sind und sich in einer herrlichen Landschaft befinden. Obendrein ist ein Bad im alten Hafen verlockend.

Geschichte

Das Heiligtum gehörte in mykenischer Zeit zu Megara, später zu Korinth. Das der Göttin Hera geweihte volkstümliche Orakel, über dessen Kultpraxis man nichts weiß, blühte zumal in der geometrischen Zeit des 9. und 8. Jh.s v. Chr. 390 v. Chr. eroberte der Spartaner Agesilaos das Heiligtum; in römischer Zeit wurde es aufgegeben, 1930 bis 1933 von englischen Archäologen erforscht.

Heraheiligtum von Perachora

An der Hafenbucht steht ein mit dorischen Triglyphen versehener Altar (um 500 v. Chr.). Nördlich davon gibt es Spuren des Hera-Akraia-Tempels. Aus geometrischer Zeit (um 850 v. Chr.) ist noch eine 6,80 m lange, in Ost-West-Richtung verlaufende Mauer erkennbar, die im Westen einen apsidialen Abschluß hatte. Sie gehört zum ersten geometrischen Tempel, der nur 5–6m breit und 8 m lang war. Um 530 v. Chr. entstand etwas weiter westlich ein wesentlich größerer archaischer Tempel von 9,50 x 30 m Umfang, dessen Westteil erhalten ist. Dieser Bau war gesäumt von einer L-förmigen Stoa (5.–4. Jh. v. Chr.) und der Agorá (um 500 v. Chr.).
Weiter oberhalb in östlicher Richtung gibt es in einem kleinen Tal weitere antike Bauten, zu denen die Pilger auf einem Treppenweg hinanstiegen. Am auffälligsten ist eine große hellenistische Zisterne. Nahebei liegt ein nach Süden gerichteter Tempel der Hera Limenaia aus der Zeit um 750 v. Chr., also aus der Zeit Homers. Er ist 5,60 x 9,50 m groß; im Inneren liegen noch Steinplatten vom Opferherd. Während der griechische Tempel in der Regel nur das Haus für das Gottesbild ist und der Kult vor dem Tempel stattfand, handelt es sich hier um einen Versammlungstempel, bei dem man sich im Innenraum zur kultischen Begehung einfand. Der Tempel bezeichnet damit den Anfang einer Entwicklung, an deren Ende das Telesterion des Mysterienkultes von → Eleusis steht.
Unweit des Tempels fanden sich eine Opfergrube mit vielen Tausenden von Votivscherben und ein heiliger Teich, an dem vermutlich das Orakel verkündet wurde.

Pharmakonisi

M 6

Griechisch

Φαρμακονήσι
Farmakoníssi

Nomos: Dodekanes
Inselfläche: 4 km²
Höhe: 0–106 m ü.d.M.
Bewohnerzahl: 5

Pharmakonisi, Lage und Bemerkenswertes

Die kleine, kaum besiedelte Insel Pharmakonisi ist ein dem türkischen Kap Tekağaç Burun (bei Didyma) 12 km (6 sm) südwestlich vorgelagertes Eiland mit sanften, teils begrünten Hügeln. Auf Pharmakonesi wurde Caesar im Jahre 77 v. Chr. von Piraten gefangengehalten und erst gegen ein Lösegeld von 50 Talenten wieder freigelassen.
Zu sehen sind noch Reste mehrerer römischer Villen sowie, teils unter Wasser, antike Hafenanlagen.

Pharsala

G 4

Griechisch

Φάρσαλα
Fárssala

Nomos: Larissa
Höhe: 180 m ü.d.M.
Einwohnerzahl: 6500

Verkehr

Bahnstation der Strecke Athen–Saloníki (13 km westlich).
Busverbindung mit Athen.

Lage und Allgemeines

Die thessalische Stadt Pharsala, seit der Jungsteinzeit kontinuierlich besiedelt, wurde 1954 durch Erdbeben zerstört und danach modern wieder aufgebaut. Von alten Denkmälern blieb nur ein von Steinplatten eingegrenztes archaisches Rundgrab am Westrand der Stadt.

Geschichte

Pharsala ist vor allem bekannt durch die Schlacht von Pharsalos, in der im Sommer 48 v. Chr. Pompeius von Caesar geschlagen wurde. Es war die erste der drei für die römische Geschichte entscheidenden Auseinandersetzungen, die im 1. Jh. v. Chr. auf griechischem Boden stattfanden; es folgten 42 v. Chr. die Schlacht von → Philippi und 31 v. Chr. die Seeschlacht von Aktion (→ Nikópolis).
Von dem 348 m hohen Berg über der Stadt übersieht man das Schlachtfeld im nördlich gelegenen Enipefs-Tal.

Philippi

I 2/3

Griechisch

Φίλιπποι
Fílippi

Landschaft: Makedonien
Nomos: Kavala

Lage und Allgemeines

Betrat der Apostel Paulus auf seiner zweiten Missionsreise in Neapolis (= Kavála) erstmals europäischen Boden, so ist Phílippi – 15 km nordwestlich von → Kavála an der Straße nach → Dráma – der Ort, an dem er 50/51 die erste christliche Gemeinde Europas gründete.

Geschichte

Der Goldreichtum des Pangaiongebirges war der Anlaß dafür, daß Siedler von der Insel → Thásos eine Stadt gründeten, die sie ihrer Quellen wegen Krenides nannten. Dieser Name lebt im heutigen Dorf Krínides fort. 361 v. Chr. wurde der Ort erneut kolonisiert, doch schon fünf Jahre später vom Makedonenkönig Philipp II. erobert, der ihm den Namen Philippoi gab. Allgemein bekannt ist Phílippi durch die Schlacht des Jahres 42 v. Chr., in der Octavian (der spätere Augustus)

Philippi – Blick auf den unteren Teil des Ruinenfeldes ▶

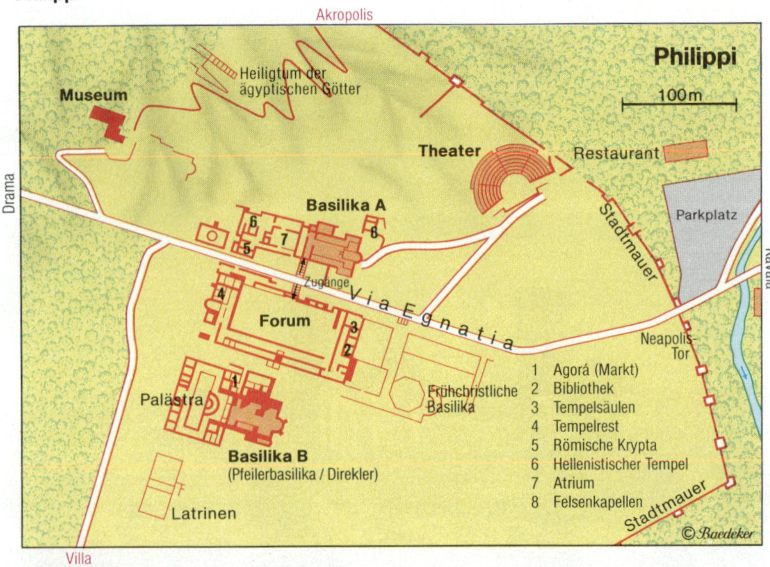

Via Egnatia

gemeinsam mit Antonius die Caesarmörder Brutus und Cassius schlug. Anschließend setzten die beiden Sieger die Besiedlung mit römischen Veteranen in Gang. Philippi gewann dann Bedeutung durch seine Lage an der Via Egnatia, die von der Adria nach Konstantinopel führte, und war zu Beginn des 4. Jh.s Bischofssitz. Der Niedergang setzte mit den Slawen- und Bulgareneinfällen des 9. Jh.s ein.

*Ausgrabungen

*Theater
Stadtmauer

Von ⟶ Kavála kommend, sieht man rechts am Hang das Theater (4. Jh. v. Chr.), das im 3. Jh. n. Chr. von den Römern für Tierkämpfe umgebaut wurde. Heute veranstaltet man hier sommerliche Festspiele. Der großenteils wohlerhaltenen Stadtmauer folgend, gelangt man zur Akropolishöhe, auf der sich Reste aus makedonischer, römischer und byzantinischer Zeit gefunden haben.

Basilika A

Vom Theater sieht man in einer ausgedehnten Ebene das Gelände französischer und griechischer Ausgrabungen zu beiden Seiten der modernen Straße, die hier der Trasse der Via Egnatia folgt. Rechts (nördlich) der Straße führt eine Treppe zum Atrium der dreischiffigen Basilika A, die gegen 500 erbaut wurde und in der Apsis ein Synthronon hatte. In der Nähe das sehenswerte Museum mit den lokalen Funden. Westlich der Basilika A wurde neuerdings eine weitere dreischiffige Basilika aus derselben Zeit ausgegraben. Von hier aus kann man bis zu dem Heiligtum der ägyptischen Götter auf halber Höhe des Akropolisberges steigen. – Neues Museum oberhalb der Straße.

Museum

Forum

Der größere Teil der Grabung befindet sich südlich der Straße. An diese grenzt das weite Rechteck des römischen Forums aus der Zeit Kaiser Marc Aurels (161–180). Die 70 x 148 m große Fläche war an drei Seiten von Säulenhallen eingefaßt und an den Schmalseiten mit

Griechisches Theater und Akropolis in Philippi

Philippi, Ausgrabungen (Fortsetzung)

Tempeln ausgestattet. Eine römische Zisterne zwischen Westtempel und Basilika A wird von der lokalen Tradition als Gefängnis des Apostels Paulus bezeichnet. Nach einem Blick auf einen marmornen Maßtisch in der Südwestecke des Forums wendet man sich dem größten Kirchenbau von Philippi zu, der Basilika B, die wegen ihrer hohen, weithin sichtbaren Pfeiler auch den türkischen Namen 'Direkler' (Säulen) trägt. Sie wurde von einem hauptstädtischen Architekten um 560 über einer antiken Palästra, deren Reste im Westen sichtbar sind, errichtet, und zwar – nach dem Vorbild der Hagia Sophia in Konstantinopel – als Kuppelbasilika. Die Kuppel stürzte jedoch ein, und der Bau wurde nicht vollendet. Außer den wuchtigen Pfeilern haben sich viele Bauglieder erhalten, darunter schöne frühbyzantinische Kapitelle.

*Basilika B

Schließlich sollte man die gut erhaltene Latrine südlich der Palästra und das Gelände östlich des Forums nicht vergessen. Ein Weg mit Säulenhallen führt dort auf die älteste Kirche von Phílippi hin, ein gegen 400 erbautes Oktogon.

Ein wenig nordwestlich des Grabungsgeländes steht links der Straße hinter einem Rasthaus eine neue Kirche, die den Heiligen Paulus und Lydia geweiht ist. In ihrer Nähe ist im Fluß eine Taufstelle eingerichtet.

Phlorina F 3

Griechisch

Φλώρινα
Flórina

Nomos: Phlorina
Höhe: 660 m ü.d.M.
Einwohnerzahl: 12000

Phlorina (Fortsetzung) Lage und Allgemeines

Auf einer Hochebene nördlich der Vernaberge gelegen, ist Phlórina nur 16 km vom Grenzübergang nach Bitola (Jugoslawien) entfernt. Inmitten einer agrarisch genutzten Landschaft, hat es eine Landwirtschaftsschule und einen bekannten Obstmarkt. Eine Fernstraße führt von hier über ⟶ Édessa und ⟶ Pélla nach ⟶ Saloníki (160 km).

Pholegandros I 7

Griechisch

Φολέγανδρος
Folégandros

Nomos: Kykladen
Inselfläche: 34 km²
Höhe: 0–411 m ü.d.M.
Bewohnerzahl: 700
Hauptort: Pholégandros (Chóra)

Schiffsverkehr

Pholegandros wird von der Schiffahrtslinie Piräus–Paros–Santorin–Pholegandros–Sikinos–Ios–Naxos–Piräus angelaufen.

Lage und Allgemeines

Die schmale, langgestreckte Kykladeninsel Pholegandros, zwischen ⟶ Milos und ⟶ Santorin gelegen, ist vom modernen Tourismus noch wenig berührt. Der bis 411 m hohe Ostteil mit seiner Steilküste ist karg und wasserarm, der Westteil dagegen besitzt Quellen, ist insgesamt milder und weist bescheidene Terrassenkulturen auf.

Durch Armut und Fehlen geschützter Häfen war Pholegandros stets bedeutungslos. Die Geschicke der Insel waren mit denen von Naxos eng verbunden. In römischer Zeit diente Pholegandros als Verbannungsort.

Bemerkenswertes

Vom Anlegeplatz Karavostáso im Osten steigt man in einer Stunde (3 km Straße; auch Maultiere) empor zum Hauptort Pholégandros (Chóra) mit typischen Kykladenhäusern und mittelalterlichem Kástro. Östlich davon der Hügel Paläókastro mit geringen Resten der antiken Stadt.
Nordwestlich der Chóra liegt die größte Inselsiedlung Áno Meriá.
An der Ostküste die schwer zugänglichen Höhlen Chrisospiliá und Georgítsi mit antiken Schriftzeichen.

Phurni L 6

Griechisch

Φοῦρνοι
Fúrni

Nomos: Sámos

Schiffsverkehr

Motorboote von und nach Ikaria und Samos.

Lage und Allgemeines

Die Phurni-Inseln sind schroffelsige Eilande mit zerklüfteter, buchtenreicher Küste im Dreieck Samos–Ikaria–Patmos. Zur Gruppe gehören außer der Hauptinsel Phurni (30 km²; 1000 Bew.; 0–486 m ü.d.M.), mit gleichnamiger Ortschaft an der Westseite, die kleineren Eilande Thimena (westl.; 12 km²; bis 483 m ü.d.M.) und Ágios Minás (östl.; 5 km²; bis 250 m ü.d.M.) sowie die Felsklippen Andro, Makronisi und Diapori.

Phurni, Lage und Allgemeines (Fortsetzung)

Im Mittelalter galten die Inseln als Schlupfwinkel von Piraten, die hier von hoher Warte aus die Passage zwischen Samos und Ikaria überschauten und vorbeikommende Schiffe ausraubten. Heute leben die Bewohner von der Landwirtschaft und vom Fischfang.

Phyle H 5

Griechisch

Φυλή
Filí

Landschaft und Nomos: Attika

Lage und Allgemeines

Ein Ausflug von Athen nach Phylé führt nur wenige Kilometer außerhalb der Großstadt in die attische Landschaft um ein Marienkloster und eine der alten attischen Grenzfestungen.
Athen auf der Liossíonstraße (vom Hauptbahnhof nordwestwärts) verlassend, erreicht man Anó Liossía (13 km), das Dorf Phylí (18 km, bis dahin Bus) und das einsame Kloster Panagía ton klistón (22 km). Es hat seinen Namen 'Muttergottes der Schluchten' nach seiner Lage an einer Felswand oberhalb der Schlucht des Gúlasflusses im Gebiet des Párnisberges. Vermutlich im 14. Jh. gegründet, wurden Kirche und Zellentrakte in späterer Zeit ausgebaut. Talaufwärts gibt es eine antike Grotte des Hirtengottes Pan, vor der die Komödie "Dyskolos" von Menander spielt.
Man kann noch wenige Kilometer weiterfahren, bis man links die Mauern der antiken Festung Phyle sieht.

Geschichte

Nach dem Peloponnesischen Krieg legte Athen eine Reihe von Grenzfestungen an, die das Land gegen Einfälle aus den westlich angrenzenden Landschaften Megaris und Böotien sichern sollten. Ihre Reihe begann mit der befestigten Stadt ⟶ Eleusis, setzte sich mit der Burg Anakton und dem Ort Oinoe am Kithairon (nordwestlich von Eleusis) fort und zog dann in östlicher Richtung über Phýle, Dekeleia und Áphidna zur Küstenfestung ⟶ Rhamnús.

Als Antwort auf eine dieser Festungen, Ánakton, errichtete Mégara an dem nördlichsten Punkt seines Gebietes in Aigósthena eine Gegenfestung (⟶ Pórto Germenó).

Sehenswertes

Phyle erhebt sich auf einem dreieckigem Plateau in 683 m Höhe an dem Paß, durch den – westlich am Párnis vorbei – der Weg von Athen nach Tánagra in Böotien verlief. Es hatte hier vermutlich eine ältere Burg gegeben, in der Thrasybulos 403 v. Chr. seine Anhänger zum Angriff auf die 30 Tyrannen Athens sammelte.

Burg

Von der im 4. Jh. v. Chr. entstandenen Burg, die Skias 1900 ausgegraben hat, ist der West- und Südwestteil in die Schlucht abgestürzt. Doch sind auf größere Strecken die Quadermauern mit vier Türmen und zwei Toren noch bis zur Höhe des Wehrganges erhalten. Die Quader sind 2,75 m breit und 38 cm hoch, sie erreichen 6–20 Lagen. Das Innere wurde in späterer Zeit bis zur Mauerhöhe aufgefüllt.

Umgebung von Phyle

Achárnä

Auf dem Rückweg in Richtung Athen kann man in Anó Liossía nach links abbiegen und kommt nach 3 km nach Achárnä an der Straße zum ⟶ Párnes.
Dieser seit mykenischer Zeit besiedelte Ort, Schauplatz der Komödie "Die Acharner" des Aristophanes, war in klassischer Zeit eine wichtige attische Gemeinde. 3 km vor dem Ort liegen links der Straße auf der Höhe unweit eines mykenischen Kuppelgrabs Reste der späteren Befestigung.

Pindos E–G 3–5

Griechisch

Πίνδος
Píndos

Lage und Allgemeines

Das mächtige Hochgebirge des Pindos durchzieht Griechenland in Nord-Süd-Richtung von der albanischen Grenze (Grámmos und Smólikas, 2529 bzw. 2637 m) bis zu Vardússia (2437 m), Ghióna (2510 m) und Parnaß (2457 m) unweit des Korinthischen Golfs in mehreren Ketten, die meist über 2000 m hoch sind. Dünn besiedelt, ist es mit Hochwald und Sommerweiden oberhalb der Baumgrenze in großen Teilen ein Land der Hirten, das lediglich durch die beiden Straßen Ioánnina–Kalambáka und Karpeníssi–Lamía durchquert wird. Der Píndos ist die Wasserscheide zwischen dem Ionischen Meer, dem die Flüsse Thyámis, Acheron, Árachthos und Achelóos zufließen, und der Ägäis, die Peneios und Sperchiós aufnimmt.

Piräus – Zentralhafen bei Sonnenuntergang

Piräus – Jachthafen Zea

Piräus H 6

Πειραιάς
Piräás

Griechisch

Nomos: Attika
Höhe: 0–15 m ü.d.M.
Einwohnerzahl: 500000

Der Piräus (altgriechisch Peiraieus), der gemeinsam mit der benachbarten Millionenstadt → Athen ein Ballungszentrum bildet, ist als größter Hafen Griechenlands ein bedeutender Wirtschaftsfaktor. Hier ist auch der Ausgangspunkt für Schiffsrouten nach den Häfen des übrigen Europa sowie nach dem Nahen Osten, ferner für die meisten innergriechischen Linien – nicht zuletzt zu den zahlreichen Inseln, deren viele geschätzte Touristenziele bilden.

Geschichte

Themistokles war es, der 482 v. Chr. den Piräus zum Athener Handels- und Kriegshafen ausbaute. Die Stadt wurde durch die 'langen Mauern' mit Athen verbunden und in Perikleischer Zeit nach dem rechtwinkligen System des Hippodamos von Milet angelegt. Mit der Zerstörung durch Sulla 86 v. Chr. verlor der Piräus seine Bedeutung. Im Mittelalter hieß er Porto Leone nach einem marmornen antiken Löwen an der Hafeneinfahrt, der sich seit 1682 vor dem Arsenal in Venedig befindet.

Der erneute Aufschwung des Piräus begann nach dem Freiheitskampf im 19. Jh., als Schaubert den modernen Stadtplan – rechtwinklig wie den antiken – entwarf.

Stadtplan

Bemerkenswertes

Hafenanlagen

Heute werden außer dem Haupthafen Kantharos auch die kleineren antiken Häfen an der Ostseite mitbenutzt: Bassalimáni (antik Zéa) und Turkolímano, neuerdings Mikrolímano (antik Munychia).

Neue Hafenanlagen zur Entlastung des Piräus entstehen an der Reede von Pháliron, wo schon – vor der Anlage des Piräus – der älteste Hafen Athens gelegen hatte.

Die moderne Stadt präsentiert sich mit dem Akkord von betrieb-

Stadtplan

samem Hafen, urbanem Leben und spezifischer Atmosphäre, die man am Haupthafen, am Mikrolimano mit seinen Tavernen oder am Kóraisplatz (auf der Höhe dazwischen) erleben kann.

Hafenanlagen (Fortsetzung)

Antike Überreste

Aus der Antike haben sich Reste von Schiffshallen erhalten, die man im Wasser der Hafenbecken der Ostseite sehen kann; ferner das hellenistische Theater (2. Jh. v. Chr.) nahe dem Archäologischen Museum. Die Stadtmauer Konons (394–339 v. Chr.) ist in Teilen noch an der Südwestspitze vorhanden.

Piräus, (Fortsetzung)
*Schiffahrtsmuseum

Sehenswert ist auch das Schiffahrtsmuseum, ein Halbkreisbau am südlichsten Ende von Zéa, wo die alte Hafenbucht in die neue Marína Zéa übergeht. Übersichtlich ist hier die Entwicklung der griechischen Seefahrt seit der Antike dargestellt.

Platää H 5

Griechisch

Πλαταιές
Platäés

Landschaft und Nomos: Böotien

Lage und Allgemeines

Man erreicht Platää von → Theben aus auf der alten Straße nach Athen. 2 km hinter Theben zweigt links der Weg zum Gelände der Schlacht von Leuktra ab, wo Epameinondas 371 v. Chr. die Spartaner besiegte (16 km, Fragmente eines Tropaions der Thebaner). 11 km von Theben kommt man nach Erithrä, wo rechts die Straße nach Platää abbiegt (5 km).

Geschichte

Bei Platää fand 479 v. Chr. die letzte Schlacht auf griechischem Boden im Verlauf der Perserkriege statt. Der persische Befehlshaber Mardonios verlor gegen die verbündeten Griechen Leben und Schlacht, die Bedrohung Griechenlands durch die Großmacht Persien war endgültig abgewehrt. Zur Erinnerung stifteten die beteiligten griechischen Staaten die bronzene Schlangensäule, die einen Dreifuß trug, in das Apollonheiligtum von Delphi (heute auf dem Hippodrom von Istanbul), und im Abstand von vier Jahren hielt man die Freiheitsspiele (Eleutheria) ab.

Bemerkenswertes

Die antike Stadt lag am Nordhang des Kithäron beim heutigen Dorf Kókla. Amerikanische Archäologen und der Grieche Skias stellten 1890 bzw. 1899 die Mauern um den flachen ovalen Akropolishügel fest, an die sich weitere Mauern anschließen. Agorá und Tempel fanden sich südlich dieses Stadtzentrums. Plataiai hatte sich mit 1000 Kämpfern an der Schlacht von Marathon beteiligt. Verschiedentlich zerstört und wiederaufgebaut, bestand es bis in römische und byzantinische Zeit.
Die Schlacht von 479 v. Chr. fand nordöstlich in der Ebene zum Assoposfluß statt.

Poros H 6

Griechisch

Πόρος
Póros

Nomos: Attika
Höhe: 0–345 m ü.d.M.
Bewohnerzahl: 4000
Hauptort: Póros

Schiffsverkehr

Linienschiffe von und nach Athen (Piräus) 6–10mal täglich in 2½ Stunden.
Tragflügelboot von Piräus (Zéa) mehrmals täglich in 65 Minuten.

Poros – Hauptort der gleichnamigen Insel

Schiffsverkehr (Fortsetzung)

Regelmäßiger Pendelverkehr zum Festland nach Galatas.
Lokale Verbindung mit Hydra/Spetsä, Ägina sowie mit der Halbinsel Methana.

Lage und Allgemeines

Poros, das antike Kalaureia, liegt im Südwesten der Halbinsel Methana (Peloponnes) und ist durch einen 250 bis 1000 m breiten, 1,5 km langen und bis zu 4 m tiefen Sund von der Nordküste der Argolis getrennt. Es trägt größtenteils schütteren Wald und Macchie. Die Bewohner, teils albanischer Abstammung, leben von den landwirtschaftlichen Erträgen der zu Poros gehörenden fruchtbaren Küstenstriche auf dem Festland sowie zunehmend vom Fremdenverkehr.

Geschichte

Bereits in mykenischer Zeit gab es eine Stadt im Gelände des späteren Poseidontempels. Die antike Stadt wurde nach der römischen Zeit verlassen, die heutige entstand erst im späteren Mittelalter. Hölderlin pries in seinem "Hyperion" 'die Wälder und geheimen Tale' von Kalaureia, der Heimat seiner Diotima.

Sehenswertes

Póros

Der Hauptort Póros (4300 Einw.; Marineschule) liegt reizvoll auf dem antiken Sphäria, dem südlichsten, durch die schmale Landzunge Bísti mit der Hauptinsel verbundenen Teil vulkanischen Ursprungs. Er war im 18./19. Jahrhundert Hauptkriegshafen an der Südostküste Griechenlands.

5 km nordöstlich der Stadt findet man geringe Spuren des Poseidonheiligtums (6. Jh. v. Chr.), welches den Mittelpunkt der 'kalaurischen Amphiktyonie' (Kultgemeinschaft) der Seestädte am Saronischen und

Poros, Sehenswertes (Fortsetzung)

Argolischen Golf bildete. In diesem Heiligtum gab sich der vor den Schergen des Reichsverwesers Antiparos von Makedonien fliehende Demosthenes durch Gift den Tod (322 v. Chr.). Zahlreiche Gebäudereste in der Umgebung lassen hier die alte Stadt Kalaureia vermuten.

Kloster Zoodóchos Pigí

Etwa 4 km östlich der Stadt Póros liegt das Kloster Zoodóchos Pigí (18. Jh.).

*Zitronenhain

Gegenüber der Insel, auf dem Festland, erstreckt sich der zu Poros gehörende Zitronenhain Lemonodásos (30 000 Bäume).
Etwa 10 km westlich davon liegen bei dem Dorf Damalás die geringen Überreste der uralten Stadt Troizén, die Schauplatz der Sage von Hippolytos und Phaidra war.

Porto Cheli H 6

Griechisch

Πόρτο Χελι
Pórto Chéli

Landschaft: Peloponnes
Nomos: Argolis
Einwohnerzahl: 750

Verkehr

Das Feriengebiet von Pórto Chéli hat Flugverbindung mit Athen; es ist vom Piräus durch Schiffe und von Marína Zéa aus mit Hydrofoilbooten erreichbar.

Lage und Allgemeines

Der kleine Hafen nahe der Südspitze der argolischen Halbinsel liegt gegenüber der Insel ⟶ Spétsä inmitten eines großen Feriengebietes am Meer. Dieses beginnt mit Saládi im Nordwesten, setzt sich mit Pórto Chéli, Kósta, Petrothálassa, Ermióni und Plépi gegenüber der Insel ⟶ Hydra fort und zieht sich bis nach Galatás an der Nordküste (gegenüber Póros) hin.

Porto Germeno H 5

Griechisch

Πόρτο Γερμενό
Pórto Jérmeno

Nomos: Attika
Höhe: 10 m ü.d.M

Verkehr

Busverbindung mit Athen.

Lage und Allgemeines

Pórto Germenó ist eine Siedlung mit breitem Strand in der Nordostecke des Golfes von Korinth am Südhang des Kithärongebirges. Es liegt an der Stelle der Festung Aigósthena, einem Exempel des Festungsbaues der Griechen um 300 v. Chr.

Bemerkenswertes

Man erreicht Pórto Germenó, indem man die Straße Eleusis–Theben benutzt. 3 km hinter Inói – bei der attischen Grenzfeste Pánakton, deren mit 7 Toren versehene, mit Türmen verstärkte Quadermauer noch bis zum Wehrgang aufrecht steht (nach 346 v. Chr.) und schon von der

Porto Germeno

Porto Germeno, Bemerkenswertes (Fortsetzung)

Straße aus einen bedeutenden Eindruck macht – biegt links die Straße ab, die über Vília nach 23 km nach Pórto Germenó führt. Diese von Mégara errichtete und gegen die attische Grenzfeste Pánakton gerichtete Anlage ist in ansehnlichen Resten östlich des Dorfes erhalten. Eine doppelte Mauer umgibt die Akropolis, jeweils im Abstand von 48 m von Türmen verstärkt. Auf der Westseite ist eine Sperrmauer von der Akropolis bis ans Meer gezogen. Innerhalb dieser Mauer befinden sich die Reste einer fünfschiffigen frühchristlichen Basilika, die später von einer Klosterkirche überbaut wurde. Die Mauern sind meist aus polygonalen Blöcken errichtet. Das Tor zur Akropolis liegt an der Westseite; von dort schräg rechts aufwärtsgehend, kommt man zum imposanten Südostturm.

Porto Raphti

I 6

Griechisch

Πόρτο Ράφτη
Pórto Ráfti

Nomos: Attika
Höhe: 5 m ü.d.M.

Lage und Allgemeines

Pórto Ráphti, ein hübscher kleiner Hafenort in einer Bucht der Ostküste von Attika, heißt 'Schneiderhafen', weil man in einem marmornen römischen Sitzbild auf dem Felskegel vor der Hafeneinfahrt einen sitzenden Schneider sah.

Geschichte

Der antike Vorläufer dieses Ortes war Prasiai auf dem Hügel Koroni am Südostende der Bucht; im 7. und 6. Jh. v. Chr. wichtig für die Schiff-

Porto Raphti (Fortsetzung)

fahrt zwischen Attika und den Inseln, erhielt er die heute sichtbaren Ringmauern jedoch erst im dritten vorchristlichen Jahrhundert.

Umgebung von Porto Raphti

Auch die weitere Küstenlandschaft weist eine Reihe von antiken Siedlungen auf. Im Norden der Bucht von Pórto Ráphti lag Steiria, zu dem eine Nekropole aus mykenischer Zeit in der Gemarkung Peráti gehört (Funde im Museum von ⟶ Brauron, 9 km nördlich von Porto Raphti).

Merénda

Landeinwärts bei Merénda wurden eine jüngere Nekropole (8.–4. Jh. v. Chr.) gefunden, außerdem der Kuros und die Kore von Marénda, die jetzt im Nationalmuseum in ⟶ Athen stehen.

Lútsa

Weitere 9 km nach Norden liegt Lútsa, wo hinter den Dünen ein dorischer Tempel des 4. Jh.s v. Chr. festgestellt wurde. Er war wahrscheinlich jener Artemis Tauropolos geweiht, für die Orest, mit seiner Schwester Iphigenie aus dem Taurerland zurückgekehrt und in Brauron gelandet, laut Euripides hier einen Tempel errichtete. Lútsa ist das alte Halai Araphenides, für das außer einem Artemisfest (Tauropolia) eines für Dionysos inschriftlich gesichert ist.

Raphína

9 km nördlich von Lútsa liegt der Hafen Raphína, in dessen Namen der des antiken Araphen sich erhalten hat. Raphina ist der Hafen für lokale Schiffe nach Marmári und Kárystos auf Euböa sowie zu den Inseln Ándros, Tínos, Kéa, Mýkonos und Sýros.

Kerátea
Thorikós

Südlich von Pórto Ráphti erreicht man Kerátea bzw. Kakí Thálassa (25 km) und links der Straße nach Lávrion die Stelle des antiken Thorikós (28 km), dessen Berg die Bucht von Lavrion im Norden begrenzt und zum Schutz gegen die Perser 490 v. Chr. befestigt worden ist. Zwei Kuppelgräber (zwischen den beiden Gipfeln und am Osthang) gehören zur bronzezeitlichen mykenischen Siedlung.

*Theater

Der auffallendste Bau ist das zu einem Dionysosheiligtum gehörende Theater (5.–4. Jh. v. Chr.). Es wirkt altertümlich, denn seine Orchestra ist weder rund noch halbrund, sondern fast rechteckig, und die Zuschauerreihen weichen dementsprechend von der üblichen Zirkelform ab. Links vor dem Zuschauerraum lag ein kleiner Dionysostempel, rechts gibt es zwei ältere Felskammern.

Preveza E 5

Griechisch

Πρέβεζα
Préwesa

Nomos: Preveza
Höhe: 10 m ü.d.M.
Einwohnerzahl: 12700

Verkehr

Fährschiffe nach Áktion (stündlich); dort auch Flughafen.
Bootsverbindung mit Lefkás.
Jachtversorgungsstation.

Lage und Allgemeines

Die Hafenstadt Préveza liegt am Nordufer der nur 350 m breiten Einfahrt in den Golf von Árta (Ambrakischer Golf), und diese Lage macht den Reiz der Stadt aus.

Preveza (Fortsetzung)
Geschichte

Hier gründete König Pyrrhos von Epiros um 290 v. Chr. eine Stadt, die er nach seiner Schwiegermutter Berenike, Gemahlin des ägyptischen Herrschers Ptolemaios I., Berenikia nannte. 31 v. Chr. fand südlich der Stadt die Schlacht von Aktion statt, zu deren Gedächtnis ⟶ Nikópolis gegründet wurde. Im späteren Mittelalter entstand die neue Stadt Préveza, die 1499 venezianisch wurde. Aus dieser Zeit stammt ein Kastell, von dem aus man die Golflandschaft überblickt; es ist der einzige größere Rest der sonst verfallenen Befestigungen. 1797 traten Franzosen an die Stelle der Venezianer, doch wurden sie schon 1798 von Ali Pascha vertrieben. Seit 1912 ist Préveza griechisch.

Umgebung von Préveza

⟶ Nikópolis (6 km nördlich), ⟶ Vónitsa auf dem Südufer des Golfes (15 km), Insel ⟶ Lefkás (20 km).

Psara

K 5

Ψαρά
Psará

Griechisch

Nomos: Chíos
Inselfläche: 40 km²
Höhe: 0–564 m ü.d.M.
Bewohnerzahl: 500
Hauptort: Psará

Hafenbuch von Psara

Psara, Schiffsverkehr

Lokale Verbindung mit Chios.

Lage und Allgemeines

Die karge Felsinsel Psara, das antike Psyra (mykenische Grabfunde), erstreckt sich 18 km (10 sm) nordwestlich von → Chios. Der gleichnamige Hauptort liegt unterhalb der mittelalterlichen Festung an der Südküste, das Kloster Kimýseos Theotóku im Nordosten.

Die heute ärmliche Insel war im 18. Jh. zu beachtlichem Wohlstand gelangt, als die Nachkommen der im 16. und 17. Jh. eingewanderten Albaner sie nach Hydra und Spetsä zur dritten Seemacht der Ägäis machten. Verfallene Herrenhäuser und Windmühlenstümpfe auf den Anhöhen zeugen von jener Zeit, da Psara rund 20000 Bewohner zählte. Den erbitterten Widerstand der Patrioten gegen die Türken vergalten diese durch eine blutige Invasion und völlige Entvölkerung der Insel. Seit der Angliederung an Griechenland wurde Psara von Chios aus neuerlich besiedelt. Die Bevölkerung lebt von Landwirtschaft und Seefahrt.

Antipsara

Südwestlich von Psara liegt das kleinere Eiland Antipsara.

Pylos

F 7

Griechisch

Πύλος
Pílos

Nomos: Messenien
Höhe: 20 m ü.d.M.
Einwohnerzahl: 2100

Pylos an der Bucht von Navarino

Verkehr

Busverbindung mit Kalamáta und Athen.

**Lage und Allgemeines

Mit dem Namen Pýlos verbinden sich die Erinnerungen an den mykenischen Helden Nestor, an die Seeschlacht von Navarino und – nicht zuletzt – das Bild einer der faszinierendsten Landschaften: die Bucht von Navarino.

Die Bucht von Navarino – der Name entstand durch Verballhornung des byzantinischen Wortes Ton Avarinon (= der Awaren) nach slawischen Einfällen – ist der einzige große Naturhafen an der Peloponnes-Westküste. Sie wird nach dem Meer hin abgeschlossen durch die Insel ⟶ Sphaktiría, ein gigantisches Felsenriff, 4600 m lang und 135 m hoch. Die Haupteinfahrt im Süden ist 1200 m breit, doch durch das Inselchen Pýlos und kleine Riffe eingeengt. Nur 100 m breit ist die versandete Sykia-Enge im Norden, zwischen Sphaktiría und dem 250 m hohen Koryphásion-Berg, an den sich die Lagune von Osman Aga anschließt.

Geschichte

Das Königreich Pýlos wurde in mykenischer Zeit von Neleus erobert und gehörte dann seinem jüngsten Sohn Nestor. 1939 entdeckte Carl Blegen bei Epáno Englianós einen Palast, der in diese Zeit gehört.
Im 7.–6. Jh. v. Chr. wurde eine dorische Siedlung Pýlos am Koryphásion-Berg nördlich der Bucht gegründet. 425 v. Chr., im Peloponnesischen Krieg, wurde diese von Athenern besetzt, die auch die Insel Sphaktiría eroberten und die dort liegenden Spartaner gefangennahmen.
Im 13. Jh. baute der Kreuzfahrer Nicolas de St. Omer hier eine Burg, die später von Venezianern und Türken besetzt wurde (Paläókastro, die alte Burg). 1573 bauten die Türken eine neue Burg (Neókastro) auf der Höhe Agios Nikólaos im Süden der Bucht, in der 1825 Ibrahim Pascha bei seinem Kampf gegen die Griechen sein Quartier aufschlug.

Stadtbild

Am Fuße der Höhe Agios Nikólaos entstand – an einem in antiker Zeit nicht besiedelten Platz – die heutige Stadt Pýlos. Ihre auffallendsten Kennzeichen sind die Arkadenhäuser an der Platía und die alte Platane, deren weitgespannte Krone diesem Platz, und damit den Gästen der Kaffeehäuser und Tavernen, Schatten spendet. Der Platz heißt Platía Trión Navárchon nach den drei siegreichen Admirälen der Schlacht von 1827, dem Engländer Codrington, dem Franzosen de Rigny und dem russischen Grafen von Heyden, deren Gedenken auch ein Monument am Rand des Platzes wachhält. Erinnerungsstücke an die Schlacht finden sich im kleinen Museum (am Weg zur Burg), das außerdem einige sehr schöne Antiken (Keramik, Goldschmuck) bewahrt.

Seeschlacht von Navarino

Die europäische vereinigte Flotte lief am 20. Oktober 1827 zu einer Machtdemonstration in die Bucht von Navarino ein, doch löste ein Schuß der dort liegenden türkisch-ägyptischen Flotte die von den Kabinetten nicht geplante Schlacht aus, in der die Türken 58 von 87 Schiffen verloren. Ihre Überreste sind bei ruhiger See auf dem Grund der Bucht zu sehen. Damit erhielt der griechische Freiheitskampf den entscheidenden neuen Impuls auf dem Weg zum Erfolg.

Für die Gefallenen errichtete man Denkmäler: für die Briten auf der Schildkröteninsel (Chelonáki) inmitten der Bucht, für die Russen auf der Insel Sphaktiría, für die Franzosen auf dem südlich anschließenden Eiland Pýlos.

Umgebung von Pylos

Sphaktiría

Von der Stadt kann man im Motorboot nach ⟶ Sphaktiría fahren und von der Lände Panagúla zur vor einigen Jahren von den Sowjets restaurierten Kapelle aufsteigen. – In die venezianische Epoche führt eine Fahrt zur Festung ⟶ Methóni (12 km südlich).

Methoni

Koryphásion

Mittelalterliche Burgruinen über antiken Grundmauern sieht man auf dem Koryphásion (9 km, Aufstieg 30 Min., Aussicht, am Nordhang die 'Grotte des Neleus'). Am Fuß dieses Berges lag der mykenische Hafen.

*Palast des Nestor

Der mykenische Palast bei Epáno Englianós (18 km nördlich) ist zwar nicht so imposant wie Mykene selbst oder Tiryns, da ihm die kyklopischen Burgmauern fehlen (es ist der einzige unbefestigte mykenische Palast!); doch ist die Palastanlage im Grundriß so deutlich, daß der Besuch überaus instruktiv ist. Die Lage von Nestors Burg war schon im Altertum umstritten. Die amerikanischen Grabungen von 1939 und nach 1952 haben indessen sehr wahrscheinlich gemacht, daß der von ihnen erforschte Palast der des homerischen Helden Nestor war. Es gibt älteste Reste (vor 1300 v. Chr.), einen älteren Palast (1280 v. Chr.) und den jüngeren Palast (1250, zerstört 1200/1190 v. Chr.) – diese Daten passen zur Überlieferung von der Eroberung durch Neleus, seinem Palast und dem seines Sohnes Nestor.

Grundriß

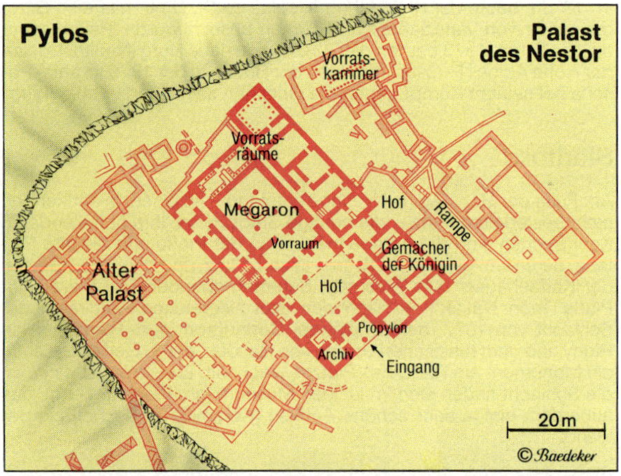

Teile des alten Palastes sieht man im Westen. Vollständig erhalten ist der Grundriß des jüngeren Palastes. Er ist jetzt mit einem Schutzdach versehen, seine Räume sind beschriftet. Auf das Propylon, neben dem Archivräume lagen, folgt ein Hof und dann das Zentrum der Anlage: das Megaron mit zwei Vorhallen und dem 11,20 x 12,90 m großen Saal, in dessen Mitte der runde, mit bemaltem Stuck versehene Herd (Durchmesser 4 m) und an der rechten Wand die Stelle des Thrones zu erkennen sind. Eine Eintiefung im Boden neben dem Thron deutet auf Trankopfer hin.
Vom Hof rechts führt ein Propylon zu einem Gang, an dem neben einer Treppe zum Obergeschoß Räume für die Königin oder für Gäste lie-

Palast des Nestor – Herd im Megaron ...

... und Badewanne

Pylos, Umgebung, Palast des Nestor (Fortsetzung)

gen. In einem der Räume ein kleinerer runder Herd, im nächsten eine tönerne Badewanne. Andere Räume neben und hinter dem Megaron dienten als Warenlager oder Vorratskammern (Ölpithoi in situ). Nordöstlich des Palastes sieht man ein Kuppelgrab; am Fuß des Palasthügels wurden Unterstadt und Gräber freigelegt. Tritt man aus dem Inneren des Palastes wieder vor das Propylon, so blickt man über die milde, grüne Landschaft bis zur Bucht von Navaríno.

Museum

Die Funde aus dem Nestor-Palast – u. a. Täfelchen mit Linear-B-Schrift, Goldschmuck, Fragmente bedeutender Wandmalereien, Keramik – befinden sich im Museum des Dorfes Chóra (3 km nördlich).

Pyrgos F 6

Griechisch

Πύϱγος
Pírgos

Nomos: Elis
Höhe: 23 m u.d.M.
Einwohnerzahl: 23000

Verkehr

Pýrgos ist Station der Peloponnesbahn Athen–Pátras–Kalamáta und der Stichbahnen nach Olympia und Katákolo. Es hat Busverbindung mit Athen und Pátras.

Lage und Allgemeines

Die geschäftige Handelsstadt Pyrgos in der westpeloponnesischen Landschaft Elis liegt vermutlich an der Stelle des antiken Letrinoi. Meist wird sie nur auf der Fahrt nach dem nahen → Olympia (21 km) besucht.

Katákolo

Der Hafen von Pýrgos ist Katákolo (13 km; Sand- und Kiesstrand) an der Stelle des antiken Hafens Pheia, über dessen Akropolis die Villehardouins im 13. Jh. eine Burg (Póndiko Kástro) errichteten. Gute Bademöglichkeiten gibt es nördlich von Katákolo in Richtung auf → Kyllíni.

Rhamnus I 5

Griechisch

Ραμνούς
Ramnús

Landschaft und Nomos: Attika

Lage und Allgemeines

Rhamnus ist eine antike Stadt und Küstenfestung an der Nordostküste von Attika gegenüber der Insel Euböa. Man erreicht Rhamnús von → Marathón über Káto Súli (8 km), bei der Abzweigung nach Agía Marína (5 km, rechts) geradeaus und dann noch 2 km.

Tempelanlage

Von Süden ankommend, betritt man die Terrasse des Heiligtums für Themis und Nemesis, die Göttinnen der menschlichen Ordnung und der Vergeltung. Unmittelbar neben einem der Themis geweihten Antentempel aus polygonalem Kalksteinmauerwerk (gegen 500 v. Chr.), für den Agorákritos das Kultbild geschaffen hatte, steht der größere Nemesistempel, ein dorischer Peripteros aus Marmor mit 6:12 Säulen, der um 430 v. Chr. begonnen wurde, aber – wie die Bearbeitungs-

Reste des Nemesis-Tempels in Rhamnus

Rhamnus, Tempelanlage (Fortsetzung)

spuren zeigen – unvollendet blieb. Vor diesem Tempel erkennt man den Altar.
Von der Tempelterrasse hat man einen weiten, sehr schönen Blick über das Stadtgebiet, das heute in einem mit Macchia bestandenen Gelände liegt, über den Meeresarm und die Berge von Euböa.
Ein von Gräbern gesäumter Fußweg führt abwärts zum Meer, an dem sich der Akropolishügel erhebt. Die Umfassung ist an der Ostseite zu erkennen, ein Theater an der dem Meer zugewandten Seite.

Rhodos

M/N 7/8

Griechisch

Ρόδος
Ródos

Nomos: Dodekanes
Inselfläche: 1398 km²
Höhe: 0–1215 m ü.d.M.
Bewohnerzahl: 91 000
Hauptstadt: Rhódos

Flugverkehr

Flughafen 16 km südwestlich der Stadt Rhódos.
Linienflüge von und nach Athen mehrmals täglich in 55 Minuten; von und nach Saloniki zweimal wöchentlich in 70 Minuten; von und nach Kreta (Iráklion bzw. Sitía) mehrmals wöchentlich in 40 Minuten; von und nach Karpathos zweimal täglich in 45 Minuten; von und nach Kasos täglich in 80 Minuten; von und nach Kos mehrmals wöchentlich in 30 Minuten; von und nach Kastellorizo mehrmals wöchentlich in 45 Minuten. Ferner Direktflüge von Frankfurt am Main.

Schiffsverkehr

Linienverkehr von und nach Athen (Piräus) mehrmals täglich in 16–22 Stunden (auch Kfz-Transport); ferner von Venedig oder Ancona über Brindisi (über Dubrovnik), Korfu, Pátras (seltener) und Athen (Piräus).

Schiffsverkehr (Fortsetzung)

Lokale Verbindungen im Dodekanes: Rhodos – Symi – Tilos – Nisyros – Kos – Kalymnos – Leros – Lipsi – Patmos – Arki – Agathonisi – Samos; Rhodos – Kos – Kalymnos – Astypaläa; Rhodos – Kastellorizo; Rhodos – Chálki – Diáfani – Karpathos – Kasos.

Lage und Allgemeines

Rhodos, die 'Roseninsel' (eigentl. Hibiskus), die größte Dodekanes-Insel und nach Kreta, Euböa und Lesbos die viertgrößte Insel Griechenlands, gehört zu der Inselbrücke, die von der Peloponnes über Kreta und Karpathos nach Kleinasien hinüberführt. Diesem nähert es sich bis auf 18 km (10 sm). 78 km lang und bis zu 30 km breit, wird Rhodos von einem langen Gebirgsrücken durchzogen, der im Atáviros 1215 m ü.d.M. erreicht. Das zu den Küsten hin allmählich abfallende Gelände ist wasser- und waldreich und wird vor allem in Küstennähe landwirtschaftlich genutzt.

Vielbesuchtes **Touristenziel

Wegen seiner reizvollen Landschaft, der guten Badestrände und der vorzüglich wiederhergestellten Bauten aus der Johanniterzeit, die ein eindrucksvolles Bild abendländischer Kultur im östlichen Mittelmeerraum bieten, ist Rhodos außerordentlich besuchenswert und daher auch schon seit langem vom Tourismus erobert. In und um die Stadt Rhódos hat sich eine der größten Hotelkonzentrationen Griechenlands entwickelt. Abseits der großen Touristenattraktionen ist die Insel aber auch heute noch relativ unberührt, besonders in ihrem südlichen Teil.

Geschichte

Die Insel Rhodos war bereits in der Jungsteinzeit besiedelt, die kulturelle Blüte begann jedoch erst mit der Kolonisierung durch dorische Griechen; ihre drei Städte Líndos, Ialysós und Kámeiros gehörten der Hexapolis (dorischer Sechsstädtebund) an, die im 6. Jh. v. Chr. den Persern untertan wurde.

Im 5. Jh. v. Chr. war Rhodos dem Attischen Seebund angeschlossen. Um 408 v. Chr. wurde nach dem Plan des berühmten Städtebauers Hippodamos von Milet die neue Hauptstadt Rhodos angelegt, die im 4. Jh. v. Chr. als Handelsplatz selbst Athen überflügelte. Wahrzeichen des reichen, unabhängigen Inselstaates war der zu den Sieben Weltwundern gezählte Koloß von Rhodos, eine etwa 32 m hohe Bronzestatue des Sonnengottes Helios, die zwischen 304 und 292 v. Chr. von Chares von Lindos gegossen und auf einem 10 m hohen Steinsockel vermutlich am Hafen von Rhodos als Leuchtturm aufgerichtet wurde, aber schon um 225 v. Chr. bei einem Erdbeben umstürzte. Die Vermutung, ein 1987 im Meer aufgefundener Steinblock sei ein Fragment der Statue, hat sich als falsch erwiesen.

Nach Ausbreitung der Herrschaft der Römer im Orient ging die Bedeutung des Handels von Rhodos (lat. Rhodus) zurück, doch blieb die Stadt weiterhin ein Kulturzentrum mit bekannten Rhetorenschulen (von Cicero und Caesar besucht) und einer bedeutenden Bildhauerschule, in der u.a. um 50 v. Chr. die berühmte Laokoongruppe (heute im Vatikanischen Museum, Rom) entstand.

Im Mittelalter war Rhodos Zankapfel zwischen Arabern, Byzantinern, Venezianern und Genuesen, bis es 1309 vom Orden der Johanniter erobert wurde. Die 'Rhodiser Ritter' bauten die Stadt zu einer großen Festung aus und verteidigten sie und die ganze Insel im 15. Jh. gegen Ägypter und Türken, mußten sie aber 1522 dem türkischen Sultan Suleiman dem Prächtigen überlassen. Nach fast 400jähriger Herrschaft der Türken besetzte 1912 Italien während des Tripoliskrieges die Insel (italienisch Rodi), bis sie nach dem Zweiten Weltkrieg 1947 an Griechenland kam.

1 Murad-Reis-Moschee
2 Marienkirche (kath.)
3 Mariä-Himmelfahrt-Kirche
4 Deutsches Konsulat
5 Telefon, Telegraf
6 Hafenmeisterei
7 Johanneskirche
8 Hirsch
9 Hirschkuh
10 Justizpalast
11 Griechische Nationalbank
12 Bank von Griechenland
13 Fremdenverkehrsamt Touristenpolizei
14 Autobushof
15 Taxistandplatz
16 Son et Lumière
17 Petersturm
18 Amboise-Tor
19 Kanonentor
20 Georgsturm
21 Spanien-Turm
22 Marienturm
23 Athanasios-Tor
24 Koskinu-(Johannes-)Tor
25 Italien-Turm
26 Italien-Tor
27 Katharinentor
28 Arsenaltor
29 Naillac-(Araber-)Turm
30 Paulstor
31 Freiheitstor

ALTSTADT

32 Aphrodite-Tempel (Rest)
33 Städtische Pinakothek
34 Archäologisches Institut
35 Museum für dekorative Kunst
36 Auvergne-Herberge
37 Ordenskirche (Museum)
38 England-Herberge
39 Italien-Herberge
40 Palast Villiers de l'Ile Adam
41 Frankreich-Herberge
42 Provence-Herberge
43 Spanien-Herberge
44 Türkisches Seminar (Loggia)
45 Uhrturm
46 Suleiman-Moschee
47 Türkische Bibliothek
48 Hurmale-Medresse
49 Aga-Moschee
50 Sultan-Mustafa-Moschee
51 Suleiman-Bad
52 Phanurios-Kirche
53 Redschap-Pascha-Moschee
54 Ibrahim-Pascha-Moschee
55 Handelsgericht
56 Erzbischofspalast
57 Marienburgkirche
58 Katharinenhospiz
59 Dolapli-Moschee
60 Burusan-Moschee

Stadt Rhodos

Inselhauptstadt

Die Stadt Rhódos (33000 Einw.), seit der Gründung im Jahre 408 v. Chr. Hauptstadt der Insel, an deren Nordspitze sie liegt, und heute auch Verwaltungssitz des Nomos Dodekanissu, wurde einst großzügig in rechtwinkligem Straßensystem nach dem Prinzip des Hippodamos von Milet angelegt und reichte von der Akropolishöhe im Westen bis zur Ostküste. Die wesentlich kleinere mittelalterliche Stadt folgt in einigen Straßenzügen (Ritter-, Homer-, Hippodamos- und Pythagorasstraße) noch dem antiken Straßenraster. Das Collachium der Ritter nahm den etwa rechtwinkligen nördlichen Teil ein. Der größere Südteil der ummauerten Stadt war das Wohngebiet der Griechen, der Westteil wurde zum Türken- und der kleinere Ostteil zum Judenviertel, das bis in den Zweiten Weltkrieg hinein bestand.

**Stadtmauer

Um die Altstadt, in der während der Türkenherrschaft von 1523 bis 1912 kein Christ wohnen durfte, zieht sich die prächtige, 4 km lange Stadtmauer (15./16. Jh.) mit Türmen, Bastionen und Wallgraben, die zu den gelungensten Beispielen mittelalterlichen Festungsbaus gehört. Besonders schön ist das 1512 unter dem Großmeister Emery d'Amboise errichtete Amboise-Tor (dabei Parkanlagen und Rehgehege) im Nordwesten sowie das Hafentor (von 1468; Marienrelief) im Nordosten am Handelshafen. Sehr lohnend ist die Umwanderung der Altstadt auf der Stadtmauer vom Vorplatz des Großmeisterpalastes aus (Zugang beim Kanonentor; nur kurzzeitig an bestimmten Tagen), aber auch der Rundgang außerhalb der Stadtmauer ist empfehlenswert.

*Amboise-Tor
*Hafentor

Handelshafen

Der Handelshafen (Emborikó Limáni; Haupthafen und Anlegestelle der Schiffe von und nach Piräus) sowie nördlich von diesem der alte

Koloß von Rhodos (Phantasiezeichnung)

Hirsch und Hirschkuh Mandraki-Hafen)

Stadt Rhodos (Fortsetzung)
Mandraki-Hafen

Mandráki-Hafen, seit Gründung der Stadt im Jahre 408 v. Chr. betrieben und heute vorwiegend Jachthafen sowie Anlegestelle für Ausflugs- und Vergnügungsboote, werden von langen Molen geschützt. Auf der Mandráki-Mole drei aufgelassene Windmühlen; auf der nördlichen Molenspitze das von den Ordensrittern errichtete runde Fort Nikólaos (um 1400; 1460 verstärkt) und ein Leuchtturm. Zu beiden Seiten der Hafeneinfahrt stehen auf Steinsäulen Hirsch und Hirschkuh, die Wappentiere der Stadt (Rotwild ist daher auf Rhodos geschützt; überzählige Tiere werden von der Stadt kostenlos an zoologische Gärten in aller Welt vergeben).
Im Osten der Altstadt liegt der Akándia-Hafen mit Werft.

*Altstadt

Durch das Freiheitstor gelangt man in die mauerumzogene, geschäftige Altstadt mit ihrem Gewirr an Gäßchen, ihren Kuppeln und Minaretten zwischen Palmen und Platanen. Am Simi-Platz befinden sich die Reste eines Aphrodite-Tempels (3. Jh. v. Chr.) und die Städtische Pinakothek (moderne Kunst). Südlich anschließend der malerische Argirokástron-Platz; in seiner Mitte ein kleiner Brunnen aus Teilen eines byzantinischen Baptisteriums. An der Westseite das ehemalige Arsenal (14. Jh.), heute Archäologisches Institut und Museum für Dekorative Kunst. Ein Durchgang führt zur Ordenskirche (links; heute Museum altchristlich-byzantinischer Kunst).

*Ordenshospital mit Archäologischem Museum

Schräg gegenüber der Ordenskirche steht das mächtige ehemalige Ordenshospital (15. Jh.; wiederhergestellt), in dem sich das Archäologische Museum befindet.
Vom Innenhof steigt man zum großen Krankensaal im Obergeschoß (kleine Kapellennische gegenüber dem Eingang, Grabsteine von Rittern). Ein Durchgang rechts führt zu den Funden aus Ialysós, Kámeiros und anderen Orten, darunter zwei archaische Kuroi (6. Jh. v. Chr.) und im selben Saal die Grabstele von Krito und Tamariste (Ende 5. Jh. v. Chr.), in einem anderen Raum eine lebensgroße Aphrodite und ein ausdrucksvoller hellenistischer Helioskopf, wieder in einem anderen Raum die kleine kauernde Aphrodite (Rhodisische Venus; 1. Jh. v. Chr.). Außerdem verdienen die reichen Keramikfunde in den an die Galerie rings um den Innenhof angrenzenden kleinen Räumen Beachtung; sie umfassen alle Epochen von der mykenischen Zeit an und bieten besonders schöne Beispiele rhodisischer Keramik.

*Ritterstraße

Nördlich vom Ordenshospital beginnt die Ritterstraße (Ódos Ippotón), mit wohlerhaltenem Straßenbild des 15.–16. Jh.s eine Hauptsehenswürdigkeit von Rhódos. An ihr lagen die meisten 'Herbergen', d.h. die Versammlungshäuser der einzelnen Landsmannschaften des Johanniterordens; am schönsten rechts die Auberge de France (1492–1503). Am Westende der Straße rechts auf dem höchsten Punkt der Stadt der Großmeisterpalast, ursprünglich ein Kastell mit dreifachem Mauerring, der nach schwerer Beschädigung durch die Türkenbelagerung und 1856 infolge einer Explosion fast völlig vernichtet war und während der italienischen Besetzung (1912–1943) nach alten Plänen wiederaufgebaut wurde (faschistische Gedenktafel am Eingang). Die Ausstattung der Innenräume entspricht nicht dem ursprünglichen Zustand. Besonders beachtenswert sind zahlreiche Kieselmosaikfußböden von der Insel Kos. An der Nordostseite des Palastes ein schöner Park (Zugang von der Papagós-Straße; im Sommer Licht-und-Klang-Veranstaltungen). An der Südwestecke des Großmeisterpalastes das Kanonentor (Antoniustor), von wo man auf die Stadtmauer gelangen kann.

*Großmeisterpalast

Suleiman-Moschee

Südlich vom Großmeisterpalast der markante Uhrturm (19. Jh.). Noch weiter südlich die Suleiman-Moschee (schönes Renaissanceportal),

Großmeisterpalast

Ritterstraße

Stadt Rhodos, Suleiman-Moschee (Fortsetzung)

die größte Moschee der Insel. Südlich gegenüber die Türkische Bibliothek (1794) mit kostbaren Koranhandschriften.
Von hier führt die von Basaren gesäumte, stets belebte Sokrates-Straße (Odós Sokrátus) östlich hinab durch das Zentrum der Altstadt wieder in Richtung Handelshafen. Südöstlich vom Hafentor das Handelsgericht (1507) und der Erzbischofspalast (15. Jh.) an der Nordseite des Erzbischofsplatzes mit dem hübschen Seepferdchenbrunnen.
Südlich der Sokrates-Straße ein malerisches Straßengewirr um die Fanúrios-Straße, die Homer-Straße (beide mit Schwibbögen überspannt) und die Pythagoras-Straße, mit zahlreichen Moscheen, u.a. der Ibrahim-Pascha-Moschee, der ältesten der Stadt (1531) und, gegenüber dem prächtigen, von mehreren Kuppeln überdachten Suleiman-Bad (Besichtigung und Benutzung möglich), die Sultan-Mustafa-Moschee (1765). Ferner besuchenswert in der oben genannten Fanúrios-Straße die kleine, teils unterirdisch angelegte orthodoxe Fanúrios-Kirche, ursprünglich 1335 als byzantinisches Kirchlein gegründet und unter den Türken als Moschee benutzt.
Im Westen der Altstadt, nahe dem St.-Georg-Turm, die Hurmale-Medrese, die einstige byzantinische Erlöserkirche, mit malerischem Innenhof.

Neustadt

Die Neustadt, in der die Behörden und vor allem die zahlreichen Hotels und Restaurants liegen, erstreckt sich nördlich bis nahe an die sandige Nordspitze der Insel. Am Mandráki-Hafen steht die mächtige Neue Markthalle (Néa Agorá) mit großem Innenhof. Von hier nördlich durch die Freiheitsallee (Eleftherías) am Justizpalast und der Hauptpost vorbei zur Evangelismós-Kirche (urspr. katholisch, jetzt orthodox), einer 1925 errichteten Nachbildung der alten Klosterkirche St. Johannes der Ritter, die beim Großmeisterpalast stand und der Ex-

Stadt Rhodos, Neustadt (Fortsetzung)

plosion von 1856 zum Opfer fiel. Weiter nördlich das Regierungsgebäude (Nomarchia) im venezianischen Stil, das Rathaus sowie das Theater. Nördlich dahinter die reizvolle Murat-Reis-Moschee, umgeben von dem alten Türkenfriedhof mit Gräbern und Mausoleen mohammedanischer Großer, die hier in der Verbannung starben.

An der von Stränden umzogenen Nordspitze der Neustadt ein Aquarium mit kleinem naturgeschichtlichem Museum; 500 m südlich das Spielkasino.

Etwa 2 km südlich der Altstadt, an der Straße nach Kallithéa, ein großer orthodoxer sowie ein katholischer, ein jüdischer und ein neuer türkischer Friedhof.

Rodíni-Tal

Weiter südlich, stadtauswärts das malerische Rodíni-Tal, mit Park, kleinem Zoo, Folklore-Theater und schönen Wanderwegen.

Etwa 3 km südlich der Neustadt befinden sich auf dem Stephansberg (Monte Smith, 111 m ü.d.M.; Aussicht) die Reste der antiken Akropolis mit den Trümmern von Tempeln; am Hang ein Stadion und ein Theater (restauriert).

Ialissós

Rund 15 km südwestlich von Rhódos (Autobus) erhebt sich der Hügel Filérimos (267 m ü.d.M.; Aussicht), auf dem die Akropolis der alten Stadt Ialysos, einer der drei alten Städte der Insel, stand. Der Berg wurde seit der mykenischen Zeit um 1400 v. Chr. mehrfach als Burg ausgebaut. Er war 1308 Stützpunkt der angreifenden Johanniter und 1522 derjenige der Türken. Zur Akropolis führte ein schöner, breiter Treppenweg. Auf dem Plateau sieht man die Fundamente eines Athenatempels, der im 3. Jh. v. Chr. an die Stelle eines älteren Tempels trat und in frühchristlicher Zeit von einer Kirche abgelöst wurde, an die noch ein kreuzförmiges, in den Boden eingelassenes Taufbecken erinnert. Außerdem gibt es eine kleine Kapelle mit Fresken aus dem 15. Jh. sowie, in italienischer Zeit neu angebaut, Kirche und Kreuzgang des Klosters Filérimos. Ein beschwerlicher Treppenweg führt zu einem am Hang gelegenen dorischen Brunnenhaus (4. Jh. v. Chr.) hinunter.

Von Rhódos über Kámeiros nach Líndos (111 bzw. 131 km)

Man verläßt Rhódos zunächst südwestwärts und folgt der Küste. Nach 16 km jenseits des Flughafens links eine Abzweigung (7 km) über Kalamónas ins Tal der Schmetterlinge (Petalúdes), wo im Hochsommer Tausende von braun-roten Schmetterlingen schwärmen.

*Tal der Schmetterlinge

12 km Abzweigung eines lohnenden Umweges über Émbonas.

Kámeiros

4 km Abzweigung (1,5 km) zu der teilweise ausgegrabenen antiken Stadt Kámeiros (6. Jh. v. Chr. – 6. Jh. n. Chr.), u.a. mit Tempelbezirk, Agorá, Zisternen, Bädern und Wohnvierteln.

Monólithos

Weiter auf teils prächtiger Panoramastraße über der Küste erreicht man nach 32 km Monólithos (280 m ü.d.M.) mit einer imposanten Johanniterburg südwestlich des Ortes.
Von dort noch 47 km in östlicher Richtung quer durch die Insel nach Líndos (s. S. 527).

Folgt man der oben genannten Abzweigung in Richtung Émbonas, so erreicht man nach 16 km links die Seitenstraße zum Profíti Elías (798 m ü.d.M.) mit prächtigem Rundblick.

Lindos – Strandbucht am Fuße der Akropolis

Von Rhódos über Archángelos nach Líndos (62 km)

Diese insbesondere wegen ihres Zieles Lindos sehr lohnende Route verläßt die Stadt Rhodos in südlicher Richtung und verläuft großenteils in einiger Entfernung von der Inselostküste.

Kallithéa

7 km Abzweigung links (3 km) zu dem schön inmitten prächtiger Gärten gelegenen ehemaligen See- und Thermalbad Kallithéa. Die schon im Altertum bekannten und geschätzten Thermen sind in jüngster Zeit versiegt. Die höchst sehenswerten, verfallenen Badehäuser und Kureinrichtungern wurden in den Dreißigerjahren von italienischen Architekten geschaffen.
2 km Koskinú, ein malerisch auf einer Anhöhe gelegenes Dorf mit bunten, regelmäßig zu Ostern oder Weihnachten frisch gestrichenen Häusern.
7 km Straßenteilung links (3 km) nach Faliráki (schöner Sandstrand; Keramikfabrik).
9 km Afándu (Sandstrand; große Teppichknüpferei).
6 km Kolímbia, ein Dorf mit schöner Badebucht.

Archángelos

6 km Archángelos, großer malerischer Ort, südlich überragt von einer Burgruine.
7 km Malóna, ein bescheidenes Dorf inmitten prächtiger Orangen- und Zitronenhaine.
18 km Líndos.

**Líndos

Líndos ist neben Ialysós und Kámeiros eine der drei alten Städte der Insel Rhodos, und es ist dank seiner Lage an zwei Hafenbuchten und der Verbindung von Sandstrand und bizarren Kalksteinfelsen, von weißen Wohnhäusern, mittelalterlicher Burg und antiker Akropolis die eindrucksvollste von ihnen.

Lindos (Fortsetzung)

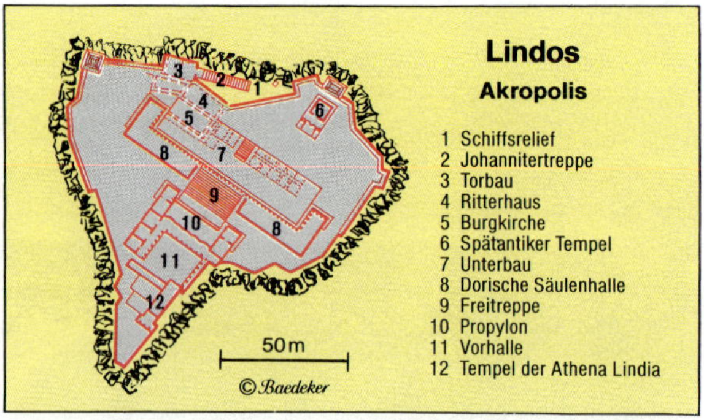

Geschichte

Funde aus neolithischer Zeit und aus mykenischen Nekropolen bezeugen die uralte Besiedlung dieses Platzes an dem einzigen Naturhafen der Insel Rhodos. Líndos, das von Homer erwähnt wird, besaß in dorischer Zeit über die Hälfte der Insel. Um 700 v. Chr. gründete es die Kolonie Gela auf Sizilien. Seine Blüte erlebte es im 7. und 6. Jh. v. Chr. unter dem zu den Sieben Weisen gezählten Tyrannen Kleobulos, der auf der Akropolishöhe einen Tempel für die Göttin von Lindos aufführen ließ. Eine wichtige historische Quelle ist die 'lindische Tempelchronik', ebenso das die Jahre 375–327 v. Chr. umfassende Priesterverzeichnis. Der Ort wurde noch im Hellenismus und bis in die spätere Römerzeit gepflegt und ausgebaut. In byzantinischer Zeit entstand auf der Akropolis eine Burg, die im 15. Jh. von den Johannitern zu einem mächtigen Bollwerk ausgebaut wurde. Im 15.–17. Jh. kamen lindische Reeder und Kapitäne zu Wohlstand, woran ihre Häuser erinnern.

Fährt man von der Stadt Rhódos nach Líndos, so passiert man kurz vor diesem einen Bergsattel, hinter dem sich ein faszinierender Blick auf Bucht, Stadt und Akropolis bietet. Fahrzeuge müssen am Eingang des Ortes Halt machen; Líndos ist Fußgängern und Eselreitern vorbehalten.

*Marienkirche

Beim Gang durch die engen Gassen der Stadt sieht man außer zahllosen Verkäufern von Handarbeiten und Keramik die typischen kubischen, weißgekalkten Häuser, dazwischen einige Kapitänshäuser, deren Natursteinfassaden mit charakteristischen Reliefdekorationen versehen sind. Links des Hauptweges zur Akropolis steht in einem Hof hinter hoher Mauer eine schöne Marienkirche, die Pierre d'Aubusson, 1476 bis 1503 Großmeister der Johanniter, für die orthodoxe Bevölkerung erbauen ließ. Sie besitzt eine reiche Bilderwand und einen der in Líndos beliebten Kieselsteinmosaikböden. Tonnengewölbe und Kuppel sind mit Wandmalereien von 1779 versehen.
Unterhalb der Stadt liegt der geschützte Hafen, an dessen Sandstrand es jetzt Tavernen und Badekabinen gibt.

Grab des Kleobulos

Auf dem Weg zum Burgberg (zu Fuß oder auf dem Esel) hat man links einen schönen Blick auf den Hafen und das nördlich von ihm auf einem Hügel gelegene Rundgrab, das als Grab des Kleobulos (6. Jh. v. Chr.) gilt.

*Akropolis

Die Akropolis selbst umschließt antike und mittelalterliche Bauten. Hinter dem äußeren Eingang kommt man zu einem über Zisternen an-

Lindos – Akropolis und ...

... Aufgang zur Zitadelle

Lindos, Akropolis (Fortsetzung)

gelegten Platz unterhalb der senkrecht aufsteigenden Felswand, an der um 180 v. Chr. zur Feier des rhodischen Seesieges ein Schiffsrelief geschaffen wurde. Auf einer langen Treppe steigt man zum Torbau hinauf, der ebenso wie die anschließenden Gebäude – Kommandantenhaus und Burgkapelle – zur Hinterlassenschaft der Johanniter gehört und von den Ausgräbern erhalten wurde.

*Tempel der Athena Lindia

Dann gelangt man zur großen Terrasse am Aufgang zum Heiligtum. Sie wird beherrscht von einer 80 m breiten, z.T. wiederaufgerichteten Säulenhalle mit vorspringenden Flügelbauten. Die Halle wurde um 200 v. Chr. vor die Akropolisbauten des 4. Jh.s v. Chr. gelegt. Diese Anlage besteht aus einer 21 m breiten Monumentaltreppe, den Propyläen, die nach Athener Vorbild fünf Durchgänge hatten, und der Tempelterrasse. Dieser oberste Platz war an allen vier Seiten von Säulenhallen umgeben, von denen noch die Fundamente erhalten sind. In seiner linken hinteren Ecke steht der Tempel der Athena Lindia, das kleine kultische Zentrum inmitten der großräumigen Gesamtkomposition. Der Tempel mißt 8 x 23 m und hat vor den beiden Schmalseiten je vier dorische Säulen (Prostylos Tetrastylos). Er wurde nach 330 v. Chr. an der Stelle des Kleobulos-Tempels aus dem 6. Jh. v. Chr. errichtet. Die ungewöhnliche Lage des Heiligtums unmittelbar am senkrechten Absturz des Burgfelsens deutet darauf hin, daß die Göttin ursprünglich in der Höhle unter dem Tempel verehrt worden ist.

Vom spitz zulaufenden Gelände hinter dem Tempel blickt man einerseits auf diese Kulthöhle, die man auch vom Ostende der großen Säulenhalle aus sehen kann, andererseits auf den kleinen, fast kreisrunden Hafen, den einzigen geschützten Naturhafen auf der Insel Rhodos. Er war im Altertum der Heimathafen der lindischen Flotte und soll der lokalen Tradition zufolge im Jahre 51 n. Chr. dem Apostel Paulus

Rhodos, Lindos (Fortsetzung)

auf der Reise von Ephesus nach Syrien Zuflucht vor einem Sturm geboten haben; seinen Ehren dient eine kleine Kapelle. Schließlich erblickt man in der Felswand hinter dem Ort ein Grab aus hellenistischer Zeit.

Alimnia und Chalki

Rhodos im Westen bis zu 65 km (35 sm) vorgelagert sind die Inseln Alimnia (25 Bew.), mit der Ruine einer Genueser Burg, sowie Chalki (3000 Bew.; Hauptort Nimborió), eine Felsinsel, die beherrscht wird von einer mittelalterlichen Burg und den Resten eines Apollo-Tempels.

Sakinthos

→ Zakynthos

Rion

F 5

Griechisch

Ρίο
Río

Landschaft: Peloponnes
Nomos: Achaia

Kastro Moreas an den Kleinen Dardanellen

Rion, Fortsetzung)
Lage und
Allgemeines

Rion, 6 km nordöstlich von ⟶ Pátras, hat seine Bedeutung durch seine Lage an der engsten Stelle des Golfs von Korinth, den 'Kleinen Dardanellen', gegenüber dem nur 2 km entfernten Antírrhion auf dem nördlichen Ufer. Es ist eine wichtige Fährstation zwischen Peloponnes und Festland (täglich viele Überfahrten).
Neben der Einschiffungsstelle steht das große Kástro Moréas (16. Jh.), das gemeinsam mit dem Kástro Rumélis von Antírrhion die Durchfahrt kontrollierte.

Salamis H 6

Griechisch

Σαλαμίνα
Salamína

Nomos: Attika
Inselfläche: 93 km²
Höhe: 0–365 m ü.d.M.
Bewohnerzahl: 20500
Hauptstadt: Salámina (Kulúri)

Schiffsverkehr

Fährverkehr (auch Kfz-Transport) von Pérama (5 km westl. von Piräus) bzw. Megálo Péfko (Mégara).

Lage und
Allgemeines

Salamis (neugriechisch Salamína), die größte Insel im Saronischen Golf, mit reich gegliederter Küste, schließt mit seinem nördlichen Teil die Bucht von Eleusis nach Süden hin ab. Die teils verkarsteten Hügel und Kalkkuppen tragen schütteren Wald; bescheidene Landwirtschaft und etwas Fremdenverkehr, besonders im Südosten und Nordwesten, können die Bewohner, meist Nachkommen albanischer Einwanderer, nicht mehr ernähren. Sie finden heute ihren Lebensunterhalt in den Industrieunternehmen (Raffinierien, Werften), die sich um den Marinestützpunkt im Nordosten der Insel und im Osten der Bucht von ⟶ Eleusis angesiedelt haben.

Geschichte

Die Insel verdankt ihren Namen ('schalâm' = Ruhe, Friede) phönikischen Siedlern aus Zypern. Lange Zeit Zankapfel zwischen Athen und

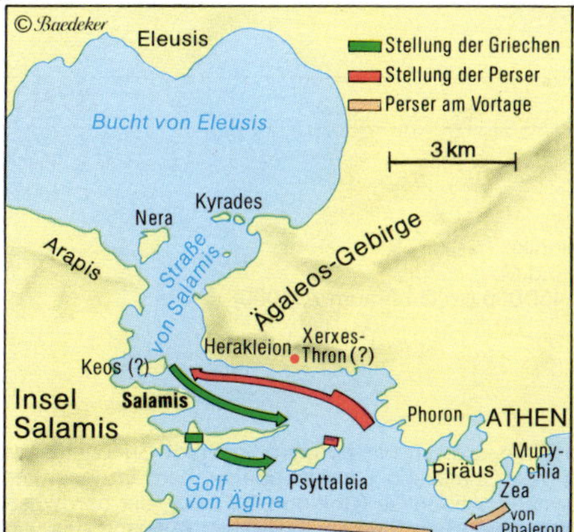

Seeschlacht bei Salamis
27./28. September 480 v. Chr.

Mit nur 378 Trieren konnte der Athener Staatsmann **Themistokles** dank der Wendigkeit der griechischen Dreiruderer und der guten Ortskenntnis ihrer für den Nahkampf ausgerüsteten Besatzung die über 1200 schwere, in der Enge kaum manövrierbare Kriegsschiffe zählende Flotte des persischen Königs **Xerxes,** der das Geschehen von einem küstennahen Hügel auf seinem goldenen Thron sitzend verfolgte, vernichtend schlagen (vgl. Bericht in dem 472 v. Chr. entstandenen Drama "Die Perser" des Dichters *Aischylos*, der an der Schlacht selbst teilgenommen hatte).

Salamis, Geschichte (Fortsetzung)

Megara, wurde sie im Jahre 598 v. Chr. durch Solon und Peisistratos für Athen gewonnen. Die alte Hauptstadt lag auf einer Landzunge zwischen Kamateró- und Ambeláki-Bucht an der Ostküste, seit dem 6. Jh. v. Chr. weiter südwestlich bei Ambeláki (Reste der Akropolis; Hafenanlagen unter Wasser sichtbar).

Schlacht bei Salamis (s. Karte S. 531)

Salamis ging in die Geschichte ein, als Ende September des Jahres 480 v. Chr. die kampfgeschwächten Athener unter Themistokles in der berühmten Schlacht bei Salamis mit 378 Trieren der an Stärke weit überlegenen persischen Flotte eine verheerende Niederlage bereiteten und damit die Pläne des Perserkönigs Xerxes zur Machtausweitung nach Westen endgültig zunichte machten. Schauplatz der Ereignisse, der Aischylos als Augenzeuge in seinem Trauerspiel "Die Perser" gedachte, waren die Gewässer östlich von Salamís zwischen den Inseln Ágios Geórgios im Norden und Psytaleia sowie der Halbinsel Kynosura (Hundeschwanz) im Süden. Xerxes soll vom Berg Agaleos (über Perama) das Schlachtgeschehen verfolgt haben.

Bemerkenswertes auf Salamis

Salamína

Der Inselhauptort Salamína (auch Kulúri = die Brezel; 17 000 Einw.; Heimatmuseum) liegt im Norden der gleichnamigen Bucht.
3 km östlich liegt der Haupthafen Palúkia mit Werften.

Kloster Phaneroméni

Etwa 6 km westlich von Salamína erreicht man auf landschaftlich sehr reizvoller Straße das Kloster Phaneroméni, das wegen seiner Marienerscheinungen verehrt wird und bemerkenswerte Fresken besitzt. Es wurde 1661 an der Stelle eines alten Heiligtums unter Einbeziehung antiker Bauteile errichtet. Unweit südlich die Reste der kleinen Festung Budorón (6. Jh. v. Chr.). Am Fuße des Klosterhügels befindet sich die Anlegestelle für die Fähre nach Megálo Péfko (Megára).

6 km südwestlich von Salamína liegt das Dorf Agántio (auch Múlki) mit zwei Kirchen aus dem 12. und 13. Jh.; weiter südwestlich das Kloster Ágios Nikólaos aus dem 18. Jahrhundert.

Außerdem finden sich noch zahlreiche geringe Spuren mykenischer Besiedlung auf der Insel.

Saloniki / Thessaloniki G/H 3

Griechisch

Θεσσαλονίκη
Thessaloníki

Nomos: Thessaloniki
Höhe: 0–150 m ü.d.M.
Einwohnerzahl: 450 000 (im Großraum 750 000)

Allgemeines

Lage und Klima

Saloniki, amtlich Thessaloniki, die zweitgrößte Stadt Griechenlands und Hauptstadt von Griechisch ⟶ Makedonien, liegt im innersten Winkel des Thermäischen Golfes (Golf von Saloniki), der nordwestlichsten Bucht des Ägäischen Meeres, nahe dem Ausgang des verkehrswichtigen Stromtales des Axios (slawisch Vardar) und an den Ausläufern der Chortiatis-Berge (1200 m ü.d.M.). Der Hafen ist durch das sich allmählich vorschiebende Axiosdelta bedroht.

Lage und Klima (Fortsetzung)

Während der Wintermonate kann es infolge der durch das Vardartal von Norden ungehindert einströmenden Winde zu empfindlich niedrigen Temperaturen kommen. Im Sommer ist die Wetterlage nicht selten drückend heiß, da die relativ kleine Wasserfläche des inneren Golfes kaum mäßigende Wirkung hat.

Bedeutung

Wirtschaftlich hat Saloniki Bedeutung als betriebsamer Seehafen (nach Piräus der zweitgrößte Griechenlands; jugoslawische Freihafenzone) und aufstrebender Industriestandort. Die vorwiegend in der westlichen Vorstadt angesiedelte Industrie umfaßt ein Stahlwerk, eine Erdölraffinerie, Produktionsstätten für Kunstdünger, Zement, Viehfutter, Zucker, Speiseöl und andere Nahrungsmittel, ferner Maschinen- und Schiffbau. Tradition haben die Verarbeitung von Tabak (aus den Anbaugebieten in Ostmakedonien) sowie die Herstellung von Lederwaren und Textilien.

Die günstige Verkehrslage für Schiffahrt und Landverkehr (Fernstraßen, Eisenbahnhauptstrecken) – ergänzt durch einen internationalen Flughafen (im Süden der Stadt) – fördert den regen Handel sowohl innerhalb Griechenlands als auch mit dem Ausland. Interesse und Anerkennung aus aller Welt genießt die alljährlich im Herbst stattfindende Internationale Messe von Saloniki.

Auch und besonders auf kulturellem Gebiet bildet die Stadt das wichtigste Zentrum in Nordgriechenland. Sie ist Sitz einer bedeutenden Universität (seit 1925) und eines griechisch-orthodoxen Metropoliten, ferner des 1961 gegründeten Staatstheaters Nordgriechenlands (mit Oper) und des Staatsorchesters KOTh. Saloniki besitzt mehrere Museen, darunter ein bekanntes Archäologisches Museum, vor allem

Uferpromenade und Weißer Turm

Bedeutung (Fortsetzung)

aber eine Vielzahl von byzantinischen Kirchen, bemerkenswerte römische Reste und etliche Bauten aus türkischer Zeit.

Stadtbild

Die über dem Golfufer am Hang eines westlichen Chortiatis-Ausläufers in Form eines großen Vierecks ansteigende alte Stadt ist auf der Landseite von einer mächtigen zinnengekrönten und turmbewehrten byzantinischen Mauer umgeben, die in einer in ihrer jetzigen Form aus venezianischer Zeit stammenden Zitadelle gipfelt und deren Fortsetzung an der Südostseite sowie an der Wasserseite im 19. Jahrhundert bis auf den Weißen Turm (an der Südostecke) und das Vardar-Fort (an der Südwestecke) niedergerissen wurde. Zu beiden Seiten dieses ummauerten Stadtkerns lagen früher die ausgedehnten Friedhöfe: im Nordwesten für die Christen und die Muslime, im Südosten für den beträchtlich großen Einwohneranteil der einst hier lebenden Juden (jetzt Messe- und Universitätsgelände).

Der untere, südliche Teil der Kernstadt ist eher flach und wird von breiten Boulevardstraßen durchzogen. Er wurde nach dem verheerenden Stadtbrand von 1917 nach neuzeitlichen Gesichtspunkten großzügig wiederaufgebaut, wobei sich die erhaltenen oder restaurierten historischen Baudenkmäler in der modernen, meist auf Aufschüttungen errichteten Bebauung wie kleine eingetiefte Kulturinseln ausnehmen.

Am Hang nördlich aufwärts bis zur Stadtmauer erstreckt sich die verwinkelte Oberstadt, aus der die Kuppeln etlicher alter Kirchen herausragen; die Minarette aus der türkischen Zeit wurden nach dem Ersten Weltkrieg bis auf wenige Überreste zerstört.

In der Neuzeit ist die Stadt weit über die alten Stadtgrenzen hinausgewachsen. Zunächst kamen größere Wohnviertel in der südöstlichen Vorstadt Kalamaria hinzu, nach Nordwesten dehnten sich hauptsächlich Gewerbe und Industrie aus.

Schwerpunkte des städtischen Lebens sind heute der sich zu dem als Flanierstraße beliebten Stadtuferkai (bis zum Weißen Turm) öffnende, langgestreckte Aristotelesplatz mit seinen Caféterrassen und die von dort nordostwärts zum Marktviertel (Tavernen) ziehende, anlagengezierte Aristotelesstraße. Quer dazu verlaufen u.a. die Boulevards Mitropoleos und Tsimiski, an denen vornehme Geschäfte und Läden zu finden sind.

Stadtgeschichte

Ursprung

Zahlreiche prähistorische Hügel und Siedlungsreste in der näheren Umgebung lassen auf eine Besiedlung dieser Gegend seit der Eisenzeit (ca. 1000 v.Chr.) schließen. Die bewegte Geschichte der Stadt läßt man gemeinhin mit dem Jahre 315 v.Chr. beginnen, als der König Kassandros von Makedonien an der Stelle der früheren Siedlung Thermai (daher Thermäischer Golf; bei dem Dorf Sedes, 12 km südöstlich der heutigen Stadt) zahlreiche hier bereits vorhandene Gemeinden zusammenschloß und der Neugründung den Namen Thessalonikeia – nach seiner Gemahlin Thessalonike, einer Halbschwester Alexanders des Großen – gab.

Römisches Provinzzentrum

Unter den Römern wurde Saloniki Hauptstadt der Provinz Macedonia Prima (148 v.Chr.) und schwang sich dank der günstigen Lage am Meer und an der in Fortsetzung der Via Appia von Dyrrachium (italienisch Durazzo, heute albanisch Durrës) nach Byzanz (später Konstantinopel, heute türkisch İstanbul) führenden Via Egnatia zur bedeutendsten Stadt im südlichen Balkanraum auf.

Im Jahre 58 v.Chr. verbrachte Marcus Tullius Cicero einen Teil seiner Verbannungszeit in Saloniki. Der Apostel Paulus hielt sich zweimal hier auf (50 und 56 n.Chr.) und gründete am Ort eine der ersten

Stadtgeschichte (Fortsetzung)

Christengemeinden auf europäischem Boden (vgl. seine Briefe an die Thessalonicher).

Spätrömische Zeit

Nach der Teilung des Römischen Reiches kam Saloniki zu Ostrom und diente als wichtige Verteidigungsbastion (253 und 269 Abwehr der Goten).
Zu Anfang des 4. Jahrhunderts wurde es die Residenz des römischen Kaisers Galerius, der die Christen rücksichtslos verfolgte: Der später heiliggesprochene Demetrios, ein römischer Offizier griechischer Herkunft, mußte 306 den Martertod erleiden; über seinem Grab entstand die Demetrioskirche.
Obwohl Kaiser Theodosius der Große (379–395) das christliche Glaubensbekenntnis zur Staatsreligion erhoben hatte, ließ er 391 n.Chr. dennoch etwa 7000 Thessalonicher als Vergeltung für die Ermordung eines seiner Heerführer in Saloniki töten.

Byzantinische Zeit

Unter den byzantinischen Kaisern blieb Saloniki nach Byzanz (Konstantinopel) die zweitwichtigste Stadt des Reiches und die bedeutendste Handelsstadt in ganz Südosteuropa. In dieser Zeit erlebte die Stadt ihre größte Blüte; es entstanden zahlreiche beachtenswerte Kirchenbauten.
Im 6. und 7. Jahrhundert hatte Saloniki schwere Belagerungen und Besetzungen durch Slawen, Awaren und Bulgaren (578–732) durchzustehen.
Die griechischen Brüder und Geistlichen Methodios (vor 820 bis 885) und Kyrillos (826/827–869), besser bekannt als die 'Slawenapostel Kyrill und Method', stammen aus dem damals zweisprachigen (griechisch und südslawisch) Saloniki; sie entwickelten für das Kirchenslawische die glagolitische Schrift, aus der sich später die kyrillische gebildet hat.
Im Jahre 904 wurde die Stadt von sarazenischen Seeräubern, 1185 von den Normannen geplündert.
Zu Anfang des 13. Jahrhunderts gründete hier, nach der Einnahme Konstantinopels durch die lateinischen Kreuzfahrer (1204), der Markgraf Boniface de Montferrat ein fränkisches Königreich (und ein Bistum), das aber bald (1223) den Despoten von Epirus anheimfiel. Als im 14. Jahrhundert Katalanen, Serben und Türken die Stadt bedrohten, ließ Ialeos ab 1316 die Befestigungsanlagen an der Wasserseite schließen. Von 1342 bis 1349 regierten die sog. Zeloten Saloniki nach volksrepublikanischem Muster, wurden aber von der byzantinischen Kaiserin Paleologina wieder vertrieben. Danach war die Stadt in rasch wechselndem Besitz byzantinischer Teilstaaten sowie schließlich der Venezianer (1423-1430).

Fast 500 Jahre türkische Herrschaft

Im Jahre 1430 eroberte der türkische Sultan Murad II. die Stadt, die dann fast fünfhundert Jahre lang (bis 1912) unter dem Namen Selânik zum Osmanischen Reich gehörte, bevor sie nach den Balkankriegen schließlich wieder an Griechenland kam. Die Türken vertrieben die Griechen weitgehend und wandelten die meisten Kirchen in Moscheen um.

Bedeutende jüdische Gemeinschaft

Durch die Ansiedlung von etwa 20000 Juden, die 1492 Spanien verlassen mußten (Spaniolen oder Sephardim), und etliche, die aus Deutschland (bes. Bayern) und Ungarn zugewandert waren (Aschkenasim), nahm die Bevölkerung beträchtlich zu. Als Spezialisten für die Bearbeitung von Edelsteinen sowie die Herstellung von Woll- und Seidenstoffen bildeten sie bald eine Handwerks- und Gewerbegemeinschaft, die mit allen Teilen Europas Handel trieb.
Vom 17. bis ins 20. Jahrhundert stellten diese Ladino (jüdisch-spanische Sprache mit hebräischer Schrift) sprechenden Juden mehr als

Plan der Kernstadt

Plan der Kernstadt

Stadtgeschichte (Fortsetzung)

die Hälfte der Einwohnerschaft; sie betätigten sich in allen Berufen und wurden bestimmend in Handel und Gewerbe der Stadt. In der zweiten Hälfte des 17. Jahrhunderts spaltete sich von ihnen die später bedeutende Sekte der 'Dönme' durch Übertritt zum Islam ab. Einige der vielen christlichen Kirchen, von denen – wie bereits erwähnt – die große Mehrzahl als Moscheen fortlebte, wurden von den Juden als Synagogen benutzt.

18. Jahrhundert

Infolge der zunehmenden Schwierigkeiten des Osmanischen Reiches sich zu behaupten, wurde das türkische Joch auf dem gesamten Balkan und besonders in Makedonien immer härter und brachte den Einwohnern von Saloniki unerträgliche Not und Entbehrungen, so daß sie mehrfach aufzubegehren versuchten, etwa in den Jahren 1720, 1753, 1758 und 1789.

Aufschwung im 19. Jahrhundert

Inzwischen waren wieder zahlreiche Griechen in die Stadt gekommen, der die Türken eine relative Autonomie zustanden. Im griechischen Freiheitskampf engagierten sich auch viele Bürger aus Saloniki. Als der Grieche Emmanuel Pappas im März 1821 auf der Halbinsel Chalkidike eine offene Rebellion ausrief, brachten die Türken als Vergeltung im Konak von Saloniki mindestens 3000 Menschen, darunter viele hochrangige Persönlichkeiten, um und setzten Hunderte von Revolutionären im Weißen Turm gefangen.
Im Jahre 1865 betrug die Einwohnerzahl etwa 50000. Gegen Ende des 19. Jahrhunderts zeigte sich ein deutlicher wirtschaftlicher Aufschwung: 1888 wurde die Eisenbahnverbindung mit dem übrigen Europa hergestellt, 1893 die erste Pferdestraßenbahn in Betrieb genommen, 1897–1903 ein neuer Handelshafen gebaut. Im Jahre 1895 lebten bereits 120000 Menschen in der Stadt; über die Hälfte waren Juden, es gab rund 30 Synagogen.

20. Jahrhundert

Zu Beginn des 20. Jahrhunderts wurde Saloniki zum Mittelpunkt der 'Jungtürken' (1908 Sitz des jungtürkischen Komitees), die 1909 den Sultan Abdul Hamid II. in İstanbul absetzten (er wurde nach Saloniki verbannt); zu ihnen gehörte auch der hier geborene Mustafa Kemal Pascha (1881–1938), der 1923 unter dem Ehrennamen 'Atatürk' (= Vater der Türken) der erste Präsident der türkischen Republik wurde. Im Jahre 1908 führte man die Elektrizität zum Betrieb der Straßenbahn und der Straßenbeleuchtung ein.

Balkankriege

Schon kurz nach dem Ausbruch des Ersten Balkankrieges übergab die 25000 Mann starke türkische Besatzung, nach geringen Außengefechten mit einer bulgarischen Einheit, am 8. November 1912 die Stadt Saloniki den von Westen herangerückten griechischen Truppen; am 18. März 1913 wurde König Georg I. hier ermordet.

Rückkehr nach Griechenland

Gemäß den Vereinbarungen des Friedensschlusses von Bukarest (10.8.1913), der den Zweiten Balkankrieg beendete, wurden Saloniki und große Teile Makedoniens an Griechenland zurückgegeben. Im Jahre 1914 zählte die Stadt 180000 Einwohner (zur Hälfte Juden); es erschienen Zeitungen in französischer, griechischer, türkischer und spaniolischer Sprache.

Erster Weltkrieg

Im Ersten Weltkrieg befand sich in Saloniki – unter Bruch der griechischen Neutralität – von 1915 bis 1918 das Hauptquartier der alliierten Orientarmee. Auch die von Venizelos geleitete griechische Regierung zur nationalen Verteidigung nahm hier ihren Sitz ('Makedonischer Kampf'; gelenkt aus dem griechischen Generalkonsulat, heute Museum nahe der Mitropoliskirche). Im Jahre 1916 konnte die Eisenbahnstrecke von Saloniki über Larisa nach Athen fertiggestellt und in Betrieb genommen werden.

Stadtgeschichte (Fortsetzung)
Stadtbrand 1917

Von den zahlreichen Stadtbränden (u.a. 1890, 1894, 1898 und 1910) war jener des Jahres 1917 der verheerendste; er zerstörte große Teile der Stadt (darunter etliche alte Kirchen bzw. Moscheen) und hinterließ etwa 80000 Obdachlose. Infolge des türkisch-griechischen Bevölkerungsaustausches des Jahres 1923 mußte Saloniki noch über 115000 Flüchtlinge aufnehmen, was u.a. zu äußerst prekären Wohnraumverhältnissen führte. Der Wiederaufbau der Stadt erfolgte von 1925 bis 1935 weitgehend nach den neuzeitlichen Plänen des französischen Architekten und Urbanisten Hébrard.
Ende September 1918 wurde in Saloniki der Waffenstillstand zwischen Bulgarien und der Entente geschlossen, der das Ausscheiden Bulgariens aus der Front der Vierbundmächte bedeutete.

Zweiter Weltkrieg

Im Zweiten Weltkrieg besetzten am 9. April 1941 deutsche Panzerverbände, die aus Jugoslawien durch das Vardartal nach Süden vorgestoßen waren, die Stadt. Während der anschließenden Besatzungszeit wurde fast die gesamte jüdische Bevölkerung von Saloniki (vermutlich über 60000 Menschen) in Vernichtungslager der Nationalsozialisten deportiert und dort umgebracht. Auch der ausgedehnte israelitische Friedhof am Ostrand der Kernstadt fiel den 'Säuberungsaktionen' der Deutschen zum Opfer; auf diesem Areal entstanden nach dem Kriege das Messegelände und Neubauten der Universität.

Gegenwart

In der Nachkriegszeit konnte man sich erst nach Überwindung des blutigen griechischen Bürgerkrieges dem weiteren Ausbau der Stadt widmen, der durch das heftige Erdbeben des Jahres 1978 einen schweren Rückschlag erfuhr. Das Ergebnis ist eine mit allen Zeichen der 'modernen' Zeit behaftete Großstadt.

Stadtbeschreibung

Orientierung

Wer mit dem Auto nach Saloniki kommt und nach längerer Fahrt durch die ausgedehnten Vorstädte endlich den nicht weniger verkehrsreichen Stadtkern erreicht hat, tut gut daran, das Fahrzeug abzustellen, was allerdings wegen der akuten Parkplatznot nicht ganz einfach sein wird. Die Entfernungen im Bereich der unteren Stadt sind nicht sonderlich groß, so daß man die Sehenswürdigkeiten unschwer zu Fuß erreichen kann. Wem das dennoch zu anstregend ist, dem sei die Benutzung eines der recht preiswerten Taxis empfohlen.
Als leicht zu findender Ausgangspunkt für die Stadtbesichtigung bietet sich der die Stadt im Südwesten abschließende Uferkai an.

*Uferkai

Der im Zuge der 1866 hier niedergelegten Stadtmauer verlaufende Uferkai (Leofóros Níkis = Friedensboulevard) führt vom Zentralhafen (Kendrikí Limáni) am inneren Golf von Saloniki entlang bis zum Weißen Turm. Trotz des beträchtlichen Straßenverkehrs ist der Fußgängerstreifen am Wasser entlang immer noch ein beliebter Spazierweg für Einheimische und Touristen, nicht zuletzt wegen des schönen Blickes über den Golf – bei klarem Wetter bis hin zum Götterberg ⟶ Olymp.

Aristotelesplatz

Etwa auf halbem Wege zwischen dem langgestreckten Zollgebäude (von 1909) am Hafen und dem Weißen Turm (s. S. 543) öffnet sich stadteinwärts der rechteckige Aristotelesplatz (Platía Aristotélus). Hier trifft man sich vor allem abends in den zahlreichen Cafés und Restaurants unter den seitlichen Arkaden; aber auch auf dem verkehrsfreien Platz selbst bauen die Lokale zur warmen Jahreszeit viele Sitzgelegenheiten auf, die zum Verweilen einladen.
An der Ostseite des Platzes (Nr. 8) befindet sich das staatliche Informationsbüro EOT.

Stadtzentrum

Aristotelesstraße

Vom Aristotelesplatz führt die Aristotelesstraße (Odós Aristotélus) nordostwärts ins Stadtzentrum. Sie wird hintereinander von den Straßenfluchten des Odós Mitropóleos und des Odós Tsimíski, zwei großen durchgehenden Boulevards mit Luxusgeschäften, Boutiquen und anderen Läden, gekreuzt und mündet in die besonders breite Egnatia-Straße (Odós Egnatía), die Hauptquerachse der Stadt. Die römische Via Egnatia verlief jedoch vermutlich nicht hier, sondern führte außerhalb der Stadt vorüber.

Mitropoleos
Tsimiski

Egnatia

Marktviertel

Hier erstreckt sich, links und rechts von der Aristotelesstraße der pittoreske Marktstraßenkomplex Kendrikí Agorá (= Zentralmarkt) mit vielen Läden für den alltäglichen Bedarf und zahlreichen Tavernen.

Bezesteni

Am Westende des Zentralmarktes liegt der alte türkische Bezesteni, der im 16. Jahrhundert als der schönste Basar auf dem gesamten Balkan galt; unweit südlich (zwischen Ermú und Tsimíski) das türkische Badehaus Yaudi Hamam.

Yaudi Hamam

Hamsa-Bey-Moschee

Ein weiteres Baudenkmal aus türkischer Zeit befindet sich an der Nordseite der Egnatía: Es handelt sich um die Hamsa-Bey-Moschee (heute 'Alkazar'; zwischen Venizelu und Ionos Dragumi), deren Bauzeit man um das Jahr 1468 annimmt.

Gerichtsplatz

Im eigentlichen Zentrum der alten Stadt lag die antike Agorá, heute eine ausgedehnte Freifläche (Platía Dikastiríu = Gerichtsplatz), die durch den Stadtbrand des Jahres 1917 entstanden war. Im unteren Teil sind an der Egnatia-Straße zwei Baudenkmäler bemerkenswert:

Panagia Chalkeon

An der Südwestecke des Platzes steht das im Jahre 1028 als Theokotos-Kirche erbaute Gotteshaus Panagía Chalkéon (= Muttergotteskirche der Kupferschmiede, die hier einst ihre Werkstätten hatten; in türkischer Zeit Kasandschila-Moschee), ein typisches Beispiel für die byzantinische Sakralbauweise.

Paradiesbad

Südöstlich gegenüber der Kirche der Kupferschmiede liegt das große türkische Badehaus Tschifte Hamam (= Doppelbad) oder Hamam Bey, das Sultan Murad II. 1444 errichten ließ, später 'Paradiesbad' (Lutrá Parádisos) genannt wurde und noch heute in Benutzung ist.

Bezesteni – alter türkischer Basar

Römische Agorá

Am nördlichen Ende des Platzareals hat man in jüngerer Zeit ansehnliche Überreste aus römischer Zeit freigelegt, die auf die Anlage eines Forums schließen lassen und jetzt als Römische Agorá (Romaïkí Agorá) bezeichnet werden.

Panagia Acheiropoietos

Folgt man der Egnatia vom Paradiesbad südostwärts, so gelangt man zwei Häuserblöcke weiter zu einer kleinen Grünanlage (links), an deren Ostseite – eingetieft in die ringsum auf höherem Niveau stehende Bebauung – die frühchristliche Kirche Panagia Acheiropoietos (= nicht von Menschenhand geschaffene Muttergotteskirche; später auch Agía Paraskeví = Karfreitagskirche genannt) steht. Ihre Ursprünge gehen ins 5. Jahrhundert zurück; sie wurde 1430 nicht ohne Schaden in eine Moschee (Eski Dschuma) umgewandelt und im 20. Jahrhundert mehrfach restauriert (Grundriß s.S. 124).
Im Inneren beachtenswert sind neben der Raumwirkung die Mosaikreste sowie an einer Marmorsäule die arabische Inschrift "Sultan Murad eroberte Thessaloniki im Jahre 833" (= 1430 unserer Zeitrechnung).

**Agios Dimitrios

Nördlich jenseits der Römischen Agorá steht die Hauptkirche der Stadt, Ágios Dimítrios. Diese fünfschiffige Basilika ist über einer römischen Thermenanlage erbaut, deren Reste nördlich der Kirche zu sehen sind, und einer römischen Straße, die man von der Krypta aus erkennt (kleines Lapidarium). Nach dem nahen antiken Stadion hieß sie bis ins 9. Jahrhundert 'Kirche beim Stadion'. Untersuchungen nach 1917 haben die Überlieferung bestätigt, daß Kaiser Galerius den römischen Offizier Demetrios im Jahre 306 in den Thermen gefangensetzen und töten ließ, worauf er bald zum Hauptheiligen und Patron der Stadt aufstieg; zu seinem Grab wurden später Wallfahrten aus allen Teilen des Byzantinischen Reiches unternommen.

Demetrioskirche

Agios Dimitrios (Fortsetzung)

Die Basilika wurde ursprünglich im 5. Jahrhundert errichtet; ihre Grundzüge behielt man bei der nach einem Brand erforderlichen Erneuerung im 7. Jahrhundert ebenso wie beim Wiederaufbau nach der Zerstörung durch den Stadtbrand von 1917 bei. Während der Türkenzeit diente das Gotteshaus als Moschee (Kassimije Dschami).
Im Inneren dieser größten Kirche Griechenlands (43 m lang) sind besonders bemerkenswert die fein skulptierten Kapitelle der verschiedenfarbigen, aus der Antike stammenden Marmorsäulen, der mächtige Radleuchter im Hauptschiff, die kleinen Mosaiken an den Apsispfeilern und das große Marmorgrabmal für den Mäzen Lukas Spantunis († 1481) an der Narthexnordwand.
Im Jahre 1980 sind die Reliquien des hl. Demetrios aus der italienischen Ortschaft San Lorenzo in Campo wieder nach Saloniki gebracht worden (jetzt in einem Sarg vor der Ikonostase).

Yeni Hamam

Unweit nördlich der Demetrioskirche, wo sich die Straßen Kassándru und Agíu Nikoláu kreuzen, liegt das türkische Badehaus Yeni Hamam (= Neues Bad), das ebenfalls auf römischen Fundamenten ruht.

Aladscha Imaret Dschami

In nächster Umgebung der Demetrioskirche ist recht gut erhalten die ehemalige Moschee Aladscha Imaret Dschami mit ihren insgesamt sieben Kuppeln; von dem einst bunten Minarett besteht nur noch der Sockel mit einem Bruchrand.

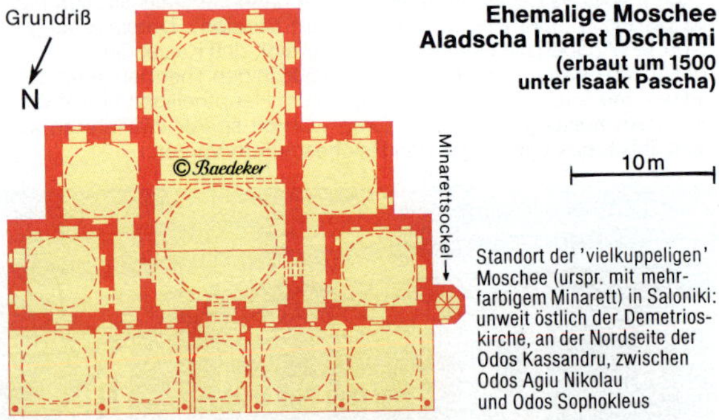

Ehemalige Moschee Aladscha Imaret Dschami
(erbaut um 1500 unter Isaak Pascha)

Standort der 'vielkuppeligen' Moschee (urspr. mit mehrfarbigem Minarett) in Saloniki: unweit östlich der Demetrioskirche, an der Nordseite der Odos Kassandru, zwischen Odos Agiu Nikolau und Odos Sophokleus

*Agia Sophia

Einen weiteren bedeutenden frühchristlichen Sakralbau stellt die große Sophienkirche (Agía Sofía), die im südöstlichen Teil der Innenstadt an dem platzartigen Ostende der Hermesstraße (Odós Ermú) steht. Diese dreischiffige Kreuzkuppelkirche auf fast quadratischem Grundriß stammt aus dem 8. Jahrhundert und erhielt im 9./10. Jahrhundert, nach der Beendigung des Streites um die Verehrung der kultischen Bilder, neue figürliche Mosaiken, so an der Stelle eines Kreuzes in der Apsis die Muttergottes Platytéra und in der Kuppel eine großartige Darstellung von Christi Himmelfahrt; Beachtung verdienen ebenso die Säulenkapitelle, die von einem Gebäude des 5. Jahrhunderts stammen sollen.
Die Sophienkirche war von 1204 bis 1430 die Kathedrale der Stadt (heute die 'Mitropolis' weiter südlich an der gleichnamigen Straße), wurde dann von den Türken in eine Moschee umfunktioniert (Aya Sofya Dschami), konnte nach dem Brand von 1890 wiedergestellt werden und überstand den großen Stadtbrand des Jahres 1917 unversehrt. Ein eleganter türkischer Portikus fiel 1941 einem italienischen Luftangriff zum Opfer; schwere Schäden erlitt die Kirche durch das Erdbeben von 1978.

*Weißer Turm

An der Südspitze der Innenstadt und am Südostende der Golfuferstraße steht inmitten einer kleinen Parkanlage der Weiße Turm (Lefkás Pírgos), das Wahrzeichen der Stadt. Er gehörte als wichtiges Element zu der einst die gesamte Stadt umgebenden Befestigungsanlage, die hier am Wasser ab 1869 niedergelegt wurde.
Den jetzigen Rundturm erbauten die Türken an der Stelle eines älteren Festungsturmes um 1430 neu und benutzten ihn vornehmlich als Gefängnis. Nachdem die Janitscharen gegen den Sultan Mahmud II. revoltiert hatten, ließ dieser sie 1826 im Turm einsperren und umbringen, worauf man ihn als 'Blutturm' bezeichnete. Um diesen Makel abzustreifen, ließen die Türken den Turm weiß kalken und nannten ihn fortan 'Beyaz Kule' (= Weißer Turm).

Museum im Weißen Turm

Heute ist der massige, 35 m hohe Turm (von oben schöne Aussicht über die Stadt und den Hafen) als Museum eingerichtet, das über Kunst und Geschichte des byzantinischen Saloniki von etwa 300 n.Chr. bis zur Einnahme der Stadt durch die Türken im Jahre 1430 berichtet (u.a. frühchristliche Geldstücke aus der stadteigenen Münze, Grabplatten und Grabbeigaben, Vasen, Mosaiken, Fragmente von Wandmalereien, Säulenkapitelle und sakrale Gegenstände).

Syntrivani-Platz

Vom Weißen Turm nordostwärts zieht die breite Straßenflucht Ethnikís Amínas im Zuge der früher hier verlaufenden Stadtmauer zu dem großen Syntrivani-Platz (Platía Sindrivaníu), der von der Egnatia-Straße gequert wird. An diesem Platz hat man 1977 einen gegen Ende des 19. Jahrhunderts von den Türken hier aufgestellten Obeliskbrunnen in seiner ursprünglichen Form wiedererrichtet.

*Galeriusbogen

Folgt man vom Syntrivani-Platz der Egnatia stadteinwärts, so kommt man zum Galeriusbogen (Apsída Galeríu oder 'Kamára' = Bogen), dem wichtigsten römischen Baudenkmal der Stadt, für dessen Bau-

Galeriusbogen und Rotunde

Galeriusbogen (Fortsetzung)

datum man das Jahr 297 n.Chr. annimmt. Von dem ursprünglich aus zwei Reihen mit je vier Backsteinpfeilern bestehenden Triumphbogen zu Ehren des Kaisers Galerius auf der Hauptstraßenkreuzung der römischen Stadt sind drei westliche Pfeiler erhalten; der Raum über den mittleren vier Pfeilern war einst überkuppelt. Zwei Pfeiler, die von einem Bogen überspannt werden, sind mit Marmorplatten verkleidet, die in vier durch skulptierte Girlandenbänder getrennten Reliefstreifen aus dem persischen, mesopotamischen und armenischen Feldzug des Kaisers (292–311 n.Chr.) berichten. Man beachte die lebhaften Reliefdarstellungen (besonders am südlichen Pfeiler), die zu den hervorragendsten ihrer Art gehören. Gegenüber jenen fast zur gleichen Zeit entstandenen des Konstantinsbogens in Rom (315 n.Chr.) haben diese in den Einzelfiguren wie in der Gruppierung weit mehr von der alten Lebendigkeit bewahrt, wenngleich der Stein bereits stark gelitten hat.

**Reliefs

Palast des Galerius

Vom Galeriusbogen zieht die Gunari-Straße südwestwärts zu dem großen Navarino-Platz (Platía Navarínu), wo man in den siebziger Jahren dieses Jahrhunderts Reste vom Palast des Galerius (Anáktora Galeríu) freigelegt hat; am Südrand fällt das reich verzierte Oktogon auf, ein achteckiger Bau, dessen Bestimmung bislang noch ungeklärt ist.

Hippodrom

Östlich dem Galeriuspalast benachbart erstreckte sich das ca. 500 m lange römische Hippodrom (Circus), das zwar archäologisch nachgewiesen, aber wegen der darüber befindlichen modernen Bebauung nicht ausgegraben ist. Hier ließ Kaiser Theodosius der Große im Jahre 391 n.Chr. ein Blutbad anrichten, dem etwa 7000 Thessalonicher zum Opfer fielen und für das er sich vor dem Mailänder Bischof Ambrosius verantworten mußte.

Ausdrucksstarke Reliefdarstellungen am Galeriusbogen

*Rotunde

Vom Galeriusbogen führte einst eine Kolonnadenstraße nordwärts zu der rund 100 m entfernten Rotunde (Rotónda), die vermutlich als Pantheon oder als Mausoleum für Galerius (er ist hier nicht begraben) erbaut wurde, gemeinhin aber unter der Bezeichnung 'Georgskirche' (Ágios Geórgios) bekannt ist. Der Rundbau mit dicken, gestaffelten Ringmauern und einem Innendurchmesser von 24 m weist in der ummantelten Kuppel sowie in den seitlichen, rechtwinklig überwölbten Nischen (eine wurde später chorartig erweitert) Reste schöner Mosaiken auf. Das Mittelfeld der Kuppel ist zwar verloren, doch erkennt man noch Engel, die es trugen, und darunter Architekturdarstellungen auf Goldgrund.

Abbildung s. S. 543

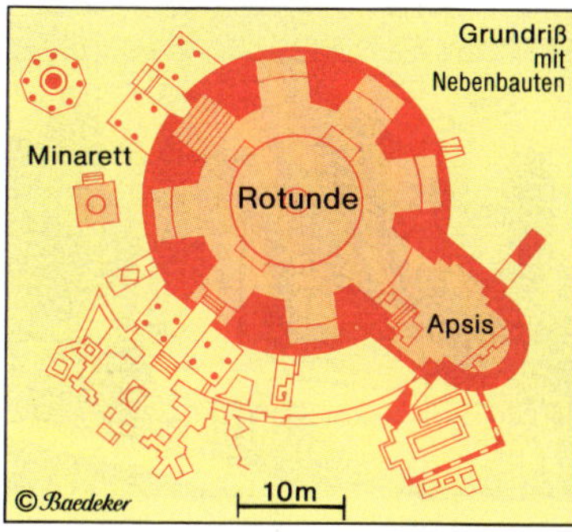

Rotonda
'Georgskirche'

Römischer Backsteinbau (3./4. Jh. n. Chr.) mit ungewisser Bestimmung. Ausbau zu einer christlichen Kirche unter Theodosius d. Gr. (379–395). Im 12. Jh. Kirche der Asomatoi; bis zum 13. Jh. Kathedrale von Saloniki, später von den Türken als 'Eski Mitropoli' (= Alte Kathedrale) bezeichnet. 1590 Umwandlung zur Moschee (Hortadschi Suleiman Effendi Dschami); heute Museum.

An die Zeit, als die Rotunde den muslimischen Türken als Moschee (Hortadschi Suleiman Effendi Dschami) diente, erinnert das noch aufrecht stehende, jedoch stark beschädigte Minarett.
Heute ist das Bauwerk als Museum (Lapidarium) zugänglich.

*Apostelkirche

In der Westecke am entgegengesetzten Ende der alten Stadt und in unmittelbarer Nähe der byzantinischen Stadtmauer steht die Kirche der Zwölf Apostel (Ágii Apóstoli), die um 1312–1315 auf kreuzförmigem Grundriß errichtet wurde. Mit ihren insgesamt fünf Kuppeln und dem reich gemusterten Ziegelmauerwerk (mit in die Dächer eingreifenden Blendarkaden) stellt sie einen stattlichen Sakralbau dar, der von den Türken als Moschee (Souk Su Dschami = 'Moschee der kalten Quelle') genutzt wurde. Die Hauptkuppel erhebt sich hoch über den auch außen hervortretenden Tonnengewölben der Kreuzarme, die vier Nebenkuppeln über den Ecken des Portikus, der – eine spätbyzantinische Neuerung – die Kirche auf drei Seiten umgibt.
Im Inneren fand man 1940 bei Restaurierungsarbeiten bedeutende Wandmalereien und Mosaiken aus der Paläologenzeit.
Nördlich vor der Kirche die Zisterne des ehemaligen Apostelklosters.

Pascha Hammam

Unweit südlich von der Apostelkirche, im Winkel der Straßen Karátsa, Kálvu Andréa und Zefirón, liegt das türkische Bad Pascha Hamam (heute 'Phoinix').

Diikitirio

Im nordwestlichen Teil der alten Stadt sei noch auf ein neueres ansehnliches Gebäude an der Nordseite der breiten Querachse Agíu Dimitríu (Ecke Dragúmi Filímonos) hingewiesen: Es ist der imposante, 1891 nach Plänen des italienischen Architekten Vitaliano Poselli als türkischer Regierungspalast an der Stelle des früheren Konak errichtete Bau, in dem heute das Ministerium für Nordgriechenland residiert

Apostelkirche

Diikitrio (Fortsetzung)

und der wegen seiner Zweckbestimmung 'Diikitírio' (= Verwaltungsgebäude) genannt wird.

Oberstadt

*Ano Poli

Die von vielen verwinkelten und steilen Gassen durchzogene, früher überwiegend von Türken bewohnte Oberstadt (Áno Polí), die auch heute noch orientalisch anmutet, steigt im Norden der bogenförmig die Unterstadt begrenzenden Straße Odós Olympíados bis zur Stadtmauer mit der Zitadelle an.
Neben etlichen Brunnen aus türkischer Zeit gibt es in diesem Stadtteil eine Reihe bemerkenswerter christlicher Sakralbauten, von denen etliche ausdrückliche Erwähnung verdienen:

Osios David

*Mosaik

In steiler Hanglage etwa in der Mitte der Oberstadt, umgeben von bescheidenen Wohnhäusern, liegt der kleine quadratische Bau von Ósios Davíd aus dem 5./6. Jahrhundert, der später als Kirche des nicht mehr vorhandenen Latomu-Klosters diente. Äußerlich ganz unscheinbar, birgt sie in der Apsis ein wertvolles Mosaik (Vision des Propheten Hesekiel: bartloser Christus zwischen Hesekiel und Habakuk) aus der Erbauungszeit, das lange verborgen blieb: Zuerst war es, um dem Bildersturm der Ikonoklasten zu entrinnen, unter einer Rinderhaut versteckt, und kam dann im 9. Jahrhundert durch Zufall wieder zum Vorschein. Später übertünchten die Türken das Mosaik, das erst 1921 wiederentdeckt wurde.

Vlatades-Kloster

Unweit östlich von Osios David befindet sich unmittelbar unter der Westspitze der Zitadelle das griechisch-orthodoxe Vlatades-Kloster (Moní Vlatádon), das zwischen 1351 und 1371 gegründet worden ist

Vlatades-Kloster (Fortsetzung)

und heute eine Patriarchenakademie beherbergt. In der Hauptkirche, dem 1801 weitgehend neu aufgebauten Katholikon, hat man 1983 bei Restaurierungsarbeiten Wandbilder aus dem 11. Jahrhundert entdeckt; demnach muß dieser Bau bereits lange vor der Klostergründung bestanden haben.

Erzengelkirche

Im südöstlichen Teil der Oberstadt steht die dreischiffige Taxiarchenkirche, deren Bauzeit man im 14. Jahrhundert annimmt und die den Erzengeln Michael und Gabriel geweiht war; an der östlichen Apsisseite außen schöne Backsteingliederungen. In türkischer Zeit diente das mehrfach veränderte Gotteshaus als Moschee (Iki Scherefe Dschami = Moschee mit den zwei Minarettgalerien).

Nikolauskirche

Ganz im Südosten der Oberstadt befindet sich die kleine Kirche Ágios Nikólaos Orphanós (Hl. Nikolaus der Waisen; 14. Jh.), die ganz von einem quadratischen überdachten Arkadenbau umgeben ist. Im Inneren beachtenswert sind einige gut erhaltene Fresken (besonders in der Apsis) aus dem 14. Jahrhundert.

*Katharinenkirche

Eine weitere Sehenswürdigkeit in der (nordwestlichen) Oberstadt ist die Katharinenkirche (Agía Ekateríni). Dieses außen mit außergewöhnlich reichem, teilweise farbigem Backsteinschmuck versehene Gotteshaus stammt aus dem 13. Jahrhundert und gilt mit seinen ausgewogenen Formen auf quadratischem Grundriß als ein Paradebeispiel der makedonischen Bauschule. Beachtung im Inneren verdienen die Fresken und Mosaiken aus der Erbauungszeit.

*Prophet-Elias-Kirche

Die Kirche des Propheten Elias (Profítis Ilías) steht erhöht auf einem größeren Platz (südlich der Olympiados-Straße) am Südrand der Oberstadt. Sie wurde im 14. Jahrhundert auf kreuzförmigem Grundriß erbaut und war wahrscheinlich das Katholikon des nicht erhaltenen Klosters Nea Moni, das man 1360 auf den Ruinen des hier vermuteten byzantinischen Palastes errichtet hatte; so hieß der in türkischer Zeit in eine Moschee umgewandelte Sakralbau auch 'Eski Saray Dschami' (= Moschee des alten Palastes).
Neben der eindrucksvollen äußeren Baugliederung bestechen im Inneren die elegante Gestaltung der Apsiden und die prächtigen monolithischen Transzeptsäulen.

Atatürks Geburtshaus

Nahe der Südecke der Oberstadt befindet sich das Geburtshaus des späteren ersten türkischen Staatspräsidenten Mustafa Kemal Pascha Atatürk (1881–1938). Es steht neben dem rötlichen Gebäude des türkischen Konsulates an der Straße Apóstolu Pávlu.

Stadtmauer

Entstehung

Man kann davon ausgehen, daß die von Kassandros 315 v.Chr. neu gegründete Stadt Thessalonikeia sehr bald mit einer schützenden Mauer umgeben worden ist; denn sie konnte bereits 285 v.Chr. dem Ansturm des Königs Pyrrhos von Epeiros und 279 v.Chr. einem Angriff der Kelten widerstehen. In römischer Zeit wurden keine wesentlichen Veränderungen an der alten griechischen Festungsmauer vorgenommen; erst Kaiser Konstantin der Große ließ sie beträchtlich ausbauen, vor allem auf der Wasserseite. In den Jahrhunderten des Byzantinischen Reiches kamen immer neue Wehrbauten hinzu; zahlreiche Mauerinschriften berichten davon. Die letzte Phase des Ausbaus fällt ins 14. und besonders ins 15. Jahrhundert, als die neuen türkischen Machthaber weitere Verstärkungen (v.a. Türme) bauen ließen, wobei sie sich u.a. venezianischer Ingenieure bedienten.

Zitadellenmauer

Stadtmauer (Fortsetzung)
Zustand

Bis über die Mitte des 19. Jahrhunderts hinaus war die Kernstadt rings von einer durchgehenden Stadtmauer mit Bastionen, Forts, Türmen und Toren umgeben. In der erklärten Absicht, Saloniki zu 'modernisieren' und zu 'verschönern', begannen die Türken ab 1869, die Mauer an der Wasserseite zwischen dem Vardar-Fort und dem Weißen Turm niederzulegen; später mußte auch der südöstliche Teil zwischen dem Weißen Turm und dem Beginn der Oberstadt einer neuen Straßenflucht (einst Boulevard Hamidiye, später Königin-Olga-Boulevard, heute Leoforos Ethnikis Aminas) weichen. Die übrigen Partien, einschließlich der Zitadelle, sind bis heute erhalten und in jüngster Zeit abschnittweise restauriert worden.

Ausmaße und Baumaterial

Die insgesamt rund 8 km lange, ein großes Viereck beschreibende Stadtmauer besteht im wesentlichen aus abwechselnden Schichten von Naturstein und Ziegelmauerwerk mit Einschlüssen einer beträchtlichen Zahl antiker Werkstücke (Bruchstücke von Statuen, Säulen, Altären, Grabsteinen u.a.). Sie hat eine Höhe von 10–12 m und eine Stärke von 3,00–4,60 m.

*Besichtigung

Ein günstiger Ausgangspunkt für die Besichtigung der Stadtmauer ist der nördlich des Universitätsgeländes gelegene Evangelistria-Friedhof, von wo man nordwärts zunächst an der Außenseite der Mauer bis vor den mächtigen Rundturm 'Trigonion' (oder Alysos-Turm; türkisch 'Dingirli Kule' = Kettenturm; 15 Jh.) entlanggeht, um dann durch das Turmtor der Anna Paleologina in die Zitadelle (in venezianischer Zeit ausgebaut) – an der Stelle der antiken Akropolis – zu gelangen. Sie ist innen dicht bebaut und wird an der höchsten Stelle von dem Kastellbau 'Heptapyrgion' (= Sieben Türme; türkisch 'Yedi Kule') gekrönt, der früher als Gefängnis diente. An der Südecke der Akropolis steht der bemerkenswerte Turm des Andronikos II.; man beachte die allenthalben im Mauerwerk eingelassenen Inschriften aus den verschiedenen Bauphasen.

Stadtmauer, Besichtigung (Fortsetzung)

Wem der Weg nicht zu weit ist, kann der Stadtmauer von der Akropolis auf der Innen- oder auf der Außenseite abwärts bis zu der Stelle des nicht mehr vorhandenen Letaia-Tores (türkisch 'Yeni Kapu' = Neues Tor; ganz in der Nähe südlich die zuvor beschriebene Apostelkirche) und weiter bis zu dem großen Platz der Demokratie (Platía Dimokratías; früher Vardar-Platz) gelangen, auf dem sich einst das Goldene Tor (Vardar-Tor) befand. Die Mauer zieht von hier noch ein Stück hafenwärts und endet am Vardar-Fort.

Weitere Sehenswürdigkeiten außerhalb der Kernstadt

**Archäologisches Museum

Dem Südrand des großen Messegeländes gegenüber liegt in einer kleinen Parkanlage der moderne Flachbau des hier 1963 neu eröffneten Archäologischen Museums (Archeologikó Musío; Di. geschlossen), in dem bedeutende Funde aus Saloniki selbst, aus Makedonien und Thrakien gesammelt sind.
Im Hauptsaal wird anhand interessanter Exponate die Geschichte der Stadt von der Vorzeit bis zu den Anfängen des Christentums beleuchtet.
Eine besondere Attraktion stellen jedoch die in einem Sonderflügel gezeigten, einzigartigen Funde aus den makedonischen Königsgräbern von ⟶ Vergina (u.a. zwei massivgoldene, reich verzierte Truhen) und Meisterwerke makedonischer Metallkunst dar.
Die prähistorische Sammlung umfaßt Fundstücke aus der mittleren Jungsteinzeit bis zur frühen Kupferzeit.
In der Sindos-Abteilung sind Gegenstände aus archaischer und frühklassischer Zeit zu sehen, die man in der Nekropole von Sindos ge-

Archäologisches Museum

Archäologisches Museum (Fortsetzung)

funden hat (Objekte aus Silber, Gold und Eisen, Waffen, Keramik, Idole u.a.).
In einer anderen Abteilung sind Exponate ausgestellt, die aus Gräbern des 4. Jh.s v.Chr. der Ortschaft Derveni (unweit nördlich von Saloniki) geborgen worden sind: Goldschmuck, Silber- und Bronzevasen (u.a. ein großer Mischkrug aus vergoldeter Bronze).
Ferner beachtenswert sind neben Funden aus → Olynth, römischen Mosaiken und Glasgefäßen die zahlreichen Skulpturen aus archaischer, klassischer und römischer Zeit (u.a. römische Kopien klassischer griechischer Werke) sowie ein Torbogen vom Oktogonalbau des Galeriuspalastes.

Reiterstatue Alexanders des Großen

Spaziert man vom Archäologischen Museum südwestwärts durch die Parkanlagen, so gelangt man zu einer am Uferkai aufgestellten modernen Reiterstatue Alexanders des Großen.

Ethnologisches Museum

Das Ethnologische Museum (Ethonologikó Musío; Do. geschlossen) befindet sich in einem ansehnlichen Bau des 19. Jahrhunderts an der südwestlich stadtauswärts führenden Königin-Olga-Straße (Vasilíssis Ólgas Nr. 68; einst die vornehme Rue des Campagnes). Die volkskundlichen Sammlungen umfassen Exponate aus den vergangenen zweieinhalb Jahrhunderten: Trachten aus ganz Nordgriechenland, Schmuck, Waffen und Gegenstände des täglichen Lebens.

Patrizierhäuser

In der südwestlichen Vorstadt Kalamaria sei auf verschiedene bemerkenswerte Villen und Palais hingewiesen, die aus dem 19. Jahrhundert stammen und vielfach von italienischen Architekten im neoklassischen Stil gebaut worden sind.
Von einer gewissen historischen Bedeutung ist beispielsweise die 1896 von dem Italiener Vitaliano Poselli gestaltete Villa Allatini, in der man 1909–1912 den von den 'Jungtürken' abgesetzten Sultan Abdul Hamid II. gefangenhielt und die ab 1926 von der neu gegründeten griechischen Universität genutzt wurde.

Yeni Dschami

Ebenfalls von dem italienischen Architekten Poselli stammt die 1902 für die Dönme-Sekte (zum Islam übergetretene Juden) errichtete Yeni Dschami (= Neue Moschee), in der von 1917 bis 1962 das Archäologische Museum untergebracht war.

Lokfriedhof

Eine Kuriosität stellt der ausgedehnte 'Lokfriedhof' des alten Eisenbahndepots am Westrand der Stadt – jenseits des modernen Bahnhofes – dar. Das gänzlich überwucherte Gelände (Achtung Schlangen!) ist allerdings nur mit besonderer Genehmigung der Eisenbahnverwaltung zugänglich; man kann jedoch, indem man den Bahngeleisen stadtauswärts folgt, zwischen Lagerhäusern und Werkstätten auch von außen einen Einblick gewinnen. Dort befinden sich zahlreiche ausgediente Waggons und weitgehend verrostete Lokomotiven aus vielen Ländern Europas; die älteste Lok stammt aus dem Jahre 1887.

Ausflüge von Saloniki

Badestrand

Der nächste Badestrand erstreckt sich bei Agía Triáda am Südufer der Bucht von Saloniki (Ausfahrt in Richtung Flughafen; am Wochende Bootsverbindung).

Bergdörfer

Ein beliebtes Ausflugsziel von Saloniki sind die Bergdörfer im stadtnahen Chortiatis-Gebirge: Oreokastro (10 km), Panorama (12 km), Chortiatis (22 km).

Saloniki ist Ausgangspunkt für den Besuch der landschaftlich besonders reizvollen Halbinsel ⟶ Chalkidike (schöne Badestrände) und des einzigartigen Mönchsstaates am Heiligen Berg ⟶ Athos (für Frauen und Jugendliche unzugänglich; rechtzeitige Gruppenanmeldung und Empfehlungsschreiben des deutschen Konsulates in Saloniki Voraussetzung).

Saloniki, Umgebung (Fortsetzung)
Chalkidike und Berg Athos

Keine großen Entfernungen sind von Saloniki zurückzulegen, um die Ausgrabungsstätten von ⟶ Pella (40 km nordwestlich) und ⟶ Vergina (80 km südwestlich; Schnellstraße bis ⟶ Veria) zu besuchen.

Antike Stätten

Samos

L/M 6

Σάμος
Sámos

Griechisch

Nomos: Sámos
Inselfläche: 476 km^2
Höhe: 0–1440 m ü.d.M.
Bewohnerzahl: 33000
Hauptort: Sámos

Flugplatz 5 km südwestlich von Sámos.
Linienflüge von und nach Athen zweimal täglich; ferner nach Chios, Lesbos und Mykonos.

Flugverkehr

Linienschiffe von Athen (Piräus) bzw. Rhodos mehrmals wöchentlich (auch Kfz-Transport).
Fährverbindung mit Kuşadası (Türkei).

Schiffsverkehr

Samos (türkisch Sisam) hat außer seinen bekannten Weinen noch andere Vorzüge. Es ist eine grüne, bewaldete Insel, die erst in jüngster Zeit vom Massentourismus erfaßt wird, und ihr Name verbindet sich mit einer der bedeutendsten Kult- und Kulturstätten des Altertums, dem Heraion. Geographisch ein Vorgebirge Kleinasiens, von dem es durch eine 1900 m breite Meerenge getrennt ist, steigt Samos im Zentrum bis auf 1140 m ü.d.M. (Ámpelos) und im Westen auf 1440 m ü.d.M. (Kérkis) an.
Landwirtschaft, Schiffbau und Fischfang bilden von altersher die Lebensgrundlage der Bevölkerung.

Lage und Allgemeines

Übersichtskarte

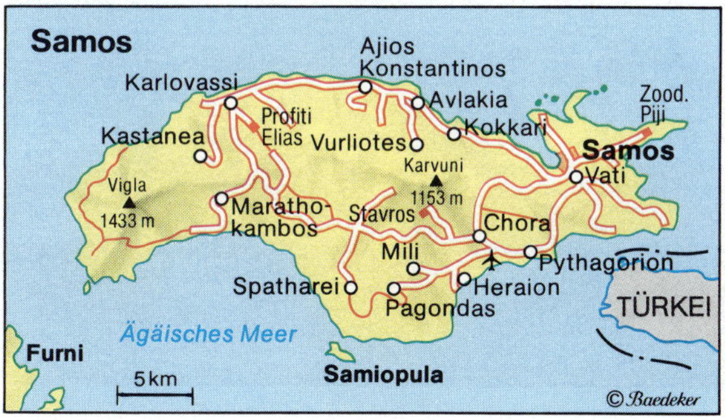

Geschichte

Die ersten, wohl karischen Bewohner von Samos wurden schon früh von Ioniern verdrängt. Ihnen diente die Insel als wichtiger Stützpunkt für die Eroberung und Kolonisierung der nahen kleinasiatischen Küste. Unter dem Tyrannen Polykrates gelangte die Insel in der zweiten Hälfte des 6. Jh.s v. Chr. zu höchster politischer und wirtschaftlicher Macht. Wie andere Tyrannen seiner Zeit ließ er großartige Bauten aufführen und die Künste fördern. Nachdem er trotz seines Bündnisses mit den Persern von dem Satrapen Oroites um 522 v. Chr. hingerichtet worden war, herrschte unter persischer Hoheit sein Bruder Syloson, danach andere Tyrannen. Die Insel nahm am Ionischen Aufstand teil, wurde befreit und trat als bevorzugtes Mitglied dem Ersten Attischen Seebund bei. Nach einem Aufstand (440 v. Chr.) durch Perikles unterworfen, war sie bis Ende des Peloponnesischen Krieges Stützpunkt für Athens Flotte, danach wechselnd unter spartanischem, attischem und persischem Einfluß. Vom Zweiten Attischen Seebund hielt sich Samos fern. Die Geschichte der Insel in der Zeit nach Alexander d.Gr. liegt weitgehend im Dunkeln; im 3. Jh. v. Chr. scheint sie dem Reich der Ptolemäer angehört zu haben. Zum Römischen Reich stand sie in feindlicher Abhängigkeit, bis sie unter Augustus und Tiberius die Freiheit erlangte (17 n. Chr.).

Byzantiner, Araber (seit 824 n. Chr.), Venezianer und Genuesen haben sie später besessen. Im ausgehenden 15. Jh. von Türken geplündert, wurde sie 1509 menschenleer und verwüstet von ihnen erobert, seit 1562 neu besiedelt und später mit wichtigen Vorrechten ausgestattet. Im neugriechischen Befreiungskrieg von 1821 gelang es den Türken nicht, die Insel einzunehmen. Das Londoner Protokoll von 1832 erklärte Samos zum dem Osmanischen Reich tributpflichtigen Fürstentum, das in der Flagge das griechische Kreuz führte. Der Fürst wurde vom Sultan ernannt, mußte aber Christ sein.

Bergdorf auf Samos

Geschichte (Fortsetzung)

Im Verlauf des Tripoliskrieges vertrieben italienische Truppen 1912 die türkischen Besatzer. Nach weiteren kriegerischen Verwicklungen erfolgte im gleichen Jahr der Anschluß der Insel an Griechenland.

Samos ist die Heimat des griechischen Mathematikers und Philosophen Pythagoras (⟶ Berühmte Persönlichkeiten).

Sehenswertes

Stadt Sámos

Inselhauptstadt ist seit 1832 die damals neu gegründete Stadt Sámos (8000 Einw.). Sie liegt im Halbkreis um die geschützte innere Hafenbucht von Vathí, von wo sie malerisch an den von Reben und Ölbäumen bestandenen Berghängen zur Oberstadt Apáno Vathí emporsteigt. Die Stadt besitzt eine hübsche Platía und malerische Gassen.

*Museum

Das Museum ist im einstigen Haus der Fürsten von Samos und in einem gegenüberstehenden, von der Stiftung Volkswagenwerk finanzierten Neubau untergebracht, der 1987 von Bundespräsident Weizsäcker eröffnet worden ist. Im Museum werden die Funde gezeigt, die bei den deutschen Ausgrabungen seit 1910 im Heraion zutage kamen.
Der Hauptsaal des Museums mußte eigens vergrößert werden, um den sensationellsten Grabungsfund aus dem Bereich des Heraions aufzustellen: die 4,80 m hohe archaische Kolossalfigur eines marmornen Jünglings (Kuros; um 580–570 v. Chr.), deren Torso 1980 und deren etwa 70 cm hoher Kopf 1984 in einem dem Heraion benachbarten Weinfeld gefunden wurden; das Knie dieser Statue (vielleicht eine Weihefigur vom Rand der Heiligen Straße) hatte man bereits 1912 entdeckt. Ebendort befindet sich eine 1984 ausgegrabene überlebensgroße Frauenstatue aus archaischer Zeit (um 570 v. Chr.), ein Gegenstück zu der sogenannten Hera des Cheramyes, die 1879 im Hera-Heiligtum entdeckt worden war und heute zu den berühmtesten Exponaten der Antikensammlung im Pariser Louvre zählt.
Von der archaischen Gruppe des Bildhauers Geneleos (um 560 v. Chr.) enthält der linke Saal die Basis und drei der ursprünglich sechs Statuen. Plastik hellenistischer und römischer Zeit im Erdgeschoß rechts. Das Obergeschoß birgt Prähistorisches, beginnend um 220 v. Chr., Keramik, Elfenbeinarbeiten und Bronzen.

Pythagórion (Tigáni)
Stadtmauer

Der kleine anheimelnde Hafenort Pythagórion oder Tigáni (11 km südwestl. von Sámos), an der Südküste der Insel, nimmt die Stelle der antiken Stadt Sámos ein. Auf antike Zeit gehen der Unterbau der Mole ebenso wie die Stadtmauer (4. Jh. v. Chr.) zurück. Auf dem Burghügel stehen beim Friedhof die Metamórphosis-Kirche und die Burg des Lykúrgos Logothétis (1822–1824). Daneben wurde eine hellenistische Villa ausgegraben, die im 5. Jh. von einer christlichen Basilika überbaut wurde. Im kleinen Museum archaische und hellenistische Grabstelen, Porträts römischer Kaiser und eine Sitzfigur von Aiakos, dem Vater des Polykrates. Von der antiken Akropolis hat man keine Bauten gefunden.

Im Ostteil des antiken Stadtbereiches liegt das Kloster Panagía Spilianí, unterhalb davon an beschildertem Weg eine Theatermulde.

*Antike Wasserleitung (Verlauf s. S. 554)

Weiter im Westen der Eingang des von Eupalinos im 6. Jh. v. Chr. angelegten 1 km langen Wasserleitungstunnels. Er ist rund 1,75 m hoch und breit und jetzt wieder begehbar. 425 m vom Südeingang erkennt man die Stelle, an der die von beiden Richtungen gleichzeitig vorgetriebenen Stollen fast genau aufeinanderstießen.

Antike Wasserleitung (Fortsetzung)

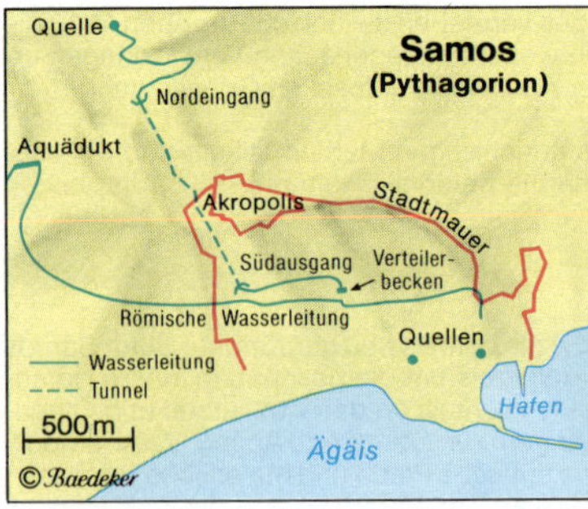

Wasserleitung des Eupalinos (6. Jh. v. Chr.) für die antike Stadt Samos

Gesamtlänge: 2400 m
Tunnellänge: 1036 m
Tunnelhöhe: 1,60 – 1,80 m
Tunnelbreite: 1,60 – 1,80 m
Tägliche Schüttung: ca. 400 m^3
Betriebszeit: ca. 1000 Jahre

Länge der römischen Wasserleitung: ca. 15 km

*Heraion

In westlicher Richtung erreicht man das Heraion (8 km von Pythagórion; 19 km von Sámos). Hier, an der Mündung des Imbrassos, fanden die von Prokles geführten ionischen Einwanderer der Überlieferung zufolge ein hölzernes Gebilde, das von den Zweigen eines Lygosstrauches umwunden war. Sie erkannten in ihm das Kultbild der Göttin Hera.

An der Prozessionsstraße, die das Heraion mit der antiken Stadt Samos verband, stand neben anderen Weihgeschenken die Geneleos-Gruppe (heute im Museum der Stadt Samos), von welcher jetzt eine Kopie am alten Ort aufgestellt wurde.

*Altar des Rhoikos

Neben dem Strauch entstand der erste Altar, dem weitere folgen sollten. Der siebte ist der Altar des Rhoikos (um 550 v. Chr.), der erst durch den Pergamonaltar an Größe und Pracht übertroffen werden sollte (er ist teilweise wiederaufgebaut).

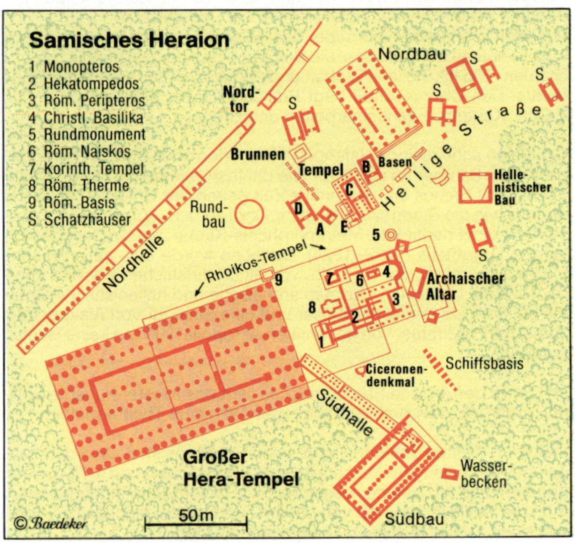

Samos (Fortsetzung)
Heratempel

Westlich dieses Altars errichteten die Samier den Heratempel. Nach den bescheidenen Holztempeln I (1. Hälfte des 8. Jh.s v. Chr.) und II (nach 670 v. Chr.) schufen Rhoikos und Theodoros 570–550 v. Chr. einen steinernen Kolossalbau (Tempel III) mit einer Fläche von 105 mal 52,50 m, dessen doppelte Ringhalle aus 104 je 18 m hohen ionischen Säulen bestand. Er ging bald zugrunde, doch ordnete Polykrates einen Neubau an, den Tempel IV. Dieser wurde mit einer Fläche von 112,20 x 55,16 m der größte Tempel, den Griechen je entworfen haben, blieb jedoch – wie andere ionische Riesentempel – unvollendet. Heute ist er bis auf mächtige Fundamente und eine einzige Säule verschwunden. Später folgte noch, dicht an den Altar herangerückt, ein kleiner Ringhallentempel (Tempel V) mit 4:6 Säulen, in den das Kultbild übersiedelte.
Das Grundwasser erschwerte die Grabungen, doch ist es E. Buschor und seinen Nachfolgern gelungen, die Entwicklung des Heiligtums minutiös zu klären. 1963 fand man im Altarbereich sogar die Reste des uralten Lygosstrauches. In der Nähe sieht man die Apsis einer frühchristlichen Kirche. Zum Auffinden weiterer Anlagen – etwa des Bassins, in dem das Herabild alljährlich gebadet wurde – braucht man sachkundige Führung bzw. gutes Kartenmaterial.

Vom Heraion gelangt man entweder über Pythagórion oder über den mittelalterlichen Hauptort Chóra (7,5 km) und Mitilíni (10,5 km; 5000 Einw.) nach Sámos zurück.

Inselrundfahrt auf Samos

Die von der Stadt Sámos an der meist steilen Nordküste entlangführende Straße berührt den kleinen Hafen Kokkári (10,5 km). Auf halbem Wege rechts der Straße bei der Paraskeví-Kapelle ein bescheidenes frühchristliches Baptisterium. Hinter Avlákia (20 km) zweigt links die Straße nach Vurliótes (3 km) ab; von dort 2 km bis zum 1566 gegründeten Kloster Vrontianí am Nordabhang des Ampelos.
Die Küstenstraße erreicht Ágios Konstantínos (26 km) und Karlóvassi (32 km; 5000 Einw.), das von den Linienschiffen angelaufen wird.
Lohnend ist die Rückfahrt nach Sámos durch das bergige, landschaftlich reizvolle Inselinnere, über Pírgos, Kumaradéi und Chóra.

Sehenswert sind auf der Insel einige Klöster, besonders Zoodóchos Pigí (gegr. 1756; 8 km östl. der Hauptstadt; Rundblick), Profíti Elías (gegr. 1625; 4 km südl. von Karlóvassi) und Stavrós (gegr. 1586; 3 km östl. von Chóra).

Samothrake K 3

Griechisch

Σαμοθράκη
Samothráki

Nomos: Évros
Inselfläche: 178 km²
Höhe: 0–1640 m ü.d.M.
Bewohnerzahl: 3000
Hauptort: Samothráki (Chóra)

Schiffsverkehr

Samothrake liegt an der Schiffahrtslinie Athen (Piräus)–Limnos– Samothraki–Alexandrúpolis.
Fährverbindung mit Alexandrúpolis täglich.

Samothraki

Lage und Allgemeines

Samothrake, 40 km (22 sm) vor der thrakischen Küste gelegen, ist der nordöstlichste Vorposten der griechischen Inselwelt. Vom Gipfel des 1640 m hohen Fengári aus soll Poseidon – Homer zufolge – den Kämpfen um Troja zugesehen haben. Von großer landschaftlicher Schönheit inmitten eines inselarmen Meeresgebietes, besitzt Samothraki eine wenig gegliederte Küste ohne geschützte Hafenbuchten.
Die Bewohner leben vom Ackerbau (v.a. Zwiebeln), besonders vom Anbau von Obst und Gemüse.

Geschichte

Ursprünglich war Samothrake – wie der Name 'trakisches Samos' erkennen läßt – von Thrakern bewohnt, auf die auch das Heiligtum der Großen Götter zurückgeht. Um 700 v. Chr. kamen Griechen auf die Insel und bauten in der Folgezeit das Heiligtum aus, doch blieb das Thrakische bis ins 1. Jh. v. Chr. die Kultsprache. Im 4. Jh. v. Chr. wurde Philipp II. von Makedonien in die Mysterien eingeweiht; er soll hier seine Frau Olympias kennengelernt haben. Vom frühen 3. Jh. v. Chr. an, als Ptolemaios II. und seine Schwester Arsinoë das Heiligtum mit großen Bauten ausstatteten, verbreitete sich der Kult weit in der hellenistischen Welt. Unter den Römern (seit 168 v. Chr.) verband sich der kleinasiatische Kybelekult mit dem der Großen Götter. Erst das Christentum brachte um 400 das Ende des Kultes, doch blieb die unmittelbar östlich liegende Stadt Paläópolis bis ins 15. Jh. hinein bewohnt.
Ausgrabungen im 19. Jh. durch Franzosen und Österreicher, 1939 und nach 1948 durch Amerikaner (Karl und Phyllis Lehmann) haben die Stätte gründlich durchforscht und auch Kenntnisse über den Kult selbst erbracht. Daß diese Kenntnis unvollkommen bleibt, hat seine Gründe in der Geheimhaltung der Eingeweihten, aber auch in der Überlagerung von verschiedenen Kultkreisen im Laufe der Jahrhunderte.

Antike Säulen auf Samothraki

Geschichte (Fortsetzung)

Die Kabiren, denen man früher das Heiligtum zugesprochen hat, sind nur ein Teil der dort verehrten Gottheiten. Im Mittelpunkt der Gruppe Großer Götter, die inschriftlich nachgewiesen sind, stand die thrakische Muttergottheit Axieros als Herrin der Natur. Zu ihr gesellten sich Axiersos und Axiersa, ein Paar von Unterweltgottheiten (von den Griechen mit Pluto und Persephone gleichgestellt), der jugendliche Vegetationsgott Kadmilos und die beiden Kabiren. Man verehrte sie als Schutzgötter der Natur, später zunehmend speziell als Patrone der Schiffahrt und Retter in Seenot. Die Einweihung in die Mysterien erfolgte in zwei Stufen und erstreckte sich auf Griechen und Nichtgriechen, Männer und Frauen, Freie und Sklaven – ein Aspekt, der der späteren Ausbreitung des Kultes den Weg gebahnt haben dürfte.

Seit dem Untergang des Römischen Reiches stand Samothrake in mehrfachem Wechsel unter byzantinischer, venezianischer und genuesischer Herrschaft, kam 1457 in die Hand der Türken und wurde 1912 im Gefolge des Balkankrieges griechisch.

Während des Zweiten Weltkrieges war Samothrake bulgarisch besetzt.

Sehenswertes

Samothráki (Chóra)

Der mittelalterliche Hauptort Samothráki (Chóra; 1500 Einw.) liegt im Gebirge, etwa 3 km östlich vom Hafenplatz Kamariótissa (Burgruine).

*Kabirenheiligtum

6 km nordöstlich liegen oberhalb der antiken Inselhauptstadt Paläópolis die Trümmer des erst in jüngster Zeit völlig freigelegten Heiligtums der Großen Götter (Kabirenheiligtum). Eine Kapelle der Agía Paraskeví und Trümmer eines Gattelusi-Kastells am Berghang bezeichnen die Stelle des antiken Hafens (Kieselstrand). Trotz wiederholter Zerstörung durch Piraten, Kriege und Erdbeben blieb das Heiligtum bis ins 4. Jh. n. Chr. bestehen. Im Mittelalter lieferten die verfallenen Baulichkeiten Quader zum Festungsbau.

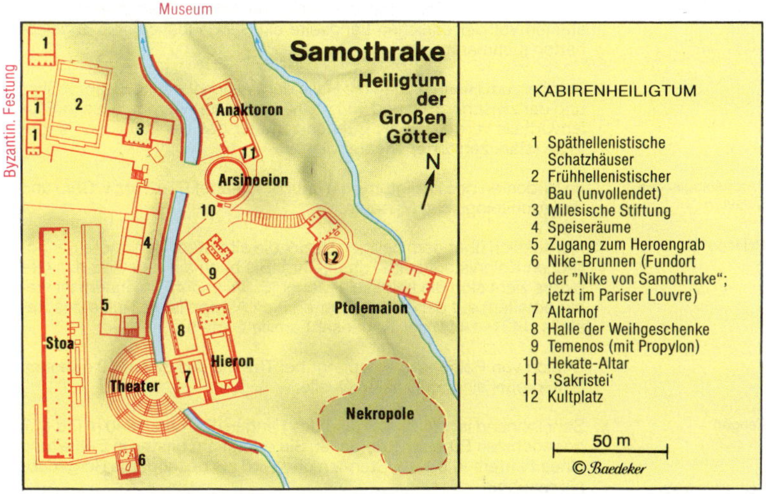

Anaktoron

Der Grabungsbezirk liegt 500 m landeinwärts. Ein beschilderter Rundweg führt von dem Museum (hinter dem Rast- und Gasthaus Xenia) nach Südosten, passiert ein Eisentor, überquert den mittleren der drei Bäche, die das hügelige Gelände durchziehen, und gelangt schließlich über einen Aussichtspunkt zum ersten großen Gebäude, dem rechteckigen Anaktoron, d.h. 'Haus der Herren' oder 'Haus der Götter' (um 550 v. Chr.). Hier erhielten die Gläubigen den ersten Grad der Weihe (Myesis). Der Nordteil war als Allerheiligstes abgetrennt, in der Südostecke ist eine aufgemauerte Opferstätte.

'Sakristei'

Unmittelbar südlich schließt auf höherem Niveau die 'Sakristei' an, ein Bau, in welchem man die Namenslisten der Eingeweihten aufbewahrte.

Arsinoeion

Dann folgte das Arsinoeion, zwischen 289 und 281 v. Chr. von der späteren ägyptischen Königin Arsinoë II. gestiftet und mit über 20 m Durchmesser der größte überdachte Rundbau der griechischen Antike. Es entstand an der Stelle einer alten Kultstätte, von der im Inneren Mauern und ein Felsaltar freigelegt sind.

Am Hang oberhalb des Arsinoeions Reste einer antiken Straße und eines Rundbaus.

Temenos

Altäre aus der Frühzeit des Kultes finden sich auch auf dem Platz zwischen Arsinoeion und dem südlich anschließenden Temenos. Dieses, 350–340 v. Chr. als erster Marmorbau errichtet, hatte ein ionisches Propylon mit archaisierendem Tänzerinnenfries (Teile davon im Museum).

Hieron

Auf der Mittelterrasse an einem archaischen Altar vorbei, gelangt man zu der wiederaufgerichteten Säulenfront des Hierons. Dieser Bau des späten 4. Jh.s v. Chr., dessen Säulenvorhalle erst im 2. Jh. v. Chr. angefügt wurde, hat eine in römischer Zeit mit einer Krypta versehene Apsis und erinnert mit diesen architektonischen Details an den Grundriß einer christlichen Kirche. Hier erhielten die Mysten den zweiten Grad der Weihe (Epopteia), vermutlich nachdem sie an zwei Marmorsteinen vor der östlichen Langseite ein Sündenbekenntnis abgelegt hatten (Lehmann).

Parellel zum Hieron liegen die Halle der Weihgeschenke (6. Jh. v. Chr.) und der zwischen 340 und 330 v. Chr. errichtete Altarhof, dessen Säulenvorhalle vermutlich als Bühnenwand für das um 200 v. Chr. angelegte (stark zerstörte) Theater diente.

*Archäologisches Museum

Im Südosten des Heiligtums ein antiker Friedhof (7.–2. Jh. v. Chr.) und das Archäologische Museum.

Paläópolis

Nordöstlich über dem heiligen Bezirk die alte Stadt Paläópolis der äolischen Kolonisten (seit 7. Jh. v. Chr.). Bis hoch auf den Grat des Gebirges zieht sich die kolossale Mauer (6. Jh. v. Chr.). Im Innern ist wenig erhalten; auf der Anhöhe der antiken Akropolis die Ruine des Kastells (1431–1444) der Genueser Familie Gattelusi.

Östlich von Paläópolis entspringt bei Therma aus einem 10 m hohen Sinterkegel eine 55°C heiße Quelle.

Fengári

Sehr lohnend ist die Besteigung des Fengári (Fengan; 1640 m ü.d.M.), der höchsten Erhebung der Insel. Sie erfolgt am besten in Begleitung eines Führers in etwa 6 Stunden und wird als besonderes Bergerlebnis gerühmt.

Santorin / Thera

K 7

Σαντορίνη / Θήρα
Sandoríni / Thíra

Griechisch

Nomos: Kykladen
Inselfläche: 73 km²
Höhe: 0–584 m ü.d.M.
Bewohnerzahl: 6000
Hauptort: Thíra (Firá)

Flugverkehr

Flugplatz 6 km südöstlich von Firá.
Linienflüge täglich von und nach Athen in 1½ Stunden; ferner Verbindung mit Iraklion (Kreta), Mykonos und Rhodos.

Schiffsverkehr

Linienschiffe von und nach Athen (Piräus) bzw. Kreta mehrmals wöchentlich in 12 (auch Kfz-Transport) bzw. 7 Stunden.

Lage und Allgemeines

Santorin bzw. Thíra (Thera = die Wilde; italienisch Santorino bzw. Santorini, nach der Schutzheiligen Santa Irene), die südlichste der größeren Kykladen, ist mit ihren Nebeninseln Thirasia (9 km²; bis 295 m ü.d.M.) und Aspronisi (2 km²; bis 71 m ü.d.M.) Teil eines im Meer versunkenen Vulkankraters. Der aus dem Meer ragende Rand der Caldera bildet einen im Nordwesten und Südwesten offenen Ring um ein bis zu 400 m tiefes Becken, aus dessen Mitte in historischer Zeit die Gipfel eines neuen Vulkans, die Kaimeni-Inseln, emporgewachsen sind. Heiße Quellen bezeugen fortdauernde vulkanische Tätigkeit.

**Gesamteindruck

Übersichtskarte

Christiana, Askania

Lage und Allgemeines (Fortsetzung)

Die mächtigen vulkanischen Schichten liegen einem Gebirge aus Tonschiefer und Grauwacke auf, das von halbkristalliner Kalksteinmasse überlagert ist. Es bildet im Südosten als höchste Inselerhebung den Profíti Elías (584 m ü.d.M.), an der Nordspitze den Megaló Vunó und an der Ostspitze den Monólithos aus. Der Kraterrand selbst bricht nach dem Inneren Becken hin in 200 bis 400 m hohen Felswänden aus grauschwarzer Lava ab, in denen Schichten von weißem Bimsstein und rötlichem Tuff sichtbar werden. Nach außen senkt er sich sanft zum Meer hin und bildet mit seiner hohen Bimssteindecke ein fruchtbares Weinland. Baumbewuchs fehlt wegen des Wassermangels. Die Bewohner haben durch die Ausfuhr von Wein, Hülsenfrüchten, Pistazien und Tomatenmark sowie von Santorinerde (Pozzulan), einer Bimssteinerde, die als natürlicher Zement für Wasserbauten (Hafenanlagen; Sueskanal) geschätzt wird, einen bescheidenen Wohlstand erreicht. In jüngster Zeit gewinnt der Tourismus wegen der landschaftlichen Eigenheit und der antiken Ausgrabungsstätten, die zu den wichtigsten in Griechenland zählen, an Bedeutung.

Für reine Badeferien – insbesondere mit Kindern – ist Santorin wenig geeignet.

Geschichte

In der Antike trug Thera den Namen 'Kalliste' (= die Schönste) oder 'Strongyle' (= die Runde).
Im 3. Jahrtausend v. Chr. (Kykladenkultur) war Santorin wohl von Karern bewohnt; um 1900 v. Chr. ließen sich frühgriechische Achäer auf ihr nieder, die später von phönikischen Kolonisten bedrängt wurden. Die Ausgrabungen bei Akrotíri haben gezeigt, daß Santorin in der ersten Hälfte des 2. Jahrtausends v. Chr. eine hohe Blüte erlebte. Es war eine Welt, die in Verbindung mit dem minoischen ⟶ Kreta stand und dennoch eine eigenständige theräische Kultur entwickelte. Es kann vermutet werden, daß wenigstens die Stadt Akrotíri nicht durch eine Zentralmacht regiert, sondern plutokratisch von Kaufherren und Reedern verwaltet wurde, die mit ihren Flotten bis nach Libyen kamen. Dies und vielleicht auch eine ethnische Beziehung zu Nordafrika läßt sich aus den künstlerisch hervorragenden, heute im Nationalmuseum von ⟶ Athen ausgestellten Wandmalereien entnehmen.
Das goldene Zeitalter endete mit dem Ausbruch des Vulkans von Santorin um 1510 v. Chr., bei dem das Zentrum der Insel zu einem riesigen Krater wurde. Die Meinung von Spyridon Marinatos, daß diese Katastrophe auch das Ende der minoischen Stätten auf der Insel ⟶ Kreta herbeigeführt habe, hat sich nicht durchgesetzt.
Die Katastrophe von Thera legt Spekulationen nahe, daß mit dem Vulkan auch das sagenumwobene Inselreich Atlantis im Meer versunken sei.
Nach dem Bersten des Vulkankraters blieb die Insel ein halbes Jahrtausend unbewohnt. Erst zu Beginn des 1. Jahrtausends v. Chr. wurde die Insel von Kreta ausgehend neu besiedelt; es waren minoisch-dorische Einwanderer, die sich auf einem Kalksteinrücken südöstlich des Profíti Elías niederließen. Ihr König Grinos gründete 630 v. Chr. die nordafrikanische Kolonie Kyrene, die größte Kolonie der Griechen in Afrika überhaupt. Zu Beginn des Peloponnesischen Krieges mit Sparta verbunden, mußte die Insel seit 427/426 Tribut an Athen zahlen. Eine gewisse Blüte bestand noch unter den ägyptischen Ptolemäern, die dort als Stütze ihrer Macht in der Ägäis eine Garnison unterhielten. Dann wurde die Insel römisch.

Im Jahre 1207, nach dem 4. Kreuzzug, eroberte Marco Sanudo, der Herr von Naxos, Santorin, das nun drei Jahrhunderte unter italienischer Herrschaft stand. 1539 wurde Santorin türkisch, 1830 griechisch.

Ía über dem Kraterrand

Geschichte (Fortsetzung)

Der Vulkanismus, der einst die Insel neben dem alten Kalksteinkegel des Profíti Elías aufbaute und sie kurz nach 1500 v. Chr. zerstörte, blieb auch in späteren Zeiten ein bestimmender Faktor. Die letzten starken vulkanischen Erscheinungen, verbunden mit erheblichen Erdbebenschäden, waren 1956 zu verzeichnen.

Sehenswertes

*Anfahrt zu Schiff

Wenngleich heute ein großer Teil der Touristen die Anreise per Flugzeug wählen wird, so bleibt doch die Einfahrt in den Krater von Nordwesten her ein großartiger Eindruck. Nach den sanften, grünen Außenhängen der Insel öffnet sich plötzlich der riesige, fast ringsum geschlossene Kessel.

*Ía

An der Nordspitze der Hauptinsel klebt am Rande des Absturzes das weiße, schmucke Städtchen Ía (Oía), bis zum Zweiten Weltkrieg das Wirtschafts- und Handelszentrum der Insel. Steile Zickzackwege führen von der Ammúdi-Bucht im Westen und der kleinen Hafenbucht Ágios Nikólaos im Süden in der Kraterwand empor zum Ort. Bei der Weiterfahrt schließen die Nebeninsel Thirasía (rechts) und das in der Ferne hinter den Kaiméni-Inseln sichtbare südliche Horn von Thíra das Becken vollständig ab.

*Firá

Den Hauptort Firá (oder Thíra; 1500 Einw.) erreicht man nach der Ausbootung von dem kleinen Hafenplatz Skála entweder auf steilem gewundenem Treppenweg (587 Stufen; Maultiere und Esel) oder mit der neu angelegten Kabinenbahn. Die großen Passagierschiffe legen heute regelmäßig auch in dem weiter südlich gelegenen neuen Hafen Athiniós an, der durch eine 17 km lange Straße mit Firá verbunden ist.

Seilbahn – Konkurrenz für die Tragesel

Firá (Fortsetzung)

Firá ist mit seinen z.T. in den Kraterrand gebauten weißen Häusern, den winkeligen Gassen und Plätzen, die immer neue Ein- und Ausblicke gewähren, und den türkisblauen Kuppeln seiner Kirchen und Kapellen äußerst reizvoll. Als Folge des zunehmenden Tourismus sind zahlreiche Geschäfte aller Art entstanden, darunter mehrere Juwelierläden. Das archäologische Museum im Norden der Stadt zeigt Funde aus der kykladischen und minoischen Zeit vor der großen Explosion sowie aus der dorischen und schließlich aus der hellenistischen und römischen Zeit.
Ein neues Museum für die Funde aus Akrotíri ist bei der Metrópolis-Kirche, einem Neubau von 1956, im Aufbau.

Kloster Profíti Elías

Von Firá gelangt man über das Dorf Pírgos (6 km) zum Gipfel des Profíti Elías (584 m ü.d.M.), der höchsten Erhebung von Santorin. Der Besuch lohnt sich wegen der umfassenden Rundsicht und der sehenswerten Anlage des Klosters Profíti Elías. Die Hauptkirche besitzt eine reichgeschnitzte Ikonostase und eine kretische Elias-Krone (15. Jh.). Im Klostermuseum Mitra und Stab des 1821 in Konstantinopel gehenkten Patriarchen Gregorios V. Ferner beachtenswert die Bibliothek, das Archiv und die Küche. Das Kloster war Sitz einer 'geheimen Schule', wie sie in der Türkenzeit verbreitet waren.

Vom Profíti Elías führt östlich ein Weg hinab zum Bergsattel Selláda, an dessen beiden Flanken die Nekropolen von Thera liegen. Von hier zweigen Wege ab: links nach Kamári hinab, wo am Strand die alte Stadt Oia lag, und rechts (südl.) nach Períssa. Geradeaus zum Mésa Vunó in Windungen bergauf, an der z.T. mit antiken Baugliedern über einer altchristlichen Basilika des 5. Jh.s erbauten Kirche Ágios Stéfanos vorüber zum Evangelismós (297 m ü.d.M.), einer Kapelle mit anstoßendem Heroon (2. Jh. v. Chr.).

Ortsplan

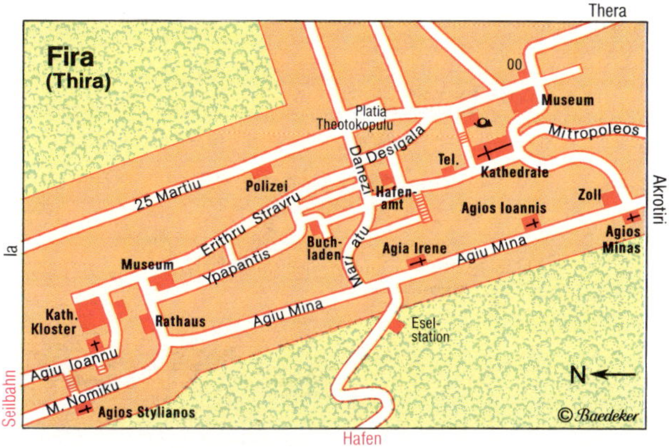

*Thera

Die Ruinen der antiken Inselhauptstadt Thera ziehen sich von der Selláda über den nach drei Seiten steil abfallenden Felsrücken des Mésa Vunó hin. Die Anlage der bis in byzantinische Zeit bewohnten Stadt entspricht dem Zustand zur Zeit ihrer Gründung im Hellenismus.

Vom Evangelismós gelangt man südlich am Hang in Windungen bergan zur Stützmauer einer Terrasse mit den Resten des Tempels des Apollon Karneios (6. Jh. v. Chr.). Der nordwestlich anstoßende Tempel besteht aus Pronaos, Naos und zwei an dessen Südwestwand angebauten Kammern. Die durch Aufschüttung vergrößerte Terrasse

Typische Inselkirche

Jüngling mit Fischen (Akrotiri)

Plan des Grabungsgeländes

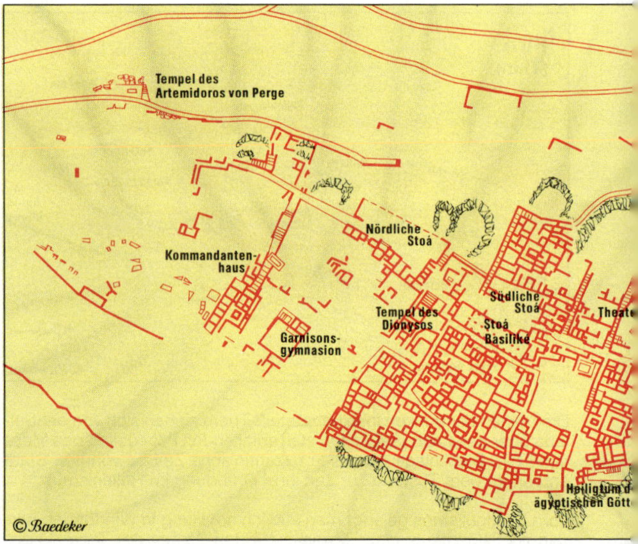

Thera (Fortsetzung)

(6. Jh. v. Chr.) im Süden diente als Festplatz. Zwischen Tempel und Mauerecke das Fundament eines rechteckigen Gebäudes; im Innern sind Götternamen (Nordwestseite; z.T. 8. Jh. v. Chr.) und Namen von Theräern (Südostseite) in den Felsen gehauen.
Am Südostende des Felsgrates das Epheben-Gymnasion (2. Jh. v. Chr.), mit der Grotte des Hermes und des Herakles an der Nordostseite eines großen Hofes, einem Saal und Rundbau am Ostende. Darüber Felsinschriften z.T. erotischen Inhalts.

An der Hauptstraße sind die Fundamente einiger hellenistischer Privathäuser von delischem Grundrißtypus und das Theater mit der Bühne aus römischer Zeit sichtbar; darunter Spuren des ptolemäischen Proskenions, an das der Kreis der Orchestra stieß. Beim Theaterportal zweigt von der Hauptstraße ein Weg ab, aufwärts zum Felsenheiligtum der ägyptischen Gottheiten Isis, Serapis und Anubis.
Jenseits des Theaters an der Hauptstraße die offene Kaufhalle; dahinter römische Thermen. Es folgen die Agorá (Markt), ein unregelmäßiger, länglicher Platz, in den verschiedene Straßen münden. An seiner Südostseite die Stoa Basilike (1. Jh. v. Chr.) mit zwei Kleithosthenes-Inschriften gegenüber dem Eingang. Die Innenhalle teilt eine dorische Säulenreihe in der Längsachse; Wandpfeiler und Aufbau im Norden (Tribunal?) sind später angefügt.
Weiter links, über dem mittleren Markt, eine Terrasse mit dem Tempel des Dionysos, später der Ptolemäer (2. Jh. v. Chr.), in dem zuletzt auch die römischen Kaiser verehrt wurden. Ihm gegenüber der Tempel der Göttin Tyche.

Nördlich jenseits des Marktes führt die Hauptstraße weiter. Von ihr zweigt westlich aufwärts eine Straße ab zur Kaserne und dem Gymnasion (südl.) der ptolemäischen Garnison auf der Höhe des Mésa Vunó.
Am unteren Ende der Hauptstraße, nahe der Selláda, der mit Felsenreliefs geschmückte Tempel des Artemidoros (3. Jh. v. Chr.).

Plan des Grabungsgeländes

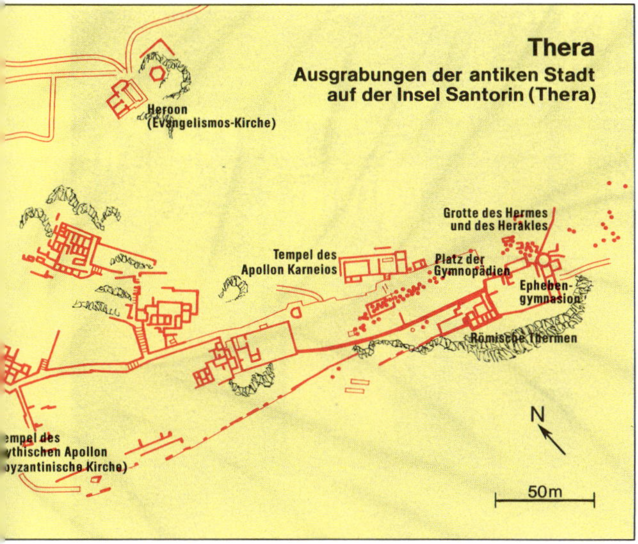

Thera (Fortsetzung)

Von der Sellada südlich abwärts gelangt man in 30 Min. zu der malerischen Kirchenanlage von Perísa (19. Jh.). Südwestlich hinter der Kirche, rechts vom Friedhof, das Fundament eines Rundbaues aus der ersten Kaiserzeit mit Katasterinschriften (2./4. Jh. n. Chr.).
Von Perísa kehrt man nach Thíra zurück über Emperío und unweit am Tempel der Thea Basileia (1. Jh. v. Chr.) vorbei, der als Kapelle des Ágios Nikólaos Marmarénius mit dem antiken Dach, schönen Türrahmen und einer Nische im Innern vorzüglich erhalten ist.

**Akrotíri

Bei dem Dorf Akrotíri, 12 km südwestlich von Fíra, legte der griechische Archäologe Spyridon Marinatos von 1967 bis zu seinem Tod am 1.10.1974 größere Teile einer bedeutenden, durch den großen Ausbruch zerstörten Stadt frei. Die Gebäude stammen aus dem 16. Jh. v. Chr. und zeigen Spuren von der Katastrophe vorangegangenen Erdbebenschäden, z.B. schräg stehende Mauern, die dann vom alles überdeckenden Bimssand in dieser Lage festgehalten wurden. Daraus wie aus der Mehrstöckigkeit der Gebäude ergeben sich schwierige Konservierungsprobleme für die Ausgräber. Marinatos selbst kam bei den Ausgrabungen zu Tode und ist in einem Haus gegenüber der Unglücksstelle beigesetzt.

Man betritt die zum Schutz vor der Witterung überdachte Ausgrabung von Süden her und befindet sich zwischen Häusern, die bis ins erste und zweite Obergeschoß erhalten sind. Durch die 'Telchinenstraße' nach Norden gehend, gelangt man zu einem dreieckigen Platz mit dem 'Westhaus', in dem eine Vielzahl von Fresken (jetzt im Nationalmuseum Athen) gefunden wurde, darunter die Darstellung einer Flottenexpedition und das wohlerhaltene Tafelbild eines nackten Jünglings, der Fischbündel in den Händen trägt (Abb. s. S. 563). Im nördlichsten Haus gibt es eine Reihe von einst dort zusammengetragenen Vorratsgefäßen. Wieder nach Süden gehend, passiert man u.a. ein Haus mit Treppe zum Obergeschoß, deren Stufen bei dem Erdbeben

Überdachte Ausgrabungsstätte von Akrotiri

Akrotiri (Fortsetzung)

gebrochen sind, und den mächtigen Komplex mit dem kleinen Raum 2, in dem sich das 'Frühlingsfresko' fand.

Die wichtigsten Gebäude dieses 'zweiten Pompeji', das 1600 Jahre älter ist als jenes und den Archäologen noch auf Jahrzehnte Arbeit gibt, sind mit Grundrissen und Erläuterungen versehen.
Entsprechende Siedlungsfunde wurden auch an der Südküste von Thirasía gemacht.

Auf dem Rückweg von Akrotíri kann man nach etwa 2 km rechts (südl.) abbiegen und gelangt dann zu der von Bäumen umstandenen Kapelle Ágios Stéfanos Marmarítis, die auf einen antiken Tempel zurückgeht, und weiter zum kleinen Küstenort Períssa (Badestrand).

Kaiméni-Inseln

Die Kaiméni-Inseln (Boot von Skála) sind der noch aktive Kegel des geborstenen Vulkans. Der Besuch ist mühsam und wenig spektakulär. Aus dem Altertum wird vom Entstehen und Vergehen von Inselchen an dieser Stelle in den Jahren 197 v. Chr. und 19–46 n. Chr. berichtet; 726 fanden dort, wohl an Paläa Kaiméni (südwestl.), vulkanische Veränderungen statt, 1457 ein nicht vulkanischer Felssturz. 1570–1573 entstand Mikrá Kaiméni (nordöstl.); 1650 fand eine Eruption im Nordosten von Thera statt (Kolumbusbank); 1707–1711 entstand Néa Kaiméni, wo sich 1866–1870 neuerliche heftige Eruptionen ereigneten. An ihrem Südwestufer wuchs aus aufquellenden Lavamassen die später mit Néa Kaiméni verbundene Insel Afroéssa. Den am Südostufer befindlichen Georgskrater (128 m ü.d.M.; benannt nach König Georg von Griechenland), der noch an einigen Stellen schwefelhaltige Dämpfe ausströmt (letzter Ausbruch 1956), besteigt man auf der Nordseite in etwa 30 Min. von der Bucht zwischen Néa und Mikrá Kaiméni aus.

Blick von la zu den Kaimeni-Inseln

Santorin, Kaimeni-Inseln (Fortsetzung)

Bootseigner legen gern für ein bis zwei Tage bei Néa Kaiméni an, um den Schiffsrumpf dem warmen und schwefelhaltigen Wasser auszusetzen und dadurch von Algenbewuchs und Tierbesatz zu reinigen. Etwa 18 km (10 sm) südwestlich von Santorin liegen die Eilande Christiana (bis 279 m ü.d.M.) und Askania (bis 143 m ü.d.M.), die südlichsten der Kykladeninseln.

Saronische Inseln H 6

Griechisch

Σαρωνικές Νησιά
Saronikés Nissiá

Die Saronischen Inseln sind die Gesamtheit der Inseln im Saronischen Golf mit → Salamis, → Ägina, Ankistri und → Poros sowie zahlreichen Eilanden und Felsklippen. Zu den Saronischen rechnet man auch die → Argolischen Inseln.

Saronischer Golf H 6

Griechisch

Σαρωνικός Κόλπος
Saronikós Kólpos

Lage und Allgemeines

Östlich des Isthmus von Korinth gelegen, trennt der Saronische Golf Attika von der → Peloponnes. Benannt ist er nach Saron, einem weiter nicht bekannten König von → Troizen, der in diesen Gewässern ertrank.

Idylle am Saronischen Golf

Saronischer Golf (Fortsetzung)

An den Küsten gibt es eine Reihe touristischer Anlagen, von Méthana (→ Argolische Inseln), Paläá und Néa Epídavros (→ Epidauros) im Süden über Lutró Elénis und → Isthmía im Westen bis zu den Orten an der Attischen Riviera (→ Attika).

Seriphos

I 6

Griechisch

Σέριφος
Sérifos

Nomos: Kykladen
Inselfläche: 66 km²
Höhe: 0–486 m ü.d.M.
Bewohnerzahl: 1800
Hauptort: Sérifos (Chóra)

Schiffsverkehr

Linienschiffe von und nach Athen (Piräus) täglich in 5–6 Stunden (auch Kfz-Transport).

Lage und Allgemeines

Seriphos, die kahle, von Schluchten durchzogene felsige Kykladeninsel nordwestlich von → Siphnos, steigt im Túrlos bis zu 486 m ü.d.M. an. Neben bescheidener Landwirtschaft hat seit dem Altertum der Eisenerztagebau Bedeutung. Ausfuhrhafen für das Erz ist Kutalás an der Südküste.

Geschichte

Erstmals von Ioniern besiedelt, teilte die Insel im wesentlichen das Schicksal der anderen Kykladen. Seriphos ist der Sage nach der Ort, wo Danaë mit dem jungen Perseus an Land gezogen wurde.

Panorama des Inselhauptortes Serifos

Bemerkenswertes auf Seriphos

Sérifos (Chóra)

Beim Hauptort Sérifos (Chóra), über dem geschützten Hafen Livádi, die Ruine eines venezianischen Kastells (Aussicht).

Erzengelkloster
*Marienkirche

Im Norden der Insel befindet sich das Kloster der Taxiárches (Erzengel; von 1600) mit beachtlicher Bibliothek; nordwestlich davon liegt das hübsche Dorf Panagía mit der Kirche Xiló Panagía (Marienkirche) von 950.

Serrä H 2

Griechisch

Σέρρες
Sérres

Nomos: Serrä
Höhe: 50 m ü.d.M.
Einwohnerzahl: 40000

Verkehr

Bahnstation der Strecke Saloníki–Alexandrúpolis.

Lage und Allgemeines

Die 100 km nordöstlich von → Saloníki gelegene Stadt Serrä ist ein Wirtschaftszentrum, das nach der bulgarischen Zerstörung im Jahre 1913 modern auf- und ausgebaut wurde.

Sehenswürdigkeiten

Sehenswert sind die Mitrópoliskirche, eine dreischiffige Basilika mit Synthronon und Mosaikresten, sowie die Burgruine auf der Akropolishöhe (Aussicht).

Servia F/G 3

Griechisch

Σέρβια
Sérwia

Nomos: Kozani
Höhe: 430 m ü.d.M.
Einwohnerzahl: 4000

Lage und Allgemeines

Die makedonische Stadt Servia an einem Paß zwischen Bergketten westlich des → Olymp wurde im Mittelalter, wie der Name sagt, von Serben gegründet.

Bemerkenswertes

Die Stadt ist weniger wegen der Reste einer Bischofskirche des 11. Jh.s interessant als wegen der Nähe zum Aliakmón-Stausee (6 km nordwestlich).
Fährt man von Servia nordwestwärts weiter, so erreicht man nach 20 km → Kozáni sowie nach weiteren 28 km die Industriestadt Ptolemáis (21 000 Einw.).

Sfaktiria

→ Sphaktiria

Sifnos

→ Siphnos

Sikinos K 7

Griechisch

Σίκινος
Síkinos

Nomos: Kykladen
Inselfläche: 41 km²
Höhe: 0–600 m ü.d.M.
Bewohnerzahl: 350
Hauptort: Síkinos

Schiffsverkehr

Linienschiffe von und nach Athen (Piräus) 2mal wöchentlich in 10 Stunden. Verbindungen mit Ios und anderen Nachbarinseln.

Lage und Allgemeines

Sikinos ist eine etwa 6 km (3 sm) südwestlich von → Ios gelegene kahlfelsige Kykladeninsel mit überaus steiler Kliffküste und rauhem Gebirge im Norden und Nordwesten. Im sanfteren Südosten findet man Terrassenkulturen.

Geschichte

Die kulturelle und politische Bedeutung der Insel war infolge ihrer Unwirtlichkeit und des Fehlens geschützter Hafenplätze stets gering, ihr geschichtliches Geschick mit dem von Naxos eng verbunden. In römischer Zeit diente Sikinos als Verbannungsort.

Bemerkenswertes auf Sikinos

Sikinos (Ort)

Vom Ankerplatz Aloprónia (Sandbucht) im Südosten der Insel steigt man in knapp einer Stunde (2,5 km; Maultiere) in einer waldreichen Schlucht aufwärts zum Hauptort Síkinos (350 Einw.), einem typischen Kykladenstädtchen mit dem malerischen Ortsteil Kástro in der mittelalterlichen Festung; darüber, am Hang, der eigentliche Ort Chorió.

Über der Ortschaft die Ruine des ehemaligen Nonnenklosters Zoodóchos Pigí.

1½ Stunden westlich liegt die Panagía-Kapelle des Episkopí-Klosters (5.–7. Jh. v. Chr.), das aus einer antiken Kultstätte des 2. vorchristlichen Jahrhunderts entstand.

Auf der steilen Anhöhe bei dem Kirchlein Agía Marína sieht man noch die spärlichen Reste der antiken Stadt.

Simi

→ Symi

Siphnos

I 6/7

Griechisch

Σίφνος
Sífnos

Nomos: Kykladen
Inselfläche: 73 km²
Höhe: 0–680 m ü.d.M.
Bewohnerzahl: 2000
Hauptort: Apollonía

Schiffsverkehr

Linienschiffe von und nach Athen (Piräus) mehrmals täglich in 5½ Stunden (auch Kfz-Transport).
Lokale Verbindungen mit Seriphos, Kimolos und anderen Nachbarinseln.

Lage und Allgemeines

Die Insel Síphnos, eine der südlichen → Kykladen, liegt etwa in der Mitte des Dreiecks Milos–Seriphos–Paros. Sie wird im Norden und Nordwesten von kargen, kahlen Gebirgszügen, im Osten und Süden von sanfteren Hügeln eingenommen. Die Küste ist stark gegliedert und vielfach steil abfallend.

Auf fruchtbaren Verwitterungsböden wird Landwirtschaft (bes. Zwiebelanbau) betrieben. Daneben sorgen ein traditionsreiches Keramikhandwerk sowie die Weberei für bescheidenen Wohlstand der Bewohner.

Geschichte

Bereits zur Zeit der Kykladenkultur (3./2. Jahrtausend v. Chr.) dicht bewohnt, gelangte die Insel im klassischen Altertum durch den Abbau eines silberhaltigen Bleiglanzes zu so großem Reichtum, daß die Siphnier in Delphi ein Schatzhaus bauen ließen. Als Wassereinbruch den Abbau unmöglich machte, schwand der Wohlstand dahin, und Siphnos verfiel zur Bedeutungslosigkeit. Die ehemaligen Stolleneingänge sind noch bei Ágios Sóstris und Ágios Minás im Meer sichtbar.

Ormos Pharos

Sehenswertes

Kamáres
Apollonía

Vom Haupthafen Kamáres (Strand; Keramikwerkstätten) gelangt man an der Westküste 5 km aufwärts zum Hauptort Apollonía. In der Kirche Ágios Sóson sowie in den Kirchen Panagía Gurniá im nördlichen Nachbarort Artemón und Panagía im südlich gelegenen Ort Katavatí schöne Wandmalereien.

Kástro

5 km östlich liegt über einer geschützten Bucht das malerische Städtchen Kástro mit mittelalterlicher Festung. Hier befand sich nach Herodot die antike Inselhauptstadt Asty, von der noch Reste der Ummauerung (4. Jh. v. Chr.) zu erkennen sind.

Wachtürme

Entlang der Küste stehen noch zahlreiche hellenistische, römische und mittelalterliche Wachtürme.

Archaische Reste

Reste einer vorgriechischen Siedlung finden sich auf dem Hügel Ágios Andréas, südwestlich von Apollonía, sowie Gräber aus derselben Zeit bei Vathí und Mávro Chorió.

*Klöster

Auf Siphnos sind mehrere Klöster (z.T. mit Übernachtungsmöglichkeit) besuchenswert, besonders das Festungskloster auf dem Profíti Elías (680 m ü.d.M.; Wallfahrten); ferner Chrisóstomos (Fliederbaum und Palme von 1653), Panagía tis Vrísis auf der Südostspitze der Insel (Bibliothek), Taxiárchis über der Vathí-Bucht, Panagía tu Vunú (Aussicht) und Panagía Chrisopigí an der Südküste mit als wundertätig verehrter Ikone (17. Jh.).

Taubentürme

Überall auf der Insel stehen venezianische Taubentürme, besonders aber im Osten.

Kloster Chrysopigis

Siphnos (Fortsetzung), Kitrianí

Südöstlich vor der Südspitze der Insel Siphnos, dem Kap Kontú, liegt die im wesentlichen aus Marmor bestehende kleine Insel Kitrianí mit Kapelle.

Siros

⟶ Syros

Skiathos

H 4

Griechisch

Σκίαθος
Skíathos

Nomos: Magnesia
Inselfläche: 48 km^2
Höhe: 0–438 m ü.d.M.
Bewohnerzahl: 4100
Hauptort: Skíathos

Flugverkehr

Flughafen 4 km nordöstlich von Skíathos.
Linienflüge von und nach Athen im Sommer täglich in 55 Minuten.

Schiffsverkehr

Linienschiffe von Ágios Konstantínos täglich, von Vólos zweimal täglich in 3–3½ Stunden; von Kími (Euböa) 3mal wöchentlich in fünf Stunden.
Schiffsverbindung mit den Nachbarinseln.

Skiathos (Fortsetzung)
Lage und Allgemeines

Skiathos, eine sanfthügelige, waldreiche Insel der Nördlichen Sporaden, liegt rund 4 km östlich der Halbinsel Magnesia. Sie ist wegen ihres ausgeglichenen Klimas und besonders schöner Sandbuchten eine vor allem von Griechen geschätzte Sommerfrische. Neben Tourismus bilden die rund 600000 Olivenbäume die wichtigste Erwerbsquelle der Bewohner.

Geschichte

Skiathos war stets ohne Bedeutung. Herodot erwähnte die Insel in Verbindung mit der Seeschlacht beim Kap Artemision (480 v. Chr.), als von hier Nachrichten über Truppenbewegungen der Perser durch Lichtzeichen weitergegeben wurden.

Sehenswertes auf Skiathos

Skíathos (Ort)

Hauptort und gleichzeitig einzige geschlossene Siedlung der Insel ist Skíathos (3000 Einw.) an der Südostküste. Es entstand nach 1830 an der Stelle der antiken Stadt auf zwei niedrigen Felsrücken zu beiden Seiten einer kleinen geschützten Hafenbucht. Von der Kirche Ágios Fanúrios (nordwestl. außerhalb) bietet sich ein schöner Ausblick. Die Stadt Skíathos ist die Heimat des griechischen Novellisten A. Papadiamántis (1851–1911; Museum in seinem ehem. Wohnhaus).

Kástro

Nach 2½stündigem Fußmarsch (auch Boot) in nördliche Richtung erreicht man die auf hohem Felssporn gelegene Ruine der mittelalterlichen Hauptstadt Kástro (Aussicht). Von ihr sind Teile der Festungsmauer mit Zugbrücke, türkische Bäder und drei der einstmals 22 Kirchen erhalten, darunter Christós sto Kástro (17. Jh.; Fresken).

Kloster Evangelistria

Etwa auf halbem Wege kommt man am Kloster Evangelístria (18. Jh.; byzantinische Kapelle) vorbei, das im Freiheitskrieg den Aufständischen als Unterschlupf diente.

Ehemalige Klöster

Weitere hübsche Wanderungen führen von Skiathos zu den aufgelassenen Klöstern Charalámpos (8 km nördl.), Kechriá (7 km nordwestl.; Fresken 18. Jh.), Panagía Kunístria (9 km westl.; 17. Jh.) sowie Agía Sofía bei Túrlos.

Kukinariés

Etwa 9 km westlich von Skíathos (Bus oder Motorboot) erstreckt sich die prächtige Sandbucht von Kukinariés, die von schattigen Schirmpinien gesäumt ist und zu den schönsten Badestränden der Ägäis zählt.
Besuchenswert sind ferner die Meeresgrotten.

Tsúngrias

Der Insel Skiathos sind im Südosten neun kleinere Inselchen vorgelagert. Die größte, Tsúngrias (6 km^2; bewirtschaftet), und die kleineren Eilande Tsungriáki, Daskalonísi (Leuchtturm), Mirmingonísi (Ameiseninsel) und Marangós liegen gegenüber dem Hafen; nördlich vor der Ostküste die Klippen Répi, Árki und Aspronísi, im Süden Prasonísi.

Skopelos H 4

Griechisch

Σκόπελος
Skópelos

Nomos: Magnesia
Inselfläche: 96 km^2
Höhe: 0–680 m ü.d.M.
Bewohnerzahl: 10000
Hauptort: Skópelos

Hafen des Inselhauptortes Skopelos

Schiffsverkehr

Linienschiffe von Ágios Konstantínos bzw. von Vólos mehrmals täglich in jeweils 4$^1/_2$ Stunden; von Kími (Euböa) 3mal wöchentlich in 3$^1/_2$ Stunden.

Lage und Allgemeines

Skopelos, im Altertum bis ins 3. Jh. n. Chr. Peparethos, ist eine reichlich bewachsene Gebirgsinsel der Nördlichen Sporaden. Die steile Nordostküste ist abweisend und, abgesehen von der weiten Bucht von Skópelos in ihrem östlichen Teil, ohne nennenswerte Einschnitte. Die sanftere Südwestküste ist ebenfalls wenig gegliedert. Auf teilweise fruchtbaren Verwitterungsböden werden heute vorwiegend Mandeln und Obst (bes. Pflaumen; Abpackung von Trockenobst in der Stadt Skópelos) angebaut. In zahlreichen Klöstern erzeugen Nonnen Webwaren und kunstgewerbliche Artikel. Von einiger Bedeutung ist außerdem der Fremdenverkehr.

Mythos und Geschichte

Älteste Besiedlungsspuren reichen bis ins Neolithikum. Die antike Stadt Peparethos soll der Sage zufolge von dem kretischen Helden Staphylos, einem Sohn des Dionysos und der Ariadne, gegründet worden sein. Im sogenannten Staphylosgrab wurden neben Goldschmuck, Idolen und allerlei Geräten auch minoische Doppeläxte (heute im Museum von → Vólos) gefunden. Schon früh scheinen sich – wie Funde belegen – die Bewohner kulturell eher dem mykenischen als dem minoischen Kreis zugewandt zu haben.

Nach dem 7. Jh. v. Chr. gelangte die Insel zu vorübergehender Blüte; sie schloß sich dem Ersten Attischen Seebund an, dem sie Tribut in beachtlicher Höhe leisten konnte.
Der Peloponnesische Krieg brachte den raschen und endgültigen Niedergang. Die Insel stand von nun an unter stets wechselnder Hoheit: Makedonier, Römer, Byzantiner, Venezianer und zuletzt Türken

Skopelos, Mythos und Geschichte (Fortsetzung)

gewährten der wirtschaftlich bedeutungslosen, abseits gelegenen Insel weitgehende Autonomie. Seit 1830 gehört Skopelos zu Griechenland.

Sehenswertes auf Skopelos

Stadt Skópelos

Die Inselhauptstadt Skópelos (3000 Einw.) liegt an der Stelle des antiken und byzantinischen Hauptortes an einer weiten, ungeschützten Hafenbucht. Sie steigt mit ihren engen Gassen und weißen, schiefergedeckten Häusern im Halbrund am Burghügel empor. Auf ihm die Festungsruine und Fundamente eines Asklepios-Heiligtums aus dem 5./4. Jh. v. Chr. Auf der Anhöhe stehen schöne Olivenhaine. Die Stadt besitzt etwa 120 teils byzantinische Kirchen und Kapellen, von denen besonders die Kirche des Ágios Athanásios (9.–11. Jh.), auf den Fundamenten eines Tempels errichtet, und des hl. Michael, mit schönem Schnitzwerk, Ikonen und antiken Grabplattenverkleidungen, einen Besuch lohnen.
Geringe Siedlungsreste finden sich bei Pánormos an der Südküste und um Glóssa an der Nordwestküste, wo das antike Selinus lag.

*Kirchen und Klöster

Auf der Insel liegen etwa 360 Kirchen, Kapellen und Klöster. Von ihnen sind besuchenswert: Kloster Evangelístrias (1712; westl. über der Stadt; Ausblick) mit silbergefaßter Marienikone (10. Jh.); Kloster Metamorphósis (südöstl. von Skópelos; 16. Jh.), das älteste der Insel; Kloster Ágios Taxiárchos mit frühchristlicher Kirche (672 n.Chr.) im Vorhof; Klöster Panagía Livadiótissa (17. Jh.) mit Ikone (von 1671) des kretischen Malers A. Aghorastos, und Prodrómos (von 1721), beide im Osten der Insel; Kloster Agía Varvára (von 1648; aufgegeben); Klosterruine Epískopi (südwestl. der Stadt) mit Kirche von 1078; Kirche des Inselheiligen und ersten Bischofs Regínos (südl. der Stadt; Mitte 4. Jh.); Kirche Zoodóchos Pigí mit als wundertätig verehrter Ikone, angeblich von Lukas dem Evangelisten gemalt.
Um die Nordwestspitze der Insel vier historische Wachtürme.
An der Südküste, in der Agnóntas-Bucht, die Tripití-Meeresgrotte.

Skyros

I 4/5

Griechisch

Σκύρος
Skíros

Nomos: Euböa
Inselfläche: 209 km^2
Höhe: 0–814 m ü.d.M.
Bewohnerzahl: 2900
Hauptort: Skíros (Chóra)

Flugverkehr

Linienflüge von Athen merhmals wöchentlich in 50 Minuten.

Schiffsverkehr

Linienschiffe von und nach Kími (Euböa) 4mal wöchentlich in 2 Stunden; von und nach Vólos 2mal wöchentlich in 12 Stunden.

Lage und Allgemeines

Skyros, die größte und östlichste Insel der Nördlichen Sporaden, ist reich gegliedert und zerklüftet, teils schütter bewaldet und sichtbar zweigeteilt: Den Südosten nimmt der wasserarme, schroffe Gebirgsstock Kóchilas ein, der bis zu 814 m ü.d.M. ansteigt. Hier liegen die Brüche des in römischer Zeit hochgeschätzten grobkörnigen bunten Marmors. Der Nordwesten, im Ólympos bis zu 403 m ü.d.M. hoch, ist

Skyros, Lage und Allgemeines (Fortsetzung)

sanfter, wasserreicher und fruchtbarer. Hier liegen die seit dem Altertum bis in unsere Tage abgebauten Marmorbrüche 'Mármara'. Beide Inselteile trennt eine versandete Senke, die von der weit ins Land greifenden westlichen Kalamítsa-Bucht zur Achílli-Bucht an der Ostküste reicht. Am Fuße der allgemein steilen, abweisenden Küstenfelsen liegen schöne Sandstrände.
In jüngster Zeit verdrängt Ziegenzucht die seit dem Altertum gepflegten Terrassenkulturen. Die einst besonders im kargen Südosten wild lebenden kleinen ponyartigen Pferdchen sind heute stark dezimiert. Neben Landwirtschaft und etwas Fremdenverkehr leben die Bewohner vom Ertrag ihrer vorzüglichen Volkskunst (Stickerei, Möbelschnitzerei, Ton- und Kupfergefäße).

Mythos und Geschichte

Auf Skyros soll der Sage nach Thetis ihren Sohn Achilles als Mädchen verkleidet haben, damit er dem Trojanischen Krieg entgehe.
Im Nordosten des Kástro fanden sich Spuren neolithischer Besiedlung (5. Jahrtausend v. Chr.).
Im 2. Jahrtausend v. Chr. siedelten karische und pelasgische Bauern und Seefahrer (Inselname 'Pelasgia') auf der Insel. Sie wurden im 1. Jahrtausend v. Chr. von dorischen Dolopern (Inselname 'Dolopia') verdrängt, die Skyros zum Ausgangspunkt ihrer Raubzüge in die Ägäis machten. 469 v. Chr. nahm Athen den Piratenstützpunkt ein und besiedelte ihn mit attischen Bauern. In römischer Zeit erlangten die Bauern durch die Ausfuhr ihres begehrten bunten Marmors bescheidenen Wohlstand, gleichwohl blieb die abgelegene Insel stets ohne politische Bedeutung. Nach 1821 kam sie zu Griechenland.

Sehenswertes auf Skyros

Skíros (Chóra)

Der Hauptort Skíros (Chóra; 2400 Einw.), im östlichen Teil der Insel, zieht sich mit seinen kykladisch anmutenden, im Innern kunstvoll ausgestatteten Häusern im Halbrund um einen Hügel, dessen Felsspitze die antike Akropolis (4. Jh. v. Chr.; Mauerreste), später die byzantinische und die venezianische Festung Kástro trug (Aussicht). Von diesem Felsen soll Theseus hinabgestürzt worden sein; seine angeblich später aufgefundenen Gebeine wurden ins Theseion nach Athen verbracht. Beachtenswert ist im Kástro die ehemalige Klosterkirche Ágios Geórgios (Museum).

Linariá

Etwa 10 km südlich der Chóra liegt im westlichen Seitenarm der nach Nordwesten durch die Insel Baláxa geschützten Linariá-Bucht der Haupthafen Linariá, weiter südöstlich die durch die vorgelagerten Inseln Platí und Sarakíniko zur offenen See hin fast vollständig abgeschlossene Hafenbucht Trís Búkes.
Im Westen vor Skyros die unbewohnten Eilande Rínia und Skíropula.

Sparta

G 6

Griechisch

Σπάρτη
Spárti

Nomos: Lakonien
Höhe: 211 m ü.d.M.
Einwohnerzahl: 12 000

Lage und Allgemeines

Sparta, die Hauptstadt Lakoniens, liegt in der fruchtbaren, nach Süden zum Meer hin offenen Eurotas-Ebene zwischen ⟶ Taýgetos

Marlboro
Marlboro

(2404 m) und → Párnon (1937 m). Sie wurde 1834 von König Otto im Gelände der antiken Siedlung mit regelmäßig rechtwinkligen Straßenzügen um eine große Platía neu gegründet.

Lage und Allgemeines (Fortsetzung)

Geschichte

Auf die vorgriechische Bevölkerung und die mykenischen Frühgriechen, die sich in der Herrschaft ablösten, verweist der Mythos von Hyakinthos, der von Apollon beim Diskuswerfen getötet wurde. Die mykenische Zeit (2. Jahrtausend v. Chr.) spiegelt sich auch in den Mythen von Leda, den Dioskuren Kastor und Polydeukes, Menelaos und Helena. König Menelaos, wie sein Bruder Agamemnon der Generation des Trojanischen Krieges angehörend, wurde später im Menelaion verehrt. Letzter mykenischer König war Tisamenos, Sohn des Orest.
Eine neue Epoche begann, als die Dorier ins Land kamen, um 950 v. Chr. die vier Dörfer Pitane, Limnai, Mesoa und Kynosura gründeten und das eroberte Land unter die Spartiaten aufteilten. Als um 800 v. Chr. auch Amyklai, in dem sich die Mykener noch behauptet hatten, zu Sparta kam, entstand das charakteristische Doppelkönigtum: Der eine König setzte die Reihe der dorischen Stammesherzöge fort, der andere die der Könige von Amyklai. Neben den Königen kannte Sparta den Rat der Alten (Gerusie) und das Ephorenamt. Sparta wurde zum militärischen Lagerstaat, in dem das musische Element, wie die Funde u. a. in → Olympia und → Dodóna zeigen, nicht fehlte, jedoch eine geringere Rolle als etwa in Athen spielte. So konnte Thukydides sein bekanntes Wort schreiben: "Wenn Sparta verödete und nur die Tempel und Grundmauern der Bauten blieben, würden die Späteren gewiß voller Unglauben seine Macht im Vergleich zu seinem Ruhm bezweifeln." Das Ideal Spartas ist im Gesetzgeber Lykurg (8. Jh. v. Chr.) und in Leonidas mit den 300 Spartiaten, die 480 v. Chr. bei den → Thermopylen gefallen sind, verkörpert.
In wiederholten Kriegen (740–720, 660, 464–459 v. Chr.) unterwarf Sparta das westlich des Taýgetos gelegene Messenien. Der Niedergang begann mit einem schweren Erdbeben, dem 464 v. Chr. die gesamte Jungmannschaft zum Opfer fiel, und der Niederlage gegen die Thebaner unter Epameinondas 371 v. Chr. bei Leuktra. Die erste Stadtmauer wurde gegen 200 v. Chr. errichtet. In der römischen Kaiserzeit erlebte Sparta dann einen neuen Aufschwung, doch wurde es 267 und 395 n. Chr. von den Herulern und Alarichs Westgoten verwüstet. Im 7. Jh. setzten sich Slawen fest. Im 10. Jh. wurde das Land von Nikon missioniert, der sein Grab auf dem Akropolishügel von Sparta fand. Im 13. Jh. löste dann das neu gegründete → Mystrás Sparta ab.

Sehenswertes

*Archäologisches Museum

An der Eurotas-Straße östlich der Platía steht in einem hübschen Garten das 1975–1976 errichtete Archäologische Museum. In der Eingangshalle sieht man u. a. Sichelstelen aus dem Artemiskult, in den rechten Sälen eine archaische Stele mit Helena und Menelaos, Funde aus dem Menelaion und vom 'Thron des Apollon' in Amyklai, die Dioskuren sowie einen frühklassischen Kriegertorso von kraftvoller Dynamik (Leonidas?). Aus dem Teil links vom Eingang seien die Bleifigürchen und Terrakotten aus dem Artemisheiligtum hervorgehoben.

Leonidaion

Unmittelbar neben der Leonidasstraße am Nordrand der Stadt steht das sog. Leonidaion, ein Bau unbekannter Bestimmung (das Grab des Leonidas lag an anderer Stelle, westlich der Akropolis). 500 m nördlich von diesem Bau erhebt sich der niedrige Akropolishügel. An

Akropolis

◂ *Sparta mit dem Taygetos-Gebirge*

Sparta

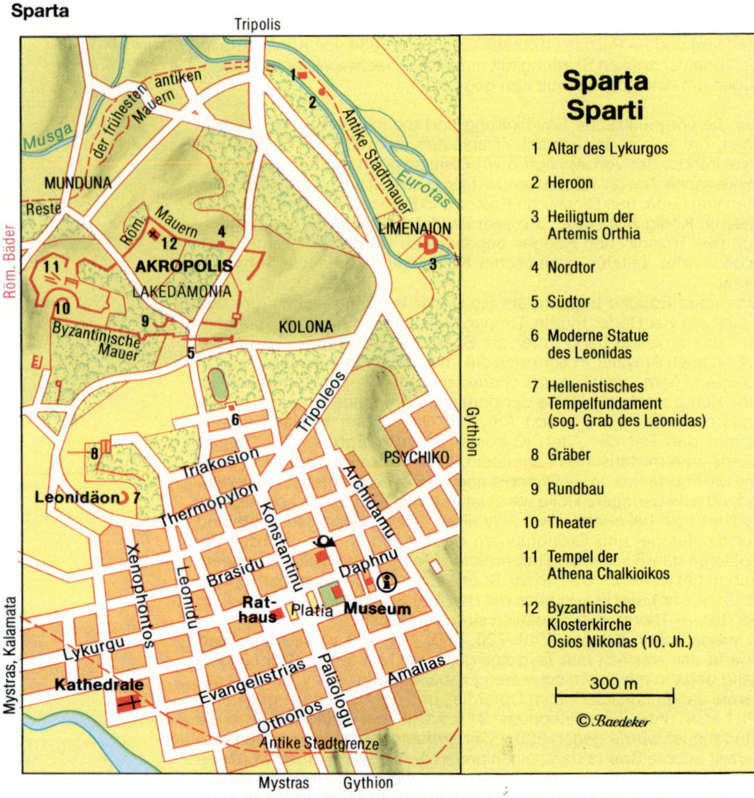

Akropolis (Fortsetzung)

seinem Südhang befindet sich das hellenistische, in römischer Zeit umgebaute Theater, das ein fahrbares Bühnenhaus hatte. Auf der Höhe liegen die Fundamente des Athena-Tempels, den Gitiadas im 6. Jh. v.Chr. errichtete. Es war ein Lehmziegelbau mit Holzrahmen über einem Steinsockel, dessen Beiname 'Chalkioikos' sich von der Verkleidung mit Bronzeplatten ableitete. Etwas weiter östlich die dreischiffige Nikon-Basilika (10. Jh.), in der der Heilige begraben wurde. Die südlich der Akropolis zu suchende Agorá ist noch nicht ausgegraben, wie auch die meisten der von Pausanias genannten Gebäude und Denkmäler nicht identifiziert werden konnten.

Artemisheiligtum

Zwischen der Straße nach ⟶ Trípolis und dem Eurotas, unmittelbar hinter den Stadtausgang rechts, liegt das Heiligtum der Artemis Orthía, so benannt, weil das Kultbild aufrechtstehend gefunden wurde. Pausanias zufolge hatten Iphigenie und Orest es aus dem Taurerlande mitgebracht. Dazu paßt der grausame spartanische Brauch, im Angesicht des Kultbildes die Jünglinge bei Mannbarkeitsriten blutig zu geißeln. Es gab einen Tempel des 6. Jh.s v.Chr. (Fundamente) über einem Bau des 8. Jh.s v.Chr. sowie Brandopferaltäre. Die römische Zeit fügte amphitheatralisch angeordnete Sitzreihen für die Zuschauer bei den Geißelungsriten hinzu.

Umgebung von Sparta

Das mittelalterliche ⟶ Mystrás liegt 7 km westlich.

*Menelaion

Von Sparta über den Eurotas in Richtung ⟶ Geráki, biegt man nach 4,5 km in einen Fußweg ein, auf dem man an einer Eliaskapelle vorbei zu dem Hügel Therapne kommt (500 m). Dort sind die Reste eines Heroons aus dem 5. Jh. v.Chr., das der Verehrung des Menelaos diente. Es steht an der Stelle von 1973 freigelegten mykenischen Bauten, in denen man den Sitz des Menelaos vermutet.

Amyklai

11 km südlich liegt Amyklai, wo sich auf dem Hügel Agía Paraskeví das Heiligtum des Apollon Amyklaios mit dem 13 m hohen 'Thron des Apollon' über dem Grab des Hyakinthos befand.

Die Burg von ⟶ Geráki liegt 48 km südöstlich.

Chrysápha

Lohnend ist auch ein Ausflug nach Chrysápha (18 km) wegen der vier teilweise mit Fresken versehenen Kirchen Chrysaphiótissa (1290), Allerheiligen (Ágii Pántes, 1367), Marienschlaf (Kímissis) und Demetrius (17. Jh.) sowie des nahen Pródromosklosters mit Kirche von 1625.
Nordwestlich von Sparta entdeckte man 1982 ein mykenisches Tholosgrab (1500–1300 v.Chr.).

Spetsä H 6

Griechisch

Σπέτσες
Spétses

Nomos: Attika
Inselfläche: 22 km²
Höhe: 0–244 m ü.d.M.
Bewohnerzahl: 3500
Hauptort: Spétses

Schiffsverkehr

Linienschiffe von und nach Athen (Piräus) mehrmals täglich in 4½ Stunden.
Tragflügelboote von Piräus bzw. Zéa in 1½ Stunden.
Lokale Verbindung mit Kósta in 20 Minuten.

Lage und Allgemeines

Spetsä (neugriechisch Spétses; italienisch Spezzia), das antike Pityusa (= die Kiefernbestandene), ist eine hügelige, waldreiche Insel vor der Südwestküste der Argolis. Noch vor der Landwirtschaft bildet der Fremdenverkehr, begünstigt durch ein mildes Klima, die wichtigste Einnahmequelle der Inselbewohner, die zumeist von albanischen Einwanderern abstammen.
Auf der Insel besteht Verkehrsverbot für Autos ohne öffentlichen Versorgungsauftrag.

Geschichte

Im Altertum war Spetsä ohne Bedeutung. Nach einer gescheiterten Erhebung gegen die Türken, dem durch die russische Zarin Katharina d.Gr. gestützten Orlow-Aufstand, wurde die Bevölkerung 1760 vertrieben und der Hauptort verwüstet. Handel und Seefahrt brachten die bald zurückkehrenden Spetsioten schnell zu großem Wohlstand. Spetsä nahm 1821 als erste Insel am Freiheitskampf teil. Aus diesem Anlaß finden alljährlich Gedenkfeiern in der Kapelle Armada-Madonna bei Agía Marína statt.

Boote im Hafen des Inselhauptortes Spetses

Spétses

Der Inselhauptort Spétses (3000 Einw.) zieht sich von den weiten Hafenbuchten an sanften Hängen aufwärts. Das heutige Stadtbild, mit stattlichen Herrenhäusern und drei sehenswerten Kirchen in Kastélli (= Oberstadt), stammt aus dem 19. Jahrhundert.

Museum

Im Haus Mexis, einem schönen Herrenhaus des ausgehenden 19. Jh.s, befindet sich das Heimatmuseum mit Erinnerungen an den Freiheitskampf 1821, darunter ein Schrein mit den Gebeinen der aus Spetsä stammenden Freiheitskämpferin Bubulina.

*Inselrundgang

Der Inselrundgang (12 km; etwa 1 Tag Fußmarsch oder Fahrt im Einspänner) führt von Spétses südöstlich über das Kloster Ágios Nikólaos (19. Jh.) nach Agía Marína, wo noch geringe Spuren einer prähistorischen Besiedlung zu finden sind.

Vor dem südöstlichen Kap Bísti liegt das Eiland Spetsopúla, das im Privatbesitz des Reeders Stavros Niarchos steht.

Danach westlich zum Kap Kuzuna mit Resten einer frühchristlichen Basilika aus dem 5. Jh. und weiter in nördlicher Richtung.
Bei der Badebucht von Anárgiri die Bekiri-Meeresgrotte (Skulpturenreste).

Von hier entweder direkt nach Spétses oder weiter um die Insel, über Ágii Paraskeví (Pilgerkirche) nach Brelú in waldreicher Gegend. Nun entweder über den höchsten Punkt der Insel, den Profíti Elías (244 m ü.d.M.), und das Kloster Ágii Pentés nach Agía Marína oder auf prächtiger Küstenstrecke zurück nach Spétses.

Spetsä, Inselrundgang (Fortsetzung)

Sphaktiria

F 7

Σφακτηρία
Sfaktiría

Griechisch

Nomos: Messenien
Inselfläche: 5 km²
Höhe: 0–137 m ü.d.M.

Lage und Allgemeines

Sphaktiría (Sphaktería), im Altertum Sphagia, ist eine 4600 m lange, 500 bis 1000 m breite, im Norden durch den nur 200 m breiten Sikiá-Kanal vom Festland getrennte Insel im Südwesten der Peloponnes, rundum mit Steilküste. Sie liegt gleich einem natürlichen Schutzwall im Westen der Bucht von Navarino (Bucht von → Pylos), in der am 20. Oktober 1827 die türkische Flotte mit 87 Kriegsschiffen von den zahlenmäßig unterlegenen russischen und französischen Seestreitkräften vernichtend geschlagen wurde. Aus jener Zeit liegen noch Schiffswracks auf dem Meeresgrund.

Gedenkstätten

Auf dem Sattel zwischen den beiden höchsten Erhebungen befindet sich eine Quelle sowie östlich davon die Panagula-Kapelle (alljährlich Kirchweihfest) und das Denkmal für die russischen Seeleute.
An der östlichen Steilküste, südlich der kleinen Panagula-Bucht, die Tsamados-Grotte und das Grab des piemontesischen Generals und Philhellenen Graf Santa Rosa, der hier 1825 zugleich mit dem griechischen Hauptmann Tsamados im Kampf gegen die Ägypter des Ibrahim Pascha fiel.

Auf der südlichen Anhöhe das Grabmal des Prinzen Paul Marie Bonaparte, der 1827 in den Gewässern um → Spetsä fiel. Östlich gegenüber am Festland die venezianisch-türkische Festung Neo-Kastro (von 1573).

Südlich vor dem Südkap Kípri liegt die Leuchtturminsel Pílos mit dem Denkmal für die französischen Seeleute.

Im Nordostteil der Navarino-Bucht steht auf dem flachen Felseiland Chelonáki (Marathonísi) das Denkmal für die britischen Seeleute.

Sporaden

Σποράδες
Sporádes

Griechisch

Nördliche Sporaden

Südliche Sporaden

Als Sporaden (= die Zerstreuten) wurden im Altertum alle um die → Kykladen liegenden Inseln bezeichnet. Heute unterscheidet man Nördliche Sporaden oder Magnesische Inseln (nordöstlich von Euböa), mit → Skopelos, → Skiathos, → Alonissos und → Skyros sowie rund 75 kleineren Inseln und Eilanden, und Südliche Sporaden vor der Südwestküste Kleinasiens (Türkei), zu denen → Patmos, → Lipsi, → Ler os, → Kalymnos, → Kos, → Nisyros, → Tilos, Chalki, → Symi, → Phurni und → Ikaria, gelegentlich auch → Lesbos, → Chios und → Samos gezählt werden.

Kap Sunion – Attikas berühmte Südostspitze ...

... aus verschiedenen Blickwinkeln

Sunion

H/I 6

Griechisch

Σούνιο
Súnio

Landschaft und Nomos: Attika
Höhe: 60 m ü.d.M.

Verkehr

Busverbindung mit Athen (60 km).

Lage und Allgemeines

Das Südostkap von Attika ist berühmt durch die herrliche Lage seines Poseidontempels über steilem Felsabsturz.

Geschichte

Schon Homer hatte von 'Sunions heiliger Spitze' gesprochen (Od. III 278). Im 7. Jh. v. Chr. gab es vermutlich einen einfachen Altar, bei dem um 600 v. Chr. große Jünglingsstatuen (Kuroi) aufgestellt wurden (heute Nationalmuseum → Athen). Um 500 v. Chr. errichtete man einen Porostempel, der 480 v. Chr. von den Persern zerstört wurde.

**Poseidontempel

Auf dem Unterbau des von den Persern zerstörten Heiligtums führte der Baumeister des Athener Hephaistostempels 449 v. Chr. den klassischen Marmortempel mit 6:13 extrem schlanken dorischen Säulen auf. Er steht auf einer künstlich erweiterten, durch ein Propylon zugänglichen Terrasse. An der Bucht unterhalb befanden sich Schiffshäuser (Docks), von denen Reste zu erkennen sind.

Athenaheiligtum

Auf einem flachen Hügel nordöstlich des Tempels (jenseits der modernen Straße) liegt ein Athenaheiligtum des 6. Jh.s v. Chr. Neben einem nur 5 x 6,80 m messenden kleinen Bau, von dem die unteren Mauerteile und die Kultbildbasis erhalten sind, liegen die Fundamente eines Tempels gleicher Form, aber von größeren Abmessungen (11,60 mal 16,40 m) mit der Kultbildbasis. Das Dach wurde, analog zu einem mykenischen Megaron, von vier Säulen getragen. Nach Beschädigungen in den Perserkriegen erhielt der Tempel bei der Wiederherstellung zwei Säulenhallen, und zwar gegen die Regel nicht einander gegenüber im Osten und Westen, sondern aneinanderstoßend im Osten und Süden. Über die Gründe dieser Lösung gibt es nur Vermutungen.

Umgebung von Sunion

Lávrion
Thorikós

Lávrion (9 km) war im Altertum durch seine Silberminen bekannt; 2 km weiter erreicht man Thorikós mit seinem altertümlichen Theater.

Symi

M 7

Griechisch

Σύμη
Sími

Nomos: Dodekanes
Inselfläche: 64 km²
Höhe: 0–616 m ü.d.M.
Bewohnerzahl: 2500
Hauptort: Sími (Gialós)

Inselhauptort in märchenhafter Lage

Schiffsverkehr

Linienschiffe von und nach Athen (Piräus) zweimal wöchentlich in 27 Stunden.
Lokale Verbindungen mit Rhodos und Tilos.

Lage und Allgemeines

Die Dodekanesinsel Symi (Syme; italienisch Simi, türkisch Sömbeki) liegt 44 km (24 sm) nordwestlich von ⟶ Rhodos vor der im Norden durch die kleinasiatische Halbinsel von Knidos (Reşadiye), im Osten durch die Halbinsel Daraçya gebildete Bucht von Sími (Sömbeki Körfezi). Sie besitzt eine buchtenreiche Küste; Homer erwähnt dort acht gute Häfen. Seit dem Altertum leben die Bewohner von Schwammfischerei und Bootsbau. Heute befindet sich auf der Insel eine Versuchsstation zur Gewinnung von Trinkwasser aus dem Meer.

Geschichte

Das Schicksal von Symi war seit dem Altertum fest mit dem von Rhodos verbunden. Seit 1523 unter türkischer, nach dem Balkankrieg 1912 unter italienischer Herrschaft, fand es nach 1947 den Anschluß an Griechenland.

Sehenswertes

Sími (Gialós)

Im Norden, um die von der kleinen vorgelagerten Insel Nimos (bis 360 m ü.d.M.) geschützte Hafenbucht, liegt der Hauptort Sími (auch Gialós; 2200 Einw.) mit seinen stattlichen Herrenhäusern des 18. und 19. Jahrhunderts. Im oberen Ortsteil ein kleines Museum.
Hier lag auch das antike Syme; seine Akropolis erhob sich auf zackigem Felsgipfel an der Stelle des mittelalterlichen Kastro, das über 500 Stufen zu erreichen ist. Von oben hat man einen weiten Ausblick auf die südliche Nachbarbucht von Pédi.
1 km östlich ein mächtiger antiker Tumulus.

Symi (Fortsetzung)
Kloster Panormítis

Im Süden der Insel, an tief eingeschnittener Bucht, das wuchtige, dem Erzengel Michael als Schützer der Meeresbuchten geweihte Wallfahrtskloster Panormítis mit reizvollem Glockenturm und schöner Kirche (12. Jh.).

Nimborió

Nordwestlich von Sími, an der Hafebucht von Nimborió, die Reste einer frühchristlichen Basilika mit schönen Mosaikböden; südlich davon Katakomben, in denen im 5. Jh. n. Chr. eine Schule für Ikonenmaler und Bildhauer bestanden haben soll.
Auf Symi stehen ferner über hundert Kirchen, Kapellen, Klöster und zahlreiche, zumeist abgetakelte Windmühlen.

Vor der Südspitze der Insel das Leuchtturmeiland Sesklia.

Syros

I 6

Griechisch

Σύρος
Síros

Nomos: Kykladen
Inselfläche: 82 km^2
Höhe: 0–415 m ü.d.M.
Bewohnerzahl: 30 000
Hauptort: Ermúpolis (Néa Síros)

Schiffsverkehr

Linienschiffe von und nach Athen (Piräus) mehrmals täglich in $4^1/_2$ Stunden (auch Kfz-Transport).
Lokale Verbindungen mit den benachbarten Kykladeninseln.

Lage und Allgemeines

Die bergige Kykladeninsel Syros liegt etwa auf halber Strecke zwischen → Kythnos und → Mykonos und ist aufgrund ihrer zentralen Lage das wichtigste Verwaltungs-, Fischerei- und Handelszentrum der → Kykladen sowie ein wichtiger Verkehrsknotenpunkt der Schiffahrt in der zentralen Ägäis. Neben der Landwirtschaft spielt in jüngster Zeit auch zunehmend der Tourismus eine Rolle im Wirtschaftsleben.

Geschichte

Die Insel gehörte nach dem 4. Kreuzzug bis 1566 zum Herzogtum Naxos und hat seitdem eine starke katholische Minderheit, die in der Türkenzeit unter dem Schutz Frankreichs stand. Im Freiheitskampf war die Insel neutral, weshalb die dem Massaker von Chios und Psara Entronnenen sich hier niederließen. Sie gründeten neben dem im 13. Jh. entstandenen und seitdem vorwiegend katholischen Anó Síros die Stadt Ermúpolis (Hermesstadt) am Hafen. Dieser entwickelte sich im 19. Jh. zum größten griechischen Hafen, bis er von → Piräus überflügelt wurde.

Sehenswertes

Ermúpolis (Néa Síros)

Der Hauptort Ermúpolis (auch Néa Síros; 14 000 Einw.), nach Hermes, dem Gott des Handels benannt, liegt an der Stelle einer verschwundenen antiken Siedlung. Er ist Sitz des Präfekten der Kykladen, eines römisch-katholischen Bischofs sowie eines orthodoxen Erzbischofs. Der Ort verdankt seine heutige Ausdehnung griechischen Flüchtlingen von Chios, Psara, Kreta, Hydra und anderen Inseln, die sich in der Folge des Befreiungskrieges gegen die Türken 1821 hier niederließen und den Hafen zu einem wichtigen Stützpunkt zwischen Kleinasien und Westeuropa machten. Erst im ausgehenden 19. Jh. wurde die

Übersichtskarte

Ermúpolis (Fortsetzung)

wirtschaftliche Bedeutung der Stadt durch die Konkurrenz des Piräus beeinträchtigt.

Die Stadt zieht sich mit ihren stattlichen klassizistischen Häusern vom Hafenviertel Ermúpolis, dem eigentlichen Verwaltungsbezirk mit Rathaus (s. unten) und Theater (Kopie der Mailänder Scala), über die Hänge zweier Hügel. Ihr Zentrum ist der große, marmorgepflasterte Miaulis-Platz mit einem Musikpavillon und dem Denkmal für den Admiral Andreas Miaulis, der im Freiheitskrieg die griechische Flotte befehligte. Das von Ernst Ziller erbaute klassizistische Rathaus enthält ein kleines, interessantes Museum (Eingang an der linken Schmalseite). Dahinter liegt das einst bedeutende Apollon-Theater.
Das Stadtpanorama wird abgeschlossen von zwei Hügeln: rechts der 105 m hohe Hügel mit der orthodoxen Hauptkirche (Ánastasis) und, links von diesem, der 180 m hohe Hügel von Ano Syros, bekrönt von der katholischen St.-Georgs-Kathedrale.
Im Süden der Vrontado mit dem seit 1834 entstandenen orthodoxen Griechenviertel, beherrscht von der Kuppelkirche Ágios Nikólaos (19. Jh.).

Syros, Ermúpolis (Fortsetzung) Áno Sýros

Auf dem nördlichen Hügel die seit der Venezianerherrschaft (13. Jh.) bestehende Katholikenstadt Áno Sýros, mit mehreren Klöstern. Auf der Anhöhe die katholische Kathedrale St. Georg (19. Jh.; Rundblick).

Pýrgos

Von Áno Sýros lohnt die Besteigung (nordwestl.) des höchsten Inselberges Pýrgos (415 m ü.d.M.), von dem sich ein schöner Rundblick bietet.

Poseidonía

15 km südwestlich von Ermúpolis liegt das beliebte Seebad Poseidonía (Possidonía), ehemals Santa Maria della Grazia. Nahebei eine antike Nekropole.

Kastrí
Grammatá-Bucht

12 km nördlich von Ermúpolis, bei der Ortschaft Chalandrianí, die befestigte Kykladensiedlung Kastrí (um 1800 v. Chr.). Weiter westlich, an der einst als geschützter Zufluchthafen aufgesuchten Grammatá-Bucht, Dank- und Gebetsinschriften aus römischer und mittelalterlicher Zeit.

Taygetos

G 6/7

Griechisch

Ταΰγετος
Taíjetos

Landschaft: Peloponnes
Nomos: Messenien und Lakonien

Lage und Allgemeines

Gut 100 km lang und im Prophítis Ilías 2407 m hoch, durchzieht der Taýgetos in Nord-Süd-Richtung die Peloponnes-Halbinsel und trennt

Ermupolis auf Syros

Taygetos-Gebirge

Taygetos, Lage und Allgemeines (Fortsetzung)

die Landschaften Lakonien und Messenien. Der aus Kalk und Marmor bestehende Gebirgskamm endet in der Halbinsel → Máni am Kap Tänaron (oder Matapán). Der mächtige, 18 km lange und 2100 m hohe Hauptkamm westlich von Sparta ist meist schneebedeckt. Als einzige Querverbindung überwindet eine gut ausgebaute Paßstraße das Gebirge und verbindet, im wesentlichen dem alten Saumpfad durch die Langádaschlucht folgend, → Spárta mit → Kalamáta.

Tegea

G 6

Griechisch

Τεγέα
Tejéa

Landschaft: Peloponnes
Nomos: Arkadien

Lage

Bei dem kleinen Dorf Tegéa, 8 km südöstlich von → Tripolis, befindet sich ein Heiligtum der Athena Alea.

Geschichte

Tegea, bis 560 v. Chr. ein Zentrum des Widerstandes gegen Sparta, wird von Pausanias im 2. Jh. n. Chr. als blühende Stadt bezeichnet, fiel aber 395 der Zerstörung durch Alarich anheim. Die Kreuzfahrer erbauten in der Nähe die Stadt Nikli.
Als mythischer Gründer von Tegea galt Aleos, dessen Tochter Auge an einem Brunnen von Herakles den Telephos empfing. Dieser gelangte nach Mysein in Kleinasien, besiegte vor dem Trojanischen Krieg die Trojaner am Kaikosfluß und wurde später vom pergamenischen Königshaus als Ahnherr verehrt (kleiner Fries des Pergamon-Altares). Tegea war auch Geburtsort der Atalante, die nach der Kalydonischen Eberjagd von Meleagros das Fell des erlegten Tieres erhielt.

*Athenatempel

An Stelle eines archaischen Baues, der 395 v. Chr. verbrannte, errichtete Skopas 350–340 v. Chr. einen Tempel, den er auch mit Skulpturen ausstattete. Es war der erste ganz aus Marmor erbaute Tempel auf der Peloponnes. Skopas behielt einen altertümlich gestreckten Grundriß von 6:14 Säulen bei. In der Cella verzichtete er auf die Einteilung in drei durch Säulenreihen getrennte Schiffe; vielmehr standen an den Innenwänden korinthische Halbsäulen, so daß ein weiter, prächtiger Innenraum entstand. Skopas führte damit die Wendung nach innen, die Iktinos beim Parthenon begonnen und in → Bassä fortgesetzt hatte, konsequent weiter.
Der Ostgiebel stellte die Kalydonische Eberjagd dar, und im Inneren des Tempels bewahrte man das Eberfell auf; der Westgiebel zeigte Telephos beim Kampf am Kaikos.
Rampen an der östlichen Eingangs-, aber auch an der nördlichen Langseite zeigen, daß der Tempel von diesen beiden Seiten betreten werden konnte. Im Gelände sieht man die Fundamente, einige Säulen und Kapitelle.

Museum

Im nahegelegenen Museum sind örtliche Funde ausgestellt: in der Eingangshalle ein Marmorthron aus dem antiken Theater; im linken Saal Teile vom Tempel und Skulpturen des Skopas; im rechten Saal Demeterstatue, Asklepioskopf, Grabstele und römischer Sarkophag mit einer Darstellung von Achill und Hektor vor Troja; im hinteren Saal Funde aus Tegea und Assia (Bronzen, Keramik).

Tempelruinen von Tegea

Telos

⟶ Tilos

Tempe-Tal

G 4

Τέμπη
Témbi

Griechisch

Landschaft: Thessalien
Nomos: Larisa

Lage und Allgemeines

Durch das 8 km lange schluchtartige Tempe-Tal zwischen ⟶ Olymp und Ossa fließt der Peneios von ⟶ Thessalien kommend ins Meer. Im Altertum wegen seines Wasser- und Pflanzenreichtums häufig besungen und als der Ort, an dem Apollon sich nach der Tötung des Python reinigte, gefeiert, hat das Tal – der wichtigste Zugang von Norden nach Mittelgriechenland – durch den modernen Straßenbau viel von seiner Ursprünglichkeit eingebüßt.

Burg von Platamónas

12 km nördlich vom Taleingang die mächtige Kreuzfahrerburg von Platamónas (1204 begonnen).

*Landschaftsbild

Gern wird man auf einem Rastplatz verweilen, die Daphniquelle an einer schattigen Stelle besuchen und über eine Hängebrücke

Tempe-Tal, Landschaftsbild (Fortsetzung)

zur volkstümlichen Höhlenkapelle Agía Paraskeví hinübergehen, ehe man die engste Stelle passiert: Lykóstomo, den 'Wolfsrachen'. Am Südende, gegenüber dem Ort Témpi, lag auf einem Hügel das sehr alte, von Philipp II. von Makedonien als Sperrfestung ausgebaute Gonnos (griech. Grabung). Hinter Témpi links führt eine Serpentinenstraße nach Ambelákia (5 km; 600 m, 1500 Einw.) am Óssa.

Tenos

→ Tinos

Thasos

I 3

Griechisch

Θάσος
Thássos

Nomos: Kavála
Inselfläche: 379 km²
Höhe: 0–1203 m ü.d.M.
Bewohnerzahl: 16000
Hauptort: Thásos (Liménas)

Schiffsverkehr

Fährschiffe Kavála–Thásos 15mal täglich in 30 Minuten; Keramotí–Thásos 12mal täglich in 40 Minuten.

Lage und Allgemeines

Thasos, eine liebliche, im Norden und Osten wasserreiche, fruchtbare Insel, liegt im äußersten Norden der Ägäis, hier Thrakisches Meer genannt (Erdölvorkommen), unweit südlich der ostmakedonischen Küste. Es wird von einem waldreichen, von tiefen Tälern durchzogenen Rundgebirge eingenommen, das im Hipsárion bis 1203 m ü.d.M. ansteigt. Seine Nord- und Ostflanke fällt steil, der Süden und Westen sanfter zum Meer hin ab und bildet dort zahlreiche tiefe Sandbuchten. Die Bevölkerung lebt von Landwirtschaft, Bergbau (Kupfer, Zink) und zunehmend vom Fremdenverkehr.

Geschichte

Früheste Siedlungsspuren weisen ins ausgehende Neolithikum. Um die Mitte des 2. Jahrtausends v. Chr. ließen sich Phönikier auf der Insel nieder, die später von Thrakern verdrängt wurden. Im 7. Jh. v. Chr. entrissen ionische Parier Thasos den Thrakern und wurden durch Gold- und Silberbergbau sowie durch Handel sehr wohlhabend. 464–404 v. Chr. war Thasos nach erbittertem Widerstand Athen, später Philipp II. von Makedonien untertan.
Den Römern, Byzantinern, Venezianern und Bulgaren folgten 1455 die Türken als Herren; durch Schenkung des Sultans Mahmud gehörte die Insel 1841–1902 zur Apanage des Khediven von Ägypten. Während des Balkankrieges wurde sie am 19. Oktober 1912 von den Griechen besetzt.

Thásos (Liménas)

Hauptort

Der moderne Inselhaupt- und Hafenort Thásos (Liménas; 2000 Einw.) bedeckt den westlichen Teil der antiken Hauptstadt Thasos, von deren Größe die noch erhaltenen Umfassungsmauern des antiken Kriegshafens (heute Fischereihafen), Teile der einst 3515 m langen Stadtmauer (7.–5. Jh. v. Chr.) sowie Grundmauern von Wohnhäusern

Detailplan

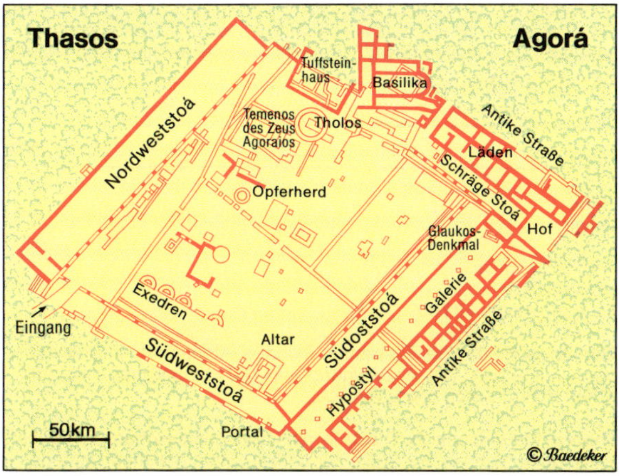

Hauptort Thasos (Fortsetzung)

und Heiligtümern zeugen, die sich im Halbkreis vom Strand südöstlich zur Anhöhe der antiken Akropolis mit der mittelalterlichen Burgruine Kástro (von 1431) aufwärts ziehen. An seiner Südwestspitze das antike Relief eines Trauermahls.

*Museum
*Agorá

Beim nördlichen Tor, südöstlich vom alten Kriegshafen, liegt das Museum (antike Funde), ferner die Agorá (4. Jh. v. Chr.) mit Säulenhallen; vor ihrer Ostecke das Thereon, das Haus des Stadtobersten, und weiter südöstlich das Heiligtum der Artemis Polo (6. Jh. v. Chr.).

Odeion

Vor der Südecke der Agorá das Odeion (2. Jh. n. Chr.) sowie jenseits der alten römischen Straße ein Pflasterhof; weiter südwestlich die Reste eines 213–217 n. Chr. für die römischen Kaiser Caracalla und Septimius Severus errichteten Triumphbogens sowie eines Heraklestempels (6. Jh. v. Chr.).

Heiligtümer

Im nördlichen Teil der antiken Stadt die Heiligtümer des Poseidon und des Dionysos (beide 4. Jh. v. Chr.), das Theater (3./2. Jh. v. Chr.), ein Heiligtum der fremdländischen Gottheiten sowie an der Nordspitze ein Heiligtum der 'Patrooi Theoi' (6. Jh. v. Chr.); nördlich davor im Meer die Molenreste des alten Handelshafens.
Südwestlich über dem Kástro, auf einem zweiten Hügel, die Fundamente eines Athenatempels (5. Jh. v. Chr.; Rundblick); am Felshang des dritten Hügels die Nische eines Panheiligtums.

Inselrundfahrt

Lohnend ist eine Inselrundfahrt (92 km) auf guter, durchweg küstennaher Straße. Von Thásos in südlicher Richtung, über Panagía (9 km) nach Potamiá (12 km) am Osthang des Ipsári, hat man einen schönen Blick über das baumbestandene Tal zum Meer und dem 4 km langen Strand Chrissoammúdio, an dem Potamiá Skála liegt (14 km).
Über Kínira (23 km) und die Halbinsel Alikí, wo antike Marmorbrüche, Reste eines Dioskurenheiligtums und zweier frühchristlicher Basiliken liegen, erreicht man Potós (45 km), wo rechts eine Straße durch ein romantisches Tal bis zum Bergdorf Theológos (8 km; 240 m ü.d.M.) abzweigt.

Thasos, Inselrundfahrt (Fortsetzung)

Dann gelangt man zu dem Bergwerkszentrum Limenariá (50 km; 2000 Einw.; oberhalb des Hafens ein ehemaliges Kruppsches Verwaltungsgebäude) und über Prínos (78 km) und Rachóni (82 km) nach Thásos zurück (92 km).

Theben H 5

Griechisch

Θήβα
Thíwa

Nomos: Böotien
Höhe: 218 m ü.d.M.
Einwohnerzahl: 18700

Verkehr

Theben ist Station der Eisenbahn Saloníki–Athen und hat Busverbindung mit Athen. Die Abzweigung von der Schnellstraße Saloníki–Athen befindet sich 5 km nördlich.

Lage

Theben (neugriechisch Thíva) in der mittelgriechischen Landschaft ⟶ Böotien steht an der Stelle der antiken Stadt gleichen Namens.

Geschichte

Über einem frühhelladischen steinernen Apsidenbau (2. Hälfte 3. Jahrtausend v.Chr.), ähnlich dem gleich alten Bau von Lérna bei ⟶ Argos, erhob sich in mykenischer Zeit die Burg innerhalb des Siebentorigen Theben. Der Mythos berichtet, daß Kadmos auf der Suche nach seiner von Zeus entführten Schwester Europe aus Phönizien nach Böotien kam und um 1500 v.Chr. die Burg gründete, die nach ihm 'Kadmeia' genannt wurde. Um sein Königsgeschlecht entwikkelte sich der große tragische Mythenkreis mit Gestalten wie Oidipous, seiner Mutter Iokaste, beider Töchter Antigone und Ismene sowie den Söhnen Eteokles und Polyneikes, um deren Rechte der Krieg der Sieben gegen Theben geführt wurde.

Am Platz des im 13. Jh. v.Chr. zerstörten Palastes entstanden später die Agorá und, laut Pausanias, ein Heiligtum der Demeter Thesmophoros. Im 4. Jh. v.Chr. stieg Theben unter Pelopidas und Epameinondas für kurze Zeit zur griechischen Vormacht auf, doch wurde es nach einem Aufstand gegen die makedonische Herrschaft 335 v.Chr. von Alexander dem Großen völlig niedergelegt – bis auf das Haus des großen Chorlyrikers Pindar (um 520–445 v.Chr.). Seitdem war Theben, das noch mehrmals zerstört wurde, ein unbedeutender Ort, der sich erst im Laufe des 19. Jahrhunderts wieder aufwärtsentwickeln konnte.

Stadtbild

Burghügel

Der Burghügel trägt neuere Überbauung, was die archäologische Forschung erschwert. Doch haben jüngere Ausgrabungen Mauern des mykenischen Kadmeia freigelegt. In den südlichen Räumen fanden sich neben Schmuck, Elfenbein und Täfelchen mit Texten in Linear-B-Schrift auch Keilschrifttexte, welche die alte Überlieferung von Beziehungen zwischen der Stadt des Kadmos und dem Nahen Osten stützen. Gräber hat man auf dem Hügel Kastélla im Osten der Stadt gefunden, in der Nähe des Friedhofes im Südosten ist ein Heiligtum des Apollon Ismenios festgestellt. Die Lage der sieben Tore ist bekannt, aber nur beim Elektrator im Südosten sind noch Rundturm-Fundamente zu sehen.

Theben (Fortsetzung)

*Museum

Neben einem Frankenturm des 13. Jh.s, als Theben den Herren Athens aus dem Geschlecht der de la Roche unterstand, befindet sich im Norden der Stadt das Museum.
Saal I: Kuros aus dem Apollonheiligtum in Ptoion (Nr. 3, um 550 v. Chr.).
Saal II: Lapislazuli-Siegel aus dem Orient; mykenische Amphoren mit Inschriften in Linear-B-Schrift (13. Jh. v. Chr.; gefunden im Bereich der Kadmos-Burg).
Saal III: Bemalte Grabstelen aus Thespiai und Tanagra.
Saal IV: Mykenische Sarkophage aus Tanagra (13. Jh. v. Chr.).

Umgebung von Theben

20 km südlich und 19 km südwestlich liegen die Schlachtfelder von → Platää, wo 479 v. Chr. die Perserkriege beendet wurden, und Leuktra, wo Theben 371 v. Chr. die Vormacht Spartas brach.

*Kabirenheiligtum

Wenn man von Theben in Richtung Levadia fährt, nach ca. 4 km hinter einer Brücke links in Richtung Thespai abbiegt und sich dann rechts in Richtung auf einen Hügel hält, kommt man zu dem (eingezäunten) Kabirenheiligtum von Theben; erhalten sind Teile von Tempel und Theaterrund.

Thera

→ Santorin

Thermäischer Golf

G/H 3

Griechisch

Θερμαϊκός Κόλπος
Thermaïkós Kólpos

Lage und Allgemeines

Der Thermäische Golf trennt die makedonische Festlandküste von der Halbinsel → Chalkidike und ist benannt nach der antiken Stadt Thermai in der Nähe des heutigen → Saloníki.

Landschaftsbild

Der gegenwärtige Küstenverlauf ist das Ergebnis der Anschwemmungstätigkeit dreier Flüsse, die von Norden, Nordwesten und Südwesten kommen: Axiós (Vardar), Lúdias und Aliakmón. Dadurch ist derzeit die Zufahrt zum Hafen von Saloníki nur noch 6 km breit. Ursprünglich hatte sich der Golf weit nach Westen erstreckt, bis dicht vor → Edessa im Nordwesten und → Véria (agr. Beroia) im Süden, und die heutige Küstenlinie bei → Methóni erreicht. Als um 400 v. Chr. die makedonische Residenz → Pélla gegründet wurde, lag sie am Nordufer des Golfes, heute ist sie 30 km vom Meer entfernt. An der tiefsten Stelle hielt sich bis in neuere Zeit der See von Giannitsá, der inzwischen ausgetrocknet wurde. Das junge Schwemmland ist jetzt landwirtschaftlicher Nutzung zugeführt.

Rund um den Thermäischen Golf gibt es eine Reihe von Ferien- und Badeorten.

Neuzeitliches Denkmal an weltberühmter Stelle

Thermopylen **G 5**

Griechisch

Θερμοπύλες
Thermopíles

Nomos: Phthiotis

Lage und Allgemeines

Die Thermopylen haben ihren Namen 'Die warmen Tore' nach den dort entspringenden warmen Schwefelquellen, an denen sich ein kleines Thermalbad entwickelt hat (Indikationen: Rheuma, Arthritis, Frauen- und Hautkrankheiten).

Landschaftsbild

Hier tritt das Gebirge dicht an die Küste heran, so daß die Durchfahrt in antiker Zeit an der engsten Stelle nur eine Wagenbreite hatte. Verlandung hat diesen Charakter gänzlich verändert. Die moderne Autostraße bezeichnet ungefähr den antiken Küstenverlauf, und im kleinen Museum östlich des Hügels sieht man ein Modell des alten Zustandes.

Geschichte und Denkmäler

An den Thermopylen opferte sich 480 v. Chr. Leonidas mit 300 Spartanern, als der Verrat des Ephialtes den Persern eine Umgehung über den Anopaiapfad ermöglichte, und sicherte dadurch den Rückzug des griechischen Heeres.

Außer einem modernen Denkmal an der Straße gibt es auf dem Hügel, wo die letzte Phase des Kampfes stattfand, eine schlichte Gedenktafel mit dem berühmten Thermopylenepigramm des Simonides, das in Schillers Übersetzung lautet: "Wanderer, kommst du nach Sparta, verkündige dorten, du habest uns hier liegen gesehen, wie das Gesetz es befahl."

Historischer Gorgopotamos-Eisenbahnviadukt s. S. 165

Thermopylen – noch heute warmes Quellwasser

Thessalien F–H 4

Griechisch

Θεσσαλία
Thessalía

Lage und Allgemeines

Thessalien ist die mittelgriechische Landschaft zwischen → Pindos-Gebirge (W), → Makedonien (N), Ägäis (O) und → Böotien (S).

Landschaftsbild

Das 14 000 km² große Gebiet ist ein agrarisches Land, das im Altertum für seine Pferdezucht berühmt war und heute die größten Getreideerträge Griechenlands erbringt. Die von den südlichen Landschaften abweichenden großflächigen Bodenformen begünstigten in klassischer und türkischer Zeit den Großgrundbesitz, heute die Tätigkeit von landwirtschaftlichen Genossenschaften. Die umgebenden Randgebirge Píndos, Olymp, Ossa, Pélion, Othrys bewirken ein kontinentales Binnenklima mit heißen Sommern und kalten Wintern, so daß in Thessalien der Ölbaum nicht gedeiht.

Hauptstadt von Thessalien ist → Lárisa, in dessen Nähe neuere Forschungen sehr frühe Besiedlung festgestellt haben. Vom 4. Jahrtausend an war das Gebiet um den Golf von Vólos ein Schwerpunkt kontinuierlicher Besiedlung. Hier folgten aufeinander Sesklo (4. Jahrtausend), Dimini (3. Jahrtausend), Iolkos (2. Jahrtausend), im 1. Jahrtausend v. Chr. Pherai, Pagasai und Demetrias, schließlich Vólos, der einzige Hafen Thessaliens, das durch das → Pelion-Gebirge vom Meer getrennt ist.

Thessalien (Fortsetzung)
Mythos und Geschichte

Die Bedeutung der Landschaft in mykenischer Zeit spiegelt sich in den zahlreichen Mythen, die in Thessalien angesiedelt sind. In den Bergen lebten die Kentauren, darunter der weise Chiron, der Asklepios in die Heilkunst einweihte und sowohl Peleus als auch dessen Sohn Achilleus erzog; in Pherai lebten Admetos und Alkestis, und von Iolkos aus unternahmen die Argonauten ihre Fahrt ins Schwarze Meer.

Das touristische Interesse beschränkt sich auf die Bergdörfer des → Pelion-Gebirges und die Küstenorte der Halbinsel Magnesia – abgesehen vom wichtigsten Kulturdenkmal, den → Metéora-Klöstern.

Thessaloniki

→ Saloniki

Thira

→ Santorin

Thrakien

Griechisch

Θράκη
Thráki

Lage und Allgemeines

Thrakien, die nordöstlichste Provinz Griechenlands, zu dem es seit 1913 gehört, erhielt seinen Namen nach dem seit dem 2. Jahrtausend v. Chr. hier siedelnden Stamm der Thraker. Es erstreckt sich zwischen der Nordägäis und Bulgarien schmal und lang vom Néstos bis zur türkischen Grenze am Évros. Ähnlich wie → Makedonien reich an fruchtbaren Ebenen, ist Thrakien ein Landwirtschaftsgebiet, in dem neben Getreide, Wein und neuerdings angebautem Reis der Tabak eine Rolle spielt. Hauptort ist → Komotiní.

Tilos M 7

Griechisch

Τήλος
Tílos

Nomos: Dodekanes
Inselfläche: 60 km²
Höhe: 0–651 m ü.d.M.
Bewohnerzahl: 800
Hauptort: Megalochorió

Schiffsverkehr

Linienschiffe von und nach Athen (Piräus) zweimal wöchentlich in 25 Stunden.
Lokale Verbindungen im Dodekanes: Rhodos–Symi–Tilos–Nisyros–Kos–Kalymnos–Leros–Lipsi–Patmos–Arki–Agathonisi–Samos.

Lage und Allgemeines

Tilos (Telos; italienisch Piscopi) ist eine zerklüftete, kahle Felseninsel im Dodekanes (Südliche Sporaden), auf halbem Wege zwischen → Rhodos und → Kos gelegen. Die Bewohner leben bescheiden von

Felseninsel Tilos

Lage und Allgemeines (Fortsetzung)

Landwirtschaft auf mühevoll angelegten Terrassen und vom Fischfang. Die Geschichte der Insel war zu allen Zeiten eng mit dem Schicksal von Rhodos verbunden.

Bemerkenswertes

Megalochorió

Der Inselhauptort Megalochorió (350 Einw.) liegt unweit oberhalb der im Norden einschneidenden Bucht von Ágios Antónios, an der Stelle der antiken Hauptsiedlung Telos, von der noch Mauerreste sichtbar sind. Nördlich darüber, auf dem Hügel Ágios Stéfanos, über antiken Fundamenten, das mittelalterliche Kástro mit stattlicher Kirche (Fresken 16. Jh.).

Livádia

Südlich von Megalochorió, auf dem Weg nach Livádia, dem Hafenplatz der Insel, liegen die Ruinen der Venezianerfestung Mesariá; dabei die Charkadió-Grotte, in der Knochenreste urzeitlicher Zwergelefanten entdeckt wurden.

Mikrochorió

Etwa in der Inselmitte die aufgegebene Stadt Mikrochorió.

Kloster Ágios Panteleímon

Bei der Nordwestspitze der Insel das Kloster Ágios Panteleímon aus dem frühen 18. Jahrhundert.

Auf Tilos gibt es ferner mehrere mittelalterliche Festungsruinen sowie rund 25 größtenteils verfallende Kirchen, Kapellen und Klöster des 13.–18. Jahrhunderts.

1,5 km nordwestlich vor Tilos liegt das Eiland Gaiduronísi (Leuchtturm); 3 km südöstlich die Insel Antítilos.

Tinos

I/K 6

Griechisch

Τήνος
Tínos

Nomos: Kykladen
Inselfläche: 195 km^2
Höhe: 0–713 m ü.d.M.
Bewohnerzahl: 3500
Hauptort: Tínos

Schiffsverkehr

Linienschiffe von und nach Athen (Piräus) mehrmals täglich in 5 Stunden (auch Kfz-Transport); von und nach Rafína zweimal täglich in 5 Stunden.
Lokale Verbindungen mit den benachbarten Kykladeninseln.

Lage und Allgemeines

Tinos (Ténos) bildet die südöstliche Fortsetzung des von Euböa über Andros reichenden Gebirgsmassivs. Höchste Erhebung ist der Tsiknías (713 m ü.d.M.) an der Ostspitze der Insel. Die Bewohner leben von Landwirtschaft auf Terrassenkulturen. Typisch sind die überall auf der Insel anzutreffenden turmartigen Taubenhäuser (etwa 1300) in venezianischem Stil, zahlreich auch die Windmühlen.

Geschichte

So wie im Altertum – seit dem dritten vorchristlichen Jahrhundert – das Heiligtum von Poseidon und Amphitrite ein religiöser Mittelpunkt der Kykladen war, ist die Insel seit dem frühen 19. Jh. ein Zentrum der griechischen Orthodoxie. 1207 bis 1712 venezianisch, erlebte sie die längste 'Franken'-Zeit von ganz Griechenland und hat dadurch einen beträchtlichen katholischen Bevölkerungsanteil. Der Aufschwung der orthodoxen Bewohner setzte ein, als 1822 – während des Freiheitskampfes der Griechen gegen die Türken – die Nonne Pelagia in einer Vision eine wundertätig geglaubte Marienikone fand, die bald zum Ziel alljährlicher Wallfahrten zu den Marienfesten am 25. März und 15. August wurde, so daß sich Tinos zu einem 'griechischen Lourdes' entwickelte.
Die zugleich kirchliche wie nationale Bedeutung der Insel verstärkte sich, als ein italienisches U-Boot am 15.8.1940 – zwei Monate vor Mussolinis Kriegserklärung – den anläßlich des Marienfestes im Hafen von Tinos liegenden griechischen Kreuzer "Elli" torpedierte.

Taubenhaus

Sehenswertes

Tínos

Der Inselhauptort Tínos (3000 Einw.) liegt mit seinen weißgetünchten kubischen Kykladenhäusern weithin sichtbar an einer offenen Bucht der Südküste. Er entwickelte sich nach der Zerstörung der Festung Exómburgo (s. S. 602) durch die Türken zu Beginn des 18. Jh.s aus einer bescheidenen Küstensiedlung zum Hauptort der Insel.

*Panagía Evangelístria

Vom Hafen führt die breite Prozessionsstraße in 15 Min. aufwärts zur orthodoxen Wallfahrtskirche Panagía Evangelístria. Der Prachtbau entstand in den Jahren 1823–1830 teilweise aus Baugliedern des Poseidonions und des delischen Apollon-Tempels. Das Innere ist mit unzähligen Kostbarkeiten orthodoxer Sakralkunst ausgeschmückt, darunter besonders die als wundertätig verehrter Ikone der Panagía Megalochóri, der gnadenreichen Jungfrau Maria. Von der Marmorterrasse schöne Aussicht.

◀ *Wallfahrtskirche Panagia Evangelistria auf Tinos*

Tinos

*Archäologisches Museum	In dem kleinen Archäologischen Museum etwas unterhalb der Kirche sieht man Funde aus dem Poseidon- und Amphitrite-Heiligtum, so im Innenhof Architekturteile und im Obergeschoß große Gefäße, darunter einen Reliefpithos, dessen Hauptbild als Geburt der Athena aus dem Haupt des (hier geflügelt dargestellten) Zeus gedeutet wird (7. Jh. v. Chr.).
Asty	Die heutige Stadt nimmt die Stelle der antiken Hauptsiedlung Asty (5. Jh. v. Chr.) ein.
Poseidonion	4 km westlich in der Strandebene Kiónia an der Stávrosbucht (antike Hafenanlagen) die Reste des Poseidonions, eines Tempels für Poseidon und Amphitrite, die hellenistische oder noch spätere Erneuerung eines früheren Heiligtums (5. Jh. v. Chr.) mit marmorner Exedra der Ostfront; ferner eine von Andronikos gefertigte Sonnenuhr.
Exómburgo	13 km nördlich von Tínos, am Süd- und Osthang des steilen Granitkegels Exómburgo (553 m ü.d.M.; Rundsicht; venezianische Zitadellenruine), die Trümmer der von den Türken verwüsteten mittelalterlichen Hauptstadt, von der nur noch drei Kirchen und ein Quellhaus erhalten sind.
Marmorbrüche	Im Nordwesten der Insel, südlich der Pánormos-Bucht (Strand), gibt es etliche Marmorbrüche; das hier abgebaute Gestein wird allenthalben beim Hausbau verwendet.
Bildhauerei	In Panormos wurde im ehemaligen Wohnhaus des Bildhauers Chalepas ein Museum eingerichtet; im nahen Ort Pyrgos eine Bildhauerschule. Südlich davon, in Istérnia, eine Kirche mit fayenceverkleideten Kuppeln.

Tiryns – kyklopische Außenmauer am Straßenrand

Im Innern der mykenischen Burg

Tiryns

G 6

Τίρυνϑα
Tírintha

Griechisch

Landschaft: Peloponnes
Nomos: Argolis

Lage und Allgemeines

Tiryns ist bekannt durch seine bedeutende mykenische Burg auf einem nur 25 m hohen, aber die Küstenebene des Argolischen Golfes beherrschenden Felsen. Sie steht an einem seit dem 3. Jahrtausend besiedelten Platz, wo ein großer Rundbau aus dieser frühen Zeit festgestellt wurde. Seit 1884 (Schliemann und Dörpfeld) ist Tíryns deutsche Ausgrabungsstätte; die mächtigen kyklopischen Mauern wurden teilweise wieder aufgerichtet.

Geschichte

Tíryns, in der Antike mit Perseus und mit Eurystheus, in dessen Dienst Herakles seine zwölf Taten vollbringen mußte, in Verbindung gebracht, hat manche Parallele mit ⟶ Mykene. Die erste Burg entstand im 16. Jh. v. Chr.; im 14. und 13. Jh. v. Chr. baute man Mauern und Bastionen im Süden und Osten aus, das alte Osttor verschwand unter Aufschüttungen für neue Propyläen; auch die Rampe im Osten und die Treppe im Westen wie der neue Palast gehören in diese spätmykenische Zeit, die bereits mit einer Bedrohung durch einwandernde Scharen rechnen mußte. Neuere Ausgrabungen haben ergeben, daß die nördlich anschließende Unterburg nicht als Fluchtburg diente, sondern dicht bebaut und über den um 1125 v. Chr. anzusetzenden Untergang der Burg hinaus bis ins elfte vorchristliche Jahrhundert bewohnt war.

**Mykenische Burg

Der Eingang zur Grabung liegt im Südosten. Über die Ostrampe gelangt man zum Tor, das von zwei Türmen bewacht wird. Nach links einbiegend, passiert man ein weiteres Tor, das dieselben Maße wie das Löwentor von Mykene hatte. Dann wendet man sich nach rechts und kommt durch die Propyläen in den großen Hof. Von diesem kann man zur Ostbastion hinuntersteigen; der in mykenischer Art überdachte Gang blieb erhalten, die sechs in die Außenmauer eingelassenen Kammern sind weitgehend zerstört.

Vom großen Hof kommt man, wiederum rechts, in den inneren Hof. In diesem befindet sich gleich rechts ein Altar. Gegenüber dem Eingang erhob sich dominierend das große Megaron (Spuren eines im 7. Jh. v. Chr. über seine Ruine gebauten Heratempels); rechts daneben ein kleineres Megaron. Beide bilden den Mittelpunkt der Palastanlage, um den sich eine Reihe kleinerer Räume gruppiert. Im Westen sieht man die große Bodenplatte eines Badezimmers (Abfluß erkennbar) –

Archaische Bauteile: Treppe ...

... und Gewölbegang

Tiryns, Burg (Fortsetzung)

und man erinnert sich, daß nicht hier, aber in Mykene der aus Troja heimkehrende, Agamemnon von seiner Frau Klytaimnestra im Bade erschlagen wurde. Unweit dieses Raumes ist die außerordentlich starke Westbastion, eine Verstärkung aus dem 13. Jh. v. Chr. In ihr führt eine Treppe abwärts und mündet durch eine Ausfallpforte ins Freie. Dort stößt man auf neuerdings freigelegte Teile der Stadt.

Tolon G 6

Griechisch

Τολό
Toló

Landschaft: Peloponnes
Nomos: Argolis
Höhe: 0–15 m ü.d.M.
Einwohnerzahl: 1200

Lage und Allgemeines (Abb. s. S. 195)

Das einst kleine Fischerdorf Tolón, an einer Bucht des Argolischen Golfes, 12 km südöstlich von → Nauplia, ist wegen seiner Lage und seines Sandstrandes ein beliebter Ferienort geworden.

Umgebung von Tolón

Asine

Nordwestlich liegen die Ruinen des antiken Asine, das seit dem 3. Jahrtausend besiedelt war. Man sieht eine mächtige Quadermauer der Akropolis, auf deren Höhe sich weitere antike Spuren fanden.

Trikala F 4

Griechisch

Τρίκαλα
Tríkala

Nomos: Trikala
Höhe: 115 m ü.d.M.
Einwohnerzahl: 40800

Verkehr

Tríkala ist Bahnstation der Strecke Paläophársalos–Kalambáka, es hat Busverbindung mit Athen, Kalambáka und Lárissa.

Lage und Allgemeines

Die Stadt Tríkala am Westrand der thessalischen Ebene, im Altertum für ihre Pferdezucht bekannt, ist ein Zentrum der Landwirtschaft dieser Region.

Bemerkenswertes

Das antike Trikka war die Heimat des zum Heilgott aufsteigenden Heros Asklepios. Im Mittelalter war es serbische Fürstenresidenz. Belebt ist der Basar, der auch gute Speiselokale hat; hübsch sind die Wege am Lithäos-Ufer, die byzantinische Burg auf der antiken Akropolishöhe bietet eine schöne Aussicht.

Umgebung von Tríkala

Pigí

Südwestwärts fahrend, kommt man über Pigí (7 km) zum Pórta-Paß (21 km) mit der 1283 gegründeten Kirche Panagía Pórtas (Mosaiken der Erbauungszeit und Fresken des 15. Jh.s).

Pelinnaion

14 km ostwärts links der Straße nach Lárisa sieht man auf einem Hügel an der Stelle des byzantinischen Bischofssitzes Gardiki Mauern des antiken Pelinnaion.

Tripolis G 6

Griechisch

Τρίπολη
Trípoli

Landschaft: Peloponnes
Nomos: Arkadien
Höhe: 660 m ü.d.M.
Einwohnerzahl: 21300

Verkehr

Station der Peloponnesbahn Korinth–Kalamáta.
Busverbindung mit Athen, Korinth und Sparta.

Lage und Allgemeines

Trípolis, die Hauptstadt von → Arkadien, wurde im 14. Jh. von albanischen Einwanderern auf der Hochebene im Zentrum Arkadiens gegründet. In der Türkenzeit war es unter dem Namen Tripolitsa Sitz des Paschas der Morea. 1821 wurde es von Kolokotronis erobert, 1828 aber von Ibrahim Pascha zerstört.

Heute ist Trípolis ein Schwerpunkt der Landwirtschaft und Kreuzung der wichtigsten Peloponnesstraßen.

Umgebung von Tripolis

Die antiken Städte ⟶ Mantinéa (15 km nördlich), ⟶ Tegéa (8 km südöstlich) und ⟶ Megalópolis (34 km südwestlich).

Orchomenós

Von Tripolis in Richtung Olympia bis Levídi fahrend und dann sich rechts gegen Kandila haltend, erreicht man den rund 35 km nördlich gelegenen Ort Orchomenós in Arkadien (nicht zu verwechseln mit dem gleichnamigen Ort in Böotien). Hier kamen bei französischen Ausgrabungen im Jahre 1914 ein Heiligtum der Artemis Mesopolitis in der Oberstadt sowie Reste eines dorischen Apollon- oder Aphroditetempels (6. Jh. v. Chr.) in der Unterstadt zum Vorschein.

Troizen

H 6

Griechisch

Τροιζήνα
Trisína

Landschaft: Peloponnes
Nomos: Argolis

Lage und Allgemeines

Die antike Stadt Troizen an der Nordküste der argolischen Halbinsel, gegenüber der Insel ⟶ Póros, war eng mit Athen verbunden.

Geschichte

Troizen galt als der Geburtsort des attischen Heros Theseus. Hier vollzog sich das Schicksal von Hippolytos, Sohn des Theseus und der Amazone Hippolyte, der von seinen scheuenden Pferden zu Tode geschleift wurde, als er die Liebe seiner Stiefmutter Phaidra nicht erwiderte (vergleiche die Tragödie "Hippolytos" des Euripides). Als Athen 480 v. Chr. angesichts der Persergefahr evakuiert wurde, kamen viele Flüchtlinge, vor allem Frauen, nach Troizen. Die Stadt bestand bis in christliche Zeit. Sie wurde 1890 bzw. 1932 von französischen und deutschen Archäologen erforscht.

Man erreicht das Dorf Trizína (volkstümlich Damalá) entweder von ⟶ Nauplia aus über Ligurió, Trachiá und die Küstenorte Phanári und Kalóni, 9 km hinter Kalóni rechts ab (3 km); oder von Galatás gegenüber ⟶ Póros 7 km westwärts, dann links ab (3 km).

Sehenswertes

Vom Dorf führt ein Fußpfad zu den zerstreuten antiken Resten (25 Minuten). Man passiert die Stadtmauer und das stark überwachsene einstige Stadtzentrum mit Resten eines Tempels der Athena Soteira und einiger Kirchen. Dann erreicht man eine Wegegabelung, an welcher ein großer Stein liegt, den man als 'Stein des Theseus' bezeichnet (unter ihm verbarg Theseus' Vater seine Waffen, doch der Jüngling konnte ihn hochheben und die Waffen mitnehmen). Der hier rechts abzweigende Weg führt zum Hippolytosheiligtum mit Bauten aus dem 4. und 3. Jh. v. Chr. Der Hippolytostempel (spätes 4. Jh. v. Chr.) hatte 6:11 Säulen. Nach Nordwesten folgen ein größerer Peristylbau, der als Asklepieion oder heiliges Refektorium gedeutet wird, ein kleiner Tempel der Aphrodite Kataskopia (?) und die byzantinische Episkopí-Kirche (11. Jh.) mit anschließendem Bischofspalast. Die südwestlich davon gelegenen Fundamente stammen möglicherweise vom Grab der Phaidra.

Troizen, Sehenswertes (Fortsetzung)

Geht man an der oben genannten Wegegabelung nach links, so gelangt man zu einem römischen Gewölbebau und nach einer Linkskurve zu einem hellenistischen Turm, der in fränkischer Zeit erneuert worden ist. Der Weg führt weiter zur 'Teufelsbrücke', über die eine alte Wasserleitung verläuft; sie wurde wohl ursprünglich von der Quelle auf der anderen Seite gespeist.

Vergina

G 3

Griechisch

Βεργίνα
Werjína

Landschaft: Makedonien
Nomos: Imathia

Lage und Allgemeines

Das Dorf Vergína am Südrand der Aliakmón-Mündungsebene in Westmakedonien (80 km südwestlich von Saloníki) ist seit langem bekannt durch die Grab- und Palastfunde von Palátitsa. Neuerdings verbindet sich sein Name mit sensationellen Funden des auf diese Region spezialisierten Archäologen Manolis Andronikos.

Palátitsa

*Kammergrab

Die Flur Palátitsa auf einer Terrasse oberhalb des Aliakmón, schon um 1000 v. Chr. besiedelt, spielte erneut vom 4. Jh. v. Chr. an eine Rolle. Außer einem schon 1855 gefundenen hellenistischen Kuppelgrab kennt man seit 1939 ein Kammergrab, das an der Fassade vier ionische Halbsäulen unter einem Tempelgiebel und in der Grabkammer einen Marmorthron aufweist (um 250 v. Chr.). Es liegt 500 m hinter dem Ostausgang von Vergína rechts der Straße. Der hier bestattete Tote gehörte derselben Adelsschicht an, der auch der Palast oberhalb der Siedlung zuzuschreiben ist.

*Palast

Von Osten führt ein 10 m breiter Eingangskorridor zum Kern dieser rechteckigen Anlage, einem großen Innenhof von 44,80 m im Quadrat, den vier Hallen mit je 16 Säulen begrenzen. Auf diese Hallen öffnen sich die einzelnen Räume. Ein runder Raum links hinter dem Eingangskorridor war vermutlich ein Heroon für den Ahnenkult. An einen Seiteneingang im Süden schließen sich zwei Räume mit Mosaikböden an, wahrscheinlich Empfangsräume für Gäste. Im Westen befinden sich große Bankettsäle, im Norden eine 104 m lange Halle. Die Wohnräume sind im (verlorenen) Obergeschoß zu vermuten.

Königsgrab

Stammt der Palast wie das Kammergrab aus der 1. Hälfte des 3. Jh.s v. Chr., so gehört das von Andronikos im Herbst 1977 entdeckte, gänzlich unversehrte Königsgrab nach Ausweis von Münzen und Keramikfunden noch in das 4. Jh. (350–320 v. Chr.).
Unter einem 12 m hohen Grabhügel von 100 m Durchmesser kam eine gemauerte Grabkammer zu Tage, über deren verschlossener Marmortür das Gemälde einer Löwenjagd (5,50 x 1,20 m) erhalten ist – das erste Original griechischer Malerei aus dieser Zeit. Im Vorraum stand in einem Marmorsarkophag ein massivgoldener Schrein von 8,5 kg mit Gebeinen sowie mit Resten eines tiefblauen, goldbestickten Mantels. Ein zweiter, größerer Goldschrein (11 kg) fand sich in der eigentlichen Grabkammer. Sein Deckel trägt das makedonische Wappensymbol des sechzehnstrahligen Sterns. In ihm lagen Gebeine, außerdem Diadem und Zepter sowie Teile einer kostbaren Rüstung.

Vergina, Königsgrab (Fortsetzung)

Der Ausgräber schließt aus dem Gesamtfund, daß es sich um das Grab des Makedonenkönigs Philipp II. (383–336 v. Chr.), des Vaters von Alexander dem Großen, handelt. Im Zusammenhang mit zwei ungleichen Beinschienen verweist er darauf, daß Philipp nach Ausweis der Quellen gehinkt hat. In fünf Elfenbeinköpfchen sieht er Philipp, seine Eltern, seine letzte Frau Kleopatra und seinen Sohn Alexander. All das würde bedeuten, daß sich die makedonische Königsresidenz Aigai, bei der die Königsgräber lagen, nicht in ⟶ Édessa, sondern bei Vergína befand. In jedem Fall handelt es sich um das Grab eines Königs, und seine Ausstattung ist – wie die erste öffentliche Ausstellung 1978 in Saloníki zeigte – überaus staunenswert.

Ein zweites reich ausgestattetes und gleichfalls unversehrtes Grab, das etwas älter ist (zwischen 375 und 350 v. Chr.), fand Andronikos im August 1978 nur wenige Meter entfernt im selben Grabhügel. Weitere Funde und damit auch weitere Aufschlüsse über die Historie sind zu erwarten.

Veria G 3

Griechisch

Βέροια
Wéria

Nomos: Imathia
Höhe: 180 m ü.d.M.
Einwohnerzahl: 37 100

Lage und Allgemeines

Die freundliche Stadt Véria, das antike Beroia, liegt auf einer Terrasse nördlich des Aliakmónflusses an der Straße Saloniki–Kozáni (75 km südwestlich von Saloniki).

Geschichte

Seit 500 v. Chr. bekannt, gehörte Beroia zu ⟶ Makedonien und wurde 168 v. Chr. mit diesem römisch. Im Jahre 54 predigte der Apostel Paulus der jüdischen Gemeinde der Stadt den neuen Glauben (Apg. 17, 10, 13; 20,4). Im 14. Jh. besetzten Serben die Stadt, im 15. Jh. die Türken.

Stadtbild

Véria hat einige Kirchen, von denen Ágios Christós mit Malereien von 1315, Agía Photiní (gleichfalls mit Fresken) und Ágios Kýrikos, alle in der Odós Makariótissa, sehenswert sind. Reste der antiken Stadtmauer und eine türkische Moschee sieht man am Hauptplatz, weitere Reste antiker Bauwerke – darunter ein 1960 freigelegtes Stadttor – bei der Gabelung der Straßen nach Saloníki und Náusa.

Museum

Das Museum (nördlich der Straße nach Vergína) zeigt lokale Funde aus hellenistischer und römischer Zeit.

Umgebung von Veria

Ausgrabungen von ⟶ Vergína (15 km östlich).

Vermíon-Gebirge

Von Véria kann man in das Vermíon-Gebirge (2016 m) aufsteigen, das ein beliebtes Wintersportgebiet ist (Skilifte).

Volos

G 4

Griechisch

Βόλος
Wólos

Nomos: Magnesia
Höhe: 10–30 m ü.d.M.
Einwohnerzahl: 71400

Verkehr

Busverbindung mit Athen, Schiffsverbindung mit den Sporadeninseln und Kými (Euböa).
Station der Bahnlinien Vólos–Lárisa und Vólos–Paläophársalos.

Lage und Allgemeines

Vólos am reichgegliederten gleichnamigen Golf (ngr. Pagasitikós kólpos), nach dem schweren Erdbeben von 1955 wiederaufgebaut, ist der drittgrößte Hafen Griechenlands und Hauptausfuhrhafen für die landwirtschaftlichen Produkte Thessaliens. Es hat Webereien, Zement- und Zigarettenfabriken.

Geschichte

Die erst im 14. Jh. entstandene Stadt liegt in einem seit der Jungsteinzeit ständig besiedelten Gebiet. Die ältesten Siedlungen fanden sich bei den Dörfern Sésklo (4. Jahrtausend) und Dímini (3. Jahrtausend) westlich der Stadt. Im 2. Jahrtausend v. Chr. entstand im heutigen Stadtgebiet das mykenische Iolkos, Sitz des Königs Pelias und Heimat seines Neffen Iason, der von Iolkos zur Argonautenfahrt aufbrach. In diese Zeit gehört auch Pherai nahe dem heute fast ausgetrockneten Boibesee, Sitz von Admetos und Alkestis (heute Velestíno, 20 km nordwestlich von Vólos, westlich der Straße Vólos–Lárisa). Der Hafen von Pherai war Pagasai, nach dem der Golf benannt ist. Unmittelbar nördlich anschließend an Pagasai gründete Demetrios Poliorketes 293 v. Chr. die Stadt Demetrias.

Stadtbild

Von der belebten Neustadt am Hafen zu den östlichen Vororten am Pelionhang aufsteigend, hat man eine weite Aussicht. An der Ausfahrt nach Lárisa im Nordwesten der Stadt sind rechts, zwischen der Bahnlinie und dem Flußbett, Teile der mykenischen Anlagen freigelegt; auf einen um 1400 v. Chr. errichteten älteren folgte ein etwas jüngerer Palast, der um 1200 v. Chr. durch Feuer zerstört wurde.

*Archäologisches Museum

Sehenswert ist das Archäologische Museum im Westteil der Stadt. 1976 neu geordnet, bietet es seine Objekte nach modernen Gesichtspunkten dar. Die Funde beginnen mit der Jungsteinzeit (Sésklo, Dímini, Pýrasos) und haben ihren Schwerpunkt in der einzigartigen Sammlung von über 200 bemalten Grabstelen des 3. Jh.s v. Chr. aus Demetrias. Interessant sind ein Aphroditetorso aus Skópelos und ein hellenistischer Asklepioskopf aus Tríkka.

Umgebung von Volos

Sesklo
Dimini

Sésklo und Dímini (18 bzw. 6 km westlich der Stadt) sind nur für speziell an Vor- und Frühgeschichte Interessierte zu empfehlen.

Demetrias
Pagasai

3 km südlich von Vólos durchfährt man das Gelände von Demetrias und dem älteren Pagasai. Rechts der Straße sieht man das 1960 wie-

derhergestellte Theater und den 84 m hohen Palasthügel des Demetrios Poliorketes. Die Eliaskapelle auf einem Hügel links der Straße bezeichnet den südlichsten Punkt der Mauern von Demetrias und den östlichsten von Pagasai, von dessen Mauern noch Reste zu sehen sind.

Volos, Umgebung (Fortsetzung)

Die Straße führt weiter nach Néa Anchialós (22 km), das 1907 von Schwarzmeerflüchtlingen an der Stelle des seit dem Neolithikum besiedelten Pýrasos gegründet wurde. Es haben sich vier frühchristliche Basiliken gefunden. Im kleinen Museum gibt es Stücke aus dem antiken Pyrasos, das der Hafen von Thebai Phthiotides war.

Nea Anchialós

Landschaftlich reizvoll ist die Bergregion des ⟶ Pelion.

Vonitsa

E 5

Βόνιτσα
Wónitsa

Griechisch

Nomoi: Ätolien und Akarnanien
Höhe: 10 m ü.d.M.
Einwohnerzahl: 3600

Verkehr

Busverbindung mit Amphilochía und Lefkás.

Lage und Allgemeines

Der Ort Vónitsa am Südufer des Ambrakischen Golfes wird überragt von einer mächtigen Burg.
Man erreicht Vónitsa entweder von dem Fischerort Amphilochía an der Südostspitze des Ambrakischen Golfes (Tavernen mit Fischspezialitäten am Ufer des Golfes) auf schmaler Asphaltstraße durch idyllisches Hügelland (40 km), oder man setzt vom Hafen ⟶ Préveza über und hält sich ostwärts (15 km).

Geschichte

Die Burg geht auf byzantinische Zeit zurück, widerstand 1084 dem Ansturm von Robert Guiscard und war seit 1362 im Besitz von Leonardo Tocco und seinen Nachfolgern, die sich "Herzog von Leucadia, Graf von Kephallonia und Herr von Vónitsa" nannten. Die Tocchi bauten die Anlage so stark aus, daß sie sich bis 1479 in dem von Türken besetzten Land behaupten konnte.

Burg

Zu der venezianischen Burgfestung, deren Außenmauern, Bastionen und Tore gut erhalten sind, kann man von der Ostseite zu Fuß aufsteigen; im Inneren mehrere Türme, eine Kapelle und eine Zisterne.

Umgebung von Vónitsa

Eine Straße in südwestlicher Richtung, am Flugplatz vorbei, führt zur Insel ⟶ Lefkás (19 km).

Páleros
Mítikas
Astakós

Außerdem gibt es eine neu ausgebaute Straße nach Süden zu den drei Fischerdörfern Páleros (15 km), Mítikas (18 km, Bootsverkehr zur gegenüberliegenden Insel ⟶ Kálamos) und Astakós (33 km). Sie führt weiter nach Ätolikón (38 km) und ⟶ Mesolóngi (10 km).

Xanthi I 2

Griechisch

Ξάνθη
Xánthi

Nomos: Xanthi
Höhe: 80 m ü.d.M.
Einwohnerzahl: 26000

Verkehr

Station der Bahnstrecke Saloniki–Alexandrúpolis

Lage und Allgemeines

Xanthi liegt am Südhang des Karaóglugebirges im thrakischen Tabakanbaugebiet; die Stadt wird überragt von den Resten einer byzantinischen Festung.

Umgebung von Xanthi

Abdera

Rund 27 km südlich liegt Avdíra, die Stätte des antiken Abdera. Diese Hafenstadt wurde 656 v. Chr. von Klazomenai (bei Smyrna, heute türkisch İzmir) gegründet und verdankte ihren Wohlstand im 6. und 5. Jh. v. Chr. dem fruchtbaren Boden und dem Handel mit dem Hinterland. Es war die Heimat von Protagoras (um 485 bis um 1415 v. Chr.), dem Begründer der Sophistik, und von Demokrit (um 460 bis um 380 v. Chr.), dem Begründer der Atomistik. In den Jahren nach 1950 hat Lazarides auf einer Landzunge an einer guten Hafenbucht inmitten von Feldern einen Teil der antiken Stadt freigelegt, u.a. Hausfundamente, ein Stück der Stadtmauer an dem von der See abgelegenen Hang sowie Spuren eines Theaters.

Xylokastron G 5

Griechisch

Ξυλόκαστρο
Xilókastro

Nomos: Korinth
Höhe: 10 m ü.d. M.
Einwohnerzahl: 4900

Verkehr

Xylókastron liegt an der Autostraße und Eisenbahn Korinth–Pátras; Busverbindung mit beiden Städten.

Lage und Allgemeines

Xylókastron, zu deutsch ‘Holzburg’, ist ein beliebter Ferienort am Südufer des Korinthischen Golfes, 33 km westlich von → Korinth.

Umgebung von Xylókastron

Sikyon

13 km südostwärts bis Kiáton, dort rechts ab, erreicht man das Dorf Vassilikó (6 km) bei der antiken Stadt Sikyón, der Heimat des Bildhauers Lysipp. Links neben dem Zufahrtsweg liegen die Fundamente eines Apollon- oder Artemistempels. Südlich davon die Reste einer Stoa und eines Buleuterions, ferner ein Gymnasion. Am Hang der Akropolis das Theater.
In einer römischen Badeanlage befindet sich das Museum (Fußbodenmosaiken, Skulpturen u. a.).

13 km südostwärts bis Kiáton, dort scharf rechts ab nach Westen, kommt man nach 35 km zum Dorf Stymphalía an dem in 740 m Höhe gelegenen Stymphalischen See. Strabon glaubte, daß die Quelle bei Kephalári südlich Argos sein Abfluß sei. Hier ist der Schauplatz des Mythos von den für die Menschen gefährlichen Stymphalischen Vögeln, die Herakles tötete.

Xylokastron, (Umgebung) (Fortsetzung) Stymphalischer See

1100 m hoch liegt das Dorf Tríkala (31 km südwestlich), von dem aus der 2376 m hohe Berg Kyllíni bestiegen werden kann.

Trikala Kyllini

Zakynthos

E 6

Ζάκυνθος
Sákinthos

Griechisch

Nomos: Zákinthos
Inselfläche: 406 km²
Höhe: 0–758 m ü.d.M.
Bewohnerzahl: 30 000
Hauptort: Zákinthos

Flughafen 6 km südlich von Zákinthos.
Linienflüge von Athen bzw. von Kephallonia täglich.

Flugverkehr

Fähre Killíni–Zákinthos mehrmals täglich in 1¼ Stunden.

Schiffsverkehr

Zákynthos (Zákinthos oder Sákinthos; italienisch Zante), eine der → Ionischen Inseln (Heptanes), liegt nur 16 km (9 sm) von der West-

Lage und Allgemeines

Hafenbucht der Inselhauptstadt Zakynthos

Lage und Allgemeines (Fortsetzung)

küste der Peloponnes entfernt im Ionischen Meer. Den westlichen Teil nimmt ein bis zu 758 m ü.d.M. hohes Karstplateau ein, den üppig bewachsenen Ostteil eine fruchtbare, intensiv angebaute Alluvialebene. Wegen der lieblichen Landschaft und der schönen Badestrände wird Zakynthos gern zu längerem Sommeraufenthalt besucht.

Geschichte

Schon seit Homers Zeiten trägt die Insel ihren Namen, der sich von der wilden Hyazinthe (Hyacinthus orientalis L.) herleiten soll. Früh von Achäern und Arkadiern besiedelt, entwickelte sich Zakynthos rasch zu einem Schwerpunkt des Handels und der Seefahrt, das seinen Einfluß im westlichen Mittelmeer bis zur Iberischen Halbinsel ausdehnen konnte, wo es die Kolonie Sagunt gründete. 455 v.Chr. zwang der Athener Admiral Tolmides die bis dahin unabhängige Insel zum Anschluß an Athen. Nach dem Peloponnesischen Krieg schloß sie sich dem Attischen Seebund an, wurde 217 v.Chr. von den Makedoniern und 191 v.Chr. von den Römern erobert. Durch die Vandalen verheert, im 12. Jh. den Normannen, dann fränkischen Dynasten zugefallen, wurde sie 1479 von den Türken, aber schon 1481 von den Venezianern besetzt, die sie bis 1797 behielten. Danach teilte sie als Mitglied des Heptanes das Schicksal der anderen Ionischen Inseln.

Da die Insel dem türkischen Einfluß entzogen war, konnte sie ihre italienisch-venezianische Prägung bewahren. Zakynthos ist die Heimat des italienischen Dichters Ugo Foscolo (1778–1827) sowie der griechischen Dichter Dionysios Solomos (1798–1857), des Schöpfers der griechischen Nationalhymne, und Andreas Kalvos (1792–1869).

Die Verheerungen einer bewegten Vergangenheit und schwere Erdbebenkatastrophen (u.a. 1515 und 1953) haben den größten Teil der historischen Denkmäler auf der Insel vernichtet.

Sehenswertes

Stadt Zákinthos

Die Hauptstadt Zákinthos (12000 Einw.), im Südosten der Insel, dehnt sich seit der Antike in weitem Bogen an dem sanft ansteigenden Ufer der Hafenbucht aus und wird von der Ruine eines venezianischen Kastells (Aussicht) überragt, das während des Erdbebens von 1515 geborsten sein soll.
Von den prächtigen venezianischen Herrschaftshäusern hat allein das Haus der Familie Roma, mit der reizvollen Kapelle Kira ton Angelon, das Erdbeben von 1953 überstanden. Sehenswert sind ferner die Kirchen Ágios Nikólaos am Hafen und Ágios Dionísios mit den Reliquien des Schutzheiligen der Insel.

*Museen

Im Städtischen Museum byzantinische Malerei und sakrale Kunst (Ikonen, Ikonostasen), im Solomos-Museum die Mausoleen der Lyriker Solomos und Kalvos sowie Erinnerungsstücke an Geschichte und Kultur der Insel.

Pechbrunnen

Etwa 14 km südwestlich von Zákinthos liegen bei dem Dorf Kerí die schon von Herodot erwähnten Pechbrunnen, die bereits im Altertum Pech zum Abdichten der Schiffe lieferten; heute ist die Ausbeute nur noch gering.

Bucht von Laganás

Im Südosten der Insel erstreckt sich die weite Bucht von Laganás (8 km südlich von Zákinthos), deren Sandstrände von Badeurlaubern stark besucht werden, so daß sie während der Hauptsaison bereits überlaufen sind.
Diese Bucht ist jedoch von alters her der wohl wichtigste Brutplatz der

Felsige Küstenpartie

Bucht von Laganás (Fortsetzung)

Unechten Karettschildkröte im gesamten Mittelmeerraum. Bis vor kurzem legten hier alljährlich noch über 1300 der bis zu 150 kg schweren und über 1 m langen Reptilien ihre etwa tennisballgroßen Eier in den Strandsand. Infolge des überhandnehmenden Touristenbetriebes ist die Zahl der hierher kommenden Schildkröten rapid gesunken; ihr Nachwuchs hat immer geringere Überlebenschancen.
Um dieser für die Tiere artbedrohenden Entwicklung Einhalt zu gebieten, hat das griechische Umweltministerium zwar einen Stufenplan zur Einführung abgesperrter Brutzonen angekündigt, doch stößt dieses Vorhaben bei den Einheimischen auf heftigen Widerstand, da sie den Rückgang des jüngst entwickelten Fremdenverkehrs befürchten. Die Errichtung eines gänzlich geschützten Nationalparkes an der Laganásbucht wird von Naturschützern aus aller Welt dringend gefordert, dürfte jedoch vorerst ein Wunschtraum bleiben.

Kirche Agía Mávra

11 km westlich von Zákinthos, in der Ortschaft Machäadron, die Kirche Agía Mávra mit stark rekonstruierter, doch typischer Ausstattung und schönem Glockengeläut.

Kloster Anafonítria

35 km nordwestlich von Zákinthos das Kloster Anafonítria (15. Jh.; Ikonen des 15. Jh.s und Fresken des 17. Jh.s), wo der heilige Dionysos lebte.

Blaue Grotte

An der Nordspitze der Insel befindet sich die nur mit einem Boot zu erreichende Blaue Grotte.

Praktische Informationen von A bis Z

Warnung

Das Mitnehmen von antiken Gegenständen, selbst kleinsten Scherben und Steinen aus Ruinenstätten, sowie die Ausfuhr von → Antiquitäten ohne entsprechende Genehmigung ist verboten und wird streng bestraft.

Andenken

→ Einkäufe, Souvenirs

Angeln

→ Sport

Anreise

Allgemeines

Für die Anreise von Mitteleuropa nach Griechenland (s. auch Routenvorschläge, S. 163) hat man die Wahl zwischen der Auto- oder Bahnreise durch Jugoslawien, dem direkten Flug (→ Flugverkehr) nach Athen, Saloniki, Korfu oder Iraklion (Kreta) und der Auto- oder Bahnreise zu einem der italienischen bzw. jugoslawischen Adriahäfen und von dort mit einem Fährschiff (→ Autofähren) nach Korfu, Igumenitsa, Patras, Athen (Piräus) oder Kreta.

Verkehrsverbindungen vom griechischen Festland zu den Inseln bzw. von einer Insel zur anderen → Inselhüpfen und → Kreuzfahrten.

Mit dem Auto

Die kürzeste Straßenverbindung nach Griechenland ist die Fernstraße (Autoput) durch Jugoslawien, vom Loiblpaß (Tunnel; Grenzübergang Österreich/Jugoslawien; weitere Grenzübergangsstellen s. S. 619) bis Belgrad (730 km) E 70, von Belgrad bis Saloniki (920 km) E 75, dann über Saloniki nach Athen (z.T. Autobahngebühren → Straßenverkehr). Die autobahnartig ausgebaute Strecke (zwar ohne Eisenbahnkreuzungen und Ortsdurchfahrten, jedoch keine getrennten Fahrtrichtungsstreifen und besonders im nördlichen Teil mit zahlreichen Niveaukreuzungen) ist stellenweise in schlechtem Zustand und durch Schwerlaster in den Vorderen Orient sowie besonders in der Urlaubszeit durch Fahrzeuge von Touristen und oft stark übermüdeten Gastarbeitern völlig überlastet und entsprechend unfallgefährlich. Eine besonders defensive Fahrweise empfiehlt sich dringend; Nachtfahrten sollten wegen der vielen unbeleuchteten Fahrzeuge unbedingt vermieden werden.

Eine Alternative bietet die mit rund 1600 km etwa gleich lange Ausweichstrecke über die landschaftlich reizvolle Adriatische Küstenstraße (Jadranska Magistrala; E 65), die man von Ljubljana (55 km

◀ *Gastliche Gasse*

Anreise mit dem Auto (Fortsetzung)

südöstlich vom Loibltunnel) in südlicher Richtung bei Rijeka erreicht. Von hier geht es an der Küste entlang über Split, Dubrovnik und die Bucht von Kotor; bei Petrovac führt sie nordöstlich ins Landesinnere und über Titograd und Priština nach Skopje; von hier auf der Fernstraße nach Saloniki.

Wer die Anreise durch Jugoslawien vermeiden will, wird meist eine der zahlreichen ⟶ Autofähren zwischen Italien und Griechenland wählen.

Mit dem Europabus

Touringbusse (Europabusse) der Deutschen Touring Gesellschaft (Am Römerhof 17, D-6000 Frankfurt am Main 90, Tel. 069/79030 und ihrer griechischen Partner verkehren von Dortmund, Bielefeld, Hamburg und Berlin (West) nach Athen und in umgekehrter Richtung. Weitere Zusteigemöglichkeiten innerhalb der Bundesrepublik Deutschland (beispielsweise fahren Busse samstags und dienstags von Frankfurt am Main über München nach Saloniki und Athen; Fahrtdauer drei Tage), Ausstiege, Ankunfts- und Abfahrtszeiten, Preise und Ermäßigungen sind aus den von der obengenannten Gesellschaft zweimal jährlich herausgegebenen Broschüren über den Europabus-Linienverkehr zu entnehmen.

Mit der Eisenbahn

Von Dortmund erreicht der Hellas-Expreß die griechische Hafenstadt Saloniki in rund 43 Stunden und Athen in etwa 52 Stunden (Zusteigemöglichkeiten u.a. in Stuttgart, von dort ca. 45 Std.).

Der von München ausgehende Akropolis-Expreß benötigt bis Saloniki rund 32 Stunden, bis Athen rund 40 Stunden; Verspätungen sind nicht ausgeschlossen, auch entspricht der Service nicht dem mitteleuropäischen Standard, weshalb die Bahnreise nur bedingt ratsam erscheint.

Mit dem Autoreisezug

Von der Bundesrepublik Deutschland verkehren die nachfolgend aufgeführten Autoreisezüge.

Anreise über Italien:
Düsseldorf/Köln/Neu Isenburg – Mailand mit Anschlußverbindungen nach Bari/Brindisi
Düsseldorf/Köln/Neu Isenburg – Bozen
Hamburg/Hannover – Verona
Neu Isenburg/Kornwestheim/München – Rimini

Anreise über Österreich:
Düsseldorf/Köln/Neu Isenburg/Kornwestheim – Villach
Hamburg/Hannover/Kassel/Würzburg/Nürnberg – Villach

Anreise über Jugoslawien
Düsseldorf/Köln/Neu Isenburg/Kornwestheim – Ljubljana
Kornwestheim/München – Rijeka

Über Fahrpreisermäßigungen (Rückfahrkarten, Wochenendtarife, verbilligte Netzkarten mit begrenzter Gültigkeitsdauer; Vergünstigungen für Gruppen, Schüler und Studenten, Kinder, Jugendliche und Senioren) erkundige man sich bei der Bahn, bei der Bahnabteilung seines Reisebüros oder bei

Deutsches Reisebüro GmbH (DER)
Eschersheimer Landstraße 25
D-6000 Frankfurt am Main
Tel. (069) 15660

Anreise (Fortsetzung)
Grenzübergänge

Die Grenzübergangsstellen von und nach Griechenland sind rund um die Uhr besetzt. Es bestehen Möglichkeiten für den Übergang

von/nach Jugoslawien:
über Gevgeli/Evzoni (rund 550 km von/nach Athen)
über Bitola/Niki (rund 610 km von/nach Athen)

von/nach Bulgarien:
über Kulata/Promachon (etwa 660 km von/nach Athen)

von der/in die Türkei:
über Edirne/Kastanea (rund 1 000 km von/nach Athen)
über Ipsala/Kipi (etwa 910 km von/nach Athen)

Anreise mit dem Flugzeug

Griechenland ist über die Flughäfen Athen und Saloniki an das internationale Flugliniennetz angeschlossen. Von Frankfurt am Main, Wien, Genf und Zürich bestehen tägliche Direktverbindungen (z.T. auch mit Zwischenlandung) nach Athen; Saloniki wird mehrmals wöchentlich angeflogen. Vor kurzem hat auch der ostmakedonische Flughafen Kavala den internationalen Status erhalten.
Von Hamburg, München, Düsseldorf und Stuttgart gibt es ein- bis mehrmals wöchentlich Flugverbindungen nach Athen und Saloniki. Direktflüge von Frankfurt am Main auch nach Korfu und Iraklion (Kreta).

Sondertarife

Von der griechischen Fluggesellschaft Olympic Airways und der Deutschen Lufthansa werden für Direktflüge von Deutschland nach Griechenland und zurück 'Flieg-und-Spar'-Tarife angeboten; Studenten erhalten auf Non-Stop-Flügen ebenfalls Sondertarife, Kinder zwischen zwei und zwölf Jahren bekommen Ermäßigungen von 50 %. Detaillierte Auskünfte erteilen die Deutsche Lufthansa, die Flugabteilungen der Reisebüros sowie

Olympic Airways
Reservierung
Neue Mainzer Straße 22
D-6000 Frankfurt am Main
Tel. (069) 7 53 44

Inclusive Tours

Verschiedene Veranstalter bieten preisgünstige IT-Flüge (Inclusive Tours) nach Griechenland bzw. einer Reihe von Inseln an. Die Leistungen umfassen in der Regel Hin- und Rückflug mit Linienmaschinen (Touristenklasse), Autotransfer zum Hotel und zurück, Halbpension sowie Betreuung durch örtliche Reiseleiter.

Charterflüge

In der Saison herrscht ein vielseitiges Angebot an Charterflügen; außerdem gibt es recht günstige Sonderflüge, z.B. für Studenten und Campingtouristen.
Auskünfte erteilen die Reiseveranstalter und Reisebüros.

Hinweise für Charterflugreisende aus EG- und Nicht-EG-Ländern ⟶ Reisedokumente.

Fährverkehr

⟶ Autofähren

Anreise zum Berg Athos

Nach Erhalt der Einreisegenehmigung zum Besuch der Mönchsrepublik ⟶ Reisedokumente fährt oder fliegt man bis Saloniki; ab dort mit dem Bus nach Ouranoupolis und von hier mit dem Motorboot nach Dafni, dem Hafen der Hauptstadt des Berges Athos. Die Fahrt dauert etwa 4 Stunden und 30 Minuten.

Anreise zum Berg Athos (Fortsetzung)

Eine weitere Möglichkeit der Anreise zur Mönchsrepublik bietet die Bootsfahrt von Uranupolis nach Dafni, die etwa 3 Stunden dauert. Zwischen Dafni und Karyes verkehrt zweimal täglich ein Bus.

Die einzelnen Klöster kann man entweder zu Fuß oder per Maultier erreichen.

Antiquitäten

Ausfuhr verboten

Die Ausfuhr von antiken Gegenständen und Kunstwerken (z.B. Ikonen) ist verboten. Über Ausnahmen entscheidet der Staatliche Archäologische Dienst in Athen (Aristidú 14). Bei Nichtbeachtung drohen hohe Strafen!

Unproblematisch sind Erwerb und Ausfuhr von Kopien antiker Museumsstücke, wie sie z.B. beim Archäologischen Nationalmuseum in Athen und beim Archäologischen Museum in Iraklion (Kreta) zu bekommen sind.

Apotheken

Hinweisschilder

Man erkennt die Apotheken an dem runden Schild mit Kreuz über dem Eingang sowie an der Aufschrift PHARMAKEION.
Meistens sind auch deutsche pharmazeutische Erzeugnisse und Babynahrung vorrätig.

Öffnungszeiten

Mo., Mi., Sa. 8.30–14.30 Uhr, Di., Do., Fr. 8.30–13.30 und 17.00 bis 20.00 Uhr.

Notdienst

An jeder Apotheke findet man Hinweise auf die nächste Apotheke, die Notdienst macht.
Die Zeitung “Athens News” nennt außerdem unter dem Stichwort ‘Chemists/Pharmacies’ die Apotheken, die Nacht-, Sonn- und Feiertagsdienst haben.

Apothekennotruf Athen

Tel. 107

Ärztliche Hilfe

Notrufe

Im Athener Stadtbereich;
ärztlicher Bereitschaftsdienst an Sonn- und Feiertagen:
Tel. 105
Bereitschaftsdienst der Apotheken: Tel. 107
Erste Hilfe: Tel. 166
Feuerwehr: Tel. 199
Giftzentrale: Tel. 779-3777
Krankenhaus-Bereitschaft: Tel. 106
Rotes Kreuz: Tel. 150
Touristenpolizei: Tel. 171

Weitere Notrufnummern

→ Notdienste

Allgemeines

Sowohl auf dem griechischen Festland als auch auf den Inseln ist die ärztliche Versorgung in Krankenhäusern und/oder Arztzentren grundsätzlich gewährleistet. Eine Liste mit Adressen deutschsprachiger Ärzte kann man bei der Botschaft und den konsularischen Vertretungen der Bundesrepublik Deutschland in Griechenland (⟶ Diplomatische und konsularische Vertretungen) beziehen.

Ärztliche Hilfe, Allgemeines (Fortsetzung)

Griechenland hat die Europäische Konvention (Gesetzblatt Nr. 4017/59) unterzeichnet, in der Regelungen über medizinische Behandlungen und deren Kosten festgehalten sind.

Kostenregelung für medizinische Betreuung

Vor einem Griechenland-Aufenthalt empfiehlt es sich, die neuesten Bestimmungen bei der zuständigen Krankenkasse zu erfragen und einen Auslandskrankenschein zu erbitten.

In manchen Fällen ist auch der gesonderte Abschluß einer Auslandskranken- und Unfallversicherung (⟶ Sicherheit) ratsam.

Ausflüge

⟶ Bustouren
⟶ Kreuzfahrten

Auskunft

Ellinikós Organismós Turismú (EOT) Griechische Zentrale für Fremdenverkehr (GZF) Auslandsvertretungen

In der Bundesrepublik Deutschland

Neue Mainzer Straße 22
D-6000 Frankfurt am Main
Tel. (069) 236561-3

Pacellistraße 2
D-8000 München 2
Tel. (089) 222035-6

Abteistraße 33
D-2000 Hamburg 13
Tel. (040) 454498

In Österreich

Opernring 8
A-1010 Wien
Tel. (0222) 525317

In der Schweiz

Löwenstrasse 25
CH-8001 Zürich
Tel. (01) 2210105

EOT-Büros in Griechenland

In Athen

Hauptstelle:
Amerikis 2
Tel. (01) 3223-111

Ermu 1
Tel. (01) 3252267

Auskunft, EOT in Athen (Fortsetzung)	Informationsbüro im Gebäude der Nationalbank, am Syntagmaplatz: Karageorgi Servias 2 Tel. (01) 3222545
	Stoa Spiromiliou Tel. (01) 322-1459
	Am Flughafen Elleniko Tel. (01) 9799500
In Evzoni	Tel. (0343) 51223
In Igumenitsa	Am Hafen Tel. (0665) 22227
In Ioannina	Nap. Zerva 2 Tel. (0651) 25086
In Kavala	Platia Eleftherias 2 Tel. (051) 228762 und 222425
Auf Kephallonia	Odos Valianou Tel. (0671) 22847
In Kipi/Evros	Tel. (0555) 31224
Auf Korfu	Verwaltungsgebäude Kerkyra (Stadt) Tel. (0661) 30360 und 30298
Auf Kos	Informationsbüro Akti Koundourioti Tel. (0242) 28724
Auf Kreta	Odos Akti Tompasi 6 Chania Tel. (0821) 26426
	Odos Xanthoudidou 1 Iraklion Tel. (081) 228203
	Rethymnon Tel. (0881) 29148
In Larissa	Koumoundourou 18 Tel. (041) 250919
In Niki/Florina	Tel. (0385) 92303
In Patras	Iroon Polytechniou Tel. (061) 420304-05
In Piräus	Marina Zeas Pireas (Piräus) Tel. (01) 4134709 und 4135716
In Promachon	Tel. (0323) 41241 und 41205

Auskunft, EOT (Fortsetzung) auf Rhodos

Odos Archiepiskopou Makariou 5
und Odos Papagou
Rhodos (Stadt)
Tel. (0241) 23655 und 23255

In Saloniki

Odos Mitropoleos 34
Saloniki
Tel. (031) 271888 und 222935

Auf Syros

Ermoupoli
Tel. (0281) 22375

In Volos

Platia Riga Fereou
Tel. (0421) 36233

Auf den Kykladen

Auf zwölf Kykladeninseln sind neuerdings Auskunftsbüros für touristische Informationen eingerichtet worden. Sie befinden sich direkt an den jeweiligen Häfen in den Gebäuden der Gemeindeverwaltungen.

Zimmerreservierungen

Die Informationsbüros der Griechischen Fremdenverkehrszentralen nehmen keine Hotelzimmerreservierungen entgegen! Schriftliche Bitten um Reservierung von Privatunterkünften sind zu richten an:

Griechische Hotelkammer

Xenodochiako Epimelitirio
(Griechische Hotelkammer)
Stadiu 24
Athen
Tel. (01) 3236962

In Athen kann man sich Hotels empfehlen lassen bei der

Filiale der Hotelkammer
Stadiu 2 /Ecke Karageorgi Servias
Tel. (01) 3237193
Mo.–Fr. von 8.30–20.00, Sa. 8.00–14.00 Uhr

Umfangreiche Hotelliste ⟶ Hotels

Touristenpolizei

Auskünfte erteilt auch die Fremden- bzw. Touristenpolizei:
Astynomia Allodapon
Tel. für Athen und Umgebung (01) 171;
befindet sich keine Touristenpolizei am Ort, wende man sich an eine Polizeistation.

Auskunftsstellen für Archäologie

Deutsche Archäologische Gesellschaft
und Deutsches Archäologisches Institut
Podbielskiallee 69-71
D-1000 Berlin 33
Tel. (030) 830080

Außenstelle in Athen:

Phidias 1
Athen
Tel. (01) 3620270

Deutsch-Griechische Gesellschaften

Vereinigung der
Deutsch-Griechischen Gesellschaften e.V.
Osloer Straße 113
D-5300 Bonn

Auskunft (Fortsetzung) Goethe-Institute

In Athen:
Omiru 14/16
Tel. (01) 3608111-15

In Chania (Kreta):
Digeni Akrita 3
Tel. (0821) 23778

In Patras:
Agiou Nikolau 99
Tel. (061) 273446

In Saloniki:
Leoforos Nikis 15
Tel. (031) 272644, 226189 und 239169

Weitere Auskunftsstellen ⟶ Diplomatische und konsularische Vertretungen

Ausweispapiere

⟶ Reisedokumente

Autobusse

Allgemeines

Griechenland verfügt über ein dichtes Autobusnetz mit Zentrum in Athen; hier befinden sich zwei Busstationen, von denen man zu günstigen Tarifen mit Bussen in die Provinz fahren kann.

Kifissou 100

Die Kifissou-Straße erreicht man mit dem Bus 051, der ab Ecke Vilara- und Menandrou-Straße, in der Nähe des Omonia-Platzes, abfährt.
Von ihr gehen Busse nach Patras, Pyrgos (Olympia), Nafplion (Mykene), Andritsena (Bassä), Kalamata, Sparta (Mystras), Gythion (Dyros), Tripolis, Mesolongi, Igumenitsa, Preveza, Ioannina, Kerkyra/Korfu, Zakynthos, Kefallonia, Lefkas, Kozani, Kilkis, Kavala, Kastoria, Komotini, Korinth, Saloniki, Edessa, Drama, Grevena, Florina, Veria, Serres, Nausa, Kranidi, Xylokastron, Argos, Agrinio und Arta.

Liossion 260

Eine weitere Busstation für Fahrten in die Provinz befindet sich in der Liossion-Straße, zu der man mit dem Bus 024 von der Leoforos Amalias, vor dem Nationalgarten (Syntagmaplatz), gelangt.
Von der Liossion-Straße fahren die Busse nach Chalkis, Edipsos, Kymi, Delphi, Amphissa, Kamena Vurla, Larisa, Levadia, Thiva und Trikala (Meteora).
Auskünfte erteilen die örtlichen Büros der Griechischen Fremdenverkehrszentrale (⟶ Auskunft) oder die zuständigen Behörden.

Europabus

⟶ Anreise

Autofähren

Allgemeines

Wer die ⟶ Anreise durch Jugoslawien vermeiden will, aber auf die Mitnahme des eigenen Kraftfahrzeuges nicht verzichten möchte, kann eine der zahlreichen Fährverbindungen zwischen Italien bzw.

Jugoslawien und Griechenland wählen. Von den italienischen Adriahäfen Venedig und Ancona verkehren Fährschiffe nach Athen (Piräus), dem Ausgangshafen für den Verkehr zu den Inseln der Ägäis. Die von Ancona, Bari und Brindisi auslaufenden Schiffe legen meist auch in Korfu an.

Autofähren, Allgemeines (Fortsetzung)

Die zwischen Ancona und Piräus verkehrenden Fähren der Mediterranean Sun Lines fahren weiter nach Iraklion (Kreta) und Rhodos, z.T. mit Zwischenstopp in Santorin (Thera).

Internationale Fährverbindungen mit Kfz-Transport nach und von Griechenland

VERBINDUNG Häfen	REEDEREI Turnus	VERTRETUNG für Buchungen
Italien – Griechenland		
Ancona – Katakolon Iraklion/Santorin/ Rhodos/Piräus	Med. Sun Lines 1 x wö. (Saison)	Med. Sun Lines
Ancona – Igumenitsa/ Patras	Minoan Lines 4 x wö.	Seetours
	Marlines 4 x wö. (Saison)	Viamare
Ancona – Korfu/ Igumenitsa/Patras	Strintzis Lines 4 x wö. (Saison)	DER, IKON, Viamare
	Minoan Lines 5 x wö.	Seetours
Ancona – Patras	Karageorgis 4 x wö.	Hellas-Orient-Seereisen
Bari – Korfu/ Igumenitsa/ Patras	Ventouris täglich (Juli–Sept.)	IKON, Viamare
Brindisi – Korfu/ Igumenitsa/ Patras	Adriatica und Hellenic Med. Lines täglich;	Seetours; Viamare
	Fragline täglich	Viamare
Brindisi – Patras	Anco Ferries täglich (Saison)	Fargo Reisen
	Hellenic Med. Lines täglich	Viamare
Otranto – Korfu/Igumenitsa	R Line 5 x wö.	Isaria-Reisen
Venedig – Piräus/Iraklion	Adriatica 1 x wö.	Seetours
Venedig – Piräus	British Ferries 1 x wö. (Mai–Okt.)	J. A. Reinecke
Griechenland – Italien		
Patras – Ancona	Karageorgis 4 x wö.	Hellas-Orient-Seereisen

Autofähren (Fortsetzung)

Piräus – Ancona	Med. Sun Lines 1 x wö. (Saison)	Med. Sun Lines
Katakolon – Venedig	British Ferries 1 x wö. (Mai–Okt.)	J. A. Reinecke

Griechenland – Griechenland

Piräus – Chania	ANEK täglich	ANEK, Chania
	Minoan Lines täglich	Seetours
Piräus – Iraklion	ANEK täglich	ANEK, Chania
	Minoan Lines täglich	Seetours

Griechenland – Jugoslawien

Igumenitsa/Korfu – Dubrovnik/Rijeka	Jadrolinija 1-3 x wö.	DER
Patras – Dubrovnik	Strintzis 1 x wö.	DER, IKON, Viamare

Griechenland – Türkei

Patras – Kuşadası	Marlines 1 x wö.	Viamare
Piräus – Istanbul	B.S.S. 1–2 x mtl.	Black Sea Shipping Co., Odessa
Piräus – Istanbul/ Kuşadası	British Ferries 1 x wö. (Mai–Okt.)	J. A. Reinecke

Türkei – Griechenland

Kuşadası – Katakolon	British Ferries 1 x wö. (Mai–Okt.)	J. A. Reinecke

Griechenland – Ägypten

Piräus/Iraklion – Alexandria	Adriatica 1 x wö.	Seetours

Griechenland – Israel

Piräus – Rhodos/ Limassol/Haifa	Stability Line 1 x wö.	Viamare
	Afroessa Line 1 x wö.	Afroessa Line, Piräus

Griechenland – Syrien

Volos – Tartous	HCML 1 x wö.	Neptunia

Griechenland – Zypern

Piräus – Larnaca	B.S.S. 1-2 x mtl.	Black Sea Shipping Co., Odessa

Piräus – Limassol	Afroessa Line 1 x wö.	Afroessa Line, Piräus	Autofähren (Fortsetzung)
Piräus/Iraklion – Limassol	Stability Line 1 x wö. (Juni/Sept.)	Viamare	

Hinweise

Da die Schiffahrtsgesellschaften keine Haftung übernehmen, sollte man Wertgegenstände nicht im Fahrzeug lassen. Eine zusätzliche Seetransportversicherung, die über jede ADAC-Geschäftsstelle abgeschlossen werden kann, ist empfehlenswert.
Caravan- und Wohnmobilfahrer sollten sich wegen der maximal zulässigen Fahrzeugabmessungen auf den einzelnen Autofähren bei der jeweiligen Reederei bzw. den vermittelnden Reisebüros erkundigen. Bestimmungen für Wohnanhänger ⟶ Camping und Caravaning.

Die Fährverbindungen zu und zwischen den einzelnen Inseln sowie mit türkischen Häfen in Kleinasien sind im Teil 'Reiseziele von A bis Z' dieses Reiseführers bei den einzelnen Hauptstichworten erwähnt (vgl. ⟶ Inselhüpfen).

Allgemeine Auskünfte

Beratung über fast alle Verbindungen erhält man in den ADAC-Geschäftsstellen, wo man auch buchen und das Faltblatt "Kraftfahrzeug-Fähren" beziehen kann. Weitere Informationen vermittelt das

Seepassage-Komitee Deutschland
Esplanade 6
D-2000 Hamburg 36
Tel. (040) 342150

Informationsadressen für den Autofährverkehr

Reedereien und ihre Vertretungen bzw. Buchungsbüros

Adriatica

Seetours International GmbH & Co. KG
Seilerstraße 33
D-6000 Frankfurt am Main 1
Tel. (069) 1333210

Adriatic Ferries

Xenia Reisen
Schillerstraße 17
D-8000 München 2
Tel. (089) 555244

Agapitos Lines

IKON-Reiseagentur
Schwanthalerstraße 31
D-8000 München 2
Tel. (089) 595985

Melia Reisebüro
Große Bockenheimer Straße 54
D-6000 Frankfurt am Main
Tel. (069) 295303

Anco Ferries

Fargo Weite Reisen
Kaiserstraße 11
D-6000 Frankfurt am Main
Tel. (069) 298090

Autofähren, Informationsadressen (Fortsetzung) British Ferries	J. A. Reinecke GmbH & Co. Hohe Bleichen 11 D-2000 Hamburg 36 Tel. (040) 351951
Fragline	IKON-Reiseagentur Schwanthalerstraße 31 D-8000 München 2 Tel. (089) 595985
	Melia Reisebüro Große Bockenheimer Straße 54 D-6000 Frankfurt am Main Tel. (069) 295303
	Viamare Seetouristik Apostelnstraße 14-18 D-5000 Köln 1 Tel. (0221) 234911-14
	Schützenstraße 8 D-8000 München 2 Tel. (089) 555765
HCML	Neptunia Schiffahrtsgesellschaft Schmiedwegerl 1 D-8000 München 60 Tel. (089) 831094
Hellenic Mediterranean Lines	Viamare Seetouristik Apostelnstraße 14-18 D-5000 Köln 1 Tel. (0221) 234914
	Schützenstraße 8 D-8000 München 2 Tel. (089) 555765
HML	IKON-Reiseagentur Schwanthalerstraße 31 D-8000 München 2 Tel. (089) 595985
	Viamare Seetouristik Apostelnstraße 14-18 D-5000 Köln 1 Tel. (0221) 234911-14
	Schützenstraße 8 D-8000 München 2 Tel. (089) 555765
Jadrolinija	Deutsches Reisebüro GmbH (DER) Schiffs- und Fährverkehr Eschersheimer Landstraße 22 D-6000 Frankfurt am Main Tel. (069) 1566342
Karageorgis	Hellas-Orient-Seereisen GmbH Kaiserstraße 11

Autofähren, Karageorgis (Fortsetzung)

D-6000 Frankfurt am Main 1
Tel. (069) 2980911

Sonnenstraße 27
D-8000 München 2
Tel. (089) 555053

Marlines

IKON-Reiseagentur
Schwanthalerstraße 31
D-8000 München 2
Tel. (089) 595985

Viamare Seetouristik
Apostelnstraße 14-18
D-5000 Köln 1
Tel. (0221) 234911-14

Schützenstraße 8
D-8000 München 2
Tel. (089) 555765

Med. Sun Lines Ferry Ltd., Piräus

Med. Sun Lines
Weinstraße 6
D-8000 München 2
Tel. (089) 222715

Minoan Lines

Seetours International
GmbH & Co. KG
Seilerstraße 23
D-6000 Frankfurt am Main 1
Tel. (069) 1333262

R Line

Isaria-Reisen
Neuhauser Str. 47
D-8000 München 2
Tel. (089) 237230

Viamare Seetouristik
Apostelnstraße 14-18
D-5000 Köln 1
Tel. (0221) 234911-14

Schützenstraße 8
D-8000 München 2
Tel. (089) 555765

Stability

Viamare Seetouristik
Apostelnstraße 14-18
D-5000 Köln 1
Tel. (0221) 234911-14

Schützenstraße 8
D-8000 München 2
Tel. (089) 555765

Strintzis Lines

Deutsches Reisebüro GmbH (DER)
Schiffs- und Fährverkehr
Eschersheimer Landstraße 25-27
D-6000 Frankfurt am Main
Tel. (069) 1563344

Autofähren, Informationsadressen (Fortsetzung) Ventouris Ferries	IKON-Reiseagentur Schwanthalerstraße 31 D-8000 München 2 Tel. (089) 595985
	Viamare Seetouristik Apostelnstraße 14-18 D-5000 Köln 1 Tel. (0221) 234914

Autohilfe

ELPA-Büros	Der Automobil- und Touringclub von Griechenland (ELPA) hat in mehreren Städten eigene Büros, deren Anschriften nachfolgend genannt sind.
Agrinion	Har, Trikoupi 79, Tel. (0641) 20293
Athen	Messogion 2, Tel. (01) 7791615 und 7797401
Chania	Apokoronou und N. Slula, Tel. (0821) 26059
Ioannina	Platia Omirou 2, Tel. (0651) 20695
Iraklion	Leof. Knossou und G. Papandreou, Tel. (081) 289440
Kalamata	Farron 155, Tel. (0721) 82166
Kavala	Hris. Smyrnis 8a, Tel. (051) 229778
Korfu (Stadt)	Patr. Athinagora, Tel. (0661) 39504
Lamia	Miaouli 9, Tel. (0231) 26883
Larissa	Papanastassiou 70, Tel. (041) 222020
Patras	Astigos und Korinthou 127, Tel. (061)425411
Pyrgos	Ipsalanti-Patron, Tel. (0621) 29582
Saloniki	Vas, Olgas 228, Tel. (031) 426319
Volos	Eolidos 2, Tel. (0421) 25001
Deutschsprachige ELPA-Notrufstationen	Der ADAC hat in Zusammenarbeit mit der ELPA deutschsprachige Notrufstationen eingerichtet: Athen, Tel. (01) 7775644 Saloniki, Tel. (031) 412290
ELPA-Telefondienst für Touristen	Unter der Telefonnummer (01) 174 verfügt ELPA in Athen über einen besonderen Telefondienst für Touristen, der täglich (auch an Sonn- und Feiertagen) von 7.30 Uhr bis 22.00 Uhr in englischer, französischer und griechischer Sprache touristische Auskünfte über Griechenland erteilt.
ELPA an Grenzstationen	Von dienstags bis samstags, in der Zeit von 7.45 Uhr bis 15.30 Uhr, ist ELPA auch an den Grenzstationen von Evzoni (Tel. 0343/51434) und Promachon (Tel. 0323/41226) zu erreichen.

Autohilfe (Fortsetzung) OVELPA

ELPA (Anschriften der Büros s. S. 630) verfügt über einen Verkehrsdienst mit Streifenwagen (OVELPA), die ausländischen Fahrern Hilfe leisten. Es sind gelbe Wagen mit der Aufschrift "ASSISTANCE ROUTIERE".

Notsignal für OVELPA

Durch Offenhalten der Motorhaube oder Anbringen eines gelben Tuches an einer auffallenden Stelle sollte man im Falle einer Panne o.ä. auf sich aufmerksam machen.

OVELPA-Zentralen

Benötigt man Straßenunfallhilfe, so wendet man sich an die Zentralen der OVELPA, die in den folgenden Städten täglich rund um die Uhr unter den angegebenen Telefonnummern besetzt sind (allen gemeinsam ist die Rufnummer 104, doch beachte man die unterschiedlichen Vorwahlnummern):

Tel. (01) 104	Athen
Tel. (0821) 104	Chania
Tel. (081) 104	Iraklion
Tel. (051) 104	Kavala
Tel. (0531) 104	Komotini
Tel. (0741) 104	Korinth
Tel. (0231) 104	Lamia
Tel. (061) 104	Patras
Tel. (031) 104	Saloniki
Tel. (92299) 104	Tragana

OVELPA-Zweigstellen

Die Zweigstellen der OVELPA sind zwar auch täglich, jedoch nur in der Zeit von Juni bis September, von 7.00 Uhr bis 22.00 Uhr besetzt. Diese befinden sich in Agrinion, Akrata, Alexandrupolis, Almyros, Argos, Arta, Chalkida, Drama, Edessa, Florina, Ierapetra, Igumenitsa, Ioannina, Kalamata, Kastro, Katerini, Korfu (Stadt), Kozani, Lamia, Larissa, Orestiada, Prevesa, Pyrgos, Rethymnon, Serres, Sparta, Thiva, Trikala, Triklia/Chalkidike, Tripolis, Veria, Volos und Xanthi.

Gebühren

Normalerweise leisten die Straßenwachtfahrer von ELPA kostenlos Pannenhilfe; Ruf- und Abschleppgebühren werden jedoch erhoben.

Polizeinotruf

Tel. 100 in allen Städten, mit Ausnahme von
Tel. 109 in der Umgebung von Athen, Piräus, Saloniki, Patras, Korfu/Kerkyra

Unfallrettung

Tel. 166 im Großraum Athen-Piräus

Weitere Notrufe ⟶ Notdienste

Ärztliche Hilfe ⟶ dort

Rechtshilfe

Bei einem Unfall kann man sich an das Motor-Insurances-Büro in Athen (Xenofontos 10; Tel. (01) 3236733) wenden.

Autohilfe, Rechtshilfe (Fortsetzung)	Außerdem verfügt ELPA über eine Liste mit Adressen von Rechtsanwälten in verschiedenen Städten Griechenlands, die kostenlos Rechtsauskünfte erteilen.
Reparaturwerkstätten	Im Athener Stadtgebiet gibt es eine Reihe von Fachreparaturwerkstätten bekannter Autofirmen, von denen nachfolgend einige genannt seien.
ALFA ROMEO, FERRARI u.a.	MOTORHELLAS, Leoforos Syngrou 132, Tel. 9221111 01
AUSTIN, MORRIS, JAGUAR u.a.	Iera Odos 131, Tel. 3467201
BMW	I. Petroutsakos Ltd. & Co., Lenorman und Kifissou, Tel. 5130601
CADILLAC, OPEL, CHEVROLET	Leoforos Singrou 340, Tel. 9422431-4
CITROEN	Plateon 51, Tel. 3455312
FIAT	Agias Annis 7, Votanikos, Tel. 3466233
FORD (deutsche Fabrikate)	Leof. Athinon 108, Tel. 5135011
FORD (engl. Fabrikate)	Plapouta 10 – Argyroupolis, Tel. 9929900
HONDA, VOLVO u.a.	SARAKAKIS, Leoforos Athinon 71, Tel. 3458111
MAZDA	Acharnon 375, Tel. 2025211
MERCEDES-BENZ	VIAMAX, Leoforos Athinon 40, Tel. 5720011
NSU, AUDI, VW	CARENTA S.A., Miliaraki 51-53, Tel. 8319854
PEUGEOT	Leoforos Syngrou 97, Tel. 9219411-5
RENAULT	8 km außerhalb, an der Nationalstraße nach Lamia, N. Filadelfia, Tel. 2778614
SEAT	Egeos 39
SUBARU	Leoforos Athinon 50, Tel. 5225874
TOYOTA	Kifissou 168, Tel. 5904222

Automobilclubs

→ Autohilfe

Autoreisezüge

→ Anreise

Autovermietung

→ Mietwagen

Badestrände

Allgemeines

Griechenland verfügt über zahlreiche Sandstrände und schöne Buchten entlang der Festlandsküsten und auf den vorgelagerten Inseln. Die Badesaison geht von April bis November; zwischen Juni und September betragen die durchschnittlichen Wassertemperaturen (je nach Nord- und Südlage) etwa zwischen 19° und 23°C.
Da die Abendbrisen am Meer oft recht frisch sind, empfiehlt es sich, wärmende Kleidung mitzunehmen.

Naturstrände

An den freien Stränden fehlen Einrichtungen jeglicher Art; auch Gefahrenschilder, Grenzbojen und Netze gibt es nicht.

EOT-Strandbäder

Vorzüglich ausgerüstet sind die von der griechischen Fremdenverkehrsorganisation EOT (Ellinikos Organismos Turismu ⟶ Auskunft) betreuten Strandbäder, die neben den üblichen Einrichtungen, wie Kabinen, Kioske, Spielplätze, auch über einen umfangreichen Sportservice sowie Restaurants und Diskotheken verfügen. Sie liegen vorwiegend in Großstadtbereichen oder Ballungsräumen und sind in erster Linie für die Einheimischen gedacht.

Hotelstrände

Da die Hotelstrände verstärkt staatlichen Kontrollen unterliegen, ist ihre Pflege- und Serviceleistung recht gut. Bademeister und Erste-Hilfe-Stationen sind jedoch nicht überall die Regel.

Wasserqualität

Wie inzwischen allgemein bekannt ist, sind sehr viele Küstenabschnitte am Mittelmeer nicht mehr so sauber und unberührt, wie das vielleicht vor wenigen Jahrzehnten noch der Fall war. Dies gilt vor allem für Strände in der Nähe von Ballungsräumen, insbesondere auch für die Attische Riviera am Saronischen Golf, dessen Wasserqualität durch starken Schiffsverkehr und Abwassereinleitungen aus dem Großraum Athen erheblich in Mitleidenschaft gezogen worden ist. Man muß daher vom Baden in Stadtnähe abraten.
Außer vor ökologischen Schäden muß man zudem noch vor gefährlichen Strömungen warnen, die an den Küsten Attikas auftreten können. Zudem beeinträchtigt bisweilen das Auftreten von Nesselquallen, vor allem in der Nordägäis, den Badebetrieb. Auch Haie, Stechrochen, Seeigel, giftige Drachenfische ('Drakena') und andere nicht gerade harmlose Meerestiere sorgen gelegentlich für Aufregung.

Hinweise

Hinweise auf besonders gute Bademöglichkeiten finden sich im Teil 'Reiseziele von A bis Z' dieses Reiseführers bei den einzelnen Hauptstichworten.

Sandstrände

Sandstrände gibt es u.a. auf Thasos, Limnos, Lesbos, Kalymnos, Rhodos, Kreta (Nordküste), Kephallonia und Korfu.

Kiesstrände

Kiesstrände findet man u.a. auf Thasos, Lesbos, Chios, Samos und Santorin.

Felsküsten

Felsküsten, teils mit schönen Badebuchten, besitzen die Kykladen, Santorin, Kreta (Südküste) und Korfu (Nordküste).

Beliebte Strände

Beliebte Strände an der Attischen Riviera (Apollonküste) findet man bei Glyfada (populärster und gut ausgestatteter Badestrand in der Nähe des Athener Großflughafens Elliniko), Kavuri, Vula, Vuliagmeni, Varkiza, Lagonissi (exklusive Stranderholungsanlage) und Sunion.
Gern aufgesuchte und noch nicht so stark belastete Strände gibt es bei Vravrona (Brauron), Lutsa, Marathon, Nea Makir und Rhamnus.

Badestrände (Fortsetzung)

Beliebt ist auch der Badestrand von Kinetta, zwischen Athen und Korinth, wo einige luxuriöse Hotelanlagen errichtet worden sind.

Auf den Inseln Ägina, Poros, Hydra und Spetsä kann man noch hübsche und wenig besuchte Badebuchten bzw. -strände aufsuchen.

Empfehlenswerte Bademöglichkeiten finden sich auf der Chalkidike, der Insel Kos, bei Lindos auf Rhodos, am Elunda Beach von Kreta, bei Perama und Benitses auf Korfu sowie auf Kephallonia.

FKK ⟶ dort

Banken

⟶ Geld
⟶ Geschäftszeiten

Bergsteigen

⟶ Sport

Bootscharter

⟶ Sportschiffahrt

Botschaften

⟶ Diplomatische und konsularische Vertretungen

Bungalowdörfer

Allgemeines

Zunehmender Beliebtheit erfreut sich der Urlaub in Bungalowdörfern mit Halbpension.

Lage der Bungalowdörfer

Bungalowdörfer befinden sich an der Attischen Riviera (Apollonküste, auf dem Peloponnes, der Halbinsel Chalkidike sowie auf mehreren Inseln. Weitere Informationen sind erhältlich bei der Griechischen Zentrale für Fremdenverkehr (⟶ Auskunft).

Urlaub für Selbstverpfleger ⟶ Ferienhäuser und Ferienwohnungen.

Bustouren

Organisierte Bustouren

Verschiedene Veranstalter in Athen bieten organisierte Bustouren (z.T. mit deutschsprachigen Reiseleitern) am Ort sowie ins Landesinnere und auf einige Inseln (in Kombination mit dem Flugzeug) an. Auskünfte erhält man bei den Fremdenverkehrsstellen und an den Hotelrezeptionen; nachfolgend eine kleine Auswahl der zahlreichen Möglichkeiten:

Bustouren (Fortsetzung)

Halbtägige Besichtigungsfahrt durch Athen (vormittags)
Athen nachts
Klang und Licht, griechische Volkstänze
Night Highlights
Ausflug zum Kap Sunion
Athen am Vormittag, kombiniert mit Sunion
Ganztägiger Ausflug nach Delphi (auch Zwei- und Dreitagesfahrten mit Besuch der Meteora-Klöster im Angebot)
Korinth, Mykene und Epidauros in einem Tag (Zweitagestour ebenfalls möglich)
Klassische Griechenlandfahrten in drei und vier Tagen
Klassische Fahrt Meteora-Klöster (fünf Tage)
Mystras in fünf Tagen
Fünftagesfahrt für archäologisch Interessierte
Epirus – Meteora – Delphi (ebenfalls fünftägige Fahrt)
Acht Tage Kreta
Insel Euböa, Peliongebirge und Meteoraklöster in drei Tagen
Sechstägige Fahrt durch Nordgriechenland
Große Peloponnes-Tour (sechs Tage)
Große Griechenland-Fahrt (neun Tage)
Mykonos in ein, zwei oder drei Tagen
Drei Tage Syros
Mykonos – Santorin in vier Tagen
Mykonos – Syros in fünf Tagen
Rhodos und Kreta mit Flugzeug und Bus (vier Tage)
Korfu (Kombinationsreise Flugzeug und Bus) in vier Tagen

Camping und Caravaning

Klassifizierung der Campingplätze

Die überwiegende Zahl der griechischen Campingplätze unterliegt der Überwachung der Fremdenverkehrsbehörde. Die Plätze sind außerdem klassifiziert, d.h. Kat. A = gehobene Ausstattung, Kat. B = gute Ausstattung, Kat. C = zufriedenstellende Ausstattung.
Neben der Griechischen Zentrale für Fremdenverkehr unterhalten der Griechische Touring-Club und private Unternehmer Campingplätze, auf denen z.T. auch kleine Häuser bzw. Hütten stehen, die gemietet werden können.

Hinweis für Caravan-Urlauber

Folgende Begrenzungen bestehen für Wohnanhänger: Höhe 3,80 m; Breite 2,50 m; Länge 12,00 m; Achsgewicht 9 t; Gesamtlänge für Zugwagen und Anhänger 15,00 m.

Anmietung von Wohnmobilen

In Athen können Wohnmobile bei folgenden Unternehmen gemietet werden:

Motor Caravans Club of Greece
Athinon 251
Haidari
Tel. (00301) 5812103

Camper Caravans S.A.
Nikis 4
Tel. (00301) 3230552

Georgios Skentzos
Kifissias 154
Neo Psychiko
Tel. (00301) 6724052

Camping und Caravaning, Wohnmobile (Fortsetzung)	Intercontinental Travel Nikis 54 Tel. (00301) 3228092)
Freies Campen	Das Übernachten außerhalb von Campingplätzen, auf Straßen, Rast- und Parkplätzen sowie im freien Gelände ist grundsätzlich nicht erlaubt.
Campingführer	Detaillierte Hinweise enthält der alljährlich neu erscheinende ADAC-Campingführer, Band I: Südeuropa, den man in jeder ADAC-Geschäftsstelle erwerben kann. Ferner gibt es seit einigen Jahren einen Campingführer für Griechenland mit dem Titel "Camp in Greece", der herausgegeben wird bei Maria Papagianoppoulou, L. Possidonos nad Parthenonos 1, P. Phaliron, Athen, und in Zusammenarbeit mit dem griechischen Automobilclub ELPA und der Griechischen Zentrale für Fremdenverkehr (EOT) entstand. Des weiteren kann man bei den Büros der Griechischen Zentralen für Fremdenverkehr (Adressen ⟶ Auskunft) eine Liste über Campingplätze in Griechenland beziehen.
Weitere Auskünfte	Außer den Informationsbüros der Griechischen Zentrale für Fremdenverkehr erteilen auch die örtliche Touristenpolizei und das Büro des Automobilclubs ELPA in Athen Auskünfte über Campingplätze. Anschrift: Odós Messogion 2-4, Tel. (01) 779-1615 und 7797401.

Charterboote

⟶ Sportschiffahrt

Devisen

⟶ Geld

Diplomatische und konsularische Vertretungen

Bundesrepublik Deutschland	Botschaft: Vassilissis Sofias 10 Amarussion / Athen Tel. (01) 36941 Generalkonsulat: Odos Karolou Diehl 4a Saloniki Tel. (031) 236315 236349 und 236359 Konsulate: Odos Daskalogianni 64 Chania/Kreta Tel. (0821) 57944

Diplomatische und konsularische Vertretungen, Bundesrepublik Deutschland, Konsulate (Fortsetzung)

Grafou 7
Iraklion/Kreta
Tel. (081) 226288

Leoforos Alexandras 11
Kerkyra/Korfu
Tel. (0661) 31453 und 32027

Agiou Georgiou 1
Komotini
Tel. (0531) 29325 und 26039

Odos Kennedy 43
Rhodos
Tel. (0241) 29730

Odos Themistoklis Sofoulis 36
Samos
Tel. (0273) 27257 und 27382
Leoforos Dimitriados 251
Volos
Tel. (0421) 25379 und 28441

Deutsche Demokratische Republik

Botschaft:
Odos Vassileos Pavlou 7, Paleo Psychiko
Athen
Tel. (01) 6725160 und 6725160-63

Republik Österreich

Botschaft:
Leoforos Alexandras 26
Athen
Tel. (01) 8211036, 8216800

Generalkonsulat:
Odos Egnatia 81
Saloniki
Tel. (031) 236500 und 228184

Konsulat:
Platia Eleftherias u Dedalou
Rhodos
Tel. (0241) 24757, 22470 und 22393

Schweizerische Eidgenossenschaft

Botschaft:
Odos Iassiou 2
Athen
Tel. (01) 7230364-66 und 7249208-09

Einkäufe, Souvenirs

Griechenland bietet vielerlei Möglichkeiten, Andenken zu erwerben. Allerdings hat sich eine Massenfabrikation entwickelt, so daß man Gegenstände von Qualität nicht immer auf den ersten Blick findet. Keramik wird in allen Preislagen angeboten, von schlechten Nachahmungen antiker Vasen über gute Kopien bis zu den schönsten Produkten der Insel Paros. Bekannt sind die Teller von Lindos auf Rhodos oder die Tongefäße von Archangelos auf derselben Insel; charakteristische Ware findet man auch auf der Insel Siphnos und andernorts.

Einkaufen, Souvenirs (Fortsetzung)

Unter den Webarbeiten sind die Volkskunst von Skyros, Karpathos und Rhodos zu nennen. Arbeiten mit antiken Motiven werden ausschließlich für Touristen hergestellt.

Großer Beliebtheit erfreuen sich die aus Wolle geknüpften, einem langhaarigen Schaffell ähnelnden Flokati-Teppiche, die es naturfarbig oder eingefärbt in reicher Auswahl gibt.

Gern gekauft werden auch griechische Trachten, Stickereien (auch bestickte Decken, Tisch- und Taschentücher, Pantoffeln), Spitze sowie Lederwaren (besonders Taschen), ferner Gegenstände aus Marmor, Onyx und Alabaster, Kupfer- und Zinnhohlwaren, Heiligenbilder und Olivenholzschnitzereien.

Wer genügend Platz im Reisegepäck hat, wird vielleicht auch Freude an den niederen geschnitzten Sitzmöbeln von der Insel Skyros haben.

Reichhaltig ist die Auswahl an Süßigkeiten (würziger Honig, ouzogetränkter Feigenkuchen, Schokolade, Nußpaste u.a.) sowie an Trokkenfrüchten, Nüssen, Mandeln, Pistazien und nicht zuletzt an verschiedenen Weinen.

Eine sehr informative Ausstellung griechischer Volkskunst wird von der Nationalen Organisation des Griechischen Handwerks unterhalten (Athen, Mitropoleos 9). Der Veranstalter vermittelt direkte Kontakte zu den jeweiligen Handwerkern. Eine ähnliche Ausstellung gibt es auch auf Korfu.

Eine Beratungsstelle des griechischen Kunstgewerbeverbandes befindet sich gleichfalls in Athen (Amalias 56).

Preisgünstige kunsthandwerkliche Erzeugnisse

Qualitativ gute kunsthandwerkliche Erzeugnisse ersteht man preisgünstig in Athen an folgenden Stellen:

Verkaufsstelle im Benaki-Museum, Koumbari 1
Centre of Hellenic Art & Tradition, Plaka, Pandrossu 36
Greek Women's Institution, Vukurestiu 13
Lyceum of Greek Women, Dimokritu 17
Niederlassungen der Nationalen Wohlfahrtsorganisation, Vukurestiu und Kolonáki
XAN (YWCA) Shop, Ameríkis

Besondere Hinweise

Antike Kunstgegenstände dürfen nicht ausgeführt werden. Im Archäologischen Nationalmuseum sowie in diversen Geschäften sind jedoch gut gestaltete Repliken berühmter antiker Kunstwerke (Vasen, Statuetten u.a.) erhältlich.

Vorsicht ist bei Töpferwaren geboten. Die meisten im Handel befindlichen Hohlwaren sind nur bedingt abwaschbar, da die Farben meist nicht eingebrannt sind.

Öffnungszeiten der Souvenirläden

Mo.–Sa. 8.00–21.00, sonn- und feiertags 9.00–15.00 Uhr.

Antiquitäten

→ dort

Ein- und Ausreisehäfen

→ Sportschiffahrt, Griechische Häfen

Eisenbahn

Allgemeines

Das Netz der Eisenbahnen (nicht elektrifiziert, dadurch langsame Fahrt; Elektrifizierung der Hauptstrecke geplant) in Griechenland ist, u.a. infolge der Unwegsamkeit großer Landesteile, bei weitem nicht so dicht ausgebaut wie in Mitteleuropa. Mit den griechischen Eisenbahnen reist man weniger komfortabel, aber erheblich preisgünstiger als mit Zügen in der Bundesrepublik Deutschland. Da die Waggons meist gut besetzt sind, sollte man sich in Bahnreisebüros oder in den Abfahrtsbahnhöfen eine Platzkarte besorgen. Liegewagen sind nur im internationalen Verkehr eingesetzt.

Fahrpläne

Kursbücher (griechisch und französisch) sind in den Bahnhöfen erhältlich, Einzelfahrpläne (nur griechisch) z.T. von Hand geschrieben. Mit Verspätungen muß allenthalben gerechnet werden.

Hauptstrecke

Die einzige Hauptstrecke der Griechischen Eisenbahnen (Organismós Siderodrómon Elládos / OSE; Anschriften s. S. 640) führt von Athen nach Saloniki und Alexandrúpolis.

Nebenstrecken

Von ihr zweigen die Linien nach Jugoslawien, Bulgarien und in die Türkei sowie die Stichbahnen nach Volós, Kalambaka (Meteora) und Stylis ab.

Eisenbahn (Fortsetzung) Schmalspurbahnen

Weitere Bahnverbindungen bestehen von Athen über Korinth auf die Peloponnes nach
Mykene, Argos, Tripolis, Sparta sowie Kalamata und
nach Patras, Pyrgos, Olympia sowie Kyparissía.

Fahrpreisermäßigungen

Vergünstigungen für die Bahnfahrt erhalten
Kinder bis vier Jahre, wenn sie keinen Sitzplatz beanspruchen, fahren kostenlos;
Kinder bis zwölf Jahre (50% Ermäßigung);
Touristengruppen ab zehn Personen (30%);
Schüler, Studenten und
Senioren (ab 60 Jahren; Seniorenkarten)

Netzkarten

Für Touristen werden verbilligte Netzkarten mit begrenzter Gültigkeitsdauer ausgegeben.

Rückfahrkarten

Bei Rückfahrkarten spart man gegenüber den Einzelfahrkarten etwa 20 Prozent.

Information

Weitere Auskünfte erteilt die
Organisation Griechischer Eisenbahnen
Organismos Siderodromon Ellados (SE)
Organisme des Chemins de fer Helléniques (CH)
Odos Karolu 1-3
Athen
Tel. (01) 5222491 und

Odos Sina 6
Athen
Tel. (01) 3624402-06

Elektrizität

Das Stromnetz führt in der Regel 220 Volt, auf den Schiffen oft 110 Volt Wechselspannung.
Europanorm-Gerätestecker sind normalerweise verwendbar; unter Umständen können entsprechende Adapter – gegen Hinterlegung eines Pfandes – an der Hotelrezeption ausgeliehen werden.

Essen und Trinken

Speisen

Allgemeines

In den → Hotels findet man vorwiegend die internationale Küche, die durch griechischen Einschlag mehr Farbe erhält. In den → Restaurants dominiert die Küche des Landes, die orientalischen (meist türkischen) Einfluß zeigt – mit viel Olivenöl, Knoblauch und Würzkräutern. Obst und Gemüse werden reichlich angeboten, Fisch und Fleisch fast immer gegrillt.
Diätwünsche sollten mit der Hoteldirektion abgesprochen werden. Magen- und Leberkranken wird empfohlen, Gegrilltes möglichst ohne Sauce (choris salza) zu sich zu nehmen; auch ist Vorsicht beim Trinken von eisgekühltem Wasser geboten!
Als Gedeck gehören auf den Tisch Brot (psomi), Salz (alati), Pfeffer (piper) und Zucker (sachari).

→ Restaurants

Essenszeiten

Vorspeisen (orektika)

Die Auswahl an Vorspeisen ist groß. Neben den zum Aperitif gereichten kleinen Appetithappen (mese) sind Garnelen- und Muschelgerichte, Meeresfrüchte oder mit Reis gefüllte Weinblätter (dolmades) sowie Salate (salates) zu nennen.

Suppen (supes)

Die Suppen sind meist recht gehaltvoll und werden oft mit Ei und Zitronensaft zubereitet. Beliebt ist die Fasolada (dicke Bohnensuppe), aber auch die Pfeffersuppe (piperi supa) mit Gemüse- und Fleischeinlage und die klare Fleischbrühe (somos kreatos). Zu nennen sind auch Fischsuppen (psarosupes).

Fleisch (kreas)

Bevorzugt werden Lammfleisch (arnaki) oder Hammel (arni), die meist gebraten oder gegrillt auf den Tisch kommen. Verbreitet sind Spießbraten (suvlaki) und Gyros (am senkrechten Drehspieß gegrilltes Fleisch). Kokoretsi sind Innereien am Spieß.

Gemüse, Salate (lachanika, salátes)

Typische Gemüsearten sind Artischocken (anginares), Auberginen (melitsanes), kleine Kürbisse (kolokitakia) und Paprikaschoten (piperes), die meist gefüllt oder in Öl gegart werden. Bei Salaten hat man die Auswahl zwischen Kopfsalat (marulli), Tomatensalat (tomato salata), Spargelsalat (sparanga salata) und dem aus Kopf-, Tomatensalat, Oliven, Schafskäse gemischten 'Landsalat' (choriatiki).

Fisch (psari)

Fische und Meeresfrüchte spielen eine große Rolle in der griechischen Küche, darunter vor allem Brassen (sinagrida, tsipura), Seezungen (glossa), Meerbarben (barbuni) und Thunfisch (tonos). Daneben finden sich Hummer (astakos), Muscheln (midia), Tintenfisch (kalamaria), Kraken (oktopodi) und andere.

Nachspeisen (desser)

Neben Eis (pagoto) gibt es viele einheimische Früchte, je nach Jahreszeit Wassermelonen (karpusi), Zuckermelonen (peponi), Pfirsiche (rodakino), Birnen (achladi), Äpfel (milo), Apfelsinen (portokali), Weintrauben (stafili) und Feigen (sika).

Käse (tyri)

Griechische Käse sind meist aus Schaf- oder Ziegenmilch hergestellt, aus der auch der Joghurt (jaurti) gewonnen wird.

Kochrezepte

Bauernsalat
(Choriatiki salata)

Zutaten:

750 g Tomaten,
1 frische Gurke,
2 Paprikaschoten,
125 g Schafskäse,
1 bis 2 feine Scheiben geschnittene Zwiebeln,
Salz, Pfeffer, 1 Handvoll Oliven, Kapern, 1 Eßlöffel Dost,
3 hartgekochte, in feine Scheiben geschnittene Eier,
einige zerkleinerte Sardellen, Essig-und-Öl-Soße.

Zubereitung:

Tomaten und Gurke in Scheiben und die entkernten Paprikaschoten in kleine Streifen schneiden,
Schafskäse in kleine Würfel schneiden,
Zwiebelscheiben zunächst mit einer Handvoll Salz mischen, mit der

Essen und Trinken, Kochrezepte (Fortsetzung)

Hand kräftig zusammendrücken, danach mit viel Wasser abwaschen und nun erst zu den restlichen Zutaten geben.
Das ganze Gericht mit Essig-und-Öl-Soße übergießen.

Gefüllte Weinblätter mit Reis (Dolmadakia jaladzi)

Zutaten:

300 g frische Weinblätter,
1 1/2 Tassen Öl,
3 Tassen fein geriebene Zwiebeln,
2 Tassen Reis,
2 Tassen Wasser,
1/2 Tasse Pinienkerne,
je 3 Eßlöffel fein gehackter Dill und Petersilie,
1/2 Teelöffel zerriebene Krauseminze,
Salz, Pfeffer, 1 Teelöffel Zucker,
2 Zitronen,
2 Tassen Wasser (zum Kochen der gefüllten Weinblätter).

Zubereitung:

Die Hälfte des Öls in einem Topf erhitzen,
die Zwiebeln leicht anbräunen,
Reis hinzufügen und etwas schmoren lassen,
heißes Wasser, Pinienkerne, Kräuter und Gewürze dazugeben.
10 Minuten zugedeckt leicht kochen lassen, bis das Wasser verdunstet ist;
vom Feuer nehmen, abkühlen lassen.
Die Weinblätter vorbereiten, füllen und in einen Topf legen;
das übrige Öl, den Saft der Zitronen und heißes Wasser darübergießen,
einen Teller darauflegen,
den Topf zudecken, 45 Minuten leicht garen lassen,
kalt als Vorspeise servieren.

Tintenfischchen in Weinsoße (Kalamarakia krassata)

Zutaten:

1 1/2 kg Tintenfischchen,
Salz,
1 Tasse Öl,
1 1/2 Weingläser mit Weißwein,
1/2 kg Tomaten oder 1 1/2 Eßlöffel in einer Tasse Wasser aufgelöstes Tomatenmark,
fein gehackte Petersilie, 1 Prise Thymian,
Pfeffer, 1 Teelöffel Zucker.

Zubereitung:

Aus den Tintenfischchen den Zahn (zwischen den Augen) herausnehmen, Augen und Tinte entfernen.
Unter den Beinen (Saugarmen) findet man, wenn man sie ausbreitet, eine kleine schwarze Blase mit der Tinte, die vorsichtig entfernt werden muß. Man zwickt sie sachte heraus, indem man sie von oben mit den Fingernägeln ergreift und nach unten zieht. Sie darf nicht zerreißen; sollte das aber doch passieren, dann mit reichlich Kaltwasser gut waschen (d.h. mit einer Handvoll Salz abreiben und nochmals waschen) und abtropfen lassen.
Kopf und Saugarme in den Leib hineinstecken; in Öl kurz anbraten, den Wein zugießen,
die Tomaten (geschält und kleingeschnitten), Kräuter und Gewürze beifügen und alles 30 Minuten schwach sieden lassen.

Essen und Trinken, Kochrezepte (Fortsetzung)
Gurken in Joghurtsoße
(Sadziki)

Zutaten:

6 Becher Joghurt,
3 sehr fein zerstoßene Knoblauchzehen, Salz, Pfeffer,
2 Eßlöffel Öl, 1 Eßlöffel zerlassene Butter,
2 Eßlöffel fein gehackte Gartenkresse,
2 Handvoll fein zerstoßene Nüsse,
1 bis 2 verquirlte Eidotter,
eine fein geschnittene frische Gurke.

Zubereitung:

Alles zusammenrühren und kalt servieren; dieses Gericht schmeckt im Sommer sehr erfrischend.

Auberginen- und Fleischauflauf
(Melidzanes moussaka)

Zutaten:

1 1/2 kg Auberginen (oder Zucchini oder in 1 cm dicke Scheiben geschnittene, gekochte Kartoffeln),
600 g Hackfleisch (gemischt),
2 fein geriebene Zwiebeln,
1/4 Tasse Pflanzenfett,
1/2 Tasse süßen Wermutwein,
500 g Tomaten oder 2 Eßlöffel in 2 Tassen Wasser aufgelöstes Tomatenmark,
Salz, Pfeffer, 1 1/2 Teelöffel Zucker, Muskat oder Zimt,
1 Teelöffel Dost, 3 Eßlöffel fein gehackte Petersilie,
6 Eßlöffel Paniermehl,
2 verquirlte Eier,
Öl zum Braten,
100 g geriebener Schweizerkäse,
3 Tassen Béchamelsoße.

Zubereitung:

Die Auberginen waschen, in ca. 1 cm dicke Scheiben schneiden, salzen, 1 Stunde stehenlassen, abtrocknen.
Hackfleisch mit Zwiebeln im Fett schmoren, Wein zugießen, geschälte, fein geschnittene Tomaten,
Gewürze und Kräuter und 1/2 Tasse Wasser zugeben und 45 Min. schwach dünsten.
Die Auberginenscheiben (oder Zucchini) in Öl goldbraun braten lassen (besser ist es, sie schon am Abend vorher zu braten, so daß das Öl gut abgetropft ist).
In eine Auflaufform oder Bratpfanne eine Schicht Auberginenscheiben ordnen, mit Käse überstreuen, das Hackfleisch darüber verteilen, die restlichen Auberginen darauflegen, wieder Käse darüberstreuen und mit Béchamelsoße abdecken;
in mäßiger Hitze 1 bis 1 1/4 Stunden backen.

Literaturliste zur griechischen Küche erhältlich bei der GZF (⟶ Auskunft)

Kafenion
Kaffeehaus

Eine wichtige Rolle im täglichen Leben der Griechen spielt das Kaffeehaus (kafenion). Seine Aufgabe besteht nicht nur im Ausschank von Getränken; vielmehr hat es weithin die Funktion der antiken Agora übernommen und dient als Ort der Begegnung, des Gespräches, des Spieles und der Geschäfte.

Essen und Trinken
Kaffeehaus
(Fortsetzung)

Zum Kaffee wird ein Glas Wasser (nero) serviert, zum Ouzo, dem landesüblichen Anisschnaps, oft etwas Käse, Oliven und ähnliches (mese).
Daneben gibt es in den Städten die Konditorei (sacharoplastio), wo man neben französischem Kaffee und anderen Getränken auch Gebäck und Konfekt, meist wesentlich süßer als in Mitteleuropa, findet.

Getränke

Wein

Das am meisten verbreitete Getränk ist der Wein (krassi). Es werden Rebsorten für Rotwein (mavro krassi) und Weißwein (aspro krassi) angebaut; man keltert trockene und süße Sorten.

Retsina

Die Landweine sind zur Verbesserung der Haltbarkeit geharzt (krassi retsinato) und erhalten dadurch einen eigentümlichen, herben Geschmack, an den man sich erst gewöhnen muß; sie sind aber appetitanregend und sehr bekömmlich.
Schon in der Antike bestand in Griechenland eine Vorliebe für retsinierten, d.h. geharzten Wein. Reste von Baumharz (griechisch 'retsina') fanden sich in ältesten Amphoren. Das Harz wird dem Wein während des Gärungsprozesses zugesetzt.

Daneben gibt es eine Reihe ungeharzter Weiß- und Rotweine, die den Richtlinien der Europäischen Gemeinschaft (EG) entsprechen und mit den Kennbuchstaben 'V.Q.P.R.D.' bezeichnet werden.

Weinbaugebiete

Attika

Das Gebiet um Athen ist die Heimat des 'Retsina', des geharzten Weines; ferner gibt es hier auch einen Rosé oder Kokkineli.

Peloponnes

Rund ein Drittel des griechischen Weines wird auf der Peloponnes angebaut; ihre Spezialität sind Süßweine. Spitzenwein dieses Gebietes ist der Mavrodaphne, ein süßlicher, dunkler und schwerer Rotwein.

Inselweine

Von den trockenen griechischen Weißweinen, die in der Regel nicht besonders nennenswert sind, verdienen die Weine von Kephallonia (Rombola), Zakynthos (Verdea), und Rhodos (Lindos) Beachtung; hervorragend ist der weiße Muskat von der Insel Samos.

Die Sprache des Weinetiketts

Afródhes krassí	Schaumwein
Emfiálossis	Abfüllung
Epitrapésio krassí	Tischwein
Kambanítis	Schaumwein
Krassí	Wein
Ksirós	trocken
Máwro krassí	Rotwein
Inopijíon	Weinkellerei

Weinregionen in Griechenland

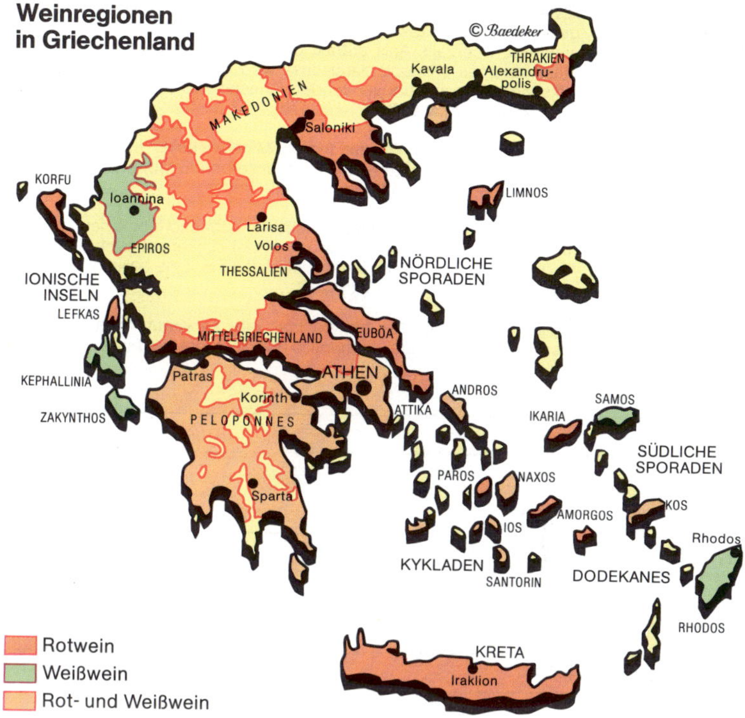

Wein	Inos
Rotwein	Inos erithrós
Weißwein	Inos lefkós
Rotwein	Inos máwros
Erzeugung	Paraghojí
kühl trinken	Pínetä dhrosseró
(geharzter) Retsinawein	Retsína
Roséwein	Rosé
Schaumwein, Champagner	Sampánja

Bier

Die Tradition des griechischen Brauwesens geht auf den aus Bayern stammenden ersten König Otto zurück; nach bayerischem Rezept wird z.B. das Markenbier "Fix" gebraut. Ansonsten wird Bier ('bira') aus internationalen Lizenzbrauereien angeboten.

Essen und Trinken (Fortsetzung), Spirituosen (pnevmatodi pota)

Als Aperitif wird meist der Ouzo getrunken, ein Anisschnaps, den man gewöhnlich mit Wasser verdünnt, wobei er ein milchiges Aussehen annimmt. Ebenfalls Anis enthält der kräftigere Raki. Die Rinde des Mastixbaumes (Pistacia lentiscus) wird zur Herstellung von Mastixschnaps (masticha) verwendet. Griechischer Kognak (koniak) ist fruchtig und relativ süß.

Alkoholfreie Getränke

Hier gibt es neben Wasser (nero), Mineralwasser (metalliko nero, soda) vor allem Orangen- und Zitronenlimonade (portokalada, lemonada) sowie frische Säfte (portokalada freska).

Kaffee (kafes, kafedaki)

Man unterscheidet eine ganze Skala von Kaffeesorten, je nach Stärke und Süße, z.B. kafes glikis vrastos (mit viel Zucker gekocht), kafes varis glikos (stark und süß), kafes elafros (leicht). Eine beliebte Sorte ist der metrios (mittelstark, mittelsüß).

Tee (tsai)

Neben schwarzem Tee (mavro tsai) gibt es Kräutertees, z.B. tsai menda (Pfefferminztee), kamumillo (Kamillentee) und tsai tu vunu (Tee aus Bergkräutern).

Europabus

→ Anreise

Fähren

→ Autofähren

Fahrvorschriften

→ Verkehrsvorschriften

Feiertage

Gesetzliche Feiertage

Gesetzliche Feiertage sind:
Neujahrstag (1. Januar); Heilige Drei Könige (6. Januar); Tag der Unabhängigkeit (25. März); 1. Mai; Ochi-Tag (28. Oktober), Gedenktag an das “Nein” (= ochi) zum Ultimatum Italiens im Jahre 1940; Weihnachten (25. und 26. Dezember).

Kirchliche Feiertage

Hinzu kommt noch eine Reihe von kirchlichen Feiertagen, darunter:
Katharí Deftéra (Rosenmontag)
Karfreitag
Ostern (später als in Mitteleuropa, fällt daher nur alle vier Jahre mit dem der westlichen Kirchen zusammen; 1989: 30. April, 1990: 15. April, 1991: 7. April; Details → Veranstaltungen)
Pfingsten
Mariae Verkündigung
Mariae Himmelfahrt.

Am 2. und 5. Januar, am Samstag vor Karneval, am Gründonnerstag sowie am Karsamstag und Ostermontag, am 1. Mai und Pfingstsonntag sind die meisten öffentlichen Einrichtungen und die Geschäfte höchstens vormittags geöffnet (vgl. ⟶ Geschäftszeiten).

Feiertage (Fortsetzung)

Lokale Bedeutung haben Kirchweihfeste (Panigiri) und Namenstage.

Ferienhäuser und Ferienwohnungen

Ferienhäuser und Ferienwohnungen für Selbstverpfleger werden in allen Regionen Griechenlands angeboten; Reisebüros in der Bundesrepublik Deutschland und in Griechenland können die Vermittlung übernehmen. Nachfolgend eine Auswahl von Anbietern:

EOT-Ferienhäuser und -wohnungen

Ferienwohnungen der Griechischen Zentrale für Fremdenverkehr (EOT; Adressen ⟶ Auskunft) gibt es in Makrynitsa und Visitsa bei Volos, Psara, Mesta/Chios, Areopolis/Mani, Oia/Santorin, Papingo/Epirus; hier handelt es sich um alte Patrizierhäuser und Felsenwohnungen, die von EOT restauriert und für den Tourismus freigegeben wurden.

ADAC-Ferienhäuser und -wohnungen

Auch in den verschiedenen ADAC-Reisebüros können u.a. im Peliongebirge, in Attika, im Golf von Euböa, auf der Ostpeloponnes sowie den Inseln Korfu und Naxos Ferienhäuser oder -wohnungen gebucht werden.

Ferienwohnungsvermittlung Wendel

Die Vermittlung u.a. von preisgünstigen Ferienwohnungen, -häusern und -zimmern in der Vorsaison (auch Buchung von Fährpassagen und Leihwagen) auf der Südpeloponnes, im Golf von Korinth, auf den Kykladen sowie auf Kreta und Rhodos übernimmt

Ferienwohnungsvermittlung
Photini Wendel
Borkumer Straße 5
D-8500 Nürnberg
Tel. (0911) 342523

interchalet

Die Ferienhaus-Gesellschaft 'interchalet' bietet Ferienhäuser oder -wohnungen auf Chalkidike, den Inseln Korfu, Kreta, Paros und der Peloponnes an.

Auskunft:
Ferienhaus-Gesellschaft
'interchalet'
Kaiser-Joseph-Str. 263
D-7800 Freiburg im Breisgau
Tel. (0761) 210077

Filmen

⟶ Fotografieren und Filmen

FKK

Freikörperkultur wird in Griechenland in geschlossenen, öffentlich nicht zugänglichen Freizeitanlagen toleriert.

FKK (Fortsetzung)

Vor einigen Jahren beschloß die Insel Mykonos als erste, FKK an zwei öffentlichen Stränden zu tolerieren, und inzwischen sind noch etliche solcher 'Toleranzstrände' hinzugekommen; auch an den Stränden Attikas findet man neuerdings 'Oben ohne' nicht nur bei ausländischen Touristen. Dort, wo sich Einheimische jedoch durch Nackte gestört fühlen, kann immer noch hart bestraft werden.

Fluggesellschaften

OLYMPIC AIRWAYS

Olympic Airways

Büro Deutschland:
Neue Mainzer Straße 22
D-6000 Frankfurt am Main
Tel. (069) 75345

Weitere Büros in Düsseldorf, Hannover, München und Stuttgart.

Büro Österreich:
Opernring 9
A-1010 Wien
Tel. (0222) 58776230

Büro Schweiz:
Talstrasse 66
CH-8001 Zürich
Tel. (01) 2113737

Ein weiteres Büro befindet sich in Genf (Tel. 0 22 / 21 96 21).

Die staatliche griechische Fluggesellschaft Olympic Airways besitzt an allen griechischen Verkehrsflughäfen Niederlassungen.

Büro in Athen: 6 Othonos Str. (Syntagma-Platz)
Internationaler Flugverkehr: Tel. (01) 9292-555
Inlandsflüge: Tel. (01) 9292-235

96 Syngrou Ave.
Tel. (01) 9292-251/4

Flughafen Athen-Hellinikon, West Air Terminal
Tel. (01) 9892-111

Lufthansa

Odos Karageorgi Servias 4
Athen
Tel. (01) 3294141

c/o Creta Travel Bureau
Odos Epimenidou 20-22
Iraklion (Kreta)
Tel. (081) 227002-03

c/o Olympic Airways
20, Kapudistriou Str.
Kerkyra (Korfu)
Tel. (0661) 23694-96

c/o Olympic Airways
Vassileos Pavlou Ave. 22
Tel. (0242) 28331/2

Fluggesellschaften, Lufthansa (Fortsetzung)

c/o Olympic Airways
9, Ierou Lohou Str.
Rhodos (Stadt)
Tel. (0241) 24571/5

Leoforos Nikis 3
Saloniki
Tel. (031) 235722/26/29

Austrian Airlines

Odos Othonos 8
Athen
Tel. (01) 3230844-46

c/o Zanettos Travel and Tourism
Odos 25. Martiu 17
Rhodos
Tel. (0241) 20832

Leoforos Nikis 1
Saloniki
Tel. (031) 239421-22, 265401 und 281950

Swissair

Odos Othonos 4
Athen
Tel. (01) 3231871-75

Flughafen Athen-Hellinikon, East Air Terminal
Tel. (01) 9610203

Odos Komninon 1
Saloniki
Tel. (031) 471481

Flugverkehr

Internationale Flüge

Sowohl durch die einheimische Fluggesellschaft Olympic Airways als auch durch zahlreiche ausländische Fluggesellschaften ist Griechenland an das internationale Liniennetz angeschlossen.

Der wichtigste Verkehrsflugplatz Griechenlands ist der internationale Flughafen Ellenikon bei Athen; daneben gibt es auch internationale Flüge von und nach Saloniki.
Seit kurzem hat auch der ostmakedonische Flughafen Kavala internationalen Status.

Innergriechische Flugverbindungen (s. Karte S. 639)

Griechenland verfügt über ein sehr enges Netz von Inlandflügen; mit Olympic-Airways-Domestic-Flügen (allgemeine Auskünfte und Informationen über Flugpreisermäßigungen bei allen Olympic Airways Büros; Adressen → Fluggesellschaften) können täglich die wichtigsten Inselstädte ab Flughafen Athen erreicht werden.

Daneben gibt es auch Flugverbindungen ab Alexandrupolis, Ioannina, Kalamata, Kastoria, Kavala, Kozani, Larisa, Preveza sowie Saloniki.

Da auf innergriechische Flugpläne kein absoluter Verlaß ist, empfiehlt es sich, vor der Abreise unbedingt zu erkunden, ob die in den Flugplänen angegebenen Strecken auch wirklich zu den genannten Zeiten beflogen werden.

Flugzeug der griechischen Luftverkehrsgesellschaft

Abflughafen Athen

Ziele:
Chania (Kreta), Chios, Iraklion (Kreta), Karpathos, Kasos, Kastellorizo, Kephallenia, Korfu (Stadt), Kos, Kythera, Leros, Limnos, Milos, Mykonos, Mytilini (Lesbos), Paros, Rhodos, Samos, Sitia (Kreta), Skiathos, Skyros, Thira (Santorin), Zakynthos.

Abflughafen Iraklion

Ziele:
Von Iraklion auf Kreta gibt es Verbindungen zu den Inseln Mykonos, Paros, Rhodos und Santorin.

Abflughafen Saloniki

Ziele:
Ab Saloniki kann man auf die Inseln Kreta, Lesbos, Limnos, Rhodos und Skiathos fliegen.

Detailliertere Auskünfte über zusätzliche Flugverbindungen entnehme man den jährlich zweimal erscheinenden Flugplänen von Olympic Airways (Anschriften ⟶ Fluggesellschaften).

Charterflüge

Zahlreiche Chartermaschinen fliegen, besonders in der Hochsaison, Griechenland an (Auskünfte bei den Reisebüros).

Sonderflüge

Für Studenten und Campingtouristen gibt es günstige Sonderflüge (Auskünfte bei ASTA, ADAC-Geschäftsstellen und den spezialisierten Reisebüros).

Folklore

⟶ Brauchtum, S. 145

Formalitäten

→ Geld
→ Reisedokumente
→ Sportschiffahrt
→ Straßenverkehr
→ Zollbestimmungen

Fotografieren und Filmen

Allgemeines

Wer an archäologischen Stätten, in Ausgrabungs- und Ruinenbezirken fotografieren oder filmen möchte, muß zu diesem Zweck eine zweite Eintrittskarte lösen. Bei Verwendung eines Stativs ist eine Sondergenehmigung erforderlich; die anfallenden Kosten sind für Amateure und Berufsfotografen unterschiedlich hoch und richten sich auch nach Art und Umfang der Aufnahmen. Antragstellung für die Sondergenehmigung und Bezahlung der Gebühren müssen rechtzeitig vor Reiseantritt erfolgen; Auskünfte erteilt die Griechische Zentrale für Fremdenverkehr (→ Auskunft).

Berg Athos

Auch auf dem Berg Athos ist das Fotografieren ohne Stativ und Blitzlicht erlaubt; untersagt sind das Filmen und der Gebrauch von Tonbandgeräten.

Hinweis

Der Abschluß einer Reisegepäckversicherung (→ Sicherheit) für wertvolle Film- und Fotoausrüstung ist empfehlenswert. Bei der Einreise beachte man die besonderen → Zollbestimmungen für Zweitgeräte von Film- und/oder Fotokameras sowie Videogeräten.

Fotografierverbot

Das Fotografieren und Filmen militärischer Anlagen ist prinzipiell verboten.

Fremdenführungen

Führungen sind nur durch in Griechenland ausgebildete Fremdenführer gestattet.
Weitere Informationen:

Verband der Griechischen Fremdenführer

Verband der Griechischen Fremdenführer
(Syndesmos Xenagon)
Apollonos Str. 9 a
Athen
Tel. (01) 3229705

Ergatiko Kentro
Iraklion/Kreta
Tel. (081) 281984

P.O.B. 324
Korfu (Stadt)
Tel. (0661) 30360

P.O.B. 235
Rhodos (Stadt)
Tel. (0241) 23151

Fremdenführungen (Fortsetzung)

P.O.B. 163
Saloniki
Tel. (031) 546037

Gastronomie

→ Essen und Trinken
→ Restaurants

Geld

Währung

Die griechische Währungseinheit ist die Drachme (Dr., Mehrzahl Drs.) zu je 100 Lepta. Es gibt Banknoten zu 50, 100, 500, 1000, 5000 und 10000 Drs., Münzen im Wert von 1, 2, 5, 10, 20 und 50 Drs. sowie 5, 10, 20 und 50 Lepta (weitgehend außer Gebrauch).

Wechselkurse (schwankend)

100 Drs. = 1,40 DM	1 DM = 74,07 Drs.
100 Drs. = 9,10 öS	1 öS = 10,98 Drs.
100 Drs. = 1,08 sfr	1 sfr = 91,00 Drs.

Einfuhr von Landeswährung und Devisen

Pro Person dürfen in griechischer Währung bis zu 25000 Drs. eingeführt werden; ausländisches Bargeld und Reiseschecks unterliegen keinen Beschränkungen. Fremdwährungen im Gegenwert von mehr als 1000 US-Dollar pro Person sollten bei der Einreise deklariert werden, damit nichtverbrauchte Beträge wieder ausgeführt werden können.

Griechisches Geld

Geld (Fortsetzung)
Ausfuhr von Landeswährung und Devisen

Die Ausfuhr von Landeswährung ist auf 10000 Drs. pro Person begrenzt (jeweils in Scheinen bis zu 1000 Drs.). Eingeführte Fremdwährung darf bis zur Höhe des bei der Einfuhr deklarierten Betrages wieder ausgeführt werden, sonst bis zum Gegenwert von 1000 US-Dollar.

Öffnungszeiten der Banken

Mo.–Fr. 8.00–14.00 Uhr

Athen:
In Athen haben die Filialen einiger größerer Banken am Syntagmaplatz (auch sonn- und feiertags offen) sowie in Piräus bis 20.00, z.T. bis 21.00 Uhr geöffnet; ebenso die Filialen bei den Griechischen Eisenbahnen (OSE) am Athener Hauptbahnhof.
Die Filialen einiger großer griechischer Banken im Ost- und West-Terminal des Athener Flughafens sind rund um die Uhr geöffnet.

Patras:
Ermou und Othonos-Amaliasstraße, Mo.–Sa. 8.00–13.00 und 17.30–21.30 Uhr, sonn- und feiertags 10.00–13.00 Uhr.
Platia Trion Symmachon, Mo.–Fr. 18.00–20.00 Uhr.

Saloniki:
Tsimiskistraße 11, Mo.–Fr. 15.30–20.00, Sa. 8.00–14.30, So. 9.30–14.00 Uhr.
Flughafen Mikra, tgl. 12.00–19.00 Uhr.
Hauptbahnhof, Mo.-Fr. 17.00–20.00 Uhr.

Geldwechsel allgemein

Wie generell in Ländern mit schwächerer Währung ist es auch in Griechenland vorteilhafter, den Geldwechsel erst im Lande vorzunehmen.

Geldwechsel in Hotels

An den Rezeptionen etlicher Hotels können ausländische Währungen in griechische Währung umgetauscht werden; der Auszahlungskurs ist oft jedoch ungünstiger als z.B. an Bankschaltern.

Wechselquittung

Die beim offiziellen Geldumtausch ausgehändigten Wechselquittungen sollten unbedingt aufbewahrt werden, da sie unter Umständen bei der Ausreise an der Grenze vorzulegen sind.

Wechselstuben in Postämtern

In einigen Postämtern sind Wechselstuben eingerichtet.

Wechselstuben an den Grenzen

Evzoni:
Ende April bis Ende Juni 8.00–22.00 Uhr
Anfang bis Mitte Juli 7.00–23.00, ab 24.00 Uhr.

Schecks

Die Mitnahme von Eurocheques und/oder Reiseschecks ist zu empfehlen. Eurocheques dürfen bis zu einem Wert von 25000 Drs. ausgestellt werden; umgehend eingelöst werden Eurocheques in Verbindung mit der Scheckkarte bei den in den größeren Städten sowie in den Fremdenverkehrszentren ausreichend vertretenen Banken; dies gilt auch für gängige Reiseschecks.
Reguläre Bankschecks werden erst nach Rückfrage bei der Ursprungsbank honoriert, was unter Umständen einige Tage dauern kann.

Achtung!

Bei Verlust von Eurocheques und/oder Scheckkarten alarmiere man zur sofortigen Sperrung unverzüglich den rund um die Uhr erreichbaren Zentralen Annahmedienst für Verlustmeldungen von Eurocheque-Karten in Frankfurt am Main; Telefon aus Griechenland: (004969) 740987.

Geld, Eurocheque-Karten-Verlust (Fortsetzung)	Bei der Sperrmeldung sind Name, Wohnadresse, Bankleitzahl, Kreditinstitut und Kontonummer, auf keinen Fall jedoch die persönliche Geheimzahl zu nennen. Unabhängig von der telefonischen Sperrung sollte auch die eigene Bank bzw. die Sparkasse umgehend über den Verlust informiert werden.

Geschäftszeiten

Apotheken	⟶ dort
Banken	⟶ Geld
Feiertage	⟶ dort
Flohmarkt	Jeden Sonntagvormittag findet in Monastiraki (Athen) der Flohmarkt statt.
Friseursalons	Im Sommer: Mo. 14.00–20.00 Uhr; Di., Do. und Fr. 9.00–18.00, Mi. 9.00–15.00, Sa. 8.00–16.00 Uhr. Im Winter: Mo. und Mi. 9.00–14.30 Uhr; Di., Do. und Fr. 9.00–18.00, Sa. 9.00–17.00 Uhr.
Geschäfte	Mitte Mai bis Mitte Oktober: Mo., Mi., Sa. 8.30–14.30 Uhr; Di., Do. und Fr. 8.30–13.30 und 17.00 bis 20.00 Uhr (vgl. ⟶ Feiertage) Insbesondere kleine Lebensmittelläden haben oft über die Mittagszeit und auch bis in die späten Abendstunden geöffnet.
Hotelkammer	Filiale der Hotelkammer Stadiu 2/Ecke Karageorgi Servias Tel. (01) 323 71 93 Mo.–Fr. von 8.30–20.00, Sa. 8.00–14.00 Uhr
Museen	⟶ dort
Postämter	⟶ dort
Souvenirläden	Mo.–Sa. 8.00–21.00, Sonn- und Feiertage: 9.00–15.00 Uhr
Wechselstuben an Grenzübergängen	⟶ Geld

Getränke

⟶ Essen und Trinken

Golf

⟶ Sport

Grenzübergänge

→ Anreise

Häfen

→ Sportschiffahrt

Heilbäder

Die griechischen Heilbäder werden dank ihrer bevorzugten Lage nahe dem Meer oder in schönen Landschaften gern aufgesucht.

Ädhipsos (Euböa)
Badekuren.
Indikationen: Rheuma, Arthritis, Neuritis, Ischias, Nachbehandlung von Wunden, Ankylose, Frauenleiden.

Eleftheres (Kavala)
Badekuren.
Indikationen: Chronisches Rheuma, Arthritis, Frauenleiden.

Kaiaphas (Elis)
Bade- und Trinkkuren.
Indikationen: Arthritis, Frauen- und Hautleiden, Gallensteine, Hepatitis.

Kamena Vurla (Phtiotis)
Badekuren.
Indikationen: Chronisches Rheuma, Arthritis deformans, Arthritis urica, Neuritis.

Kythnos (Kykladen)
Badekuren.
Indikationen: Rheuma, Arthritis, Frauenleiden, Ischias, Muskelschmerzen.

Kyllini (Elis)
Bade- und Inhalationskuren.
Indikationen: Leiden der Atmungsorgane, Asthma, Hautkrankheiten.

Langadas (Saloniki)
Badekuren, Moorbäder.
Indikationen: Rheuma, Arthritis, allgemeines Nervensystem.

Lefkada (Ikaria)
Bade- und Trinkkuren; Elektrotherapie.
Indikationen: Hautkrankheiten, Frauenleiden, Rheuma, Kreislaufstörungen, Hepatitis.

Lutraki (Korinth)
Bade- und Trinkkuren; Flaschenabfüllung von Mineralwasser.
Indikationen: Erkrankungen der Harnwege; Nierengrieß, Nierensteine, Gallensteine, Arthritis urica.

Methana (Saron. Golf)
Badekuren.
Indikationen: Rheuma, Arthritis, Frauen- und Hautkrankheiten.

Negrita (Serres)
Badekuren; Flaschenabfüllung von Mineralwasser.
Indikationen: Fettsucht, Magen-Darm-Leiden, Dyspepsie.

Platistomo (Phtiotis)
Bade- und Trinkkuren.
Indikationen: Nierengrieß, Zuckerkrankheit, Nierensteine, Leberleiden.

Heilbäder (Fortsetzung)

Sariza (Andros) Flaschenabfüllung von Mineralwasser.
Indikationen: Fettsucht, Nierengrieß, Zuckerkrankheit, Nierensteine, Leberleiden.

Smokovo (Karditsa) Bade- und Inhalationskuren.
Indikationen: Rheuma, Arthritis, Erkrankungen der Atemwege, Frauenleiden, Hautkrankheiten.

Fortsetzung der Heilbäderliste siehe nächste Seite.

Höhlen in Griechenland

Begehbare Schauhöhlen
(meist Tropfsteinhöhlen; Auswahl)

1 Kyklopenhöhle bei Maronia (Komotini)
2 Unterirdischer Fluß Maara bei Drama
3 Sinterhöhle bei Alistrati (Serrä)
4 Petralona-Höhle (Rote Steine; Chalkidike)
5 Agios-Georgios-Höhle bei Kilkis
6 Höhlen des Großen Prespa-Sees
7 Perama-Höhle bei Ioannina (Plan s. S. 323)
8 Anemotrypa-Höhle bei Pramanta (Ioannina)
9 Graves – Meereshöhlen auf Paxi
10 Meereshöhle Papanikolis auf Lefkas
11 Nymphengrotte auf Ithaki (Ithaka)
12 Auf Kephallonia: Katavothren von Argostoli
Drongorati-Höhle; Höhlensee Melissani
13 Korykion- oder Sarantavli-Höhle am Parnaß
14 Kutuki-Höhle am Hymettos
15 Dyros-Höhlen (Mani; Pläne s. S. 414)
16 Agia-Sophia-Höhle auf Kythira
17 Meeresgrotten auf Milos
18 Höhle auf Antiparos
19 Agios-Ioannis-Höhle auf Iraklia
20 Zeushöhle auf Naxos
21 Fünf Höhlen auf Samos
22 Kephalas-Höhle auf Kalymnos
23 Governeto-Höhle bei Chania
24 Gerani-Höhle bei Rethymnon
Greisenhöhle bei Melidoni
25 Agia-Paraskevi-Höhle bei Skoteino
Eileithyia-Höhle bei Iraklion
Milatos-Höhle an der Mirabello-Bucht
26 Diktäische Grotte bei Psychros (Lassithi)

Heilbäder Fortsetzung

Suroti (Saloniki)

Flaschenabfüllung von Mineralwasser.
Indikationen: Dyspepsie, sonstige Verdauungsstörungen, chronische Darmleiden, chronische Katarrhe, Störungen der Leberfunktion, Leiden der Harnwege.

Therma Ikaria (Ikaria)

Badekuren.
Indikationen: Chronisches Rheuma, Arthritis, Arthritis urica, Neuritis.

Thermopylen (Phtiotis)

Badekuren.
Indikationen: Rheuma, Frauenkrankheiten, allgemeines Nervensystem.

Vuliagmeni (Attika)

Badekuren.
Indikationen: Rheuma, Neuralgien, Muskelschmerzen, Ischias, Frauenleiden.

Xino Nero (Florina)

Flaschenabfüllung von Mineralwasser.
Indikationen: Dyspepsie (Verdauungsbeschwerden), chronische Gastritis, Magenschwäche, leichte Urämie, Nierengrieß, Nierensteine, leichte Leberinsuffizienz.

Hypate (Phtiotis)

Badekuren.
Indikationen: Kreislaufstörungen, Hypertension, Koronarinsuffizienz, Endokarditis, Herzleiden, Tachykarditis, Hautkrankheiten, allgemeines Nervensystem.

Höhlen

Die Griechische Speläologische Gesellschaft hat inzwischen über 7500 Karsthöhlen sowohl auf dem Festland als auch auf den Inseln in ihr Verzeichnis aufgenommen. Mehrere Tausend sind bereits erkundet und kartographiert; eine Vielzahl ist zu besichtigen.

Die bekanntesten Schauhöhlen – meist Tropfsteinhöhlen – Griechenlands sind in der nebenstehenden Karte verzeichnet.

Hotels

Allgemeines

Gegenwärtig sind in Griechenland rund 5 700 Hotelbetriebe registriert, die Mitglieder der Griechischen Hotelkammer (Anschrift s. unten) sind und der Griechischen Zentrale für Fremdenverkehr (⟶ Auskunft) unterstehen.

Zimmervorbestellung

Will man in Griechenland um Ostern oder in der Hauptsaison (von Juni bis September) Urlaub machen, so ist in jedem Falle eine Zimmervorbestellung ratsam.

Auskunft und Reservierung:

Griechische Hotelkammer

Xenodochiako Epimelitirio
(Griechische Hotelkammer)
Odos Stadiu 24
Athen
Tel. (01) 3236962

Adresse s. S. 658 (oben)

Filiale am Syntagmaplatz (im Gebäude der Nationalbank):

Hotels, Zimmervorbestellung (Fortsetzung)	Ecke Stadiu 2 / Karageorgi Servias 2 Athen Tel. (01) 3237193 Öffnungszeiten: Mo.-Fr. 8.30–20.00 und Sa. 8.00–14.00 Uhr.
Preisniveau	Während der Hauptreisezeit liegen die Unterkunftspreise in Griechenland kaum unter dem Niveau mitteleuropäischer Reiseländer, in der Vor- und Nachsaison hingegen wesentlich darunter.
Hotelkategorien	Die Hotels in Griechenland sind offiziell in sechs Kategorien gegliedert (L = Luxus, A, B, C, D und E), von denen für den Touristen im Regelfall nur die ersten vier in Betracht kommen. Die nachstehende Liste fußt auf dem amtlichen griechischen Hotelverzeichnis, wobei die Spitzenhotels zusätzlich mit einem *Baedeker-Stern gekennzeichnet sind. Abkürzung: B. = Betten.
Hotels in Acharnes (Aharnes)	Acharnis, bei km 20, an der Parnithos Ave., C, 77 B.; Belle Vue, bei km 19, an der Parnithos Ave., C, 38 B.; Dekelia, C, 60 B.
Adamas (auf Milos)	Adamas, 2 Griara, B, 22 B.; Popi, B, 12 B.; Venus Village, B, 173 B.; Chronis (Bungalows), C, 32 B.; Corali, C, 31 B.; Meltemi, C, 24 B.; Milos, C, 67 B.; Santa Maria, C, 46 B.
Ädhipsos/Ädipsu	⟶ Lutra Ädipsu
Agia Anna (Agia Ana)	Kyma, E, 19 B.
Agia Evphimia (Agia Efimia)	Pylaros, C, 19 B.
Agia Galini (auf Kreta)	Rea, B, 35 B.; Stella, B, 19 B.; Acropolis, 1 Bizaniou, C, 32 B.; Adonis, C, 39 B.; Adonis II, C, 52 B.; Ariadni, C, 12 B.; Astoria, Bizaniou, C, 42 B.; Athina, C, 33 B.; Candia, 15 Arkadiou, C, 22 B.; Dedalos, Arkadiou, C, 24 B.; Galini Mare, C, 48 B.; Ghioma, C, 15 B.; Iro, C, 21 B.; Miramare, 12 Bizaniou, C, 13 B.; Petra, C, 52 B.; Phaestos, C, 16 B.; Selena, 1 Zaboudaki, C, 15 B.; Soulia, El. Venizelou, C, 22 B.
Agia Marina (auf Ägina)	Apollo, B, 203 B.; Argo, B, 116 B.; Motel Aegli, 199 Afeas, C, 14 B.; Akti, C, 44 B.; Ammoudia, C, 26 B.; Aphaea, C, 32 B.; Blue Horizon, C, 28 B.; Galini, C, 67 B.; Hermes, C, 25 B.; Isidora, C, 40 B.; Kalliopi, C, 25 B.; Karras, C, 52 B.; Karyatides, C, 56 B.; Kyriakakis, C, 57 B.; Liberty, C, 40 B.; Magda, C, 40 B.; Marina, C, 55 B.; Nektarios (früher Nyremvergi), C, 24 B.; Oassis, C, 37 B.; Panorama, C, 49 B.; Pantelaros, C, 106 B.; Possidon, C, 48 B.; Saronis, C, 20 B.; Ta Tria Adelfia, C, 32 B.
Agia Marina (auf Kreta)	Santa Marina, B, 120 B.; Amalthia (Hotel & Bungalows), C, 76 B.; Santa Marina II, C, 90 B.; Ta Thodorou, Kato Agia Marina, C, 14 B.
Agia Paraskevi (Athener Peripherie)	Park, 9 Efkalipton, C, 75 B.; Hellas, 12 Idras, D, 40 B.; Hill, 6 Dimitras, D, 42 B.
Agia Paraskevi (Kassandra)	Aphrodite, Loutra, B, 46 B.
Agia Paraskevi (auf Kreta)	Zorbas, 1 Navarhou Nearhou, C, 40 B.
Agia Pelagia (auf Kephallonia)	Irina Hotel, B, 325 B.
Agia Pelagia (auf Kreta)	Capsis Beach (Hotel & Bungalows), A, 1 090 B.; Peninsula (Hotel & Bungalows), Psaromoura, A, 326 B.; Panorama, B, 156 B.

Hotels in Agia Pelagia (auf Kythira)

Kytheria, B, 15 B.

Agia Rumeli (Agia Roumeli)

Agia Roumeli, B, 13 B.

Agiassos (auf Lesbos)

Aghia Sion, B, 24 B.

Agii Theodori

Hanikian Beach, A, 516 B.; Margarita, B, 22 B.; Siagas Beach, bei km 62, an der Straße von Athen nach Korinth, B, 190 B.

Ägina (Egina; Stadt)

Danae, B, 100 B.; Nausika (Nafsika; Bungalows), 55 N, Kazantzaki Ave., B, 66 B.; Pavlou, 21 P. Eginitou, B, 17 B.; Areti, 4 N. Kazantzaki Paralia, C, 39 B.; Avra, 2 N. Kazantzaki Paralia, C, 57 B.; Brown, 4 Toti Hatzi Paralia, C, 48 B.; Faros, Paralia, C, 77 B.; Klonos, C, 84 B.; To Petrino Spiti, C, 20 B.

Ägion (Egio)

Galini, 35 Vassileos Georgiou, B, 59 B.; Telis, 98 Korinthou, C, 56 B.

Agios Avgustinos

Club Aquarius San Agostino Beach (Hotel & Bungalows), B, 633 B.

Agios Georgios (auf Euböa)

Alexandros, B, 54 B.; Vachos, B, 36 B.

Agios Gordios (auf Korfu)

Agios Gordios, A, 388 B.; Alonakia, B, 30 B.; Chrysses Folies, C, 40 B.

Agios Ioannis (auf Korfu)

Sidari Beach (Karoussadon), C, 55 B.

Agios Ioannis (auf Korfu)

Merida (Triklianou), A, 26 B.; Vladimir, C, 40 B.

Agios Ioannis (Pelion)

Aloe, B, 84 B.; Maro, B, 88 B.; Sevilli, B, 40 B.; Galini, C, 29 B.; Kelly, C, 28 B.; Kentrikon (Hotel & Bungalows), C, 34 B.; Sofoklis, C, 38 B.; Zephyros, C, 77 B.

→ Therma Lefkados

Agios Kyrikos (Agios Kirikos)

Agios Nikolaos, B, 39 B.; Chryssi Ammoudia, B, 30 B.; Kastoria, B, 57 B.; Park, B, 36 B.

Agios Nikolaos (auf Euböa)

Agios Nikolaos (auf Kreta)

*Minos Beach (Bungalows), Akti Ilia Sotirhou Amoudi, L, 233 B.; *Minos Palace, L, 276 B.; *Mirabello Village (Hotel & Bungalows), L, 251 B.; Hermes, Akti Koundourou, A, 379 B.; Mirabello, A, 322 B.; Amalthia, 13 Pringipos Georgiou, B, 38 B.; Ariadni Beach (Bungalows), Gargadoros, B, 142 B.; Artemis Beach, Mandri, B, 30 B.; Athina, 34a Pringipos Armostou Georgiou, B, 33 B.; Castle, B, 10 B.; Coral, Akti Koundourou, B, 323 B.; Cri-Cri, Agia Paraskevi, B, 39 B.; Diana, 28 Ethnikis Andistasseos, B, 31 B.; El Greco, Akti Kitroplatias Milos, B, 70 B.; Eva, 20 Stratigou Koraka, B, 12 B.; Ikaros, 11 Alexomanoli, B, 35 B.; Iris, K. Loukareos-Minoos, B, 41 B.; Leventis, 15 M. Sfakianaki, B, 17 B.; Lida, 3 Salaminos, B, 40 B.; Magda, 13 Gournon, B, 47 B.; Marigo, Paleologou-Katehaki, B, 24 B.; Miramare, B, 100 B.; Niki, 16 Idomeneos, B, 20 B.; Odysseas, B, 35 B.; Olga, 20 Ergatikis Estias, B, 54 B.; Ormos, B, 86 B.; Rhea (Rea), 10 Marathonos & Milatou, B, 220 B.; St. Nicolas Bay, B, 102 B.; Sun Rise, 1 Idomeneos, B, 34 B.; Victoria, 34 Akti Koundourou, B, 28 B.; Zina, B, 33 B.; Acratos, 19, 28th Oktovriou, C, 59 B.; Acropole, C, 15 B.; Alcestis (Alkistis), 30 Akti Koundourou, C, 45 B.; Alfa, 23 Tselepi, C, 75 B.; Alymyros Beach, C, 87 B.; Apollon, 9 Minoos, C, 114 B.; Argyro, 1 Solonos, C, 19 B.; Arion, 14 Minoos, C, 31 B.; Atlantis, C, 18 B.; Caravel, 18 Ergatikis Estias, C, 28 B.; Castello Maris, Amoudi, C, 36 B.; Creta, Kitroplatia, C, 50 B.; Cronos, 4 N. Plastira, C, 68 B.; Crystal, C, 56 B.; Delta, Akti Kitroplatias, C, 19 B.; Dias, 2 Latous, C, 25 B.; Domenico, 3 Argiropoulou, C, 46 B.; Doxa, 3 Idomeneos, C, 36 B.; Du Lac, 17, 28th Oktovriou, C, 74 B.; Eu-

Hotels in Agios Nikolaos (auf Kreta) (Fortsetzung)
ropa, 12 Agiou Athanassiou, C, 64 B.; Helena, 15 Minoos, C, 77 B.; Istron, 4 Sarolidi, C, 16 B.; Kamara, 8 Minoos, C, 51 B.; Kera, 34 Kontogiani, C, 24 B.; Knossos, C, 24 B.; Kouros, 17 Ethnikis Antistasseos-Koritsas, C, 45 B.; Lato, 12 Iossif Koundourou Limin, C, 48 B.; Lito, C, 71 B.; Mavroforos, Hortatson, C, 21 B.; Myrsini, 35 Akti Koundourou, C, 60 B.; New York, 21a Kontogiani, C, 16 B.; Nikos, C, 71 B.; Panorama, Akti Koundourou & 2 Sarolidi, C, 50 B.; Pergola, 20 Sarolidou, C, 50 B.; Perla, C, 12 B.; Possidonas, C, 54 B.; Sgouros, N. Pangalou Kitroplatia, C, 48 B.; Vlassis, C, 90 B.; Zephyros, C, 48 B.

Agios Nikolaos (Mani)
Mani, E, 13 B.

Agios Phokas (auf Kos)
Dimitra Beach, Palioskala, A, 261 B.

Agios Stephanos (auf Korfu)
Nafsika (Nazika), C, 31 B.; Saint Stefanos, C, 16 B.

Agios Stephanos (auf Mykonos)
Alkistis (Bungalows), B, 182 B.; Artemis, C, 39 B.; Panorama, C, 51 B.

Agria (Pelion)
Barbara, D, 16 B.

Agrinion (Agrinio)
Esperia, 31 H. Trikoupi, B, 42 B.; Galaxy, 19 G. Kazatzi, B, 51 B.; Soumelis (Motel), 3 Ethniki Odos, B, 36 B.; Acropole, 1 Ilia Iliou, C, 41 B.; Alice, 2 Papastratou, C, 50 B.; Leto, Platia Dimokratias, C, 63 B.; Tourist, 51 Papastratou, C, 69 B.

Akrotiri (auf Santorin)
Akrotiri, C, 30 B.

Alexandrupolis (Alexandroupoli)
Motel Astir, 280 Komotinis, A, 99 B.; Alexander Beach (2 km entlang der Straße von Alexandrupolis nach Komotini), Ethikis Odou, B, 194 B.; Egnatia (Motel), Makris Ave., B, 188 B.; Alkyon, 1 Moudanion Apolonias, C, 52 B.; Alex, 294 Vassileos Georgiou B, C, 52 B.; Aphroditi, Ethniki Odos Alexandroupoleos, C, 36 B.; Dionyssos, Leoforos Makris, C, 66 B.; Galaxias, 159 Vassileos Georgiou B, C, 56 B.; Hera, 179 Dimokratias Ave. & M. Gefiras, C, 60 B.; Oceanis, 20 C. Paleologou, C, 45 B.; Olympion, V. Georgiou & 12 Malgaron, C, 26 B.; Park, 458 Vassileos Georgiou B, C, 42 B.; Plaza (2 km entlang der Straße von Alexandrupolis nach Komotini), C, 36 B.

Alinda
→ Leros (Stadt)

Almyron (Almiro)
Messinian Bay, B, 86 B.

Almyropotamos (Almiropotamos)
Galazio Delfini, D, 20 B.

Alonissos (Alonissos; Stadt)
Alkyon, B, 30 B.; Alonissos Beach, C, 90 B.; Galaxy, Patitiri (Hafen), C, 103 B.; Marpounda (Bungalows), Marpounda, C, 200 B.

Altkorinth
→ Korinth

Alykes (auf Korfu)
Kerkyra Golf, A, 444 B.; Alykes Beach, C, 39 B.; Salina, C, 31 B.; Sunset, C, 101 B.

Alykes (auf Zakynthos)
Asteria, C, 37 B.; Astoria, C, 60 B.; Galini, C, 14 B.; Ionian Star, C, 42 B.; Montreal, C, 56 B.

Alyki (Aliki; auf Paros)
Afroditi, B, 40 B.; Angeliki, C, 26 B.

Amalias (Amaliada)
Amalia, Othonos & Amalias, C, 28 B.; Hellinis, 9 Othonos & Amalias, C, 27 B.; Korivos, Amalias & Othonos, C, 21 B.; Olympic Inn, 10 Filelinon, C, 77 B.

Alsos, 27 Alsous Paradissos, D, 17 B.; Neon, 2 Ermou, D, 34 B.	**Hotels in Amarussion**
Olymbiakos Asteras, B, 399 B.; Stefania, B, 152 B.; Flisvos, C, 43 B.; Artemis, D, 54 B.	**Amarynthos** (Amarinthos; Euböa)
Polydoros, B, 11 B.; Delfini, D, 24 B.	**Ammudi** (auf Kreta)
Mike, C, 19 B.	**Amorgos** (Stadt)
Amfissaeum, 18 Gidogiannou, C, 78 B.; Stallion, 3 Thoandos, C, 45 B.	**Amphissa** (Amfissa)
Agapi Beach, A, 391 B.; Dolphin Bay, A, 354 B.; Agapi Village, B, 141 B.; Alcyon, B, 58 B.; Marilena, B, 116 B.; Agia Eleni, C, 70 B.; Minoas, C, 67 B.; Tsangarakis Beach, C, 83 B.; Violetta, C, 33 B.	**Amudara** (Amoudara)
Virginia (Apartments), Listi Spilio, B, 38 B.	**Amudares** (Amoudares)
Aharavi Beach, B, 82 B.; Ionian Princess (Pringipissa Ioniou), B, 171 B.; Marie, C, 21 B.	**Acharavi** (Aharavi)
Saronic Gate, bei km 46, A, 195 B., Akti Apollon, bei km 51, B, 168 B., Motel Calypso, bei km 49, B, 85 B., Eden Beach, bei km 47, B, 568 B., alle vier an der Straße von Athen zum Kap Sunion; Xenia-Ilios, B, 204 B.; Silver Beach, bei km 51, an der Straße von Athen zum Kap Sunion, C, 54 B.	**Anavyssos** (Anavissos; Attische Riviera)
Theoxenia, B, 58 B.; Pan, D, 12 B.	**Andritsena**
Paradissos, B, 76 B.; Xenia, B, 44 B.; Aegli, C, 27 B.	**Andros** (Stadt)
Arion, 5 Emm. Theotoki, B, 199 B.; Marina, B, 192 B.	**Anemomylos** (auf Korfu)
Alcyon, D, 27 B.; Andreas, D, 42 B.; Dina, D, 28 B.; Galini, D, 42 B.; Manaras, D, 48 B.; Mylos, D, 23 B.; Saronis, D, 34 B.	**Angistri**
Ano Mera, A, 124 B.; Kalo Livadi, D, 20 B.	**Ano Mera** (auf Mykonos)
→ Mastichari	**Antimachia**
Athina, E, 8 B.	**Antissa** (auf Lesbos)
Silver Bay (Hotel & Bungalows), B, 150 B.	**Anyfanta** (auf Lesbos)
Oasis Holidays (Hotel & Bungalows), A, 70 B.; Xenia Golf, B, 52 B.	**Aphantu** (auf Rhodos)
Alexandros, 7 Pigis, B, 18 B.; Galini, B, 58 B.; Faros, C, 21 B.; Katia, C, 47 B.	**Aphyssos** (Pelion)
Pigi, C, 20 B.	**Apikia** (auf Andros)
Apollonia, B, 18 B.; Flora, Hrissopigi, B, 24 B.; Anthoussa, C, 12 B.; Sifnos, Katarati, C, 19 B.; Sofia, C, 22 B.	**Apollonia** (auf Siphnos)
Aptera Beach (Bungalows), Paralia Agion Apostolon, C, 92 B.	**Aptera**
Anemolia, B, 78 B.; Xenia, B, 86 B.	**Arachova**
Patra's Bay (Hotel & Bungalows), B, 150 B.	**Arachovitika** (Arahovitika)
Dias, B, 55 B.	**Archanes** (auf Kreta)

Hotels in Archangelos	Arhangelos, 184, 7th Martiou, D, 37 B.; Filia, D, 39 B.; Fivos, D, 26 B.
Areopolis (Areopoli)	Pyrgos Kapetanakou, A, 16 B.; Mani, C, 30 B.
Argassion (Argassi; auf Zakynthos)	Akti Zakantha, A, 227 B.; Chryssi Akti, B, 146 B.; Levante, B, 120 B.; Lokanda, B, 40 B.; Mimoza Beach (Bungalows), B, 84 B.; Yliessa, B, 118 B.; Argassi Beach, C, 64 B.; Captain's, C, 69 B.; Family Inn, C, 31 B.
Argos	Mycenae, 12 Platia Agiou Petrou, C, 42 B.; Telessila, 2 Danaou & Vassilissis Olgas, C, 60 B.
Argostolion (Argostolio; auf Kephallonia)	Xenia, Platia Rizospaston, B, 44 B.; Aegli, 3, 21st Maïou, 17 B.; Aenos, 11, 21st Maïou Platia Metaxa, C, 74 B.; Aghios Gerassimos, 6 Agiou Gerassimou, C, 28 B.; Argostoli, 21 Vironos, C, 39 B.; Armonia, 1 Geroulanou, C, 24 B.; Castello, Platia Metaxa, C, 22 B.; Cephalonia Star, 50 I. Metaxa, C, 73 B.; Galaxias, C, 20 B.; Mouïkis, 3 Vironos, C, 70 B.; Phokas, 3 Geroulanou, C, 33 B.; Regina, 24 Vergoti, C, 40 B.; Tourist, 94 J. Metaxa, C, 38 B.
Arilas (auf Korfu)	Arilla Beach, C, 68 B.; Marina, C, 32 B.
Arkitsa	Faros, B, 10 B.; Kalypso-Club (Bungalows), B, 506 B.
Arta	Xenia, Frourion, B, 40 B.; Amvrakia, 13 N. Priovolou, C, 110 B.; Anessis, 7 Mitropolitou Xenopoulou, C, 48 B.; Cronos, Platia Kilkis, C, 102 B.
Artemon (auf Siphnos)	Artemonas, 3 Agiou Konstandinou, C, 44 B.
Asprovalta	Strymonikon, 49 Egnatia, D, 26 B.
Assyrmatos Potamu (auf Korfu)	Gefyraki, C, 54 B.
Astros Kynurias (Astros Kinourias)	Georgakakis, C, 35 B.
Astypaläa (Astipalea; Stadt)	Aegeon, D, 31 B.; Astynea, 21 Mih. Karageorgi, D, 39 B.; Paradissos, 24 Mih. Karageorgi, D, 42 B.
Atalanti (Atalandi)	Anessis, C, 29 B.
Athen (Athina)	Beim Syntagmaplatz: *Astir Palace Athens, Leophoros Vassilissis Sophias & Panepistimiu, L, 148 B.; *Athenaeum Inter-Continental, 89-93 Syngrou Ave., L, 1178 B.; *Athens Chandris, 385 Singrou Ave., L, 720 B.; *Athens Hilton, 46 Vassilissis Sofias, L, 960 B.; *Caravel, 2 Vassileos Alexandrou, L, 841 B.; *Grande Bretagne, Platia Sintagmatos, L, 668 B.; *Holiday Inn, 50 Mihalakopoulou, L, 338 B.; *Ledra Marriott, 113-115 Singrou Ave., L, 356 B.; *N.J.V. Meridien Athens, Voukourestiou-Stadiou-Vassileos Georgiou A, L, 336 B.; *Royal Olympic, 28-34 Diakou, L, 554 B.; *Saint George Lycabettus, 2 Kleomenous Platia Dexamenis, L, 278 B.; Amalia, 10 Amalias Ave., A, 188 B.; Astor, 16 Karageorgi Servias, A, 234 B.; Electra, 5 Ermou, 180 B.; Elektra Palace, 18 Nikodimou, A, 196 B.; Esperia Palace, 22 Stadiou, A, 338 B.; Olympic Palace, 16 Filelinon, A, 168 B.; Aretousa, 6-8 Mitropoleos & 12 Nikis, B, 158 B.; Athens Gate, 10 Singrou Ave. Makrigiani, B, 202 B.; Athinais, 99 Vassilissis Sofias Platia Mavili, B, 162 B.; Christina, 15 Petmeza & Kalirois, B, 173 B.; Lycabette, 6 Valaoritou, B, 63 B.; Minerva, 3 Stadiou, B, 86 B.; Omiros, 15 Apolonos, B, 60 B.; Palladion, 54 Panepistimiou, B, 115 B.; Pan, 11 Mitropoleos, B, 92 B.; Plaka, 7 Kapnikareas & Mitropoleos,

Hotels in Athen (Fortsetzung)

B, 123 B.; Titania, 52 Panepistimiou, B, 754 B.; Aphrodite, 21 Apolonos, C, 162 B.; Carolina, 55 Kolokotroni, C, 57 B.; Hermes, 19 Apolonos, C, 85 B.; u.a.

Beim Omoniaplatz:
King Minos, 1 Pireos, A, 287 B.; Acadimos, 50 Akademias, B, 227 B.; Alpha, 17 Halkokondili, B, 167 B.; Arcadia, 46 Marni, B, 154 B.; Athens Center, 26 Sofokleous & 2 Klisthenous, B, 259 B.; Cairo City, 42 Marni, B, 140 B.; Candia (Heraklion), 40 Th. Diligiani, B, 254 B.; Dorian Inn, 15-19 Pireos, B, 287 B.; El Greco, 65 Athinas, B, 167 B.; Grand Hotel, 10 Veranzerou, B, 190 B.; Ilion, 7 Agiou Konstantinou, B, 166 B.; Ionis, 41 Halkokondili, B, 194 B.; Marathon, 23 Karolou, B, 174 B.; Minoa, 12 Karolou, B, 81 B.; Alcestis (Alkistis), 18 Platia Theatrou, C, 224 B.; Amaryllis, 45 Veranzerou, C, 98 B.; Ares (Aris), 7 Pireos, C, 71 B.; Arias, 20 Karolou, C, 79 B.; Aristides, 50 Sokratous, C, 158 B.; Artemission, 20 Veranzerou, C, 76 B.; Aspasia, 26 Satovriandou, C, 65 B.; Astra, 46 Diligiani, C, 49 B.; Asty, 2 Pireos, C, 224 B.; Atlas, 30 Sofokleous, C, 33 B.; Attalos, 29 Athinas, C, 155 B.; Banghion, 18b Platia Omonias, C, 93 B.; Capitol, 11 Marikas Kotopouli Platia Omonias, C, 168 B.; Carlton, 7 Platia Omonias, C, 60 B.; Diros, 21 Agiou Konstandinou, C, 84 B.; Elite, 23 Pireos, C, 80 B.; Europa, 7 Satovriandou, C, 67 B.; Evripides, 79 Evripidou, C, 119 B.; Mediterranean, 28 Veranzerou, C, 82 B.; Nausika (Nafsika), 21 Karolou, C, 73 B.; Nestor, 38 Agiou Konstantinou, C, 95 B.; Odeon, 42 Pireos, C, 98 B.; Olympia, 25 Pireos, C, 66 B.; Orpheus, 58 Halkokondili, C, 71 B.; Parnon, 20 Tritis Septemvriou & 21 Halkokondili, C, 79 B.; Pythagorion, 28 Agiou Konstandinou, C, 106 B.; Vienna, 20 Pireos, C, 114 B.; u.a.

Beim Nationalmuseum:
*Acropole Palace, 51, 28th Oktovriou, L, 173 B.; *Park, 10 Leoforos Alexandras Pedion Areos, L, 275 B.; Divani-Zafolia Alexandras, 87-89 Alexandras Ave., A, 350 B.; Plaza, 78 Aharnon & 1 Katrivanou, B, 239 B.; Xenophon, 340 Aharnon, B, 350 B.; Aristoteles, 15 Aharnon, C, 102 B.; Morpheus, 3 Aristotelous, C, 35 B.; Museum, 16 Bouboulinas & Tossitsa, C, 109 B.; u.a.

Avlakia (auf Samos)

Avlakia, C, 28 B.

Barbati (auf Korfu)

Alexiou, B, 104 B.; Barbati, C, 54 B.; Poseidon, C, 114 B.

Batsi (auf Andros)

Lykion, B, 28 B.; Chryssi Akti, C, 118 B.; Karnassos, C, 44 B.; Skouna, C, 38 B.

Benitses (auf Korfu)

San Stefano, A, 470 B.; Belvedere, B, 342 B.; Eugenia, B, 36 B.; Potomaki, B, 270 B.; Bavaria, C, 35 B.; Bella Vista, C, 42 B.; Corfu Maris, C, 48 B.; Kamares Benitson, C, 56 B.; Le Mirage, C, 44 B.; Loutrouvia, C, 44 B.

Bochali (auf Zakynthos)

Akrotiri, Akrotiri, B, 31 B.; Varres, B, 67 B.

Brauron (Vravrona)

Vraona Bay (Hotel & Bungalows), A, 670 B.

Buros (auf Euböa)

Karystos Beach Club, B, 163 B.; Amalia, C, 162 B.

Cavos Lefkimis (auf Korfu)

Roussos, B, 34 B.; Saint Marina, B, 58 B.; Alexandra Beach, C, 46 B.; Cavos, C, 39 B.; Morfeas, Kokinia, C, 84 B.

Chalkis (Halkida; auf Euböa)

Lucy, 10 L. Voudouri, A, 156 B.; John's, 9 Angeli Goviou, B, 98 B.; Paliria, 32 Voudouri Ave. & El. Venizelou, B, 200 B.; Hara, C, 80 B.; Kentrikon, 5 Angeli Goviou, C, 35 B.; Manica, Panagitsa-Artakis Ave., C, 48 B.

Hotels in Chania
(auf Kreta)

Amfora, 20 Parodos Theotokopoulou, A, 30 B.; Captain Vassilis, 12 Theotokopoulou, A, 13 B.; Contessa, 15 Theofanous, A, 14 B.; Kydon, Platia Agoras, A, 191 B.; Panorama, P.O. Box 73, A, 309 B.; Porto del Colombo, A, 15 B.; Akrotiri, Profitis Ilias, B, 26 B.; Arcadi, Platia 1866, B, 109 B.; Ariadni, Kalamaki, B, 17 B.; Artemis, B, 10 B.; Doma, 124 El. Venizelou, B, 56 B.; Domenico, 71 Zabeliou, B, 10 B.; El Greco, 47-49 Theotokopoulou, B, 25 B.; Faliro, B, 17 B.; Ghiannis, B, 5 B.; Lissos, 68 Dimokratias, B, 68 B.; Nostos, 46 Zambeliou, B, 10 B.; Pasiphae, 36 Koundouriotou, B, 15 B.; Porto Veneziano (Enetikos Limin), Akti Enosseos, B, 120 B.; Samaria, Kidonias & Zimvrakakidon, B, 110 B.; Xenia, Theotokopoulou, B, 88 B.; Afroditi, 18 Agion Deka, C, 20 B.; Amphitriti, C, 27 B.; Aptera Beach (Bungalows), Paralia Agion Apostolon Aptera, C, 92 B.; Astor, 2 Verovits Passa, C, 68 B.; Candia, C, 29 B.; Canea, 16 Platia 1866, C, 94 B.; Diktynna, 1 Betolo, C, 66 B.; Hellinis, 68 Tzanakaki, C, 28 B.; Kriti, 10 N. Foka & Kiprou, C, 189 B.; Kydonia, C, 68 B.; Kypros, 17 Tzanakaki, C, 36 B.; Lato, 8 Ionias, C, 51 B.; Lucia, Akti Koundourioti Paleo Limani, C, 72 B.; Manos, 17 Koundourioti, C, 19 B.; Mary Poppins, C, 20 B.; Omalos, 71 Kidonias Ave., C, 58 B.; Plaza, 1 Tombazi, C, 17 B.; Theofilos, 76 Papanastassiou, C, 19 B.

Chani Kokkini
(auf Kreta)

Arina Sand (Hotel & Bungalows), A, 452 B.; Knossos Beach (Hotel & Bungalows), A, 207 B.; Themis Beach, A, 229 B.; Prima, B, 24 B.; Akti, bei km 13, an der Straße von Iraklion nach Agios Nikolaos, Ethnikis Odos, C, 37 B.; Armilides, C, 29 B.; Danae, C, 34 B.; Kamari, 1 Platia 18 Angion, C, 62 B.

Chaniotis
(Haniotis)

Pella, B, 342 B.; Soussouras (Bungalows), B, 144 B.; Ermis (Hermes), C, 49 B.; Hanioti, C, 58 B.; Plaza, C, 32 B.; Strand, C, 85 B.

Chersonisos
(Limenas Hersonissou; auf Kreta)

*Creta Maris (Hotel & Bungalows), L, 1014 B.; *Belvedere (Hotel & Bungalows, A, 547 B.; Cretan Village, A, 178 B.; King Minos Palace (Hotel & Bungalows), A, 253 B.; Lyttos, Agissaras, P.O.Box 295, A, 601 B.; Nana Beach (Hotel & Bungalows), A, 296 B.; Adonis, 55 Venizelou, B, 18 B.; Angelos, 4 Venizelou, B, 23 B.; Chryssi Amoudia, B, 179 B.; Glaros, 5 Bouboulinas, B, 270 B.; Heronissos, Zotou, B, 168 B.; Hersonissos Maris, B, 102 B.; Lena-Mary, B, 20 B.; Maragakis, B, 92 B.; Mastorakis, B, 19 B.; Nora, B, 344 B.; Oceanis, B, 62 B.; Sergios, B, 149 B.; Silva Maris, B, 472 B.; Stella, 5, 28th Oktovriou, B, 19 B.; Villes Esperides, B, 54 B.; Virginia, 12 Mahis Kritis, B, 18 B.; Voula, B, 26 B.; Vrito, B, 29 B.; Adamakis, C, 32 B.; Albatros, Parodos Dimokratias, C, 143 B.; Anna, 144 E. Venizelou, C, 76 B.; Armava, Gourgouthia, C, 76 B.; Averinos, C, 58 B.; Avra, 131 Agias Paraskevis, C, 32 B.; Blue Sky, C, 44 B.; Bizantium, C, 50 B.; Charalambakis-Georgalis, C, 26 B.; Diktina, C, 72 B.; Dimitra, C, 60 B.; Eva, 1 Giamboudaki, C, 62 B.; Flisvos, C, 18 B.; Floral, C, 33 B.; Heleana, C, 34 B.; Helena, 12 Agias Paraskevis, C, 24 B.; Ilios, 1 E. Venizelou, C, 139 B.; Iro, 72 Evangelistrias, C, 94 B.; Maistrali, C, 27 B.; Marie-George, C, 25 B.; Marianna, C, 94 B.; Marie-Christine, C, 78 B.; Melpo, C, 77 B.; Memory, 7, 28th Oktovriou, C, 58 B.; Miramare, C, 67 B.; Nancy, 15 Agias Paraskevis, C, 49 B.; Nefeli, C, 53 B.; Niki, C, 57 B.; Palmera Beach, C, 123 B.; Pela-Maria, C, 168 B.; Psarros, 5 Ethnikis Antistasseos, C, 33 B.; Rea, 1 El. Venizelou, C, 29 B.; Regina, C, 22 B.; Thalia, C, 69 B.; Vasso, C, 59 B.; Velissarios, C, 41 B.; Zorbas, 1 Navarhou Nearhou, Agia Paraskevi, C, 40 B.

Chios
(Hios; Stadt)

Chios Chandris, Prokimea, B, 294 B.; Perivoli, Kambos, B, 24 B.; Xenia, Bella Vista, B, 50 B.; Diana, C, 92 El. Venizelou, C, 98 B.; Kyma, C, 82 B.

Hotels in Daphni

Dafni, 4 Ieras Monis, D, 23 B.

Daphnila (auf Korfu)

Eva Palace, Kato Korakiana, A, 323 B.; Grecotel Dafnila Bay (Hotel und Bungalows), A, 481 B.

Dassia (auf Korfu)

Corfu Chandris (Hotel-Bungalows und Villas), A, 558 B.; Dassia Chandris, A, 467 B.; Elaea Beach, A, 366 B.; Margarona Corfu, A, 219 B.; Paloma Bianca (Asproperistera), B, 64 B.; Sofia, Kato Korakiana, B, 15 B.; Amalia, C, 48 B.; Dassia, C, 102 B.; Dassia Margarita, C, 50 B.; Galini, C, 20 B.; Laskaris, C, 42 B.; Primavera, Kato Korakiana, C, 59 B.; San Remo, C, 52 B.; Tina, Krevatsoula, C, 35 B.

Delos (Dilos)

Xenia, B, 7 B.

Delphi (Delfi)

Amalia, Apolonos, A, 334 B.; Vouzas, 1 Pavlou & Friderikis, A, 111 B.; Xenia A, 82 B.; Europa, B, 92 B.; Kastalia, 13 Vassileos Pavlou & Friderikis, B, 52 B.; King Iniohos, B, 70 B.; Orfeas, B, 17 B.; Zeus, 10 D. Fragou, B, 53 B.; Acropole, 9 Filelinon, C, 51 B.; Aeolos, C, 48 B.; Greca, 8 Vassileos Pavlou & Friderikis, C, 26 B.; Hermes, 29 Vassileos Pavlou & Friderikis, C, 44 B.; Iniohos, 27 Vassileos Pavlou & Friderikis, C, 32 B.; Kastri, 23 Singrou, C, 47 B.; Leto, 25 Apolonos, C, 42 B.; Maniatis, 2 Issaïa, C, 11 B.; Odysseus, 1 Filelinon, C, 15 B.; Oracle (Mantion), 14 Vassileos Pavlou & Friderikis, C, 24 B.; Pan, 53 Vassileos Pavlou & Friderikis, C, 25 B.; Parnassos, 30 Vassileos Pavlou & Friderikis, C, 44 B.; Phaethon, Singrou & Ionos, C, 35 B.; Pythia, 6 Vassileos Pavlou & Friderikis, C, 50 B.; Stadion, 21 Apolonos, C, 45 B.; Varonos, 27 Vassileos Pavlou & Friderikis, C, 18 B.

Diakophto (Diakofto)

Chris-Paul, C, 50 B.; Acropole, D, 10 B.; Chelmos, D, 15 B.; Lemonies, D, 18 B.; Panorea, D, 14 B.; Panorama, D, 34 B.

Diaphani (auf Karpathos)

Chryssi Akti, 10 Diafani, E, 19 B.

Dodona (Dodoni)

Andromachi, B, 9 B.

Drama

Xenia, 10 Ethnikis Aminis, B, 88 B.; Anessis, 9 Agion Anargiron, R. Station, C, 25 B.; Apollo, 20 Lambrianidou, C, 75 B.; Marianna, 3 G. Vorazani, C, 85 B.

Drossia

Dionyssos, 4 Argonafton & Komninou, C, 26 B.; Pefkakia, 4 Argonafton, C, 93 B.; Zorbas, 5 Marathonos Ave., Platia Drossias, C, 23 B.

Dryos (auf Paros)

Annezina, C, 26 B.; Avra, C, 18 B.; Chryssi Akti, C, 52 B.; Julia, C, 23 B.; IVI (Hebe), C, 23 B.

Eantion (Eandio)

Gabriel, C, 34 B.

Edessa

Katarraktes, 4 Karanou, B, 83 B.; Xenia, 41 Pilipou Paradissos, B, 40 B.

Ekali

Neon Ariadne, 3-7 Fassideri, C, 33 B.

Elaphonisos (Elafonissos)

Asteri Tis Elafonissou, B, 21 B.; Elafonissos, B, 21 B.

Eleusis (Elefsina)

Melissa, 21 Persefonis, C, 31 B.

Elliniko (Eliniko)

Ikaros, 17 Vassileos Georgiou, D, 32 B.

Elunda (auf Kreta)

*Astir Palace Elounda (Hotel & Bungalows), L, 551 B.; *Elounda Beach (Hotel & Bungalows), L, 578 B.; *Elounda Mare (Hotel & Bun-

Hotels in Elunda (Fortsetzung)	galows), L, 150 B.; Elounda Marmin, A, 247 B.; Armos, B, 41 B.; Driros Beach, B, 32 B.; Korfos Beach, B, 29 B.; Sophia, B, 26 B.; Akti Olous, Shisma, C, 95 B.; Aristea, Shisma, C, 70 B.; Calypso, Shisma, C, 30 B.; Krini, Shisma, C, 61 B.; Selena Village, C, 80 B.
Emborion (auf Santorin)	Agia Irini, C, 23 B.; Archaea Elefsina, D, 28 B.; Marianna, D, 20 B.
Epidauros (Epidavros)	Xenia II (Bungalows), B, 48 B. In Nea Epidavros: Epidaurus, C, 13 B. In Paläa Epidavros: Stratos, B, 22 B.; Aegeon, C, 15 B.; Aktis, Paralia, C, 16 B.; Apollon, C, 72 B.; Christina, C, 26 B.; Hellas, C, 36 B.; Koronis, 166 Maniadaki, C, 14 B.; Maik, C, 25 B.; Maronika, Paralia, C, 35 B.; Paola Beach, C, 52 B.; Plaza, Paralia, C, 17 B.; Possidon, C, 18 B.; Rena, C, 13 B.; Saronis, C, 72 B.
Eressos (auf Lesbos)	Galini, B, 39 B.; Sappho the Eressia, 12 Theofrastou Skala, C, 33 B.
Eretria (auf Euböa)	Chryssi Akti, B, 247 B.; Perighiali Eretrias, B, 71 B.; Delfis, C, 168 B.; Xenia, Pezonissi, 180 B.
Ermioni	Costa Perla (Hotel & Bungalows), B, 362 B.; Lena-Mary, B, 228 B.
Ermones (auf Korfu)	Ermones Beach (Bungalows), A, 504 B.; Athina Ermones Golf, C, 39 B.
Ermupolis (auf Syros)	Vourlis, A, 14 B.; Ypatia, A, 21 B.; Ghiannis, 2 Emm. Roidou, B, 12 B.; Hermes, Platia Kanari, B, 47 B.; Syrii, B, 16 B.; Europe, 74 Stam. Proiou, C, 51 B.; Nissaki, 2 E. Papadam, C, 78 B.
Evdilos (auf Ikaria)	Evdoxia, B, 12 B.; Georgios, E, 13 B.
Exo Gonia (auf Santorin)	Makarios, C, 54 B.
Faliraki	⟶ Phaliraki
Fanari	⟶ Phanari
Farsala	⟶ Pharsala
Ferma (auf Kreta)	Coriva Village (Hotel & Bungalows), B, 69 B.; Porto Belissario, B, 63 B.
Festos	⟶ Phästos
Finix	⟶ Phinix
Fira	⟶ Thira
Firostephano	⟶ Phirostephano
Fiskardo	⟶ Phiskardo
Florina	⟶ Phlorina
Galatas (auf Kreta)	Vachos, C, 44 B.
Galatas (auf Poros)	Stella Maris Nautic Holiday Center (Hotel & Bungalows), B, 176 B.; Galatia, C, 51 B.; Papassotiriou, 41, 25th Martiou, C, 61 B.

Hotels in Galaxidi
Ta Adelfia, B, 11 B.; Ganymede, E. Vlami, C, 15 B.

Gasturi (auf Korfu)
El Greco, 3 Vassileos Konstantinou, B, 27 B.; Montaniola, B, 93 B.; Argo, C, 30 B.; Gefyra Kaizer, C, 50 B.

Gavrion (auf Andros)
Aphrodite, B, 43 B.; Perrakis, B, 57 B.; Gavrion Beach, C, 41 B.

Georgiupolis (auf Kreta)
Drossia, B, 22 B.; Gorgona, C, 70 B.

Gerolimin (Gerolimenas)
Akroyali, E, 12 B.; Akrotaenaritis, E, 10 B.

Ghaena (Gaena; auf Korfu)
Achilleus, B, 138 B.

Ghalissas (Galissas; auf Syros)
Françoise, C, 46 B.

Ghennadi (Genadi; auf Rhodos)
Panorama Genadi, C, 37 B.

Glossa (auf Skopelos)
Avra, C, 51 B.

Glyphada (Glifada; Attische Riviera)
*Astir (Bungalows), 58 Possidonos, L, 256 B.; Atrium, 10 Possidonos, A, 104 B.; Congo Palace, 75 Possidonos, A, 157 B.; Emmantina, 33 Possidonos, A, 144 B.; Palace, 4 Possidonos, A, 140 B.; Palmyra Beach, 70 Possidonos, A, 95 B.; Antonopoulos, 1 Lambraki, B, 84 B.; Delfini, 5 Xanthou, B, 73 B.; Fenix, 1 Artemidos, B, 265 B.; Florida, 33 Metaxa Ave., B, 159 B.; Four Seasons, 79 Possidonos, B, 146 B.; Golden Sun (Chryssos Ilios), 72 J. Metaxa Ave., B. 112 B.; Gripsholm, 4 Saki Karagiorga, B, 107 B.; Ideal, 47 Lazaraki & Zissimopoulou, B, 74 B.; John's, 3 Pandoras-Lazaraki, B, 128 B.; Kreoli, 17 Possidonos, B, 92 B.; Leto, Evriali-2 Menipis & Veli, B, 11 B.; London, 38 Possidonos, B, 142 B.; Miranda, 11 Meropis & Possidonos, B, 64 B.; Regina Maris, 11 Diadohou Pavlou Platia Flemming, B, 137 B.; Riviera, Possidonos Ave. & 2 Fivis, B, 151 B.; Sea View, 4 Xanthou, B, 141 B.; Stergios, 31 Ilias Ano Glifada, B, 84 B.; Triton, 106 Possidonos, B, 71 B.; Adonis, 20 Nikiforou, C, 85 B.; Arion, 13 Lazaraki, C, 57 B.; Avra, 5 Lambraki, C, 81 B.; Beau Rivage, 87 Possidonos, C, 156 B.; Blue Sky, 26 Eleftherias & Zamanou, C, 37 B.; Glyfada, 40 Possidonos & Nafsikas, C, 100 B.; Ilion, 4 G. Kondili, C, 56 B.; Oceanis, 23, Lambraki, C, 135 B.; Perla (Margaritari), 7 Hrissiidas, C, 112 B.; Rial, 7 Possidonos, C, 67 B.; Themis, 5 Possidonos & El. Venizelou, C, 84 B.

Glyphada (Glifada; auf Korfu)
Grand Hotel Glifada Beach, A, 465 B.; Glyfada Beach, B, 66 B.

Glyphada (Glifada; auf Thasos)
Glifada, C, 102 B.

Grikos (Grigos; auf Patmos)
Artemis, B, 45 B.; Grikos, B, 36 B.; Xenia, B, 62 B.

Gurnes (auf Kreta)
Erato, B, 46 B.; Royal, 42, 25th Martiou, B, 126 B.

Guves (Gouves; auf Kreta)
Creta Sun (früher Candia Beach), P.O. Box 106, A, 568 B.; Marina, P.O.Box 81, A, 548 B.; Aphrodite Beach, B, 446 B.; Apollo, B, 56 B.; Astir Beach, B, 110 B.; Despo, C, 67 B.; Ederi, C, 52 B.; Gouves Sea, C, 31 B.; Kouros, C, 48 B.; Mon Repos, C, 70 B.; Sonia, C, 35 B.; Studios Lida, C, 41 B.; Villa Calypso, C, 68 B.

Guvia (Gouvia; auf Korfu)
Grecotel Corcyra Beach (Hotel & Bungalows), A, 487 B.; Angela, B, 38 B.; Aspa, B, 33 B.; Molfetta Beach, B, 49 B.; Park, B, 338 B.; Artemis, Skliri Gouvion, C, 53 B.; Constantinos, C, 23 B.; Elizabeth, C, 39 B.; Galaxias, C, 67 B.; Gouvia, C, 40 B.; Iliada, C, 100 B.; Maltezos, C, 40 B.; Pheacion, C, 70 B.; Sun Flower, C, 23 B.

Hotels in Gythion (Githio)	Githion, A, 20 B.; Laconis (Bungalows), 3 Skalas, A, 148 B.; Cavo Grosso (Bungalows), Mavrovounio, B, 54 B.; Laryssion, 7 I. Grigoraki, C, 150 B.; Milton, Mavrovouni, C, 30 B.; Pantheon, 33 Vassileos Pavlou, C, 99 B.
Hani Kokkini	→ Chani Kokkini
Heraion (Ireo; auf Samos)	Venetia, B, 26 B.; Adamantia, C, 60 B.
Heraklion	→ Iraklion
Hermones	→ Ermones
Hermupolis	→ Ermupolis
Hydra (Idra)	Miramare, Mandraki, A, 50 B.; Miranda, A, 26 B.; Amaryllis, 15 Tombazi, B, 22 B.; Delfini, Paralia, B, 20 B.; Greco, B, 36 B.; Hydroussa (früher Xenia), B, 72 B.; Kamini, B, 16 B.; Orlof, B, 25 B.; Hydra, 8 Voulgari, C, 23 B.; Leto, C, 74 B.
Ia	→ Oia
Ialysos (Ialissos)	Blue Horizon, A, 412 B.; Ialyssos Bay, A, 282 B.; Sun Beach II, A, 111 B.; Eleni, 37 Ierou Lohou, B, 24 B.; Lisa, Kandili, B, 53 B.; Green View, 5 Leoforos Kremastis, C, 62 B.
Ierapetra (auf Kreta)	Ferma Beach (Hotel & Bungalows), A, 314 B.; Kritika Spitia, A, 70 B.; Petra-Mare, A, 405 B.; Blue Sky, Peristera, B, 45 B.; Minoan Prince, B, 105 B.; Achlia, C, 34 B.; Atlantis, Agios Andreas, C, 134 B.; Camiros, 17 M. Kothri, C, 75 B.; Creta, Platia El. Venizelou, C, 47 B.; El Greco, 40 M. Kothri, C, 62 B.; Ersi, C, 25 B.; Kyrva, 45 Emm. Lambraki Manoliana, C, 31 B.; Lygia, Parodos Kirba, C, 29 B.; Zakros, C, 88 B.
Ierissos	Marcos, D, 40 B.
Igumenitsa (Igoumenitsa)	Xenia, 2 Vassileos Pavlou, B, 72 B.; Astoria, 147 Agion Apostolon, C, 25 B.; El Greco, 86 Ethnikis Andistasseos, C, 84 B.; Epirus, 20 Pargas, C, 11 B.; Jolly, 20 Vassileos Pavlou, C, 51 B.; Oscar, 149 Agion Apostolon, C, 68 B.; Tourist, 22 Vassileos Pavlou, C, 40 B. – Südlich außerhalb der Stadt: Robinson Club Nea Sivota, 250 B.
Inussä (Inousses)	Prassonissia, D, 11 B.; Thalassopolos, D, 23 B.
Ioannina	Palladion, 1 Pan. Skoumbourdi & 28th Oktovriou, B, 242 B.; Xenia, 33 Vassileos Georgiou B, B, 100 B.; Acropole, 3 Vassileos Georgiou A, C, 58 B.; Alexios, 14 Poukevil, C, 160 B.; Astoria, 2a Paraskevopoulou, C, 30 B.; Bretannia, 11 Kentriki Platia, C, 43 B.; Dioni, 10 Tsirigoti, C, 74 B.; Egnatia, 2 Dagli & Aravandinou, C, 96 B.; El Greco, 8 Tsirigoti, C, 68 B.; Esperia, 3 Kaplani, C, 59 B.; Galaxy, Platia Pirou, C, 72 B.; King Pyrros, 1 J. Gounari, C, 40 B.; Metropolis, 2 C. Kristali & Averof, C, 33 B.; Olympic, 2 G. Melanidi, C, 84 B.; Tourist, 18 Koleti, C, 55 B.; Vyzantion, Dodonis Ave., C, 200 B.; Zakas, Ziakas, Perama, C, 75 B.
Ios	Chryssi Akti, B, 19 B.; Ios (Hotel & Bungalows), Milopotas, B, 86 B.; Akti Iou, C, 42 B.; Armadoros, C, 50 B.; Corali, C, 25 B.; Delfini, Milopotas, C, 33 B.; Flisvos, C, 25 B.; Giorgos-Irini, C, 44 B.; Fragakis, C, 27 B.; Homer's Inn, C, 34 B.; Mare-Monte, Ormos, C, 52 B.; Philippou, C, 22 B.; Sea Breeze (Thalassia Avra), Limin, C, 28 B.
Iraklion (Iraklio; auf Kreta)	Astoria, 5 Platia Eleftherias, A, 273 B.; Atlantis, 2 Meramvelou & Igias, A, 296 B.; Creta Beach, Amoudara, A, 262 B.; Galaxy, 67 Dimokratias

Hotels in Iraklion (Fortsetzung)

Ave., A, 264 B.; Xenia, S. Venizelou, A, 156 B.; Anna-Bella, Talon & Kourmoulidon, B, 14 B.; Ares, 5 Agissilaou, B, 30 B.; Atrion, 9 K. Paleologou, B, 117 B.; Diamantis, B, 6 B.; Esperia, 20 Idomeneos, B, 92 B.; Ilaira, Epimenidou & 1 Ariadnis, B, 32 B.; Kastro, 20 Theotokopoulou, B, 63 B.; Kreta, 3 Anopoleos, B, 18 B.; Kris, 2 Doukos Beaufort, B, 17 B.; Mediterranean, 1 Smirnis Platia Daskalogiani, B, 105 B.; Petra, 55 Dikeossinis, B, 59 B.; Phaedra, 11 Satha Kamaraki, B, 41 B.; Xenon Georgiades, 17 Kandanoleon, B, 19 B.; Apollon, 63 Minoos & Anogion, C, 96 B.; Asterion, 50 Ikarou & Irodotou, Nea Alikarnassos, C, 108 B.; Athinaikon, 89 Ethnikis Antistasseos, C, 77 B.; Atlas, 6 Kandanoleon, C, 35 B.; Blue Sky, 105, 62 Martiron, C, 50 B.; Castello, 1, 62 Martiron Platia Koraka, C, 124 B.; Daedalos, 15 Dedalou, C, 115 B.; Domenico, 14 Almirou, C, 73 B.; El Greco, 4, Odos 1821, C, 165 B.; Evans, 14 b Agiou Fanouriou, Nea Alikarnassos, C, 48 B.; Gortis, 4 Akrotiriou, C, 20 B.; Gloria, 15 Egeou Poros, C, 95 B.; Grabelles, 26 Skordilon, C, 80 B.; Heracleion, 128 Kalokerinou & Delimarkou, C, 72 B.; Irene, C, 105 B.; Kirki, 157 Leoforos Kalokerinou, C, 30 B.; Knossos, 43, 25th Avgoustou, C, 46 B., Kronos, 3 Platia Kalergon, C, 28 B.; Lato, 15 Epimenidou & Lavirinthou, C, 99 B.; Marin, 12 Beaufort, C, 83 B.; Metropole, 48 Karterou, C, 75 B.; Mirabello, 18 Theotokopoulou, C, 42 B.; Olympic, Platia Kornarou, C, 135 B.; Santa Elena, 372, 62 Martiron, C, 83 B.; Selena, 7 Androgeo, C, 52 B.; Sofia, Nea Alikarnassos, C, 48 B. – Südöstlich der Stadt: Robinsonclub Lythos Beach, 600 B.

Isthmia

King Saron, A, 301 B.

Istiaia (Istiea; auf Euböa)

Neon, 7 Angeli Goviou Egia Litsas, E, 19 B.

Itea

Galini, 57 Akti Possidonos, B, 60 B.; Kalafati, Paralia, B, 62 B.; Nafsika, Iroon & Kapodistriou, B, 144 B.; Panorama, 153, Akti Possidonos Paralia, B, 49 B.; Xenia (Motel), B, 36 B.; Akti, 81 Akti Possidonos, C, 40 B.

Ithaka (Ithaki)

Mendor, Paralia, B, 68 B.; Odysseus, Vathi, B, 17 B.; Nostos, Frikies, C, 51 B.

Ixia (auf Rhodos)

*Miramare Beach (Hotel & Bungalows), L, 330 B.; *Olympic Palace, Ialissou Ave., L, 591 B.; *Rodos Palace (Hotel Apartments & Bungalows), Ialissou Ave., L, 1 220 B.; Avra Beach, (Hotel & Bungalows), Ialissou Ave., A, 353 B.; Bel Air, Ialissou Ave., A, 293 B.; Blue Bay (Hotel & Apartments), Ialissou Ave., A, 410 B.; Cosmopolitan, A, 484 B.; Dionyssos, Ipoton, A, 523 B.; Electra Palace, Paralia Ialissou, A, 513 B.; Elina, Paralia Ialissou, A, 277 B.; Golden Beach (Bungalotel), Akti Ialissou, A, 431 B.; Metropolitan Capsis, Ialissou Ave., A, 1 198 B.; Oceanis, Triandon Ave., A, 423 B.; Rodos Bay (Hotel & Bungalows), A, 611 B.; Leto, Ialissou Ave., B, 184 B.; Solemar, 66 Sotiros, B, 194 B.; Mihalis, C, 26 B.; Natalia, C, 74 B.; Pefka, C, 18 B.; Roma, C, 80 B.; Vellois, Triandon Ave., C, 92 B.

Kaiaphas (Kaiafas)

Jenny, B, 16 B.; Anemoni, Geranion, C, 12 B.; Archaea Sami, C, 46 B.; Geranion, C, 77 B.; Lapitha, C, 22 B.

Kalamaki (Attische Riviera)

Saronis, 13 Possidonos, A, 74 B.; Albatros, 77 Possidonos, B, 152 B.; Imperial, 83 Thoukididou & Kondili, B, 31 B.; Rex, 40 Possidonos, B, 63 B.; La Maison, 14 Vassileos Konstandinou, B, 22 B.; Venus, 9 Megistis, B, 54 B.; Alkyon, 2 K. Kotzia & Possidonos, C, 26 B.; Attica, 18 P. Tsaldari, C, 62 B.; Galaxy, 39 Possidonos, C, 83 B.; Hellinikon, 76 Possidonos, C, 96 B.; Nefeli, 5 Fan Vaïk & Possidonos, C, 70 B.; Tropical, 74 Possidonos, C, 88 B.

Hotels in Kalamaki (auf Zakynthos)	Kalamaki Beach, B, 55 B.; Crystal Beach, C, 105 B.
Kalamata	Elite, 2 Navarinou Fare Paralia, A, 94 B.; Filoxenia, Navarinou Paralia, B, 254 B.; Nedon, 153 Navarinou Paralia, B, 20 B.; Rex, 26 Aristomenous, B, 96 B.; America, 37 Navarinou Paralia, C, 38 B.; Avra, 10 Santaroza Paralia, C, 16 B.; Flisvos, 135 Navarinou Paralia, C, 75 B.; Galaxias (Galaxy), 14 Kolokotroni, C, 52 B.; Haicos, 115 Navarinou Paralia, C, 112 B.; Valassis, 95 Navarinou Paralia, C, 70 B.; Vyzantion, 14 Iatropoulou, C, 49 B.
Kalambaka	Motel Divani, A, 315 B.; Xenia (Motel), A, 44 B.; Aeolikos Astir, 4 Ath. Diakou, C, 31 B.; Atlantis, C, 50 B.; Galaxias, 31 Hatzipetrou, C, 38 B.; Helvetia, 45 Kastrakiou, C, 22 B.; Odyssion, Kastrakiou, C, 42 B.; Olympia, 97 Trikalon, C, 42 B.; Rex, 11a Kastrakiou, C, 62.
Kalami (auf Samos)	Fenix, B, 26 B.; Kirki Beach, B, 36 B.; Myrini, B, 42 B.; Notis, Roditses, B, 12 B.; Panthea, B, 23 B.; Andromeda, 107A Kalistratou, C, 65 B.; Pythagoras, 12 Kalistratou, C, 31 B.
Kalandra	Mendi, A, 311 B.
Kala Nera (Pelion)	Alcyon, B, 22 B.; Rodia, B, 33 B.; Izela, C, 62 B.
Kalaphati (auf Mykonos)	Anastassia (Bungalows), Agia Ana, B, 56 B.; Aphroditi (Bungalows), B, 256 B.
Kalathas (auf Kreta)	Tzanakaki Beach, C, 68 B.
Kalathos (auf Rhodos)	Mouratis, E, 15 B.
Kalavryta (Kalavrita)	Chelmos, Platia Eleftherias, B, 45 B.; Filoxenia, B, 48 B.; Maria, 2 Singrou, C, 23 B.
Kallithea (Chalkidike)	Athos Palace (Hotel & Bungalows), A, 1 130 B.; Pallini Beach (Hotel & Bungalows), A, 938 B.; Ammon Zeus, B, 208 B.; Belvedere, C, 116 B.; Delfini, C, 23 B.
Kallithea (auf Rhodos)	Sunwing, A, 738 B.
Kalloni (auf Lesbos)	Kalloni, C, 23 B.
Kalo Horio (auf Kreta)	*Istron Bay, Pilos, L, 199 B.; Elpida, C, 145 B.; Golden Bay, C, 94 B.
Kalymnos (Kalimnos; Stadt)	Aris, B, 33 B.; Drossos, Kantouni Beach Panormos, C, 97 B.; Evanik, C, 39 B.; Olympic, Agiou Nikolaou, C, 81 B.; Thermae, Platia Haralambous, C, 30 B.
Kamares (auf Siphnos)	Kamari, B, 35 B.; Boulis, C, 85 B.; Stavros, C, 28 B.
Kamari (auf Santorin)	Sunshine (Iliaktida), B, 68 B.; Akis, C, 29 B.; Artemis Beach, C, 54 B.; Astro, C, 41 B.; Kamari, C, 104 B.; Kasteli, C, 20 B.; Orion, C, 40 B.; Poseidon, C, 60 B.; Zephyros, C, 44 B.
Kamariotissa (auf Samothraki)	Aeolos, B, 100 B.; Niki Beach, C, 72 B.
Kamena Vurla (Kamena Vourla)	Galini, A, 231 B.; Agamemnon, B, 18 B.; Anessis, Platia Plastira, B, 22 B.; Angela, 5, 28th Oktovriou, B, 35 B.; Antonios, 59 Ermou, B, 29 B.; Aphrodite, B, 23 B.; Artemis, Nea Ethniki Odos, B, 26 B.; Athina, 31,

Hotels in Kamena Vurla (Fortsetzung)

28th Oktovriou & J. Metaxa, B, 36 B.; Atlantis, B, 25 B.; Avra, 33 G. Vassiliadi, B, 46 B.; Christina, 4 Knimidos, B, 28 B.; Dellis, 1 Thermopilon, B, 28 B.; Dimitra, B, 24 B.; Dionyssos, B, 12 B.; Drossia, 20 Ermou, B, 17 B.; Efstathiou, B, 22 B.; Fotini, 1 Palama, B, 25 B.; Fouli, 19 Androutsou, B, 14 B.; Galaxy, 19, 28th Oktovriou, B, 30 B.; Haravghi, 7 El. Venizelou Atiki, B, 28 B.; Hermes, G. Vassiliadi Plataneïka, B, 26 B.; Ilion, G. Vassiliadi, B, 16 B.; Iphigenia, 2 Knimidos, B, 30 B.; Ion, 5th Ath. Diakou, B, 25 B.; Leonidas, Agiou Nikolaou Atiki, B, 20 B.; Leto, B, 46 B.; Loucy, 12 Agiou Nikolaou, B, 33 B.; Loula, 8, 28th Oktovriou, B, 39 B.; Morfi, 23 Ermou, B, 22 B.; Nadia, 3 Ar. Kakouri, B, 31 B.; Nana, 19 Athanassiou Diakou Atiki, B, 22 B.; Natassa, 13, 28th Oktovriou, B, 28 B.; Noufara, 28, 28th Oktovriou, B, 26 B.; Oassis, B, 36 B.; Pantheon, 17 Agiou Nikolaou, B, 53 B.; Parnassos, B, 24 B.; Persephoni, B, 34 B.; Possidon, B, 176 B.; Possidonion, B, 24 B.; Radion, B, 94 B.; Ritsa, B, 38 B.; Sissy, B, 190 B.; Sonia, B, 35 B.; Thronion, B, 78 B.; Violetta, 81 G. Vassiliadi, B, 70 B.; Acropole, 86 G. Vassiliadi, C, 52 B.; Akti, G. Vassiliadi, C, 35 B.; Alexandros, 16 A' Odos, C, 14 B.; Alma, 141 G. Vassiliadi Platania, C, 53 B.; Amaryllis, C, 16 B.; Anastassia, 1 Ermou, C, 26 B.; Angelika, 6 Knimidos, C, 28 B.; Apollonion, 3 Agiou Nikolaou, C, 20 B.; Argo, 51 G. Vassiliadi, C, 41 B.; Armonia, 24 G. Vassiliadi, C, 43 B.; Asteria, C, 25 B.; Astir, 10, 25th Martiou, C, 64 B.; Athinea, C, 32 B.; Attiki, C, 51 B.; Boucas, 18 El. Venizelou, C, 38 B.; Caterina, C, 49 B.; Cavo d' Oro, Aspроneri, C, 32 B.; Cecil, 6 Ar. Kakouri Platia Plastira, C, 35 B.; Chloe, 4 Dim. Karaoli, C, 40 B.; Cleo, 10 Ath. Diakou, C, 14 B.; Dafni, C, 21 B.; Delphi, 9 Pigis Sotiros, C, 26 B.; Delfini, G. Vassiliadi & Karaoli, C, 42 B.; Diana, 1 Platia Plastira, C, 34 B.; Diktaeon, 2 Riga Fereou, C, 27 B.; Dodoni, C, 29 B.; Elite, G. Vassiliadi, C, 24 B.; Elpida, 12 Ath. Diakou, C, 15 B.; Esperia, 31 G. Vassiliadi Atiki, C, 26 B.; Estia, 10 Karias, C, 15 B.; Gardenia, 11 Agiou Nikolaou, C, 17 B.; Georgia, C, 23 B.; Heleana, C, 16 B.; Helena, C, 32 B.; Hellinis, 10 G. Vassiliadi, C, 24 B.; Iniohos, C, 19 B.; Irene, 30 G. Vassiliadi, C, 16 B.; Ismini, 4 Ath. Diakou, C, 20 B.; Kallidromon, 3, 28th Oktovriou, C, 32 B.; Kallithea, 58 Agiou Nikolaou, C, 25 B.; Kamelia, 11 A' Odos, C, 16 B.; Knimis, C, 16 B.; Kymata, C, 23 B.; Kypreos, 6 Vassiliadi, C, 58 B.; Laconis, C, 30 B.; Lemonia, 4 B' Odos, C, 16 B.; Lilia, 4 El. Venizelou, C, 16 B.; Martha, C, 15 B.; Matina, C, 24 B.; Messinia, 1 Pigis Sotiros, C, 13 B.; Nefeli, C, 17 B.; Neon Astron, 14 Agiou Nikolaou, C, 41 B.; Niki, 18, 28th Oktovriou, C, 38 B.; Niobe (Niovi), 3, G. Vassiliadi, C, 19 B.; Oceanis, C, 52 B.; Orpheus (Orphefs), 6 B' Odos, C, 15 B.; Pagonion, 21 Ermou, C, 28 B.; Paris, 10 A' Odos, C, 16 B.; Penelope, C, 14 B.; Pringhipikon, 75 G. Vassiliadi, C, 49 B.; Rania, C, 23 B.; Regina, C, 29 B.; Rizos, C, 20 B.; Silia, C, 23 B.; Stroghyli, 16-18 Knimidos, C, 38 B.; Ta Kymata, C, 23 B.; Thalia, 12 A' Odos, C, 32 B.; Thermae, 4 Ath. Diakou, C, 28 B.; Timos, 18 Kakouri, C, 23 B.; Trikala, C, 25 B.; Tselios, 20 Kakouri, C, 22 B.; Tymphristos, 14, 28th Oktovriou, C, 36 B.; Velouhi, C, 13 B.; Vicky, 28, 25th Martiou, C, 19 B.

Kanoni (auf Korfu)

*Corfu Hilton International (Hotel & Bungalows), Nafsikas st., P.O.Box 124, L, 515 B.; Ariti, 40 Nafsikas, A, 312 B.; Corfu Divani Palace, 20 Nafsikas, A, 306 B.; Royal (Vassilikon), 110 Figareto, C, 232 B.; Salvos, 108 Figareto, C, 176 B.

Karavomylos (Karavomilos)

Stylis Beach, C, 297 B.

Kardamena (auf Kos)

Norida Beach, A, 747 B.; Alma, B, 40 B.; Carda Beach (Bungalows), B, 127 B.; Christina Beach, B, 19 B.; Marigo, B, 13 B.; Silver Beach, B, 80 B.; Villa Pantarota, B, 18 B.; Mikartzi, C, 61 B.; Kardamena, C, 30 B.; Panorama, C, 40 B.; Stelios, C, 24 B.; Valinakis Beach, C, 141 B.

Kardamyla (auf Chios)

Kardamyla, B, 60 B.

Hotels in Kardamyli (Peloponnes)	Dioscouri, D, 12 B.
Karditsa	Arni, 4 Karaïskaki, C, 62 B.; Astron, 97 Iezekiil, C, 78 B.; Avra, 42 Karaïskaki & Averof, C, 41 B.
Karlovassi (auf Samos)	Aegeon, B, 109 B.; Aspassia, B, 82 B.; Merope, Kentriki Odos Pefkakia-Alsos, B, 152 B.; Samena Bay, B, 142 B.
Karpathos (Stadt Karpathos)	Romantica, B, 61 B.; Seven Stars, B, 62 B.; Atlantis, C, 73 B.; Panorama, C, 50 B.; Porfyris, C, 41 B.
Karteros (auf Kreta)	Minoa Palace, Paralia Amnissou, A, 230 B.; Amnissos (Bungalows), B, 108 B.; Karteros, Amnissos, B, 104 B.; Motel Xenia, B, 84 B.
Karystos (auf Euböa)	Apollon Resort, Psili Amos, B, 150 B.; Galaxy, C, 136 B.; Karystion, Kriezotou, C, 75 B.; Plaza, 9 Ioanou Kotsika, C, 68 B.
Kasos (Kassos)	Anagenissis, C, 18 B.; Anessis, 9 G. Mavrikaki, C, 14 B.
Kassiopi (auf Korfu)	Oasis, D, 25 B.
Kastelli Kissamu (auf Kreta)	Helena Beach, B, 75 B.; Castle (Kastron), Platia Kastelliou, C, 21 B.; Kissamos, C, 29 B.
Kastellorizo	Xenon Dimou Meghistis, B, 32 B.
Kastoria	Xenia du Lac, Platia Dexamenis, A, 49 B.; Maria (Motel), B, 88 B.; Tsamis, Dispilio (3 km von Kastoria entfernt), B, 153 B.; Acropolis, 16 Gramou, C, 41 B.; Anessis, 10 Gramou, C, 38 B.; Europa, C, 68 B.; Kastoria, 122 Nikis Ave., C, 25 B.; Keletron, 52, 11th Noemvriou, C, 41 B.; Lazos, Petra, C, 25 B.; Orestion, 1 Platia Davaki, C, 33 B.
Kastraki	Kastraki, E, 14 B.
Kastro Kyllinis	Robinson Clubhotel Kyllini Beach, A, 624 B.; Chryssi Avgi, 9 Loutropoleos, C, 20 B.
Katakolo	Ionio, C, 19 B.
Katapola	Minoa, C, 19 B.
Katerini	Lido, 16. P. Tsaldari, C, 43 B.; Olympion, 15 Vassileos Georgiou B, C, 72 B.; Park, Ethniki Odos Katerinis-Salonikis, C, 38 B.
Kavala	Tosca Beach (Bungalows), A, 199 B.; Blue Bay (Hotel & Bungalows), Nea Iraklitsa, B, 64 B.; Egnatia, 139, 7th Merarhias, B, 70 B.; Filoxenia, Agios Silas, B, 60 B.; Galaxy, 51 El. Venizelou, B, 283 B.; Lucy, Kalamitsa, B, 391 B.; Oceanis, 32 Leoforos Erithrou Stavrou, B, 318 B.; Vournelis, B, 23 B.; Acropolis, 53c El. Venizelou, C, 28 B.; Esperia, 42 Erithrou Stavrou Ave., C, 200 B.; Europa, 29 Irinis Athineas Viron, C, 21 B.; Nefeli, 50 Leoforos Erithrou Stavrou, C, 179 B.; Panorama, 32c El. Venizelou, C, 99 B.
Kavos Lefkimis s. Cavos Lefkimis	
Kavuri (Attische Riviera)	Amarilia, A, 185 B.; Pine Hill, 22 Kronou, B, 158 B.; Sunrise, 11 Agiou Nikolaou, B, 112 B.; Maro, 2 Kivelis & Vassileos Pavlou, C, 15 B.
Kea	Ioulis, B, 21 B.; I Tzia Mas (Motel), Korissia, B, 48 B.; Kea Beach (Hotel & Bungalows), Koundouros, B, 150 B.; Carthea, Korissia, C, 67 B.
Kephalos (auf Kos)	Kokalakis Beach, C, 44 B.; Sidney, D, 40 B.

→ Korfu (Stadt)

Hotels in Kerkyra

Kiaton

Triton, 2 Metamorfossis Sotiros, B, 56 B.; Galini, 3 Mavroulia, C, 45 B.; Pappas, 31 Sikionos, C, 76 B.; Pefkias, Neapolis, C, 22 B.

Kifissia

*Pentelikon, 66 Deligiani Kefalari, L, 90 B.; Costis Dimitracopoulos, Th. Deligiani & Har. Trikoupi Kefalari, A, 54 B.; Grand Chalet, 38 Kokinara, A, 36 B.; Semiramis, 36 Harilaou Trikoupi & Filadelfeos Kefalari, A, 78 B.; Theoxenia, 2 Filadelfeos & Kolokotroni Kefalari, A, 120 B.; Nafsika (Nazika), 6 Pelis & 2 Epidavrou, B, 32 B.; Acropolis, 32 Kolokotroni Kefalari, C, 53 B.; Aegli, Platia Platanou, C, 54 B.; Des Roses, 4 Miltiadou, C, 71 B.; Katerina, 3 Mikonou Kefalari, C, 88 B.; Roussos, 18 P. Tsaldari, C, 18 B.

Kinetta (Kineta)

Kineta Beach Club (Hotel & Bungalows), bei km 57, A, 361 B., Sun, bei km 54, B, 96 B., Boussoulas, bei km 56, C, 48 B., Hotel 50, bei km 50, C, 38 B., alle vier an der Straße von Athinon nach Korinthou, Palea Odos.

Kionia (auf Tinos)

Tinos Beach (Hotel & Bungalows), A, 339 B.

Kokkarion (Kokari; auf Samos)

Galini, B, 14 B.; Olympia Beach, B, 20 B.; Asterias, B, 18 B.; Hatziandreou, C, 25 B.; Kokkari Beach, C, 84 B.; Niki, C, 27 B.; Tsamadou, C, 34 B.; Lemos, C, 23 B.; Venus (Afroditi), Odos Kokariou, C, 72 B.

Kokkinos Pirgos (auf Kreta)

Libyan Sea, B, 42 B.; Ta Adelfia, C, 20 B.

Kokoni

Angela, Paralia, C, 260 B.; Eva-Giorgos, C, 36 B.; Kokoni Beach, C, 60 B.

Kolymbia (auf Rhodos)

Kolimbia Sun, C, 75 B.; Relax, C, 90 B.

Komeno (auf Korfu)

*Astir Palace Corfu (Hotel & Bungalows), L, 590 B.; Radovas (Hotel & Bungalows), A, 221 B.

Komotini

Archontiko Christou- Evis, bei km 3, an der Straße von Komotini nach Alexandrupolis, B, 153 B.; Olympos, 37 Orfeos, B, 51 B.; Orpheus, 48 Platia Vassileos Konstantinou, B, 150 B.; Xenia, 43 Sismanoglou, B, 46 B.; Anatolia, 53 Anhialou, C, 108 B.; Astoria, 28 Platia Vassileos Konstantinou, C, 27 B.; Democritus, 8 Platia Viziinou, C, 96 B.

Kontokali (auf Korfu)

*Kondokali Palace, L, 467 B.; Pyrros, C, 49 B.; Telessila, C, 63 B.

Korakies (auf Kreta)

Corakies Village, B, 34 B.

Korfu (Kerkira; Stadt)

*Corfu Palace, Leoforos Dimokratias, L, 195 B.; Cavalieri, 4 Kapodistriou, A, 91 B.; Anthis, Kefalomandouko, B, 86 B.; Astron, 15 Donzelotou, B, 63 B.; King Alkinoos, 29 Dimarhou Panou Zafiropoulou, B, 102 B.; Olympic, 4 Doukissis Marias, B, 90 B.; Phoenix (Finix), 2 Hr. Smirnis, B, 34 B.; Arcadion, 44 Kapodistriou, C, 95 B.; Atlantis, Xen. Stratigou, C, 112 B.; Bretagne, 27 Georgaki, C, 84 B.; Calypso, 4 Vraïla, C, 34 B.; Dalia, 9 Platia Ethnikou Stadiou Garitsa, C, 32 B.; Hermes, 14 G. Markora, C, 62 B.; Ionion, 46 Xen. Stratigou Neos Limin, C, 144 B.

Korinth (Korinthos)

Acropolis, 25 Vassileos Georgiou, C, 50 B.; Belle Vue, 41 Damaskinou, C, 31 B.; Ephira, 52 Vassileos, Konstandinou, C, 85 B.; Korinthos, 26 Damaskinou, C, 64 B.

In Altkorinth (Korinthos Arhea):
Xenia (Pavillon), A, 3 B.

Hotels in Korissia → Kea

Koroni
Auberge de la Plage, B, 40 B.; Flisvos, P. Rali, D, 16 B.; Panorama, D, 18 B.

Korthion (auf Andros)
Korthion, C, 27 B.

Kos (Stadt)
Continental Palace (Epirotikon Melathron), A, 393 B.; Dimitra Beach (Hotel-Bungalows), Agios Fokas Palioskala, A, 261 B.; Aegeon, 30 M. Alexandrou, B, 76 B.; Agios Constantinos, B, 232 B.; Alcyon, B, 42 B.; Alexandra, 1, 25th Martiou, B, 150 B.; Alexis Place, B, 29 B.; Aliki, 23 Themistokleous, B, 37 B.; Amerikana, Agia Marina, B, 26 B.; Anne, 65 El. Venizelou, B, 34 B.; Arion, Agia Marina, B, 32 B.; Artemis, 93 Kanari, B, 108 B.; Astron, Akti Koundouriotou, B, 136 B.; Atlanta Beach, B, 80 B.; Australia, 39 G. Averof, B, 16 B.; Constantia, Artemissias, B, 32 B.; Costis, Artemissias & Fenaretis, B, 22 B.; Fotini, 3 Veriopoulou, B, 23 B.; Galazios Ouranos, 3 G. Ioanidi & Kouroukli Agios Nikolaos, B, 20 B.; Gallia, B, 39 B.; Georgia, 63 El. Venizelou, B, 18 B.; Golden City, B, 26 B.; Hellas, 23 Parodos Amerikis, B, 36 B.; Ippoton, Vassileos Georgiou, B, 78 B.; Kos, 31 Vassileos Georgiou, B, 262 B.; Marina, B, 104 B.; Marmari Beach, B, 207 B.; Meropis, B, 36 B.; Mersini, Parodos Amerikis Agios Pavlos, B, 20 B.; Olympia, Veriopoulou, B, 41 B.; Oscar Sevasti, El. Venizelou, B, 42 B.; Paritsa, Spetson & 39 Kanari, B, 100 B.; Sophia, 81 Kleovoulou, B, 17 B.; Theodorou Beach, B, 103 B.; Theoxenia, 4 Vassileos Georgiou, B, 78 B.; Acropole, 4 Panagi Tsaldari, C, 10 B.; Agios Georgios, C, 77 B.; Anastasia, Panagia Faneromeni, C, 77 B.; Anneta, Harmilou, C, 42 B.; Bahames, Parodos B' Amerikis, C, 56 B.; Bristol, C, 71 B.; Captain's, C, 52 B.; Costel, C, 71 B.; Delfini, Kanari, C, 34 B.; Diethnes, 2 Ag. Foka, C, 121 B.; Dimitris-Paritsa, C, 80 B.; Ekaterini (Catherine), 8 P. Tsaldari, C, 48 B.; Elisabeth, 9 El. Venizelou, C, 32 B.; Elli, 10 Themistokleous, C, 150 B.; Elma, 11 Akti Kountouriotou, C, 92 B.; Galaxias, 143 Harmilou, C, 42 B.; Galini, C, 60 B.; George, C, 59 B.; Ibiscus (Iviskos), 2 Akti Miaouli, C, 17 B.; Imperial, C, 134 B.; Ippokratis, 4 Agiou Nikolaou, C, 48 B.; Kamelia, 3 Artemissias, C, 42 B.; Karis, C, 54 B.; Koala, Harmilou, C, 81 B.; Kondia Beach, C, 101 B.; Koni, 25 Themistokleous, C, 37 B.; Manos, 11 Artemissias, C, 29 B.; Marie, 24 Themistokleous, C, 39 B.; Martina, C, 132 B.; Messoghios, C, 67 B.; Milva, Platia Konitsis & Meropidos, C, 99 B.; Niriides Beach (Hotel & Bungalows), C, 147 B.; Olga, 1 Platia Tritis Septemvriou, C, 57 B.; Oscar, 59 El. Venizelou, C, 308 B.; Paradissos, C, 100 B.; Pavlos, C, 121 B.; Phaethon, C, 48 B.; Possidon, 143 Harmilou, C, 67 B.; Theonia, Amerikis, C, 89 B.; Titania, C, 109 B.; Veroniki, 2 P. Tsaldari, C, 36 B.; Virginia, 1b Korai, C, 42 B.; Zephyros, 34 Vassileos Georgiou, C, 93 B.; Zikas, C, 36 B.

Kosta
Cap d'Or (Hotel & Bungalows), B, 284 B.; Lido, B, 72 B.

Kounoupidiana (auf Kreta)
Pyrgos, B, 33 B.

Kourna (auf Kreta)
Happy Days Beach, Kavros, C, 69 B.; Kavros Beach, C, 43 B.; Manos Beach, C, 29 B.

Kratigos (auf Lesbos)
Katia (Bungalows), Akti Katia Agrilia, B, 76 B.

Kremasti (auf Rhodos)
Blue Bay Kremasti, B, 94 B.; Iliotropio, B, 141 B.

Kritika (auf Rhodos)
Sirene Beach, A, 156 B.; Poseidon, B, 63 B.

Kunturudia (auf Lesbos)
Kountouroudia, B, 17 B.

Hotels in Kyllini (Lutra Kilinis)

Xenia, A, 160 B.; Glarentza, C, 58 B.; Ionion, C, 45 B.; Xenia, C, 150 B; Robinson-Club Kyllini Beach.

Kymi (Kimi; auf Euböa)

Beis, Paralia, C, 73 B.; Aktaeon, Paralia, D, 22 B.; Halkidis, 15 L. Athinon, D, 22 B.; Kymi, 20 L. Athinon, D, 23 B.

Kyparissia (Kiparissia)

Artemis, 6 Doufa Paralia, C, 41 B.; Ionion, 1 Kalantzakou, C, 57 B.Vassilikon, 7 Alexopoulou, C, 45 B.

Kythira (Kithira; Stadt)

Keti, 28 Melpomenis Livanou, B, 16 B.

Laganas (auf Zakynthos)

Esperia, B, 62 B.; Galaxy, B, 152 B.; Laganas, B, 91 B.; Megas Alexandros, B, 79 B.; Zante Beach (Hotel & Bungalows), B, 494 B.; Alkyonis, C, 37 B.; Asteria, C, 23 B.; Atlantis, C, 20 B.; Australia, C, 33 B.; Blue Coast, C, 20 B.; Eugenia, C, 28 B.; Hellinis, C, 17 B.; Ilios, C, 16 B.; Ionis, P.O.Box 21, C, 91 B.; Margarita, C, 58 B.; Medikas, C, 20 B.; Olympia, C, 32 B.; Panorama, C, 26 B.; Selini, C, 24 B.; Sirene, C, 54 B.; Vezal, C, 16 B.; Victoria, C, 18 B.; Vyzantion, C, 16 B.

Lagonissi (Attische Riviera)

*Xenia Lagonissi (Hotel & Bungalows), L, 711 B.; Var (Bungalows), Souniou Ave., B, 38 B.; Kinoussis (Bungalows), Herones Kalivion, C, 14 B.

Lakki (Laki; auf Leros)

Xenon Angelou, B, 16 B.; Athina, Krithoni, C, 27 B.; Artemis, C, 14 B.; Leros, C, 35 B.; Panteli, C, 48 B.

Lambi (auf Kos)

Atlantis (Hotel & Bungalows), A, 576 B.; Athina, B, 98 B.; Calypso, B, 84 B.; Cosmopolitan, B, 148 B.; Alice Springs, C, 40 B.; Argo, C, 100 B.; Atlantis 2, C, 153 B.; Columbia Beach, C, 108 B.; Frossyni, C, 97 B.; Irene, C, 70 B.; Laura, C, 43 B.

Lambiri

Avra, C, 27 B.; Galini C, 23 B.

Lamia

Apollonion, 25 Hatzopoulou Platia Parkou, C, 66 B.; Delta, 41 Kapodistriou, C, 75 B.; Helena, 6 Thermopilon, C, 85 B.; Leonideon, 8 Platia Eleftherias, C, 53 B.; Samaras, 24 Diakou, C, 128 B.; Sonia, 10 Eslin, C, 38 B.

Larisa (Larissa)

Divani Palace, 19 Vassilissis Sofias, A, 144 B.; Astoria, 4 Protopapadaki, B, 150 B.; Edelweiss, bei km 12, an der Straße von Larissis nach Athinon, Ethnikis Odou, Nea Lefki, B, 150 B.; Grand Hotel, 16 Papakiriazi, B, 173 B.; Metropole, 8 Roosevelt, B, 177 B.; Motel Xenia, 135 Farsalon, B, 60 B.; Achillion, 10 Kendavron, C, 80 B.; Acropole, 142 El. Venizelou, C, 88 B.; Adonis, 8 Vassileos Konstantinou, C, 62 B.; Ambassadeur, 65 Papakiriazi, C, 160 B.; Anessis, 25 Megalou Alexandrou, C, 104 B.; Atlantic, Vassileos Konstantinou & 1 Kiprou, C, 108 B.; Dionyssos, 30 Vassileos Georgiou B, C, 156 B.; Doma (früher Pella) 1 Anthimou Gazi-Kiprou, C, 56 B.; Esperia, 4 Amalias, C, 34 B.; Galaxy, 23 Vassileos Konstandinou, C, 55 B.; Helena, 13, 28th Oktovriou, C, 85 B.; I Ennea Mousses, Ambelakia, C, 16 B.; Kentrikon, 17 Roosevelt, C, 29 B.; Melathron, 20 Kouma, C, 69 B.; Olympion, 1 Megalou Alexandrou, C, 44 B.; Park, 1, 31st Avgoustou, C, 105 B.

Lassi (auf Kaphallonia)

Mediterranee (Messoghios), A, 430 B.; Irilena, C, 41 B.; Lassi, C, 61 B.; Lorenzo, C, 86 B.

Lechaion (Lehaeo)

Corinthian Beach, C, 108 B.; Symi, C, 203 B.

Lefkanti (auf Kreta)

Lefkandi, C, 116 B.

Hotels auf Lefkas (Lefkada)	Alexandros, Nikiana, B, 51 B.; Apollon, B, 65 B.; Lefkas, 2 Panagou, B, 186 B.; Nydrio Akti, Nidri, B, 30 B.; Xenia Lefkas, B, 128 B.; Lefkatas, Vassiliki, C, 64 B.; Niricos, Agia Mavra, C, 69 B.; Santa Mavra, 2 Sp. Vlanti, C, 38 B.
Legrena (Attische Riviera)	Amphitrite (Motel), B, 58 B.; Minos, B, 72 B.
Leonidi (Leonidio)	Dionyssos, D, 30 B.; Neon, E, 23 B.
Leptokaria (Leptokarya)	Olympian Bay (Hotel & Bungalows), B, 433 B.; Coral (Koralli), Paralia, C, 30 B.; Galaxy, C, 49 B.; Hera, C, 31 B.; Matos, 1 Kanari, C, 53 B.
Leros (Stadt)	Xenon Angelou Alinda, Alinda, B, 16 B.; Alinda, C, 41 B.; Maleas Beach, C, 85 B.
Levadia (Livadia)	Levadia, 4 Platia L. Katsoni, B, 97 B.; Helikon, Platia Georgiou A, C, 36 B.; Philippos, Athinon, C, 91 B.
Liapades (auf Korfu)	Elly Beach (Bungalows), A, 78 B.; Liapades Beach, C, 34 B.; Liapades Beach II, D, 57 B.
Limenaria (auf Thasos)	Thalassies, B, 42 B.; Menel, 43 Ormonias, C, 34 B.; Sgouridis, 3 Megalou Alexandrou, C, 27 B.
Limin Hersonissou	→ Chersonisos
Limni (auf Euböa)	Avra, C, 11 B.; Limni, C, 91 B.; Plaza, 4 Agias Triados, C, 12 B.
Lindos (auf Rhodos)	Lindos Bay, Vilha, A, 364 B.; Steps of Lindos (Hotel & Bungalows), Vilha, A, 310 B.; Vlicha Sundy Beach, C, 40 B.
Linoperamata (auf Kreta)	Apollonia Beach (Hotel & Bungalows), A, 590 B.; Zeus Beach, P.O.-Box 509, A, 717 B.
Lipsos (Lipsi)	Kalypso, D, 28 B.
Litochoro (Litohoro)	Aphroditi, Platia Eleftherias, D, 56 B.; Markissia, 104 Agiou Georgiou, D, 31 B.; Myrto, D, 59 B.; Park, D, 34 B.
Livadi (auf Paros)	Areti, B, 22 B.; Perseus (Persefs), Paralia, B, 20 B.; Maistrali, Paralia, C, 40 B.; Serifos Beach, Paralia, C, 65 B.
Livadia (auf Tilos)	Irini, C, 35 B.; Livadia, E, 40 B.
Livanates	Achillion, Paralia, C, 44 B.; Batis, Paralia, C, 24 B.; Florakis, Paralia, C, 16 B.
Lixuri (auf Kephallonia)	Ionian Sea, B, 46 B.; Poseidon, C, 67 B.; Summery, C, 108 B.
Longos	Long Beach, B, 267 B.; Spey Beach, C, 72 B.
Lutra (Loutra; auf Kythnos)	Xenia Anagenissis, C, 93 B.
Lutra Ädipsu (Loutra Edipsos)	Aegli, 18, 25th Martiou, A, 146 B.; Avra, 16, 25th Martiou, A, 133 B.; Adonis, 21 Megalou Alexandrou, B, 47 B.; Agapi, 7a Filelinon, B, 45 B.; Alex, 31 Ermou & G. Drossini, B, 50 B.; Alina, 11 Irakleous, B, 27 B.; Argo, 2 Filelinon, B, 25 B.; Candia, 3 Thermopilon, B, 26 B.; Chalki, 25th Martiou, B, 21 B.; Chryssi Ammoudia, B, 30 B.; Diana, 17 Artemissiou, B, 32 B.; Dimitra, 60 Irakleous, B, 48 B.; Dirki, 4 Megalou Alexandrou, B, 19 B.; Efstratios, 28 Vizantinou Aftokratorou, B, 51 B.;

Hotels in Lutra Ädipsu (Fortsetzung)

Electra, 9 Filelinon, B, 51 B.; Elliana, 51 Irakleous, B, 40 B.; Faros, Ermou & Alkionidon, B, 22 B.; Fivos, 8 Megalou Alexandrou, B, 33 B.; Galaxias, 7 Ermou, B, 56 B.; Georgios, 15 Thermopotamou, B, 51 B.; Hara, 2 Megalou Alexandrou, B, 65 B.; Haris, 13, 25th Martiou, B, 23 B.; Hellas, 8 Thermopotamou, B, 36 B.; Heracleion, 7 Remvis, B, 69 B.; Hermes, 12 Ermou, B, 78 B.; Hydra, 22 Irakleous, B, 38 B.; Kastri, Platania, B, 23 B.; Katerina, 12 Filelinon, B, 24 B.; Kekrops, B, 50 B.; Kentrikon, 14, 25th Martiou, B, 56 B.; Lakonia, 27 Irakleous, B, 28 B.; Lykourgos, B, 21 B.; Magda, 34 Irakleous, B, 42 B.; Oceanis, 28 Irakleous, B, 27 B.; Oraei, 62 Irakleous, B, 62 B.; Semiramis, 92 Ermou, B, 48 B.; Star, 24 Vizantinon Aftokratoron, B, 62 B.; Ta Saranta Platania, 65, 25th Martiou, B, 29 B.; Taenaron, B, 54 B.; Xenios Zeus, 27 Irakleous, B, 18 B.; Zilion, Paralia Agiou Nikolaou, B, 38 B.; Akis, 7 Irakleous, C, 23 B.; Anessis, 7 Filelinon & Vizantinon Aftokratoron, C, 99 B.; Angela, 1 Telethriou, C, 20 B.; Anna, 38, 25th Martiou, C, 23 B.; Antigone, 32 Vizantinon Aftokratoron, C, 52 B.; Artemission, 5 Filelinon, C, 27 B.; Assimina, 17 Omirou, C, 34 B.; Asteri, 28, 25th Martiou Pano Sinikia, C, 26 B.; Atlantis, 31a Filelinon, C, 38 B.; Avgi, 40, 25th Martiou, C, 22 B.; Capri, 45, 25th Martiou, C, 87 B.; Corali, 20 Artemissiou, C, 37 B.; Dessykerania, 1 Irakleous, C, 32 B.; Drossia, 4 Drossini, C, 38 B.; Faidra, 61 Irakleous, C, 22 B.; Fantasia, 10 Omirou, C, 20 B.; Foula, C, 40 B.; Galini, Agiou Nikolaou, C, 68 B.; Hellinis, 33 Omirou, C, 15 B.; Ikaros, 12 Thermopotamou, C, 32 B.; Ilion, 37 Filelinon, C, 37 B.; Iniohos, 3 Ermou, C, 18 B.; Irene, 1 Vizantinon Aftokratoron, C, 55 B.; Istiaea, 1, 25th Martiou, C, 63 B.; Kapolos, 68 Ermou, C, 98 B.; Knossos, 19 Vizantinon Aftokratoron, C, 71 B.; Leto, 13 Ermou, C, 60 B.; Maria, 74 Irakleous, C, 32 B.; Marianna, 29, 25th Martiou, C, 27 B.; Metropole, Miaouli & Filelinon, C, 61 B.; Mikra Epavlis, 66, 25th Martiou, C, 33 B.; Minos, 5 Vizantinon Aftokratoron, C, 41 B.; Mito, Thermopighon, C, 69 B.; Nefeli, 48, 25th Martiou, C, 71 B.; Olympia, 11 Irakleous, C, 16 B.; Palirria, 12, 25th Martiou, C, 29 B.; Panhellinion, 3 Miaouli, C, 17 B.; Pringhipos, 27 Ermou, C, 31 B.; Stella, 38, 28th Oktovriou, C, 26 B.; Themis, 36 Irakleous, C, 26 B.; Thermae Sylla, 2 Possidonos, C, 116 B.; Valar's, 5 Okeanidon, C, 26 B.; Vassiliki, 6 Okeanidon, C, 34 B.; Zephyros, 1 Iliou, C, 24 B.

Lutra Samothrakis (Loutra Samothrakis)

Kaviros, B, 53 B.

Lutraki (Loutraki)

Achillion, 12 El. Venizelou, A, 100 B.; Akti Loutraki, 5 G. Leka, A, 72 B.; Bacos, 4 Ikonomou, A, 80 B.; Karelion, 23 G. Lekka, A, 76 B.; Paolo, 16 Korinthou, A, 140 B.; Park, 8 G. Lekka, A, 115 B.; Pefkaki, A, 67 B.; Petit Palais, 48 G. Leka, A, 71 B.; Theoxenia, 17 G. Leka, A, 50 B.; Aegli, 15 G. Leka, B, 48 B.; Arion, 1 Ossiou Patapiou, B, 52 B.; Atlantic, Kentriki Platia, B, 46 B.; Barbara, 50 Possidonos, B, 165 B.; Beau Rivage, 1 Possidonos, B, 70 B.; Bekiaris, 30b G. Lekka, B, 24 B.; Contis, 9 Korinthou, B, 70 B.; Davarinos, 3 Geraniou, B, 25 B.; Dritsas, 3 Agiou Ioanou, B, 37 B.; Excelsior, 30 Platia 25th Martiou, B, 60 B.; Galanopoulos, 1 J. Miha, B, 28 B.; Grand Hotel (Mega), 14 El. Venizelou, B, 58 B.; Holidays Angelo-Poulos, Pefkaki, B, 98 B.; Ikia Lekka, 14 G. Leka, B, 19 B.; Kamari, 3, Platia 25th Martiou, B, 12 B.; Marinos, 1 Damaskinou, B, 97 B.; Marko, 3 L. Katsoni, B, 53 B.; Palmyra, 1 Iassonos, B, 74 B.; Pappas, Pezoulia-Pefkaki, B, 153 B.; Segas, 8 Agiou Ioanou, B, 44 B.; Vassilikon, Kentriki Platia, B, 55 B.; Xenon Andreou, 30 Leka, B, 32 B.; Acropole, 11 P. Tsaldari, C, 42 B.; Alcyonis, 11 Damaskinou, C, 49 B.; Alexandros, Athinon-Loutrakiou Ave., C, 34 B.; Avra, 56 G. Leka, C, 17 B.; Belle Vue, 37 El. Venizelou, C, 35 B.; Bretagne, 28 G. Leka, C, 34 B.; Cosmopolite, 23 Galinis, C, 69 B.; Ekonomion, Kentriki Platia, C, 48 B.; Elpis, 18 G. Leka, C, 121 B.; Galaxy, Neraïda, C, 72 B.; Gerania, 23 Periandrou & Ipsilantou, C, 33 B.; Ilion, C, 44 B.; Isthmia, 35 El. Venizelou, C, 50 B.; Marrion, 36 G. Leka, C, 87 B.; Mitzithra, 25

Hotels in Lutraki (Fortsetzung)	El. Venizelou, C, 83 B.; Mon Repos, 13 G. Leka, C, 56 B.; Olympia, 1 El. Venizelou, C, 108 B.; Plaza, 32 Platia 25th Martiou, C, 50 B.; Possidonion, 11 Kentriki Platia, C, 72 B.
Lutro Elenis (Loutro Elenis)	Politis, B, 50 B.; Kakanakos, C, 30 B.; Sea View, C, 42 B.
Lutropyrgos (Loutropirgos)	Achillion, bei km 31, an der Straße von Athinon nach Korinthou, Palea Odos, D, 12 B.; Aronis, D, 29 B.
Lykoporia (Likoporia)	Alkyon, 217 Athinon-Patron, C, 26 B.; Elatos, D, 22 B.
Magula (auf Euböa)	Holidays in Evia (Hotel & Bungalows), B, 659 B.; Miramare, B, 64 B.
Makryammos (auf Thasos)	Makryammos (Bungalows), A, 402 B.
Makrynitsa (Makrinitsa; Pelion)	Archontikon Mousli, A, 15 B.; Archontikon Sissilianou, A, 14 B.; Archontikon Xiradakis, A, 14 B.; Tzimerou, A, 8 B.; Archontiko Diomidi, B, 26 B.; Skotinotis House, B, 14 B.
Malakonta (auf Euböa)	Eretria Beach (Hotel & Bungalows), B, 453 B.; Malakonda Beach (Hotel & Bungalows), B, 298 B.; Menexelis (Hotel & Bungalows), B, 58 B.
Maleme (auf Kreta)	Crete Chandris (Hotel & Bungalows), A, 767 B.
Malia (auf Kreta)	Ikaros Village, A, 326 B.; Kernos Beach, A, 519 B.; Malia Beach, A, 354 B.; Sirens Beach, A, 466 B.; Anastassia, B, 44 B.; Ariadne, B, 59 B.; Calypso (Bungalows), B, 78 B.; Costas, B, 64 B.; Cleo, B, 18 B.; Grammatikaki, B, 91 B.; Phaedra Beach, B, 133 B.; Sunshine, B, 22 B.; Altis, C, 33 B.; Amvrossia, C, 54 B.; Artemis, C, 45 B.; Efi, C, 35 B.; Elkomi, C, 55 B.; Dionyssos, C, 29 B.; Florella, C, 56 B.; Frixos, C, 28 B.; Helen, C, 43 B.; Hermes, C, 69 B.; Malia Holidays, C, 150 B.; Malia Mare, C, 64 B.; Minoa, C, 37 B.; Minoikos Ilios, C, 19 B.; Mistral, C, 54 B.; Neon, C, 30 B.; Sofokles Beach, C, 64 B.; Sterling, C, 34 B.; Windmill, C, 39 B.
Mandraki	Haritos, B. 24 B.
Marathokambos	Kerkis Bay, B, 48 B.
Marathon (Marathonas)	Golden Coast, A, 457 B.; Marathon, Timvos, C, 46 B.
Marmari (auf Euböa)	Delfini, C, 39 B.; Marmari Bay, C, 188 B.; Michel-Marie, C, 56 B.
Marmari (auf Kos)	Caravia Beach (Hotel & Bungalows), Aginaropi-Marmari, A, 563 B.
Marpissa (Pisso Livadi)	Andromachi, B, 23 B.; Marpissa, B, 21 B.; Amaryllis Beach, C, 40 B.; Leto, C, 28 B.; Lodos, C, 20 B.; Logaras, C, 16 B.; Pisso Livadi, C, 24 B.; Vicky, C, 28 B.
Massouri (auf Kalymnos)	Armeos Beach, B, 61 B.; Oasis, B, 22 B.; Afroditi, C, 24 B.; Cally Beach, C, 31 B.; Continental, C, 46 B.; Massouri Beach, C, 64 B.
Mastichari (auf Kos)	In Antimachia: Mastihari Beach, 1 Emm. Gika, B, 21 B. In Mastichari: Faenareti, D, 35 B.; Andreas, E, 16 B.; Zevgas, E, 16 B.
Matala (auf Kreta)	Sun, B, 44 B.; Bamboo Sands, C, 30 B.; Eva-Marina, C, 21 B.; Frangiskos, C, 69 B.; Matala Bay, C, 104 B.; Pringipissa Evropi, C, 48 B.

Hotels in Mati
Mati, 33 Possidonos, A, 130 B.; Attika Beach, 32 Possidonos, B, 178 B.; Myrto, 34 Marathonos Ave., C, 60 B.

Megalopolis (Megalopoli)
Kokkinakis, C, 27 B.

Melissa (Melissi)
Xylokastron Beach, C, 154 B.

Merichas (auf Kythnos)
Possidonion, C, 158 B.

Mesolongi (Messolongi)
Liberty, B, 231 B.; Theoxenia, Limin, B, 198 B.

Messonghi (Messongi; auf Korfu)
Gemini, B, 75 B.; Maria House, C, 35 B.; Melissa Beach, C, 56 B.; Rossis, C, 57 B.; Roulis, C, 30 B.

Metamorphossis (Metamorfossi)
Golden Beach, D, 82 B.

Methana
Avra, B, 101 B.; Pigae, 1 Triti Paralilos, B, 47 B.; Saronis, B, 70 B.; American, 26 Akti Saronikou-4 A. Zaharatou & 5 Vassileos Konstantinou, C, 49 B.; Dima, 9 Agias Triados, C, 38 B.; Ghionis, C, 93 B.; Methanion, C, 69 B.

Methoni (Peloponnes)
Methoni Beach, B, 23 B.; Alex, Paralia, C, 38 B.

Methoni (Thermäischer Golf)
Arion, C, 74 B.; Ayannis, C, 54 B.

Metsovon (Metsovo)
Diasselo, Kentriki Platia, A, 43 B.; Flocas, 12 Tr. Tsoumaka, B, 10 B.; Victoria, B, 64 B.; Apollon, C, 58 B.; Bitounis, C, 46 B.; Egnatia, L. Tossitsa, C, 64 B.; Galaxy, Kentriki Platia, C, 20 B.; Kassaros, Tr. Tsoumaka, C, 47 B.; Olympic, 3 J. Stamou, C, 32 B.

Mikra Mantinia (Mikra Mandinia)
Taygetos Beach, C, 50 B.

Millina (Milina; Pelion)
Milina Beach (Apartments), C, 26 B.

Milos
Adamas, 2 Griara, B, 22 B.; Popi, Adamas, B, 12 B.; Venus Village, B, 173 B.; Chronis (Bungalows), C, 32 B.; Corali, C, 31 B.; Meltemi, Adamas, C, 24 B.; Milos, Adamas, C, 67 B.; Santa Maria, Adamas, C, 46 B.

Mithymna-Molyvos (Mithimna-Molivos; auf Lesbos)
Molyvos I, A, 56 B.; Alkeos, B, 108 B.; Arion, B, 105 B.; Delfinia I, B, 195 B.; Molyvos II, Eftalou, B, 115 B.; Poseidon, 2 Parodos Possidonos, B, 12 B.; Sea Horse (Thalassio Alogo), B, 27 B.; Triaena, B, 18 B.

Mochlos (auf Kreta)
Aldiana Club, B, 262 B.; Sophia, D, 16 B.

Monemvassia
Castro, Gefira, A, 23 B.; Malvasia, Kastro, B, 23 B.; Monemvassia, B, 18 B.; Minoa, 14 Spartis, C, 30 B.

Moraitika (auf Korfu)
*Miramare Beach (Hotel & Bungalows), L, 285 B.; Delfinia (Motel), A, 151 B.; Albatros, B, 101 B.; Alkyonis, B, 116 B.; Capodistrias (Bungalows), B, 53 B.; Delfinakia, B, 71 B.; Messonghi Beach, B, 1 587 B.; Salonaki, B, 33 B.; Margarita, C, 67 B.; Prassino Nissi, C, 50 B.; Sea Bird (Thalassopouli), C, 31 B.; Three Stars, C, 58 B.

Moschaton (Moshato)
Alma, 10 Vassileos Konstandinou, C, 78 B.; Delfini, 12 Hrissostomou Smirnis & Kalavriton, C, 61 B.; Kriton (Crito), 1 Platonos & 53 Possidonos Ave., C, 100 B.; Leto (Lito), 47 Possidonos, C, 87 B.; Mary, 41 Possidonos Ave., C, 61 B.; Miami, 6 Athanassiou Diakou, C, 56 B.; Milano, 6 Vassileos Georgiou, C, 70 B.; Platon, 3 Platonos, C, 71 B.

Mykene (Mikines)
La Petite Planète, Hr. Tsounda Ave., B, 56 B.; Agamemnon, 3 Hristou Tsounda, C, 16 B.

Hotels auf Mykonos (Mikonos; Stadt)
Leto, A, 48 B.; Anastassios-Sevasti, B, 56 B.; Andronikos, B, 12 B.; Calypso, Angelika, B, 58 B.; Cavo Tagoo, B, 45 B.; Despotiko, B, 40 B.; Glastros, Glastros, B, 22 B.; Ilio Maris, Despotika, B, 41, B.; Kouneni, Tria Pigadia, B, 36 B.; Kyma, Angelika, B, 59 B.; Les Moulins, 31 Apollonos, B, 25 B.; Petassos, B, 31 B.; Poseidon, B, 40 B.; Poseidon B., B, 36 B.; Rohari, Rohari, B, 99 B.; Theoxenia, B, 93 B.; Vassiliou, B, 24 B.; Adonis, Vida, C, 27 B.; Aeolos, Argyrena, C, 48 B.; Bellou, Megali Ammos, C, 14 B.; Frangakis, Ornos, C, 27 B.; Gorgona, Tangou, C, 33 B.; Korfos, C, 24 B.; Manoulas Beach, Ag. Ioannis-Diakofti, C, 57 B.; Manto, 1 Evangelistrias, C, 26 B.; Marianna, Glastros, C, 43 B.; Marios, 5 N. Kalogera Limni, C, 26 B.; Matoyanni, C, 29 B.; Mykonos, Vida, C, 30 B.; Mykonos Beach (Bungalows), Megali Ammos, C, 50 B.; Pelecan, Rohari, C, 44 B.; Vencia, Rochari, C, 60 B.; Thomas, Hondros Gremos, C, 76 B.; Zannis, C, 36 B.; Zefyros, Paranga, C, 56 B.; Zorzis, N. Kalogera, C, 20 B.; Apollon, D, 33 B.; Delfines, D, 26 B.; Helena, D, 35 B.; Karbonaki, D, 39 B.

Mylos Lappa (auf Kos)
Albatros Beach, C, 117 B.

Myrina (Mirina; auf Limnos)
*Akti Myrina (Myrina Beach; Bungalows), L, 250 B.; Kastro Beach, B, 136 B.; Lemnos, Platia 28th Oktovriou, C, 58 B.; Sevdalis, 6 Garofalidou, C, 63 B.

Myrties (auf Kalymnos)
Themis, B, 19 B.; Delfini, Messologiou, C, 34 B.; Zephyros, C, 58 B.

Myrtos (auf Kreta)
Esperides, C, 112 B.; Myrtos, C, 32 B.

Mystegna (auf Lesbos)
Petalidi, Petalidi, C, 37 B.

Mystras (Mistras)
Vyzantion, Vassilissis Sofias, B, 38 B.

Mytilini (Mitilini; auf Lesbos)
Villa "1900", Tarlas, A, 19 B.; Blue Sea, 91 P. Koundourioti, B, 101 B.; Erato, B, 22 B.; Lesvion, 27 P. Koundourioti Prokimea, B, 68 B.; Mytilana Villae, bei km 6, an der Straße von Mitilinis nach Kalonis, B, 103 B.; Xenia, B, 148 B.; Rex, 3 Katsakouli Kioski, C, 30 B.; Sappho, Prokimea, C, 56 B.

Naupaktos (Nafpaktos)
Amaryllis, 3 Platia Limenos, B, 28 B.; Lepanto Beach, Gribovo, B, 93 B.; Lido, 15 Menehmou Psani, B, 23 B.; Xenia, B, 96 B.; Akti, Gribovo, C, 105 B.; Rex, 16 Messologiou, C, 23 B.

Nauplia (Nafplio)
*Xenia's Palace, Akronafplia, L, 102 B.; *Xenia's Palace Bungalows, Akronafplia, L, 108 B.; Amphitryon, Akti Miaouli, A, 80 B.; Xenia, Akronafplia, A, 98 B.; Agamemnon, 3 Akti Miaouli, B, 74 B.; Alcyon, 43 Argous, C, 35 B.; Amalia, 93 Argous, C, 16 B.; Amymoni, 6 Diogenous & Koleti, C, 32 B.; Athina, Platia Sintagmatos, C, 26 B.; Dioscouri, 7 Zigomala & Vironos, C, 93 B.; Galini, 37 Sidiras Merarhias & Bouboulinas, C, 72 B.; Helena, 17 Sidiras Merarhias, C, 149 B.; Hotel des Roses, 42 Argous, C, 24 B.; Nafplia, 11 Navarinou, C, 104 B.; Parartima (Erweiterungsbau von Hotel des Roses), 42 Argous, C, 46 B.; Park, 1 Dervenakion, C, 131 B.; Rex, 17 Bouboulinas, C, 94 B.; Victoria, 3 Spiliadou, C, 69 B.

Naussa (Naoussa)
Christiana, Ambelas, B, 35 B.; Christina, Alonia, B, 21 B.; Hippocambus, B, 94 B.; Kontaratos Beach, B, 44 B.; Manto, B, 29 B.; Naoussa, B, 19 B.; Aliprantis, C, 29 B.; Ambelas, Ambelas, C, 32 B.; Atlantis, C, 55 B.; Calypso, C, 46 B.; Cavos, C, 25 B.; Christianna, Ambelas, C, 35 B.; Galini, C, 22 B.; Kouros (Hotel & Bungalows), C, 98 B.; Mary, C, 31 B.; Minoa, C, 51 B.; Nireas, C, 25 B.; Papadakis, C, 31 B.; Piperi (Bungalows), C, 16 B.; Swiss Home, C, 56 B.

Hotels auf Naxos (Stadt Naxos)

Aneza, B, 12 B.; Ariadne, 1 Ariadnis, B, 46 B.; Glaros, B, 22 B.; Mathiassos (Bungalows), B, 204 B.; Acroyali, C, 27 B.; Aegeon, C, 40 B.; Aeolis, C, 33 B.; Anatoli, C, 43 B.; Anessi, C, 25 B.; Apollon, 61 Neofitou, C, 34 B.; Barbouni, C, 26 B.; Coronis, Paraliaki Leoforos, C, 60 B.; Grotta, C, 35 B.; Helmos, 1 Kalavriton, C, 21 B.; Hermes, 7 Protopapadaki, C, 36 B.; Iliovassilema, C, 39 B.; Kymata, C, 32 B.; Naxos Beach, C, 80 B.; Nissaki, C, 30 B.; Panorama, Amfitritis Kastro, C, 33 B.; Renetta, C, 23 B.; Sergis, C, 54 B.; Sphinx, C, 40 B.; Zeus, C, 29 B.

Nea Artaki (auf Euböa)

Bel-Air (Motel), B, 82 B.; Angela, 2 Vass. Pavlou, C, 112 B.; Telamachus, 30 Agiou Nikolaou, C, 48 B.

Nea Epidauros

⟶ Epidaurus

Nea Kifissia

Lida, 103 Tatoïou, C, 38 B.; Pines, Helidonos & Artemidos, C, 133 B.

Nea Makri

Marathon Beach, B, 296 B.; Thomas Beach, 3 Possidonos Ave., B, 57 B.; Zouberi, Possidonos Ave. Zouberi, B, 238 B.; Afroditi, bei km 33, an der Straße von Athinon nach Marathonos, C, 54 B.; Nirefs (Nereus), C, 245 B.

Nea Mudhania (Nea Moudania)

Kouvraki, 41, 25th Martiou, C, 37 B.

Nea Pendeli

⟶ Penteli

Nea Peramos (Attika)

Megalo Pefko, 15, 28th Oktovriou, C, 136 B.; Hellas, D, 26 B.

Nea Styra (Nea Stira; auf Euböa)

Aegilion, C, 51 B.; Aktaeon, Paralia, C, 79 B.; Delfini, C, 85 B.; Evoikon, 62 El. Mavromihali, C, 28 B.; Kyriaki, C, 50 B.; Nektarios, C, 68 B.; Plaza, C, 47 B.; Styra Beach, 24 Bouboulinas, C, 44 B.; Sunday, C, 46 B.; Venus Beach (Akti Afroditis; Bungalows), C, 170 B.

Neapolis (Neapoli; Kreta)

Neapolis, 1 Evangelistrias, D, 20 B.

Neapolis (Neapoli; Lesbos)

Lesvos Beach (Apartments), B, 78 B.; Neapolis Beach (Apartments), B, 24 B.

Neochorion (Neohori; Rhodos)

Doretta Beach, Tholos, A, 546 B.; Athina, 27 Georgiou Leontos & Amalias, B, 267 B.; Villa Rhodos, 36 G. Leon, C, 53 B.

Neos Marmaras

⟶ Porto Carras

Neos Pyrgos (auf Euböa)

Vyzantion, C, 38 B.; Acroyali, D, 46 B.; Oassis, D, 36 B.

Nikoleika

Poseidon Beach, B, 168 B.

Nissaki (auf Korfu)

Nissaki Beach, Crouzeri, A, 443 B.

Oia (Ia; auf Santorin)

Perivolas (Apartments), A, 14 B.; Atlantis Villas (Unterkunft in restaurierten Inselhäusern), B, 38 B.; Laouda, B, 20 B.

Olympia (Olimbia)

Amalia, A, 272 B.; Antonios, A, 121 B.; Spap, A, 97 B.; Apollon, 13 Douma, B, 168 B.; Leonideon, 3 P. Spiliopoulou, B, 14 B.; Neda, 1 K. Karamanli, B, 75 B.; Neon Olympia, G. Douma, B, 59 B.; Olympic Village Hotel, B, 97 B.; Xenia, B, 72 B.; Xenios Zeus (Motel), B, 72 B.; Achillefs (Achilles), 4 Stefanopoulou, C, 15 B.; Artemis, 2 Tsoureka, C, 28 B.; Hercules, C, 25 B.; Ilis, Prax. Kondili, C, 102 B.; Inomaos, C, 22 B.; Kronion, 1 Tsoureka, C, 41 B.; Olympic Torch (Olympiaki Dada), Ethniki Odos, Pirgou-Olympias, C, 32 B.; Phedias, 2 P. Spiliopoulou, C, 17 B.; Possidon, 9 Stefanopoulou, C, 20 B.

Hotels in Omalos (auf Kreta)	Xenia (Pavillon), B, 7 B.
Orchomenos (Orhomenos)	Elli, D, 15 B.
Ormylia (Ormilia)	Philoxenia Bungalows, B, 72 B.; Sermili, B, 231 B.; Psakoudia, C, 26 B.
Ornos	Ornos Bay, B, 29 B.; Ornos Beach, B, 42 B.; Paralos Beach, C, 76 B.; Pigal, C, 17 B.; Skios, C, 26 B.; Yannaki, C, 75 B.
Oropos	Alcyonis, Paralia Markopoulou, C, 181 B.; Despo, Paralia Markopoulou, C, 32 B.; Flisvos, C, 113 B.
Paläa Epidauros	→ Epidauros
Paläkastro (Palekastro; Sitia)	Hellas, B, 24 B.; Margot's House, C, 22 B.; Marina Village, C, 54 B.
Paläochora (Paleohora)	Eliros, B, 18 B.; Lissos, 12 Venizelou, C, 21 B.; Polydoros, C, 24 B.; Rea, C, 13 B.
Paläokastritsa (auf Korfu)	Akrotiri Beach, A, 238 B.; Oceanis, B, 123 B.; Paleokastritsa, B, 293 B.; Pavillon "Xenia", B, 14 B.; Apollon, C, 46 B.; Odysseus, C, 64 B.
Paläokastron (auf Kreta)	Rogdia, C, 42 B.
Paläon Phaliron (Paleo Faliro)	Coral, 35 Possidonos, B, 160 B.; Possidon, 72 Possidonos Ave., B, 168 B.; Avra, 3 Nireos, C, 70 B.; Nestorion, 8 Pendelis, C, 54 B.
Paläopolis (auf Samothraki)	Xenia, B, 14 B.
Paleon Kalamaki (Paleo Kalamaki)	Kalamaki Beach, A, 141 B.
Paliuri (Paliouri)	Xenia, B, 144 B.; Paliouri, E, 14 B.
Panagia (auf Thasos)	Chryssafis, B, 17 B.; Golden Sand, D, 20 B.; Theo, D, 35 B.
Panormos (auf Kalymnos)	→ Kalymnos
Panormos (auf Kreta)	Lavris, B, 56 B.; Panormo Beach, C, 61 B.
Paralia Katerinis	Afroditi, B, 26 B.; Alkyone, 2 Stratou, B, 64 B.; Alkyonis, 4 Stratou, B, 38 B.; Aktaeon, 49 Agiou Nikolaou, C, 69 B.; Avra, 7 Agiou Nikolaou, C, 28 B.; Dion, 13 Agiou Nikolaou, C, 29 B.; Galini, C, 33 B.; Hellas, C, 42 B.; Kastoria, C, 64 B.; Katerina, 41 Agiou Nikolaou, C, 18 B.; Konstantinos, 48 Agiou Nikolaou, C, 81 B.; Muse's Beach, C, 114 B.; Stella, 10 Kiprou, C, 33 B.; Zephyros, 10 Stratou, C, 42 B.
Paralia Skotinas	El Greco, D, 7 B.; Lefkes, D, 16 B.
Paralia Tyru (Paralia Tiru)	Anessis, 2 Tagmatarhou Alevra, C, 21 B.; Apollon, Paraliaki Odos, C, 23 B.; Blue Sea, Sapouneika, C, 41 B.; Kamvyssis, C, 40 B.
Parga	Bacoli, B, 66 B.; Lichnos Beach (Hotel & Bungalows) B, 164 B.; Parga Beach (Bungalows), Chrissogiali, B, 152 B.; Valtos Beach, Valtos, B, 36 B.; Acropole, C, 15 B.; Alkyon, C, 28 B.; Avra, 3 Agiou Athanassiou, C, 35 B.; Della's, C, 32 B.; Olympic, 1 Skoufa, C, 31 B.; Rezi, C, 33 B.; Torini, C, 21 B.
Parnes (Parnitha)	Casino Mont Parnes (auf 1050 m Höhe), A, 212 B.; Spielcasino.

Hotels auf Paros (Stadt Paros)

Aegeon, B, 69 B.; Anna, B, 14 B.; Anessis, B, 15 B.; Apollon, B, 43 B.; Arian, B, 16 B.; Dilion, B, 27 B.; Irene, B, 31 B.; Polos, B, 40 B.; Xenia, B, 44 B.; Alkyon, C, 46 B.; Argo, C, 83 B.; Argonaftis (Argonauta), C, 28 B.; Asterias, C, 69 B.; Cyclades, C, 27 B.; Galinos, C, 65 B.; Georgy, Platia Manto Mavrogenous, C, 63 B.; Grivas, C, 44 B.; Hermes, C, 36 B.; Kirki, C, 12 B.; Louiza, C, 22 B.; Nicolas, C, 83 B.; Oassis, C, 33 B.; Paros, C, 22 B.; Paros Bay, C, 87 B.; Stella, C, 38 B.; Vaya, C, 17 B.; Zannet, C, 27 B.

Patras (Patra)

Astir, 16 Agiou Andreou, A, 222 B.; Moreas, Iroon Politehniou & Kiprou, A, 180 B.; Galaxy, 9 Agiou Nikolaou, B, 98 B.; Koukos, 3 Theotokopoulou, B, 43 B.; Marie, 6 Gounari, B, 48 B.; Olympic, 46 Agiou Nikolaou, B, 75 B.; Rannia, 53, Riga Fereou, B, 54 B.; Acropole, 39 Othonos & Amalias, C, 64 B.; Adonis, Zaimi & 9 Kapsali, C, 107 B.; Delfini, 102 Iroon Politehniou-Terpsithea, C, 135 B.; El Greco, 145 Agiou Andreou, C, 43 B.; Esperia, 10 Zaimi, C, 39 B.; Mediterranee, 18 Agiou Nikolaou, C, 165 B.

Paxi

Paxos Beach (Bungalows), Gaios, B, 84 B.; Agios Georgios, D, 30 B.

Pefkakia (auf Samos)

Samos Bay, Th. Sofouli, B, 70 B.; Iliokymata (Sun Waves), C, 60 B.

Pefkari (auf Thasos)

Kapa-HI, B, 44 B.

Pefki (auf Euböa)

Amaryllis, 2b Agion Theodoron, C, 40 B.; Galaxias, C, 49 B.; Galini, C, 57 B.; Myrtia, C, 42 B.

Penteli (Nea Pendeli)

Adonis, D, 25 B.

Perama (auf Korfu)

Alexandros (früher Steya), 20 I. Theotoki, A, 163 B.; Aeolos Beach (Bungalows), 6 Mantzarou, B, 637 B.; Akti (Motel), B, 107 B.; Oasis, B, 124 B.; Aegli, C, 71 B.; Continental, C, 40 B.; Fryni, C, 34 B.; Pontikonissi, C, 84 B.

Perdika (auf Ägina)

Aegina Maris, B, 310 B.; Moondy Bay (Bungalows), Profitis Elias, B, 144 B.

Perissa (auf Santorin)

Santa Irini, C, 31 B.; Thira Mare, C, 35 B.; Christina (Christi), D, 16 B.; Zorzis, D, 19 B.

Perivolia

Eltina, C, 68 B.; Zantina Beach, C, 33 B.

Petra

Ilion, C, 60 B.; Petra, Kentriki Platia, C, 34 B.

Petrothalassa

Aquarius (Hotel & Bungalows), B, 786 B.

Phaliraki (Faliraki; auf Rhodos)

Apollo Beach, A, 539 B.; Blue Sea, A, 548 B.; Calypso, A, 479 B.; Colossos Beach, A, 1 500 B.; Columbia, A, 222 B.; Esperides, P.O.Box 202, A, 1 016 B.; Esperos Palace, A, 285 B.; Faliraki Beach, P.O.Box 104, A, 586 B.; Ladiko Bungalows, A, 84 B.; Pighassos Beach, A, 438 B.; Rodos Beach (Hotel & Bungalows), A, 429 B.; Sun Palace, A, 300 B.; Erato, B, 70 B.; Muses (Hotel & Bungalows), B, 58 B.; Tsambika, B, 56 B.; Argo, C, 84 B.; Dimitra, C, 73 B.; Edelweiss, C, 102 B.; Evi, C, 110 B.; Gondola, C, 75 B.; Liberia, C, 71 B.; Lido, P.O.Box 363, C, 38 B.; Sophia, C, 56 B.

Phanari (Fanari)

Vosporos, B, 38 B.; Fanari, C, 60 B.

Pharsala (Farsala)

Achillion, 4 N. Koukoufli, D, 28 B.; Emborikon, 28, 28th Oktovriou, E, 17 B.

Hotels in Phästos (Festos; auf Kreta)	Xenia, Messaras, D, 11 B.
Phinix (Finikas; auf Syros)	Olympia, C, 78 B.; Finikas, C, 25 B.
Phirostephano (auf Santorin)	Galini, C, 13 B.; Galini II, C, 13 B.; Kafieris, C, 20 B.
Phiskardo (auf Kephallonia)	Panormos, B, 10 B.
Phlorina (Florina)	King Alexander, 68 Nikis Ave., B, 108 B.; Lyngos, 3 Tagmatarhou Naoum, B, 76 B.; Tottis, B, 91 B.; Antigone, 1 Arianou, C, 152 B.
Pholegandros (Folegandros)	Fani-Vevis, B, 49 B.; Aeolos, C, 22 B.
Pigadia	⟶ Karpathos (Stadt)
Piräus (Pireas)	Cavo d'Oro, 19 Vassileos Pavlou Kastela, B, 134 B.; Diogenis, 27 Vassileos Georgiou A, B, 146 B.; Homeridion, 32 Harilaou Trikoupi & 2 Alkiviadou Passalimani, B, 112 B.; Kastella, 75 Vassileos Pavlou, B, 48 B.; Noufara, 45 Vassileos Konstandinou, B, 84 B.; Park, 103 Kolokotroni & Gladstonos Platia Terpsitheas, B, 152 B.; Savoy, 93 Vassileos Konstandinou, B, 136 B.; Triton, 8 Tsamadou, B, 104 B.; Acropole, 7 D. Gounari, C, 42 B.; Anemoni, Karaoli Dimitriou & 65-67 Evripidou, C, 87 B.; Anita, 25 Notara, C, 47 B.; Argo, 23 Notara, C, 47 B.; Atlantis, 138 Notara, C, 93 B.; Bella Vista, 109 Vassileos Pavlou Kastela, C, 69 B.; Capitol, Harilaou Trikoupi & 147 Filonos, C, 91 B.; Cavo, 79-81 Filonos, C, 85 B.; Delfini, 7 Leoharous, C, 93 B.; Diana, 11 Filelinon, C, 79 B.; Glaros, 4 Harilaou Trikoupi, C, 80 B.; Ideal, 142 Notara, C, 56 B.; Kairo, C, 17 B.; Ionion, 10 Kapodistriou, C, 41 B.; Leriotis, 294 Akti Themistokleous, C, 85 B.; Lilia, 131 Zeas Passalimani, C, 21 B.; Niki, 5 Giannakou Tzelepi Platia Ipodamis, C, 32 B.; Phedias (Fidias), 189 Koundourioti Passalimani, C, 44 B.; Santorini, 6 Harilaou Trikoupi Agios Nikolaos, C, 63 B.; Scorpios, 156 Akti Themistokleous, C, 44 B.; Serifos, 5 Harilaou Trikoupi, C, 59 B.; Zaharatos, 12 Evangelistrias & 1 Notara, C, 59 B.
Piskopiano (auf Kreta)	Kalimera (Apartments), B, 44 B.; Anna-Maria (Apartments), C, 12 B.; Andriani, E, 24 B.
Pisso Livadi	⟶ Marpissa
Plaka	Olympios Zeus (Bungalows & Camping), B, 168 B.; Leto, Ethniki Odos, Larissas-Katerinis, C, 177 B.
Plakias (auf Kreta)	Calypso Cretian Village (Bungalows), 19 Prevelaki, A, 204 B.; Lamon, B, 46 B.; Neos Alianthos, B, 163 B.; Alianthos, Platia Agiou Nikolaou, C, 35 B.; Livykon, C, 27 B.; Lofos, C, 27 B.; Plakias Bay, C, 48 B.; Sophia Beach, C, 48 B.
Planos (auf Zakynthos)	Dias, B, 63 B.; Anetis, C, 23 B.; Cosmopolite, C, 27 B.; Orea Heleni, C, 44 B.; Tsilivi, C, 105 B.
Platamon (Platamonas)	Maxim, B, 139 B.; Platamon Beach, 101 Megalou Alexandrou, B, 323 B.; Xenia (Motel), B, 8 B.; Alkyonis, 17 Kastrou, C, 62 B.; Anessis, 16 Frouriou, C, 20 B.; Artemis, C, 31 B.; Dias, 91 K. Karamanli, C, 46 B.; Olympos, 18 Frouriou, C, 42 B.
Platania (Platanias; auf Kreta)	Filoxenia, B, 18 B.; Villa Platanias, B, 32 B.
Platania (Thessalien)	Drossero Akroyali, C, 66 B.; Hotel des Roses, D, 50 B.
Platys Gialos (auf Kephallonia)	White Rocks (Hotel & Bungalows), A, 305 B.

Hotels in Platys Gialos (auf Mykonos)
Petassos Beach, B, 84 B.; Petinos, C, 57 B.

Platys Gialos (auf Siphnos)
Platys Yalos (früher Xenia), B, 38 B.; Benakis, C, 28 B.

Plepi
Hydra Beach – Kappa Club (Hotel & Bungalows), A, 516 B.; Porto Hydra (Hotel & Bungalows), Marina, A, 508 B.

Plomarion (auf Lesbos)
Oceanis, C, 78 B.

Politika (auf Euböa)
Evoiki Akti, C, 92 B.

Polychnitos (auf Lesbos)
Olympos, E, 16 B.

Poros (auf Kephallonia)
Hercules (Iraklis), B, 12 B.; Atros Poros, C, 18 B.; Kefalos, C, 56 B.

Poros (auf Kreta)
Pasiphae, 1 Naxou, C, 32 B.; Poseidon, 46 Possidonos, C, 49 B.; Prince (Pringips), 44 Konitsis, C, 50 B.; Vines (Klimataries), 13 Koritsas, C, 40 B.

Poros (auf Poros)
Epta Adelfia, 1 Tombazi, B, 30 B.; Latsi, 74 J. Papadopoulou, B, 54 B.; Neon Aegli, Askeli, B, 132 B.; Pavlou, Neorion, B, 66 B.; Poros (früher Xenia) B, 173 B.; Saron, Paralia, B, 46 B.; Sirene, Monastiri, B, 228 B.; Theano, B, 49 B.; Aktaeon, 6 Platia Iroon, C, 38 B.; Angyra, Neorion, C, 87 B.; Chryssi Avgi, Askeli, C, 145 B.; Manessi, Paralia, C, 25 B.

Portaria (Pelion)
Archontiko Athanassaki, A, 22 B.; Arhontiko Kantartzi, A, 35 B.; Tis Marios, A, 13 B.; Xenia, B, 152 B.; Alkistis, C, 87 B.; Pelias, C, 53 B.; Kentrikon, C, 22 B.

Porto Carras (Chalkidike)
*Meliton Beach, Sithonia, L, 1 012 B.; Sithonia Beach, Sithonia, A, 920 B.

Porto Cheli (Porto Heli)
Cosmos, A, 279 B.; Hinitsa Beach, A, 385 B.; Porto Heli, A, 404 B.; Galaxy, B, 325 B.; Giouli, B, 315 B.; Thermissia (früher La Cité), B, 308 B.; Ververoda (Hotel & Bungalows), B, 463 B.; Alcyon, C, 171 B.; Porto (Limani), 25 Evangelistrias, C, 20 B.; Rozos, C, 42 B.

Porto Germeno
Egosthenion, C, 154 B.

Porto Raphti (Porto Rafti)
Korali, Grezou Ave. Agios Spiridon, C, 28 B.; Kyani Akti, Ziki Avlaki, C, 47 B.

Possidonia (auf Syros)
Delagrazia, Agathope, B, 22 B.; Poseidonion, B, 109 B.; Eleana, C, 82 B.

Potamia (Skala Potamias; auf Thasos)
Kamelia, B, 24 B.; Miramare, B, 45 B.; Arion, C, 11 B.; Atlantis, C, 12 B.; Blue Sea, C, 23 B.; Korina, C, 56 B.

Potamos (auf Korfu)
Elvira, Polihoma, B, 76 B.; Zorbas, Gefira, D, 31 B.

Pothea
→ Kalymnos

Potokaki (auf Samos)
El Coral, B, 16 B.; Hydrele Beach, B, 86 B.; Les Tamaris (früher Armyrikia), B, 14 B.; Penelope, B, 17 B.; Potokaki, B, 21 B.; Victoria, B, 19 B.; Anthemoussa, C, 32 B.

Preveza
Margarona Royal, B, 222 B.; Zikas, B, 99 B.; Aktaeon, 1 Kolovou, C, 30 B.; Dioni, 4 I. Kalou, C, 61 B.; Metropolis, 1 Parthenagogiou, C, 23 B.; Minos, 11, 21st Oktovriou, C, 36 B.; Paradissos, Amoudia, C, 35 B.; Preveza City, 81-83 Ioaninon, C, 97 B.

Hotels in Prinos (auf Thasos)	Electra, B, 35 B.; Europa, B, 24 B.; Oassis, B, 22 B.; Crystal, Dassilion, C, 20 B.
Prokopion (Prokopi; auf Euböa)	Anessis, E, 13 B.
Prophitis Elias (auf Rhodos)	Elafos-Elafina (auf 710 m Höhe), A, 127 B.
Psakudia (Psakoudia)	→ Ormylia
Psalidi (auf Kos)	Hippocrates Palace, A, 280 B.; Oceanis, A, 651 B.; Ramira Beach, A, 500 B.; Sun Palace, A, 274 B.; Galazia Limni, C, 81 B.
Psara	Miramare, A, 50 B.
Psathopyrgos (Psathopirgos)	Florida (Motel), B, 156 B.
Psychro (auf Kreta)	Zeus, D, 14 B.
Punta Parikias	Holiday Sun, A, 101 B.
Pylos (Pilos)	Karalis Beach, Paralia, B, 24 B.; Miramare (früher Nestor), B, 30 B.; Nilefs, B, 24 B.; Galaxy, Platia Trion Navarhon, C, 62 B.; Karalis, C, 39 B.; Arvanitis, D, 32 B.
Pyrgi (Pirgi; auf Korfu)	Pyrgi, C;, 106 B.; The Port (To Limani), C, 14 B.
Pyrgos (Pirgos)	Ilida, 50 Patron, C, 64 B.; Letrina, 74 Patron, C, 128 B.; Marily, 48 Deliyanni & Themistokleous, C, 51 B.; Olympos, 2 Karkavitsa & Vassileos Pavlou, C, 71 B.; Pantheon, 7 Themistokleous, C, 89 B.
Pythagorion (Pithagorio; auf Samos)	Doryssa Bay, A, 486 B.; Acropole, B, 13 B.; Antonios, B, 23 B.; Astyanax, B, 17 B.; Efpalinio, B, 20 B.; Fyllis, B, 34 B.; Georgios Sandalis, B, 19 B.; Kaktos, B, 19 B.; Melanthemos, B, 24 B.; Phito (Bungalows), B, 154 B.; Pighassos, B, 28 B.; Samena, B, 33 B.; Tarsanas, B, 14 B.; Villa Marie, B, 23 B.; Apollon, C, 39 B.; Belvedere, C, 16 B.; Captain's House, C, 13 B.; Damo, C, 20 B.; Evelin, C, 45 B.; Frosso, C, 19 B.; Glicoriza Beach, C, 116 B.; Hera (Ira), C, 22 B.; Ilios, C, 61 B.; Labito, C, 34 B.; Polycrates, C, 22 B.; Polyxeni, C, 44 B.; Princessa, C, 56 B.; Pythagoras, C, 55 B.; Pythais, 126 L. Logotheti, C, 15 B.
Rachoni/Rahonion (Skala R.; auf Thasos)	Hara, Paralia, C, 19 B.; Argyro, D, 56 B.
Raphina (Rafina)	Avra, Paralia, C, 184 B.; Bravo, Kokino Limanaki, C, 35 B.
Reni (auf Rhodos)	Eden Rock (Hotel & Bungalows), A, 720 B.; Paradise (Paradissos), A, 960 B.; Kallithea Sun, B, 199 B.
Rethymnon (Rethimno; auf Kreta)	Creta Star, A, 625 B.; El Greco (Hotel & Bungalows), Kambos Pigis, A, 573 B.; Rethymno Bay, A, 129 B.; Rithimna Beach (Hotel & Bungalows), Adele, A, 1 058 B.; Adele Beach Bungalows, Adele, B, 99 B.; Amnissos, B, 94 B.; Brascos, 1 H. Daskalaki & Th. Moatsou, B, 156 B.; Dias, Adele, B, 100 B.; Gortyna, B, 71 B.; Idaeon (Ideon), 10 Platia Plastira, B, 133 B.; Jo-an, 6 Dimitrakaki, B, 93 B.; Kriti Beach, S. Venizelou & Papanastassiou, B, 100 B.; Lefkoniko Beach, Kalithea, B, 141 B.; Leon, Arkadiou & 4 Vafe, B, 25 B.; Nika, Koube, B, 14 B.; Oassis, B, 22 B.; Olympic, Moatsou & Dimokratias, B, 113 B.; Orion, Kambos Adele, B, 138 B.; Rethemniotiko Spiti, B, 19 B.; Skaleta Beach, B, 216 B.; Xenia, 30 N. Psarrou, B, 50 B.; Zania, 3 P. Vlastou, B, 15 B.; Zorbas Beach, 4 A. Schweizer Kalithea, B, 22 B.; Astali, 172a Koundouriotou Ave., C, 63 B.; Golden Beach, Adele, C, 139 B.; Golden Sun, Adele, C,

Hotels in Rethymnon (Fortsetzung)

74 B.; Green, Spili, C, 17 B.; Ionia, 52 Giamboudaki, C, 32 B.; Katerina Beach, Adele, C, 92 B.; Lefteris, 26 N. Plastira, C, 11 B.; Marita, Mastambas, C, 51 B.; Minos, Kalithea, C, 252 B.; Park, 7 Igoumenou Gavriil, C, 18 B.; Rina, Adele, C, 37 B.; Sea Side Inn, Xirokamaro, C, 39 B.; Steris Beach, 1 Konstantinoupoleos Kalithea, C, 83 B.; Valari, 84 Koundouriotou, C, 55 B.

Rhodos (Rodos; Stadt)

*Grand Hotel Summer Palace Astir, Akti Miaouli, L, 700 B.; Belvedere, Akti Kanari, A, 394 B.; Blue Sky, Platia Psaropoulas, A, 332 B.; Cairo Palace, 28 Ethnarhou Makariou, A, 201 B.; Chevaliers Palace, 3 Stratigou Griva, A, 346 B.; Ibiscus (Iviskos), 17 Nissirou, A, 383 B.; Imperial, 23 Vassileos Konstandinou, A, 151 B.; Kambourakis (Bungalows), A, 40 B.; Kamiros, 1, 25th Martiou, A, 90 B.; Mediterranean, 35-37 Ko, A, 292 B.; Park, 12 Riga Fereou, A, 153 B.; Regina, 20 Ethnarhou Makariou, A, 144 B.; Riviera, 2 Akti Miaouli, A, 116 B.; Siravast, Platia Vassileos Pavlou, A, 170 B.; Acandia, 6 Iroon Politehniou, B, 150 B.; Aglaia, 35 Apollonos Amerikis, B, 209 B.; Alexia, 54 Orfanidou, B, 257 B.; Amphitryon, 10 Alex. Diakou, B, 188 B.; Angela, 7, 28th Oktovriou, B, 118 B.; Beach Hotel 33, 19 Akti Kanari, B, 319 B.; Bella Vista, Akti Miaouli & Tilou, B, 54 B.; Cactus, 14 Ko, B, 336 B.; Chryssos Tholos, B, 14 B.; Constantinos, 65 Amerikis, B, 246 B.; Continental (früher Monte Christos), 8 Agiou Ioanou, B, 218 B.; Corali, 28 Vassileos Konstandinou & Patmou, B, 217 B.; Delfini, 45 Ethnarhou Makariou, B, 135 B.; Despo, 40 Vassilissis Sofias, B, 122 B.; Erato, B, 70 B.; Esperia, 7 Stratigou Griva, B, 362 B.; Europa, 94, 28th Oktovriou, B, 190 B.; Jolly, 36 Lohagou Fanouraki, B, 28 B.; Lomeniz Beach, B, 378 B.; Manousos, 25 G. Leon, P.O.Box 92, B, 212 B.; Oassis, 16-18, 25th Martiou, B, 30 B.; Olympic, 12 Platia Vassileos Pavlou, B, 86 B.; Phoenix (Palm), 2 Exarhou Panteleimonos, B, 143 B.; Plaza, 7 Ierou Lohou, B, 244 B.; Spartalis, 2 N. Plastira, B, 141 B.; Stella, 58 Dilberaki, B, 26 B.; Thermae, Makariou, B, 210 B.; Achillion, 14 Platia Vassileos Pavlou, C, 86 B.; Adonis, 7 Vassileos Konstandinou, C, 26 B.; Aegli, 90 Kolokotroni, C, 69 B.; Africa, 63 Alex. Diakou, C, 144 B.; Als, 10 Platia Vassileos Pavlou, C, 95 B.; Amaryllis, 44 Othonos & Amalias, C, 75 B.; Ambassadeur, 53 Othonos & Amalias, C, 80 B.; Anthoula, 46 Alex. Diakou, C, 24 B.; Aphrodite (Venus), 50 Othonos & Amalias, C, 101 B.; Arion, 17 Ethnarhou Makariou, C, 82 B.; Astoria, 39 Vassilissis Sofias, C, 72 B.; Astron, 10 I. Kazouli, C, 82 B.; Athinaea, 45 Pithagora Palea Agora, C, 16 B.; Atlantis, 29 I. Dragoumi, C, 84 B.; Carina, 56 Stratigou Griva, C, 108 B.; Colossos, 9 Hailé Selassié, C, 99 B.; Congo, 145 Dendrinou, C, 57 B.; Diana, 68 Stratigou Griva, C, 74 B.; Diethnes (International), 12 I. Kazouli, C, 78 B.; Dora, 37 Aristofanous, C, 16 B.; Egeon (Aegeon), 3 Erithrou Stavrou, C, 28 B.; El Greco, 2 Georgiou Efstathiou, C, 140 B.; Elite, 15 Exarhou Panteleimonos, C, 86 B.; Embona, 61 Stratigou Griva, C, 30 B.; Filoxenia, 28 Sava Diakou, C, 25 B.; Flora, 13, 28th Oktovriou, C, 187 B.; Florida, 5 Amarandou, C, 36 B.; Four Seasons, 32 Akti Miaouli, C, 51 B.; Galatia, 2 Erithrou Stavrou, C, 20 B.; Galaxy, 72 Vassilissis Anna-Marias, C, 73 B.; Helena, 78 Stratigou Griva, C, 163 B.; Hermes, 5 N. Plastira, C, 64 B.; Irene, 9, 25th Martiou, C, 87 B.; Isabella, 12 Amohostou, C, 76 B.; Kallithea Sky, C, 92 B.; Kallithea Sun (Bungalows), C, 92 B.; Kypriotis, 2, Valaoritou, C, 461 B.; Lia, 66c Pithagora, C, 16 B.; Lydia, 31, 25th Martiou, C, 111 B.; Majestic, A. Zervou & I. Metaxa, C, 147 B.; Marie, 7 Ko, C, 235 B.; Massari, 42 Irodotou, C, 22 B.; Mimosa, 4 G. Efstathiou, C, 117 B.; Minos, 8 Alex. Diakou, C, 133 B.; Moschos, 7 Ethelondon Dodecanission, C, 64 B.; Nausika, 8 Parrodiakou Silogou U.S.A. Akti Horopoulas, C, 70 B.; New York, 36 Ionos Dragoumi, C, 49 B.; Noufara, 35 Vassilissis Sofias, C, 86 B.; Parthenon, Anthoulas Zervou, P.O.Box 68, C, 150 B.; Pavlidis, 15, 28th Oktovriou, C, 96 B.; Perle (Margaritari), 15 Stratigou Griva, C, 70 B.; Petalouda (Butterfly), 49 Amohostou, C, 75 B.; Phaedra (Fedra),

Hotels in Rhodos (Fortsetzung)

7 Arkadiou, C, 120 B.; Royal (Vassilikon), 50 Vassilissis Sofias, C, 107 B.; Sant' Antonio (Agios Antonios), 7 Ionos Dragoumi, C, 82 B.; Saronis, 51 Othonos & Amalias, C, 54 B.; Savoy, 9 Ethelonton Dodecanission, C, 87 B.; Semiramis, 18 J. Metaxa, C, 230 B.; Sylvia, 114 Kolokotroni, C, 71 B.; Tilos, 46 Ethnarhou Makariou, C, 39 B.; Vassilia, 55 Othonos & Amalias, C, 77 B.; Victoria, 22, 25th Martiou, C, 66 B.; Xenia-Soleil, 2 Dimokratis, C, 160 B.; Zeus, 72 Agiou Nikolaou, C, 19 B.

Rion / Rhion (Rio)

Porto Rio (Hotel & Bungalows), A, 501 B.; Georgios, 9 Ionias, C, 26 B.; Rion Beach, Akti Possidonos, C, 162 B.

Roda (auf Korfu)

Roda Beach, B, 685 B.; Aphroditi, C, 40 B.; Mandylas, C, 56 B.; Milton, C, 46 B.; Silver Beach, C, 63 B.; Village Roda Inn, C, 32 B.

Saladi (Salandi)

Salandi Beach (Hotel & Bungalows), B, 776 B.

Saloniki (Thessaloniki)

*Makedonia Palace, Megalou Alexandrou Ave., L, 530 B.; Capitol, 8 Monastiriou, A, 353 B.; Electra Palace, 5a Platia Aristotelous, A, 235 B.; Astor, 20 Tsimiski & Salaminas, B, 162 B.; Athos, 20 Dagli, B, 32 B.; Capsis, 28 Monastiriou & Promitheos, B, 823 B.; City, 11 Komninon, B, 178 B.; El Greco, 23 Egnatia, B, 162 B.; Elizabeth (Motel), 293 Monastiriou, B, 40 B.; Metropolitan, 65 Vassilissis Olgas-2 Flemming, B, 224 B.; Olympia, 65 Olimpou, B, 208 B.; Olympic, 25 Egnatia, B, 104 B.; Palace, 12 Tsimiski, B, 83 B.; Philippion, Odos Antheon Seih Sou Akropolis, B, 159 B.; Queen Olga, 44 Vassilissas Olgas, B, 261 B.; Rotonda, 97 Monastiriou, B, 142 B.; Victoria, 13 Langada, B, 127 B.; A.B.C., 41 Angelaki, C, 199 B.; Aegeon, 19 Egnatia, C, 112 B.; Alma, Agios Athanassios, C, 41 B.; Amalia, 33 Ermou, C, 124 B.; Anessis, 20, 26th Oktovriou, C, 72 B.; Ariston, 5 Karaoli-Dimitriou, C, 61 B.; Continental, 5 Komninon, C, 64 B.; Delta, 13 Egnatia, C, 217 B.; Esperia, 58 Olimpou & Venizelou, C, 132 B.; Mandrino, 2 Antigonidon & Egnatia, C, 136 B.; Oceanis, 35 Nik. Plastira Platia Skra, C, 45 B.; Park, 81 Ionos Dragoumi, C, 105 B.; Pella, 65 Ionos Dragoumi, C, 118 B.; Rea, 6 Komninon, C, 55 B.; Rex, 39 Monastiriou, C, 111 B.; Telioni, 16 Agiou Dimitriou, C, 118 B.; Vergina, 19 Monastiriou, C, 256 B.

Sami (auf Kephallonia)

Ionion, 5 Horofilakis, C, 29 B.; Skala, C, 14 B.; Tara Beach (Bungalows), C, 52 B.

Samos (Stadt)

Galaxy, C, 61 B.; Kedros, C, 35 B.

Sani

Robinson Club Phocea (Bungalows), A, 430 B.; Sani Beach, B, 886 B.

Selianitika

Panayotis, B, 18 B.; Kanelli, C, 68 B.; Kyani Akti, Paralia, C, 51 B.; Plage, 257 Miaouli, C, 44 B.

Selinia (auf Salamis)

Akroyali, 92 Akti Themistokleous, C, 17 B.; Votsalakia, 64 Akti Themistokleous, D, 29 B.

Serrä (Seres)

Elpida, 66 Merarhias, B, 152 B.; Xenia, 1 Agias Sofias, B, 110 B.; Galaxy, 24th Merarhias & 1 P. Tsaldari, C, 90 B.; Helena, 7 Tsalopoulou, C, 69 B.; Park, 18 Papapavlou, Platia Eleftherias, C, 114 B.

Servia

Panhellinion, 8, 117 Ethnomartiron, E, 30 B.

Sidari (auf Korfu)

Afroditi Beach, C, 35 B.; Astoria, C, 36 B.; Mimoza, 32 G. Markora, C, 67 B.; Three Brothers, C, 70 B.

Sigri (Sigrion)

Nisiopi, B, 16 B.

Hotels in Sikyon (Sikia)

Paradissos, C, 54 B.

Sinarades (auf Korfu)

Yaliskari Palace, A, 420 B.

Sissi (auf Kreta)

Porto Sissi (Apartments), A, 30 B.; Amarylis (Apartments), C, 16 B.; Elena, E, 15 B.; Micro, E, 21 B.

Sitia (auf Kreta)

Sitian Beach – Kappa Club, K. Karamanli, A, 310 B.; Sunwing (Hotel & Bungalows), Makrigialos, A, 276 B.; Denis, 60 El. Venizelou, B, 25 B.; Maresol (Bungalows), Agia Fotia, B, 47 B.; Sunwing II, Makrigialos, B, 191 B.; Alice, 34 Papanastassiou, C, 69 B.; Castello, 21 Rousselaki, C, 31 B.; Chryssos Ilios, C, 60 B.; Crystal, 17 Kapetan Sifi, C, 75 B.; El Greco, C, 28 B.; Elize, C, 15 B.; Helena, C, 42 B.; Itanos, Platia Venizelou, C, 138 B.; Mariana, 67 Missonos, C, 47 B.; Vai, C, 84 B.

Skafidia

Miramare Olympia Beach (Hotel-Bungalows-Villas), A, 665 B.; Apollon, E, 16 B.

Skala (auf Patmos)

Kasteli, B, 63 B.; Maria, Hohlakas, B, 24 B.; Patmion, 34 Emm. Xenou, B, 42 B.; Skala, B, 90 B.; Xenon Vyzantion, B, 21 B.; Astoria, C, 26 B.; Galini, C, 21 B.; Chris, C, 90 B.; Hellinis, C, 29 B.; Kalokeri, C, 40 B.; Plaza, C, 27 B.; Villa Zacharo, C, 15 B.

Skiathos

*Skiathos Palace, Koukounaries, L, 424 B.; Esperides, Ahladies, A, 334 B.; Nostos (Bungalows), Tzaneria, A, 292 B.; Alkyon, Amoudia, B, 160 B.; Mandraki (Bungalows), Koukounaries, B, 55 B.; Meltemi, B, 32 B.; Orsa, Plakes, B, 14 B.; Xenia, Koukounaries, B, 64 B.; Thymis' Home, Livadia, B, 34 B.; Akti, 26 F. Georgiadou, C, 22 B.; Belvedere (Kali Thea; Bungalows), Ahladies, C, 120 B.; Golden Beach, C, 29 B.; Koukounaries, 47 F. Georgiadou, C, 32 B.; Panorama, Koukounaries, C, 23 B.; Pounda, C, 68 B.; Stelina, C, 73 B.; Toxotis, C, 24 B.; Troulos Bay, C, 69 B.; Vontzos, Ahladies, C, 34 B.; Zeus, C, 28 B.

Skopelos (Stadt)

Andromachi, A, 12 B.; Archontiko, 1 Xanthou, A, 22 B.; Kyr-Sotos, A, 24 B.; Aegeon, B, 18 B.; Amalia, B, 88 B.; Elli, B, 39 B.; Mon Repos, B, 30 B.; Panormos Beach, Panormos, B, 57 B.; Peparithos, B, 19 B.; Prince Stafylos, Livadi, B, 94 B.; Regina, 9 Parados, B, 21 B.; Rigas, Stafilos, B, 79 B.; Xenia, B, 8 B.; Aeolos, C, 79 B.; Agnanti, C, 23 B.; Captain, Eleftherotria, C, 33 B.; Denise, C, 41 B.

Skyros (Skiros)

Xenia, Magazia, B, 38 B.; Aegeon, E, 7 B.; Helena, E, 22 B.

Sparta (Sparti)

Lida, B, 75 B.; Menelaion, 65 K. Paleologou, B, 88 B.; Apollo, 14 Thermopilon, C, 82 B.; Dioscouri, 94 Likourgou & Atreidon, C, 60 B.; Lakonia, 61 K. Paleologou, C, 62 B.; Maniatis, 60 K. Paleologou & Dion. Dafnou, C, 150 B.; Sparta Inn, C, 154 B.

Spetsä (Spetses)

Akroyali, Agii Anargiri, A, 30 B.; Kasteli (Hotel & Bungalows), A, 82 B.; Possidonion (Poseidonion), A, 83 B.; Spetses, A, 143 B.; Roumanis, B, 65 B.; Villa Anessis, B, 15 B.; Villa Christina, B, 24 B.; Villa Martha, B, 43 B.; Faros, Kentriki Platia, C, 84 B.; Ilios (Soleil), Paralia, C, 50 B.; Myrtoon, C, 74 B.; Star, Platia Dapias, C, 68 B.

Sphakia (auf Kreta)

Xenia, Hora Sfakion, B, 23 B.

Stalida (auf Kreta)

Anthoussa Beach, A, 259 B.; Alkyonides, B, 54 B.; Blue Sea (Bungalows), B, 371 B.; Cactus Beach, B, 116 B.; Diamond Beach, B, 34 B.; Elvira, B, 35 B.; Korina, B, 32 B.; Palm Beach, B, 40 B.; Panorama Stalidos, B, 20 B.; Smaragdine Beach, B, 16 B.; Sunny Beach, B, 55 B.; Thisvi, B, 21 B.; Zephyros Beach, B, 75 B.; Heliotrope, C, 140 B.; Pelargos, C, 8 B.

Hotels in Stavros	Aristotelis, 3 Vassileos Georgiou, C, 30 B.; Athos, 8 C. Paleologou Platania, C, 48 B.; Possidonion, 2 Vassileos Georgiou, C, 14 B.
Steni (auf Euböa)	Dirphys, C, 35 B.; Steni (Motel), C, 70 B.
Stymphalia (Stimfalia)	Stymfalia, E, 18 B.
Suda (Souda; auf Kreta)	Knossos, 31 Platia Pringipos Georgiou, D, 17 B.; Parthenon, Platia Pringipios Georgiou & 29 El. Venizelou, D, 13.
Sufli (Soufli)	Orpheus, Vassileos Georgiou & 1 Tsimiski, C, 34 B.; Egnatia, 225 Vassileos Georgiou, D, 14 B.
Sunion (Sounio)	Belvedere Park (Bungalowhotel), A, 180 B.; Cape Sounion Beach (Bungalows), Plakes, A, 376 B.; Egeon (Aegeon), A, 87 B.; Surf Beach Club (Hotel & Bungalows), Pounta Zeza, B, 521 B.; Triton, bei km 68, Athinon-Souniou Ave., B, 78 B.; Saron, Lavriou-Souniou Ave., C, 52 B.
Suvala (auf Ägina)	Ephi, C, 59 B.; Saronikos, D, 33 B.
Svoronata	⟶ Agia Pelagia
Symi (Simi)	Aliki, A, 28 B.; Dorian, A, 20 B.; Grace, B, 13 B.; Metapontis, B, 25 B.
Thasos (Thassos; Stadt)	Amfipolis, A, 78 B.; Akti, B, 27 B.; Diamanto, B, 30 B.; Dionyssos, B, 21 B.; Elli-Maria, B, 45 B.; Galini, 1 Theagenous, B, 29 B.; Georgios, B, 23 B.; Mary, B, 17 B.; Possidon, B, 30 B.; Timoleon, B, 54 B.; Viky, B, 27 B.; Villa Nysteri, B, 18 B.; Alcyon, C, 21 B.; Angelika, C, 50 B.; Laios, C, 49 B.; Lido, 12 Megalou Alexandrou, C, 33 B.; Panorama, C, 16 B.; Villa Meressi, C, 40 B.
Theben (Thiva)	Dionyssion Melathron, 7, I. Metaxa & Kadmou, B, 42 B.; Meletiou, 56-58 Epaminonda, C, 65 B.; Niobe (Niovi), 63 Epaminonda, C, 51 B.
Thera	⟶ Thira
Thermae (Therma; auf Ikaria)	George, B, 16 B.; Anna, C, 29 B.; Apollon, C, 59 B.; Parthenon, C, 36 B.
Therma Lefkados (auf Ikaria)	Adam's, B, 12 B.; Anyfantis (Hotel & Bungalows), B, 288 B.; Akti, C, 27 B.; Anna, C, 16 B.; Carras, C, 19 B.; Galini, C, 27 B.; Marina, C, 20 B.
Thermi (auf Lesbos)	Blue Beach, B, 12 B.; Votsala (Motel), Paralia, B, 94 B.
Thermopylen (Thermopiles)	Aegli, C, 86 B.; Asclepios, D, 88 B.
Thermos (Thermo)	Aetolia, 35 Har. Trikoupi, D, 11 B.
Thessaloniki	⟶ Saloniki
Thira (Fira; auf Santorin)	Atlantis, A, 46 B.; Villa Renos, B, 13 B.; Antonia, C, 20 B.; Kallisti Thira, C, 64 B.; Kavalari, C, 39 B.; Panorama, C, 34 B.; Pelican Hotel, C, 34 B.; Theoxenia, C, 20 B.
Timbaki (auf Kreta)	Agios Georgios, C, 16 B.; El Greco, E, 19 B.; Kriti, E, 30 B.
Tingaki (auf Kos)	Tingaki Beach, A, 309 B.; Tingaki Toulas, B, 38 B.; Konstantinos Ilios, C, 162 B.
Tinos (Stadt Tinos)	Aeolos Bay, Agali, B, 131 B.; Alonia, Agia Sofia, B, 64 B.; Favie Souzane, 22 Andoniou Sohou, B, 63 B.; Theoxenia, 2 Leoforos Megaloha-

Hotels in Tinos (Fortsetzung)

ris, B, 59 B.; Tinion, 1 C. Alavanou, B, 47 B.; Afroditi, 23 P. Navarhou, C, 22 B.; Argo, Angali, C, 20 B.; Asteria, Leoforos Stavrou-Kioniou Kallithea, C, 96 B.; Avra, Paralia, C, 31 B.; Delfinia, Paralia, C, 73 B.; Leto, Paralia, C, 36 B.; Meltemi, 7 D. Filipoti Leoforos Megaloharis, C, 77 B.; Oassis, 1 Evangelistrias, C, 43 B.; Oceanis, 3 Akti G. Drossou, C, 91 B.; Poseidonion, 4 Paralias, C, 73 B.; Vyzantion, C, 54 B.

Tolon (Tolo)

Dolfin, 50 Aktis, B, 42 B.; Solon, B, 50 B.; Sophia, B, 100 B.; Aktaeon, 60 Aktis, C, 39 B., Apollon, C, 72 B.; Aris, 28 Aktis, C, 58 B.; Artemis, C, 37 B.; Assini Beach, C, 16 B.; Christina, 7 Bouboulinas, C, 39 B.; Coronis, 59 Sekeri Ave., C, 36 B.; Electra, C, 34 B.; Elena's, 6, Bouboulinas, C, 34 B.; Epidavria, 52 Sekeri Ave., C, 70 B.; Esperia, C, 70 B.; Flisvos, 13 Bouboulinas, C, 54 B.; Knossos, 46a Aktis, C, 31 B.; Kyani Akti, C, 26 B.; Minoa, 56 Aktis, C, 83 B.; Pavlos, 4 Bouboulinas, C, 24 B.; Phryne (Frini), 21 Sekeri Ave., C, 26 B.; Possidonion, 2 Diovouniotou, C, 69 B.; Ritsa's Hotel, Psili Amos, C, 58 B.; Romvi, 5 El. Venizelou, C, 33 B.; Spartakos, C, 18 B.; Thetis, 3 Kardamaki, C, 30 B.; Tolo, 15 Bouboulinas Ave., C, 72 B.; Tolo II, C, 29 B.; Tolo Inn, C, 28 B.; Zeus, C, 15 B.

Trikala (Peloponnes)

Asteria, Ano Trikala, C, 25 B.; Ta Trikala, C, 41 B.

Trikala (Thessalien)

Achillion, 1-3 Platia Vassileos Georgiou, B, 122 B.; Divani, 13 Dionissiou, B, 121 B.; Dina, 38 Asklipiou & Karanassou, C, 108 B.; Palladion, 4 Vironos, C, 34 B.

Tripolis

Menalon, Platia Areos, A, 58 B.; Arcadia, 1 Platia Kolokotroni, B, 85 B.; Alex, 26 Vassileos Georgiou A, C, 59 B.; Anaktorikon, 48 Konstantinou XII, C, 58 B.; Artemis, 1 Dimitrakopoulou, C, 126 B.; Galaxy, Platia Georgiou B, C, 150 B.

Tsaki (auf Korfu)

Regency, P.O.Box 158, A, 343 B.; Karina, C, 44 B.

Tsangarada (Pelion)

Villa Irini-Kivotos, A, 8 B.; Kentavros (früher Galaxy), B, 46 B.; Konaki, Agia Paraskevi, B, 22 B.; Paradissos, B, 31 B.; Xenia, B, 84 B.; San Stefano, C, 71 B.

Tsermiades (Tzermiado; Kreta)

Kourites, B, 13 B.

Uranopolis (Ouranopolis)

Eagles' Palace (Aeton Melathron; Hotel & Bungalows), Skala Neon Rodon, A, 302 B.; Xenia (Motel & Bungalows), B, 84 B.; Akroyali, D, 19 B.; Pyrgos, D, 31 B.; Xenios Zeus, D, 36 B.

Vaghia (Vaia; auf Ägina)

Xeni, C, 14 B.; Vaya, E, 18 B.

Valimitika

Eliki, C, 278 B.

Varkitsa (Varkiza; Attische Riviera)

Glaros, Possidonos & 1 Xeniou Dios, A, 81 B.; Varkiza, 13-15 Rodou, B, 57 B.; Holidays, 22 Possidonos Ave., C, 65 B.; Stefanakis, 17 Afroditis, C, 79 B.

Vartholomio

Alfa, C, 55 B.; Artemis, C, 20 B.; Fegarognemata, C, 30 B.

Vary (Vari; auf Syros)

Ahladi, C, 25 B.; Akrotiri, Megas Gialos, C, 41 B.; Alexandra, Megas Gialos, C, 58 B.; Domenica, C, 43 B.; Kamelo, C, 44 B.; Romantica, C, 58 B.

Vathy (auf Samos)

Aeolis, 33 Themistokli Sofouli, B, 97 B.; Eleana, B, 34 B.; Odysseas, B, 28 B.; Vathy, B, 17 B.; Virtzinia, B, 42 B.; Xenia, 23 Themistokli Sofouli, B, 56 B.; Helen, 2 Gramou Katsouni, C, 45 B., Samos, 6 Themistokli

Hotels in Vathy (Fortsetzung)	Sofouli, C, 204 B.; Sibylla, C, 38 B.; Surf Side (Kymothalasso), Roditses, C, 54 B.
Vavrona	→ Brauron
Vergina	→ Veria
Veria	Polytimi, 35 Megalou Alexandrou, C, 57 B.; Vassilissa Vergina, 31 El. Venizelou, C, 42 B.; Veria, C, 116 B.; Villa Elia, 16 Elias, C, 65 B.
Volos	Aegli, 24 Argonafton, B, 80 B.; Alexandros, 3 Topali-Iassonos, B, 134 B.; Argo, 135 Dimitriados, B, 40 B.; Electra, 22 Topali, B, 71 B.; Nefeli, 10 Koumoundourou & Dimitriados, B, 100 B.; Park, 2 Deligiorgi, B, 225 B.; Admitos, 43 Vassileos Konstandinou & Athanassiou Diakou, C, 53 B.; Avra, 5 Solonos, C, 57 B.; Galaxy, 3 Agiou Nikolaou, C, 102 B.; Filippos, 9 Solonos, C, 73 B.; Iolkos, 25 Dimitriados, C, 25 B.; Kypseli, 1 Agiou Nikolaou, C, 100 B.; Roussas, 1 I. Tzanou, C, 17 B.; Sandi, Iassonos & 13 Topali, C, 67 B.
Vonitsa	Bel Mare, C, 63 B.; Kekrops, C, 39 B.; Vonitsa, C, 65 B.
Vrondados (auf Chios)	Xenios, B, 40 B.
Vula (Voula; Attische Riviera)	Voula Beach, 103 Alkionidon, A, 106 B.; Castello Beach, 8 Kerkiras & Aktis, B, 64 B.; Plaza, 17 Alkionidon, B, 28 B.; Kabera, 8 Alkionidon, C, 17 B.; Noufara, 2 Metaxa & Vassileos Georgiou, C, 42 B.; Orion, 4 J. Metaxa, C, 49 B.; Palma, 7 Alkionidon, C, 65 B.; Parthenis, 21 Alkionidon, C, 31 B.; Rondo, 6 Dodekanissou, C, 84 B.
Vuliagmeni (Vouliagmeni; Attische Riviera)	*Aphrodite Astir Palace, L, 330 B.; *Arion Astir Palace (Hotel & Bungalows), L, 462 B.; *Nafsika Astir Palace, L, 325 B.; Costi, 2 Dios, A, 28 B.; Greek Coast, 8 Panos, A, 103 B.; Margi House, 11 Litous, A, 175 B.; Armonia, 1 Armonias, B, 180 B.; Blue Spell, 1 Litous, B, 71 B.; Hera (Ira), 1 Iassonos, B, 73 B.; Paradise, Armonias & Danais, B, 110 B.; Strand, 14 Litous, B, 134 B.
Xanthi	Motel Natassa, B, 127 B.; Nestos, 1 Kavalas Ave., B, 142 B.; Xenia, 9 Vassilissis Sofias, B, 48 B.; Democritus, 41, 28th Oktovriou, C, 69 B.; Sissy, 14 Lefkipou, C, 31 B.; Xanthippion, 212, 28th Oktovriou, C, 95 B.
Xylokastron (Xilokastro)	Arion, 3 K. Karamanli, A, 120 B.; Apollon, 105 J. Ioanou, B, 48 B.; Fadira, 2 Agiou Makariou, B, 92 B.; Miramare, 37 J. Ioanou, B, 42 B.; Rallis, 55 J. Ioanou, B, 132 B.; Periandros, 1 Agiou Makariou, C, 39 B.
Ypati (Loutra Ipatis)	Aegli, B, 39 B.; Anessis, B, 39 B.; Angelis, B, 26 B.; Anixis, B, 34 B.; Europe, B, 29 B.; Hellas, B, 84 B.; Hermes, B, 21 B., Lux, B, 85 B.; Pigae, B, 52 B.; Rodon, B, 33 B.; Sperchios, B, 17 B.; Xenia, B, 143 B.; Acropole, C, 20 B.; Alexakis, C, 52 B.; Alfa, C, 49 B.; Ariston, C, 15 B.; Armonia, 25th Martiou, C, 32 B.; Astron, C, 49 B.; Avra, C, 43 B.; Cronos, 25th Martiou, C, 16 B.; Diana, C, 27 B.; Dido, 104, 25th Martiou, C, 20 B.
Ypsos (Ipsos; auf Korfu)	Ypsos Beach B, 114 B.; Doria, C, 39 B.; Ionian Sea, C, 14 B.; Jason, C, 67 B.; Mega, C, 61 B.; Platanos, C, 58 B.
Zacharo (Zaharo)	Nestor, 7 R. Station, C, 46 B.; Rex, R. Station, C, 66 B.
Zagora (Pelion)	Charavgi, E, 21 B.
Zakynthos (Zakinthos; Stadt)	Kryoneri, 86 Kryoneriou, B, 29 B.; Lina, B, 88 B.; Strada Marina, 14 K. Lomvardou, B, 195 B.; Xenia, 60 D. Roma, B, 78 B.; Yria, 4 Kapodi-

striou, B, 21 B.; Adriana, 6 N. Koliva Agia Trias, C, 18 B.; Aegli, 1 A. Lountzi & 12 Lomvardou, C, 16 B.; Angelika, 80 Krioneriou, C, 32 B.; Apollon, 30 Tertseti, C, 17 B.; Astoria, 1 Rizospaston Platia D. Solomou, C, 15 B.; Bitzaro, 46 D. Roma, C, 74 B.; Diana, 11 Kapodistriou & Mitropoleos, C, 91 B.; Libro d' Oro, 92 Krioneriou, C, 92 B.; Phoenix (Finix), 2 Platia D. Solomou, C, 65 B.; Plaza, C, 33 B.; Reparo, C, 28 B.; Tereza, C, 58 B.; Zenith, 44 Tertseti & 2 Martinegou, C, 14 B.

Hotels in Zakynthos (Fortsetzung)

Information

→ Auskunft

Inselhüpfen

Allgemeines

Die griechischen Inseln sind vor allem mit dem Schiff (Fährschiffe; Tragflügelboote), zahlreiche auch mit dem Flugzeug (Taxiflüge s. unten) zu erreichen. Die Verkehrsmittel auf den Inseln selbst sind sehr unterschiedlich, weshalb auch auf die entsprechenden Einzelangaben der Inselbeschreibungen (→ Reiseziele von A bis Z) verwiesen sei.

Schiffsverbindungen

Die Schiffsverbindungen zu den Inseln der Ägäis gehen meist von Athen (Piräus), z.T. auch von Saloniki aus. Die Verbindungen der Inseln untereinander sind weniger direkt, so daß es beim Besuch mehrerer von ihnen durchaus erforderlich sein kann, wiederholt zum Hafen Piräus zurückzukehren.

Die Ionischen Inseln haben Schiffsverbindungen mit den Festlandshäfen Patras und Igumenitsa.

Weitere Informationen über die Büros der Griechischen Fremdenverkehrszentrale (→ Auskunft).

Flugverbindungen

Mit Olympic-Airways-Domestic-Flügen (allgemeine Auskünfte und Informationen über Flugpreisermäßigungen bei allen Olympic Airways Büros; Adressen → Fluggesellschaften) können täglich die wichtigsten Inselstädte ab Flughafen Athen erreicht werden.

Abflughafen Athen

Ziele: Chania (Kreta), Chios, Iraklion (Kreta), Karpathos, Kasos, Kastellorizo, Kephallonia, Korfu (Stadt), Kos, Kythira, Leros, Limnos, Milos, Mykonos, Mytilini (Lesbos), Paros, Rhodos, Samos, Sitia (Kreta), Skiathos, Skyros, Thira (Santorin), Zakynthos.

Abflughafen Iraklion

Von Iraklion auf Kreta gibt es Verbindungen zu den Inseln Mykonos, Paros, Rhodos und Santorin.

Abflughafen Saloniki

Ab Saloniki kann man auf die Inseln Kreta, Lesbos, Limnos, Rhodos und Skiathos fliegen.

Flugpläne

Detailliertere Auskünfte über zusätzliche Flugverbindungen entnehme man den jährlich zweimal erscheinenden Flugplänen von Olympic Airways (Anschriften → Fluggesellschaften).

Air Taxi

Wer unabhängig vom Flugplan reisen möchte, hat u.a. die Möglichkeit, in Athen ein Air Taxi anzumieten, das einen zu jeder Zeit auf eine der gewünschten Inseln fliegt. Weitere Auskünfte erteilen die Büros

Inselhüpfen (Fortsetzung)

von Olympic Airways (Adressen ⟶ Fluggesellschaften) und Olympic Aviation – Air Taxi am Flughafen Athen–Ellinikon (Tel. 01/9813565 und 989211).

Weitere Fluggeräte

Darüber hinaus besteht die Möglichkeit, sich mit Skyvan-Flugzeugen (18 Plätze) oder Islander (9 Plätze) von Athen aus transportieren zu lassen auf die Inseln Kythira, Milos und Paros, von Karpathos auf die Insel Kasos sowie von Rhodos nach Karpathos, Kasos und Kos.

Hinweis

An dieser Stelle sei darauf hingewiesen, daß auf innergriechische Flugpläne kein absoluter Verlaß ist; es empfiehlt sich, vor dem Abflug zu erkunden, ob die in den Flugplänen angeführten Strecken auch wirklich zu den angegebenen Zeiten und an den erwähnten Tagen beflogen werden.

Jachtreisen

⟶ Sportschiffahrt

Jugendherbergen

Allgemeines

Vor allem für jüngere Reisende bieten die Jugendherbergen preiswerte Unterkunft.

Die meisten Jugendherbergen sind ganzjährig geöffnet. Voranmeldung ist in jedem Falle ratsam, in der Hauptreisezeit unerläßlich; Reservierungen, insbesondere für Gruppen, sind nur mit Vorauszahlung gültig.

Der Aufenthalt in ein und derselben Jugendherberge ist für Einzelpersonen zeitlich begrenzt. Voraussetzung für die Benutzung von Jugendherbergen ist ein gültiger Jugendherbergsausweis des Heimatlandes.

Jugendherbergen gibt es u.a. in Athen, Delphi, Korfu (Stadt), Litochoro, Mati, Mykene, Nauplia, Olympia und Saloniki.
Ferner in Agios Nikolaos, Chania, Iraklion, Mallia, Myrthios, Plakias, Rethymnon und Sitia auf Kreta;
auf Santorin;
an den Bergen Ghiona, Kallidromon, Koziakas, Olympos, Paikon, Pelion und Vardussia.

Auskunft

Organosis Xenonon Neotitos Ellados
(Verband der griechischen Jugendherbergen)
Odos Dragatsaniu 4
Athen
Tel. (01) 3237590

Weitere Informationen sind bei den Büros der Griechischen Zentrale für Fremdenverkehr (⟶ Auskunft) erhältlich.

Kafenion

⟶ Essen und Trinken

Karten (Land-, Straßen- und Reisekarten)

Empfehlung

Es ist ratsam, zusätzliches Kartenmaterial auf die Reise mitzunehmen. Nachstehend eine Auswahl:

Hallwag Straßenkarte Griechenland	1 : 1000000
Touring Club Italiana (TCI) Carta Stradale Grecia/Ellass	1 : 1000000
RV Große Länderkarte Griechenland	1 : 800000
Große Shell Autokarte Griechenland	1 : 800000
Michelin Blatt 980 Griechenland	1 : 700000
Freytag & Berndt Straßenkarte Griechenland	1 : 650000
Kümmerly & Frey Straßenkarte Griechenland	1 : 500000
Hallwag Touristenkarte Peloponnes – Attika	1 : 400000
Hallwag Touristenkarte Kreta	1 : 275000
Freytag & Berndt Kreta	1 : 275000
Freytag & Berndt Kykladen	1 : 150000
Freytag & Berndt Kos – Samos – Ikaria	1 : 150000
Hallwag Touristenkarte Rhodos	1 : 120000
Hallwag Touristenkarte Korfu	1 : 100000
Freytag & Berndt Korfu	1 : 100000
Freytag & Berndt Rhodos	1 : 100000

Eine kostenlose Landkarte von Griechenland (Maßstab 1 : 1000000), herausgegeben von der Griechischen Zentrale für Fremdenverkehr, Athen, ist bei den unter ⟶ Auskunft genannten Büros erhältlich.

Hafenführer

Axel Kramer, Hafenführer Ägäis Ost, Ägäis West, Ionisches Meer (3 Bände); F. Goldmann-Verlag, A-3430 Tulln.

Kochrezepte

⟶ Essen und Trinken

Konsulate

⟶ Diplomatische und konsularische Vertretungen

Krankheitsfall

⟶ Ärztliche Hilfe

Kreditkarten

⟶ Geld

Kreuzfahrten

Allgemeines

Wichtiger Start- und Zielpunkt der im Mittelmeer operierenden Kreuzfahrtschiffe ist der Hafen von Piräus.

Kreuzfahrten (Fortsetzung) Ziele

Sehr beliebt sind die halbe Tage dauernden Kreuzfahrten in Kombination mit Landausflügen zu den berühmten archäologischen Stätten von Delphi, Olympia, Vergina oder Meteora.
Ab Piräus kann man sowohl Tagesausflüge zu den Inseln Ägina, Poros und Hydra im Saronischen Golf als auch mehrtägige Fahrten in die Ägäis (auch Rhodos), nach Kreta, auf die Kykladen, nach Katakolon auf der Peloponnes, auf die Insel Korfu, in den Golf von Korinth, nach Kleinasien (z.B. Bodrum, Kuşadası), Zypern (z.B. Limassol), Zielen in Frankreich (z.B. Marseille), Italien (z.B. Neapel, Genua, Venedig), Jugoslawien (z.B. Dubrovnik), Spanien (z.B. Barcelona), Tunesien (z.B. Tunis), Israel (z.B. Haifa), Ägypten (z.B. Alexandria) und am Schwarzen Meer (z.B. Odessa) unternehmen.

Eine Liste der Reedereien, die Kreuzfahrten durchführen, ist bei den Griechischen Zentralen für Fremdenverkehr (⟶ Auskunft) erhältlich.

Tarife

Die Preise differieren je nach Jahreszeit, Dauer der Kreuzfahrt und (bei mehrtägigen Reisen) von der Lage, dem Komfort und der Bettenzahl der Kabine.
Der Preis für Tageskreuzfahrten schließt meist den Transfer vom Hotel zum Hafen und zurück sowie Teilnahme am Mittagsbüfett ein;
bei mehrtägigen Kreuzfahrten ist neben den Fahrtkosten die volle Verpflegung enthalten (Ermäßigungen für Kinder jeweils auf Anfrage).

Tragflügelboote

Die 'Flying Dolphins' genannten Tragflügelboote verkehren u.a. zwischen dem Zea-Hafen von Piräus und den Inseln Ägina, Poros, Hydra und Spetsä.

Weitere Informationen bei den Büros der Griechischen Zentrale für Fremdenverkehr (⟶ Auskunft).

Küche

⟶ Essen und Trinken

Kurorte

⟶ Heilbäder

Ländernetzkennzahlen

⟶ Post, Telefon

Landkarten

⟶ Karten (Land, Straßen- und Reisekarten)

Luftverkehr

⟶ Flugverkehr

Mietwagen

Allgemeines

Auch in Griechenland hat sich der Autoverleih zu einem wichtigen Dienstleistungsbereich entwickelt. Außer den international tätigen Mietwagenfirmen, deren Reservierungssysteme zuverlässig funktionieren, bieten vor Ort – insbesondere in Athen, Piräus, Saloniki und größeren Touristenzentren (auch auf den Inseln) – einheimische Unternehmen Leihwagen an. Ihre Tarife sind meist niedriger, die Fahrzeuge weisen jedoch nicht immer den erwarteten Qualitätsstand auf.

Mietwagenfirmen sind an den internationalen Flughäfen vertreten; auch übernehmen Hotelrezeptionen die Vermittlung.

Voraussetzungen

Bedingungen für das Mieten eines Kraftfahrzeuges ist ein Mindestalter von 21 Jahren und der Besitz eines internationalen Führerscheines; für Bürger der Bundesrepublik Deutschland und von Berlin (West) genügt der nationale Führerschein.

Weitere Informationen:

⟶ Autohilfe
⟶ Straßenverkehr

Preise

Die Preise richten sich nach Wagentyp, Mietdauer und Jahreszeit.

Reservierung zum Ortstarif

Mit der einheitlichen Vorwahl 01 30 erreicht man telefonisch zum Ortstarif die in der Bundesrepublik Deutschland befindlichen Reservierungszentralen der nachfolgenden Autoverleihfirmen, bei denen man einen Mietwagen auch für Griechenland bestellen kann:

Tel. (01 30) 77 33 — Avis

Tel. (01 30) 33 66 — Budget

Tel. (01 30) 22 11 — europcar

Tel. (01 30) 21 21 — Hertz

Reisemobile, Wohnmobile, Motorcaravans

Spezialisierte Reiseveranstalter bieten kombinierte Griechenlandreisen an, bei denen die An- und Abflugreise per Charterflug, die Reise im Lande mit einem gemieteten Wohnmobil o.ä. stattfindet.
Auskünfte erteilen u.a. die örtlichen ADAC-Geschäftsstellen und die Reisebüros.

Museen

Öffnungszeiten

Die Museen und archäologischen Stätten haben unterschiedliche Öffnungszeiten (Auskünfte erteilen die Büros der GZF/EOT). In der Regel sind sie etwa zwischen 9.00 und 15.00 Uhr geöffnet; viele Museen sind am Wochenanfang (meist montags, evtl. auch dienstags) geschlossen.

Geschlossen sind die meisten archäologischen Stätten und Museen an Tagen, wie

1. Januar
21. März

Museen, Öffnungszeiten (Fortsetzung)

Karfreitag (mancherorts noch bis Mittag offen) Ostersonntag und 25. Dezember

von 8.00 bis 12.30 Uhr sind sie geöffnet am
24. und 31. Dezember
2. Januar
Samstag vor Karneval
Donnerstag vor und Dienstag nach Ostern

Halbtags geöffnet sind sie an Feiertagen, wie

Abweichende Daten des griechischen Osterfestes → Feiertage

6. Januar
Rosenmontag
Ostersamstag
Ostermontag
1. Mai
Pfingstsonntag
15. August
28. Oktober
26. Dezember

Eintrittspreise

Ausländische Besucher entrichten Eintrittspreise, die je nach Museum und archäologischer Stätte unterschiedlich hoch sind. Im Jahre 1988 wurden die Eintrittspreise sowohl für Museen als auch für Ausgrabungsstätten um 50 % erhöht.
Auskünfte über Ermäßigungen bzw. Bedingungen für freien Eintritt erteilen die Griechische Zentrale für Fremdenverkehr oder die lokalen Départements des Antikendienstes ('Ephories Archeotiton').

Fotografieren und Filmen

Will man in Museen und an archäologischen Stätten mit Stativ und Blitzlicht fotografieren bzw. Filmen, so ist eine Sondergenehmigung erforderlich, die rechtzeitig bei den jeweiligen Außenstellen der Generaldirektion für Altertümer und Wiederaufbau in den jeweiligen Museen beantragt werden muß; hier erhält man auch Auskunft über die zu entrichtenden Gebühren.
Für Videoaufnahmen liegen die Gebühren um 50 % niedriger.

Nachtleben

Besonders beliebt bei ausländischen Besuchern sind die einheimischen Tavernen mit Buzuki-Musik, Boites mit Volkssängern und andere Lokale mit folkloristischem oder reichhaltigem künstlerischen Programm. Nicht zu vergessen sind die Night Clubs und Piano-Bars in Häusern bekannter Hotelketten. Nachtleben findet besonders im Zentrum von Athen, in der Plaka (Altstadt) und an der Apollonküste (Attische Riviera) statt.

Spielkasinos → dort

Nationalparks

Begriffserklärung

Der griechische Name für Nationalpark ist "Ethnikos Drymos" (Plural: 'Ethnikoi Drymoi'), was soviel wie 'nationaler Eichenwald' bedeutet. Obwohl heutzutage in den Nationalparkgebieten kaum noch Eichenwald vorherrscht, wird dieser Begriff weiterhin verwendet; die griechische Sprache bezeichnet damit ganz allgemein 'ein Naturschutz-

Nationalparks (Fortsetzung)

gebiet von nationaler Bedeutung'. Gebiete, die von außergewöhnlicher Schönheit sowie historisch und kulturell bedeutsam sind, werden von der griechischen Forstverwaltung ausgewählt und als Nationalparks verwaltet.

Gründungsjahr des ersten Nationalparks

Im Jahre 1938 wurde der Olymp offiziell zum ersten griechischen Nationalpark erklärt; Initiatoren waren die Forstverwaltung (Auskunft s. unten) und der Alpinklub Griechenlands.

Gesetze

1961 beschloß die Regierung in Athen ein Gesetz über das Einrichten von Nationalparks zum Schutz von Flora und Fauna.
1970 wurde jede Art von Umweltsünden unter strenge Strafen gestellt; diese gelten sowohl für Einheimische als auch für ausländische Touristen.

Anzahl und Gesamtfläche

Derzeit gibt es – von Nordgriechenland bis hinunter zum Libyschen Meer und den Inseln – insgesamt zehn Nationalparks mit einer Gesamtfläche von rund 100 000 Hektar; weitere Gebiete werden auf ihre Eignung als Nationalpark geprüft.

Meeresparks

Zwei Gebiete im Ägäischen Meer sollen alsbald als Meeresparks zu den griechischen Nationalparks hinzukommen.

Besonderheiten

In den Nationalparks (und Naturschutzgebieten ⟶ unten) findet man beispielsweise u.a. über 680 verschiedene heimische Pflanzenarten, bizarre Felsformationen, Bären und seltene Wasservögel.

Sinn und Zweck der Nationalparks

In erster Linie dient die Einrichtung der Nationalparks der wissenschaftlichen Forschung; oberstes Ziel ist der Schutz der natürlichen Flora und Fauna. Um die Aufklärung und das Naturschutzbewußtsein der Bürger zu fördern, plant die Forstverwaltung, Informationszentren und Naturlehrpfade in einigen Nationalparks einzurichten.

Verbotsschilder und sonstige Hinweise

Man beachte die aufgestellten Verbotsschilder für Aktivitäten, wie Pilzesammeln, Beeren- und Blumenpflücken, Abholzen oder Sammeln von Holz sowie das Angeln und Jagen. Verstöße werden streng bestraft!
Camping ist nur an bestimmten Stellen erlaubt. Abfälle nicht liegenlassen!

Information

Schriftliche Anfragen an:
Griechische Forstverwaltung
3–5 Ippokratous
Athen

Liste der Nationalparks

In der nachfolgenden Übersicht werden die Namen der Nationalparks (und ihr Gründungsjahr), die Ausdehnung (Lage) und Besonderheiten aufgelistet:

Ainos (1962)

2862 ha
Kephallonia
Abies cephalonica

Oeti (1966)

3010 ha (einschl. Peripherie: 4200 ha)
Phtiotis
Abies-Rupricapra

Olympos (1938)

3998 ha
Pieria
Alpine Vegetation

Nationalparks (Fortsetzung) **Parnassos** (1938)	3513 ha Phokis Abies; Felsformationen
Parnis (1961)	3812 ha Attika Abies
Pindos (Valiacalda; 1966)	3360 ha (einschl. Peripherie: 6780 ha) Grevena P. Leucodermis; Bären
Prespa-Seen (1974)	4650 ha (einschl. Peripherie: 16550 ha) Florina Wasservogelreservat
Samaria (1962)	4850 ha Chania (Insel Kreta) 1979 wurde der Samaria-Schlucht-(Cretica-Schlucht) Nationalpark mit dem Europa-Diplom (Kategorie A) des Europarates ausgezeichnet; Capra Aegagrus
Sunion (1974)	750 ha (einschl. Peripherie: 2750 ha) Attika P. Halepensis
Vikos-Aoos (1973)	3300 ha Zagoria-Epirus Chasmophytes-Schlucht

Naturschutzgebiete, Naturdenkmale

Neben den Nationalparks gibt es noch andere Arten von geschützten Gebieten, wie z.B. 'Aesthetic Forests' (unter Landschaftsschutz stehende Gebiete von außergewöhnlicher Schönheit oder interessante Biotope; Zugang für die Öffentlichkeit weniger eingeschränkt als in den Nationalparks) und Naturdenkmale (Zonen mit geschützten Bäumen, Felsen, Natureigenheiten oder Lebensräumen für Fauna und Flora).

Neugriechisch-Kurse

→ Sprache

Notdienste

Touristenpolizei

Die wichtigste Anlaufstelle für den Touristen ist die Touristenpolizei (Astynomia Allodapon), die an vielen Orten von touristischer Bedeutung Stützpunkte unterhält.

Telefon in Athen:
171 (rund um die Uhr)

Verkehrspolizei

Telefon in Athen:
5230111

Telefon in Piräus:
4113832

Notdienste (Fortsetzung)

Allgemeiner Polizeinotruf

Telefon in ganz Griechenland (Ausnahmen ⟶ unten):
100

Telefon in der Umgebung von Athen, Piräus, Saloniki, Patras, Korfu/Kerkyra:
109

Deutschsprachige Notrufdienste

Telefon in Athen (ganzjährig):
(01) 7775644

Telefon in Saloniki (Juni bis September):
(031) 412290

Erste Hilfe

Telefon im Großraum Athen – Piräus:
166

Feuermeldung bei Waldbränden

Telefon in Griechenland:
191

Feuerwehr

Telefon in Griechenland:
199

Küstenwache

Telefon in Griechenland:
108

Rotes Kreuz (Ambulanz)

Telefon in Athen:
150

ADAC-Notrufzentrale München

Telefon aus Griechenland:
0049/89/222222

ACE-Notrufzentrale Stuttgart

Telefon aus Griechenland:
0049/711/53 03-111

Deutsche Rettungsflugwacht Stuttgart

Telefon aus Griechenland:
0049/711/701070

DRK-Flugdienst Bonn

Telefon aus Griechenland:
0049/288/233232

Warnmeldungen für Segler

Spezielle Wetterberichte und Warnmeldungen (Vorwarnungen bei Windstärken ab Beaufort 6–7) für Segler werden von Hellas Radio (ERT) auf VHF-Kanal 16 täglich um 7.03, 9.03, 11.33, 17.03 und 23.03 Uhr (griechischer Zeit) in griechischer und in englischer Sprache gesendet.

EG-Notrufnummern

Bis 1992 will die EG-Kommission bei den Mitgliedsstaaten der Europäischen Gemeinschaft eine einheitliche Notrufnummer für die Polizei einführen.

Auf längere Sicht geplant sind europaweit identische Rufnummern für Feuerwehr, Notarzt, Krankentransporte und andere Hilfsdienste.

Straßenhilfsdienst

⟶ Autohilfe

Öffnungszeiten

⟶ Geschäftszeiten

Organisierte Bustouren

→ Bustouren

Pannenhilfe

→ Autohilfe

Pensionen

→ Hotels

Photographieren und Filmen

→ Fotografieren und Filmen

Post, Telefon

Die der staatlichen Postverwaltung 'Elliniká Tachidromía (ELTA) unterstehenden griechischen Postämter sind im allgemeinen werktags zwischen 7.30 Uhr und 19.30 Uhr (in Athen bis 20.30 Uhr) sowie samstags bis 13.00 Uhr Ortszeit geöffnet. – Postlagernde Sendungen müssen mit dem Vermerk "Poste restante" versehen sein.
Die Postkästen sind gelb.

Porto

Die Gebühren für eine Postkarte ins europäische Ausland betragen 40 Drs., für einen Normalbrief (bis 20 g) 50 Drachmen.

Hauptpostämter in Athen:
Odos Eolu 100
(geöffnet: Mo.–Fr. 7.30–20.30, Sa. 7.30–13.00 Uhr)

Ecke Mitropoleos/Syntagmaplatz
(Öffnungszeiten wie in der Eolustr. 100)

Telefon

Die meisten Orte und Inseln Griechenlands sind an das internationale Fernsprech-Durchwahlnetz angeschlossen.
Öffentliches Telefonieren ist in Postämtern nicht möglich ist; dafür zuständig ist das Telefon- und Telegrafenamt (OTE).

Öffentliche Fernsprecher in den Telefon- und Telegrafenämtern der OTE

In Athen:
Stadiu 15
täglich von 8.00 bis 24.00 Uhr geöffnet.

Fernsprechauskunft

Athen: Tel. 131
Übriges Griechenland: Tel. 132
Ausland: Tel. 162

Telefongebühren

Ein Drei-Minuten-Gespräch in die Bundesrepublik Deutschland kostet zwischen 210 und 260 Drachmen (jede weitere Minute etwa 100 Drs.).

Von der Bundesrepublik Deutschland, Österreich und der Schweiz nach Griechenland: 0030.
Von Griechenland in die Bundesrepublik Deutschland: 0049.
Von Griechenland nach Österreich: 0043.
Von Griechenland in die Schweiz: 0041.

Post, Telefon (Fortsetzung) Ländernetzkennzahlen

Die Null der jeweiligen Ortsnetzkennzahl entfällt!

Tel. 141

Zeitansage

Inland: Tel. 155
Ausland: Tel. 165

Telegrammannahme

Privatunterkünfte

Privatquartiere bieten die preisgünstigste Art der verschiedenen Übernachtungsmöglichkeiten; auch auf dem Lande stehen allenthalben einfache, aber saubere Unterkünfte bei Familien zur Verfügung. Zimmer werden sowohl von der Fremdenverkehrspolizei als auch von den Informationsbüros am jeweiligen Ort vermittelt.

Radio

→ Rundfunk

Reisedokumente

Hinweis für EG-Bürger

Seit Ende Juni 1988 verzichtet die griechische Regierung offiziell auf das Abstempeln der Pässe von EG-Bürgern, was erhebliche Erleichterungen bei Ein- und Ausreise bringen wird.

Hinweis für Nicht-EG-Bürger

Die griechischen Behörden tendieren dazu, Charterflugtouristen, die einen Abstecher in die benachbarte Türkei unternehmen (z.B. von der Insel Kos nach Bodrum/Halikarnassos), bei der Heimreise von Griechenland den Zutritt zum Charterflugzeug zu verwehren, so daß es ratsam ist, anstatt des Reisepasses, der beim Grenzübertritt abgestempelt wird, lediglich den Personalausweis zu benutzen.

Personalpapiere

Bei einem Aufenthalt bis zu drei Monaten ist ein gültiger Personalausweis oder Reisepaß erforderlich (für Kinder unter 16 Jahren Kinderausweis oder Eintrag im Elternpaß). Überschreitet die Aufenthaltsdauer drei Monate, so ist spätestens 20 Tage vor Ablauf der Frist ein Gesuch um Verlängerung bei der nächsten Polizeidienststelle einzureichen.

Für die Anreise durch Italien (weitere Auskünfte: Staatliches Italienisches Fremdenverkehrsamt ENIT, D-6000 Frankfurt am Main 1, Kaiserstr. 65, Tel. 069/231213 und 232648) und Österreich (zusätzliche Informationen: Österreichische Fremdenverkehrswerbung , Roßmarkt 12, D-6000 Frankfurt am Main 1, Tel. 069/20698) sind gültige Personalausweise oder die Reisepässe vorzulegen.
Für die Anreise durch Jugoslawien (weitere Auskünfte: Jugoslawisches Fremdenverkehrsamt, Goetheplatz 7, D-6000 Frankfurt am Main, Tel. 069/20798) wird ein gültiger Reisepaß benötigt.

Reisedokumente, Personalpapiere (Fortsetzung)	Sofern ein Reisepaß Eintragungen der Behörden von Nordzypern aufweist (z.B. Stempel), kann die Einreise nach Griechenland u.U. verweigert werden.
Besuch der Mönchsrepublik Athos (Agion Oros)	Verschiedene Reisebüros in Saloniki veranstalten mehrmals wöchentlich Tagesausflüge per Bus oder Boot zum Berg Athos. Nähere Einzelheiten erfährt man von der Griechischen Zentrale für Fremdenverkehr in Saloniki, Mitropoleos 34, Tel. (031) 271888; Informationsmaterial über den Berg Athos ist nicht erhältlich. Besondere Formalitäten gelten für die Mönchsrepublik. Die Besucherzahl ist auf zehn Personen (ausschließlich männlichen Geschlechts) pro Tag und die Aufenthaltsdauer auf vier Tage begrenzt. Dezente Kleidung und kurze Haartracht werden vorausgesetzt. Interessenten müssen persönlich (mit gültigem Reisepaß bzw. Personalausweis) bei ihrer jeweiligen Botschaft in Athen oder dem jeweiligen Konsulat in Saloniki (→ Diplomatische und konsularische Vertretungen) um ein Empfehlungsschreiben ersuchen und den Besuchszweck begründen. Mit der Direktion für Kirchliche Angelegenheiten des Außenministeriums, Akadimis 3 / Zakolastraße 2, Athen, oder mit der Abteilung Politische Angelegenheiten des Ministeriums für Nordgriechenland, Agiou Dimitriou Str. (Diikitirio), Saloniki, vereinbare man einen Gesprächstermin. Nach dem persönlichen Erscheinen entscheiden die Ministerien über die Einreisegenehmigung zum Besuch der Mönchsrepublik. Für Geistliche aus dem Ausland gelten noch zusätzliche Bestimmungen. Die Aufenthaltserlaubnis (Diamonitirio) wird gegen Entrichtung einer Gebühr in Karyes ausgehändigt. Möglichkeiten der Anreise zum Berg Athos → Anreise Vorschriften für Fotografieren und Filmen → dort.
Fahrzeugpapiere	Der nationale Führerschein der Bundesrepublik Deutschland und der Republik Österreich werden anerkannt; Inhaber einer schweizerischen Lizenz benötigen einen Internationalen Führerschein. Obligatorisch sind ferner der Fahrzeugschein und das ovale Nationalitätskennzeichen sowie die grüne Internationale Versicherungskarte für den Kraftverkehr. Obwohl in Griechenland seit 1978 Haftpflichtversicherungszwang besteht, ist der Abschluß einer zeitlich befristeten Fahrzeugvollversicherung (Vollkasko) zu empfehlen.
Impfungen	Impfungen sind für die aus den europäischen Ländern anreisenden Touristen nicht erforderlich. Eine Ausnahme wären Epidemien im Herkunftsland.
Krankenversicherung	Für den Krankheitsfall erkundige man sich bei seiner Versicherung nach den entsprechenden Vereinbarungen und schließe gegebenenfalls eine kurzfristige Zusatzversicherung ab.
Tiere	Wer Haustiere (Hund, Katze) nach Griechenland mitnehmen will, benötigt für diese einen Internationalen Impfpaß mit Tollwutimpfbescheinigung und amtstierärztlichem Gesundheitszeugnis in englischer oder französischer Sprache. Die Impfung muß spätestens 15 Tage vor

Einreise nach Griechenland erfolgt sein und darf nicht länger als zwölf Monate zurückliegen.
Wer durch Jugoslawien (bzw. Italien oder Österreich) anreist, muß beachten, daß dort ein solches Impfzeugnis nur dann anerkannt wird, wenn es mindestens 15 Tage und höchstens sechs (Italien elf; Österreich zwölf) Monate vor Grenzübertritt ausgestellt ist.

Reisedokumente, Tiere (Fortsetzung)

Schiffspapiere

→ Sportschiffahrt

Reisekarten

→ Karten

Reisemobile

→ Camping und Caravaning
→ Mietwagen
→ Straßenverkehr

Reisezeit

Allgemeines

Nach Griechenland, dessen Klima (→ Zahlen und Fakten, Allgemeines) mediterran ist, reist man am besten im Frühjahr, etwa von der zweiten Hälfte März bis Ende Mai oder Anfang Juni, sowie im Herbst in den Monaten September und Oktober, bisweilen auch noch Anfang November. Die Sommermonate (Mitte Juni bis Anfang September) sind sehr heiß; auch werden in dieser Zeit die zahlreichen Insekten (bes. Stechmücken) lästig. Von Mitte November bis Ende März pflegt das Wetter regnerisch zu sein.

Wind und Wetter

→ Zahlen und Fakten, Klima

März bis Mai

Die Monate März bis Mai sind mild, und die Natur steht in Blüte. In diese Zeit fallen auch die Osterfeierlichkeiten, die im ganzen Land glanzvoll gefeiert werden (auch Braten von Lämmern am Spieß und Kicken von roten Eiern).

Weitere Informationen → Feiertage und → Veranstaltungen.

Mitte Juni bis Anfang September

Die Sommermonate sind besonders in den Großstädten (Sonderregelung bei Smog → Taxis) recht heiß, doch infolge der herrschenden Lufttrockenheit und dem ständig wehenden Nordwind Meltemi in der Ägäis gut verträglich.

Der Sommer in Griechenland bietet ideale Voraussetzungen für einen Besuch der zahlreich im Lande stattfindenden Festspiel- und Folkloreaufführungen sowie für die Teilnahme an Weinfesten mit Weinproben.

Vorsichtsmaßnahmen

Auch im Sommer empfiehlt es sich, Wolljacke oder Pullover mitzunehmen, denn am Meer und im Gebirge ist es abends oft recht kühl; ein Regenmantel leistet gute Dienste bei Bootsfahrten, festes Schuhwerk auf Wanderungen. Sonnenschutzmittel und Insektenstifte sollten in der Reiseapotheke nicht fehlen. Am Tage ist leichten Speisen der Vor-

Reisezeit (Fortsetzung)

zug zu geben (Hauptmahlzeiten am besten abends einnehmen). Vorsicht beim Trinken von eisgekühltem Wasser. Weitere Hinweise ⟶ Essen und Trinken.

Badesaison ⟶ Badestrände

Oktober und November

Ab Oktober werden die Temperaturen wieder milder, und oft hält auch das schöne Wetter im November noch an. Mit ersten Regenfällen ist zu rechnen.

Reparaturwerkstätten

⟶ Autohilfe

Restaurants

Allgemeines

Die Restaurants sind in Kategorien eingeordnet, und die Preise werden von der Marktpolizei überwacht.

Essenszeiten

Das Frühstück (prójewma) entspricht in den Hotels meist der mitteleuropäischen Norm und wird üblicherweise zwischen 8.00 und 10.00 Uhr eingenommen. Das Mittagessen (jéwma) bekommt man in der Regel von 12.00 bis 15.00 Uhr serviert, das Abendessen (dípno) zwischen 20.00 und 23.00 Uhr (im Sommerhalbjahr sind zahlreiche Restaurants bis 24.00 geöffnet).

Speisenkarte

Die Speisenkarte ist oft zweisprachig, in einfacheren Lokalen aber meist nur griechisch (und oft mit der Hand geschrieben). Es ist, abgesehen von den Restaurants der gehobenen Kategorien, durchaus üblich, in die Küche zu gehen und die Speisen selbst auszuwählen.

Tips

In den heißen Monaten ist es bekömmlicher, die Hauptmahlzeit erst in den Abendstunden zu sich zu nehmen. Vorsicht beim Trinken von eiskaltem Wasser!

Internationale Küche

In Athen und in der Provinz findet man in den Hotelrestaurants der gehobenen Kategorien internationale Küche.

Küche des Landes

In kleinen Restaurants und Tavernen kann man die Spezialitäten des Landes versuchen.

Hinweise auf griechische Spezialitäten

Typisch griechische Getränke sind der Retsina (geharzter Wein) und der Ouzo (Anisschnaps); berühmt sind die im Lande erzeugten Naturweine und der griechische Kaffee, ein starker Mokka.

Schonkost

Diätrestaurants, wie sie bei uns bekannt sind, gibt es in Griechenland noch nicht; Diätwünsche sollten mit der Hoteldirektion abgesprochen werden.

Weiteres ⟶ Essen und Trinken.

Rezepte

⟶ Essen und Trinken

Rundfunk

Der griechische Rundfunk (Anschrift ⟶ unten) strahlt in seinen beiden Programmen ERT 1 und ERT 2 auch fremdsprachige Sendungen aus (Reiserufe ⟶ Notdienste). Kurznachrichten in deutscher, englischer und französischer Sprache werden täglich ab 7.30 Uhr gesendet.

Spezielle Wetterberichte und Warnmeldungen (Beaufort 6–7) für Segler (⟶ Sportschiffahrt) werden von Hellas Radio (ERT) auf VHF-Kanal 16 täglich um 7.03, 9.03, 11.33, 17.03 und 23.03 Uhr (griechischer Zeit) in griechischer und englischer Sprache gesendet.

Im Radio können auf MW 729 kHz und VHF 916 MHZ von Montag bis Freitag Wetter- und Seewetterberichte für die Schiffahrt in griechischer, aber um 6.30 Uhr auch in englischer Sprache gehört werden.

Elliniki Radiophonia Tileorassis
ERT 1
Messogion 432
Agia Paraskevi/Athen
Tel. (01) 6395970-79

ERT 2
Messogion 136
Athen
Tel. (01) 7701911-15 und 7794013

Saisonveranstaltungen

⟶ Veranstaltungen

Schiffspapiere

⟶ Sportschiffahrt

Schiffsverkehr

⟶ Anreise
⟶ Autofähren
⟶ Inselhüpfen
⟶ Sportschiffahrt

Segeln

⟶ Sportschiffahrt

Shopping

⟶ Einkäufe, Souvenirs

Sicherheit

Zu Ihrer Sicherheit am Steuer

Gurte
Gurten Sie sich immer richtig an und achten Sie darauf, daß Ihre Mitfahrer es – sowohl auf dem Vordersitz als auch auf den Rücksitzen – ebenfalls tun. Die Bänder sollen straff und nicht verdreht am Körper anliegen. Wer seinen Gurt nur lose umhängt, um bei einer Kontrolle die Strafe zu sparen, gefährdet sich: Bei einem Unfall kann der Gurt dann sogar zusätzliche Verletzungen verursachen.

Kopfstützen
Nur zusammen mit richtig eingestellten Kopfstützen am Autositz erfüllen Gurte optimal ihren Zweck. Die Oberkante der Kopfstützen muß in Augen- und Ohrenhöhe oder darüber liegen; nur dann schützen sie die Halswirbelsäule.

Obligatorisches Zubehör
Gesetzlich vorgeschriebenes Zubehör sind Verbandkasten (Vollständigkeit prüfen!), Warndreieck, Nationalitätskennzeichen (D-Schild; auf Auslandsreisen), bei zugepacktem Heckfenster und für Caravan-Fahrer ein zweiter Außenspiegel.
Verhindern Sie durch sichere Unterbringung, daß Verbandkasten oder Warndreieck beim Bremsen als gefährliche Geschosse durch das Fahrzeuginnere fliegen.
Einzelne Reiseländer schreiben eventuell zusätzliches Zubehör vor; bitte erkundigen Sie sich danach.

Sinnvolle Ergänzungen
Mitführen sollten Sie außerdem:
Abschleppseil, Warnblinklampe, Reserveglühlampen, -sicherungen, -keilriemen, Werkzeug, Starthilfekabel, Wolldecke, Handschuhe, Taschenlampe.

Feuerlöscher
Feuerlöscher mit mindestens 2 kg Inhalt (am besten Halon) zur Bekämpfung kleinerer Brände.
Übrigens bleibt bei Fahrzeugbränden meist genügend Zeit zur Rettung von Insassen und Gepäck; bei Versuchen vergingen zwischen einem Brandbeginn am Vergaser und dem Übergreifen des Feuers auf den Innenraum des Fahrzeuges fünf bis zehn Minuten. Größte Vorsicht ist jedoch bei Tankbeschädigungen und auslaufendem Kraftstoff geboten! Dann kann ein Brand blitzschnell das ganze Fahrzeug erfassen.

Fotoapparat
Fotokamera mit Blitzlicht, um nach kleineren Unfällen Spuren zu sichern. Nicht die Beschädigungen der Fahrzeuge sind das Wichtigste, sondern die Gesamtsituation am Unfallort: Auf jeden Fall je ein Foto genau in Fahrtrichtung der Unfallbeteiligten aus größerem Abstand machen!

Verbundglasscheibe
Verbundglas-Frontscheibe ggf. als Zusatzausstattung ab Werk oder nach einem Glasbruch. Die zwei Glasschichten, die mittels einer zähen, elastischen Kunststoffolie verbunden sind, bekommen bei Steinschlag nur an der Aufschlagseite einen Bruch; man kann noch hindurchsehen, und die Splitter bleiben an der Folie hängen, so daß sie niemanden verletzen.

Reservekanister
Reservekanister mit Kraftstoff (in Italien verboten!). Energie sparen Sie übrigens, wenn Sie auf der Autobahn nur bis höchstens 2 cm vor der Vollgasstellung aufs Gaspedal drücken. Mit dem 'Gasfuß' in Sparstellung sinkt die Reisegeschwindigkeit kaum, während sich der Kraftstoffverbrauch erheblich verringert.

Bremsen
Gerade vor Reisen empfiehlt sich eine gründliche Überholung des gesamten Bremssystems. Im Urlaub müssen die Bremsen besonders viel leisten, wenn das Auto voll beladen ist und die Reise über Bergstrecken führt.

Sicherheit (Fortsetzung)

Die Bremsflüssigkeit sollte spätestens alle zwei Jahre erneuert werden. Durch Kondenswasser, Staub und chemische Zersetzung verliert sie im Laufe der Zeit ihr Wirksamkeit.

Bereifung

Reifen brauchen mindestens 2 mm Profiltiefe, um griffig zu sein und den Wagen auch bei Nässe auf der Straße zu halten. Bei sportlich breiten Reifen sind wegen der längeren Wasserwege sogar 3 mm Profiltiefe zu empfehlen, für Winterreifen wenigstens 4 mm.
Richtiger Luftdruck verbessert die Straßenlage des Wagens und hilft Kraftstoff sparen. Der Luftdruck wird am kalten Reifen reguliert, nicht am heißgefahrenen.
Laut Vorschrift müssen alle Reifen am Auto die gleiche Bauart aufweisen, also nur Gürtelreifen oder nur Diagonalreifen sein. Noch sicherer fahren Sie, wenn alle Reifen auch das gleiche Profil haben.
Wer zwischen Sommerreifen und Winterreifen abwechselt, sollte die nicht benötigten Reifen auf den Felgen lagern. Das verlängert die Lebensdauer der Räder und spart beim Montieren Zeit und Geld.

Scheinwerfer

Lampen und Scheinwerfer sollten Sie regelmäßig überprüfen. Wenn die Fahrzeugbeleuchtung in Ordnung ist, sehen Sie nicht nur besser, Sie werden auch besser gesehen.

Leuchtenkontrolle

Rückleuchten und Bremslichter kontrollieren Sie leicht selbst, wenn Sie an einer Verkehrsampel vor einem Autobus oder Lieferwagen halten. Die große Frontfläche solcher Fahrzeuge reflektiert das Licht wie ein Spiegel. In Ihrer Garage oder beim Parken vor einer Schaufensterscheibe erkennen Sie abends, ob Scheinwerfer und vordere Blinkleuchten einwandfrei funktionieren.

Lichtausbeute

Bei Nachtfahrten auf nassen Straßen alle fünzig bis hundert Kilometer Scheinwerfer und Rückleuchten reinigen: Bereits eine hauchdünne Schmutzschicht auf den Scheinwerfergläsern vermindert die Lichtausbeute um die Hälfte; bei stärkerer Verschmutzung können sogar bis zu 90% Licht verlorengehen.
Wenn die Glühlampen altern, nimmt ihre Leistungsfähigkeit deutlich ab, weil sich Wolfram von der Glühwendel im Glaskolben niederschlägt.
Dunkel gewordene und defekte Glühlampen sollten Sie paarweise auswechseln, damit sie auf beiden Seiten gleich hell leuchten.

Sicht für Brillenträger

Brillenträger fahren nachts sicherer mit spezialentspiegelten Gläsern. Bei Dämmerung oder Dunkelheit muß von einer getönten Brille abgeraten werden. Da jede Glasscheibe einen Teil des hindurchfallenden Lichtes reflektiert, erreichen selbst durch eine klare Windschutzscheibe nur 90% des auf der Straße vorhandenen Lichtes die Augen des Autofahrers. Brillenträgern entsteht ein zusätzlicher Verlust von 10%. Durch getönte Autoscheiben und getönte Brillengläser gelangt nur noch etwa die Hälfte der auf der Straße vorhandenen Lichtmenge bis ans Auge. Sicheres Fahren ist dann nicht mehr möglich.

Nebelbeleuchtung

Der beste Platz für Nebellampen ist an der vorderen Stoßstange. Das ergibt eine besonders günstige Reichweite ohne Blendwirkung. Die Leuchten dürfen nur paarweise symmetrisch und auf gleicher Höhe, aber nicht höher als das Abblendlicht montiert sein. Wenn weder Nebel noch Regen oder Schneefall die Sicht erheblich beeinträchtigen, kann die Benutzung der Nebelscheinwerfer Strafe kosten.
Bis zu zwei Nebelschlußleuchten dürfen am Heck des Fahrzeuges montiert sein, mindestens 10 cm vom Bremslicht entfernt und nicht höher als 100 cm über der Fahrbahn. Benutzen darf man die Nebelschlußleuchte(n) sowohl inner- als auch außerorts nur bei einer Sichtweite unter 50 m.

Sicherheit (Fortsetzung) Fahrt bei Nebel

Bei Nebelfahrten beachten Sie bitte:
Rücksichtsvolles Abblenden gilt nicht nur für die Fernscheinwerfer, sondern auch für die Nebelschlußleuchten. Schalten Sie diese aus, wenn Sie in Ihrem Rückspiegel die Konturen eines nachfolgenden Fahrzeuges vollständig erkennen.
Rechnen Sie bei Tag mit Nebel, wenn Ihnen Fahrzeuge mit eingeschalteter Beleuchtung entgegenkommen, und schalten Sie selbst Ihre Scheinwerfer ein.
Passen Sie Ihre Geschwindigkeit der geringen Sichtweite an.
Achten Sie auf ausreichenden Abstand zum vorausfahrenden Fahrzeug. Überholen Sie nicht.
Betätigen Sie die Scheibenwischer; starker Nebel schlägt sich als Wasserfilm auf der Windschutzscheibe nieder.

Reise-Organisation

Vorbereitung

Gute Organisation ist schon vor der Reise wichtig. Die Gewißheit, daß zu Hause alles in Ordnung ist, und daß man nichts vergessen hat, trägt zur Gelassenheit am Steuer bei.
Ein erprobtes Hilfsmittel bei den Vorbereitungen sind Checklisten, auf denen Sie notieren, an was Sie noch denken müssen, und auf denen Sie abhaken, was Sie erledigt haben.
Klären Sie rechtzeitig, wer Ihre Blumen gießt, Haustiere versorgt und den Briefkasten vor verdächtigem Überquellen bewahrt. Hinterlassen Sie Wertsachen, Fotokopien Ihrer Papiere und Ihre Urlaubsanschrift bei einer Vertrauensperson oder Ihrer Bank.

Wichtige Unterlagen

Gültiger Personalausweis bzw. Reisepaß (ggf. samt Visa-Unterlagen)
Führerschein und Fahrzeugschein (ggf. internationale Papiere)
Grüne Versicherungskarte
Auto-Schutzbrief
Automobilclub-Ausweis
Reise-Verischerungen
Auslandskrankenschein
Benzingutscheine
Fahrkarten, Schiffs- oder Flugtickets, Buchungsbestätigungen
Impfzeugnisse (auch für Tiere)
Fotokopien aller wichtigen Papiere (im Gepäck)
Reiseschecks, Kreditkarten, Bargeld
Straßenkarten

Reiseapotheke

Ihre Reiseapotheke sollte neben den notwendigen Dingen gegen leichte Verletzungen und Unpäßlichkeiten auch einen Vorrat jener Medikamente enthalten, die Sie regelmäßig einnehmen. Beachten Sie bitte, daß Medikamente die Reaktionsfähigkeit und damit die Fahrtüchtigkeit beeinträchtigen können.
Ersatzbrille nicht vergessen!

Kostenloser Allianz-Service

Fahrzeugtest

Alle Autofahrer, die Kunden der Allianz Autoversicherung sind, können ihre Fahrzeuge kostenlos im Allianz Zentrum für Technik in Ismaning bei München nach Voranmeldung (mindestens sechse Wochen vorher; Telefon 0 89 / 9 60 12 76) überprüfen lassen. Der Test dauert knapp eineinhalb Stunden und betrifft Bremsen, Bremsflüssigkeit, Unterbodengruppe und Rahmen, Radaufhängung, Stoßdämpfer, Reifen, Scheinwerfer und Beleuchtung, Achseinstelldaten und Motor (Einstellung, Funktion, Leistung, Abgas).

Sicherheit (Fortsetzung)
Hilfe vom Fachmann

Jeder Allianz-Fachmann hält für seine Kunden kostenlos bereit:
"Mit dem Auto ins Ausland", eine Broschüre mit zahlreichen Tips, Adressen und Ratschlägen für den Schadenfall in 24 europäischen und außereuropäischen Ländern.
Servicetasche für Ihr Auto mit Parkscheibe sowie wichtigen Unterlagen und Formularen für den Fahrzeugwechsel oder einen Schadenfall.

Zentralruf der Autoversicherer

Bei Unklarheiten

Wenden Sie sich an den Zentralruf der Autoversicherer, wenn Sie in der Bundesrepublik Deutschland oder Berlin (West) einen Unfall hatten, und wenn zwischen den Beteiligten die versicherungstechnischen Einzelheiten nicht an Ort und Stelle zu klären sind. Dann wird die Schadenregulierung über den Zentralruf eingeleitet.

Einheitliche Telefonnummer 1 92 13

Alle Zentralrufstationen haben die einheitliche Rufnummer 1 92 13, die Sie mit entsprechender Vorwahl anrufen können, und zwar in Aachen (02 41), Berlin (0 30), Dortmund (02 31), Essen (02 01), Frankfurt am Main (0 69), Hamburg (0 40), Hannover (05 11), Köln (02 21), Mannheim (06 21), München (0 89), Nürnberg (09 11), Saarbrücken (06 81) und Stuttgart (07 11).

Sichere Reise!

Grundvorsorge

Die Versicherungen, die zur üblichen 'Grundausstattung' gehören, bieten während einer Reise weitgehenden Schutz: Lebensversicherung, Unfallversicherung und Privat-Haftpflichtversicherung gelten auf der ganzen Erde, die Rechtsschutzversicherung in Europa und in den außereuropäischen Mittelmeerstaaten.

Haftpflichtversicherung

Gerade auf Reisen gibt es immer wieder ungewohnte Situationen. In der fremden Umgebung genügt eine Sekunde Unaufmerksamkeit, zum Beispiel beim Überqueren der Straße: Sie zwingen einen Wagen zum Ausweichen, und schon ist es passiert. Da brauchen Sie eine gute Rückendeckung; eine Haftpflichtversicherung zahlt nicht nur bei berechtigten Ansprüchen, sondern wehrt unberechtigte Forderungen ab.

Rechtsschutzversicherung

Hat hingegen Ihnen jemand einen Schaden zugefügt, bezahlt die Rechtsschutzversicherung Ihren Anwalt. Sie kommt auch für die Verteidigungskosten in einem Strafverfahren auf.

Unfallversicherung

Wenn Sie bisher keine Unfallversicherung haben, wäre Ihr Urlaub ein guter Anlaß, eine solche abzuschließen. Sie gilt rund um die Uhr, im Beruf, im Haushalt, auf Reisen und in der Freizeit. Sie läßt sich in Leistungen und Beitrag der allgemeinen Einkommensentwicklung anpassen; bei einer besonderen Form erhalten Sie sogar alle Beiträge mit Gewinnbeteiligung zurück.

Reise-Krankenversicherung

Sie sollten auch an eine Reise-Krankenversicherung denken. Sie kostet nicht viel, gibt Ihnen und Ihrer Familie aber Sicherheit bei jedem Auslandsurlaub.

Reise-Rücktrittskosten-Versicherung

Für den Fall, daß Sie vor Reiseantritt krank werden, oder daß andere gewichtige Gründe Sie von der Reise abhalten, ist eine Reise-Rücktrittskosten-Versicherung nützlich. Sie kommt für Schadenersatzforderungen von Reisebüros, Hotels und Fluggesellschaften auf.

Sicherheit (Fortsetzung) Reisegepäckversicherung

Folgen von Verlusten oder Schäden beim Gepäck mildert eine Reisegepäckversicherung – die übrigens während des ganzen Jahres für alle Reisen und Ausflüge gilt.

Hausratversicherung

Während Ihrer Abwesenheit bewahrt Sie zwar die Hausratversicherung nicht vor Brand, Blitzschlag, Explosion, Einbruchdiebstahl, ausströmendem Leitungswasser, Sturm oder Hagel, aber vor den finanziellen Folgen solcher Schäden. Wenn Ihre Wohnung allerdings länger als 60 Tage unbewohnt bleibt und auch nicht beaufsichtigt wird, müssen Sie das Ihrer Versicherung mitteilen.

Kraftfahrtversicherungen

Andere Rechtslage im Ausland

Wer mit dem Auto verreist, sollte rechtzeitig seine Kraftfahrtversicherungen überprüfen.
Im Ausland gelten für Schadenregulierung und in den rechtlichen Fragen bei einem Unfall vielfach ungewohnte und andere Regeln als im Heimatland. Recht wird grundsätzlich nach den Rechtsvorschriften des betreffenden Staates gesprochen, und die Bearbeitung eines Schadenfalles dauert meist länger als daheim; oft bekommt man nicht alles ersetzt.

Haftpflichtversicherung

Reichen die Deckungssumme und der Geltungsbereich (s. nachstehender Absatz 'Grüne Versicherungskarte') Ihrer Kraftfahrzeug-Haftpflichtversicherung aus?

Kaskoversicherung

Anstatt zu einer schon bestehenden Teilkaskoversicherung noch eine kurzfristige Vollkaskoversicherung für die Reise abzuschließen, sollten Sie einen ganzjährigen Vollkaskoschutz erwerben. Er kostet nur wenig mehr, da Sie in der Vollkaskoversicherung denselben Schadenfreiheitsrabatt erhalten wie für Ihre Auto-Haftpflichtversicherung.

Insassen-Unfallversicherung

Sich selbst und Ihre Mitfahrer können Sie durch eine Insassen-Unfallversicherung schützen. Sie zahlt, ohne daß die Frage des Verschuldens geprüft wird.

Allianz Auto-Schutzbrief

Zusätzlichen Schutz auf Autofahrten im In- und Ausland bietet der Allianz Auto-Schutzbrief mit einem ganzen Paket von Leistungen. Die Allianz ersetzt Kosten für Pannenhilfe, für Bergen und Abschleppen Ihres Fahrzeuges, für Übernachtungen, Bahnfahrt oder Mietwagen, für Krankenrücktransport, Heimholen von Kindern und Fahrzeugrückholung, im Ausland auch für Ersatzteilversand, Fahrzeugrücktransport, Verzollung oder Verschrottung nach Totalschaden. Sie brauchen nicht Mitglied eines Automobilclubs zu sein, um einen Allianz Auto-Schutzbrief zu erwerben.

Grüne Versicherungskarte

Ihre Auto-Versicherung gilt in Europa, mit der Grünen Karte haben Sie zusätzlich Versicherungsschutz in den dort (Länderleiste auf Seite 1) genannten weiteren Ländern.
Im Geltungsbereich der Grünen Karte erhöhen sich Ihre vertraglich vereinbarten Versicherungssummen auf die im Besuchsland vorgeschriebenen Pflichtversicherungssummen, wenn diese über den von Ihnen versicherten Beträgen liegen.
Im außereuropäischen Geltungsbereich der Grünen Karte können allerdings auch die Leistungen deutscher Kraftfahrzeug-Haftpflichtversicherer auf die – oft sehr niedrigen – landesüblichen Pflichtversicherungssummen begrenzt sein. Wer einen höheren Schaden verursacht, muß dann den Unterschied selbst bezahlen.
Allianz-Kunden jedoch genießen auch für Israel, Marokko, Tunesien,

Malta sowie die außereuropäischen Teile der Türkei, Spaniens (Kanarische Inseln) und Portugals (Madeira und Nebeninseln) den vertraglich vereinbarten Haftpflichtversicherungsschutz. Dies gilt ohne zusätzliche Vereinbarung und ohne Beitragszuschlag, auch in der Kasko- und Unfallversicherung.
Besorgen Sie sich eine Grüne Versicherungskarte, auch wenn Ihr Reiseland sie nicht vorschreibt. Sie können sich an die hierin aufgeführten Versicherungsunternehmen wenden, falls Sie im Ausland wegen eines Unfalles in Anspruch genommen werden. Als Allianz Kunde halten Sie sich am besten an die Anschriften in der Allianz Broschüre "Mit dem Auto ins Ausland". In diesem Heft, das jedes Jahr neu herauskommt, finden Sie auch den 'Europäischen Unfallbericht', der die Aufnahme eines Unfalls sehr erleichtert.

Sicherheit, Grüne Versicherungskarte (Fortsetzung)

In diesen und allen anderen Versicherungsfragen berät Sie jeder Allianz Fachmann gern.

Allianz Beratung

Verkehrsunfall in Griechenland: Was tun?

Sofortmaßnahmen

Sie können am Steuer noch so vorsichtig sein – es kann trotzdem einmal etwas passieren. Auch wenn der Ärger groß ist: Bitte bewahren Sie Ruhe und bleiben Sie höflich. Behalten Sie einen klaren Kopf und treffen Sie nacheinander folgende Maßnahmen:

Absichern

1. Sichern Sie die Unfallstelle ab. Das heißt: Warnblinkanlage des Fahrzeuges einschalten, Warndreieck und Blinklampe in ausreichendem Abstand aufstellen.

Verletzte

2. Kümmern Sie sich um Verletzte. Hinweise für Erste Hilfe finden Sie in der Broschüre "Sofortmaßnahmen am Unfallort" in Ihrer Autoapotheke. Sorgen Sie nötigenfalls für einen Krankenwagen.

Polizei

3. Verständigen Sie bitte die Polizei: Jeder Unfall muß der Astynomia – der griechischen Polizei – gemeldet werden. Allerdings kommt diese meist nur zu Unfällen mit Personenschaden.

Notizen

4. Notieren Sie Namen und Anschrift anderer Unfallbeteiligter, außerdem Kennzeichen und Fabrikat der anderen Fahrzeuge sowie Namen und Nummern der Haftpflichtversicherungen. Wichtig sind auch Ort und Zeit des Unfalles sowie die Anschrift der eingeschalteten Polizeidienststelle.

Beweismittel

5. Sichern Sie Beweismittel: Schreiben Sie Namen und Adressen von – wenn es geht, unbeteiligten – Zeugen auf; machen Sie Skizzen von der Situation am Unfallort. Besser noch, Sie haben eine kleine Kamera im Handschuhfach und nehmen mehrere Fotos aus verschiedenen Richtungen auf.

Europäischer Unfallbericht

6. Bitte verwenden Sie möglichst den (bei Ihrem Versicherungsfachmann erhältlichen) Europäischen Unfallbericht und lassen Sie ihn vom Unfallgegner gegenzeichnen.
Unterschreiben Sie kein Schuldanerkenntnis und vor allem kein Schriftstück, dessen Sprache Sie nicht verstehen!

Schadenersatz

Nach einem Unfall soll die Schadenbearbeitung möglichst reibungslos klappen. Beachten Sie deshalb diese Hinweise:

Ansprüche an Sie

1. Wenn an Sie Ansprüche gestellt werden, melden Sie den Schaden Ihrer eigenen Kraftfahrzeug-Haftpflichtversicherung. Außerdem kön-

Sicherheit (Fortsetzung)

nen Sie sich an die griechische Versicherungsgesellschaft wenden, die in Ihrer Grünen Versicherungskarte angegeben ist.

Eigene Ersatzansprüche

2. Machen Sie Ihre eigenen Ersatzansprüche gegen den Schadenstifter und gegen seine Haftpflichtversicherung selbst geltend: Die Grüne Karte hilft hier nicht! Für die Kostenübernahme bei aktiver Geltendmachung eigener Schadenersatzansprüche ist eine Rechtsschutzversicherung zuständig.

Deutscher Unfallgegner

3. Sind Sie mit jemandem mit deutschem Fahrzeugkennzeichen in einem Verkehrsunfall verwickelt, so können Sie sich direkt an die deutsche Versicherung des Schadenstifters wenden.

Rechtsanwalt

4. Haben Sie eine Rechtsschutzversicherung, nennt Ihnen Ihre Gesellschaft auch griechische Rechtsanwälte, die deutsch sprechen, und deren Bezahlung dann von der Versicherung geregelt wird.
Allianz Versicherte finden alle notwendigen Angaben und Adressen in ihrer Broschüre "Mit dem Auto ins Ausland".

Ersatzleistungen

5. In Griechenland erstattet die Versicherung des Schädigers Reparaturkosten meist nur entsprechend den griechischen Kostenverhältnissen, Wertminderung nur in Ausnahmefällen und Mietwagenkosten nur bei beruflicher Nutzung des Fahrzeuges. Nicht bezahlt werden Nutzungsausfall und Anwaltsgebühren bei außergerichtlicher Regulierung.
Bei einem Totalschaden muß auch die zuständige Zollbehörde benachrichtigt werden.

Allianz-Auto-Schutzbrief

6. Mit einem Auto-Schutzbrief der Allianz-Gesellschaften sind Sie gegen eine Reihe von Kosten versichert, die Ihnen durch einen Unfall entstehen können, z.B. für Bergen und Abschleppen Ihres Fahrzeuges, für Übernachtungen, Bahnfahrt oder Mietwagen, für Krankenrücktransport, Heimholen von Kindern, Fahrzeugrückholung oder -rücktransport, ggf. für Verschrottung und Verzollung.

Schadenmeldung

Ihre schnelle Schadenmeldung beschleunigt die Regulierung.

Sommerzeit

→ Zeit

Souvenirs

→ Einkäufe, Souvenirs

Spielkasinos

Die Spielkasinos in Griechenland sind das ganze Jahr über in Betrieb; zu ihnen gehören:

Casino Mont Parnis

In Räumen des Luxushotels Casino Mont Parnis (→ Hotels), auf dem 1413 m hohen Párnes, nördlich von Athen, befindet sich das Spielkasino gleichen Namens; das Hotel ist zugleich Bergstation einer Drahtseilbahn, die rund um die Uhr verkehrt.

Spielkasinos (Fortsetzung)

Im Kasino wird Bakkara, Black Jack, Chemin de fer, amerikanisches und französisches Roulett gespielt.

Casino Porto Carras

Das Spielcasino Porto Carras liegt auf der Halbinsel Sithonia (Chalkidike), unweit südlich von Neos Marmaras.

Kasino Korfu

Während des Sommers wird die Villa Achillion, 10 km von Korfu (Stadt) entfernt (Buspendelverkehr zwischen Stadtzentrum, Villa Achillion und umgekehrt), als Spielkasino verwendet; im Winter ist der Spielbetrieb in den Räumen des Luxushotels Corfu Palace (⟶ Hotels) untergebracht.
Hier kann man Black Jack, Chemin de fer und Roulette spielen und sein Glück an Spielautomaten versuchen.

Kasino Rhodos

Das Kasino Rhodos befindet sich im Grand Hotel (⟶ Hotels), im Zentrum von Rhodos (Stadt); ein Nachtlokal ist angegliedert.
Spielmöglichkeiten wie beim zuletzt erwähnten Kasino.

Sport

Angeln

In Griechenland findet man ideale Möglichkeiten zum Angeln. Boote und Geräte für den Fischfang gibt es in fast allen Küstenorten. In Piräus (Akti Moutsopoulou) vermieten Privatunternehmer mit Genehmigung des Hafenamtes Piräus kleine Boote.

Auskünfte:

Verband der Sportfischer und des Seesports
Akti Mutsopulu
Piräus
Tel. (01) 4515731 und

Haupthafenamt
Piräus
Tel. (01) 4511311 und 4531805

Unterwasserangeln ⟶ Tauchen (S. 718)

Badestrände

⟶ dort

Bergsteigen

Der Griechische Alpine Bergsteigerverband (Anschrift s. unten) hat zahlreiche Schutzhütten, meist auf Höhen zwischen 1000 m und 2000 m, angelegt, so u.a. in bzw. auf

Epirus: Gamila Pindou, Mitsikeli
Euböa: Difris
Kreta: Weiße Berge, Psiloriti
Makedonien: Pieria, Vermio, Vrontous, Pangeo, Vitsi, Falakro
Mittelgriechenland: Parnassos, Parnes, Iti, Vardoussia, Oxia, Timfristos, Kitheronas
Thessalien: Pelion, Ossa, Olymp

Auskünfte über Schutzhütten (und Wintersport s. S. 719) im Gebirge:

Griechischer Alpiner Bergsteigerverband (E.O.S.)
Karageorgi Servias 7
Athen
Tel. (01) 3234555

Sport, Bergsteigen (Fortsetzung)

Über Ausflüge ins Gebirge erkundige man sich bei folgenden Anschriften:

Helleniki Periijitiki Leski
(Griechischer Touristenklub)
Politechniu 12
Athen
Tel. (01) 5248600/1

Vereinigung der griechischen Wanderclubs
Dragatsaniu 4
Athen
Tel. (01) 3234107

Fallschirmspringen

Wer mit dem Fallschirm springen möchte, erkundige sich beim

Fallschirmspringerclub
Lekka 22
Athen
Tel. nachmittags (01) 3223170

Golf

Dem Golfspiel wurde in Griechenland erst relativ spät größere Aufmerksamkeit zuteil; inzwischen sind fünf Plätze bespielbar.

Bei Athen:
Glyphada Golfplatz und -club (in Glyphada, 16 km von Athen entfernt, in Richtung Sunion), 18 Löcher (Tel. 01/8946875 und 8946834)
Hellenic Golf Club (in Varimbombi, 21 km nördlich von Athen), 9 Löcher

Bei Neas Marmaras (Halbinsel Chalkidike):
Porto Carras Golf Platz (5 km außerhalb von Neas Marmaras), 18 Löcher (Tel. 0375/71381 und 71221

Bei Kerkyra/Korfu:
Corfu Golf & Country Club (in der Ropaebene, 17 km von der Stadt Korfu entfernt), 18 Löcher (Tel. 0661/94220-1)

Auf Rhodos:
Afandou Golf Club (19 km außerhalb der Stadt Rhodos), 18 Löcher (Tel. 0241/51255-56)

Reiten

Reitsportmöglichkeiten finden sich u.a. in Attika, Saloniki und auf Korfu

Attika:

Griechischer Reitclub
Paradisu 18
Marussi
Tel. (01) 6812506 und 682628

Athener Reitclub
Geraka
Agia Paraskevi
Tel. (01) 6611088

Reitclub Tatoi
Varimbombi
Tel. (01) 8079651 und 8079643

Sport, Reiten (Fortsetzung)

Reitclub Varimbombi
Varimbombi
Tel. (01) 8079661

Attischer Reitclub
Ekali
Tel. (01) 8135576

Saloniki:

Reitclub Saloniki
Panorama
Saloniki
Tel. (031) 270676

Cavalier
Georgiki-Schule, km 14
Saloniki
Tel. (031) 427537

Korfu:

Reitclub Kerkyra/Korfu
Alykes
Tel. (0661) 31785

Rudern

Ruderboote kann man in Griechenland bei den meisten Marineclubs anmieten; Ruderregattaveranstaltungen finden in der Regel von April bis September statt.

Auskünfte:

Griechischer Ruderverband
Vukurestiu 34
Athen
Tel. (01) 3612109

Schwimm- und Tauchunterricht

Der Griechische Tauchsportverband in Athen (Tel. 01/9819961) erteilt Auskünfte über Schwimmunterricht und Tauchkurse in anerkannten Tauchschulen; solche gibt es z.B. in Athen, Piräus, Saloniki und auf Korfu.

Tauchen ⟶ unten

Segeln

Auskünfte:

Segelverband Athen
Akti Navarchu Kundurioti 7
Kastela
Tel. (01) 4137351

Weitere Informationen ⟶ Sportschiffahrt

Sportveranstaltungen

⟶ Veranstaltungen

Strandbäder

Die Griechische Zentrale für Fremdenverkehr hat landesweit (s. auch ⟶ Badestrände) eine große Zahl von Schwimm- und Strandbädern eingerichtet, die auch über eine gute Infrastruktur (Sportgeräte, Bootsverleih, Kinderspielplätze, Restaurants, Unterhaltungsmöglichkeiten u.a.) verfügen (Liste erhältlich).

Tauchen

Das Tauchen mit Atmungsgeräten ist sowohl im Meer als auch in den Seen und Flüssen Griechenlands – bis auf einige Ausnahmen – zum Schutz der sich unter Wasser befindlichen kulturellen Schätze verboten.

In Regionen, die von diesem Verbot ausgenommen sind, muß man sich streng an die von der Direktion für Meeresfunde im Kultusministerium herausgegebenen Vorschriften halten (eine Liste über die Ausnahmeregionen und ihre aktuellen Bestimmungen sowie über Unterwasserfischen, Preßluftfüllstationen u.a. ist bei der Griechischen Zentrale ⟶ Auskunft erhältlich. In jedem Fall ist es ratsam, zunächst beim zuständigen Hafenamt Erkundigungen über die örtlichen Bedingungen einzuholen.

Tauchunterricht s. Schwimm- und Tauchunterricht (S. 717)

Tennis

Tennisplätze gibt es vielfach bei den Hotels und im Bereich der Strandbäder, klubeigene Tennisanlagen finden sich in Attika, Chania/Kreta, Ioannina, Iraklion/Kreta, Larissa und Patras sowie auf Korfu und Rhodos.

Wandern

Wandern in Griechenland erfreut sich zunehmender Beliebtheit; eine sechsstündige Wanderung durch die Samaria-Schlucht gehört zu den großartigsten Erlebnissen, die der Wanderfreund auf Kreta erfahren kann; ein Spezialreisebüro bietet auch Wandern auf mehreren Inseln in der Ägäis an (Informationen, u.a. eine Liste über die örtlichen Wandervereine sowie einzelne Wanderziele in Griechenland, sind erhältlich bei der Griechischen Zentrale für Fremdenverkehr ⟶ Auskunft, ferner in den ADAC-Geschäftsstellen und sonstigen Reisebüros). Weitere Details:

Vereinigung der griechischen Wanderclubs
Dragatsaniu 4
Athen
Tel. (01) 3234107

Griechischer Bergsteigerverband
Karageorgi Servias 7
Athen
Tel. (01) 3234555
Bergsteigen s. S. 715

Wasserball

Wer sich für diesen Wassersport interessiert, wende sich an den Griechischen Verband der Wassersportfreunde
(E.K.O.F.)
Zan Moreas 40
Athen
Tel. (01) 9216612 und 9222450

Wasserski

An zahlreichen Orten in Griechenland stehen Wasserskischulen zum Erlernen dieser Sportart zur Verfügung, so u.a. in Agrinio, in Attika (Lagonissi, Varkiza, Vouliagmeni), auf Chalkidike, in Chalkis, auf Chios, in Ioannina, auf Korfu, Kreta, Kythera, Lesbos, Mykonos, Patmos, Poros, Porto Cheli, Rhodos, Skiathos, Spetsä, Volos und in Saloniki. Auskunft:

Vereinigung der Wasserskifreunde
Sturnara 32
Athen
Tel. (01) 5231875

Windsurfing

Surfbretter kann man in allen Strandbädern der Griechischen Zentrale für Fremdenverkehr (⟶ Auskunft) mieten. Einzelheiten, u.a. auch über Wettkämpfe und Gruppenausflüge, erfrage man beim

Griechischen Windsurfing-Verband
Filelinonstr. 7
Athen
Tel. (01) 3230068 und 3230330

Wintersport

Die Gebirgsregionen Griechenlands werden zunehmend durch Liftanlagen für Skiläufer erschlossen. In Höhenlagen um 1800 m dauert die Wintersportsaison von Dezember bis März, auf dem Olymp, Parnaß und in den Hochlagen des Pindos-Gebirges bis Mai.
Auskünfte über Skizentren und Schutzhütten erhält man vom
Ski- und Bergsteigerverband
Karageorgi Servias 7
Athen
Tel. (01) 3234555 und 3237666

Sportschiffahrt

Einreise

Passagiere und Besatzung, die an Bord einer Jacht reisen, werden offiziell als Durchreisende betrachtet. Die Jacht ist durch das Transit-Log zum freien Verkehr in den griechischen Gewässern berechtigt; Besatzung und Passagiere dürfen sich an den Küsten und im Inland aufhalten unter der Voraussetzung, daß die Nächte an Bord verbracht werden. Soll an Land übernachtet oder Griechenland mit einem anderen Verkehrsmittel verlassen werden, so muß der Reisepaß mit einem offiziellen Einreise- und Ausreisestempel versehen werden. Jachten können unbegrenzt in griechischen Häfen segeln, sofern das Transit-Log alljährlich bzw. bei Wiedereinreise erneuert wird.

Jachten, die aus dem Ausland kommen und in den griechischen Gewässern kreuzen möchten, müssen als erstes einen mit Zollabfertigung ausgestatteten und als Ein- und Auslaufhafen klassifizierten Haupthafen anlaufen.

Weitere Einzelheiten ⟶ Reisedokumente
und ⟶ Zollbestimmungen

An allen wichtigen Plätzen haben die Griechischen Zentralen für Fremdenverkehr, die örtlichen Behörden sowie private Segelclubs Versorgungshäfen (Marinas); der weitere Ausbau des Versorgungsnetzes ist vorgesehen.

Segeln

Für Segler hat Griechenland mehr als ein anderes Land zu bieten; insbesondere die Ägäis ist ein geschätztes Segelrevier.
Segelschulen gibt es u.a. in Alexandrupolis, Athen, Kalamata, Saloniki und Volos, auf Korfu und Syros. Nähere Informationen über die GZF (⟶ Auskunft) und den

Segelverband Athen
Akti Navarchu Kundurioti 7
Kastela
Tel. (01) 4137351

Bei obenerwähntem Verband erhält man auch Hinweise auf Segelregattaveranstaltungen.

Häfen in Griechenland

● **Griechische Ein- und Ausreisehäfen mit Zollabfertigung**

1 Guvia (Korfu)
2 Kerkyra (Korfu)
3 Igumenitsa
4 Preveza
5 Vathy (Ithaka)
6 Argostolion (Kephallenia)
7 Zakynthos
8 Katakolon (für Pyrgos)
9 Patras
10 Ägion
11 Itea
12 Pylos
13 Kalamata
14 Gythion
15 Nauplia
16 Korinth
17 Piräus
18 Glyphada
19 Laurion
20 Adamas (Milos)
21 Chania (Kreta)
22 Iraklion (Kreta)
23 Agios Nikolaos (Kreta)
24 Rhodos
25 Kos
26 Santorin (Thera)
27 Patmos
28 Samos
29 Mykonos
30 Ermupolis (Syros)
31 Chios
32 Chalkis (Euböa)
33 Kymi (Euböa)
34 Mytilini (Lesbos)
35 Skiathos
36 Volos
37 Myrina (Limnos)
38 Saloniki (Thessaloniki)
39 Kavala
40 Alexandrupolis

Sportschiffahrt (Fortsetzung)

Sportboote, die auf dem Landwege eingeführt werden, unterliegen im wesentlichen den gleichen Grenzvorschriften wie Personenkraftwagen. Nach Eintragung des Bootes in den Paß des Besitzers kann dieses für vier Monate frei benutzt werden. Die Zollbehörden können diese Frist um acht Monate verlängern, sofern eine Kaution hinterlegt wird.

Hafenführer

Jedem privaten Schiffsführer seien die in dem österreichischen Verlag F. Goldmann (A-3430 Tulln) erschienenen Hafenführer 'Ägäis West',

'Ägäis Ost' und 'Ionisches Meer' des Segelexperten Axel Kramer empfohlen.

Sportschiffahrt, Hafenführer (Fortsetzung)

Bootscharter

Innerhalb der griechischen Hoheitszone dürfen nur solche Schiffe verchartert werden, die unter griechischer Flagge laufen und für die Charter amtlich zugelassen sind. Eine Kopie des Mietvertrages ist beim Hafenamt des Ausgangshafens zu hinterlegen, eine zweite hat der Schiffsführer stets mit sich zu führen. Gleiches gilt für die Liste von Mannschaften und Passagieren.

Voraussetzung für das Chartern eines Bootes ohne Besatzung ist, daß der Mieter und eine zweite Person an Bord den entsprechenden Bootsführerschein besitzt oder die notwendige Befähigung nachweisen kann.

Auskunft

Nähere Informationen über Verleihstationen, Bootstypen und Preise erteilt die Griechische Zentrale für Fremdenverkehr (GZF ⟶ Auskunft).

Anschriften von Charterfirmen nennt der Arbeitskreis Charterboot (AKC), Postfach 250370, D-5000 Köln 1.

Kreuzfahrten

⟶ dort

Wind und Wetter

⟶ Zahlen und Fakten, Klima (S. 17)

Wetterberichte, Wettervorhersagen, Warnmeldungen

Spezielle Wetterberichte und Warnmeldungen (Beaufort 6–7) für Segler werden von Hellas Radio (ERT) auf VHF-Kanal 16 täglich um 7.03, 9.03, 11.33, 17.03 und 23.03 Uhr (griechischer Zeit) in griechischer und englischer Sprache gesendet.

Im Radio können auf MW 729 kHz und VHF 916 MHZ von Montag bis Freitag Wetter- und Seewetterberichte für die Schiffahrt in griechischer, aber um 6.30 Uhr auch in englischer Sprache gehört werden.

Beim Griechischen Nationalen Wetterdienst (Athen) können rund um die Uhr Wettervorhersagen für die griechischen Meere angefordert werden:
Tel. (01) 8940616.

Das 1. und 2. Programm des griechischen Fernsehens bringt täglich um 21.00, 21.30 und 24.00 Uhr Wettervorhersagen in griechischer Sprache; sie sind durch international übliche meteorologische Symbole auf der Wetterkarte leicht verständlich.

Sprache

Verständigung

Im allgemeinen wird der Fremde in Griechenland einen Einheimischen finden, mit dem er sich in einer der europäischen Verkehrssprachen verständigen kann. Deutschkenntnisse sind in den letzten Jahren durch heimgekehrte Gastarbeiter häufiger geworden. Auf dem Lande aber ist es gut, wenigstens über einige Grundkenntnisse der neugriechischen Sprache zu verfügen.

Neugriechisch

Das Neugriechische unterscheidet sich wesentlich vom Altgriechischen, wenngleich die Zahl jener Wörter, die seit Homers Zeiten unverändert geschrieben werden, erstaunlich groß ist. Doch auch bei diesen sind die Abweichungen der Aussprache von der deutschen Schulaussprache des Altgriechischen zu berücksichtigen. Die verän-

Sprache, Neugriechisch (Fortsetzung)

derte Aussprache gilt für die beiden nicht unwesentlich divergierenden Sprachformen des Neugriechischen: die Dhimotiki (Volks- oder Umgangssprache) und die Katharevussa ('gereinigte' Amts- oder Schriftsprache).

Alle amtlichen Bekanntmachungen, Hinweisschilder, Fahrpläne u.ä., auch die politischen Artikel der Zeitungen, waren früher in Katharevussa geschrieben. Diese Sprachform ist durch Annäherung an das als klassisch vorbildlich geltende Altgriechisch gewonnen worden, so daß, wer auf der Schule Altgriechisch gelernt hat, sie ohne allzu große Mühe lesen kann.
Gesprochen aber wird Dhimotiki, die seit 1975 die offizielle Sprachversion ist. Dies ist das Ergebnis einer langen organischen Sprachentwicklung und hatte sich auch in der neugriechischen Literatur (wie auch im Unterhaltungsteil der Zeitungen) längst durchgesetzt. Die Unterschiede zwischen der künstlichen, ehemaligen Amtssprache und Volkssprache sowohl in der Grammatik als auch im Wortbestand sind beträchtlich.

Neugriechisch-Kurse

Neugriechisch-Kurse werden in der Bundesrepublik Deutschland an den meisten Volkshochschulen angeboten; in Athen und Saloniki wird an den folgenden Institutionen Neugriechisch gelehrt:

Athens Center for Creative Art
Archimidus 48
Pangrati
Athen
Tel. (01) 7012268

Hellenic American Union
Massalias 22
Athen
Tel. (01) 3629886

Hellenic Language School
Zalogu 4
Athen
Tel. (01) 3627560

Institute for Balkan Studies
International Summer School
Tsimiski 45
Saloniki
Tel. (031) 225365
(Sommerkurse für ausländische Studenten in griechischer Geschichte, Sprache und Kultur)

Ionisches Zentrum
Strat. Syndesmu 12
Athen
Tel. (01) 3644448

School of Modern Greek Language – Aristoteles University
Saloniki
Tel. (031) 9912380-81 (Sommerkurse 1.–31.8.)

Universitäts-Club
Ippokratus 15
Athen
Tel. (01) 3613261

Sprache, Neugriechisch-Kurse (Fortsetzung)

YMCA
Amerikis 11
Athen; Tel. (01) 3632734 (Winterkurse ab 1.10.) und

YMCA
Kifissia
Athen; Tel. (01)8012121 14

Griechisches Alphabet

		Altgriechisch	Neugriechisch	Aussprache
Α	α	alpha	alfa	a
Β	β	beta	wita	w
Γ	γ	gamma	ghamma	gh, vor e und i: j
Δ	δ	delta	dhelta	dh
Ε	ε	epsilon	epsilon	kurzes e
Ζ	ζ	zeta	sita	stimmhaftes s
Η	η	eta	ita	i
Θ	ϑ	theta	thita	th
Ι	ι	iota	iota	i
Κ	ϰ	kappa	kappa	k
Λ	λ	lambda	lamvda	l
Μ	μ	my	mi	m
Ν	ν	ny	ni	n
Ξ	ξ	xi	xi	ks
Ο	ο	omikron	omikron	o
Π	π	pi	pi	p, nach m: b
Ρ	ϱ	rho	rho	r
Σ	σ	sigma	sigma	stimmloses s
Τ	τ	tau	tav	t, nach n: d
Υ	υ	ypsilon	ipsilon	i
Φ	φ	phi	fi	f
Χ	χ	chi	chi	ch: vor a, o, u: wie in "Bach" vor e, i: wie in "ich"
Ψ	ψ	psi	psi	ps
Ω	ω	omega	omega	o

Sonderzeichen

Die Betonung ist zwar stark schwankend, jedoch dank der auf allen mehrsilbigen Wörtern gesetzten Akzente (Akut: ´; Gravis: `; Zirkumflex: ˜; neuerdings vereinheitlicht nur noch Akut) leicht zu erkennen. Die am Wortanfang über Vokalen bzw. Diphthongen erscheinenden Spiritus (Lenis: ' ; Asper: ‘) werden nicht gesprochen und kaum noch geschrieben. Das Trema (¨) über einem Vokal bedeutet, daß dieser als solcher für sich einzeln gesprochen wird und keine Verbindung zum Diphthong mit einem benachbarten Vokal eingeht.
Von den Satzzeichen unterscheidet sich lediglich das griechische Fragezeichen, das dem deutschen Strichpunkt oder Semikolon gleicht (? = ;) während dem Strichpunkt im Griechischen ein Punkt über der Zeile (Hochpunkt: ˙) entspricht.

Zahlen

Grundzahlen

0 midhén
1 énas, mjá, éna
2 dhjó, dhío
3 tris, tría

Sprache, Zahlen (Fortsetzung)

4	tésseris, téssera	22	íkossi dhjó (dhío)
5	pénde	30	triánda
6	éksi	31	triánda énas, mjá, éna
7	eftá	40	ßaránda
8	ochtó	50	penínda
9	ennjá	60	eksínda
10	dhéka	70	ewdhomínda
11	éndheka	80	oghdhónda, oghdhoínda
12	dhódheka	90	enenínda
13	dhekatrís, dhekatría	100	ekató(n)
14	dhekatésseris, dhekatéssera	101	ekatón énas, mjá, éna
15	dhekapénde	153	ekatón penínda tris, tría
16	dhekaéksi, dhekaáksi,	200	dhiakóssi, dhiakóssjes, dhiakóssja
17	dhekaëftá, dhekaëptá	300	triakóssi, -jes, -ja
18	dhekaochtó, dhekaoktó	400	tetrakóssi, -jes, -ja
19	dhekaënjá, dhekaënn=a	500	pendakóssi, -jes, -ja
20	íkossi	600	eksakóssi, -jes, -ja
21	íkossi énas, íkossi mjá, íkossi éna	700	eftakóssi, -jes, -ja
		800	ochtakóssi, -jes, -ja
		900	ennjakóssi, -jes, -ja
		1000	chíli, chíljes, chílja
		5000	pende chíljádhes
		1 Mio.	éna ekatommírjo

Ordnungszahlen

1.	prótos, próti, próto(n)	10.	dhékatos, dhekáti
2.	dhéfteros, -i, -o(n)	11.	endhékatos, endhekáti
3.	tritos, -i, -o(n)	20.	ikostós, -í, -ó(n)
4.	tétartos, tétarti, tétarto(n)	30.	triakostós, -í, ó(n)
5.	pémptos	100.	ekatostós, -í, ó(n)
6.	éktos	101.	ekatostós prótos
7.	éwdhomos, ewdhómi	124.	ekatostós ikostós tétartos
8.	óghdhoos	1000.	chiljostós
9.	énatos, enáti		

Bruchzahlen

1/2	missós, -í, ó(v), ímissis
1/3	tríton
1/4	tétarton
1/10	dhékaton

Wichtige Redewendungen und Ausdrücke

Allgemeines

Guten Morgen!	Kaliméra!
Guten Tag!	Kaliméra!
Guten Abend!	Kalispéra!
Gute Nacht!	Kalí níchta!
Auf Wiedersehen!	Kalín andámossi(n)!
Sprechen Sie deutsch?	Omilité jermaniká?
englisch?	angliká?
französisch?	ghalliká?
Ich verstehe nicht	Then katalamwáno
Entschuldigen Sie	Me ßinchoríte
Ja	Nä, málista (Geste: Kopf zur Seite drehen)
Nein	Óchi (Geste: Kopf hochziehen)
Bitte	Parakaló
Danke	Efcharistó
Gestern	Chthes

Heute	Ssímera, ßímeron	Sprache, Redewendungen (Fortsetzung)
Morgen	Áwrjo(n)	
Hilfe!	Woíthja!	
Geöffnet	Aniktó	
Wann?	Póte?	
Einzelzimmer	Dhomátjo mä éna krewáti	
Doppelzimmer mit Bad	... mä dhío krewátja mä lutró	
Wieviel kostet das?	Pósso káni?	
Wecken Sie mich um 6 Uhr!	Ksipníste me stiß éksi!	
Wo ist die Toilette?	Pu íne to apochoritírjon?	
eine Apotheke?	éna farmakíon	
ein Arzt	énas jatrós	
ein Zahnarzt	énas odhontojatrós	
die ...-Straße	o odhós ... (Genitiv)	
der ...-Platz	i platía ... (Genitiv)	
Abfahrt (Zug)	Anachóríßis	Auf der Reise
Abfahrt (Schiff)	Apóplus	
Abflug	Apojíoßis	
Ankunft	Erchomós	
Aufenthalt	Arghoporía	
Auskunft	Pliroforía	
Autobus	Leoforíon, búsi	
Bahnhof	Strathmós	
Bank	Trápesa	
Boot	Wárka, káikj	
Einsteigen!	Is tas théssis ßas!	
Eisenbahn	Ssidhiródhromos	
Fähre	Férri-bóut, porthmíon	
Fahrkarte	Biljétto	
Fahrplan	Dhromolójon	
Flug	Ptíßis	
Flughafen	Aërolimín	
Flugplatz	Aërodhrómjon	
Flugzeug	Aëropláno(n)	
Geldwechsel	Ssaráfiko	
Gepäck	Aposkewé	
Gepäckschein	Apódhiksis ton aposkewón	
Gepäckträger	Achthofóros	
Gleis	Ghrammí	
Haltestelle	Stáßis	
Hotel	Ksenodhochíon	
Nichtraucher	Dhja mi kapnistás	
Raucher	Dhja kapnistás	
Restaurant	Estjatórjo(n)	
Schaffner	Ispráktor	
Schalter	Thíris	
Schiff	Karáwi, plíon	
Schlafwagen	Wagón-lí, klinámaksa	
Speisewagen	Wagón-restorán	
Station	Stathmós	
Toilette	Apochoritírjon	
Umsteigen	Alláso	
Wartesaal	Éthußa anamonís	
Zug	Träno	
Adresse	Dhiéfthinßis	Auf der Post
Brief	Epistolí	
Briefkasten	Ghrammatokiwótjo(n)	
Briefmarke	Ghrammatóssimo(n)	

Sprache, Redewendungen (Fortsetzung)	Eilboten	Epíghussa
	Einschreiben	Ssistiméni
	Fernschreiben	Tilétipo(n)
	Luftpost	Aëroporikós
	Päckchen	Dhematáki
	Paket	Dhéma, pakétto
	Postamt	Tachidhromíon
	Postkarte	Tachidhromikí kárta
	Postlagernd	Post réstant
	Telefon	Tiléfono(n)
	Telegramm	Tileghráfima
Wochentage	Montag	Dheftéra
	Dienstag	Tríti
	Mittwoch	Tetárti
	Donnerstag	Pémpti
	Freitag	Paraskewí
	Samstag	Ssáwwato(n)
	Sonntag	Kiriakí
	Tag	(I)méra
	Wochentag	Kathimeriní
	Feiertag	Skolí
	Woche	Ewdhomádha
Festtage	Neujahr	Protochronjá
	Ostern	Pás-cha, Lambrá(í)
	Pfingsten	Pendikostí
	Weihnachten	Christújenna
Monate	Januar	Januárjos, Jennáris
	Februar	Fewruárjos, Flewáris
	März	Mártjos, Mártis
	April	Apríljos
	Mai	Májos, Máis
	Juni	Júnjos
	Juli	Júljos
	August	Áwghustos
	September	Sseptémwrjos
	Oktober	Októwrjos, Okówris
	November	Noémwrjos, Noémwris
	Dezember	Dhekémwrjos
	Monat	Min, Mínas

Straßenkarten

→ Karten

Straßenverkehr

Straßennetz

Das griechische Straßennetz ist in den letzten Jahrzehnten planmäßig ausgebaut worden, und man ist bemüht, es weiter zu vergrößern und zu verbessern. Es hat momentan eine Gesamtlänge von 39000 km.

Straßenzustand

Rund 14000 km sind derzeit asphaltiert. Die asphaltierten Straßen liegen überwiegend auf dem Festland, doch sind sie in entlegenen Ge-

Straßenverkehr (Fortsetzung)

genden oft eng und kurvenreich. Insbesondere auf den kleinen Inseln gibt es jedoch noch viele unbefestigte Straßen. Bei Nacht muß man auf den Landstraßen mit auf der Fahrbahn stehenden Tieren und nicht beleuchteten Fahrzeugen rechnen.

Nationalstraßen (Autoschnellstraßen)

Neue Nationalstraßen verbinden den Grenzübergang Evzoni mit Saloniki, Lamia, Athen, Korinth und Patras.

Autobahngebühren

Für die Schnellstraßen werden Autobahngebühren u.a. auf folgenden Strecken erhoben:

Athen – Lamia
Lamia – Larisa
Larisa – Katerini
Athen – Korinth
Korinth – Patras
Katerini – Patras

Verkehrsvorschriften

In Griechenland gelten weitgehend die internationalen Verkehrsregeln; es besteht Rechtsfahrordnung.
In den Städten ist das Hupen untersagt.
Das Anlegen der Sicherheitsgurte ist während der Fahrt vorgeschrieben.
In hell erleuchteten Ortschaften wird nachts lediglich mit Standlicht gefahren; bei Begegnungen außerorts wird in Griechenland das Licht z.T. ganz ausgeschaltet!
Promillegrenze: 0,5.

Sprachkundige Polizeibeamte tragen eine Armbinde mit der Aufschrift 'Tourist Police'.

Gelbe Linien an den Straßenrändern in Athen sowie das Schild 'Vorfahrtsstraße' bedeuten Parkverbot.

Höchstgeschwindigkeiten

Für PKW, auch mit Anhänger (und Motorräder), gelten folgende Geschwindigkeitsbegrenzungen:

innerorts 50 km/h (40 km/h); auf Landstraßen 80 km (70 km/h);
auf Nationalstraßen (Autoschnellstraßen) 100 km/h (70 km/h).

Wer zu schnell fährt, muß Strafe zahlen und mit Führerscheinentzug rechnen; unter Umständen werden die Kennzeichen vom Fahrzeug entfernt.

Maximal zulässige Fahrzeugabmessungen für Wohnanhänger ⟶ Camping und Caravaning

Kraftstoffe

Die Versorgung mit Kraftstoffen ist gewährleistet. Es gibt bleifreies Benzin, Normalbenzin (90 Oktan), Superbenzin (96 Oktan); Dieselkraftstoff; Motorenöl (normal und super); Autogas.

Tankstellen

Tankstellen sind überall im Lande vorhanden; ein voller Reservekanister für den Notfall wird empfohlen (Achtung: Kraftstoff in Kanistern muß bei der Einreise nach Griechenland verzollt werden, vgl. ⟶ Zollbestimmungen)

Bleifreier Kraftstoff

Bereits 1988 konnte in Griechenland bleifrei getankt werden im Bereich von Athen an etwa 34, in und um Thessoliniki an etwa 15, in Makedonien und Thrakien an 21, in Westgriechenland an 10, in Thessalien, Zentralgriechenland und auf Euböa insgesamt an 22, auf dem

Straßenverkehr, Bleifreier Kraftstoff (Fortsetzung)

Peloponnes an 23 und auf Kreta an acht Tankstellen.
Eine ausführliche Liste ist bei der Griechischen Zentrale für Fremdenverkehr (→ Auskunft) erhältlich.

Fahrverbote in Stadtzentren

Zur Verminderung der Luftverschmutzung wurden in Athen Fahrverbote erlassen, die täglich von 7.00-20.00 Uhr in einem rund 25 km^2 großen Gebiet (rund 50 Straße und Plätze wurden teils zur Fußgängerzone) in der Athener Altstadt gelten. Auch die Anlieferung von Ware für Läden ist nur zu bestimmten Stunden erlaubt. Besonderheiten für Taxifahrten → Taxi.

Auch in Saloniki ist fast überall im Stadtzentrum Fahrverbot.

Zuwiderhandlungen werden mit hohen Geldbußen und eventueller Schilderabnahme bestraft.

Parkmöglichkeiten

In Athen, Saloniki und anderen größeren Städten sind Parkhäuser vorhanden, wo man sein Auto (auch für längere Zeit) unterstellen kann.

Ärztliche Hilfe → dort
Automobilclubs → Autohilfe
Notrufe → Notdienste
Reparaturwerkstätten → dort

Tauchen

→ Sport

Taxi

Allgemeines

Die Preise für Taxifahrten in Griechenland sind günstiger als z.B. in der Bundesrepublik Deutschland. In den größeren Städten sind Taxis zahlreich vorhanden und besonders in Athen an allen Plätzen mit starkem Publikumsverkehr (Flughafen, Bahnhöfe, Hafen Piräus, Sýntagma-Platz, Omonia-Platz, Autobushöfe usw.) sowie vor den großen Hotels und Museen zu finden; sie verkehren in der Großstadt praktisch zu allen Tages- und Nachtzeiten. Taxis halten auch bei Zuruf oder Winken am Straßenrand.

Hinweis

Um den in den Sommermonaten unerträglichen Smog in der griechischen Hauptstadt zu mildern, wurde von der Stadtverwaltung in Athen eine Sonderregelung für Taxis getroffen. Wer z.B. mit dem Taxi vom Athener Flughafen zu einem Ziel im Stadtzentrum fahren will, wird die Buchstaben 'M' oder 'Z' an den Wagen lesen. 'M' bedeutet die Fahrerlaubnis an geraden, 'R' an ungeraden Tagen. Es kann geschehen, daß infolge Nichtbeachtung der Hinweisschilder an den Taxis, der Fahrgast seine Fahrt unterbrechen und in einen anderen Wagen einsteigen muß. Als Alternative bieten sich die vom Flughafen bis nach Piräus rund um die Uhr im 10-Minuten-Takt fahrenden grünen Expreßbusse (→ Autobusse) an.

Sonderzuschläge

Zusätzliche Gebühren werden berechnet bei Besteigen des Taxis an den Bahn- und Busbahnhöfen, See- und Flughäfen, ferner für jedes Gepäckstück über 10 kg und für Nachtfahrten zwischen 1.00 und 5.00 Uhr. Überdies werden Sonderzuschläge an Ostern und Weihnachten erhoben.

Eine noch preisgünstigere Alternative zu den üblichen Taxis bieten die in manchen Ferienzentren verkehrenden Sammeltaxis, die so lange Fahrgäste aufnehmen, wie im Wagen noch Platz ist.

Taxi (Fortsetzung) Sammeltaxis

Tennis

→ Sport

Tiere

→ Reisedokumente

Touristenpolizei

→ Auskunft

Touristische Auskunft

→ Auskunft

Trinkgeld

In den Hotels werden in der Regel Inklusivpreise angegeben und verlangt.

Hotels

In Restaurants und Cafés sind 15 % Bedienungsgeld üblich. Außerdem rundet man die Summen nach oben auf und läßt vielleicht noch einen kleinen Betrag auf dem Tisch liegen.

Restaurants, Cafés

Taxi-Fahrgäste runden in der Regel die zu entrichtenden Summen auf.

Taxis

Tropfsteinhöhlen

→ Höhlen

Uhrzeit

→ Zeit

Umgangsregeln

Die Bewohner Griechenlands sind Fremden gegenüber höflich und hilfsbereit, ohne aufdringlich zu sein. Als Angehörige einer alten Seefahrernation zeigen sie lebhaftes Interesse an Weltgeschehen und Politik, doch ist es für den Touristen ratsam, bei politischen Ge-

Allgemeines

Umgangsregeln (Fortsetzung)

sprächsthemen eine gewisse Zurückhaltung zu bewahren und vor allem die innergriechischen Verhältnisse nicht leichtfertig zu kritisieren.

Kleidung

Wie in vielen südlichen Ländern wird auch in Griechenland Wert auf korrekte Kleidung gelegt, wenngleich mit der Zunahme des Tourismus eine gewisse Lockerung eingetreten ist.

Athos

Besondere Bestimmungen gelten für den Berg Athos, wo männlichen Besuchern in Shorts und langer Haartracht der Zutritt verwehrt ist.

FKK

⟶ dort

Empfehlung

Zur Einstimmung und Vorbereitung auf eine Reise nach Griechenland empfiehlt sich die Lektüre des vom Studienkreis für Tourismus e.V. (Dampfschiffstr. 2, D-8130 Starnberg; Tel. 08151/3089) herausgegebenen Sympathie-Magazins "Griechenland verstehen", das nicht nur über das Leben, die Zustände und die Probleme in Griechenland berichtet, sondern auch wichtige Verhaltensregeln und nützliche praktische Informationen für den Griechenlandbesucher vermittelt.

Unterkunft

⟶ Bungalowdörfer
⟶ Camping und Caravaning
⟶ Ferienhäuser und Ferienwohnungen
⟶ Hotels
⟶ Jugendherbergen
⟶ Privatunterkünfte

Veranstaltungen

1. Januar

Neujahrstag; Tag des hl. Wassilios; Anschneiden der 'Wassilopitta' (Neujahrskuchen; darin oft versteckt eine Münze, was für den, der sie findet, Glück bedeutet); Kinderumzüge (vielerorts auch mit Beteiligung Erwachsener) mit "Kalanda"-(von-Haus-zu-Haus-)Singen: Als Entgelt dafür gibt es Geld und/oder Gebäck (vgl. dazu auch 31. Dezember)

Insel Andros, Plateos (Verria)

Volksfeste

6. Januar
vielerorts

Dreikönigstag (Theophanie; Wasserweihe mit Kreuzversenkung in Gewässern; besonders festlich in Piräus)

Kozani

Volksfest 'Burbusaria'

8. Januar
Kilkis, Komotini, Monoklissia (Serres)

Tag der 'Weiberherrschaft': Die Frauen unterhalten sich in den Kaffeehäusern und den Lokalen der Gemeinde, die sie sonst nie besuchen; die Männer stoßen erst am Abend dazu.

Februar
vielerorts

Karnevalstreiben, besonders in Patras (bemerkenswerte Karnevalskundgebungen), Athen (Plaka), Saloniki, Kozani, Veria, Zakynthos, Xanthi, Lamia, auf Kephallonia, Volos, Amfissa, Rethymnon, Karpathos, Herakleion, Messini, Soho, Serres, Galaxidi, Theben, Sparta, Poligiros (Chalkidike), Saloniki, Kalambaka, Skyros, Purno, Agia Anna (Euböa), Agiassos (Lesbos); Mesta, Olimbi, Thimiana (alle Chios) und Naussa

Bauernhochzeit	**Februar/März** Meliki (Verria)
Pelzmesse	**März** Kastoria
Lichterfest ‘Phanos’ mit pontischer Folklore	**Monatsanfang** Kozani
Karnevalistischer Umzug durch die Athener Innenstadt (Strecke: Omonia-Platz – Zappion)	**Fastnachts-sonntag**
Drachensteigen auf den Hügeln, Einstimmung auf die Fastenzeit mit ungesäuerten Broten, Fisch, Meeresfrüchten, Salaten und Wein	**Katharí Deftéra** (Rosenmontag) überall
Alljährlich findet in Saloniki ab der zweiten Märzhälfte eine knappe Woche lang die Internationale Tourismus-Ausstellung “PHILOXENIA” statt.	**2. Märzhälfte** Saloniki
Militärparaden	**25. März** Nationalfeiertag
Feste des hl. Spyridon, des Schutzpatrons der Insel	**15. und 21. April** Insel Korfu
Kerzenprozession am Karfreitag, Mitternachtsmesse am Karsamstag	**Karwoche** überall
Ostern (⟶ Feiertage) ist das wichtigste Fest in Griechenland. In der Nacht von Karsamstag auf Ostersonntag werden Messen zelebriert, die in dem Ausruf “Christós Anésti” (Christus ist auferstanden) ihren Höhepunkt finden. Feierliches Glockengeläute, Böllerschüsse und Feuerwerke gehören ebenso zum Osterfest wie, die ‘Magiritsa’ (Ostersuppe), das Eierkicken und der Austausch von Geschenken. Als Festmahl wird Lammbraten vom Spieß gereicht. Das typische Ostergebäck heißt Tsureki und ist mit einem roten Ei geschmückt. Besonders malerische Osterfeiern in Oia, Tripolis, Livadia, Trapeza bei Patras und Olympos (Karpathos; am Osterdienstag)	**Ostern** (meist abweichend von dem der Westkirche; 1989: 30. April 1990: 15. April 1991: 7. April)
Tag des Hl. Georg: besondere Feierlichkeiten auf Lemnos und Kos (Pferderennen; Lieder und Tänze), in Asi-Gonia (Chania) mit Schafschur (‘Kura’) und in Arachova (hier wird 3 Tage lang gefeiert)	**23. April** vielerorts
Allabendliche Ton- und Licht-Schauen auf der Akropolis in Athen und im Park des Großmeisterpalastes in Rhodos (Stadt)	**April – Oktober** Athen und Rhodos
Griechische Folkloretänze im alten Stadttheater und sonstige Darbietungen u.a. auch im Großmeisterpalast	**Anf. Mai bis Oktober** Rhodos
Aufbruch der Schwammfischer	**Mai** Kalymnos
Tag der Arbeit mit Umzügen, Blumenfesten und allgemeinem Aufbruch ins Grüne; besondere Feierlichkeiten in Nea Philadelphia, Nea Halkidona, Nea Smyrni, Kifissia und Karies bei Florina	**1. Mai** überall
Ton-und-Licht-Schau in der Alten Festung von Korfu (Stadt)	**Mitte Mai bis Ende September**
Jahrestag der Wiedervereinigung mit Griechenland	**21. Mai** Korfu
In den Dörfern Agia Eleni und Agios Petros (Landkreis Serres) sowie in Langada (Landkreis Saloniki) tanzen barfüßige Dörfler mit Ikonen des Hl. Konstantin und der Hl. Helene auf glühenden Kohlen (Feuergang: ‘Anastenaria’)	**21.-23. Mai** Nordgriechenland
Tanzfestival zur Erinnerung an die Schlacht um Kreta	**27.-29. Mai** Chania

Veranstaltungen im Mai (Fortsetzung)

29. Mai Mystras	Feiern zum 'Paleologia'-Fest
Ende Mai Karditsa	Karaiskakia-Fest
Ende Mai Kolindron	Kirschenfest
Ende Mai / Anfang Juni	Akropolis-Rallye in Athen
Ende Mai / Anfang Juni Agia Paraskevi	Stierfest mit Kalbopfer, Reiterspielen und Folklore in Agia Paraskevi auf Lesbos.
Juni Agrinio	Kultur- und Sportfestival 'Papastratia'
21. Juni Rhodos	Mittsommernachtsfeuer 'Katakolon'
Ende Juni Lasithi (Kreta)	Weissagungsspiel 'Klidonas' in den Dörfern Piskokephalo und Krusta
Juni / Juli Küstenstädte	Marinewoche (alle 2 Jahre, Auskünfte über die genauen Daten sind in den einzelnen Orten zu erfragen); in Volos mit Darstellung des Argonautenzuges
Juli Naupaktos	Kunst- und Sportfestival 'Papacharalambia'
Anfang Juli Leukimi (Korfu)	Jahrmarkt mit Folklore
Mitte Juli Kreta	Weinfeste in Dafnes (Iraklion) und im Stadtpark von Rethymnon (eine Woche lang) Rosinenfest in Sitia
Mitte Juli bis September Dafni, Alexandrupolis, Rhodini	Im Touristenpavillon von Dafni, 11 km vom Athener Zentrum entfernt (Busverbindung), sowie in Alexandrupolis (Mitte Juli bis Mitte August), in Rhodini (Rhodos) werden Weinfeste mit Weinproben organisiert (Informationen: Griechische Zentralen für Fremdenverkehr ⟶ Auskunft)
26. Juli Lagadia	Fest des Hl. Paraskevi mit Volksliederwettstreit
Juli / August Preveza	Nikopolia-Fest
Juli / August vielerorts	Festivals: z.B. "Olymp-Festival" in der Festung von Platamonas, in Katerini, Litochoro, Dio und Makrigialo; Musik- und Theaterfestival in Ithaka; Literatur- und Kunstfestival in Ioannina.
August Lefkas	Literatur- und Kunstfestival
August Kos	"Hippokratia": lokale Veranstaltungen (Dramen, Abendkonzerte; Blumenausstellung; Volkskunst; Vorstellung mit dem "Schwur des Hippokrates")
August Volos	Künstlerische Veranstaltungen mit Konzerten, Theateraufführungen, Volkstänzen; Ausstellung im Park des Stadttheaters
6. August Anogia (Kreta)	Jahrmarkt mit Folklore
Mitte August Zakynthos	Internationales Treffen des Mittelalterlichen und Volkstümlichen Theaters
Mitte August Gythion	Antike Tragödien
15. August vielerorts	Mariä Himmelfahrt (Fest der Muttergottes), besonders feierlich in Tinos auf Korfu und Lesbos, in Nepolis (Kreta) und Kyme, auf Paros

(Fisch- und Weinfest), Siatista (Konzani; Reiterspiele) und in Vlastis (Kozani)	Veranstaltungen im August (Fortsetzung)
Pelioretische Hochzeit in Portaria (Pelion); Theaterfestival in Ithaka; Kretische Hochzeit in Kritsa (Lasithi)	**2. Hälfte August** Portaria (Pelion), Ithaka, Kritsa
Fest des Hl. Dionysios, des Schutzpatrons der Insel	**24. August** Zakynthos
"Aischylia" mit antiken Dramen auf dem archäologischen Gelände	**August / September** Eleusis (Attika)
Chalkidike-Rallye auf Chalkidike	**Ende August / Anfang September**
Kricketwoche, an der ausländische Mannschaften teilnehmen	**September** Korfu
Internationale Messe mit Schlager- und Filmfestival	**September** Saloniki
Kunstfestival	**September** Zakynthos
Literatur- und Kunstfestival 'Vyronia'	**September** Mesolongi
Weinfest	**1. bis 15. September** (Anchialos/Thess.)
Weinfest	**1. bis 20. September** Patras
Marinefestival zum Gedenken an den Sieg über die Türken	**8./9. September** Spetsä
Folklorefestival	**Mitte September** Nikiti (Chalk.)
Jahrmarkt im Kloster Myrtidiotissa	**Ende September** Kythera
Kastanienfestival	**Ende September** Elos Kissamos
Ochi-Tag: Nationalfeiertag mit Militärparade (⟶ Feiertage)	**28. Oktober** überall
Feier zu Ehren des hl. Spyridon	**4. November** Korfu
Gedenkfeier des Klosters Arkadi	**8. November** Rethymnon (Kreta)
Heiliger Abend mit Kinderumzug (in vielen Teilen des Landes beteiligen sich auch die Erwachsenen) und "Kalanda" – (d.h. von Haus-zu-Haus-) Singen	**24. Dezember** überall
Am Vorabend des Neujahrstages ziehen die Seeleute der Insel Chios mit kleinen Schiffen (2 bis 3 m lang), die mit Lichtern und Fähnchen geschmückt sind, singend durch die Straßen.	**31. Dezember** Chios
Das griechische Volk beendet das alte Jahr so, wie es das neue beginnt, nämlich mit "Kalanda"-Singen (vgl. 1. Januar und 24. Dezember)	**31. Dezember** überall

Saisonveranstaltungen

Die Griechische Zentrale für Fremdenverkehr (Informationen ⟶ Auskunft) betreut alljährlich, insbesondere während der Sommersaison, eine Reihe von Veranstaltungen von touristischem Interesse:

Athener Festspiele (mit Aufführungen von antiken Dramen, Opern, Musik und Tanz im Odeon des Herodes Attikus von Juni/Juli bis September)

Überwiegend moderne Musikveranstaltungen des Athener Lykabettos-Theaters (Juni bis September) und des Lyrischen Theaters von

Veranstaltungen (Fortsetzung)

Athen (im Sommer im Odeon des Herodes Attikus; im Winter im Theater Olympia)

Epidaurus-Festspiele (Aufführungen von antiker Dramen im antiken Theater von Epidaurus von Anfang Juli bis Anfang September)

Festspiele (während des Sommers) auch in anderen antiken Theatern, wie von Dodona, Patras, Philippi und Thasos (Musik, Theater, Tanz)

Aufführungen im Amphitheater von Piräus (Theater, Musik, Ballett; Ende Juni bis Mitte September)

Griechisches Filmfestival Saloniki (im Anschluß an die im September in Saloniki stattfindende Internationale Messe)
Demetria-Festspiele in Saloniki (u.a. Theater- und Ballettaufführungen, Konzerte im Oktober zu Ehren des Stadtheiligen Demetrios)

Griechisches Schlagerfestival (im Oktober in Saloniki)

Kurzfilmfestival Drama (im September im Kino "Asteria" in Drama)

Künstlerische Veranstaltungen während des Sommers im Theatro Dassus (Waldtheater) in Saloniki

Volkstanzaufführungen im Theater Philopappos, Athen (Mai bis September)
und im Theater der Altstadt von Rhodos (Mai bis Oktober)

Vorstellungen im Nationaltheater von Athen, im Staatstheater von Nordgriechenland in Saloniki sowie Opernaufführungen im Theater Olympia, Athen.

Weinfeste → Veranstaltungskalender

Sportveranstaltungen

Über Sportveranstaltungen, wie Rallyefahrten und Marathonläufe (auch Spartathlon: 150-Meilen-Lauf von Athen nach Sparta), erhält man Auskunft bei

SEGAS
Syngru 137, Athen
Tel. (01) 9341010

Segelmeisterschaften

Auskünfte über internationale Meisterschaftsfahrten im Segeln:

Griechischer Jachtsportverband
Akti Navarchu Kunturioti 7
Piräus
Tel. (061) 4137351

Verhaltensregeln

→ Umgangsregeln

Verkehrsvorschriften

→ Straßenverkehr

Versicherung

→ Reisedokumente
→ Sicherheit

Wandern

→ Sport

Wassersport

→ Sport
→ Sportschiffahrt

Wein

→ Essen und Trinken

Wetter

→ Reisezeit
→ Zahlen und Fakten, Klima

Wohnmobile

→ Camping und Caravaning
→ Mietwagen
→ Straßenverkehr

Yachtreisen

→ Sportschiffahrt

Zeit

Im Winterhalbjahr gilt die Osteuropäische Zeit (OEZ = MEZ + 1 Std.), Ende März bis Ende September Sommerzeit (MEZ + 2 Std.).

Zollbestimmungen

Einreise

Zollfrei sind Gegenstände des persönlichen Bedarfs sowie fabrikneue Waren oder Geschenke, wenn der Wert 55 500 Drs., bei Jugendlichen unter 15 Jahren 12 500 Drs., nicht überschreitet (zu beachten ist, daß

Zollbestimmungen, Einreise (Fortsetzung)	die Höchstgrenze für den einzelnen Artikel oder das einzelne Geschenk bei 44500 Drs. liegt). Zollfrei sind auch Tabakwaren (300 Zigaretten oder 75 Zigarren oder 150 Zigarillos oder 400 g Tabak), 5 Schachteln Streichhölzer, 2 Kartenspiele, 4 l alkoholische Getränke (unter 22%), 1,5 l Spirituosen (über 22%), 1 kg Kaffee oder 375 g Pulverkaffee, 200 g Tee oder 75 g Tee-Extrakt, Süßigkeiten und Teigwaren bis zu 10 kg, 75 g Parfum, 3/8 l Kölnisch Wasser. Als zollfreie persönliche Bedarfsgegenstände gelten 1 Fotoapparat mit einer angemessenen Menge von Filmen, 1 Filmkamera mit Projektor, 1 tragbare Videokamera, 1 Fernglas, 1 tragbares Radio, 1 tragbarer Plattenspieler mit 20 Schallplatten, 1 Tonbandgerät, 1 Reiseschreibmaschine, 1 Campingausrüstung, Sportartikel (Ski, Windsurfbrett u.a.), 1 Fahrrad, 1 Gaspistole, 1 bis 2 Jagdgewehre und bis zu 20 Patronen pro Person. Die Einfuhr anderer Waffen ist nicht erlaubt. Alle diese genannten Gegenstände müssen im Reisepaß des Eigentümers vermerkt werden. Verboten ist auch die Einfuhr von Blumen, Pflanzen, elektronischen und Funkgeräten. Fest installierte CB-Funkgeräte werden mit Typ und Gerätenummer bei der Einreise im Reisepaß des Inhabers eingetragen und dürfen in Griechenland nicht benutzt werden. Reisende unter 17 Jahren dürfen weder Tabakwaren noch Spirituosen, Jugendliche unter 15 Jahren keinen Kaffee einführen. Als Jachtausrüstung können 1 Signal- und 1 Leuchtpistole eingeführt werden. PKW (auch Anhänger, Krafträder, Beiwagen, Mopeds) dürfen bis zu 6 Monaten (Verlängerung um weitere 6 Monate mögl.) zollfrei eingeführt werden, nachdem ein Eintrag im Reisepaß erfolgt ist. Für kleinere Motor- und Segelboote gelten die gleichen Bestimmungen wie für Pkws. Für Jachten (Boote mit Kajüte, Küche, WC usw.) wird bei der Einreise ein für 6 Monate gültiges Transit-Log ausgestellt, das auf unbegrenzte Zeit verlängert werden kann. Nähere Auskünfte bei den örtlichen Zollämtern oder bei der Zollfahndungs- und Überprüfungsstelle für Autos Amvrosiu Fratzi 14, Neos Kosmos, Athen Tel. (01) 9227307 und 9227315
Ausreise	Abgabenfrei sind Reiseproviant im Werte von maximal 50 US-Dollar und Reiseandenken im Werte von maximal 150 US-Dollar. Die Ausfuhr von Antiquitäten und Kunstgegenständen ist grundsätzlich verboten. Kopien antiker Vorlagen können frei ausgeführt werden.
Wiedereinreise in die Bundesrepublik Deutschland	Bei der Wiedereinreise in EG-Staaten sind Reiseandenken aus Griechenland bis zu einem Wert von 780 DM zollfrei; ferner 1 kg Kaffee, 200 g Tee und 5 l Wein. Die Freimengen für Tabakwaren sind 300 Zigaretten oder 150 Zigarillos oder 75 Zigarren oder 400 g Tabak.
Kfz-Totalschaden	Falls ein ausländisches Kraftfahrzeug in Griechenland einen Totalschaden erleidet, ist die zuständige Zollbehörde zu informieren, ehe das Unfallfahrzeug verschrottet werden kann.
Reisedokumente	→ dort
Ein- und Ausreisehäfen	→ Sportschiffahrt, Griechische Häfen

Register

Verzeichnis der Karten, Pläne und graphischen Darstellungen im Reiseführer